ADMINISTRAÇÃO DE RECURSOS HUMANOS

O GEN | Grupo Editorial Nacional – maior plataforma editorial brasileira no segmento científico, técnico e profissional – publica conteúdos nas áreas de ciências sociais aplicadas, exatas, humanas, jurídicas e da saúde, além de prover serviços direcionados à educação continuada e à preparação para concursos.

As editoras que integram o GEN, das mais respeitadas no mercado editorial, construíram catálogos inigualáveis, com obras decisivas para a formação acadêmica e o aperfeiçoamento de várias gerações de profissionais e estudantes, tendo se tornado sinônimo de qualidade e seriedade.

A missão do GEN e dos núcleos de conteúdo que o compõem é prover a melhor informação científica e distribuí-la de maneira flexível e conveniente, a preços justos, gerando benefícios e servindo a autores, docentes, livreiros, funcionários, colaboradores e acionistas.

Nosso comportamento ético incondicional e nossa responsabilidade social e ambiental são reforçados pela natureza educacional de nossa atividade e dão sustentabilidade ao crescimento contínuo e à rentabilidade do grupo.

George T. Milkovich
John W. Boudreau

ADMINISTRAÇÃO DE RECURSOS HUMANOS

Tradução
Reinaldo C. Marcondes
Professor da Universidade Presbiteriana Mackenzie

Os autores e a editora empenharam-se para citar adequadamente e dar o devido crédito a todos os detentores dos direitos autorais de qualquer material utilizado neste livro, dispondo-se a possíveis acertos caso, inadvertidamente, a identificação de algum deles tenha sido omitida.

Não é responsabilidade da editora nem dos autores a ocorrência de eventuais perdas ou danos a pessoas ou bens que tenham origem no uso desta publicação.

Apesar dos melhores esforços dos autores, do editor e dos revisores, é inevitável que surjam erros no texto. Assim, são bem-vindas as comunicações de usuários sobre correções ou sugestões referentes ao conteúdo ou ao nível pedagógico que auxiliem o aprimoramento de edições futuras. Os comentários dos leitores podem ser encaminhados à **Editora Atlas Ltda**. pelo e-mail editorialcsa@grupogen.com.br.

Direitos exclusivos para a língua portuguesa
Copyright © 2000 by
Editora Atlas Ltda.
Uma editora integrante do GEN | Grupo Editorial Nacional

Reservados todos os direitos. É proibida a duplicação ou reprodução deste volume, no todo ou em parte, sob quaisquer formas ou por quaisquer meios (eletrônico, mecânico, gravação, fotocópia, distribuição na internet ou outros), sem permissão expressa da editora.

Rua Conselheiro Nébias, 1384
Campos Elísios, São Paulo, SP – CEP 01203-904
Tels.: 21-3543-0770/11-5080-0770
faleconosco@grupogen.com.br
www.grupogen.com.br

Designer de capa:
Imagem de capa:
Editoração Eletrônica: Formato Editora e Serviços

Dados Internacionais de Catalogação na Publicação (CIP)
(Câmara Brasileira do Livro, SP, Brasil)

Milkovich, George T.

Administração de recursos humanos / George T. Milkovich, John W. Boudreau; tradução Reynaldo C. Marcondes. – 1. ed. – 13. reimpr. – São Paulo: Atlas, 2018.

Título original: Human resource management.
ISBN 978-85-224-2312-5

1. Administração de pessoal I. Boudreau, John W II. Título.

99-2006	CDD-658.3

Índices para catálogo sistemático:
1. Administração de pessoal: Administração de empresas 658.3
2. Administração de recursos humanos: Administração de empresas 658.3

PREFÁCIO

Recorde de vendas, bem-sucedidas associações internacionais na China, na Coreia e na República Checa, um aumento do preço de suas ações no mercado que elevou o valor da empresa AT&T a 10 bilhões de dólares. Parece ter sido um grande ano, não? Pois foi também o ano em que seu presidente foi crucificado pela imprensa por ter demitido 40.000 empregados, além dos outros 60.000 que já tinham sido postos na rua em função da reestruturação por que passou a empresa nos últimos três anos.

A experiência da AT&T revela que *existe uma diferença quando as decisões envolvem a administração de pessoas.* Suas decisões não afetarão apenas seu sucesso individual, mas também o comportamento e o senso de justiça de tratamento por parte de seus empregados. Elas afetam também a sociedade. Como administrador, você enfrentará fortes pressões para atingir o sucesso por meio das pessoas que lidera.

Acreditamos que o que distingue a maioria das empresas bem-sucedidas é a maneira como administram seus recursos humanos. O talento para obter e sustentar vantagens competitivas está nas pessoas que formam a força de trabalho. Pergunte a um grupo de executivo o que é que mais lhes tira o sono. Sem exceção, todos dirão que as decisões referentes aos recursos humanos são as mais difíceis de tomar. Como selecionar e desenvolver futuros líderes? Como redesenhar a empresa para melhor atender aos clientes? Como recompensar o bom desempenho? Como liderar uma mão de obra globalmente diversificada? Como controlar os custos dos encargos trabalhistas ao mesmo tempo em que se mantém o tratamento justo aos empregados? Os desafios específicos de cada empresa dependem das pressões sofridas pela organização. Entretanto, os desafios maiores sempre envolvem a administração de recursos humanos.

Enfrentando as pressões da competição globalizada, das mudanças sociais e do acelerado avanço tecnológico, os executivos precisam agir. Conselhos não faltam e as soluções podem parecer simples. Entretanto, você descobrirá neste livro que as soluções não são assim tão simples, nem sempre são as mesmas. O que funciona em uma circunstância pode não se aplicar em outra, ou com outras pessoas. Assim, a busca pela "resposta" não se dará consultando livros ou artigos de revistas, mas por meio da análise das condições e das pessoas nelas envolvidas. Este livro vai ajudá-lo a entender o que deve ser considerado em uma análise desse tipo de forma a levá-lo a tomar decisões eficazes. O retorno potencial das decisões sobre recursos humanos pode igualar ou superar os retornos de decisões tomadas sobre outros recursos da empresa. Em vez de mantê-lo acordado, talvez este livro possa ajudá-lo a dormir melhor!

SOBRE O LIVRO

Este livro baseia-se em grande parte nas quatro fases da abordagem de diagnóstico para a administração de recursos humanos. Como o modelo do Capítulo 1 ilustra, essas fases incluem:

1. levantar as condições da organização, tanto internas quanto externas, que são enfrentadas pelo executivo;

2. planejar e determinar os objetivos na área de recursos humanos para a organização baseados nessas condições;

3. escolher as ações apropriadas para alcançar os objetivos desejados; e

4. avaliar os resultados.

As principais seções do livro trazem um exame dessas fases e discutem os aspectos referentes aos recursos humanos envolvidos.

O ponto principal do livro é a discussão sobre como tomar decisões eficazes na área dos recursos humanos. Isso se dá pela análise das principais fontes de pressão e dos fatos enfrentados pelos executivos; pela discussão dos conceitos, teorias e pesquisas relacionadas com esses aspectos; e pela descrição das ações escolhidas por empresas líderes para alcançar seus objetivos. Alguns exemplos dos assuntos tratados são: os efeitos dos conflitos entre o trabalho e a família (Capítulo 15); a diversidade da mão de obra (Capítulo 2); as tendências internacionais, tais como os benefícios sociais conquistados pelos sindicatos europeus e as normas culturais e expectativas dos países asiáticos (integradas ao texto no decorrer de todo o livro); o uso de equipes de alto desempenho e novas abordagens das relações trabalhistas (Capítulo 15); a explosão no uso da informação e dos computadores como auxiliares na tomada de decisões (Capítulo 16); o recrutamento de estudantes universitários (Capítulo 6); a redução da mão de obra e *downsizing* (Capítulo 8); o gerenciamento de carreiras (Capítulo 9); a compatibilização das estratégias negociais com as decisões na área de recursos humanos (Capítulo 4); e muitos outros.

Muitas das práticas que hoje gozam de popularidade podem ter consequências negativas. Muito frequentemente é dada grande atenção à melhoria do desempenho nos níveis mais baixos da estrutura, ao mesmo tempo em que se ignoram as potenciais perdas para os empregados e seus dependentes. São exemplos disso os funcionários contratados em regime especial, as remunerações variáveis e a transferência para o trabalhador dos custos de planos de saúde; todas essas atitudes aumentam a incerteza e os riscos que esses empregados enfrentam. Esses assuntos também são discutidos neste livro.

As mudanças que se desenrolam no ambiente de trabalho não são cosméticas. Estamos no meio de nada menos que uma modificação fundamental nas relações de trabalho. Nesta edição do livro, você encontrará significativo desenvolvimento em três áreas: o impacto da globalização sobre as decisões em RH, a valoração e os custos nas decisões de RH, e o uso de sistemas de informação e informática como auxiliares na tomada de decisões.

Nosso objetivo é ajudá-lo a preparar-se para tomar decisões eficazes na área de recursos humanos e compartilhar de nossa convicção de que tais decisões são cruciais. Para atingir esse objetivo, este livro propõe-se a três tarefas básicas.

A primeira delas é *examinar as mais recentes pesquisas e teorias* referentes à administração de recursos humanos e ao ambiente de trabalho. Essa tarefa teve como ponto de partida as teorias e pesquisas sobre comportamento, psicologia, economia, sociologia e legislação organizacionais. A ênfase está na relevância. Essa discussão está amparada por ampla gama de referências atualizadas que oferecem a oportunidade de aprofundamento de alguns tópicos além daquilo que é exposto no texto.

A *próxima tarefa* é examinar a *rápida modificação das práticas utilizadas* entre os empregadores. Aqui, partimos da análise daquelas realmente usadas por grande variedade de empregadores; exemplos de empresas públicas e privadas, pequenas e grandes, nacionais e internacionais, estão incluídos. Utilizamos igualmente nossas próprias experiências na América do Norte, Coreia, Cingapura, Japão, Europa, América do Sul, Rússia, Hong Kong, Austrália e China. Essas práticas revelam novas iniciativas, bem como abordagens já tradicionais na administração de recursos humanos.

Para ajudá-lo a manter-se atualizado com as mudanças, introduzimos um *site* na internet para os profissionais que utilizam o livro. Esse *site* oferece assistência para:

1. acesso a outros *sites* de interesse para a matéria;

2. sugestões para o uso de material da internet em sala de aula;

3. casos "ao vivo" em edições em tempo real; e

4. informações sobre artigos recentes de jornais e revistas, além das novidades na legislação que possam ser relevantes para as aulas.

O endereço desse *site* é http://www.interlakes.com/mil/milld.html. Acreditamos que você achará nas informações aí contidas um surpreendente acréscimo para seu programa de curso.

Finalmente, este livro oferece a oportunidade *para que você desenvolva suas próprias habilidades de tomador de decisões por meio de exercícios práticos baseados em fatos reais.* Uma das opções é a seção "Sua vez", incluída nos capítulos. Essa seção apresenta um pequeno e concreto problema de recursos humanos.

Você escolhe sua decisão e depois a compara com as atitudes realmente tomadas pelos executivos na organização real. A realização desses exercícios poderá ajudá-lo a compreender melhor os conceitos e fatos discutidos no livro e auxiliá-lo a desenvolver suas capacidades, que poderão ser facilmente transferidas para qualquer outro trabalho futuro que venha a assumir.

Para terminar, esperamos conseguir mudar sua maneira de pensar sobre o gerenciamento de pessoas e a forma pela qual administra sua própria carreira. Esperamos que você descubra como a administração de recursos humanos é vital e desafiadora.

George T. Milkovich
John W. Boudreau

AGRADECIMENTOS

Utilizamos as contribuições de várias pessoas na preparação deste livro. Temos um débito todo especial com nossos alunos, que continuam a nos motivar e desafiar.

Agradecemos as contribuições de diversos executivos que compartilharam conosco suas ideias e práticas. Ainda que não possamos incluir todos nesta lista, aqui estão alguns cujo auxílio foi maior do que o esperado:

John Bronson	*PepsiCo*
Mishele Cheng	*Sun Microsystems*
Andrew Doyle	*Toshiba*
Stan Durda	*3M*
Alejandro Fernandes	*Petroleos de Venezuela S.A.*
Yuichi Funada	*Toshiba*
Rooney Mereness	*NCR Corporation*
Ray Olsen	*TRW*
Robert Rusek	*Lucent Technologies*
D. K. Kim	*Sunkyong*
Jeff McHenry	*Microsoft*
Toshio Sasaki	*Toshiba*
Gabriela Snobrova	*TRW*
Jay Stright	*Chevron Corporation*
Reese Smith	*Levi Strauss International*
M. J. Stone	*Chevron Corporation*
Fumie Urashima	*Johnson & Johnson do Japão*

Vários colegas acadêmicos também deram grande contribuição para a preparação desta edição:

Robert Atkin	*Universidade de Pittsburgh*
Melissa Barringer	*Universidade de Massachusetts*
Stuart Basefsky	*Universidade de Cornell*
Matthew Bloom	*Notre Dame*
Dale Feinauer	*Universidade de Wisconsin-Oshkosh*
Constance Finlay	*Universidade de Cornell*
Robert Gatewood	*Universidade da Geórgia*
John Hannon	*Universidade de Purdue*
Sookon Kim	*Universidade de Kyung Hee*
Kenneth A. Kovach	*Universidade George Mason*
Dan Koys	*Universidade DePaul*
Linda A. Krefting	*Universidade Texas Tech*
Linda Lowry	*Universidade de Cornell*
Richard Lutz	*Universidade de Akron*
Marick Masters	*Universidade de Pittsburgh*
Ed Montemeyer	*Michigan State*
Michael Moore	*Michigan State*
Steve Motowidlo	*Universidade do Estado da Pensilvânia*
Jerry Newman	*SUNY Buffalo Janez*
Prasnikar	*Universidade de Lju Ijana*
Jaehoon Rhee	*Universidade Yeungnam*
Yoko Sano	*Universidade Keio*
Mark Singer	*Universidade James Madison*
Yvonne Stedham	*Universidade de Nevada-Reno*
Anne S. Tsui	*Universidade de Ciência e Tecnologia de Hong Kong*
Nada Zupan	*Universidade de Ljubljana*

G.T.M.

J.W.B.

SUMÁRIO

1 UMA ABORDAGEM DIAGNÓSTICA PARA A ADMINISTRAÇÃO DE RECURSOS HUMANOS, 19

Por que os Recursos Humanos são Essenciais, 19

Decisões Integradas..., 20

...Que Influenciam a Eficácia, 20

Integrando Eficiência e Justiça, 22

Valorando os Recursos Humanos como Bens Ativos, 22

Separando os Custos de Administração e Retornos de Outras Atividades de RH, 22

Retornos Vistos como Despesas Evitadas, 24

O Custo do Imobilismo, 24

Atividades de RH pagam seu Custo, 25

O Administrador de RH, 26

Serviços, 26

Ética, 27

Parceiro de Negócios/Agente de Mudanças, 28

Uma Abordagem Diagnóstica, 29

Um Exemplo de RH, 30

Avaliação das Condições, 30

Ambiente Externo, 30

Ambiente Organizacional, 30

Situação dos Empregados, 31

Planejar e Estabelecer Objetivos, 31

Atividades da Administração de RH, 31

Recrutamento: de Indivíduos para as Equipes, 31

Desenvolvimento: do Treinamento ao Aprendizado Contínuo, 31

Remuneração: dos Salários aos Custos dos Encargos Sociais e dos Prêmios pelo Desempenho, 32

Relações com os Empregados: das Relações Trabalhistas à Administração de Interesses, 32

Avaliação de Resultados, 33

As Relações de Trabalho: um Contrato Implícito, 33

O "Novo Acordo": Mito ou Realidade?, 33

Um Grande Desafio para a Administração de RH: Administrar um Contrato Rompido, 34

Combinando a Abordagem Diagnóstica com o Conhecimento Teórico e Técnico, 35

Resumo, 35

Questões, 35

PARTE I – DIAGNÓSTICO DE CONDIÇÕES, PLANEJAMENTO E FIXAÇÃO DE OBJETIVOS, 37

2 AMBIENTE EXTERNO, 39

Forças Interligadas Moldam as Relações de Emprego, 39

O Governo como um Interveniente nas Relações de Emprego, 39

As Regulamentações Refletem a Sociedade, 41

Dando Forma à Legislação, 41

As Mudanças Internacionais nas Relações de Trabalho, 41

12 | Administração de Recursos Humanos

Comparações Globais, 42

Autonomia de Gestão, 43

Modelo Patrimonial e Mercado Financeiro, 44

Envolvimento de Empregados e Sindicatos, 44

Uma Crescente Diversidade na População Empregada: Tendências, 44

Imigração, 45

A Experiência Afro-americana, 46

A Mulher no Mercado de Trabalho, 46

A Disseminação dos Conceitos de Equidade, 47

Definindo a Discriminação, 47

A Emenda VII da Declaração dos Direitos Civis dos EUA, 47

Exceções à Emenda VII, 48

Preferências e Quotas: o Debate Público, 49

Avaliando o Cumprimento das Leis, 50

Análise da Disponibilidade, 50

Estabelecendo Metas, 51

Programando para o Atingimento de Metas: a Ação Afirmativa, 52

Garantindo o Cumprimento, 53

Os Norte-Americanos Não São Mais o que Eram, 53

Ocupações Desiguais, Ganhos Desiguais, 53

Teto de Vidro, 56

Valorizando a Diversidade, 57

Pressões por Programas Diversificados, 57

O Papel da Administração de RH, 57

Executivos e Líderes, 59

Treinamento, 60

Outros Países, Outras Perspectivas, 61

Diversidade não é uma Meta Universal, 61

Abordagem Europeia, 62

Canadá, 63

O Impacto e as Diferentes Respostas à Incerteza, 63

Resumo, 64

Questões, 64

3 AMBIENTE ORGANIZACIONAL, 67

Natureza da Organização, 68

Condições Financeiras, 68

Tecnologia e Produtividade, 68

Estratégia de Negócios, 69

Estrutura da Organização, 70

Redes, 72

Decisões de RH Adequadas à Estrutura da Organização, 73

Natureza do Trabalho, 73

Organizando o Trabalho, 74

Relações Humanas, 75

Modelos de Características de Trabalho, 75

Sistemas de Trabalho de Alto Desempenho, 75

Seguir o Fluxo, 76

Reengenharia, 77

Benchmarking, 77

A Mudança É Mesmo Necessária?, 78

Equipes: um Elemento Fundamental na Construção da Organização, 78

Construindo ou Demolindo?, 80

Yosh!, 81

Natureza das Funções, 82

Análise de Funções, 82

Coletando Dados, 83

Dados sobre Capacidade – Ênfase na Qualificação, 84

Descrição de Funções, 87

Descrições Genéricas: Flexibilidade versus Imobilidade, 88

A Análise de Funções é Útil?, 88

Está bem, mas é Realmente Útil?, 89

Enfoque na Pessoa, não na Tarefa: Competências, 91

Resumo, 91

Questões, 92

Apêndice: Procedimentos para a Análise de Funções, 92

Fontes de Dados, 93

4 CARACTERÍSTICAS DOS EMPREGADOS, 97

Características dos Empregados, 98

Desempenho, 98

Por que Medir o Desempenho, uma "Doença Mortal"?, 98

Que Desempenho Medir, 101

Como Medir o Desempenho, 104

Quem Deve Julgar o Desempenho?, 110

O Momento Certo: Quando Avaliar o Desempenho, 115

Está Tudo na Forma de Falar: Como Comunicar a Avaliação de Desempenho, 115

Como Descobrir se a Avaliação de Desempenho Funciona, 117

A Avaliação de Desempenho Afeta os Resultados Negociais?, 119

Questões Além do Desempenho: Afastamento do Empregado, 121

Absenteísmo, 122

Desligamentos e Rotatividade, 123

Atitudes e Opiniões dos Empregados, 124

Resumo, 127

Questões, 127

5 PLANEJAMENTO E AVALIAÇÃO, 129

Planejar, Estabelecer Objetivos e Avaliar Resultados, 130

O Planejamento é uma Tomada de Decisão Diagnóstica, 131

As Quatro Questões do Planejamento, 131

Por que Planejar os Recursos Humanos?, 132

O Planejamento Vincula os Recursos Humanos com a Organização, 132

O Planejamento Liga as Ações às Consequências, 133

Calculando o Retorno do Investimento em Recursos Humanos, 133

O Planejamento Integra as Atividades de Recursos Humanos, 135

Os Recursos Humanos estão Adequados à Estratégia?, 136

Os Recursos Humanos Podem Oferecer uma Vantagem Competitiva?, 136

Como o Planejamento de Recursos Humanos se Encaixa no Processo de Planejamento Global, 137

Planejando a partir de Marte, 137

Ambiente, 139

Nível Organizacional, 140

Quantidade e Distribuição dos Recursos Humanos, 141

Departamento/Função de Recursos Humanos, 142

Atividades Específicas da Administração de Recursos Humanos, 143

Planejamento do Emprego: a Quantidade e a Distribuição dos Recursos Humanos, 143

Como Mensurar a Demanda e a Oferta de Recursos Humanos, 143

Análise da Demanda: Onde Nós Queremos Estar?, 145

Análise da Oferta Interna: Onde Estamos Agora? Aonde Chegaremos?, 146

Análise da Oferta Externa: Quem está Entrando para a Organização? Quem Entrará no Futuro?, 151

Objetivos e Padrões de Avaliação: Como Temos Feito?, 153

O que Define um Bom Objetivo/Padrão?, 153

Resumo, 154

Questões, 155

PARTE II – RECRUTAMENTO E SELEÇÃO EXTERNOS, 157

Uma Abordagem Diagnóstica do Recrutamento e Seleção Externos, 158

Condições Externas, 158

Condições Organizacionais e de Trabalho, 159

6 RECRUTAMENTO EXTERNO, 161

Recrutamento: o Começo do Processo, 162

Processo de Procura do Candidato a Empregado, 165

Escolhendo uma Ocupação, 165

Buscando Informações sobre Empregos/ Organizações, 165

Escolhendo uma Função/Organização, 167

Objetivos Conflitantes para Candidatos e Empregadores, 167

O Fim do Emprego Permanente?, 168

Na "Rede": Auxílio sobre Carreiras para o Trabalhador Eventual, 171

Escolhendo as Qualificações dos Candidatos: Além da Tradição, 173

Utilizando a Mão de Obra mais Velha, 173

Criando Oportunidades para os Deficientes, 174

Removendo as Barreiras para os Trabalhadores Marginalizados, 174

14 | Administração de Recursos Humanos

Utilizando Candidatos com Poucas Habilidades Básicas, 175

Escolhendo as Fontes de Recrutamento e os Canais de Comunicação, 176

Atendimento na Empresa, 177

Indicações, 178

Recrutamento nas Faculdades, 178

Escolhendo as Faculdades, 179

Atraindo Candidatos, 180

Outras Instituições Educacionais, 183

Serviços Governamentais de Empregos, 184

Agências Privadas de Empregos e *Headhunters*, 185

Associações Profissionais, 185

Recrutamento Virtual: Encontrando o Emprego de seus Sonhos na Internet, 185

Propaganda, 186

Imigrantes, 187

Qual Fonte Funciona Melhor?, 188

Escolhendo a Forma de Persuasão, 188

Escolhendo a Mensagem: Realismo × Fantasia, 190

Escolhendo e Preparando Recrutadores, 191

Avaliando o Recrutamento, 193

Eficiência, 193

Produtividade e Estabilidade, 194

Equidade, 194

Práticas de Avaliação do Recrutamento, 195

Resumo, 196

Questões, 196

Apêndice: Uma Abordagem Diagnóstica para Procurar o seu Próprio Emprego, 198

7 SELEÇÃO EXTERNA DE EMPREGADOS, 207

Seleção Externa, 208

Objetivos da Seleção Externa, 209

Desenvolvendo uma Estratégia de Seleção Externa, 210

Validade: Como a Informação Pode Ajudar a Prever o Futuro, 212

Coeficiente de Validade, 213

Escolhendo a Técnica de Seleção, 215

Formulários de Inscrição e Currículos, 215

Verificação de Referências e Históricos, 219

Histórico do Candidato, 221

Entrevistas, 224

Testes de Habilidade, 235

Testes de Conhecimento da Função, Simulações e Testes Práticos, 239

Requisitos Físicos e Psicológicos, 241

Testes de Personalidade, Honestidade e Integridade, 243

Integrando as Ações para Formar o Processo de Seleção Externa, 245

Seleção Individual *versus* Classificação, 245

Coletando e Classificando as Informações Prognósticas, 246

Combinando Múltiplos Procedimentos de Seleção, 246

Isto Funciona? Avaliando o Processo de Seleção, 249

Validação Baseada em Critérios, 250

Validação Baseada no Conteúdo, 253

Extensão da Validação, 254

Regulamentação Governamental da Validação, 254

Qual é o Ganho? Avaliando as Atividades de Seleção Externa, 254

Eficiência, 254

Equidade, 257

Resumo, 258

Questões, 258

8 DEMISSÃO, REDUÇÃO E RETENÇÃO DE PESSOAL, 261

Redução e Retenção de Pessoal, 261

Uma Abordagem Diagnóstica da Redução e Retenção de Pessoal, 261

Eficiência, 262

Equidade, 264

Demissão Iniciada pelo Empregado ou pelo Empregador: Quem Decide?, 264

Medindo os Índices de Demissão, 264

Além do Índice de Demissão: o Valor do Quadro de Pessoal, 265

Gerenciando as Demissões Voluntárias, 266

Demissões Voluntárias, 267

Aposentadoria, 271

Gerenciando a Dispensa de Empregados, 275

    Demissões, 275

    Dispensas Coletivas, 277

Avaliando as Demissões e Retenções de Empregados, 286

    Eficiência, 286

    Equidade, 287

Resumo, 287

Questões, 287

PARTE III – DESENVOLVIMENTO DE PESSOAL, 289

Uma Abordagem Diagnóstica no Desenvolvimento de Pessoal, 290

Condições Externas, 290

Condições Organizacionais, 290

Características dos Empregados, 291

Objetivos/padrões para o Desenvolvimento do Empregado, 291

9 RECRUTAMENTO E SELEÇÃO INTERNOS E CARREIRA, 293

Recrutamento e Seleção Internos e as Carreiras, 294

    Fixando Objetivos, 295

A Mobilidade Interna dos Empregados Faz Parte do Processo, 297

    Os Processos de Recrutamento e Seleção Criam os Sistemas de Carreiras, 297

    O Recrutamento e Seleção Interno Reflete os Processos de Seleção e Demissão Internos, 297

    O Recrutamento e a Seleção Internos Afetam a Qualidade do Pessoal, 299

Obtendo o Equilíbrio entre os Interesses dos Empregadores e os dos Empregados: Administração da Carreira e Planejamento da Carreira, 301

    Novo Contrato de Trabalho: Seu Negócio Próprio, 302

    Novo Caminho da Carreira: Uma Estrada Cheia de Curvas, 303

Planejamento da Carreira: Empregados Descobrindo e Buscando seus Objetivos, 305

    Orientação da Carreira: Quem Você Quer Ser?, 305

    Ciclos e Estágios da Carreira, 306

Recrutamento na Administração da Carreira, 311

Divulgação, 312

    Indicação pelos Próprios Empregados, 312

    Indicação pelos Superiores dos Empregados, 314

    Indicação pelos Mentores, 315

    Inventário de Habilidades, 316

    Planejamento de Sucessão e Substituição, 316

Seleção na Administração da Carreira, 319

    Procedimentos de Seleção Utilizados Internamente, 319

    Centros de Avaliação, 319

    Desempenho Anterior, Experiência e Antiguidade, 323

Demissão e Retenção na Administração de Carreiras: Quem Fica Quando Eles se Vão?, 324

    Caminhos da Carreira Tipo Escada Dupla: Mantendo os Talentos Técnicos, 325

    Carreiras para Pais e Mães e Equilíbrio entre Vida Profissional e Privada, 326

    Sucessão do Presidente, 327

Administrando Carreiras Internacionais, 327

Fatores Organizacionais, 329

    Características do Empregado, 329

    Apoio Familiar, 330

    Adaptabilidade Cultural, 330

    Administração de RH: Como Podemos Ajudar?, 330

Avaliando o Recrutamento e a Seleção Internos e o Desenvolvimento de Carreiras, 331

    Eficiência, 331

    Equidade, 332

    Paredes e Tetos de Vidro, 332

Resumo, 333

Questões, 334

10 TREINAMENTO, 337

Treinamento e Processo de Desenvolvimento do Empregado, 338

    Não se faz Treinamento só pelo Treinamento, 338

    Treinamento como uma Arma Estratégica para as Nações, 340

    Treinamento como uma Arma Estratégica para as Organizações, 340

16 | Administração de Recursos Humanos

Impacto da Realização: Abordagem Diagnóstica do Treinamento, 341

Avaliando as Necessidades da Organização, 341

Análise de Funções, de Tarefas e de Capacidade, Habilidades e Conhecimento (CHC), 343

Análise da Pessoa, 345

Comparação e Uso dos Métodos de Levantamento de Necessidades, 346

Identificando os Objetivos do Treinamento: Qual é o Alvo?, 347

Seleção e Estruturação de Programas de Treinamento, 347

Estabelecendo Condições Apoiadoras para o Aprendizado, 347

Capacidade de Aprendizagem do Treinando, 347

Motivação do Treinando para a Aprendizagem, 348

Escolhendo o Conteúdo do Treinamento, 351

Escolhendo os Métodos de Treinamento: em Serviço, 357

Escolhendo os Métodos de Treinamento: Fora de Serviço, 359

Transferência do Ambiente de Treinamento para a Realidade do Trabalho, 364

Avaliação do Treinamento: A Prova Está nos Resultados Obtidos, 364

Escolhendo os Critérios de Treinamento: Que é Eficácia?, 366

Eficiência: Custos de Treinamento, 369

Eficiência: Retornos, 370

Análise do Ponto de Equilíbrio, 370

Equidade, 373

Resumo, 374

Questões, 375

PARTE IV – REMUNERAÇÃO, 377

Influências Externas sobre a Remuneração, 378

Economia: Mercados de Produtos e de Trabalho, 378

Regulamentações Governamentais, 378

Sindicatos, 378

Influências Organizacionais sobre a Remuneração, 379

Características dos Empregados, 379

11 O SISTEMA DE PAGAMENTO, 381

Múltiplas Formas de Pagamento, 381

Remuneração Total *versus* Recompensa Total, 382

Múltiplos Objetivos do Pagamento, 382

Decisões sobre a Política de Pagamento, 383

Competitividade Externa: Comparação entre Organizações, 383

Alinhamento Interno: Comparações dentro da Organização, 384

Contribuições dos Empregados, 384

Implementação, 385

Equilibrando as Decisões Políticas, 386

Competitividade Externa, 386

Pesquisando o Mercado, 386

Conduzindo uma Pesquisa, 386

Mercado Relevante, 388

Que Patamar de Pagamento Estabelecer?, 390

Traduzindo a Política de Nível de Remuneração na Prática, 391

Alinhamento Interno, 392

Estruturas Igualitárias *versus* Hierarquizadas, 393

Desenhando uma Estrutura Baseada nas Funções: Avaliação das Funções, 395

Método dos Pontos: o Método mais Comum de Avaliação, 395

Peso dos Fatores, 397

Estruturas Baseadas nas Habilidades, 399

Estruturas Baseadas nas Competências, 402

Estruturas Baseadas nos Mercados, 403

Construindo Burocracias?, 404

Resumo, 405

Questões, 405

Apêndice: *Definições de Fator e Pontos para um Plano de Avaliação de Funções Baseado nas Habilidades para o Setor de Produção Industrial*, 407

12 REMUNERAÇÃO INDIVIDUAL DOS EMPREGADOS, 411

Contribuições dos Empregados, 411

Os Empregados Devem Receber Remunerações Diferentes?, 411

Tabela Salarial, 412

Faixas Salariais, 412

Bandas Expandidas, 414

Como Remunerar o Desempenho dos Empregados, 415

    Remuneração por Mérito: Destaque à Individualidade, 415

    O Mérito Está Sendo Mal Administrado? Muito Dinheiro Para Pouco Resultado, 416

    Incentivos Individuais, 418

    Planos Baseados em Equipes/Unidades: Trabalho de Equipe como Chave para a Melhoria do Desempenho, 418

    Participação nos Resultados, 420

A Remuneração pelo Desempenho do Empregado Vale a Pena?, 423

    O Pagamento pelo Desempenho Afeta a Equidade, 423

    O Lado Negativo da Remuneração Variável, 424

    A Remuneração pelo Desempenho Afeta a Eficiência, 424

Remuneração pelo Desempenho, 425

    Obtendo a Aceitação, 425

    Assegurando o Atendimento à Legislação, 426

    Valores Comparáveis, 426

    Grupos Especiais, 428

Sistemas de Remuneração Internacionais, 429

    Comparando Salários e Produtividade, 429

    Comparando Sistemas, 430

    Panorama Global, 431

    Remuneração das Missões Internacionais, 434

Resumo, 437

Questões, 438

13 BENEFÍCIOS, 439

O Crescimento dos Benefícios, 440

    Sindicatos, 440

    Concessão Intencional *versus* Direitos Adquiridos, 440

    Uma Lacuna nos Benefícios, 441

Fixando Objetivos e Estratégias dos Benefícios, 442

Competitividade, 443

    Comparações de Custos, 443

Cobertura, 444

    Planos Privados de Seguros, 444

    Remuneração de Horas não Trabalhadas, 445

    Serviços, 445

    Aposentadorias, 446

Comunicação, 447

Práticas Internacionais, 447

    Japão, 448

    Europa, 448

Avaliação dos Resultados das Decisões sobre os Benefícios, 448

    Efeitos sobre os Custos, 448

    Efeitos sobre o Comportamento do Empregado, 449

    Efeitos sobre a Equidade, 450

Resumo, 450

Questões, 450

PARTE V – RELAÇÕES COM OS EMPREGADOS, 451

Uma Abordagem Diagnóstica das Relações com os Empregados, 452

    Condições Externas, 452

    Condições Organizacionais, 453

14 SINDICATOS, 455

O Movimento Sindical nos Estados Unidos, 455

Por Que os Empregados se Sindicalizam?, 456

Objetivos das Relações Trabalhistas, 457

    Manter Independência quanto aos Sindicatos, 457

    Colaboração, 459

Negociando um Acordo, 459

    Preparação, 459

    Aspectos da Negociação, 460

Impasses na Negociação Coletiva, 461

    Mediação, 461

    Greves, 461

Administração de Acordos, 462

    Etapas do Processo de Reclamação, 463

    Arbitramento, 463

Relações Trabalhistas em Diferentes Países, 464

    Negociação Centralizada, 465

    Comissões de Trabalhadores, 465

    Legislação Social: Intensiva *versus* Extensiva, 466

Avaliação dos Efeitos das Atividades de Relações Trabalhistas, 467

18 | Administração de Recursos Humanos

Eficiência: Impacto dos Sindicatos sobre os Salários, 467

Eficiência: Impacto dos Sindicatos sobre a Produtividade, 468

Equidade: Impacto dos Sindicatos sobre a Força dos Empregados, 469

Países Diferentes, Efeitos Diferentes, 469

Resumo, 470

Questões, 471

15 RELAÇÕES COM OS EMPREGADOS, 473

A Importância das Relações com os Empregados, 474

Comunicação, 474

Bilateralidade, 475

O Retorno da Informação Diz que Você Ouviu, 475

Envolvimento dos Empregados, 477

Qualidade de Vida no Trabalho (QVT), 477

Comitês Empregados-Empresa, 478

Iniciativas da Organização, 478

Conflitos entre Trabalho e Família, 478

Adaptações dos Horários de Trabalho, 479

Assistência às Crianças, 480

Proteção, 481

Segurança e Riscos para a Saúde, 481

Fatores Ligados ao Estilo de Vida, 482

Estresse, 482

Relações com os Colegas, 485

Assistência ao Empregado, 488

Abordagens da Assistência ao Empregado, 489

Conflitos e Disciplina, 491

Processo Disciplinar, 492

Resolução de Conflitos, 493

Julgamento dos Juízes, 494

Avaliação de Resultados, 495

Eficiência, 495

Equidade, 496

Resumo, 497

Questões, 497

16 EVOLUÇÃO DA PROFISSÃO DE ADMINISTRADOR DE RECURSOS HUMANOS, 499

Função de RH: de "um Capataz" para a "Alta Flexibilidade Globalizada"?, 500

Modelo Industrial, 500

Modelo de Investimento, 501

Modelo de Envolvimento, 501

Modelo de Alta Flexibilidade, 502

Os Elementos da Construção: as Competências dos Recursos Humanos, 502

Os Sistemas de Informação de Recursos Humanos, 504

Que é um Sistema de Informações de Recursos Humanos?, 505

Valor dos Sistemas de Informação, 506

Estruturação do SIRH, 507

Entrada: Onde Buscar a Informação?, 511

Processamento e Manutenção dos Dados, 511

Saída: O Que Você Vê é o Que Você Tem, 514

Evitar a "Exposição": Privacidade e Segurança, 514

Escolha do Sistema, 515

Avaliação do Valor Agregado: Um Placar Equilibrado, 516

Opiniões e Percepções dos Grupos de Interesse, 516

Auditoria das Atividades de Recursos Humanos, 517

Orçamentos de Recursos Humanos, 518

Atividades, Custos e Proporção de Profissionais de RH por Empregado, 519

Contabilidade dos Recursos Humanos, 519

Retorno dos Investimentos em Recursos Humanos, 520

Avaliação da Função de Recursos Humanos, 521

Eficiência, 521

Equidade, 521

Resumo, 522

Questões, 522

Apêndice: Especialização em Administração de RH, 523

ÍNDICE REMISSIVO, 525

1

UMA ABORDAGEM DIAGNÓSTICA PARA A ADMINISTRAÇÃO DE RECURSOS HUMANOS

A Posco, segunda maior fabricante de aço do mundo, ampliou suas instalações em Pohang até a costa do mar que separa a Coreia do Japão. Os empregados e os visitantes que chegam a essa imensa indústria passam por baixo de um enorme letreiro que atravessa por cima de uma larga pista de tráfego e proclama, em coreano e em inglês, a filosofia da empresa (Quadro 1.1): "Recursos são limitados; Criatividade não tem limites". Para a Posco, as pessoas – recursos humanos de Pohang – são a chave para a obtenção de vantagens competitivas. Você não precisa ir até Pohang, Coreia, para aprender o que os executivos de todo o mundo estão descobrindo. Pergunte aos líderes de qualquer organização ou leia o que os executivos de empresas multinacionais, como a General Electric, Toshiba ou BMW, estão revelando em suas declarações e planos operacionais. De maneira uniforme, todos afirmam que as pessoas formam seu recurso crítico. Esses indivíduos estão convencidos de que uma eficaz administração dos recursos humanos é a chave para a liberação da criatividade e para a obtenção de vantagens competitivas.

POR QUE OS RECURSOS HUMANOS SÃO ESSENCIAIS

Por *administração de recursos humanos (ADMINISTRAÇÃO DE RH)* entende-se uma série de decisões integradas que formam as relações de trabalho; sua qualidade influencia diretamente a capacidade da organização e de seus empregados em atingir seus objetivos.

Ainda que as instalações físicas, os equipamentos e os recursos financeiros sejam necessários para a organização, as pessoas – os recursos humanos – são particularmente importantes. Os recursos humanos (RH) trazem o brilho da criatividade para a empresa. As pessoas planejam e produzem os produtos e serviços, controlam a qualidade, vendem os produtos, alocam recursos financeiros e estabelecem as estratégias e objetivos para a organização. Sem pessoas eficazes, é simplesmente impossível para qualquer empresa atingir seus objetivos. De Pohang até Petaluma, as decisões dos executivos moldam o relacionamento entre a organização e seus empregados.

Quadro 1.1
O que a competição coreana pensa.

資源은 有限
Recursos são limitados

創意는 無限
Criatividade não tem limites

Fonte: Representação dos caracteres chineses fornecidos por Byoun-hoon Lee.

Quadro 1.2
Um panorama geral.

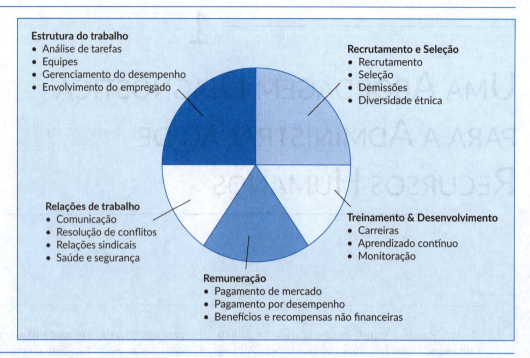

À medida que tais decisões afetam não apenas a capacidade funcional dos empregados, mas também suas vidas pessoais, elas estão entre as mais difíceis de tomar, ainda que essenciais. Além disso, essas decisões não são tomadas dentro de um espaço fechado, já que os aspectos políticos, culturais e econômicos da sociedade também têm sua influência sobre elas.

Decisões Integradas...

Note que nossa definição de administração de RH requer que as decisões estejam integradas, ou seja, façam parte de um todo. Decisões em diferentes aspectos de RH precisam ser consistentes entre si, como mostra o Quadro 1.2. Por exemplo, uma empresa que pretenda criar um time de trabalho produtivo precisa *selecionar* empregados que trabalhem bem em equipe, *treiná-los* tanto nas habilidades de comunicação e trabalho de grupo como em suas tarefas específicas, *recompensar* mais pelo resultado em equipe do que individual e *oferecer* apoio para que essas pessoas possam ter o melhor desempenho possível. Todas essas decisões formam a base para o sucesso da equipe e da organização.

Além de estarem integradas entre si, as decisões também precisam de consistência interna. Por exemplo, se programas de incentivos e pagamento de horas extras elevam os salários dos operários de uma linha de montagem acima do que é pago a seus líderes de equipe, um empregador pode ter sérias dificuldades em convencer algum deles a aceitar a responsabilidade da liderança (com remuneração inferior). Nenhum programa pode existir isoladamente. Quando integrados, os programas de RH têm muito mais possibilidades de atingir os objetivos de toda a organização.

...Que Influenciam a Eficácia

Como podemos reconhecer uma empresa eficaz quando vemos uma? Podem ser características de organizações eficazes a lucratividade, o retorno dos investimentos, a parcela que detém no mercado, seu crescimento, adaptabilidade e capacidade de inovar e, talvez o objetivo fundamental, a sobrevivência. Uma organização é eficaz quando oferece a seus clientes os serviços e produtos desejados, dentro dos prazos esperados e com preços e qualidade razoáveis. A eficácia decorre tanto da eficiência quanto da equidade.[1]

Eficácia

Produtos e serviços são criados por meio da combinação de diversos recursos e da oferta de valor agregado

---

1 WALKER, J. W., BECHET, T. P. Defining effectiveness and efficiency measures in the context of human resource strategy. In: NIEHAUS, R. J., PRICE, K. F. (Orgs.). *Bottom line results from strategic human resource planning.* New York: Plenum, 1991.

aos clientes. Se entendermos todos os recursos – matéria-prima, informação, tecnologia, capital e recursos humanos – como entradas e os produtos e serviços resultantes como saídas, o que a organização busca é maximizar as saídas enquanto minimiza as entradas. As decisões de RH ajudam uma empresa a gerenciar seus empregados com eficácia. Como são esses empregados que tomam as decisões sobre os demais recursos, fica claro que a eficácia em RH é um importante determinante da eficácia organizacional.

> ### QUAL SUA OPINIÃO?
> A indústria Bethlehem Steel, localizada em Tonawanda, New York, à beira do lago Erie, chegou a ser a maior produtora de aço do mundo. Em seu auge, mais de 20.000 empregados trabalhavam nela. Mas nos anos 80, a fábrica foi fechada e finalmente destruída depois que se tornou uma ameaça ambiental. Hoje, o maior produtor de aço do mundo está na Ásia. Quais práticas de administração de RH você acredita que tenham contribuído para que os Estados Unidos perdessem sua vantagem competitiva dentro do mercado em grande escala de aço?

Faça a Pergunta Certa

Em determinado nível, a eficiência evoca a seguinte questão: *"Estamos fazendo as coisas corretamente?"* Estamos controlando nossos custos com mão de obra, contratando o número certo de pessoas com as habilidades adequadas e fazendo tudo isso dentro de um prazo razoável? As respostas para essas questões exigem informações sobre custos, quantidades, qualidade e controle de prazos. Quanto tempo levamos para contratar um novo engenheiro de computação? Como calcular sua remuneração média? Quantos engenheiros precisamos entrevistar e de quais escolas para identificarmos os 10 que o setor de engenharia irá contratar?

Em outro nível, a eficácia evoca outra questão: *"Estamos fazendo as coisas certas?"* Os erros cometidos pela IBM no início da década de 90 mostram como é difícil manter-se eficaz. Cada novo modelo de *mainframe* lançado era inegavelmente melhor do que o anterior.

Portanto, a IBM estava fazendo as coisas corretamente – construindo máquinas cada vez melhores. Infelizmente, a tecnologia da computação estava desenvolvendo-se rapidamente e em várias outras direções. O que a IBM fazia era feito maravilhosamente bem. Entretanto, estava fazendo as coisas erradas. Seus concorrentes e os clientes estavam mudando para os computadores pessoais, redes e *palmtops*. Voltando para a administração de RH, precisamos fazer as duas perguntas: "Estamos fazendo as coisas corretamente?" e "Estamos fazendo as coisas certas?"[2]

Como podemos fazer melhor as coisas? Estamos tomando atitudes que não agregam valor à organização ou que desperdiçam nossos recursos? Por exemplo, estamos recrutando em escolas de engenharia graduados que não possuem as habilidades de que necessitamos? Nossos recrutadores parecem evitar a escolha de mulheres? Estamos fornecendo a esses novos engenheiros informações erradas sobre expectativa de desempenho em nosso programa de treinamento inicial? Algumas vezes, os executivos prendem-se tanto à eficiência dos procedimentos que se esquecem de perguntar se esses procedimentos agregam algum valor à organização. A eficiência pode ser melhorada redesenhando-se um formulário para torná-lo mais claro ou informatizando esse processo; a eficácia pode ser aumentada, eliminando-se simplesmente a necessidade do formulário.

Justiça

A justiça é a imparcialidade percebida tanto nos processos utilizados para chegar às decisões de RH como nas próprias decisões escolhidas.[3] Numa sala de aula, um exame justo não é necessariamente aquele em que todos os alunos recebam a mesma nota. Um exame justo será aquele que cobrir igualmente todos os assuntos tratados e propiciar a todos os estudantes a mesma possibilidade de demonstrar sua compreensão sobre a matéria. Alguns professores adotam alguns procedimentos adicionais para permitir que seus alunos recorram da avaliação caso considerem que o exame ou a nota foram injustos. De forma similar, uma organização eficaz deve verificar se a remuneração de alguns empregados é justa em comparação ao trabalho que realizam e em comparação ao que é pago aos outros funcionários. Pode-se pedir aos empregados que participem de comitês para planejamento e revisão de normas salariais, ou aplicar questionários sobre sua opinião relativa a vários aspectos de RH. Uma organização eficaz trata seus funcionários

---

2   MIRVIS, Philip H. Is human resources out of it? *Across The Board,* p. 50-51, Sept. 1993.

3   FOLGER, R., GREENBERG, Jerald. Procedural justice: an interpretive analysis of personnel systems. In: ROWLAND, K. M., FERRIS, G. R. (Orgs.). *Human resources management.* Greenwich, CT: JAI, 1985. v. 3, p. 141-183.

Administração de Recursos Humanos

de forma justa e respeitosa. Ela empenha-se em criar condições para que todos os empregados contribuam e obtenham sucesso. A justiça é um aspecto importante da eficácia.

Integrando Eficiência e Justiça

Eficiência e justiça estão inter-relacionadas. Por exemplo, muitas organizações acreditam que, promovendo a sensação de justiça em seus funcionários por meio do uso de sistemas de reclamações, políticas de comunicação mais abertas, resolução de conflitos e programas de assistência, aumentam sua eficiência. Essas empresas consideram que, se seus empregados se sentirem tratados com justiça, estarão mais dispostos a aceitar programas de reciclagem ou de realocação, ou a oferecer sugestões para o aumento da produtividade. Para elas, a eficiência e a justiça são frutos das mesmas decisões.

Por outro lado, a eficiência e a justiça podem às vezes conflitar. Por exemplo, planos que mantenham empregados mais novos com habilidades mais atualizadas e mais dispostos a aceitar mudanças podem parecer injustos aos olhos dos empregados mais antigos que entenderão isso como uma falta de valorização de sua lealdade e dos anos de serviços prestados à organização. Ainda que todos os executivos enfrentem questões de eficiência e justiça, alguns dos mais vividos, importantes e desafiadores problemas desse tipo ficam na área de RH. O equilíbrio entre a eficiência e a justiça é um desafio constante, uma vez que ambos os conceitos são necessários para uma organização ser eficaz.

Valorando os Recursos Humanos como Bens Ativos

Os recursos humanos não existem de graça. Para algumas empresas, como a General Foods e a Texaco, salários, benefícios e treinamentos perfazem entre 20 e 30% de suas despesas operacionais. Para aquelas com emprego intensivo de pessoas, tais como H&R Block, Merrill Lynch ou empresas da área educacional, esse custo pode significar mais de 70% das despesas operacionais.

A maioria das decisões importantes em uma organização é tomada depois de uma análise custo-benefício. Quando o Conselho Administrativo de uma escola considera a oportunidade de construir um novo prédio para alunos, ele deseja antes verificar a projeção de matrículas e o demonstrativo de fluxo de caixa para decidir se este projeto faz sentido. As informações sobre custos e benefícios tornam o processo decisório mais sistemático e racional e podem torná-lo mais eficaz. Mas esse processo decisório racional não é frequentemente aplicado à administração de RH, principalmente porque há uma dificuldade em separar os custos específicos dessa área em relação às outras e também porque algumas crenças e modismos costumam fugir das evidências.

SEPARANDO OS CUSTOS DE ADMINISTRAÇÃO E RETORNOS DE OUTRAS ATIVIDADES DE RH

Para compreender as dificuldades de separação dos retornos de RH e dos demais setores da empresa, vamos olhar o recente processo de reengenharia da Pepsi-Cola. A empresa percebeu que não estava tendo o retorno esperado por seu desembolso de $ 5 bilhões de dólares a seus franqueados engarrafadores. Embora a empresa continuasse a ter lucro, uma avaliação mais profunda de seus clientes e empregados, acompanhada da análise financeira, revelou que a organização estava à beira de um desastre. Os *clientes* – os varejistas que vendem as bebidas – reclamavam que não conseguiam entender a política de preços da Pepsi, que seus funcionários não respondiam aos telefonemas e que ficavam sem saber com quem falar sobre cada caso, já que eram atendidos por mais de 20 pessoas diferentes. A Pepsi não era acessível.[4] Os *empregados* reclamavam que a cúpula da empresa não estava sendo honesta com eles e que parecia não haver muita relação entre o trabalho que estavam realizando e o que os clientes e a própria organização necessitavam. No *mercado,* o segmento genérico das *colas,* ainda que crescendo, estava sendo atingido pela crescente popularidade de bebidas alternativas (como chás em lata, bebidas à base de frutas etc.). Clientes, empregados e investidores estavam insatisfeitos. Obviamente, eram necessárias mudanças.

A Pepsi reformulou-se, colocando no topo da organização os funcionários mais próximos dos clientes (Quadro 1.3). O restante da estrutura dedicou-se a remover obstáculos e a alocar recursos para que as necessidades dos clientes pudessem ser atendidas. A empresa divulgou internamente com vigor a mensagem: "O cliente é o alvo para o qual devemos orientar toda nossa companhia e todos os processos, sistemas e atividades associados".

---

4   BRONSON, John. *Turning vision into business performance.* Apresentação no Programa de Desenvolvimento de Executivos de RH, University Cornell, Ithaca, NY, nov. 1995.

Quadro 1.3
Mais que simples borbulhas?

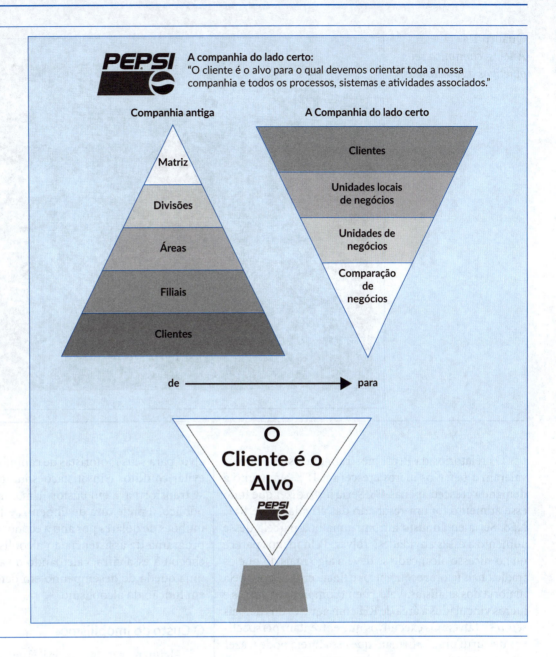

À medida que a Pepsi é uma empresa que emprega pessoas intensivamente, a grande maioria de suas mudanças estava relacionada com a ADMINISTRAÇÃO DE RH: redesenhar os processos de trabalho e as tarefas para que o enfoque no cliente fosse mais eficaz; reorientar o treinamento, aumentando a ênfase no conhecimento das necessidades dos clientes e em como atendê-las; redesenhar o sistema de recompensa para premiar o desempenho consistente e confiável e não o mérito por antiguidade ou por comportamentos "heroicos" que não se sustentam a longo prazo; e vincular mais proximamente as remunerações ao sucesso da empresa. A Pepsi compreendeu a importância da comunicação – informar porque essas mudanças eram necessárias e o que significavam para cada um dos funcionários. O Quadro 1.4 é parte de uma série de "mapas de aprendizado" desenvolvidos para ajudar os empregados a entender melhor seu mercado. Os mapas (este é o número 3 da série) foram usados como jogo de tabuleiro para envolver ativamente os funcionários e conscientizá-los dos desafios e das estratégias enfrentados pela Pepsi. Depois de passar uma manhã "jogando nestes mapas", os empregados aprendiam qual dos produtos da empresa dava maior margem de lucro (por exemplo, a embalagem de 2 litros da Diet Pepsi *versus* a embalagem de 12 garrafas da Pepsi normal *versus* a bebida à base de frutas Ocean Spray) e entendiam como seu trabalho se encaixava no processo total, fossem eles motoristas de caminhão, engarrafadores ou funcionários da área de recursos humanos.

Quadro 1.4
A Pepsi comunica seus objetivos a suas tropas.

Os relatórios da Pepsi mostram que esses esforços valeram a pena: os lucros cresceram 18%, enquanto a demanda cresceu apenas 4%. Seria justo dizer que todo esse aumento foi um resultado das atividades de RH? Não. Seria então justo atribuir uma boa parcela desse aumento a essas atividades? Talvez. Pelo menos parece que o sucesso alcançado se deve a algo mais do que os tradicionais fatores econômicos e financeiros usados pela maioria dos analistas. Vale a pena comparar os custos e lucros vinculados à área de RH com aqueles dos demais setores? Talvez. Os executivos que enfrentam perspectivas de curto prazo afirmam que essa tarefa pode trazer satisfação intelectual aos acadêmicos (como os autores), mas não é consistente com as iniciativas que orientam a Pepsi hoje. Aqueles executivos mais preocupados com estratégias reconhecem que avaliar as condições cambiantes enfrentadas pela empresa ou diagnosticar quais ações de RH trazem proveito em face da concorrência são tarefas difíceis, ainda que essenciais (Quadro 1.5).

Retornos vistos como Despesas Evitadas

Algumas vezes, os benefícios das ações de RH podem ser calculados como custos não incorridos. Por exemplo, a Pepsi começou seu treinamento de "o cliente é o alvo" para seus motoristas de caminhão como forma de evitar conflitos e insatisfações junto à clientela, o que se transformava em custos. Um empregador do setor público, a prefeitura de Phoenix, estima em mais de 2 milhões de dólares por ano a economia obtida com seu programa de assistência ao alcoolismo.[5] A prefeitura chegou a essa cifra, calculando o valor econômico de uma queda de desempenho em determinadas tarefas em função do alcoolismo.

O Custo do Imobilismo

Algumas vezes, a área de RH agrega valor dos efeitos negativos de não se fazer nada: clientes não satisfeitos, novos produtos não desenvolvidos, novas estratégias de marketing não planejadas. O custo da Pepsi em não diagnosticar e modificar suas ações de RH pode ser entendido como a perda contínua de mercado e de lucro. O grupo coreano Samsung procura evitar custo do imobilismo, realizando um programa de desenvolvimento de gerentes, o qual envia executivos para outros países por um ano, com o intuito de familiarizá-los com essas culturas. A Samsung acredita que esse programa pagará seu custo de mais de 80 mil dólares por pessoa/ano por meio da capacitação de seus executivos em fazer

---

5 BEYER, Janice, TRICE, Harrison. The best/worst technique for measuring work performance in organizational research. *Organizational Behavior and Statistics*, p. 1-21, May 1984.

Quadro 1.5 *Curso de administração não consegue descobrir o enigma da Pepsi.*

James Smith aceitou o desafio da Pepsi – e foi derrotado.

Todo semestre, o professor Smith, que dá aulas de finanças na Escola de Administração Kenan-Flagler da Universidade da Carolina do Norte, em Chapei Hill, passa um exercício matemático para seus alunos para que projetem os lucros de uma companhia.

As instruções são simples: selecione uma empresa qualquer, pegue seus lucros dos últimos 10 anos, combine com algumas previsões de crescimento econômico, preço de matérias-primas etc., e projete os lucros para os próximos quatro trimestres.

Existe apenas uma regra rigorosa – não escolher a PepsiCo. Inc.

Esta é a única empresa entre todas testadas pelo Professor Smith desde 1988 que resiste ao método de projeção. Ele diz que, enquanto as previsões para as outras empresas quase sempre dão certo, as da Pepsi nem chegam perto.

"É o mesmo que jogar cara ou coroa", diz ele, "é um verdadeiro enigma".

Não por falta de tentativa dos alunos. Há alguns anos, uma aluna tentou desvendar o mistério, mas acabou em lágrimas no escritório do professor. Há dois anos, um gerente nacional de marketing da Pepsi, que havia sido aluno do professor Smith, fez uma nova tentativa. O rapaz foi insistente, apesar de ter sido alertado.

"Ele disse que teria acesso a todos os números necessários dentro da empresa", conta o professor Smith.

Mais uma vez, só frustrações.

A própria empresa não entende por que o modelo do professor Smith não funciona lá. Um porta-voz da companhia disse que eles usam sempre um sistema semelhante de "análise de regressão" para projetar seus lucros.

"Precisamos descobrir mais sobre seu trabalho", disse o porta-voz.

O professor Smith acredita que o problema possa estar relacionado com a estrutura complexa e imprevisível da PepsiCo, que inclui bebidas, alimentos e restaurantes. A rede Pizza Hut pode ter uma queda nos lucros, enquanto a Mountain Dew começa a vender muito ou a Doritos entra em uma guerra de preços.

Mesmo assim, segundo o professor Smith, seus alunos já trabalharam com empresas muito mais complexas, como a DuPont e a Union Carbide.

"A PepsiCo é uma excelente empresa", ele diz, "mas como modelo de estudo é um pesadelo".

E o que dizer da Coca-Cola?

Responde o Professor Smith: "É moleza".

Fonte: FRANK, Robert. *The Wall Street Journal*, 21 Nov. 1995, p. B1.

---

julgamentos mais precisos sobre sua clientela internacional. A empresa opera em 55 países. Sem a compreensão de seus clientes e de suas culturas, os executivos arriscam desperdiçar outros recursos da empresa – ativos financeiros, instalações e equipamentos – por conduzir seus recursos humanos em direções que não agregam valor.

Atividades de RH pagam seu Custo

As atividades de RH – conjuntos integrados e internamente consistentes de práticas de recursos humanos

– contribuem para a eficiência e a justiça organizacionais? Muita gente acredita que sim, e pesquisas recentes têm dado certo respaldo a esse conceito. Por exemplo, estudos recém-elaborados sobre a indústria americana dão conta de que as linhas de produção com práticas de administração de RH integradas e inovativas têm índices de produtividade 7% mais alto do que as que contam com abordagens tradicionais ou inconsistentes.[6]

Entretanto, nem sempre fica claro por que ou como essas práticas de administração de RH funcionam. Boa

---

6   ICHNIOWSKI, Casey; SHAW, Kathryn; PRENNUSHI, Giovanna. *The effects of human resources management practices on productivity.* Cambridge, M: National Bureau of Economic Research, artigo nº 5.333,1996.

parte deste livro, além de descrever práticas de RH, faz um exame das crenças e evidências em torno dos benefícios das decisões nessa área. Acreditamos que os executivos bem-sucedidos tomam suas decisões baseados em cuidadosos diagnósticos da organização e do meio ambiente no qual sua empresa compete. O papel dos executivos de RH torna-se crucial porque envolve o recurso mais importante da organização: as pessoas. Vamos analisar esse papel.

> **EXPLORANDO A WEB**
>
> No mundo eletronicamente interligado em que vivemos, não chega a ser surpreendente que os profissionais de administração de RH possam perguntar e responder a questões sem sair da frente de seus computadores. A HRNET é um boletim eletrônico no qual qualquer membro pode colocar uma questão, dar uma resposta ou emitir uma opinião. Mais de 3.000 executivos de RH, professores e consultores são associados à HRNET, que distribui as mensagens entre todos os membros em todo o mundo. Você pode dar uma olhada nessas discussões nos arquivos da HRNET. Ler esses arquivos é tão simples quanto mandar ou receber um *e-mail*, e vai deixá-lo atualizado sobre as mais recentes ideias do setor. Seu instrutor poderá dar-lhe mais informações sobre como acessar esse serviço.

O ADMINISTRADOR DE RH

A gestão de pessoas é uma preocupação central de todo executivo em qualquer organização. Quem for responsável pela montagem de computadores pessoais, por exemplo, precisa coordenar componentes eletrônicos (a matéria-prima), cronogramas de produção e orçamentos. Os recursos humanos são críticos para essa coordenação. Os executivos das áreas de finanças, marketing, distribuição, operações, P&D, compras e planejamento são todos gestores de recursos humanos. Até mesmo o líder de uma equipe de cinco desenvolvedores de *software*, ou o gerente de turno de um MacDonalds, ou de uma loja de conveniência tipo Seven Eleven, é um gestor de recursos humanos. Os especialistas em RH podem oferecer conselhos e técnicas, mas são os outros que realmente gerenciam o cotidiano das relações de trabalho. Eles são os responsáveis pelo uso eficaz dos recursos humanos. Cabe a eles a responsabilidade definitiva pelo treinamento, desempenho, criatividade e satisfação dos empregados que lideram.

Na verdade, podemos dizer que os executivos e funcionários das áreas operacionais são clientes dos especialistas de RH. Prestar *serviços* aos executivos das áreas operacionais é um dos papéis primários do administrador de RH, como é mostrado no Quadro 1.6. Os demais papéis são os de *advogado, parceiro de negócios* e *agente de mudanças*.

Serviços

O papel de prestador de serviços para o administrador de RH enfoca o desempenho eficiente de uma série de tarefas rotineiras e específicas; por exemplo, administrar testes para promoções, preparar relatórios para o governo ou assegurar que os funcionários recebam corretamente seus prêmios quando for assim determinado. Sabemos da história de um famoso engenheiro de *software* que fez jus a um bônus de $ 2.500 por ter resolvido um problema para um cliente especial dentro de um prazo exíguo. Entretanto, quando o engenheiro

Quadro 1.6
As *transformações do papel de administrador de RH*.

abriu o envelope, encontrou um cheque de míseros $ 250. A eficácia no serviço faz diferença. (O nome da empresa em questão foi omitido para proteger o responsável.)

Outros serviços podem ser menos rotineiros, como elaborar novos planos de remuneração para atrair a atenção dos empregados para a melhoria da qualidade dos produtos ou do atendimento dos clientes. Essas atividades requerem mais habilidade do que enviar um cheque correto, mas o ponto é ainda a prestação de serviços que dê apoio aos executivos de empregados dos setores operacionais.

Os especialistas de RH contribuem com seu conhecimento específico; por exemplo, como planejar programas de treinamento eficazes, como redesenhar funções e organizações para se adequarem às mudanças tecnológicas, como decidir no que programas de melhoria de qualidade podem ser benéficos, ou como assegurar que as decisões referentes às contratações, promoções e demissões estejam livres de discriminação. Esses especialistas emprestam sua habilidade para fornecer serviços aos executivos e empregados das áreas operacionais. A prestação de serviços é o mais visível dos papéis de RH na maioria das organizações. Se a área de RH será vista como um auxílio ou um obstáculo pelo restante da organização dependerá do serviço prestado. Consequentemente, a eficiência na prestação de serviços pode afetar a lucratividade da empresa.

Ética

Imparcialidade é importante. Decisões sobre contratações, promoções e treinamento; quanto pagar às pessoas; como vincular a remuneração ao desempenho; e apoio aos funcionários insatisfeitos – tudo isso deve ser feito tendo em mente a justiça e a imparcialidade. Defender um tratamento justo e ético para os empregados é outro papel do profissional de RH.[7] Uma sensação de injustiça pode afetar as atitudes e o comportamento dos empregados. Absenteísmo, baixa motivação, falta de preocupação com a qualidade dos produtos e serviços, ausência de sugestões para melhorias, falta de comprometimento e até sabotagens podem surgir como resultado. Os casos variam desde o dos Correios nos Estados Unidos, cujos empregados aterrorizaram com tal frequência seus colegas que apenas a menção de seus nomes já evocava fúria descontrolada, até a menos dramática, mas mais frequente, de empregados que colecionam insatisfações, reclamações sindicais e mesmo processos judiciais contra os empregadores por tratamento injusto. Tais atitudes e comportamentos afetam os custos, a produtividade, os lucros e, finalmente, o valor das ações da empresa no mercado.

Ética e Responsabilidade Fiduciária

Algumas pessoas argumentam que a defesa que o profissional de RH faz sobre a ética nos processos deve estender-se para além dos empregados, atingindo os acionistas do lado de fora da organização. Por exemplo, a empresa do setor alimentício Archer-Daniels-Midland viu sua reputação ser seriamente comprometida por acusações de benefícios ilegais e formação de cartel.[8] A reação inicial da ADM a essas denúncias foi acusar o denunciante de ter desviado fundos por meio de um plano de indenizações fraudado. Se qualquer das denúncias for verdadeira, tanto os acionistas como os clientes terão sido lesados. Não ficou claro se o pessoal da administração de RH da ADM sabia das irregularidades, mas como defensores da justiça, *todos os* administradores de RH têm a responsabilidade de identificar lapsos comportamentais e ajudar a estabelecer um tipo de cultura organizacional que não tolere tais abusos.

Algumas vezes, as violações éticas são menos evidentes. Por exemplo, as regras do governo norte-americano sobre aposentadorias encorajam os empregados a retirarem-se da ativa. Todavia, ao mesmo tempo, são confusas e complexas, dificultando seu cumprimento. Uma empresa pode inadvertidamente agir de forma ilegal. As pessoas reagem de maneiras diferentes às violações. Contudo, os administradores de RH estão em uma posição única – e são responsáveis – por assegurar que o comportamento de todos os empregados tenha um bom reflexo sobre a organização, mesmo que isto lhes valha uma sátira do tipo dos quadrinhos do personagem *Dilbert*.

EXPLORANDO A WEB

Uma discussão de grupo sobre leis e ética no mundo dos negócios está à disposição dos interessados no endereço: listserv@moose.uvm.edu. Coloque no texto de sua mensagem (em inglês); SUBSCRIBE LETHICS.

---

7   WALKER, James. *The future human resource function today.* Apresentação ao Center For Advanced Human Resource Studies, Ithaca, NY, 5 Nov. 1992.

8   SOLOMON, Charlene Marmer. Put your ethics to a global test. *Personnel Journal*, p. 66-74, Jan. 1996.

Certas pessoas argumentam que em uma organização bem administrada o papel de defensor da ética por parte do profissional de RH é desnecessário e ultrapassado.[9] A analogia é com a função de controle de qualidade em uma indústria. Em vez de concentrar a responsabilidade pela qualidade dos produtos em um único departamento, fazer dela uma obrigação de todos. Em primeiro lugar, é necessário redesenhar tarefas e treinar as pessoas adequadamente para evitar os produtos de baixa qualidade. Da mesma forma, se os gerentes estiverem administrando eficazmente seus recursos humanos, as decisões sobre treinamentos, promoções e remuneração não causarão nenhum problema e não será necessária a intervenção de um defensor das pessoas.

A experiência, entretanto, mostra outra realidade. Os gerentes possuem orientações e objetivos diferentes e enfrentam pressões da competição. Por exemplo, o gerente de uma loja varejista popular pode desejar pagar o menor salário capaz de atrair empregados para manter o estabelecimento funcionando com um mínimo de competência. No papel, o plano parece perfeito, pois mantém seus custos baixos. Com o passar do tempo, porém, os empregados insatisfeitos começarão a descontar suas frustrações nos fregueses, e a baixa qualidade do serviço afastará clientes já usuais. Os lucros vão diminuir, mas o gerente sem visão já se mudou para uma nova loja, espalhando dessa forma suas práticas como um vírus na organização. Em contraste com isto, um profissional de RH deve recomendar que se faça uma análise custo-benefício das decisões a serem tomadas. Preferivelmente, os executivos das várias áreas da empresa devem complementar-se em vez de competir. É função dos administradores e profissionais de RH avaliarem a totalidade das atividades dessa área de maneira que tanto os empregados como a organização sejam tratados de forma justa e ética. Acreditamos, inclusive, que esse comportamento traz bons resultados financeiros.

Parceiro de Negócios/Agente de Mudanças

Os profissionais de RH são também parceiros de negócios e agentes de mudanças. *O papel de parceiro* exige o conhecimento profundo do negócio da empresa além das práticas específicas de RH. O vice-presidente de RH da Novell Inc. costuma dizer que "ser um parceiro de negócios significa compreender a direção para a qual a empresa caminha, qual é seu produto, o que é capaz de realizar, quem são os clientes-alvos e qual a posição da companhia na competição pelo mercado".[10] Em uma enquete com 314 das maiores empresas americanas, a "precepção sobre os negócios" foi listada como a mais importante das competências dos profissionais de administração de RH.[11] A General Electric parece ser quem levou mais longe até agora o conceito de parceria, envolvendo o pessoal de RH com as próprias vendas. Independentemente das vendas de seus sistemas, a GE oferece assistência aos clientes do departamento de RH.

O parceiro de negócios faz as perguntas que ajudam a descobrir os resultados a que se quer chegar e a identificar como as pessoas devem ser modificadas, como faz o pessoal da PepsiCo e da Samsung. O *agente de mudanças* auxilia nas transformações. Ele possui habilidades como liderança, resolução de conflitos e relações interpessoais. Como as organizações estão preparando-se para o século XXI, as mudanças são constantes. Na realidade, muitos acham que as reorganizações feitas hoje são apenas temporárias e que novas virão em seguida, à medida que as empresas forem constantemente adaptando-se ao mutante universo político e econômico em que se encontram. Consequentemente, o papel de agente de mudanças do profissional de RH terá grande ênfase no futuro, de acordo com o Quadro 1.6.

É necessário cautela, entretanto. A administração de RH tem se deixado levar por modismos, que resultam em mudanças apenas pelo prazer de mudar. A mudança tem que agregar valor à organização. Dessa forma, o agente de mudanças e o parceiro de negócios fundem-se em um único papel.

Assim, o consenso diz que a área de RH continuará a tornar-se cada vez mais estratégica, orientada para o negócio da empresa, voltada para o cliente, em busca de valor agregado e abrangente em suas perspectivas. A nova geração de profissionais de RH desempenhará múltiplos papéis: prestadores de serviços centrados nos clientes, defensores da ética, parceiros de negócios e agentes de mudanças. Parece interessante? O capítulo final deste livro traz informações adicionais sobre como se tornar um conceituado profissional de RH.

---

9   LARSON, Reuben. Zero-defect-based human asset management. *On Center*, p. 1-2, Fall 1992.

10   BLANCERO, Donna; DYER, Lee. *Assessing human resources competencies*. Artigo. Cornell University. Ithaca, NY, 1992.

11   CSOKA, Louis S. *Rethinking human resources*. New York: The Conference Board, 1995.

Quadro 1.7
Modelo de diagnóstico.

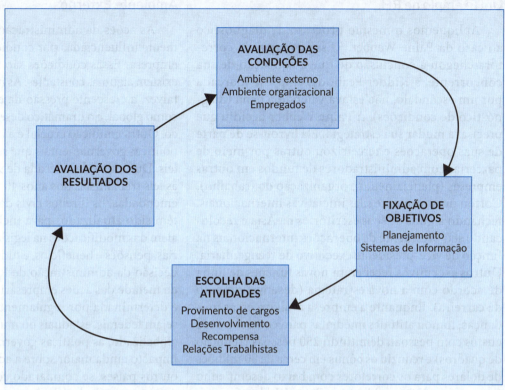

UMA ABORDAGEM DIAGNÓSTICA

O modelo que aparece no Quadro 1.7 ilustra a abordagem diagnóstica desenvolvida neste livro. Esse modelo oferece um esquema para as decisões de RH e sobre quais fatores afetam essas decisões – tanto as causas como as consequências. O modelo de diagnóstico oferece uma estrutura aos assuntos que são objetos deste livro. Ele inclui quatro fases: (1) diagnóstico das condições dos recursos humanos; (2) fixação dos objetivos baseados nesse diagnóstico; (3) escolha de um curso de ação entre vários para o atingimento dos objetivos; e (4) avaliação dos resultados. A avaliação dos resultados fornece um controle sobre o sucesso das ações que estão sendo realizadas. As ações da administração de RH levam a novas condições nessa área. Tais ações podem ser mantidas ou revisadas, dependendo dessas novas condições. Assim, o modelo prevê um contínuo aprendizado, flexibilidade e *feedback*. Enquanto o modelo separa o processo de administração de RH em fases distintas, na realidade este é constante e as ações estão inter-relacionadas. Como em qualquer outro cenário do comportamento humano, aqui cada ação afeta todas as demais.

A abordagem diagnóstica é utilizada em várias situações. Imagine que você é atacado por uma violenta dor no peito e então procura pelo serviço médico de sua escola. Os profissionais que lá trabalham (somos eternos otimistas) vão tomar sua temperatura, auscultar seu batimento cardíaco e seus pulmões, registrar seu histórico de saúde, pedir maiores informações sobre a dor que o aflige e verificar qualquer outro dado por ventura constante já em sua ficha. Ainda que o objetivo mais abrangente dos profissionais de saúde seja manter saudável a população inteira de estudantes, seu objetivo mais específico e imediato é acabar com a dor que você está sentindo. Baseado neste *objetivo* e em seu *diagnóstico* das condições, serão considerados *tratamentos* (ações) alternativos: enviá-lo a um cardiologista, consertar sua costela quebrada ou aconselhá-lo a não comer quatro bolinhos recheados antes de sair para correr. Se o problema persistir, as condições serão rediagnosticadas e considerado outro tratamento. Esse processo de:

1. diagnosticar a situação;
2. planejar e estabelecer objetivos;
3. escolher entre alternativas;
4. avaliar resultados;

continuará durante todo o tempo que durar nosso relacionamento com a equipe médica.

Um Exemplo de RH

Apliquemos o mesmo processo de diagnóstico ao caso da Paine Webber.[12] Essa companhia corretora chegou à conclusão de que a aquisição de sua concorrente, a Kidder Peabody, empresa marcada por um escândalo, não estava valendo a pena (diagnóstico de condições). A Paine Webber decidiu que precisava mudar sua estratégia. Ela livrou-se de parte de suas operações e terceirizou outras por meio de parcerias com administradores de fundos em outras empresas (planejamento e organização do trabalho). Cortou drasticamente suas iniciativas internacionais, fechando alguns de seus escritórios na Ásia e recolocando seu presidente de operações internacionais na função de vice-presidente executivo de reengenharia. Outros executivos receberam novas funções de linha de acordo com a nova estratégia (desenvolvimento de carreira). Enquanto a empresa avaliava essas mudanças, tomou atitudes imediatas para controlar seus custos com pessoal, demitindo 250 pessoas (redução de quadros) e reduziu os bônus em cerca de 80 milhões de dólares para os corretores com baixo desempenho (recompensa). O presidente da Paine Webber fez uma promessa de comprometer a empresa mais claramente com seus pontos fortes, continuar diagnosticando sua situação e realizar quaisquer mudanças consistentes com esse objetivo.

Raramente os resultados financeiros decepcionantes de uma empresa podem ser vinculados diretamente aos assuntos da administração de RH. Mas, como ficou demonstrado no caso Paine Webber, são as pessoas que traçam as estratégias e as conduzem. São as pessoas que determinam se uma empresa é ou não lucrativa. Administrar pessoas por meio de um conjunto integrado de práticas de administração de RH torna-se uma parte essencial do processo geral de gerenciamento de qualquer organização.

AVALIAÇÃO DAS CONDIÇÕES

Nosso modelo de abordagem diagnóstica começa examinando as condições da empresa. As condições de interesse particular para a administração de RH encontram-se em três amplas categorias: ambiente externo, ambiente organizacional e situação dos empregados.

Ambiente Externo

As ações da administração de RH são profundamente influenciadas por condições do lado de fora da empresa. Essas condições são muitas e variadas, mas existem algumas constantes. As mais importantes seriam, talvez, a crescente pressão da competição, tanto local como global, e o dramático desenvolvimento tecnológico. Outra condição crucial é a incessante mudança das políticas governamentais que se refletem em normas e leis. Durante toda a década de 90, nos Estados Unidos, as leis trabalhistas dos anos 40 vêm sendo discutidas e emendadas, os direitos civis datados dos anos 60 e 70 têm sido atualizados para incluir algumas minorias, além das modificações na legislação sobre aposentadorias, pensões e benefícios, e tudo isto afeta a tomada de decisão da administração de RH. Estima-se que mais da metade das ações empresariais nos Estados Unidos é determinada por regulamentações governamentais, sejam federais, estaduais ou municipais.[13] No ambiente globalizado, as políticas governamentais tendem a ter impacto ainda maior sobre a administração de RH em outros países, se comparado com os Estados Unidos. Algumas dessas legislações, que são parte do contrato social, exigem o exame detalhado de cada política e prática de RH para que haja aquiescência. Dessa forma, o ambiente externo influencia e impõe limites às decisões na área de recursos humanos.

Ambiente Organizacional

Várias condições organizacionais afetam diretamente as decisões na área de RH: as estratégias e os objetivos da empresa, a situação financeira, a tecnologia e a cultura organizacional, por exemplo. Obviamente, estratégias, tecnologias, finanças, culturas e estruturas organizacionais diferem de uma Microsoft, para uma Iowa Beef Processors, para um Metropolitan Museum of Art ou uma pequena loja de conveniências em um bairro. A natureza dessas condições específicas influenciam as decisões tomadas pelos administradores de RH.

Mesmo uma única empresa, como a General Electric ou a Toshiba, pode na realidade ser formada por múltiplos ambientes organizacionais definidos por suas específicas estratégias, objetivos, finanças, tecnologias e culturas, e por diferentes condições externas entre suas diversas unidades. O conglomerado coreano Sunkyong possui unidades operacionais no mundo todo. Seus

---

12 RAGHAVAN, Anita. Paine Webber plans to slash annual pay. *The Wall Street Journal,* 6 Nov. 1995, p. C1, C16.

13 REICH, Robert. *Work of nations:* preparing ourselves for 21st-century capitalism. New York: Alfred A. Knopf, 1991.

negócios variam de construção à hotelaria, de mercado financeiro a refinarias de petróleo. Cada unidade compete em um diferente mercado de produtos e serviços, utiliza tecnologias diferentes e enfrenta situações financeiras específicas. As relações de trabalho dentro de cada uma delas são definidas para atender a essas condições únicas.

Situação dos Empregados

Os empregados de uma organização diferem entre si por suas habilidades, experiências, necessidades, atitudes e motivação. As informações sobre essas diferenças são extremamente relevantes para as decisões da administração de RH. Saber como são os indivíduos que formam a massa de trabalho é fundamental para quase todas essas ações. Os executivos devem levar em conta essas características na hora de estabelecer objetivos e decidir sobre as atividades de RH. Por exemplo, uma pessoa que fracassa em seu desempenho por falta de habilidade específica requer uma abordagem totalmente diferente daquela requerida pelo indivíduo cujos problemas familiares são tão estressantes que comprometem seu trabalho.

PLANEJAR E ESTABELECER OBJETIVOS

Saber onde estamos é o primeiro passo. Decidir onde queremos chegar – nossos objetivos – é o segundo. O planejamento sintetiza as informações e identifica a distância entre o ponto de partida e o ponto que queremos atingir.

Da mesma forma que os papéis dos profissionais de RH e as organizações se têm modificado, os objetivos também têm mudado. Há duas décadas, os objetivos primários da área de RH estavam vinculados com o moral dos empregados e a satisfação no trabalho. Hoje, esse foco se deslocou para a agregação de valor por meio da melhoria do desempenho financeiro, da satisfação dos clientes e dos empregados. Uma organização eficaz é definida atualmente por seu desempenho financeiro e no mercado. A satisfação dos funcionários é medida por meio de enquetes sobre suas atitudes em relação às políticas de RH e sua opinião sobre a justiça no tratamento dado a eles pela empresa. A satisfação dos clientes é medida de forma variada, durante a distribuição dos produtos, por meio do controle da qualidade e pesquisas feitos com os consumidores.

As atividades de planejamento de RH concentram-se na fixação de objetivos. O planejamento envolve o estabelecimento de como uma organização pode mudar de um cenário existente de RH para outro desejado, ou seja, como preencher as lacunas em sua eficácia e justiça.

ATIVIDADES DA ADMINISTRAÇÃO DE RH

As atividades da administração de RH são programas desenhados em resposta à fixação dos objetivos e gerenciadas para sua obtenção. Nossa abordagem diagnóstica identifica quatro grandes categorias de atividades: *staffing*, desenvolvimento, recompensa e relações trabalhistas. A natureza de cada uma delas varia com o passar do tempo e são diferentes para cada empresa, dependendo de suas condições organizacionais e externas, assim como de seus objetivos específicos.

Recrutamento: de Indivíduos para as Equipes

O recrutamento determina a composição dos recursos humanos em uma organização. Quantas pessoas devemos empregar? Quais habilidades, capacidades e experiências devem possuir? Quando e como as pessoas devem ser recrutadas, transferidas ou demitidas? Estamos selecionando os indivíduos corretos para cada caso?

As abordagens tradicionais baseiam-se no conceito de tarefas reunidas em funções e indivíduos adequados a essas funções. O conceito de adequação entre indivíduos e tarefas fornecia a base para seleção, treinamento, recompensa – quase todo envolvendo decisões sobre pessoal. Esse modelo ainda está bastante presente na administração de RH.

Atualmente, conceitos flexíveis de papéis estão surgindo para tomar o lugar do modelo original indivíduo/tarefa. Em vez de funções rígidas estabelecidas por especificações organizacionais, papéis são definidos com base na habilidade dos empregados. Além disso, a cooperação e o espírito de equipe têm sido enfatizados em lugar da competição para se sobressair aos companheiros. A equipe e não o indivíduo tem aparecido como o bloco básico da construção do desenho de uma organização.

Desenvolvimento: do Treinamento ao Aprendizado Contínuo

O desenvolvimento das pessoas e as atividades de treinamento estão entre as atribuições mais comuns e mais caras da administração de RH. Tais atividades têm

Administração de Recursos Humanos

por finalidade ensinar novas habilidades, melhorar as já existentes, afetando as atitudes dos empregados. Por exemplo, pessoas recém-contratadas normalmente passam por uma sessão de orientação logo após entrarem para a organização. A orientação faz com que elas se sintam parte do grupo. As atividades de desenvolvimento são um meio poderoso para aumentar a eficiência e a justiça interna da organização, especialmente quando integradas a outras atividades de RH.

Cada vez mais, os gastos com programas de treinamento têm sido encarados como investimentos estratégicos, similares àqueles realizados com novas instalações e equipamentos. O treinamento continuado é vital para a obtenção de competitividade. Não obstante os norte-americanos, de forma geral, gozarem de alto grau de educação formal, a cada ano cerca de 700.000 estudantes estão abandonando o curso secundário e outros 700.000 saem da escola após apenas oito anos de frequência.[14] Ao mesmo tempo, a exigência de habilitação dos candidatos feitas por muitos empregadores, tanto nos Estados Unidos como em outros países, parece que não para de aumentar. Por exemplo, operários industriais podem ser destacados para equipes que requerem aprendizado contínuo e flexibilidade; cada membro da equipe deve aprender cada uma das tarefas envolvidas. A avaliação da qualidade, o controle estatístico de processos, a operação das máquinas, o cronograma e outras tarefas anteriormente dominadas pelos supervisores são agora função de qualquer dos empregados. O programa de desenvolvimento das pessoas assegura que o aprendizado necessário para a execução da tarefa seja realizado.

Remuneração: dos Salários aos Custos dos Encargos Sociais e dos Prêmios pelo Desempenho

São assuntos relevantes para o sistema de remuneração a situação da organização em relação a seus concorrentes, a garantia de diferenças salariais justas entre os empregados e a decisão sobre se o aumento dos ganhos deve basear-se no desempenho dos indivíduos, das equipes ou no desempenho de toda a empresa.

Os empregados são responsáveis por parte substancial dos custos operacionais de uma organização. Esses números são calculados em função da quantidade de pessoas, seus salários e benefícios, mais os custos com treinamento, contratações e assim por diante.

Historicamente, os executivos controlavam os níveis salariais e o número de empregados. Esse enfoque tem-se modificado para melhor compreensão dos efeitos das políticas salariais e de emprego sobre o custo total da remuneração e um estreitamento entre os conceitos de desempenho e recompensa.

Relações com os Empregados: das Relações Trabalhistas à Administração de Interesses

As atividades de relações com as pessoas têm por intuito promover uma convivência harmoniosa entre patrões e empregados. O relacionamento com os sindicatos, incluindo a administração dos dissídios e contratos coletivos, é a parte mais visível dessas atividades. Para alguns executivos, as relações com os empregados significam redução das hostilidades ou, pelo menos, diminuição da insatisfação até um nível tolerável. Outros têm metas mais ambiciosas: pretendem planejar e executar as atividades de RH com o fim de assegurar um tratamento justo e equânime para todos os empregados. Reservas para a manutenção da empregabilidade, administração de conflitos, reservas para creches ou tratamento preventivo contra uso de drogas podem ser algumas dessas atividades.

Desde os anos 40 até os 80, o relacionamento entre a direção das empresas e a dos sindicatos foi geralmente conflituoso. Entretanto, com a redução de seu número e de sua influência, associar-se a um sindicato, nos Estados Unidos, já não é a forma principal de participação dos empregados nos destinos de seu mercado de trabalho. O gerenciamento do ambiente de trabalho inclui hoje administração participativa, comissões de empregados, acordos para resolução de conflitos e programas para melhoria da qualidade de vida. Executivos, sindicatos e empregados estão tornando-se cada vez mais conscientes quanto às possibilidades da negociação coletiva.

Essas, portanto, são as quatro maiores atividades de recursos humanos listadas na abordagem diagnóstica: adequação de funções, desenvolvimento, remuneração e relações com empregados e sindicatos. Como essas atividades devem ser planejadas e executadas vai depender das duas fases prévias do modelo: as condições dos recursos humanos da empresa e os objetivos que foram estabelecidos para eles. As decisões aí tomadas formam a estratégia de RH da organização. Os resultados dessas atividades são avaliados como parte do processo de monitoramento das condições da empresa.

---

14 BASSI, Laurie J. Upgrading the U. S. workplace: do reorganization, education help? *Monthly Labor Review,* p. 37-47, May 1995.

AVALIAÇÃO DE RESULTADOS

A avaliação mede os efeitos das atividades de recursos humanos. Elas conseguiram ajudar a organização a atingir seus objetivos de RH? Por exemplo, a eficiência poderia ser medida comparando-se os custos com as pessoas antes e depois da adequação de funções ou programa de treinamento. Poderia também ser comparado o desempenho ou absenteísmo antes e depois de um novo sistema de remuneração. Quando o objetivo estabelecido é o atingimento de justiça social, podem-se avaliar os resultados, comparando o número de mulheres ou membros de minorias contratados depois das ações tomadas neste sentido.

As atividades de RH mudam o ambiente organizacional e conduzem a novas condições. Isso nos leva de volta à primeira fase do modelo diagnóstico: a avaliação das condições presentes. Dessa maneira, percebe-se que os componentes do modelo são inter-relacionados e sua influência pode ser multidimensional.

AS RELAÇÕES DE TRABALHO: UM CONTRATO IMPLÍCITO

Até a metade da década de 80, a maioria dos americanos pensava sobre trabalho em termos de um emprego regular em tempo integral. Os alunos que se formavam nos cursos secundários ou universitários normalmente arrumavam emprego em uma empresa na qual iniciavam uma carreira estável, previsível e relativamente segura. Dela recebiam uma remuneração também relativamente estável e previsível e outros benefícios em troca de seu desempenho profissional. Para a maioria dos trabalhadores, muitos dos termos dessas negociações de trabalho não eram explicitados formalmente, criando um contrato implícito, o acordo.

> Um *contrato implícito de trabalho* é um entendimento verbal entre empregadores e empregados sobre seus direitos e deveres recíprocos; os empregados contribuem para o atingimento das metas estabelecidas pelos empregadores em troca de retribuição dada por estes últimos e aceita pelos primeiros.

Para compreender melhor um contrato implícito, pense no entendimento existente entre um aluno e seu professor. Cada um deles tem obrigações e responsabilidades. O aluno se compromete a aprender a matéria, a não dormir durante as aulas (pelo menos não de uma forma que atrapalhe os demais), realizar todos os trabalhos, e assim por diante. O professor compromete-se a trazer dados atualizados para a aula, ensinar coisas relevantes e significativas, oferecer uma chance de aprendizagem, e assim por diante. Cada uma das partes recebe uma retribuição por aquilo que deu. A do aluno traduz-se em notas para se formar, talvez um curso interessante e material didático de utilidade. A do professor inclui seu salário e benefícios (em parte por causa desse aluno) e o prazer de dar aulas para jovens intelectualmente engajados. Repare que algumas dessas trocas são explicitadas: aparecem escritas em algum contrato formal (por exemplo, o sistema de avaliação da escola ou os créditos recebidos por aula). Entretanto, muitas coisas estão implícitas ou não especificadas (por exemplo, o grau de atualização do material didático, a participação do aluno em discussões em aula). Nas relações de trabalho, ocorre a mesma coisa na empresa. Muitos dos deveres e direitos são explicitados, mas não todos. Dessa maneira, as expectativas tanto do indivíduo quanto da organização têm também uma parte implícita. Os contratos explícitos estão entre aqueles negociados pelos sindicatos, ou por estrelas do mundo artístico e esportivo. Todavia, mesmo os contratos explícitos e formais dependem de entendimentos implícitos para darem certo.[15]

O "Novo Acordo": Mito ou Realidade?

As expectativas e as opiniões acerca das relações de emprego variam amplamente, seja entre pessoas de um mesmo país que trabalham para diferentes empresas, seja entre os trabalhadores e patrões em diferentes culturas.[16] Tradicionalmente, empresas japonesas e alemãs garantem a seus funcionários emprego vitalício em troca de contínuo aumento da produtividade, de aprendizado e de relações pacíficas (ou seja, sem greves, com aceitação de qualquer tarefa que venha a ser designada pela empresa). Já nos Estados Unidos, os acordos são mais variados. A Hewlett Packard e a 3M oferecem condições semelhantes àquelas de seus concorrentes da Alemanha e do Japão. A Microsoft e a GE oferecem uma oportunidade de contribuição e bom

---

15 ROUSSEAU, Denise; GRELLER, Martin. HR practices: administrative contract makers. *Human Resources Management*, p. 385-401, Fall 1994.

16 AFZALUR, M.; BLUM, Albert A. (Orgs.). *Global perspectives on organizational conflict.* Westport, CT: Praeger, 1994; PUCIK, Vlado; TICHY, Noel; BARNETT, Carole K. (Orgs.). *Globalizing management.* New York: John Wiley, 1992.

Quadro 1.8
Vamos fazer um acordo.

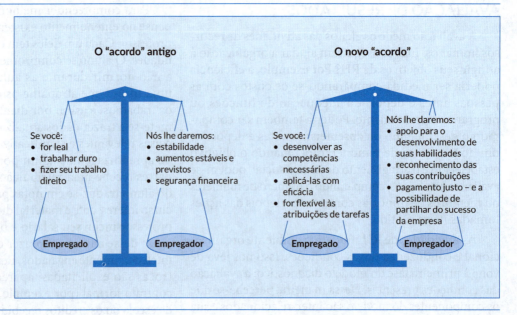

desempenho, mas não uma carreira. Nestas últimas, a estabilidade fica por conta do empregado, em função de sua capacidade de aprendizado e contribuição para os resultados da empresa.

Muitos acreditam que essas negociações estão mudando (Quadro 1.8). A IBM enxugou sua folha em mais de 60.000 pessoas e a AT&T em mais de 40.000. Mesmo as japonesas Nissan e Toyota mudaram o conceito de emprego *vitalício* para emprego *a longo prazo*, já que as expectativas também estão modificando-se.

O acordo tradicional caracteriza-se pela estabilidade no emprego em uma única empresa, extrema lealdade e comprometimento do funcionário, a contratação de trabalhadores permanentes e seu pagamento baseado nos índices do mercado, nas tarefas que executam e em suas experiências. No cenário atual, essa estabilidade já não é uma certeza. Os empregados estão se tornando cada vez mais leais a eles mesmos e comprometidos com suas próprias carreiras, e não com a empresa.[17]

Entretanto, como tantos "modismos", não existem ainda evidências sistemáticas dessas mudanças. Uma pesquisa com empregadores americanos mostrou que os trabalhadores continuam tão comprometidos com as empresas como há cinco anos, a estabilidade no emprego continua a mesma e a rotatividade nesse mesmo período se manteve de constante para menor.[18] Assim, quaisquer que sejam as notícias sobre novas tendências que você leia, tanto neste livro como na imprensa especializada, lembre-se de que sua aplicabilidade não é universal.

QUAL SUA OPINIÃO?

De volta para o futuro: Se você pudesse voltar 20 anos no passado, quais suas expectativas sobre as diferenças que encontraria no mercado de trabalho? Haveria diferenças quanto à estabilidade no emprego? Na expectativa salarial? Você acha que as convicções de um empregador-padrão seriam diferentes? Caso afirmativo, diferentes em quê?

Um Grande Desafio para a Administração de RH: Administrar um Contrato Rompido

Existem sinais de que os entendimentos implícitos baseados na tradição e na confiança mútua estão desaparecendo nos Estados Unidos e no mundo todo. As mudanças nas relações de trabalho são inseparáveis da contínua reestruturação endêmica da sociedade e da economia americanas. No decorrer deste livro, estaremos trazendo à discussão algumas dessas mudanças. A maioria delas tem ocorrido para adequar as relações de

---

17 BRIDGES, William. The end of the job. *Fortune*, p. 62-68, 19 Sept. 1994.
18 *The new employment relationship*: has anything really changed? Minneapolis: Ceridian Corporation, 1995.

emprego às circunstâncias ou estratégias particulares dos empregadores. Existem questionamentos sobre o impacto dessas mudanças sobre os empregados. Cada vez mais os funcionários de uma organização parecem estar sendo tratados apenas como mais um fator de produção.

Os desdobramentos trazidos pelas mudanças nos contratos de emprego para os trabalhadores e seus dependentes e talvez para a sociedade como um todo têm sido praticamente ignorados. Talvez, os profissionais de RH precisem ajudar os indivíduos a mitigar os crescentes riscos e custos que têm de enfrentar. Serão necessárias mais inovações na área de RH. Voltaremos a esse assunto mais tarde.

COMBINANDO A ABORDAGEM DIAGNÓSTICA COM O CONHECIMENTO TEÓRICO E TÉCNICO

Descrevemos a abordagem diagnóstica como uma forma de considerar informações nas quais se baseiam as decisões na administração de RH. No restante do livro, discutiremos o conhecimento teórico e técnico necessário para a tomada dessas decisões.

A organização deste livro segue um caminho paralelo à abordagem diagnóstica. A Parte I trata dos ambientes externo e organizacional e da situação dos empregados relevantes para a área de RH. Depois, descreve o processo de planejamento no qual os objetivos são especificados. O livro então vai descendo aos detalhes das atividades de recursos humanos. À medida que você for adiantando-se no texto, o modelo lhe dará uma estrutura para que combine o processo de tomada de decisões com o conhecimento teórico e técnico, que resulta na administração dos recursos humanos.

RESUMO

A administração de recursos humanos é um assunto fascinante e importante. O fascínio reside no fato de que envolve as pessoas no trabalho. E é importante porque os recursos humanos são a própria organização. As pessoas tomam decisões, fixam objetivos e planejam, produzem e vendem os produtos. A premissa básica deste livro é que a forma como as pessoas são administradas faz diferença.

O modelo diagnóstico oferece uma estrutura que combina o conhecimento técnico e o teórico com a abordagem diagnóstica. Nesta abordagem, os ambientes externo e organizacional, bem como as condições dos empregados, enfim, tudo afeta as decisões de RH e a capacidade de a organização atingir seus objetivos. Esses objetivos incluem a eficiência organizacional e a justiça e formam o padrão em relação ao qual serão avaliados os resultados das decisões tomadas.

Devemos enfatizar que a abordagem diagnóstica não é estática. As mudanças das condições determinam uma avaliação constante e uma flexibilidade nas decisões. As relações também não evoluem sempre no mesmo sentido. As atividades de RH podem afetar o ambiente externo (como uma mudança no mercado de trabalho com um aumento de oferta de empregos), o ambiente organizacional (tal como a identificação da estratégia mais adequada às habilidades e motivação dos funcionários) e os empregados individualmente. A administração de um processo assim dinâmico é o que torna a administração de RH tão importante e desafiadora.

QUESTÕES

1. Quais são alguns fatos relacionados à área de RH que estiveram no noticiário nos últimos dois meses?

2. Como o papel do executivo de RH tem mudado com o tempo?

3. Discuta os interesses de diferentes grupos de dentro e de fora da organização na área de RH. Em que circunstâncias esses interesses podem tornar-se conflitantes? Quais os que devem prevalecer?

4. Descreva a administração de RH tal como apresentada neste capítulo. O que é e por que é importante?

5. Aplique a abordagem diagnóstica a um fato de RH que lhe seja familiar.

6. Você acha que o contrato implícito de trabalho – o acordo – está mudando? Dê exemplos que justifiquem sua opinião.

Parte I
Diagnóstico de Condições, Planejamento e Fixação de Objetivos

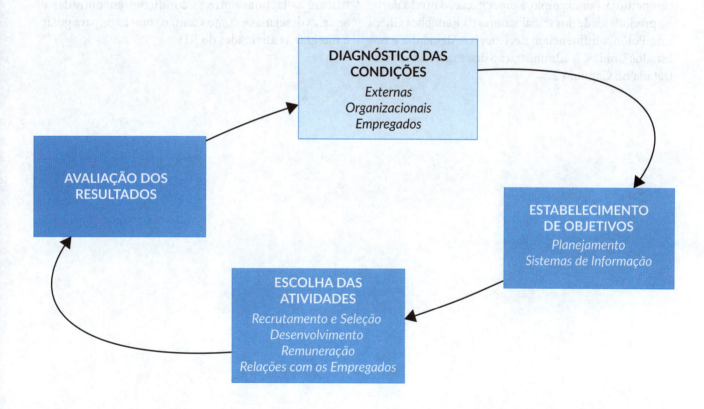

A Parte I analisa fatores relevantes que influenciam a administração de recursos humanos. O modelo diagnóstico apresentado nas páginas anteriores agrupa esses fatores em três categorias: ambientes externo, organizacional e situação dos empregados. Esse conjunto de aspectos fornece a estrutura da Parte I.

O Capítulo 2 trata do ambiente externo: condições sociodemográficas, econômicas e internacionais e suas implicações para a área de RH. A influência do poder público, por meio de leis, políticas e regulamentações, é tratada no decorrer de todo o livro. Entretanto, suas características gerais são aqui examinadas.

Como resultado das condições externas, as pessoas estão hoje muito diferentes. Os empregados norte-americanos estão muito mais diversificados em relação a suas experiências e expectativas; cada vez mais percebem que fazem parte de um mercado de trabalho global e mais competitivo. Por exemplo, a capacitação, o nível salarial e a produtividade dos trabalhadores da República Checa e da Polônia influenciam decisões na Alemanha e nos Estados Unidos. A administração dessa diversidade será tratada no Capítulo 2.

O Capítulo 3 faz um diagnóstico das condições organizacionais e mostra como vincular os objetivos da empresa às atividades de RH. Nesse Capítulo, também será discutida a natureza do trabalho na organização – como as tarefas, comportamentos, responsabilidades e resultados são atribuídos a cada função e como estas se relacionam entre si.

O Capítulo 4 cuida do comportamento individual do empregado. Como o diagnóstico do desempenho é crucial para o sucesso da organização, os administradores de RH estão profundamente envolvidos nesse processo. Outros aspectos do trabalho, como o absenteísmo e a rotatividade, também são analisados na avaliação das atitudes dos empregados, já que acreditamos que a atitude afeta o desempenho.

O Capítulo 5 mostra como esse diagnóstico é sintetizado pelos administradores de RH, como eles identificam as lacunas entre as condições encontradas e aquelas desejadas e como fixam os objetivos para guiar e integrar as atividades do RH.

2

AMBIENTE EXTERNO

Lembra-se daquela brincadeira infantil do papel, da pedra e da tesoura? Papel embrulha pedra, pedra quebra tesoura e tesoura corta papel? Pois a pedra, a tesoura e o papel interagem da mesma forma que as forças econômicas, as organizações e os trabalhadores. Forças externas como as condições legais, econômicas e demográficas ajudam ou atrapalham as organizações e os trabalhadores que, por sua vez, influenciam e moldam as leis e as condições econômicas. Os fatores da economia e as leis de um país influenciam-se mutuamente. Assim, essas forças estão inevitavelmente interligadas.

FORÇAS INTERLIGADAS MOLDAM AS RELAÇÕES DE EMPREGO

No Capítulo 1, discutimos o conceito de que as relações de trabalho envolvem *troca* entre empregados e empregadores. Os empregados dedicam esforço e muitas ideias contributivas aos interesses de seus empregadores. Estes, por sua vez, retribuem com salários, benefícios e serviços. Outras formas de recompensa podem fazer parte dessa troca: oportunidade de treinamento, um bom ambiente de trabalho, *status* social, o sentimento de pertencer ao grupo e a sensação de realização. Se os empregados e os empregadores criam convicções a respeito de suas obrigações mútuas, é preciso haver um contrato psicológico baseado nessas expectativas.

O GOVERNO COMO UM INTERVENIENTE NAS RELAÇÕES DE EMPREGO

Os empregados e os empregadores criam obrigações mútuas no mercado de trabalho, mas não são as únicas partes envolvidas nele. Por meio das políticas e das regulamentações, o governo torna-se uma terceira parte no processo. Consequentemente, as ações governamentais afetam as decisões da administração de RH. Na maioria dos países, a influência do poder público no mercado de trabalho é bem maior do que é nos Estados Unidos. Por exemplo, a usina de aço de Pohang examinada no Capítulo 1 foi construída com o apoio financeiro do governo sul-coreano como parte de um esforço de reconstruir uma economia devastada pela ocupação estrangeira e pela guerra civil.[1]

---

1 KIM, Soo Kon. *Vietnam:* combining human resource and economic renovation policies to become the next South Korea. Artigo apresentado no Center for Advanced Human Resource Studies Sponsor Meeting. Ho Chi Minh, Vietnã, 6-8 Nov. 1996; LEE, Michael Byungnam. *Business strategy, participative human resource management and organizational performance:* the case of South Korea. Apostila da Geórgia State University, Oct. 1994; YANG, Byong-moo. Trends, problems and directions for improvement for Korean industrial relations. Artigo preparado para o fórum do Labor-Management Cooperation. Tóquio, Japão, Oct. 1994.

40 | Diagnóstico de Condições, Planejamento e Fixação de Objetivos

Quadro 2
Legislação Trabalhista nos Estados Unidos.

Ano	Lei ou Regulamento	Principais Implicações
1926	Lei Trabalhista das Estradas de Ferro	Primeira legislação a conceder a qualquer trabalhador o direito de entrar para sindicatos. Encoraja a prática da mediação e da arbitragem.
1932	Lei Norris-LaGuardia	Declara a sindicalização como um direito de todos os trabalhadores.
1935	Lei Nacional de Relações Trabalhistas (Lei Wagner)	Exige do empregador a negociação de salários, jornada e condições de trabalho se a maioria dos empregados desejar uma representação sindical. Estabelece o Conselho Nacional de Relações Trabalhistas para conduzir eleições representativas e investigar acusações de práticas trabalhistas abusivas.
1938	Lei de Padrões Trabalhistas	Estabelece um salário mínimo, pagamento de horas extras; proíbe o trabalho infantil.
1947	Lei das Relações entre Superiores e Subordinados (Lei Taft-Hartley)	Empregadores não podem participar de sindicatos nem criar associações trabalhistas. Quando a maioria dos empregados escolher um sindicato específico, este irá representar todos os demais nas negociações, independente do fato de serem ou não sindicalizados. Estabelece o Serviço Federal de Mediação e Conciliação que oferece assistência aos contratos de trabalho.
1959	Lei Landrum-Griffin	Resultou de denúncias de práticas trabalhistas abusivas nas décadas de 40 e 50. Determinou o direito a voto para cargos nos sindicatos e para o aumento do imposto sindical, direito à liberdade de expressão em assuntos sindicais e direito a processar o sindicato.
1963	Lei da Isonomia Salarial	Proíbe diferenças de pagamento entre funções basicamente iguais exercidas por pessoas de sexo diferente.
1964	Emenda VII da Declaração dos Direitos Civis	Proíbe a discriminação por raça, cor, religião, sexo ou nacionalidade.
1965	Decretos nºs 11.246 e II.375	Exige ação afirmativa pelos contratadores federais para corrigir discriminações do passado.
1967	Lei da Discriminação Etária	Proíbe a discriminação de empregados com mais de 40 anos.
1974	Lei de Reabilitação de 1973; Decreto nº 11.914	Proíbe a discriminação por deficiência física ou mental (exige ação afirmativa).
1974	Lei de Reajustamento dos Veteranos do Vietnã	Proíbe a discriminação de veteranos da guerra, deficientes ou não.
1990	Lei para os americanos deficientes	Proíbe a discriminação contra pessoas deficientes qualificadas para desempenhar o elementar de uma função.
1991	Declaração dos Direitos Civis	Torna o processo legal mais fácil e atraente.
1993	Lei da Licença Familiar e de Saúde	Exige dos empregadores até 12 semanas de licença não remunerada para emergências de saúde ou familiares.

O estabelecimento de políticas econômicas nacionais é apenas uma das maneiras pelas quais o governo influencia as práticas de RH em vários países. O poder público também regula as operações quotidianas do trabalho por meio da especificação das condições permissíveis; por exemplo, a jornada de trabalho, os índices salariais e as exigências quanto à segurança. Além disso, o governo é também um cliente e um empregador importante. Nos Estados Unidos, 2,6% do total da mão de obra trabalham para o governo federal, enquanto 3,9% estão empregadas nos governos estaduais e municipais. Os gastos do governo federal dos Estados Unidos com compras em geral, desde as becas dos juízes da Suprema Corte até os submarinos do Pentágono, consomem 22% do Produto Nacional Bruto.[2]

As Regulamentações Refletem a Sociedade

As regulamentações refletem os valores e os costumes de uma sociedade. Sociedades diferentes encaram diferentemente o papel do poder público no mercado de trabalho. Consequentemente, o grau de regulamentação e o impacto da política governamental variam de país para país.

Para entender como a legislação reflete a sociedade, veja as regulamentações do mercado de trabalho no Quadro 2.1. Ele demonstra como as coisas se modificaram nos Estados Unidos em função do movimento pelos direitos civis na década de 60.[3] Até essa época, a legislação trabalhista se resumia ao controle dos salários, jornada de trabalho e relações sindicais. A partir de então, passou a preocupar-se com o direito ao trabalho, tanto para os indivíduos como para classes de indivíduos. A tendência reflete uma crescente preocupação com o que é ético nas relações trabalhistas. Por exemplo, os anúncios classificados apresentados no Quadro 2.2 refletem práticas amplamente aceitas até a década de 60. Talvez sua mãe não respondesse a um anúncio pedindo uma "moça de boa aparência" ou "com uma voz agradável", mas sua avó teria que responder, ou então ficar em casa sem emprego. O contraste entre as reações causadas por esses anúncios ontem e hoje dá uma ideia da magnitude das mudanças nos valores sociais norte-americanos que resultaram na legislação dos direitos civis.

Dando Forma à Legislação

Enquanto algumas leis trabalhistas limitam a ação dos empregados, a maioria visa restringir as ações dos empregadores. Devem-se levar em conta também os altos custos com processos e procedimentos legais. Por essas razões, muitos empregadores, bem como sindicatos, grupos de consumidores e outros grupos da comunidade tentam influenciar a legislação por meio da prática do *lobby*. Os empregadores também influenciam a interpretação das leis com suas defesas durante os processos judiciais. Por ser um processo muito oneroso, esta última alternativa não costuma ser escolhida voluntariamente pelos empregadores. Todavia, as organizações e os trabalhadores influenciam a legislação, de forma que as regulamentações refletem os valores desses grupos de interesse. Quando a lei muda, as relações de trabalho mudam; quando um fator econômico se modifica, as relações de trabalho também se modificam.

AS MUDANÇAS INTERNACIONAIS NAS RELAÇÕES DE TRABALHO

As mudanças nas relações trabalhistas não acontecem apenas nos Estados Unidos. Estão ocorrendo

Quadro 2.2
Anúncios classificados da década de 60, procurando moças para funções de secretária e recepcionista, em que se exige boa aparência, beleza e voz agradável, ao mesmo tempo em que tratam com desprezo qualidades profissionais ("boa cabeça para números", "dedos ágeis na máquina de escrever" etc.)

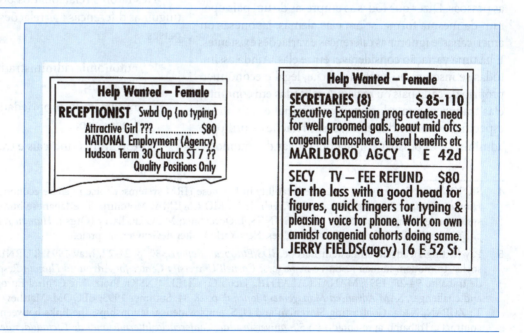

---

2 Produto Nacional Bruto (PNB) é uma medida dos preços de todos os bens produzidos no país.
3 KATZ, P. A.; TAYLOR, D. A. *Eliminating racism*: profiles in controversy. New York: Plenum, 1988.

Diagnóstico de Condições, Planejamento e Fixação de Objetivos

globalmente. Por exemplo, a Nissan e a Toyota, duas das maiores empresas japonesas, modificaram o conceito de *estabilidade vitalícia* para uma *estabilidade de longo prazo* para todo o conglomerado, não necessariamente na empresa matriz. Muitos dos empregadores japoneses estão baseando seus sistemas de recompensas e promoções mais na avaliação do desempenho do que na antiguidade na empresa.[4] De forma parecida, as empresas europeias estão buscando maneiras de controlar o aumento dos custos com pessoal. Isso sem falar nas mudanças mais traumáticas – na Rússia, na antiga Alemanha Oriental e em vários países do Leste Europeu – onde os executivos dessas economias pós-comunistas tentam reviver empresas cujas políticas eram ditadas pelo governo, e os objetivos pouco tinham a ver com a obtenção de lucro ou aumento de participação no mercado.[5] Na Eslovênia, as leis salariais são tão complexas que uma empresa precisa de 16 funcionários apenas para calcular os pagamentos dos 200 motoristas de caminhão que trabalham lá. Depois de toda essa burocracia, a diferença entre o maior e o menor salário não chega a 100 dólares. É uma excelente prática se o objetivo for criar mais empregos; mas é deplorável se o objetivo for conseguir competitividade para a empresa.

Assim, administrar empregados em outros países requer uma compreensão das relações trabalhistas locais: o papel desempenhado por cada uma das partes – governo, trabalhadores e empregadores. No entanto, é preciso certa cautela. As generalizações podem ser enganosas. Estereotipar um país é tão errôneo quanto estereotipar as pessoas. Dizer que todas as empresas de um país operam da mesma forma, sejam elas alemãs, japonesas ou americanas, é ignorar as diferenças e variações existentes. E há uma variação considerável entre elas. Ainda assim, todas se inserem no contexto social, legal e econômico próprio de cada país ou região. Analisadas em conjunto, elas traduzem um relacionamento social e trabalhista específico. O entendimento dessas relações é útil para administrar as pessoas em qualquer lugar do mundo.[6]

COMPARAÇÕES GLOBAIS

Imagine o mundo como uma aldeia com 1.001 habitantes. De seus 1.000 vizinhos, 564 são asiáticos, 210 são europeus, 86 são africanos, 80 são sul-americanos e apenas 60 são norte-americanos. E, ainda assim, poucos de nós percebem como as economias nacionais estão profundamente interligadas. Um em cada cinco cidadãos americanos depende do comércio exterior para ter emprego; um em cada três acres das fazendas americanas produz comida para exportação. É praticamente impossível pegar um produto qualquer e traçar sua história, sua fabricação ou sua matéria-prima, sem encontrar uma conexão internacional.

No entanto, não somos todos iguais. Uma pesquisa realizada com 1.200 profissionais de 12 países queria determinar quais práticas e metas na administração de recursos humanos ajudam na obtenção de vantagens competitivas para a organização. Alguns desses resultados aparecem no Quadro 2.3. Eles mostram diferenças nas prioridades entre os vários países. Nos Estados Unidos, 87% dos entrevistados concordam que "recompensar o funcionário pelo serviço ao cliente" era a prioridade máxima. Na Alemanha e na França, o mais importante era "identificar precocemente os funcionários de maior potencial". Já para os japoneses, "comunicar diretrizes do negócio, problemas e planos" foi o tema prioritário.

Três fatores relacionados podem ajudar-nos a distinguir as diferenças nas relações de trabalho nos vários países:

1. autonomia administrativa baseada na cultura e nas leis;
2. modelos de propriedade dentro do mercado financeiro; e
3. estruturas sindicais e trabalhistas.

---

4 SANO, Yoko. Changes and continued stability in Japanese HRM systems: choice in share economy. *International Journal of Human Resource Management*, p. 11-27, Feb. 1993; MORISHIMA, Motohiro. The Japanese human resource management system: a learning bureaucracy. In: JENNINGS, J. Devereaux; MOORE, Larry (Orgs.). *Human resource management in the pacific rim:* institutions, practices and values. New York: Walter deGruyter, no prelo.

5 Pay Setting Headache in Eastem Europe. *IDS European Report 389*, p. 21-22, May 1994; TURNER, Lowell. From "old red socks" to modem human resource managers? *Cornell University Center for Advanced Human Resource Studies.* Documento de trabalho 94-28, 1994; MANAKKALATHIL, Jacob C.; CHELMINSKI, Piotr. The Central European three: opportunities and challenges. *SAM Advanced Management Journal*, p. 28-34, Summer 1993; BLOOM, Matthew C.;MILKOVICH, George T.; ZUPAN, Nada. Contrasting Slovenian and U. S. employment relationships: the links between social and psychological contracts. Trabalho apresentado no *50º aniversário da Conferência Internacional de Faculdades de Economia.* Ljubljana, Eslovênia, 18 Sept. 1996; FERLIGOJ, Anuska; PRASNIKAR, Janez; JORDAN, Vesna. *Competitive strategies and human resource management in SMEs.* Apostila. Universidade de Ljubljana, 1994.

6 JACOBY, Sanford M. (Org.). *The workers of nations.* New York: Oxford University Press, 1995.

Quadro 2.3
As *metas prioritárias* de RH em diversos países.

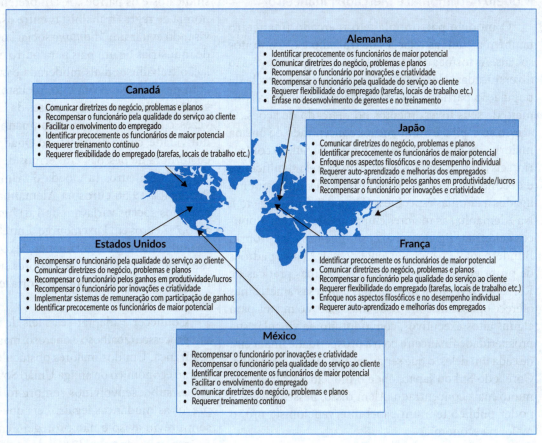

Fonte: Baseado em dados da IBM / TPF & C Study, 1992.

Autonomia de Gestão

A autonomia administrativa refere-se ao espaço possível para a tomada de decisões. Nos Estados Unidos, as empresas têm liberdade relativamente maior (ou seja, é menos oneroso) do que na Europa, para executar mudanças nas práticas trabalhistas. Por exemplo, a 3M, situada em Saint Paul, Minnesota, tem encorajado suas unidades a considerar a avaliação de desempenho como base do sistema de recompensa financeira para manter o crescimento. Nos Estados Unidos, uma série de programas de bônus e de participação nos lucros vem sendo testada. Já na 3M de Cingapura, essas práticas foram testadas, mas não funcionaram.

Problemas em Bruxelas

Na filial europeia da 3M, em Bruxelas, esses projetos estão criando problemas legais. Para controlar a inflação e promover distribuição de renda, a Bélgica criou uma lei proibindo qualquer tipo de remuneração que exceda os valores estabelecidos nos acordos trabalhistas negociados nacionalmente. Em geral, as empresas que operam nos países participantes da União Europeia precisam conviver com decisões de RH tomadas em âmbito nacional por meio de acordos negociados pelos sindicatos ou toda uma classe de trabalhadores. Além disso, os governos europeus é que determinam quanto as empresas devem gastar em treinamento e quem serão os beneficiados.

De maneira geral, pode-se dizer que as empresas têm maior liberdade nos Estados Unidos, menor no Japão e parecem ser bastante restringidas na Europa, principalmente na Alemanha.[7] Entretanto, em compensação, os Estados Unidos têm a mais completa e detalhista legislação contra discriminação, talvez em função da diversidade étnica de sua população, maior do que em qualquer outra nação industrializada.

---

7 SOSKICE, David. Wage determination: the changing role of institutions in advanced industrialized countries. *Oxford Review of Economic Policy* 6, nº 4, p. 36-61; e SOSKICE, David. The German wage bargaining system. In: VOOS, Paula (Org.). *IRRA 46th Annual Proceedings*. Boston, Oct. 1994. p. 349-358.

Modelo Patrimonial e Mercado Financeiro

O modelo patrimonial e o mercado financeiro também afetam as relações de trabalho e os contratos sociais. As formas de propriedade das organizações são diversificadas. Nos Estados Unidos, grande parcela da população participa da propriedade das empresas por meio de seus investimentos no mercado de ações. O acesso ao capital é muito menos concentrado do que na maioria dos outros países. Na Coreia do Sul, ao contrário, seis conglomerados controlam parcela significativa da economia do país, sendo todos eles intimamente ligados a famílias específicas (Hyundai, Samsung etc.). Na Alemanha, as maiores empresas pertencem a poucos acionistas ligados a bancos influentes e ao próprio Bundesbank, o banco nacional do país.[8] Esses padrões de propriedade tornam inviáveis algumas práticas de RH. Por exemplo, a maioria das empresas americanas oferece opções de compra de suas ações ao menos para alguns altos executivos, com o intuito de vincular sua prosperidade financeira com a prosperidade financeira de cada um deles, o que seria sem sentido na Alemanha, Coreia do Sul ou Japão, onde o modelo patrimonial é muito mais concentrado. Além disso, nesses países, o poder público tem um papel intervencionista muito maior na economia.

Envolvimento de Empregados e Sindicatos

Os sindicatos e movimentos trabalhistas diferem muito de país para país. E essas diferenças influenciam a administração de RH. A Europa é altamente sindicalizada; 85% dos trabalhadores na Suécia pertencem a sindicatos; cerca de 40% na Inglaterra e mais ou menos 12% na França. Além disso, as legislações francesa, belga e alemã exigem a criação de conselhos de trabalhadores. As leis, especificamente, variam muito entre os vários países europeus, mas, comparando-se com os Estados Unidos, a influência desses conselhos e sindicatos na administração de RH é muito significativa.[9]

A União Europeia tem um compromisso de manter o papel dos *parceiros sociais,* como são chamados os sindicatos e os patrões. A UE pretende conseguir isonomia de regras trabalhistas entre os países-membros, visando evitar um *"dumping* social", ou seja, a mudança de indústrias de um país para outro em busca de legislação trabalhista mais moderada e custos mais baixos com pessoal. No momento, o custo de pessoal varia substancialmente entre os países da UE, ainda que, por vezes, o baixo custo venha acompanhado de baixa produtividade, como demonstra o Quadro 2.4. Em 1991, o custo/hora de pessoal, em termos de poder aquisitivo, variava de 6 euros (a moeda da União Europeia) em Portugal a 19,56 euros na Alemanha; os benefícios e encargos sociais variavam de 1,617 euros em Portugal até 5,797 euros em Luxemburgo. Entretanto, as tentativas de unificar as leis e regulamentações para toda a Europa esbarram na resistência dos valores culturais, das ideologias políticas e na própria história legal trabalhista de cada país-membro.[10]

Conhecer e adaptar-se às leis de um país pode ser um processo trabalhoso e oneroso, mas traz considerável segurança. Um dos maiores obstáculos ao desenvolvimento econômico da antiga União Soviética e de alguns países subdesenvolvidos sempre foi a dificuldade de prever as mudanças legais. Leis que são modificadas sem prévio aviso e não protegem convenientemente os interesses dos cidadãos e das empresas tornam os investimentos arriscados.

UMA CRESCENTE DIVERSIDADE NA POPULAÇÃO EMPREGADA: TENDÊNCIAS

Em um país industrializado, o mercado de trabalho torna-se um componente vital da economia e do bem-estar social. As tensões sociais refletem-se nele. Em nenhum outro lugar, os grupos étnicos interagem tão frequentemente; ou pessoas de ambos os sexos têm a chance de competir, bem como de cooperar entre si. Não é surpresa que os governos em todo o mundo tenham um interesse tão grande em manter esse mercado funcionando bem e com justiça.

---

8 The German industrial relations system: lessons for the United States? *National Planning Association* 15, nº 3, Dec. 1993. (Toda a edição.)

9 LEE, Barbara A. The effect of the European community's social dimension on human resource management in U. S. multinationals: perspectives from the United Kingdom and France. *Human Resource Management Review* 4, nº 4, p. 333-361, 1994; MILLWARD, Neil; STEENS, Mark; SMART, David; HAWES, W. R. *Workplace industrial relations in transition.* Brookfield, VT: Darmouth, 1992; ERICKSON, Christopher L.; KURUVILLA, Sarosh. Labor costs and the social dumping debate in the European Union. *Industrial and Labor Relations Review,* p. 28-47, Oct. 1994.

10 ADDISON, John T.; SIEBERT, W. Stanley. Recent developments in social policy in the New European Union. *Industrial and Labor Relations Review,* p. 5-27, Oct. 1994.

Ambiente Externo | 45

Quadro 2.4
As *diferenças na União Europeia*.

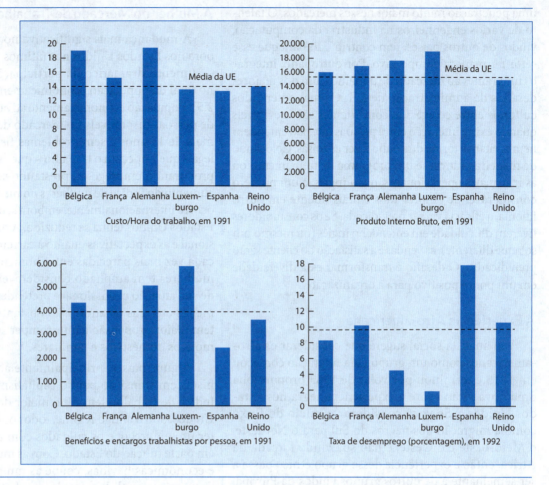

À medida que os empregados de uma organização são um segmento da população, as mudanças demográficas em um país vão refletir-se na composição desse público e, consequentemente, nas práticas de RH. Algumas tendências demográficas estão modificando o perfil da classe trabalhadora, tanto dos Estados Unidos como do restante do mundo.

Imigração

Os Estados Unidos têm sido chamados de um país de imigrantes. Hoje, cerca de 30% da taxa de crescimento populacional desse país é resultado de imigração. No Canadá, essa taxa é de 44%.[11] Durante a última década, os Estados Unidos receberam o maior número de imigrantes de sua história, perto de 10 milhões de pessoas. Os países de origem desse fluxo migratório também mudaram. Na década de 50, dois terços dos imigrantes legais provinham da Europa e do Canadá. Hoje, eles vêm dos mais diversos lugares: América Latina, Ásia e Leste Europeu. Essa mudança significa que muitos desses novos imigrantes são oriundos de culturas completamente diferentes da cultura americana e que, consequentemente, têm dificuldade maior de assimilação. Ao mesmo tempo, os valores culturais americanos também têm se modificado. As pessoas têm opiniões diferentes sobre o que se espera que um imigrante faça, *assimile* ou *adapte* – aceitando alguns aspectos da cultura americana e rejeitando outros.[12] Na verdade, muitos até se perguntam se existe de fato uma cultura americana.

Qual a diferença que isto faz para a administração de RH? Muitos empregadores enxergam os imigrantes como valiosas ligações com mercados estrangeiros. Sua familiaridade com a língua e a cultura pode proporcionar

---

11 BETCHERMAN, Gordon; McMULLEN, Kathryn; LECKIE, Norm; CARON, Christina (Orgs.). *The Canadian workplace in transition*. Kingston, Ont.: IRC, 1994; PUCIK, Vlado; TICHY, Noel; BARNETT, Carole K. (Orgs.). *Globalizing management*. New York: John Wiley, 1992.

12 GENTILE, Mary C. (Org.). *Differences that work*. Boston: Harvard University Press, 1994.

46 | Diagnóstico de Condições, Planejamento e Fixação de Objetivos

uma penetração muito maior nesses mercados. O talento de vários engenheiros na indústria da computação, vindos de outros países, tem contribuído para que esse setor permaneça competitivo. Por outro lado, integrar os imigrantes ao mercado de trabalho é um dos maiores desafios da administração de RH. Os mal-entendidos culturais entre colegas ou com clientes são inevitáveis quando existe interação entre pessoas que não entendem nem aceitam a forma de a outra fazer as coisas. Colocando de maneira prática, se um programa de treinamento ou as instruções operacionais são em inglês, e um número considerável de empregados é mais fluente em outro idioma, a eficácia vai ser prejudicada. Se os consumidores tiverem dificuldade em entender o inglês (ou mesmo um sotaque diferente), as vendas e a satisfação do cliente serão prejudicadas. O desafio é transformar essa diversidade em um ponto positivo para a organização.

A Experiência Afro-americana

Um analista social sugere que considerar os afro-americanos como um grupo cuja migração começou em 1915 e terminou por volta de 1965 proporciona uma nova visão sobre a experiência negra nos Estados Unidos.[13] Se você considerar o início do fluxo como a migração dos negros do Sul para o Nordeste, o Meio-oeste e o Oeste, e não sua vinda forçada da África, então a experiência desse grupo étnico passa a ser semelhante à de outros grupos vindos da Europa, como poloneses, irlandeses ou italianos: primeira geração de operários ou lavradores, segunda geração de policiais ou funcionários públicos e terceira geração tendo qualquer profissão que escolher. O que diferencia a experiência afro-americana, entretanto, é que essa fórmula se aplica a apenas 70% do grupo. Infelizmente, 30% deles correm o risco de se verem condenados a uma miséria perpétua, pela dependência dos serviços públicos sociais, falta de capacitação profissional e alienação total da sociedade. Essa marginalização econômica é um desafio não apenas para os empregadores, mas também para toda a sociedade americana. Muitas empresas têm desenvolvido programas especiais de treinamento para atrair jovens menos favorecidos para o mercado de trabalho. Todavia, a reestruturação da economia nos Estados Unidos – com a diminuição da oferta de emprego para funções não especializadas, ainda que bem remuneradas – e o declínio do nível do ensino da língua e de computação nas escolas públicas têm tornado essa tarefa muito difícil.

A Mulher no Mercado de Trabalho

A mudança mais significativa no perfil da mão de obra nos Estados Unidos nos últimos 50 anos tem sido o aumento dramático da participação das mulheres no total da população economicamente ativa (Quadro 2.5). População economicamente ativa é a porcentagem de pessoas disponíveis no mercado de trabalho – com mais de 15 anos e sem problemas físicos, mentais ou legais que impeçam o trabalho – que estão empregadas, procurando emprego ou prestando serviço militar. O aumento do índice de mulheres no mercado de trabalho ocorre internacionalmente, embora seu crescimento nos Estados Unidos tenha se reduzido. A preparação profissional e as expectativas quanto à carreira têm se tornado cada vez mais parecidas entre homens e mulheres. As mulheres têm ampliado consideravelmente o escopo de sua atuação profissional e pretendem trabalhar pelo menos até seus 60 anos. Não obstante isso, elas ainda têm maior propensão a interromper suas carreiras por motivos domésticos e familiares.[14]

Alguns países, principalmente aqueles ex-comunistas em transição para o capitalismo, possuem um índice de trabalho feminino maior do que os Estados Unidos. Sob o antigo regime, todos os cidadãos deviam ter um emprego, e os cuidados com as crianças eram em parte função do Estado. Com as mudanças políticas e econômicas havidas, coube às mulheres uma carga desproporcional dos problemas de transição, já que tanto os empregos como os serviços de assistência à família foram cortados.

Outros países buscam soluções para capitalizar seu potencial humano subutilizado. Empresas sul-coreanas, por exemplo, enfrentam falta de profissionais capacitados, ao passo que o Japão lida com excesso de pessoal no momento. Parece que a Coreia está sendo mais rápida em encontrar caminhos para a utilização de seu potencial humano, fazendo com que as mulheres, mesmo as que têm filhos, sejam bem-vindas ao mercado de trabalho.

A crescente diversidade do pessoal disponível no mercado afeta bastante as decisões da administração de RH. Tem aumentado a preocupação com a ampliação da oferta de oportunidades de trabalho para um número cada vez maior de pessoas, com a melhor maneira de lidar com conflitos étnicos e com a maneira de conseguir maior flexibilidade para tornar a organização atraente para indivíduos com ampla variedade de expectativas, necessidades e perspectivas.

---

13 COATES, Joseph F. *Strategic workplace issues as we approach millennium 3*. Washington, DC: Coates and Jarratt, 1992.

14 BLUM, T. C.; FIELDS, D. L.; GOODMAN, G. S. Organization-level determinants of women in management. *Academy of Management Journal 37*, p. 241-268, 1994.

Quadro 2.5
As *mulheres entram para o mercado de trabalho à medida que os países se industrializam* (porcentagem de mulheres entre 15 e 64 anos que exercem trabalho remunerado).

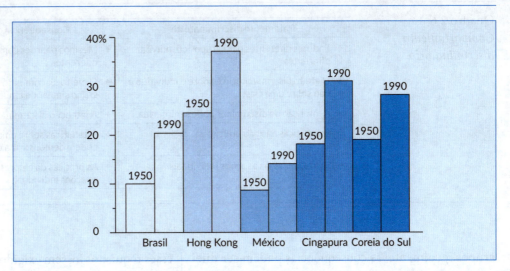

Fonte: Organização Mundial do Trabalho. *Estimativa e projeções da população economicamente ativa – 1950 – 2025.* Quadro 2.

Como essa diversidade permeia várias áreas de RH, voltaremos a esse assunto em outros pontos do livro.

A DISSEMINAÇÃO DOS CONCEITOS DE EQUIDADE

As tendências demográficas nos Estados Unidos em direção à maior diversidade étnica e racial na força de trabalho são tanto uma consequência da legislação (concernente à imigração e aos direitos civis) como uma causa para outras regulamentações. À medida que tomamos consciência da injustiça implícita em julgarmos a competência profissional das pessoas, seja como técnicos, operários de linha de montagem, representantes de vendas, gerentes ou altos executivos, em função de características não relacionadas ao desempenho em si, estamos demonstrando interesse em expandir a legislação protetora para esses casos. A discriminação pela *idade* e o não oferecimento de acomodações especiais para funcionários *deficientes* já são práticas ilegais. Outras leis atendem a necessidades *familiares*. Alguns Estados e municípios já começam a pensar em leis de proteção contra a discriminação baseada na preferência sexual do empregado. Para entendermos quais comportamentos são permitidos, proibidos ou encorajados, vamos examinar mais detalhadamente a legislação sobre discriminação.

DEFININDO A DISCRIMINAÇÃO

O Quadro 2.1, já visto, dá uma breve descrição de algumas leis e decretos norte-americanos contra a discriminação. Os grupos protegidos pela legislação incluem as mulheres, os afro-americanos, os hispânicos, os americanos nativos, os ilhéus do Pacífico, as pessoas com mais de 40 anos, os deficientes e os veteranos de guerra. A lei mais importante de todas é a Emenda VII da Declaração dos Direitos Civis, que teve um profundo impacto na sociedade americana, tanto sobre os empregadores como sobre os empregados. A lei proíbe a discriminação, mas não a define. Isto foi deixado para os tribunais.

A Emenda VII da Declaração dos Direitos Civis dos EUA

A Emenda VII proíbe a discriminação baseada em sexo, raça, cor, religião ou nacionalidade em qualquer situação trabalhista, seja contratação, demissão, promoção, transferência, recompensa e admissão em programa de treinamento. Desde 1964, vários comportamentos de empregadores e de sindicatos foram enquadrados como ilegais por essa emenda. Eles dividem-se em dois grupos: tratamento discriminatório e consequência discriminatória. O Quadro 2.6 mostra a diferença entre os dois.

Tratamento Discriminatório

Uma prática da administração de RH é ilegal quando determina padrões diferentes ou discriminatórios para diferentes empregados; por exemplo, perguntar a candidatos deficientes físicos como eles pretendem chegar ao trabalho todo dia, se a mesma questão não foi colocada para os demais candidatos.

Entretanto, a simples proibição do tratamento discriminatório não assegura que os resultados para todos os grupos sejam justos. Embora muitas das exigências comuns de uma função sejam colocadas para todos os

Diagnóstico de Condições, Planejamento e Fixação de Objetivos

Quadro 2.6
*Comportamento
discriminatório.*

Tratamento discriminatório	Consequência discriminatória
✦ Padrões diferentes para grupos ou indivíduos diferentes.	✦ Mesmos padrões com consequências diferentes.
✦ O efeito discriminatório é sobre o indivíduo e não sobre uma classe.	✦ O efeito discriminatório é sobre uma classe ou grupo similar de empregados.
✦ A intenção de discriminar pode ser inferida.	✦ A intenção discriminatória não está presente.
✦ Estatísticas não são utilizadas.	✦ Estatísticas sobre uma prática específica podem demonstrar a discriminação.
✦ São examinadas as ações individuais.	✦ As práticas da empresa são examinadas, não as ações individuais.

grupos igualmente, as consequências podem ser diferentes para cada um deles. Por exemplo, uma empresa pode exigir que os candidatos à função de operador de copiadora tenham diploma de segundo grau. Se os hispânicos tiverem uma taxa maior de evasão escolar, eles estariam menos capacitados como grupo para conseguir esse emprego. Mas esse requisito tem relação com o desempenho da tarefa? Muita gente acha que não. A manutenção de requisitos desse tipo, que não estão diretamente relacionados ao desempenho, viola uma definição mais rígida de discriminação: a consequência discriminatória.

Consequência Discriminatória

Práticas de RH que tenham efeitos diferentes sobre diferentes grupos são ilegais, a menos que as diferenças possam ser justificadas por:

1. Necessidade de segurança e eficácia operacional do negócio.
2. Fazer parte do próprio trabalho.

O caso mais importante, que criou a jurisprudência da consequência discriminatória, foi o *Griggs contra a Duke Power Co.*, no qual a Suprema Corte vetou uma exigência da empresa que deixava de fora uma quantidade muito maior de negros do que de brancos.[15] O requisito em questão era que os candidatos deveriam ter segundo grau completo e uma pontuação em teste de inteligência acima de determinada marca. Embora

esses requisitos fossem exigidos igualmente para todos os candidatos, brancos e negros, eles foram proibidos porque:

1. tinham por consequência exclusão muito maior de negros do que de brancos, e
2. não tinham relação com o desempenho da tarefa oferecida aos candidatos.

Se houve ou não intenção de discriminar por parte do empregador, é irrelevante.

Exceções à Emenda VII

As interpretações nos tribunais permitem diversas exceções à Emenda VII. Entre elas, estão:

- Requisitos ligados à operacionalidade da tarefa, tal como a capacidade de levantar determinado peso, se esta atividade é parte normal do trabalho.[16]
- Qualificações ocupacionais indispensáveis, como ter diploma de engenheiro para construir uma ponte.[17]
- Sistemas de contagem de tempo de serviço excepcionais, quando o sistema não foi criado com o intuito de discriminar.[18]
- Sistemas de tratamento preferencial que reservam oportunidades para membros de grupos que foram vítimas de discriminação.

---

15 Griggs *vs.* Duke Power Co., 401 U. S. 424, 1971.

16 *Uniform guidelines on employee selection procedures,* 29 Code of Federal Regulations, Part 1607; Federal Register 43, nº 166, p. 38.295/38.309,1978.

17 Diaz *vs.* Pan American World Airways, Inc. 5th Cir., 422 F. 2d 385, 1971.

18 Firefighters Local 1.784 *vs.* Stotts, 104 U. S. 2.576, 1984.

> As atividades que visam à *igualdade no emprego* buscam evitar a discriminação no mercado de trabalho e tomar atitudes corretoras para anular a discriminação que venha a acontecer.
>
> A *ação afirmativa* garante que as decisões e práticas atuais aumentem a oferta de emprego, o desenvolvimento profissional e a colocação de mulheres e minorias no mercado de trabalho.

Inicialmente, ninguém sabia exatamente quais seriam as consequências da Declaração dos Direitos Civis sobre as práticas da ARH. A legislação parecia orientar os executivos a proporcionar *oportunidades iguais* por meio da remoção de barreiras que impediam o acesso ao empregado por parte das mulheres e minorias.

Entretanto, a partir da década de 70, a orientação mudou para a *ação afirmativa,* que requer ações bem mais ativas: devem-se buscar as mulheres e as minorias e ajudar a prepará-las para as oportunidades de trabalho.

Ação Afirmativa

A ação afirmativa vai além de simplesmente reprimir práticas discriminatórias. Ela inclui passos positivos para procurar, encorajar e preparar as mulheres e as minorias para que aproveitem as oportunidades de trabalho. O objetivo é fazer melhor distribuição das oportunidades econômicas dentro da sociedade e ajudar a assegurar que os empresários tenham ganhos competitivos com a utilização dos talentos e da energia de todos os membros da força de trabalho. Os Decretos n°s 11.246 e 11.375 (Quadro 2.1) exigem ação afirmativa por parte das empresas que prestam serviços ao governo. Na prática, isso atinge a grande maioria das empresas nos Estados Unidos.

O tratamento preferencial é uma fonte constante de controvérsia. Seu propósito é superar uma longa história de discriminação, assegurando uma parcela de oportunidades para determinados grupos protegidos, mesmo que o indivíduo que se beneficia disso nunca tenha sofrido qualquer discriminação pessoalmente.

A Suprema Corte dos Estados Unidos decidiu que os empregadores podem voluntariamente dar preferência *temporária* a membros qualificados de grupos protegidos sub-representados. No primeiro caso desse tipo, Weber contra a Kaiser Aluminum and Chemicals, o empregador e o sindicato negociaram em conjunto um programa de treinamento no trabalho necessário para a obtenção de promoção salarial. A Kaiser elaborou listas separadas de empregados negros e brancos elegíveis para o treinamento. Cinquenta por cento das vagas no programa foram reservadas para afro-americanos. O resultado foi que os negros qualificados esperaram menos tempo para fazer o treinamento do que os brancos de igual qualificação. O tribunal considerou o plano legal, observando que

> "o plano não contraria necessariamente os interesses dos trabalhadores brancos. Ele não requer a dispensa de trabalhadores brancos e sua substituição por novos negros contratados (...) Nem significa um obstáculo para o avanço dos empregados brancos; metade dos treinados será de brancos. E, principalmente, o plano será uma medida temporária; sua intenção não é manter um equilíbrio racial, mas simplesmente *eliminar um desequilíbrio já existente*".[19]

Assim, a Emenda VII permite consequências discriminatórias nas decisões de RH se a prática for:

1. legitimamente relacionada com a operacionalidade da tarefa;
2. defensável como qualificação profissional indispensável;
3. relativa a sistemas de contagem de tempo de serviço excepcionais; ou
4. um tratamento preferencial planejado para corrigir discriminações ocorridas no passado.

Preferências e Quotas: o Debate Público

O tratamento preferencial torna-se controverso quando se traduz em quotas numéricas, quando privilegia pessoas que nunca sofreram qualquer discriminação e quando deixa de ser temporário. Embora a ação afirmativa tenha sido sempre controversa, os americanos começaram a discuti-la com renovado vigor. Muitos sentem que ela perdeu sua utilidade e questionam a capacitação de todas as mulheres e todos os membros de minorias. Outros tantos acham que ela é ainda necessária, mas precisa mudar de enfoque. Os cidadãos menos favorecidos do país não têm sido beneficiados pelos programas preferenciais. Ao contrário, os benefícios têm ido para as mulheres e os negros de classe

---

19   Weber *vs.* Kaiser Aluminum and Chemical Corp., 415 F. Sup. 761, 12 CCH *Employment Practice Decisions* 91 11,115, S. D. La, 1976.

50 | Diagnóstico de Condições, Planejamento e Fixação de Objetivos

média. Em lugar da raça ou sexo, o critério norteador da ação afirmativa deveria ser a classe socioeconômica. Enquanto prossegue o debate, os empregadores têm buscado eliminar a discriminação, visando utilizar sua já diversificada força de trabalho como uma vantagem estratégica.[20]

AVALIANDO O CUMPRIMENTO DAS LEIS

A Emenda VII exige que as organizações relacionem seus empregados de acordo com a raça e o sexo e enviem essa informação à Comissão de Igualdade nas Oportunidades de Emprego do Ministério do Trabalho dos Estados Unidos. Um exemplo desse tipo de relatório aparece no Quadro 2.7. Esses relatórios são a base da avaliação para determinar se os padrões de emprego mostram quaisquer evidências de discriminação.

A análise da igualdade de oportunidade de emprego tem quatro passos:

1. *Análise da mão de obra* para determinar a representatividade (porcentagem) das minorias e mulheres em cada setor da organização.

2. *Análise da disponibilidade* nos setores de maior exigência profissional na empresa para determinar a proporção de membros de minorias e de mulheres qualificados e interessados nas oportunidades de promoção.

3. *Estabelecimento de metas* por meio da comparação do quadro atual com a disponibilidade. As metas são a porcentagem de oportunidades que será compartilhada pelas mulheres e pelos membros de minorias para aumentar sua representatividade.

4. *Determinação dos programas* que serão utilizados, especificando como as metas serão atingidas e uma proposta de cronograma para esse atingimento.

Análise da Disponibilidade

A análise da disponibilidade determina o número de pessoas dos setores mais exigentes profissionalmente na organização que são membros de grupos protegidos e quantos estão *qualificados* e *interessados* em oportunidades específicas de trabalho. A disponibilidade é um padrão em relação ao qual as taxas reais de contratação e promoção são comparadas para evidenciar ou não a prática da discriminação. A disponibilidade de uma capacitação específica em cada categoria de raça e sexo pode revelar aproximadamente qual seria essa composição em caso de discriminação ou não.

Determinar a disponibilidade é uma tarefa que exige considerável julgamento de valor, como se pode verificar no Quadro 2.8. Portanto, os resultados são sempre sujeitos à discussão. Vamos usar o exemplo da função de operador de prensa na Boeing Company de Seattle, Washington. A primeira categoria no quadro é a totalidade da população dos Estados Unidos. Nem todas essas pessoas estão habilitadas para ser um operador de prensa na indústria aeronáutica, nem pertencem à segunda categoria, a população civil economicamente ativa (definida como aqueles que estão trabalhando ou procurando emprego, e não estão no serviço militar). Diminuímos assim a disponibilidade para um grupo da população economicamente ativa que ou está capacitada, ou pode capacitar-se dentro de um período razoável de tempo. Mas esse grupo pode não estar disponível ou interessado – alguns podem já estar empregados, outros podem não querer mudar. O próximo passo poderá ser reduzir a disponibilidade só para quem se candidata ao emprego de operador de prensa na Boeing e considerar a porcentagem de mulheres e membros de minorias dentro desse grupo.

Cada vez que passamos para uma categoria mais específica no quadro, os números também se tornam mais específicos. Contudo, até que ponto é viável esse método de definição de disponibilidade? Por exemplo, devemos assumir que apenas aqueles que se candidatam ao emprego de operador e estão capacitados para isso devem ser incluídos na estimativa de disponibilidade? Limitar nossa estimativa a operadores que estão procurando emprego pode não refletir a verdadeira subpopulação de operadores mulheres e membros de minorias. Alguns indivíduos podem não estar informados dessa oportunidade de trabalho ou sentirem-se desencorajados a candidatarem-se em função de discriminações passadas. Estimar o número desses indivíduos e decidir por sua inclusão ou não torna-se uma complicação adicional. Aparentemente, não existe nenhuma abordagem melhor para estimar disponibilidades. Todas as estatísticas de disponibilidade têm limitações. Reconhecê-las é o primeiro passo para que um empregador possa fazer a melhor estimativa possível que seja funcional e útil.

---

20 DOVIDIO, J. F.; GAERTNER, S. L.; MURREL, A. J. Why people resist affirmative action. Trabalho apresentado no *Encontro Anual da American Psychological Association.* Los Angeles, 1994; REYNOLDS, Larry. As affirmative action debate heats up, public support is split. *HR Focus,* p. 1, 8. June 1995.

Quadro 2.7
Formulário integrante do Relatório à Comissão de Igualdade nas Oportunidades de Emprego.

Seção D – Dados sobre emprego

Empregos neste estabelecimento – Reportar todos os empregos permanentes e temporários, incluindo estagiários e aprendizes, menos os casos especificamente indicados nas instruções.
Preencher com os números apropriados todas as linhas e colunas. Os espaços em branco serão contados como zero.

Categorias ocupacionais	Total (soma das colunas B a K)	Número de empregados									
		Homens					Mulheres				
		Brancos de origem não hispânica	Negros de origem não hispânica	Hispânicos	Asiáticos ou ilhéus do Pacífico	Índios americanos ou nativos do Alasca	Brancas de origem não hispânica	Negras de origem não hispânica	Hispânicas	Asiáticas ou ilhoas do Pacífico	Índias americanos ou nativas do Alasca
	A	B	C	D	E	F	G	H	I	J	K
Executivos e gerentes	700	572	10	1	3		105	7		2	
Profissionais	261	198	6	2	1		51	2		1	
Técnicos	71	40		1			30				
Pessoal de vendas	40	35	3				2				
Funcionários administrativos	544	30	1				502	10		1	
Oficiais (especializados)	5	5									
Operários (semi-especializados)	4	3					1				
Operários (não especializados)	2						2				
Serviços gerais	19	9	2				8				
TOTAL	1646	892	22	4	4		701	19		4	
Total de empregos reportados no relatório anterior	1696	904	31	4	3		732	16		5	1
(Os estagiários abaixo devem também ser incluídos na categoria ocupacional apropriada acima)											
Estagiários formalizados — Área administrativa	27	17	3				7				
Estagiários formalizados — Área de produção											

1. Nota: nos relatórios incorporados, pular as questões 2-5 e a Seção E.
2. Como as informações sobre raça e etnia na Seção D foram obtidas?
   1 ☐ critério visual 3   ☐ outros – especificar
   2 ☑ registros do departamento de pessoal
3. Datas das folhas de pagamento do período
4. Período de pagamento no último relatório fornecido por este estabelecimento
   <u>28-2-97</u>
5. Este estabelecimento emprega aprendizes?
   Este ano?   1 ☐ sim   2 ☑ não
   Ano passado?   2 ☐ sim   2 ☑ não

Estabelecendo Metas

A comparação entre as taxas reais de emprego, contratação e/ou promoção de mulheres e membros de minorias em cada categoria ocupacional com sua disponibilidade pode trazer três resultados:

1. *Subutilização* – as taxas reais de emprego, contratação e/ou promoção estão abaixo da disponibilidade.

2. *Paridade* – as taxas reais de emprego, contratação e/ou promoção estão aproximadamente equivalentes à disponibilidade.

3. *Superutilização* – as taxas reais de emprego, contratação e/ou promoção estão acima da disponibilidade.

Instrumentos da estatística são utilizados pelos tribunais e pelas agências reguladoras para decidir se uma subutilização pode ser apenas casual ou se constitui evidência de algum tipo de ação discriminatória.

52 | Diagnóstico de Condições, Planejamento e Fixação de Objetivos

Quadro 2.8
População ≠ disponibilidade

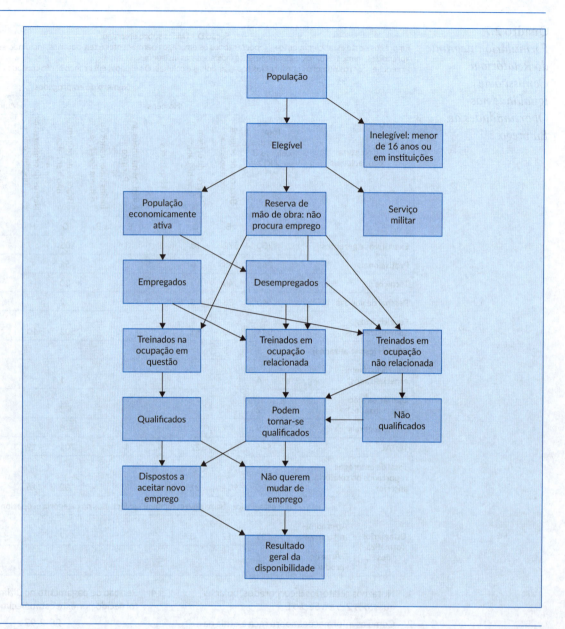

Programando para o Atingimento de Metas: a Ação Afirmativa[21]

Fazendo um diagnóstico das causas de baixas porcentagens na participação de mulheres e membros de minorias no quadro de pessoal da organização, os executivos descobrem quais práticas precisam ser modificadas. Por exemplo, uma sub-representatividade feminina pode ser atribuída a uma série de fatores, incluindo a reputação do empregador ou a localização pouco segura da empresa. Horários mais flexíveis, programas de assistência à criança ou um sistema de condução com segurança entre a empresa e a residência podem apresentar-se como soluções para o problema. Entretanto, sem saber a causa, os executivos podem tentar modificar essa representatividade, diminuindo as exigências para as mulheres ou garantindo transferências para elas em detrimento dos homens. Isto não apenas traria o risco de uma discriminação inversa, como também poderia

---

21 Programa de bem-estar do governo norte-americano, iniciado em 1970, visando obrigar os empreiteiros de obras federais a contratar certa proporção de pessoas consideradas como minorias e, também, de mulheres. A finalidade é desfazer o resultado da discriminação passada e garantir igualdade de emprego para todos no futuro. O programa exige que os empregados sigam procedimentos específicos para atingirem certas metas.

acarretar problemas com o moral da equipe e aumentar ainda mais o ressentimento contra as mulheres.

Geralmente, as mudanças são benéficas tanto para os empregados como para os empregadores. Na AT&T, por exemplo, a ação afirmativa incluiu o redesenho de algumas tarefas artesanais para que as mulheres pudessem desempenhá-las mais rapidamente. A empresa modificou o projeto de uma escada difícil de ser manipulada pelas mulheres e o modelo de um macacão utilizado para fazer reparos em postes telefônicos. Além disso, um programa de treinamento particularmente exaustivo foi reprojetado para que o trabalho físico pesado se distribuísse melhor ao longo do tempo, o que beneficiou tanto as mulheres como os homens. Esforços similares estão sendo feitos agora para propiciar a abertura de vagas para empregados deficientes.

Garantindo o Cumprimento

Muitas empresas procuram assegurar o atingimento das metas da igualdade de oportunidades de emprego fazendo delas a base de avaliação do desempenho dos executivos. Por exemplo, todos os executivos da Corning Glass recebem metas para cada categoria ocupacional em suas unidades. Essas metas baseiam-se na disponibilidade e na utilização de informação determinada por dados publicados ou constantes do registro interno do pessoal. Onde existir subutilização, o executivo deve estabelecer metas e cronogramas para eliminá-la. Os progressos são monitorados trimestralmente. Algumas empresas examinam o padrão de avaliação de desempenho estabelecido pelo executivo para seus subordinados. Se esse padrão parecer tendencioso, o executivo terá que documentar suas razões e será levado a questionar uma possível estereotipação inconsciente (ou seja, assumir certas coisas sobre uma pessoa, baseando-se em seu sexo, raça, cultura ou idade, e não em seu comportamento individual).

OS NORTE-AMERICANOS NÃO SÃO MAIS O QUE ERAM

Quando a Emenda VII foi votada há 30 anos, as minorias somavam apenas 11% do total da mão de obra, comparados aos 23% de hoje. As minorias, atualmente, também envolvem uma diversidade muito maior de etnias e culturas. Os asiáticos passaram de 1 milhão para 8,5 milhões, e os hispânicos foram de 3,5 para 23 milhões de pessoas. Em 1964, as mulheres eram 34% da mão de obra. Hoje, elas somam 46% desse total de trabalhadores, incluindo 42% dos executivos e profissionais liberais. Ainda assim, os problemas continuam.[22]

QUAL SUA OPINIÃO?

A cadeia de restaurantes Hooter tentou originalmente posicionar-se como um restaurante tipo familiar. Quando a Comissão de Igualdade nas Oportunidades de Emprego processou-os por discriminação sexual nas contratações, seus donos justificaram que as exigências de que suas garçonetes (apenas mulheres) usassem pequenos *shorts* e camisetas justinhas faziam parte da "experiência adulta" que era parte do serviço. A situação gerou tanta publicidade que a Hooter conseguiu mudar o foco da discussão, de sobre se eram culpados ou não para se valia a pena a Comissão gastar tanto tempo e dinheiro com esse assunto. Depois de vários meses, a Comissão deixou de lado, silenciosamente, a investigação. Você acha que as práticas de contratação de garçonete da Hooter eram discriminatórias? Você considera que a Comissão de Igualdade nas Oportunidades de Emprego fez a coisa certa?

Ocupações Desiguais, Ganhos Desiguais

As mulheres norte-americanas fizeram grandes progressos em relação à igualdade no mercado de trabalho, mas ainda enfrentam maiores restrições em suas ocupações do que os homens. O Quadro 2.9 mostra discrepância em algumas categorias. Bem mais que um quarto de todas as mulheres no mercado de trabalho estão em ocupações administrativas; apenas 6% dos homens têm esse tipo de emprego. Vinte por cento dos homens são operários especializados (isto é, operadores de máquinas ou montadores) enquanto apenas 8% das mulheres estão nessa situação. Essas diferenças são importantes porque estão relacionadas com a remuneração: o trabalho administrativo está na base da pirâmide salarial; a remuneração de um operário especializado é muito maior.

---

22 ASHRAF, Javed. Is gender pay discrimination on the wane? Evidence from panel data, 1968, 1989. *Industrial and Labor Relations Review* 49, 3 Apr. 1996; BERGMANN, Barbara R. *In defense of affirmative action.* New York: Basic Books, 1996; EASTLAND, Terry. *Ending affirmative action:* the case for colorblind justice. New York: Basic Books, 1996; BOLICK, Clint. *The affirmative action fraud:* can we restore the American civil rights vision? Washington: Cato Institute, 1996.

Quadro 2.9
Distribuição de empregos por sexo e raça entre categorias ocupacionais.

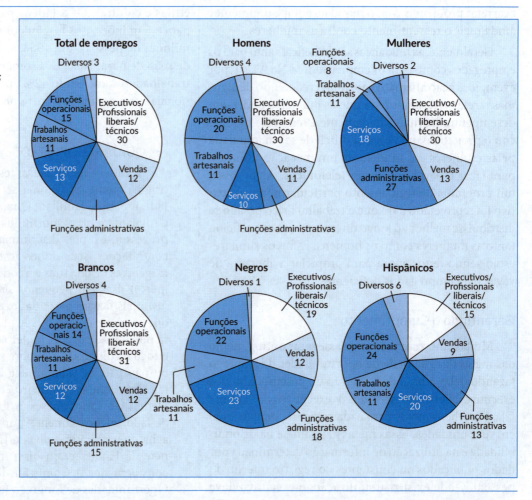

Enquanto as mulheres só fazem sucesso se dispuserem de qualificação, a situação dos afro-americanos é sombria. Em 1970, a renda média das famílias negras era 60% da renda das famílias brancas. E isto mudou muito desde então. Nos últimos 20 anos, o desemprego entre os afro-americanos tem aumentado a cada recessão e caído menos a cada retomada econômica.[23] A cada nova medição, o grupo afro-americano continua atrás em relação aos brancos. Como mostra o Quadro 2.10, apenas 19% dos negros alcançam posições executivas, técnicas ou profissões liberais que requerem diploma de nível superior, ainda que tais categorias somem 30% de todos os empregos disponíveis. Os hispânicos têm participação ainda menor nessa faixa: apenas 15%.

O Quadro 2.10 mostra também que, apesar do significativo progresso educacional obtido pelos afro-americanos na década de 80, a distância entre seus salários e os dos brancos de mesmo nível escolar tem sido ampliada. A taxa de evasão escolar diminuiu na década de 80 para negros e brancos de ambos os sexos, mas foi mais acentuada entre os negros, praticamente eliminando qualquer diferença entre os meninos brancos e negros. Infelizmente, esse progresso não se traduziu em ganhos econômicos mensuráveis. Depois de reduzir a diferença entre o pagamento/hora nos anos 70, por exemplo, os afro-americanos, em geral, perderam terreno nos anos 80 para os brancos, especialmente os negros com ensino superior. O resultado da educação formal não é o mesmo para negros e brancos.

Uma boa notícia? As mulheres negras têm melhor desempenho financeiro do que os homens negros. A diferença entre os salários de mulheres e homens brancos é de 10%, mas entre os afro-americanos sobe para 30%, e vem aumentando desde os anos 70. Sessenta por cento dos mestrados em Administração de Empresas concluídos entre os afro-americanos foram obtidos por

---

23 FOSU, Augustin Kwasi. Occupational mobility of black women, 1958-1981: the impact of post-1964antidiscrimination measures. *Industrial and Labor Relations Review*, p. 281-294, Jan. 1992; Minority females outpace minority males as professionals, *Issues in HR*, p. 3-4, May/June 1994.

Quadro 2.10
Um intrigante declínio no progresso dos negros nos Estados Unidos.

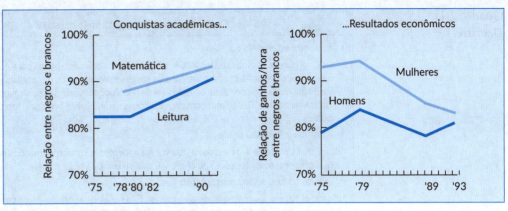

Fonte: BERNSTEIN, Jared. Instituto de Política Econômica.

mulheres. Entre os universitários recém-formados, as mulheres negras ganham 15 centavos a mais por hora do que os homens negros, e 3 centavos a mais que as mulheres brancas. Ainda assim, as mulheres negras sentem-se isoladas dentro das empresas. Muitas acham que nem o movimento feminista nem os movimentos pelos direitos civis atendem a suas preocupações.

Obviamente, o descontentamento e as realizações desiguais provêm de causas muito mais profundas do que práticas discriminatórias de RH. Ainda que muita gente acredite que a discriminação reversa contra os homens brancos se tornou a norma, não há evidências que confirmem isto. O que acontece é que a discriminação ainda existe, apenas está mais sutil. O padrão das decisões parece revelar alguns preconceitos inconscientes.

Infelizmente, os preconceitos e os estereótipos inconscientes são difíceis de eliminar. Um artigo recente a respeito de pesquisas sobre as decisões na contratação de pessoal revelou que em 29 de 34 estudos os brancos eram considerados mais bem qualificados do que os indivíduos com capacitação idêntica pertencentes a minorias.[24] A pesquisa revela também que, apesar de desempenhos semelhantes, as mulheres e os membros de minorias não recebem a mesma avaliação dos homens brancos.[25] Um traço comum nessas pesquisas é que a qualificação e o desempenho das mulheres e dos membros de minorias não são levados em conta quando a tarefa em questão tem sido tradicionalmente executada por homens brancos, quando envolvem supervisão de homens brancos e quando os requisitos para o trabalho são relativamente genéricos ou subjetivos. Essas características – tradicionalmente domínio de homens brancos, supervisionados por homens brancos, e com requisitos subjetivos – descrevem muitas posições executivas, principalmente as de mais alto *status*. Dessa maneira, não é nada surpreendente que poucas mulheres e ainda menos membros de minorias cheguem aos altos escalões administrativos nas empresas nos Estados Unidos.

QUAL SUA OPINIÃO?

Vários meses depois do caso Hooter, a Mitsubishi tentou usar a mesma tática publicitária, depois de ter sido acusada de tolerar assédios sexuais em sua fábrica de automóveis. A indústria enviou empregados aos escritórios da Comissão de Igualdade nas Oportunidades de Emprego para uma demonstração pública de que eles enfrentariam a acusação. A participação dos funcionários era voluntária, mas eles eram pagos pelas horas passadas lá. O plano foi considerado um desastre de relações públicas. O que você acha que determinou a diferença na reação pública?

---

24 U. S. DEPARTMENT OF LABOR. *A report on the glass ceiling initiative.* Washington, DC: U. S. Government Printing Office, 1991; MATTIS, Mary. *Women in corporate management:* the results of a catalyst survey. New York: Catalyst, 1990.

25 COX JR., T.; NKOMO, S. M. Invisible men and women: a status report on race as a variable in organization behavior research. *Journal of Organization Behavior* 11, p. 419-431, 1990; POWELL, G. N. One more time: do female and male managers differ? *Academy of Management Executive* 4, p. 68-75, 1990; SPURR, S. J. Sex discrimination in the legal profession: a study of promotion. *Industrial and Labor Relations Review* 43, nº 4, p. 406-417, 1990; e GREENHAUS, J. H.; PARASURAMAN, S.; WORMELY, W. M. Effects of race on organizational experiences, job performance evaluations, and career outcomes. *Academy of Management Journal* 33, p. 64-86, 1990.

56 | Diagnóstico de Condições, Planejamento e Fixação de Objetivos

Quadro 2.11
Desastre!

Se você acha que sua carreira está meio parada...
✦ Encontre interesses comuns
Fazer com que as pessoas se sintam bem a seu lado é o primeiro passo para ganhar a confiança delas. As promoções para os cargos mais altos vão para aqueles que inspiram confiança por suas opiniões sensatas. Você tem que ser confiável para ser "parte da equipe". Tente manter conversações casuais sobre temas de interesse dos outros.
✦ Aprenda a "ler" seu chefe
Antecipar as reações das pessoas ajuda você a apresentar suas informações de forma que elas prestem atenção. Seu chefe vai sair-se bem, e você também.
✦ Dê um trato em sua apresentação
Se você se apresentar como fraco ou indeciso não será visto como alguém capaz de liderar uma equipe. Lembre-se de que tudo faz parte de uma boa imagem, inclusive sua maneira de vestir-se e de emitir suas opiniões.
✦ Escolha seus projetos
Torne-os desafiadores; certifique-se de que são estrategicamente importantes, que darão a você o destaque necessário junto às pessoas certas e lhe darão chance de mostrar suas habilidades decisórias.
✦ Tente encontrar um patrono na empresa
Um alto executivo que se interesse por sua carreira pode proteger você e dar-lhe uma boa medida de como está sendo visto dentro da organização.

Fonte: Adaptado do original de LANCASTER, Hal. Managing your Career. *The Wall Street Journal*, 6 Nov. 1995, p. B1.

Teto de Vidro

A impossibilidade de chegar aos escalões mais altos em uma empresa deu origem à expressão *teto de vidro* – invisível, mas intransponível barreira que não permite que as mulheres e membros de minorias passem de determinado degrau na organização. As mulheres e os membros de minorias estão sub-representados nos altos postos das corporações. Por exemplo, 97% dos mais altos executivos que trabalham nas maiores empresas listadas pela revista *Fortune* são brancos e 95% desse total são homens. Apenas 0,4% dos executivos são hispânicos, embora esse grupo étnico some 8% de toda a força de trabalho do país. Os americanos de origem asiática ou das ilhas do Pacífico ganham menos do que os brancos em posições semelhantes, embora possuam mais educação formal do que outros grupos.[26]

As barreiras potenciais incluem práticas de recrutamento que discriminam candidatos mulheres e membros de minorias, falta de orientação e poucas indicações para funções, projetos ou programas de treinamento de maior visibilidade. O Quadro 2.11 apresenta algumas recomendações para quem desconfia que sua carreira anda meio devagar.

Uma boa metáfora merece outra? A expressão *teto de vidro* deu origem a outras: *paredes de vidro* – barreiras invisíveis que isolam certas pessoas de determinadas funções que tradicionalmente levam às posições mais altas dentro da organização – e *piso adesivo* – barreiras invisíveis que prendem as pessoas a tarefas intermináveis e mal pagas.[27] A razão dessas metáforas é fazer com que a organização reveja suas atitudes e percepções que norteiam suas decisões de ARH. O tema já não é a questão do emprego, mas os obstáculos culturais e organizacionais que não permitem a completa utilização e reconhecimento dos diversos talentos dentro da empresa.

---

26 The glass ceiling comission finds workplace still segregated by race and gender. *Work in America*, p. 5-6, June 1995; POWELL, Gary N.;BUTTERFIELD, D. Anthony. Investigating the "glass ceiling" phenomenon: an empirical study of actual promotions to top management. *Academy of Management Journal* 37, nº 1, p. 68-86, 1994; KONRAD, Alison M.; LINNEHAN, Frank. Formalized HRM structures: coordinating equal employment opportunity or concealing organization *practices? Academy of Management Journal* 38, nº 3, p. 787-820, 1995.

27 BERHEIDE, Catherine White. *The sticky floor:* a report on women in government. Albany: Center for Women in Government, State University of New York, 1992.

> **EXPLORANDO A WEB**
>
> Muitos relatórios governamentais estão disponíveis na internet. A Biblioteca de Relações Trabalhistas e Industriais da Cornell University funciona como *host* para os relatórios do Ministério do Trabalho dos Estados Unidos. O endereço da biblioteca é:
>
> <http://www.ilr.comell.edu>
>
> Pela internet você pode acessar a Biblioteca Martin P. Catherwood e a Electronic Bookshelf.

VALORIZANDO A DIVERSIDADE

Uma organização que valoriza a diversidade cria um ambiente que respeita e apoia os empregados com formação não tradicional de forma que eles possam contribuir com todo o seu potencial. Um contingente de pessoal diversificado e abrangente dá à organização uma base de experiência mais ampla e rica. A diversidade pode proporcionar um ambiente muito mais rico, uma variedade maior de pontos de vista e maior produtividade. A criatividade e a inovação podem surgir da combinação de diferentes pontos de vista.

Pode até mesmo fazer subir o valor das ações no mercado.[28] Todavia, a valorização da diversidade exige razoável sensibilidade e esforços por parte dos executivos. O desafio é trazer a diversidade para um enfoque construtivo para que ela conduza a uma maior criatividade e não ao caos.

Pressões por Programas Diversificados

O impulso para que as organizações apoiem programas de diversidade de pessoas provém de diferentes fontes. Algumas empresas conseguem a diversidade por meio de ação afirmativa bem-sucedida. Outras podem crescer tão rapidamente ou estarem localizadas em áreas com grande diversidade na população que esse processo é quase natural, exigindo pouco esforço. Por exemplo, mais da metade da população da Califórnia é formada por não brancos. As empresas que crescem rapidamente nesse Estado têm muito mais facilidade de montar um quadro de pessoal diversificado do que as empresas do Meio-oeste, uma região demograficamente muito mais homogênea. Outras empresas buscam atender à diversidade de sua clientela; um quadro diversificado ajuda a organização a entender e atender melhor às necessidades de seus clientes. A Avon, por exemplo, acredita que a diversidade de sua equipe de vendas é um auxílio para o atendimento de consumidores de vários tipos diferentes. A ênfase da Avon na diversidade nos Estados Unidos levou a empresa a ampliar sua linha de produtos e a considerar métodos não tradicionais para colocá-los no mercado fora do país.

As perspectivas diferentes entre membros de uma equipe de trabalho podem levar à consideração de um número maior de alternativas. A avaliação de cada alternativa será feita com critérios mais abrangentes de forma que a abordagem finalmente selecionada será reforçada e terá probabilidade maior de ser bem-sucedida. Se um grupo diversificado de empregados participa da equipe, melhor, o resultado pode ser um trabalho mais inovador. A base desse ponto de vista é de que a diversidade na organização pode tornar-se uma vantagem competitiva.

O Papel da Administração de RH

Existe também um lado negativo nos programas de diversidade. A ausência de uma estrutura comum pode resultar em falta de comunicação e até em conflitos entre os empregados. As motivações podem tornar-se suspeitas. Os resultados disso podem ser alta rotatividade e falta de coerência nas ações. Nesse cenário, a administração de RH pode ajudar, minimizando os conflitos entre os grupos, oferecendo treinamento para melhorar a capacidade dos funcionários em lidar com isso e orientando todos os grupos para as metas da empresa.

Como a organização demonstra que valoriza a diversidade? O sistema de RH tem aqui seu papel, e flexibilidade parece ser a chave de tudo. A Hewlett Packard incorporou a flexibilidade e o direito de escolha como preceitos operacionais. Seu método é fixar suas metas de forma genérica, dando espaço suficiente para que as pessoas decidam qual a melhor forma de atingir esses resultados. A IBM agrupa certo número de programas de diversidade sob o nome genérico de "respeito pelo indivíduo". A empresa considera o programa para igualdade de oportunidades, cidadania e qualidade de vida

---

28 WRIGHT, Peter. Competitiveness through management of diversity: effects on stock price valuation. *Academy of Management Journal*, p. 37-65, Mar. 1995.

como parte de seus esforços gerais para demonstrar esse respeito.[29]

Benefícios e horários flexíveis podem tornar uma empresa mais atraente para os trabalhadores. Dias flexíveis para a comemoração de feriados nacionais ou religiosos pode vir a ser um programa apoiado por todos os funcionários, sem que haja ressentimentos pelas faltas ao trabalho por esse motivo. Com essa finalidade, o J. P. Morgan Bank editou o *Guia Internacional de Feriados*, catalogando as diversas datas. O guia lista 285 feriados durante o ano.

Uma pesquisa com 400 membros da Associação dos Administradores de Recursos Humanos chegou à conclusão de que a diversidade traz tanto vantagens como desafios para os profissionais da área.[30] Conscientizar os empresários da necessidade de entendimento e aceitação da diversidade em vez de negá-la é um desafio. Se a empresa dá esse primeiro passo, é possível que surja daí uma cultura organizacional mais tolerante. Os pesquisados também citaram como resultados positivos dos esforços pela diversidade a melhoria das decisões negociais, maior e melhor resposta dos grupos diversificados de consumidores e maior lealdade por parte dos empregados. O Quadro 2.12 lista uma série de programas em execução citados pelos executivos. Entretanto, esses executivos também disseram que suas empresas precisam fazer mais para passar da simples tolerância para uma aceitação e valorização mais consciente.

Transformar a diversidade em um ponto positivo para a empresa não é tarefa das mais fáceis. Os profissionais entrevistados relataram que o aumento da diversidade gerou alguns problemas. Os de comunicação estão entre os mais citados. O crescimento dos custos com treinamento e os conflitos entre os subgrupos também foram lembrados como consequência negativa. Os executivos disseram que agora precisam gastar muito mais tempo lidando com interesses especiais e resolvendo conflitos entre grupos. Também foi relatado que os comportamentos tendenciosos não acabaram, e que, ao contrário, as denúncias de discriminação aumentaram.

Uma minoria entre os pesquisados chegou até a reclamar que o moral estava baixo, a produtividade caindo e o clima de intolerância cada vez mais forte, apesar dos esforços da empresa.

O gerenciamento da diversidade requer constante avaliação de todos os aspectos relacionados com os empregados. As atitudes e as percepções dos funcionários, assim como suas experiências profissionais, podem revelar como o empregador está se saindo. Por exemplo, os membros de grupos minoritários têm acesso a um patrono que possa orientar sua carreira dentro da empresa? Eles têm acesso aos níveis mais altos da organização? O sistema de informações de RH pode identificar áreas em que haja necessidade de mudança. Por exemplo, é possível saber se a empresa está perdendo suas engenheiras com mais rapidez do que seus engenheiros, se os gerentes afro-americanos recebem as mesmas bonificações que os demais, se os hispânicos que desobedecem às regras recebem punições mais severas do que os brancos ou se os afro-americanos recebem menos apoio a suas denúncias de assédio sexual do que os brancos (a Comissão de Igualdade nas Oportunidades de Emprego diz que sim).[31] O sistema de informações pode descobrir fontes de potencial comportamento tendencioso dentro das práticas de RH que poderão inadvertidamente colocar algumas pessoas em desvantagem. Entretanto, agir em relação aos resultados dessas informações é tarefa de todos dentro da organização, e não apenas dos profissionais de RH.

Algumas empresas utilizam comissões formadas por membros de minorias como fonte adicional de informações. Esses grupos geralmente têm acesso direto aos mais altos escalões da organização. A U. S. West mantém uma Comissão Pluralista com 33 membros que dá apoio aos altos executivos em seus planos para melhorar a reação da empresa ao aumento da diversidade entre as pessoas. Na Equitable Life Assurance, comissões de mulheres, afro-americanos e hispânicos (chamados de grupos de recursos da empresa) encontram-se com o presidente para discutir temas relevantes. Entretanto, nada na área

---

29 MORRISON, Ann M. *The new leaders*: guidelines on leadership diversity in America. San Francisco: Jossey-Bass, 1992; COX JR., Taylor H. The effects of diversity and its management on organizational performance. *The Diversity Factor*, p. 16-22, Spring 1994; COX JR., Taylor H.; SMOLINSKI, Carol. *Managing diversity and glass ceiling initiatives as national economic imperatives*. Washington, DC: Department of Labor, 1994; JACKSON, Susan E., and associates. *Diversity in the workplace: human resources initiatives*. New York: Guilford, 1992; ATWATER, D. M.; NIEHAUS, R. J. Diversity implications from an occupation human resource forecast for the year 2000. *Human Resource Planning* 16, nº 4, p. 29-50; WHEELER, Michael L. *Diversity*: business rational and strategies. New York: Conference Board, 1994.

30 ROSEN, Benson; LOVELACE, Kay. Piecing together the diversity puzzle. *HR Magazine*, June 1991.

31 EGAN, Terr D.; O'REILLY III, Charles A. Being different: relational demography and organizational attachment. *Administrative Science Quarterly* 37, p. 549-579, 1992.

Ambiente Externo | 59

Quadro 2.12
Iniciativa em relação à diversidade.

Política	Programas
Construindo uma cultura que valorize a diversidade	Grupos de discussão poro promover a tolerância e o entendimento
	Treinamento sobre a diversidade para os supervisores
	Esforços para mudar a cultura organizacional visando à valorização da diversidade
	Construção de equipes para os grupos que precisam trabalhar juntos
	Força-tarefa para a diversidade voltada à recomendação de mudanças políticas quando for necessário
	Aumento da diversidade entre os executivos
	Treinamento de conscientização para reduzir preconceitos
Iniciativas educacionais	Incentivos para os empregados mais novos completarem sua formação escolar
	Aulas de nível elementar (leitura, matemática)
	Aulas de inglês para os que não falam essa língua
Apoio à carreira	Treinamento no trabalho especial para as minorias
	Trabalho em rede entre os grupos minoritários
	Programas para a colocação de mulheres e membros de minorias em funções-pivô – posições-chaves críticas para um avanço rápido
	Metas especiais para obter diversidade nos escalões altos e intermediários
Ajustando necessidades especiais	Cronograma de folgas para adaptar os diferentes feriados religiosos
	Políticas para a contratação temporária de aposentados
	Benefícios ou assistência às crianças e familiares
	Programas de "trabalho em casa"
	Reprogramação de tarefas para dar lugar a deficientes
	Tradução de materiais escritos (manuais, jornais internos) para vários idiomas

Fonte: ROSEN, Benson; LOVELACE, Kay. Piecing together the diversity puzzle. *HR Magazine*, June 1991.

de RH é assim tão simples. A base legal para a existência desses grupos é questionável. Caso discutam questões trabalhistas, podem ser considerados como sindicatos. E, se forem assim considerados, a empresa estará violando a legislação ao criá-los ou encorajar sua formação. Este assunto voltará à discussão nos Capítulos 14 e 15.

Executivos e Líderes

Os executivos são geralmente a primeira linha de ação de uma empresa. Se a empresa pretende respeitar todos os empregados, os executivos têm que dar o exemplo em liderança. Os executivos criam a cultura da organização com seu comportamento cotidiano; eles ajudam na implementação das mudanças. Muitos deles reclamam que lhes é atribuída a responsabilidade, mas não lhes é fornecido o treinamento para as habilidades no relacionamento interpessoal, necessárias para evitar ou resolver conflitos entre os empregados. Esses conflitos têm sido citados como uma das maiores dificuldades em administrar um quadro de pessoal diversificado e em fazer funcionar uma organização multicultural.

A definição cada vez mais detalhada dos comportamentos e habilidades esperados dos supervisores e executivos em uma organização multicultural pode ajudar nesse processo. Exigir dos executivos a capacidade de lidar com empregados diversificados traz como resultado uma demonstração inequívoca de que a empresa está comprometida com uma nova maneira de fazer negócios. Naturalmente, deve-se dar aos empregados ampla oportunidade e o devido apoio para que aprendam os novos comportamentos.

Treinamento

O treinamento é uma atividade-chave para o sucesso de uma organização multicultural. Os empregados precisam aprender novas habilidades interativas para participar construtivamente das atividades organizacionais com seus colegas de outras culturas. Uma questão que se levanta aí é se o treinamento deve ser dirigido para o comportamento ou para as atitudes. O comportamento no ambiente de trabalho é controlado pela organização: um funcionário pode ser despedido por assediar uma colega. As atitudes são mais controversas. Pode alguém ser despedido por ter atitudes racistas ou sexistas se as mesmas não forem explicitadas aos colegas? O problema é que esses preconceitos subconscientes afetam o comportamento e influenciam os julgamentos. O treinamento que visa a um exame nas atitudes dos empregados pode ser visto como uma invasão da privacidade?

O que funciona?

A delicadeza do tema treinamento para a diversidade levou os pesquisadores a procurarem os fatores que influenciam o uso dessa prática e o sucesso com ela obtido.[32] Chegou-se à conclusão de que o apoio da cúpula da organização, a priorização estratégica da valorização da diversidade, a presença de executivos pertencentes a grupos minoritários e a existência de várias outras políticas de apoio a esse processo aumentam a probabilidade de o treinamento ser oferecido e ser visto como um sucesso. O estudo também recomenda a assistência obrigatória de todos os executivos, uma avaliação de longo prazo e a vinculação do comportamento pró-diversidade com algum tipo de recompensa financeira.

Diga como é

A Xerox descobriu que ser totalmente honesto com todos os empregados a respeito dos detalhes específicos de uma iniciativa em prol da diversidade, assim como sobre seus motivos, foi de grande utilidade para diminuir a resistência dos brancos a esses programas. A Xerox forneceu a seus executivos relatórios com resultados de pesquisas sobre a eficácia de seu estilo gerencial. Essas informações serviram como uma ferramenta de desenvolvimento para que os executivos realizassem uma sintonia fina em seus comportamentos. Os resultados de um executivo foram mostrados aos outros (sem identificação) para que eles pudessem fazer comparações. A Corning Glass Works enfrentou a resistência das mulheres brancas às mudanças, mostrando a elas dados que provavam ser seu grupo o que recebia mais promoções na empresa. Essa estratégia dá aos executivos uma base de conhecimento para identificar as necessidades de mudanças. Também ajuda a conquistar o comprometimento dos empregados à implementação das mudanças.

Programas de orientação para trazer as mulheres e os membros de minorias para a rede de relações informais da organização, programas especiais de desenvolvimento de carreira que tenham por alvo as minorias e o encorajamento para que os grupos examinem as atitudes e as diferenças e seus efeitos sobre o comportamento no trabalho estão entre as técnicas recomendadas para a obtenção de uma organização multicultural. Essas sugestões se apoiam em programas de ação afirmativa e estendem-se por toda uma gama de atividades de recursos humanos.

Ainda que todos esses programas custem dinheiro, pesquisas indicam que o gerenciamento da diversidade também pode trazer economias.[33] Por exemplo, as mulheres e os membros de minorias normalmente apresentam uma taxa de rotatividade maior do que entre os homens brancos. As razões para essa rotatividade podem estar na ausência de oportunidades de promoções, conflitos entre as exigências do trabalho e da família ou a simples insatisfação no emprego. Se as verdadeiras causas forem conhecidas, as iniciativas pró-diversidade podem ajudar a resolver o problema. Se a rotatividade geral na organização puder ser reduzida ao nível encontrado entre os homens brancos, haverá redução nos custos. A Ortho Pharmaceuticals calcula sua economia em mais de 500 mil dólares por meio das iniciativas pró-diversidade, especialmente com a diminuição da rotatividade entre as mulheres e membros de minorias étnicas.

A empresa de contabilidade Deloitte & Touche percebeu que uma grande rotatividade estava acontecendo entre as mulheres na organização. Em função de seu agressivo processo de recrutamento, mais ou menos a metade de seus contadores era do sexo feminino. Entretanto, a maioria delas não ficava na empresa tempo suficiente para se tornarem sócias, um processo que geralmente leva cerca de uma década. Um grupo de trabalho entrevistou as mulheres em todos os níveis da empresa, mesmo aquelas que já haviam saído do

---

32 RYNES, Sarah; ROSEN, Benson. A field survey of factors affecting the adoption and perceived success of diversity training. *Personnel Psychology* 48, nº 2, p. 247-270, Summer 1995.

33 COX JR., Taylor H.; BLAKE, Stacy. Managing cultural diversity: implications for organizational competitiveness. *Academy of Management Executives* 5, nº 3, p. 45-56, 1991.

emprego. Com isto se descobriu que elas não viam grandes oportunidades em seu ambiente de trabalho e que se sentiam excluídas da rede informal de apoio e comunicação dentro da empresa. Embora a empresa acreditasse que essa exclusão era mais subconsciente do que deliberada, sabia-se que a situação não se corrigiria sozinha. Para tanto desenvolveram programas de orientação e de planejamento de carreira para as mulheres. Como resultado, a estabilidade das mulheres em todos os níveis aumentou e, pela primeira vez na história da empresa, as taxas de rotatividade entre os executivos seniores – última posição antes da sociedade – foi menor entre as mulheres do que entre os homens. O diretor nacional de RH da Deloitte disse que a reputação positiva da empresa entre as mulheres também ajuda no recrutamento. Os custos da transformação do ambiente de trabalho foram superados pela redução nos custos com a rotatividade e o recrutamento.[34]

OUTROS PAÍSES, OUTRAS PERSPECTIVAS

Os cidadãos americanos que trabalham fora de seu país em empresas com sede nos Estados Unidos estão amparados por toda a legislação federal antidiscriminatória. Entretanto, eles também estão sujeitos às leis do país em que residem, que podem ser inconsistentes com as americanas. Nos Estados Unidos, o conceito de justiça é essencialmente um conceito moral, expresso na Constituição do país e sempre aberto a novas discussões sobre o que é justo e para quem. Hoje, muitos trabalhadores levaram esse conceito para além do aspecto ético, abordando-o também como uma qualidade empresarial: um quadro de pessoal diversificado é um objetivo valioso em si mesmo, sem considerar as exigências legais.

Diversidade não é uma Meta Universal

Os três países com maior diversidade do mundo são os Estados Unidos, o Canadá e a Bósnia. A maioria das nações têm leis que restringem a imigração e a cidadania para indivíduos de outras etnias. Esses países não valorizam a diversidade. Muitos empresários asiáticos, por exemplo, acreditam nas vantagens de uma mão de obra homogênea, com cultura e valores idênticos. Ainda que as mulheres japonesas tenham conquistado por lei o

direito de oportunidades iguais no trabalho desde 1986, a expectativa é de que deixem de trabalhar assim que se casam. As leis japonesas não encorajam as empresas a contratar mais mulheres ou não as proíbem de demitir os funcionários com mais de 50 anos. Os empresários japoneses ficaram chocados quando uma mulher saiu vitoriosa em um processo de assédio sexual, em 1992. Praticamente nenhuma empresa no Japão tem procedimentos internos para lidar formalmente com a discriminação ou o assédio. Mesmo assim, um relatório do Ministério do Trabalho indica que 43% de todas as mulheres em posição executiva reclamam de assédio sexual.[35]

No Oriente Médio a legislação discriminatória é ainda comum. Por exemplo, na Arábia Saudita as mulheres não têm permissão para dirigir automóveis. As mulheres iranianas devem cobrir suas cabeças em público. E, ainda que não tenham força de lei, práticas discriminatórias são ainda comuns no Leste Europeu e na América Latina.

Em 1993, o Samsung Group da Coreia do Sul anunciou uma nova política de recursos humanos com "foco na qualidade e não na quantidade" para modificar a reputação do país como fabricante de produtos em massa de baixa qualidade. O horário de trabalho foi reduzido e o processo de seleção foi aberto em condições idênticas para homens e mulheres, algo totalmente sem precedentes na história do país. Noventa por cento das mulheres em posição de chefia foram contratadas depois de 1993. A contratação de mulheres aumentou (Quadro 2.13). Ainda que a nova política tenha enfrentado alguma resistência interna e por parte de alguns fornecedores e analistas, o "índice de satisfação do consumidor" Samsung, assim como o índice de satisfação dos empregados subiram 5% desde a mudança. Além disso, uma pesquisa entre formandos universitários mostrou que a grande maioria deles escolheria a Samsung como seu primeiro emprego, por motivos diretamente relacionados às novas políticas de RH.[36]

A Malásia também tem feito grandes esforços para que sua população não seja mais vista simplesmente como uma fonte de mão de obra barata. Os trabalhadores desse país estão hoje muito bem treinados e entre eles há uma alta porcentagem de mulheres em posições de chefia e executivas.[37]

---

34 Firm's Diversity Efforts Even the Playing Field. *Personnel Journal*, p. 56, Jan. 1996.

35 KATO, Takao. Chief executive compensation and corporate groups in Japan: new evidence from micro data. *International Journal of Industrial Organization*; MAZUR, Laura. Europay. Across *the Board*, p. 40-43. Jan. 1995.

36 New Asian values. *Business Asia*, p. 3-4, 13 Mar. 1995.

37 KURUVILLA, Sarosh. Linkages between industrialization strategies and industrial relations/human resource policies: Singapore, Malaysia, the Philippines and Índia. *Industrial and Labor Relations Review* 49, nº 4, July 1996.

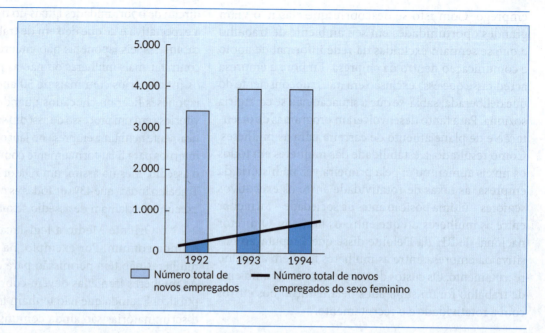

Quadro 2.13
Equilíbrio entre os sexos na Samsung.

Abordagem Europeia

A União Europeia (UE) escolheu uma abordagem diferente daquela dos Estados Unidos para garantir o tratamento justo aos trabalhadores. Nos Estados Unidos, os movimentos pelos direitos civis nos anos 60 começaram com a conscientização da existência generalizada de discriminação contra os afro-americanos em todos os aspectos da vida, inclusive no mercado de trabalho. O movimento expandiu-se para abrigar também mulheres e membros de outras minorias e os programas de ação afirmativa foram desenvolvidos para proteger esses indivíduos. A Europa, por seu lado, focalizou sua legislação na mulher. Embora muitos países europeus contem com significativas minorias étnicas (como os eslovacos na República Tcheca, os húngaros na Eslováquia ou os árabes na França), os problemas daí decorrentes são um tópico extremamente sensível e raramente são apontados como discriminação ilegal. A legislação social da UE inclui determinações que exigem tratamento igual para ambos os sexos, igual remuneração e benefícios proporcionais para empregados temporários. Apenas o Reino Unido estende as oportunidades iguais, levando em conta a raça. Em nenhum outro país europeu, os empresários precisam monitorar a composição racial de sua mão de obra, e poucos o fazem.

Outra diferença entre os Estados Unidos e os países europeus é que estes últimos geralmente não usam programas de preferência. Em 1995, a Corte Europeia de Justiça, órgão que aplica as determinações legais adotadas pela UE, barrou um programa em Bremen, Alemanha, que estabelecia que as agências municipais dessem preferência a mulheres qualificadas para determinadas funções em que elas representavam a minoria. A corte sustentou que esse programa violava uma determinação da Comunidade Europeia que requer tratamento igual para homens e mulheres no mercado de trabalho.[38]

Em vez de preferências, muitos países europeus dão ênfase a programas de treinamento financiados pelo governo e encorajam os empregadores para que aumentem seus esforços para contratar um número maior de mulheres. Eles têm sido bem-sucedidos no setor público, mas no setor privado a mudança nos padrões de contratação tem sido bem mais lenta. Como nos Estados Unidos, a segregação ocupacional continua ampla. As mulheres europeias estão sub-representadas fora das ocupações tradicionalmente femininas, como balconista, enfermeira e professora. Essa sub-representação é particularmente acentuada nas cúpulas das grandes empresas. Uma das maiores empresas varejistas britânicas, a Marks & Spencer, não tem nenhuma mulher entre seus mais altos executivos, ainda que 85% de seus funcionários sejam do sexo feminino. A Polícia Metropolitana de Londres tem 97,3% de sua força formada por brancos, embora as minorias constituam aproximadamente 20% da população da cidade. Pouco tem sido feito para reverter esses quadros.

---

38 STEVENSON, Richard W. Job discrimination in Europe: affirmative *laissez faire*. New York Times, 26 Nov. 1995, p. 10.

Na Suécia, onde a mão de obra de 4,4 milhões de pessoas está praticamente dividida ao meio entre homens e mulheres, um relatório do governo mostrou que existem poucas mulheres ocupando posições estereotipadamente masculinas. A maioria das suecas trabalha no setor público ou em ocupações tradicionalmente femininas, como professoras, enfermeiras ou secretárias, apesar do fato de sindicatos suecos terem dado às mulheres alta prioridade nas negociações contratuais. A remuneração das mulheres na Europa varia entre 50 e 90% daquela dos homens.[39]

Contratar e demitir funcionários em função da idade é uma prática que persiste na Europa; os anúncios de emprego no Reino Unido normalmente especificam que só serão considerados candidatos abaixo de 40 anos.

Os europeus também não estabeleceram penalidades financeiras muito pesadas para quem cometer atos discriminatórios. Na Alemanha, uma lei de antidiscriminação de 1980 garantia uma recompensa financeira tão insignificante para as vítimas que ficou conhecida como a "lei do selo" – a indenização máxima possível mal pagava o custo da postagem dos documentos necessários. Em 1985, a legislação foi modificada para permitir a compensação com até um salário mensal. Recentemente, esse limite foi triplicado.

A menor agressividade dos europeus produz resultados mais lentos, mas a longo prazo ela trará como consequência um relacionamento no ambiente de trabalho mais produtivo e harmonioso do que a abordagem de confronto utilizada nos Estados Unidos.

> ### QUAL SUA OPINIÃO?
>
> Os conflitos surgem normalmente em torno de valores culturais. A prática de dar generosos presentes em troca da assinatura de contratos é absolutamente aceitável em vários países. Já nos Estados Unidos, as empresas são proibidas por lei de pagar esse tipo de propina. Como a administração de RH pode ajudar a gerenciar esses conflitos?

Canadá

Além de uma fronteira de 3.000 milhas, os Estados Unidos e o Canadá compartilham mais uma série de coisas. O Canadá também possui uma população diversificada étnica e culturalmente que está amparada por legislação nas decisões trabalhistas. A Seção 15 da Lei Canadense sobre Direitos e Liberdade é a legislação nacional que proíbe a discriminação.[40]

Cada uma das 10 províncias e 2 territórios possuem suas próprias leis. Todas elas proíbem a discriminação com base na raça, cor, estado civil e sexo. Com exceção do Yukon, os demais também incluem idade e deficiência como áreas de discriminação. Em cada uma das províncias ou territórios, a aplicação dos códigos ou leis de direitos humanos é administrada por um conselho específico. Dessa forma, o poder legislativo tem papel menos atuante no Canadá do que nos Estados Unidos.

O IMPACTO E AS DIFERENTES RESPOSTAS À INCERTEZA

As dificuldades em prever as pressões externas sobre uma sociedade inteira, e ainda mais sobre determinada organização, não devem ser menosprezadas. Uma coisa é reconhecer que a mão de obra nos Estados Unidos está tornando-se cada vez mais diversificada e suscetível à competição global. Outra coisa, o principal desafio da administração de RH é saber qual a diferença que essa tendência irá fazer para uma organização em particular. Por exemplo, o declínio da taxa de natalidade em vários países desenvolvidos significa que a idade média da população está aumentando. Em função do inter-relacionamento entre idades, duração no emprego e salários, o contingente de empregados na General Motors ou na Ford não apenas se torna mais oneroso como também implica menos oportunidades de colocação para os mais jovens. As fábricas americanas da Toyota e da Honda, porém, não sentem este impacto. Embora utilizem o mesmo tipo de profissional que a GM e a Ford, as indústrias japonesas não operam há tanto tempo nos Estados Unidos e, portanto, não têm funcionários muito antigos de casa. A GM e a Ford são grandes utilizadoras de programas de aposentadoria voluntária como forma de aumentar a rotatividade entre os funcionários mais velhos. Em contraste, uma empresa em fase de rápido crescimento como a Days Inn of America pode querer contratar alguns desses aposentados para conseguir empregados mais confiáveis. Assim, vemos que uma mão de obra que envelhece afeta todo o mercado de

---

39 Idem.

40 KIDD, Michael P.; SHANNON, Michael. The gender wage gap: a comparison of Australia and Canada. *Industrial and Labor Relations Review* 49, nº 4, July 1996.

trabalho, mas as repercussões são diferentes entre as organizações.

Como resultado dessa incerteza e variabilidade de condições, alguns executivos consideram suficiente simplesmente tomar consciência de que o ambiente está mudando e que continuará nesse processo. Em vez de planejar elaborados procedimentos para tentar prever mudanças específicas, eles propõem a montagem de um quadro de pessoal flexível e uma estrutura organizacional adaptável que permita à empresa e seus funcionários se adequarem sempre que houver modificações significativas no ambiente externo.

Os executivos têm três maneiras possíveis de abordar as incertezas externas:

1. reduzir o grau de incerteza, implementando mecanismos de levantamento, previsão e planejamento;

2. estabelecer políticas de RH que gerem flexibilidade para a rápida adaptação sempre que houver necessidade; e

3. intervir no ambiente externo.

A maioria das empresas aborda essas três alternativas simultaneamente.

RESUMO

As condições externas à empresa criam o ambiente para a administração de recursos humanos. Elas influenciam as decisões tomadas pela organização, e essas decisões, por sua vez, influenciam as condições externas. À medida que a influência externa não é idêntica sobre todas as empresas, as respostas variam. Assim, podemos dizer que os fatores externos afetam a administração de RH e que esses fatores mudam com o tempo, e essas mudanças e seus impactos específicos sobre a área de RH são ainda mais variáveis.

Ainda que a natureza das condições externas possa ser discutida em termos genéricos, a discussão de suas especificidades é problemática, às vezes, por vários motivos. Primeiro, as condições externas estão inter-relacionadas e em constante mutação. Segundo, as organizações são diferentes e também se modificam constantemente, de forma que as mesmas condições externas podem ter impactos diferentes sobre diferentes organizações. Os fatores externos podem ser encarados como uma oportunidade de melhorar a eficácia dos recursos humanos. Por exemplo, alguns executivos aproveitam períodos de recessão para reestruturar suas organizações e afastar os maus desempenhos. Outras empresas veem os executivos de RH como amortecedores dos impactos que chegam de fora. Portanto, o papel desse executivo também parece variar de uma organização para outra.

Os principais fatores externos discutidos neste capítulo foram as legislações, a demografia e a diversidade. No Capítulo 1, discutimos as relações de trabalho entre patrões e empregados. No Capítulo 2, introduzimos um interveniente nesse relacionamento: o poder público. Por meio de suas políticas e regulamentações, os governos têm papel significativo na forma como os recursos humanos são gerenciados. E isso é verdadeiro para o mundo todo, não apenas para os Estados Unidos. As ações governamentais tanto refletem como influenciam a sociedade e a cultura de um país.

Como a maior parte das nações do mundo tem se tornado interdependente por meio do comércio e da competição, os empresários americanos estão descobrindo que o aumento da diversidade de seu quadro de pessoal pode tornar-se um ponto forte para a colocação de suas empresas no mercado global. Entretanto, essa tendência não é universal. As áreas metropolitanas têm tido o maior crescimento de população imigrante e de minorias. As empresas que atuam nesses locais estão bastante conscientes da necessidade de promover relações harmoniosas no ambiente de trabalho. As empresas que atuam em áreas mais estáveis e homogêneas não sentem essa pressão.

O mesmo princípio se aplica em termos globais. Os países que ainda não expandiram seus conceitos de direitos civis podem ter padrões diferentes sobre os procedimentos no ambiente de trabalho.

Todavia, seja qual for o país, o programa – oportunidades iguais, ação afirmativa ou programas para a diversidade – não funcionará se não tiver o comprometimento dos executivos. São eles que contratam, promovem, atribuem tarefas e demitem os funcionários; são eles que fazem a diferença entre o sucesso e o fracasso das metas e dos objetivos dos programas de diversidade e de ação afirmativa propostos pela organização. Além do mais, esse é um tópico carregado de emoções e sujeito a todo tipo de distorções, o que pode tornar-se um risco para o sucesso de uma organização.

QUESTÕES

1. Compare os papéis dos governos nos mercados de trabalho na Ásia e no Leste Europeu com a situação nos Estados Unidos. Quais os aspectos que devem ser copiados pelos Estados Unidos? Quais americanos devem exportar?

2. A Rússia e muitos outros países recém-saídos de décadas de planejamento centralizado da economia estão tentando reconstruir seus sistemas legais e trabalhistas. Quais dos assuntos discutidos neste capítulo deveriam ter sua prioridade máxima?

3. Existe considerável controvérsia sobre se a imigração é um ponto positivo ou negativo para a economia. O que você acha, e por quê? Que diferença isso faz para a administração de recursos humanos?

4. Quais as habilidades que um executivo internacional deve possuir?

5. Como um empresário pode demonstrar seu comprometimento com a valorização da diversidade?

6. Por que um executivo de RH deve preocupar-se com o conceito de "disponibilidade", e por que esse conceito é tão difícil de ser quantificado?

Sua Vez

Levi Strauss

A Levi Strauss & Company usa a terceirização em vários países do mundo para produzir seus famosos jeans. Em 1992, a empresa estabeleceu orientações operacionais que detalhavam tudo, das exigências ambientais até os aspectos de segurança e saúde. Para implementar essas orientações, a Levi Strauss fez uma auditoria de seus terceirizados e descobriu que duas empresas em Bangladesh aparentemente estavam utilizando menores de idade como mão de obra. Os padrões internacionais estabelecem esses limites em 14 anos. Quando questionados a esse respeito, os proprietários defenderam-se, alegando que os operários não tinham certidões de nascimento e, portanto, não havia como se certificar de suas idades verdadeiras. Mesmo que tivessem menos de 14 anos, seguramente sua remuneração era uma contribuição significativa para a renda de suas famílias. Se as fábricas os despedissem, eles provavelmente seriam forçados a ganhar dinheiro de outras formas, mais desumanas do que o trabalho como operário, talvez na prostituição infantil ou mendicância.

Questão: O que a Levi Strauss deveria recomendar a esses terceirizados?

3

AMBIENTE ORGANIZACIONAL

"O Fim do Emprego" trombeteia a matéria de capa da *Fortune,* uma respeitada revista sobre o mundo dos negócios. A matéria informa que "o emprego, como forma de organização do trabalho... é um instrumento social que tem sobrevivido à sua utilidade". Se as organizações pretendem o sucesso, precisam "se livrar dos empregos" e "reorganizar-se para obter o máximo de seus trabalhadores sem o emprego". Se estes já não podem contar com um emprego, podem, ao menos, manter um cargo? Infelizmente, não. Os cargos são "muito fixos". Papéis, então? Nada disso. Muito unitários, individuais. Habilidades e competências? Adivinhe: vão tornar-se obsoletas. Como uma cartomante, a revista afirma que os trabalhadores do pós-emprego serão autônomos contratados para trabalhos em equipes ou projetos específicos.[1] As pessoas se envolverão em 6 a 10 projetos de cada vez, provavelmente para diferentes patrões. Alguns até preveem empregados e patrões virtuais.[2] Uma resposta para tudo isso seria: "Está bem, e que tal um desempenho virtual, com remuneração virtual para combinar com essa organização virtual?"

Antes de descartar a retórica da *Fortune* como modismo, devemos reconhecer a importância de sua premissa. Estamos no meio de uma revolução na maneira pela qual o trabalho é organizado e realizado. O velho conceito de trabalho está desintegrando-se. Já não existem empregos estáveis; eles estão se tornando fluidos para adaptarem-se às mudanças. As organizações estão reestruturando-se, passando por uma reengenharia, reduzindo níveis em sua estrutura. A transformação na forma como o trabalho é organizado é um fato da vida contemporânea, e o processo continua.

No passado, a General Motors organizava seu trabalho em tarefas tão específicas como instalador – bancos dianteiros; instalador – bancos traseiros; instalador – tapeçaria; instalador – painéis das portas. Um instalador de bancos traseiros não instalaria os bancos dianteiros. Hoje, essas definições de tarefas tão restritas foram descartadas para aumentar a flexibilidade dos operários.

O trabalho tem sido cada vez mais repensado para incluir o enfoque sobre o cliente externo.[3] Como resultado, clientes e até fornecedores têm sido incluídos nas equipes de projeto. Por exemplo, em face da apertada concorrência da Airbus, a Boeing pediu a seus clientes e fornecedores que participassem das equipes de projeto e engenharia de um novo modelo de avião comercial.[4] Manutenção mais barata, corredores mais largos, teto mais alto, fabricação mais simplificada e assentos adaptáveis foram alguns dos resultados desse trabalho conjunto.

Boa parte dessas mudanças na forma como o trabalho é organizado é consequência de novas tecnologias e da acirrada competição que não dá margem à complacência. A *natureza da organização* e *a forma como o trabalho é organizado* influenciam os tipos de ação de RH que têm sentido para a empresa.

---

1   BRIDGES, William. The end of the job. *Fortune,* p. 62-68,19 Sept. 1994.

2   WALLACE JR., Marc. J.; CRANDALL, N. Fredric. Winning in the age of execution: the central role of work-force effectiveness. *ACA Journal,* p. 30-47, Winter 1992/93; GREENE, Robert J. Chaos systems, a human resource management paradigm for the 1990's? *ACA Journal,* p. 60-67, Winter 1992/93.

3   DRUCKER, Peter. *Post-capitalist society.* New York: HarperCollins, 1993.

4   LEBLANC, Peter. Pay for work: reviving an old idea for the new customer focus. *Compensation and Benefits Review,* p 5-10, July/Aug. 1994.

NATUREZA DA ORGANIZAÇÃO

Você não ficaria muito surpreso ao ouvir que as práticas de RH são diferentes nas empresas Intel e Indiana Energy. As duas organizações têm tamanhos diferentes, pertencem a setores diferentes e estão localizadas em áreas geográficas diferentes. Todas essas diferenças contam para seus estilos diferenciados de administração de RH. Entretanto, talvez se surpreenda em saber que as práticas de RH também são diferentes entre empresas do mesmo setor, como a Intel, multinacional com sede nos Estados Unidos, e sua concorrente alemã, a Siemens, ou entre a Indiana Energy e a Idaho Power. Os fatores organizacionais mais importantes para definir as políticas de RH são a *condição financeira* e a *tecnologia*. A competição em escala mundial sem precedentes criou a necessidade de novas *estratégias negociais* para enfrentar os desafios do mercado e uma nova *estrutura para a organização* capitalizar as novas tecnologias.

Condições Financeiras

Se uma organização não gerar fluxo de caixa suficiente, ela não terá como pagar seus funcionários, custear programas de treinamento ou oferecer assistência aos empregados demitidos para que encontrem outro trabalho. Entretanto, o fluxo de caixa não é a única preocupação financeira da empresa. Muitas vezes, uma estratégia de marketing pode adiar os lucros para garantir uma fatia de mercado. Empresas iniciantes podem levar anos até se tornarem lucrativas. Os investidores que sonham com futuras Microsofts, Intels ou Netscapes providenciam o capital necessário para a operação da empresa. Partindo de um ponto de vista totalmente diferente, o Ministro do Trabalho dos Estados Unidos sugeriu que os empresários se esqueçam um pouco dos lucros em nome do que ele considera o maior bem da sociedade: evitar as demissões e pagar salários maiores.[5]

Assim, ainda que as condições financeiras das organizações variem por diferentes motivos, não há dúvida de que elas influenciam profundamente as decisões da administração de RH. Muitas dessas decisões são tomadas para melhorar a situação financeira da empresa; o *downsizing* e as demissões certamente afetam as despesas. Mas, como analisamos no decorrer de todo o livro, as ações para melhorar o treinamento, contratar as pessoas certas e pagá-las apropriadamente também têm impacto significativo sobre as condições financeiras da organização.

Em muitas empresas, as decisões da administração de RH são responsáveis por grande parte das despesas. Muitas organizações estão buscando vincular essas decisões mais intimamente com a situação financeira.[6] As decisões sobre RH têm que estar alinhadas com a disponibilidade financeira e ter em mente a agregação de valor.

> ### QUAL SUA OPINIÃO?
>
> A questão da responsabilidade empresarial gera muita publicidade. Robert Reich sugere a criação de um "panteão empresarial da vergonha" para colocar os maus empresários. Outros dizem que as empresas que são socialmente responsáveis devem também ter responsabilidades fiscais. Algumas das sugestões para aprimorar a responsabilidade empresarial são a penalização por demissões, a exigência de "estudos sobre o impacto social" nos moldes dos estudos sobre impacto ambiental e a participação de todos os empregados nos lucros da empresa. Uma organização é responsável em relação a quem? Como essa responsabilidade deve ser exercida? Qual o papel da administração de RH neste assunto?

Tecnologia e Produtividade

A tecnologia pode ser definida como o conjunto de processos e técnicas usado para a produção de bens e serviços. Muitas tarefas perigosas, desagradáveis e insalubres realizadas pelas gerações anteriores foram eliminadas com o uso da tecnologia. No entanto, existe uma troca ocasional entre as aplicações tecnológicas e os recursos humanos. Isso pode ser observado de forma melhor em países em desenvolvimento, como as Filipinas, a Tailândia e a Coreia, onde uma grande quantidade de trabalhadores não especializados recebe salários relativamente baixos. Por exemplo, na Tailândia e nas Filipinas, os salários são apenas 14% daqueles pagos

---

5   REICH, Robert. *The work of nations*. New York: Alfred A. Knopf, 1991. O papel das corporações na sociedade é analisado em HOOD, John M. *The heroic enterprise:* business and the common good. New York: Free Press, 1996.

6   MILKOVICH, George; GERHART, Barry; HANNON, John. Use of incentive pay in R&D firms. Documento de trabalho. Cornell University, Center for Advanced Study of Human Resource Management, Ithaca, NY, Jan. 1990; NEWMAN, Jerry. Selecting incentive plans to complement organization sixategy. In: GOMEZ-MEJIA, L.; BALKIN, D. (Orgs.). *Current trends in compensation research and practice*. Englewood Cliffs, NJ: Prentice Hall, 1987. p. 14-24.

nos Estados Unidos, mas o custo unitário do produto lá é na verdade maior do que o americano. Os baixos salários dos países em desenvolvimento normalmente vêm de mãos dadas com a baixa produtividade.[7] A tecnologia, apoiada por ações consistentes de RH, tais como treinamento e a contratação das pessoas certas, pode melhorar significativamente a produtividade.

As funções criadas com o uso de uma nova tecnologia geralmente requerem mais habilidades do que aquelas que estão sendo substituídas, principalmente as habilidades analíticas. As empresas estão lutando para treinar uma mão de obra que se adapte às novas demandas e à maior complexidade do trabalho.[8] Normalmente, nesses casos, é necessário menor número de empregados, mas todos com muitas habilidades; em vez de receberem uma atribuição específica, eles geralmente fazem parte de uma equipe encarregada das tarefas. Por exemplo, a Corning Glass fabrica componentes cerâmicos para catalisadores de escapamentos de veículos em suas instalações de Blacksburg, Virgínia e Erwin, New York. A fábrica de Blacksburg, que foi fechada em 1984, foi reaberta em 1988 com uma tecnologia que permite diminuir o processo de produção e que pode substituir com certa facilidade um componente por outro. Os empregados, em equipes, alternam-se entre as tarefas das linhas de produção. Existem apenas duas categorias de empregados: assistente de produção e engenheiro de manutenção. Em contraste, a fábrica de Erwin, que utiliza uma tecnologia mais antiga para o mesmo produto, tem 49 categorias de empregados. A flexibilidade da unidade de Blacksburg permitiu que a Corning desenvolvesse novos negócios que no passado teria deixado para a concorrência.

Para aproveitar as vantagens de uma tecnologia mais flexível, geralmente é preciso organizar os funcionários em equipes, em vez de encarregá-los individualmente de determinada tarefa. Como a utilização de trabalho em equipes está muito em moda, com ou sem o uso de tecnologia flexível, voltaremos a tratar deste tema mais adiante neste capítulo.

Estratégia de Negócios

Uma estratégia organizacional integra decisões e as dirige para uma meta específica. As questões estratégicas ocorrem em diferentes níveis da organização.

Estratégia no Nível da Direção Geral

A questão estratégica fundamental está no nível da direção: *Em quantos negócios devemos estar?* Na década de 80, para muitas empresas, a resposta era quantos for possível. Siderúrgicas compravam empresas de petróleo e hotéis, e empresas de petróleo compravam lojas de departamentos, fábricas de equipamentos para escritórios e estúdios de cinema. Ainda que a lógica financeira estivesse em comprar linhas de produtos cujos ciclos se complementassem, muitas organizações não tiveram êxito gerindo seus novos empreendimentos. A década de 90 tem assistido a uma nova onda de realinhamentos, com as empresas voltando a concentrar-se em seus produtos e mercados básicos. Entretanto, existem exceções altamente bem-sucedidas. A General Electric compete em uma grande variedade de negócios, incluindo entretenimento (NBC), mercado financeiro (GE Capital), locomotivas (GE Locomotives), instrumentos, químicos e plásticos, *leasing* de aeronaves, e assim por diante. A resolução da PepsiCo em ser dona das engarrafadoras em vez de usar franqueados foi uma decisão no nível da direção geral. (Sua arquirrival Coca-Cola usa o sistema de franquias.) A decisão de investir na Taco Bell e na Pizza Hut pode ter sido motivada pelo desejo de vender mais Pepsi – parte da guerra dos refrigerantes. Hoje, a Taco Bell e a Pizza Hut são unidades de negócios principais na PepsiCo.

Estratégia no Nível da Unidade

As decisões estratégicas no nível da unidade de negócios enfocam a maneira de competir em seu mercado específico. A unidade de refrigerantes da PepsiCo tem que decidir onde localizar suas engarrafadoras, sua capacidade e se existe um mercado para um tipo de "cola" sem cor. Já os executivos de outro negócio da PepsiCo, a Pizza Hut, precisam descobrir como concorrer com a Domino's (entrega gratuita *versus* bordas recheadas), assim como a Olive Garden e a TGI Friday's.

Estratégia no Nível Funcional

As decisões funcionais envolvem aspectos particulares da organização, tais como marketing, finanças e, é claro, administração de recursos humanos. Nesse nível, os executivos formulam uma estratégia para ajudar seu

---

7 GREINER, Mary; KASK, Christopher; SPARKS, Christopher. Comparative manufacturing productivity and unit labor costs. *Monthly Labor Review,* p. 26-41, Feb. 1995.

8 BASSI, Laurie J. Upgrading the U.S. workplace: do reorganization, education help? *Monthly Labor Review,* p. 37-47, May 1995.

70 | Diagnóstico de Condições, Planejamento e Fixação de Objetivos

setor a contribuir para o atingimento dos objetivos da corporação e da unidade. Assim, por exemplo, o tipo de controle de estoques e outras práticas contábeis são determinados pelas necessidades da corporação e de suas unidades. No nível funcional, essas decisões são traduzidas em procedimentos – contabilidade baseada na atividade ou melhores sistemas de controle de estoques. Para a administração de RH, uma abordagem estratégica subentende três tarefas:

1. Assegurar que os aspectos de RH sejam considerados na formulação das estratégias negociais: Em que negócio devemos competir?

2. Estabelecer metas e planos de RH – uma estratégia de RH – para apoiar a estratégia negocial: Como as decisões da administração de RH vão ajudar-nos a competir?

3. Trabalhar com os executivos para garantir a implementação dos planos de RH: Como transformar as políticas em ações no dia a dia?[9]

Os executivos cada vez mais tratam de alinhar suas decisões de RH com outras ações para ajudar suas organizações a obter e sustentar vantagens competitivas.

Algumas tipologias foram propostas para relacionar as decisões de RH a estratégias negociais específicas. Miles e Snow classificam as organizações como:[10]

Defensoras: organizações que operam em poucos mercados estáveis.

Prospectadoras: organizações que continuamente procuram novos produtos e oportunidades de mercado e assumem riscos regularmente.

Analistas: organizações que operam em muitos mercados, alguns estáveis, outros em constante mudança.

Eles então propõem atividades de administração de RH que complementariam cada uma dessas estratégias negociais (veja o Quadro 3.1). Por exemplo, a estabilidade de mercado escolhida pelas Defensoras permite-lhes tempo suficiente para fazer planejamento formal e extensivo, e desenvolver as pessoas internamente para atender antecipadamente às necessidades. Em contraste, as Prospectadoras precisam ser mais adaptáveis, e é mais provável que procurem as pessoas com as características necessárias fora da organização. As incertezas enfrentadas por essas empresas tornam o planejamento formal de RH pouco útil. Para elas, é suficiente contar com pessoas que sejam flexíveis o bastante para encarar os desafios que aparecerem. As analistas podem ser semelhantes às duas já vistas, dependendo das condições de um mercado específico.

Existem várias outras abordagens que categorizam as estratégias. A premissa-chave é que as decisões da administração de RH que atendam às necessidades da organização (e às condições externas) têm mais probabilidade de serem eficazes.

Estrutura da Organização

O formato da organização é talvez um dos desafios mais interessantes no mundo empresarial de hoje. As soluções brilhantes da década de 60 não servem necessariamente agora. Novas formas parecem ser precisas para melhor capitalizar as novas tecnologias e atender às atuais demandas e expectativas dos clientes e dos empregados.[11]

Essas novas formas têm profundas implicações nas relações de trabalho. A redução dos níveis hierárquicos e a ampliação dos papéis de cada empregado são alguns desses efeitos. Os controles burocráticos e o número de funcionários de apoio têm diminuído, níveis inteiros de gerência foram eliminados da hierarquia e as regras burocráticas foram reduzidas e modificadas. O Quadro 3.2 compara os tipos mais conhecidos de estrutura organizacional.

O formato tradicional da organização assemelha-se a um grupo de escadas encostadas umas nas outras pelo topo. Os degraus de cada escada representam diferentes níveis de trabalho, e cada escada representa um setor. Uma escada técnica poderia incluir técnicos não especializados, químicos e engenheiros graduados e vários

---

9   WRIGHT, Patrick M.; McMAHAN, Gary C. Theoretical perspectives for strategic human resource management. *Journal of Management* 18, nº 2, p. 295-320, 1992; DYER, Lee; HOLDER, Gerald. A strategic perspective of human resource management. In: DYER, Lee; HOLDER, Gerald (Orgs.). *Human resource management:* evolving roles and responsabilities. Washington, DC: Bureau of National Affairs, 1998. p. 1.125-1.186.

10 MILES, R. E.; SNOW, C. C. *Organization strategy, structure and processes.* New York: McGraw-Hill, 1978; SNOW, C. C.; MILES, R. E. Organization strategy, design and human resource management. Trabalho apresentado no *Encontro da National Academy of Management.* Dallas, 1983.

11 JACKSON, Susan E.; SHULER, Randall S.; RIVERO, J. Carlos. Organizational characteristics as predictors of personnel practices. *Personnel Psychology* 42, p. 727-786, 1989.

Quadro 3.1
Condições organizacionais e as atividades da administração de recursos humanos.

	Defensoras	Prospectadoras	Analistas
Características Organizacionais			
Empresa típica	Lincoln Electric	Hewlett-Packard	Texas Instruments, Motorola
Estratégia de mercado	Linha de produtos estável e limitada, mercados previsíveis	Unha de produtos mutável e ampla; mercados mutáveis	Unha de produtos estável e mutável; mercados previsíveis e mutáveis
Pesquisa e desenvolvimento	Limitada praticamente à melhoria do produto	Extensiva; ênfase na "primeira no mercado"	Focalizada; ênfase na "segunda no mercado"
Produção	Grande volume/ baixo custo; ênfase na eficiência e na engenharia de processos	Adaptável; ênfase na eficácia e no desenho do produto	Grande volume/ baixo custo; ênfase na engenharia de processos
Marketing	Limitada praticamente a vendas	Enfoque acentuado em pesquisa de mercado	Extensivas campanhas de marketing
Atividades de Recursos Humanos			
Papel básico	Manutenção	Empresarial	Coordenação
Planejamento de RH	Formal; extensivo	Informal; limitado	Formal; extensivo
Recrutamento, seleção e colocação	Realiza	Terceiriza	Realiza e terceiriza
Treinamento e desenvolvimento	Desenvolve internamente	Identifica e traz de fora	Desenvolve internamente e identifica e traz de fora
Recompensas	Voltada para o relacionamento interno; equilíbrio interno	Voltada para o relacionamento externo; competitividade externa	Uma mistura de consistência interna e competitividade externa
Avaliação de desempenho	Orientada para o processo; focalizada na necessidade de treinamento; desempenho grupal/ individual	Orientada para o sucesso; focalizada na necessidade de pessoal; desempenho da empresa/divisão	Basicamente, orientada para o processo; necessidades de treinamento e pessoal; desempenho grupal/ individual/divisão

gerentes de projetos, distribuídos hierarquicamente por seus degraus. De forma semelhante, escriturários, contadores e outros funcionários distribuem-se pela escada administrativa.

O desenho tradicional da organização teve origem no trabalho de Frederick W. Taylor, no final do século passado, sobre a *administração científica*.[12] Antes de Taylor, os trabalhadores dirigiam e controlavam a produção. Eles tinham autonomia sobre seu trabalho e o de seus auxiliares.

Taylor estabeleceu padrões e especificou métodos para cada função e delineou como todas elas se encaixariam dentro da organização. Reduzindo cada função a suas tarefas essenciais, e depois especificando precisamente como cada tarefa seria realizada e em quanto tempo, Taylor tirou o controle do ambiente de trabalho da mão dos empregados e passou-o para um supervisor. O supervisor também tinha as funções de planejar o trabalho e treinar os trabalhadores, tarefas anteriormente realizadas por estes.

---

12 PARKS, Susan. Improving workplace performance: historical and theoretical contexts. *Monthly Labor Review,* p. 18-28, May 1995; TAKSA, Lucy. Scientific management: technique or cultural ideology? *Journal of Industrial Relations,* p. 365-395, Sept. 1992.

Quadro 3.2
Decisões de administração de RH adequadas à estrutura organizacional.

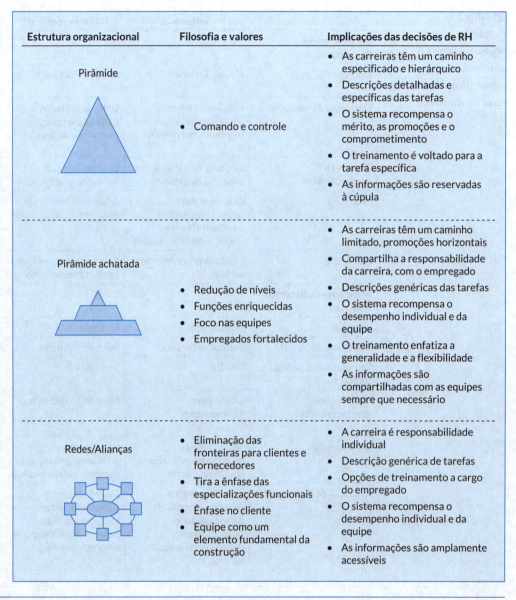

Dessa abordagem de Taylor surgiu a estrutura hierárquica tradicional, hoje chamada, com um pouco de menosprezo, de comando e controle. Entretanto, o sistema tem muitas vantagens. Os empregados conseguem entender como seu trabalho se encaixa na organização. Existe um plano de carreira por meio de promoções até o topo da escada. Deixando claro quem se reporta a quem, e quem é responsável pelo quê, a hierarquia coordena o trabalho e dirige os esforços dos empregados para os objetivos da organização.

Os críticos argumentam que o delineamento preciso do trabalho em tantos níveis acaba com a criatividade e a iniciativa.[13] Os empregados podem entender suas próprias responsabilidades, mas, pela mesma razão, recusarem-se a passar além dela, a fazer mais do que o mínimo requerido. Em vez disso, esperam até que algum superior lhes diga o que fazer, ou respondem, "isto está fora da minha descrição de função!"

Redes

As redes de organizações geralmente se formam com base em competências específicas de cada uma delas. Por exemplo, a Hewlett-Packard, a Microsoft e a ICL (uma

---

13 GRENIER, Guillermo J. *Inhuman relations:* quality circles and anti-unionism in American industry. Philadelphia: Temple University Press, 1988.

empresa britânica da área de computação) constituirão uma equipe para desenvolver em conjunto padrões de gerenciamento de sistemas. Os indivíduos da equipe foram escolhidos em função de algum conhecimento ou informação especial que tornasse sua contribuição valiosa para esse projeto em particular. Essas redes se formam tomando por base o que cada empresa faz melhor – projeto, distribuição ou conceituação.

Algumas vezes, a intenção de formar a rede é para harmonizar as necessidades dos fornecedores, fabricantes e clientes. Por exemplo, a Astra-Merck (A-M), uma *joint venture* entre os laboratórios Astra e Merck, proclama que não vende remédios para seus clientes (hospitais e médicos). Na realidade, vende "soluções farmacêuticas". A A-M oferece a seus clientes não apenas uma grande variedade de medicamentos, mas também informações sobre as últimas pesquisas e estudos, conhecimentos em várias doenças e sintomas, e centros de serviços que os médicos podem acessar por telefone ou pelo computador. A A-M utiliza uma estrutura organizacional em rede baseada no fluxo de recursos e informações necessários para atender às necessidades de seus clientes. As especificações e exigências dos fornecedores, fabricantes e consumidores estão intimamente integradas.

Decisões de RH Adequadas à Estrutura da Organização

O desenho organizacional vai além da estrutura ou arquitetura para refletir a filosofia em relação aos funcionários da empresa. Em uma estrutura convencional tipo pirâmide, com uma filosofia de *comando e controle*, as ações de administração de RH incluem rotas claras e preestabelecidas para as carreiras dos empregados (Quadro 3.2). As descrições detalhadas das funções deixam bem claro o que é esperado de cada funcionário; a promoção para os degraus mais altos da escada da carreira é acompanhada por maior *status* e melhor remuneração. As informações de RH estão concentradas no topo da organização, com os tomadores de decisões-chaves.

Já na estrutura tipo *pirâmide achatada*, a ênfase vai para o fortalecimento dos indivíduos organizados em equipes. Os empregados são encorajados a ampliar sua área de atuação, a tornar-se mais generalistas e, consequentemente, mais flexíveis. As ações de treinamento e de recompensa reforçam essas promoções horizontais. Reconhecem-se igualmente os desempenhos individual e de equipe.

O *modelo de rede* parte de uma filosofia de administração ainda mais participativa e recria as fronteiras da organização. Agora, as ações de RH enfatizam a responsabilidade das pessoas e das equipes em relação às carreiras individuais e à segurança no emprego. O desempenho individual ou do grupo é o foco. Obviamente, o desenho organizacional afeta as decisões de RH. Não é nada surpreendente, portanto, que os departamentos de RH também venham sendo reestruturados, como veremos no Capítulo 16.

O papel dos executivos também muda em cada uma dessas estruturas organizacionais, indo da direção e implementação no desenho de pirâmide até a colaboração e assistência no desenho de rede. O modelo diagnóstico enfatiza o exame do desenho da organização para que as decisões da administração de RH estejam alinhadas com as condições organizacionais.

NATUREZA DO TRABALHO

O trabalho e a forma de sua organização são vitais para a administração de RH. As habilidades e as experiências requeridas para o desempenho de uma função orientam o tipo de educação e treinamento que as pessoas procuram. Em sentido amplo, a função exercida estabelece a remuneração que o indivíduo recebe e, por isso, a qualidade de sua vida financeira. Muitas pessoas encontram no trabalho sua realização pessoal e seu *status* social. E a forma de organizar o trabalho influencia a capacidade da empresa em servir seus clientes, como mostra o caso da Astra-Merck.

Decisões organizacionais básicas, como qual tecnologia empregar, qual estratégia negocial adotar ou que desenho de organização deve ser usado, determinam a natureza do trabalho. A Allegheny Ludlum, por exemplo, vende um aço especial que é produzido com base no minério de ferro. A empresa tem muitas opções. Ela pode comprar o aço semipronto e dar o acabamento pedido pelo cliente, ou pode comprar minério de ferro para fazer todo o processo de usinagem. Muitos fatores vão pesar na tomada dessas decisões e, sejam elas quais forem, vão determinar a natureza do trabalho realizado na empresa. Todas as empresas enfrentam situações semelhantes. As estratégias e os objetivos escolhidos pelos executivos vão determinar o trabalho a ser realizado e a forma como este será organizado dentro da organização.

Organizando o Trabalho

O desenho de uma função frequentemente é a chave que determina se o trabalho vai alienar ou energizar aquele que o desempenha. Quanta liberdade de ação ou autoridade ele tem? Ele sente-se comprometido com os produtos que fabrica e com os serviços que presta? Existe algum fator no trabalho que prejudique a produtividade? Todos esses aspectos estão relacionados como a organização do trabalho.

O Quadro 3.3 mostra as vantagens e desvantagens dos principais modelos de desenho do trabalho. A administração científica de Taylor foi uma das primeiras abordagens para a organização sistemática do trabalho. A linha de montagem sumariza seu método e sua ênfase na produção eficiente. A abordagem de Taylor baseava-se na natureza da tecnologia – a padronização dos produtos, assim como os meios de produção tornaram viável o consumo de vários bens para a maioria das famílias trabalhadoras – e na natureza dos empregados – muitos eram imigrantes que pouco ou nada falavam de inglês e eram analfabetos; consequentemente, as tarefas tinham que ser relativamente descomplicadas, exigindo apenas um treinamento simples.

Embora os princípios de Taylor significassem uma tentativa de organizar eficientemente o trabalho, muitos executivos acabaram por distorcê-los. Eles deram ênfase à supervisão cerrada e estabeleceram padrões que não permitiam muita flexibilidade. Esses padrões rígidos não levavam em conta as necessidades físicas e de segurança dos empregados – muito menos ainda suas necessidades psicológicas – e acabavam gerando insatisfação, monotonia, alienação e frustração.

> A *estruturação de uma função* integra o conteúdo do trabalho, as qualificações e as recompensas relativas a cada um deles, de forma a conciliar as necessidades dos empregados e da organização.

Quadro 3.3
Filosofias/abordagens sobre a organização do trabalho.

	Técnicas	Vantagens	Desvantagens
Filosofia da administração científica	Simplificação do trabalho	Cria tarefas simples, seguras e confiáveis. Minimiza a demanda intelectual do empregado.	Alienante, aborrecido.
	Ampliação da função	Reduz o tempo de espera entre tarefas, melhora a flexibilidade organizacional, reduz a necessidade de *staff*.	Pode reduzir as vantagens da simplificação do trabalho sem se livrar das desvantagens.
Filosofia de relações humanas	Grupos de trabalho	Reconhece a importância das necessidades sociais dos empregados.	Pouca orientação técnica.
Abordagem das características do trabalho	Enriquecimento das tarefas	Cria tarefas que combinam empregado, satisfação e produtividade.	Oneroso. O potencial de erros e acidentes aumenta. Pode exigir mais empregados. O controle ainda permanece centralizado.
Sistema de trabalho de alto desempenho	Equipes	Dá mais poder ao empregado ao lhe conceder maior controle sobre seu trabalho.	Requer estrutura organizacional compatível e cuidadosa montagem das equipes. É preciso administrar o relacionamento entre as equipes. Algumas tarefas podem ainda ser aborrecidas. Gasta-se tempo com assuntos não produtivos.

Relações Humanas

O movimento de relações humanas foi em grande parte uma reação contra os aspectos desumanos da administração científica levada a extremos.[14] Esse movimento surgiu de alguns estudos realizados na década de 20, hoje conhecidos como os *estudos de Hawthorne*. A meta original desse trabalho desenvolvido na unidade de Hawthorne da Western Electric Company era testar como as variações nas condições de trabalho (iluminação, ventilação, temperatura) afetavam a produtividade. A surpreendente conclusão foi de que essas variações eram menos importantes do que a interação social entre os colegas de trabalho.[15]

Os pesquisadores descobriram que os trabalhadores organizavam espontaneamente o ambiente de trabalho, estabeleciam padrões e criavam sanções entre eles próprios. Dessa maneira, a função de gerenciamento devia ser a de criar grupos de trabalho que pudessem aumentar a motivação dos empregados e a produtividade e dirigir esses esforços para o atingimento das metas da organização.

Os grupos de qualidade e outros programas de participação dos empregados são aplicações contemporâneas das ideias das relações humanas. O enfoque é na sociologia dos grupos e em como as necessidades individuais podem ser satisfeitas por meio deles. Entretanto, essa abordagem não diz muito sobre como organizar o trabalho.

Modelos de Características de Trabalho

Os modelos de características do trabalho baseiam-se na interação psicológica entre o trabalhador e sua função, e identificam a melhor maneira de estruturar tarefas que sejam intrinsecamente motivadoras.[16] Geralmente, trazem *enriquecimento às tarefas* por darem aos empregados maior responsabilidade, mais autonomia e controle sobre seu próprio trabalho. O modelo de características do trabalho identifica cinco aspectos que podem potencialmente motivar os trabalhadores:

1. *Variedade de habilidades.* Até que ponto a função requer uma variedade de atividades *diferentes e usa um grande* número de talentos e habilidades do indivíduo.

2. *Identidade da tarefa.* Até que ponto a função exige a realização de uma completa e identificável parte do trabalho – ou seja, ser realizada do começo ao fim, com um resultado visível.

3. *Significância da tarefa.* Até que ponto o trabalho realizado tem impacto substancial sobre a vida ou o trabalho de outras pessoas.

4. *Autonomia.* Até que ponto a tarefa proporciona liberdade e independência suficientes para que o indivíduo programe seu trabalho e determine os procedimentos que devem ser usados em sua realização.

5. *Realimentação.* Até que ponto o indivíduo recebe informações diretas e claras sobre a eficácia de seu desempenho por meio da própria realização das atividades requeridas pela tarefa.

As três primeiras características determinam se o indivíduo acredita que seu trabalho é importante. A autonomia determina se o indivíduo se sente pessoalmente responsável pela qualidade de seu desempenho. E a realimentação dá a ele o conhecimento dos resultados de seu trabalho. A ideia básica aqui é de que a combinação certa desses elementos pode assegurar o desenho de tarefas que sejam intrinsecamente recompensadoras. Ainda que esse modelo tenha gerado grande quantidade de pesquisas acadêmicas, é de difícil aplicação prática, já que depende de estados psicológicos que podem existir ou não nas pessoas.[17]

Sistemas de Trabalho de Alto Desempenho

A abordagem sociotécnica reconhece tanto a importância da sociologia no ambiente de trabalho como dos ganhos de produtividade com o uso da tecnologia correta. Ela assume que esses dois subsistemas estão inter-relacionados, servem de parâmetros um para o outro, e precisam estar adequados entre si para que se obtenha um funcionamento ótimo.

---

14 BLUMBERG, M.; GERWIN, D. Coping with advanced manufacturing technology. *Journal of Occupational Behavior* 5, p. 113-130, 1984; CUMMINGS, T.; BLUMBERG, M. Advanced manufacturing technology and work design. In: WALL, T. D.; CLEGG, C. W.; KEMP, N. J. (Orgs.). *The human side of advanced manufacturing technology.* Chichester, West Sussex: John Wiley, 1987. p. 37-60.

15 MAYO, E. *The human problems of an industrial civilization.* New York: Macmillan, 1933.

16 HACKMAN, J. R.; OLDHAM, G. R. *Work redesign.* Reading, MA: Addison-Wesley, 1979.

17 CAMPION, Michael A.; STEVENS, Michael J. Neglected questions in job design: how people design jobs, task-job predictability, and influence of training. *Journal of Business and Psychology,* p. 169-190, Winter 1991; KELLY, John. Does job re-design theory explain job re-design outcomes? *Human Relations* 45, nº 8, p. 753-774, 1992.

Diagnóstico de Condições, Planejamento e Fixação de Objetivos

Quadro 3.4
Organização do trabalho tradicional versus o de alto desempenho.

Elemento	Tradicional	Alto desempenho
Pessoas	Focalizado em um pequeno conjunto de tarefas de desempenho individual.	Coordenado com os outros, utiliza a equipe de trabalho para conduzir uma série integrada de atividades.
Decisões	Gerencia o processo por meio de hierarquias de comando e controle.	Dá poder às equipes para que tomem decisões para acelerar e melhorar o processo.
Informação	Disponível apenas quando estritamente necessário.	Totalmente disponível em tempo real a qualquer membro de equipe para facilitar a tomada de decisões.

Fonte: WALLACE Jr., Marc. J.; CRANDALL, N. Fredric. Winning in the age of execution: the central role of work-force effectiveness. *ACA Journal* 1, nº 2, p. 30-47, Winter 1992-1993.

A organização do trabalho de alto desempenho é uma consequência dessa abordagem sociotécnica.[18] O Quadro 3.4 compara os desenhos tradicional e de alto desempenho. Neste último, o operador já não tem uma função com certas tarefas específicas. Em vez disso, os empregados aprendem múltiplas habilidades; as diferentes tarefas atribuídas a uma equipe de funcionários são realizadas por todos eles em rodízio. A equipe decide quem vai fazer o que e quando. Essa abordagem é consistente com o desenho da pirâmide achatada e da organização em rede.

A equipe tem autoridade para distribuir as tarefas e atribuir papéis a seus membros da maneira que quiser. Ela é responsável por um produto final, e tem liberdade para, dentro de restrições orçamentárias e tecnológicas, administrar essa responsabilidade da forma que considerar melhor. Assim, a função de quem gerencia grupos não é desenhar tarefas que sejam intrinsecamente motivadoras, mas montar equipes de trabalho cujos membros possuam as qualificações necessárias para cumprir as tarefas, sejam compatíveis entre si e tenham objetivos convergentes com aqueles da organização. O executivo toma-se um treinador, um influenciador. Ele precisa garantir que a equipe tenha autoridade suficiente dentro da organização, mas ainda tem que ser seu líder.

Seguir o Fluxo

Em vez de se preocupar com o desenho do trabalho, pode haver um ganho competitivo em se examinar o fluxo completo das atividades: concentrar-se nos bens e serviços que são dirigidos aos clientes e na melhor forma de fazer isto. A análise do processo do trabalho é uma parte importante da administração da qualidade total (TQM, na sigla em inglês). O objetivo é analisar o fluxo do trabalho de uma área para outra, para determinar o valor agregado em cada etapa. Se não está claro o valor a ser agregado, pode-se economizar tempo e dinheiro, eliminando esta etapa do processo.

O fluxo do trabalho é examinado sob dois pontos de vista:

1. Da função em si mesma, com seu operador respondendo a perguntas do tipo: Alguma mudança poderia ser feita na forma como o trabalho chega a mim que pudesse torná-lo mais fácil ou mais rápido? Como posso melhorar o trabalho que passo para os outros de forma a tornar a próxima etapa mais rápida dentro do fluxo?

2. Analisando o processo completo do fluxo do trabalho, para determinar se uma tarefa principal pode ser realizada mais eficaz e eficientemente por meio de modificações nas atribuições e responsabilidades. Perguntas aqui incluídas: Quais tarefas são redundantes ou desnecessárias? Como o fluxo do trabalho pode ser aprimorado? Como o processo pode ser agilizado sem perda de qualidade? O que pode ser feito diferentemente para reduzir custos ou agilizar o processo?

As respostas a essas questões podem levar uma empresa a convencer-se da necessidade da reengenharia.

---

18 WALLACE JR., Marc. J.; CRANDALL, N. Fredric. Winning in the age of execution: the central role of work-force effectiveness. *ACA Journal*, p. 30-47, Winter 1992/93.

REENGENHARIA

A reengenharia compreende todo o processo de trabalho dentro da organização. Vários exemplos já foram discutidos: o da PepsiCo no primeiro capítulo e o da Astra-Merck neste. Ainda que essas empresas sejam muito diferentes, ambas aplicaram princípios de reengenharia para satisfazer às necessidades dos clientes em qualidade, serviços, flexibilidade e baixos custos. O contraste entre a reengenharia e a administração científica está em que esta última entrelaça tarefas simples específicas em um processo complexo. Já na reengenharia, o fluxo do trabalho é mantido o mais simples possível.

Benchmarking

Os projetos de reengenharia geralmente começam com a fixação de *benchmarking*: a identificação de empresas consideradas excepcionais em um processo específico, a análise de como as empresas excepcionais chegaram a seus resultados, e a adaptação das práticas e técnicas apropriadas para que a organização realize esse estudo das marcas de referência. O *benchmarking* identifica as melhores práticas em um setor ou organização e as difunde pela informação aos empregados.[19] Se o resultado deste estudo indicar uma séria falha em algum aspecto do desempenho, a reengenharia pode ser a solução.

De acordo com Hammer e Champy, existem algumas características recorrentes na reengenharia:[20]

- *Diversas tarefas são integradas em uma.* A integração de tarefas reduz os erros, atrasos e problemas de comunicação que são inevitáveis quando o gerenciamento de um cliente ou um produto são compartilhados por mais de uma pessoa. Se o tamanho de uma tarefa for muito grande para ser desempenhada por apenas um funcionário, então a solução lógica é usar uma equipe para realizá-la de forma integrada.

- *Os empregados tomam as decisões.* Os empregados recebem o poder para agir e a tecnologia fornece-lhes a informação necessária para suas tomadas de decisão.

- *O trabalho é realizado onde faz mais sentido.* Um bom exemplo desse princípio da reengenharia é atribuir a responsabilidade pelo recrutamento e seleção de membros à própria equipe, em vez do departamento de pessoal da matriz. Os membros das equipes são treinados para a função de forma a tomar decisões eficazes consistentes com as políticas da empresa (como em relação à igualdade nas oportunidades de emprego) e adequá-las às necessidades do grupo.

- *Os controles são usados apenas quando agregam valor.* A checagem, a aprovação e a adequação aumentam as despesas gerais em uma proporção tal que às vezes esse custo supera a economia conseguida pelo sistema de controle. Por exemplo, a cadeia de lojas Wal-Mart trabalhou com muitos de seus fornecedores, inclusive a PepsiCo, para fazer a reengenharia de sua administração de estoques. Combinando as informações das caixas registradoras automáticas de cada loja da Wal-Mart com os padrões habituais dos varejistas de todo o país, a Pepsi assumiu a responsabilidade de entregar para a rede a quantidade de produtos necessária. Produtos em excesso tomam espaço de armazenamento; produtos de menos causam prejuízos de vendas e desapontamento dos clientes.

Deixando de administrar o controle de seus estoques e passando essa função para fornecedores escolhidos e confiáveis, tanto a Pepsi como a Wal-Mart obtiveram vantagens. A Wal-Mart eliminou os custos do monitoramento e manutenção de seus estoques, e o armazenamento de refrigerantes é gerenciado mais eficazmente pela Pepsi, que é melhor nisso. O espaço foi liberado no centro de distribuição da Wal-Mart e sobra dinheiro para financiar os estoques de outras mercadorias.

A Pepsi agrega valor ao refrigerante que fornece à Wal-Mart por meio da administração do processo de controle de estoque. E o que ela ganha com isso? Como fornecedor preferencial, a Pepsi consegue os melhores pontos nas lojas e total cooperação para promoções especiais.

Com as informações conseguidas sobre a demanda de seus produtos, a Pepsi pode organizar suas operações de engarrafamento e distribuição mais eficientemente. Em vez de grandes carregamentos, o refrigerante chega às lojas em lotes menores, porém mais frequentes. Os consumidores potencialmente beneficiam-se com preços mais baixos e produtos mais frescos (a Pepsi

---

19 GLANZ, Ellen F.; DAILEY, Lee K. Benchmarking. *Human Resource Management*, 31, nⁿˢ 1 e 2, p. 9-20, Spring/Summer 1992.

20 HAMMER, Michael; CHAMPY, James. *Reengineering the corporation.* New York: Harper Business, 1993.

recentemente adotou a colocação da data de fabricação em seus produtos). O faturamento é gerenciado pela própria Pepsi, sem a necessidade de uma ordem de compra antecipada pela Wal-Mart. Esse procedimento evita incontáveis horas de trabalho burocrático, especialmente para produtos cujos preços são tão flutuantes como os dos refrigerantes.

Da mesma forma que a administração científica se adequava à natureza da organização e dos empregados no passado, o processo de reengenharia está sintonizado com as organizações de hoje (menos pessoal, com uma tecnologia avançada que permite que empregados capacitados assumam maiores responsabilidades). Tudo muda em uma empresa que passa pela reengenharia – o trabalho executado pelos empregados, o papel dos executivos – e, consequentemente, os sistemas de RH para dar apoio a isto também têm que mudar. Treinar, selecionar e recompensar empregados aptos a adequarem-se às novas condições são processos que levantam aspectos relevantes, discutidos nos próximos capítulos.

A Mudança é mesmo Necessária?

Muitas transformações organizacionais são motivadas por uma questão de competitividade: chegar mais perto dos clientes, soluções inovadoras, mais rapidez de resposta e maior produtividade. Todavia, existe algum motivo pelo qual esses objetivos não possam ser alcançados sem o ajuste da estrutura organizacional? Por exemplo, a Leighton Contractors, uma empreiteira australiana, buscava a melhor forma de se restruturar para se tornar mais produtiva. Mais de 1.200 empregados responderam a um questionário, revelando suas opiniões sobre assuntos como equipes de trabalho, qualidade, treinamento, gerenciamento e multi-habilidades. Essas respostas forneceram à empresa uma orientação sobre como proceder. Foi descoberto que a única coisa a ser feita era melhorar o relacionamento com os empregados.[21] Eles queriam: (1) mais treinamento durante o serviço, para aumentar sua habilidade e realizar um trabalho melhor; (2) mais informações sobre o canteiro de obras ou projeto para o qual estavam designados, para entender melhor em que sua atuação se encaixava e se haveria como melhorar seu desempenho; (3) uma

apreciação mais positiva no caso de realizarem um trabalho bem-feito; e (4) que seus gerentes de projeto os ouvissem quando levantassem um assunto ou sugerissem uma mudança. Todos os empregados, independentemente de sua posição, disseram querer assumir maiores responsabilidades por seus atos e sentir-se parte de um pequeno e seleto grupo de elite. Nada de técnicas revolucionárias – e provavelmente muito onerosas.

> Uma *equipe* é um grupo de duas ou mais pessoas que interagem de forma independente e adaptativa para atingir objetivos importantes, específicos e compartilhados.

Equipes: um Elemento Fundamental na Construção da Organização

Muitas das novas tecnologias, dos novos formatos organizacionais e processos recentes têm assumido que os empregados trabalham em equipes, que têm sido chamadas de elemento fundamental da construção da organização de hoje.[22]

As equipes aparecem em uma grande variedade de tipos. Podem ser temporárias, semiautônomas ou autogeridas. Podem ser também interfuncionais e contar com executivos. Podem ser organizadas para determinado propósito (por exemplo, desenvolver um novo plano de marketing), e depois desfeitas quando o projeto é aprovado pelos níveis mais altos de decisão. Ou podem ser constituídas por empregados com habilidades similares, como os operários de linha de montagem de determinado produto. As tarefas de uma equipe destas permanecem as mesmas, ainda que os membros possam mudar, à medida que os empregados chegam ou deixam a empresa.

O Quadro 3.5 mostra alguns desses tipos de equipe. As equipes podem variar quanto à forma como interagem com o restante da organização, a natureza de sua função, a interdependência entre seus membros, seu tamanho, permanência, quanta autoridade possuem e outras características.[23]

---

21 Friends and industrial relations. *Australian Business Monthly*, p. 58-59, June 1992.

22 SUNDSTROM, Eric; DeMEUSE, Kenneth P.; FUTRELL, David. Work teams: applications and effectiveness. *American Psychologist* 45, nº 2, p. 120-133, Feb. 1990; ILGEN, Daniel R.;MAJOR, Debra A.; HOLLENBECK, John R.; SEGO, Douglas J. Team research in 1990's. In: CHEMERS, M. M.;AYMON, R. (Orgs.). *Leadership and organizational effectiveness*. New York: Academic Press, 1992.

23 KLING, Jeffrey. High performance work systems and firm performance. *Monthly Labor Review*, p. 29-36. May 1995.

Quadro 3.5
Participação por meio de equipes

Tipo de equipe	Exemplo típico	Grau de autoridade
1. Supervisor e voluntários discutem problemas de trabalho uma vez por semana.	Grupo de qualidade	Contribuição para a solução de problemas localizados; aconselhamento e envolvimento.
2. Equipe interfuncional que se encontra semanalmente para trabalhar com problemas interfuncionais ou em um projeto.	Equipe interfuncional	Responsabilidade para resolver problemas ou realizar projetos interfuncionais.
3. Empregados de determinada área que funcionam como uma equipe constante, com supervisão.	Semiautônoma	Responsabilidade pelos resultados e pelos procedimentos utilizados.
4. Empregados de determinada área que funcionam como uma equipe constante, sem supervisão.	Equipe de trabalho autodirigida	Responsabilidade pelos resultados e pelos procedimentos utilizados.
5. Empregados tomam o lugar da antiga estrutura organizacional. Autoridade da equipe é ampliada, diminuindo a necessidade de apoios.	Equipe de processo	Completa um processo inteiro de trabalho que resulta em bens/serviços para os clientes externos ou internos.

O trabalho em equipe tem o potencial de aumentar a comunicação e a autonomia e liberar a criatividade dos empregados. As equipes continuam a proliferar nas organizações americanas. Uma pesquisa em 230 empresas revelou que aproximadamente um terço dos empregados participa de equipes de trabalho; as expectativas são de que essa porcentagem continue a crescer.[24]

O que a Pesquisa diz

A empresa Bell South introduziu o uso de equipes para a realização das tarefas de instalação, manutenção e reparos nos sistemas de comunicação em rede. As equipes tinham autoridade para distribuir as tarefas e controlar a qualidade.[25]

Os membros de equipes autogeridas dizem gostar da maior autonomia ("não há um supervisor espiando você"), da maior cooperação, do treinamento informal entre os colegas e do reconhecimento maior que decorre da participação nesse tipo de grupo. Sessenta e dois por cento dos membros de equipes dizem que rotineiramente prestam auxílio uns aos outros na solução de problemas, contra um índice de apenas 35% entre os empregados em estruturas tradicionais, e 40%

dizem que o relacionamento entre os colegas melhorou com a introdução do trabalho em equipe. Entretanto, existem alguns conflitos entre as equipes autogeridas e os demais empregados, assim como entre os próprios membros do grupo. Mais de 75% dos empregados que não estão participando de equipes autônomas se dizem voluntários para tal se for dada a oportunidade. Por seu lado, menos de 10% dos participantes de equipes dizem querer retornar ao esquema tradicional de supervisão.

Os pesquisadores da Bell South concluíram que tanto os trabalhadores como a empresa ganham com as equipes autogeridas. No entanto, a natureza do trabalho ou a tecnologia podem limitar os efeitos desse sistema.[26]

Outro estudo analisou a evolução de uma equipe durante um período de tempo. Em Jamestown, New York, a Cummins Engine Company utiliza equipes autônomas para fabricar e testar motores a diesel. A fábrica foi projetada para dar mais autoridade e responsabilidade às equipes do que normalmente acontece. A expectativa inicial era de que, à medida que a equipe amadurecesse, ela se tornaria cada vez mais autônoma. Entretanto, não foi bem isso o que ocorreu. Ainda que os empregados ganhassem maior liberdade, depois de

---

24 *Team-based pay.* Washington, DC: Hay Group, 1995.

25 APPELBAUM, Eileen; BATT, Rosemary. *The new American workplace.* Ithaca, NY: ILR Press, 1994.

26 ADLER, Paul S. Workers and flexible manufacturing systems: three installations compared. *Journal of Organizational Behavior* 12, p. 447-460, 1991.

80 | Diagnóstico de Condições, Planejamento e Fixação de Objetivos

10 anos de experiência ainda se fazia necessária forte liderança e direção por parte do líder da equipe. Além disso, toda vez que surgia um problema de disciplina ou dificuldade de desempenho, os membros buscavam apoio no líder.[27]

> ### EXPLORANDO A WEB
>
> A capacidade de lucrar com o mercado global em constante mudança é o objetivo de toda organização ágil. O *Agility Forum,* uma empresa sem fins lucrativos, patrocina um *site* que contém estudos de casos, projetos de pesquisa e outros assuntos relacionados. Seu endereço é: http://www.absu.amef.lehigh.edu

Fazendo a Transição

Frederick W. Taylor identificou esse problema em 1911: os trabalhadores relutam em dizer a seus colegas que seu desempenho é insatisfatório. A solução proposta por Taylor era deixar essa responsabilidade por conta do chefe.

Os defensores do sistema de trabalho de alto desempenho dizem que a solução é dar tempo suficiente para que se faça a transição entre o tradicional e a equipe autogerida, e recompensar cada mudança no decorrer desse período. Eles apontam três etapas de transição:

1. *Multi-habilidades.* Todos os empregados aprendem atividades operacionais adicionais. A equipe consiste em indivíduos que fazem um rodízio entre as diferentes atividades e dão cobertura uns aos outros.
2. *Uma equipe autossustentada.* Os membros do grupo somam apoios indiretos, tais como a manutenção preventiva de seu repertório. Eles agora operam mais eficientemente, pois não precisam esperar intervenções externas.
3. *Uma equipe autogerida.* Baseados em seu monitoramento direto das necessidades dos clientes, os empregados decidem o que produzir a cada dia. Eles também se encarregam de algumas atividades de RH: fazem seus cronogramas de trabalho, incluindo a programação de férias, fazem a seleção e avaliam o desempenho individual. Será que também estabelecem seus próprios salários e se demitem sozinhos? Ainda não.

Outros afirmam que os líderes e os chefes se tornam ainda mais importantes com as equipes; entretanto, as qualificações necessárias são diferentes.[28] É interessante lembrar que Taylor começou com trabalhadores que gerenciavam seu próprio cronograma de produção, treinavam seus empregados e cuidavam da disciplina. A questão é que as normas impostas por eles eram as suas próprias, e não as dos gerentes. Agora os gerentes estão querendo que os trabalhadores voltem a administrar seus cronogramas, a treinar outros trabalhadores e a cuidar da disciplina. Quem pode garantir que dessa vez será diferente? É possível que quanto mais as coisas mudam, mais permanecem as mesmas?

Construindo ou Demolindo?

Com tamanha variedade de tipos de equipes, é difícil afirmar que um conjunto de práticas de RH seja melhor para gerenciá-las do que outro. Por exemplo, qual desempenho deve ser avaliado, o da equipe ou de cada um dos membros individualmente? De quem é a responsabilidade se um dos membros da equipe não tem o desempenho esperado? Quem decide sobre a composição do grupo, o chefe ou a própria equipe? Você provavelmente está familiarizado com vários desses assuntos por meio dos trabalhos de grupo feitos na escola. Obviamente, a utilização das equipes em projetos de longo prazo traz a necessidade de um treinamento que vise ao aprendizado de como trabalhar com os outros, como se comunicar eficazmente e como lidar com disputas como membro de um grupo.[29]

A mudança do enfoque sobre o indivíduo para sobre a equipe dentro da organização exige mais do que apenas a escolha certa do grupo. A transformação da organização

---

27 SCHEIN, Edgar H. Corporate teams and totems. *Across the Board,* p. 12-17, May 1989; GAFFNEY, Michael E. The dark side of world-class manufacturing. *HR Magazine,* p. 40-43, Dec. 1991; GUEST, Robert H. Team management under stress. *Across the Board,* p. 30-35, May 1989; CHANCE, Paul. Redefining the supervisor's role. *Across the Board,* p. 36-37, May 1989; CHANCE, Paul. Great experiments in team chemistry. *Across the Board,* p. 18-25, May 1989.

28 WILSON, Jeanne M.; GEORGE, Jill, WELLINS, Richard S.; BYHAM, William C. *Leadership trapeze:* strategies for leadership in team-based organizations. San Francisco: Jossey-Bass, 1994; GUZZO, Richard A.; SALAS, Eduardo and Associates. *Team effectiveness and decision making in organizations.* San Francisco: Jossey-Bass, 1995.

29 MEYER, Christopher. How the right measures help teams Excel. *Harvard Business Review,* p. 95-103, May/June 1994.

em um sistema baseado em equipes de trabalho demanda considerável modificação e novas habilidades serão exigidas para os empregados. Nem sempre é eficaz tentar influenciar o desempenho da equipe pela avaliação do desempenho individual de seus membros. Avaliar e recompensar as pessoas por sua boa atuação evidentemente traz resultados positivos sobre seu comportamento. Entretanto, o que parece estar faltando é uma inter-relação maior dos desempenhos individuais, das equipes e da própria organização. Eles não apenas precisam ajustar-se uns aos outros como também é necessário que as necessidades individuais sejam atendidas ao mesmo tempo em que aquelas das equipes e as da organização.[30] Esses temas relacionados com equipes, como seleção, treinamento, desempenho gerencial e sistema de recompensa, serão novamente enfocados nos próximos capítulos.

Yosh!

Algumas vezes a defesa da utilização das equipes toma um ar de fervor messiânico, apesar das controvérsias apontadas pelas pesquisas. O pensamento básico que orienta essa posição é que o envolvimento do empregado em equipes autônomas ou semiautônomas "é parte da transformação da sociedade em uma 'democracia industrial' (na qual os empregados controlam o ambiente de trabalho) que é eticamente superior porque resulta em empregos mais estáveis e satisfatórios, e em maior produtividade para as empresas". No entanto, essa opinião não é unânime. Uma pesquisadora passou seis meses trabalhando na linha de montagem da fábrica de automóveis Subaru-Isuzu em Indiana.[31] Essa indústria adota esquemas de participação dos operários, centros de produção com equipes de trabalho e dá ênfase à contribuição de cada empregado para a melhoria da produção e do controle de qualidade. A pesquisadora reporta que adorou o ambiente de trabalho, claro, ordenado, limpo, e uma cultura organizacional que "encoraja seu supervisor a falar com você em vez de gritar", além de uma estrutura para prestigiar o papel do trabalhador na produção; entretanto, ainda existem tensões. Em uma fábrica com linha de montagem tradicional que adota métodos da administração científica:

Os empregados são livres para odiar seu trabalho abertamente. Eles são donos de suas atitudes. Sua negociação com a empresa é simples e direta: faça seu trabalho e receba seu salário. [Essa abordagem] não interfere com a autonomia pessoal do empregado na empresa... sua liberdade essencial permanece intacta.

A pesquisadora questiona se o sistema de equipes não exerceria um controle social muito cerrado sobre seus membros. Por exemplo, o dia começa às 6 horas e 25 minutos, com um exercício físico rotineiro, depois uma reunião de cinco minutos entre os membros da equipe, seguida de um ritual entre eles semelhante àqueles que acontecem entre jogadores antes de uma partida. Formados em um círculo, cada indivíduo estende seu braço para a frente, segurando o punho um do outro. Um membro deve então dizer uma mensagem inspiradora para aquele dia. Depois da mensagem, todos levam os dois braços para o centro do círculo, onde todas as mãos se encontram. Ao fazer isso, todos gritam em uníssono: "Yosh!", e então se separam e vão trabalhar. Todas as equipes da indústria passam por esse ritual ao mesmo tempo. Enquanto alguns consideram esse comportamento uma simples expressão de coesão grupal e boa vontade, outros acham tudo isto bastante embaraçoso e completamente sem sentido – "um sistema de controle social que visa obter a conformação aos objetivos da empresa".[32]

QUAL SUA OPINIÃO?

Na colação de grau da turma de 1996 do Skidmore College, o empresário de comunicações aposentado Charles Kuralt, da CBS, disse aos formandos: "Grandes coisas não são conseguidas por equipes, não interessa o que tenham dito a vocês. Elas são conseguidas por indivíduos que se aventuram por estradas ainda não conhecidas". Como a ADMINISTRAÇÃO DE RH pode ajudar a sensibilizar a organização em relação às necessidades das pessoas que fazem parte das equipes?

(Des)conforto com a Conformidade

Um executivo japonês contou-nos uma história que ilustra perfeitamente as diferenças culturais no que diz

---

30   MOHRMAN JR., Allan M.; MOHRMAN, Susan Albert; LAWLER III, Edward E. *The performance management teams.* Publicação T91-2, 187. Los Angeles: Center for Effective Organizations, Jan. 1991.

31   GRAHAM, Laurie. *On the line at Subaru-Isuzu.* Ithaca, NY: ILR Press, 1995.

32   Idem. p. 134.

respeito à conformidade. Um grupo de executivos de uma das três grandes indústrias automobilísticas de Detroit visitou uma fábrica japonesa para tentar descobrir por que a produção americana estava sendo superada pela asiática. A empresa de Detroit havia adotado todas e cada uma das inovações de processo produtivo da concorrente japonesa. Eles redesenharam sua organização, fizeram a reengenharia do trabalho para agilizar seus procedimentos, criaram grupos de qualidade, utilizaram equipes de trabalho com mais poder – mexeram em tudo, até no posicionamento da fita vermelha que fica ao alcance dos operários em qualquer linha de montagem. Essa fita pode ser puxada a qualquer momento, por qualquer operário, para paralisar o processo de produção, caso ele precise corrigir um erro ou mesmo retroceder um pouco no trabalho. Não obstante todos esses esforços, os custos de produção norte-americanos continuaram muito mais altos do que os dos japoneses. Onde estava a diferença? Ah, disseram os japoneses, a resposta está na fita vermelha, da qual tanto gostam os operários norte-americanos: no Japão, nenhum operário *ousaria* puxá-la!

NATUREZA DAS FUNÇÕES

Um membro da *HR Net,* o maior grupo de discussão da internet na área de recursos humanos, escreveu:

O mundo do trabalho está passando por profundas transformações; o trabalho *preconcebido* (concebido antecipadamente por alguém para que outra pessoa o realizasse, geralmente sob circunstâncias estáveis e padronizadas) está chegando ao fim. O trabalho da maioria das pessoas hoje exige que elas decidam o que fazer em uma situação em vez de simplesmente evocar uma rotina preestabelecida. Elas têm de resolver problemas, tomar decisões, planejar linhas de ação, alocar recursos e não raramente desenhar seus próprios métodos de trabalho, técnicas e ferramentas. Estamos quase voltando ao cenário do final do século XIX, quando Taylor decidiu fazer do estudo do trabalho uma ciência. Naquela época, o trabalho era praticamente todo artesanal e, também, *concebido* (desenhado por quem o desempenhava, em função das condições enfrentadas no momento) em vez de preconcebido. Os operários escolhiam suas

ferramentas, trabalhavam em seu próprio ritmo e seguiam seus próprios padrões. Como resultado, os patrões não tinham ideia do que poderia ser um dia de trabalho produtivo. Na verdade, nem os trabalhadores. O que Taylor e outros fizeram foi criar métodos e ferramentas padronizados; eles preconceberam o trabalho e, assim fazendo, abaixaram os custos e os preços, aumentando os salários e o padrão de vida. O mesmo destino aguarda a atual safra de trabalho configurado – e as pessoas que estão envolvidas nisso. O que tudo isso significa em termos de descrição de funções, recrutamento e seleção, e para os profissionais de RH em geral? Nada menos do que uma completa reengenharia da profissão.

A análise de funções não tem passado imune a essas transformações. A *HR Net* obteve um recorde de respostas para uma pesquisa recente, "Para que serve a análise da tarefa?" Alguns comentários foram no sentido de que a organização não teria base para a tomada de decisões sensatas sem ela. Outros a consideram um entulho burocrático. Está formada a confusão.

Análise de Funções

Historicamente, a análise de funções tem sido considerada a pedra fundamental da administração de pessoal. Usos potenciais dessa ferramenta têm sido sugeridos como apoio às principais funções de RH. Frequentemente, o tipo de dados necessários para a análise da tarefa varia de acordo com a função.[33] Por exemplo, o treinamento requer informações sobre *qualificações e conteúdo* das tarefas, para que o programa possa ser feito sob medida para atender às exigências requeridas para seu desempenho. Os padrões para admissões e promoções podem basear-se nessas mesmas informações. As informações da análise de funções permitem ao entrevistador descobrir se há compatibilidade entre os candidatos e as tarefas próprias da vaga disputada, assim como ajudar os candidatos a decidir sobre seu real interesse no emprego. Na avaliação do desempenho, tanto os subordinados como os chefes levam em conta os *comportamentos e resultados* previstos na descrição da função. Essa análise também ajuda a documentar as decisões de RH em termos trabalhistas, o que é importante para evitar a discriminação.

---

33 WILLIAMS, Valerie C.; HACKETT, Thomas J. *Documenting job content.* Scottsdale, AZ: American Compensation Association, 1993; US Department of Labor, Manpower Administration. *Handbook for analyzing jobs.* Washington, DC: US Government Printing Office, 1972; FINE, S. A.; WILEY, W. W. An *introduction to fundamental job analysis.* Monografia nº 4. Kalamazoo, MI: W. E. Upjohn Institute for Employment Research, 1971.

Quadro 3.6
Questionário de análise de funções usando dados sobre tarefas (parcial).

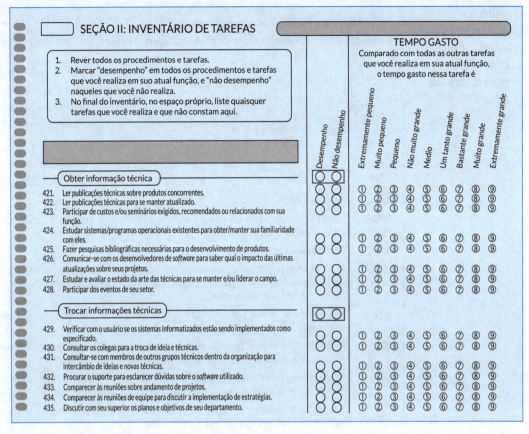

Fonte: Control Data Business Advisors, Inc. Todos os direitos reservados. A reprodução ou uso não é permitida sem a autorização expressa da Control Data Corporation.

A *análise de funções* é um processo sistemático de coleta de dados e de avaliações sobre a natureza de uma função específica.

Coletando Dados

As qualificações exigidas, o conteúdo da função, o comportamento necessário para seu desempenho e os resultados esperados são algumas das características que um analista deve examinar para fazer uma acurada descrição. Três categorias básicas de informações comumente coletadas para a análise são os dados sobre atividades, dados sobre comportamento e dados sobre conhecimento. A metodologia da análise varia de acordo com a ênfase dada a cada uma dessas categorias.

Dados sobre as Tarefas: Ênfase no Conteúdo

Os dados sobre tarefas são subpartes de uma função, com ênfase no propósito de cada tarefa. Um trecho de um questionário desse tipo é mostrado no Quadro 3.6. Quando o aspecto que está sendo examinado é a comunicação, o questionário descreve as unidades elementares da comunicação; por exemplo, ler publicações técnicas e consultar os colegas. O objetivo da tarefa – ler publicações técnicas para se manter atualizado e consultar os colegas para a troca de ideias e técnicas – é também enfatizado. Os dados revelam o verdadeiro trabalho realizado e o porquê de sua realização. Esse trecho do questionário também mede o tempo usado para o desempenho da tarefa. Outras medidas possíveis são seu grau de importância e a experiência prévia necessária para exercê-la.

Dados Comportamentais: Ênfase no Comportamento

Os dados comportamentais usam verbos para descrever os comportamentos que ocorrem no trabalho. O Quadro 3.7 mostra o resultado dessas observações. Agora, a comunicação é descrita como aconselhar, negociar, persuadir, e assim por diante. Esse quadro faz parte

84 | Diagnóstico de Condições, Planejamento e Fixação de Objetivos

Quadro 3.7
Questionário de análise de funções usando dados comportamentais (parcial).

Seção 4 Relacionamento com as outras pessoas

Esta seção trata de diferentes aspectos da interação entre pessoas envolvidas em vários tipos de trabalho

> **Código de importância dessa função (1)**
>
> N – Não se aplica
>
> 1 – Muito pequena
>
> 2 – Pequena
>
> 3 – Média
>
> 4 – Alta
>
> 5 – Extrema

4.1   Comunicações

Classifique a lista a seguir em termos da *importância* da tarefa para a realização da função. Algumas dessas funções podem envolver diversos ou mesmo todos os itens relacionados.

4.1.1   Oral (comunicação verbal)

99 ___   Aconselhar (lidar com as pessoas no sentido de aconselhar e/ou orientar sobre problemas que possam ser solucionados por princípios profissionais legais, financeiros, científicos, técnicos, clínicos, espirituais e/ou outros).

100 ___   Negociar (lidar com as pessoas no sentido de buscar um acordo ou solução; por exemplo, negociação trabalhista, relações diplomáticas).

101 ___   Persuadir (lidar com as pessoas no sentido de influenciá-las em relação a uma ação ou ponto de vista; por exemplo, vendas, campanhas políticas).

102 ___   Instruir (o ensino de habilidades, de maneira formal ou informal, para outras pessoas; por exemplo, um professor de escola pública, um mecânico ensinando um aprendiz).

103 ___   Entrevistar (conduzir entrevistas direcionadas para um objetivo específico; por exemplo, entrevistar candidatos a emprego, pesquisas).

104 ___   Trocar informações rotineiras: relacionadas à função (receber e/ou fornecer informações *relacionadas com a função* de forma rotineira; por exemplo, bilheteiro, taxista, recepcionista).

105 ___   Trocar informações não rotineiras (receber e/ou fornecer informações *relacionadas com a função de* forma não rotineira; por exemplo, encontros de associações profissionais, engenheiros *discutindo o projeto de um* novo produto).

106 ___   Falar em público (fazer discursos ou apresentações formais diante de audiências relativamente grandes; por exemplo, discursos políticos, apresentação de noticiários na mídia, fazer um sermão).

4.1.2   Escrita (comunicação por meio de material escrito/impresso)

107 ___   Escrever (por exemplo, escrever ou ditar correspondência, relatórios etc.; escrever anúncios, artigos de imprensa etc).

4.1.3   Outras comunicações

108 ___   Sinalizar (comunicar-se por meio de algum tipo de sinal; por exemplo, sinais manuais, semáforos, apitos, buzinas, sinos, luzes).

109 ___   Comunicar-se por códigos (telégrafo, criptografia etc.).

Fonte: PAQ Services, Inc., Logan, UT. Copyright © 1969 por Purdue Research Foundation, West Lafayette, IN 47906.

---

do Questionário de Análise de Posição (PAQ, na sigla em inglês), que descreve o comportamento utilizando sete fatores: entrada de informação, processo mental, resultado no trabalho, relacionamento com as outras pessoas, contexto e outras características da função e dimensões gerais. O comportamento em comunicação mostrado no Quadro 3.7 é parte do fator "Relacionamento com Outras Pessoas".

Dados sobre Capacidade – Ênfase na Qualificação

Os dados sobre capacidade examinam o conhecimento ou talento que um trabalhador deve possuir para ter um desempenho satisfatório. A capacidade pode ser (1) psicomotora, (2) física, ou (3) cognitiva. O Quadro 3.8 mostra uma escala usada pela AT&T para avaliar a compreensão. A compreensão e outro fator, a expressão

Quadro 3.8
Questionário de análise de funções usando dados sobre capacidade (parcial).

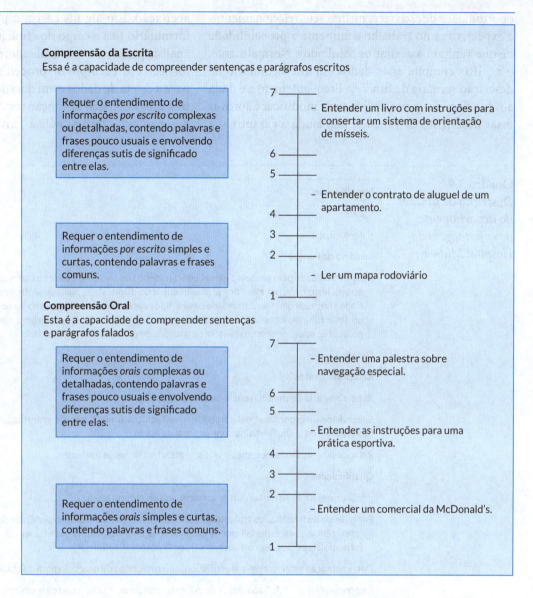

Fonte: AT&T.

(que não aparece no quadro), correspondem bem proximamente aos aspectos de comunicação examinados nos Quadros 3.6 e 3.7. Note que essas avaliações podem ser feitas com ou sem referência a uma atividade ou comportamento em uma tarefa.

À medida que as funções se tornam intelectualmente mais exigentes, a determinação do conhecimento requerido para realizar as atividades pode tornar-se uma forma bastante útil de análise. Os indivíduos podem ter diferentes tipos de conhecimento sobre sua função. Por exemplo, um empregado pode saber como funciona uma máquina e saber consertá-la. Outro pode apenas saber para que essa máquina serve. Um professor pode ser capaz de dizer o que um programa de computador é capaz de fazer como instrumento didático sem que conheça nada sobre programação. Uma ênfase no conhecimento, e não em tarefas ou comportamentos específicos, pode vir a acomodar melhor funções que mudam continuamente com o avanço da tecnologia.

Métodos Convencionais de Coleta de Dados

Geralmente, um analista coleta dados por meio de um questionário para entrevistar os empregados e seus supervisores. O questionário e as entrevistas são estruturados para conseguir um formato uniforme para as respostas. A abordagem requer um envolvimento considerável por parte dos funcionários, o que aprimora sua compreensão sobre o processo, oferece uma

Diagnóstico de Condições, Planejamento e Fixação de Objetivos

oportunidade de esclarecer melhor seus relacionamentos e expectativas no trabalho e aumenta a probabilidade de que venham a aceitar os resultados. Normalmente, o analista compila esses dados em um formulário de descrição sumária de funções. Frequentemente, é dada aos funcionários a possibilidade de modificar e aprovar essas descrições de funções; isso ajuda a garantir sua aceitação. Em alguns casos, o preenchimento desse formulário fica a cargo dos funcionários, e o papel do analista passa a ser o de facilitador/instrutor. O apêndice fornece um exemplo de procedimento passo a passo para a coleta de dados e um questionário. O Quadro 3.9 traz uma descrição de função com base em informações desenvolvidas com a análise convencional de funções.

Quadro 3.9
Descrição de funções do departamento de enfermagem do Hospital Midway.

Identificação

Cargo

Data: Julho 1997

Enfermeiro(a)

Sumário da Função

Responsabilidade pelo processo global de tratamento do paciente desde sua admissão até sua transferência ou alta hospitalar, por meio dos procedimentos de diagnóstico, planejamento, implementação e avaliação. Cada enfermeiro(a) tem autoridade básica pelo processo de enfermagem no turno a ele(a) designado e para projetar futuras necessidades do paciente e seus familiares. Orienta e dirige o aprendizado e as tarefas do pessoal de apoio enquanto mantém os padrões de enfermagem profissional.

Definição

Relacionamentos

Reporta-se a: enfermeiro(a) chefe ou encarregado(a).

Supervisiona: responsável pelo trabalho dos técnicos e auxiliares de enfermagem, atendentes e demais funcionários de apoio. Trabalha com: pessoal de apoio.

Relacionamentos externos: médicos, pacientes, familiares de pacientes.

Qualificações

Educação: graduação em faculdade conceituada de enfermagem.

Experiência de trabalho: os tratamentos críticos requerem um ano de experiência recente em clínica/cirurgia (preferência para especializações em enfermagem), ou alguma experiência em clínica/cirurgia (recém-formado(a)s podem ser considerado(a)s para postos subalternos).

Documentação exigida: registro profissional ou permissão de exercício para o Estado de Minnesota.

Exigências físicas: A. Capacidade de dobrar, alcançar ou ajudar a carregar mais de 25 Kg.

                      B. Capacidade de andar ou ficar em pé 80% do turno de oito horas.

                      C. Acuidade visual e auditiva para desempenhar funções relacionadas ao trabalho.

Descrição

Responsabilidades

1.   Diagnósticar as condições físicas, emocionais e psicossociais dos pacientes.

    Padrão: providencia um diagnóstico escrito do paciente até uma hora depois da internação do mesmo e pelo menos uma vez em cada turno. Comunica esse diagnóstico a outros auxiliares de acordo com as políticas do hospital.

2.   Formular um plano por escrito para o tratamento do paciente desde a entrada até a alta.

    Padrão: estabelece metas de curto e longo prazos nas primeiras 24 horas de internação. Revê e atualiza os planos de tratamento a cada turno, baseando-se no diagnóstico do processo de cura do paciente.

3.   Implementar o plano de tratamento.

    Padrão: demonstra habilidade no desempenho dos procedimentos comuns de enfermagem de acordo com o estabelecido para essa função, sem se limitar a isso. Completa as tarefas de tratamento do paciente de forma organizada e em tempo hábil, reavaliando prioridades apropriadamente.

(Responsabilidades adicionais foram omitidas do quadro.)

O método convencional depende bastante da capacidade do analista em entender o trabalho realizado e traduzir esse entendimento em uma descrição de funções. Um autor descreve o processo:

> Todos conhecemos os procedimentos clássicos. Um [empregado] observa e anota as ações de outro... durante o trabalho. As ações de ambos são tendenciosas, e as informações resultantes variam ao sabor dos ventos, especialmente os ventos políticos.[34]

Têm sido desenvolvidas técnicas para quantificar e informatizar esses dados. Por exemplo, os questionários estruturados que listam as atividades/comportamentos/capacidades relevantes para as tarefas e que foram analisados são resultantes da informatização. Os Quadros 3.6, 3.7 e 3.8 são partes desses exemplos. Os entrevistados indicam se cada item se aplica a sua função em particular e o quanto é importante em todo seu trabalho. Os resultados podem ser facilmente compilados, e as semelhanças e diferenças entre elas podem então ser comparadas.

Descrição de Funções

À medida que a análise de funções serve de ponto de partida para uma série de outras atividades de RH, os dados coletados precisam estar em um documento acessível a todos os interessados. Esse documento é a descrição da função. As descrições típicas contêm três seções que a identificam, definem e descrevem.

1. *Identificação*. A primeira seção pode conter o nome da função, o número de funcionários que a realizam, onde está localizada (departamento, unidade) e seu código, caso seja usado. Seu propósito é identificar claramente a função e distingui-la de outras com nomes ou tarefas semelhantes. A data da análise também é importante. A descrição mostrada no Quadro 3.10 pode indicar o porquê.

2. *Definição*. A segunda seção reflete o propósito da função: por que ela existe e como se encaixa com as demais, com a organização e seus objetivos gerais. Pode-se também incluir aqui o que é considerado como seu desempenho satisfatório. A intenção é obter um retrato vívido da tarefa. O retrato da situação do(a) enfermeiro(a) exibido no Quadro 3.10, recebendo uma bonificação de 5 centavos por dia, no caso de o empregador não ter dívidas, ilustra bem as mudanças ocorridas em cem anos.

Quadro 3.10
Descrição parcial da função de enfermeira, Cleveland Lutheran Hospital, 1887.

Além de cuidar de 50 pacientes cada uma, as enfermeiras seguirão o seguinte regulamento:

1. Varrer e limpar diariamente o chão de sua ala, tirar o pó dos móveis e limpar as janelas.

2. Manter uma temperatura amena em sua ala, trazendo uma cesta de carvão para seu trabalho diário.

3. A iluminação é importante para a observação das condições do paciente. Portanto, todo dia é preciso encher os lampiões de querosene, limpar as chaminés e cuidar dos pavios. Lavar as vidraças uma vez por semana.

4. As anotações da enfermeira são de grande auxílio para o médico. Aponte seus lápis cuidadosamente, deixando as pontas da forma que gostar mais.

5. Toda enfermeira em seu dia de plantão deverá chegar às 7 horas e sair às 18 horas, exceto aos sábados, em que terá folga das 12 às 14 horas.

6. As enfermeiras graduadas com boa reputação junto a seu chefe terão uma tarde livre por semana para sua vida afetiva, ou duas tardes, caso seja frequentadora assídua da igreja.

7. Cada enfermeira deverá poupar uma boa parte de seu salário para seu benefício em seus dias de declínio, para que não venha a tornar-se um fardo. Por exemplo, se ganhar 30 dólares por mês, deve poupar 15.

8. Qualquer enfermeira que fume, faça uso de quaisquer bebidas alcoólicas, frequente o cabeleireiro ou salões de dança, dará a seu diretor um bom motivo de suspeita em relação a seu valor, suas intenções e sua integridade.

9. A enfermeira que realizar seu trabalho e servir a seus pacientes e médicos fielmente e sem faltas pelo período de cinco anos receberá uma bonificação de cinco centavos por dia, caso o hospital não esteja com dívidas muito significativas.

---

34 RAMRAS, E. M. Discussion. Proceedings of division of military psychology symposium: collecting, analysing, and reporting information describing jobs and occupations. 77ª *Convenção Anual da American Psychological Association*, Base Aérea Militar de Lackland, Texas, Sept. 1969. p. 75-76.

88 | Diagnóstico de Condições, Planejamento e Fixação de Objetivos

Para as tarefas administrativas, normalmente se incluem em sua definição as estatísticas sobre o tamanho do orçamento sob seu controle, o número de funcionários supervisionados (e os nomes de suas tarefas) e o relacionamento com os demais chefes, tanto superiores quanto subordinados.

3. *Descrição.* A terceira seção é uma elaboração dos itens da descrição, ou sumário. Ela mostra as principais responsabilidades dessa função, o trabalho específico realizado, o quão proximamente é supervisionada e quais os controles que limitam a ação daquele que a desempenha. Além da descrição das tarefas da função, o treinamento e a experiência requeridos para seu desempenho podem também ser incluídos aqui, ou em outra seção chamada de Especificações da Função.

Descrições Genéricas: Flexibilidade *versus* Imobilidade

Na prática, a quantidade de informações coletadas para a análise da função varia consideravelmente. A maioria das empresas utiliza descrições mais genéricas, argumentando que não há necessidade de tantos detalhes sobre atividades e comportamentos. Mais do que isso, se a análise da função é necessária, pessoas e recursos são necessários para realizá-la. Consequentemente, o custo do negócio aumenta. Os benefícios trazidos com a análise podem não compensar o tempo e o dinheiro gastos com ela.

Muitas empresas estão reduzindo o número de categorias de funções usadas na classificação. A New United Motors Manufacturing, Inc. (NUMMI), uma *joint venture* entre a General Motors e a Toyota, reduziu de 120 categorias de tarefa para quatro níveis de técnicos necessários para realizar todas as atividades incluídas na montagem de automóveis.[35] O resultado são descrições genéricas e amplas que cobrem grande número de atividades relacionadas. Dois empregados trabalhando em uma mesma função de definição genérica podem estar realizando atividades completamente diferentes. Todavia, para efeito de remuneração, suas tarefas têm o mesmo valor. Os funcionários que se enquadram nessas definições amplas podem ser remanejados facilmente pelas atividades relacionadas, sem a burocracia de requerimentos de transferência ou ajustes salariais. Assim, é mais fácil adequar o perfil das pessoas às mudanças no fluxo do trabalho.

A que isso tudo nos leva? Quais dados devem ser coletados e que nível de análise deve ser utilizado? Não existem respostas prontas. Tudo vai depender da situação e dos recursos disponíveis. Quanto mais específicos e detalhados os dados, mais provável será a captura das diferenças no trabalho e a acuracidade da descrição de seu conteúdo. Se esse detalhamento vale seu custo, isso dependerá das circunstâncias da organização. Dados precisos podem pesar na decisão de um juiz em um processo de discriminação salarial. Por outro lado, as definições genéricas aumentam a flexibilidade na atribuição das tarefas. Mas uma remuneração igual para trabalhos substancialmente diferentes pode levar os empregados à insatisfação. Aqui está um dos desafios dessa análise.

A Análise de Funções é Útil?

A utilidade da informação advinda da análise de funções pode ser julgada por alguns padrões distintos.

Confiabilidade

A confiabilidade é uma medida da *consistência* dos resultados obtidos, seja por duas análises diferentes da mesma função, ou pelo exame de uma única função em duas ocasiões diferentes.

Validade

A validade é uma medida da *precisão* dos resultados obtidos. É perfeitamente possível que dois analistas concordem entre si e estejam ambos errados em função de informações incompletas, tendenciosas ou coisa parecida. Praticamente, não existe maneira de mostrar estatisticamente até que ponto o resultado da análise de uma função é preciso ou válido, especialmente quando se trata de funções mais complexas. O método mais usado para garantir a precisão é coletar os dados de múltiplos empregados ou superiores, ou de ambos. Solicitar a aprovação dos empregados e superiores sobre os resultados da análise pode ser uma forma de assegurar sua validade.

Propósito da análise

Se houver a necessidade de uniformizar os dados para vários lugares, esse método vai funcionar? O método oferece evidência documentável da relação entre trabalho e remuneração? Ele avalia as diferenças sutis

---

35 ADLER, Paul S. Time-and-motion regained. *Harvard Business Review*, p. 97-108, Jan./Feb. 1993.

entre tarefas específicas daquela organização? Tanto o auxiliar de escritório quanto o diretor de marketing estão convencidos de que suas funções estão descritas com fidelidade? Esses desafios propiciam os critérios para a avaliação da utilidade de um método. Entretanto, alguns analistas ficam tão apegados a suas estatísticas e a seus computadores que parecem esquecer o papel que o julgamento humano ainda tem nessa análise. Como recomenda um especialista no assunto:

> Gostaria de enfatizar o papel central que o julgamento humano desempenha em todos esses procedimentos. Não conheço nenhuma metodologia, técnica de estatística ou medição de objetivos que possa negar o papel fundamental do julgamento racional como um elemento importante no processo de levantar informações sobre comportamentos ou atividades das tarefas e no uso dessas informações para desenvolver ou justificar programas de recursos humanos.[36]

As abordagens quantitativas e mais sistemáticas não substituem o julgamento humano; elas apenas permitem que nos tornemos mais sistemáticos na forma como o fazemos.

Está bem, mas é *Realmente* Útil?

Realizar a análise de funções e sua descrição são formas de ajudar a contratação das pessoas certas; mas o apego excessivo às descrições formais pode levar à rigidez e a problemas localizados (por exemplo, "isto não consta da descrição da minha função" ou "você não tem autoridade para tomar essa decisão"). Solução: enfoque em um conjunto amplo de tarefas e nos resultados finais. No entanto, o enfoque demasiado amplo pode não oferecer um caminho organizacional suficientemente claro ou não conseguir vincular o comportamento dos empregados aos objetivos da empresa. Nem trará uma justificativa legal para as decisões quanto a contratações, promoções, treinamento e remuneração.

Exigências Legais

Ainda que não exista uma lei nos Estados Unidos que exija a realização da análise de funções, uma vez feita, precisa ser muito cuidadosa. Grupos de defesa das minorias conseguiram algumas conquistas legais, como o Decreto para os Americanos portadores de Deficiência (ADA, na sigla em inglês), que determina que os *elementos essenciais de uma função* sejam especificados em sua análise. Esses são os elementos que não podem ser executados por outro empregado. Se um candidato é capaz de realizar esses elementos essenciais, assume-se que está apto para desempenhar essa função. Uma vez identificados esses elementos, é preciso considerar *possíveis adaptações* que capacitem o deficiente a desempenhar a tarefa. Elementos essenciais e possíveis adaptações são questões determinadas caso a caso, incluindo os legais. Para as tarefas com pequena autonomia, é relativamente simples listar as atividades essenciais, mas elas estão desaparecendo. De qualquer forma, uma análise bem detalhada é o ponto de partida para o acordo.[37]

Na discussão da *HR Net* já citada, outro participante defende a análise e a descrição de funções:

Muitos dos problemas atribuídos à análise de funções podem ter sua origem nos erros cometidos pelo profissional de RH, quando associou funções a cargos. Frequentemente, os cargos que compartilham um mesmo nome (e descrição) da função são por demais heterogêneos naquilo que fazem, ou no que produzem, para serem colocados juntos. Todavia, a culpa é do profissional que fez isso dessa forma, e não do processo de análise/descrição de funções!

Da mesma forma, ninguém pode argumentar seriamente que as funções são entidades estáticas que permanecem constantes no tempo. É óbvio que o trabalho vai transformando-se com o tempo e que as responsabilidades e resultados desejados podem mudar bem rapidamente em algumas situações. Entretanto, é totalmente incorreto usar esse fato como justificativa para desistir de tentar fazer a análise/descrição da forma correta.

Na descrição de funções... você recebe o que paga por ela. A principal razão pela qual tantas descrições de tarefa não têm valor é por que são feitas com base no puro acaso. São vagas frequentemente escritas por alguém com pouco conhecimento sobre as funções e altamente questionáveis em termos da validade de qualquer especificação de pessoal... Entretanto, por pior que seja a maioria das descrições, não se deve concluir que elas não possam ser realizadas corretamente!

---

36 DUNNETTE, M. D.; HOUGH, L. M.; ROSSE, R. L. Task and job taxonomies as a basis for identifying labor supply sources and evaluating employment qualifications. In: MILKOVICH, George; DYER, Lee. (Orgs.). *Affirmative action planning.* New York: Human Resource Planning Society, 1979. p. 37-51.

37 MEISINGER, Susan. Emerging issues for the human resources manager under ADA. Apresentação no *ADA Act*: a forum on the progress of implementation. Washington, DC, Jan. 1994.

Quadro 3.11
Desenvolvimento de produtos – competência de marketing.

Gerencia o processo de desenvolvimento de produtos por meio de:

✦ Análise e avaliação do mercado para identificar nichos/oportunidades

✦ Avaliação de produtos/conceitos

✦ Desenvolvimento de estratégias de marketing

✦ Coordenação e avaliação de pesquisas/testes

✦ Fornecer recomendações dos produtos e obter apoio administrativo

✦ Gerenciar cronogramas/atividades relacionadas aos produtos

Fase I: Expectativas primárias	Fase II: Proficiente/competente	Fase III: Arrojado/treinador	Fase IV: Especialista/mentor
✦ Analisa os dados do mercado/concorrência e desenvolve uma análise de tendência	✦ Monitora e analisa dados do mercado/concorrência com um mínimo de supervisão, e fornece recomendações sobre oportunidades para desenvolvimento de produtos	✦ Monitora e analisa independentemente dados do mercado/concorrência, fornece recomendações sobre oportunidades para o desenvolvimento de produtos e reina outros para fazê-lo	✦ Avalia/aprova recomendações sobre oportunidades para desenvolvimento de produtos
✦ Avalia produtos/conceitos (ver competência de viabilidade de brinquedos)	✦ Faz contribuições substanciais nas sessões de *brainstorming*	✦ Opera como facilitador em sessões de *brainstorming*	✦ Oferece visões e metas de curto e longo prazos para o desenvolvimento do portfólio de produtos da empresa por meio das unidades ou filiais
✦ Contribui para as sessões de *brainstorming*	✦ Analisa os resultados das pesquisas de mercado e faz as recomendações apropriadas	✦ Treina outros para a análise dos resultados das pesquisas de mercado e para as recomendações apropriadas	✦ Avalia/aprova as estratégias de marketing, e ajusta-as de forma proativa em função de mudanças internas/externas
✦ Supervisiona as atividades de pesquisa de mercado e garante seus prazos	✦ Participa do grupo do departamento financeiro para obter sua adesão a seu projeto	✦ Desenvolve planos inovadores de marketing (novos canais de distribuição, novos nichos de mercado etc.)	✦ Aprova recomendações de redução de custos
✦ Obtém o aval do departamento financeiro para seu trabalho de desenvolvimento de produtos	✦ Desenvolve e implementa estratégias de marketing, com supervisão mínima	✦ Desenvolve e implementa independentemente estratégias de marketing e treina outros para isso	✦ Antecipa situações críticas que possam prejudicar o cronograma dos produtos e desenvolve planos alternativos
✦ Desenvolve e implementa estratégias de marketing, com supervisão: produtos, posicionamento, fixação de preços, promoções, embalagem, publicidade e propaganda	✦ Dirige as reduções de custo para obter melhor relação preço/lucro	✦ Identifica/avalia oportunidades de redução de custos, e treina outros para isso	✦ Garante a entrega dos produtos segundo a estratégia seguida
✦ Busca redução de custos para melhorar a relação preço/lucro; assegura a execução das reduções adiantando os próximos passos	✦ Dirige a execução de cronogramas e resolve seus possíveis problemas	✦ Identifica e implementa táticas de agilização dos cronogramas dos produtos	
✦ Garante a adesão ao cronograma do produto	✦ Negocia com os responsáveis para obter o licenciamento dos produtos	✦ Treina outros para gerenciar o cronograma dos produtos	
✦ Coordena a obtenção do licenciamento dos conceitos/modelos dos produtos		✦ Treina outros para administrarem a questão dos licenciamentos	
		✦ Compartilha ideias/estratégias sobre produtos com outras equipes/categorias	

Enfoque na Pessoa, não na Tarefa: Competências

Boa parte das controvérsias em torno da análise de funções vem da mesma dificuldade de se apontar para um alvo móvel. Como vimos na introdução deste capítulo, muitas funções estão mudando tão rapidamente que, mesmo com o uso da informática, com programas cada vez mais amigáveis, os profissionais de RH não conseguem manter o ritmo. No tipo de trabalho que predomina em muitas organizações, a questão fundamental é separar a função da pessoa. Em vez de tentar acompanhar as mudanças nos perfis das funções, algumas empresas estão preferindo concentrar-se na pessoa individualmente, considerada como a detentora das habilidades e competências exigidas para realizar o trabalho. As organizações estão substituindo o conceito de "funções" pela consideração dos "papéis" e "competências" que serão necessários no século XXI.

As competências são geralmente utilizadas nos trabalhos administrativos, profissionais ou técnicos, nos quais o que tem que ser obtido não é facilmente especificável com antecedência.[38] Embora a abordagem das competências ainda esteja evoluindo e não possua no momento definições uniformes, pode-se dizer que é menos específica do que a descrição de uma habilidade ou tarefa. Consideremos, por exemplo, a competência "desenvolvimento do produto" descrita em parte no Quadro 3.11. Ela é uma das oito competências de marketing utilizadas por uma grande indústria de brinquedos. Cada uma delas tem quatro níveis para habilitação plena: expectativas primárias, proficiência, avançado/treinador e perito/mentor. Não se espera que um único indivíduo alcance o último nível em todas as competências. Na verdade, podem existir vários "papéis" na função de marketing que enfatizem diferentes competências para a área.

À medida que as competências são adquiridas com o passar do tempo, elas podem estar vinculadas ao desenvolvimento da carreira. O uso dessa abordagem reforça uma estratégia de contínuo aprendizado e aperfeiçoamento. Uma organização que dela se utiliza contrata uma pessoa em função da habilitação que ela já possui e do potencial desenvolvimento de suas habilidades em diversas outras competências. O Capítulo 4 examina em maiores detalhes o diagnóstico do empregado como um indivíduo.

RESUMO

As organizações adotam abordagens diferentes para os recursos humanos: algumas os promovem em casa, enquanto outras os contratam de fora; algumas buscam um relacionamento cooperativo com os sindicatos, enquanto outras os evitam agressivamente. Algumas empresas oferecem estabilidade e treinamento, outras não. Umas remuneram com base no desempenho de equipe e oferecem participação nos lucros, outras utilizam esquemas de desempenho individual. Essas diferenças não são apenas resultado da variação das condições externas à organização. Ainda que o ambiente externo exerça pressão nas decisões sobre os recursos humanos, os fatores organizacionais também desempenham papel significativo. Para entendermos melhor as diferenças nas decisões da administração de RH, precisamos avaliar as diferenças entre as organizações, assim como observar as condições externas.

Com uma abordagem diagnóstica, os executivos avaliam as condições organizacionais antes de tomar qualquer decisão sobre recursos humanos. Neste capítulo, analisamos algumas dessas condições, como situação financeira, estratégias e estrutura da organização. A situação financeira dá a base para todos os demais aspectos. Se uma empresa não está sendo lucrativa, há pouca flexibilidade em suas decisões de RH. As estratégias dizem respeito a temas como o negócio em que devemos estar e como devemos competir. Para a administração de RH, esses assuntos se traduzem em um alinhamento de suas decisões com as outras ações da organização e com a estratégia negocial.

Em parte como consequência das mudanças no mercado (competição global) e do uso de novas tecnologias, muitas empresas têm sido redesenhadas para capitalizar essas transformações. A estrutura de pirâmide achatada e a organização em rede estão entre as soluções mais comuns. Uma das mudanças mais significativas tem sido o expressivo crescimento do uso das equipes para assumirem a responsabilidade por um processo completo de trabalho. A expectativa é que a equipe seja capaz de utilizar as novas tecnologias e tenha autoridade e habilidade para responder mais rápida e adequadamente ao mercado. No entanto, a utilização das equipes traz novos desafios à administração de RH, como selecionar, treinar e remunerar seus membros de forma a aproveitar suas vantagens e minimizar os problemas que poderão surgir com isso.

---

38 COFSKY, Kathryn M. Critical keys to competency-based pay. *Compensation and Benefits Review,* p. 46-52, Nov./Dec. 1993; SPENCER, Lyle; SPENCER, Signe. *Competence at work.* New York: John Wiley, 1993.

Diagnóstico de Condições, Planejamento e Fixação de Objetivos

Embora as equipes tenham se tornado uma forma usual de organizar o trabalho, seus membros ainda precisam de orientação sobre suas tarefas e responsabilidades. A análise de funções é um processo de coleta de dados sobre tarefas e responsabilidades. Ela diagnostica o conteúdo de uma função. Seus resultados fornecem informações para uma variedade de atividades de recursos humanos, inclusive a estruturação da função. Embora essa análise seja um processo diagnóstico básico, nem todas as organizações a realizam. Ela pode ser entediante e consumir muito tempo e dinheiro. Os recentes avanços da informatização podem eliminar algumas dessas desvantagens, mas não todas. A informatização permite a coleta de uma grande quantidade de dados sobre as tarefas, para uma série de propósitos. Infelizmente, a quantidade de dados pode não significar sua utilidade. O julgamento humano com base nas informações nunca pode ser omitido do processo de diagnóstico do trabalho.

A premissa básica deste capítulo é de que a natureza do trabalho desempenha papel crítico na administração de recursos humanos. A análise e a estruturação das funções são ferramentas importantes no processo de adequação entre a natureza do indivíduo e a natureza do trabalho. Essa adequação colabora para o atingimento dos objetivos tanto dos empregados como da organização.

QUESTÕES

1. Dê alguns exemplos de como as condições financeiras e a administração de RH se influenciam mutuamente.

2. Este capítulo descreve estruturas organizacionais em pirâmide, pirâmide achatada e em rede. Descreva cada uma delas, indicando em que podem ser utilizadas de forma melhor. Quais problemas cada uma tenta resolver? Quais problemas podem surgir com sua adoção? O que elas têm em comum?

3. Cite alguns aspectos da administração de RH na estruturação e no gerenciamento de equipes.

4. Como uma organização pode tentar garantir que as influências sociais dos grupos de trabalho se voltem positivamente para as metas organizacionais?

5. Faça uma comparação entre as perspectivas da administração científica e de relações humanas.

6. Dê alguns exemplos concretos sobre o tipo de informação referente a funções necessário para calcular a remuneração. Faça o mesmo para um programa de treinamento.

7. Qual é a vantagem fundamental da análise quantitativa de funções? Por que isso é importante?

8. Descreva as interações existentes entre as pressões externas, os fatores organizacionais e os fatores trabalhistas.

Sua Vez

Astra-Merck

Tradicionalmente, a abordagem de marketing e vendas de uma empresa farmacêutica é focalizada nos médicos como consumidores independentes, e o tamanho de sua equipe de vendas baseia-se no número desses profissionais, número de chamadas diárias e número de dias trabalhados por ano. Se a Astra-Merck adotasse essa abordagem, ela teria uma equipe de aproximadamente 2.500 representantes de vendas e 24 especialistas. Mas a análise feita pela empresa sobre as condições externas indicou que a influência dos médicos sobre o consumo está diminuindo. Ainda que continue sendo um grupo consumidor importante, existem outros segmentos que dividem com ele a responsabilidade pelo consumo de produtos farmacêuticos. O marketing e a organização de vendas da Astra-Merck precisam considerar esse novo cenário. Como essa empresa poderia reconfigurar sua estratégia de vendas para se ajustar a ele?

APÊNDICE

Procedimentos para a Análise de Funções

VISÃO GERAL

Para o desenvolvimento das informações necessárias sobre uma função, usa-se uma combinação de observações *in loco*, entrevistas, pré-testes de entrevistas e estudos. Um esquema ilustrativo de atividades de observação *in loco* aparece no Quadro 3.12.

O esquema mostra uma forma de sequenciar as entrevistas e as visitas de observação. Ele pode ser modificado para se ajustar à complexidade da função a ser estudada, à familiaridade do analista com ela e às exigências operacionais não previstas.

Ambiente Organizacional | 93

Quadro 3.12
Procedimentos gerais.

Passo		Coisas que devem ser feitas
1. Desenvolver as informações preliminares sobre a tarefa	a.	Revisar documentos já existentes para delinear um quadro de familiaridade com a função: sua missão principal, nas principais responsabilidades ou papéis, os padrões de fluxo do trabalho.
	b.	Preparar uma lista preliminar de responsabilidades para servir de estrutura para a condução das entrevistas.
	c.	Anotar os principais itens que estejam pouco claros, ambíguos ou que precisem ser explicados durante a coleta de dados.
2. Condução das entrevistas	a.	Recomenda-se que a primeira entrevista seja feita com alguém que possa fornecer uma visão geral da função e de como suas principais características se encaixam – um supervisor ou empregado experiente.
	b.	Os entrevistados serão considerados experientes na matéria de acordo com o que fazem, se desempenham a função (os executantes) ou são responsáveis por sua execução (no caso de supervisores de primeira linha).
	c.	O executante a ser entrevistado deve representar o empregado típico naquela função (não o aprendiz que está apenas começando, nem o mais destacado membro da unidade).
	d.	Sempre que possível, deve-se escolher o entrevistado, buscando uma amostra diversificada de raça, sexo etc.
3. Consolidar as informações	a.	A fase de consolidação envolve a tabulação dos dados coletados em várias fontes (supervisores, empregados, visitas e materiais escritos) em um único e coerente documento de descrição de tarefa.
	b.	Um especialista no assunto deverá estar disponível como um recurso a mais para o analista durante essa fase.
	c.	Verifique sua lista preliminar de responsabilidades e questões. Todas têm de ser respondidas e confirmadas.
4. Verificar a descrição da função	a.	A fase de verificação compreende a reunião de todos os entrevistados para que confirmem se a descrição consolidada é precisa e completa.
	b.	O processo de verificação é conduzido em grupo. Cópias da descrição consolidada (descrição narrativa do trabalho e lista de tarefas envolvidas) impressas ou escritas de forma legível são distribuídas para os Supervisores e empregados entrevistados.
	c.	Linha por linha, o analista verifica todo o documento e faz anotações sobre quaisquer omissões, ambiguidades ou necessidade de esclarecimentos.

FONTES DE DADOS

Entre as fontes de informação para o desenvolvimento da descrição de função, incluem-se:

- Documentos já existentes, como sumários de funções, listas de tarefas já realizadas e manuais de treinamento.
- Observação *in loco* das operações do trabalho.
- Entrevistas com supervisores e empregados.

Diagnóstico de Condições, Planejamento e Fixação de Objetivos

Relatório de Análise de Tarefa

Data 23-2-97

Analista C. Davis

1. Nome da função: Secretária executiva

2. Departamento: Diretoria

3. Número de funcionários: 2   Entrevistados: 2

4. Relação com outras tarefas:

   Promoção: de: secretário – D   para: secretária executiva

   Transferência: de: assistente administrativa   para: secretária executiva

   Supervisão recebida: Presidente ou Presidente do Conselho

   Trabalha com um mínimo de supervisão

   Supervisão fornecida: sobre o pessoal administrativo

5. Sumário da função:

   Secretária pessoal do Presidente ou Presidente do Conselho
   Lida com informação especializada e confidencial, seleciona telefonemas e correspondências, organiza reuniões e viagens, registra as chamadas e passa recados durante a ausência de seu superior.

6. Equipamento utilizado: máquina de escrever, computador e telefone

   Condições de trabalho:

       Riscos físicos: não há

       Espaço físico de trabalho: ambiente de escritório

       Exposição a ruídos: nenhuma

       Iluminação: adequada

       Temperatura: controle central do prédio

       Outras: –

   Treinamento para a função:

       A. Experiência requerida: (incluindo outras funções)
          quatro anos de experiência como secretária ou equivalente

       B. Cursos externos:

	Tempo em semestres/trimestres
Cursos vocacionais: datilografia, secretariado	2 semestres
2º Grau: completo	6 a 8 semestres
Curso superior:	nenhum
Exigência de continuação dos estudos:	nenhuma

       C. Cursos de treinamento interno:

	Tempo em meses
Processador de textos e planilha eletrônica, básico e avançado	½ mês

Ambiente Organizacional | 95

Formulário para a definição da tarefa

Definição da tarefa: abre e organiza a correspondência de seu superior. Resolve diretamente questões rotineiras.

1. Equipamento usado –
2. Conhecimento requerido: precisa conhecer bem as responsabilidades de seu superior e compreender como o trabalho dele contribui para toda a organização.

3. Habilidades exigidas –
4. Capacidades requeridas: Discrição, organização.
5. Frequência das atividades e tempo nelas gasto (horas, dias, meses).
   O tempo varia de acordo com as incumbências. Frequência diária.
6. Nível de dificuldade/consequência dos erros
   Nenhuma dificuldade/algumas consequências de erros

Definição da tarefa: realiza, mantém e revisa a correspondência.

1. Equipamento usado: máquina de escrever, processador de texto
2. Conhecimento requerido:
   Entendimento das responsabilidades de seu superior e da organização.
3. Habilidades exigidas: datilografia e digitação.
4. Capacidades requeridas: organizar e classificar informações.
5. Frequência das atividades e tempo nelas gasto (horas, dias, meses).
   Uma hora por dia.
6. Nível de dificuldade/consequência dos erros.
   Relativamente fácil, mas com consequências de moderadas a sérias, caso as informações sejam mal transmitidas.

4

CARACTERÍSTICAS DOS EMPREGADOS

A Microsoft tornou-se virtualmente sinônimo de computador pessoal. O PC do leitor, caso o tenha, provavelmente usa os programas da Microsoft. Mas o que dizer das pessoas da Microsoft? Imagine se Bill Gates perguntasse a você: "O que preciso saber sobre os empregados de minha empresa para ter certeza de que estamos atingindo nossos objetivos de ter o melhor quadro de pessoal do mundo?" Quais características você recomendaria a ele mensurar?

Você poderia recomendar a ele a avaliação do desempenho do funcionário. Os empregados da Microsoft são lendários por sua obstinada "ética no trabalho", o que é reforçado por certo número de aspectos folclóricos:[1]

- Disputa no estacionamento. Todos querem parar perto do prédio para chegar primeiro ao trabalho. Eu "ganho" se meu carro estiver mais próximo do prédio quando você chegar e quando você voltar no dia seguinte.

- Dormir debaixo da escrivaninha. Os escritórios costumam ter almofadas ou cadeiras estofadas, mas mesmo as pessoas mais fortes, como o Bill Gates, tiram um cochilo debaixo de suas mesas e voltam logo ao trabalho.

- Viajantes incansáveis. Scott Oki inaugurou 20 subsidiárias internacionais voando cerca de 250.000 milhas por ano, durante seis anos.

Estes são exemplos de um desempenho superior? Você avaliaria o desempenho, comparando as pessoas com padrões como estes, ou comparando umas com as outras (talvez usando uma escala) ou ainda confrontando suas realizações com seus objetivos? O que deveria ser medido – esforço, comportamento, comprometimento, conhecimento, liderança, confiabilidade, ou alguma outra coisa? Uma crença comum na Microsoft é que "a melhor maneira de resolver um problema é passá-lo para as pessoas mais inteligentes que puder encontrar, dizendo-lhes que se dediquem exclusivamente à solução dele, e torná-las pessoalmente responsáveis pelos resultados". Isto parece bom, mas, se o problema não estiver completamente sob o controle das pessoas, talvez os esforços e os comportamentos também devessem ser avaliados. Quem deve fazer essa avaliação – o chefe, os colegas, os próprios empregados ou uma combinação de tudo isto? Você monitoraria os comportamentos "privados" de seus funcionários, tais como hábito de fumar, uso de drogas, leitura de romances no ambiente de trabalho ou uso do correio eletrônico? Finalmente, como você se comunicaria com seus empregados a respeito de seus desempenhos?

E o que dizer sobre as atitudes e opiniões dos empregados? Esses aspectos podem fornecer boas pistas sobre suas intenções em relação à empresa. Como medir esses dados? Na Microsoft, pergunta-se aos empregados se eles estão de acordo com a seguinte afirmação: "Eu estou completamente comprometido com meu trabalho e, frequentemente, faço mais coisas do que teria que fazer. Meu trabalho é importante para mim e estou disposto a dar muito de mim por ele." Entre as seis maiores unidades da empresa, o índice mais baixo de aprovação dessa frase foi de 81%. Você considera essa resposta um dado suficiente, faria outras perguntas ou entrevistaria os funcionários? Como ter garantia de que os empregados estão falando a verdade?

---

1   A informação desta seção é proveniente de um trabalho apresentado por D. Douglas McKenna e Jeffrey J. McHenry (Microsoft maniacal work ethic. *10º Annual Meeting of the Society for Industrial and Organizational Psychology,* May 1995).

CARACTERÍSTICAS DOS EMPREGADOS

Nos capítulos anteriores, falamos sobre como os executivos coletam informações sobre o ambiente externo à organização, sobre sua estrutura e suas características de trabalho. Essas informações ajudam na tomada das melhores decisões na área de RH. Neste capítulo, vamos falar das pessoas dentro da empresa. Uma variedade grande de características individuais pode ser medida, mas, às vezes, a lista parece infindável. Por exemplo, vamos considerar o efeito de uma invenção japonesa para fabricar sapatos. Esta máquina determina o tamanho do pé de uma pessoa por meio do uso de raio *laser* e envia essas medidas para uma linha de produção computadorizada que corta, costura e cola as peças de couro para fazer um calçado sob medida. Quando contamos isto para um executivo de RH, ele disse: "Espero que minha empresa não descubra essa máquina, senão vamos ter que colocar também o número do sapato nas fichas dos empregados". Algumas vezes, parece tentador medir tudo o que for possível, mas isto é oneroso e, não poucas vezes, uma perda de tempo. Portanto, o que devemos medir e como?

Nos capítulos anteriores, já examinamos algumas características dos empregados, tais como os aspectos demográficos da composição da mão de obra e suas competências. Mais adiante, analisaremos outros atributos relevantes para a administração de RH. Aqui, vamos enfocar dois deles que estão na base de várias atividades: o desempenho e as atitudes.

Desempenho

O desempenho reflete-se no sucesso da própria organização, e talvez por isso é a característica mais óbvia a ser medida. O desempenho do empregado é fundamental para outras atividades de RH, tais como quem contratar, promover, despedir ou recompensar. Assim, este capítulo descreve a medição do desempenho com certo nível de detalhes. Em relação muito próxima com o desempenho está a questão da frequência ao trabalho. Mesmo os empregados com melhor desempenho são de pouca valia para a organização se não comparecem regularmente. Por isso, este capítulo também discute como medir o absenteísmo e quais seriam suas possíveis causas.

Atitudes e Opiniões

O desempenho dos empregados reflete principalmente os objetivos de *eficiência* da organização, mas os objetivos *de adesão* também são importantes para a abordagem diagnóstica. Uma boa medida dos objetivos de adesão é a satisfação dos empregados no trabalho e seu comprometimento com a organização. Um moral baixo entre os funcionários pode significar problemas comportamentais no futuro, e, por isso, acompanhar as atitudes deles também tem sua validade com relação à eficiência.

O desempenho, a assiduidade, as atitudes e as opiniões são apenas algumas das características dos empregados que estão na base das decisões de RH. Os próximos capítulos tratarão das características mais relevantes para cada uma das atividades dessa área. Habilidades e capacitação são relevantes na hora da contratação. Motivação é fundamental para a remuneração. As características sobre a vida familiar dos empregados (como pais idosos ou filhos pequenos) são importantes nas relações de emprego.

A seguir, exploraremos como as organizações podem saber se seus empregados estão cumprindo com seus deveres.

DESEMPENHO

A avaliação de desempenho procura fornecer aos empregados informações sobre sua própria atuação, de forma que possam aperfeiçoá-la sem diminuir sua independência e motivação para fazer um bom trabalho. Projetar e implementar um sistema de avaliação de desempenho requer respostas a cinco questões-chaves, como é mostrado no Quadro 4.1.

> A *avaliação de desempenho* é o processo que mede o desempenho do empregado. O *desempenho do empregado* é o grau de realização das exigências de seu trabalho.

Por que Medir o Desempenho, uma "Doença Mortal"?

Uma organização precisa avaliar o desempenho de seus funcionários? Muitas pessoas acham que a avaliação de desempenho cria muito mais problemas do que benefícios. W. Edwards Deming, um especialista em qualidade cujos ensinamentos moldaram várias organizações no Japão e no restante do mundo, considera a avaliação de desempenho como uma das sete pragas que assolam as práticas administrativas norte-americanas. Ele a vê como uma "loteria, em que os valores avaliados emanam de fatores externos ao controle do indivíduo; portanto, a avaliação de desempenho é um mal que deve

Quadro 4.1 *Seis questões-chave para a avaliação do desempenho.*

Por que avaliar o desempenho?

Que desempenho avaliar?

Como fazer a avaliação?

Quem deve fazer a avaliação?

Quando fazer a avaliação?

Como comunicar a avaliação do desempenho?

---

ser erradicado da face da terra"[2] Os executivos que participaram de um estudo declararam não perceber qualquer consequência ou valor prático neste tipo de avaliação formal.[3] Empresas como a Ceridian Corporation e a Wisconsin Power & Light abandonaram essa prática e só fazem algum acompanhamento daqueles funcionários "problemáticos".[4] Além disso, montar um sistema de avaliação de desempenho, designar empregados para realizá-lo e processar os resultados tem seu custo para a empresa, que pode chegar a centenas ou milhares de dólares. Obviamente, isto não deve ser feito sem que se examine muito bem o valor que pode ser agregado.

Ainda assim, as diferenças entre os desempenhos individuais podem ter um impacto enorme. Um estudo recente calculou as diferenças percentuais entre os desempenhos de trabalhadores em diferentes tarefas. Para as tarefas executivas rotineiras, os melhores tiveram um desempenho 15% melhor do que a média; nas tarefas administrativas rotineiras, a diferença ficou em 17%; para os trabalhos manuais, 25%; para os gerentes administrativos, 28%; para os técnicos, 46%, para vendas em geral, 42%; e para vendas de apólices de seguros, 97%.[5] Isto significa que o melhor corretor de seguros vende quase o dobro da média dos demais. Quando o petroleiro Exxon Valdez sofreu o acidente que causou o maior derramamento de óleo da história do Alasca, em 24-3-1989, a diferença entre o desempenho de um bom e um mau capitão de navio ficou evidente.

Valor Agregado: integrando as Atividades de RH

As informações sobre desempenho podem servir para quatro propósitos gerais:

1. retornar informações sobre pontos fortes e fracos;
2. diferenciar os indivíduos, visando a recompensas;
3. avaliar e manter o sistema de recursos humanos da organização; e
4. gerar um arquivo documental para apoiar determinadas ações, como a demissão de um funcionário.[6]

Assim, as informações sobre desempenho podem servir de base para quaisquer decisões que os executivos venham a tomar sobre seus funcionários.

Talvez a avaliação de desempenho seja tão controversa exatamente porque é feita para servir a tantos propósitos diferentes.[7] Mesmo quando o propósito explícito da avaliação é o mesmo, os executivos podem entendê-lo de maneiras diversas, e mudar suas opiniões para adequá-las à sua maneira de ver o assunto – por exemplo, fazer críticas mais brandas se o propósito é informar os empregados sobre seu desempenho. Entretanto, quando a informação está adequada à situação, pode ajudar a integrar as atividades de RH, de forma que uma apoie a outra. O desempenho, como qualquer outro aspecto

---

2   CARSON, Kenneth D., CARDY, Robert L., DOBBINS, Gregory H. Performance appraisal as effective management or deadly management disease. *Group and Organizational Studies* 16, nº 2, p. 143-159, June 1991; DEMING, W. Edwards. *Out of the crisis.* Cambridge, MA: MIT Institute for Advanced Engineering Study, 1986.

3   NAPIER, N. K., LANTHAM, Gary P. Outcome expectancies of people who conduct performance appraisals. *Personnel Psychology* 39, p. 827-837, 1986.

4   LUBLIN, Joann S. It's shape-up time for performance reviews. *The Wall Street Journal,* 3 Oct. 1994, p. Bl.

5   HUNTER, John E., SCHMIDT, Frank L., JUDIESCH, Michael K. Individual differences in output variability as a function of job complexity. *Journal of Applied Psychology* 75, p. 28-42, 1990.

6   MURPHY, Kevin R., CLEVELAND, Jeannette N. *Understandig performance appraisal.* Thousand Oaks, CA: Sage, 1995. p. 4.

7   OSTROFF, Cheri. Rater perceptions, satisfaction and performance ratings. *Journal of Occupational and Organizational Psychology* 66, p. 345-356, 1993.

Diagnóstico de Condições, Planejamento e Fixação de Objetivos

da administração de RH, deve ser moldado para atingir as metas apropriadas.[8]

A avaliação do desempenho, como qualquer medição, deve ser flexível. Já que a mudança constante está tornando-se a regra, os padrões e métodos também precisam mudar. Enquanto você lê este capítulo, tenha em mente que as organizações constantemente combinam e recombinam métodos e sempre buscam compatibilizar as informações da avaliação aos objetivos da empresa.

Conflito Potencial

Infelizmente, não é raro o conflito entre os objetivos da avaliação de desempenho. Você provavelmente já passou por essa experiência. Imagine que você e um colega combinem compartilhar as anotações de sala de aula sempre que um de vocês não puder comparecer, mas as notas de seu colega são incompletas. Como você falaria com ele sobre isto? Certamente, você quer que ele entenda o problema e procure resolvê-lo, mas não quer que ele se indisponha com você por isso. Este é o dilema – como oferecer uma crítica construtiva sobre essa deficiência.

O Quadro 4.2 mostra como esse tipo de conflito afeta as organizações.[9] O conflito dentro da organização reflete a tensão entre a política de premiar os empregados mais merecedores (pagando mais pelo melhor desempenho, promovendo os mais qualificados, separando aqueles claramente incompetentes) e o desejo de ajudá-los a melhorar por meio de uma avaliação honesta de sua atuação. Vincular a recompensa ao desempenho subentende a comparação dos empregados entre si (ou com determinado padrão) e avalia o passado. Ajudar os empregados a melhorarem suas atuações requer a consideração de cada um deles individualmente e está voltada para o futuro.

Treinador ou Juiz? A Questão da Liderança

Os executivos de hoje devem ser líderes? "Precisamos funcionar mais como treinadores e menos como ditadores", diz um executivo de primeiro escalão.[10] O Centro para Liderança Criativa identifica 22 atributos para um líder, tais como ser ousado, dinâmico, ponderado, reforçador, agradável, integrador, econômico, otimista e confiável. Entretanto, é difícil sair bem em todas essas coisas, especialmente quando se discutem maus desempenhos. Como ser agradável e integrador quando ser "econômico" exige que se diga a alguém que ele não vai receber aumento salarial por causa de seu mau desempenho? Qual a importância da liderança? Em sua mensagem aos acionistas da General Electric, o presidente Jack Welch declarou que "a GE não aceita estilos administrativos que oprimam e intimidem" os subordinados. Os líderes são avaliados pelos resultados negociais que obtêm, mas também pela maneira como demonstram esses valores. Bons resultados e bons valores significam bom desempenho, uma constatação. Poucos resultados e poucos valores, igualmente, uma constatação – mau desempenho. Obtenha poucos resultados, mas compartilhe os valores, e você terá uma segunda chance. Se você obtiver bons resultados, mas fizer isto por meio do uso da força ou da intimidação, perderá sua chance.[11]

> ### QUAL SUA OPINIÃO?
> Suponhamos que você seja acionista da GE e ficou sabendo que Jack Welch poderá demitir alguns executivos porque eles não praticam certos valores, ainda que atinjam seus objetivos negociais de vendas e lucro. Você acha essa política boa para os acionistas da empresa? Justifique sua resposta.

Honestidade versus Boa Impressão

O Quadro 4.2 mostra que os conflitos internos afetam os indivíduos que estão sendo avaliados. As pessoas querem obter as recompensas que decorrem de uma boa avaliação, e para isto podem lançar mão de certos truques para impressionar, seja se autopromovendo para parecer mais competente, ou insinuando-se para conseguir que o avaliador goste mais delas. Esses truques, especialmente

---

8 MURPHY, CLEVELAND. *Performance Appraisal.*

9 MOHRMAN JR., Allan M., RESNICK-WEST, Susan M., LAWLER III, Edward E. *Designing performance appraisal systems.* San Francisco: Jossey-Bass, 1989. Cap. 1; BROOKS, Scott M., VANCE, Robert J. Ubiquitious conflict in performance appraisal processes. Trabalho apresentado na *7ª Conferência Anual da Society for Industrial and Organizational Psychology.* Montreal, Quebec, May 1992.

10 KIECHEL III, Walter. The boss as coach. *Fortune,* p. 201, 4 Nov. 1991.

11 LONDON, Manuel, BEATTY, Richard W. 360-degree feedback as a competitive advantage. *Human Resource Management* 32, p. 357, Summer/Fall 1993.

Quadro 4.2
A avaliação de desempenho pode causar conflitos.

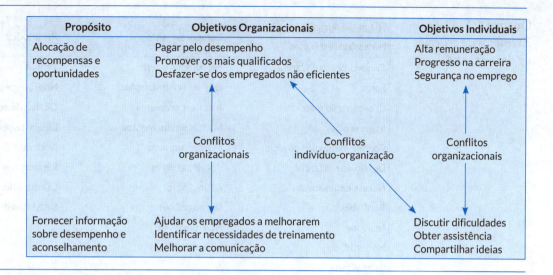

a bajulação, realmente costumam dar resultados.[12] Não obstante isso, quando as pessoas precisam de ajuda para algum problema, devem ser honestas e compartilhar suas dificuldades. Fingir que a situação não é tão ruim pode apenas impedir que se tenha o auxílio necessário, mas, por outro lado, mostrar excesso de dificuldades pode passar a impressão de incompetência.

Verdade versus Exagero

O conflito final exibido no Quadro 4.2 existe entre o indivíduo e a organização porque os objetivos do primeiro sobre remuneração chocam-se contra as metas organizacionais. Informações completas e precisas são necessárias para se alocarem as recompensas e oferecer realimentação sobre os desempenhos, mas os empregados preferem compartilhar apenas as informações positivas por medo de não serem recompensados. Isto é especialmente verdadeiro para aqueles que têm desempenho fraco e podem explicar o porquê da dificuldade de avaliação desses indivíduos. Se você alguma vez já repreendeu uma pessoa por seu mau desempenho, sabe como é desagradável comunicar uma avaliação negativa.

Apesar dos custos e conflitos, as pesquisas demonstram que, na prática, os executivos acreditam que a avaliação de desempenho vale a pena. O próximo passo é decidir qual desempenho será medido.

Que Desempenho Medir

Um executivo de Melbourne, Austrália, conta o caso de um funcionário de uma loja de equipamentos de informática que foi abordado por um cliente que carregava um pneu. O homem disse: "Este pneu está com defeito. A borracha está completamente solta do metal. Eu paguei 50 dólares por ele, e quero meu dinheiro de volta". O funcionário havia sido doutrinado pelo supervisor para ser gentil e atencioso com os clientes, e fazer todo o esforço possível para satisfazê-los. Assim, com a maior boa vontade, o funcionário reembolsou o cliente pelo pneu obviamente defeituoso. Só mais tarde ele lembrou que aquela loja não vendia pneus.

Este é um exemplo de bom ou mau desempenho? O que é desempenho, afinal? Se um vendedor consegue vender um bocado de mercadoria, não é suficiente? Não necessariamente. As organizações também dão valor a coisas como a satisfação de longo prazo dos clientes, o auxílio prestado aos colegas e a atenção dada aos consumidores antes e depois da venda. No filme *Milagre na Rua 34*, Kris Kringle foi aplaudido por mandar um cliente da Macy's procurar outra loja se lá não tivesse exatamente o que ele queria. Buck Robuck, motorista de caminhão da PepsiCo, ignorou o mapa oficial computadorizado fornecido pela empresa e buscou atalhos que pudessem economizar tempo no transporte. Isto

---

12 FERRIS, Gerald R., JUDGE, Timothy A., ROWLAND, Kendrith M., FITZGIBBONS, Dale E. Subordinate influence and the performance evaluation process: test of a model. *Organizational Behavior and Human Decision Processes* 58, p. 101-135, 1994; WAYNE, Sandy J., LIDEN, Robert C. Effects of impression management on performance ratings: a longitudinal study. *Academy of Management Review* 338, p. 232-260, 1995.

102 | Diagnóstico de Condições, Planejamento e Fixação de Objetivos

Quadro 4.3
Exemplos de critérios de desempenho.

Habilidades/Capacidades Necessidades/Traços	Comportamentos	Resultados
Conhecimento da tarefa	Executar as tarefas	Vendas
Força	Obedecer a instruções	Níveis de produção
Coordenação motora	Reportar problemas	Qualidade de produção
Irreverências	Manter equipamentos	Desgaste/perdas
Conhecimento dos negócios	Manter arquivos	Acidentes
Desejo de realização	Seguir as regras	Reparos nos equipamentos
Necessidades sociais	Assiduidade	Clientes atendidos
Confiabilidade	Dar sugestões	Satisfação dos clientes
Lealdade	Não fumar	
Honestidade	Não usar drogas	
Criatividade		
Liderança		

foi insubordinação? O presidente da PepsiCo, Roger King, considerou isto como um exemplo de "mentalidade empreendedora", fundamental para o sucesso dos negócios.[13]

Muitas coisas podem ser medidas para determinar o desempenho, como mostra o Quadro 4.3. À esquerda aparecem as características individuais. Apesar de nem sempre serem observadas diretamente, elas se combinam com tarefas e fatores organizacionais, produzindo comportamentos que podem ser analisados. Os comportamentos apropriados conduzem a resultados que refletem o esforço conjunto de vários indivíduos. É necessário utilizar múltiplas medidas. O comportamento reflete uma tendência pessoal ao desempenho; as características individuais explicam as causas do comportamento. Os resultados garantem um vínculo entre o comportamento individual e as metas mais amplas.

A *cidadania organizacional* reflete comportamentos cooperativos e engajados que vão além das atividades específicas das tarefas, incluindo: (1) ajudar os outros; (2) compartilhar e criar novas ideias; (3) ser confiável; (4) defender e promover as metas da organização.[14]

Cidadania ou antagonismo?

O desempenho é mais do que simplesmente a execução de tarefas. Um amplo espectro de comportamentos determina o valor das pessoas para as organizações. Pelo lado positivo, estes comportamentos têm sido chamados de cidadania organizacional.

Algumas vezes, essa cidadania pode ser controversa, como no caso dos funcionários que denunciam práticas perigosas ou pouco éticas em suas organizações como forma de abraçar os valores de honestidade da própria empresa. Os empregados com mais alto grau de satisfação no trabalho (veremos mais tarde) podem desenvolver mais comportamentos de cidadania.[15]

Por outro lado, os comportamentos antagônicos incluem grande variedade de ações hostis, como roubo, prejuízos ou violência. Os roubos de empregados dão um prejuízo de bilhões de dólares por ano às empresas nos Estados Unidos, enquanto os acidentes paralisam mais de 90 dias de trabalho anualmente. Da mesma forma que a cidadania, esses atos nocivos estão relacionados com a satisfação dos empregados e sua percepção da

---

13 ANFUSO, Dawn. Pepsico shares power and wealth with workers. *Personnel Journal*, p. 42-49, June 1995.

14 MOORMAN, Robert H., BLAKELY, Gerald L. Individualism-collectivism as an individual difference predictor of organizational citizenship behavior. *Journal of Organizational Behavior* 16, p. 127-142, 1995; MOTOWIDLO, Stephan J., SCOTTER, James R. Van. Evidence that task performance should be distinguished from contextual performance. *Journal of Applied Psychology 79*, p. 475-480, 1994.

15 ORGAN, Dennis W., RYAN, Katherine. A meta-analytic review of attitudinal and dispositional predictors of organizational citizenship behaviors. *Personnel Psychology* 48, p. 775-802, 1995.

ética na organização. As empresas também costumam monitorar práticas, como o fumo, o uso de drogas, conversas telefônicas e até comportamentos suspeitos dos operadores de computadores.[16]

Uma pesquisa governamental nos Estados Unidos sobre como era avaliado o desempenho dos executivos descobriu que 93% das empresas usavam o critério de qualidade do trabalho; 90%, a quantidade do trabalho; 87%, a iniciativa; 87%, a cooperação; 86%, a confiabilidade; 85%, o conhecimento da tarefa; 79%, a assiduidade; e 67%, a necessidade de supervisão.[17]

Evidentemente, às vezes é difícil dizer se uma atividade é boa ou nociva para a organização. Alguns estudos sugeriram que ouvir música com fones de ouvido enquanto se arquiva queixas formais sobre o trabalho pode estar associado com melhor desempenho. Na Motorola, faz-se autoanálise dos erros cometidos "na busca dos objetivos negociais" como uma oportunidade de aprendizado para uma equipe de trabalho mais autônoma.[18] Assim, não existe o critério ideal para se avaliar o desempenho, mas simplesmente algumas orientações. Essa mensuração deve estar relacionada com as metas organizacionais, e seus critérios devem ser observáveis, compreensíveis e controláveis.

> ### QUAL SUA OPINIÃO?
> Como um administrador de RH pode ajudar a empresa a autoanalisar os "erros" que indicam uma tentativa de obtenção de metas e, ao mesmo tempo, corrigir os erros cometidos por ignorância ou decisões mal tomadas? Como você ajudaria um chefe a perceber essa diferença?

A Avaliação contribui para o Atingimento de Metas e Decisões Acertadas?

O objetivo fundamental é melhorar a qualidade das decisões tomadas. Para a distribuição das recompensas, a medida mais valiosa deveria ser os resultados alcançados. Para decidir quais empregados devem passar por treinamentos ou desenvolvimento de suas carreiras, devem-se usar as características individuais como critério, tal como o grau de conhecimento. Para livrar-se dos funcionários menos eficientes, podem-se averiguar os comportamentos ou os fracos resultados. Muitos executivos acreditam que as decisões no futuro vão refletir a mudança cada vez mais rápida. Em vez de enfocar a função, as organizações "identificam, cultivam e exploram as competências essenciais que tornam possível o crescimento".[19] A Honda, por exemplo, embora fabrique vários produtos, tem sua competência essencial em projetar e construir motores, independentemente de como as tarefas são desenhadas para fazer isso. As decisões-chaves para os executivos e os empregados envolvem como melhor identificar e cultivar essas competências essenciais. Aqui, a avaliação de desempenho pode basear-se tanto nas habilidades, capacidades, necessidades ou traços que reflitam essas competências, como nos comportamentos que as utilizam. O fundamental para as decisões é a questão: Quem usa as informações dessa avaliação e o que faz com elas?

> Uma *competência essencial é* uma capacitação básica que permite que a organização possa competir e crescer.

O Desempenho pode ser Observado?

A avaliação de desempenho fornece base para importantes decisões, tais como promoções, demissões e

---

16 SHEPARD, Ira Michael, DUSTON, Robert. *Thieves at work.* Washington, DC: Bureau of National Affairs, 1988; FEFER, Mark D. Taking control of your workers's comp costs. *Fortune,* p. 131, 3 Oct. 1994; ROTHFEDER, Jeffrey, GALEN, Michele, DRISCOLL, Lisa. Is your boss spying on you? *Business Week,* p. 74-75, 15 Jan. 1990; GREENBERG, Gerald. Stealing in the name of justice. *Organizational Behavior and Human Decision Processes* 54, p. 81-103, 1993.

17 BUREAU OF NATIONAL AFFAIRS. Performance appraisal programs. *Personnel Policies Forum, Survey,* nº 135, Feb. 1983.

18 OLDHAM, Greg R. et al. Listen while you work? Quasi-experimental relations between personal stereo-headset use and employee work responses. *Journal of Applied Psychology,* p. 547-564,1995; KLEINER, Morris M., NICLESBURG, Gerald, PILARSKI, Adam. Monitoring grievances, and plant performance. *Industrial Relations,* 34, p. 169-189, 1995; CELEBRATE Mistakes? *The Wall Street Journal, 2* Aug. 1994, p. A1.

19 PRAHALAD, C. K., HAMEL, Gary. The core competencies of the corporation. *Harvard Business Review,* p. 79-91, May/June 1990.

recompensas. Como vimos no Capítulo 2, os Estados Unidos e outros países possuem legislação que protege determinados grupos contra discriminação, e as informações sobre o desempenho frequentemente tornam-se uma peça-chave de evidência. Por esta e outras razões é que os critérios para a avaliação de desempenho são observáveis e objetivos.

Tudo deve ser observado. A PepsiCo quer que seus executivos "ajam como empresários, sejam econômicos e obtenham grandes resultados". D. W. Calloway, o presidente da empresa, diz que "pegamos águias e as ensinamos a voar em formação". O processo de avaliação dos executivos inclui acareação entre eles e cada um de seus subordinados cujo enfoque é: "O que o executivo realmente realizou este ano que fizesse grande diferença para os negócios, e não se ele é um cara legal ou usa a cor certa de meias. Ele alcançou suas metas de vendas? Ele desenvolveu algum novo produto comercial?" A PepsiCo combina esses critérios práticos com a avaliação feita pelos subordinados sobre seus chefes em relatórios confidenciais. A ênfase é nos resultados e nos comportamentos, não apenas nas características de cada um.[20]

Os Critérios são Compreensíveis?

Obviamente, tanto o avaliador precisa saber o que está procurando, quanto a pessoa que está sendo avaliada. Por exemplo, atingir determinada quota de produção parece ser um critério de medição de desempenho bastante claro. Entretanto, nem sempre é, como mostrava uma charge popular na antiga União Soviética, em que duas pessoas olhavam para um enorme prego e uma dizia para a outra: "Eu sei que ele não serve para nada, mas conseguimos atingir nossa quota de 100 quilos de pregos este mês". O entendimento do significado de bom desempenho é ainda mais complicado quando se trata de questões, como atendimento aos clientes, atingimento de alto padrão de qualidade ou criatividade. Nem todas as avaliações podem basear-se simplesmente no comportamento, mas é certo que, quando tanto avaliador como avaliado compreendem o sentido do que está sendo medido, é bem mais fácil chegar a objetivos comuns. Um estudo sobre analistas financeiros mostrou que quanto mais os empregados entendiam o sistema de avaliação ao qual eram submetidos, maior era a probabilidade de aceitarem os critérios de mensuração.[21]

É Possível Controlar o Próprio Desempenho?

Uma ideia é medir fatores de desempenho que os próprios empregados possam controlar. Por exemplo, não tem sentido usar os resultados de pesquisas de opinião de clientes como único critério de avaliação de desempenho dos engenheiros de manutenção de uma companhia de transporte aéreo. Esse critério pode ser adequado para medir o desempenho dos comissários de bordo que lidam diretamente com o passageiro. Avaliadores e avaliados podem discordar do quanto o desempenho pode realmente ser controlado. Por exemplo, estudantes universitários que trabalham como chefes acham que o mau desempenho pode ser causado pela falta de motivação ou capacidade dos subordinados, enquanto seus colegas em função subordinada colocam a culpa nos equipamentos e ferramentas, treinamento, limitações pessoais e cronogramas de trabalho.[22] Se não houver uma convergência de opiniões sobre o quanto do controle do desempenho pode ser passado ao próprio avaliado, o sistema de medição não conseguirá grandes resultados.

Como Medir o Desempenho

A maneira como alguma coisa é medida é tão importante quanto o que é medido. Imagine em uma universidade que a média de pontuação (MP) dos alunos seja o critério para concorrerem a uma premiação. Uma forma de medir a MP seria comparar as notas entre si e escolher as 10 melhores para o prêmio. Nesse caso, o 11º colocado, por menor que fosse a diferença entre sua MP e a do 10º colocado, estaria fora do páreo. Outra alternativa seria estabelecer um padrão em relação ao qual todas as MPs seriam comparadas, digamos, um mínimo de 3,8 pontos em uma escala de 4,0. Neste caso, todos os estudantes com MP superior a 3,8 estariam na lista de premiação e não apenas os 10 melhores. Como ambos os sistemas medem a MP, qual a diferença? Os estudantes acham que é bastante grande. No primeiro caso, passa-se uma mensagem de que os alunos estão competindo entre si. Essa disputa pode tornar-se tão feroz que livros com matérias-chaves para os exames possam sumir da biblioteca e só aparecerem depois de tudo terminado. No segundo caso, a mensagem não é de competição uns contra os outros, mas de um esforço pessoal para atingir um patamar, o que pode ter como consequência maior cooperação entre os estudantes.

---

20 DUMAINE, Brian. Those highflying PepsiCo managers. *Fortune,* p. 78-84, 10 Apr. 1989.

21 WILLIAMS, James R., LEVY, Paul E. The effects of perceived system knowledge on the agreement between sel-ratings and supervisor ratings. *Personnel Psychology* 45, p. 835-847, 1992.

22 CARSON et al. Performance appraisal as effective management. *HR Reporter,* Instant feedback assists Hoffman-LaRoche, p. 4-5, May 1992.

De maneira semelhante, depois de uma organização decidir quais desempenhos serão avaliados, é preciso decidir como observar e relatar o resultado. No Quadro 4.4, listamos abordagens de avaliação de desempenho comparadas com metas negociadas, padrões de funções e entre indivíduos. Esse quadro traz também os métodos mais comuns usados para cada comparação. As organizações frequentemente combinam técnicas de avaliação de desempenho. A seguir, descreveremos cada uma dessas técnicas e discutiremos suas vantagens e desvantagens.

Comparando com Objetivos: APO

A administração por objetivos (APO) é como redigir um contrato. O avaliador e o avaliado negociam uma ou mais metas a serem atingidas dentro de certo espaço de tempo. Essas metas têm que ser mensuráveis e observáveis. O desempenho é medido avaliando-se o atingimento delas. Um vendedor pode estabelecer uma meta trimestral de 100 visitas a clientes, vender 1.000 unidades de determinado produto e concluir quatro cursos de treinamento. Ao final do período negociado, o avaliador pode constatar que o vendedor realizou 110 visitas, vendeu 900 unidades e concluiu três cursos, e ambos devem então discutir as razões para os desvios havidos.

Algumas empresas encorajam seus chefes e subordinados a estabelecerem metas que:

- busquem a obtenção de resultados específicos;
- sejam mensuráveis em quantidade, qualidade e impacto;
- sejam alcançáveis e também desafiadoras;
- sejam relevantes para a unidade de trabalho, para a organização, para a carreira etc.
- estejam dentro de um período definido, ou seja, com data certa para obter o resultado.

As pesquisas demonstram que a APO aumenta a produtividade tanto para os indivíduos como para os grupos, especialmente quando as metas são específicas, desafiadoras e negociadas.[23] O Quadro 4.5 mostra as linhas gerais usadas pela General Electric Corporation para o estabelecimento de "metas abrangentes". Também é importante ter em mente as questões culturais, como descobriu a AT&T quando exigiu que fossem colocados cartazes em sua unidade na República Checa com frases como "Trabalhe para a Equipe, não para o Indivíduo". Embora essa prática fizesse sucesso nos Estados Unidos, os cartazes foram mal recebidos pelos checos, uma vez que esses dizeres lembravam a propaganda do regime comunista.

A administração por objetivos é interessante em situações de mudanças rápidas porque não depende de um conjunto fixo de comportamentos ou resultados. O uso da informática pode ajudar a agilizar ainda mais as mudanças, auxiliando os executivos a estabelecer as metas, delegá-las aos indivíduos e equipes, monitorar seu progresso (por exemplo, verde para andamento normal, amarelo para atrasos, vermelho para condição crítica), a lembrar-se de fazer as avaliações e a sugerir recompensas, como entradas para espetáculos ou jantares a dois.[24] Entretanto, a flexibilidade da APO pode ser também seu ponto fraco, pois os padrões de desempenho podem mudar tanto que acabam por não ter mais nenhuma ligação com os propósitos originais. Como todo processo de administração de recursos humanos, a administração por objetivos precisa ser monitorada para atingir suas metas.

> ### QUAL SUA OPINIÃO?
> Avaliar e repreender os empregados com base no trabalho de equipe pode ser perturbador em culturas nas quais "trabalho de equipe" era uma espécie de palavra de ordem para a obediência a uma ideologia e em que as recompensas se baseavam na lealdade a um partido político e não ao desempenho profissional. Se você quisesse encorajar o espírito de equipe em uma cultura assim, como tentaria conquistar a confiança dos trabalhadores?

Comparando Desempenho com Padrões Estabelecidos

Esses métodos analisam o trabalho e determinam padrões desejáveis ou indesejáveis de desempenho. As características da pessoa que está sendo avaliada são comparadas com esses padrões.

---

23 RODGERS, Robert, HUNTER, John E. The discard of study evidence by literature reviewers. *Journal of Applied Behavioral Science* 30, p. 329-345, 1994; KLEIN, Howard J., MULVEY, Paul W. Two investigations of the relationships among group goals, goal commitment, cohesion and performance. *Organizational Behavior and Human Decision Processes* 61, p. 44-53, 1995.

24 MOSSBERG, Walter S. Personal technology: PC program lets machines help bosses manage people. *The Wall Street Journal,* 24 Dec. 1992, p. 38.

106 | Diagnóstico de Condições, Planejamento e Fixação de Objetivos

Quadro 4.4
Avaliação de desempenho por comparação.

Comparação com objetivos negociados	Comparação com padrões de funções	Comparação entre indivíduos
Administração por objetivos (APO)	Observação física	Classificação
	Listas de verificação	Distribuição
	Escalas de classificação	
	Incidentes críticos	
	Escalas de classificação com indicações comportamentais	
	Relatórios/diários	

Quadro 4.5
Linhas gerais para o estabelecimento de "metas abrangentes" na General Electric Corporation.

+ Por definição, as metas abrangentes são muito difíceis de atingir. Não castigue as pessoas por não conseguirem alcançá-las.
+ Não estabeleça metas demasiado amplas a ponto de enlouquecer seus funcionários.
+ Compreenda que os alvos abrangentes podem afetar inesperadamente outras partes da organização.
+ Não sobrecarregue quem já está em seu limite.
+ Compartilhe o sucesso do atingimento das metas abrangentes.

Fonte: SHERMAN, Strat. Stretcht goals: The dark side of asking for miracles. *Fortune*, p. 231, 13 Nov. 1995. ©Time, Inc. All rights reserved.

Observação Física

Observar as pessoas enquanto trabalham pode parecer um tanto ultrapassado e mais adequado para a avaliação do desempenho de trabalhadores manuais ou atletas, mas a observação física é utilizada inclusive para algumas das funções de mais alta tecnologia. Como tem aparecido ultimamente nos filmes, os usuários de computador podem ser monitorados de várias maneiras, por meio de senhas, de seu correio eletrônico ou até de dispositivos colocados nas cadeiras para vigiar sua movimentação física (até agora não vi um método desse tipo para avaliar o desempenho de um professor em sala de aula). A rede World Wide Web da internet deu origem à figura do "surfar supérfluo" (visitar *sites* de jogos, esportes ou coisas menos confessáveis) como causa para "ação disciplinar ou demissão" em empresas como a Pepsi-Cola e a Lockheed. Os funcionários do Olivetti Research Laboratories usam crachás eletrônicos que rastreiam sua localização. Como na série *Jornada nas Estrelas,* os executivos podem saber onde está cada empregado a qualquer momento.[25]

Um dos instrumentos de observação física mais controverso é o detector de mentiras ou polígrafo. O uso desses testes foi bastante restringido por um decreto de proteção aos trabalhadores em 1988.[26] Outra medição também discutível são os testes para determinação de uso de drogas ou outras substâncias tóxicas. Uma pesquisa com 1.200 empresas nos Estados Unidos revelou que o uso de testes contra drogas duplicou entre 1987 e 1993, principalmente nas instituições públicas. Noventa e um por cento usavam exame de urina, e 13% usavam exame de sangue. O custo médio por pessoa era de 41 dólares em 1991. Aparentemente, essa forma de avaliação teve efeito, já que o índice de resultados positivos caiu de 4,2% para 2,7% em apenas um ano. As empresas que preferem não usar os exames laboratoriais utilizam *videogames* para testar o uso de drogas. As pesquisas indicam que os usuários de substâncias tóxicas apresentam comportamento mais retraído (devaneios, ausência, falta de vontade, roubos) ou mais agressivo (reclamações constantes, discussões, desobediência às regras, tagarelice). A legalidade e a validade desses testes continuam a ser debatidas.[27]

---

25 FLYNN, Laurie. Finding on-line distractions, employers strive to keep workers in line. *The New York. Times,* 6 Nov. 1996, p. D5; COY, Peter. Big brother pinned to your chest. *Business Week,* p. 38, 17 Aug. 1992.

26 BUREAU OF NATIONAL AFFAIRS. Ban on lie detector tests to go into effect dec. 27. *Daily Labor Report,* nº 246, 22 Dec. 1988; FRIERSON, James G. Labor relations: new polygraph test limits. *Personnel Journal,* p. 40-45, Dec. 1988, NAGLE, David E. The polygraph shield. *Personnel Administrator,* p. 34-39, Feb. 1989.

27 GREENBERG, Eric Rolfe. Test-positive rates drop as more companies screen employees. *HR Focus,* p. 7, June 1992; FINE, Cory R. Video tests are the new frontier in drug detection. *Personnel Journal,* p. 149-161, June 1992; LEHMAN, Wayne E. K.,

Listas de Verificação (Checklists)

Uma lista de verificação é um conjunto de comportamentos, adjetivos ou descrições. Quando o avaliador acha que a pessoa possui a característica listada, faz uma marca ao lado; caso contrário, deixa em branco. Cada item conta pontos para refletir seu impacto positivo ou negativo no desempenho do trabalho. A nota final é a soma dos pontos dos itens verificados.

Escalas de Classificação

Uma das técnicas mais antigas e mais usadas de avaliação é a escala de classificação, muitas vezes usada na forma de um *gráfico* em que aparecem linhas ou quadros ao longo dos quais os níveis de desempenho são marcados. O Quadro 4.6 mostra um exemplo, com alguns dos critérios discutidos anteriormente. O avaliador faz uma marca no quadro que descreve melhor o desempenho da pessoa avaliada naquele critério. Caso se queira, pode-se atribuir um número a cada nível, como 5 para excelente e 1 para insatisfatório. Quando se atribuem pesos diferentes aos critérios de acordo com sua importância, a avaliação de cada pessoa pode ser expressa como a soma desses pesos multiplicados pela nota atribuída a cada critério. Essas *escalas* utilizam métodos estatísticos sofisticados para atribuir pesos a cada item.[28] Escalas de padrão misto oferecem ao avaliador diversos critérios, e indagam o quanto são típicos do desempenho da pessoa. O Quadro 4.7 mostra esse tipo de escala para a avaliação de professores.

Incidentes Críticos

Incidentes críticos são frases que descrevem comportamentos muito eficazes ou não eficazes para o desempenho.[29] Eles podem ser incluídos em praticamente qualquer técnica de avaliação de desempenho, como a escala comportamental.

Quadro 4.6
Escala gráfica típica.

Nome _____ Depto. _____ Data _____

	Excelente	Bom	Satisfatório	Razoável	Insatisfatório
Conhecimento do trabalho Compreensão clara dos fatos ou fatores pertinentes à função Comentários:	☐	☐	☐	☐	☐
Qualidades pessoais Personalidade, aparência, sociabilidade, liderança, integridade Comentários:	☐	☐	☐	☐	☐
Cooperação Habilidade e boa vontade de trabalhar com colegas, chefes e subordinados voltados para objetivos comuns Comentários:	☐	☐	☐	☐	☐

SIMPSON, D. Dwayne. Employee substance use and on-the-job behaviors. *Journal of Applied Psychology* 77, nº 3, p. 309-321, 1992; SUSSER, Peter A. Electronic monitoring in the private sector: how closely should employers supervise their workers? *Employee Relations Law Journal* 13, p. 575-598, Spring 1988.

28 BERNARDIN, H. John, BEATTY, Richard W. *Performance appraisal:* assessing human behavior at work. Boston: Kent, 1984. p. 68-71.

29 SMITH, Patricia. Behaviors, results and organizational effectiveness. In: DUNNETTE, M. (Org.). *Handbook of industrial and organizational psychology.* Skokie, IL: Rand McNally, 1976.

108 | Diagnóstico de Condições, Planejamento e Fixação de Objetivos

Quadro 4.7
*Escala de padrão
misto para avaliação
do desempenho de
professores.*

Para cada item, indique se o desempenho do professor é melhor do que, igual a ou pior do que a descrição apresentada:

1. O professor repete pontos da aula, quando perguntado.
2. O professor fica atrás de sua mesa.
3. O professor "come" palavras quando lê.
4. O professor insulta ou ataca verbalmente aqueles que o questionam.
5. O professor usa exemplos concretos para esclarecer as respostas.
6. O professor usa modulações de voz para enfatizar as ideias.

Nota: Os itens 1, 4 e 5 relacionam-se com "Respondendo a Perguntas", e os itens 2, 3 e 6 relacionam-se com "Estilo de Falar".

Fonte: MURPHY, Kevin R., CLEVELAND, Jeannette N. *Understanding performance appraisal.* Thousand Oaks, CA: Sage, 1995. p. 437.

Escalas de Classificação com Indicações Comportamentais

Essa técnica utiliza uma escala de classificação, já descrita anteriormente, e acrescenta incidentes críticos que funcionam como âncoras para diferentes pontos da escala.[30] Essas âncoras tornam a escala mais específica para cada função e, espera-se, seja menos subjetiva e sujeita a erros. O Quadro 4.8 mostra um exemplo dessa escala para medir o desempenho do conselheiro de uma residência universitária. Os passos para o desenvolvimento dessa escala são:

1. Os supervisores identificam as dimensões do desempenho ou categorias de atividades que determinam a função.
2. Os chefes escrevem uma lista de incidentes críticos para cada dimensão.
3. Um grupo independente de chefes distribui os incidentes pelas dimensões e avalia cada um em uma escala que vai do melhor ao pior.

4. Os incidentes colocados consistentemente em uma dimensão são mantidos e são construídas escalas para cada dimensão, ancoradas pelos incidentes que mostram bom e mau desempenho.

Alguns pesquisadores desenvolveram variações dessa técnica, incluindo escalas de observação comportamental, que examinam a frequência do comportamento, e escalas de comparação comportamental, que comparam a frequência real do comportamento com a oportunidade e a frequência esperada do mesmo.[31] Essas variações oferecem algumas vantagens, mas não há nenhuma evidência de que essas técnicas sejam superiores em seus resultados em relação a outros métodos mais facilmente aplicáveis.[32]

Relatórios/Diários

Os avaliadores podem escrever de tempos em tempos relatórios que descrevam os pontos fortes e fracos do

---

30 ROSINGER, George, MYERS, Louis B., LEVY, Girad W., LOAR, Michael, MORHMAN, Susan, STOCK, John R. Development of a behaviorally based performance appraisal system. *Personnel Psychology,* p. 75-88, Spring 1982; BEATTY, Richard W., SCHNEIER, Craig, BEATTY, James. An empirical investigation of perceptions of ratee behavior frequency and ratee behavior change using behavioral expectation studies (BES). *Personnel Psychology* 30, p. 647-658, 1977; MURPHY, Kevin R., MARTIN, C., GARCIA, M. Do behavioral observation scales measure observation? *Journal of Applied Psychology* 67, p. 652-667, 1982; KANE, Jeffrey S., BERNARDIN, H. John. Behavioral observation scales and the evaluation of performance appraisal effectiveness. *Journal of Applied Psychology* 35, p. 635-641, 1982.

31 KANE, Jeffrey S. Performance distribution assessment: a new breed of appraisal methodology. In: BERNARDIN, H., BEATTY. *Performance appraisal;* BERNARDIN, H. John. Behavioral expectation scales *versus* summated scales: a fairer comparison. *Journal of Applied Psychology* 62, p. 422-427, 1977; LATHAM, Gary P., FAY, Charles, SAARI, Lise M. BOS, BES and Baloney: raising Kane with Bernardin. *Personnel Psychology,* p. 815-822, Winter 1980.

32 KINGSTROM, P. O., BASS, A. R. A critical analysis of studies comparing behaviorally anchored rating scales (BARS) and other rating formats. *Personnel Psychology* 34, p. 263-289, 1981; BERNARDIN, H. John, SMITH, Pat Cain. A clarification of some issues regarding the development and use of behaviorally anchored rating scales. *Journal of Applied Psychology* 66, p. 458-463, 1981; MURPHY, Kevin R., CONSTANS, Joseph I. Behavioral anchors as a source of bias in rating. *Journal of Applied Psychology* 73, nº 4, p. 573-577, 1988.

Características dos Empregados | 109

Quadro 4.8
Escala de classificação com indicações comportamentais para um conselheiro de uma residência universitária.

Dimensão do desempenho

Preocupação com os residentes: tentar conhecer cada residente pessoalmente e atender a suas necessidades individuais com interesse genuíno. Expectativas sobre seu comportamento:

Escala

Bom (1)	(2)	(3)	(4)	Ruim (5)
Percebe quando um morador está com problemas e se oferece para discutir o assunto e ajudar.	Oferece dicas de como estudar para um curso que ele(a) já tenha feito.	Vê a pessoa e a reconhece como colega de moradia e cumprimenta-a.	Mostra-se amigável; discute os problemas com os colegas de moradia, mas não consegue dar o devido acompanhamento a eles.	Critica os colegas de moradia por não conseguirem resolver os próprios problemas.

comportamento dos empregados. Podem ser totalmente abertos; entretanto, normalmente usam-se algumas linhas orientadoras que indicam tópicos e propósitos. Esses relatórios podem ter por fonte as anotações diárias dos avaliadores sobre os incidentes críticos observados e reportados durante o período de avaliação. Eles também podem ser usados juntamente com as escalas de classificação simples e aquelas com indicações.

Comparação entre indivíduos

Você já disse para alguém que queria acabar o relacionamento por ter encontrado alguém mais interessante ou ouviu isso de alguém? Essas comparações são desagradáveis e a maioria das pessoas procura evitá-las. Da mesma forma, nas organizações é mais fácil comparar o desempenho de um empregado a um padrão ou objetivo do que ao desempenho de outro colega. Ainda assim, algumas decisões exigem essa comparação, pois as organizações não podem promover todo mundo nem pagar o salário mais alto a todos. Como é preciso fazer a distribuição de um número limitado de oportunidades entre os funcionários, eles têm de ser comparados entre si. As comparações normalmente refletem apenas uma impressão genérica subjetiva, mas também podem refletir dados mais objetivos, utilizando-se das técnicas mencionadas anteriormente. Mais adiante discutiremos vários métodos de comparação.

Classificação

Classificar os desempenhos em ordem decrescente de qualidade é simples, rápido, fácil de entender e barato,

mas torna-se complicado quando se lida com um número grande de empregados. A *classificação alternada* e a comparação casada simplificam o processo. Com a classificação alternada, determina-se primeiro quem tem o melhor desempenho e quem tem o pior, depois quem é o segundo melhor e o segundo pior, e assim por diante. A *classificação por comparação casada* compara todos os pares possíveis de empregados, decidindo qual o melhor da dupla. Depois de julgar todos os pares, o indivíduo escolhido mais vezes como o "melhor da dupla" é considerado com o melhor desempenho de todos os empregados, seguido por aqueles com menos vitórias. A AT&T eliminou completamente as classificações desde 1994, por entender que esse processo incentivava a rivalidade e desencorajava o trabalho de equipe. Outros, entretanto, consideram que a informação sobre o desempenho é menos efetiva quando se usa apenas descrição do mesmo, já que os melhores não são assim tão facilmente identificáveis.[33]

Qual a melhor maneira?... Isso depende

Seria muito simples se houvesse uma forma ideal de medir o desempenho, mas a maneira mais eficaz de fazê-lo depende da situação. Não existe apenas uma única resposta correta. A caixa tridimensional mostrada no Quadro 4.9 ilustra esse conceito. Da direita para a esquerda, o trabalho torna-se menos rotineiro; de baixo para cima, os trabalhadores exigem maior independência; e, da frente para trás, o ambiente torna-se menos estável. O canto inferior esquerdo à frente representa muita rotina, ambiente estável e empregados com pouca independência, exatamente onde é adequada a utilização

---

33 LUBLIN. It's shape-up time for performance reviews.

Quadro 4.9
Como as características do trabalho, dos empregados e do ambiente influenciam os métodos de avaliação de desempenho.

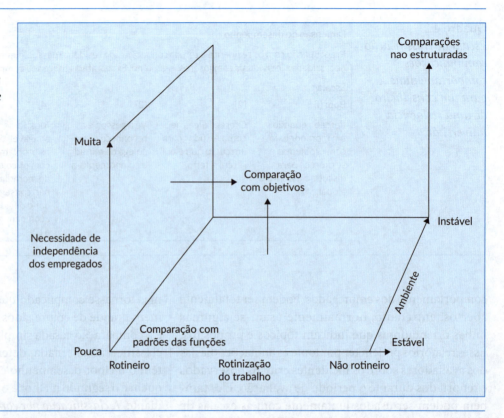

de técnicas de avaliação que comparam comportamentos e padrões. No meio da caixa, em que há relativa rotina, estabilidade e independência dos empregados, o ideal é o uso da administração por objetivos, permitindo às pessoas certa liberdade. O canto superior direito atrás mostra uma situação instável e sem rotinas, com alto grau de independência dos empregados: isto exige comparações muito pouco estruturadas, talvez com a utilização de relatórios e diários.[34] Os testes e os exames da vida estudantil são parecidos com isso. Matérias rotineiras e estáveis podem ser testadas com provas de múltipla escolha ou questões matemáticas. As matérias com um pouco mais de variações de entendimento podem ter exames com perguntas simples que deem ao aluno a oportunidade de explicar alguma coisa. Finalmente, tópicos não estruturados como ética, filosofia ou matérias opinativas devem ser avaliados por meio de textos mais livres, sem grandes imposições de estrutura. Dentro das organizações, pode-se utilizar uma combinação de diferentes métodos para se ter uma visão mais completa.

Quem Deve Julgar o Desempenho?

Que tal se você próprio pudesse decidir em que ano estar em seu curso? Muitos alunos adorariam dar a si mesmos as melhores notas, independentemente de seu aprendizado. Entretanto, depois de alguma reflexão, alguns perceberiam que essas notas não teriam valor, já que todos teriam a mesma nota. Outros concluiriam que, honestamente, dariam a si mesmos notas ainda mais baixas do que as dadas pelos professores. E outros simplesmente escolheriam não pensar no assunto. Poderíamos também propor a decisão sobre as notas de cada um dos alunos por votação dos colegas ou que todos passassem por um mesmo teste padronizado administrado por uma agência profissional. Juntamente com o método tradicional, em que o professor dá as notas aos alunos, todas essas alternativas têm vantagens e desvantagens.

Avaliação de 360 graus: Panaceia ou Andar em Círculos?

A revista *Fortune* proclama: "A avaliação de 360 graus pode mudar sua vida":

Todos no escritório, incluindo seu chefe, aquele assistente engraçadinho dele e seu rival do outro lado da sala, terão que preencher longos e anônimos questionários falando de você. Você terá que fazer

---

34 MOHRMAN et al. *Designing performance appraisal systems.*

Quadro 4.10
Avaliação de desempenho de 360 graus.

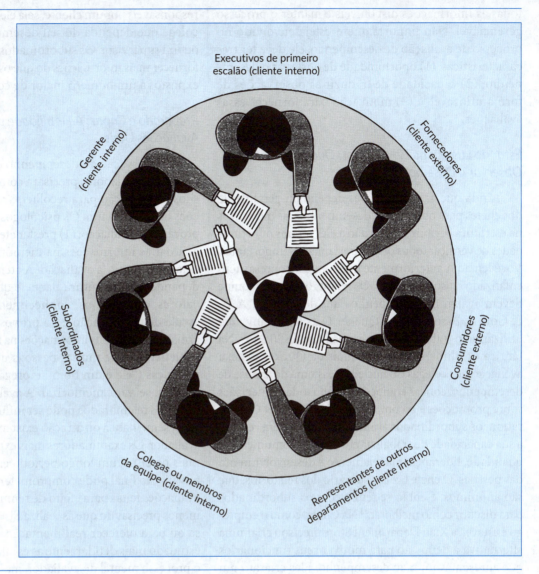

o seu também. Uma semana ou duas depois, você saberá os resultados, tudo processado e mastigado pelo computador. Na melhor das hipóteses, tudo será então explicado por alguém de seu departamento de recursos humanos ou da empresa que aplicou os questionários, uma pessoa capaz de dividir gentilmente as más notícias.[35]

O Quadro 4.10 mostra uma pessoa sendo avaliada no meio de um círculo de diversos examinadores possíveis. Cada avaliador pode ser visto como um "cliente", já que todos precisam de algo do avaliado. Ter seus pares ou subordinados julgando seu desempenho pode ter boas consequências. Existem evidências de que os executivos que recebem alguma avaliação por parte de seus subordinados melhoram com o tempo, de que os líderes procuram alinhar suas autoavaliações com aquelas de seus liderados e de que os executivos de culturas que valorizam as atitudes decididas tornam-se mais controladores e menos dispostos a delegar. A avaliação de 360 graus tem suas chances, mas as evidências até agora são tênues. A maioria dos sistemas de avaliação ainda se baseia apenas nos chefes ou executivos de alto escalão.[36] O truque é conseguir o equilíbrio entre obter

---

35 O'REILLY, Brian. 360 feedback can change your life. *Fortune*, p. 93-98, 17 Oct. 1993.
36 SMITHER, James W. et al. An examination of the effects of an upward feedback program over time. *Personnel Psychology* 48, p. 1-47, 1995; ATWATER, Leanne, ROUSH, Paul, FISCHTHAL, Allison. The influence of upward feedback on self and

Diagnóstico de Condições, Planejamento e Fixação de Objetivos

todas as informações disponíveis e manter o processo gerenciável. Não importa quem esteja envolvido no processo de avaliação de desempenho, ele deve ter três características: (1) oportunidade de observar o desempenho; (2) capacidade de traduzir as observações de forma utilizável, e (3) motivação para fornecer essas avaliações.

Estar no Lugar e na Hora Certos: Oportunidade para Observar o Desempenho

Ainda que as organizações dependam geralmente dos chefes para observar os desempenhos, as mudanças na estrutura organizacional dão a eles menos oportunidades de verificar todos os comportamentos importantes. Você leu aqui anteriormente que muitas empresas têm enfatizado o uso de equipes. Os membros de uma equipe devem avaliar os desempenhos uns dos outros? A W. L. Gore & Associates e a Quaker Oats Company vêm utilizando o trabalho de equipe há mais de 20 anos. Na fábrica de alimentos para animais da Quaker Oats, a avaliação dos colegas é o núcleo do sistema de análise de desempenho, com as equipes tomando todas as decisões sobre promoções e recompensas.[37] Na Chrysler Corporation, os subordinados avaliam seus chefes em relação a sua capacidade de trabalhar em equipe, comunicação, qualidade, liderança, planejamento e desenvolvimento das pessoas. O chefe faz um sumário dos relatórios, que são anônimos, e então se reúne com os subordinados para discutir como melhorar.[38] Na China, como o emprego é estável, a Xian Department Store precisou criar uma alternativa à demissão para motivar seus funcionários que apresentavam mau desempenho. Eles criaram um "prêmio" para os 40 piores empregados, e os clientes animadamente começaram a denunciar aqueles que jogavam as mercadorias, deixavam seus postos ou eram grosseiros.[39] Bem menos dramático que esse quadro, é comum os empregadores tornarem seus empregados responsáveis por um cliente, seja ele um comprador, um colega que dependa de seu desempenho, uma equipe ou um supervisor. Os subordinados e os colegas podem fornecer mais informações do que os chefes porque estão expostos a um número maior de comportamentos.[40]

Preparado e Capaz: A Habilidade para Fazer Avaliações Úteis

A observação do desempenho é apenas o primeiro passo. Os avaliadores precisam compreender os propósitos da avaliação para recolher e reportar as informações de maneira útil. Os psicólogos listam três fases do processo de avaliação: (1) prestar atenção e observar; (2) guardar as informações na memória; e (3) lembrar-se delas e construir a avaliação. A atenção e a observação dependem da estrutura daquele que observa, de seus valores, estereótipos, conhecimento da tarefa ou da escala de classificação e do propósito da avaliação. O armazenamento das informações na memória é um tanto subjetivo, já que muitas pessoas utilizam impressões genéricas ("ele é um bom empregado") para escolher o que observar e memorizar. A avaliação final baseada nos fatos relembrados pode ser influenciada pela idade, sexo, semelhança ou atração existentes entre avaliado e avaliador. Os examinadores mais experientes podem ser mais precisos, um longo período entre a observação e a avaliação final pode comprometer a acuracidade, e as avaliações feitas para efeito de remuneração podem ser menos precisas do que as realizadas apenas para pesquisa ou para oferecer realimentação. Os psicólogos têm estudado mais detidamente as escalas de classificação e o processo mental do avaliador, mas essas análises também são afetadas pelas pressões organizacionais sobre o avaliador e pelo grau de confiança existente entre este e seu avaliado, temas sobre os quais temos muito menos informações.[41] O treinamento para a avaliação (que será visto mais tarde) pode melhorar essa capacitação,

---

follower ratings of leadership. *Personnel Psychology* 48, p. 48-58, 1995; OFFERMAN, Lynn R., HELLMAN, Peta S. Culture's consequences for leadership behavior: national values in action. Trabalho apresentado no *10º Encontro Anual da Society for Industrial and Organizational Psychology.* Orlando, Flórida, Apr. 1995; CARSON, Mary Kay. Subordinate feedback may foster better management. *APA Monitor,* p. 30-31, July 1995; ver a edição especial do *Human Resource Management,* 360-degree feedback, Summer/Fall 1993; BRETZ, Robert D., MILKOVICH, George T. *Performance appraisal in large organizations.* Documento de trabalho 89-17. Ithaca, N. Y.: Center for Advanced Human Resource Studies.

37   THOMPSON, Brad Lee. An early review of peer review. *Training,* p. 42-46, June 1991.

38   SANTORA, Joyce E. Rating the boss at Chrysler. *Personnel Journal,* p. 38-45, May 1992.

39   IGNATIUS, Adi. Now, if Ms. Wong insults a customer, she gets an award. *The Wall Street Journal,* 24 Jan. 1989, p. A1.

40   DeNISI, Ângelo S., WILLIAMS, K. J. Cognitive approaches to performance appraisal. In: ROWLAND, Kendrith M., FERRIS, Gerald R. (Orgs.). *Research in Personnel and Human Resources Management* 6. Greenwich, CT: JAI Press, 1988. p. 109-155.

41   ILGEN, Daniel R., BARNES-FARREL, Janet L., McKELLIN, David B. Performance appraisal process research in the 1980's: what has it contributed to appraisals in use? *Organizational Behavior and Human Decision Processes* 54, p. 321-368, 1993.

mas nem todos são facilmente treinados, como é o caso dos clientes. Um computador pode avaliar desempenhos? Ainda não, mas pode ajudar. Alguns programas específicos oferecem conselhos, armazenam dados, proporcionam sugestões de descrição de desempenho (até mesmo incluindo o nome do avaliado para personalizar), buscam por palavras "não apropriadas" e até exibem uma mensagem caso você dê uma nota baixa, lembrando-o de anexar os detalhes necessários para o caso de uma disputa legal.[42]

EXPLORANDO A WEB

Na internet, você pode localizar um programa de avaliação de desempenho no seguinte endereço: http://www.austin-hayne.com/ea3B-Mfct.htm

---

Influências Políticas e Sociais: Realizando uma Avaliação Útil

A motivação do avaliador pode ser frequentemente mais importante do que o sistema a ser utilizado. Alguma vez um professor lhe perguntou sua verdadeira opinião sobre suas aulas? Sua primeira reação foi dar uma resposta absolutamente honesta e precisa? É bem mais provável que você tenha pensado no que poderia acontecer-lhe. Querendo evitar confrontações e aumentar as chances de uma boa nota na disciplina, você evitaria dizer qualquer coisa muito negativa – e foi exatamente isso que os pesquisadores descobriram. Quanto mais responsável você é por suas avaliações e quanto mais suas recompensas dependem da opinião de seu chefe, maior a probabilidade de você melhorar suas apreciações. Existe até uma teoria econômica que explica essa questão. Os chefes não conseguem compreender por que não recebem muito retorno quando

dizem: "Não quero gente que só concorda comigo. Diga-me o que você pensa, mesmo que isso custe seu emprego".[43] E isso não acontece apenas nas avaliações dos chefes pelos subordinados. Setenta e seis por cento dos executivos americanos admitem ter amenizado suas críticas para evitar o desencorajamento de alguém, para evitar conflitos, para estimular os subordinados quando os salários não podiam ser aumentados, ou ainda para proteger alguém que passava por dificuldades pessoais, tais como divórcio. Também parece que essa tendência é ainda mais forte nos altos escalões da organização.[44] O Quadro 4.11 sumariza alguns dos efeitos das avaliações políticas. A realidade da avaliação é social. Os relacionamentos fazem diferença, e a motivação do avaliador reflete não apenas os propósitos do processo, mas também seus efeitos sobre esses relacionamentos.[45] O ideal seria criar um sistema em que os propósitos dos avaliadores, avaliados e da organização estivessem tão alinhados entre si quanto possível.

QUAL SUA OPINIÃO?

As avaliações de desempenho geralmente sofrem distorções por motivos totalmente compreensíveis, mas que prejudicam sua precisão. Se você estivesse ajudando um chefe ou um subordinado, o que você faria para que ele compreendesse a importância de ser preciso em sua avaliação? Como você criaria uma situação que reduzisse a pressão sobre esse processo?

Erros na Avaliação de Desempenho

Os erros e os desvios nas avaliações de desempenho têm sido amplamente estudados. Erros muito grandes,

---

42 BAIG, Edward C. So you hate rating your workers? *Business Week,* p. 14, 22 Aug. 1994.

43 ANTONIONI, David. The effects of feedback accountability on upward appraisal ratings. *Personnel Psychology* 47, p. 349-356, 1994; PRENDERGAST, Candice, TOPEL, Robert H. *Favoritism in organizations.* Cambridge, MA: National Bureau of Economic Research, 1993; FEINBERG, Mortimer R. How to get "no" for an answer. *The Wall Street Journal,* 30 Dec. 1991, p. A8.

44 LONGENECKER, Clinton O., GIOIA, Dennis A. The executive appraisal paradox. *Academy of Management Executive* 6, p. 18-28,1992; LONGENECKER, Clinton O., GIOIA, Dennis A. The politics of executive appraisal. *Organizational Dynamics* 22, p. 47-58, Winter 1994.

45 JUDGE, Timothy A., FERRIS, Gerald R. Social context of performance evaluation decisions. *Academy of Management Journal* 36, p. 80-105, 1993; CRANT, J. Michael, BATEMAN, Thomas S. Assignment of credit and blame for performance outcomes. *Academy of Management Journal* 36, p. 7-27, 1993; HARRIS, Michael H. Rater motivation in the performance appraisal context: a theoretical framework. *Journal of Management* 20, p. 737-756, 1994.

114 | Diagnóstico de Condições, Planejamento e Fixação de Objetivos

Quadro 4.11
A política na avaliação de executivos: cinco temas principais.

1. Quanto mais alto se sobe na organização, mais político se torna o processo de avaliação.

2. Por causa da natureza dinâmica e ambígua do trabalho administrativo, as avaliações são suscetíveis de manipulação política.

3. O desempenho não é necessariamente a última linha no processo de avaliação do executivo; esse julgamento é afetado por:
   - Agenda do chefe.
   - Fator "reputação".
   - Clima político vigente na organização.

4. Os executivos do topo da organização têm liberdade extraordinária para julgar o desempenho dos subordinados; isso pode levar a algumas armadilhas:
   - Falha dos superiores em estabelecer padrões e metas de desempenho que façam sentido.
   - Falha na comunicação sobre os estilos e meios desejáveis para o atingimento dos objetivos.
   - Síndrome do "bom, mas não o suficiente", como uma tentativa de obter um aperfeiçoamento contínuo.

5. As avaliações usadas como "ferramentas políticas" para controlar pessoas e recursos.

Fonte: GIOIA, Dennis A., LONGENECKER, Clinton O. The politics of executive appraisal, *Organizational Dynamics*, 22, Winter 1994, p. 50. Reproduzido com permissão do editor, American Management Association, New York. Todos os direitos reservados.

---

que conduzam a decisões errôneas, podem comprometer a validade de um sistema de avaliação. Os erros mais frequentemente estudados são a glorificação, o abrandamento, a severidade e a tendência de centralização. A *glorificação* ocorre quando uma impressão genérica leva a uma avaliação similar em dimensões diferentes, como julgar alguém muito bem em seus conhecimentos profissionais porque essa pessoa tem boas habilidades sociais.[46] (Esse tipo de erro também pode acontecer de maneira oposta, ou seja, abaixando as notas de avaliação em um critério em função da má impressão em outro.) O *abrandamento* ocorre quando se dá uma avaliação positiva exagerada sobre todo um grupo. Como no livro de Garrison Keillor, quando ele fala de Lake Woebegone, que "todas as mulheres são fortes, todos os homens são bonitos e todas as crianças estão acima da média". A *severidade* é o oposto. Um estudo mostrou que os subordinados avaliam com mais aspereza os chefes que acreditam estar favorecendo seus colegas.[47] A *tendência de centralização* é dar erroneamente todas as notas próximas ao centro da escala (como, por exemplo, um professor que só dá notas entre B – e B +, não obstante a grande diferença de desempenho entre os alunos). A idade, o poder de atração, a raça e as identificações com a pessoa que está sendo avaliada são também fatores de influência. Entretanto, apesar de toda a atenção dada a esses tipos de "erro", eles podem com frequência retratar a verdadeira situação. Ninguém está livre de cair na tendência de centralização.[48]

---

46 COOPER, W. H. Ubiquitious halo. *Psychological Bulletin* 90, p. 218-244, 1981; HULIN, Charles L. Some reflections on general performance dimensions and halo rating error. *Journal of Applied Psychology* 67, nº 2, p. 165-170, 1982; BERNARDIN, Beatty. *Performance appraisal;* WOEHR, David J., DAY, David V., ARTHUR JR., Winfred, BEDEIN, Arthur G. The systematic distortion hypothesis: a confirmatory teste of two models. Trabalho apresentado na *7ª Conferência Anual da Society for Industrial and Organizational Psychology.* Montreal, Quebec, May 1992; diferentes definições de glorificação e um sumário de pesquisas são encontrados em BALZER, William K., SULSKY, Lorne M. Halo and performance appraisal research: a critical examination. *Journal of Applied Psychology* 77, nº 6 (1992), p. 975-985.

47 LEHR, Carolyn O., FACTEAU, Jeffrey D. Individual and contextual factors related to subordinate appraisal system effectiveness. Trabalho apresentado na *7ª Conferência Anual da Society for Industrial and Organizational Psychology.* Montreal, Quebec, May 1991.

48 BRETZ, Milkovich. *Performance appraisal in large organizations.* p. 10-11; OPPLER, Scott H., CAMPBELL, John P., PULAKOS, Elaine D., BORMAN, Walter C. Three approaches to the investigation of subgroup bias in performance measurement: review, results and conclusion. Monografia. *Journal of Applied Psychology* 77, p. 201-217, 1992; ILLGEN, BARNES-FARREL e McKELLIN.

A Habilidade e a Motivação podem ser Aperfeiçoadas? Treinando e Recompensando os Avaliadores

A maioria das grandes empresas americanas treina seus avaliadores de desempenho. Esse treinamento deve incluir os *erros* discutidos, para que os avaliadores tenham consciência deles; a *dimensão do desempenho,* para que evitem generalizar suas avaliações; um *quadro de referência,* que não apenas defina as dimensões, como também apresente os incidentes críticos, as práticas e os retornos sobre o quanto o uso das dimensões e padrões está adequado; e a *observação comportamental,* que ajuda a melhorar a maneira de observar as pessoas, e não como avaliá-las. Uma pesquisa demonstrou que o treinamento reduz os erros, mas uma ênfase em "uma forma ideal de distribuição de notas" pode reduzir a precisão. A combinação entre abordagens de treinamento foi mais eficaz.[49] Considerando-se a importância de se dar um retorno sobre o desempenho, pode fazer sentido treinar os avaliados em como usar melhor as informações sobre sua atuação.

O Momento Certo: Quando Avaliar o Desempenho

As avaliações de desempenho geralmente acontecem uma vez por ano, frequentemente para todo o mundo ao mesmo tempo, ou nas datas de aniversário de admissão do funcionário. Avaliações mais frequentes podem melhorar a precisão, reduzindo os lapsos de memória e vinculando o processo a eventos importantes. Estudantes quase sempre preferem verificações no decorrer do curso em vez de apenas uma grande prova final. Mas se a frequência for muito grande, haverá muito gasto de tempo e a coisa se tornará aborrecida, especialmente se não houver nada de novo para ser discutido. O desempenho muda com o tempo, como mostra uma pesquisa feita com jogadores de beisebol e operadores de máquinas de costura; um grande desempenho pode tornar-se fraco e vice-versa. Com os jogadores, constatou-se que eles jogam melhor no ano que precede a assinatura de novos contratos (quando seu desempenho vai definir sua remuneração) em comparação ao ano anterior a este.[50] Trabalhadores mais experientes parecem ter melhor desempenho. Também aqui se pode dizer que aqueles que se saem bem quando se esforçam para dar o melhor de si podem não apresentar um bom desempenho quando agem normalmente, e vice-versa.[51] Talvez o momento certo para avaliar o desempenho seja ao final de uma importante tarefa ou projeto, ou quando se imagina ter atingido resultados-chaves.

Está Tudo na Forma de Falar: Como Comunicar a Avaliação de Desempenho

Suponha que você tem recebido sucessivas notas *B* em seus trabalhos escolares e depois de muito trabalho duro consegue obter uma nota *A*. Você fica empolgado até que ouve um comentário feito pelo professor: "Parabéns, *finalmente* você tirou uma nota decente". Mesmo o melhor sistema de medição de desempenho pode ser arruinado pela comunicação ruim. A comunicação de resultados baseada em metas específicas e desafiadoras pode melhorar o desempenho.[52] Aqueles que estão sendo avaliados reagem mais favoravelmente ao processo e motivam-se mais a melhorar quando sentem que participam do processo, quando a mensagem é positiva e quando a fonte da avaliação é vista como competente, confiável e atrativa.[53]

---

49 WOEHR, David J., HUFFCUTT, Allen I. Rater training for performance appraisal: a quantitative review. *Journal of Occupational and Organizational Psychology 57,* p. 189-205, 1994.

50 HOFMANN, David A., JACOBS, Rich, GERRAS, Steve J. Mapping individual performance over time. *Journal of Applied Psychology 77,* p. 185-195, 1992; DEADRICK, Diana L., MADIGAN, Robert M. Dynamic criteria revisited: a longitudinal study of performance stability and predictive validity. *Personnel Psychology 43,* p. 717-744, 1990; Work week. *The Wall Street Journal,* 19 Apr. 1994, p. A1.

51 ARGOTE, Linda, INSEKO, Chester A., YOVETICH, Nancy, ROMERO, Anna A. Group learning curves: the effects of turnover and task complexity on group performance. *Journal of Applied Psychology 25,* p. 512-529, 1995; QUINONES, Miguel A., FORD, J. Kevin, TEACHOUT, Mark S. The relationship between work experience and job performance: a conceptual and meta-analytic review. *Personnel Psychology 48,* p. 887-910, 1995; SACKETT, Paul R., ZEDECK, Sheldon, FOGLI, Larry. Relations between measures of typical and maximum job performance. *Journal of Applied Psychology 78,* nº 3, p. 842-886, 1988.

52 MENTO, Anthony J., STEELE, Robert P., KARREN, Ronald J. A meta-analysis of goal setting and feedback. *Organizational Behavior and Human Decision Processes 39,* p. 52-83, 1987.

53 DeGREGORIO, Mary Beth, FISHER, Cynthia D. Providing performance feedback: reactions to alternate methods. *Journal of Management 14,* nº 4, p. 605-616, 1988; FEDOR, Donald D., EBER, Robert W., BUCKLEY, M. Ronald. The contributory effects of supervisor intentions on subordinate feedback responses. *Organizational Behavior and Human Decision Processes 44,* p. 396-414, 1989.

116 | Diagnóstico de Condições, Planejamento e Fixação de Objetivos

Quadro 4.12
Táticas utilizadas para influenciar as outras pessoas.

Tática	Definição
Persuasão racional	Uso de argumentação lógica e fatual para convencer a pessoa de que uma proposta tem probabilidades de atingir seus objetivos.
Apelo encorajador	Fazer uma convocação que levante o entusiasmo por meio do apelo aos valores, ideias e aspirações da pessoa, ou aumentando a autoconfiança dela.
Consulta	Buscar a participação da pessoa no planejamento de uma estratégia, atividade ou mudança, ou oferecendo-se para modificar uma proposta em função das sugestões ou preocupações dela.
Bajulação	Tentar deixar a pessoa de bom humor ou fazer com que simpatize com o influenciador antes de lhe pedir alguma coisa.
Troca	Oferecer uma troca de favores, mostrar boa vontade de agir reciprocamente mais tarde, ou prometer a partilha dos benefícios se a pessoa ajudar.
Apelo pessoal	Apelar para os sentimentos de lealdade e amizade antes de pedir alguma coisa.
Coalizão	Procurar a ajuda de outros para persuadir a pessoa a fazer algo ou usar o apoio de outros como motivo para que ela concorde e se junte ao grupo.
Autoridade	Usar a autoridade ou direito legal de fazer a convocação porque é consistente com as políticas, regras, práticas ou tradições da organização.
Pressão	Usar exigência, ameaças ou cobranças persistentes para conseguir que a pessoa faça determinada coisa.

Fonte: Adaptado de YUKI, Gary, TRACEY, J. Bruce. Consequences of influence tatics used with subordinates, peers and the boss. *Journal of Applied Psychology* 77, p. 526, 1992.

A avaliação de desempenho é uma ferramenta para influenciar as pessoas. O avaliador influencia o empregado para que este melhore sua atuação. A pessoa que está sendo avaliada tenta influenciar seu juiz para obter um bom resultado. Várias táticas de influência são listadas no Quadro 4.12. Quais táticas você usa? Elas são eficazes? Um estudo recente mostrou que os executivos utilizam diferentes táticas com diferentes grupos e propósitos. Para conseguir o comprometimento do empregado com uma tarefa, o apelo encorajador e a consulta têm efeito positivo, enquanto a pressão traz efeitos negativos. Para obter o comprometimento dos colegas, o apelo encorajador, a consulta, a persuasão racional e os intercâmbios têm efeitos positivos, mas a coalizão e a autoridade têm efeitos negativos. Já para obter o comprometimento dos superiores, a persuasão racional e o apelo encorajador têm efeitos positivos. Os resultados das avaliações dos três grupos sobre a eficácia do executivo foram influenciados pela persuasão racional.[54] Para parecer competente, seja racional. Para obter comprometimento, seja encorajador.

Livrando-se dos Baixos Desempenhos

Quando alguém não está apresentando o desempenho esperado, existe uma sequência progressiva de passos que podem ser dados para tentar corrigir o problema. Nos capítulos seguintes, discutiremos procedimentos disciplinares e o processo de demissão. A discussão sobre a atuação da pessoa é geralmente a primeira oportunidade de lidar com o problema. Não existe um método ideal, mas uma abordagem diagnóstica pode ajudar. Primeiro, é preciso identificar se o problema está no indivíduo, no trabalho, na organização ou em algum outro fator. Aí, então, procurar mudar os *comportamentos* que estão causando o problema. Se alguém diz: "Meu chefe é teimoso demais", pergunte: "O que ele faz que parece teimosia para você?" Se alguém diz: "Eu não posso fazer isto", pergunte: "O que aconteceria se você tentasse?" Se alguém diz: "Aquele outro grupo simplesmente não nos compreende", pergunte: "O que foi que eles fizeram para você pensar assim?"[55]

Algumas vezes, o baixo desempenho deve-se a um retorno de avaliação (*feedback*) destrutivo, que prejudica

---

54 YUKL, Gary, TRACEY, J. Bruce. Consequences of influence tactics used with subordinates, peers and the boss. *Journal of Applied Psychology* 77, p. 525-535, 1992.

55 DARLING, Marilyn J. Coaching people through difficult times. *HR Magazine* 39, p. 70-72, Nov. 1994.

os relacionamentos e reduz a motivação. O Quadro 4.13 mostra como as organizações podem reduzir a tendência da avaliação destrutiva. Repare que existem dois focos principais: o *autocontrole* dos críticos, para ajudá-los a tornar-se mais conscientes e responsáveis por seus comportamentos; e a *autoestima* deles, para fazê-los sentir-se melhor a respeito de si mesmos e de seu papel no processo *de feedback*. Juntamente com cada um desses focos, existem duas estratégias gerais: mudar os "resultados", de forma que a consequência de um retorno construtivo seja mais desejável; ou mudar as "contingências", de forma que haja ligação mais clara entre a realimentação construtiva e os resultados positivos. Finalmente, note que a estratégia difere conforme o tipo de relacionamento – como aparece no Quadro 4.13. "Dominação-controle" é o tipo de relacionamento comum aos chefes, professores ou líderes, e o objetivo é instruir ou avaliar. O relacionamento tipo "recompensa-controle" inclui clientes, fornecedores ou concorrentes, e o objetivo é impressionar ou atingir expectativas. Os relacionamentos tipo "afiliação-dominação" dizem respeito aos amigos, parceiros e colegas, e o objetivo é aconselhar, persuadir e ganhar confiança. Da próxima vez que você se perceber, ou perceber outras pessoas, dando um retorno de avaliação *(feedback)* destrutivo, tente usar uma dessas estratégias.

Como Descobrir se a Avaliação de Desempenho Funciona

Qual técnica funciona melhor? O Quadro 4.14 mostra a comparação entre diferentes técnicas em diversas dimensões. Os executivos das maiores empresas americanas listaram os condicionantes mais importantes da avaliação de desempenho como: (1) que os empregados que estão sendo avaliados aceitem o sistema; (2) que eles

Quadro 4.13
Como as organizações podem reduzir o feedback *destrutivo.*

Enfoque no autocontrole da fonte		Enfoque na autoestima da fonte	
Mudar os resultados e seus valores	Mudar as contingências dos resultados dos retornos (*feedback*)	Mudar os resultados e seus valores	Mudar as contingências dos resultados dos retornos *feedback*)
Relacionamentos "dominação-controle"			
Demonstrar que a liderança é fortalecida com o retorno construtivo	Enfatizar a responsabilidade do crítico pelo resultado	Recompensar o crítico pela liderança eficaz; modelar a liderança; demonstrar poder para recompensar	Oportunidade de trocar de papéis e receber retornos (*feedback*) sobre habilidades de liderança
Relacionamentos "recompensa-dominação"			
Aumentar a recompensa pelo retorno construtivo e pelo secesso de quem a recebeu	Pré-comprometimento da fonte com uma meta, mecanismo de acompanhamento e recompensa; modelar os benefícios do retorno (*feedback*) construtivo; demonstrar as contingências do resultado do comportamento	Vincular os comportamentos bem-sucedidos a recompensas explícitas; reconhecer as realizações publicamente; estabelecer metas para o retorno (*feedback*) da avaliação	Atribuir o sucesso à fonte; garantir forte vínculo entre o comportamento desejado e os resultados positivos
Relacionamento "afiliação-dominação"			
Tornar o retorno (*feedback*) uma parte necessária do processo de grupo; fazer as críticas em fóruns; demonstrar empatia e respeito pelos sentimentos dos avaliados	Explicar a possível espera pelos resultados – quanto tempo pode levar para que o avaliado reaja positivamente ao retorno (*feedback*) construtivo	Demonstrar o valor em ser respeitoso e ter empatia com os sentimentos alheios; aprender reações construtivas às manifestações viscerais do *stress* (por exemplo, contar até 10)	Recompensar os resultados do grupo e o comportamento cooperativo

Fonte: Manual London, Giving feedback: source-centered antecedents and consequences and destructive feedback. *Human Resource Management Review*, 5, p. 179, 1995.

118 | Diagnóstico de Condições, Planejamento e Fixação de Objetivos

Quadro 4.14
Comparação entre as técnicas de avaliação de desempenho.

Técnica	Oferecer retorno (*feedback*) da avaliação ou aconselhamento	Alocar recompensas e oportunidades	Minimizar custos	Evitar erros de avaliação
Administração por objetivos (APO)	*Excelente:* São identificados problemas específicos, deficiências e planos-	*Ruim:* Objetivos não padronizados entre os empregados e unidades tornaram difícil a comparação.	*Ruim:* Oneroso para desenvolver. Gasto grande de tempo na utilização.	*Bom:* Vinculado a observações, refletindo poucos erros o conteúdo do trabalho.
Lista de verificação	*Médio:* São identificados problemas genéricos, mas pouca orientação específica para melhorias.	*Bom-Médio:* Dados comparativos estão disponíveis e as dimensões podem ser medidas.	*Médio:* Oneroso para desenvolver, mas não para utilizar.	*Bom:* Técnicas disponíveis para melhorar a relação com o trabalho e reduzir erros.
Escalas de classificação	*Médio:* Identificação de áreas problemáticas e alguma informação sobre comportamentos/resultados que precisam de aperfeiçoamento.	*Médio:* Dados comparativos disponíveis, mas não bem documentados nem sustentados.	*Bom:* Pouco oneroso para desenvolver e utilizar.	*Médio:* Grandes chances para erros, embora possa ser vinculado a dimensões específicas.
Escalas de classificação com indicações comportamentais	*Bom:* Identificação de comportamentos específicos que levam aos problemas.	*Bom:* Dados disponíveis, documentados e baseados em fatores comportamentais.	*Médio:* Oneroso para desenvolver, mas não para utilizar.	*Bom:* Baseado no comportamento no trabalho, pode reduzir erros.
Relatórios	*Desconhecido:* Depende do tópico escolhido pelo avaliador.	*Ruim:* Não existem dados gerais que permitam comparação entre os empregados.	*Médio:* Não oneroso para desenvolver, mas oneroso para utilizar.	*Desconhecido:* Boa observação pode reduzir erros, mas a falta de estrutura pode trazer riscos.
Comparação entre indivíduos (classificação, distribuição)	*Ruim:* Baseado em fatores genéricos, com pouca especificidade.	*Ruim-Médio:* Dados gerais disponíveis, mas de difícil sustentação.	*Bom:* Pouco oneroso para desenvolver e utilizar.	*Médio:* Geralmente, consistente, mas sujeito ao erro de glorificação e artificialismo.

se sintam tratados de forma equânime; e (3) que eles acreditem que os resultados são justos.[56] Não temos evidências suficientes para afirmar qual das técnicas é mais equânime. Um estudo sobre equipes de recrutamento em uma grande empresa demonstrou que as reações de seus líderes à avaliação feita por seus subordinados não era afetada pelo grau de concordância entre a sua autoavaliação e aquela do grupo. Entretanto, quando os índices provinham dos membros da própria equipe do líder, e não de uma média geral entre as equipes, este

---

56 BRETZ, Milkovich. *Performance appraisal in large organizations.* p. 29.

Quadro 4.15
Diferenças nos resultados financeiros entre empresas que utilizam ou não o gerenciamento de desempenho.

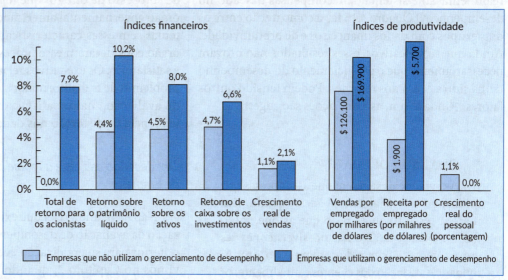

Fonte: MCDONALD, Danielle, SMITH, Abbie. Performance management in business results. *Compensation and benefits review*, p. 61, Jan./Feb. 1995. Reproduzido com permissão do editor, American Management Association, New York. Todos os direitos reservados.

mostrava muito mais disposição de discutir a avaliação com os membros do grupo e considerava esse processo muito mais útil e satisfatório.[57] Em uma divisão de investigação de um órgão governamental dos Estados Unidos, os subordinados que avaliavam seus chefes consideraram que o sistema seria muito mais útil se eles tivessem habilidades suficientes para avaliar o desempenho e a certeza de que os resultados da avaliação seriam usados pelo chefe para melhorar sua atuação. As motivações dos avaliadores, a confiança existente entre estes e os avaliados e a existência ou não de circunstâncias especiais que imponham limites ao desempenho também ajudam a determinar a aceitação do sistema.[58]

A Avaliação de Desempenho Afeta os Resultados Negociais?

Embora sejam raras as pesquisas que vinculam a avaliação de desempenho com os resultados organizacionais, as poucas existentes sugerem que isto faz grande diferença. Um estudo estima que a introdução do retorno da avaliação para 500 executivos pode produzir ganhos de 5,3 milhões de dólares por ano.[59] Em um nível mais modesto, vamos pensar em funcionários de uma sorveteria ou loja de iogurte congelado. É comum que eles cometam erros, especialmente enchendo demais os copinhos ou taças. Os jovens balconistas de uma loja de iogurte congelado na Flórida receberam informações sobre seu desempenho (uma balança sobre o balcão para pesar os copinhos), e a loja duplicou seu lucro anual apenas com a eliminação do desperdício.[60] Imagine os resultados da avaliação eficaz de desempenho em empresas em que os empregados lidem com coisas bem mais valiosas do que iogurte!

Por exemplo, uma pesquisa comparou dois grupos de empresas, 205 que usavam o "gerenciamento de desempenho" e 232 que não o utilizavam. O gerenciamento do desempenho foi implantado com o estabelecimento explícito de expectativas, treinamento e avaliação,

---

57 SMITHER, James W., WOHLERS, Arthur J., LONDON, Manuel. Effects of leader agreement and type of feedback reactions to upward feedback. Trabalho apresentado na *7ª Conferência Anual da Society for Industrial and Organizational Psychology*. Montreal, Quebec, May 1992.

58 LEHR, Facteau. Individual and Contextual Factors Related to Subordinate Appraisal System Effectiveness; HEDGE, Jerry W., TEACHOUT, Mark S. Understanding rater attitudes toward performance ratings. Trabalhos apresentados no *Encontro Anual da Society for Industrial and Organizational Psychology*. Montreal, Quebec, May 1992.

59 LANDY, Frank J., FARR, James L., JACOBS, Rick R. Utility concepts in performance measurement. *Organizational Behavior and Human Performance* 30, p. 15-40, 1982.

60 FLORIN-THUMA, Beth C., BOUDREAU, John W. Performance feedback utility effects on managerial decision processes. *Personnel Psychology* 40, p. 693-713, 1988.

120 | Diagnóstico de Condições, Planejamento e Fixação de Objetivos

realimentação e sistema de recompensas baseado no desempenho. O Quadro 4.15 faz a comparação entre os dois grupos com dados financeiros e de produtividade. Ainda que significativos, esses resultados não provam necessariamente que o gerenciamento do desempenho tenha sido a causa dos retornos. Podem ter sido outros fatores. Ainda assim, as associações são sugestivas.

QUAL SUA OPINIÃO?

As evidências sugerem que as empresas que utilizam o gerenciamento de desempenho têm mais sucesso financeiro do que as que não o fazem. Quais são algumas possíveis conexões entre o gerenciamento de desempenho, produtividade, satisfação dos clientes e, finalmente, os retornos financeiros?

Os Dois Lados da História: Lidando com os Conflitos

O capítulo sobre relações no trabalho, no final deste livro, discute a disciplina e o conflito no ambiente de trabalho. A maioria das empresas tem métodos para solucionar os conflitos causados pela avaliação de desempenho. Sessenta e quatro por cento das maiores empresas nos Estados Unidos possuem pelo menos um sistema informal para lidar com este assunto, enquanto 25% usam processos formais. Apenas 10% não possuem sistema algum.[61] Um processo produtivo de resolução de conflitos oferece ampla oportunidade para que todas as partes envolvidas expressem seus pontos de vista, envolve várias visões diferentes (empregados, executivos e representantes de sindicatos) e estabelece com clareza os compromissos e os possíveis resultados em cada estágio do processo. Algumas pesquisas revelam que o sistema de avaliação de desempenho baseia-se mais na percepção do "processo de direito" ou justiça do que na busca da "verdade". Nem sempre há um padrão único de desempenho. Na realidade, o que parece ser importante é a equanimidade do sistema e as pessoas sentirem-se tratadas com justiça por ele. O Quadro 4.16 mostra as características de um sistema de avaliação

de "processo de direito" que foi implementado em um órgão governamental americano. Comparado com sistemas sem essas características, os empregados desse órgão consideraram esse processo mais justo, acurado e satisfatório. Os executivos relataram uma redução nos problemas de trabalho, maior satisfação com o sistema de avaliação, maior satisfação no trabalho e menor tendência de distorção nos dados avaliados.

Obedecendo às Leis e à Igualdade nas Oportunidades de Emprego

Não há nenhuma lei que exija das empresas a realização da avaliação de desempenho nem que estabeleça critérios para sua realização eventual. Contudo, como vimos no Capítulo 2, quando decisões como remuneração, promoção, contratação e demissão afetam membros de minorias protegidas, o empregador deve lançar mão de critérios, como o mérito para sustentá-las, e não de características pessoais. A justiça, então, vai decidir se a questão do mérito foi determinada de maneira tendenciosa. John Chamberlain, funcionário há 23 anos e gerente de produção da empresa Bissel, teve recusado seu pedido de aumento por causa de seu desempenho, e tanto sua atuação como suas atitudes foram discutidas com ele. Tempos depois, ele foi demitido. Ele processou a Bissel e ganhou a causa e uma indenização de mais de 61 mil dólares, em parte pela alegação de que, durante o processo de avaliação de seu desempenho, ninguém o alertou da iminência de sua demissão.[62] Uma análise de vários casos judiciais sugere as seguintes orientações:

1. Basear a avaliação do desempenho na análise da função.
2. Fornecer aos avaliadores padrões de desempenho por escrito, baseados na análise da função.
3. Treinar os avaliadores para que usem os instrumentos de maneira apropriada.
4. Criar um mecanismo formal de apelações e de revisão das avaliações pelo pessoal de escalão superior.
5. Documentar as avaliações e exemplos de baixo desempenho.

---

61 GREENBERG, Jeny. Using explanations to manage impressions of performance appraisal fairness. In: GREENBERG, Jerry, BIES, R. (Chairs). Communicating fairness in organizations. Simpósio apresentado *no Encontro Anual da Academy of Management.* Anaheim, Califórnia, Aug. 1988; GREENBERG, Jerry. Determinants of perceived fairness of performance evaluation. *Journal of Applied Psychology* 71, p. 340-342, 1986; BRETZ, MILKOVICH. *Performance appraisal in large organizations.* p. 28.

62 MARTIN, David C. Performance appraisal 2: improving the rater's effectiveness. *Personnel,* p. 28-33, Aug. 1986.

Características dos Empregados | **121**

Quadro 4.16
Aperfeiçoando o processo de direito nos sistemas de avaliação.

Conteúdo do processo de direito no sistema de avaliação (*)		
Característica do sistema	**Empregados**	**Executivos**
Comunicação adequada		
Treinamento para desenvolver padrões	X	X
Treinamento para comunicar/esclarecer padrões	X	X
Reuniões para estabelecimento de expectativas	X	X
Treinamento para negociar padrões	X	X
Treinamento para fornecer retorno da avaliação (*feedback*)	0	X
Treinamento para participar em sessões mistas de informação sobre o desempenho	X	X
Sessões mistas de informação sobre o desempenho	X	X
Disposição para ouvir		
Treinamento para encorajar a comunicação bilateral na revisão final	0	X
Treinamento para usar formulários	X	X
Treinamento para conduzir a autoavaliação	X	0
Condução da autoavaliação	X	0
Julgamento baseado em evidências		
Treinamento para criar amostras de desempenho representativo	0	X
Treinamento para manter relatórios atualizados	X	X
Treinamento para solicitar informações sobre desempenho aos empregados	0	X
Treinamento para a conscientização dos chefes sobre o atingimento de metas	X	0
Formulário de avaliação adequado à função	X	X
Manual do processo de avaliação	X	X

(*) X = presente 0 = ausente

Fonte: TAYLOR, M. Susan, TRACY, Kay B., RENARD, Monika K., HARRISON, J. Kline, CARROLL, Stephen J. Due process in performance appraisal: a quasi-experiment in procedural justice. *Administrative Science Quarterly* 40, p. 509, 1995.

6. Fornecer aconselhamento e orientação para ajudar aqueles que apresentam baixo desempenho a aperfeiçoarem-se.[63]

Ajustando as Coisas: o Papel do Administrador de Recursos Humanos

As organizações esperam que os administradores de recursos humanos ajudem nas escolhas descritas neste capítulo e no planejamento de um sistema completo de avaliação de desempenho. Como vimos em nossa discussão, não existe a fórmula ideal. Cada situação de avaliação de desempenho é diferente, e as organizações precisam decidir quanto tempo e esforço deve ser gasto com o assunto. Os profissionais de recursos humanos geralmente contribuem com o planejamento, a administração e o julgamento do sistema de avaliação.

Veja no Quadro 4.17 o texto sobre o sistema de avaliação de desempenho da Intel, uma das empresas mais inovadoras e bem-sucedidas na área de fabricação de microprocessadores para computadores pessoais. Note como esse sistema integra as decisões sobre as quais falamos neste capítulo.

QUESTÕES ALÉM DO DESEMPENHO: AFASTAMENTO DO EMPREGADO

O desempenho é importante, mas para que ele tenha algum valor é fundamental que a pessoa apareça e fique para trabalhar. Mesmo o empregado com melhor desempenho possível não tem valor algum para a empresa se falta muito ao trabalho ou se se demite logo depois de contratado. Dessa forma, a organização tem

---

63 BARRETT, Gerald V., KERNAN, Mary C. Performance appraisal and terminations: a review of court decisions since Brito *vs.* Zia, with implications for personnel practices. *Personnel Psychology* 40, p. 489-503, 1987; ver também FIELD, Hubert S., HOLLEY, William H. The relationship of performance appraisal cases. *Academy of Management Journal* 25, nº 2, p. 392-406, 1982; MARTIN, David C., BARTOL, Kathryn M. The legal ramifications of performance appraisal: an update. *Employee Relations Law Journal* 17, p. 257-286, Fall 1991.

122 | Diagnóstico de Condições, Planejamento e Fixação de Objetivos

Quadro 4.17 *Sistema de avaliação de desempenho da Intel.*

A Intel Inc., uma fabricante de microprocessadores de Santa Clara, Califórnia, possui um sistema de avaliação abrangente. Sandra Price, uma executiva de planejamento estratégico e de projetos, descreve assim o sistema:

"Além de produzir um relatório formal por ano, os executivos também participam de reuniões para avaliar os empregados, comparando-os com colegas que realizam tarefas semelhantes. Um bom grupo de avaliação conta com 10 a 30 pessoas, e cada indivíduo é avaliado em sua contribuição para o departamento, a divisão e a organização. Um 'executivo avaliador' dirige essa reunião, evitando a dispersão, mantendo a objetividade e obtendo o resultado final – uma lista de classificação.

Antes de entrarem para a reunião, os executivos preenchem um pequeno formulário para que suas abordagens sejam similares. Captura-se o que ocorreu durante o ano – as realizações individuais.

Como parte do processo, os empregados passam por uma mensuração que mostra como eles se saíram em relação às exigências de suas funções. Depois que pesquisas demonstraram que escalas com cinco níveis tornam a diferença entre eles muito pequena, mudamos o sistema para uma escala de três níveis – excelente, bem-sucedido ou necessitando de aperfeiçoamento.

Avaliamos também a tendência do desempenho – como o indivíduo está indo em comparação com seus pares. Está-se desenvolvendo rapidamente? Assumindo novas responsabilidades? Está no mesmo nível dos demais? De acordo com as expectativas? Mais vagaroso? Essa análise de tendência é um elemento novo que visa fornecer as informações o mais cedo possível para aqueles cujo desempenho começa a piorar.

A Intel também realiza 'focos' – um momento em que se avalia determinado empregado, seu desempenho individual, sua contribuição para o grupo, a necessidade de desenvolvimento para crescimento futuro e a recompensa apropriada.

Utilizamos o desempenho passado para projetar o futuro e pedimos ao funcionário que decida com seu chefe quais áreas precisam ser melhoradas ou aquelas em que haja intenção de concentrar-se no ano seguinte. As melhorias estão relacionadas a objetivos definidos – somos uma empresa de administração por objetivos (APO). Os empregados têm o conhecimento e o talento necessários para atingir os objetivos e obter o crescimento esperado? O empregado e seu chefe chegam a um acordo sobre as habilidades exigidas e traçam um plano que usará sistemas de aprendizado formal e informal para auxiliá-los a obter o sucesso.

Deixamos para o chefe a determinação da frequência das reuniões com os subordinados para discutir seu progresso, e a responsabilidade pelo aperfeiçoamento fica com o empregado. Eles aceitam isto."

Price, que é advogada, acredita que esse processo abrangente de avaliação usado pela Intel é uma das razões pelas quais a empresa "tem sido, em função de seu tamanho, relativamente poupada de situações litigiosas relacionadas com demissões injustificadas".

Fonte: HAUCK, Katherine G. Failing evaluations. Reproduzido com autorização do Human Resource Executive, p. 52, Sept. 1992. Para informação sobre assinaturas, ligar para (215) 789-0860 (EUA).

que avaliar o *comportamento de afastamento*. *O afastamento do trabalho* acontece quando o empregado fica na empresa, mas diminui suas horas de trabalho, saindo muito, desleixando de suas obrigações e procurando a adesão de outros colegas. O *afastamento da função* ocorre quando os empregados deixam a função ou a organização. Os exemplos mais visíveis desse tipo de comportamento são o absenteísmo e o abandono do emprego. O empregado absenteísta de hoje tem maior probabilidade de deixar o emprego no futuro.[64]

Absenteísmo

O absenteísmo geralmente é punido com atos disciplinares ou por demissão, uma vez que é um comportamento facilmente observável e obviamente prejudicial. A fórmula usada pelos órgãos oficiais americanos para calcular o absenteísmo é a seguinte:

$$\frac{\text{Dias de trabalho perdidos no mês em função do absenteísmo}}{\text{Número médio de empregados x Números de dias úteis no mês}}$$

---

64 HULIN, Charles L. Adaptation, persistence and commitment in organizations. In: DUNNETTE, Marvin D., HOUGH, Leatta M. (Orgs.). *Handbook of industrial and organizational psychology*. 2. ed. Palo Alto, CA; Consulting and organizational withdrawal: an evaluation of a causal model. *Journal of Vocational Behavior* 39, p. 110-128, 1991; MITRA, Atul, JENKINS JR., G. Douglas, GUPTA, Nina. A meta-analytic review of the relationship between absence and turnover. *Journal of Applied Psychology* 77, nº 6, p. 879-889, 1992.

Essa fórmula reflete tanto a quantidade de empregados faltosos como a duração de sua ausência. Ela não inclui as faltas abonadas por diferentes motivos, as licenças por doença (depois dos primeiros quatro dias) ou planejadas e autorizadas com antecedência. O absenteísmo é mais comum nas grandes organizações e nas organizações sem fins lucrativos.[65] No entanto, algumas vezes é preciso que ele seja medido de maneira diferente. Para chegar ao custo total do absenteísmo, as organizações deveriam incluir todos os dias de trabalho perdidos, independentemente das causas. Ou, para identificar o abandono intencional, deveriam incluir apenas as ausências que o empregado é capaz de controlar.[66]

> *Absenteísmo é* a frequência e/ou duração do tempo perdido de trabalho, quando os empregados não vêm trabalhar. *Assistência,* contrário de absenteísmo, diz respeito a quão frequentemente um empregado está disponível para o trabalho.

Os psicólogos vêm há tempos estudando as causas e as consequências do absenteísmo. Eles descobriram que ele depende da capacidade e da motivação do empregado em ir para o trabalho e de fatores intrínsecos e externos ao próprio trabalho.[67] Estude o modelo diagnóstico de frequência do trabalhador mostrado no Quadro 4.18. Note que a capacidade de ir ao trabalho pode ser reduzida por obstáculos, como doenças ou acidentes, responsabilidades familiares e problemas com transporte. A motivação para ir ao trabalho é influenciada por práticas organizacionais (penalidades e recompensas), cultura organizacional (se o absenteísmo é aceitável ou não) e por atitudes, valores e metas do empregado. A frequência e a duração dos afastamentos têm a ver com a satisfação no trabalho, ainda que essa relação não seja muito forte. Quanto maior o número de mulheres no quadro de empregados, mais forte é a relação entre absenteísmo e satisfação no trabalho.[68] Muitas informações sobre diferentes características dos empregados são necessárias para gerenciar os resultados de RH com eficácia.

Programas de controle de afastamentos precisam ter como alvo as amplas causas do absenteísmo. As organizações podem influenciar a intenção dos empregados de ausentarem-se do trabalho por meio de ações, como disciplinar os faltosos, verificar as justificativas dadas por eles, comunicar as regras para o absenteísmo e premiar os bons índices de frequência. Lidar com outras causas, como problemas familiares, é bem mais difícil, mas igualmente importante. Na realidade, essas táticas de controle podem acabar contraproducentes, quando um empregado, proibido de praticar uma forma de ausência, passa para outra.[69] Isto explica por que os empregados pesquisados consideram o melhor mecanismo de controle um "banco de dias pagos", em que cada empregado tem certa quantidade de faltas que podem ser abonadas para serem usadas quando eles quiserem. Uma vez esgotado o "saldo" desse banco, cada dia de falta ao trabalho será descontado do salário. Caso o funcionário não utilize nenhum desses dias, ele receberá o valor do saldo total no final do ano como bônus. A Commerce Clearing House estimou em 1995 que o custo do absenteísmo cresceu 668 dólares por empregado/ano, mais de 14% desde 1992, e o aumento é maior entre os pequenos empregadores.[70] A redução do absenteísmo pode ajudar em uma economia ainda maior. Além do mais, as faltas e os atrasos podem ser sinal de outros comportamentos de afastamento que podem acabar no abandono do emprego.[71]

Desligamentos e Rotatividade

Um empregado que falta é menos valioso para a organização do que aquele que comparece para trabalhar

---

65 BUREAU OF NATIONAL AFFAIRS. *Quarterly report on the employment outlook, job absence and turnover.* Washington, DC: Bureau of National Affairs, 1986.

66 RHODES, Susan R., STEERS, Richard M. Managing employee absenteeism. Reading, MA: Addison-Wesley, 1990.

67 Ver STEERS, Richard M., RHODES, Susan R. Major influences on employee attendance: a process model. *Journal of Applied Psychology* 63, nº 4, p. 390-396, 1978.

68 HACKETT, Rick D. Work attitudes and employee absenteeism: a synthesis of the literature. *Journal of Occupational Psychology* 62, p. 235-248, 1989.

69 MINERS, Ian A., MOORE, Michael L., CHAMPOUX, Joseph E., MARTOCCHIO, Joseph J. Time-serial substitution effects of absence control on employee time-use. *Human Relations* 48, p. 207-226, 1995.

70 COMMERCE CLEARING HOUSE. Unscheduled absence survey. Washington, DC: Commerce Clearing House, 1995.

71 BLAU, Gary. Developing and testing a taxonomy of lateness behavior. *Journal of Applied Psychology 79,* p. 959-970, 1994; MITRA, Atul, JENKINS JR., G. Douglas, GUPTA, Nina. A meta-analytic review of the relationship between absense and turnover. *Journal of Applied Psychology* 77, p. 879-889, 1992.

Quadro 4.18
Um modelo de diagnóstico da frequência dos empregados ao trabalho.

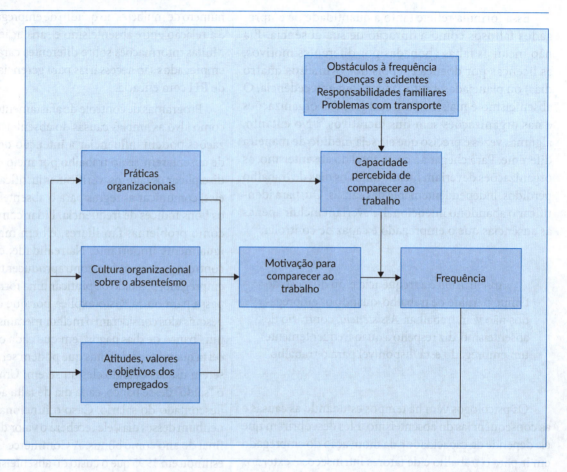

com frequência; um empregado que abandona a empresa pouco tempo depois de contratado é menos valioso do que aquele que permanece. Por essas razões, as organizações procuram determinar cuidadosamente quantos empregados estão saindo, de quem foi a decisão sobre a demissão e por quanto tempo os empregados têm ficado na empresa. O Capítulo 5, sobre planejamento de recursos humanos, mostra como a compreensão sobre as causas dos afastamentos e abandonos pode ajudar a planejar as futuras necessidades de recursos humanos da organização. O Capítulo 8 discute como gerenciar os rompimentos, incluindo as demissões e as aposentadorias.

Faltar com frequência ao trabalho e decidir ir embora ou aposentar-se são atos que dizem respeito a como os empregados se sentem em relação a suas funções e à organização. Portanto, as atitudes e as opiniões dos empregados oferecem uma sinalização clara e antecipada sobre seus comportamentos futuros.

ATITUDES E OPINIÕES DOS EMPREGADOS

No início do século XVII, em Módena, Itália, Ramazzini percebeu o ar de desânimo nos rostos dos trabalhadores encarregados de limpar a fossa da cidade. Ele conversou com eles e relatou seus sentimentos sobre o trabalho.[72] Mais recentemente, uma pesquisa com 750.000 executivos de nível médio mostrou que a avaliação feita por eles sobre suas empresas era menos favorável em aspectos como as informações fornecidas aos empregados, o talento dos executivos do escalão mais alto, a empresa como ambiente de trabalho, o tratamento respeitoso recebido como indivíduo e a disposição da cúpula da organização em ouvir seus subordinados. Ainda assim, 83% dos altos executivos declararam acreditar que o moral dos funcionários havia melhorado ou permanecido o mesmo.[73] Foi pedido a executivos da Rússia, Estados Unidos e China que listassem as coisas que eles consideravam que seus subordinados queriam

---

[72] KEICHELIII, Walter. How important is morale, really? *Fortune*, p. 121-122, 13 Feb. 1989.
[73] FISHER, Anne B. Morale crisis. *Fortune*, p. 69-81, 18 Nov. 1991.

de seu trabalho, e os resultados foram então comparados com a opinião dos trabalhadores. As listagens dos executivos americanos e chineses eram semelhantes àquelas de seus subordinados, mas não às dos russos. Esses executivos superestimaram a importância de aspectos como "trabalho que mantenha o interesse" e "sentir-se 'por dentro' das coisas", e subestimaram a importância de coisas como "ajuda cordial para problemas pessoais" e "boas condições de trabalho". Talvez esses desencontros expliquem por que 75% das empresas fazem pesquisas sobre as atitudes e opiniões de seus empregados, motivadas por preocupações com moral, comunicação e aumento de absenteísmo ou abandono de emprego. Tais levantamentos geralmente oferecem uma medida da satisfação, do comprometimento e/ou das opiniões dos funcionários.[74]

> *Satisfação no trabalho* é uma reação emocional prazerosa ou positiva que uma pessoa tem em relação a suas experiências profissionais.[75]
>
> *Comprometimento organizacional* é uma forte convicção sobre objetivos e valores da organização, uma disposição para realizar um grande esforço de interesse da empresa e um forte desejo de permanecer como membro dela.[76]
>
> *Opiniões dos empregados* são as avaliações pessoais sobre determinadas características organizacionais, tais como políticas, procedimentos e relacionamentos.
>
> *Noção de justiça* é a convicção do empregado de que procedimentos, resultados e interações no trabalho são equânimes.

A questão que aparece no Quadro 4.19 surge frequentemente em pesquisas para medição da satisfação no trabalho, muito embora raramente se veja pessoas com essas expressões no rosto.

Muitas organizações pesquisam atitudes e opiniões de seus funcionários como indicadores de um ambiente de trabalho atraente e justo. Outras empresas o fazem para conseguir sinais antecipados de comportamentos relacionados com a produtividade. Uma avalancha de estudos oferece pouca evidência de que manter os empregados satisfeitos necessariamente melhora seus desempenhos, mas a satisfação seguramente afeta seu comportamento individual como cidadão, em questões como cooperação, auxílio aos colegas, frequência ao trabalho, rotatividade e aceitação das regras.[77] Algumas evidências provindas de escolas nos Estados Unidos mostram que aquelas que possuem média alta de satisfação entre os professores e/ou alunos também apresentam melhores resultados entre os estudantes, notas muito próximas, altos índices de permanência, boa frequência e oferecimento de vantagens aos professores, embora isso não queira dizer que seja a satisfação a causadora do alto desempenho da escola.[78]

As pessoas parecem ter certa predisposição para serem alegres ou tristes; e as pessoas felizes costumam estar mais satisfeitas com o trabalho e com a vida.[79] Na história do ursinho *Winnie the Pooh,* escrita por E. E. Milne, a personagem Tigger é um tigre sempre confiante e otimista e a personagem Eyore é um burro sempre infeliz e pessimista. Parece claro que as atitudes das pessoas no trabalho são afetadas por sua predisposição de ser um Tigger ou um Eyore. Com estudantes, observamos que o humor depende do horário de início das aulas; antes das 9, uma porção de Eyores, depois das 10, uma porção

---

74 SIVERTHORNE, Colin P. Work motivation in the United States, Russia and the Republic of China (Taiwan): a comparison. *Journal of Applied Social Psychology* 22, nº 20, p. 1.631-1.639, Oct. 1992; *HR Focus,* p. 2, Aug. 1992.

75 LOCKE, Edward A. The nature and causes of job satisfaction. In: DUNNETTE, Marvin D. *(Org.). Handbook of industrial and organizational psychology.* Skokie, IL: Rand McNally, 1976.

76 MOWDAY, Richard, PORTER, Lyman, STEERS, Richard. *Organizational linkages:* the psychology of commitment, absenteeism and turnover. New York: Academic Press, 1982.

77 IAFFALADANO, M. T., MUCHINSKY, Paul M. Job satisfaction and job performance: a meta-analysis. *Psychological Bulletin 97,* p. 251-273, 1985; PETTY, M. M., McGEE, G. W., CAVENDER, J. W. A meta-analysis of the relationships between job satisfaction and individual performance. *Academy of Management Review* 9, p. 712-721, 1984; ORGAN, Dennis W. A restatement of the satisfaction-performance hypothesis. *Journal of Management* 14, nº 4, p. 547-557, 1988; SCHNAKE, Mel. Organizational citizenship: a review, proposed model, and research agenda. *Human Relations* 44, p. 735-759, 1991; CRANNY, C. J., SMITH, Patricia Cain, STONE, Eugene F. *Job satisfaction.* Lexington, MA: Lexington Books, 1992.

78 OSTROFF, Cheri. The relationship between satisfaction, attitudes, and performance: an organization-level analysis. *Journal of Applied Psychology* 77, nº 6, p. 963-974, 1992.

79 JUDGE, Timothy A. The dispositional perspective in human resource research. *Research in Personnel and Human Resources Management* 10, p. 31-72, 1992.

Quadro 4.19
A escala de expressões faciais para medir a satisfação no trabalho.

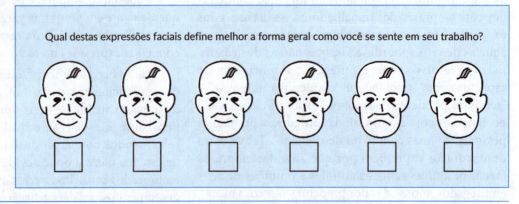

Quadro 4.20
Diferenças internacionais entre atitudes e opiniões no trabalho.

Porcentagem dos que:	Estados Unidos	Comunidade Europeia	Japão
Estão muito satisfeitos com seu trabalho	43%	28%	17%
Têm orgulho dos produtos e serviços de sua empresa	65	37	35
Acham boa sua remuneração	44	26	15
Acreditam que a administração é honesta e ética	40	26	16
Acham que podem contribuir significativamente para a empresa	60	33	27
Acreditam que realizar um bom trabalho é uma forma de atingir seus objetivos pessoais na vida	53	65	31
Acham que a administração é sensível às necessidades familiares dos funcionários	35	19	21
Tentam acertar logo na primeira vez	67	40	33
Trabalham horas demais	21	31	33

Fonte: Office woes cast and west. *Fortune*, p. 14, 4 nov. 1991. Fonte dos dados: Lorris Harris and Associates.

de Tiggers. Pode ser muito mais fácil do que pensamos modificar as disposições e as atitudes das pessoas. Um estudo mostrou que dar docinhos e refrigerantes para as pessoas pode melhorar significativamente suas atitudes.[80] Talvez as empresas pudessem distribuir docinhos quando entrevistam os empregados, ou os professores, quando pedem aos alunos uma avaliação de seu curso.

As atitudes também variam de uma cultura para outra. O Quadro 4.20 mostra os resultados de uma pesquisa de Louis Harris com 3.707 empregados administrativos em 15 países; encontrou-se uma diferença significativa entre os Estados Unidos, a Comunidade Europeia e o Japão. Interessante observar que, não obstante o conhecido comprometimento vitalício com o emprego no Japão, são os trabalhadores desse país os que se sentem menos protegidos contra o desemprego.[81]

Analisar as atitudes e as opiniões dos empregados pode ser bastante útil; por exemplo, a Motorola descobriu que seus funcionários querem reconhecimento; já a Ashland Oil percebeu que a fonte de informações

---

80 BRIEF, Arthur P., BUTCHER, Ann Houston, ROBERSON, Loriann. Cookies, disposition, and job attitudes: the effects of positive mood-inducing events and negative affectivity on job satisfaction in a field experiment. *Organizational Behavior and Human Decision Processes* 62, p. 55-62, Apr. 1995.

81 McFARLING, Dean B., SWEENEY, Paul D., COTTON, John L. Attitudes toward employee participation in decision making: a comparison of european and american managers in a U.S. multinational. *Human Resource Management Journal* 31, nº 4, p. 363-383, Winter 1991.

predileta de seus empregados são os boatos. Na General Electric, um programa chamado *work out* reúne regularmente diversos grupos de empregados para descobrirem juntos novas formas de trabalhar, com base nas opiniões dos funcionários. Contudo, não se pode empreender essas pesquisas impunemente. Uma vez questionados, os empregados vão esperar um retorno sobre o que a empresa descobriu e a solução dos problemas apontados. Na opinião da Corning Glass, as pesquisas de opinião podem tornar-se "grandes armadilhas se utilizadas para dar todas as respostas".

RESUMO

As organizações podem medir várias características de seus empregados, do desempenho até o absenteísmo e suas atitudes. Os profissionais de RH fornecem as orientações que determinam o que e como medir. Tais informações são importantes para o atingimento das metas organizacionais e dos funcionários. Os processos de avaliação e sua comunicação também têm importantes efeitos. Quando você pensa sobre todas as informações que já vimos até este ponto do livro, fica claro que uma sobrecarga de informações é um constante perigo para os profissionais de RH. Estes precisam descobrir um jeito de escolher quais informações usar e como usá-las. O Capítulo 5 mostra como o modelo diagnóstico fornece essa estrutura. Contudo, antes, teste sua capacidade de resolver um problema real de avaliação de desempenho na Ford Motor Company, na seção "Sua Vez", no final deste capítulo.

QUESTÕES

1. Quais seriam alguns dos objetivos da avaliação de desempenho? Quais decisões podem ser afetadas por esse processo dentro da organização?

2. Quais são os aspectos positivos e negativos da avaliação de desempenho tanto do ponto de vista da organização como do empregado? Quando esse processo coloca as metas da organização em conflito com as metas dos empregados? O que pode ser feito para reduzir esse conflito?

3. Como diferentes tarefas podem exigir diferentes critérios de avaliação? Como o uso de diferentes critérios pode afetar decisões sobre remuneração, promoção e procedimentos de contratação?

Quais os problemas que podem ser causados pelo uso de diferentes critérios para diferentes tarefas?

4. O que é a avaliação de 360 graus? Por que as grandes empresas estão adotando essa prática com tanto entusiasmo? Existem riscos nessa abordagem?

5. Discuta as diferenças entre APO, lista de verificação e escalas de classificação como técnicas de avaliação de desempenho. Elas podem ser igualmente úteis para a avaliação de diferentes funções, cargos ou níveis dentro de uma mesma organização? Justifique sua opinião.

6. Que tipos de erros de medição podem afetar a avaliação de desempenho? Como podem ser minimizados? Quais fatores devem ser considerados antes de alocar recursos para minimizá-los?

7. Imagine que seu professor decida fazer uma avaliação de seu desempenho como aluno da disciplina de RH no final do semestre. Liste os critérios que você usaria para isto. Você tentaria maximizar o desenvolvimento de seus colegas por meio da informação sobre o desempenho deles, distribuiria as notas equanimemente, ou ambos? Quais técnicas você utilizaria para atingir seus objetivos? Como você avaliaria seu sistema para ver se ele funciona bem?

8. Sumarize algumas razões por que o absenteísmo pode causar prejuízos à organização. Usando o Quadro 4.18, faça uma breve análise do que poderia aumentar o absenteísmo entre seus colegas de grupo de estudo. O que você faria a esse respeito, e como sua decisão se encaixa no que foi discutido sobre o tema neste capítulo?

9. Se os empregados estão cumprindo seus deveres, por que uma organização iria querer pesquisar suas atitudes e opiniões? Como essas informações podem influenciar decisões que realmente têm impacto sobre a organização? Considerando os usos e efeitos das pesquisas de atitudes/opiniões, quais são as vantagens e desvantagens da prática comum de avaliar as opiniões dos estudantes sobre a aula que está terminando?

10. No exemplo da Microsoft que abre este capítulo, você considera que dormir debaixo da escrivaninha pode ser avaliado como atitude, desempenho, cidadania ou alguma outra coisa? Você sugeriria que a Microsoft monitorasse esse comportamento?

Sua Vez

Avaliando a Qualidade do Desempenho na Ford Motor Company

"Qualidade é a Tarefa 1", o familiar *slogan* da Ford Motor Company, vai além do esperado enfoque na instituição de equipes de trabalho engajadas, redução de defeitos de fabricação, análise dos processos de produção por meio de controles estatísticos e a garantia de alta qualidade por parte dos fornecedores. No início de 1985, William Scherkenbach, executivo da empresa encarregado da implementação da qualidade total na organização, identificou o sistema de avaliação de desempenho como uma questão crítica para qualquer programa de melhoria da qualidade.

Scherkenbach declarou: "Em minha opinião, o sistema de avaliação de desempenho é o maior fator de impedimento para o aperfeiçoamento contínuo de qualquer organização".[82] Há pelo menos cinco razões principais para isso:

1. *Ele prejudica o trabalho de equipe,* porque a avaliação de cada função e de cada um dos empregados é feita tendo em vista a conquista de metas específicas em determinadas áreas. Por exemplo, os operários da linha de montagem podem ter sua recompensa baseada na redução de falhas nos produtos, ou seja, a melhoria da qualidade na produção, o que pode resultar em aumento do tempo da produção. Já o pessoal de compras é avaliado pelos descontos que consegue obter em seus contratos. No entanto, essa meta (os descontos nas compras) pode não compensar o crescimento dos custos pelo maior tempo de produção.

2. *Ele incentiva a mediocridade,* já que determina o estabelecimento e o atingimento de metas. A pessoa que está sendo avaliada é encorajada a estabelecer as metas mais baixas que for razoável, para ter a certeza de que vai poder atingi-las. A implementação das ideias dos empregados é lenta, de forma que possam usá-las por anos para atingir seus objetivos, em vez de exceder o primeiro objetivo e arriscar-se a não atingir outros mais tarde.

3. *Ele aumenta a variabilidade do desempenho das pessoas,* já que a maioria dos sistemas de avaliação possui categorias demais, e o avaliador é obrigado a fazer distinções sutilíssimas como excelente, superior, acima da média, abaixo da média, necessita de aperfeiçoamento e fraco. Os sistemas de distribuição forçada também requerem a colocação de certo número de empregados em cada categoria, o que pode levar os avaliadores a fazer distinções mais sutis do que o necessário. Essas divisões irreais fazem com que os empregados estejam constantemente mudando seu comportamento de forma a subir de categoria, mesmo que seu desempenho seja bastante satisfatório na categoria atual. O sistema torna-se então caótico, porque uma grande parcela de empregados está mudando seu comportamento sem realmente haver necessidade disso.

4. *Ele confunde a contribuição das pessoas com a contribuição de outros recursos,* visto que os padrões de desempenho estabelecidos para vendas, produtividade, índice de perdas e outros dependem não apenas do comportamento dos empregados, mas também de outros fatores, como a qualidade do material, confiabilidade dos equipamentos e propaganda. Os empregados podem ser gratificados por bons resultados que não foram conseguidos por seu desempenho ou culpados por problemas causados por outros fatores.

5. *Ele enfoca apenas o curto prazo,* já que as metas de desempenho refletem um período de tempo limitado arbitrariamente, e certos comportamentos que podem melhorar o desempenho a curto prazo, como, por exemplo, o uso de matéria-prima de baixa qualidade e baixo preço, podem ser danosos a longo prazo.

Imagine que você é um profissional de RH na Ford Motor Company e tem que argumentar com Scherkenbach sobre essas observações e recomendar áreas para o aperfeiçoamento do sistema de avaliação. As seguintes questões podem ser úteis como orientação para sua reflexão:

1. Quais objetivos devem ser enfatizados no sistema de avaliação? Quais dos cinco problemas levantados por Scherkenbach são causados por conflitos entre objetivos do sistema?

2. Qual é o critério mais importante para a avaliação de desempenho em um ambiente que enfatiza a melhoria da qualidade? Quais seriam as melhores medidas desse critério?

3. Como melhorar a escala de mensuração para minimizar os problemas existentes?

4. Quem deveria estar envolvido no processo de observação e comunicação dos resultados da avaliação?

5. Quais as mudanças em outras atividades de RH que poderiam ser necessárias para que seu novo sistema de avaliação funcione?

Seu professor pode fornecer-lhe outras informações sobre o sistema de avaliação de desempenho da Ford, bem como sobre algumas das melhorias que essa empresa tem tentado implementar.

---

82 SCHERKENBACH, William W. Performance appraisal and quality: ford's new philosophy. *Quality Process,* p. 40-46, Apr. 1985.

5

PLANEJAMENTO E AVALIAÇÃO

A estratégia de Barry Sullivan, presidente do First Chicago Bank era "colocar a empresa no topo da lista das grandes instituições financeiras dos Estados Unidos". O First Chicago Bank estava enfrentando constante mudança nas regulamentações de seu setor, crescente concorrência com novos tipos de instituições financeiras e pressões para competir com grandes bancos multinacionais de todo o mundo. Os custos com assistência de saúde para os aposentados representavam uma obrigação de milhões de dólares. As tendências apontavam para um aumento dessas despesas em torno de 20 a 30% ao ano. As deficiências de aprendizado de matemática e linguagem entre os funcionários administrativos, atuais e potenciais, também apresentavam tendência de aumento, tornando difícil o trabalho de colocação de pessoal em posições-chaves. Os custos de recrutamento para funcionários profissionais estavam crescendo rapidamente.

Como os executivos de recursos humanos, trabalhando ao lado de seus colegas de outros setores, poderiam ajudar o banco a atingir seus objetivos estratégicos e enfrentar os desafios a ele propostos? Obviamente, é preciso vincular as decisões de ARH com as metas negociais da empresa. Além disso, as decisões têm que ser mutuamente complementares. A forma como as pessoas são treinadas deve ser um complemento à maneira como são selecionadas e remuneradas. Finalmente, os resultados das atividades devem ser comparados com os objetivos.

Aqui está a forma como os executivos do First Chicago Bank agiram: primeiramente, eles traduziram as tendências e os eventos em implicações para os recursos humanos (veja o Capítulo 2). Foram então identificadas as tendências de aumento nos custos com assistência de saúde, obrigações de seguro com os aposentados e crescimento da distância entre o talento necessário e o disponível para os empregados das áreas administrativas e operacionais. O processo de levantamento, também chamado de Diagnóstico Estratégico de Recursos Humanos, é continuamente atualizado, à medida que as características externas e organizacionais se modificam.

Em segundo lugar, eles analisaram as condições da organização. Assim, identificaram a necessidade de o banco ser mais competitivo em relação aos custos, a significativa parcela de despesas relacionada com a assistência de saúde dos empregados e a necessidade de flexibilidade para responder às mudanças das regulamentações e do mercado.

Em terceiro lugar, eles examinaram as condições de seu quadro de pessoal, incluindo os talentos atuais e futuros, o desempenho dos empregados e a compreensão e comprometimento destes com os objetivos estratégicos mais abrangentes do banco.

Em quarto lugar, os profissionais de RH buscaram opções para solucionar essas questões. Os empregados poderiam desembolsar uma parcela de seus planos de saúde? Quais alternativas poderiam existir para cortar custos sem penalizar os empregados? Um aumento salarial seria capaz de atrair funcionários mais bem qualificados? Neste caso, o crescimento da folha de pagamento do banco valeria a pena? Haveria qualquer outra maneira menos onerosa de atrair pessoal mais preparado? Valeria a pena realizar um programa de treinamento para melhorar as habilidades dos empregados atuais?

Finalmente, os executivos definiram o que fazer para resolver esses problemas. Os custos com os planos de saúde seriam gerenciados com o uso de programas que emulassem aqueles mais bem-sucedidos da concorrência. Um sistema de informação disponibilizaria os dados sobre os custos dos programas de saúde e serviria para avaliar a eficácia de cada programa específico. A assistência médica para as crianças seria grátis durante todo o primeiro ano de vida, desde que as mães participassem antes dos programas de cuidados pré-natais. A economia conseguida com a redução das complicações decorrentes da gravidez, partos e prematuros compensaria o adicional com a assistência pediátrica.

Para enfrentar a escassez de talentos, criou-se o Banco Móvel, que visitava escolas de segundo grau (ensino médio), mostrando o funcionamento de um banco, identificando alunos promissores e oferecendo a eles uma oportunidade de treinamento e experiência no trabalho. Uma unidade da empresa foi criada para consolidar as atividades de treinamento para mais de 50.000 participantes. Esses programas incluíam Linguagem no Trabalho e Desenvolvimento para a Excelência por meio da Comunicação. O recrutamento foi retirado das agências de emprego e feito diretamente pelo banco, tendo como alvo as empresas concorrentes que empregavam pessoas com o perfil de que o banco precisava. Encontrar e contratar as pessoas ficou mais fácil e reduziram-se os custos. Um serviço automático de informações chamado "RH 24 horas" foi criado para atender por telefone a mais de 100 questões de pessoal, como férias, licenças médicas, oportunidades de trabalho e treinamento. Dessa forma, os profissionais de RH liberaram seu tempo para se concentrar nos assuntos trabalhistas mais complexos e importantes.

Essas decisões funcionaram? O First Chicago Bank avaliou os resultados, comparando suas ações e custos com aqueles dos concorrentes, entrevistando especialistas e outros executivos de RH e examinando o balanço da empresa. Por exemplo, a consolidação dos programas de treinamento gerou uma economia de 1,7 milhão de dólares/ano por reduzir os custos provenientes da repetição das mesmas atividades em vários locais diferentes. Obteve-se uma economia anual de 2 milhões de dólares só com as despesas com esse setor,[1] conseguindo que os aposentados se encarregassem de parte dos custos de suas pensões, utilizando provedores mais eficazes para os planos de saúde e oferecendo incentivos para as escolhas dos programas mais baratos.

PLANEJAR, ESTABELECER OBJETIVOS E AVALIAR RESULTADOS

O que você teria feito se fosse um dos executivos do First Chicago Bank? Haveria mais alguma informação que você coletaria, seja sobre as características externas, organizacionais, seja dos empregados? Quais outras atividades você consideraria para a solução das questões apresentadas, talvez uma mudança no sistema de remuneração das pessoas? Você acha que as opções se complementam mutuamente de forma que o efeito total da estratégia é maior do que a soma de suas partes? Como você mediria o sucesso desses projetos – preencher as vagas, manter os custos baixos, fazer com que os empregados se sintam comprometidos e engajados, aumentar os lucros da empresa?

Todo mundo faz planos, estabelece objetivos e avalia resultados. O plano do leitor pode ser terminar o curso acadêmico e seguir uma carreira relacionada a ele. Seus objetivos podem incluir determinado tipo de ocupação profissional, um estilo de vida ou perfil de família. Você julga seu progresso de acordo com o atingimento de cada etapa e como as ações individuais se combinam, para produzir resultados maiores, tais como sua carreira, família e estilo de vida.

Os administradores de RH trabalham com executivos, subordinados e outros empregados para planejar futuras contingências, e escolher informações relevantes para suas previsões e estabelecimento de objetivos, tomam decisões e então avaliam os resultados. Depois de ter lido os capítulos anteriores, dá para ter uma boa noção sobre a quantidade de informações que pode ser utilizada. Cada vez mais, os sistemas de informação de recursos humanos (HRIS, na sigla em inglês) têm auxiliado os administradores a obter e a consolidar as informações. O último capítulo vai tratar especificamente dos sistemas de informação para RH. De qualquer forma, os computadores não podem substituir os tomadores de decisão. Hoje, temos uma quantidade enorme de informações disponíveis, mas o tempo necessário para identificá-las, processá-las e analisá-las é escasso.[2] Na época dos exames, a maioria dos alunos passa por situação semelhante. Portanto, os executivos precisam descobrir um meio de escolher

---

1   CAUDRON, Shari. Strategic HR at First Chicago. *Personnel Journal*, p. 50-56, nov. 1991.

2   DRUCKER, Peter F. The comindg of the new organization. *Harvard Business Review*, p. 45-53, jan.-fev. 1988; DRUCKER, Peter F. Be data literate – know what to know. *The Wall Street Journal*, p. A8, 1 Dec. 1992.

entre milhares de informações aquelas importantes para ajudá-los a estabelecer suas metas, tomar as decisões e avaliar o progresso. O planejamento de RH faz isso, tanto formal como informalmente, em todos os níveis da organização, de maneira contínua.

> O *planejamento de recursos humanos* coleta e utiliza informações para apoiar as decisões sobre os investimentos a serem feitos em atividades de RH. Essas informações incluem os objetivos futuros, as tendências e as diferenças entre os resultados atuais e aqueles desejados.

O leitor pode estar questionando-se por que estamos discutindo planejamento tão cedo no livro, antes que você tenha aprendido mais coisas sobre as atividades de RH. Como é possível entender o planejamento, os objetivos e a avaliação antes de compreender as atividades em si? Nossa decisão de tratar logo do planejamento se deve ao fato de que as ações de RH não devem ser vistas como segmentos isolados. Elas precisam estar combinadas como um todo, chamado de estratégia. Por isso, é preciso perceber como elas se integram antes de examiná-las individualmente. Além disso, o planejamento cria o elo entre as condições externas à organização e as condições do quadro de pessoal com as decisões sobre as ações, objeto dos próximos capítulos.

O Planejamento é uma Tomada de Decisão Diagnóstica

Decisões são escolhas baseadas em informações. Toda decisão envolve gasto de recursos, geralmente para se atingir um objetivo. O leitor toma decisões todos os dias, como comparecer ou não às aulas. Quando vai à aula, gasta tempo e energia com isso, e deixa de fazer outras coisas. Sua decisão provavelmente está voltada para um objetivo, tal como assistir a uma palestra fascinante, aprender fatos intrigantes sobre a administração de recursos humanos, ou talvez encontrar um executivo visitante que, mais tarde, estará recrutando estudantes. Finalmente, sua decisão baseou-se em informações próprias, como a qualidade das palestras anteriores, a matéria a ser dada naquele dia, ou o rumor de que tal executivo estaria especialmente interessado em pessoas com o tipo de experiência que você possui.

Da mesma forma que você não consegue ter certeza de fazer a melhor escolha sempre, as organizações também convivem com a incerteza. As informações nunca são completas e absolutamente corretas, nem as pessoas são naturalmente boas tomadoras de decisão. Isto significa que o planejamento é inútil? Exatamente o contrário. Ele é necessário para superar essas tendências humanas. Sistemas de planejamento que sustentem as decisões podem melhorar o gerenciamento de RH e produzir valiosos resultados. A agregação de valor não exige decisões perfeitas, mas apenas aquelas produtivas.

As Quatro Questões do Planejamento

O Quadro 5.1 contém quatro questões-chaves para o planejamento. Como se pode perceber, o planejamento está no centro do modelo diagnóstico utilizado neste livro.

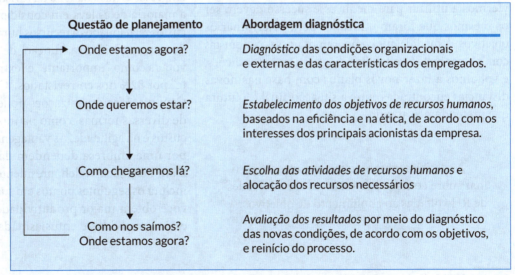

Quadro 5.1
Processo de planejamento no centro da abordagem diagnóstica.

Onde Estamos Agora?

Dos Capítulos 2 a 4, examinamos um grande espectro de fatores externos, organizacionais e individuais que podem ser utilizados para medir a situação atual da administração de RH. Primeiro, precisamos saber onde nos encontramos para então decidir aonde ir.

Onde Queremos Estar?

Nessa etapa, estabelecemos nossas metas e identificamos a distância entre nossa situação atual e aquela pretendida. As distâncias maiores e mais importantes tornam-se nossos objetivos. O estabelecimento de objetivos requer a decisão de quais condições deverão ser modificadas, e como será medido seu sucesso. De acordo com o exemplo que estamos usando, comparecer às aulas pode ser considerado um sucesso se você apenas se encontrar com o executivo que está recrutando estudantes? Ou se você falar com ele? Ou se ele ficar com seu currículo? Ou seria a medida do sucesso ser convocado para uma entrevista?

Como Chegaremos Lá?

Para vencer a distância até o ponto pretendido, é preciso gastar recursos em atividades de RH. Os demais capítulos deste livro descrevem as várias atividades que podem ser combinadas para o atingimento dos objetivos estabelecidos. O planejamento oferece a estrutura para a escolha e a integração dessas atividades.

Como nos Saímos?

Depois de termos gastado nossos recursos e implementado as atividades escolhidas, podemos perguntar se atingimos assim nossos objetivos. Os padrões que viermos a utilizar para medir esse sucesso devem ser os mesmos que foram utilizados para determinar os objetivos. À medida que comparamos nossas conquistas com nossas metas, voltamos a diagnosticar as condições, e voltamos a fazer novos planos com base nas novas distâncias encontradas entre a situação atual e a futura que pretendemos atingir.

> As *decisões sobre recursos humanos* são escolhas sobre como gastar recursos em atividades de RH voltadas ao atingimento de objetivos.

> As decisões dependem de: (1) *objetivos,* que determinam quais distâncias precisam ser reduzidas; (2) *alternativas,* que são as escolhas disponíveis, cada qual demandando recursos e produzindo determinado conjunto de resultados; (3) *atributos,* que são as características das alternativas relativas aos objetivos que são comparadas quando da escolha da alternativa; e (4) *padrões de avaliação,* que são os resultados medidos para avaliar o sucesso no atingimento dos objetivos originais.
>
> Um *plano de recursos humanos* especifica as alternativas selecionadas pelas decisões de RH e os atributos dos padrões que são usados para avaliá-las.

POR QUE PLANEJAR OS RECURSOS HUMANOS?

O planejamento consome tempo, dinheiro e não é totalmente seguro. Raramente, ele oferece previsões muito acuradas ou garante as escolhas certas. Os planos são frequentemente vistos pelos empresários e executivos de forma desconectada de sua realidade e inúteis para auxiliá-los a tomar decisões mais eficazes. Geralmente, são considerados muito irreais. Por que então as organizações fariam planejamento de recursos humanos?

O Planejamento Vincula os Recursos Humanos com a Organização

Uma pesquisa que envolve executivos em grandes empresas da lista das 500 da revista *Fortune* mostrou que a maioria deles leva em consideração os assuntos e os custos relacionados a recursos humanos no planejamento de seus negócios, e a "função" de recursos humanos foi votada como "importante" e "extremamente importante" por 82% dos entrevistados.[3] Como examinamos no Capítulo 3, as organizações podem escolher competir de diversas formas, como na inovação, na redução de custos e na agilidade. As vantagens competitivas obtidas por uma empresa dependem das pessoas que trabalham nela. Jack Welch, presidente da General Electric, incluiu os seguintes pontos em sua lição para o sucesso: você obtém maior produtividade "quando as pessoas estão envolvidas e entusiasmadas com seu trabalho",

---

3   MARTELL, Kathryn, CAROLL, Stephen J. How strategic *is* HRM? *Human Resource Management* 34, p. 253-267, 1995.

o presidente precisa acreditar profundamente que "as pessoas são a chave de tudo", e você precisa preocupar-se constantemente em "tornar cada pessoa mais valiosa (ou) você não terá a menor chance".[4] O que isso significa para os administradores – mais treinamento, maiores remunerações, seleções mais cuidadosas, ou tudo isso junto? O planejamento é o processo de integração. Um bom plano de RH é um instrumento de trabalho que ajuda os empregados e todos os executivos a verem como as decisões dessa área darão apoio às metas da organização.

O Planejamento Liga as Ações às Consequências

Sem um plano, você não pode saber se está caminhando na direção certa. Se a estratégia negocial for a expansão em mercados internacionais, alguns funcionários (por exemplo, executivos-chaves) devem possuir capacitações em idiomas e cultura que lhes permitam compreender e trabalhar com clientes, fornecedores e empregados de culturas diferentes. Mais tarde, pode ser necessário um maior número de executivos poliglotas, com experiência em operações internacionais e nascidos em outros países, atingindo posições influentes na organização. Por outro lado, uma estratégia negocial voltada para a redução dos custos de produção vai precisar de equipes capazes de identificar as oportunidades de corte de gastos, o que se traduzirá em maior criatividade, capacidade de comunicação e entendimento de como seu trabalho se relaciona com os custos de produção. Sem o planejamento, a ligação entre as ações e os resultados pode não ficar clara. O processo de recrutamento e seleção pode ser julgado pela velocidade com que as vagas são preenchidas, ainda que não necessariamente com as pessoas mais adequadas. O treinamento pode estar voltado para a oferta de grande número de cursos, mesmo que estes sejam sobre tópicos que não desenvolvem os talentos estratégicos necessários. A remuneração pode enfatizar a redução da folha de pagamentos, restringindo os aumentos salariais, ainda que isso cause a saída dos melhores talentos da organização. Um bom plano de RH mostra claramente quais ações se relacionam com mudanças nas pessoas, e como essas mudanças se relacionam com os objetivos da empresa.

A Colgate-Palmolive Company tem 35.000 empregados e 70% de sua receita provêm de fora dos Estados Unidos, com 500 profissionais de RH espalhados pelo mundo. Doug Reid, vice-presidente de recursos humanos, diz: "Esteja você no Chile ou na Grécia, no Canadá ou na Malásia, esteja você implementando um novo sistema de plano de carreira, ou um novo sistema de plano de sucessão, ou definindo as competências para finanças, marketing ou vendas... você está trabalhando com iniciativas convergentes. E é isso o que mantém as pessoas unidas".[5]

Calculando o Retorno do Investimento em Recursos Humanos

As atividades de RH podem ser avaliadas, aplicando os mesmos modelos utilizados para investimentos em infraestrutura de produção, campanhas de marketing ou instrumentos financeiros. Tal como estes outros investimentos, as atividades de RH consomem recursos, como tempo, dinheiro, materiais e envolvimento dos empregados. Elas utilizam esses recursos para desenvolver os funcionários ou para modificar a natureza de seu relacionamento com a organização. As atividades de remuneração gastam dinheiro e tempo de gerenciamento para mudar a relação entre o comportamento dos empregados e sua forma de pagamento. As atividades de treinamento gastam dinheiro, tempo do instrutor e materiais diversos para melhorar as habilidades, o talento e a motivação dos empregados. As atividades de recrutamento e seleção gastam dinheiro, testes e tempo dos executivos como entrevistadores para melhorar a qualidade das pessoas que vão trabalhar na organização.

O Quadro 5.2 mostra a analogia entre a avaliação de um investimento e a avaliação das atividades de RH. As variáveis-chaves são: (1) a quantidade de empregados ou de tempo exigido pela atividade; (2) a qualidade da mudança produzida pela atividade; e (3) seu custo. A parte inferior do quadro mostra os resultados de uma atividade hipotética de treinar 1.000 vendedores e dar a eles um bônus extra de vendas de 10% por quatro anos.

Quantidade

Para as atividades de RH, a quantidade do esforço nelas aplicado não se refere apenas ao número de empregados nelas envolvidos, mas também às consequências de seu desempenho. No exemplo mostrado no Quadro 5.2, assumimos que 1.000 vendedores são treinados

---

4   Jack Welch's lessons for success. *Fortune,* p. 86-93, 25 jan. 1993. Extraído de TICHY, Noel. *Control your destiny or someone else will.* 1993.

5   ANFUSO, Dawn. Colgate's global HR unites under one strategy. *Personnel Journal,* p. 44-52, Oct. 1995.

134 | Diagnóstico de Condições, Planejamento e Fixação de Objetivos

ao mesmo tempo e que os efeitos desse treinamento duram quatro anos. Portanto, a quantidade verdadeira de atividade produtiva afetada é de 4.000 pessoas/ano. Quando as atividades de RH são de longo prazo, seus efeitos são geralmente muito mais substanciais do que se costuma pensar. A prática comum de calcular o custo por empregado treinado, ou de apenas relacionar o número total de empregados treinados, ignora esses efeitos de longo prazo.

Qualidade

A qualidade gerada pelas atividades de RH pode ser medida de várias maneiras. A Adolph Coors Company, a Johnson & Johnson e outras grandes empresas calculam o retorno do investimento (ROI, na sigla em inglês) de um centro de assistência e bem-estar sob a forma de redução de absenteísmo e de custos médicos.[6] No Quadro 5.2, o enfoque está nas vendas adicionais resultantes do bônus recebido pelos empregados treinados. Com base em experiências prévias, previsões administrativas ou estudos científicos, os planejadores podem estimar que cada vendedor trará uma média de 1.000 dólares de vendas adicionais por ano em resposta ao treinamento e ao bônus. Outra maneira de avaliar consequências é examinar o valor financeiro da prevenção de atitudes nocivas por parte dos empregados, tais como o fumo, absenteísmo, roubo ou abandono de emprego. Essa abordagem é conhecida como custo comportamental.[7]

As informações sobre a melhoria da qualidade podem provir de relatórios anteriores sobre produtividade ou vendas, opiniões dos executivos, pesquisas de processos de produção ou relatórios sobre a produção. Essas informações frequentemente são pouco precisas e podem ser difíceis de obter. Entretanto, a importância da análise não está em prever o valor financeiro de maneira precisa, mas em apresentar as atividades de RH como um investimento, e não apenas como custos ou atividades.

Custo

Os custos das atividades de RH são os recursos necessários para que elas sejam realizadas. No Quadro 5.2, esses custos incluem aqueles com treinamento (assumindo-se que são 200 dólares por pessoa), com bônus extra (10% do total do adicional de vendas) e com administração e gerenciamento do treinamento e do bônus (calculado em 400.000 dólares para o período de quatro anos). Os custos variam de acordo com cada atividade, como veremos a seguir neste livro. Geralmente, os salários e os benefícios para executivos representam um custo significativo.

Quadro 5.2
Atividades de recursos humanos como investimento.

Fórmula para cálculo do valor criado por um investimento			
Valor	= [Quantidade	× Qualidade]	– Custos
Lucro	= Nº unidades produzidas	× Preço unidade vendida	– Material + capital + mão de obra
Fórmula para cálculo do valor aiado pelas atividades de recursos humanos			
Valor	= [Quantidade	× Quantidade]	– Custos
Utilidade	= Nº de empregados e períodos de tempo afetados	× Aumento do valor monetário por empregado e período de tempo	– Tempo, dinheiro, materiais e envolvimento dos executivos
Exemplo numérico da aplicação da fórmula de custo/benefício			
Valor	= [Quantidade	× Quantidade]	– Custos
	1.000 vendedores para 4 anos	× $ 1.000 de vendas adicionais pessoa/ano	– 10% bônus de vendas + $ 200 custo treinamento + $ 400.000 gerenciamento
Utilidade	= [4.000	× $ 4.100]	– $400.000 + $200.000 + + 400.000
$3.000	=	$4.000.000	– $1.000.000

---

6   BUNCH, Daniel K. Coors wellness center – helping the bottom line. *Employee Benefits Journal,* p. 14-18, Mar. 1992; ERFURT, John C., FOOTE, Andréa, HEIRICH, Max A. The cost-effectiveness of worksite wellness programs for hypertension control, weigh loss, smoking cessation and exercises. *Personnel Psychology* 45, p. 5-27, 1992.

7   CASCIO, Wayne F. *Costing human resources.* 2. ed. Boston: PWS-Kent, 1987.

Análise de Utilidade

A utilidade total da atividade é calculada multiplicando-se a quantidade pela qualidade e subtraindo-se o custo total. Como demonstra o Quadro 5.2, esse hipotético programa de treinamento e remuneração produziria 4 milhões de dólares em vendas adicionais por um período de quatro anos, com um custo total de 1 milhão de dólares, produzindo um valor de utilidade total de 3 milhões de dólares. Isso significa um retorno de 300% do investimento de 1 milhão de dólares. Não se deve deixar abater pela probabilidade de esses cálculos estarem baseados em estimativas pouco precisas. A incerteza é um fato da vida administrativa, e certamente não é motivo para abandonar esse tipo de análise para as atividades de RH. Na verdade, pode-se enfocar a própria natureza da incerteza. Por exemplo, se a taxa-limite para investimentos é de 20%, esse programa precisa gerar apenas 200.000 dólares para pagar seu custo (20% de 1 milhão investidos), o que se traduz em um aumento de 300 dólares nas vendas/ano para os 1.000 vendedores. Isso é muito menos do que a estimativa de 4.000 dólares prevista no exemplo. Não importa saber o valor exato do aumento nas vendas, apenas que ele excede 300 dólares/ano por vendedor.

Ainda que essa análise seja simples, seus conceitos básicos têm sido aplicados a praticamente todas as atividades de RH. Geralmente, os retornos dessas atividades são reportados como sendo de levemente a extremamente positivos. A análise de utilidade pode ser aplicada a atividades individuais ou a combinações de atividades de RH, para identificar a sinergia que pode ser obtida quando as ações se complementam mutuamente.[8]

QUAL SUA OPINIÃO?

Os executivos de RH são frequentemente chamados para justificar os investimentos em sua área por meio de demonstrativos financeiros. Suponha que você está apresentando a análise do Quadro 5.2 ao presidente de sua empresa. Quais as perguntas que você acha que ele faria a você? E como você responderia a elas?

O Planejamento Integra as Atividades de Recursos Humanos

O planejamento mostra como as partes se integram. Imagine um diploma universitário. Obter um diploma geralmente significa assistir a determinado número de aulas específicas que se combinam para construir um conjunto integrado de habilidades. Um diploma em Administração de Empresas é diferente daquele em Engenharia, que por sua vez difere daquele em Astronomia. Pode não ser muito aparente, mas as aulas de um curso são projetadas de forma que se complementem mutuamente. O aprendizado de cálculo ajuda o aluno tanto a compreender a estrutura física de uma ponte, como o movimento dos planetas.

Da mesma forma, as diferentes atividades de recursos humanos devem integrar-se para a melhoria dos resultados. As pesquisas sugerem que é difícil encontrar a relação entre uma atividade qualquer de RH e os resultados financeiros da organização. Por exemplo, as organizações que baseiam seu sistema de remuneração na avaliação do desempenho não têm, necessariamente, um sucesso maior do que aquelas que não o fazem, e as empresas que selecionam seus quadros com muito cuidado não são, em princípio, mais bem-sucedidas do que as demais. Entretanto, os novos estudos sobre sistemas de produção apontam que "conjuntos" de atividades de RH estão consistentemente associados com um melhor desempenho organizacional. Por exemplo, combinação de sistemas flexíveis de produção com o trabalho em equipes, remuneração vinculada ao desempenho da equipe e treinamento extensivo são práticas que parecem estar vinculadas ao melhor desempenho nas indústrias automobilísticas.[9] Infelizmente, a maioria dessas pesquisas esteve voltada apenas para as linhas de produção da indústria pesada, de forma que não sabemos sua aplicabilidade nas empresas em geral. Além disso, enquanto cerca de 10 a 50% das organizações usam o conjunto de "controle" (funções fixas, pequena participação dos empregados, baixos níveis de treinamento), e entre 10 e 25% usam o conjunto de "comprometimento" (desenho flexível de tarefas, considerável participação dos empregados e treinamento extensivo), sobram cerca de 25 a 80% das empresas buscando outros tipos de "conjuntos".[10] Ainda assim, parece lógico que as práticas

---

8   BOUDREAU, John W. Utility analysis. Cap. 1.4. In: DYER, Lee D. (Org.) *Human resource management evolving roles and responsibiliti.es.* Washington, DC: Bureau of National Affairs, 1988.

9   MacDUFFIE, John Paul. Human resource bundles and manufacturing performance: organizational logic and flexible production systems in the world auto industry. *Industrial and Labor Relations Review* 48, p. 197-221, 1995.

10   DYER, Lee D., REEVES, Todd. HR strategies and firm performance: what do we know and where do we need to go? Mono-

de RH devem reforçar-se umas às outras. As pessoas beneficiam-se com as múltiplas maneiras de melhorar suas habilidades, e estarão ainda mais motivadas se as atividades de RH propiciarem razões múltiplas para a motivação. O planejamento de RH identifica essas possibilidades de integração. Assim, o planejamento faz a ligação das condições analisadas nos Capítulos 1 a 4 com as atividades de RH discutidas nos próximos capítulos.

Os Recursos Humanos estão Adequados à Estratégia?

As evidências sugerem que o uso do "conjunto de comprometimentos" das práticas de RH está associado com um desempenho organizacional superior na indústria e nas situações que têm sido estudadas. Alguns foram mais longe, chegando a indicar um conjunto ideal de práticas de RH, como garantia de emprego, participação acionária e promoções internas. No entanto, empresas como a General Electric e a Microsoft têm tido um estrondoso sucesso, lançando mão de práticas como demissões, controle acionário restrito e contratos de trabalho que explicitam que os talentos serão buscados tanto dentro como fora da organização. Conclui-se que faz sentido adequar de algum modo as práticas de RH às estratégias negociais da empresa.[11]

> Uma *vantagem competitiva sustentável* ocorre quando uma empresa implementa uma estratégia de criação de valor que não seja praticada simultaneamente pelos concorrentes de forma real ou potencial, e quando outra organização é incapaz de copiar os benefícios dessa vantagem.[12]

Os Recursos Humanos Podem Oferecer uma Vantagem Competitiva?

Uma questão relacionada ao assunto é se as empresas devem primeiramente estabelecer suas estratégias organizacionais para depois escolher as práticas de RH para desenvolver o tipo "certo" de recursos humanos. Ou, ao contrário, deve-se deixar que as qualidades dos recursos humanos definam as futuras estratégias da empresa? Todas as empresas lutam para crescer e sobreviver, e para criar um propósito que seja diferenciado. Esse propósito específico que se mantém com o passar do tempo é chamado de "vantagem competitiva sustentável".

Vantagem competitiva sustentável pode soar como uma expressão agressiva e militarista, mas é aplicável tanto às organizações filantrópicas e públicas como aos negócios e aos exércitos. Para sobreviver e crescer, toda organização precisa obter e utilizar recursos de maneira produtiva ou as outras empresas o farão. Consideremos o caso do U. S. Postal Service, que continua sendo uma instituição básica da sociedade americana, mas não é mais a principal escolha para postagem quando o importante é rapidez. Outras empresas, como a DHL, a UPS e a Federal Express, competem agora por esse papel, porque descobriram maneiras de criar um valor diferenciado do U. S. Postal Service.

A vantagem competitiva sustentável deriva de uma visão da organização "baseada em recursos". Os recursos incluem *capital físico, capital humano* e *capital organizacional*. Da organização depende a qualidade dos recursos disponíveis, e estes não são facilmente transacionados de uma organização para outra. As empresas não podem despedir todos os seus empregados ou vender todo o seu patrimônio para perseguir cada nova oportunidade no mercado. Assim, a organização tem uma vantagem competitiva diferenciada quando consegue melhorar a qualidade de seus recursos existentes ou usá-los mais eficazmente que as demais empresas. Essa vantagem é sustentável quando não pode ser facilmente copiada. Mais especificamente, a vantagem competitiva sustentável deve-se a recursos que:

1. Agregam valor à <u>organização</u>.
2. São únicos ou raros entre a concorrência.
3. Não podem ser imitados de forma idêntica pelas outras empresas.

---

grafia 94-29, 1994, Center for Advanced Human Resource Studies, apresentada no *10º Congresso Mundial da International Industrial Relations Association*. Washington, DC, 31 May/4 June 1995.

11 DYER, REEVES. HR strategies and firm performance; PFEFFER, Jeffrey. *Competitive advantage through people*. Boston: Harvard Business School Press, 1994.

12 BARNEY, J. Firm resources and sustained competitive advantage. *Journal of Management* 17, p. 99-120, 1991; LIPPMAN, S., RUMELT, R. Uncertain imitability: an analysis of interfirm differences in efficiency under competition. *Bell Journal of Economics* 13, p. 418-438, 1982; WRIGHT et al.

4. Não podem ser substituídos por recursos que as outras empresas possuem.[13]

As pessoas podem ser gerenciadas para criar uma vantagem competitiva sustentável? Podem. Na verdade, tem-se argumentado que as pessoas são a fonte mais promissora de vantagens competitivas na organização de hoje. Pense um pouco nisso: o complexo relacionamento entre os indivíduos dentro e fora da organização pode ser extremamente valioso, como demonstram os exemplos apresentados. Mais que isso, como esses relacionamentos são complexos e frequentemente dependem da cultura e da história próprias da empresa, é muito difícil copiá-los. A concorrência pode comprar as mesmas instalações e equipamentos, adquirir os mesmos estoques e instrumentos e copiar suas práticas de distribuição e política de preços, já que tudo isto é observável. No entanto, é particularmente difícil espiar por dentro da organização para decifrar exatamente como se cria a capacidade e a motivação entre os funcionários.[14] Os empregados não aparecem nos relatórios financeiros e sua contribuição é frequentemente muito sutil. Obviamente, um executivo talentoso pode encontrar uma vantagem competitiva em todos os recursos de que dispõe, mas as pessoas são o ponto alto desses recursos.

Talvez a melhor estratégia de RH seja contratar, treinar e remunerar as pessoas para que elas criem as melhores estratégias futuras, não importa em que condições. Essa estratégia daria menos ênfase na capacidade das pessoas em implementar as estratégias de hoje, e mais ênfase nos traços humanos genéricos, como criatividade, inteligência, curiosidade, confiabilidade e comprometimento com a organização, o que conduziria a estratégias mais eficazes. A estratégia adapta-se aos recursos humanos, e não o contrário.

QUAL SUA OPINIÃO?

Em meados da década de noventa, empresas como a Netscape e a Yahoo!, que cresceram rapidamente, estavam em grande destaque por causa de uma vertiginosa subida nos preços de suas ações na bolsa. Como essas empresas deveriam contratar seus funcionários para garantir o crescimento e a prosperidade? Os escolhidos deveriam ser técnicos altamente qualificados com talento para lidar com o ambiente atual, como os melhores programadores de aplicativos para a internet? Ou deveriam ser escolhidas pessoas com talentos mais genéricos, como inteligência e criatividade, já que os desafios tecnológicos de hoje vão mudar muito rapidamente e exigir novas habilidades de qualquer maneira? Como os administradores de RH podem buscar um equilíbrio entre as preocupações de curto e longo prazos? Como você avaliaria se esse equilíbrio está sendo obtido?

COMO O PLANEJAMENTO DE RECURSOS HUMANOS SE ENCAIXA NO PROCESSO DE PLANEJAMENTO GLOBAL

Ainda está em discussão se existe um conjunto ideal de práticas de RH, e se é mais importante escolher genericamente pessoas talentosas ou adequar as pessoas às estratégias organizacionais. Entretanto, independentemente de os planos de RH serem origem ou consequência dessas estratégias, é importante compreender como esses planos se encaixam dentro do processo global de planejamento organizacional.

Planejando a partir de Marte

Algumas vezes, os exemplos vêm de Marte (Mars, em inglês).[15] Não do planeta, mas da multimilionária empresa M&M/Mars Company, uma líder em produtos alimentícios, como doces, arroz, comida para animais de estimação e outros. Um conjunto de práticas negociais e de recursos humanos mantém o enfoque na constante melhoria da qualidade para os consumidores, na troca de ideias e em uma justa avaliação e recompensa das contribuições individuais e das equipes. Os padrões de desempenho incluem relógio de ponto para todos os funcionários (inclusive os altos executivos e sócios) e faz parte de uma política de remuneração que dá 10% de bônus pela pontualidade. As sinalizações culturais dessa empresa enfatizam a igualdade e a comunicação (não há vagas demarcadas no estacionamento, todos na linha de produção usam o mesmo uniforme) e os escritórios estão dispostos em círculos concêntricos (com o mais alto executivo no centro, rodeado de

---

13 BARNEY. p. 102.

14 WRIGHT et al.; PFEFFER; JACKSON e SCHULER.

15 A tradução faz-se necessária para a compreensão do trocadilho utilizado pelos autores (NT).

138 | Diagnóstico de Condições, Planejamento e Fixação de Objetivos

seus subordinados imediatos, e assim por diante). Os sistemas de remuneração e seleção reforçam-se mutuamente, encorajando os executivos e os empregados a ampliarem suas experiências em todos os setores da organização. Os níveis salariais da Mars são cerca de 90% mais altos que das empresas desse ramo, os bons desempenhos são premiados com alto grau de segurança no emprego e seus diretores recebem todos os mesmos salários, independentemente da unidade que liderem no momento. Os administradores de recursos humanos de hoje podem tornar-se os executivos de produção amanhã, e vice-versa.[16]

Repare como as decisões de RH na Mars se ajustam à estrutura mais ampla do planejamento organizacional, e como são apoiadoras das metas da organização. A empresa quer competir por meio da criatividade e da qualidade, e para isso precisa de pessoas que estejam dispostas a compartilhar ideias, possam aprender vários papéis dentro dos negócios, que possam ser criativas porque se sentem confiantes e que se sintam igualmente importantes para o sucesso da organização. Isso se traduz em atividades específicas de RH. A elevada remuneração e a seleção cuidadosa trazem para a empresa o que há de melhor. A vinculação da remuneração com o desempenho e o encorajamento ao rodízio entre as diferentes áreas da organização induzem ao aprendizado constante e ao comprometimento com a excelência. A cultura da igualdade entre todos (vagas de estacionamento, uniformes, acesso aos escritórios etc.) sinaliza confiança e comunicação.

O Quadro 5.3 mostra os cinco níveis de análise em que o planejamento de RH acontece. O impacto e

Quadro 5.3
Como o planejamento de recursos humanos se encaixa no planejamento global da organização.

Nível de análise	Metas	Tipo de atividade de planejamento	Decisões típicas
Ambiente (Capítulo 2)	Financeiras (preço das ações, situação financeira, nível de endividamento) Públicas (índices governamentais) Sindicatos (greves, organização, reclamações) Comunidade (atitudes, opiniões)	Exame das condições externas	Devemos fazer *lobby* para influenciar a legislação? Em quanto devemos aumentar a diversidade? Devemos formar alianças com fornecedores, clientes ou concorrentes?
Organização (Capítulo 3)	Estrutura hierárquica Normas/Cultura Lucro Parcela de mercado Qualidade do produto	Planejamento dos negócios	Qual deve ser nosso negócio? Isto implica que tipos de mercado, processos, tecnologia e desenho organizacional?
Recursos humanos quantidade/ distribuição	Quantidade de empregados Atribuição de tarefas Nível dos custos com pessoal	Planejamento do emprego	Quais são as futuras demandas e ofertas de mão de obra? Quais disparidades devemos tentar minimizar?
Recursos humanos departamento/ função (Capítulo 17)	Orçamento Atividades Opinião dos clientes	Planejamento estratégico de RH	Como a administração de RH pode contribuir para os negócios? Quais e quantos recursos devemos usar?
Atividades específicas de recursos humanos	Quantidade de empregados afetados Custos das atividades Resultados das atividades Retorno/utilidade	Planos de ação de RH	Quais atividades específicas devemos implementar? Qual a amplitude de cada atividade?

---

16   CANTONI, Craig J. Quality control from Mars. The Wall Street Journal, 27 Dec. 1992, p. A12.

o papel das considerações sobre os recursos humanos são diferentes em cada nível. À medida que descemos no referido quadro, os assuntos tornam-se mais detalhados quanto às atividades, mas as decisões sobre os programas e a configuração funcional de RH no final do quadro têm que estar claramente integradas com os objetivos e planos dos níveis ambiental e organizacional do início. Como mostra o quadro, os Capítulos 2 e 3 discutiram aspectos específicos dos níveis de análise ambiental e organizacional; por isso, não nos deteremos neles. Mais adiante neste capítulo examinaremos a principal atividade de planejamento de RH – como os executivos decidem sobre a distribuição das pessoas por meio da organização em resposta a essas condições. Cada um dos próximos capítulos deste livro examinará uma atividade específica de RH, e como ela contribui para essa distribuição; ao final do livro, discutiremos como a função de RH deve ser organizada para melhor proporcionar e apoiar as atividades e serviços.

Ambiente

Entre os anos de 1993 e 1995, o governo dos Estados Unidos aumentou significativamente a desregulamentação do setor de telecomunicações. Qualquer empresa pode competir pelos serviços de telefonia local e internacional, e o mercado pode decidir de quem comprar os serviços de telefonia, telefonia celular, *pagers* e TV a cabo. Uma expressiva mudança do cenário do início da década de 80, quando a AT&T tinha o monopólio sobre esse setor. Quais as implicações dessa reviravolta para os recursos humanos? Para muitas empresas, significou demissões em massa, como mostra o Quadro 5.4. O preço das ações da AT&T aumentou no dia em que ela anunciou 40.000 demissões, mas a mídia estava cheia de entrevistas com Robert Allen, presidente da empresa, tentando explicar sua estratégia e oferecendo frases do tipo: "A forma que encontro de superar a preocupação com a situação de 40.000 desempregados é lembrar-me da minha responsabilidade sobre outros 300.000".[17] A situação ambiental levou à decisão de demitir 40.000 pessoas, mas a decisão de Allen de explicar-se publicamente também foi ditada pelo ambiente, os acionistas da AT&T, os analistas financeiros, os clientes e os legisladores governamentais.

As decisões de RH certamente influenciam o progresso em relação a padrões externos – em graus variados, as atividades de RH podem afetar a segurança, as oportunidades iguais de emprego (veja o Capítulo 2) e as relações na comunidade. E, apesar desses acontecimentos afetarem menos diretamente os resultados financeiros, como preço das ações, os analistas do setor deram grande atenção às decisões de RH na AT&T.

Quadro 5.4
Como as mudanças no setor de telecomunicações afetaram os recursos humanos.

Reviravolta na Telefonia	
Mais de 140.000 empregos desapareceram desde 1993	
Empresas	**Demissões, 1993-1996**
AT&T	63.500
GTECorp.	17.000
NYNEX	16.800
BellSouth	11.300
Pacific Bell	10.000
U.S.West	9.000
Ameritech	6.000
Bell Atlantic	5.600
MCI	3.000
Sprint	1.600
Southwestern Bell	1.500
Pacific Telesis	500

Fonte: COOK, William J., HETTER, Katia. Hanging up on workers. *U.S. News & World Report*, 15, p. 50, Jan. 1996. Todos os direitos reservados.

---

17 SLOAN, Allan. For whom the Bell Tolls. *Newsweek*, p. 44-45, 15 jan. 1996.

Nível Organizacional

Você sabia que existe um livro nos Estados Unidos com 301 "definições de missão" das principais empresas americanas?[18] Praticamente, todas as organizações possuem uma definição ampla de objetivos, incluindo qualidade, satisfação dos clientes, respeito pelas pessoas, e assim por diante. A missão e as decisões por ela motivadas determinam o nível organizacional de planejamento e refletem as condições organizacionais discutidas no Capítulo 3.

A American Airlines decidiu que, além de manter seu negócio de voos, poderia também vender serviços administrativos (tais como seu sistema de reservas Sabre, sua excelência em atendimento telefônico e seus sistemas de gerenciamento de hangares) para outras transportadoras aéreas, linhas turísticas e empresas de entrega de correspondência. A Amgen, uma empresa da área de biotecnologia, pretendia manter "aquele espírito familiar", embora seus índices de crescimento tivessem ultrapassado os 100% ao ano. As indústrias americanas buscam minimizar as distâncias de inovação, produzindo rapidamente novas ideias. A IBM e a Eastman Kodak querem reestruturar-se para obter custos e níveis de produtividade mais competitivos. As empresas no Japão também estão reestruturando-se para cortar custos e enfocar mais os lucros do que a participação no mercado.[19]

Essas metas refletem o segundo nível do Quadro 5.3, que mostra as decisões sobre a organização. O termo *organização* geralmente refere-se a toda a empresa; entretanto, nas organizações muito grandes ou descentralizadas, o termo pode aplicar-se a subunidades, como divisões, regiões, centro de resultados, filiais ou agências. Os principais interessados no sucesso da empresa que estabelecem os padrões no nível organizacional são os altos executivos, a quem cabe a responsabilidade pelo atingimento dos objetivos da organização. O Capítulo 3 descreveu as características organizacionais e a forma como elas são diagnosticadas. O processo de identificação dos padrões do nível organizacional e as decisões tomadas para alcançá-los são chamados de *planejamento empresarial*.

O Quadro 5.5 mostra as metas de nível organizacional para a rede McDonald's, em 1996, e suas implicações para a área de recursos humanos, de acordo com Edward H. Rensi, presidente da empresa nos Estados Unidos. Perceba como as metas do nível organizacional são estabelecidas pelos altos executivos dentro da empresa. Repare também como as implicações para os recursos humanos decorrem dessas metas. A McDonald's utilizou o planejamento de recursos humanos para criar essa integração.

A coluna da direita do Quadro 5.3 traz algumas das decisões do planejamento empresarial abrangente. As decisões na área de RH podem realmente afetar essas metas organizacionais? Os líderes das empresas parecem acreditar nisso. Rich Melman, conhecido empresário de Chicago do ramo de restaurantes, criou uma cadeia

---

Quadro 5.5
Metas de nível organizacional da McDonald's para 1996 e suas implicações sobre os recursos humanos.

Metas organizacionais para a McDonald's dos EUA para 1996
✦ Melhorar o índice de satisfação do cliente para 88% até o fim do ano, atingindo 90% em 1997.
✦ Melhorar a satisfação dos funcionários para 72%.
✦ Obter 10 pontos percentuais na satisfação do cliente acima da taxa da concorrência (Burger King, Wendy's).
Implicações para os recursos humanos
✦ Realizar visitas-surpresas para avaliar o desempenho dos funcionários: preencher os pedidos em, no máximo, 90 segundos, e não deixar ninguém esperando por mais de três minutos e meio.
✦ Reduzir a taxa de rotatividade

Fonte: GIBSON, Richard. McDonald's approaches'96 with goal of making US Service "Hassle-Free". *The Wall Street Journal*, 26 Dec. 1995, p. A3. Reproduzido com permissão do *The Wall Street Journal*, 1995 Dow Jones & Company, Inc. Todos os direitos reservados mundialmente.

---

18 ABRAHAMS, Jeffrey. *The mission statement book.* Berkeley, CA: Ten Speed Press, 1995.

19 American Airlines: managing the future. *The Economist*, p. 68-69, 19 Dec. 1992; ERDMAN, Andrew. How to keep that family feeling. *Fortune*, p. 95-96, 6 Apr. 1992; DUMAINE, Brian. Closing the innovation gap. *Fortune*, p. 56-62, 2 Dec. 1991; RIGDON, Joan E. Kodak's changes produce plenty of heat, little light. *The Wall Street Journal*, 8 Apr. 1992, p. B4; SCHLESINGER, Jacob M., CHANDLER, Clay, BUSSEY, John. Era of slower growth brings a strange sight: Japan restructuring. *The Wall Street Journal*, 8 Dec. 1992, p. Al.

de estabelecimentos que prosperam individualmente; ele atribui esse sucesso ao treinamento no trabalho, a benefícios generosos e à participação financeira dos empregados nos resultados da empresa. O economista Alan Blinder costuma dizer que o verdadeiro segredo da dinâmica economia japonesa está no fato de suas empresas terem rompido as barreiras do "nós" contra "eles", diminuindo a distância entre os executivos e os demais empregados em suas remunerações e atribuições de funções, e levando-os a buscar igualmente o crescimento para preservar seus empregos e suas oportunidades de carreira. Na gigantesca empresa farmacêutica Merck & Company, uma meta negocial fundamental é o descobrimento de novas drogas ao mesmo tempo em que se internalizam padrões rígidos financeiros para o desenvolvimento de novos produtos. Judy Lewent, gerente financeira, aponta seus sistemas de remuneração por mérito e de avaliação de desempenho, bem como a baixa rotatividade, como responsáveis por esse sucesso: "A vantagem competitiva nasce de sua base de recursos humanos, da excelência das pessoas que você contrata e mantém". Frederick W. Smith, da Federal Express, diz: "No setor de serviços, a qualidade de seu produto depende da qualidade da última conversa entre seu empregado e seu cliente".[20] Da próxima vez que você tiver que lidar com um balconista desinformado e malcriado, talvez você pense: "Esta loja precisa mudar seu sistema de avaliação de desempenho" (além de outras coisas).

Qualidade como um Imperativo Empresarial

Um dos mais discutidos objetivos de nível organizacional é a *qualidade*, vista como um valor aos olhos dos clientes. Uma pesquisa com administradores de RH, líderes empresariais, consultores e acadêmicos de todo o mundo revelou que o "enfoque na qualidade total/satisfação do cliente" é um dos imperativos empresariais mais votados para o ano 2000. Cerca de 30% do total dos entrevistados colocaram seu impacto sobre a área de RH em primeiro ou segundo lugar, com exceção dos japoneses, dos quais menos de 10% tiveram esta opinião.[21] Em 1987, o Congresso dos Estados Unidos criou o Prêmio Nacional de Qualidade Malcolm Baldrige para reconhecer e divulgar conquistas bem-sucedidas em relação à qualidade. Em 1995, a Armstrong World Industries' Building Productions

Operations Unit e a Corning's Telecommunications Products Division ganharam esse prêmio. A utilização dos recursos humanos é uma das seis categorias que são julgadas pela comissão do prêmio. Nos últimos anos, temos assistido à inevitável discussão sobre a validade do esforço em busca de prêmios desse tipo, bem como sobre questões como se a qualidade deve ser um reflexo dos processos (treinamento de alto nível ou sistemas de sugestões) ou dos resultados (níveis de vendas ou de satisfação dos clientes). O Quadro 5.6 mostra algumas das armadilhas mais comuns que podem aparecer durante a busca da qualidade total e indica como a administração de RH pode ajudar a evitá-las. A mensagem mais importante desse quadro é a que aconselha evitar a mensuração do progresso por meio da quantidade de *atividades,* como o número de programas de treinamento ou gráficos, e enfocar o *impacto* desses programas em relação às metas organizacionais.

Quantidade e Distribuição dos Recursos Humanos

Para melhor isolar os efeitos das decisões de RH, os planejadores geralmente consideram o tamanho do quadro de pessoal e como ele se distribui pelos vários papéis dentro da organização. Isso se chama *planejamento do emprego.* Os padrões típicos do planejamento do emprego podem incluir:

- Reduzir o tamanho do quadro de pessoal em 5% nos próximos seis meses.
- Reduzir o número de funcionários nos escritórios em 5.000 e remanejar pelo menos 4.000 deles para a área de vendas/marketing em dois anos.
- Manter a folha de pagamento deste ano no mesmo nível, apesar da inflação.

Repare que esses padrões buscam saber se números, custos e qualidades dos empregados atendem às necessidades, e não sobre os efeitos desse atendimento ou da combinação de programas utilizada. O Quadro 5.3 mostra que as decisões do planejamento do emprego buscam identificar as discrepâncias entre a demanda futura e a oferta existente, e então tentar conciliar as duas coisas. Esse planejamento é típico da administração de RH; examinaremos o assunto em detalhes mais adiante.

---

20 THERRIEN, Lois. Why Rich Melman is really cooking. *Business Week,* p. 127-128, 2 Nov. 1992; BLINDER, Alan S. How Japan puts the "'human' in human capital". *Business Week,* p. 22, 11 Nov. 1991; FERGUSON, Tim W. Financial prescriptions for mighty Merck. *The Wall Street Journal,* 30 June 1992, p. A17; BELDEN, Tom. High on people. *Human Resource Executive,* p. 61-63, Sept. 1991.

21 PERRIN, Towers. *Priorities for competitive advantage:* an IBM-Towers Perrin study. New York: Towers Perrin, 1992.

Diagnóstico de Condições, Planejamento e Fixação de Objetivos

Quadro 5.6
Como a administração de RH pode ajudar a evitar as armadilhas da qualidade total.

Armadilhas mais comuns	Contribuição da ARH
O presidente descobre a Qualidade Total e a quer implementada imediatamente, sem antes fazer uma adequação às características da organização	Adequar a abordagem Enfocar as intervenções Mover-se incrementalmente Construir sobre o sucesso passado
Contar o número de programas de treinamento em vez de seus resultados	Utilizar técnicas de desenvolvimento organizacional consolidadas Resolver de problemas negociais
Preocupação com a implementação de processos e rituais de qualidade, mas sem obter mudanças significativas	Foco nos resultados a serem obtidos Integrar os processos a metas relevantes
Sobrecarregar-se de dados, tabelas e gráficos que só aumentam a confusão	Esclarecer o papel das equipes de qualidade Dar treinamento sobre como coletar informação útil e fazer perguntas objetivas
Não conseguir modificar a cultura organizacional de forma a permitir que novas ideias floresçam	Incorporar a qualidade na estratégia organizacional Obter o entendimento da administração de linha Monitorar o progresso e o impacto negocial
Pedir o esforço da equipe, mas recompensar individualmente	Rever o sistema de avaliação para incluir as opiniões dos clientes e dos colegas Criar recompensas para as equipes Programar as mudanças de RH de forma que exista uma massa crítica de equipes
O entusiasmo diminui depois de uma euforia inicial	Obter a avaliação dos empregados Acompanhar as atividades de implementação Monitorar a expansão do processo de qualidade total e os resultados negociais

Fonte: Adaptado de LIEBMAN, Michael S. Getting results from TQM. *HR Magazine*, p. 38, Sept. 1992.

Departamento/Função de Recursos Humanos

Os planejamentos externo e organizacional produzem padrões e decisões que refletem a sobrevivência e o sucesso de forma abrangente. As decisões de RH podem e devem refletir esses padrões, mas é por vezes difícil dizer se as mudanças nos resultados externos ou organizacionais foram conquistadas por causa ou não obstante um departamento/função de RH bem administrado. Assim, os planejadores geralmente estabelecem parâmetros para definir como o departamento/função em si será administrado, se o nível e a combinação dos recursos correspondem aos planos, e se os principais responsáveis pela empresa o veem com destaque entre os demais departamentos. Essa etapa do processo é chamada de *planejamento estratégico de recursos humanos* e determina os padrões mais abrangentes dentro dos quais as decisões específicas são tomadas.

Todos os anos, vários consultores e publicações apresentam entrevistas com administradores de RH a respeito de suas prioridades. Suas intenções são: (1) apresentar novas tecnologias para a mão de obra; (2) recrutar e manter pessoas-chave; (3) realizar a reengenharia do processo de trabalho; (4) tornar-se um estrategista empresarial atuante; (5) gerenciar a busca externa de pessoas para a função de RH; (6) definir os clientes internos e externos de RH; e (7) fazer o alinhamento das visões de RH com aquelas da cúpula da empresa.[22]

Repare como cada um desses padrões enfoca os efeitos combinados das atividades de RH dentro do escopo amplo dos resultados externos ou organizacionais.

---

22   *HRM News*, p. 2, 22 May 1995; *HRM News*, p. 2, 10 July 1995.

O Quadro 5.3 mostra alguns tipos de decisão tomadas nessa etapa e como essas decisões traduzem o plano de nível organizacional em escolhas específicas sobre a função de RH.

No final deste livro, discutiremos o papel do profissional de RH e aspectos mais específicos da questão do departamento/função de RH. No momento, veja como a estrutura e as metas da função de RH precisam complementar o processo global de planejamento da empresa.

Atividades Específicas da Administração de Recursos Humanos

Talvez a forma mais óbvia de planejar e avaliar as decisões de RH seja perguntando: Nossas atividades estão acontecendo e trazendo os resultados imediatos que queremos? Os *planos de ação de recursos humanos* consideram os prováveis efeitos das atividades específicas de RH. Os padrões típicos desse nível podem incluir:

- Estender os benefícios médicos de longo prazo a todos os empregados identificados como de grupo de risco de incapacitação por longo prazo até o dia 30 de julho.

- Implementar o plano de remuneração pela participação no sucesso como forma de recompensar a excelência do desempenho sem aumentar o orçamento dos salários em mais de 100.000 dólares, antes do fim do ano.

- Fazer com que todos os participantes do grupo de treinamento no idioma passem por um teste de leitura até o final do ano.

- Demonstrar que os benefícios ultrapassam em mais de 120% os custos com treinamentos e seminários.

Repare como esses padrões isolam atividades específicas de RH, os recursos que elas usam ou os resultados imediatos que alcançam.

O Quadro 5.3 mostra que as decisões típicas dos planos de ação de RH incluem a implementação ou não de determinadas atividades e o quão extensiva cada atividade deve ser. Os planos de ação transformam os padrões de tamanho e distribuição do quadro de pessoal presentes no planejamento do emprego em atividades específicas. Os padrões dos planos de ação têm a ver com muitas das características dos empregados discutidas no Capítulo 4. Esses planos podem oferecer uma orientação bastante objetiva para a continuação, expansão ou eliminação de atividades. Contudo, devem também refletir as metas globais. Por exemplo, treinar 200 operários em hidráulica pode atender a um plano de ação, mas terá pouca valia se a demanda por essa especialidade estiver em baixa.

Os capítulos a seguir tratarão de cada atividade de RH separadamente. Entretanto, é preciso sempre lembrar que essas atividades devem trabalhar em conjunto para a obtenção das metas globais da organização e da apropriada distribuição dos recursos humanos. Agora faremos um exame mais detalhado do terceiro nível de análise do Quadro 5.3, planejamento do emprego.

PLANEJAMENTO DO EMPREGO: A QUANTIDADE E A DISTRIBUIÇÃO DOS RECURSOS HUMANOS

O planejamento do emprego visa obter o número certo e os tipos adequados de empregados, realizando as tarefas corretas no tempo certo. O Quadro 5.7 mostra o processo do planejamento do emprego. Esse processo envolve três fases básicas: (1) análise das demandas de RH; (2) análise da oferta de RH; e (3) conciliação das discrepâncias entre demanda e oferta por meio da manutenção ou da mudança das atividades de RH. Note que esse processo é paralelo ao processo de planejamento global descrito no Quadro 5.1. A análise da demanda pergunta *Onde queremos chegar?* A análise da oferta pergunta *Onde estamos agora?* e *Onde chegaremos?*, considerando tanto a *oferta interna* (empregados atuais) como a *externa* (empregados que vêm de fora para a organização). A soma dessas ofertas é então comparada com a demanda projetada. As discrepâncias são identificadas e são estabelecidas prioridades. As diferenças mais importantes tornam-se padrões de RH. No planejamento do emprego, os padrões indicam a quantidade e a distribuição dos empregados. Finalmente, esses padrões são *conciliados* por meio da escolha das atividades de RH para solucionar as discrepâncias, e o processo reinicia-se.

Como Mensurar a Demanda e a Oferta de Recursos Humanos

Qual é a forma correta de medir a demanda e a oferta de pessoal? Para alguns, a resposta é contar "corpos" ou "cabeças". Nós dividimos o número de empregados em certas categorias, como tarefa, sexo, raça ou tempo de trabalho. O planejamento do emprego pode ater-se à questão de se o número de pessoas disponíveis para determinadas tarefas é igual ao número necessário. Entretanto, pode fazer bem mais sentido procurar por "capacitação", talvez sob a forma de talentos específicos.

Quadro 5.7
Três fases do processo de planejamento do emprego.

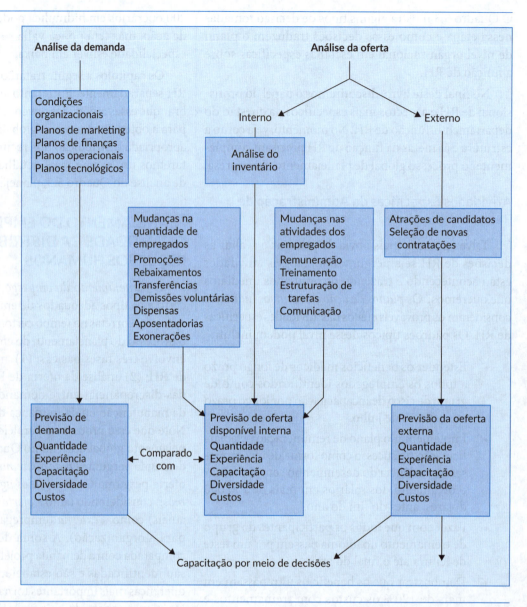

Assim, podemos avaliar oferta e demanda para "liderança", "formação de equipes" ou "capacidade de falar um dialeto chinês".

Considerando a velocidade das mudanças organizacionais, "função" pode ser um conceito de curta duração. Portanto, um sistema baseado em capacitações pode ser bem mais adequado do que simplesmente contar pessoas. Se uma equipe precisa de liderança e de determinada habilidade técnica, essa necessidade pode ser atendida por uma única pessoa que possua ambas as características, ou por dois indivíduos, cada um atendendo a um aspecto. Esse tipo de abordagem também facilita para os empregados planejarem suas carreiras e aprenderem novas experiências com vistas nas futuras necessidades da organização. Em vez de perguntar: "Haverá vaga para mim como técnico de segundo nível?", a pessoa deveria perguntar: "Estarei mais bem capacitado para exercer mais papéis no futuro se tiver sucesso como líder de equipe?" Muitas empresas têm adotado essa abordagem, listando as capacitações necessárias para os vários papéis (tais como diretor financeiro ou diretor de criação) e comparando as características de seus funcionários com elas. Essa prática não apenas identifica mais candidatos, mas também mostra quais deles estão prontos e quais estão "bloqueados", e o que fazer para libertar estes últimos.

Para a tomada de algumas decisões, é preciso medir outras facetas das pessoas, tais como nível de experiência, diversidade ou até custo trabalhista. Tudo depende de que decisão está sendo tomada, o que nos traz de volta ao planejamento no nível organizacional e ambiental (veja o Quadro 5.3). Enquanto você lê as próximas seções que descrevem as técnicas de análise de demanda e oferta, tenha em mente que, embora a maioria das empresas conte cabeças, as mesmas técnicas podem ser usadas com outras medidas de recursos humanos.

> ### QUAL SUA OPINIÃO?
>
> Pense a respeito da preparação de sua própria carreira. Você estabelece suas metas em termos de uma atividade específica, como tornar-se um advogado criminalista ou um neurocirurgião? Ou você encara sua educação como um processo de formação de diferentes capacitações, talvez incluindo conhecimentos legais e de medicina, adequados a uma grande variedade de possíveis ocupações (como um consultor jurídico para hospitais ou um escritor de livros de autoajuda sobre questões legais). Cada vez mais, as pessoas dizem-lhe que você deve pensar em sua carreira em termos do que você pode fazer, e não de que emprego você vai arrumar. Talvez o planejamento do emprego possa ser visto sob um ângulo semelhante.

Análise da Demanda: Onde Nós Queremos Estar?

A análise da demanda descreve as futuras necessidades de recursos humanos. A previsão de demanda não tenta predizer as futuras necessidades no nível individual de cada empregado, competência ou custo de pessoal. Na verdade, ela faz um sumário das necessidades em grupos-chaves de empregados e competências, ou alvos de diversidade, dando destaque aos mais críticos. No exemplo dado no começo deste capítulo, do First Chicago Bank, um fator estratégico chave era a qualidade dos funcionários de atendimento e dos empregados operacionais, o que foi traduzido em *demanda* de nível básico de capacitação.

Integrando os Planos Negociais com as Exigências de Recursos Humanos

Demissões, corte de custos, problemas de produtividade, *downsizing* e reestruturação – as manchetes de noticiários estão repletas de exemplos do vínculo entre os planos negociais e as demandas de recursos humanos. Na Malásia, os executivos enfrentam dilemas do tipo como fazer a seleção adequada em uma divisão cuja demanda cresce 20% ao ano. Muitos dos executivos americanos adorariam ter esse tipo de problema. Os recursos humanos têm que estar de acordo com a situação dos negócios, estejam eles em fase de expansão ou de retração. Como os planejadores transformam esses conceitos gerais em quantidades, qualidade e custos específicos de recursos humanos?

A lógica está descrita no Quadro 5.8. O nível de atividade negocial que pode ser realizado é igual ao produto da quantidade de empregados e do tempo de sua jornada de trabalho multiplicado pelo nível médio de sua produtividade ou atividade. Exemplos de indicadores de atividade negocial são:[23]

- A 3M Company usa a receita bruta de vendas.
- A State Farm Insurance Companies utiliza suas apólices.
- A Upjohn Company usa o retorno dos investimentos, e ainda outras empresas utilizam a estimativa de volume de produção ou o valor agregado (a diferença entre o custo de matéria-prima e o preço final do produto).

Com base nessas previsões, algumas organizações estimam o número de empregados com a capacitação crítica para o negócio e, depois, com base nessa quantidade, os empregados para apoio (contabilidade, RH, secretaria).[24] Por exemplo, onde a função crítica é a do engenheiro, como nas empresas Hewlett-Packard ou Rockwell International, os planejadores podem usar um cálculo de 2 secretárias, 1 1/2 funcionários de contabilidade e 1 profissional de RH para cada 10 engenheiros.

---

23 BURTON. Manpower planning; MILKOVICH, MAHONEY. HRP and PAIR policy; DAHL, Henry, MORGAN, K. S. *Return on investment in human resources.* Kalamazoo, MI: Upjohn Company, 1982.

24 VETTER. *Manpower planning;* RUDELIUS, W. Lagged manpower relationship in development projects. *IEEE Transactions on Engineering Management,* p. 188-195, Dec. 1976.

Diagnóstico de Condições, Planejamento e Fixação de Objetivos

Quadro 5.8
Vínculo entre a atividade negocial e a demanda de recursos humanos.

Fórmula Geral		
Atividade negocial = Quantidade de empregados × produtividade por empregado		
Exemplos genéricos		
Receitas de vendas	= número de vendedores	× dólar/venda por vendedor
Níveis de produção	= número de horas trabalhadas	× resultado por hora/produção
Custos operacionais	= número de empregados	× custo trabalhista/empregado

A atividade negocial também pode ser definida com base nos custos e, nesse caso, a meta geralmente é obter reduzido nível de atividade. A General Motors, a IBM e a Eastman Kodak estão entre as empresas que utilizam planos de aposentadoria antecipada para diminuir o número de empregados, e seus analistas estão constantemente estimando os efeitos sobre os custos e os ganhos por ação no mercado. Outra estratégia é reduzir custos, mantendo constante o número de empregados, mas limitando os aumentos salariais e de outros custos, como tem feito a USAir Group. Os cortes de remuneração, entretanto, podem ser um tiro pela culatra, caso a produtividade caia mais do que a economia conseguida. "A produtividade foi para o ralo", diz Frank P. Doyle, diretor de negócios internacionais da General Electric, sobre os resultados de um acordo na divisão de motores elétricos no qual os trabalhadores aceitaram um corte salarial de 11%. Aumentando a produtividade, algumas empresas como a Birmingham Steel, Cincinati Millacron e a Cypress Minerals descobriram poder competir com as taxas de produtividade/custos de seus concorrentes internacionais sem cortar os salários de seus empregados.[25] É necessária uma perspectiva de longo prazo; demitir ou aposentar prematuramente os empregados pode trazer redução de custos momentânea, mas sair caro mais tarde, se esses funcionários tiverem que ser repostos quando a atividade negocial estiver no pico.

Portanto, a análise da demanda revela o número *desejado* de empregados e sua distribuição para dar suporte às atividades negociais projetadas. O próximo passo é determinar o número e a distribuição *reais* de pessoal atual e projetado.

Análise da Oferta Interna: Onde Estamos Agora? Aonde Chegaremos?

A Igreja Católica enfrenta uma crise, em que os padres mais velhos estão aposentando-se, os mais novos estão abandonando o hábito e cada vez menos jovens estão fazendo seus votos.[26] A perda de competências-chaves está levando esta organização internacional a enfrentar enormes problemas de oferta de recursos humanos. A análise da oferta examina a organização tanto interna como externamente. Como o Quadro 5.7 mostra, a análise da oferta interna começa com a pergunta: "Onde estamos agora?", e pelo exame do *inventário atual interno* de empregados. Depois, então, pergunta-se: "Aonde queremos chegar?", e realiza-se uma *previsão da oferta interna,* assumindo-se que as atividades continuarão como estão. Essa previsão leva em conta os movimentos dentro da organização (promoções/rebaixamentos/transferências) e fora dela (demissões voluntárias, demissões, aposentadorias, exonerações). O resultado desta análise é um sumário do quadro de pessoal atual e projetado, refletindo seu tamanho, experiência, capacitação, diversidade, custos ou outras características.[27]

A análise da oferta interna baseia-se em princípios simples. Primeiro, determinam-se quantas pessoas

---

25 TEMPLIN, Neal. GM and UAW unveil retirement plan in joint drive to slash firm's cost woes. *The Wall Street Journal,* 15 Dec. 1992, p. A4; PULLEY, Brett. USAir group plans cost-cutting steps: move likely to involve wage concessions. *The Wall Street Journal,* 30 Sept. 1992, p. A7; BERNSTEIN, Aaron. GE's hard lesson: pay cuts can backfire. *Business Week,* p. 53, 10 Aug. 1992; MILBANK, Dana. U.S. productivity gains cut costs, close gap with low-wage overseas firms. *The Wall Street Journal,* 23 Dec. 1992, p. A2.

26 NIEBUHR, Gustav. Mass shortage: catholic church faces crisis as priests quit and recruiting fails. *The Wall Street Journal,* 13 Nov. 1990, p. Al.

27 DYER, Lee D. Human resource planning. In: ROWLAND, K., FERRIS, Gerald. (Orgs.). *Personnel management.* Boston: Allyn & Bacon, 1982. p. 52-77; ATWATER, D. M., BRESIII, E. S., NIEHAUS, Richard J., SHERIDAN, J. A. An application of integrated human resources planning supply-demand model. *Human Resource Planning* 5, nº 1, p. 1-15, 1982; HINRICHS,

realizam cada função agora. Em seguida, para cada função, estimam-se quantos vão continuar onde estão, quando irão mudar de função e quantos deixarão as funções e a organização. Calculando-se tudo isso em conjunto, chega-se a uma projeção de quantas pessoas estarão em cada função depois de todo o movimento terminado. No entanto, a realidade é bem mais complexa. As funções atuais continuarão como estão, serão combinadas entre si, algumas desaparecerão, outras serão criadas? Os movimentos das pessoas entre as funções seguirão sempre o mesmo padrão? Cada empregado que muda de função terá a mesma produtividade daquele que ocupava seu lugar antes? Talvez devêssemos esquecer essa questão e centralizarmos-nos na questão das competências. O passado nem sempre é um bom indicador do futuro, mas, frequentemente, é só o que temos em mãos. Dessa forma, a previsão da oferta interna é comumente uma questão de julgamento; várias técnicas podem tornar esse processo mais sistemático e fundamentado na experiência. Algumas técnicas, como inventários de talentos e quadros de substituição, são baseadas nos julgamentos dos planejadores ou outros especialistas, enquanto outras são mais estatísticas, como as matrizes de transição. Algumas pesquisas mostram que as técnicas baseadas em julgamentos são as mais comuns.[28] De qualquer modo, o uso da informática tem melhorado a capacidade de utilizar modelos estatísticos.

Inventários de Talentos

Um inventário de talentos é uma lista de empregados que mostra suas características em relação à habilidade de desempenhar diferentes funções.[29] Essas características podem ter participado de um programa de treinamento, ter experiências anteriores, titulações, aprovação em exames ou testes, julgamento de supervisores ou, ainda, resultados de testes de resistência e força. Um inventário de talentos pode ajudar o planejador a calcular a probabilidade de determinados empregados mudarem para novas funções com base em suas qualificações. Um inventário de habilidades pode revelar competências-chaves.

Os computadores pessoais atualmente são um bom auxílio tanto para os planejadores como para os empregados em catalogar as competências e adequá-las às oportunidades. Existem programas específicos para isso, que fazem uma listagem das habilidades requeridas por diferentes funções e buscam entre os empregados aqueles que possuem tais características. Dessa maneira, os planejadores podem fazer uma busca eletrônica sobre quantas pessoas disponíveis têm as capacitações para preencher necessidades futuras, e os empregados podem comparar suas habilidades com aquelas exigidas pelas funções que pretendem assumir no futuro. O Chase Manhattan Bank utiliza esse tipo de *software* para planejar a movimentação de seus executivos em todo o mundo. Este programa, chamado de Sistema de Informação de Mobilização Global (GMIS – Global Mobility Information System), coloca em ligação as cidades de New York, Londres, São Paulo e Hong Kong, permitindo aos planejadores verificar os perfis e talentos dos executivos, programar férias e atividades de desenvolvimento quando percebem necessidade de melhorias.[30]

> **EXPLORANDO A WEB**
>
> Você pode ter mais informações sobre esse tipo de *software* no *site* de um deles, o *Career Architect,* no seguinte endereço:
>
> http://www.lominger.com/career.htm

Quadros de Substituição

Enquanto os inventários de talentos listam as capacitações individualmente, os quadros de substituição listam os indivíduos que podem ser recolocados em papéis-chaves dentro da organização. Eles apresentam uma relação dos empregados disponíveis para promoções ou transferências, bem como informações como papel atual de cada funcionário, seu nível de disponibilidade, talentos/habilidades e vontade de mudar. Os quadros de substituição ajudam os planejadores a prever

---

J. R., MORRISON, Robert F. Human resource planning in support of research and development. *Human Resource Planning* 3, nº 4, p. 201-210, 1980.

28 GREER, Charles R., JACKSON, Dana L., FIORITO, Jack. Adapting human resource planning in a changing business environment. *Human Resource Management* 28, nº 1, p. 105-123, Spring 1989.

29 MURDICK, R. G., SCHUSTER, F. Computerized information support for the human resource function. *Human Resource Planning* 6, nº 1, p. 25-35, 1983.

30 LANCASTER, Hal. Professionals try novel way to assess and develop skills. *The Wall Street Journal,* 29 Aug. 1995, p. Bl. HRIS: matching jobs and skills worldwide. *HRM News,* p. 3, 3 July 1995.

148 | Diagnóstico de Condições, Planejamento e Fixação de Objetivos

a movimentação entre os diferentes papéis dentro da organização por meio da identificação dos candidatos mais interessados e preparados. Uma variação dessa abordagem é específica para os processos de sucessão no alto escalão da organização, e é chamada de *planejamento sucessório;* isto será examinado no Capítulo 9, dentro do assunto carreira.

Matrizes de Transição

Ainda que as técnicas de previsão baseadas em julgamentos sejam as mais comumente usadas, as organizações cada vez mais estão lançando mão de técnicas que projetam matematicamente tendências passadas em previsões futuras. Essas técnicas podem ser chamadas de Markov, fluxo de rede ou modelos de renovação, e podem utilizar fórmulas matemáticas como regressão e otimização. A maioria delas baseia-se na *matriz de probabilidade de transição*, que examina o padrão geral de movimento dentro e fora da organização e o padrão intermediário desses dois ambientes.[31]

O Quadro 5.9 mostra os três elementos de uma matriz de probabilidade de transição:

1. *Definição dos estados.* Estados são as divisões que segmentam a organização para efeito de análise. Geralmente, os estados são funções ou níveis salariais; também podem ser níveis de desempenho. Para o planejamento de Igualdade nas Oportunidades de Emprego, os estados podem significar raça, sexo ou outros fatores relacionados com a questão da diversidade. Algumas empresas, como a British Petroleum, até trocaram as descrições de funções por matrizes que representam as habilidades, comportamentos e competências. Os estados também podem refletir nacionalidades, como os empregados da 3M de Bangalore, índia, ou a fábrica de computadores da Hewlett-Packard em Guadalajara, México.[32] Foram usados títulos diferentes para as funções no Quadro 5.9 para ilustrar os diferentes "estados". As tarefas de *A* a *D* estão relacionadas com vendas; a função *A* (executivo regional de marketing) é a mais alta na hierarquia, e *a D* (gerente assistente de vendas) é a mais baixa. As funções de *E* a *I* representam aquelas relacionadas com a produção; a tarefa *E* (gerente de fábrica) é a mais alta na hierarquia e a *I* (operário de linha) é a mais baixa. A tarefa *J* é dos motoristas de caminhão, atividade externa aos dois grupos anteriores. A penúltima coluna da direita leva o título de "Saída" porque representa aqueles que deixaram a empresa durante o período da análise.

2. *Intervalo de tempo.* A movimentação acontece durante um período de tempo, que precisa ser especificado na matriz. As linhas da matriz (período de tempo 1) descrevem os estados no início da análise; este pode ser um tempo passado, atual ou uma projeção para o futuro. As colunas da matriz (período de tempo 2) descrevem os estados ao final do período de tempo analisado. Este pode ser um dia, um mês, um ano, um ciclo negocial ou qualquer medida que o planejador entenda como relevante para a previsão de oferta.

---

31 Existem diversas referências sobre esse assunto: para uma leitura mais avançada citamos GRINOLD, R. C., MARSHALL, K.T. *Manpower planning models.* New York: Elsevier North-Holland, 1977; BARTHOLOMEW, D. J. *Stochastic models for social processes.* 2. ed. New York: John Wiley, 1973; e WHITE, Harrison. *Chains of opportunity:* system models of mobility in organizations. Cambridge: Harvard University Press, 1970. Para os estudantes novos no tema, recomendamos MAHONEY, Thomas A., MILKOVICH, George T., WEINER, Nan. A stock and flow model for improved human resources measurement. *Personnel,* p. 57-66, May/June 1977; e VROOM, Victor H., MacCRIMMON, K. R. Towards a stochastic model of management careers. *Administrative Science Quarterly,* p. 26-46, June 1968; ROWLAND, K. M., SOVEREIGN, M. G. Markov-chain analysis of internai manpower supply. *Industrial Relations* 9, nº 1, p. 88-89, 1969; MAHONEY, T., MILKOVICH, G. "Markov chains and manpower forecasts". Office of Naval Research Technical Report NR 151-323-7002, 1970; e BARTHOLOMEW, D. J., SMITH, A. R. (Orgs.). *Manpower and management Science.* Londres: English University Press, 1970.

32 NIEHAUS. Computer-assisted manpower planning; MAHONEY, Thomas A., MILKOVICH, George T. Markov chains and manpower forecasts; GILLESPIE, Jackson F., LEININGER, Wayne E., KAHALAS, Harvey. A human resource planning and valuation model. *Academy of Management Journal,* p. 650-656, Dec. 1976; BRES III, E. S., NIEHAUS, R. J., SCHINNAR, A. P., STIENBUCH, P. Efficiency evaluation of EEO program management. *Human Resource Planning* 6, nº 4, p. 223-247,1983; KRZYSTOFIAK, F. Estimating EEO liability. *Decision Sciences 2,* nº 3, p. 10-17, 1982; LEDVINKA, J., LaFORGE, R. L. A staffing model of affirmative action planning. *Human Resource Planning,* p. 135-150, 1978; e MILKOVICH, G., KRZYSTOFIAK, F. Simulation and affirmative action planning. *Human Resource Planning* 2, nº1, p. 71-80, 1979. MORAVEC, Milan, TUCKER, Robert. Job descriptions for the 21st century. *Personnel Journal,* p. 37-40, June 1992. O'REILLY, Brian. Your new global workforce. *Fortune,* p. 52-66, 14 Dec. 1992.

3. *Conteúdo das células.* Cada célula da matriz é uma intersecção de uma linha com uma coluna – um estado no período de tempo 1 com um estado no período de tempo 2. Dentro dessas células é colocada a proporção de empregados que estava no estado origem (coluna) no período de tempo 1, e no estado destino (coluna), no período de tempo 2. Por exemplo, a célula *AA* mostra o valor 1,00, significando que 100% dos executivos regionais de marketing no período de tempo 1 continuavam na mesma posição no período de tempo 2. A célula *BA* traz o valor 0,15, o que significa que 15% dos executivos assistentes regionais de marketing no período de tempo 1 haviam sido promovidos a executivos regionais no período de tempo 2. As células que formam a diagonal da matriz *(AA, BB, CC* etc.) representam a probabilidade de permanência na mesma posição durante o período de tempo da análise. Cada probabilidade é computada, contando-se o número de empregados que passaram do estado linha para o estado coluna, e dividindo-se essa quantidade pelo número original de empregados no estado linha no início da análise. O conteúdo das células pode refletir mudanças realmente ocorridas ou pode trazer possibilidades hipotéticas que pretendemos obter no futuro.

O que a Matriz de Probabilidade de Transição Tem Para nos Dizer?

Primeiramente, podemos identificar padrões de carreira. As primeiras quatro posições do Quadro 5.9 parecem formar uma carreira de marketing, porque as pessoas passam de gerentes assistentes de vendas (função *D*), pelas funções *B* e *C* até chagarem a executivos regionais de marketing (função *A*). Não existe movimentação entre essas tarefas e as demais. Da mesma forma, as funções de *E* até *I* formam uma carreira de produção, indo de *I* (operário de linha) até *E* (gerente de fábrica). Os motoristas de caminhão (*J*) não se movimentam em nenhuma carreira.

Em segundo lugar, essas matrizes podem identificar como as saídas de empregados afetam a organização. Os números na coluna Saída mostram as taxas de demissões por função. Os motoristas de caminhão e os operários de linha têm alta taxa de saída do emprego. Por outro lado, nenhum executivo regional de marketing (função *A*) deixou a empresa no período analisado. Em princípio, isso parece uma boa notícia, mas lembre-se de que esta posição é o topo da carreira de marketing (funções *A, B, C* e *D).* Se nenhum desses executivos sair

da empresa, será formado um gargalo que dificultará a movimentação na carreira de marketing.

Finalmente, essas matrizes podem revelar oportunidades. Muitas indústrias, tais como a General Motors, a Ford, a Motorola e a Schering-Plough, descobriram que podem desenvolver produtos mais rapidamente e evitar enganos onerosos por meio do envolvimento das pessoas das áreas de marketing e produção no processo de projeto do produto. Assim, a equipe de projeto de produto deve contar com alguém de vendas e de produção, além dos usuais engenheiros projetistas. Como o leitor desenvolveria os talentos para contribuir com uma equipe desse tipo? Talvez pudesse realizar uma "interpolinização", levando empregados da área de produção para a área de vendas e vice-versa. O Quadro 5.9 mostra que isto não está ocorrendo, pois não há números que representem movimentos interfuncionais (por exemplo, células *A, B, C* e *D* na linha *E*), o que pode servir de alerta para os planejadores encorajarem mais tais mudanças.

Como a Matriz de Transição Pode Prever a Oferta Interna Futura?

Uma *simulação* demonstra o que podemos esperar se as pessoas continuarem a movimentar-se por meio da organização e seu ambiente externo de acordo com padrões passados. Essa simulação começa com o número real ou assumido de empregados em cada estado no início da análise (período de tempo 1). O número inicial em cada estado de origem é então multiplicado por cada probabilidade que existe na linha, para mostrar o movimento desde aquela origem até seu destino, incluindo a saída. Finalmente, o número previsto de empregados restantes ou mutantes de cada estado é a soma da coluna, incluindo-se a diagonal. O movimento total para fora de cada estado é a soma da linha, excluindo-se a diagonal. Por exemplo, suponhamos que o número inicial de empregados fosse 100 executivos regionais de marketing (função *A*), 200 executivos assistentes (função *B),* 300 gerentes de vendas (função *C*) e 400 gerentes assistentes (função *D*). Quantos empregados devemos projetar para mudar ou ficar na posição de executivos assistentes (função *B*) no final do período? O número de executivos assistentes que permanecerá na posição é de 160 (200 × 0,80). O número de executivos regionais rebaixados para assistentes (função *A* para função *B*) é igual a zero. O número de gerentes de vendas (função *C),* subindo uma posição (indo para a função *B*), é de 48 (300 × 0,16). Por fim, o número de gerentes assistentes (função *D*) que subiu dois níveis (indo para a função *B*) é de 4 (400 × 0,01). A soma desses valores produz a

150 | Diagnóstico de Condições, Planejamento e Fixação de Objetivos

Quadro 5.9
Matriz de probabilidade de transição para previsão interna de oferta de pessoal. (*)

Estado de Tarefa		Estados-Destino: Período de Tempo 2										Saída	Total
		A	B	C	D	E	F	G	H	I	J		
A. Executivo regional de marketing		1,00										–	1,00
B. Executivo assistente regional de marketing		0,15	0,80	Carreira organizacional I								0,05	1,00
C. Gerente de vendas de produto			0,16	0,76	0,04							0,04	1,00
D. Gerente assistente de vendas de produto			0,01	0,23	0,73							0,03	1,00
E. Gerente de fábrica						0,85	0,05					0,10	1,00
F. Gerente assistente de fábrica						0,25	0,65	0,05				0,05	1,00
G. Coordenador de equipe operacional		Carreira organizacional II					0,40	0,50	0,03			0,07	1,00
H. Líder de equipe operacional							0,02	0,15	0,75			0,08	1,00
I. Operador de processo									0,20	0,50		0,30	1,00
J. Motorista de caminhão						Carreira organizacional III					0,50	0,50	1,00

(Estados-Origem: Período de Tempo 1)

(*) Os valores nas células são proporções.

previsão do número de gerentes assistentes de vendas ao final da análise – 212. E aqueles que deixaram a posição de gerente assistente? Entre os 40 que o fizeram, projetamos 30 que serão promovidos para a função *A,* executivo regional (200 × 0,15) e 10 deixarão a organização (200 × 0,05).

As matrizes de transição também podem ser usadas para análises de períodos múltiplos de tempo, com a simples substituição dos números finais de empregados no período de tempo 2 por um novo número inicial, e refazendo-se a análise da mesma forma anterior. Por exemplo, o valor projetado de saídas entre os 212 gerentes assistentes no período de tempo 3 é 10,6 (212 × 0,05). Embora esses cálculos sejam um tanto trabalhosos, um computador pode facilmente dar conta deles.[33] É possível até mesmo identificar o padrão ótimo de movimentação para atender a certas metas, tal como manter os níveis de competência ao mais baixo custo.

A General Motors, a IBM, a AT&T, a Merck e a Weyerhaeuser[34] são algumas das empresas que aplicam essas matrizes. Como você provavelmente já percebeu, os números reais ou projetados que aparecem nelas raramente são muito precisos. Essas projeções certamente não preveem o futuro com exatidão, nem é este seu propósito principal. Sua maior importância está em fornecer uma estrutura organizada no âmbito da qual se possa descrever o processo de movimentação dentro da empresa, de forma que diferentes possíveis resultados futuros possam ser rápida e sistematicamente explorados. Uma prática comum é mudar uma ou mais probabilidades na matriz para estudar possíveis ações de recursos humanos (o que aconteceria se criássemos um plano de aposentadoria para os funcionários da função *A,* e o índice de saída subisse para 0,05 nesse estado?).

Com a projeção da oferta interna estabelecida, o planejador já tem como identificar as discrepâncias entre esses números e a previsão de demanda. Agora, é preciso trabalhar com os efeitos da contratação de pessoas de fora da organização.

QUAL SUA OPINIÃO?

A reestruturação da AT&T em 1996 produziu uma nova empresa – a Lucent Technologies, que anteriormente era a Bell Labs, parte da AT&T. A Bell Labs foi famosa por inventar coisas como o transistor, e até hoje conta com algumas das pessoas mais criativas do mundo. Agora, entretanto, essas pessoas precisam não apenas criar, mas também encontrar maneiras de vender seus produtos e serviços independentemente da AT&T. Como você usaria uma matriz de transição para apresentar um inventário dos recursos humanos atuais da Lucent Technologies e para prever a provável oferta interna futura?

---

33 BOUDREAU, John W., MILKOVICH, George T. User's corner: employment planning using the PC. *Computers in HR Management* 1, nº 5, May 1990; BOUDREAU, John W., MILKOVICH, George T. *Personnel PC.* Alexandria, VA: Society for Human Resource Management, 1989. Exercício 2.

34 Ver nota 31.

Análise da Oferta Externa: Quem está Entrando para a Organização? Quem Entrará no Futuro?

A oferta externa é criada pelas atividades organizacionais que atraem e selecionam candidatos às funções. Os Capítulos 7 e 8 vão discutir esse processo em detalhes. A análise da oferta externa é semelhante à da interna, pois prevê a quantidade, produtividade e distribuição dos recursos humanos. Mas a análise da oferta externa, ao contrário da interna, enfoca a projeção dos empregados que vão juntar-se à organização vindos de fora, assumindo-se que as atividades atuais de atração e seleção de pessoas continuem. Os padrões anteriores de contratação sugerem quantas pessoas entram para a empresa nas diferentes tarefas. Esses indivíduos podem ser analisados em relação a sua quantidade, experiência, capacitações, raça/sexo, e custos com encargos sociais. O diagnóstico externo, discutido no Capítulo 2, pode fornecer informações úteis para a previsão da provável disponibilidade de diferentes tipos de empregados em vários períodos de tempo futuros. As projeções oficiais, fornecidas pelos órgãos governamentais, sobre as características futuras da mão de obra, níveis de imigração e mudanças globais no mercado de trabalho, podem ser igualmente utilizadas. A análise de oferta externa pode lançar mão do conceito de estados, utilizado na matriz de transição. Da mesma forma, aqui os números raramente são precisos. A validade reside em proporcionar uma estrutura organizada para considerar onde os empregados serão encontrados e que lugar ocuparão na empresa.

Em Praga, na República Tcheca, os grandes bancos enfrentam um crescimento explosivo com a expansão da economia da Europa Central. Como isso se reflete na análise de oferta externa? Um executivo de recursos humanos de um desses grandes bancos diz que é preciso pensar na oferta de futuros executivos. A Escola de Economia de Praga forma 2.700 graduandos por ano. Desses, apenas 900 falam inglês, requisito básico para um banco com clientes internacionais, e destes 900, apenas 100 pretendem trabalhar em bancos. E a cada ano, cada um dos 57 maiores bancos gera uma demanda de três novos executivos, em um total de 171! A oferta externa claramente é pequena para a demanda projetada.

Como mostra o Quadro 5.7, a oferta total projetada é a soma das ofertas esperadas das fontes interna e externa. A análise da demanda responde à questão: "Aonde queremos chegar?". A análise da oferta responde à questão: "Onde estamos agora e onde estaremos no futuro?" Agora é possível identificar as discrepâncias, estabelecer os padrões e considerar as maneiras de solucionar o problema.

Ajustando a Oferta e a Demanda: Fixar Objetivos e Escolher as Atividades

A comparação entre a demanda e a oferta pode produzir três resultados: (1) a demanda e a oferta estão em equilíbrio; (2) a demanda excede a oferta, indicando que haverá escassez; ou (3) a oferta excede a demanda indicando possíveis excessos de oferta. Essas comparações refletem não apenas as quantidades de empregados, mas também suas competências, diversidade, nível de custo e outros fatores. A quantidade de demanda e de oferta pode ser igual, mas existir desequilíbrio em relação aos demais fatores. Algumas áreas da organização podem estar em equilíbrio enquanto outras não. Por exemplo, embora o número de demissões nos Estados Unidos tenha aumentado entre os anos de 1990 e 1995, a redução no nível de emprego em 1995 foi de apenas 1,1%, o mais baixo índice da década. Como isso se explica? Acontece que as empresas demitiram alguns funcionários, mas contrataram outros, com diferentes capacitações. A Nynex Company esperava demitir mais de 16.000 empregados, mas, ao mesmo tempo, estava admitindo gente para as áreas técnica, de vendas e marketing, em função da preparação para a desregulamentação.[35] Assim, há escassez de algumas competências e excesso de oferta de outras, levando a situações em que empregados são contratados e demitidos ao mesmo tempo.

Além disso, nem todas as discrepâncias justificam uma ação. É preciso ouvir os interessados no sucesso da empresa, estabelecer padrões e prioridades que reflitam as discrepâncias mais críticas. O Quadro 5.10 mostra como a estratégia empresarial leva à escassez e excesso de oferta projetados, o que conduz a determinadas metas e ações de recursos humanos.

Escolher Atividades para Enfrentar a Escassez

Quando a demanda projetada excede a oferta, uma solução óbvia é contratar mais empregados. Isso pode significar a busca de novas fontes, uma postura de atração de candidatos mais agressiva, redução dos requisitos de contratação e aumento da utilização de trabalhadores mais velhos e/ou temporários. O Capítulo 7 discute essas opções em maiores detalhes. As organizações relutam

---

35   ARNSG, Catherine. Out one door and in another. *Business Week,* p. 41, 22 Jan. 1996.

152 | Diagnóstico de Condições, Planejamento e Fixação de Objetivos

em abrir novas vagas a menos que sejam absolutamente necessárias. Por exemplo, na Upjohn Corporation, os executivos têm que responder às seguintes questões antes de contratar um novo funcionário:

1. Quais são os propósitos desta nova função?
2. Quais as alternativas que foram examinadas para obter este mesmo resultado?
3. Se a vaga for criada, qual a projeção de seu custo para os próximos cinco anos?
4. Qual o impacto que esta nova vaga terá sobre as vendas, a receita e a melhoria de RH?[36]

Uma segunda maneira de lidar com a escassez, como mostra o Quadro 5.10, é aumentar o nível de produtividade por empregado ou o tempo trabalhado. Treinamentos, mudanças na estrutura da função, recompensas, benefícios e as relações entre os empregados geralmente contribuem para melhorar a motivação e os talentos dos trabalhadores. Os capítulos seguintes discutirão essas atividades em detalhes.

Escolher as Atividades Quando as Previsões Indicam Excesso de Oferta

Excesso de oferta existe quando o suprimento de recursos humanos na organização excede a demanda. Essa situação impõe uma das escolhas mais difíceis do processo de planejamento, pois os trabalhadores são os menos responsáveis pelo excesso, mas são aqueles que mais sofrem seus efeitos. Reduzir as horas extras de trabalho, incentivar as aposentadorias antecipadas, diminuir as novas contratações para reduzir os atritos e contar com empregados temporários menos onerosos podem ser algumas das alternativas a serem consideradas. Como última saída, a organização deve pensar em demissões. As dificuldades enfrentadas pelo Japão hoje podem determinar o fim do emprego permanente no planejamento de pessoal de longo prazo. A General Motors encontrou uma solução criativa, oferecendo a seus fornecedores o uso de suas instalações e empregados inativos a custos reduzidos.[37] Os capítulos seguintes descreverão cada uma destas opções em detalhes.

Quadro 5.10
Como as metas das atividades negociais podem levar à escassez ou excesso de oferta de recursos humanos e ações.

Atividade Negocial = Quantidade de empregados ou tempo trabalhado × Produtividade por empregado ou hora trabalhada			
Estratégia negocial	**Escassez/Excesso**	**Metas de recursos humanos**	**Exemplos de ARH**
Grande aumento nas atividades	Grande escassez	Aumentar as atividades dos empregados mais rapidamente do que aumentar o número de empregados.	Aumentar o índice de venda ou produção por empregado ou por hora, e adicionar pessoas ou horas.
Moderado aumento nas atividades	Moderada escassez	Aumentar as atividades dos empregados enquanto mantém estável seu número.	Aumentar o índice de venda ou produção por empregado sem contratar mais pessoas, apenas repondo os que se demitirem.
Moderado aumento nas atividades	Pequena escassez	Manter as atividades dos empregados estáveis e aumentar seu número.	Manter o nível existente de empregados na produção ou vendas e aumentar o número do pessoal de apoio na mesma proporção do aumento das atividades negociais.
Grande redução das atividades	Grande excesso	Reduzir as atividades dos empregados e diminuir seu número.	Reduzir as horas extras e não recolocar funcionários que peçam demissão.
Moderada redução nas atividades seguida de retomada no crescimento	Excesso temporário	Reduzir as atividades dos empregados, mantendo seu número e então aumentar as atividades dos empregados.	Reduzir as horas extras e encorajar as férias a curto prazo, repondo os funcionários que pedirem demissão. Quando as atividades aumentarem, incluir horas extras e reduzir as férias.

---

36 DAHL, Henry, MORGAN, K. S. *Return on investment in human resources.* Kalamazoo, MI: UpJohn, 1982.

37 BEFU, Harumi, CERNOSIA, Christine. Demise of "permanent employment" in Japan. *Human Resource Management*, p. 231-250, Fall 1990; TEMPLIN, Neal. GM offers its outside parts suppliers the use of idle factories and workers. *The Wall Street Journal*, 29 July 1992, p. A4.

Usar o Excesso para Combater a Escassez

As organizações podem conduzir seu planejamento de emprego unidade por unidade, ou função por função para conseguir fazer uma previsão de escassez ou excesso para cada uma delas. Um plano abrangente, que considere toda a organização, pode utilizar os excessos de pessoal de um setor para resolver os problemas de escassez de outro. Por exemplo, quando enfrentou excesso de pessoal nas áreas administrativa e de produção e escassez entre programadores e vendedores, a IBM treinou e transferiu funcionários de um setor para o outro.

O planejamento de emprego pode identificar as situações de escassez ou excesso e até apresentar sugestões de quais atividades podem ser usadas para enfrentá-las. No entanto, as decisões devem ser tomadas sobre quais recursos utilizar em quais atividades específicas. Portanto, os planejadores geralmente precisam de padrões que estejam engrenados com atividades específicas de RH.

OBJETIVOS E PADRÕES DE AVALIAÇÃO: COMO TEMOS FEITO?

Como vimos aqui, o processo de planejamento integra e analisa grande quantidade de informações. Não é raro os planejadores sentirem-se tão envolvidos nesse processo que acabem esquecendo seu propósito básico: melhorar a qualidade das decisões tomadas e contribuir para os objetivos da organização. Uma das causas disso é uma confusão entre os objetivos identificados no começo do processo de planejamento e os padrões de avaliação usados para medir o progresso. O Quadro 5.1 mostra que esse relacionamento deve ser abrangente. As condições que ajudam os administradores a compreender "onde estamos agora?" podem ser as mesmas que serão verificadas para atestar a mudança quando perguntamos "como nos saímos?" Na realidade, é bastante comum os planejadores de RH estabelecerem objetivos amplos em termos de qualidade, lucratividade, segurança e aspectos jurídicos no início do processo, para depois avaliar os resultados em termos muito específicos, como custo dos treinamentos, reações dos executivos ou empregados, ou o número de transações (por exemplo, avaliações de desempenho completadas no prazo ou aulas de treinamento oferecidas). Todos esses padrões são válidos, mas é preciso que reflitam os objetivos originais. Por esse motivo, é muito importante que o processo de planejamento escolha especificamente padrões de avaliação que tenham uma ligação próxima com os objetivos mais amplos da organização.

No decorrer deste capítulo, procuramos mostrar como o planejamento compara condições reais ou esperadas com aquelas desejadas para o futuro, e então calcula as discrepâncias entre esses dois cenários. No entanto, nem todas as discrepâncias podem ou devem receber a mesma atenção. É preciso estabelecer prioridades e especificar medidas claras para o sucesso. As prioridades devem basear-se na seriedade que a discrepância representa para o atingimento das metas organizacionais e as medidas do progresso devem ajudar a diagnosticar os planejamentos futuros. No exemplo do First Chicago Bank, a necessidade de gerenciar os custos dos planos de saúde dos aposentados não significava discrepância séria até que esses custos começaram a crescer em demasia. Nesse ponto, os responsáveis pela saúde da organização – seus altos executivos – perceberam a importância estratégica da questão, e solucioná-la tornou-se um objetivo vital. Os planejadores de RH avaliaram a discrepância em seu sentido (custos médicos), projetaram seus efeitos (custos empresariais em níveis intoleráveis) e ajudaram a cúpula da organização a perceber a importância da solução desse problema (risco de perdas negociais ou de lucro). Os planejadores então buscaram verificar a eficácia de seus esforços, utilizando medidas apropriadas (por exemplo, os custos médicos diminuíram?).

O que Define um Bom Objetivo/Padrão?

Até que ponto você procura pela melhor oferta quando sai para comprar um CD ou uma fita cassete? Algumas pessoas examinam cuidadosamente catálogos, vasculham os *shopping centers* e caçam lojas de discos que deem descontos. Outros preferem ir à loja mais próxima e pagar o preço que for pedido. O primeiro grupo acredita que o desconto obtido justifica o esforço da procura exaustiva (ou deve divertir-se muito ao fazer compras). A coleta de informações é um investimento como qualquer outro, e sua validade depende de sua utilidade. As organizações não coletam informações a custo zero; por isso, o planejador de recursos humanos deve considerar o valor relativo delas antes de iniciar o levantamento.

Algumas informações têm que ser coletadas para produzir relatórios para os órgãos governamentais. As empresas simplesmente não podem deixar de fazê-lo se pretenderem continuar no ramo. Relatórios sobre segurança, balanços financeiros e estatísticas sobre a Igualdade nas Oportunidades de Emprego são alguns exemplos (veja o Capítulo 2). Mas boa parte das informações levantadas nas organizações não é obrigatória, especialmente quando se relaciona com objetivos/

154 | Diagnóstico de Condições, Planejamento e Fixação de Objetivos

padrões estabelecidos por alguém dentro da empresa. Surpreendentemente, muitas dessas informações internas acabam perdendo-se porque ninguém sabe o que fazer com elas.

A validade das informações sobre um objetivo/padrão depende de dois fatores:

1. Quantas decisões poderão ser aprimoradas se houver esta informação disponível?

2. Qual o valor agregado que cada decisão aprimorada produzirá?

Alguns padrões agregam valor, corrigindo apenas algumas poucas decisões que têm consequências muito importantes. Padrões para a remuneração de executivos podem afetar as decisões a esse respeito apenas uma vez em vários anos. Entretanto, cada uma dessas mudanças pode ter consequências de milhões de dólares, porque a qualidade e o desempenho dos altos executivos afetam diretamente as decisões negociais fundamentais da empresa. Outros padrões agregam valor, corrigindo várias decisões de consequências mais modestas. Padrões para verificação de reclamações individuais sobre assistência à saúde podem detectar milhares de enganos que podem ter gerado excesso de pagamentos. Se cada uma delas evitar um pagamento abusivo e economizar cerca de 1.000 dólares, milhares trarão uma economia de milhões de dólares para a organização.

Como vimos no capítulo anterior, "Prever é difícil, especialmente o futuro". Felizmente, as informações não precisam ser perfeitas para terem valor. A administração de recursos humanos lida com pessoas, cujos comportamentos, sentimentos e produtividade são naturalmente incertos. Alguns são tentados a não usar informações para o planejamento de RH porque "afinal, tudo se baseia em opiniões". Como veremos nos próximos capítulos, pesquisas têm demonstrado haver alguns padrões bem consistentes no comportamento das pessoas no trabalho.[38] Se o comportamento humano fosse tão imprevisível, seria impossível planejar em áreas como marketing e finanças (quem pode prever o preço das ações da Bolsa amanhã?). Uma previsão imperfeita que ajude em pelo menos 50% uma decisão de um milhão de dólares valerá a pena. O segredo é identificar a informação que possa trazer mais benefício e usá-la com total consciência de suas limitações. Essa prática tem sido chamada de tomada de decisão modesta.[39]

O fator final de avaliação do valor de um objetivo/padrão é o custo do levantamento e do uso da informação, incluindo-se seu processamento, tempo de análise, comunicação e outros aspectos. Mesmo um objetivo/padrão com alto valor pode não valer a pena caso os custos para sua mensuração sejam proibitivos. Por exemplo, verificar a sensibilidade genética para problemas de pele de cada um dos candidatos para uma vaga no setor de produção de uma indústria química pode ser de grande utilidade para identificar aqueles mais propícios a moverem queixas futuras contra a empresa. Entretanto, o custo da pesquisa, os problemas com violação de privacidade e outros aspectos legais provavelmente anularão com grande vantagem os benefícios eventuais de tal decisão.

Repare a importância das decisões na determinação do valor da informação. Se um objetivo/padrão não melhora uma decisão, ele não tem valor algum. Mesmo os padrões potencialmente interessantes não serão de qualquer valia se ninguém souber utilizá-los para tomar decisões melhores. Um bom objetivo/padrão é mensurável, preciso, no tempo certo e claramente relacionado com o processo de tomada de decisões. Também é avaliado em termos de possuir uma precisão suficientemente alta para apoiar as decisões, mas não tão alta a ponto de seu custo exceder seu valor potencial.

RESUMO

Os médicos precisam obter todas as informações possíveis sobre um paciente e usá-las para identificar as falhas críticas em sua saúde e prescrever um programa de tratamento. De acordo com o modelo diagnóstico, os administradores de RH também utilizam as informações dos diagnósticos das condições para fixar objetivos e padrões de avaliação e utilizam estes últimos para apoiar suas decisões quanto aos investimentos nas atividades de RH. O planejamento de RH está no centro do processo de diagnóstico porque planeja a coleta e o uso de informações para a tomada de decisões. As atividades de planejamento podem enfocar muitos níveis diferentes de análise; cada nível contribui para uma melhor tomada de decisões e precisa apoiar os outros níveis.

---

38 MALABRE JR., Alfred L. Dubious figures: productivity statistics for the Service sector may understate gains. *The Wall Street Journal*, 12 Aug. 1992, p. Al; SCHMIDT, Frank L. What do data really mean? *American Psychologist*, p. 1.173-1.181, Oct. 1992.

39 ETZIONI, Amitai. Humble decision making. *Harvard Business Review*, p. 122-126, July/Aug. 1989.

Embora o planejamento, a fixação de objetivos e a avaliação sejam essenciais para uma administração eficaz de RH, a avaliação nem sempre é sistemática nem extensiva. Algumas razões para isto podem ser: (1) medo de que os resultados da avaliação venham a revelar problemas; (2) propósitos pouco claros para a avaliação; (3) dificuldades e custos da mensuração; (4) falta de acordo no nível da análise; e (5) falta de estrutura para o entendimento da avaliação.[40] Essas razões pedem atenção mais cuidadosa e metas mais específicas para o planejamento. O modelo diagnóstico mostra que as atividades de planejamento são investimentos, com características específicas que geram valor. A compreensão do valor do planejamento como investimento é o segredo para torná-lo relevante e importante para os objetivos organizacionais.

Este capítulo e os anteriores vêm discutindo muitas medidas específicas diferentes que podem ser usadas para apoiar o planejamento de RH. Muitas delas dizem respeito à eficiência (por exemplo, lucro, níveis de produtividade, custos, índices de desempenho e vendas). Outros dizem respeito à ética (por exemplo, respeito às leis, relações com a comunidade, cultura organizacional e atitudes dos empregados). Os capítulos a seguir mostrarão como os padrões podem avaliar a eficácia em cada área de RH. Na realidade, a administração de RH é julgada de acordo com os padrões por ela estabelecidos.

Discutimos até aqui o processo de planejamento nos níveis de diagnóstico ambiental e organizacional, e da quantidade e distribuição dos recursos humanos. O próximo passo é planejar e escolher as atividades específicas de recursos humanos, escolhas estas que serão alvo de vários capítulos a seguir. Voltaremos depois então ao processo de planejamento para ver como o departamento ou "função" de recursos humanos deve ser desenhado para dar apoio a todas essas atividades. Um dos resultados mais importantes do planejamento de recursos humanos é a identificação da escassez, que requer a contratação de novos talentos. Veja se você consegue resolver um problema crítico de planejamento de recursos humanos enfrentado por uma empresa petrolífera na seção "Sua Vez", no final do capítulo.

QUESTÕES

1. Discuta por que as quatro questões que representam o processo de planejamento dão origem a um sem-número de atividades.

2. Quais são as quatro coisas necessárias para as decisões de recursos humanos? Qual a correspondência entre elas e as quatro questões do processo de planejamento?

3. Por que uma organização gastaria dinheiro e tempo para usar o planejamento de RH?

4. Você considera apropriado o julgamento do sucesso de uma atividade de RH, tais como remuneração ou treinamento, por meio de um padrão de desempenho organizacional, tais como lucro ou valor das ações da empresa? Por quê?

5. Se as informações de RH não servem para uma previsão de alta precisão, é válido uma organização fazer coleta de informações? Por quê?

6. Defina *vantagem competitiva sustentável*. Por que os recursos humanos são uma fonte dessas vantagens?

7. Comente o uso de inventários de talentos, quadros de substituição e matrizes de transição na previsão da oferta interna de pessoal.

8. Quais fatores determinam o valor de um objetivo ou padrão? Devem-se coletar informações sobre todos os objetivos e padrões? Por quê?

9. Quem na empresa deve determinar como medir o sucesso da administração de RH? Grupos de interesse diferentes dentro da organização têm opiniões iguais sobre o valor das atividades de RH? Cite exemplos de como uma mesma atividade pode produzir duas opiniões diferentes.

10. Discuta o conceito de investimento de RH em termos de quantidade, qualidade e custos.

Sua Vez

Planejando para a Escassez de Engenheiros para a Indústria Petrolífera

No final da década de 70 e início da de 80, as principais indústrias petrolíferas dos Estados Unidos aprenderam uma lição sobre a importância dos recursos humanos. Elas resistiram aos embargos da OPEP, e o preço do petróleo estava subindo graças às perspectivas do crescimento da economia americana e mundial. A maioria dessas empresas tinha planos de aumentar suas atividades de exploração e produção (E&P), tais como

---

40   TSUI, Anne S., GOMEZ-MEJIA, Luis R. Evaluating human resource effectiveness. Cap. 1.5. In: DYER, Lee D. (Org.). *Human resource management evolving roles and responsibilities*. Washington, DC: Bureau of National Affairs, 1988.

abrir novos poços no oriente médio e aumentar sua capacidade de transporte. Elas prestavam uma atenção meticulosa a coisas como estudos geológicos, projeção de níveis de preços e transporte, mas ignoravam os padrões de demanda e oferta de RH. As indústrias petroquímicas não usam mão de obra extensiva, e essas empresas sempre gerenciaram adequadamente seus quadros funcionais.

Logo, suas divisões no Oriente Médio começaram a requisitar os engenheiros de perfuração necessários para atender ao aumento das operações. Mesmo as maiores operações de perfuração exigem poucos profissionais, e foram então requisitados seis ou nove engenheiros da divisão E&P dos Estados Unidos. A alta cúpula não deu grande importância ao fato de se comprometerem a atender a esse pedido. Para sua surpresa, as divisões americanas frequentemente respondiam ao pedido com a afirmação: "Não podemos dispor desses profissionais". As empresas do setor petrolífero, as mais estáveis financeiramente, de tecnologia mais intensiva, e maiores do mundo (só a Exxon emprega mais de 70.000 pessoas) poderiam mesmo estar sendo afetadas por um pedido interno de seis ou nove profissionais? Parece incrível, mas é verdade. Se não havia o pessoal disponível, decisões bilionárias teriam que ser modificadas: talvez as empresas devessem empregar engenheiros locais, ou comprar direitos financeiros de outros campos já em exploração, ou ainda oferecer apenas assistência técnica.

A alta cúpula convocou seus administradores de RH, que fizerem desse tópico sua prioridade máxima. Sua primeira meta era compor adequadamente os quadros funcionais no Oriente Médio com seis ou nove engenheiros de perfuração.

Em segundo lugar, eles compararam as condições correntes com as metas – a maioria das empresas contava apenas com 30 e poucos engenheiros de perfuração em todo o seu quadro, uma lacuna de 33 a 67%. A licença para trabalhar no Oriente Médio requer cinco anos de experiência, o que inviabilizava a utilização de engenheiros recém-formados. Os profissionais com filhos adolescentes, cursando o colégio, raramente aceitavam missões internacionais, o que eliminava os engenheiros na faixa dos 45 anos. Além disso, a distribuição etária dos engenheiros era bimodal – um grande número com menos de 30 anos e outra grande parcela acima dos 50 anos. Finalmente, mais do que nunca esses engenheiros estavam deixando a empresa, pois, como sua especialidade estava em alta, também o estavam as ofertas salariais. Comparando-se a meta com a disponibilidade de pessoal atual, percebia-se grande lacuna entre a demanda do Oriente Médio e a oferta nos Estados Unidos. Os planejadores consideraram a lacuna a longo prazo: a demanda do petróleo deveria aumentar nos anos 90. Por essa época, os profissionais com 50 anos hoje já estariam aposentados, e os mais jovens estariam na faixa dos 40 anos.

Em terceiro lugar, os planejadores analisaram as alternativas para a solução desse problema. Que tal recrutar engenheiros experientes? Isto significaria um aumento drástico dos níveis de remuneração desses profissionais, o que, além dos custos, poderia provocar como consequência um sentimento de injustiça entre os demais engenheiros. Além do mais, em três meses as outras empresas também teriam elevado esses salários, resultando em maiores custos e nenhuma vantagem competitiva. Que tal somar pontos à carreira, ou outros incentivos? Isto também seria oneroso e atrapalharia os planos de carreira da empresa. Que tal o treinamento? O trabalho do engenheiro de perfuração exige habilidades muito específicas que são desenvolvidas por meio da experiência, e é muito difícil formar um profissional desses pelo treinamento.

Para fechar a lacuna do longo prazo, seria necessário criar um grupo de engenheiros antes da metade da década de 80. Que tal recrutá-los nas universidades? O número de alunos matriculados na especialidade de engenharia de perfuração diminui durante a crise das indústrias petrolíferas nas décadas de 50 e 60. Em todos os Estados Unidos, apenas 100 profissionais destes eram graduados por ano. Uma única empresa não poderia esperar contratar mais que 10 ou 12 deles.

Formule uma abordagem para identificar as discrepâncias, as possíveis escolhas de atividades de RH e os padrões para a avaliação do sucesso. As seguintes questões podem ajudar:

1. Qual é a natureza das discrepâncias entre as condições antecipadas ou desejadas? Elas são diferentes a curto e longo prazos? Elas refletem principalmente discrepâncias quantitativas ou existem lacunas em relação a outras características dos empregados?

2. Ainda que você não tenha sido informado sobre as atividades de RH discutidas nos próximos capítulos, qual é sua ideia geral sobre como reduzir as discrepâncias identificadas na questão 1? Quais seriam as possíveis sinergias que se poderiam obter pela combinação de atividades de RH em áreas diferentes (como projetar um programa específico de treinamento junto com uma estratégia de remuneração)?

3. Como você avaliaria seu sucesso? Quais seriam os principais grupos de interesses na empresa a serem considerados na avaliação de seu desempenho? Como você combinaria os padrões de curto e longo prazos? Seus padrões estão ligados às discrepâncias identificadas na questão 1?

Seu professor pode prover outras informações sobre a indústria petrolífera.

Parte II

RECRUTAMENTO E SELEÇÃO EXTERNOS

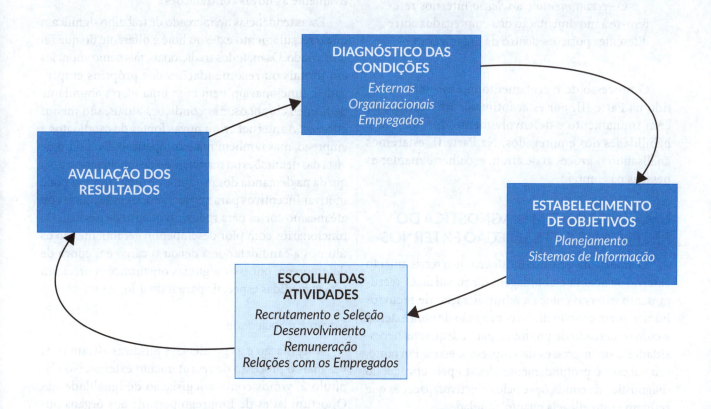

Os empregados estão constantemente entrando e saindo das organizações e movimentando-se dentro delas. Gerenciar esse movimento de pessoas é uma das atividades mais importantes e influentes da administração de recursos humanos. A organização com a mais perfeita definição de funções, estrutura organizacional e sistema de recompensas não vai funcionar direito, a menos que contrate um número e tipo de certos funcionários, colocados nas posições mais adequadas e consiga mantê-los dentro da empresa.

> *Recrutamento, seleção e demissão* formam o processo de movimentação dos empregados para dentro, para fora e no interior da organização, de forma a produzir um quadro de pessoal do tamanho e especificidade desejados.
>
> O *recrutamento e* a *seleção* externos referem-se à entrada de empregados na empresa e aos padrões de demissão por ela praticados.
>
> O *recrutamento* e a *seleção* internos referem-se à movimentação dos empregados entre diferentes posições dentro da organização.

O processo de recrutamento interno será discutido na Parte III, por estar intimamente relacionado com treinamento e desenvolvimento dos talentos e habilidades dos empregados. Na Parte II, estaremos analisando o processo de atrair, escolher e manter as pessoas na empresa.

UMA ABORDAGEM DIAGNÓSTICA DO RECRUTAMENTO E SELEÇÃO EXTERNOS

O modelo diagnóstico mostra como o recrutamento externo se adapta à abordagem diagnóstica. O recrutamento externo coloca a administração de recursos humanos em contato direto com a mão de obra externa e com o mercado de produtos, para adequar as necessidades e os interesses da empresa a estes. Portanto, seu sucesso é profundamente afetado pela eficácia do diagnóstico de condições e pelos objetivos/padrões que reflitam tanto eficácia quanto equidade.

Condições Externas

Mercado de Trabalho

O número de bacharéis em ciências e engenharia deve estar muito abaixo da demanda por essas especialidades em toda a década de 90 e no próximo século.

A escassez de profissionais tem forçado os hospitais a cortar serviços e a encaminhar pacientes para outras unidades. A Associação Americana de Hotelaria prevê que o setor de turismo e viagens será o empregador número um no ano de 2000, demandando "mais que três quartos de milhão de novos empregados todos os anos", de acordo com seu presidente. Já neste momento, negócios que tradicionalmente dependem de trabalhadores mais jovens enfrentam problemas de escassez; por volta do ano 2000, o conjunto de jovens trabalhadores deve ter diminuído em quase dois milhões, ou cerca de 8%. Como foi mostrado na Parte I deste livro, a força de trabalho nos Estados Unidos tem crescido de forma muito lenta e tornado-se mais diversificada, com porcentagens crescentes de não brancos, imigrantes e mulheres. Em setores como a indústria manufatureira americana, tem-se notícia de demissões para diminuir os excessos de pessoal, especialmente entre os cargos administrativos. Para essas organizações, o segredo é reter os melhores funcionários enquanto escolhe seletivamente as novas contratações.

Essas tendências no mercado de trabalho significam que o recrutamento externo hoje é diferente do que foi no passado. Os métodos tradicionais, tais como anúncios em jornais ou recomendações dos próprios empregados, funcionavam bem com uma oferta abundante de homens brancos; nas condições atuais, são menos eficazes. A internet criou novas fontes de candidatos a emprego, mas também mais competição. Do ponto de vista das demissões ou manutenção de funcionários, uma queda na demanda dos produtos de uma empresa pode motivar incentivos para aposentadorias antecipadas ou até mesmo cortes para reduzir o quadro de pessoal. Os funcionários com pior desempenho geralmente são os últimos a candidatar-se a deixar o cargo em época de desemprego; por isso, algumas organizações precisam tomar medidas especiais para induzi-los a sair.

Governo e Sociedade

A legislação e as pendências jurídicas afetam cada vez mais o processo de recrutamento externo. No Capítulo 2, vimos como a legislação de Igualdade nas Oportunidades de Emprego permite aos órgãos públicos interferirem nos processos de recrutamento, seleção e manutenção de empregados para a proteção das mulheres e membros de minorias. O conjunto de candidatos atraídos pelas atividades de recrutamento frequentemente define a disponibilidade de mulheres e membros de minorias no mercado de trabalho. Como esses grupos compreendem grande parcela da mão de obra, espera-se que as organizações atraiam, contratem e mantenham cada vez mais esses elementos. Os instrumentos usados para selecionar candidatos também são alvo do julgamento do governo, para assegurar que são relacionados apenas com base na natureza da função e não discriminam candidatos mulheres e membros de minorias. A não consideração dessas exigências pode custar caro. A empresa Burlington Northern teve que aceitar um acordo que lhe custou 40 milhões de dólares em função de sua incapacidade de demonstrar que seus programas de seleção de pessoal eram exclusivamente baseados na natureza das funções envolvidas. A frequência crescente do *downsizing* tem levado os legisladores a pedirem a ampliação do papel da Comissão de Igualdade nas Oportunidades de Emprego na monitoração dos efeitos adversos dos procedimentos de demissão sobre os grupos protegidos.

Outras leis também afetam as atividades de recrutamento externo. Por exemplo, os testes com o polígrafo (detector de mentiras) foram bastante limitados, em 1988, por uma lei específica de proteção ao trabalhador. Proteção para os denunciantes de abusos empresariais em suas organizações, direitos dos mais antigos, uso de drogas e fechamento de fábricas são apenas alguns dos temas polêmicos com os quais o congresso dos Estados Unidos têm que lidar. As legislações estaduais têm provocado cada vez mais efeitos profundos sobre as exigências legais relativas ao recrutamento externo. Em muitos Estados dos Estados Unidos, os trabalhadores têm ganho suas batalhas jurídicas, alegando que as afirmações feitas a eles na hora das entrevistas de seleção ou constantes dos manuais da empresa garantiam seu emprego, pensões ou indenizações.

Sindicatos

As empresas precisam considerar os efeitos das organizações trabalhistas sobre as atividades de recrutamento. O *lobby* dos sindicatos tem boa influência na criação de leis concernentes a assuntos como aviso prévio no fechamento de fábricas, limitação ou proibição de testes com polígrafos ou sobre uso de drogas e mudanças no salário mínimo. Mais diretamente, os sindicatos ainda controlam a maioria dos trabalhadores em determinadas profissões; os acordos trabalhistas estipulam procedimentos e regras específicas para os cortes e demissões nas empresas.

Condições Organizacionais e de Trabalho

Como vimos no Capítulo 3, a situação financeira e a posição da organização no mercado afetam diretamente as atividades de recrutamento, determinando a quantidade e os tipos de empregados necessários. Setores com demanda crescente requerem atividades voltadas para a contratação e retenção extensivas, enquanto os setores com menos demanda podem concentrar-se em contratações mais seletivas (ou mesmo nenhuma) e em planos de aposentadoria antecipada. Ainda assim, a simples questão de oferta e demanda não explica totalmente os efeitos organizacionais. A reputação da empresa pode ajudar nas contratações, como a Merck & Company descobriu depois de ter sido indicada pela revista *Fortune* como a companhia mais admirada; ela recebeu "mais de 100.000 pedidos de empregos apenas para a unidade de New Jersey". As coalizões dominantes na administração e ou até os clientes podem determinar as políticas de recrutamento externo. Um estudo sobre hospitais mostrou que, quando as receitas provinham principalmente de planos de seguros de saúde, executivos com experiência na área de finanças e contabilidade eram os escolhidos para a administração; quando a principal fonte de receitas eram as doações particulares, os executivos eram escolhidos, levando-se em conta seu perfil e contatos profissionais. Os valores organizacionais também têm sua influência sobre as políticas de recrutamento externo, à medida que aqueles que estão dentro da empresa, consciente ou inconscientemente, acabam escolhendo pessoas semelhantes a eles mesmos para trabalharem juntas.

A natureza do trabalho afeta diretamente as atividades de recrutamento externo por meio do estabelecimento das qualificações necessárias para seu desempenho. Como foi visto no Capítulo 3, trabalho em equipe e flexibilidade estão na ordem do dia; descrições rígidas de funções estão fora. Encontrar e manter pessoas que atendam a esses requisitos significa buscar não apenas habilidades específicas para determinadas tarefas, mas também características como capacidade de liderança, de comunicação e preocupação com o cliente. A ideia é contratar para toda a organização, e não para uma função específica. Na Sun Microsystems, eles brincam dizendo que "depois de sete rodadas de entrevistas, colocamos os candidatos na folha de pagamentos, tenham sido contratados ou não". A natureza do trabalho também determina se os candidatos geralmente consideram as relações de trabalho atraentes ou não, o que define a facilidade ou dificuldade para encontrar as pessoas. Evidentemente, se o trabalho é desagradável ou muito difícil, os empregados mais facilmente sairão da empresa quando uma oportunidade mais atraente aparecer.

Características dos Empregados

As características dos candidatos a emprego, tais como suas habilidades, competências e experiências são os sinais que a organização usa para decidir quem será contratado. Características como desempenho no trabalho, atitudes, absenteísmo, abandono de emprego e raça/sexo podem nos dizer se esses esforços são bem-sucedidos. As características demográficas também podem determinar as necessidades do recrutamento externo. Como a geração dos anos 50 está envelhecendo e aposentando-se, as vagas devem aumentar mesmo com a diminuição da aceleração das atividades empresariais. Por outro lado, o futuro imediato verá muitos trabalhadores entrando em seus anos mais produtivos, de forma que será possível continuar com as atividades empresariais com um número menor de indivíduos. Finalmente, as atitudes e opiniões dos empregados também afetam as decisões de recrutamento externo, como, por exemplo, o desejo de demonstrar o respeito à ética em situações de demissões ou do fechamento de uma fábrica, levando a programas de treinamento extensivo ou de assistência para recolocação dos dispensados.

Avaliação dos Resultados do Recrutamento Externo

O mais óbvio objetivo/padrão para o recrutamento externo é se a organização tem condições de contratar e manter seus empregados. Entretanto, o preenchimento de vagas não é o suficiente, tendo em vista que a qualidade do pessoal também é determinante da produtividade e da eficácia. Essas atividades são onerosas e consomem tempo; devem ser avaliadas em função de seu retorno como investimento, tal como qualquer outra atividade da organização. Cada vez mais, essa avaliação tem sido feita, levando em conta os efeitos do recrutamento externo sobre os lucros, a posição no mercado e as vendas. As decisões de recrutamento externo frequentemente têm efeitos financeiros significativos porque afetam os salários, os benefícios e o desempenho de funcionários que poderão passar décadas como membros da organização. Talvez o tema mais desafiante seja o de *combinar*

as atividades de recrutamento externo e integrá-las com outras atividades de RH, com o intuito de atingir os objetivos da empresa. Normalmente, é mais eficaz pensar não apenas em preencher vagas, mas também em conseguir as pessoas certas para que permaneçam na empresa, de maneira que novas vagas surjam menos frequentemente. A preocupação excessiva com o recrutamento pode ser contraproducente se não houver ênfase igual no esforço de manutenção dos indivíduos. O gerenciamento das saídas de pessoas da organização requer mudança no sistema de recompensas, de forma que os empregados mais valiosos percebam um vínculo claro entre suas contribuições e aquilo que recebem da empresa. O processo de recrutamento não acontece no vácuo.

A diversidade e o princípio de igualdade nas oportunidades de emprego são os objetivos/padrões éticos mais importantes no recrutamento externo. Assegurar que os empregados e candidatos a empregados não sejam tratados de forma tendenciosa em relação à raça, sexo, deficiências, idade ou outras características protegidas é um objetivo-chave para essas atividades. O recrutamento externo é um fator importante para se evitar o impacto adverso (veja o Capítulo 2), e o número de empregados dos grupos protegidos é monitorado de perto quando se tomam decisões sobre como e onde selecionar novos funcionários, ou como e onde reduzir o quadro de pessoal. No entanto, essas atividades trazem outras considerações éticas. Por exemplo, algumas organizações ainda procuram dar a seus funcionários segurança no emprego. Isto certamente é causado pela convicção de que a segurança contribui para a eficiência; frequentemente, decorre também de um valor organizacional fundamental – o respeito pelo indivíduo.

A Parte II deste livro descreve o processo de recrutamento e seleção externos em três capítulos. O Capítulo 6 descreve o recrutamento externo, a atividade que atrai os candidatos a empregados. O Capítulo 7 trata da seleção externa, a atividade que escolhe quais candidatos serão contratados. O Capítulo 8 cuida da manutenção, atividade que determina quem fica e quem sai da organização.

6

RECRUTAMENTO EXTERNO

Os planejadores da área de recursos humanos da indústria hoteleira estimam que serão criadas 600.000 vagas até o ano 2000 – um aumento de 43%. Durante esse período, a força de trabalho terá crescido apenas 17%, e boa parte desse crescimento estará entre pessoas com mais de 50 anos, enquanto o número de trabalhadores entre 18 e 30 anos continuará a encolher.[1] Essa tendência pode ter parecido um tanto abstrata quando falamos nela nos capítulos anteriores, mas, para o setor de serviços, ela aponta para uma enorme lacuna entre as futuras oferta e demanda de recursos humanos. O setor hoteleiro enfrenta uma escassez de trabalhadores temporários e um mercado de trabalho limitado.

Mesmo quando os candidatos estão disponíveis, suas qualificações frequentemente não são adequadas. Por exemplo, o vice-presidente da Automatic Laundry Service de Newton, Massachusetts, precisava de um funcionário para consertar em domicílio os equipamentos que sua empresa vende e aluga. Ele colocou um anúncio oferecendo uma remuneração inicial de nove dólares por hora, participação nos lucros, um plano de aposentadoria e programa completo de assistência médica. Três semanas depois, apenas cinco candidatos haviam-se manifestado. Um deles apresentava sério problema de alcoolismo, três não falavam nem liam em inglês e o último queria 12 dólares por hora. Três meses depois, a vaga continuava aberta.[2]

Richard A. Smith, vice-presidente executivo da Days Inns of America Inc., reagiu ao desafio, utilizando novas fontes de mão de obra para preencher as vagas em seus hotéis e centros de reservas. A empresa deslanchou um agressivo programa de recrutamento para contratar trabalhadores mais velhos (com mais de 50 anos). Dois anos depois, essa campanha foi estendida para atrair pessoas com problemas físicos e para isso foi estabelecida uma rede de contratações com instituições como a Shepherd Spinal Clinic de Atlanta e o Geórgia Institute of Technology. Hoje, 30% de seus funcionários dos centros de reservas de Knoxville, Tennessee, e de Atlanta, Geórgia, são trabalhadores com mais de 50 anos e 4% são deficientes físicos.

Provavelmente, a decisão mais impressionante foi a tomada há três anos, quando Smith visitou o abrigo para os sem-teto em Jonesboro, Geórgia. Smith diz: "Não foi caridade... Estávamos apenas tentando resolver um problema".[3]

Mais de 45 pessoas foram então contratadas como agentes de reservas, e 13 estão atualmente reservando quartos e atendendo aos clientes da Days Inns. Até mesmo as escolas precisam de recrutamento. Algumas pequenas escolas privadas usam serviços de telemarketing ou de visitas em domicílio para aumentar o número de candidatos a estudantes, e treinam recrutadores para "fechar a venda" na casa dos alunos potenciais.[4]

Como as empresas decidem onde e como encontrar seus candidatos a empregados? Como conseguir o número necessário de candidatos para preencher todas suas vagas? Você acha que os métodos tradicionais,

---

1 SCOVEL, Katherine. Room at the Inns. *Human Resource Executive*, p. 1-18, July 1991.

2 All hands on deck! *Time*, p. 42-43,18 July 1998.

3 SCOVEL. Op. cit. p. 1-18.

4 STECKLOW, Steve. Peddling schools. *The Wall Street Journal*, 5 Sept. 1995, p. Al.

162 | Recrutamento e Seleção Externos

como anúncios, recomendações de outros empregados ou agências de empregos são suficientes em setores com escassez de oferta de mão de obra? As qualificações do trabalho devem ser ajustadas para acomodar grupos de candidatos não tradicionais? Os candidatos devem saber tudo sobre o trabalho oferecido, inclusive as partes ruins, ou a empresa deve esconder esses dados para conseguir um número maior de pessoas? Como a empresa pode avaliar se tudo isso está funcionando? Para a Days Inns, além de os trabalhadores mais velhos serem alguns de seus melhores agentes de telemarketing, seus índices de ausência e seus custos com assistência médica são menores.

RECRUTAMENTO: O COMEÇO DO PROCESSO

> *Recrutamento* é o processo de identificação e atração de um grupo de candidatos, entre os quais serão escolhidos alguns para posteriormente serem contratados para o emprego.

Os exemplos citados anteriormente mostram como é importante atrair um grupo de indivíduos qualificados e motivados para poder escolher entre eles os futuros empregados. Ainda assim, os jornais estão cheios de histórias sobre centenas de candidatos em busca de empregos em lugares tão diferentes, como o hotel Sheraton de Chicago, empregos temporários em alguma feira de verão, em Montgomery, Maryland, ou na refinaria Ashland Oil, em Cattletsburg, Kentucky. Isso pode dar a impressão de que o recrutamento é fácil e que a escassez de mão de obra não é um fato importante.[5] Mas a escassez existe. Os candidatos frequentemente não são qualificados, como a Boeing Aerospace Corporation descobriu, quando alguns candidatos não souberam escrever corretamente os nomes de suas próprias cidades ou ruas em seus testes; um deles endereçou sua carta de apresentação para a "Blowing Air & Space Co".[6] O desafio é conseguir recrutar candidatos altamente qualificados em um mar de gente desqualificada que procura emprego. Até mesmo posições de alto nível, como diretoria ou gerência de primeira linha, ficam vagas por falta de bons candidatos. Internacionalmente, a escassez de mão de obra é mais acentuada na Ásia, especialmente por causa das mudanças fundamentais nas atitudes sociais em relação à imigração e ao trabalho das mulheres. No Japão, a cada candidato é oferecida uma média de 1,4 empregos, e cerca de 400.000 vagas ficaram sem preenchimento em 1991. Por volta de 1993, entretanto, a relação de vaga por candidato caiu para menos de 1,0, significando menos empregos do que candidatos.[7] De qualquer maneira, mesmo as empresas atingidas pela recessão continuam recrutando, nem que seja para substituir empregados fixos por outros temporários. Poucas empresas conseguem sobreviver por muito tempo sem contratar sangue novo, funcionários com novas ideias. Lembrando que o excesso de pessoal de hoje pode tornar-se a escassez de amanhã, é importante compreender o processo de recrutamento.

O Quadro 6.1 mostra o papel do recrutamento externo. Repare como esse processo filtra sequencialmente os indivíduos por meio de uma série de obstáculos. Como o exemplo do início deste capítulo mostrou, mesmo as mais acuradas e eficazes atividades de seleção e retenção são de pouca utilidade se o processo de recrutamento não gerar um grupo suficientemente grande de candidatos qualificados entre os quais se possa fazer a escolha. Alguns dos candidatos de hoje serão altos executivos amanhã; portanto, o recrutamento tem importantes efeitos de longo prazo.

O recrutamento não apenas diz respeito às qualificações dos empregados, mas também à diversidade do quadro de pessoal. Se não houver entre os candidatos número suficiente de mulheres e membros de minorias, não será possível atender às metas da ação afirmativa e de diversidade.

---

5 Labor letter. *The Wall Street Journal,* 17 Mar. 1992, p. Al.

6 Labor letter. *The Wall Street Journal,* 4 Aug. 1991, p. Al.

7 HYMOWITZ, Carol. Board stress deters prospective directors. *The Wall Street Journal, 22* Dec. 1992, p. Bl; JOHNSON, Robert. Trying harder to find a nº 2 executive. *The Wall Street Journal,* 19 June 1989, p. Bl; PURA, Raphael. Many of Asia's workers are on the move. *The Wall Street Journal,* 5 Mar. 1992, p. A11; MILLER, Karen Lowry. The mommy track' Japanese style. *Business Week,* p. 46, 11 Mar. 1991; ITOI, Kay, POWELL, Bill. Desperately seeking Akio. *Newsweek,* p. 51, 16 Sept. 1991; MILLER, Karen Lowry. Land of the rising jobless. *Business Week,* p. 47, 11 Jan. 1993.

Quadro 6.1
Processo de recrutamento como uma série de filtros.

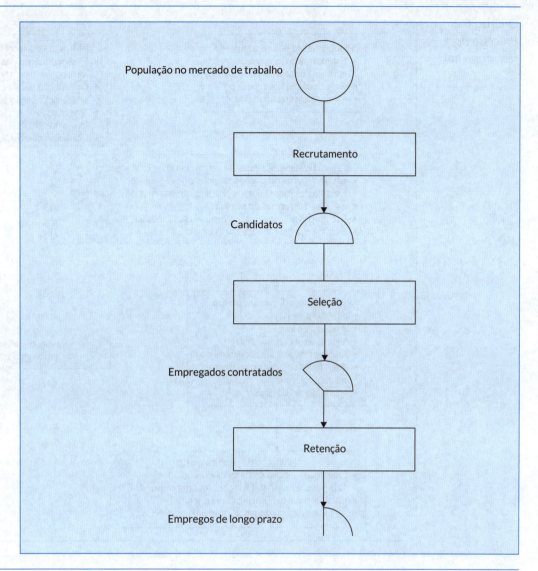

O recrutamento não é importante apenas para a organização. Ele é um processo de comunicação bilateral. Os candidatos desejam informações precisas sobre como será trabalhar nessa empresa. Por seu lado, a organização deseja saber que tipo de empregado será o candidato, caso seja contratado. Ambos os lados enviam sinais sobre as relações no trabalho. Os candidatos sinalizam que são bons concorrentes e devem receber a oferta de emprego; também tentam obter da organização as informações para que decidam ou não entrar para ela. As organizações sinalizam que são bons lugares para se trabalhar; pretendem obter dos candidatos sinais que mostrem claramente o valor potencial deles como futuros empregados. Discutiremos esse processo de sinalização no Capítulo 7.

Para os estudantes universitários, a principal razão para se compreender o processo de recrutamento é sua sobrevivência no mercado de trabalho. Quando um negócio se reestrutura, uma consequência frequente é a redução da contratação de estudantes. Entendendo a importância de impressionar os recrutadores, Hugo Rodriguez, um estudante de MBA da Universidade da Virgínia, comprou uma passagem aérea de 350 dólares para voar até Philadelphia e encontrar-se com os entrevistadores da Dole Food Company que visitavam a Wharton School. Ele conseguiu uma boa oferta de trabalho.[8] Embora a maioria dos estudantes não precise ir tão longe, a compreensão do processo de recrutamento é fundamental quando você se torna um candidato a empregado. Conhecer a forma como o processo de

---

8   KARR, Albert R., TOMSHO, Robert. Business graduates scrap for scarce jobs. *The Wall Street Journal*, 19 May 1992, p. B1.

Quadro 6.2
Processo de recrutamento.

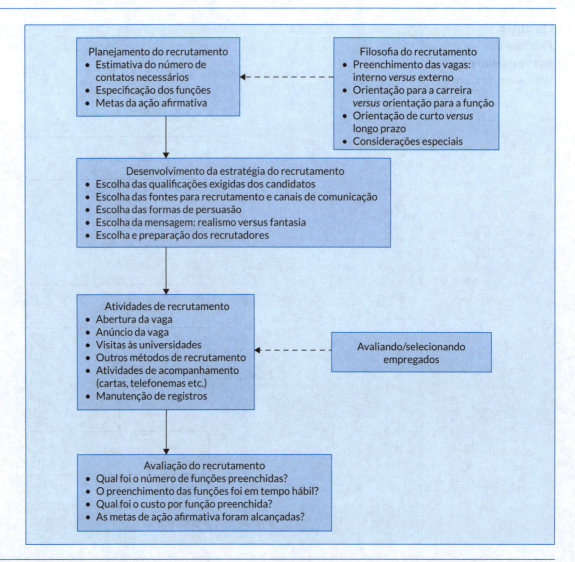

busca funciona e como ele pode ser influenciado são ferramentas importantes, não importa qual a carreira que você almeje. Um apêndice no final deste capítulo pode ajudá-lo em sua própria busca.

Um processo típico de recrutamento é mostrado no Quadro 6.2. Veja como o processo emerge do planejamento de recursos humanos, discutido no Capítulo 5. O processo de planejamento estabelece os planos e a filosofia de recrutamento da organização. Repare também como as atividades de recrutamento funcionam como um primeiro passo da avaliação e seleção de candidatos, o que será discutido no próximo capítulo. Neste capítulo, vamos focalizar o desenvolvimento da estratégia de recrutamento, as atividades de recrutamento e sua avaliação. A duração do processo depende do cargo a ser preenchido, sendo uma média de 6,8 semanas para executivos/supervisores, 4,9 semanas para vendedores comissionados, 2,7 semanas para balconistas e auxiliares administrativos e 2,1 semanas para operários e empregados de serviços gerais.[9] Esses dados referem-se à experiência norte-americana. Um estudo feito na Holanda mostrou que quase todos os candidatos aparecem nas duas primeiras semanas depois do anúncio da vaga, e que o tempo que esta leva para ser preenchida tem mais a ver com o processo de seleção do que com a dificuldade de encontrar candidatos.[10]

9 BUREAU OF NATIONAL AFFAIRS. Recruiting and selection procedures. *Personnel Policies Forum Survey.* Washington, DC: Bureau of National Affairs, nº 146, p. 5, May 1988.

10 OURS, Jan van, RIDDER, Geert. Vacancies and the recruitment of new employees. *Journal of Labor Economics* 10, nº 2, p. 138-155, 1992.

PROCESSO DE PROCURA DO CANDIDATO A EMPREGADO

Embora as empresas geralmente recrutem candidatos para funções específicas, aqueles que procuram um trabalho costumam escolher uma posição em determinada organização como segundo passo nesse processo. As pessoas começam pela escolha de sua área ocupacional, o que vai determinar o tipo de função a ser procurado, tais como engenharia, administração, música, fotografia, e assim por diante. Em seguida, essas pessoas escolhem a organização que oferece trabalho dentro dessa área ocupacional.

Escolhendo uma Ocupação

A escolha ocupacional é determinada tanto por características individuais quanto ambientais. Os psicólogos afirmam que as pessoas tentam encontrar trabalhos que sejam congruentes com seu perfil; estes são classificados como artístico, investigativo, convencional, realista, social ou empreendedor.[11] Os sociólogos enfatizam como a família, o sistema educacional, os grupos de referência e as agências vocacionais podem influenciar e limitar as escolhas ocupacionais. Um estudo com 5.000 estudantes na Austrália sugere que esses fatores têm peso diferente sobre as mulheres da zona rural e da zona urbana. Quando os advogados ensinam as leis para seus filhos, estes têm maior probabilidade de seguir a mesma carreira.[12] Presume-se que isso também aconteça com as filhas, mas essa pesquisa ainda não foi realizada. No entanto, a escolha ocupacional também recebe influência da realidade do mercado de trabalho e da capacitação e dos recursos de cada indivíduo. Os economistas definem essa escolha em termos de como as pessoas procuram maximizar seus ganhos futuros e minimizar os esforços para obtê-los. Nenhuma fórmula simples pode prever a escolha ocupacional; geralmente ela se dá cedo na vida das pessoas, mais ou menos na época do primeiro emprego.

As organizações têm influência muito limitada sobre a maioria desses fatores, mas alguns podem ser influenciados diretamente. Muitas empresas encorajam seus funcionários a envolver-se com programas ligados a escolas de primeiro e segundo graus para incentivar o interesse dos estudantes em matérias como matemática e ciências. Por exemplo, a Hewlett-Packard Company e a Lockheed Missile & Space Company trabalham com a Sequoia Union High School em programas vocacionais de computação e eletrônica para estudantes com altas chances de evasão escolar.[13]

O *Formulário de Forte Interesse Ocupacional* e o *Levantamento de Interesse Ocupacional de Kuder* são questionários que medem os interesses e os valores das pessoas, e indicam sua semelhança com grupos de indivíduos em diferentes tipos de ocupação.[14] A ideia básica é que as pessoas tendem a entrar e permanecer numa área ocupacional que seja adequada a seus valores e interesses. Muitas escolas e serviços de colocação profissional usam esses questionários para ajudar as pessoas a encontrar seu grupo e conseguir uma ocupação apropriada.

A opção ocupacional limita assim o campo de escolha do trabalho. O próximo passo é escolher qual função/organização será eleita.

Buscando Informações sobre Empregos/ Organizações

Antes de optar por uma função/organização, devem-se levantar informações sobre as oportunidades existentes. Isso pode ser feito de diferentes formas. Tempos difíceis têm levado pessoas a deixar suas famílias e viajarem pelo país em busca de trabalho, como na época da corrida do ouro ou nos tristes tempos da Grande Depressão. Entrevistas com homens residentes em East Boston, South Boston e Charlestown mostram que eles só sabem dos empregos que seus amigos e familiares têm, mesmo quando existe grande oferta de vagas em outras organizações onde não trabalha ninguém de seus relacionamentos. Eles também acreditam que a sorte e os bons contatos são mais importantes do que a educação na obtenção de um bom trabalho. Um

---

11 HOLLAND, J. L. *The psychology of vocational choice.* New York: Blaisdell, 1966; BROWN, D. The status of Holland's theory of vocational choice. *Career Development Quarterly* 36, nº 1, p. 13-23,1988; HOLLAND, J. Current theory of Holland's theory of careers: another perspective. *Career Development Quarterly* 36, nº 1, p. 24-30, 1988.

12 POOLE, Millicent E., LANGAN-FOX, Janice, OMODEI, Mary. Career orientation in women from rural and urban backgrounds. *Human Relations* 44, nº 9, p. 983-1.005, 1991; LABAND, David N., LENTZ, Bernard F. Self-recruitment in the legal profession. *Journal of Labor Economics* 10, nº 2, p. 182-201, 1992.

13 PERRY, Nancy J. The new improved vocational school. *Fortune,* p. 127-138, 19 June 1989.

14 HANSON, J. C., CAMPBELL, D. P. *Manual for the SVIB-SCII.* Stanford, CA: Stanford University Press, 1985; Zytowski, D. G. *Kuder occupational interest survey for DD manual supplement.* Chicago: Science Research Associates, 1986.

trabalho que reúne 22 estudos aponta para o fato de que a maior parte das informações sobre emprego é obtida de maneira informal. Amigos e parentes são a fonte mais frequente, vindo em segundo lugar a busca direta nos departamentos de pessoal das empresas. Os candidatos a empregos administrativos ou de atendimento têm maior probabilidade de usar uma agência particular de colocação do que aqueles que procuram funções no setor de produção.[15] Aparentemente, as pessoas em situação financeira mais instável são as que mais procuram, enquanto os desempregados com alguma fonte alternativa de renda, ou que recebem auxílio-desemprego, gastam menos horas por semana em busca de uma colocação.[16] Entre os candidatos a corretor de seguro de vida, as mulheres e os não brancos tendem a utilizar fontes formais de informação, como agências de emprego, anúncios de jornal e serviços universitários de colocação, enquanto os homens brancos confiam mais em fontes informais como recomendações de empregados e conhecidos. Um estudo mostrou que alguns estudantes escolhiam as empresas para serem entrevistados em função do poder de atração da função a que se candidatavam, enquanto outros levavam mais em conta a probabilidade de receber uma oferta concreta.[17]

Procurar um trabalho faz alguma diferença? Parece que aqueles que procuram com mais afinco e durante mais tempo ficam mais satisfeitos com o que conseguem e obtêm maiores aumentos salariais.[18] Os homens que utilizam as agências públicas de emprego ficam mais tempo desempregados do que os que lançam mão de outros métodos de busca. Aqueles que contam com a ajuda de amigos e parentes conseguem emprego mais rápido, mas ganham menos do que anteriormente.[19] Um estudo entre estudantes de Administração descobriu que aqueles com melhor desempenho escolar demonstravam mais confiança em suas atividades de procura de trabalho; as mulheres eram particularmente confiantes, e sentiam-se mais visadas; e os estudantes com tendências tipo A demonstraram ser mais objetivos em suas buscas e ter maior intenção de se dedicar a uma procura sistemática. Mesmo assim, a busca sistemática e objetiva não garante resultados concretos. O desempenho escolar, a exploração do ambiente e a autoconfiança têm uma relação positiva com o número de entrevistas conseguido. Os alunos com maiores tendências tipo A participaram de mais entrevistas, e este número estava fortemente relacionado com o número de ofertas de trabalho obtidas. Aqueles que receberam mais ofertas estavam mais satisfeitos em seus empregos. Altos níveis de exploração do mercado estavam associados com maior satisfação no trabalho e menor desgaste na procura pelo emprego.[20] Isso tudo sugere que enquanto diferentes estratégias de procura de informações podem produzir resultados diferentes, as consequências da busca de trabalho também dependem das características individuais (autoconfiança, tendências tipo A) e das condições ambientais, tais como nível de desemprego ou situação do mercado.

Os computadores podem facilitar a coleta e a análise de grandes quantidades de informação sobre oportunidades de trabalho. Serviços *on-line* como a CompuServe, a Prodigy e a American *OnLine*, mantêm espaços

---

15 MILBANK, Dana. The modern okies. *The Wall Street Journal, 2* Mar. 1992, p. Al; WIAL, Howard. Getting a good job: mobility in a segmented labor market. *Industrial Relations* 30, nº 3, p. 396-416, Fall 1991; STEVENS, D. W. A reexamination of what is known about Job-seeking behavior in the United States. Trabalho apresentado na *Conference on Labor Market Intermediaries,* patrocinada pela National Comission for Manpower Policy, 16-17 Nov. 1977; ROSENFELD, C. Job-seeking methods used by American workers. *Monthly Labor Review,* p. 39-42, Aug. 1975.

16 DYER, L. D. Job search success of middle-aged managers and engineers. *Industrial and Labor Relations Review,* p. 969-979, Jan. 1973; BARRON, J., GILLEY, D. W. The effect of unemployment insurance on the search process. *Industrial and Labor Relations Review,* p. 363-366, Mar. 1979; FELDSTEIN, Martin. The economics of the new unemployment. *Public Interest,* p. 3-42, Fall 1973; EHRENBERG, Ronald G., OAXACA, Ronald L. Unemployment insurance, duration of unemployment and subsequent wage gain. *American Economic Review,* p. 754-766, Dec. 1976; WELCH, Finis. What have we learned from empirical studies of unemployment insurance. *Industrial and Labor Relations Review,* p. 451-461, July 1977.

17 KIRNAN, Jean Powell, FARLEY, John A., GEISINGER, Kurt F. The relationship between recruiting source, applicant quality and hire performance: an analysis by sex, ethnicity and age. *Personal Psychology* 42, p. 293-308, 1989; RYNES, Sara L., LAWLER, John Lawler. A policy-capturing investigation of the role of expectancies in decisions to pursue job alternatives. *Journal of Applied Psychology* 68, nº 4, p. 620-631, 1983.

18 The higher the pay, the longer the job hunt. *The Wall Street Journal,* 15 Dec. 1989, p. Bl.

19 *Empirical analysis of the search behavior of low-income workers.* Menlo Park, CA: Stanford Research Institute, 1975; REID, G. L. Job search and the effectiveness of job-finding methods. *Industrial and Labor Relations Review,* p. 479-495, June 1972.

20 STEFFY, Brian D., SHAW, Karyll N., NOE, Ann Wiggins. Antecedents and consequences of job search behaviors. *Journal of Vocational Behavior* 35, p. 254-269, 1989.

específicos para ajudar os que procuram trabalho. Mais adiante, daremos uma lista de *sites* de banco de empregos na internet. Existem programas para tudo: escrever cartas e currículos com base nas informações dadas pelo candidato no preenchimento de um formulário, lembrá-lo de mandar notas de agradecimento ou de manutenção. De fato, existe um programa que traduz a linguagem de uma correspondência no mais puro "burocratês", provavelmente, para tornar o texto mais familiar aos recrutadores de entidades públicas. Temos motivos para acreditar que alguns dos trabalhos de nossos alunos foram preparados com esse programa.[21] Uma vez de posse das informações necessárias, o candidato deve avaliá-las para fazer sua escolha.

Escolhendo uma Função/Organização

Qual estratégia definiria sua própria busca de emprego? Os tipos de abordagens dos estudantes sobre esse assunto têm sido classificadas como: (1) maximizadores, que fazem o máximo possível de entrevistas, obtêm o máximo possível de ofertas de trabalho e então escolhem racionalmente a melhor delas com base em seus próprios critérios; (2) satisfeitos, que pegam a primeira oferta que aparece, acreditando que todas as empresas no fundo são a mesma coisa; e (3) precavidos, que aceitam uma oferta enquanto procuram outras, depois aceitam mais uma só para verificar se sua primeira escolha era boa, antes de tomar sua decisão final.[22]

Uma abordagem *compensatória* para a escolha de um trabalho envolve a coleta de informações completas sobre cada oferta recebida, a comparação de todas elas entre si, à luz de todos os critérios importantes, e a opção por aquela que obtenha a melhor avaliação geral. Uma oferta um tanto fraca sob certo ponto de vista pode ser compensatória em outros aspectos. As pessoas raramente são assim tão meticulosas, seja por falta de tempo, paciência ou ainda por sua capacidade mental. Essas limitações levam a uma *racionalidade limitada*. Esse é o processo mais usual, no qual as pessoas utilizam estratégias simplificadas, como eliminar todas as ofertas que estejam abaixo de certo padrão em relação a alguns fatores importantes (localização da empresa, remuneração), e então escolher entre as remanescentes por meio de uma comparação mais completa.[23] A racionalidade limitada é uma abordagem não compensatória porque as ofertas que foram eliminadas por não atender aos padrões mínimos iniciais não terão chance de ser examinadas sob outros pontos de vista que poderiam ser compensadores.

Um aspecto que vem tendo importância crescente na procura por emprego é a *carreira em dupla*. Com mais mulheres entrando para o mercado de trabalho, os trabalhadores casados frequentemente procuram emprego para o casal. As empresas devem tentar oferecer vagas para ambos os cônjuges ou proporcionar algum auxílio a fim de arrumar uma colocação para o marido ou esposa do candidato em outra organização.

Não existe um modelo único de busca por trabalho, nem sabemos qual método funciona melhor sob diferentes circunstâncias. A maioria das pesquisas sobre o assunto tem sido realizada com estudantes universitários, que frequentemente têm a oportunidade de receber várias ofertas antes de tomar suas decisões. Em muitas outras situações, como no caso dos desempregados ou daqueles que estão querendo mudar de emprego, pode haver muita pressão para que peguem a primeira boa oferta que surgir.

Para as organizações, o entendimento do processo de procura de trabalho por parte do candidato pode proporcionar um guia para o desenho de suas atividades de recrutamento. Por exemplo, uma empresa que paga altos salários iniciais porque está em uma localização pouco atraente pode exigir uma resposta bem rápida a uma oferta de emprego, para não dar tempo ao candidato de encontrar uma oferta melhor. Essa situação também pode levar o candidato a usar um processo não compensatório que concorde com uma localização minimamente aceitável e enfatize uma boa remuneração.

OBJETIVOS CONFLITANTES PARA CANDIDATOS E EMPREGADORES

Se você já passou por essa busca por um trabalho, sabe que esse processo é desgastante e cheio de pressões conflitantes. O diagrama mostrado no Quadro 6.3 o ajuda a entender por que as organizações frequentemente

---

21   BULKELEY, William M. Job-hunters turn to software and databases to get an edge. *The Wall Street Journal,* 16 June 1992, p. B7; COLE, Diane. Letting computers lend a high-tech helping hand. *New York Times,* 30 Oct. 1988, p. F15.

22   GLUECK, William. Decision making: organization choice. *Personnel Psychology,* p. 66-93, Spring 1974; How recruiters influence job choices on campus. *Personnel,* p. 46-52, Mar./Apr. 1971.

23   PAYNE, J. W. Task complexity and contingent processing in decision making: an information search and protocol analysis. *Organizational Behavior and Human Performance* 16, p. 366-387, 1976.

enfrentam conflitos semelhantes. Os conflitos do recrutamento são parecidos com aqueles discutidos no Capítulo 4 sobre avaliação de desempenho. O candidato passa por um conflito interno entre o objetivo de conseguir o máximo de ofertas de trabalho, mostrando suas características pessoais mais atraentes e reagindo positivamente às mensagens da empresa, e o objetivo de escolher entre os empregadores, apresentando a mais honesta imagem de suas competências e fazendo perguntas bem diretas sobre o que a organização tem a oferecer. A organização passa pelo conflito interno entre a meta de atrair o máximo de candidatos, mostrando suas características mais atraentes, fazendo com que eles se sintam bem sobre o processo, e de avaliá-los duramente, fazendo perguntas objetivas que possam separar os mais bem qualificados dos demais.

Existem também outros conflitos entre os candidatos e a organização. Em primeiro lugar, os esforços da empresa para parecer atraente pode esconder do candidato informações necessárias para que ele possa avaliar o empregador. Em segundo lugar, as tentativas do candidato em mostrar o melhor de si podem conflitar com a necessidade da organização em obter informações realísticas para a avaliação das qualificações dele.

Portanto, organizações e candidatos precisam tentar encontrar um equilíbrio entre a vontade de impressionar e a necessidade de falar a verdade.

O FIM DO EMPREGO PERMANENTE?

> O trabalho eventual é qualquer atividade na qual o indivíduo não possui um contrato, implícito ou explícito, de emprego de longo prazo, ou em que o número mínimo de horas trabalhadas pode variar de maneira não sistemática. Isso pode incluir aqueles que prestam serviços temporários, aqueles com menos de um ano no emprego e que esperam que o trabalho dure apenas mais um ano, trabalhadores autônomos e independentes, ou qualquer trabalhador que acredite que seu cargo é temporário e sem expectativas de longo prazo.[24]

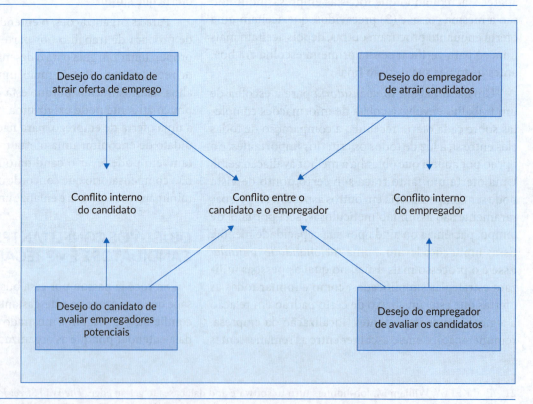

Quadro 6.3
Conflitos que o recrutamento cria para os candidatos e para a organização.

---

24 ROY, Daniel. Contingent workers cut labor costs while increasing worker insecurity. Daily Labor Report, 26 Oct. 1995; GINSBACH, Pam. BLS preparing to launch first survey of contingent workforce next february. Daily Labor Report, 12 Dec. 1994.

Quanto tempo você espera permanecer em seu emprego atual ou no primeiro emprego que conseguir depois de formado? Se você for como a maioria, sua resposta provavelmente indicará um tempo bem mais curto do que teria sido a de seu pai ou seu avô. Os capítulos anteriores descreveram as modificações havidas na natureza do emprego, no caráter mais autossuficiente dos contratos e na necessidade do planejamento de recursos humanos em moldar um quadro de pessoal que seja extremamente flexível e pronto para mudanças constantes. O que pode ser melhor para atender a essa situação do que eliminar a figura do emprego "permanente"?

Alguns especialistas previram o "fim do emprego" da forma como o conhecemos, com o cenário futuro dominado pela tecnologia avançada e trabalhadores eventuais, em indústrias automatizadas e um mercado de trabalho constituído de "profissionais com *griffe*", altamente capacitados, reunidos para determinados projetos e então desmobilizados.[25] O número de trabalhadores eventuais tem se expandido drasticamente nos últimos anos. Uma pesquisa de um órgão governamental em 60.000 lares nos Estados Unidos encontrou um número entre 2,7 e 6 milhões de trabalhadores, ou 2,2 a 4,9% do total da mão de obra, trabalhando como empregados eventuais. O número menor (2,7 milhões) inclui trabalhadores assalariados com menos de um ano no emprego e com perspectivas de mantê-lo apenas por mais um ano. Se a definição de trabalhador eventual somar a este primeiro grupo os profissionais autônomos e os independentes, cujos trabalhos também devem durar apenas mais um ano, esse número sobe para 3,4 milhões. O número maior (6 milhões) inclui esses citados acima mais todos aqueles que declararam que suas posições não vão manter-se, independentemente da duração desse processo.[26]

Enquanto essa pesquisa entrevistou empregados, o Quadro 6.4 mostra o resultado de outra realizada com empregadores, membros de conselhos de recursos humanos do The Conference Board nos Estados Unidos e na Europa. Tradicionalmente, pensamos em trabalhadores eventuais que ocupam posições administrativas, tais como trabalhos de contabilidade ou de digitação, mas o Quadro 6.4 sugere que o uso desse tipo de mão de obra

vem crescendo também nas áreas de produção e até nas mais técnicas e especializadas. Ainda que as posições executivas sejam menos frequentemente ocupadas por empregados eventuais, o aumento das demissões e afastamentos de executivos experientes tem criado uma nova oferta de profissionais talentosos dispostos e capacitados para assumirem missões temporárias. Eles podem juntar-se à empresa por um prazo de 12 ou 18 meses para solucionar determinado problema ou para gerenciar unidade específica durante um processo de *downsizing,* consolidação ou eliminação. A Howe Furniture Company usa esse tipo de recurso e diz-se "assombrada com a profundidade dos talentos disponíveis". A Caterpillar substituiu 14.000 grevistas por trabalhadores temporários, inclusive técnicos e operários. O emprego temporário tem crescido bastante no Japão e na Europa à medida que mais mulheres com filhos entram para o mercado de trabalho e os empregos no setor de serviços crescem mais do que no industrial.[27]

As evidências sugerem que as agências de serviços temporários têm sido cada vez mais usadas pelos países na União Europeia, em ambientes com regulamentações muito diversas. Em um extremo, estão Grécia, Itália e Espanha, que simplesmente proíbem os contratos temporários de trabalho, embora na prática eles aconteçam ilegalmente. Muitos outros países exigem o registro das agências de trabalho temporário. Em Portugal, não existe nenhuma regulamentação sobre o assunto. Um estudo descobriu que bancos franceses usam trabalhadores temporários como estratégia de longo prazo para reduzir seu quadro fixo, enquanto empresas na Grã-Bretanha os utilizam para atender a aumentos de curto prazo na demanda.[28]

As opções para o emprego de temporários incluem:

1. *Banco interno de temporários,* em que as pessoas são chamadas de acordo com as necessidades. O sistema é gerenciado internamente pela empresa e pode consistir em ex-empregados e/ou contratações externas.

2. *Terceirizados,* que são os contratados por intermédio de agências de mão de obra temporária. Essas pessoas são empregadas da agência e não da empresa que contrata seus serviços.

---

25 Employers turn to temps, outsourcing. *BNA's Employee Relations Weekly* 13, p. 1.375, 25 Dec. 1995.

26 Contingent workers: how many are there? *HRM News,* p. 1, 18 Sept. 1995.

27 SMITH, Vernita C. Executives for rent. *Human Resource Executive,* p. 36-39, Mar. 1995; KELLY, Kevin. Picket Lines? Just call 1-800-STRIKEBREAKER. *Business Week,* p. 42, 27 Mar. 1995; HOUSEMAN, Susan N. Part-time employment in Europe and Japan. *Journal of Labor Research* 16, p. 249-262, Summer 1995.

28 *Survey of temporary work contracts. European Industrial Relations Review,* p. 11-16, Mar. 1989; O'REILLY, Jacqueline. Banking on flexibility: a comparison of the use of flexible employment strategies in the retail banking sector in Britain and France. *International Journal of Human Resource Management,* p. 35-58, May 1992.

Quadro 6.4
Uso crescente de trabalhadores eventuais.

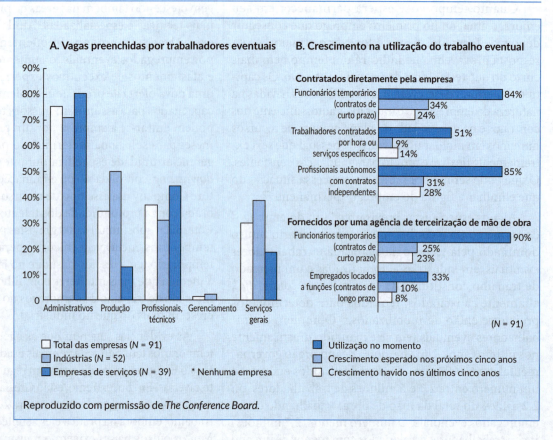

3. *Contratados autônomos,* que são profissionais independentes que têm contratos por um tempo determinado, tais como redatores *freelances* ou professores que atuam como consultores.

4. *Contratados de curto prazo,* que são pessoas contratadas para determinado período (como a alta estação) ou para um projeto específico.

Como você pode demitir funcionários sem demiti-los realmente? O sistema de locação de empregados envolve um arranjo de longo prazo em que um empregador demite todos os seus funcionários que são então contratados por uma empresa de locação que os locam de volta ao empregador original. A empresa locadora tem total responsabilidade sobre os empregados, incluindo salários, benefícios, taxas e legalização de seus papéis, e cobra do locatário uma quantia por esses custos e serviços. Esse tipo de arranjo passou a ser mais usado nos Estados Unidos depois da adoção de uma legislação sobre isonomia salarial e de benefícios (Tefra*) em 1982, como forma de permitir planos lucrativos de aposentadoria para altos executivos sem ter que estendê-los aos demais empregados. Os empregadores também podem obter com isso alguma redução de custos e os empregados podem receber melhores e maiores benefícios da empresa terceirizada do que da empresa original.[29]

Como você leu no Capítulo 5, as organizações enfrentam crescentes desafios para administrar as ondas de escassez e excesso de recursos humanos que frequentemente acontecem ao mesmo tempo. Os trabalhadores temporários podem ser uma forma de flexibilizar e agilizar as coisas. Oitenta e um por cento das empresas pesquisadas pelo Conference Board disseram que a flexibilidade da mão de obra era a principal razão do uso de empregados temporários. Outras razões apontavam para a necessidade de dar cobertura às faltas dos funcionários fixos – uma reserva contra perdas no trabalho – e como uma forma de examinar possíveis candidatos a empregos permanentes. Entretanto, muitos argumentam que isso

---

* Tax Equity and Fiscal Responsibility Act. (NT)

29 MUNCHUS III, George. Employee leasing: benefits and threats. Personnel, p. 59-61, July 1988; WOOLLEY, Suzanne. Give your employees a break – by leasing them. Business Week, p. 135, 14 Aug. 1989.

rompe os contratos social e de emprego, reduz a lealdade ao empregador, pode comprometer a produtividade, pode reduzir o retorno do investimento em treinamentos se as pessoas saírem da empresa pouco tempo depois, além de prejudicar o trabalho de equipe.[30] Algumas sutilezas legais devem sempre ser consideradas, pois, se os terceirizados receberem um tratamento muito semelhante ao dos empregados fixos, o empregador pode tornar-se um *patrão oficioso,* o que criaria a obrigação de pagar benefícios e outras recompensas equivalentes às dos empregados permanentes. Para evitar que isso aconteça, alguns sugerem que os empregadores evitem fazer o seguinte:

1. Oferecer aos trabalhadores terceirizados cartões da empresa com seus nomes.
2. Colocar os nomes deles em suas portas, cubículos ou mesas.
3. Outorgar prêmios especiais de reconhecimento aos terceirizados.
4. Convidá-los diretamente para festas e confraternizações da empresa (deixar que sejam convidados pelas agências locadoras de mão de obra).[31]

Você pode perceber aqui o dilema de ter que dizer a alguém, "Realmente esperamos que você realize um grande trabalho para nós, só que não podemos colocar seu nome em nenhum lugar, nem convidá-lo para nossas festas". Ainda assim, algumas empresas conseguem bons resultados com o emprego de terceirizados por meio de um recrutamento cuidadoso. A Coors Brewing Company contrata 700 empregados nessa condição para a produção por ano, usando um vídeo de 10 minutos para mostrar a eles como é o trabalho na empresa, entrevistas individuais, testes de capacitação e de uso de drogas e vídeos de orientação sobre segurança, ética e uso de álcool.[32] A Banc One Wisconsin Corporation resolveu seu problema por meio da Manpower, Inc., uma agência de serviços temporários. O programa de ajuda da Manpower, desenvolvido dentro da empresa cliente, forneceu à Banc One um grupo exclusivo de funcionários temporários com o melhor treinamento; isso significou para a Banc One uma economia de quase 250 mil dólares em dois anos.[33] Essa economia foi gerada pela redução dos custos administrativos, despesas com benefícios e custos com contratações e demissões.

Na "Rede": Auxílio sobre Carreiras para o Trabalhador Eventual

O Quadro 6.5 mostra um anúncio de onde obter mais informação sobre os fornecedores de trabalho temporário na internet. Esse *site* em particular fornece informações sobre o mercado, um calendário de eventos e uma lista de agências de serviços temporários para os empresários que precisam desse tipo de ajuda.

Sejam eles chamados de "terceirizados", "temporários" ou "eventuais", os novos empregados precisam ser sistematicamente atraídos para a organização. Assim, uma estratégia completa de recrutamento envolve não apenas a consideração dos métodos de busca de emprego por parte dos candidatos e a determinação do equilíbrio entre empregos permanentes e temporários, mas também a escolha das características e qualificações dos candidatos, os canais de comunicação e as fontes, as formas de persuasão, as mensagens e os recrutadores. Essas escolhas interagem mutuamente (por exemplo, qualificações muito exigentes frequentemente são combinadas com forte persuasão) para criar a estratégia de recrutamento.

QUAL SUA OPINIÃO?

À medida que as agências de serviços temporários e as empresas de locação de mão de obra fornecem uma parcela cada vez maior dos empregados, o dilema dos executivos mudou de como escolher os funcionários para como escolher a empresa prestadora desses serviços. Quais critérios você acredita que indicariam uma agência de boa qualidade? Qual a importância das políticas de RH da agência nessa decisão?

EXPLORANDO A WEB

Você pode acessar essas informações sobre trabalho temporário no seguinte *site:*

http://www.natss./com/staffing/natind.htm

---

30 ROY, Daniel. Contingent workers: beware hidden costs. *Human Resource Management News,* p. 2, 25 Sept. 1995.

31 CAUDRON, Shari. Are your temps doing their best? *Personnel Journal,* p. 32-38, Nov. 1995.

32 Temporary workers: coors hires its own. *Human Resource Management,* p. 2, 4 Sept. 1995.

33 STRUVE, Jeffry E. Making the most of temporary workers. *Personnel Journal,* p. 43-45, Nov. 1991.

Quadro 6.5
Informações sobre o setor de empregos temporários na Web (internet).

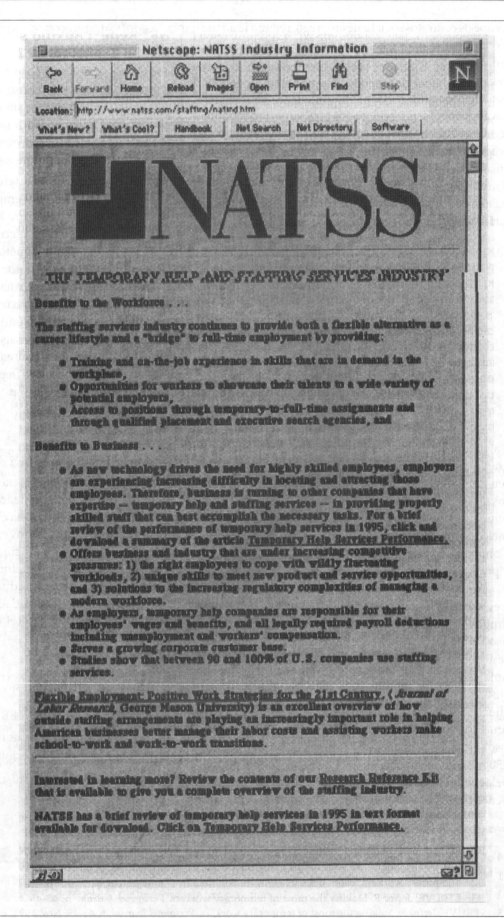

ESCOLHENDO AS QUALIFICAÇÕES DOS CANDIDATOS: ALÉM DA TRADIÇÃO

Antes que o recrutamento possa começar, a organização precisa decidir a natureza das vagas para as funções e as qualificações necessárias para preenchê-las. O planejamento do emprego (veja o Capítulo 5) ajuda a identificar o número e o tipo de trabalhadores que serão precisos. A análise de funções e tarefas (veja o Capítulo 3) ajuda a identificar os comportamentos e as características dos empregados requeridos para sua realização.

Como foi mostrado no Quadro 6.1, o recrutamento age como um primeiro filtro na determinação de quem entra para a organização. Vimos que as atividades de recrutamento podem afetar o processo de busca do candidato e, desta forma, definir quem se apresenta à vaga. O recrutamento também filtra os candidatos diretamente, estabelecendo suas qualificações requeridas. Uma organização pode tentar conquistar a "nata" dos profissionais, fixando exigências muito rígidas e gastando bastante tempo e dinheiro ao procurar pelos melhores. Por outro lado, em função das condições do mercado ou da vontade de reduzir custos, a organização pode optar por candidatos de mais baixa qualificação, gerando assim um grupo maior de postulantes. Pesquisas demonstram que, embora o aumento das qualificações reduza o número de candidatos, pode melhorar sua qualidade.[34] A decisão sobre o quanto devem ser rígidas as exigências sobre a qualificação dos candidatos depende de um equilíbrio entre os custos de uma procura mais detalhada, caso os padrões sejam altos, e os benefícios trazidos pela maior qualidade obtida. Como veremos no Capítulo 7, essas questões dependem das diferenças entre os candidatos e de quanto essas diferenças são importantes para a realização das metas propostas.

A *triagem,* processo pelo qual se rejeita claramente os candidatos sem as qualificações desejadas na etapa do recrutamento, é na verdade o primeiro passo no processo de seleção discutido no Capítulo 7. Falaremos de ferramentas de triagem tais como testes de uso de drogas, testes de honestidade e registros de certificados legais, juntamente com outros métodos tradicionais de seleção como as entrevistas. Entretanto, as empresas estão explorando cada vez mais maneiras de atrair candidatos de fontes não tradicionais, utilizando grupos cujas qualificações são frequentemente subestimadas. Entre eles podemos citar os mais velhos, os portadores de alguma deficiência, os desmotivados, os que moram em locais muito distantes e até aqueles com dificuldades básicas para ler e escrever.

Utilizando a Mão de Obra mais Velha

Como vimos no Capítulo 2, o número de pessoas com mais de 50 anos deverá crescer significativamente; a saúde e a longevidade permitem a estas pessoas trabalharem por muito tempo depois de aposentadas ou de terem deixado seus empregos. Antigos e arraigados preconceitos sobre a disponibilidade e capacidade desses indivíduos impedem que as organizações façam uso dessa importante fonte de candidatos ao trabalho.[35] Mesmo assim, tudo vai depender do que a empresa precisa. Uma pesquisa revelou que 1,9 milhão de americanos com mais de 50 anos responderam *sim* quando perguntados sobre sua vontade de trabalhar. Uma análise mais cuidadosa sobre funções específicas, necessidade de dinheiro, capacitação física, atividades de busca de emprego e tolerância às condições de trabalho reduziu esse número para 1,1 milhão.[36] Algumas empresas como a McDonald's (McMasters), a Kelly Services (Encore) e a Kentucky Fried Chicken's (the Colonel's Tradition) têm programas específicos que levam em conta as necessidades e as contribuições dos trabalhadores mais velhos.

Você já viu alguma vez esses canais de compras pela televisão a cabo? Serviços de TV 24 horas para servir milhões de lares criam enorme necessidade de pessoal para atender a telefonemas e anotar os pedidos. Um desses canais nos Estados Unidos, o HSN, localiza-se em Clearwater, Flórida, onde mora boa

---

34 RYNES, Sara L. Recruitment, job choice and post-hire consequences: a call for new research directions. In: DUNNETTE, M. D., HOUGH, L. (Orgs.). *Handbook of industrial and organizational psychology.* 2. ed. Palo Alto, CA: Consulting Psychologists Press, 1991.

35 BORUS, Michael E., PARNES, Herbert S., SANDELL, Steven H., SEIDMAN, Bert. (Orgs.). *The older worker.* Madison, WI: Industrial Relations Research Association, 1988; CLEVELAND, Jeannette N., FESTA, Ronald M., MONTGOMERY, Linda. Applicant pool composition and job perceptions: impact on decisions regardind an older applicant. *Journal of Vocational Behavior* 32, p. 112-125,1988; HERZ, Dane E., RONES, Phillip L. Institutional barriers to employment of older workers. *Monthly Labor Review,* p. 14-21, Apr. 1989.

36 McNAUGHT, William, BARTH, Michael C., HENDERSON, Peter H. The human resource potential of Americans over 50. *Human Resource Management* 28, nº 4, p. 455-473, Winter 1989; DENTZER, Susan. Do the elderly want to work? *U.S. News & World Report,* p. 48-51, 14 May 1990.

parte da população mais idosa, o que levou a empresa a atrair pessoas com mais de 55 anos para trabalhos de meio-período e flexíveis por meio de encontros com os administradores de centros para a terceira idade onde mostravam material audiovisual sobre a organização e suas oportunidades. Quando esse programa, chamado "Prime Timer", começou em 1990, contava com 12 pessoas; em 1995, já eram 500. Além disso, esse grupo do programa, incluindo pessoas com mais de 80 anos, apresentava uma rotatividade 30% menor do que os outros.[37] Ainda assim, continuam os estereótipos. Uma pesquisa de 1995 junto a órgãos públicos nos Estados Unidos mostrou que as opiniões sobre os trabalhadores da terceira idade variam de acordo com a idade do entrevistado. Quanto mais velho o entrevistado, maior sua crença de que essas pessoas teriam menor probabilidade de sofrer acidentes, teriam menos doenças ocupacionais, seriam trabalhadores melhores e mais qualificados e que ele próprio escolheria trabalhar em companhia delas. Quanto mais jovem o pesquisado, maior a crença de que os mais velhos fossem mais difíceis de treinar, faltavam ao trabalho com mais frequência, eram mais ranzinzas, menos cooperativos, resistentes às mudanças e não que estavam interessados em ter maiores responsabilidades ou em aprender coisas novas.[38] Aparentemente, os profissionais de recursos humanos terão um trabalho duro para desmistificar esses estereótipos, especialmente entre os trabalhadores mais jovens.

Criando Oportunidades para os Deficientes

As qualificações mínimas para o trabalho devem incluir a capacidade física e mental dos indivíduos? O artigo I da lei norte-americana ADA*, de 1990, proíbe a discriminação trabalhista contra "indivíduos com alguma deficiência que, com ou sem acomodações especiais, possa desempenhar as tarefas essenciais da função ou cargo que esteja pretendendo exercer". Uma pessoa pode ser considerada deficiente quando tem dificuldade física ou mental que limite substancialmente uma atividade vital fundamental. Ao contrário de outras

leis sobre a matéria, a ADA exige que os empregadores proporcionem "acomodações especiais" para atender às deficiências e evitem questões durante o recrutamento que possam trazer à tona a deficiência, inclusive perguntas sobre a necessidade ou não de tais acomodações. Em outubro de 1995, a Comissão de Igualdade nas Oportunidades de Emprego divulgou novas diretrizes que dão aos empregadores um pouco mais de liberdade nesse aspecto, permitindo "questões limitadas" a respeito das acomodações especiais em caso de deficiências óbvias, ou no caso de o candidato voluntariamente pedir por elas ou ainda quando este revelar uma deficiência não visível, mas que requer acomodações especiais.[39]

Os avanços tecnológicos e os tratamentos médicos cada vez mais sofisticados têm aberto novas oportunidades para as pessoas com deficiências físicas ou mentais. Nos Estados Unidos, existe um serviço de aconselhamento para os empregadores sobre como acomodar os empregados ou candidatos com qualquer tipo de deficiência, que funciona pelo telefone e é gratuito. Uma série de modificações no ambiente de trabalho pode diminuir os obstáculos para os portadores de deficiências. Dessa maneira, empresas como a Holiday Inns, a Domino's Pizza e a Weyerhaeuser Company eliminaram exigências quanto à qualificação de candidatos que poderiam excluir a princípio indivíduos portadores de deficiências.[40]

Removendo as Barreiras para os Trabalhadores Marginalizados

A facilidade para encontrar transporte ou morar perto do trabalho podem constituir qualificações mínimas para o emprego? Como convencer os desempregados marginalizados a tentarem sua chance? Como as empresas podem identificar os desempregados empregáveis? Muitas empresas oferecem transporte, transferências ou providenciam moradia. Isso pode ser especialmente importante para atrair os marginalizados ou aqueles de pequenas cidades distantes dos grandes centros que não se veem como elegíveis para trabalhos fora de sua

---

37 SOLOMAN, Charlene Marmer. Unlock the potential of older workers. *Personnel Journal,* Oct. 1995.

38 HASSEL, Barbara L., PERREWE, Pamela L. An examination of beliefs about older workers: do stereotypes still exist? *Journal of Organizational Behavior* 16, p. 457-468, 1995.

* Americans with Disabilities Act. (NT)

39 BUREAU OF NATIONAL AFFAIRS. EEOC issues revised guidance on the ADA. *LRR Analysis/News and Background Information,* 16 Oct. 1995, 150 LRR 193 d18.

40 HOPKINS, Kevin R., BOLICK, Clint, NESTLEROTH, Susan L. *Opportimity2000:* Creative affirmative action strategies for a changing workforce. Washington, DC: Employment and Standards Division of the U.S. Department of Labor, 1989; Hiring the handicapped gets new emphasis in bid to staff hard-to-fill jobs. *The Wall Street Journal,* 3 Oct. 1989, p. Al.

comunidade. Por exemplo, a America Works é uma organização privada que recolocou no mercado 2.000 pessoas que estavam vivendo da ajuda governamental, economizando assim 20 milhões de dólares aos contribuintes. Essa instituição recruta beneficiários da assistência governamental, dá a eles um treinamento profissional básico, indica-os para os possíveis empregadores e faz o monitoramento e apoio durante os primeiros quatro meses de emprego. Setenta por cento desses empregados permanecem nas empresas.[41]

A Century City, em Los Angeles, é o endereço dos mais sofisticados edifícios de escritórios de advogados, consultórios de cirurgiões plásticos e psiquiatras famosos. Aparentemente, não é um lugar provável de se encontrar um programa para estudantes secundaristas, mas o Hotel Century Plaza assume o alto risco de abrigar esses adolescentes que vêm de escolas mal afamadas da região sul da cidade para que possam aprender algo sobre as oportunidades de trabalho no setor hoteleiro. Os estudantes passam dois dias no hotel trabalhando junto com os funcionários e, assim, aprendem mais sobre o mundo do trabalho.[42] A Delstar, empresa dona e operadora de uma cadeia de lojas em aeroportos e hotéis de luxo, buscou candidatos a emprego por meio de instituições como a Phoenix Urban League, Chicanos por la Causa e Phoenix Indian Center, que cuidam de minorias, muitas vezes discriminadas. O treinamento inclui desde fazer orçamento para pagar as contas até como chegar no horário. Um dos melhores vendedores da empresa foi encontrado em um abrigo de sem-teto: era uma mulher de mais de 50 anos, nenhum dente na boca e vestia-se com farrapos.[43] A aparência não é tudo.

QUAL SUA OPINIÃO?

Suponha que você é um executivo que recomenda a uma unidade-chave de sua empresa que contrate mais trabalhadores marginalizados, que podem ser sem-teto ou maltrapilhos. Como você ajudaria um executivo de linha a entender os benefícios dessa política para o atingimento das metas da unidade? Que tipo de preparação deverá ser feita com os funcionários que irão trabalhar com os novos recrutas?

Utilizando Candidatos com Poucas Habilidades Básicas

Nos Estados Unidos, a capacidade de falar e escrever correntemente em inglês deve ser uma qualificação mínima para os candidatos a emprego? Alguns empregadores chegaram à conclusão de que essa exigência vem significando cada vez mais uma limitação na busca de candidatos qualificados. Cinquenta e sete mil candidatos fizeram o exame de admissão da New York Telephone Company, um simples teste para medir conhecimentos básicos de matemática, leitura e raciocínio; 54.900 foram reprovados. Em Washington, DC, cerca de 90% dos jovens que tentaram vagas na Chesapeake and Potomac Telephone Company foram reprovados em seus exames de admissão, cujo nível de conhecimento requerido era de primeiro grau. Uma pesquisa com gerentes de pessoal descobriu que 22% dos candidatos a emprego eram deficientes em suas capacidades básicas.[44] A mesma pesquisa apontou que uma média de 15% dos já empregados também tinham essas deficiências.

As empresas usam atividades criativas de recursos humanos para conseguir recrutar esse tipo de candidato, de modo a não ter que enfrentar uma escassez de pessoal. A Barden, uma empresa fabricante de rolamentos de Connecticut, respondeu a uma demanda de 125 novos empregados em um único ano com um programa de integração e cursos especiais de inglês. Agora, a empresa atrai candidatos que representam "uma verdadeira ONU, vindos de países tão diferentes como Camboja, Laos, Colômbia, Brasil, República Dominicana, Guatemala, Chile, Líbano, Paquistão, Tailândia e Iêmen", que tiveram boa educação em seus lares de origem, mas não possuíam o conhecimento necessário de inglês para compreender os procedimentos operacionais.[45] A aritmética (matemática básica) também parece ser uma dificuldade comum. A Domestications, uma empresa de compras pelo Correio, coloca um lembrete de esclarecimento no final de seus formulários de descontos de 10%:

---

41 *Idem.*

42 LAABS, Jennifer J. L. A. Hotel gives teens a career orientation. *Personnel Journal,* p. 50-61, Nov. 1995.

43 CALABRIA, David C. When companies give, employees give back. *Personnel Journal,* p. 75-83, Apr. 1995.

44 GREENBERG, Eric Rolfe. Workplace testing: the 1990 AMA survey, part *1. Personnel,* p. 43-51, June 1990; WHITMAN, David et. al. The forgotten half. *U.S. News and World Report,* p. 45-53, 26 June 1989; National alliance of business chief sees business problems in growing shortage of qualified workers. *BNA's Labor Relations Week* 4, nº 2, Jan. 1990.

45 Language course taps new bank of work skills. *Human Resource Management News,* p. 2, Dec. 30, 1989.

Veja como determinar os 10% de desconto:

1. some o total dos valores das mercadorias,
2. multiplique esta quantia por 0,10. Exemplo: $ 100,00 × 0,10 = $ 10,00

Na McDonald's e outras cadeias de lanchonetes, figuras ou pequenas descrições dos produtos tomaram o lugar dos números nas caixas registradoras. Os funcionários já não precisam de nenhuma habilidade aritmética para atender aos pedidos dos clientes ou calcular o troco a ser devolvido. Embora essas táticas permitam às empresas empregar pessoas sem qualificação, a longo prazo isso pode resultar em um contingente de pessoas incapaz de se ajustar às mudanças no futuro. O recrutamento precisa estar integrado com o plano mais abrangente de recursos humanos.

A capacitação mínima básica não é um problema apenas nos Estados Unidos. O Quadro 6.6 mostra os "vinte mais" em termos de qualificação da mão de obra. Essa classificação teve por critérios qualidade da educação pública, níveis de escolaridade secundária e treinamento em serviço, conhecimento de informática e motivação do trabalhador. A Ásia e a Europa estão bem representadas, e os Estados Unidos aparecem entre os 10 primeiros países. Entretanto, o México (que não aparece na lista) está sob pressão para melhorar seu ensino sob o risco de perder empregos para trabalhadores da Índia. Até as empresas europeias estão percebendo que seus funcionários mais antigos podem estar atrasados quanto a conhecimentos de informática e com habilidades ultrapassadas, não obstante possuam boa educação. Os executivos de recursos humanos que lidam com operações internacionais precisam levar em conta essas diferenças quando decidem onde estabelecer novas unidades e como recrutar talentos.

ESCOLHENDO AS FONTES DE RECRUTAMENTO E OS CANAIS DE COMUNICAÇÃO

Quaisquer que sejam suas qualificações, os candidatos precisam ficar sabendo das oportunidades de emprego. A escolha dos tipos de candidatos a serem informados e do canal de comunicação a ser utilizado vai determinar quem ficará sabendo das oportunidades de emprego. As fontes/canais de recrutamento devem gerar um número suficiente de candidatos qualificados a um custo razoável. Geralmente, eles são escolhidos com base na tradição da empresa ou em práticas já utilizadas. O Quadro 6.7 mostra os percentuais das 245 empresas pesquisadas que usam diferentes fontes de recrutamento para as seguintes atividades: escritório/balcão, produção/serviços (como operadores de máquinas ou balconistas de lojas), profissionais/técnicos (como cientistas, programadores de informática ou advogados), vendedores

Quadro 6.6
Qual é a mão de obra mais qualificada? As "vinte mais".

1. Cingapura
2. Dinamarca
3. Alemanha
4. Japão
5. Noruega
6. Estados Unidos
7. Áustria
8. Suécia
9. Holanda
10. Finlândia
11. Suíça
12. Austrália
13. Nova Zelândia
14. Bélgica/Luxemburgo
15. Irlanda
16. França
17. Canadá
18. Hong Kong
19. Taiwan
20. Coreia do Sul

Trabalhadores do mundo... Treinai! Qual é a mão de obra mais qualificada? Em uma classificação com base nos critérios qualidade da educação pública, níveis de escolaridade secundária e treinamento em serviço, conhecimento de informática e motivação dos trabalhadores, esses países são os vinte melhores, em ordem decrescente.

Fonte: *World Competitiveness Report* (World Economic Forum e Lausanne Institute of Management Development), em SASSEEN, Jane A., NEFF, Robert, HATTANGADI, Shekar, SANSONI, Silvia. The winds of change blow everywhere. *Business Week*, 17, p. 93, Oct. 1994.

comissionados e executivos/supervisores. A barra menor em cada categoria mostra a porcentagem de empresas que apontaram aquele método como o mais eficaz para aquela categoria de função. As promoções internas são usadas frequentemente; elas serão discutidas no Capítulo 9, sobre carreiras. As próximas seções examinarão as fontes mais utilizadas e conhecidas de recrutamento externo.

Atendimento na Empresa

O atendimento na empresa significa simplesmente abrir as portas da organização para aqueles que procuram um emprego, frequentemente respondendo a anúncios ou outra divulgação feita no mercado. Essa é uma fonte bem barata de recrutamento, especialmente para vagas que podem ser preenchidas pelo mercado local de mão de obra. É usada com frequência, menos para as posições de profissionais/técnicos e executivos/supervisores (veja o Quadro 6.7). Tem boa probabilidade de atrair a maior parte dos candidatos quando o desemprego local é grande, ainda que a qualidade possa ser desigual entre eles. Uma "casa aberta" pode aumentar esse movimento, por meio de convites feitos a membros da comunidade, estudantes universitários e outros para visitarem a sede da empresa e conhecer melhor seus produtos e tecnologia.

Talvez a versão cibernética do atendimento na empresa seja um "correio eletrônico na empresa". Cada vez com maior frequência, os candidatos podem contatar as organizações e enviar seus currículos pelo *e-mail* via internet. De fato, vai chegar o dia em que o melhor currículo será o mais simples. Uma formatação complicada, com gráficos

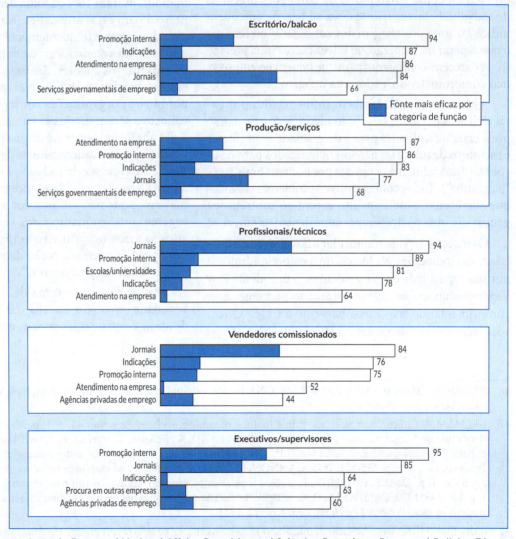

Quadro 6.7
Fontes de recrutamento realmente utilizadas para diferentes funções (percentual de empresas).

Fonte: *Reproduzido com permissão do Bureau of National Affairs. Recruiting and Selection Procedures.* Personnel Policies Fórum Survey nº 146 (Washington, DC: Bureau of National Affairs, May/1988), p. 9. Copyright 1988 do Bureau of National Affairs, Inc. (800-372-1033).

178 | Recrutamento e Seleção Externos

e fontes elaboradas, só complica a leitura eletrônica feita pelos equipamentos de informática, de forma que alguns consultores recomendam sempre a máxima simplicidade de sua forma. Voltaremos a este assunto de "recrutamento cibernético" quando discutirmos propaganda.

Indicações

Você já recomendou alguma vez um amigo como candidato a um emprego? Se já o fez, saiba que você fez uma indicação. O Quadro 6.7 mostra que essa é uma fonte muito comum de recrutamento. As indicações são particularmente comuns para posições novas e diferentes, que nem sempre são fáceis de preencher.[46] Apesar de esse método não apresentar boa imagem em termos de eficácia, conforme mostra o Quadro 6.7, pesquisas sugerem que os candidatos recrutados por meio dele têm probabilidade menor de sair da empresa durante o primeiro ano, a menos que essa empresa tenha problemas, como baixo moral ou condições precárias de trabalho.[47] Talvez isso se deva ao fato de que quem indica faz uma pré-triagem dos candidatos ou lhes diz o que esperar do emprego; ou talvez exerça uma pressão sobre os recém-contratados para que fiquem no emprego, não comprometendo, assim, sua imagem.

As indicações são também influenciadas por características pessoais, tais como idade, sexo e raça; isso pode criar dificuldades para a diversidade se mulheres e membros de minorias não forem indicados para posições tradicionalmente ocupadas por homens brancos (a "panelinha"). Todos conhecemos os problemas clássicos que aparecem quando um alto executivo contrata seu genro para uma posição importante dentro da empresa.

Os incentivos podem aumentar a quantidade e a qualidade das indicações. Na Merck, uma empresa admirada por sua capacidade de gerar talentos, o presidente Roy Vagelos administra pessoalmente o assunto, frequentemente cumprimentando seus executivos com a frase: "Quem você recrutou recentemente?" O Harris Bank de Chicago contrata de 300 a 400 pessoas por ano via indicações. Os executivos que contratam os indicados agradecem aos indicadores com cheques de bonificação ou outras recompensas. Alguns receberam de prêmio 500 notas de 1 dólar.[48]

O anúncio exibido no Quadro 6.8 mostra interessante abordagem da empresa Pizza Hut para conseguir obter indicações por parte de seus consumidores.

Recrutamento nas Faculdades

O apêndice deste capítulo descreve como você pode usar os serviços de sua faculdade para obter um emprego. Livros de autoajuda e o aconselhamento dos professores podem ser úteis; aqui, entretanto, o recrutamento é visto do ponto de vista do empregador.

O recrutamento nas faculdades compreende grande investimento. Nos Estados Unidos, em 1986, os empregadores gastaram uma média de 329.925 dólares (mais de 500 mil nos valores de hoje) para recrutar 161 formandos, usaram 16% da folha de pagamentos e 17% do pessoal para essas atividades. Ainda que pareça muito caro, as empresas frequentemente usam sua presença nas universidades como forma de manter uma boa imagem com os futuros clientes. Realizando visitas regulares às escolas, mesmo quando não existem muitas vagas disponíveis, as organizações conseguem manter contatos valiosos a serem usados em uma futura necessidade. A Bell Labs foi em busca até de professores do Instituto de Física Geral da Academia Russa de Ciências, em Moscou. A recente escassez de trabalho levou alguns ex-alunos a buscar os serviços de emprego de suas faculdades, mas essa pode não ser uma boa solução. As evidências sugerem que, enquanto esses serviços obtêm os mais altos salários no primeiro emprego, há na realidade uma perda na remuneração daqueles que os utilizam para colocações posteriores.[49]

Planejar um programa de recrutamento na universidade envolve a escolha das faculdades e a forma de atrair os estudantes para as entrevistas no *campus*.

---

46 AMERICAN MANAGEMENT ASSOCIATIONS. *Hiring costs and strategies:* the AMA report. New York: American Management Association, 1986.

47 ULLMAM, J. C. Employee referrals: prime tool for recruiting workers. *Personnel* 43, nº 1, p. 30-35, 1966; SCHWAB, D. P. Recruiting and organizational participation. In: ROWLAND, K., FERRIS, G. (Orgs.). *Personnel Management.* Boston: Allyn & Bacon, 1982; DECKER, P. J., CORNELIUS, E. T. A note on recruiting sources and job survival rates. *Journal of Applied Psychology* 64, nº 3, p. 463-464, 1979; GANNON, M. J. Source of referral and employee turnover. *Journal of Applied Psychology* 55, nº 1, p. 226-228, 1971; HILL, R. E. New look at employee referrals as a recruitment channel. *Personnel Journal* 49, nº 1, p. 144-148, 1970; CALDWELL, D. F., SPIVEY, W. A. The relationship between recruiting source and employee success: an analysis by race. *Personnel Psychology* 36, p. 67-72, 1983.

48 BARGERSTOCK, Andy, ENGEL, Hank. Six ways to boost employee referral programs. *HR Magazine,* p. 72-79, Dec. 1994.

49 RYNES, Sara L., BOUDREAU, John W. College recruiting in large organizations: practice, evaluation and research implications. *Personnel Psychology* 39, p. 729-757,1986; KELLER, John J. AT&T's Bell Labs and Corning Inc. hire over 200 top scientists in Russia. *The Wall Street Journal,* May 27, 1992, p. B5; LEE, Tony. Alumni go back to school to hunt for jobs. *The Wall Street Journal,* June 11, 1991, p. Bl.

Quadro 6.8
Propaganda da Pizza Hut para obter indicações por parte dos consumidores.

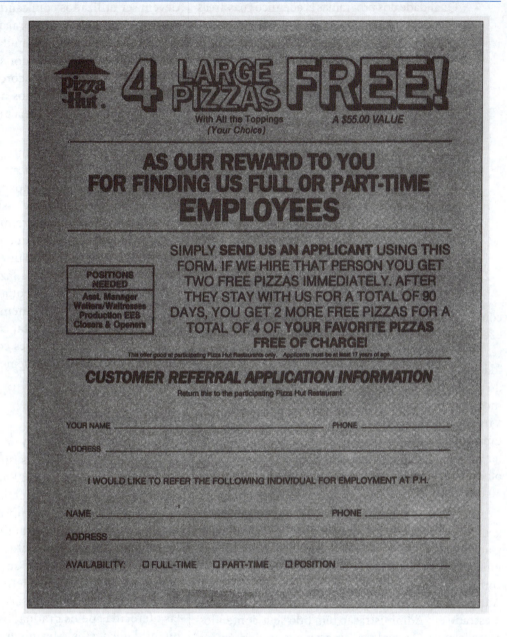

Propaganda da Pizza Hut dirigida aos seus clientes para obter indicações de empregados para trabalho em tempo integral ou meio-período, em que são oferecidas, como recompensa pelo serviço prestado, duas pizzas grátis pela indicação bem-sucedida (se a pessoa for contratada) e mais duas, caso o empregado fique na empresa por 90 dias. O próprio anúncio contém o formulário de indicação a ser preenchido pelo cliente interessado em fazer a indicação. (NT)

Escolhendo as Faculdades

As organizações baseiam suas escolhas em sua disponibilidade de recursos e no tipo de cargo a ser preenchido. Algumas empresas limitam os custos com esse método de recrutamento, visitando apenas as escolas próximas a sua sede, enquanto organizações maiores fazem recrutamento nacional. Uma pesquisa entre algumas empresas da lista das 1.000 da revista *Fortune* mostrou que cada organização faz recrutamento em uma média de 47 universidades por ano.[50] A AT&T usou esse estudo e outras informações adicionais para identificar os seguintes critérios para a seleção das escolas:

---

50 RYNES, BOUDREAU. College recruiting in large organizations, p. 740.

180 | Recrutamento e Seleção Externos

- Qualidade dos programas acadêmicos nas áreas de habilidades críticas para a AT&T.
- Número de formandos nos programas ligados às habilidades críticas para a AT&T.
- Desempenho e tempo de permanência nas empresas dos ex-alunos que foram contratados.
- Porcentagem de mulheres e membros de minorias matriculados nas disciplinas de interesse específico da AT&T.
- Qualidade das faculdades das áreas profissionais críticas para a AT&T.
- Índice de oferta/aceitação prévia de empregos.
- Qualidade do corpo discente.
- Localização geográfica.[51]

A escola de maior prestígio nem sempre é a mais conveniente. A PepsiCo é reconhecida por desenvolver executivos que entendem de seu negócio. Em vez de recrutar gênios vindos de Harvard ou Stanford, a Pepsi "dá uma olhada nas escolas de administração de segundo time atrás de gente disposta a pegar no pesado". Um indivíduo, mestre em Administração pela University of Virgínia, que se esfalfa como assistente de gerência em uma unidade da Pizza Hut em Washington, DC, pode ter a expectativa de chegar a gerente regional em um ou dois anos, tendo sob sua responsabilidade cerca de 40 restaurantes.[52]

Os recrutadores estão ficando cada vez mais exigentes, especialmente em relação aos títulos de mestrado. Empresas como a GE possuem programas internos de treinamento que são considerados por elas como mais relevantes do que um título de mestre em Administração. Em resposta a isso, os programas de mestrado em Administração têm tido seus conteúdos remodelados. O Quadro 6.9 mostra alguns dos tópicos mais enfatizados nestes programas. Revistas como a *U.S. News & World Report*, *Fortune* e *Business Week* publicam avaliações desses programas, mas seus dados

devem ser utilizados com cautela. Faculdades que até pouco tempo atrás desencorajavam os estudantes com poucas chances, agora estimulam o máximo possível de candidatos. Quanto maior seu número, mais a escola parecerá seletiva. De acordo com o reitor de uma dessas escolas, "manteremos nossa taxa de aceitação baixa, nem que para isso seja preciso pagar gente para se candidatar".[53]

De fato, alguns estudantes se queixam de que as escolas onde fazem seus mestrados estão tão preocupadas em oferecer seus alunos no mercado de trabalho que eles mal têm tempo de assistir às aulas, tantas as festas, apresentações empresariais, reuniões de profissionais e seminários a que precisam comparecer. Como observou um estudante: "Eu pensei que teria algum tempo de folga para fazer meus trabalhos escolares, mas ficam todos por aí andando com ternos de fazer entrevista". Evidentemente, os dias de entrevistas face a face podem estar contados, à medida que cada vez mais os estudantes contactam as empresas por meio de seus *e-mails,* sem precisar sequer sair de casa.[54]

Atraindo Candidatos

Haverá número suficiente de formandos universitários para atender às futuras necessidades? A resposta a isso é ambígua. Por um lado, a remuneração dos formandos universitários tem aumentado em relação aos demais empregados (o que sugere escassez); por outro lado, muitos deles têm aceitado empregos que aparentemente não requerem essa preparação educacional (o que sugere excesso de mão de obra).[55] Isso pode estar refletindo uma desigualdade entre as habilidades necessárias no mercado e aquelas oferecidas pelos graduados, e não uma pequena quantidade desses. Mesmo que houvesse excesso de formandos na praça, os empregadores ainda teriam que tentar atrair os melhores candidatos para suas empresas.

---

51 VARMA, Gale H., SMITHER, James W. Selecting colleges and universities for on-campus recruiting. *Journal of Career Planning & Employment,* p. 34-40, Spring 1990.

52 DUMAINE, Brian. Those highflying PepsiCo managers. *Fortune,* p. 82, Apr. 19, 1989.

53 DEUTSCHMAN, Alan. The trouble with MBAs. *Fortune,* p. 67-75, July 29, 1991.

54 MARKELS, Alex. Marketing 101: to M.B.A. candidates, the top course today is to land a good job. *The Wall Street Journal,* May 12, 1995, p. Al.

55 HECKER, Daniel E. Reconciling conflicting data on jobs for college graduates. *Monthly Labor Review,* p. 3-12, July 1992; BISHOP, John, CARTER, Shani. The worsening shortage of college graduates. *Educational Research and Policy Analysis,* p. 40-53, Fall 1991; SHELLEY, Kristina. The future of jobs for college graduates. *Monthly Labor Review,* p. 13-21, July 1992; SAMUELSON, Robert. J. The value of college. *Newsweek,* p. 75, Aug. 31, 1992.

As pesquisas mostram que os estudantes são influenciados pelo processo de recrutamento nas universidades. Os estudantes interpretam a competência dos recrutadores e os atrasos nas respostas das empresas como características dessa organização, o que pode ser desencorajador para os alunos mais capacitados e com maiores ambições profissionais. Os estudantes também parecem ter preferência pelas organizações cujos valores culturais se assemelham a seus próprios, especialmente em temas como justiça, preocupação com os semelhantes e honestidade.[56]

Muitas organizações, como a IBM, designam um pequeno número de faculdades como escolas-chaves e atribuem a altos executivos a responsabilidade de manter uma ligação com elas. Cada executivo tem a tarefa de conhecer os profissionais das faculdades e ajudá-los a compreender o tipo de posição e as qualificações dos alunos que melhor atendem à empresa. Você provavelmente já encontrou, ou vai encontrar, executivos de recursos humanos como palestrantes em suas aulas de administração de pessoal. Esses executivos aproveitam a chance para interagir com os estudantes e conscientizá-los das oportunidades do mercado de trabalho. É uma ocasião excelente para que você possa expressar seus interesses em relação a um possível futuro empregador. As empresas também doam equipamentos e dinheiro para as escolas, ou financiam bolsas de estudo. Por exemplo, a IBM patrocinou o desenvolvimento de 10 laboratórios de aprendizado de informática para recursos humanos nos principais centros de relações industriais em todos os Estados Unidos. Em alguns *campi* universitários, a Marriot Corporation instalou o "Explore o Mundo da Marriot", um banco de dados com interface multimídia, com descrições detalhadas das oportunidades de emprego na empresa.[57]

As *feiras de profissões* são encontros patrocinados pelas empresas na qual os estudantes têm a chance de conversar com representantes de uma ou várias organizações sobre as oportunidades de carreira. A *educação cooperativa* ou os *programas de internamento* trazem os estudantes para dentro da empresa em seus períodos de férias para que sintam a vida organizacional e deem a ela a possibilidade de avaliar seu potencial. Essa prática, entretanto, perde seu apelo motivacional quando a empresa exige que os estudantes trabalhem de graça ou que deem consultoria grátis como parte do processo de recrutamento.[58]

As empresas que operam internacionalmente enfrentam desafios próprios. O Ministério do Trabalho do Japão proíbe oficialmente que estudantes universitários sejam recrutados antes do penúltimo semestre do curso. Na verdade, os alunos começam a receber milhares de correspondências e telefonemas de recrutamento desde o primeiro semestre do curso. A Motorola diferencia-se enviando uma lata fechada (do tipo daquelas em que vêm as bolas de tênis) e pedindo que o estudante guarde nela a correspondência da empresa, para que fique separada das demais. Dentro da lata vem um lenço estampado com uma história que descreve a empresa. Esse tal lenço é uma sensação dentro do *campus*. Os estudantes visitam os possíveis empregadores por volta do último semestre da faculdade; antes de seu final, eles começam a receber doces, cartões de telefone, livros, CDs e fitas de vídeo. No final do semestre, a maioria dos estudantes já decidiu informalmente para quem vai trabalhar. Oficialmente, as entrevistas no *campus* começam logo após o encerramento do curso, mas a empresa que esperar até essa data para se apresentar vai descobrir que restou pouco para escolher. O desaquecimento da economia no Japão acalmou um pouco essa atividade efervescente, criando oportunidades para as empresas americanas que tenham ofertas competitivas para disputar os melhores estudantes japoneses.[59]

---

56 RYNES, Sara L., BRETZ JR., Robert D., GERHART, Barry. The importance of recruitment in job choice: a different way of looking. *Personnel Psychology* 44, p. 487-521,1991; JUDGE, Timothy A., BRETZ JR., Robert D. Effects of work values on job choice decisions. *Journal of Applied Psychology* 77, nº 3, p. 261-271, 1992.

57 BOUDREAU, John W. Building a PC-based human resource management curriculum at the School of Industrial and Labor Relations, Cornell University. Trabalho apresentado no *Encontro Nacional da Industrial Relations Research Association,* Dec. 1989; KAFF, Albert E. In depressed job market, hotel students turn to computerized recruiting by Marriot. *Cornell Chronicles,* p. 1, 16 May 1991.

58 WINOKUR, L. A. Job seekers increasingly find they are in demand – as sources of free expertise. *The Wall Street Journal,* 8 Apr. 1991, p. Bl.

59 LOGAN, F. J. Executive recruitment, Japanese style. *Journal of Career Planning and Employement,* p. 66-68, Mar. 1991; O'HAGAN, Sarah. Making waves in the Japanese labor pool. *The Journal of ACCJ,* p. 12-20, Dec. 1990; HOLDEN, Ted. Suddenly, no more jobs on a silver platter. *Business Week,* p. 51, 29 June 1992.

182 | Recrutamento e Seleção Externos

Quadro 6.9
Qual a ênfase dos currículos das escolas de Administração nos Estados Unidos.

Case Western:	Todos os alunos que quiserem poderão ter um executivo como mentor.
Columbia:	Gastou mais de 1 milhão de dólares em pesquisa e desenvolvimento de um novo currículo que promete integrar globalização, trabalho de equipe, ética e qualidade em todos os cursos principais.
Georgetown:	Curso de ética e políticas públicas com duração de um ano com ênfase nos valores da tradição jesuítica.
NYU (Stern):	Aumentou o número de horas de aula em 40%. Oferece programas integrais de intercâmbio internacional em vez das usuais viagens de estudos de uma a quatro semanas.
Chicago:	Exige um curso de liderança, que no passado incluía um retiro em Wisconsin, em que os estudantes assistiam a um filme de John Cleese e participavam de jogos com executivos. Qualidade tornou-se um "campo reconhecido de estudo", em 1990.
Denver:	MBA com três semanas em clima de treinamento militar que inclui trilhas selvagens, lições de etiqueta, "treinamento de sensibilização cultural" e serviços comunitários.
Penn (Wharton):	Experimentação com a substituição do tradicional esquema semestral por rápidos minicursos de seis semanas.
Pittsburgh (Katz):	Um MBA em apenas 11 meses, o único entre as principais escolas dos Estados Unidos. Economiza um bocado de instrução.
Virginia (Darden):	Equipes de 20 alunos realizam pesquisa de campo gratuita para empresas, geralmente no exterior. O curso de liderança inclui simulações da realidade e "exercícios multiculturais".

	Perspectiva global	Perspectiva histórica	Ética	Línguas estrangeiras	Qualidade	Jogos de empresa	Liderança/trabalho de equipe	Viagens internacionais	Projetos de consultoria	Acampamento de verão para o MBA	Executivos mentores	Atividades externas
University Case Western Reserve	•	•					•		•		•	
University of Columbia	•	•	•		•		•		•			
University of Georgetown	•		•			•	•		•			
University of New York (NYU)	•	•	•									
University of Chicago	•		•	•	•		•		•	•		•
University of Denver	•		•				•	•		•		•
University of Pennsylvania (Wharton)	•		•	•	•		•		•			
University of Pittsburgh (Katz)	•		•	•								
University of Virginia (Darden)	•		•		•	•	•	•	•			•

Os pontos indicam os cursos exigidos ou os programas e temas mais enfatizados no currículo. Os cursos intensivos de idiomas estrangeiros são uma novidade.

Fonte: Reproduzido com a permissão de Alan Deutschman, de "The Trouble with MBA's" *Fortune*, p. 72, 29 July 1991. Time Inc. Todos os direitos reservados.

Outras Instituições Educacionais

Desde 1994, os formandos do curso médio das escolas de Los Angeles vêm com certificado de garantia. Cada certificado escrito garante a quem interessar possa que aquele graduando possui as capacitações básicas necessárias para entrar no mercado de trabalho. Se o empregador de um desses formandos não ficar satisfeito, a escola distrital mais próxima se encarrega, gatuitamente, de proporcionar o treinamento emergencial. Outras 69 escolas em Maryland, Massachusetts, Montana, Colorado e Illinois oferecem garantias semelhantes. A escola distrital Montrose County, do Colorado, recebeu de volta apenas três dos 600 formandos encaminhados em quatro anos.[60]

As organizações utilizam mais frequentemente as escolas de curso médio, profissionalizantes e técnico-vocacionais para preencher vagas de escriturários/balconistas ou de produção/serviços. O crescimento da demanda por vendedores, garçons/garçonetes, auxiliares de enfermagem, técnicos e balconistas aponta para uma situação em que os empregadores vão depender cada vez mais de funcionários sem nível universitário. O antigo presidente da Xerox, David Kearns, falou e escreveu bastante sobre a necessidade de reformulação do ensino secundário nos Estados Unidos. O relatório SCANS (Secretary's Commission on Achieving Necessary Skills), do Ministério do Trabalho dos Estados Unidos, propõe que as escolas mudem fundamentalmente sua filosofia de ensino, deixando de dar aulas expositivas para alunos passivos e passem para um método de "aprendizado aplicado", no qual os estudantes usem suas habilidades básicas para solucionar problemas de seu cotidiano. A comunidade empresarial teve grande influência na identificação das capacitações necessárias e dos métodos de ensino, além de ter participado diretamente algumas vezes do processo educacional, quando executivos se tornaram mentores de estudantes. Como exemplo dessa mudança metodológica, podemos pensar que, em vez de estudar biologia memorizando as partes do corpo de um animal qualquer, os alunos poderiam construir modelos ecológicos que previssem o nascimento e a morte de populações, bem como a disponibilidade de alimentos. Os especialistas sugerem que a melhor forma de estimular a melhoria do padrão das escolas secundárias é os empregadores contratarem com base nas conquistas realizadas na escola (não apenas a obtenção do diploma), dando incentivo real às atividades extracurriculares dos estudantes.[61]

Ainda assim, as escolas e os profissionais de recursos humanos podem fazer mais para melhorar essa integração. Uma pesquisa com gerentes de fábrica e supervisores em 3.000 empresas com mais de 20 funcionários nos Estados Unidos mostrou que 57% deles acreditam que as exigências de qualificação para os empregados aumentaram nos últimos três anos e que cerca de 20% dos trabalhadores não dominam completamente suas atividades. Pior ainda, ficou demonstrado que os empregadores colocavam o histórico acadêmico de seus candidatos e a reputação da escola de onde saíram no final de sua lista de prioridades para a avaliação, e a recomendação dos professores aparecia em último lugar. Experiência de trabalho, atitudes e capacidade de comunicação vinham nos primeiros lugares da lista. Fica difícil convencer os alunos a empenharem-se nos estudos quando eles sabem que seu desempenho acadêmico tem pouca relação com suas perspectivas de trabalho.[62] A Intel Corporation ganhou o prêmio Optima de Excelência do *Personnel Journal* de 1995 por sua parceria com a delegacia de ensino de Chandler, Arizona, para a criação de uma escola-modelo cuja contribuição da empresa seria no sentido de trazer para as salas de aula técnicas de resolução de problemas, desenvolvimento de equipes e conhecimentos de informática. O Quadro 6.10 mostra a "visão" dessa nova escola. Como estão as escolas nesse momento? A Intel também tem trabalhado com escolas vocacionais e investiu 3 milhões de dólares em instalações de faculdades regionais. Isso não apenas melhora o conjunto dos empregados potenciais, mas também torna mais fácil atrair casais com filhos para as unidades da Intel localizadas nessa região.[63]

---

60 TIFFT, Susan. Our student-back guarantee. *Time,* 11 Feb. 1991; ARMSTRONG, Larry, SMITH, Geoff. Productivity assured – or we'll fix them free. *Business Week,* p. 34, 25 Nov. 1991.

61 WHITMAN, David et al. The forgotten half. *U.S. News & World Report,* p. 45-53, 26 June 1989; CONFERENCE BOARD. *Corporate mentoring in U.S. school:* the outstretched hand. New York: Conference Board, 1992; ADLER, Tina. SCANS's goal is a better U.S. workforce. *APA Monitor,* p. 16-17, July 1992; BERNSTEIN, Aaron. This is the missing link between business and schools. *Business Week,* p. 42, 20 Apr. 1992; BISHOP, John. Productivity consequences of what is learned in high school. *Journal of Curriculum Studies,* p. 125-147, 1990.

62 APPLEBOME, Peter. Employers wary of school system. *The New York Times,* 20 Feb. 1995, p. A1.

63 ANFUSO, Dawn. Intel educates a school district about business. *Personnel Journal,* p. 128-138, Apr. 1995.

184 | Recrutamento e Seleção Externos

Quadro 6.10 *Colaboração entre a Intel e a cidade de Chandler, Arizona, para melhorar a educação básica.*	**A "Visão" da escola do futuro**
	✦ Criar uma escola que .atenda às necessidades dos alunos, pais, professores, da comunidade e dos parceiros empresariais.
	✦ Incluir os pais, efetivamente, como parceiros da educação de seus filhos.
	✦ Criar um programa abrangente de conhecimentos, com ênfase em comunicações, ciências e matemática.
	✦ Criar um ambiente tecnologicamente rico para os estudantes.
	✦ Criar uma escola de qualidade e de espírito cooperativo, na qual as pessoas se alegrem com o aprendizado das outras, trabalhem juntos e estejam comprometidas em assumir responsabilidade pelo contínuo aperfeiçoamento.

Fonte: ANFUSO, Dawn. Intel educates a school district about business, *Personnel Journal*, p. 128-138, Apr. 1995.

No Japão, as escolas de nível médio competem pelo ingresso de estudantes tão agressivamente quanto as universidades americanas. O mundo empresarial japonês cultiva relacionamentos de longo prazo com as escolas de nível médio, que recomendam formandos com base em testes extensivos que consideram não apenas a graduação, mas também outros indicadores de talentos e habilidades. Os empresários geralmente entrevistam apenas o número de candidatos compatível com seu número de vagas, e geralmente todos são contratados. A principal triagem acontece quando as escolas com melhores relacionamentos empresariais selecionam os alunos mais talentosos e então os colocam em contato com as empresas.[64]

Alguns têm defendido a ideia de que as escolas vocacionais são uma fonte de esperança para a preparação de futuros técnicos para o mercado. Em Boston, 90 estudantes de nível médio em final de curso participam de programas de aprendizado em áreas como radiologia e medicina nuclear. Os Estados Unidos estão acompanhando a tendência mundial de longo prazo. Cerca de 70% dos alunos de nível médio da Alemanha fazem cursos profissionalizantes. Os estudantes vão para os *gymnasium* quando chegam à 13ª série, para preparar-se para a faculdade; frequentam a *realschule,* para fazer programas de aprendizado ou treinamento técnico; ou ingressam na *hauptschule,* escola de nível mais elementar, que começa o programa profissionalizante mais cedo, em torno da 9ª ou 10ª séries. Na Alemanha, cerca de 500.000 empresas proporcionam anualmente programas de aprendizado em serviço para 1,8 milhão de estudantes adolescentes, que compreendem 6% da mão de obra, a um custo de 10 bilhões de dólares.[65]

A Europa, porém, não é o único lugar com esse tipo de programa. O "Youth Apprenticeship" (aprendizado juvenil) da rede McDonald's vai proporcionar treinamento em habilidades básicas como atendimento e vendas para mais de 4.000 estudantes de nível médio de 102 escolas em 15 Estados norte-americanos, sendo considerado "o maior comprometimento empresarial com o programa escola-para-o-trabalho já realizado", nas palavras de Robert Reich, Ministro do Trabalho dos Estados Unidos.[66]

Serviços Governamentais de Empregos

O *U.S. Employment Service* (USES), serviço de empregos do Governo dos Estados Unidos,[67] compreende mais de 2.400 agências em todo o país. Uma pesquisa mostrou que as pequenas empresas usam mais esse serviço do que as grandes.[68] O USES geralmente faz a colocação de empregados nos serviços de balcão, trabalhadores não especializados, operários de produção e técnicos em geral. Esse serviço oferece também testes e orientação para a contratação (veja o Capítulo 7). Uma das maiores campanhas para colocação de pessoal é a Operação Transição, projetada para encontrar trabalho para as 300.000 pessoas dispensadas do serviço militar a cada ano. O ponto-chave dessa campanha é o *Defense Outplacement Ref errai System* (DORS), um sistema via telefone, em que o empregador digita suas ofertas por

---

64 ROSENBAUM, James E., KARIYA, Takehiko. Market and institutional mechanisms for the high school to work transition in the U.S. and Japan. Trabalho apresentado no *Encontro Anual da American Sociological Association,* Chicago, Aug. 1987.

65 PERRY. The new, improved vocational school; TOCH, Thomas. Crafting the work force, p. 129, *U.S. News & World Report,* p. 63-64, 19 Aug. 1991.

66 McDonald's starts youth program. *Human Resource Management,* p. 2, 12 June 1995.

67 BUREAU OF NATIONAL AFFAIRS. *Recruiting and selection procedures.*

68 AMERICAN MANAGEMENT ASSOCIATIONS. *Hiring costs and strategies.*

meio de teclas pré-codificadas para diferentes atividades e localizações, e depois recebe pelo correio ou pelo fax os currículos dos candidatos interessados em suas propostas.[69]

Agências Privadas de Empregos e *Headhunters*

Por que é tão comum a analogia com costumes primitivos violentos? Os psiquiatras e psicólogos são às vezes chamados de *headshrinkers* (encolhedores de cabeças) e as agências de emprego privadas levam o título de *headhunters* (caçadores de cabeças). Essas agências geralmente caçam candidatos com uma ou mais capacitações específicas, variando de secretárias, contadores até executivos. Essas empresas mantêm um cadastro de candidatos e conseguem preencher as vagas nas empresas muito mais rapidamente e com melhor triagem do que os empregadores fariam sozinhos. Os *headhunters* especializados em executivos de alto escalão estão constantemente contatando quem está trabalhando para sondar seu interesse de mudar para novas posições. Em uma pesquisa, um quarto dos entrevistados afirmou usar serviços especializados para a contratação de executivos de alto escalão e agências comuns para a localização de empregados de nível e salário inferiores.[70] A organização contratante paga cerca de 30% do total dos salários do primeiro ano do executivo ao *headhunter,* e taxas menores para as outras agências. Algumas empresas acham que a pressão para o preenchimento das vagas pode levar a extremos de agressividade e à recomendação de candidatos pouco adequados. Entretanto, se o resultado financeiro for tomado como um indicador, a caça aos executivos é um negócio florescente. À medida que as empresas buscam fora boa parte de seus recursos humanos, os recrutadores de executivos serão cada vez mais empregados nessa busca. Isso é especialmente verdadeiro para as multinacionais que precisam de executivos nativos dos países em que operam. Uma pesquisa mostrou que as empresas multinacionais esperam que dentro de cinco anos 74% de seus executivos sejam nativos dos países em que operam, contra os 45% em 1995.[71]

Associações Profissionais

Associações profissionais são entidades que congregam pessoas que trabalham em uma mesma profissão, como associações de médicos, dentistas, engenheiros etc. Elas oferecem um fórum para seus membros trocarem ideias, fazerem relacionamentos e aprimorarem suas habilidades. A maioria dessas associações também mantém serviços de colocação de pessoal por meio dos quais as organizações podem anunciar suas vagas ou comparecer a encontros profissionais para recrutamento de candidatos. Muitos professores são recrutados dessa maneira pelas universidades. Seus professores talvez possam descrever como esse processo aconteceu com eles quando foram contratados.

Existem associações específicas para recrutadores. Elas oferecem um local de encontro onde esses profissionais podem trocar ideias, obter auxílio para suas dificuldades e aprender coisas novas.

> ### EXPLORANDO A WEB
> Você pode obter uma lista de *sites* de associações de recrutadores nos Estados Unidos no seguinte endereço:
>
> http://www.interbiznet.com/ibn/recruitas-sn.html

Recrutamento Virtual: Encontrando o Emprego de seus Sonhos na Internet

Você já deve ter visto vários exemplos da crescente influência da internet sobre as atividades de recrutamento. O Capítulo 16 discute a internet como parte do sistema de gerenciamento profissional de informação de recursos humanos, mas aqui o foco é no recrutamento. O Quadro 6.11 mostra uma página com *sites* de recrutamento e serviços de colocação de pessoal na internet, só da letra A até a C! As empresas podem anunciar suas vagas por meio desses serviços, que permitem que os candidatos façam suas inscrições eletronicamente e as encaminhem para seu destino. Toda a transação pode ser feita eletronicamente, com a internet servindo de apoio. Muitas empresas têm suas próprias *home pages* na rede, nas quais frequentemente existem seções que informam sobre suas oportunidades de emprego. Na Cisco Systems, empresa que funciona ligada na internet, quase todas as vagas abertas são anunciadas na rede, por meio de sua própria *home page*. Um programa de navegação pode acessar cerca de 400 vagas de cada vez.[72]

---

69 CAUDRON, Shari. Recruit qualifíed employees from the military. *Personnel Journal,* p. 117-118, May 1992.

70 AMERICAN MANAGEMENT ASSOCIATION. *Hiring costs and strategies.*

71 Executive recruitment – don't call us. *The Economist,* p. 71-72, 7 Oct. 1995.

72 GREENGARD, Samuel. As HR goes online. *Personnel Journal,* p. 55-68, July 1995.

Quadro 6.11
Lista de empregos e assistência profissional na internet.

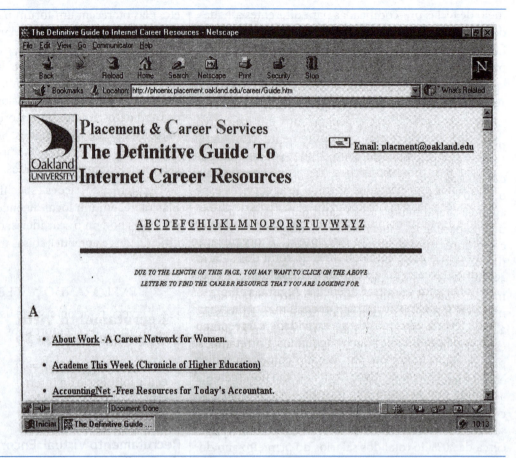

EXPLORANDO A WEB

A lista que aparece no Quadro 6.11 pode ser encontrada no seguinte endereço:

http://phoenix.placement.oaKland.edu/career/intemet.htm

Propaganda

Evidentemente, nem todo mundo está ligado na internet ainda; portanto, os velhos anúncios são amplamente utilizados, às vezes de forma bastante incomum. Um homem de Nebraska escreveu para a famosa colunista americana de amenidades Ann Landers, reclamando que fazia seis anos que tentava empregar seis vendedores com salários de 20 dólares por hora. Assim que Landers publicou sua carta, ele foi bombardeado com correspondências a respeito dos empregos.[73] Você já pensou em procurar um emprego lendo as paredes de um banheiro? No Mart Merchandise de Chicago, "os executivos vivem apavorados com o dia em que uma brilhante funcionária disser 'vou ao banheiro um minutinho'", porque ela pode não voltar mais. Os 26 banheiros femininos do Mart estão cobertos com anúncios de empregos colocados pelas lojas de móveis e tapeçaria existentes no prédio. Um supervisor administrativo comenta que isso é uma grande ferramenta de triagem, "porque todos os que usam os lavatórios têm conhecimento de como operam as empresas da Mart".[74] Um hospital do sul da Califórnia recrutou enfermeiros pelo Correio, promovendo sua localização litorânea. Cada candidato recebeu um pequeno pacote com areia e conchas dentro do material de divulgação. Vinha escrito do lado de fora: "Como você se prepara para a melhor mudança de carreira em sua vida?... Apenas junte a água".[75] Isto não funcionaria com os hospitais de New Jersey. A Exxon enviou a seus candidatos a cargos na área de RH um livreto sobre

---

73 I got my job through... Ann Landers? *The Wall Street Journal*, 8 Aug. 1994, p. Al.

74 LEE, Tony. Notice: all employees must wash hands before applying for a job. *The Wall Street Journal*, 2 June, p. Bl.

75 LAABS, Jennifer J. Nurses get critical about recruitment ads. *Personnel Journal*, p. 63-68, July 1991; The best in recruitment advertising. *Human Resources Executive*, p. 43-50, Aug. 1992.

seu Programa de Desenvolvimento de Profissionais de Recursos Humanos, um curso interno composto por 10 módulos que cobrem tópicos como Integração de RH com os Negócios, Habilidades de Consultoria e Aconselhamento, e Administração da Mudança.

Como mostra o Quadro 6.7, os anúncios em jornais são o método de comunicação mais frequentemente usado para todos os tipos de função. Veiculam-se anúncios também por meio de publicações específicas do segmento de negócios, rádio e televisão e até mala-direta para as pessoas que possuem o perfil de candidatos potenciais. Esses anúncios são vistos não apenas por aqueles que estão procurando trabalho, mas também por potenciais candidatos, clientes e toda a comunidade. Assim, a mensagem veiculada tem que ser muito bem escolhida, pois reflete uma imagem da organização e não apenas seu método de recrutamento. As empresas maiores fazem campanhas nacionais e gastam bem mais em propaganda do que as pequenas. Ainda que os anúncios em jornais sejam usados de forma extensiva, as pesquisas mostram que eles frequentemente atraem candidatos com pior desempenho e com maior índice de abandono do emprego.[76] Os anúncios podem ser elaborados com técnicas de marketing. A NEC Information Systems (NECIS) de New England utilizou o trabalho de grupos com foco específico, painéis de candidatos das áreas de marketing e técnica para descobrir o que as pessoas queriam encontrar em uma empresa e em um anúncio de emprego. Eles fizeram inclusive uma avaliação com o taquistoscópio, que expunha as pessoas a uma projeção de *slides* de diferentes anúncios em diferentes velocidades para testar o grau de facilidade de identificação da marca da empresa.[77]

Imigrantes

A legislação sobre imigração de 1990 (Immigration Act) aumentou a quantidade de imigrantes autorizados a entrar em território norte-americano e elevou para 140.000 o número de vistos concedidos àqueles com habilidades em alta demanda. No princípio, os padrões de imigração refletiam basicamente a vontade de reunir as famílias daqueles que já viviam nos Estados Unidos. O resultado dessa lei foi criar um vasto grupo novo de indivíduos capacitados. Gary Becker, prêmio Nobel de Economia, sugere que a qualidade da imigração poderia ser melhorada se os vistos fossem leiloados pela melhor oferta.[78] As leis de 1986 sobre o assunto (Immigration Reform and Control Act) refletiam a crescente preocupação com o emprego de imigrantes ilegais e proibia os empregadores de, conscientemente, recrutar, dar trabalho ou indicações de indivíduos que haviam entrado no país de forma ilegal ou de imigrantes cuja situação legal não permitisse seu emprego. As empresas que recrutavam imigrantes descobriram que o risco era realmente alto. Por exemplo, a Piedmont Quilting, uma indústria têxtil de South Carolina, foi multada em 580 mil dólares por empregar 85 imigrantes ilegais, inclusive menores, e por violações administrativas que envolviam outros 400 funcionários. Onze funcionários de nível de gerência e supervisão foram indiciados em mais de 100 casos envolvendo mais de 5 milhões de dólares em multas e 653 anos de cadeia, caso fossem condenados. Alguns argumentam que isto pode ter como consequência uma discriminação contra os hispânicos e outras minorias, pois os empregadores se recusariam a contratar qualquer pessoa que pudesse mais tarde ser descoberta como imigrante ilegal.[79]

A polêmica em relação aos efeitos da imigração sobre o mercado de trabalho nos Estados Unidos continua. O INS (Immigration and Naturalization Service) reporta que os 2.400 empregos ocupados por imigrantes ilegais descobertos recentemente eram responsáveis por uma receita anual de 33,6 milhões de dólares, ganhando alguns deles cerca de 15 dólares/hora. Muitas dessas vagas têm sido então ocupadas por trabalhadores americanos.

---

76 BREAUGH, James A. Relationships between recruiting sources and employee performance, absenteeism and work attitudes. *Academy of Management Journal* 24, p. 142-147, 1981; BREAUGH, James A., MANN, R. B. Recruiting source effects: a test of two alternative explanations. *Journal of Occupational Psychology* 57, p. 261-267, 1984; GANNON, Martin J. Sources of referral and employee turnover. *Journal of Applied Psychology* 55, p. 226-228, 1971; DECKER, P. J., CORNELIUS III, Edwin T. A note on recruiting sources and job survival rates. *Journal of Applied Psychology* 64, p. 463-464, 1979; SCHWAB, Donald P. Recruiting and organizational participation. In: ROWLAND, K. M., FERRIS, G. (Orgs.). *Personnel management*. Boston: Allyn & Bacon, 1982.

77 McCARTHY, Albert H. Research provides advertising focus. *Personnel Journal*, p. 82-87, Aug. 1989.

78 VALERIANO, Lourdes Lee. Immigration law may help U.S. firms, but it also creates some new headaches. *The Wall Street Journal*, 27 Sept. 1991, p. Bl; MANDEL, Michael J., FARREL, Christopher. The immigrants. *Business Week*, p. 114-122, 13 July 1992; BECKER, Gary S. An open door for immigrants – the auction. *The Wall Street Journal*, 14 Oct. 1992, p. A14.

79 INS proposes record fine over illegal hiring at textile firm. *Daily Labor Report*, p. 1, 14 Dec. 1989; BRIGGS JR., Vernon M. Employer sanctions and the question of discrimination: the GAO study in perspective. *International Migration Review* 24, nº 4, p. 803-815, Winter 1990.

188 | Recrutamento e Seleção Externos

Na área de alta tecnologia, o gerente de recrutamento da Microsoft diz que a limitação do fluxo de imigrantes engenheiros e cientistas pode "comprometer seriamente um dos melhores setores da economia dos Estados Unidos". Estima-se que cerca de 10% dos cientistas e engenheiros que trabalhavam nos Estados Unidos, em 1990, eram estrangeiros, naturalizados americanos ou não. O Congresso dos EUA continua examinando essas questões a fim de proteger o cidadão americano contra a possível perda de mercado de trabalho.[80] Apesar de tudo, os imigrantes continuam sendo uma importante fonte para o recrutamento das empresas.

Qual Fonte Funciona Melhor?

Existem poucas evidências que comprovam a superioridade da eficácia entre os diferentes métodos de recrutamento para melhorar o desempenho da função, e o que existe é um tanto confuso.[81] Entretanto, a relação entre as fontes de recrutamento e a sobrevivência da função parece de certa forma clara. Um trabalho com 12 estudos compara as fontes internas, como recontratação, indicações e remanejamento interno com fontes externas, como anúncios em jornais, agências de emprego e contatos nas universidades. As fontes internas sempre trazem uma sobrevivência maior. Quanto menos a função depender de fonte externa, maior será sua consolidação.[82] É difícil, portanto, estabelecer quais fontes usar em cada situação específica, a menos que a sobrevivência da função seja fundamental, quando então as fontes internas são ideais.

ESCOLHENDO A FORMA DE PERSUASÃO

O que pode persuadir um candidato a apresentar-se para um emprego? Larry Drake, um dos mais altos executivos afro-americanos da Coca-Cola, mudou-se para a unidade da Kentucky Fried Chicken da PepsiCo, onde lhe foi prometida uma carreira de rápida ascensão. Sua primeira atribuição: cortar cebolas e limpar o chão de uma das lojas do centro de Pittsburgh. Depois de oito meses, contudo, ele se tornou o mais alto executivo afro-americano da KFC, gerenciando uma região responsável por uma receita de 800 milhões de dólares.[83] Não obstante os salários milionários, das generosas participações no capital e das garantias de lucrativas indenizações, as empresas com problemas geralmente têm dificuldades para atrair altos executivos. Como os salários iniciais para a função de consultor, oferecidos a ex-alunos saídos de cursos de mestrado em Administração de algumas universidades americanas, chegam a 80.000 dólares anuais, muitos jovens profissionais optam por viver em pequenas cidades, como na zona rural da Geórgia.[84] O Quadro 6.12 mostra a página do *site* de humor Comedy Central, na internet, e como são anunciadas as vagas para estudantes que queiram trabalhar lá, incluindo atrações, como a falta de pagamento e as provisões de água e pão amanhecido. Obviamente, não é apenas o dinheiro que atrai candidatos.

As principais fontes de persuasão para candidatos a emprego são as recompensas, as exigências do cargo e as condições de trabalho que irão encontrar na empresa. O Capítulo 3 discutiu como as funções são analisadas e estruturadas e como as condições de trabalho diferem entre si. Os capítulos mais adiante sobre remuneração discutirão como o nível de pagamentos e benefícios pode aumentar o número de candidatos e o índice de sua aceitação.[85] As oportunidades para o crescimento da carreira, treinamentos ou bolsas de estudos são frequentemente fatores motivacionais e serão discutidas nos capítulos sobre treinamento e desenvolvimento dos empregados. Creches para os filhos, necessidades da família, valores profissionais, diversidade organizacional, "ser importante" ou "trabalhar no chão da fábrica", tudo isto influencia os candidatos.[86] Atrair pessoas para

---

80 DAVIDSON, Joe. Nine firms fined for employing illegal immigrants. *The Wall Street Journal,* 27 Sept. 1995, p. A5; YANG, Catherine. Give me your huddled... high-tech PhD's. *Business Week,* p. 161-162, 6 Nov. 1995.

81 WANOUS, John Parcher. *Organizational entry.* 2. ed. Reading, MA: Addison-Wesley, 1992. p. 37.

82 Idem, ibidem, p. 34-37.

83 RIGDON, Joan E. Room at the top. *The Wall Street Journal,* 13 Nov. 1991, p. Al.

84 LUBLIN, Joann S. Top jobs at troubled companies go begging. *The Wall Street Journal,* 27 Dec. 1995, p. 13; MARKELS, Alex. Outlook for this year's top MBAs: excellent. *The Wall Street Journal,* 31 May 1995, p. Bl; AUERBACH, Johnathan. Small-town life lures young professionals. *The Wall Street Journal,* 29 Sept. 1995, p. B10.

85 WILLIAMS, Margaret L., DREHER, George F. Compensation system attributes and applicant pool characteristics. *Academy of Management Journal 35,* nº 3, p. 571-595, 1992; RYNES, Sara L. Compensation strategy in recruiting. *Topics in Total Compensation 1,* nº 1, p. 37-55, 1987.

86 JUDGE, Bretz. Effects of work values; SHELLENBARGER, Sue. More job seekers put family needs first. *The Wall Street Journal,* 15 Nov. 1991, p. B1; MILBANK, Dana. More business graduates snap up jobs in rust belt that promise them clout. *The*

Quadro 6.12
Recrutamento interno da Comedy Central pela internet.

Nesta página da Web, os candidatos são "atraídos" com a oferta de "trabalhar duro com senso de humor e vontade de aprender. O trabalho não é remunerado e só serve para crédito acadêmico (água e pão amanhecido serão fornecidos em intervalos irregulares)". (NT)

morar em outros países pode ser uma tarefa ainda mais complexa. O jornal *The Prague Post* diz que a assistência médica é a principal preocupação entre os estrangeiros recrutados para trabalhar em Praga. Por esse motivo, muitas empresas estão contratando médicos locais para cuidar da saúde de seus funcionários. Chegou-se a abrir uma clínica, a Health Care Unlimited, especializada no atendimento de estrangeiros.[87]

Diferentes formas de persuasão influenciam a decisão de aceitar as ofertas de trabalho, ou ajudam a rejeitá-las? Um estudo mostrou que as pessoas que aceitaram ofertas de emprego em uma petroquímica classificaram a empresa, a segurança e os supervisores como os fatores mais importantes, enquanto aqueles que rejeitaram esses empregos citaram a localização, as condições de trabalho e as horas trabalhadas como

---

Wall Street Journal, 21 July 1992, p. B1; HAMMONDS, Keith H., ROMAN, Monica. Itching to get onto the factory floor. *Business Week,* p. 64, 14 Oct. 1991; CONNELLY, Rachel. The effect of child care costs on married women's labor force participation. *Review of Economics and Statistics,* 1992; WILLIAMS, Margaret L., BAUER, Talya N. The effect of a "managing diversity" policy on organizational attractiveness. Trabalho apresentado na *Conferência da Society for Industrial and Organizational Psychology,* Montreal, Quebec, May 1992.

[87] SARAH, Rachel. New clinics try to relieve foreigners' anxieties. *The Prague Post,* 10 May 1995, p. 16.

as questões mais importantes.[88] Os candidatos podem também considerar nas ofertas outros aspectos da organização. Um estudo com alunos de graduação mostrou que as ofertas hipotéticas de emprego que prometiam melhor remuneração eram igualmente entendidas como as que propiciariam um trabalho mais desejável enquanto desafio, condições de trabalho e exigências quanto à capacidade e dedicação.[89] As organizações não planejam suas funções, salários e planos de carreira apenas para melhorar o recrutamento, mas a importância desses fatores para os candidatos aponta para a necessidade de uma estratégia de recursos humanos integrada.

Certas formas de persuasão, entretanto, são focadas especificamente no processo de recrutamento. A TRW oferece a seus empregados ajuda no financiamento de novas casas e obtém vantagens financeiras para eles por meio da negociação de descontos com os corretores de imóveis e agentes financeiros.[90] As empresas de serviços, como hotéis, restaurantes e lanchonetes frequentemente oferecem serviços a seus novos funcionários com preços reduzidos ou totalmente grátis. A oferta de bônus, muito usada entre equipes esportivas americanas, está-se tornando cada vez mais comum entre outras ocupações técnicas e administrativas. De todo modo, as formas de persuasão dos candidatos devem ser escolhidas com o máximo cuidado para evitar sentimentos de injustiça entre os empregados atuais da empresa.

ESCOLHENDO A MENSAGEM: REALISMO × FANTASIA

Você preferiria que uma empresa tentasse recrutá-lo por meio de uma abordagem fantasiosa, que descrevesse apenas os aspectos mais atraentes da organização, ou gostaria de um tratamento mais realístico, que incluísse tanto os fatores positivos quanto os negativos? A empresa terá mais sucesso na atração de candidatos com mensagens sempre positivas ou dará a eles uma ideia mais real da organização, de maneira que, quando se juntarem a ela, já saibam o que esperar? Essa questão é, de longe, a mais discutida quando se trata de recrutamento. Proporcionar informações realistas é uma forma de assegurar que as expectativas dos novos empregados serão atingidas; isso pode aumentar a satisfação no trabalho, o comprometimento e a longevidade na empresa.[91]

A previsão realística do trabalho (RJP – Realistic Job Preview) é uma abordagem que fornece aos candidatos uma imagem precisa da função e da organização, incluindo seus aspectos negativos. As RJPs podem ser veiculadas por meio de livretos, vídeos, entrevistas, anúncios ou outros meios quaisquer de comunicação. Um vídeo utilizado pela Wang Laboratories mostrava que seus funcionários passavam um bocado de tempo dentro de cubículos, mexiam com computadores e geralmente vestiam bermuda e camiseta. Uma abundância de bermudas e camisetas deve ser considerada fantasia ou realismo? Isso provavelmente vai depender de quem vai assistir ao vídeo. A Merrill Lynch & Company oferece aos candidatos a j corretores de títulos uma simulação realística do trabalho e os programas especiais para graduandos I costumam oferecer RJPs bem detalhados aos estudantes.[92]

As previsões realísticas do trabalho podem funcionar porque: (1) candidatos mais bem informados desistem sozinhos de vagas para as quais não são adequados; (2) aqueles que pegam o emprego têm expectativas realistas e não ficam decepcionados; (3) as informações ajudam os novos empregados a enfrentar os problemas no trabalho; ou (4) os candidatos percebem seus empregadores como honestos, atrativos e mais confiáveis.[93]

---

88 TURBAN, Daniel B., EYRING, Alison R., CAMPION, James E. Job attributes: preferences compared with reasons given for accepting and rejecting job offers. *Journal of Occupational and Organizational Psychology 66,* p, 71-81, 1993.

89 BARBER, Alison. Pay as a signal in organizational recruiting. Trabalho apresentado no *Encontro Nacional da Academy of Management,* Washington, DC, Aug. 1989.

90 CHEN, Chris W. TRW's housing plan. *Personnel Journal,* p. 83-86, Mar. 1991.

91 RYNES, S. L. Recruitment job choice and post-hire consequences: a call for new research directions. In: DUNNETTE, Marvin D., HOUGH, Leatta M. (Orgs.). *Handbook of industrial and organizational psychology.* 2. ed. 1991. p. 399-444; PREMACK, S. L., WANOUS, John P. A meta-analysis of realistic job preview experiments. *Journal of Applied Psychology* 70, p. 716-719,1985; WANOUS, John P., POIAND, Timothy D., PREMACK, Stephen L., DAVIS, K. Shannon. The effects of met expectations on newcomer attitudes and behaviors: a review and meta-analysis. *Journal of Applied Psychology* 77, nº 3, p. 288-297, 1992.

92 BREAUGH, James A. *Recruitment:* Science and practice. Boston: PWS-Kent, 1992. p. 183.

93 REILLY, R. R., BROWN, B., BLOOD, M., MALATESTA, C. The effects of realistic previews: a study and discussion of the literature. *Personnel Psychology* 34, p. 823-834, 1981.

As expectativas realistas podem ser menos importantes do que as experiências reais de trabalho dos empregados.

Um estudo mostrou que a vivência real no trabalho dá uma previsão melhor da opinião das pessoas sobre o atendimento de suas expectativas e de sua satisfação no trabalho do que suas esperanças antes de serem contratadas.[94] Os elementos-chaves de uma previsão realística do trabalho incluem:

1. A *precisão* da informação é seu aspecto mais comum e mais frequentemente estudado, ainda que existam poucas pesquisas que indiquem se aqueles que recebem a previsão considerem-na acurada.

2. A *especificidade* reflete o quanto a informação focaliza uma função específica e suas características peculiares. Muitas previsões enfocam fatores organizacionais genéricos, tais como políticas de férias ou horas extras, oferecendo pouca informação sobre o ambiente cotidiano de trabalho.

3. A *amplitude* refere-se ao número de funções e fatores organizacionais incluídos em uma previsão desse tipo. Muitas delas focalizam aparentemente apenas um conjunto limitado de fatores, omitindo questões, como supervisão, oportunidades de promoção ou política departamental.

4. A *credibilidade* refere-se ao quanto os candidatos acreditam nas informações. As previsões realísticas do trabalho preparadas por psicólogos parecem ter maior credibilidade, ainda que isso não tenha sido bem medido na realidade.

5. A *importância* refere-se a se a previsão contém informações de interesse dos candidatos que não tenham sido ainda obtidas por outras fontes. Muitas dessas previsões publicadas aparentemente tratam apenas de aspectos bem conhecidos do trabalho (como, por exemplo, que caixas de banco trabalham em pé). frequentemente, elas não trazem informações mais difíceis de obter, como as relações com supervisores, colegas e equipes de trabalho.[95]

As previsões realísticas do trabalho parecem servir para aumentar a satisfação dos empregados e reduzir sua rotatividade (no Capítulo 8, discutiremos a ligação entre satisfação no trabalho e rotatividade). O Quadro 6.13 lista algumas recomendações em cinco áreas para melhorar a eficácia das previsões. Muitas escolas nos Estados Unidos usam essa abordagem, trazendo os candidatos a professor para visitar suas instalações e promovendo uma série de encontros com reitores, diretores e futuros colegas potenciais.

QUAL SUA OPINIÃO?

Em Praga, existe no momento escassez de trabalhadores. Mesmo assim, a Pepsi Cola Company, uma divisão da PepsiCo, mostra aos candidatos às vagas de motoristas um vídeo que retrata a realidade dessa função. Ele mostra que ser motorista de caminhão é fisicamente extenuante, por vezes entediante e aborrecido. Os candidatos que começaram pensando que o emprego era uma chance de trabalhar para uma grande e conhecida organização, dirigindo um confortável veículo pelas charmosas ruas de Praga, logo percebem que a coisa não é bem assim. Alguns acabam desistindo. Como você justificaria esse tipo de previsão em um ambiente de séria escassez de empregados?

ESCOLHENDO E PREPARANDO RECRUTADORES

Praticamente, todo processo de recrutamento inclui um encontro com um ou mais membros da organização. Esse grupo geralmente conta com um representante do departamento de recursos humanos e pode também incluir supervisores, colegas e até subordinados. À medida que poucas coisas sobre a empresa e o emprego podem ser conhecidas antecipadamente, os candidatos parecem usar características dos recrutadores como sinais dos atributos do trabalho que não podem observar diretamente e sobre a probabilidade de receberem uma oferta. Um estudo mostrou que 38 entre 41 graduandos universitários disseram que suas decisões sobre aceitar ou

---

94   IRVING, P. Gregory, MEYER, John P. On using direct measures of met expectations: a methodological note. *Journal of Management* 21, p. 1.159-1.175, 1995.

95   BREAUGH, James A., BILLINGS, Robert S. The realistic job preview: five key elements and their importance for research and practice. *Journal of Business and Psychology* 2, nº 4, p. 291-305, Summer 1988.

192 | Recrutamento e Seleção Externos

Quadro 6.13
Como melhorar a eficácia da Previsão Realística do Trabalho (RJP – Realistic Job Preview).

As informações devem ser as mais precisas, específicas, amplas, críveis e importantes quanto for possível.

Fontes de informação

Devem ser usadas múltiplas fontes, incluindo-se os próprios funcionários, o supervisor imediato, a descrição da tarefa, o manual do empregado, os representantes do departamento de pessoal e até entrevistas com ex-funcionários.

Comunicação

Estimular a comunicação bilateral com funcionários de modo informal. Usar múltiplos métodos, tais como descrições detalhadas das funções, visitas ao local de trabalho, vídeos com situações difíceis no trabalho e simulações.

Funções a serem atingidas

Não restringir o uso das previsões apenas aos cargos hierarquicamente mais baixos. Considerar seu uso também para as funções técnicas e executivas, especialmente depois de reestruturação ou fusão/incorporação.

Quando usar

Se as previsões não forem onerosas, fazê-las para todos os candidatos, maximizando sua chance de desistirem de cargos para os quais não são adequados. Se forem onerosas, fazer uma triagem prévia, e aplicá-las apenas aos candidatos claramente qualificados.

Fonte: BREAUGH, James A. BILLINGS, Robert S. The realistic job preview: five key elements and their importance for research and practice, *Journal of Business and Psychology 2*, nº 4, Summer 1988. p. 291-305.

---

não uma oferta de emprego dependeu de "recrutadores muito bons ou muito ruins".[96]

Não é apenas o primeiro recrutador que influencia as percepções dos candidatos. Um estudo que entrevistou candidatos depois de uma visita às instalações de uma grande empresa mostrou que o sentimento maior sobre a visita e a amabilidade de seus anfitriões estava significativamente relacionado com a decisão de aceitar o emprego.[97] Estudos demonstram que os recrutadores percebidos como bem apessoados e comunicativos parecem sinalizar características de trabalho e ambiente organizacional atraentes. Os recrutadores percebidos como competentes e esclarecedores foram associados a uma melhor impressão da empresa, enquanto aqueles agressivos tiveram um efeito negativo sobre os candidatos. Quanto mais bem apessoados os recrutadores, maior a expectativa dos candidatos em receber uma proposta de trabalho e maiores suas intenções em aceitá-la.[98] Diversos estudos mostram que os recrutadores que revelam muito menos sobre o emprego e a empresa do que os candidatos gostariam causam percepção desfavorável sobre a entrevista, resultando em menos interesse em aceitar o emprego e menos entusiasmo em retornar o contato com a organização depois da entrevista.[99] Quando o recrutamento dá errado, dá errado mesmo. A escola de direito da Universidade de Chicago suspendeu o conhecido escritório de advocacia Baker & McKenzie, depois que uma candidata afro-americana que estava sendo entrevistada foi perguntada sobre como reagiria caso fosse chamada por um nome pejorativo.[100] As pessoas que atendem aos candidatos também são importantes. Quando uma candidata preencheu o formulário para emprego em um órgão do governo nos Estados Unidos e perguntou quando poderia ter uma resposta, o

---

96 RYNES, BRETZ, GERHART. The importance of recruitment in job choice.

97 TURBAN, Daniel B., CAMPION, James E., EYRING, Alison R. Factors related to job acceptance decision of college recruits. *Journal of Vocational Behavior* 47, p. 193-213, 1995.

98 HARRIS, Michael M., FINK, Laurence S. A field study of applicant reactions to employment opportunities: does the recruiter make a difference? *Personnel Psychology* 40, nº 4, p. 765-783, 1987; RYNES, Sara L., MILLER, H. E. Recruiter and job influences on candidates for employment. *Journal of Applied Psychology* 68, p. 147-154, 1983; SCHMITT, Neil, COYLE, B. W. Applicant decisions in the employment interview. *Journal of Applied Psychology* 61, p. 184-192, 1976.

99 DOWNS, C. W. Perceptions of the selection interview. *Personal Administrator,* p. 8-23, May/June 1969; HERRIOTT, P., ROTHWELL, C. Organizational choice and decision theory: effects of employers' literature and selection interview. *Journal of Occupational Psychology* 54, p. 17-31, 1981; TAYLOR, M. Susan, SNIEZEK, Janet A. The college of recruitment interview: topical content and applicant reactions. *Journal of Occupational Psychology* 57, p. 157-168, 1984; RYNES, MILLER. Recruiter and job influences on candidates for employment; SCHMITT, COYLE. Applicant decisions in the employment interview.

100 ANSBERRY, Clare, SWASY, Alecia. Minority job applicants say slurs often surface. *The Wall Street Journal,* 10 Feb. 1989, p. B1.

funcionário respondeu-lhe, "talvez nunca". Quando ela lhe perguntou como havia conseguido aquele emprego, ele disse: "Eu tenho sorte, minha mãe trabalha aqui".[101]

Com tantos riscos envolvidos, você pode pensar que muitos empresários deveriam seguir o exemplo da Eastman Kodak, em que os recrutadores são nomeados por seus chefes e participam de uma conferência de treinamento usando uma entrevista simulada de 20 minutos, que é gravada em vídeo e vista posteriormente. Os responsáveis pelo recrutamento nas universidades contam que utilizam critérios de seleção para os recrutadores, tais como grande habilidade no relacionamento interpessoal, entusiasmo pela empresa, conhecimento da organização e suas funções, e credibilidade junto aos estudantes e colegas. Credenciamentos formais, como treinamento específico ou experiência, são considerados bem menos importantes. Embora as empresas costumem dedicar de 4 a 28 semanas para treinar vendedores, apenas 48% delas realizam treinamento para recrutadores e, mesmo assim, de apenas 13 horas. O sucesso dos recrutadores raramente é avaliado ou recompensado.[102]

AVALIANDO O RECRUTAMENTO

As decisões tomadas no recrutamento fazem realmente alguma diferença? Quais metas organizacionais elas podem afetar? Como as organizações podem medir a eficácia do recrutamento? As evidências sugerem que o recrutamento é uma atividade igualmente onerosa e potencialmente valiosa, mas isso ainda não foi cuidadosamente avaliado.

Eficiência

Custos

O Quadro 6.14 mostra a estimativa de custos para o recrutamento de candidatos para 30 vagas de vendedor em uma nova loja de varejo de produtos eletrônicos. Geralmente, uma loja precisa de um mês para preencher 30 vagas. O quadro mostra a sequência (descendente) dentro da qual o executivo usaria cada uma das fontes de acordo com a necessidade de atrair mais ou menos candidatos. Um total de 297 deles seria atraído se todas as fontes fossem utilizadas, a um custo total de 19.100

Quadro 6.14
Custos do recrutamento de vendedores varejistas.

Fonte	Nº de candidatos		Custo estimado		Custo por candidato	
	P/fonte	Acumulado	P/fonte	Acumulado	P/fonte	Acumulado
Atendimento na empresa	5	5	0	0	0	0
Comunicação interna	5	10	100	100	20	10
Anúncios em jornais semanais	50	60	2.000	2.100	40	35
Anúncios em jornais de domingo	200	260	10.000	12.100	50	47
Anúncios em jornais diversos	25	285	3.000	15.100	120	53
Referências de empregados	10	295	1.500	16.600	150	56
Feiras de empregos	2	297	2.500	19.100	1.250	64

Fonte: Reproduzido com autorização de MARTIN, Scott L. RAJU, Nambury S. Determining cutoff scores that optimize utility: a recognition of recruiting costs. *Journal of Applied Psychology,* 77, nº l, p. 19, 1992.

---

101 HAVEMANN, Judith. It's getting harder and harder to find good help these days. Washington Post National Weekly Edition, 24-30 July 1989, p. 34.

102 MAURER, Steven D., HOWE, Vince, LEE, Thomas W. Organizational recruiting as marketing management: an interdisciplinar study of engineering graduates. Personnel Psychology 45, p. 807-833; RYNES, BORDREAU. College recruiting in large organizations.

dólares. Os componentes dos custos do recrutamento incluem: (1) despesas com transporte e alojamento para os recrutadores visitarem candidatos; (2) treinamento dos recrutadores; (3) tempo do recrutador despendido em treinamentos e viagens; (4) tempo do recrutador despendido em receber visitas de candidatos; (5) despesas de viagem dos candidatos que visitam a empresa; (6) tempo despendido por funcionários encarregados de processar as informações sobre os candidatos; e (7) despesas com a mudança caso o candidato aceite a oferta de emprego. Os custos do recrutamento variam bastante conforme o nível da vaga a ser oferecida e a intensidade das atividades de recrutamento. Os custos também dependem do número e tipo da fonte utilizada no processo. As despesas com viagens e mudanças podem ser reduzidas com a escolha de fontes fisicamente próximas às instalações da empresa. Os honorários de agentes podem ser economizados, fazendo-se uma pesquisa própria. Muitos jornais especializados trazem guias do consumidor para empresas e produtos que auxiliam o chefe de recrutamento a identificar maneiras de reduzir seus custos, aumentando sua eficácia.

Uma entidade americana que congrega universidades e empresários informa que o custo médio para a contratação de graduados em seu primeiro emprego subiu de 5.672 dólares em 1992 para 6.090 em 1994.[103] O uso da informática e a rede internet podem ser igualmente uma forma de abaixar os custos. Muitas empresas têm usado programas específicos para fazer uma "leitura" eletrônica dos currículos, utilizando palavras-chaves em um banco de dados para identificar candidatos qualificados.

> ### EXPLORANDO A WEB
> Um programa usado para fazer "leitura" eletrônica de currículos é o Resumix, cujo endereço na Internet é o seguinte:
> http://www.resumix.com/.

Produtividade e estabilidade

Comentamos anteriormente as evidências de que os empregados recomendados por fontes internas da organização duram mais tempo na casa. O uso das previsões realísticas de trabalho também pode ajudar a diminuir a rotatividade. Entretanto, a comprovação dos efeitos do recrutamento sobre o desempenho no trabalho ou outros resultados é confusa ou extremamente esparsa. Ainda assim, as simulações feitas por computadores sugerem que, quando o recrutamento e a seleção são integrados, é possível obter grandes benefícios financeiros. Os empregadores são sempre um tanto pessimistas em relação à adequação das pessoas recém-contratadas. Uma pesquisa indicou que apenas um terço das empresas acredita ter 90% ou mais de chance de preencher adequadamente uma vaga na primeira tentativa de seleção, metade considerou 75% ou mais e um décimo, menos que 75%.[104]

Equidade

No Capítulo 2, mostramos que é no recrutamento que começa a montagem de um quadro de pessoal diversificado, tendo em vista atingir objetivos antidiscriminatórios e de ação afirmativa. O recrutamento de membros de minorias sub-representadas é um dos métodos mais aceitáveis e legais de se conseguir aumentar a diversidade.[105] Da mesma forma, o número de candidatos pertencente a cada minoria pode ajudar a definir o perfil do mercado de trabalho e assim estabelecer os objetivos para a ação afirmativa. Este é um dos grandes problemas com o crescente uso da Internet para o recrutamento, já que pela rede a tendência é atrair candidatos homens, brancos e de nível universitário, deixando de lado, possivelmente, indivíduos qualificados pertencentes a outros grupos. O processo de recrutamento também afeta a imagem que a empresa deixa nos candidatos, tanto aceitos como rejeitados. É importante assegurar que esse processo seja percebido como justo e passe uma impressão positiva da organização. Algumas evidências sugerem que essa imagem inicial pode determinar futuros problemas legais trabalhistas.[106]

---

103 NAGLE, Rhea. Mensagem por correio eletrônico para a HRNET, 10 nov. 1995.

104 BOUDREAU, John W. Utility analysis. Cap.14. In: DYER, Lee D. (Org.). *Human resource management evolving roles and responsibilities*. Washington, DC: Bureau of National Affairs, 1988; AMERICAN MANAGEMENT ASSOCIATIONS. *Hiring costs and strategies*.

105 LEDVINKA, James, SCARPELLO, Vida. *Federal regulation of personnel and human resource management*. 2. ed. Boston: Kent, 1990.

106 BIES, Robert J., TYLER, Tom. The "litigation mentality" in organizations: a test of alternative psychological explanations. *Organization Science* 4, p. 352-366, Aug. 1993.

Recrutamento Externo | **195**

Quadro 6.15
Medidas para a avaliação do recrutamento.

Critérios globais

Número e/ou porcentagem de:

+ Vagas preenchidas
+ Vagas preenchidas em tempo hábil
+ Vagas preenchidas sem custos (custo por contratação)
+ Vagas preenchidas com indivíduos acima da média de desempenho
+ Vagas preenchidas por membros de grupos subutilizados
+ Vagas preenchidas por indivíduos que permanecem pelo menos um ano
+ Vagas preenchidas por indivíduos satisfeitos com suas novas posições

Critérios em relação aos recrutadores:

+ Número de entrevistas realizadas
+ Qualidade das entrevistas de acordo com os entrevistados
+ Número e qualidade das apresentações de palestrantes sobre as diversas carreiras
+ Porcentagem de indivíduos recomendados que foram contratados
+ Porcentagem de indivíduos recomendados que foram contratados e estão tendo bom desempenho
+ Número de mulheres e membros de minorias recrutados
+ Custo por entrevista

Critérios em relação ao método de recrutamento:

+ Número de candidatos que se apresentaram
+ Número de candidatos qualificados que se apresentaram
+ Número de candidatos mulheres e membros de minorias que se apresentaram
+ Custo por candidato
+ Tempo gasto no processo de recrutamento
+ Custo por contratação
+ Qualidade do empregado contratado (desempenho, rotatividade, frequência ao trabalho etc.).

Fonte: Reproduzido com autorização de BREAUGH, James A. *Recruitment:* Science and practice. Boston: PWS-Kent, 1992. p. 341.

Práticas de Avaliação do Recrutamento

As evidências mostram que as organizações não avaliam com muito cuidado suas atividades de recrutamento em relação a seus objetivos/padrões. Muito embora as 1.000 empresas da lista da revista *Fortune* entrevistadas tenham respondido que fatores objetivos, como custos, qualificação do candidato, desempenho dos novos contratados e índices de sobrevivência na empresa, sejam importantes para avaliar as estratégias de recrutamento, menos de 30% delas mantinham um sistema de registro de informações, como custo do recrutamento por fonte, qualificações dos candidatos por fonte ou diferenças de desempenho entre recrutadores e fontes. Preencher as vagas e seguir os procedimentos adequados são as ideias essenciais na coleta das informações para a avaliação, ainda que os sistemas informatizados tenham tomado possível controlar cada vez mais informações sobre os candidatos.[107]

O Quadro 6.15 mostra alguns poucos exemplos de medidas de avaliação para o recrutamento. Elas referem-se às atividades e aos resultados, à eficiência e à equanimidade. O Quadro 6.16 mostra como as organizações podem comparar os resultados do recrutamento em quatro faculdades diferentes, tanto em relação aos custos quanto à eficiência. Repare como a faculdade 4 é a mais cara e produz o índice mais alto de desempenho (3,8), enquanto a 2 tem um nível de desempenho quase tão bom a um custo de recrutamento muito mais baixo.

---

107 RYNES, BOUDREAU. College recruiting in large organizations; SPIRIG, John E. The ATS – applicant tracking system – promises to be an increasingly valuable tool for the hiring process in the labor-lean years that lie ahead. *Employment Relations Today,* p. 157-160, Summer 1990.

Quadro 6.16
Matriz para avaliação do recrutamento universitário.

Experiência de recrutamento para quatro faculdades-chaves (baseada em informações dos últimos dois anos)	Número da universidade			
	1	2	3	4
Entrevistas	38	22	58	12
Convites	15	9	30	10
Visitas à empresa	13	8	22	5
Ofertas	7	5	12	4
Contratações	6	4	8	2
Média de desempenho	2,60	3,10	2,70	3,80
Pediram demissão em dois anos	0	0	2	1
Foram demitidos em dois anos	1	1	0	0
Custo até 16 entrevistas	$1.222	$764	$1.356	$1.664
Custo de 17 a 32 entrevistas	$2.525	$1.568	$2.769	$3.470
Custo por visita	$540	$512	$652	$750
Custo por contratação	$622	$320	$688	$810
Máximo de entrevistas/ano	24	12	32	20

Parece provável que, se as organizações fizerem algum esforço para coletar esse tipo de informação, poderão descobrir importantes relações entre os resultados e as escolhas de recrutamento. A partir daí, as mudanças nas estratégias de recrutamento poderiam ser mais bem planejadas e implementadas. Infelizmente, não obstante a existência de vários métodos para fazer estes levantamentos, a maioria das empresas falha em avaliar a eficiência de seu processo de recrutamento.

RESUMO

O recrutamento externo atrai um grupo de candidatos entre os quais alguns serão escolhidos para receber uma proposta de trabalho. Vimos como essa atividade aparentemente simples exige aguda consciência das condições internas e externas da organização, tais como a crescente escassez de mão-de-obra e a exigência de rápidas mudanças de posicionamento no mercado. Além disso, o recrutamento é um processo bilateral, cujas mensagens servem não apenas para mostrar a qualidade esperada nos candidatos a emprego, mas também como sinalizadores da imagem e da filosofia da empresa para os próprios candidatos, o governo e toda a comunidade. Descrevemos as decisões que envolvem o processo de recrutamento: (1) escolher as qualificações desejadas nos candidatos; (2) escolher as fontes de recrutamento e os canais de comunicação; (3) escolher as formas de persuasão; (4) escolher a mensagem; e (5) escolher e preparar os recrutadores. Ainda que cada uma dessas decisões seja tratada separadamente, elas precisam combinar-se para formar uma estratégia integrada. As escolhas de uma área implicam oportunidades e impedimentos nas demais.

A atração de um grupo grande e apropriadamente qualificado de candidatos determina as bases do recrutamento externo. O passo seguinte é definir quais candidatos deverão receber as ofertas de emprego, que é o tópico do próximo capítulo.

QUESTÕES

1. Como o recrutamento pode ajudar no atingimento de objetivos organizacionais, tais como o aumento da produtividade ou o combate à discriminação? O recrutamento pode reduzir o número de empregados? Explique.

2. O que os candidatos esperam das organizações que os recrutam? Isto pode conflitar com as necessidades da empresa durante o processo?

3. Explique como o conhecimento sobre as diferentes abordagens da busca do emprego pelo candidato pode permitir que a organização desenvolva um processo de recrutamento mais eficaz.

4. Discuta como a fixação de critérios de qualificação de candidatos pode aumentar ou diminuir o grupo de candidatos potenciais. À medida que a mão de obra tradicional está encolhendo, como os recru-

tadores podem aumentar sua eficácia na busca de trabalhadores?
5. Um trabalho "eventual" é um bom negócio? Esse tipo de ocupação deverá crescer no futuro? Explique.
6. Fale da Internet como fonte de recrutamento. Quais são alguns de seus aspectos positivos? Quais são seus perigos? Como o uso da rede poderá modificar o processo de recrutamento?
7. Quais as mensagens que os meios de persuasão usados no recrutamento passam para os candidatos? Elas podem ser utilizadas para atingir objetivos organizacionais, tais como redução da rotatividade e da discriminação?
8. Compare as abordagens do realismo e da fantasia no processo de recrutamento. Discuta a previsão realística do trabalho e seus efeitos.
9. O recrutador é parte importante do processo? Que tipo de consequências pode ter o papel do recrutador?
10. Discuta a validade e os critérios para a avaliação do processo de recrutamento.

Sua Vez

Anúncio de recrutamento para a campanha Happy Meals

O Quadro 6.17 traz um anúncio real de recrutamento da campanha Happy Meals da McDonald's de setembro de 1988. Como isso poderia ser utilizado como parte de uma estratégia completa de recrutamento? Imagine que você trabalha em uma empresa concorrente e seu chefe pergunta se vocês poderiam iniciar um programa semelhante. As seguintes questões podem ajudá-lo:

1. Para que tipo de processo de busca de candidatos a McDonald's está apelando? Isto envolve escolhas tanto ocupacionais quanto organizacionais?
2. Que tipo de qualificações e características são mais prováveis de serem encontradas nos candidatos atraídos por esta campanha?
3. Quais as modificações no esquema de trabalho teriam que ser feitas se um número grande de candidatos chegasse a ser contratado?
4. Quais os meios de persuasão usados nesse anúncio?
5. O anúncio usou uma abordagem realista ou de fantasia? Quais são as consequências mais prováveis disto?
6. Que tipo de recrutador os candidatos que responderam a esse anúncio devem encontrar? Estes recrutadores precisam de alguma seleção ou treinamento especiais?
7. Quais seriam as possíveis consequências de usar os critérios tanto de eficiência como de equanimidade na seleção deste grupo de candidatos?

Seu professor poderá dar-lhe maiores informações.

Quadro 6.17
Anúncio de recrutamento para empregados de lanchonete.

Querida mamãe:

Novamente estamos naquele período do ano. As crianças voltaram para a escola depois das férias e o Natal aproxima-se.

Nós do McDonald's gostaríamos de ajudá-la a ganhar aquele dinheirinho extra para as despesas desta época.

A melhor coisa a respeito de um emprego no McDonald's é que precisamos de você exatamente quando você quer trabalhar. Quando seus filhos estiverem em casa, você estará também.

Nossos horários são flexíveis e podem ser modificados com um breve aviso. Fornecemos uniformes e alimentação.

Dê um pulo até aqui.

APÊNDICE

Uma Abordagem Diagnóstica para Procurar o seu Próprio Emprego

Agradecemos a Karin Ash, diretora do Office of Career Services, ILR School, Comell University, por sua colaboração neste apêndice.

O processo de recrutamento toma um significa| do especial quando você se prepara para encontrar um emprego. Em tempos de dificuldades no mercado, isso pode ser desencorajador. Grandes empresas, como a AT&T e a Merck, chegam a receber mais de 100.000 currículos em um ano. Ser flexível, pensar em empresas menores, usar contatos pessoais e manter persistentemente seu nome sob os olhos dos empregadores potenciais são boas dicas; pensar estrategicamente sobre o processo de busca de oportunidades também é útil. Esta seção usa a abordagem Diagnóstica para descrever os passos do recrutamento do ponto de vista de quem está prestes a formar-se na faculdade.

Escolhendo uma Vocação/Ocupação

Você já escolheu a área profissional para a qual pretende entrar quando fez sua opção no vestibular. Você pode ter optado por engenharia, computação ou administração de empresas. Dentro dessas áreas abrangentes, existem várias e diferentes ocupações, com diferentes requisitos e recompensas. Uma conversa com um professor ou orientador ou um teste vocacional pode ajudá-lo a especificar mais precisamente em que você pretende ocupar-se. O início do Capítulo 9 traz um exemplo de teste vocacional. Presumindo que você já tenha definido sua área ocupacional, discutiremos agora o processo de recrutamento para a escolha da empresa e da função. O Quadro 6.18 lista os quatro passos principais desse processo.

DIAGNOSTICANDO AS CONDIÇÕES

O primeiro passo é analisar cuidadosamente as condições que envolvem sua busca por trabalho. As três principais questões a serem examinadas são: você próprio, os empregos disponíveis e o ambiente externo.

Fazendo o Diagnóstico de si Próprio

O trabalho que você deseja tem que ser-lhe adequado. Assim, a primeira coisa a fazer é examinar cuidadosamente suas necessidades e o que você deseja encontrar no trabalho. Para a maioria dos estudantes, as possibilidades de emprego são bastante determinadas por seu treinamento escolar. Entretanto, mesmo em uma categoria ocupacional muito especializada, como administração de pessoal, existe ampla variedade de funções. Encontrar seu "nicho" certo depende de quanto você sabe na verdade o que quer. Considere as seguintes perguntas:

1. Gosto de trabalhar duro?
2. Pretendo ser meu próprio patrão ou preferiria trabalhar para outra pessoa?
3. Prefiro trabalhar sozinho, em uma pequena equipe ou em grandes grupos?
4. Gosto de trabalhos tranquilos ou cheios de agitação?
5. A localização faz diferença? Gostaria de trabalhar perto de casa? Em lugares quentes? Em climas frios? Estou disposto à mudança?
6. Quanto dinheiro espero ganhar? Estou disposto a ganhar menos, mas trabalhar em alguma coisa interessante?
7. Quero trabalhar em um único lugar ou em vários? Serviço interno ou externo?
8. Quero muita variedade em meu trabalho?

Quadro 6.18
Etapas da estratégia de busca do emprego.

Diagnóstico das condições	Preparação de seu caso	Apresentação de seu caso	Avaliação das ofertas
Você	Currículo	Entrevistas	Resposta
Oportunidades	Carta de apresentação das qualificações e intenções		
Ambiente	Empregos anteriores	Visitas às empresas	Aceitação/rejeição

Depois disso, analise o que você espera de seu empregador. As perguntas a seguir ilustram aspectos a serem considerados:

1. Tenho preferência pelo tamanho da empresa?
2. Tenho preferência por algum setor (privado, público, sem fins lucrativos)?
3. Quais tipos de empresas me interessam? (Isto geralmente se baseia no interesse por seus produtos ou serviços.)
4. Avaliei o potencial futuro do setor ou dos produtos/serviços escolhidos para saber se existe tendência de crescimento de oportunidades?

Finalmente, faça uma avaliação cuidadosa de seu próprio preparo. O que você tem a oferecer a um empregador? Para quais funções você está mais bem credenciado? Especifique áreas de consideração paralelas nos itens de seu currículo, de modo que isso possa ajudá-lo a fazer sua apresentação. Nessa etapa, é igualmente importante identificar as oportunidades de trabalho para os quais você está qualificado.

Diagnosticando as Oportunidades

Para diagnosticar o número e os tipos de funções disponíveis para você, utilize quantas fontes de informação você conseguir. As melhores fontes para você são aquelas mais adequadas a seus interesses específicos. Algumas fontes que você deve considerar são:

Jornais e publicações profissionais. Leia os anúncios de empregos do tipo que lhe interessa, e leia os jornais e revistas especializados na área que você selecionou. Responda aos anúncios que lhe pareceram interessantes.

Serviço de ajuda na faculdade. Nos Estados Unidos, as escolas costumam manter setores para este fim no *campus,* onde existe grande variedade de informações sobre empregos e empresas, e onde geralmente os recrutadores oferecem as entrevistas com os candidatos. O uso da informatização é crescente nesses serviços, desde o arquivamento eletrônico de currículos para atender mais rapidamente aos possíveis empregadores até o uso de serviços de agências virtuais na Internet. Procure informar-se em sua escola sobre a existência de um serviço semelhante. Inscreva-se em todas as entrevistas que considerar interessantes. Esse serviço normalmente também pode colocá-lo em contato com outros alunos e ex-alunos de sua faculdade.

Associações profissionais. Muitas associações profissionais mantêm serviços de colocação de empregados. Inscreva-se neles. As revistas publicadas por essas entidades também costumam publicar anúncios de emprego.

Agências de emprego privadas e empresas de colocação de executivos. Outra fonte de emprego são as empresas privadas de agenciamento. Você pode visitá-las e levar seu currículo. Elas cobram uma taxa, geralmente paga pelo empregador, mas às vezes pelos candidatos a emprego. Essa taxa com frequência fica em torno de 30% dos salários totais do primeiro ano. As empresas de colocação de executivos recrutam pessoas para cargos de gerente para cima (salários de 50.000 dólares/ano).

Algumas dessas empresas oferecem também o serviço de preparação do currículo, testes e aconselhamento profissional. Costumam cobrar cerca de 1.500 dólares, independentemente de conseguir ou não o emprego. Embora essa taxa seja normalmente cobrada do empregador, é conveniente perguntar se haverá algum custo para você.

Contatos pessoais. Um dos melhores contatos para se obter um emprego são as pessoas que trabalham na empresa em questão, ou que já trabalharam lá anteriormente. Desenvolva esses contatos com base em todas as fontes que puder: parentes, amigos, colegas de universidade. Alguns especialistas garantem que cerca de 80% dos empregos não chegam a ser anunciados. Eles são preenchidos por meio dos contatos pessoais. Você poderia conversar com alguém que tem ou já tenha tido uma ocupação semelhante àquela em que você está interessado. O Quadro 6.19 traz algumas sugestões de perguntas apropriadas para esse tipo de entrevista.

Mala direta. Sem um contato pessoal anterior, é inútil enviar currículos para os departamentos de recursos humanos das empresas. O que às vezes pode funcionar é escrever uma carta personalizada para o gerente de recursos humanos ou para o responsável pelo recrutamento da empresa, expondo suas intenções. Descubra o nome dessa pessoa. Explique suas preferências e qualificações na carta e diga que entrará em contato em 10 dias ou 2 semanas para saber a resposta sobre a oportunidade de se encontrarem pessoalmente. Ficar sentado esperando que uma empresa venha a seu encontro não é uma atitude produtiva.

Diagnosticando as Condições Ambientais

Fatores ambientais podem afetar sua busca pelo emprego. Se o mercado de trabalho estiver com poucas ofertas, você terá que começar a procurar mais cedo e com mais afinco. Talvez você precise fazer um ajuste em suas expectativas.

Recrutamento e Seleção Externos

Quadro 6.19
Perguntas para uma entrevista exploratória sobre o trabalho.

Referências pessoais

1. Quando você estava na faculdade, o que pensava sobre seu futuro profissional? Qual o campo de estudo mais importante em sua formação universitária?

Preparação

1. Quais são as credenciais, requisitos educacionais ou diplomas necessários para o exercício deste tipo de trabalho?
2. Quais as experiências prévias absolutamente essenciais?
3. Como *você* se preparou para esse trabalho?

Emprego atual

1. Descreve o que você faz durante uma semana de trabalho típica.
2. Quais habilidades ou talentos mais importantes para a eficácia nesse trabalho?
3. Quais os problemas mais difíceis de serem enfrentados?
4. O que você considera mais gratificante nesse trabalho, sem contar com as motivações externas a ele, como remuneração e benefícios?

Experiências anteriores

1. Como suas experiências anteriores o ajudam no que você faz agora?
2. Alguma das mudanças em sua carreira decorreu de uma modificação em seu estilo de vida?

Futuro profissional

1. Se as coisas acontecerem como você espera, qual o ideal de carreira que você prevê?
2. Caso esse seu trabalho fosse eliminado de repente, quais outros tipos de ocupação você poderia ter?
3. Com que rapidez o seu campo atual de trabalho está crescendo? Quais são suas expectativas sobre o futuro dessa área de atuação?

Estilo de vida

1. Quais são as obrigações fora do expediente normal que esse emprego traz? Você gosta disso?
2. Qual a flexibilidade que você tem nesse emprego quanto à forma de se vestir, horários, férias e local de residência?

Aconselhamento

1. Minha formação e credenciais são adequadas para esse trabalho?
2. Qual a preparação adicional que você consideraria a ideal para mim?
3. Quais experiências, empregos ou outros você me recomendaria?
4. Se você voltasse a ser um estudante e tivesse que começar tudo de novo, o que faria de diferente?

Critério de contratação

1. Se fosse contratar alguém para trabalhar com você hoje, quais fatores seriam considerados os mais importantes para sua decisão e por quê?

Fonte: Adaptado de *Job search guide*. Ithaca, NY: Cornell University, ILR, Office of Career Services, 1995.

Quadro 6.20
Exemplo de currículo para um estudante de Administração.

OBJETIVOS PROFISSIONAIS	Uma posição na área de administração de recursos humanos em que possa utilizar minha experiência, treinamento e formação acadêmica, e que proporcione o contato com diferentes funções dessa área, especialmente as relações com os empregados.
QUALIFICAÇÕES PESSOAIS	Excelentes habilidades organizacionais, capacidade de liderança bem desenvolvida. Significativa vivência acadêmica e prática. Habilidade comprovada no trato com grupos e indivíduos.
FORMAÇÃO EDUCACIONAL	*Cornell University*, Ithaca, New York Faculdade de Relações Industriais e Trabalhistas – bacharelado: 1-6-1996 *Bucknell University*, Lewisburg, Pennsylvania Faculdade de Artes e Ciências – setembro/1992 a maio/l 993
OUTROS CURSOS	Comportamento e desenvolvimento organizacionais — Administração de recompensas História, legislação, administração e economia trabalhistas — *Staffing* e supervisão de empregados Psicologia Economia de recursos humanos — Estatísticas Negociação coletiva
EXPERIÊNCIA PROFISSIONAL	**Conselheiro residente** (agosto/1995 – junho/1996) Departamento de residentes, Cornell University Responsável pela assistência direta a 90 calouros em seu ajuste ò vida universitária por meio da coordenação de seus programas acadêmicos e sociais e de aconselhamento pessoal e escolar. **Estagiário de Relações de Trabalho** (maio/1995 – agosto/1996) Central New York Bottle Company, divisão da Philip Morris Inc. Auburn, New York Aplicação de programa corporativo de conscientização de qualidade, incluindo uma participação de 30 dias na campanha de lançamento; pesquisa e compilação dos dados referentes a análises de três anos de queixas trabalhistas; trabalho para o aprimoramento do envolvimento dos empregados; solução de queixas trabalhistas; recompensas dos trabalhadores; queixas de discriminação e manutenção de programa de assistência aos menos privilegiados. **Estagiário de pesquisa** (janeiro/1996) Buffalo-Erie County Labor Management Council, suíte 407, Convention Tower, Buffalo, New York Desenvolvimento e aplicação de várias técnicas de pesquisa, compiladas as informações em um estudo de caso sobre a participação da administração trabalhista em uma indústria de abrasivos. **Supervisor de Relações Públicas e Marketing** (maio/1994 – agosto/1994) Darien Lake Amusement Park, Corfu, New York Criação e supervisão de aplicação de questionários aos consumidores **Estagiário encarregado de propostas** (janeiro/1993) GTE Sylvania, Mountain View, Califórnia Reestruturação e organização do sistema de arquivamento de propostas da empresa. **Supervisor de restaurante** (verões 1991-1994) Service Systems/Darien Lake, Corfu, New York Supervisão da maior lanchonete do parque de diversões.
OUTRAS ATIVIDADES	Conselheiro residente Funcionário do restaurante de Cornell Secretário-tesoureiro do centro acadêmico Participante e voluntário de associações assistenciais
REFERÊNCIAS	À disposição para entrevista

Fonte: Adaptado de *Job search guide*. Ithaca, NY: Cornell University, ILR, Office of Career Services, 1995.

PREPARANDO SEU "PRODUTO"

Estabelecidas suas preferências ocupacionais e identificada uma boa gama de oportunidades disponíveis de trabalho, você está pronto para começar a preparar seu "produto".

Preparando seu Currículo

Um currículo é a primeira e, por vezes a única, impressão que um empregador potencial tem de um candidato. Ele deve apresentar uma imagem profissional, organizada e competente. Por essa razão, é preciso que seja bem estruturado, equilibrado, legível e bem escrito. O Quadro 6.20 traz um exemplo de currículo de um estudante de Administração. A maioria dos currículos incluem as seguintes informações:

1. Identificação – nome, endereço e telefone.
2. Objetivos profissionais (carreira ou atividade).
3. Formação educacional (incluindo o curso diretamente relacionado com a profissão).
4. Experiência profissional (relacionada com o trabalho em vista).
5. Atividades comunitárias ou relacionadas.
6. Interesses ou *hobbies* (quando relevantes para o trabalho em vista).
7. Artigos ou trabalhos publicados.
8. Referências pessoais.

Preparando uma Carta de Apresentação

Quando você enviar seu currículo, inclua uma carta de apresentação. Ela deve ter a função de tomar o currículo mais atraente para o possível empregador, fazendo com que ele a leia com mais atenção e até marque uma entrevista. Mantenha as seguintes orientações em mente:

1. Cada carta deve ser original, ou seja, não uma fotocópia.
2. A gramática, a ortografia e o estilo devem ser perfeitos. Peça para alguém (de preferência com conhecimentos de edição de texto) para fazer uma revisão.
3. Envie a correspondência para uma *pessoa,* não para uma empresa. Caso você conheça alguém na empresa, mande a carta para essa pessoa. Caso contrário, telefone antes para se informar do nome do executivo da área na qual você estaria interessado em trabalhar.

4. Se alguém lhe forneceu a indicação do emprego, peça-lhe permissão para usar seu nome na carta.
5. Faça uma carta simples. Expresse seu interesse pelo trabalho. Faça um rápido sumário de suas credenciais e solicite uma entrevista.

O Quadro 6.21 mostra uma carta de apresentação de um estudante de Administração. É muito importante tentar estabelecer contatos com representantes de empresas. Tente isso por meio de seus professores.

Preparação para a Entrevista

A entrevista inicial para a seleção de um empregado costuma durar cerca de meia hora; por isso, é muito importante que você vá muito bem preparado para "vender seu produto". Alguns passos que poderão ajudá-lo a preparar-se:

1. *Pesquise o empregador.* Isso significa bem mais do que ler os impressos institucionais da empresa. Procure maiores informações nos jornais ou nas revistas especializadas sobre os últimos fatos ocorridos na área em que você pretende trabalhar. Busque também informações específicas sobre a empresa em questão.
2. *Memorizar todo o seu currículo e antecipar as perguntas que serão feitas.* Peça a um amigo ou professor para que leia seu currículo e identifique as perguntas mais óbvias. Esteja preparado para enfatizar suas qualidades e discutir seus pontos fracos de forma que melhor apresente suas qualificações. O Quadro 6.22 traz 10 questões frequentemente perguntadas pelos recrutadores em entrevista, visando a cargos na área de administração de recursos humanos.
3. *Tenha em mente algumas perguntas para fazer ao entrevistador.* Isso pode incluir: "Por favor, descreva as tarefas desta função", "Por que este cargo está vago?", "Em que posição hierárquica ele está na organização?", "Quais foram os melhores resultados já obtidos por aqueles que passaram por esta posição?", ou, ainda: "O que você gosta mais em seu emprego e nesta empresa?"
4. *Vista-se adequadamente.* Use roupas que seriam aquelas esperadas para alguém que venha a ocupar esta função.

Recrutamento Externo | 203

Quadro 6.21
Exemplo de carta de apresentação.

> 725 State Street
> Ithaca, New York 14850
> 8 de fevereiro de 1997.
>
> Sr. Samuel Staples
> Gerente de Pessoal da Federal Mogul Corporation
> Hollywood Boulevard, 198
> Los Angeles, Califórnia 95678
>
> Prezado Sr. Staples:
>
> Atualmente estou concluindo meu curso de graduação na Faculdade de Relações Industriais e Trabalhistas da Cornell University e estou procurando emprego na área de recursos humanos. O serviço de aconselhamento profissional da universidade me informou que sua organização estará fazendo um recrutamento em nossa escola este semestre. Gostaria imensamente de poder encontrá-lo para conversarmos sobre as oportunidades de trabalho na Federal Mogul. Seria ótimo ser incluído em sua lista de convidados.
>
> Meu principal interesse no setor de recursos humanos é em treinamento e desenvolvimento organizacional. Essas áreas me darão a oportunidade de contribuir para o desenvolvimento das pessoas da organização, tanto no nível individual quanto da unidade, o que acredito ser de grande importância para os negócios da empresa. Meu plano é iniciar a carreira como um generalista e ir aos poucos construindo uma sólida vivência dentro da organização. Creio que poderei ter essa oportunidade na Federal Mogul.
>
> Minha experiência profissional, como pode perceber em meu currículo, é bastante compatível com o setor em que sua empresa atua. Ainda que limitado, meu conhecimento sobre sua organização poderá ser um auxílio para que me torne um membro contributivo mais rapidamente. Esse conhecimento foi adquirido por meio de várias prestações de serviços temporários que realizei para a Federal Mogul.
>
> Mais uma vez, quero salientar que tenho o maior interesse em qualquer oportunidade nesta empresa. Grato por sua atenção. Espero ter notícias brevemente.
>
> Cordialmente.

Fonte: Adaptado de *Job search guide.* Ithaca, NY: Cornell University, ILR, Office of Career Services, 1995.

APRESENTANDO SEU "PRODUTO"

Chegou a hora da verdade. Você vai entrar no escritório e começar a entrevista. Se você se preparou cuidadosamente, está pronto para tirar o máximo proveito da oportunidade, fornecendo ao entrevistador as informações que melhor representam suas qualificações.

Entrevista

Ainda que não existam duas entrevistas idênticas, normalmente elas seguem uma sequência semelhante a esta:

1. *Introdução.* Iniciada pelo entrevistador, esta parte compreende uma conversa amena e pessoal, para deixar o entrevistado à vontade e, às vezes, dar uma ideia do que será a entrevista.

2. *Interrogatório.* Também iniciado pelo entrevistador, envolve questões escolhidas para testar as forças e fraquezas do candidato e avaliar suas habilidades na resolução de problemas.

3. *Venda.* Iniciada pelo candidato, essa etapa dá uma chance a ele de mostrar em maiores detalhes suas qualificações, fazer perguntas sobre a empresa e o emprego, além de demonstrar conhecimentos e interesse sobre a organização.

4. *Conclusão.* Iniciada pelo recrutador, explica o processo de tomada de decisão sobre o assunto, a data quando o candidato deve esperar uma resposta (geralmente em um prazo de duas a quatro semanas) e o fim da entrevista.

Lidando com Perguntas Pouco Éticas na Entrevista

Perguntas relativas à raça, sexo, religião, estado civil, idade ou qualquer tema discriminatório são geralmente pouco éticas, ou até ilegais, como critérios para contratações. Muitas empresas que recrutam candidatos em universidades têm que assinar um compromisso de que não usarão tais critérios. Exemplos de perguntas desse tipo podem ser: "Qual sua cidadania?", "Você é

204 | Recrutamento e Seleção Externos

Quadro 6.22
Perguntas mais frequentes nas entrevistas para funções de administração de recursos humanos em empresas nos Estados Unidos.

1. Baseado em seu conhecimento sobre _____ empresa, como você desenvolveria um programa de treinamento?

2. Diga-me o que sabe sobre _____ empresa.

3. Qual sua experiência com finanças e contabilidade?

4. O que é um plano 401 (k)?

5. Para que serve uma estrutura salarial?

6. O que você faria se fosse o responsável pelo sistema de recompensas e um funcionário pretendesse uma promoção, mas seu desempenho passado não a justificasse?

7. Por que você quer trabalhar no setor _____? Quais os outros setores que você tem considerado?

8. Descreva suas habilidades analíticas.

9. Os profissionais de recursos humanos devem ser um modelo de altos padrões éticos e de comportamento profissional. Portanto, seus valores pessoais são um aspecto importante. Relate uma situação que tenha desafiado seus valores e a forma como você reagiu a isso.

10. Onde devem estar os recursos humanos em uma empresa? Qual seu papel?

Fonte: Adaptado de *Job search guide.* Ithaca, NY : Comell University, ILR, Office of Career Services, 1996.

portador de alguma deficiência?", "Já foi preso?" Caso lhe perguntem alguma coisa assim, você não terá que responder, mas uma recusa explícita poderá ser considerada ofensiva ao entrevistador, que poderá entender isso como um insulto ao seu profissionalismo. Você pode lidar com essa situação de duas maneiras: (1) procure saber o motivo da pergunta (por exemplo, uma pergunta sobre estado civil pode estar relacionada com a necessidade de saber a respeito de sua disponibilidade para viagens, o que pode ser então discutido); (2) responda à pergunta, mas reporte o acontecido a alguma autoridade competente.

Acompanhamento Depois da Entrevista

Mantenha sempre um arquivo de seus contatos. Imediatamente após a entrevista, faça as seguintes anotações:

- Nome do entrevistador.
- Tipo de oportunidade para a qual você foi considerado.
- Localização da empresa.
- Sua reação e possível interesse.
- Seu próximo passo.

RESPONDENDO AOS CONVITES PARA VISITAS

Caso você receba um convite para visitar uma empresa, agradeça-o de uma destas formas:

1. Aceite e marque a data.
2. Se precisar de mais tempo para pensar, diga que aceitaria em outra ocasião.
3. Recuse o convite dando uma justificativa honesta qualquer.

Acompanhamento Depois da Visita

Assim que você retomar de uma visita a uma empresa, mande uma correspondência agradecendo a quem o convidou e as demais pessoas que devem, em sua opinião, receber qualquer tipo de agradecimento.

CONSIDERANDO AS OFERTAS

Com um pouco de sorte e bastante trabalho, seus esforços vão dar o retorno em forma de várias ofertas de emprego. Embora isso possa parecer o final do processo, ainda requer trato cuidadoso.

Respondendo a Uma Oferta

As ofertas de emprego podem ser feitas verbalmente ou por meio de uma correspondência, o que é o mais usual. Existem muitas maneiras de lidar com a situação. A maior parte das empresas não espera uma aceitação ou rejeição imediatas à oferta, mas espera uma comunicação de seu recebimento. *Portanto, responda à carta da empresa dentro de três dias,* agradecendo a oferta e estabelecendo uma data para sua resposta definitiva, caso eles mesmos não tenham fixado um prazo para isso. Nesse caso, responda agradecendo e dizendo que a definição lhes será enviada dentro desse prazo.

Postergando uma Resposta Definitiva

Pode haver uma situação em que você precise de um pouco mais de tempo. Nesse caso, mande outra carta, explicando francamente suas razões e pedindo sua compreensão. Lembre-se sempre de considerar tanto a posição do empregador quanto sua própria.

Aceitando uma Oferta

Provavelmente, é desnecessário entrar em detalhes sobre como aceitar uma oferta, além de lembrar que uma nota de apreciação deve acompanhar a aceitação formal, indicando quando poderá começar a trabalhar, ponto que, evidentemente, será considerado em mútuo acordo.

Rejeitando uma Oferta

Uma carta de recusa deve ser enviada assim que você concluir que não está definitivamente interessado no trabalho. Não há necessidade de explicar com detalhes as razões da recusa, nem suas alternativas, mas é educado expressar seus sinceros agradecimentos por ter sido escolhido. Para a empresa, é bastante útil saber seus verdadeiros motivos, como uma preferência por outro local, outros produtos ou um treinamento inicial diferente.

SELEÇÃO EXTERNA DE EMPREGADOS

Como você ajudaria seu novo empregador a escolher alguns estudantes de sua universidade? Imagine que você tenha-se formado e sido contratado pela empresa que foi sua primeira escolha. Parabéns! Agora, seu novo chefe pediu-lhe que escolha quatro colegas para juntar-se à organização. Seu chefe acha que você conhece muito bem o currículo de sua faculdade e os alunos, e acredita que você fará um excelente trabalho selecionando os demais, pois você é exatamente o tipo de pessoa que ele estava procurando. A empresa tem boa reputação e paga bem, e por isso muitos alunos vão querer os empregos. Tão logo o empregador decidiu que você ficaria encarregado da seleção, mais de 20 estudantes mostraram interesse em ser contratados por você. Por onde começar?

Provavelmente, você começaria por um exame da organização e das funções a serem preenchidas para identificar os comportamentos/resultados, habilidades, competências e características mais importantes para tais posições. Como você (e seu chefe) avaliariam seu sucesso? Seria suficiente os novos contratados permanecerem nos empregos por um ano? Você se esforçaria para selecionar aqueles que pudessem obter os melhores desempenhos junto aos gerentes? Você daria ênfase na adequação aos valores e convicções da empresa, ou se concentraria basicamente na capacitação específica para o trabalho? Até que ponto selecionaria pessoas parecidas com você, ou buscaria maior diversidade?

Uma vez tendo decidido suas metas de seleção, é preciso escolher as técnicas e as informações que terá que obter e usar. O objetivo é encontrar coisas que possa medir antes de os candidatos serem contratados e que possam ajudar a prever os comportamentos e as realizações deles no futuro. Você consideraria suas experiências profissionais anteriores? Você verificaria suas referências e, nesse caso, apenas aquelas listadas pelo próprio candidato? Seria apropriado um teste psicológico ou específico sobre o trabalho em questão? E um teste de personalidade – certas personalidades indicam melhores empregados? Você descartaria candidatos que não passassem por testes de honestidade ou de uso de drogas? Você fixaria uma meta de diversidade? Se você escolhesse apenas homens ou apenas mulheres, certamente teria que demonstrar uma razão muito clara e exclusivamente técnica para essa opção.

Você entrevistaria os candidatos? Quem faria as entrevistas – o futuro chefe, os colegas, você? Praticamente, todas as empresas entrevistam candidatos; a maioria deles espera por isso e muitos dos entrevistadores se consideram excelentes juízes de caráter. Apesar disso, a menos que a entrevista seja muito bem elaborada e realizada, de forma muito bem estruturada, os entrevistadores podem não conseguir selecionar os melhores candidatos.

Quais as informações que você usaria para determinar as melhores técnicas de seleção? Seria suficiente saber que certas técnicas têm sido usadas com sucesso em outras empresas ou você preferiria testá-las em seu próprio grupo de candidatos?

Se você incluiu diversas dessas técnicas já descritas, estará construindo um processo de seleção bastante abrangente e caro. Será que vale a pena tanto esforço e tempo apenas para encontrar empregados melhores? Lembre-se de que o dinheiro gasto com esse processo poderia ser usado para outras coisas, como investimentos em tecnologia, bonificações ou até mesmo um carro, como sinal de incentivo. Por outro lado, um erro na seleção pode ter sérias consequências, se aquele que tiver sido contratado por você cometer algum engano, mostrar-se desonesto ou abandonar o emprego logo após a empresa ter investido em seu treinamento. Assim, como você aconselharia a empresa a avaliar sua estratégia de seleção?

SELEÇÃO EXTERNA

> A seleção externa é o processo de coletar e utilizar informações sobre os candidatos recrutados externamente para escolher quais deles receberão propostas de emprego. Frequentemente, é antecedido por uma triagem, que identifica aqueles candidatos obviamente sem qualificações, antes de coletar qualquer informação adicional.

Depois que o recrutamento externo gerou um grupo de candidatos, certamente este terá mais indivíduos do que o número disponível de vagas. Terá, então, que ser tomada uma decisão sobre quais deles receberão a oferta de emprego. O Quadro 7.1 mostra que o processo de seleção funciona como um filtro, determinando quais candidatos se tornarão funcionários.

Este capítulo trata da seleção externa. As pessoas podem entrar para a organização em qualquer nível, do cargo mais simples na hierarquia até a mais alta cúpula da administração. A decisão sobre quem contratar é bem parecida com aquela sobre quem deve ser promovido ou transferido, a não ser pelo fato de que estas duas últimas acontecem no âmbito interno da organização. Discutiremos esses aspectos no Capítulo 9, sobre recrutamento interno e planos de carreira. As técnicas e os conceitos examinados aqui, aplicados à seleção externa, também podem ser utilizados para a seleção interna. A grande diferença é que a organização sempre tem muito mais informação sobre as pessoas que já estão dentro dela do que sobre os recém-chegados. Dessa forma, ambas as seleções, interna e externa, envolvem tomada de decisões baseadas em informações limitadas. O processo de globalização também tem sua influência sobre a seleção externa, com empresas como a AT&T e a Xerox procurando mais frequentemente seus executivos nos países onde funcionam suas ramificações.[1]

O processo de seleção vem mudando. É cada vez mais frequente que a decisão sobre a contratação seja tomada pelos colegas com quem o recém-chegado irá trabalhar. Os membros das equipes de trabalho geralmente precisam de assistência e treinamento para aprender a fazer boas seleções dentro dos parâmetros legais. Na grande empresa de seguros Aetna, o processo de recrutamento fica nas mãos daqueles executivos que trabalharão diretamente com os recém-contratados. Como fornecer a esses executivos as ferramentas necessárias sem criar uma "burocracia" de recursos humanos? Na Aetna, é utilizado um programa de computador ("StaffingToolkit") que oferece assistência, instruções e o material necessário para seguir esse processo de seis etapas:

1. Determinação da necessidade.
2. Fonte.
3. Triagem.
4. Entrevista/seleção.
5. Oferta/contratação.
6. Orientação.

Dessa forma, o papel dos profissionais de recursos humanos vai desde o recrutamento até o desenvolvimento e a oferta de apoio para aqueles que conhecem bem suas próprias necessidades e terão que conviver com os resultados dessas atividades. Na maioria das organizações, os profissionais de recursos humanos têm papel fundamental no processo de seleção externa. Frequentemente, eles projetam e recomendam as técnicas específicas de seleção, conduzem o processo e, em geral, ajudam a interpretar seus resultados, assegurando o atingimento das metas dos empregados, da organização e da legislação. Crescentemente, contudo, o trabalhador em cada empresa tem possibilidade de desempenhar um papel no processo de seleção externa.

A "tecnologia" da seleção externa, incluindo-se entrevistas, testes e outras atividades, continua a avançar todos os dias. Discutiremos essa tecnologia em detalhes ainda neste capítulo, mas o avanço da informatização e o uso da internet trouxeram novas ferramentas e oportunidades. Existem hoje centenas de programas que podem ser inteiramente administrados em um PC que incluem os mais diversos testes, como para medir aptidões, atitudes, uso de drogas, honestidade, liderança, personalidade, capacidade física, segurança, potencial de vendas e atendimento ao cliente.[2] O auxílio para o recrutamento externo está apenas a um toque do *mouse*, e não existe escassez desses produtos no mercado. Tudo isso torna ainda mais significativo o entendimento dos objetivos e princípios da seleção externa.

---

1 SELZ, Michael. Hiring the right manager overseas. *The Wall Street Journal,* 27 Feb. 1992, p. B2; LUBLIN, Joann S. Foreign accents proliferate in top ranks as U.S. companies find talent abroad. *The Wall Street Journal,* 21 May 1992, p. Bl.

2 Buyers' guide. *Human Resource Executive,* p. 51-55, Nov. 1995.

Quadro 7.1
Processo deformação do quadro de pessoal como uma série de filtros.

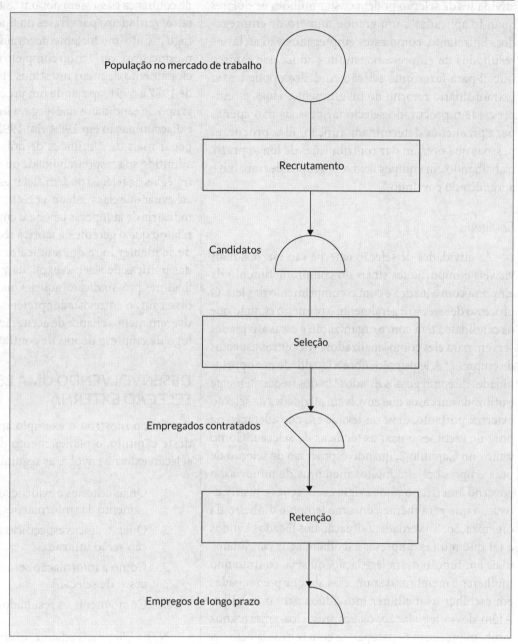

EXPLORANDO A WEB

Na internet, você pode conhecer as experiências de centenas de profissionais no desenvolvimento e utilização de modelos de testes e entrevistas no International Personnel Management Association Assess ment Council, no seguinte endereço:

http://www.bwaldron.com/ipmaac/broch.html

Objetivos da Seleção Externa

Eficiência

A seleção externa determina quem entra para a organização. Esses novos contratados geralmente passam décadas dentro da empresa e tornam-se o recurso do qual a organização depende para seu desempenho, sua flexibilidade para as mudanças, sua inovação, e são candidatos a novas atribuições no decorrer de suas carreiras. Não seria um exagero dizer que a contratação de cada empregado custa para a empresa milhares de dólares em salários, benefícios e outras despesas. As

210 | Recrutamento e Seleção Externos

atividades de seleção podem custar milhões de dólares quando aplicadas a um grande número de empregados. Entretanto, como esses empregados vão afetar os resultados da empresa por muitos anos, esse esforço inicial para fazer uma seleção cuidadosa pode trazer extraordinário retorno do investimento. Hoje, as empresas têm procurado selecionar pessoas não apenas para preencher determinada função. Elas procuram pessoas que possam dar contribuições de longo prazo, trabalhando em equipes flexíveis, grupos de trabalho e aprendizado contínuo.[3]

Equidade

As atividades de seleção externa são um dos mais visíveis e importantes sinais do comprometimento da empresa com a justiça e com o cumprimento das leis. O processo de seleção é geralmente o primeiro contato que os candidatos têm com a organização e essas atividades servem para eles como sinalizadoras de outros aspectos da empresa.[4] A legislação sobre a igualdade nas oportunidades de emprego nos Estados Unidos frequentemente é utilizada em casos que envolvem atividades de seleção externa; portanto, deve ser levada em consideração na hora de escolher e usar as técnicas de seleção. Como vimos no Capítulo 2, quando o processo de seleção de uma empresa rejeita muitos membros de minorias, o governo americano pode exigir explicações e justificativas, o que geralmente consome tempo e dinheiro da organização. Na verdade, a situação nos Estados Unidos é tal que muitas empresas escolhem seus candidatos mais em função dessa legislação, ou seja, contratando mulheres e membros de minorias, do que preocupadas em escolher os melhores indivíduos para o trabalho. Além dessa legislação, os empresários americanos também precisam preocupar-se com outro aspecto – a questão da privacidade. Uma cadeia de lojas varejistas da Califórnia, a Target, exigiu que os candidatos a vagas de confiança passassem por um teste que pedia respostas falso/verdadeiro para frases do tipo: "sou fascinado por fogo", "sinto-me fortemente atraído (a) por pessoas do mesmo sexo" ou "tenho completo controle sobre o funcionamento de meus intestinos". Esse teste foi aplicado de 1987 a 1991, apesar de um processo movido por um grupo de candidatos que alegava invasão de privacidade e discriminação em 1989. Em 1995, a empresa teve que pagar mais de 2 milhões de dólares, sem que tivesse admitido sua responsabilidade ou culpabilidade.[5] As estratégias de seleção podem afetar as relações sindicais ou até evitar que elas venham a existir. Um estudo sobre uma indústria de autopeças japonesa em território americano relatou que o gerente da fábrica recebeu a incumbência de se manter livre dos sindicatos e, embora nenhuma das práticas de seleção explicitamente excluísse trabalhadores pró-sindicato, aqueles que, confidencialmente, disseram ao entrevistador pretender filiar-se a um deles tiveram menos chance de aceitação ou acabaram saindo logo da empresa depois de contratados.[6]

DESENVOLVENDO UMA ESTRATÉGIA DE SELEÇÃO EXTERNA

Como mostrou o exemplo apresentado no início deste capítulo, o planejamento de uma estratégia de seleção externa envolve as seguintes escolhas:

1. Quais critérios e evidências serão usados no julgamento das informações sobre os candidatos?
2. Quais técnicas específicas de coleta de informação serão utilizadas?
3. Como a informação será usada dentro do processo de seleção?
4. Como medir os resultados da seleção?

Nas seções mais adiante, examinaremos diferentes técnicas de seleção e as maneiras de usar e avaliar as informações coletadas. No entanto, é fundamental

---

3 BUREAU OF NATIONAL AFFAIRS. Employee selection procedures. *ASPA-BNA Survey*. Washington, DC: Bureau of National Affairs, nº 45, 5 May 1983; BOUDREAU, John W. Utility analysis. Cap. 4. In: DYER, Lee D. (Org.). *Human resource management evolving roles and responsabilities*. Washington, DC: Bureau of National Affairs, 1988; BOWEN, David E., LEDFORD JR., Gerald E., NATHAN, Barry R. Hiring for the organization, not the job. *Academy of Management Executive* 5, nº 4, p. 35-51, 1991; NEUMAN, George A. Autonomous work group selection. *Journal of Business and Psychology* 6, nº 2, p. 283-291, Winter 1991.

4 RYNES, Sara L. The employment interview as a recruitment device. In: EDER, Robert W., FERRIS, Gerald R. (Orgs.). *The employment interview*. Newbury Park, CA: Sage, 1989. p. 127-142.

5 LANGLEY, Lois. Getting personal: use of psychological tests to screen job applicants can backfire on employers. *Pittsburgh Post-Gazette*, 5 Feb. 1995, p. D1.

6 SALTZMAN, Gregory M. Job applicant screening by a Japanese transplant: a union-avoidance tactic. *Industrial and Labor Relations Review* 49, p. 88-104, Oct. 1995.

compreender a ligação entre os objetivos da organização e a estratégia de seleção externa. Essa estratégia deve partir diretamente da análise das metas organizacionais, que indicará os papéis e contribuições necessários para o trabalho, que determinarão as características a serem buscadas nos candidatos que, finalmente, guiarão as escolhas dos métodos de seleção e da avaliação de sua eficácia. O Quadro 7.2 ilustra essas ligações. Ele também mostra como é importante apoiar as decisões de seleção com um planejamento integrado da estrutura das tarefas, do treinamento e do sistema de recompensa.

Repare que o Quadro 7.2 focaliza todo o ambiente de trabalho e trata da adequação do indivíduo à organização. Tradicionalmente, o processo de seleção externa tem sido entendido como voltado à adequação do indivíduo à função.[7] Como foi mostrado no Capítulo 3, a natureza do trabalho e das organizações hoje requer que se pense no empregado em termos de contribuições de longo prazo, por meio de diferentes papéis dentro da empresa e carreiras voltadas ao contínuo aprendizado. As empresas lutam por indivíduos que sejam não apenas adequados a uma função, mas que também possam ajudar a organização. Um estudo com estudantes universitários mostrou que, quando as equipes de trabalho eram formadas com base em critérios de competência, havia menos comunicação e coesão do que quando os próprios alunos escolhiam seus companheiros de grupo.[8] Ainda assim, boa parte das pesquisas sobre seleção enfoca a antecipação do desempenho em determinada tarefa.

Quais os princípios norteadores da estratégia de seleção externa? Existem muitas considerações, mas dois aspectos são essenciais: a validade e a legalidade. A legalidade traduz-se no respeito à legislação e às regulamentações, evitando situações jurídicas polêmicas. Como vimos no Capítulo 2, especialmente nos Estados Unidos, cada passo no processo de seleção é examinado de perto se puder criar impactos adversos. A validade refere-se ao sucesso da estratégia em prever o futuro. Como esse aspecto é de importância central, será definido a seguir, para que você o compreenda quando discutirmos as técnicas específicas de seleção.

Quadro 7.2
Passos no planejamento de uma estratégia de seleção externa.

1. **Diagnóstico de todo o ambiente de trabalho**
   Análise da função
   Análise da organização

2. **Inferir o tipo de pessoa necessária**
   Conhecimento técnico, habilidades e talentos
   Habilidades sociais
   Necessidades, valores e interesses pessoais
   Traços de personalidade

3. **Estruturar os ritos de passagem para a entrada de modo que tanto a organização como o candidato possam testar seu ajustamento mútuo**
   Testes de habilidades cognitivas, motoras e interpessoais
   Entrevistas com colegas potenciais e outras pessoas
   Testes de personalidade
   Previsões realistas do trabalho (RJP – Realistic Job Previews), incluindo simulações

4. **Reforçar a integração indivíduo-organização no trabalho**
   Reforçar habilidades e conhecimentos por meio de treinamento e da estrutura da função
   Reforçar a orientação pessoal por meio da estrutura organizacional

Fonte: Reproduzido com autorização de BOWEN, David E., LEDFORD Jr., Gerald E., NATHAN, Barry R. Hiring for the organization, not the job. *Academy of Management Executive*, 15, nº 4, p. 37, 1991.

---

7 GATEWOOD, Robert D., FEILD, Hubert S. *Human resource selection*. 3. ed. Fort Worth, TX: Dryden, 1994.
8 COLLARELLI, Stephen M., BOOS, Amy L. Sociometric and ability-based assignment to work groups: some implications for personnel selection. *Journal of Organizational Behavior* 13, p. 187-196, 1992.

VALIDADE: COMO A INFORMAÇÃO PODE AJUDAR A PREVER O FUTURO

A *validade* de uma informação obtida no processo de seleção é o quanto as evidências confirmam as previsões nela contidas.

Validação é o processo de coletar informações sobre a validade da previsão.

Confiabilidade é a consistência com que as informações do processo de seleção refletem as características do indivíduo. Alto grau de confiabilidade tanto nas previsões como nos critérios é necessário, mas não o suficiente para garantir a validade.

As decisões no processo de seleção externa são, na verdade, previsões. Com base na observação das características dos candidatos, as organizações tentam prever como eles se comportarão caso sejam contratados. A única forma de se ter certeza de quais são os melhores seria contratar todos, deixá-los desempenhar suas tarefas e aí escolher apenas aqueles que melhor atendem às necessidades da organização. Evidentemente, essa prática é virtualmente impossível, seja por seu alto custo, limites nos equipamentos, riscos de acidentes ou até pela relutância dos próprios candidatos em desistir de outras oportunidades para se expor a esse período de provação. Mesmo que fosse possível para o primeiro emprego, as previsões teriam que continuar a ser feitas para coisas como o desempenho em posições mais altas ou a probabilidade de o indivíduo continuar trabalhando na empresa.

Assim, as organizações precisam escolher entre os vários candidatos com base em indicadores que não podem relacionar-se diretamente com o futuro desempenho deles. O Quadro 7.3 mostra a seleção como um processo sinalizador de duas vias, em que a organização observa nos candidatos sinais como seu desempenho nas entrevistas, resultados de seus testes e seu conhecimento da empresa. Esses sinais são interpretados em função dos fatores que interessam à empresa, que aparecem na coluna da direita no Quadro 7.3. Os sinais são chamados de *previsores,* e os elementos de informação desejados são chamados de *critérios.* As evidências que demonstram o quanto os previsores realmente funcionam são chamadas de informações de *validade.* Repare no quadro que o processo de seleção também faz uma sinalização para o candidato. Com base no que ele encontra durante o processo de seleção, ele constrói uma impressão do que deva ser trabalhar na empresa. Isso já foi discutido no Capítulo 6, em recrutamento.

Para a organização, a tarefa é "medir" as informações sobre os candidatos que possam dar uma previsão de seus comportamentos futuros. Para tanto, a empresa precisa diferenciar os candidatos entre si, geralmente atribuindo a cada um deles uma "nota". O critério de classificação pode ser o resultado de um teste, o desempenho na entrevista ou uma combinação de várias medições. Atribuir um valor exato a uma observação é bastante complicado. A Associação Americana de Administração sugere que certas mensagens não verbais "observadas" durante uma entrevista podem ter diferentes interpretações ou "notas".

Quadro 7.3
Seleção como um processo de sinalização de duas vias.

Candidatos			Organizações
Informação desejada	Sinais emitidos	Sinais emitidos	Informação desejada
Deveres	Currículo	Propaganda	Conhecimento
Segurança no emprego	Inscrição	Imagem corporativa	Talento/habilidade
Condições de trabalho	Experiências	Recompensas	Motivação
Supervisores	Indicações	Verificação das experiências	Lealdade
Colegas	Entrevista	Entrevista	Criatividade
Carreira	Forma de se vestir	Interesse no candidato	Adequação
Remuneração	Entusiasmo	Aplicação de testes	Desempenho
Benefícios	Conhecimento da empresa		Flexibilidade
Equidade			Motivação para o treinamento
	Afirmação do interesse pelo emprego		Interesse em promoção
	Resultados dos testes		Probabilidade de abandono do emprego

Por exemplo, "balançar a cabeça" deve ser entendido como "desacordo, choque ou descrença"? E quanto a "sentar na beirada da cadeira", pode ser interpretado como "ansiedade, nervosismo ou apreensão"?[9]

A validação simplesmente pergunta: "as diferentes características dos candidatos que estamos medindo agora (como conhecimentos, talentos, habilidades ou experiências) estão relacionadas com seus comportamentos depois que forem contratados?" As informações sobre validade ajudam as organizações a escolher os previsores que possam melhorar as decisões no processo de seleção e, dessa forma, aumentar a qualidade daqueles selecionados. A validação também tem um aspecto legal, especialmente nos Estados Unidos. Quando os previsores escolhidos excluem um grupo minoritário, as leis americanas investigarão suas razões. As informações da validade podem fornecer as evidências de que o processo de seleção visava apenas a requisitos fundamentais para o exercício da função.

Coeficiente de Validade

O Quadro 7.4 apresenta três gráficos, chamados de *diagramas de dispersão,* cada um deles mostrando a relação entre as notas dos previsores de uma técnica de seleção (o eixo horizontal) e as notas dos critérios para o comportamento em uma função (o eixo vertical). Esse gráfico fica mais fácil de ser entendido se você imaginar determinada combinação entre previsor e critério. Imagine que o eixo X represente as notas de um teste de inteligência e o eixo Y seja a avaliação do desempenho de um indivíduo feita por seu chefe depois de um ano de trabalho. Dessa forma, cada ponto no Quadro 7.4 representa uma nota de teste de inteligência daquela pessoa e uma nota de avaliação de seu desempenho no ano. Essa ideia vale para quaisquer previsores e critérios; portanto, escolha um par de sua preferência. Cada elipse contém um padrão de pontos para vários indivíduos. Na parte superior do quadro, aqueles que têm altas notas no teste de inteligência, aparentemente, não têm notas altas de desempenho, e vice-versa. Na parte inferior do quadro, as notas parecem ter um pouco mais de paridade. No alto, a Figura 1 mostra baixa validade porque qualquer nota de previsão pode estar associada a amplo escopo de possíveis critérios de avaliação. A Figura 2 mostra uma validade moderada porque cada nota de previsão está associada a um escopo mais limitado de critérios de avaliação. A Figura 3 mostra o mais alto grau de validade, porque os pontos formam quase uma linha reta, com cada nota de previsão associada a apenas um número bem limitado de possíveis critérios de avaliação.

A informação no diagrama de dispersão pode ser sumarizada por um único número chamado de *coeficiente de correlação.* Na validação, ele é chamado de *coeficiente de validade.* Ele é representado pela letra *r.* Os valores de r podem variar de $-1,0$ (indicando que as notas formam uma linha perfeita indo para baixo, da esquerda para a direita) a 0,0 (indicando que as notas formam um círculo ou não apresentam nenhuma relação linear), até 1,0 (indicando que as notas formam uma linha perfeita que sobe da esquerda para a direita). No Quadro 7.4, repare que os valores de r na Figura 1 (0,12), na Figura 2 (0,40) e na Figura 3 (0,65) refletem esse padrão. A fórmula do coeficiente de correlação pode ser facilmente encontrada em qualquer livro de Estatística. Felizmente, esses cálculos são hoje feitos pelo computador. A maioria das planilhas eletrônicas calcula o coeficiente de correlação ao simples toque de uma tecla.

O coeficiente de validade é apenas um cálculo. Você pode usar sua fórmula para qualquer par de notas, independentemente de serem reais ou de estarem relacionadas entre si. Você pode tentar calcular a correlação entre as horas que você gasta semanalmente assistindo a cada uma de suas aulas e suas notas finais em cada disciplina. Se o coeficiente de correlação for positivo, será que significa que mais horas e melhores notas estarão associadas sempre? Esse aspecto é importante na seleção. O coeficiente de validade para um grupo de indivíduos é menos importante em si do que o fato de a organização poder encontrar relação similar para futuros grupos de candidatos. Utilizando métodos estatísticos, podemos calcular a probabilidade de que uma correlação em um grupo seja grande o suficiente para que possamos esperar encontrar uma relação em outros grupos. Se essa probabilidade é alta, dizemos que a correlação é *estatisticamente significativa.*

Se as horas de estudo e as notas finais estiverem correlacionadas, isto significa que o tempo de estudo foi a causa das boas notas? Um coeficiente de validade (mesmo um estatisticamente significativo) não quer dizer que uma coisa é consequência da outra. Suas notas e suas horas de estudo podem estar correlacionadas porque você passa mais tempo nas aulas das quais mais gosta, e suas notas são mais altas porque gosta das aulas. De acordo com um estudo, a escolha de um aluno universitário para jogar nos times de basquete da NBA está

---

9   ARTHUR, Diane. The importance of body language. *HR Focus,* p. 22-23, June 1995.

Quadro 7.4
Diagramas de dispersão e coeficientes de validade para diferentes relações entre previsores e critérios.

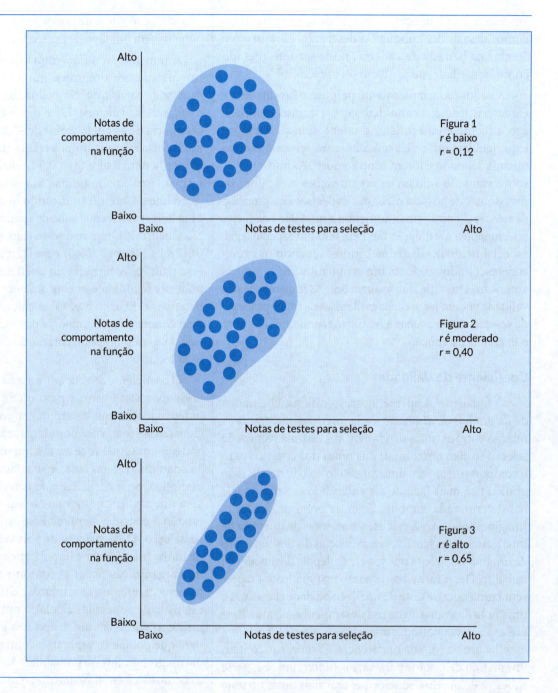

correlacionada com a duração de sua carreira profissional e com o tempo de permanência na mesma equipe. A honra de ser escolhido entre os colegas é a *causa* de seu desempenho? Segundo esse estudo, a escolha do aluno e a duração de sua carreira estão relacionadas, mesmo levando em conta o desempenho em quadra, os acidentes e outros fatores. Parece que, quando a NBA paga bastante para um jogador, ele é mais utilizado em quadra do que outros jogadores com desempenho semelhante, mas que não foram escolhidos do mesmo modo. Esse previsor determina como os times de basquete dão apoio aos jogadores.[10] Simplesmente porque os resultados de um teste de inteligência estão correlacionados com índices de desempenho no trabalho não significa que devemos

---

10 STAW, Barry M., HOANG, Ha. Sunk costs in the NBA: why draft order affects playing time and survival in professional basketball. *Administrative Science Quarterly* 40, p. 474-494, 1995.

necessariamente treinar os empregados cujas notas foram maiores. Entretanto, isso pode significar que a inteligência deve ser levada em consideração quando selecionamos as pessoas.

Quando discutirmos as técnicas de seleção nas próximas seções, mostraremos alguns coeficientes de validade que foram descobertos em estudos científicos. Lembre-se sempre que os coeficientes de validade em torno de 1,0 significam relações mais próximas e vice-versa. O quanto esse coeficiente de validade tem que ser alto para ser "bom"? Não existe uma regra geral. Uma alta validade é geralmente melhor, mas mesmo um previsor de coeficiente mais baixo pode ser útil se as decisões no processo de seleção forem muito importantes e não houver alternativas. Lembre-se também de que a validade do previsor depende da situação. Se você estiver selecionando pessoas para atribuições nas quais elas poderão "crescer" ou "expandir-se", um previsor de desempenho no trabalho com alto coeficiente de validade pode não ser o indicado, porque ele selecionaria pessoas já prontas para a função, que não tenderiam a crescer muito mais.[11]

Finalmente, a validade não é alguma coisa a ser buscada a qualquer custo. É apenas um indicador da capacidade de um previsor ajudar a atingir um objetivo. Algumas vezes, a validade pode ser aumentada pela combinação dos previsores com resultados bem rígidos e limitados do trabalho. Um teste de digitação pode ser um previsor válido para medir o quanto um programador de computador é preciso e cuidadoso, mas certamente não é um sistema completo de seleção. Um programador também precisa ser criativo, saber trabalhar em equipe e até influenciar e liderar os clientes, os fornecedores e os acionistas da empresa. A previsão do desempenho futuro em um cenário de mudanças nos papéis dos indivíduos no trabalho requer que repensemos nossas noções tradicionais de validade. Mantenha isso em mente enquanto você aprende mais sobre a tecnologia da seleção externa.

ESCOLHENDO A TÉCNICA DE SELEÇÃO

Existe provavelmente uma variedade infinita de formas de medir as informações dos candidatos e outras tantas continuam sendo criadas a cada dia. Os testes informatizados e a triagem genética eram absolutamente desconhecidos há alguns anos; hoje, muitas empresas lançam mão dessas técnicas. No entanto, as técnicas tradicionais de coleta de informações, como o uso de formulários e entrevistas, ainda são as mais amplamente utilizadas. Apesar dos tempos juridicamente exigentes e cerceantes nos Estados Unidos, os empresários americanos continuam a utilizar diversos métodos de seleção de candidatos; as empresas de outros países frequentemente os usam ainda mais.[12] No Quadro 7.5, mostramos as técnicas que analisamos, com seus custos, validade, legalidade e popularidade. As seções subsequentes mostram de onde vieram as informações desse quadro. Obviamente, a popularidade de determinada técnica de seleção não se dá apenas em função de seu índice de validade ou seu baixo custo. Muitas técnicas onerosas e com baixo índice de validade encontram-se entre as mais utilizadas, e vice-versa. Um melhor entendimento sobre essas técnicas pode ajudar a entender o porquê disso.

Formulários de Inscrição e Currículos

A equipe de transição do governo de Bill Clinton, logo após ele ser eleito presidente dos Estados Unidos, em 1992, recebeu centenas de currículos por dia de potenciais candidatos aos mais de 4.000 empregos gerados pela nova administração. Um sujeito chamado Bob mandava uma nova foto sua todos os dias. Uma mulher mandou uma foto de sua filha vestida como o ônibus da campanha de Clinton. Como lidar com toda essa oferta? Cinquenta e cinco voluntários trabalharam das 7 horas da manhã à meia-noite sete dias na semana, colocando tudo em um sofisticado programa de computador chamado Resumix, que lia cada currículo, separava os duplicados e selecionava aqueles com as características escolhidas pela equipe.[13] A triagem eletrônica de currículos era pouco usual em 1992. Hoje, é um procedimento comum. Aqui está uma amostra tirada de uma discussão na HRNET, na internet:

> Na Microsoft, damos boas vindas a currículos não solicitados. Recebemos cerca de 100.000 deles por ano – o que representa perto de seis vezes nossa força de trabalho! Parte significativa chega pela internet,

---

11 McCAULEY, Cynthia D., EASTMAN, Lorrina J., OHLOTT, Patricia J. Linking management selection and development through stretch assignments. *Human Resource Management* 34, p. 93-115, Spring 1995.

12 Testing report. *Human Resource Executive*, p. 5-7, May 1991.

13 PERRY, James M. Résumé-sorting Computer helps Clinton team screen thousands seeking administration jobs. *The Wall Street Journal*, 11 Jan. 1993, p. A18.

Quadro 7.5
Características das técnicas de seleção externa.

Método	Validade	Custo	Legalidade	Popularidade
Formulários de inscrição e currículos	Menos de 0,20 para as realizações acadêmicas e experiências. Alguns tipos especiais (WAB)* chegam a 0,56.	O custo é baixo para a coleta de informações, a menos que se usem formulários especiais (WAB). Os custos de processamento são moderados.	Defensável quando as questões são exclusivamente relacionadas com o trabalho a ser feito. O uso de questões de risco, entretanto, é comum e pode trazer complicações.	Uso comum de forma pouco estruturada. Cerca de 11% das empresas americanas utilizam os especiais (WAB).
Verificação de indicações e históricos	Média de 0,25.	O custo é moderado, refletindo basicamente a remuneração do tempo dos empregados envolvidos ou de investigadores externos.	Os riscos de impactos adversos podem ser reduzidos, evitando-se questões de risco, utilizando formulários-padrão e estruturados para se vincularem ao trabalho.	Uso comum da verificação por telefone ou correspondência. Menos de 20% utilizam investigadores privados.
Informações sobre antecedentes	Pesquisas biográficas e resultados de realizações revelam validade de 0,30 ou mais. Os índices de treinamento e experiências têm validade inferior a 0,20.	De moderado a alto. A avaliação simples de treinamento ou experiência envolve apenas o tempo dos funcionários. Já o desenvolvimento de BIB** ou registro de realizações podem custar milhares de dólares.	Exigências quanto à formação acadêmica ou experiência anterior podem ser mal interpretadas, mas estruturas e comportamentos claramente vinculados ao trabalho podem melhorar a legalidade.	Muito comum para a verificação do histórico educacional. Métodos mais estruturados e diretivos são raramente usados.
Entrevista	Entrevistas não estruturadas têm baixa validade geralmente, mas as estruturadas podem chegar a índices de 0,60 ou mais.	Relativamente alto. O tempo e o deslocamento dos entrevistadores podem somar milhares de dólares por candidato. As entrevistas estruturadas envolvem também os custos de desenvolvimento e processamento.	A subjetividade não é um problema em princípio, a menos que produza um impacto negativo. A estruturação e o treinamento dos entrevistadores podem ajudar a reduzir esse efeito.	Uso generalizado, ainda que apenas 35% das empresas utilizem entrevistas estruturadas.
Testes de habilidade	Geralmente, maior que 0,40, podendo chegar a 0,80.	Relativamente barato de administrar, custando menos de 100 dólares por pessoa. Pequenos custos adicionais para o processamento e a interpretação dos resultados. O desenvolvimento de um novo teste pode custar 100 mil dólares.	Risco de impacto negativo para as minorias com baixos resultados, mas a evidência da validação pode ser usada como defesa.	Usados por cerca de 30% das organizações, especialmente para as funções administrativas.
Testes de conhecimento da função, ensaios e experimentação	A validade em torno de 0,40 é a mais comum.	Ampla variação. Os testes-padrão têm custo equivalente aos testes de habilidade. Já o desenvolvimento de ensaios pode custar milhares de dólares, e os períodos de experimentação envolvem pagamentos de salários e supervisão adicional.	Relativamente, pequeno risco de impactos negativos quanto aos ensaios, mas altos riscos para os testes de conhecimento do trabalho.	Testes de capacidade e ensaios são usados por mais de 60% das empresas, com 31% utilizando os testes de conhecimento do trabalho.

* Weighted Application Blanks (formulários de média ponderada) serão explicados a seguir no texto. (NT)

** Biographical Information Blank (formulário de informações biográficas), que será discutido mais à frente no texto. (NT)

Quadro 7.5
Continuação

Método	Validade	Custo	Legalidade	Popularidade
Exigências físicas e fisiológicas	Testes desenvolvidos exclusivamente para a capacitação mostram validade em torno de 0,50. A validade para a maioria dos testes fisiológicos é mais baixa ou com evidência pouco definida.	Ampla variação. Exames médicos e laboratoriais podem custar mil dólares por empregado. Testes de uso de drogas ou Aids custam entre 500 e 1.500 dólares cada um.	Risco muito alto de impacto negativo com mulheres e membros de minorias. Os testes fisiológicos correm também o risco de ser interpretados como invasão de privacidade.	Os exames médicos e os testes de uso de drogas são utilizados por cerca da metade das empresas. Menos de 10% utilizam outros testes fisiológicos.
Testes de personalidade, honestidade e grafologia	Muitos estudos anteriores mostraram validade muito baixa. As evidências mais recentes sugerem que a adequação da personalidade com o trabalho pode produzir índices de validade de 0,20, com 0,40 para os testes de integridade.	Relativamente barato, estando os testes-padrão e os sistemas de avaliação disponíveis nas empresas que prestam esses serviços. O custo por candidato é provavelmente menor que 500 dólares.	Risco de impacto negativo junto a grupos religiosos. Riscos de invasão de privacidade. Dificuldade em demonstrar a relação com o comportamento funcional no trabalho.	Cerca de 17% das organizações usam testes de personalidade, geralmente, para vendedores. Menos de 10% utilizam outros tipos de teste.

o que é bastante prático para nós, pois podemos copiá-los diretamente para nosso banco de dados (os currículos que chegam impressos precisam primeiro ser escaneados para o computador). Quando temos a abertura de uma vaga, fazemos uma busca por meio de uma palavra-chave no banco de dados para encontrarmos candidatos qualificados para esse trabalho. Depois disso, fazemos uma revisão "manual" entre os que foram selecionados eletronicamente para decidirmos se alguns deles merecem ser chamados para uma entrevista. Já fizemos várias contratações dessa maneira.[14]

A primeira parcela de informação fornecida pela maioria dos candidatos é um sumário por escrito de suas características pessoais. Para as funções operacionais, administrativas e mais simples, essa informação geralmente é coletada por meio de um formulário de inscrição. Para as posições executivas e técnicas, normalmente os candidatos enviam um currículo e uma carta de apresentação, ainda que o formulário também costume fazer parte desse processo.

Formulários de Inscrição

Esses formulários servem como um registro da candidatura ao emprego e uma forma de manter um arquivo das características dos candidatos para futuras oportunidades. Além disso, os formulários geralmente colocam uma série de questões que as empresas utilizam para julgar a adequação do indivíduo ao emprego. Normalmente, constam desses formulários nome, endereço, telefone, identidade e outros dados legais. Costumam pedir informações sobre o tipo de trabalho desejado e as preferências sobre a disponibilidade de horários (temporário, integral, apenas um período etc.). Os formulários podem também pedir nomes para referências e um pequeno histórico das experiências profissionais do candidato.

Alguns formulários mais abrangentes pedem também dados sobre idade, raça, sexo, características físicas, religião, estado civil, saúde, atestados variados, nível de escolaridade e talentos e habilidades potenciais. É preciso tomar cuidado para que essas questões não levem a decisões discriminatórias em relação a grupos minoritários, o que, especialmente nos Estados Unidos, pode trazer consequências legais. Muitos Estados dos EUA regulamentam essas exigências de informação, principalmente sobre sexo, raça, nacionalidade e idade. As Virgin Islands regulamentam até questões sobre filiação político-ideológica. Muitas empresas evitam perguntar essas coisas até que o indivíduo tenha sido contratado.[15]

Os formulários podem trazer cláusulas em que o candidato se compromete a: passar por outros testes;

---

14   HRNET, 16 Sept. 1995.

15   ASH, Philip. Law and regulation of preemployment inquiries. *Journal of Business and Psychology* 5, nº 3, p. 291-308, Spring 1991.

218 | Recrutamento e Seleção Externos

expor-se à verificação da veracidade das informações fornecidas sobre ex-patrões e demais referências; aceitação de um período de estágio; aceitação de que a relação empregatícia pode cessar a qualquer instante; e a declaração de que todas as informações são acuradas e verdadeiras. A assinatura do candidato serve como evidência legal de sua concordância com tais estipulações.[16] As perguntas de um formulário podem ser muito mais significativas do que você pensa. Um estudo feito no Canadá levou estudantes a preencher formulários de inscrição, alguns com questões "politicamente incorretas" sobre idade, estado civil, sexo e deficiências, alguns com uma declaração de que a empresa estava comprometida com "programas especiais para diminuir as desvantagens no mercado de trabalho para mulheres, indígenas, membros de minorias e deficientes" e outros sem nada disso. Os estudantes sentiram-se mais atraídos pelos formulários sem perguntas politicamente incorretas ou por aqueles com a mensagem sobre o comprometimento antidiscriminatório, tendendo a aceitar a oferta de emprego e a recomendar a empresa aos amigos.[17]

Um importante fator para o valor e a legalidade das informações obtidas em formulários é a maneira como eles são usados. Uma lista de itens deve ser elaborada para assegurar que as informações relevantes sejam consideradas, dependendo do tipo de emprego procurado pelo candidato. Um formulário de medição muito bem elaborado é o *formulário de média ponderada* (WAB – Weighted Application Blank), que pontua as respostas a cada questão, multiplica esses pontos por um peso que reflete a importância de cada questão para a previsão do desempenho na tarefa específica e depois soma as notas ponderadas para obter uma nota total do candidato. Um estudo recente mostrou que cerca de 11% das empresas utilizam esse tipo de formulário. Geralmente, esses pesos são atribuídos pela definição de quais fatores são mais importantes, ou pelo exame de quais itens podem definir a qualidade do desempenho

futuro. A Adolph Coors Company utiliza um sistema computadorizado que permite ao executivo entrar com seus próprios pesos e então selecionar os candidatos a partir de suas médias ponderadas.[18]

Currículos

Se você pretende conseguir uma posição gerencial dentro de uma empresa, precisará, sem dúvida, preparar seu currículo, listando suas qualificações e anexando-o a uma carta de apresentação. O apêndice do Capítulo 6 traz algumas orientações para a preparação e a utilização dessa ferramenta. A organização utiliza o currículo e a carta de apresentação de forma semelhante ao que faz com os formulários. Esses documentos são examinados para a seleção de informações úteis. Listas de verificação e esquemas de médias ponderadas também podem adicionar estrutura e consistência a esse processo de análise de currículos.

Como já vimos anteriormente, a informatização tem revolucionado esses processos. Uma vez colocados os currículos dentro do sistema, o executivo pode localizar milhares deles em um piscar de olhos, afunilando gradativamente sua busca por meio de palavras-chaves que reflitam as características desejadas. Instituições como a Disney, a Ford e a Presidência dos Estados Unidos usam os serviços de uma empresa que utiliza a inteligência artificial para examinar currículos e identificar experiências profissionais básicas ou outros fatores. Entretanto, esse método futurista tem seu preço em criatividade. Os especialistas recomendam utilizar apenas tinta preta sobre papel branco, sem dobras nem grampos metálicos, um sumário da palavra-chave no começo e várias palavras que combinem com os termos favoritos nas buscas informatizadas. É bom, de qualquer forma, dar uma lida nos currículos antes de passá-los para o computador. A empresa Snelling and Snelling encontrou entre currículos coisas do tipo: "quero um emprego para pagar minhas contas" e "grande experiência em relações privadas".[19]

---

16   Para um exemplo detalhado de um formulário de inscrição típico dos Estados Unidos, ver Recruiting and selection procedures. *Personnel Policies Forum Survey.* Washington, DC: Bureau of National Affairs, nº 146, p. 68-71, May 1988.

17   SAKS, Alan M., LECK, Joanne D., SAUNDERS, David M. Effects of application blanks and employment equity on applicant reactions to job pursuit intentions. *Journal of Organizational Behavior* 16, p. 415-430, 1995.

18   SCHUH, Allen. Application blank and intelligence as predictors of turnover. *Personnel Psychology,* p. 59-63, Spring 1967; SCHUH, Allen. The predictability of employee tenure: a review of the literature. *Personnel Psychology,* p. 133-152, Spring 1967; ENGLAND, George W. *Development and use of weighted application blanks.* Ed. rev. Bulletin 55. Minneapolis: Industrial Relations Center, University of Minnesota, 1971; WEISS, David. Multivariate procedures. In: DUNNETTE, M. D. *(Org.). Handbook of industrial and organizational psychology.* Skokie, IL: Rand McNally, 1976. p. 344-354; BUREAU OF NATIONAL AFFAIRS. *Employee selection procedures;* STEVENS, Larry. Automating the selection process. *Personnel Journal,* p. 59-67, Nov. 1991.

19   A revolution in resumes. *The Wall Street Journal,* 16 May 1995, p. A1; Checkoffs: more resume bloopers. *The Wall Street Journal,* 8 Aug. 1995, p. A1.

Validade

Histórico escolar, tempo de escolaridade e anos de experiência frequentemente não têm relação muito significativa com o desempenho no trabalho, com validades de menos de 0,20. Entretanto, o uso de um sistema de avaliação com pesos para os fatores mais importantes pode melhorar as previsões, especialmente para o tempo de duração no emprego. As previsões de desempenho podem melhorar se os pesos forem atribuídos mais fortemente aos fatores mais diretamente ligados ao trabalho em si.[20]

Legalidade

Quando se considera que as informações reveladas pelos formulários de inscrição podem trazer diferentes padrões para diversos grupos minoritários protegidos por lei, as questões sobre antecedentes, situação financeira, raça, idade, estado civil e outras do gênero podem tornar-se arriscadas. Mais tarde, os candidatos podem argumentar que por meio dessas informações a empresa, consciente ou inconscientemente, excluiu membros de alguns desses grupos. Várias pesquisas feitas nos Estados Unidos e no Canadá revelaram que cerca de 94% dos formulários de inscrição continham pelo menos uma questão "politicamente incorreta", e a maioria continha várias.[21] Assim, a decisão sobre o que perguntar aos candidatos nos formulários deve levar em conta o seguinte: (1) a possibilidade de um impacto negativo; (2) o valor da informação para a identificação de candidatos qualificados; (3) possíveis conflitos com a legislação trabalhista; (4) a possibilidade de haver invasão de privacidade; e (5) disponibilidade de evidências de que as informações estão vinculadas ao desempenho no trabalho.[22]

> **QUAL SUA OPINIÃO?**
>
> Imagine que sua empresa demitiu um de seus subordinados por roubo. Agora, um ex-colega seu, que trabalha em outra empresa, procura-o para dizer que esse funcionário está procurando emprego lá. Você contaria a ele sobre o caso do roubo?

Verificação de Referências e Históricos

A maioria das empresas, além da análise dos formulários e currículos, obtém informações adicionais sobre os candidatos por meio das referências pessoais fornecidas pelos mesmos ou de outras fontes, como ex-patrões, instituições financeiras ou professores. Uma pesquisa com executivos de departamentos de pessoal em 245 empresas nos Estados Unidos demonstrou que praticamente todas elas fazem uma verificação sobre dados, como último emprego, razões para ter saído dele, informações sobre todos os empregos anteriores, salário e posição no emprego mais recente e situação legal e jurídica do candidato. A entidade americana Society for Human Resources Management (SHRM) realizou uma pesquisa em 1995 que revelou que 92% das organizações buscavam informações com o ex-empregador do candidato, 61% verificavam o histórico escolar, 42% faziam averiguações no Departamento de Trânsito e apenas 25% checavam a situação financeira dele.[23]

A coleta de informações sobre os antecedentes dos candidatos coloca vários dilemas. Por um lado, o fracasso na verificação do passado de um candidato pode resultar em desastre e custos significativos. Uma pequena empresa de processamento de imagens, a Computer Recognition Technologies, de Skokie, Illinois, não foi

---

20 HUNTER, John E., HUNTER, Rhonda F. The validity and utility of alternative predictors of job performance. *Psychological Bulletin* 96, p. 72-98, 1984; ENGLAND. *Development and use of weighted application blanks;* LEE, Raymond, BOOTH, Jerome M. A utility analysis of a weighted application blank designed to predict turnover for clerical employees. *Journal of Applied Psychology* 59, p. 516-518, 1974.

21 VODANOVICH, Stephen J., LOWE, Rosemary H. They ought to know better: the incidence and correlates of inappropriate application blank inquiries. *Public Personnel Management* 21, p. 363-370, Fall 1992; JOLLY, J. P., FRIERSON, J.G. Playing it safe. *Personnel Administrator* 34, p. 44-50, 1989; BURRINGTON, D. D. A review of State government employment application forms for suspect inquiries. *Public Personnel Management Journal* 11, p. 55-60, 1982; SAUNDERS, D. M., LECK, J. D., MARCIL, L. What predicts employer propensity to gather protected group information from job applicants? In: SAUNDERS, David M. (Org.). *New approaches to employee management:* fairness in employee selection. Greenwich, CT: JAI Press, 1992. v. 1, p. 105-130.

22 GATEWOOD, FEILD. *Human resource selection.* p. 421.

23 BUREAU OF NATIONAL AFFAIRS. *Recruiting and selection procedures;* GREENGARD, Samuel. Are you well armed to screen applicants? *Personnel Journal,* p. 84-95, Dec. 1995.

capaz de averiguar com sucesso os antecedentes de uma mulher contratada como assistente de contabilidade. Ela ficou empregada por seis meses, mas levou apenas 90 dias para falsificar cheques da empresa no valor de 120 mil dólares e depositá-los em uma conta fantasma. "Descobrimos que ela estava em liberdade condicional por estelionato e uso de drogas quando o responsável legal nos procurou porque ela havia violado a lei", conta Steve Gilfand, presidente da empresa.[24] As organizações podem ser até mesmo processadas por contratação irresponsável se um de seus funcionários cometer um crime ou causar prejuízos a alguém, e isto poderia ser previsto por uma verificação de seus antecedentes. Por outro lado, os empresários relutam em oferecer informações sobre ex-funcionários por medo de serem acusados de difamação caso esses dados causem a perda do emprego. A empresa John Hancock Mutual Life teve que pagar a Clifford Zalay uma indenização por calúnia no valor de 25 milhões de dólares.[25] A pesquisa, já citada, da SRHM, revelou que 63% dos profissionais de recursos humanos se recusaram a prestar esclarecimentos sobre ex-funcionários, temendo ação judicial. Cerca de 40% se recusariam a dar informações mesmo que elas fossem precisas e verdadeiras. A empresa Intuit Corporation, produtora do programa de computador Quicken, encontrou uma fórmula. Rotineiramente, eles pedem uma dezena de referências a seus candidatos a posições executivas, e verificam algumas delas fazendo as perguntas: "Você poderia citar um projeto em que essa pessoa tenha obtido um resultado extraordinário?" e "Você poderia descrever uma situação na qual o desempenho desse indivíduo foi decepcionante?" O chefe de recrutamento da empresa diz que as respostas são geralmente honestas e, quando existe alguma dúvida, a Intuit pede ao candidato outras referências adicionais. Já a Apcoa, uma empresa do setor de serviços de Cleveland, verifica antecedentes criminais, situação financeira, histórico escolar e profissional.[26] Evidentemente, a era da informática também já chegou nesse campo. Existe um programa que permite às empresas receber vários relatórios por meio do uso de *modem*.[27] Muitos empregadores pedem a seus funcionários que assinem um documento autorizando ou proibindo o acesso às informações referenciais. Entretanto, esses documentos não são uma proteção completa contra futuros processos legais, e muitos candidatos podem entender que essas averiguações representam uma invasão de privacidade.

Validade

As referências fornecidas pelos candidatos geralmente trazem respostas uniformemente positivas que dificultam a tarefa de seleção. Contudo, a verificação de referências tem mostrado uma validade moderada, em torno de 0,25, de acordo com vários estudos. Se houver boa vontade por parte de quem fornece as referências, é possível melhorar a comparabilidade das informações, pedindo uma pontuação que reflita comportamentos, como frequência ao trabalho, pontualidade, aceitação da autoridade e segurança.[28]

Legalidade

Da mesma forma que formulários e currículos, a verificação de referências e antecedentes pode ter sua vulnerabilidade legal reduzida pela demonstração clara de seu vínculo com fatores relacionados apenas com o trabalho e evitando-se as questões de risco. Pedir aos candidatos que assinem documentos de autorização pode reduzir os riscos de processos jurídicos de calúnia ou invasão de privacidade. A legislação trabalhista também interfere nesse processo. Nos Estados Unidos, uma empresa foi processada pela Suprema Corte por ter violado uma lei trabalhista ao se recusar a entrevistar ou contratar 11 candidatos membros de sindicatos e pagos por ela para organizar seus empregados dentro da organização.[29]

EXPLORANDO A WEB

Você pode visitar o *site* da Informus, uma empresa dos EUA que fornece informações sobre históricos, tais como registros no Departamento de Trânsito, antecedentes criminais e financeiros, no seguinte endereço:

http://www.informus.com/.

---

24 Look before you hire to guard against trouble. *Des Moines Register,* 15 Jan. 1996, p. 8.

25 Reference preference: employers button lips. *The Wall Street Journal,* 4 Jan. 1990, p. Bl.

26 GREENGARD. Are you well armed...

27 Class of "95". *Human Resource Executive,* p. 20-23, Dec. 1995.

28 HUNTER, HUNTER. The validity and utility. p. 80; LOVE, Kevin G., O'HARA, Kirk. Predicting job performance of youth trainees under a job training partnership act program (JTPA): criteron validation of a behavior-based measure of work maturity. *Personnel Psychology* 40, p. 323-341, 1987.

29 *National Labor Relations Board v. Town & Country Electric, Inc. and Ameristaff Personnel Contractors, Ltd.,* N. 94-947,116 S. Ct. 450, 1995 U.S. Lexis 8311. Decisão 28 Nov. 1995.

Histórico do Candidato

Você alguma vez construiu um aeromodelo que tenha voado de verdade? Esta pergunta pode ser um excelente indicativo de desempenho para um candidato a piloto.[30] Este *é* um exemplo de informação sobre o histórico de uma pessoa que vai além daquelas geralmente obtidas por meio de currículos, formulários ou verificação de referências, e que diz respeito a aspectos de sua vida relacionados com educação, experiências e realizações. O comportamento passado é frequentemente um bom previsor do comportamento futuro; por isso, muitas organizações confiam nesse tipo de informação.

Educação

Geralmente, os empregadores examinam o histórico acadêmico dos postulantes e algumas vezes verificam com as instituições de ensino sua veracidade. As empresas americanas dão grande importância à formação educacional superior e buscam sempre desenvolver parcerias com universidades em programas de áreas como Engenharia e Administração. Em contraste, as empresas japonesas enfatizam as relações de longo prazo com as escolas secundárias, que competem entre si pelos estudantes e os preparam rigorosamente de acordo com as recomendações fornecidas pelas organizações parceiras.[31]

Como vimos no Capítulo 6, todavia, a maioria dos candidatos aos futuros empregos nos Estados Unidos são aqueles treinados basicamente nas escolas secundárias e profissionalizantes. O Ministério do Trabalho dos Estados Unidos tem enfatizado sempre a importância de valorizar e apoiar o treinamento e a experiência extraescola. Centenas de empresas americanas têm apoiado os esforços para o desenvolvimento de testes padronizados para avaliar habilidades básicas e realizações acadêmicas. Algumas instituições estão envolvidas na criação de um sistema de credenciamento de empregados que rastrearia automaticamente as experiências e aprendizados de indivíduos sem vínculos universitários, tais como aprendizes, estagiários etc. Por meio desse sistema, os empregadores poderão analisar detalhadamente os desempenhos escolares e subsequentes dos candidatos em vez de apenas verificar a existência de um diploma de curso secundário. Se o mundo empresarial selecionasse e recompensasse estudantes secundaristas com base em seu desempenho escolar, poderia criar um enorme incentivo para a melhoria tanto dos alunos como das escolas; isso pode melhorar os atuais resultados dos estudantes americanos em exames de matemática e ciências, por exemplo.[32] A educação faz diferença? Um estudo com 3.000 empresas americanas revelou que 10% de aumento na escolaridade da mão de obra produziria um crescimento de 8,6% na produtividade, enquanto a mesma taxa de aumento no capital produziria apenas um crescimento de 3,4% na produtividade.[33]

Formulário de Informações Biográficas (Biographical Information Blanks – BIBs)

Os formulários de informações biográficas trazem perguntas sobre o passado, experiências, atitudes e interesses dos candidatos. Algumas questões típicas podem ser: "Quantas horas por semana você trabalhava no tempo em que frequentava a universidade?", "Que cuidados você toma para administrar seu orçamento pessoal?", "Quando você estava no colegial, quais eram os padrões de excelência que você impunha a si mesmo?" Em um estudo, essas questões estavam relacionadas com desempenho de supervisão.[34] Outra pesquisa revelou que as pessoas cujos comportamentos passados indicavam vontade de causar boa impressão, ser útil e sociável, mais tarde obtiveram as mais altas pontuações em suas orientações de serviço por parte dos clientes de uma hipotética empresa de telemarketing. Alguns dos itens

---

30   OWENS, W. A. Background data. In: DUNNETTE, Marvin D. (Org.). *Handbook of industrial and organizational psychology.* Chicago, IL: Rand McNally, 1976. p. 609-644.

31   ROSENBAUM, J. E., KARIYA, T. Market and institutional mechanisms for the high school to work transition in the U.S. and Japan. Trabalho apresentado no *Encontro Anual da American Sociological Association,* Chicago, Aug. 1987.

32   WHITMAN, David et al. The forgotten half. *U.S. News and World Report,* p. 45-53, 26 June 1989; PERRY, Nancy J. The new improved vocational school. *Fortune,* p. 127-138, 19 June 1989; SKRZYCKI, Cindy. Test of high school graduates' skills planned. *Washington Post,* 4 Nov. 1989, p. C1; NAB Chief Sees Business Problems in Growing Shortage of Qualified Workers. *BNA Labor Relations Week* 4, nº 2, p. 9-14, Jan. 1990; BISHOP, John. Why the apathy in American high schools? *Educational Researcher* 18, nº 1, p. 6-10, Jan./Feb. 1989; BISHOP, John, KANG, Suk. Vocational and academic education in high school; complements or substitutes? *Economics of Education Review* 8, nº 2, p. 133-148, 1989.

33   NATIONAL CENTER ON THE EDUCATIONAL QUALITY OF THE WORKFORCE. *The other shoe:* education's contribution to the productivity of establishments. Philadelphia: University of Pennsylvania Press, 1995.

34   SIDES, Ellen H. et al. Biographical data: a neglected tool for career counseling. *Human Resource Planning,* p. 151-156, 1984.

do questionário eram: "Quantas noites você costuma sair por semana?" (sociabilidade) e "Em comparação à maioria, eu causo boa impressão nas pessoas".[35] Este é um exemplo de que o fato de ser um grande namorador pode representar uma boa preparação para uma futura carreira! Um estudo realizado com milhares de recrutas do exército dos Estados Unidos mostrou que os dados biográficos que refletiam o trabalho ou passatempo prediletos, um estilo de vida responsável e sério, preferências grupais e envolvimento com atividades intelectuais podiam dar uma previsão sobre se o indivíduo deixaria a instituição dentro dos dois primeiros anos. Embora a pesquisa advirta que esses dados possam ser forjados, o perigo é menor quando se enfocam itens mais objetivos e verificáveis.[36]

Treinamento, Experiências e Realizações

Embora um formulário ou currículo possa listar títulos, participação em atividades ou prêmios recebidos, frequentemente é difícil fazer uma relação entre esses dados e as exigências reais de determinado trabalho. Uma pessoa que trabalhou como gerente de uma lanchonete pode ter simplesmente feito sanduíches ou ter gerenciado uma equipe de 10 funcionários. Os *formulários de treinamento e experiência (T&E – Training and Experience)* e os *relatos de realizações* buscam a relação entre as experiências dos candidatos e os requisitos de determinada função na organização.

Os formulários de treinamento e experiência trazem uma lista das atividades importantes resultantes da análise da função. O Quadro 7.6 mostra um formulário T&E que poderia ser utilizado para a função de analista de pesquisa de pessoal. Para cada atividade, o formulário pergunta se o candidato possui alguma experiência ou treinamento específico. Para cada resposta *sim,* o candidato indica a data e o programa de treinamento específico que lhe valeram essa experiência. A avaliação desse formulário ajuda o empregador a determinar o quanto as experiências do candidato estão diretamente relacionadas com os comportamentos necessários à função a ser desempenhada.

A técnica de *relatos de realizações* foi desenvolvida por um órgão do governo dos Estados Unidos para ser aplicada a advogados. Os advogados descreviam suas realizações profissionais, ilustrando aspectos específicos, como o uso do conhecimento. Cada descrição levava uma data, um sumário do resultado obtido, um sumário da contribuição específica do candidato para esse resultado, quaisquer recompensas ou retribuições ganhas e a indicação de um nome como referência para que o feito pudesse ser confirmado. Outro trabalho preparou um sistema de pontuação para melhorar a consistência da avaliação desses relatos por parte dos empregadores.[37]

Validade

Os índices de avaliação de treinamento e experiência produzem validade de cerca de 0,13, com os dados sobre educação produzindo taxas de cerca 0,10. Os inventários biográficos produzem validade em torno de 0,37, de acordo com vários estudos. Os relatos das realizações apresentaram índices de validade mais altos quando utilizados para prever o sucesso dos advogados, e possuem uma "imagem de validade" porque os candidatos acreditam neles. Muitos dos itens que aparecem nessas avaliações são desenvolvidos por meio de um processo de relacionar um grande número de dados biográficos com diversas medidas de desempenho e, então, escolher os estatisticamente mais relevantes. Um estudo sugere que as organizações que não possuem esses dados poderiam desenvolver as questões biográficas com o auxílio de especialistas conhecedores da função.[38]

Legalidade

Como já vimos em alguns casos citados neste livro, formulários de inscrição com requisitos muito abrangentes para qualificar um candidato podem tornar a

---

35 CARRAHER, Shawn M., McBRIDE, Anthony A., MENDOZE, Jorge L., BUCKLEY, M. Ronald. Measuring service-orientation with biodata and the SOI Trabalho apresentado no *Encontro Anual da Society for Industrial and Organizational Psychology,* May 1995.

36 MAEL, Fred A., ASHFORTH, Blake E. Loyal from day one: biodata, organizational identification, and turnover among newcomers. *Personnel Psychology* 48, p. 309-333,1995; BECKER, Thomas E., COLQUIT, Alan L. Potential *versus* actual faking of a biodata form: an analysis along several dimensions of item type. *Personnel Psychology* 45, p. 389-406, 1992.

37 HOUGH, Leatta. Development of the accomplishment record method of selecting and promoting professionals. *Journal of Applied Psychology* 69, nº 1, p. 135-146, 1984.

38 HUNTER, HUNTER. Validity and utility. p. 87; HOUGH. Development of the accomplishment record method. p. 138; MITCHELL, Terry W. A priori biodata to predict teamwork, learning rate, and retention. *Trabalho apresentado na 7ª Conferência Anual da Society of Industrial and Organizational Psychology,* Montreal, Quebec, May 1992.

Seleção Externa de Empregados | 223

Quadro 7.6
Formulário de avaliação de treinamento e experiência para a função de analista de pesquisa de pessoal.

> *Instruções*: abaixo aparecem listadas algumas tarefas importantes à função desempenhadas por um Analista de Pesquisa de Pessoal. Leia cada uma delas. Se você tiver treinamento ou experiência em uma tarefa descrita, assinale no quadro SIM. Caso contrário, marque o NÃO. Para a(s) atividade(s) marcada(s) com o SIM, por favor descreva sua experiência e treinamento. Todas as suas respostas estarão sujeitas a revisão e verificação.

Você já teve experiência ou treinamento com essa tarefa?

SIM ☐   NÃO ☐

Tarefa

1. Monitorou análises estatísticas de fluxo de candidatos por meio do uso de programas de computador (por exemplo, SPSS, SAS etc.)

Experiência

Empregador: _____ Cargo: _____
Datas do emprego: de _____ a _____
Descreva sua experiência com essa atividade: _____
_____
_____

☐   ☐

2. Planejou e conduziu estudos de validação de testes para contratação de pessoal de nível hierárquico inferior.

☐   ☐

3. Chefiou assistentes de pesquisa na coleta de dados para estudos sobre recursos humanos.

Fonte: GATEWOOD, Robert D., FIELD, Hubert S. *Human resource selection*. 3. ed. Hinsdale: Dryden Press, 1996. Reproduzido com autorização do editor.

---

empresa legalmente vulnerável; tais exigências podem causar impacto negativo por não serem explicitamente vinculadas ao desempenho na função em questão. Os requisitos de educação e experiência são menos perigosos quando estão claramente relacionados ao conhecimento da função, envolvem posições de alto nível ou ligadas à segurança e não perpetuam antigas práticas discriminatórias. Os inventários biográficos e os relatos das realizações têm mostrado causar um impacto menos nocivo.[39]

É igualmente importante levar em conta a questão da violação de privacidade com esses inventários biográficos. Uma pesquisa mostrou que os graduandos de uma universidade pública americana consideraram altamente invasivas as questões colocadas sobre a classe social de suas famílias, a profissão e renda de seus pais e o nível de escolaridade de suas mães. Esses temas podem ser considerados ameaçadores quando parecem fora de sentido, não relacionados ao trabalho e com potencial para desacreditar a pessoa.[40]

---

39 ARVEY, Richard D., FALEY, Robert H. *Fairness in selecting employees*. 2. ed. Reading, MA: Addison-Wesley, 1988.

40 STONE, Dianna L., STONE-ROMERO, Eugene F., EDDY, Erik. Factors that influence the perceived invasiveness of biographical data. Trabalho apresentado no *Encontro Anual da Society for Industrial and Organizational Psychology*, May 1995.

QUAL SUA OPINIÃO?

As informações biográficas podem revelar se um candidato possui experiência anterior que se relacione diretamente com o trabalho que pretende desenvolver. Entretanto, imagine que você deseje recrutar indivíduos entre grupos que não tiveram a oportunidade de passar por essas experiências? Estas informações poderiam ser utilizadas assim mesmo? Quais são os perigos potenciais de excluir pessoas que não tiveram acesso às oportunidades?

Entrevistas

John T. Phillips, meu implacável inquisidor, bombardeia-me com perguntas. "Você já liderou alguma comissão ou grupo de trabalho? Onde você não tinha uma posição de poder, mas da qual era o líder?" Eu hesito. "Como você fazia para o trabalho ser realizado?" Silêncio.

Finalmente, eu pergunto: "Isto precisa estar relacionado com o trabalho?" Felizmente não, e eu começo então a falar, falar e falar. Em pouco tempo, o Sr. Phillips está ouvindo verdadeiras confissões: como tentei desarmar a guerra fria existente em minha família, como convoquei uma reunião para reorganizar nossa festa familiar anual, como conquistei meus primos e um tio para que participassem dos preparativos. Com base nessas informações, o Sr. Phillips, que é diretor de treinamento e desenvolvimento da empresa S. C. Johnson & Son, espera poder decidir se eu sou ou não adequado para trabalhar em sua organização, caso eu estivesse realmente procurando um emprego.[41]

A entrevista é quase sempre parte do processo de seleção de empregados. Em uma pesquisa, 56% das empresas declararam que as entrevistas são a parte mais importante do processo de seleção, e 90% afirmaram ter mais confiança nesse método do que em qualquer outro. Entretanto, os psicólogos e outros pesquisadores vêm publicando estudos que mostram que a entrevista é uma técnica de pouca validade.[42] Por que executivos presumivelmente racionais insistem em utilizar um processo caro e trabalhoso que não oferece boa previsão de desempenho? Sem a menor dúvida, temos aqui um elemento de fé. Uma pesquisa com centenas de executivos de diferentes setores descobriu que os entrevistadores mais experientes acreditavam mais nessa técnica, mas rejeitavam a ideia de impor uma estrutura a ela. Um estudo realizado junto a universidades norte-americanas mostra, entretanto, que as avaliações feitas no processo de admissão de novos alunos pelos entrevistadores mais experientes coincidem menos com os resultados posteriores obtidos pelos estudantes do que as avaliações feitas pelos entrevistadores menos experientes, talvez porque os primeiros tenham tendência a pular algumas questões ou reformulá-las do seu próprio jeito. Seja como for, a evidência de décadas de estudos sugere que as entrevistas podem ser um bom previsor desde que utilizadas apropriada e cuidadosamente.[43] Algumas poucas organizações argumentam que os custos, inconsistências e erros dos entrevistadores podem ser reduzidos pelo uso da informatização, com sistemas programados para apresentar questões baseadas nas regras de decisão utilizadas pelos melhores entrevistadores.[44]

---

41   SOLOMAN, Jolie. The new job interview: show thyself. *The Wall Street Journal*, 4 Dec. 1989, p. B1.

42   BUREAU OF NATIONAL AFFAIRS. *Employee selection procedures*; BUREAU OF NATIONAL AFFAIRS. *Recruiting and selection procedures*; HAKEL, Milton D. Employment interview. In: ROWLAND, K., FERRIS, G. *(Orgs.). Personnel management:* new perspectives. Boston: Allyn & Bacon, 1982; ARVEY, Richard D., CAMPION, James E. The employment interview: a summary and review of recent research. *Personnel Psychology* 35, nº 3, p. 281-322, 1982; MAYFIELD, Eugene. The selection interview – a re-evaluation of published research. *Personnel Psychology* 17, p. 239-260, 1964; SCHMITT, Neal. Social and situational determinants of interview decisions: implications for the employment interview. *Personnel Psychology* 29, p. 79-101, 1976.

43   DIPBOYE, Robert L., JACKSON, Stacey, GALARZA, Laura. Experience and expertise in the employment interview. Trabalho apresentado no *Encontro Anual da Society for Industrial and Organizational Psychology,* May 1995; HARRIS, Michael M. Reconsidering the employment interview: a review of recent literature and suggestions for future research. *Personnel Psychology* 42, p. 691-726, 1989; McDANIEL, Michael A., WHETZEL, Deborah L., SCHMIDT, Frank L., MAURER, Steven D. The validity of employment interviews: a comprehensive review and meta-analysis. *Journal of Applied Psychology 79*, p. 599-616, 1994; HUFFCUTT, Allen I., ROTH, Phillip L., McDANIEL, Michael. *Assessment of mental ability in the employment interview:* moderating characteristics and implications for incremental validity. Peoria, IL.: Departamento de Psicologia da Bradley University, 1995. (Manuscrito não publicado.)

44   MITCHELL, Brooks. Interviewing face-to-interface. *Personnel*, p. 23-24, Jan. 1990.

> **QUAL SUA OPINIÃO?**
>
> Você prefere a entrevista com um computador ou uma pessoa? Quais seriam as vantagens e desvantagens de cada uma dessas opções para o empregador?

Processo da Entrevista

As entrevistas continuam sendo feitas quase sempre entre duas pessoas, o entrevistador e o entrevistado. Uma banca de entrevistadores também é usada por algumas empresas. O Quadro 7.7 descreve a entrevista para o emprego como um roteiro, que se desenrola por meio de cinco cenas, com expectativas bastante claras sobre os papéis a serem desempenhados tanto pelo entrevistador como pelo candidato. Cada entrevista é única, mas o Quadro 7.7 mostra como as personagens envolvidas no processo procuram enviar e receber sinais que os apresentem, ou à empresa, da melhor maneira possível, e que proporcionem as indicações de como eles podem adequar-se uns aos outros (veja o Quadro 7.3).

O Quadro 7.8 sumariza variáveis que uma pesquisa investigou como influentes no processo da entrevista. Embora seu modelo tenha sido proposto em 1982, ele continua sendo a base para as mais recentes pesquisas.[45] Nele existe uma divisão dos fatores que afetam a entrevista em fatores do candidato, fatores da situação e fatores do entrevistador. Mais ainda, mostra como é importante considerar a interação entre esses fatores quando se analisam as causas do comportamento do entrevistador e os resultados prováveis da entrevista. Alguns sugerem que os entrevistadores tentam avaliar genericamente a adequação do candidato à organização e sua qualificação para o emprego; tais julgamentos podem refletir habilidades interpessoais, orientação e atração, mas não dados mais objetivos, como realizações acadêmicas ou experiências profissionais.[46]

Características Demográficas dos Candidatos

As qualificações e as experiências dos candidatos normalmente influenciam o processo de seleção. As pesquisas sugerem que as entrevistas são mais válidas quando não procuram medir muitas coisas, concentrando-se na avaliação da capacidade de comunicação interpessoal e nos traços de temperamento (estabilidade e confiabilidade). Um estudo com a equipe de entrevistadores de uma empresa de serviços financeiros mostrou que aqueles mais bem avaliados por seus chefes eram os que costumavam enfatizar as habilidades de comunicação oral e interpessoal dos candidatos. Eles eram também mais conscientes de seu próprio processo decisório.[47] Além das qualificações e da experiência, é possível que outras características dos candidatos, tais como sexo, raça, idade ou deficiências, também influenciem o processo decisório do entrevistador?

Ann Hopkins entrou para a Price Waterhouse em 1978; ela era a única mulher entre os 88 indicados para a sociedade em 1982, mas não ficou entre os 47 convidados finais. Os associados que votaram contra sua escolha referiam-se a ela como "uma mulher desbocada", e aconselharam-na a "andar de forma mais feminina, falar de forma mais feminina, vestir-se de forma mais feminina, usar maquilagem, ir ao cabeleireiro e usar joias". No processo que Ann moveu contra a empresa, a Suprema Corte dos Estados Unidos, em uma decisão de 6 a 3, concordou que a estereotipação sexual é proibida pela legislação antidiscriminatória e obrigou a Price Waterhouse a provar que essa decisão não teria sido motivada por preconceito.[48]

Aparentemente, existe um hábito entre as universitárias americanas de tirar as alianças antes das entrevistas no *campus* para evitar que os entrevistadores imaginem que elas possam ter algum conflito trabalho-família. Tais *estereótipos* aparecem todas as vezes que assumimos características das pessoas apenas em função de pertencerem a determinado grupo, como sexo, raça

---

45 RAZA, Susan M., CARPENTER, Bruce N. A model of hiring decisions in real employment interviews. *Journal of Applied Psychology 72, nº 4*, p. 596-603, 1987; GATEWOOD, FEILD. *Human resource selection.* Cap. 11; MACAN, T. H., DIPBOYE, Robert L. The relationship of interviewers' preinterview impressions to selection and recruitment outcomes. *Personnel Psychology 43*, p. 745-768, 1990.

46 RYNES, Sara, GERHART, Barry. Interviewer assessments of applicant fit: an exploratory investigation. *Personnel Psychology 43*, p. 12-35, 1990.

47 GRAVES, Laura M., KARREN, Ronald J. Interviewer decision processes and effectiveness: an experimental policy-capturing investigation. *Personnel Psychology 45*, p. 313-340, 1992.

48 WERMIEL, Stephen. High court shifts burden to firms in sex-bias cases. *The Wall Street Journal, 2* May 1989, p. B1; BALES, John. Sex stereotyping data valid, brief says. *APA Monitor 19*, nº 8, p. 23, Aug. 1988.

226 | Recrutamento e Seleção Externos

Quadro 7.7
Roteiro de uma típica entrevista de seleção.

Cena	Roteiro do Candidato	Roteiro do entrevistador
1. Atividades de pré-contato	Verificação da aparência. Entrar no recinto. Anunciar a chegada. Revisar suas anotações enquanto aguarda a chamada.	Revisar o currículo do candidato. Revisar o roteiro da entrevista. Fazer anotações. Preparar para o início.
2. Cumprimentando e estabelecendo a comunicação	Apertar as mãos. Sentar-se quando solicitado. Dar uma boa impressão na conversação preliminar.	Apertar as mãos. Solicitar ao candidato que se sente. Relaxar o entrevistado com uma conversação preliminar apropriada.
3. Perguntar questões relacionadas com o trabalho	Relatar o histórico escolar. Fornecer detalhes do histórico profissional. Detalhar talentos e habilidades pessoais.	Perguntar sobre o histórico escolar. Procurar detalhes relevantes do histórico profissional. Discutir talentos e habilidades especiais.
4. Responder às questões do candidato	Tentar demonstrar a motivação adequada ao trabalho. Perguntar sobre salário e benefícios. Perguntar sobre oportunidades de progresso.	Buscar a motivação do candidato para trabalhar. Responder a suas perguntas, dando boa imagem da organização.
5. Final	Perguntar sobre a cultura organizacional – normas de trabalho etc. Esperar pelo sinal do entrevistador de que a conversa acabou. Discutir o próximo passo. Ficar em pé e apertar as mãos. Sair.	Tentar criar uma impressão positiva da empresa. Demonstrar que a entrevista está no fim. Sugerir qual será o próximo passo. Ficar em pé e apertar as mãos. Acompanhar o candidato até a saída.

Fonte: TULLAR, William L. The interview as a cognitive performing script. Cap. 17. In: EDER, Robert W., FERRIS, Gerald R. (Eds.) *The employment interview*. Newbury Park, CA: Sage Publications, 1989. p. 233-246.

ou idade.[49] Embora o *caso Hopkins* tenha envolvido outras técnicas de previsão além das entrevistas, ele é importante para chamar a atenção sobre a questão dos estereótipos e sua possível influência sobre o processo decisório do entrevistador. Esse assunto tem ocupado bastante os pesquisadores.

Os resultados mais antigos sugerem que as mulheres eram sempre mais mal avaliadas do que os homens. As pesquisas mais recentes, no entanto, mostram que isso acontece basicamente quando os responsáveis pela seleção têm pouca informação sobre as qualificações dos candidatos que estejam mais fortemente relacionadas com a recomendação de contratação. As evidências mais atuais indicam que o sexo do candidato tem pouca ou nenhuma influência na decisão do entrevistador.[50]

Ainda assim, os efeitos da questão sexo podem ser bem mais complexos. Um estudo revelou que as

---

49 SCHWARTZ, Felice N. The riddle of the ring. *Across the Board,* p. 32-36, Apr. 1992; ARVEY, Richard D., FALEY, Robert H. *Fairness in selecting employees*. Reading, MA: Addison-Wesley, 1988.

50 ARVEY, Richard D., CAMPION, James E. The employment interview: a summary and review of recent research. *Personnel Psychology* 35, p. 281-322, 1982; TOSI, J. S., EINBENDER, W. W. The effects of the type and amount of information in sex discrimination research: a meta-analysis. *Academy of Management Journal* 28, p. 712-723, 1985; OLIAN, Judy D., SCHWAB, Donald P., HABERFELD, Yitchak. The impact of applicant gender compared to qualifications on hiring recommendations: a meta-analysis of experimental studies. *Organizational Behavior and Human Decision Processes* 41, p. 180-195, 1988; HARRIS. Reconsidering the employment interview.

Quadro 7.8
Variáveis que afetam a condução e os resultados das entrevistas.

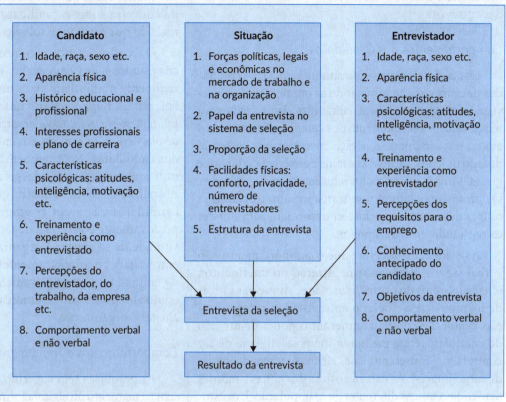

Fonte: ARVEY, Richard D., CAMPION, James E. The employment interview: a summary and review of recent research. Personnel Psychology, 35, nº 3, p. 281-322, 1982.

avaliações dos recrutadores universitários homens não eram influenciadas pelo sexo do candidato, mas as recrutadoras consideravam os candidatos masculinos mais parecidos com elas próprias e mais qualificados do que as candidatas.[51] A identificação com "valores do trabalho" como realização, justiça, honestidade e solidariedade também pode afetar o julgamento dos entrevistadores. Outro estudo sugere que os candidatos cujos valores medidos independentemente eram similares aos *valores pessoais do recrutador* eram mais bem avaliados, mas isso não acontecia se os valores similares fossem os *organizacionais*. Provavelmente, ser "parecido comigo" é mais importante do que ser "parecido com minha empresa".[52]

A situação é ainda mais complexa no que diz respeito à etnia dos candidatos. Alguns estudos têm sugerido que, não obstante a raça influencie o resultado das entrevistas, essa influência não é muito significativa, e o uso de bancas de entrevistadores multirraciais pode minimizá-la ainda mais.[53] A idade também parece exercer certa influência, mas seus efeitos são complexos e dependem da autonomia de decisão do entrevistador, do sexo do entrevistador e do aspecto particular que estiver sendo avaliado.[54] Há poucas evidências da influência de

---

[51] GRAVES, Laura M., POWELL, Gary N. The effect of sex similarity on recruiters' evaluations of actual applicants: a test of the similarity-attraction paradigm. *Personnel Psychology* 48, p. 85-98, 1995.

[52] ADKINS, Cheryl L., RUSSEL, Craig J., WERBEL, James D. Judgments of fit in the selection process: the role of work value congruence. *Personnel Psychology* 47, p. 605-623, 1994.

[53] LIN, Thun-Rung, DOBBINS, Gregory H., FAHR, Jiing-Lih. A field study of race and age similarity effects on interview ratings in conventional and situational interviews. *Journal of Applied Psychology* 77, nº 3, p. 363-371, 1992; CAMPION, Michael A., PURSELL, Elliot D., BROWN, B. K. Structured interviewing: raising the psychometric properties of the employment interview. *Personnel Psychology* 41, p. 25-42, 1988; McDONALD, T., HAKEL, Milton D. Effects of applicant race, sex, suitability and answers on interviewer's questioning strategy and ratings. *Personnel Psychology* 38, p. 321-334, 1985.

[54] RAZA, CARPENTER. A model of hiring decisions; GORDON, Randall A., ROZELLE, Richard M., BAXTER, James C. The effect of applicant age, job level and accountability on the evaluation of job applicants. *Organizational Behavior and Human Decision Processes,* 41, p. 20-23, 1988.

Recrutamento e Seleção Externos

deficiências físicas dos candidatos sobre os resultados das entrevistas.[55]

Comportamentos dos Candidatos

Os candidatos conseguiriam influenciar os resultados da entrevista, manipulando as impressões do entrevistador?[56] Alguém deve acreditar nisso, pois a cada nova temporada de recrutamento nos *campi* universitários os alunos passam por uma notável metamorfose, deixando de lado os *jeans*, camisetas e tênis e envergando ternos e gravatas impecáveis, sapatos reluzentes e pastas de couro. Os professores também se transformam, trocando as roupas descontraídas pelos ternos formais, para atender os recrutadores das empresas.

As evidências sugerem que o comportamento não verbal (sorrir, inclinar-se na direção do interlocutor, olhar nos olhos do outro), o uso de perfume e as táticas de manipulação (elogiar o entrevistador, autopromoção, bajulação) podem aumentar o poder de atração do candidato, e até melhorar sua possibilidade de ser contratado.[57] Entretanto, esses efeitos parecem depender de cada situação. As características dos entrevistadores demandam táticas diferentes de manipulação. Um estudo mostrou que, diante de entrevistadores mais velhos e experientes, os candidatos vangloriam-se menos de suas realizações e pedem mais explicações, como forma de mostrar interesse pelo que o outro está dizendo. Por outro lado, esses mesmos entrevistadores parecem levar os candidatos a enfatizarem suas qualidades pessoais e mostrarem que possuem as capacidades específicas procuradas pelo recrutador.[58] Outro estudo mostrou que quanto mais agressivo o candidato, mais ele agrada aos entrevistadores com visão estereotipada sobre como as pessoas devem desempenhar certas funções. Contudo, o feitiço pode virar contra o feiticeiro, se a dose for exagerada, ainda que um estudo mostre que o enfoque da conversa sobre o candidato funciona sempre bem mais do que o enfoque sobre o entrevistador.[59]

O Quadro 7.9 mostra os resultados de um dos poucos estudos feitos para avaliar o quanto os candidatos *realmente* manipulam para impressionar durante as entrevistas. Repare nas três táticas diferentes: *responsabilidade sobre os fatos, valorização dos fatos* e *superação de obstáculos,* que aparecem entrelaçadas nas histórias dos candidatos. Note também que mais de 30% deles utilizaram uma ou mais dessas táticas. Isso funcionou? A análise estatística mostra que os convites para os candidatos visitarem as empresas estão associados positivamente com o uso de táticas, como demonstrar vontade de se ajustar à organização, tentar agradar o entrevistador e comportamentos não verbais. As ofertas de emprego foram positivamente associadas a táticas, como autopromoção e demonstração de vontade de se ajustar à organização.[60]

Comportamentos e Treinamentos do Entrevistador

As pesquisas têm sugerido, através dos anos, que, sem treinamento ou alguma forma de estrutura e orientação, os entrevistadores podem adotar estratégias danosas nas entrevistas, tais como as que seguem:

1. *Enfatizar excessivamente as informações negativas.* Frequentemente, mesmo uma pequena quantidade de informação negativa pode levar à rejeição de um candidato. Uma das possíveis explicações para isso é que os entrevistadores geralmente são recompensados por selecionar bons candidatos e penalizados pelos ruins. A reação lógica, portanto, é ser muito exigente e sensível a qualquer informação negativa, por menor que seja.[61]

---

55   HARRIS. Reconsidering the employment interview.

56   BARON, Robert A. Impression management by applicants during employment interviews: the "too much of a good thing" effect. Cap. 15. In: EDER, Robert D., FERRIS, Gerald R. *The employment interview.*

57   ANDERSON, Neil R. Dedsion making in the graduate selection interview: an experimental investigation. *Human Relations* 44, nº 4, p. 403-417, 1991; STEVENS, Cynthia Kay, KRISTOF, Amy L. Making the right impression: a field study of applicant impression management during job interviews. *Journal of Applied Psychology* 80, p. 587-606, 1995.

58   DELERY, John, KACMAR, K. Michele. The use of impression management tactics in the employment interview: an investigation of the influence of applicant and interviewer characteristics. Trabalho apresentado no *Encontro Anual da Society of Industrial and Organizational Psychology,* May 1995.

59   GALLIOS, Cynthia, CALLAN, Victor J., PALMER, Jule-Anne McKenzie. The influence of applicant communication style and interviewer characteristics on hiring decisions. *Journal of Applied Social Psychology* 22, nº 13, p. 1.041 1.060, 1992; HARRIS. Reconsidering the employment interview; BARON. Impression management by applicants.

60   SCHMITT. Social and situational determinants of interview decisions; GATEWOOD, Feild. *Human resource selection.*

61   ROWE, P. M. Decision processes in personnel selection. *Canadian Journal of Behavioural Science* 16, p. 326-337, 1984.

Seleção Externa de Empregados | **229**

Quadro 7.9
Exemplos reais de manipulação para impressionar os entrevistadores.

Táticas utilizadas	Trechos da transcrição da entrevista
Responsabilidade pelos fatos (chamar para si a responsabilidade pelos eventos ou resultados positivos)	
Resultados positivos obtidos em empregos ou projetos escolares (36% dos candidatos) ou em trabalho comunitário (13% dos candidatos)	187. *Entrevistador:* Certo. Existe algo que você tenha feito que mostre o quanto pode ser inovativo e cheio de recursos? 188. *Candidato:* Bem, quando eu estava ainda no colegial eu me envolvi em uma campanha para levantar fundos para nossa equipe de remo. Conseguimos a adesão dos professores, que vieram remar conosco. Aparecemos também na TV e em alguns programas de rádio. Acabou sendo um sucesso nossa campanha. 189. *Entrevistador.* Quanto dinheiro vocês conseguiram? 190. *Candidato.* Cerca de 4 mil dólares, o que foi excelente, porque era o tamanho de nosso orçamento.
Valorização dos fatos (tentar fazer com que o valor positivo de um evento pareça maior do que é na realidade)	
Sucesso em persuadir pessoas difíceis de serem persuadidas (13% dos candidatos).	110-118. *Candidato.* Eu me lembro desse cavalheiro que insistia em levar aquele específico par de esquis por que eram da cor mais bonita do mercado [risadas]... E aqueles esquis não eram os mais adequados para ele. Mas ele não entendia por que pagar mais por um produto que iria durar muito mais tempo, pois estaria ainda adequado quando seu nível de habilidade fosse melhorando. Então, percebi que era minha obrigação convencê-lo a comprar o produto certo. E ele era realmente difícil de convencer. Então, tive que dar uma aula sobre as características e benefícios do produto. Tive mesmo que explicar os aspectos estruturais dos componentes, pois ele queria saber tudo sobre aqueles esquis e o porquê de pagar 75 ou 100 dólares a mais... 119. *Entrevistador.* Certo, muito bem. No final, ele acabou gastando mais do que pretendia? 120-122. *Candidato.* Sim. E acabou não levando o mais colorido... Levou a que eu recomendei e, a esta altura, ele realmente confiava em mim como vendedor... como um amigo. Passamos para o setor de roupas e ele comprou tudo o que eu indiquei.
O histórico é mais impressionante do que parecia no currículo (29% dos candidatos).	123. *Entrevistador.* Certo. Você poderia ser agora o maior fornecedor de tintas da cidade, quem sabe. 124. *Candidato.* Poderia ter sido. Bem, eu estava recebendo um monte de pedidos. E, o que é incrível, eu comecei a cobrar cada vez mais para que as pessoas desistissem, mas elas não desistiam, e eu tinha que atendê-los e trabalhar até de madrugada, e isto foi realmente exaustivo.
Superação de obstáculos (descrição de como foram vencidas as barreiras ao progresso)	
Superar dificuldades em um emprego ou organização (29% dos candidatos) ou em trabalhos escola res (13% dos candidatos)	91-97.*Candidato.* Bem, percebi que o chefe e os colegas não estavam satisfeitos. As primeiras semanas foram, bem, não foram nada fáceis. Lembro-me de um incidente em particular. Nós estávamos carregando um *container*, e eu pedi a um colega que o fizesse de certa forma, que parecia melhor, e ele se recusou. 98. *Entrevistador.* Simplesmente se recusou? 99. *Candidato.* Foi. Ele disse: "Não, não vou fazer desse jeito. Acho que do meu jeito é melhor." E eu disse: "Não, eu discordo. Eu quero que você faça como eu disse." Ele se recusou novamente. O que eu deveria fazer? Bem, eu falei para ele "Ou você faz do meu jeito, ou vai embora e eu acho outro para fazer isto". Com isso, ele resolveu obedecer-me, mas o antagonismo continuou ali entre nós. Então, tentei provar para ele que eu realmente sabia o que estava dizendo, que queria o trabalho bem feito, de forma a ganhar seu respeito e sua cooperação. 106. *Entrevistador.* Você conseguiu fazer isto? 107. *Candidato.* Sim, claro. No final, eu diria, depois de quatro ou cinco meses, ficamos todos grandes amigos.

Fonte: STEVENS, Cynthia Kay, KRISTOF, Amy L. Making the right impression: a field study of applicant impression management during job interviews. *Journal of Applied Psychology*, 80, p. 598, 1995. Copyright 1995, American Psychological Association. Reproduzido com autorização.

2. *Tendências à confirmação.* Se você encontrasse no formulário de um candidato informações que sugerissem uma história de roubo, você tenderia a fazer mais perguntas sobre esse assunto para essa pessoa do que para outras? As pesquisas sugerem que os entrevistadores tendem a perguntar coisas que possam confirmar suas primeiras impressões sobre o candidato, o que pode ser danoso caso essas impressões sejam falsas ou façam com que a entrevista não produza muitas outras informações adicionais.[62]

3. *Estereótipos do entrevistador.* Como já foi discutido anteriormente, os entrevistadores podem formar impressões incorretas dos candidatos

---

62 DIPBOYE, Robert L. Threats to the incremental validity of interviewer judgments. Cap. 3. In: EDER, Robert R., FERRIS, Gerald R. (Orgs.). *The employment interview.*

se basearem seu julgamento em estereótipos. Isso pode colocar a empresa em situações legais complicadas, caso esses estereótipos levem à discriminação de mulheres e membros de minorias.

4. *Falha na consideração das informações sobre o trabalho.* A falta de informações relevantes sobre o trabalho em questão pode levar o entrevistador a dar mais importância a aspectos menos essenciais em sua decisão.

5. *Uso de medidas diferentes.* Os entrevistadores podem dar um peso maior para certas características do candidato em detrimento de outras, ou combinar os atributos de maneira diferente.[63]

6. *Mau uso de impressões não verbais.* Como já vimos anteriormente, a manipulação por parte do candidato das impressões causadas no entrevistador pode afetar seu julgamento, mesmo que esses fatores não estejam relacionados com sucesso no trabalho.

7. *Efeito de contraste.* A entrevista com um candidato forte logo em seguida a uma com um candidato fraco pode torná-lo ainda mais forte pelo efeito de contraste. O inverso também é verdadeiro.

8. *Perda de tempo com discussões de temas não relacionados com o trabalho.* Isso pode servir a outros propósitos, como conquistar o candidato, mas também pode reduzir a capacidade de escolher os melhores indivíduos.

9. *Fazer julgamentos precipitados logo no início da entrevista.* Algumas pesquisas indicam que os entrevistadores tendem a tomar suas decisões rapidamente, embora outros estudos coloquem essa questão em dúvida.[64]

Considerando que os problemas potenciais dos entrevistadores são bem conhecidos, você pode estar pensando que os estudos sobre o assunto deveriam ser focados em como treinar esses indivíduos para melhorar seu desempenho. Infelizmente, existem pouquíssimos trabalhos sobre treinamento de entrevistadores. Um programa treinou entrevistadores por oito horas em práticas gerais (como métodos de fazer perguntas e anotação de dados) e em como evitar erros de avaliação (tais como a glorificação e o abrandamento, estudados no Capítulo 4). O resultado, entretanto, não conseguiu aumentar a concordância entre os entrevistadores. Um segundo estudo mostrou que o treinamento de estudantes de administração para evitar os erros de avaliação realmente diminuiu esses erros. Apesar dos poucos dados científicos, as empresas continuam a investir nesse tipo de treinamento. Uma pesquisa mostrou que 74% das empresas ouvidas treinavam seus entrevistadores, usando seu próprio pessoal de recursos humanos, consultores externos ou seu departamento de treinamento. O tempo de duração do treinamento variou de meia hora até 60 horas, com uma média em torno de 9 horas. As pesquisas mais recentes sugerem que o treinamento pode ter consequências sobre a validade da entrevista, especialmente para aquelas não estruturadas.[65]

Embora não exista uma única melhor maneira de fazer entrevistas, o Quadro 7.10 oferece alguns passos gerais que os entrevistadores podem seguir para assegurar que os resultados estejam relacionados com o trabalho em questão e que as informações sejam bem avaliadas. A eficácia varia de indivíduo para indivíduo. Entretanto, as diferenças entre os entrevistadores ficam mais patentes quando a entrevista não é estruturada. Quando se utilizam entrevistas estruturadas, essas diferenças são minimizadas e a validade da técnica parece ser maior.[66]

---

63 SCHUH, Allen J. Interviewer decision styles. Cap. 6, p. 90-96; e HERRIOTT, Peter. Attribution theory and interview decisions. Cap. 7, p. 97-109. In: EDER, Robert W, FERRJS, Gerald R. (Orgs.). *The employment interview.*

64 BUCKLEY, M. R., EDER, Robert W. B. M. Springett and the notion of the "snap decision" in the interview. *Journal of Management* 14, p. 59-69, 1988.

65 HARRIS. Reconsidering the employment interview; MAURER, Steven D., FAY, Charles. Effect of situational interviews, conventional structured interviews and training on interview rating agreement: an experimental analysis. *Personnel Psychology* 17, p. 329-344,1988; FAY, Charles H., LATHAM, Gary P. Effects of training and rating scales on rating errors. *Personnel Psychology* 35, p. 105-116, 1982; BUREAU OF NATIONAL *AFFAIRS. Recruiting and selection procedures;,* GATEWOOD, FEILD. *Human resource selection.* p. 536; HUFFCUTT, Allen I.,WOEHR, David J. Further analysis of interview validity: a quantitative evaluation of additional methods for structuring the employment interview. Peoria, IL: Bradley University, 1995. (Manuscrito inédito.)

66 PULAKOS, Elaine D., SCHMITT, Neal, WHITNEY, David, SMITH, Matthew. Individual differences in interviewer ratings: the impact of standardization, consensus discussion an sampling error on the validity of a structured interview. *Personnel Psychology* 49, p. 85-102,1996; GEHRLEIN, T. M., DIPBOYE, Robert L., SHANANI, C. Nontraditional validity calculations and differential interviewer experience: implications for seletion interviews. *Educational and Psychological Measurement* 52, p. 457-469, 1993.

Seleção Externa de Empregados | **231**

Quadro 7.10
Recomendações para a condução de entrevistas de admissão de empregados.

Antes da entrevista

Identificar os principais objetivos da entrevista, tais como:

1. Seleção.
2. Atração.
3. Colher informações sobre o que o candidato *pode* fazer.
4. Colher informações sobre o que o candidato *irá* fazer.
5. Oferecer informações.
6. Verificar a adequação do candidato à organização.

Preparar o conteúdo da entrevista:

1. Identificar as principais responsabilidades da função.
2. Descrever situações hipotéticas no trabalho para serem usadas como perguntas.
3. Planejar e estruturar a entrevista de forma consistente com esses objetivos.

Verificar os formulários ou currículos sobre informações como:

1. Experiência prévia relacionada ou não com o trabalho.
2. Treinamento anterior relacionado com o trabalho.
3. Formação educacional relacionada com o trabalho.
4. Interesses profissionais do candidato.
5. Intenções do candidato em relação à carreira.

Durante a entrevista

Investigar o potencial do candidato por meio de discussões e questões situacionais, tais como:

1. Experiência prévia relacionada ou não com o trabalho.
2. Treinamento anterior relacionado com o trabalho.
3. Formação educacional relacionada com o trabalho.

Investigar os interesses profissionais e as intenções do candidato quanto à carreira para avaliar seu comportamento futuro.

Depois da entrevista

Usar um formulário de avaliação para registrar o que o candidato:

1. Pode fazer, com base em suas habilidades e interesses.
2. Irá fazer, com base em seus interesses e intenções.
3. Oferece em termos de empatia pessoal.

Registre neste formulário de avaliação seu interesse em contratar o candidato.

Fonte: GOODALE, James G. Effective employment mterviewing. Cap. 22. In: EDER, Robert W., FERRIS, Gerald R. (Ed.). *The employment interview*. Newbury Park, CA: Sage Publicatíons, 1989.

Estruturando a Entrevista

Se a entrevista pode ser prejudicada porque os entrevistadores adotam técnicas diferentes ou enfocam informações potencialmente irrelevantes, uma solução lógica é impor uma estrutura consistente que dê ao entrevistador pouca oportunidade de divergir desse formato, e basear essa estrutura em fatores identificados como relevantes para o sucesso do trabalho por meio da análise da função. Os empregadores têm cada vez mais adotado essa lógica. Em uma pesquisa, 35% das empresas ouvidas disseram usar entrevistas estruturadas, nas quais todos os candidatos respondem às mesmas questões. Vinte por cento das empresas que disseram ter modificado os questionários fizeram-no para torná-los ainda mais estruturados.[67]

As entrevistas podem ser *não estruturadas;* nelas o entrevistador fica totalmente livre para cobrir qualquer assunto; *semiestruturadas,* em que o entrevistador prepara antecipadamente as questões, mas tem liberdade para investigar os temas que lhe parecem mais relevantes; ou

---

67 BUREAU OF NATIONAL AFFAIRS. *Recruiting and selection procedures.*

estruturadas, nas quais o entrevistador frequentemente preenche um formulário com as respostas dos candidatos às perguntas preparadas antecipadamente. A última novidade nesse setor é programar um computador para fazer as perguntas, registrar as respostas e analisá-las matematicamente. Por enquanto, porém, as pessoas continuam envolvidas no processo.[68]

As pesquisas mais recentes dividem a "estrutura" em dois tipos: (1) *estrutura do conteúdo da entrevista,* que inclui basear as questões na análise da função, perguntar as mesmas questões para todos os candidatos, impor limites às questões indutoras ou sequenciais, utilizar tipos específicos de questões, como as baseadas no comportamento, utilizar mais perguntas, proibir os entrevistadores de examinarem os formulários ou resultados de testes, e proibir os candidatos de fazerem perguntas antes do final da entrevista; (2) *estrutura de avaliação da entrevista,* que inclui a utilização de escala de pontuação para cada questão, uso de anotações detalhadas, uso de múltiplos entrevistadores, utilização dos mesmos entrevistadores para todos os candidatos, não discussão entre os entrevistadores sobre os candidatos ou suas respostas, treinamento extensivo dos entrevistadores, e uso de estatística para combinar os diferentes pedaços de informação em vez de confiar no consenso ou na subjetividade.[69] Os métodos mais estudados de estruturação de entrevistas estão relacionados com o tipo de conteúdo da entrevista. Três abordagens desse assunto são: (1) entrevista para descrição do comportamento (BDI – *behavior description interview);* (2) entrevista situacional (SI – *situational interview);* e (3) entrevista abrangente estruturada (CSI – *comprehensive structured interview).*[70]

Entrevista para descrição do comportamento (BDI).
A abordagem BDI enfoca o comportamento pregresso, baseada na premissa de que o melhor profeta do futuro é o passado.[71] As questões são baseadas na análise de situações ou decisões prováveis de serem enfrentadas no trabalho. As questões são do tipo "o que você fez". Por exemplo, para investigar a frequência ao trabalho, o entrevistador pode perguntar ao candidato: "Fale-me da última vez que você faltou ao trabalho e ficou em casa. Qual foi a razão disso? O que você fez realmente?" A BDI se parece em muitos aspectos com as técnicas de seleção que avaliam o histórico dos candidatos já discutidas anteriormente, com a diferença de que a entrevista oferece maior flexibilidade e a oportunidade de maiores investigações.

Entrevista situacional (SI).
Essa abordagem deriva das teorias de fixação de metas segundo as quais as intenções dos indivíduos estão relacionadas com seus comportamentos futuros. Como a BDI, a SI também baseia suas questões na análise da função que identifica situações e decisões importantes prováveis de serem enfrentadas pelos candidatos, geralmente na forma de incidentes críticos (ver Capítulo 4). A diferença aqui é que as perguntas focalizam as intenções e não o comportamento passado. Na mesma avaliação de frequência ao trabalho mostrada no exemplo da BDI, aqui poderia surgir na forma da questão: "Sua esposa e seus dois filhos adolescentes estão de cama com gripe. Não há nenhum parente ou amigo disponível para tomar conta deles. Seu turno começa daqui a três horas. O que você faria?"[72] Enfocando situações hipotéticas, mas relacionadas com o trabalho, e as intenções dos candidatos, a abordagem SI pode explorar potencialmente áreas nas quais eles não tenham nenhuma experiência real prévia. Esse tipo de entrevista geralmente utiliza um gabarito elaborado por especialistas na função em questão, em que as respostas que mais se assemelhem àquelas que são padrão recebem a maior pontuação. O Quadro 7.11 traz um exemplo desse tipo de entrevista e gabarito elaborados para a função de supervisor de motoristas de caminhão.

Entrevista abrangente estruturada (CSI).
Esse tipo de entrevista pode conter quatro tipos de questões:

1. Situacionais, como na SI.
2. De conhecimento da função, como: "Quando for colocar uma peça de volta à máquina depois

---

68 MITCHELL. *Interviewing face-to-interface.*

69 CAMPION, Michael A., PALMER, David K., CAMPION, James E. A review of structure in the selection interview. West Lafayette: Purdue University, 1995. (Manuscrito inédito.)

70 HARRIS. *Reconsidering the employment interview.*

71 JANZ, Tom. The patterned behavior description interview: the best prophet of the future is the past. In: EDER, Robert W., FERRIS, Gerald R. (Orgs.). *The employment interview;* JANZ, Tom, HELLERVIK, Lowell W., GILMORE, D. C. *Behavior description interviewing.* Newton, MA: Allyn & Bacon, 1986.

72 LATHAM, Gary P., SAARI, Lise M., PURSELL, E. D., CAMPION, Michael A. The situational interview. *Journal of Applied Psychology* 69, p. 569-573, 1984.

de consertá-la, por que você limparia todas as partes antes?"

3. Simulação da função, como: "Muitas funções exigem como uma de suas tarefas a operação de uma empilhadeira. Por favor, leia esse trecho do manual de procedimento (90 palavras) em voz alta".

4. Exigências sobre o trabalhador, como: "Algumas funções requerem subir em escadas externas a uma altura de um prédio de cinco andares e andar sobre um andaime para realizar o trabalho. Dê-nos sua opinião sobre desempenhar uma função desse tipo".[73]

Da mesma forma que a SI, a CSI utiliza um gabarito para a orientação dos entrevistadores, que pode ser um formulário a ser preenchido ou verificado pelo entrevistador.

> ### QUAL SUA OPINIÃO?
> Aparentemente, a validade e a consistência da técnica de entrevista podem ser aperfeiçoadas por meio da utilização de entrevistas estruturadas e do treinamento dos entrevistadores para que sigam essa estrutura. Ainda assim, muitas empresas usam entrevistadores sem treinamento em entrevistas não estruturadas. Imagine que você tenha que dizer a uma gerente executiva que de agora em diante ela terá que usar entrevistas estruturadas. O que você diria exatamente? Como você acha que ela reagiria?

Efeitos da Situação sobre a Entrevista

Como foi mostrado no Quadro 7.8, as entrevistas acontecem dentro de um contexto de forças internas e externas à organização. O Quadro 7.3 ilustra a natureza interativa do processo de seleção, e isto fica especialmente claro no caso da entrevista. Os fatores do contexto – seja a complexidade da função e da entrevista, seja o propósito da entrevista (atrair candidatos ou selecionar entre os que se apresentaram), a noção do custo de uma escolha errada e a responsabilidade do entrevistador nas consequências – tudo isso afeta o processo e os resultados da entrevista.[74]

Validade da Entrevista

No passado, os pesquisadores lamentavam a baixa validade das entrevistas e alertavam os empregadores contra seu uso frequente, mas, atualmente, as novas evidências indicam que elas podem ser uma técnica de seleção válida. Os estudos mostram que sua validade pode ficar entre 0,25 e 0,80, com entrevistas focando experiências relevantes para o trabalho, treinamento ou interesses e obtendo coeficientes mais altos do que os das entrevistas não estruturadas ou daquelas baseadas em características ou traços de personalidade.[75]

Parece, portanto, que a entrevista, adequadamente construída e implementada, tem valor bem maior do que se pensava. Entretanto, também parece que a grande maioria das entrevistas não explora bem os aspectos que poderiam aumentar sua validade.

Melhorando as Salvaguardas Legais das Entrevistas

Uma pesquisa feita por telefone nos Estados Unidos por uma entidade de defesa de consumidores descobriu que 79% das 1.000 pessoas entrevistadas já tinham sido perguntadas sobre assuntos de sua intimidade em entrevistas de seleção para emprego. A maioria disse desaprovar perguntas sobre viver com alguém do sexo oposto sem ser da família, sobre seus pais, preferências religiosas ou planos para ter filhos.[76] Questões desse

---

73 CAMPION, Michael A., PURSELL, E. D., BROWN, B. K. Structured interviewing: raising the psychometric properties of the employment interview. *Personnel Psychology* 41, p. 25-42, 1988.

74 RYNES, Sara L. The interview as a recruitment device. Cap. 9. In: EDER, Robert W., FERRIS, Gerald R. (Orgs.). *The employment interview;* EDER, Robert W. Contextual effects on interview decisions. Cap. 8. In: EDER, Robert W., FERRIS, Gerald R. (Orgs.). *The employment interview.*

75 McDANIEL, WHETZEL, SCHMIDT e MAURER. The validity of employment interviews; LATHAM, Gary P., SKARLICKI, Daniel P. Criterion-related validity of the situational and patterned behavior description interviews with organizational citizenship behavior. *Human Performance* 8, p. 67-80, 1995; PULAKOS, Elaine D., SCHMITT, Neal. Experience-based and situational interview questions: studies and validity. *Personnel Psychology* 48, p. 289-308, 1995; HUFFCUTT, Allen I., WOEHR, David J. Further analysis of interview validity...; CONWAY, James M., JAKO, Robert A., GOODMAN, Deborah F. A meta-analysis of interrater and internai consistency reliability of selection interviews. *Journal of Applied Psychology,* v. 80, p. 565-579, 1995; HUFFCUTT, Allen I., ARTHUR JR., Winfred. Hunter and Hunter (1984) revisited: interview validity for entry-level jobs. *Journal of Applied Psychology 79,* p. 184-190, Apr. 1994.

76 "Intrusive" questions are plaguing U.S. workers. *BNA Daily Labor Report,* nº 7, 10 Jan. 1990, p. 2-3.

234 | Recrutamento e Seleção Externos

Quadro 7.11
Guia de perguntas
e gabarito para
uma entrevista
estruturada.

Questão para a entrevista

Você está no comando de uma equipe de motoristas de caminhão na Philadelphia. Um colega seu está na mesma posição a 800 milhas, em Atlanta. Ambos se reportam à mesma pessoa. Seu salário e seus benefícios são afetados 100% por seus custos. Seu colega precisa desesperadamente de um de seus caminhões. Você diz não, mantém seus custos baixos e seu grupo provavelmente vai ganhar o prêmio anual, pois realizará um lucro significativo para a empresa. Seu chefe vive falando em custos, custos e mais custos, e também na cooperação entre os funcionários. Seu chefe não tem controle sobre os contadores, que são os que mantêm os registros dos custos. Seu chefe é altamente competitivo e recompensa os vencedores. Você é tão competitivo quanto ele, e um vencedor de verdade! Explique o que você faria.

Registrar a resposta do candidato no espaço a seguir:

_____

_____

_____

_____

Gabarito

(1 ponto)   Eu tentaria o prêmio. Explicaria para meu colega a situação e buscaria sua compreensão.

(3 pontos) Eu procuraria o aconselhamento de meu chefe.

(5 pontos) Eu emprestaria o caminhão para meu colega. Obteria o reconhecimento dele e de meu chefe em relação ao sacrifício que estaria fazendo por eles. Procuraria, então, explicar essa lógica para meus subordinados.

Fonte: Adaptado, com autorização, de LATHAM, Gary P. The reliability, validity and practicality of the situational interview. Cap.12. In: EDER, Robert W., FERRIS, Gerald (Ed.). *The employment interview*. Newbury Park, CA: Sage Publications, 1989.

---

tipo podem não apenas causar animosidade com os candidatos, mas também criar vulnerabilidade legal para a empresa que pode ter suas práticas sob suspeita de discriminação de mulheres e membros de minorias. Um exame dos casos jurídicos envolvendo esse tema sugere as seguintes orientações para minimizar a vulnerabilidade legal:

1. Desenvolver descrições de funções e usá-las como base para a elaboração das perguntas, procedimentos e sistemas de pontuação.

2. Selecionar os entrevistadores de forma a representarem uma mistura de sexos e raças, e treiná-los para focalizarem apenas questões relacionadas com o trabalho e evitarem perguntas potencialmente discriminatórias.

3. Assegurar-se de que as questões e estratégias da entrevista sejam relevantes para o trabalho e aplicam-se igualmente a todos os candidatos.

4. Introduzir sistemas de controle como bancas de entrevistadores, comissões de avaliação dos resultados das entrevistas e das recomendações dos entrevistadores, e sistemas que aumentem a responsabilidade.

5. Manter registros dos procedimentos, avaliações e decisões relativos às entrevistas para o caso de a organização precisar reconstruí-las para demonstrar que sempre estiveram relacionadas apenas com o trabalho.

6. Monitorar o impacto das diferenças (ver Capítulo 2) e tomar as providências cabíveis para minimizar seus efeitos iníquos.

7. Treinar os entrevistadores nas técnicas adequadas de entrevista e alertá-los sobre o tipo de questão que corre o risco de ser entendida como invasão de privacidade ou discriminatória.[77]

EXPLORANDO A WEB

Cada vez mais os administradores de RH podem obter programas de computador para ajudá-los a elaborar entrevistas baseadas nos comportamentos e habilidades específicos necessários a sua organização. Para um exemplo desse tipo de produto, incluindo amostras, aconselhamento legal e até uma conferência com um professor, procure na internet este endereço:

http://www.the-link.com/proselect/.

---

[77] CAMPION, James E., ARVEY, Richard D. Unfair discrimination in the employment interview. Cap. 4. In: EDER, Robert W., FERRIS, Gerald R. (Orgs.). *The employment interview*.

Testes de habilidade

Algumas pessoas parecem mais espertas, mais fortes, mais bem coordenadas, mais articuladas com as outras pessoas ou abençoadas com mais "senso comum". Esses traços são chamados de *habilidades* ou, às vezes, de *aptidões*. Eles indicam o que uma pessoa tem como potencial para fazer, dada determinada situação ou experiência/treinamento apropriados. Eles não determinam desempenhos ou comportamentos, apenas refletem um potencial.

Habilidade Mental: Inteligência e "Senso Comum"

Algum dia, os Estados Unidos serão dominados por uma "elite cognitiva" formada por pessoas extremamente inteligentes, com os demais indivíduos pouco aquinhoados condenados a uma situação de subordinação social? As diferentes raças e nacionalidades têm predisposição de ser mais ou menos inteligentes? Sua inteligência é determinada geneticamente (o que significa que você pode cobrar de seus pais quando exigirem seu bom desempenho)? O polêmico *best-seller The bell curve* trouxe à discussão horas de debates na TV e incontáveis artigos em jornais e revistas com pessoas que concordam (ou não) com essas afirmações. Os cientistas que estudam a inteligência lembram que *inteligência, habilidade mental* e *habilidade cognitiva* podem significar muitas coisas diferentes e que qualquer afirmação simplista deixará de considerar a complexidade desse assunto. As pessoas variam muito quanto à inteligência, o ambiente e a herança genética, mas o sucesso na vida depende de muitas outras coisas além da habilidade cognitiva.[78] Os testes de habilidade mental têm sido usados para selecionar e contratar pessoas desde pelo menos 1908, quando eram utilizados para escolher os condutores de bonde em Paris. Eles se sofisticaram e foram amplamente aceitos graças a seu sucesso em selecionar os soldados para as duas Grandes Guerras.[79] O Quadro 7.12 mostra questões típicas de um dos mais populares testes desse tipo, o *Wonderlic Personnel*. Outro teste entre os mais conhecidos é o Teste Genérico de Aptidões (GATB – *General Aptitude Test Battery),* usado pelos órgãos públicos nos Estados Unidos para classificar candidatos a emprego.[80]

O senso comum é diferente da inteligência? Um psicólogo foi aplicar um teste de inteligência em uma escola para deficientes mentais, mas não pôde fazê-lo, pois os meninos haviam conseguido ludibriar o sistema de segurança e fugir. Depois de recapturados, finalmente o psicólogo pôde aplicar-lhes o teste – uma série de quebra-cabeças tipo labirinto. Os meninos não conseguiram encontrar a saída dos labirintos simulados. A *inteligência tácita* refere-se ao conhecimento que está relacionado mais com as ações do que com os fatos, em atingir metas mais do que dar respostas corretas e é desenvolvido com pouca ajuda exterior. Existem testes para medir a inteligência tácita na administração, em Psicologia e em outros campos, e alguns estudos sugerem que eles medem algo diferente do conceito usual de inteligência, algo mais relacionado com o sucesso no trabalho, embora persistam as controvérsias entre os especialistas. De qualquer forma, é intrigante pensar que a "inteligência prática" possa ser mensurável e diferente da "inteligência intelectual".[81] Uma forma especial de inteligência tácita é a *inteligência emocional,* considerada pela imprensa especializada em negócios como um fator fundamental na construção de equipes bem-sucedidas e no atingimento dos objetivos de uma carreira. A inteligência emocional tem sido descrita como: (1) a capacidade de ter consciência de seus sentimentos e de saber usá-los; (2) gerenciar seu temperamento; (3) ser otimista e solidário; e (4) conseguir empatia com os sentimentos dos outros.[82] Esses traços podem ser críticos para selecionar pessoas, por exemplo, para trabalhar no programa australiano da Antártida, onde "a privacidade individual se reduz ao local de dormir, e os membros

---

78 HERMSTEIN, Richard J., MURRAY, Charles. *The bell curve:* intelligence and class structures in American life. New York: Simon & Schuster, 1994; DeANGELIS, Tori. Psychologists question findings of bell curve. *APA Monitor,* p. 7, Oct. 1995; Mainstream Science on intelligence. *The Wall Street Journal,* 13 Dec. 1994, p. A18.

79 GATEWOOD, FEILD. *Human Resource Selection,* p. 559.

80 MEYERS, D. C., JENNINGS, M. C., FLEISHMAN, Edwin A. Analysis of Computer interactive tests for assigning helicopter pilots to different missions. *ARRO Technical Report* #3075/R838. Bethesda, MD: Advanced Research Resources Organization, 1988; FLEISHMAN, Edwin A. Some new frontiers in personnel selection research. *Personnel Psychology* 41, p. 679-701, 1988.

81 STERNBERG, Robert J., WAGNER, Richard K., WILLIAMS, Wendy M., HORVATH, Joseph A. Testing common sense. *American Psychologist* 50, p. 912-927, Nov. 1995.

82 GOLEMAN, Daniel. *Emotional intelligence.* New York: Bantam, 1995; NELTON, Sharon. Emotions in the workplace. *Nations's Business,* p. 25, Feb. 1996; FARNHAM, Alan, CARVELL, Tim. Managing your career/special report. *Fortune,* p. 34, 15 Jan. 1996.

Quadro 7.12
Questões típicas do teste de habilidade mental wonderlic.

Examine a sequência de números abaixo. Qual será o próximo número?

4   2   1   1/2   1/4   ?

Considere que as duas primeiras afirmações são verdadeiras. A última afirmação será (1) verdadeira, (2) falsa, ou (3) não sabe?

Os meninos jogam *baseball*. Todos os jogadores de *baseball* usam chapéus. O menino usa chapéu.

Uma das figuras numeradas abaixo tem uma característica única entre as demais. Qual é seu número?

①   ④ ⑤

Um trem percorre 7 metros em 0,2 segundos. A essa mesma velocidade, quantos metros ele percorrerá em 3 segundos?

Quantos dos pares de números abaixo são duplicatas exatas?

```
    3421    1243
   21212   21212
  558956  558956
10120210 10120210
612986896 612986896
356471201 356571201
```

A duração em horas dos dias e das noites em SETEMBRO é praticamente igual a que outro mês?

(1) Junho   (2) Março   (3) Maio   (4) Novembro

---

da equipe podem ficar confinados juntos por vários dias... Interdependência é a garantia da sobrevivência".[83]

EXPLORANDO A WEB

Você pode visitar o *site* da Wonderlic no seguinte endereço:

http://www.wonderlic.com/.

Habilidade para Trabalhar em Equipe

É possível testar as pessoas para saber se elas têm habilidade para ser um bom membro de equipe? O Quadro 7.13 traz 14 requisitos para o trabalho em equipe, como conhecimento, habilidade e atitudes, e um exemplo de teste com 35 itens desse tipo, que avalia as 14 áreas. Um estudo considerou esse teste relacionado com o desempenho no trabalho, ainda que além das habilidades e aptidões padrão.[84] Você pode pedir a seus colegas que façam esse teste antes de formar seu próximo grupo de trabalho.

Habilidade Física

O que é necessário para desempenhar funções que envolvam trabalho físico? Alguns estudos descobriram três fatores que parecem ser básicos para este tipo de demanda: (1) força muscular; (2) resistência cardiovascular; (3) qualidade do movimento (flexibilidade, equilíbrio, coordenação).[85] Por cerca de 100 mil dólares, é possível uma empresa comprar um equipamento chamado Ergos Work Simulator que traz em seu banco de

---

83 BAIN, Gordon. E-mail enviado ao *site* HRNET em 21 de maio de 1995.
84 STEVENS, Michael J., CAMPION, Michael A. Staffing teams: development and validation of the teamwork-KSA test. Trabalho apresentado no encontro anual da Society of Industrial and Organizational Psychology, May 1994; STEVENS, Michael J., CAMPION, Michael A. The knowledge, skill and ability requirements for teamwork: implications for human resource management. *Journal of Management* 20, p. 403-530, 1994.
85 HOGAN, Joyce. Structure of physical performance in occupational tasks. *Journal of Applied Psychology* 76, p. 495-507, 1991.

dados mais de 14 mil ocupações diferentes. Escolhida a ocupação, a máquina mostra as habilidades físicas necessárias, e realiza um teste de quatro horas de duração para avaliar os aspectos relacionados com força, resistência e movimentos.

A maioria dos trabalhos não exige características físicas tão específicas que possam ser essenciais para seu desempenho. Entretanto, para aqueles que estão nesse caso, existe uma boa quantidade de pesquisas realizadas que desenvolveram métodos de análise para identificar as habilidades necessárias e os testes para sua avaliação. Os testes de flexibilidade e equilíbrio mostraram ter validade para algumas funções, enquanto os testes de força estática (especialmente da parte superior do corpo) têm validade para outras atividades. A força de explosão e a resistência são necessárias para poucas funções; o trabalho dos bombeiros requer atividade cardiovascular prolongada, e a capacidade de correr e saltar. Um programa de pesquisa de longo prazo indicou a validade para os testes físicos em cerca de 0,50 ou 0,60. Entretanto, um aspecto negativo desses testes é que eles têm grande possibilidade de discriminar as mulheres e alguns grupos raciais, particularmente os testes de força da parte superior do corpo.[86]

> ### QUAL SUA OPINIÃO?
>
> O que você acha que a maioria das empresas valoriza mais – a "inteligência prática" e a inteligência emocional, ou a "inteligência intelectual" e a inteligência cognitiva? Qual o papel de um administrador de RH na tentativa de obter um equilíbrio?

Validade

Uma das mais importantes e amplamente aceitas descobertas das recentes pesquisas em Psicologia é que os testes de habilidade cognitiva parecem ser previsores válidos para uma grande variedade de funções. Além disso, tais estudos indicam que as empresas podem basear-se nas evidências de validade obtidas no passado em outras organizações para determinar o quanto esses testes podem ser bons previsores para seu caso. Uma teoria é que esses testes de habilidade cognitiva refletem uma inteligência genérica, ou "fator g", que se traduz em um desempenho superior em uma grande variedade de atividades.[87] Veja no Quadro 7.14 os coeficientes de validade para testes de habilidades baseados em estudos sobre várias funções. Uma medida comum de habilidade cognitiva é o quociente de inteligência, ou QI. Um QI alto não implica necessariamente qualidade pessoal. Muitos criminosos nazistas tinham QIs altíssimos.[88] Muitos estudantes têm essa opinião sobre alguns professores que costumam dar provas excessivamente difíceis (ainda que não estejam assim tão convencidos de sua inteligência). A força física está relacionada com o desempenho de diversas funções, como o trabalho dos bombeiros ou de operários de construção pesada ou de manutenção.[89]

Legalidade e Equidade

O uso de testes é sempre um risco para as empresas, pois eles podem ser prejudiciais para algumas minorias. Um caso típico é o dilema enfrentado pelo U. S. Employment Service (USES), órgão do governo americano de colocação de pessoal, ao usar o Teste Genérico de Aptidões (GATB – *General Aptitude Test Battery*) para fazer o encaminhamento de candidatos a entrevistas.[90] As evidências de mais de 750 estudos sobre validade e a experiência com centenas de candidatos a empregos sugerem que, na média, os afro-americanos, os hispânicos e os indígenas pontuam menos do que os brancos no GATB, além de receberem também piores avaliações de desempenho. O GATB tem uma validade estatisticamente significativa igualmente para candidatos

---

86 FLEISHMAN, Edwin A. Some new frontiers in personnel selection research. *Personnel Psychology* 41, p. 679-701,1988; ARVEY, Richard D., LANDON, Timothy E., NUTTING, Steven M., MAXWELL, Scott E. Development of physical ability tests for police officers: a construct validation approach. (Monografia) *Journal of Applied Psychology* 77, nº 6, p. 996-1.009, 1992; HOGAN, Joyce. Physical abilities. In: DUNNETTE, Marvin D., HOUGH, Leatta M. (Orgs.). *Handbook of industrial and organizational psychology.* 2. ed. Palo Alto, CA: Consulting Psychologists Press, 1991. p. 753-831.

87 GOTTREDSON, Linda S. (Org.). The *g* factor in employment. *Journal of Vocational Behavior* 29, p. 293-450, 1986.

88 HARTIGAN, John A., WIGDOR, Alexandra K. (Orgs.). *Fairness in employment testing.* Washington, DC: National Academy Press, 1989; SELIGMAN, Daniel. The most important stat. *Fortune,* p. 126, 15 July 1991; SELIGMAN, Daniel. *A question of intelligence.* New York: Birch Lane Press, 1992.

89 BLAKLEY, Barry R., Miguel Qui/at/nones, CRAWFORD, Marnie Swerdlin, JAGO, I. Ann. The validity of isometric strength tests. *Personnel Psychology* 47, p. 247-274, 1994.

90 ARVEY, FALEY. *Fairness in selecting employees;* HARTIGAN, WIGDOR. *Fairness in employment testing.*

238 | Recrutamento e Seleção Externos

Quadro 7.13
Requisitos de conhecimento, habilidade e capacidade (CHC) para trabalho em equipe e um teste de habilidade para trabalho em equipe.

CHCs interpessoais

CHCs para a resolução de conflitos

1. Os CHC para reconhecer e encorajar, ou desencorajar, os conflitos desejáveis, ou indesejáveis, dentro da equipe.
2. Os CHC para reconhecer o tipo e a fonte dos conflitos e para implementar uma estratégia de resolução de conflito adequada.
3. Os CHC para empregar uma estratégia integrativa (ganhador-ganhador) de negociação em vez da estratégia tradicional distributiva (ganhador-perdedor).

CHCs para a solução colaborativa de problemas

4. Os CHC para identificar situações que requeiram a solução participativa grupal de problemas e para utilizar os tipos e graduações adequados de participação.
5. Os CHC para reconhecer os obstáculos para a solução colaborativa de problemas e para implementar as ações corretivas apropriadas.

CHCs para a comunicação

6. Os CHC para compreender a rede de comunicação e para utilizar redes descentralizadas para melhorar a comunicação quando for possível.
7. Os CHC para se comunicar aberta e apoiadoramente, ou seja, enviando mensagens que sejam (1) orientadas para o comportamento ou evento, (2) congruentes, (3) válidas, (4) integradoras e (5) partilhadas.
8. Os CHC para ouvir de forma imparcial e para usar as técnicas do ouvinte ativo de maneira correta.
9. Os CHC para maximizar a convergência entre as mensagens verbais e não verbais, e para reconhecer e interpretar as mensagens não verbais dos outros.
10. Os CHC para se engajar nos rituais comemorativos e nas conversações amenas e para reconhecer sua importância.

CHCs para o autogerenciamento

CHCs para a fixação de objetivos e para a administração do desempenho

11. Os CHC para ajudar no estabelecimento de metas específicas, desafiadoras e aceitas pelo grupo.
12. Os CHC para monitorar, avaliar e propiciar retorno tanto no desempenho do grupa como no desempenho individual de cada membro da equipe.

CHCs para o planejamento e coordenação de tarefas

13. Os CHC para coordenar e sincronizar atividades, informações e interdependência de funções entre os membros da equipe.
14. Os CHC para ajudar no estabelecimento de expectativas individuais quanto ao papel e às tarefas dos membros da equipe, e para assegurar o equilíbrio das cargas de trabalho dentro do grupo

Exemplos de itens de um teste de CHC para trabalho em equipe

1. Imagine que você está discutindo com vários colegas sobre quem deverá encarregar-se de uma atividade rotineira, mas muito desagradável. Entre as sugestões a seguir, qual seria a mais eficaz para resolver essa situação?
   a) Deixar que seu chefe decida, para evitar quaisquer tendências pessoais.
   b) Criar um rodízio, de forma que todos dividam igualmente a obrigação.(*)
   c) Deixar que aqueles que chegaram primeiro decidam, usando um critério de quem chega primeiro é servido primeiro.
   d) Indicar uma pessoa ao caso, e não mudar mais essa escolha.
2. Sua equipe quer melhorar a qualidade e o fluxo das conversações entre seus membros. O que deveria ser feito:
   a) Usar comentários construtivos e relacionados com o que os outros disseram.(*)
   b) Estabelecer uma ordem para as pessoas falarem.
   c) Deixar que os membros da equipe que têm mais o que dizer determinem os tópicos e a direção da conversa.
   d) Fazer um pouco de tudo o que está descrito.
3. Imagine que lhe é dada a escolha entre os seguintes tipos de objetivos. Qual você escolheria?
   a) Um objetivo fácil para garantir seu atingimento pelo grupo, criando assim um clima de sucesso.
   b) Um objetivo de dificuldade média, que desafie o grupo, mas que garanta o sucesso sem muito esforço.
   c) Um objetivo difícil e desafiador que force a equipe a um desempenho superior, mas que seja realista, para que todo o esforço acabe sendo útil.(*)
   d) Um objetivo muito difícil, até mesmo impossível, que, ainda que a equipe não tenha sucesso, pela menos terá um alvo de alto nível para buscar.

(*) Resposta correta

Fonte: STEVENS, Michael J., CAMPION, Michael A. The knowledge, skill and ability requirements for teamwork: implications for human resource management. *Journal of Management*, 20, p. 505-519, 1994. JAL Press Inc., Greenwich, CT e Londres, Inglaterra.

---

de grupos protegidos ou não, ainda que uma avaliação de desempenho tendenciosa possa ter diminuído um pouco a validade para os grupos não brancos. Se o USES utiliza os resultados dos testes como critério para encaminhamento de candidatos, os membros de grupos minoritários podem estar sendo excluídos mais frequentemente do que os brancos. Uma comissão oficial concluiu que essa abordagem pode causar discriminação contra os grupos minoritários.

A recomendação feita por essa comissão tentou tanto satisfazer ao compromisso com a Comissão de Igualdade nas Oportunidades de Emprego como, com a missão do USES, ajudar empregadores e candidatos a ajustarem-se. Foi recomendado o uso de uma técnica de pontuação chamada de *padrão racial*, em que os resultados são apresentados por grupo racial. Dessa forma, os melhores candidatos de cada um dos grupos, minoritários ou não, são encaminhados ao empregador,

Quadro 7.14
Níveis de validade dos testes de habilidade para diversas funções.

Função	Habilidade	Validade
Supervisores de primeira linha	Habilidade mental geral	0,64
	Habilidade mecânica	0,48
	Habilidade espacial	0,43
Operários de manutenção mecânica	Princípios mecânicos	0,78
Delegados de polícia e detetives	Habilidades quantitativas	0,26
	Raciocínio	0,17
	Habilidade especial/mecânica	0,17
Programadores de computador	Analogias numéricas	0,46
	Raciocínio aritmético	0,57

Fonte: GATEWOOD, Robert D., FEILD, Hubert S. *Human resource selection*. 3. ed. Fort Worth, TX: Dryden Press, 1994. p. 577.

e todos os grupos estão representados nas referências.[91] No entanto, as novas leis de direitos civis proíbem qualquer ajuste nos resultados de testes baseado no grupo racial. Na realidade, o uso do GATB já esteve para ser proibido e muitos Estados americanos aboliram seu uso. Muitos empregadores utilizam agora apenas testes que não produzam essas diferenças entre grupos protegidos e não protegidos. O debate continua sobre se os testes de habilidade cognitiva (incluindo os testes padronizados para a admissão nas universidades) são culturalmente justos, ou se eles não acabam prejudicando mulheres e membros de minorias.[92]

Testes de Conhecimento da Função, Simulações e Testes Práticos

"Pense em uma ocupação qualquer, e provavelmente existirá um teste para ela."[93] Para exemplos de itens de testes de conhecimento do trabalho que podem ser usados em diversas ocupações, veja o Quadro 7.15. Andando de táxi em Melbourne, Austrália, o motorista conta orgulhoso que sua empresa exige que todos os seus motoristas acertem pelo menos 120 das 140 questões constantes de um teste de conhecimento de toda a área da cidade, seus pontos principais, hotéis e subúrbios. Os itens para avaliar o *conhecimento da função* são desenvolvidos com base na análise da função, que identifica os fatos ou regras essenciais que precisam ser conhecidos por quem vai desempenhá-la. As *simulações* são como réplicas miniaturizadas dos comportamentos cotidianos do trabalho verdadeiro, como saber taquigrafia, conhecer o processamento do trabalho ou saber ler uma planta. Os centros de avaliação combinam essas duas abordagens e são geralmente usados para as decisões sobre promoções, e serão examinados no Capítulo 9. Provavelmente, o teste direto de conhecimento do trabalho mais realista que existe é colocar o candidato em um período de experiência no próprio trabalho, como fazem algumas indústrias automobilísticas em suas linhas de montagem ou como os estágios que certas empresas oferecem a estudantes universitários. Por exemplo, a Connecticut General Life Insurance Company usa um tipo de teste computadorizado que apresenta ao candidato documentos reais que ele deve processar. Isso não apenas melhora a seleção de candidatos, como também proporciona uma realística previsão do trabalho (vista no Capítulo 6), além de significar uma economia de cerca de 300 mil dólares em custos de treinamento nos primeiros três meses.[94]

---

91 BAYDOUN, Ramzi B., NEUMAN, George A. The future of the general aptitude test battery (GATB) for use in public and private testing. *Journal of Business and Psychology* 7, nº 1, p. 81-91, Fall 1992.

92 BUREAU OF NATIONAL AFFAIRS. "Legal questions about job aptitude test have led to its demise in most States. *Daily Labor Report*, 30 Mar. 1992, p. 4-10; PAUL, Niall A. The civil rights act of 1991: what does it really accomplish?" *Employee Relations Law Journal* 17, nº 4, p. 567-591, Spring 1992; ROTHSTEIN, Hannah R., McDANIEL, Michael A. Differential validity by sex in employment settings. *Journal of Business and Psychology* 7, nº 1, p. 45-62, Fall 1992; HELMS, Janet E. Why is there no study of cultural equivalence in standardized cognitive ability testing? *American Psychologist* 45, nº 9, p. 1.083-1.101, Sept. 1992; MOSES, Susan. Gender gap on tests examined at meeting. *APA Monitor*, p. 38, Dec. 1991.

93 PUTKA, Gary. A test for every task. *The Wall Street Journal*, 9 Feb. 1990, p. R19.

94 SILUP, Sandy. Applicant screening custs turnover costs. *Personnel Journal*, p.115-116, May 1992.

240 | Recrutamento e Seleção Externos

Quadro 7.15
Itens de teste de conhecimento da função para diferentes ocupações.

Barbeiro

1. Um homem com um nariz proeminente deve usar:
   a) Bigode em forma de pirâmide.
   b) Bigode largo.
   c) Bigode estreito.
   d) Bigode pequeno.

Atendente de bar

2. Qual das bebidas abaixo é sempre batida?
   a) Califórnia Root Beer.
   b) Screwdriver.
   c) Gibson.
   d) Sombrero

Empreiteiro de obras civis

3. O que deve ser pintado em primeiro lugar em um cômodo?
   a) Paredes.
   b) Caixilhos das janelas.
   c) Batentes e rodapés.
   d) Teto.

Massagista

4. O melhor tipo de aquecimento para produzir relaxamento antes de uma massagem é:
   a) Elétrico.
   b) A seco.
   c) Prolongado.
   d) Úmido.

Radialista

5. Em um programa com chamadas telefônicas, você NÃO DEVE:
   a) Esclarecer um tópico para o ouvinte.
   b) Estabelecer um tempo limite para as ligações para não inibir as pessoas que queiram expressar suas opiniões.
   c) Expressar suas próprias opiniões.

Decorador

6. Qual o elemento que ajuda a dar equilíbrio a um cômodo?
   a) Uma janela em cada parede.
   b) Uma lareira.
   c) Combinar papel de parede com os tecidos.
   d) Móveis de alturas diversas.

Florista

7. Qual desses arranjos NÃO é adequado para pêsames?
   a) Portões entreabertos.
   b) Spray.
   c) Buquê em cascata.
   d) Cruz.

Agente de viagens

8. Para obter o menor preço de uma passagem ida-e-volta, você deve:
   a) Chegar ao aeroporto 2 horas antes.
   b) Comprar os dois trechos separadamente.
   c) Conseguir três amigos para viajar com você.
   d) Comprar com boa antecipação.

Respostas: 1b, 2d, 3d, 4d, 5c, 6d, 7c, 8d

Fonte: BRAGDON, Allen D. The book of tests. Copyright 1989 por Allen D. Bragdon Publishers Inc. Reproduzido com autorização de Harper Collins Publishers.

Quanto de conhecimento do trabalho é suficiente? Talvez os chefes devam estabelecer esse padrão. Alguns desses testes pedem ao candidato que dê uma pontuação à importância relativa dos comportamentos no trabalho, para então compará-la com as prioridades apontadas pelos supervisores com quem irá trabalhar. As medidas dessa concordância estão relacionadas com o desempenho em várias funções.[95] Se o trabalho envolve situações interpessoais, talvez os testes multimídia possam ajudar. Esses apresentam pequenos vídeos que mostram dilemas comuns do cotidiano, como ver um colega transgredir uma norma ou roubar alguma coisa, e perguntando ao candidato o que ele faria em uma situação assim.[96]

Validade

As simulações e os testes práticos, quando projetados cuidadosamente com base na análise do trabalho, têm demonstrado taxas de validade em torno de 0,40. Seu melhor desempenho acontece quando a simulação está o mais próximo possível das atividades que o empregado realmente realiza no dia a dia e reflete a situação verdadeira. Essas técnicas de seleção são mais adequadas

---

95   BARRET, Richard S. Employee selection with the performance priority survey. *Personnel Psychology* 48, p. 653-662, 1995.

96   DRASGOW, Fritz et al. Computerized assessment. In: *Research in Personnel and Human Resource Management* 11, p. 163-206, 1993; BARBERA, Karen M., RYAN, Ann Marie, DESMARAIS, Laura Burris, DYER, Patrícia. Multimedia employment tests: effects of attitudes sed experiences on validity. Trabalho apresentado na *Conferência Anual da Society of Industrial and Organizational Psychology,* May 1995.

para funções cujas tarefas são muito bem definidas e claramente observáveis.[97]

Legalidade

As simulações e os testes práticos têm se mostrado relativamente livres da acusação de discriminatórios. Além disso, eles são obviamente relacionados apenas com o trabalho em si. Entretanto, às vezes, eles tendem a excluir mulheres e membros de minorias, especialmente nas funções historicamente pouco desempenhadas por esses grupos.[98] Assim, essas técnicas devem ser utilizadas apenas para avaliar os conhecimentos e as habilidades absolutamente necessários para que os candidatos possam começar a trabalhar. Elas não devem refletir os conhecimentos que são rotineiramente adquiridos no desempenho da função.

Requisitos Físicos e Psicológicos

Cerca de metade das empresas exige um exame médico para a admissão de funcionários; uma porcentagem parecida exige testes contra uso de drogas. Testes mais específicos, como de capacitação física, polígrafo, triagem genética ou exame de Aids, são bem mais raros. Entretanto, essas mensurações têm despertado a atenção pública e continuam a gerar controvérsias.[99]

Teste de Uso de Drogas

Segundo um graduando do Dartmouth College, uns dias antes de sua formatura, a fórmula para se conseguir hoje um cargo de alto escalão com bom salário é "cinco ou seis entrevistas e um exame antidrogas"?[100]

Muitas das maiores empresas americanas, como a IBM, Kodak, AT&T, Lockheed, 3M e Westinghouse exigem exames de urina de alguns ou de todos os candidatos a emprego. Essas empresas alegam a responsabilidade de oferecer um ambiente seguro, saudável e produtivo para seus trabalhadores. Os testes para detectar o uso de drogas podem usar métodos de *bioteste,* que consistem na coleta de materiais, como sangue, saliva, urina ou cabelo para análise. Alguns desses métodos detectam apenas o uso muito recente da substância, o que facilita evitar seu resultado positivo apenas abstendo-se uns dias antes do exame. Outros, ao contrário, detectam o uso nas últimas semanas, mas não o mais recente. A maior parte das empresas não contrata candidatos com resultados positivos. As empresas menores, que empregam funcionários menos especializados e com menor remuneração, podem não conseguir pagar por esses testes. Um órgão governamental americano testou 1.000 guardas de segurança e 980 falharam nestes exames. No sul dos Estados Unidos e em algumas de suas zonas rurais, está ficando difícil encontrar trabalhadores que passem nos testes antidrogas. Ainda que esses testes estejam relacionados com o comportamento no trabalho, como o absenteísmo, o número relativamente baixo de candidatos recusados por esse motivo pode diminuir sua validade. Os erros laboratoriais chegaram a 37% nos últimos tempos, indicando uso de drogas onde não havia. Esses testes também podem ser entendidos como uma invasão de privacidade. As recomendações para seu uso incluem: (1) submeter aos testes apenas os empregados/candidatos cujas funções sejam consideradas críticas ou de máxima segurança; (2) utilizar apenas medidas válidas de uso de drogas; (3) obter o consentimento legal do empregado/candidato e fornecer a ele o resultado do exame; (4) manter o resultado do exame estritamente confidencial; e (5) usar os testes como uma pequena parte de um programa mais abrangente contra o uso de drogas?[101]

---

97 HUNTER, John E., HUNTER, Rhonda. The validity and utility of alternative predictors of job performance. *Psychological Bulletin* 96, p. 72-98, 1984; CASCIO, Wayne F., PHILLIPS, Neil. Performance testing: a rose among thorns? *Personnel Psychology* 30, p. 187-197, 1979.

98 CASCIO, PHILLIPS. Performance testing; HEILMAN, Madeline E., MARTELL, Richard F., SIMON, Michael C. The vagaries of sex bias: conditions regulating the undervaluation, equivaluation or overvaluation of female job applicants. *Organizational Behavior and Human Decision Processes* 41, p. 98-110, 1988.

99 BUREAU OF NATIONAL AFFAIRS. *Recruiting and. selection procedures;* Drug testing increases. *Human Resource Management News,* 18 Feb. 1989; ZWERLING, Craig, RYAN, James. Preemployment drug screening. *Journal of Occupational Medicine* 34, nº 6, p. 595, June 1992.

100 Graduates face drug tests in joining job market. The New York Times, 21 June 1987, p. 29.

101 KUPFER, Andrew. Is drug testing good or bad? Fortune, p. 133-140,19 Dec. 1988; Human Resource Management News, 13 Jan. 1990, p. 1; ZWERLING, Craig, RYAN, James. Preemployment drug testing; ZWERLING, Craig, RYAN, James, ORAV, E. J. Costs and benefits of preemployment drug screening. Journal of the American Medicai Association 267, p. 91-93, 1992; GATEWOOD, FEILD. Human Resource Selection, p. 638; MEYERS. Soroka vs. DaytonHudson Corp; CROWN, Deborah F., ROSSE, Joseph G. A critical review of the assumptions underlying drug testing. Journal of Business and Psychology 3, nº 1, p. 22-41, Fall 1988.

Proibição do Fumo

"O salário era bom, a entrevista correu muito bem, e o emprego parecia promissor – até que Art Hargreaves descobriu o pior: não se contratam fumantes." Fumante de meio maço de cigarros por dia, Hargreaves estava sem sorte na Litho Industries, uma indústria gráfica de Raleigh, North Carolina; em janeiro de 1989, a empresa parou de contratar fumantes – mesmo aqueles que concordassem em não fumar no local de trabalho. Embora as estimativas indiquem apenas 6%, o número de empresas com políticas antitabagistas parece estar aumentando, e exames de urina têm sido frequentemente usados para detectar a evidência de nicotina.[102] Essas políticas visam geralmente reduzir os custos de assistência médica e seguro-saúde, mas também servem para apaziguar aqueles empregados que reclamam dos efeitos dos cigarros de baixa qualidade.

Triagem de Aids

A Aids tornou-se a mais crítica das questões médicas da década de 90, com milhares de casos confirmados, e mais outros milhões apenas infectados com o vírus HIV. Ainda que a incidência desse tipo de exame nas empresas seja baixa, um exame de sangue usado como parte do exame médico de rotina pode servir para esse teste específico. Segundo os especialistas, a triagem de Aids não se justifica para propósitos de emprego, já que a doença não se transmite por meio das práticas do trabalho e os testes identificam apenas a presença dos anticorpos e não da doença.[103]

Triagem Genética[104]

A triagem genética é uma avaliação da estrutura genética do indivíduo; ela tem sido usada para identificar pessoas com alta suscetibilidade em relação a toxinas no ambiente de trabalho ou com alta predisposição para contrair doenças ocupacionais. Os avanços na pesquisa genética irão indubitavelmente expandir o número de traços e características que poderão ser identificados com esses procedimentos. Entretanto, os empregadores devem agir com cautela, já que essas técnicas mexem com a intimidade das pessoas, são potencialmente discriminatórias e é difícil afirmar com certeza se estão relacionadas com o trabalho.

Testes com Polígrafos (Detector de Mentiras)

Milhares de empregadores já usaram os testes com polígrafos no passado para lidar com roubos ou outras violações por parte dos empregados. Nos Estados Unidos, entretanto, uma lei de 1988 proibiu o uso desses testes nos processos de seleção, exceto para os funcionários públicos ou privados ligados diretamente com o serviço secreto militar ou energia nuclear.[105] O teste com polígrafo tem sido substituído frequentemente pelo teste de integridade, um tipo de teste de personalidade, que será discutido mais adiante.

Legalidade dos Testes Físicos/Fisiológicos

Os testes físicos têm-se tornado cada vez mais vulneráveis às questões legais. A Suprema Corte dos Estados Unidos determinou que os empregadores não podem, por causa do risco aos bebês, barrar de certas funções as mulheres em idade de fecundar, mesmo que as evidências médicas mostrem que a exposição a determinados ambientes de trabalho possa prejudicar o feto.[106] As informações fisiológicas têm sido apontadas pela legislação americana como uma potencial invasão de privacidade, uma potencial fonte de discriminação contra as mulheres, as pessoas de baixa estatura e os portadores de deficiências físicas (veja o Capítulo 2). Outro problema com esses testes é que os procedimentos que podem aumentar a validade de seus resultados, como a escolha aleatória ou a observação durante a coleta de material, também aumentam a sensação de invasão de privacidade.

---

102 GEYELIN, Milo. The job is yours – unless you smoke. *The Wall Street Journal, 21* Apr. 1989, p. B1.

103 BOFFEY, Philip M. Spread of AIDS is abating, but deaths will still soar. *The New York Times,* 14 Feb. 1988, p. 36; Few companies have policies to cover employees with AIDS. *Resource* 6, nº 12, p. 6-7, Oct. 1987; OLIAN, Judy D. AIDS testing for employment purposes? Facts and controversies. *Journal of Business and Psychology* 3, nº 2, p. 135-153, Winter 1988.

104 OLIAN, Judy D. Genetic screening for employment purposes. *Personnel Psychology,* p. 423-438, 1984; BUREAU OF NATIONAL AFFAIRS. Value of genetic testing said minimal for gauging workplace risks. *BNA's Employee Relations Weekly, p.* 1.235,18 Nov. 1991.

105 FRIERSON, James G. New polygraph test limits. *Personnel Journal,* p. 84-91, Dec. 1988.

106 WERMEIL, Stephen. Justice bar 'fetal protection' policies. *The Wall Street Journal,* 21 Mar. 1991, p. B1.

Testes de Personalidade, Honestidade e Integridade

"Às vezes, gosto de provocar animais. Também me sinto inútil de vez em quando, e sinto como se fosse desmontar. Às vezes, gosto de quebrar coisas, isto é estranho?" O teste de personalidade mais usado no mundo, o *Minnesota Multiphasic Personality Inventory* (MMPI), utiliza 567 declarações desse tipo para determinar o grau de paranoia, depressão, mania ou ansiedade das pessoas. Existe grande variedade de testes desse tipo; cerca de 17% dos empregadores os utilizam, especialmente para seleção de pessoal de vendas.[107] Um jornalista do *The Wall Street Journal* sugeriu que o teste Meyer-Briggs Type Indicator (MBTI) "deveria ser rotineiramente administrado a todos os adultos que entram para o mercado de trabalho, aos pais que educam os filhos e aos jovens que pensam em se casar".[108]

A avaliação da personalidade é realizada para selecionar policiais, mas dificilmente esses testes podem impedir futuros problemas com esses profissionais.[109] Testes diferentes medem coisas diferentes. O teste MMPI traz escalas de personalidade, tais como hipocondria, depressão, paranoia e esquizofrenia. Especialmente popular entre os empregadores é o teste MBTI, que mede coisas similares. Alguns testes avaliam as preferências individuais em relação aos fatores intrinsecamente motivadores no trabalho (envolvimento com as tarefas, curiosidade, interesse e prazer), em comparação com os fatores extrinsecamente motivadores no trabalho (competição, reconhecimento, dinheiro).[110] Embora testes diferentes meçam coisas diferentes, existe um consenso entre os psicólogos de que podem existir cinco fatores básicos da personalidade.

- *Extrovertido:* sociável, agradável, gregário, caloroso, assertivo, ativo.
- *Agradável:* cortês, confiável, flexível, franco, emotivo.
- *Consciente:* cuidadoso, perfeccionista, trabalhador, ambicioso, perseverante.
- *Neurótico:* ansioso, deprimido, irritadiço, complicado.
- *Aberto a experiências:* original, imaginativo, ousado.[111]

Um estudo mostrou que os trabalhadores na indústria de energia nuclear "melhoraram" seus resultados no MMPI com o passar do tempo, tornando-se cada vez mais "normais" a cada nova avaliação. Talvez vejamos em breve serviços de treinamento para a personalidade. Outro estudo mostra que os homens costumam ser mais assertivos e as mulheres mais ansiosas, gregárias, confiáveis e carinhosas. Você conhece sua própria personalidade? As pesquisas indicam que as avaliações de personalidade feitas por chefes, colegas ou clientes são diferentes da autoavaliação feita pelo indivíduo em questão, e até mesmo melhores para prever o desempenho no trabalho.[112]

> ### EXPLORANDO A WEB
> Você pode fazer um teste de personalidade baseado no MBTI pela internet, no endereço:
> http://sunsite.unc.edu.personality/keirsey.html.

---

107 CROSSEN, Cynthia. Bulemics take note: personality testing is entering the 80s. *The Wall Street Journal,* 13 Sept. 1989, p. A1; *Minnesota Multiphasic Personality Inventory-2.* Minneapolis: University of Minnesota Press, 1989; ADLER, Tina. Revision brings test into the 21st century. *APA Monitor* 10, nº 11, p. 2, Nov. 1989; BUREAU OF NATIONAL AFFAIRS. *Recruiting and selection procedures.*

108 AUERBACH, Ernest. Not your type, but right for the job. *The Wall Street Journal,* 6 Jan. 1992, p. A14.

109 LAMBERT, Wade. Flunking grade: psychological tests designed to weed out rogue cops get a "D". *The Wall Street Journal,* 11 Sept. 1995, p. A1-A5.

110 AMABILE, Teresa M., HILL, Karl G., HENNESSEY, Beth A., TIGHE, Elizabeth M. The work preference inventory: assessing intrinsic and extrinsic motivational orientations. *Journal of Personality and Social Psychology* 66, p. 960-967, 1994.

111 COSTA JR., P. T., McCRAE, R. R. *NEO PI-R:* professional manual. Odessa, FL: Psychological Assessment Resources, 1992; MOUNT, Michael K., BARRICK, Murray R. The big five personality dimensions: implications for research and practice in human resources management. *Research in Personnel and Human Resources Management* 13, p. 153-200, 1995.

112 KELLEY, Patricia L., JACOBS, Rick R., FARR, James L. Effects of multiple administration of the MMPI for employee screening. *Personnel Psychology* 47, p. 575-591, 1994; FEINGOLD, Allen. Gender differences in personality: a meta-analysis. *Psychological Bulletin* 11, p. 429-456, 1994; MOUNT, Michael K., BARRICK, Murray R., STRAUSS, J. Perkins. Validity of observer ratings of the big five personality factors. *Journal of Applied Psychology 79,* p. 272-280, 1994.

244 | Recrutamento e Seleção Externos

Quadro 7.16
Exemplos de itens de um teste de honestidade.

Existe uma visão de que algumas das perguntas feitas em testes abertamente voltados para a avaliação da integridade dos indivíduos, em que os testados têm consciência absoluta do propósito do exame, poderiam ser chamadas de "estúpidas" – as respostas seriam demasiado óbvias. Por exemplo, *é claro* que é errado roubar. Mas outros veem nestes testes mais nuanças de cinza do que apenas preto ou branco.

No livro *Testing testing* (*Testando os testes*), o professor da University of Kansas, F. Allan Hanson, aconselha que "a estratégia mais eficaz diante de um teste de honestidade é jogar a honestidade pelo ralo – é preciso conhecer os critérios de avaliação do teste e responder às questões de acordo com eles, sem se preocupar com a verdade".

Tendo essas palavras em mente, responda a essas questões, tiradas de uma amostra do Reid Psychological Systems, e seja honesto: O que você faria com 100 dólares?

✦ Você acha que uma pessoa que passa um cheque sem fundos deve ser recusada para um emprego em que a honestidade é um fator importante?

✦ Você acha que uma pessoa deveria ser demitida caso fosse descoberto que ela ajudou outros empregados a enganarem a empresa em relação a horas extras de trabalho?

✦ Se você encontrasse na rua 100 dólares perdidos por carro forte de um banco, você iria devolvê-los ao banco, mesmo sabendo não haver recompensa?

✦ Você considera correto um funcionário conceder um desconto a um colega, mesmo sabendo que a empresa não permite isso?

✦ Você acha que um indivíduo que regularmente tira pequenas quantias em dinheiro da empresa onde trabalha, mas sempre as devolve em seguida, pode ser considerado honesto?

✦ Você acha que a forma pela qual uma empresa é administrada é mais responsável pelos empregados que roubam do que as atitudes e os comportamentos dos próprios empregados?

✦ No dia 20 de cada mês, um antigo funcionário pega certa quantia de dinheiro da empresa para pagar uma dívida. No dia 30, dia do pagamento, ele devolve o dinheiro à empresa. Depois de 15 anos, finalmente ele é pego em flagrante, fazendo isto, por seu chefe. Não foi encontrado nenhum desfalque, mas ele foi demitido assim mesmo. Você acha que isso está certo?

✦ Você compraria alguma coisa que soubesse ter sido roubada?

Fonte: BUDMAN, Mathew. The honesty business. *Across the Board*, p. 36, nov.-dez. 1993. Reproduzido com autorização de The Conference Board.

Integridade e Honestidade

Com a proibição do uso do polígrafo, tem crescido o interesse nos testes escritos para avaliar a *honestidade* e a *integridade* dos indivíduos. Esses testes podem ser projetados especialmente para perguntar aos candidatos sobre suas atitudes em relação ao roubo e à desonestidade, ou para trazer à tona confissões de atos ilegais. O Quadro 7.16 mostra um exemplo de um típico *teste de honestidade*. Esses testes são capazes de prever comportamentos como o roubo. No entanto, suas perguntas são tão fáceis de falsificar que todo mundo pode sair-se bem neles. Os cientistas especulam que os ladrões acreditam que "todo mundo faz isto", e costumam falsificar respostas "realísticas", temendo que, ao parecerem demasiadamente honestos, sejam pegos em uma mentira, enquanto as pessoas honestas respondem dentro de padrões altamente honestos. Outra abordagem é tomar as respostas dadas a outros testes mais genéricos, e pontuá-las de forma a distinguir os desonestos dos demais. De acordo com esses *testes de honestidade baseados em traços de personalidade,* a integridade é definida como uma combinação de consciência, afabilidade e estabilidade emocional.[113]

Legalidade

Como todos os demais, os testes de honestidade e integridade estão sujeitos à legislação antidiscriminatória, o que significa que, caso possam causar impacto adverso, eles precisam provar-se essenciais para o desempenho do trabalho. A maioria dos estudos mostra que esses testes têm pouco efeito discriminatório contra mulheres e membros de minorias.[114] Outro problema legal é definir se esses testes podem ser acusados de invasão de privacidade. Nos Estados Unidos, existem leis específicas que protegem o "direito à privacidade". A empresa Dayton-Hudson perdeu um processo de

---

113 SELIGMAN, Daniel. Searching for integrity. *Fortune*, p. 140, 8 Mar. 1993; SACKETT, Paul R., BURRIS, Laura R., CALLAHAN, Christine. Integrity testing for personnel selection: an update. *Personnel Psychology* 42, nº 3, p. 491-529, Fall 1989; MOUNT, BARRICK. The big five personality dimensions. p. 276.

114 SACKETT et al. Integrity testing for personnel selection.

2 milhões de dólares na Califórnia, mesmo considerando-se inocente, por ter colocado em um teste de seleção questões como, "creio que meus pecados são imperdoáveis", "sou fascinado pelo fogo" e "espíritos malignos às vezes tomam conta de mim". O uso de testes de personalidade deve seguir certas regras, como serem aplicados sempre por profissionais, escolher sempre os testes com maior evidência de validade, manter todos os resultados confidenciais, combinar esses testes com outras técnicas de seleção e obter o consentimento oficial do candidato antes do teste.[115]

Validade

Os testes de personalidade podem mesmo prever o desempenho das pessoas? Embora persista a controvérsia a esse respeito, existem evidências de que eles conseguem sim, especialmente quando os fatores de personalidade se adaptam às exigências do trabalho. O grau de conscientização parece dar uma ideia do desempenho no trabalho e prever comportamentos irresponsáveis. A irresponsabilidade também pode ser prevista pela estabilidade emocional e pela abertura a novas experiências. A capacidade de trabalhar em equipe pode ser antecipada pela afabilidade e conscientização. A extroversão parece indicar o sucesso entre gerentes e vendedores. A validade desses testes fica em torno de 0,20 e 0,30. Um sumário de vários estudos sobre testes de integridade revelou uma média de validade de 0,30 tanto para o comportamento negativo como para os índices de desempenho.[116] Esses valores são respeitáveis, mas, ao contrário de certas recomendações, não são suficientes para ajudar na escolha de uma esposa ou marido (um namorinho, talvez, mas casamento ainda não).

INTEGRANDO AS AÇÕES PARA FORMAR O PROCESSO DE SELEÇÃO EXTERNA

Não importa o grau de validade dos procedimentos de seleção, sua eficácia depende de como a organização usa a informação. A construção adequada do processo de coleta e tratamento das informações determina frequentemente o sucesso ou o fracasso dos sistemas de recrutamento externo. Aqueles que projetam esse processo precisam tomar decisões sobre selecionar para uma ou várias funções quem coleta e avalia as informações e como combinar múltiplos procedimentos de seleção.

Seleção individual *versus* classificação

A maior parte dos procedimentos de seleção é avaliada por sua capacidade de prever o desempenho ou outros comportamentos para uma função específica. Mais frequentemente, entretanto, espera-se que um funcionário desempenhe mais de um papel ou que aprenda várias novas habilidades para adaptar-se às constantes mudanças no trabalho (veja o Capítulo 3). Além disso, em função da escassez de pessoal, muitas vezes o empregador precisa contratar todos os candidatos disponíveis, decidindo então para que tarefa eles são mais adequados. Esse processo de escolha sobre a colocação de diversos candidatos em cada uma das diferentes oportunidades de emprego é chamado de decisão de *classificação*.

O exército americano avalia milhares de candidatos e os encaminha a centenas de funções, com base nos resultados de seus testes. Quais as prioridades que devem prevalecer para esse encaminhamento? Um indivíduo que se saiu bem tanto no teste de cozinheiro como no de artilharia pesada deve trabalhar no refeitório ou em um tanque de guerra? Qual o peso que deve ser dado à preferência manifesta do candidato? A escassez em determinadas funções deve influenciar essas decisões? Em princípio, o sistema deveria colocar as pessoas não apenas dando ênfase aos cargos mais importantes, levando em conta a escassez real ou prevista de pessoal ou dando maior peso às qualificações, mas também procurando fazer ajustes nas aspirações dos candidatos. Para colocar um sistema desses em funcionamento, entretanto, é preciso haver vários programas de computador capazes de processar tantas alternativas complexas.[117] As técnicas de seleção usadas por um sistema como esse

---

115 MELLO, Jeffrey A. Personality screening in employment: balancing information gathering and the law. Labor Law Review, p. 622-625, Oct. 1995.

116 MOUNT, BARRICK. The big five personality dimensions. p. 169; ONES, Deniz S., VISWESVARAN, Chockalingam, SCHMIDT, Frank L. Meta-analysis of integrity test validities: findings and implications for personnel selection and theories of job performance. (Monografia) *Journal of Applied Psychology* 78, p. 679-703, 1993; CAMARA, Wayne J., SCHNEIDER, D. L. Integrity tests: facts and unresolved issues. *American Psychologist* 49, p. 112-119, 1994; KANFER, Ruth, ACKERMAN, Phillip L., MURTHA, Todd, GOFF, Maynard. Personality and intelligence in industrial and organizational psychology. Cap. 26. In: SAKLOFSKY, Donald H., ZEIDNER, Moshe. *International handbook. of personality and intelligence.* New York: Plenum, 1995. p. 577-602.

117 ZEIDNER, Joseph, JOHNSON, Cecil, SCHMITZ, Edward, NORD, Roy. The economic benefits of predicting job performance. *Documento IDA P-2241.* Alexandria, VA: Institute for Defense Analyses, Sept. 1989.

246 | Recrutamento e Seleção Externos

devem ser avaliadas não apenas por sua capacidade de prever os desempenhos para cada função, mas também de distribuir claramente os indivíduos pelas diversas funções, de acordo com suas qualificações relativas.[118] Ainda que complexo, o processo de escolher candidatos para várias funções diferentes em vez de apenas uma pode ser benéfico. Uma simulação computadorizada mostrou que o desempenho daqueles selecionados pode ser significativamente melhorado apenas pelo fato de se estar considerando um número maior de categorias ocupacionais.[119]

Coletando e Classificando as Informações Prognósticas

A menos que uma informação prognóstica seja obtida de forma totalmente mecânica, alguém precisa observar e registrar a informação sobre os candidatos e transformá-la em um relatório. Geralmente, essa é uma atribuição do profissional de RH, ainda que as entrevistas sejam divididas com outros administradores e o encarregado pelas contratações.[120] A Microsoft, com mais de 15 mil funcionários, contrata seus desenvolvedores como "se fôssemos uma empresa de 10 pessoas contratando a 11ª"; o próprio Bill Gates procura conquistar os engenheiros sêniores e até os programadores mais experientes precisam submeter-se a entrevistas de cinco a seis horas de duração.[121]

É preciso também determinar como classificar os previsores, especialmente quando a possibilidade de discriminação está envolvida. Duas abordagens sobre essa questão sugerem pontuar todos os candidatos em determinado previsor, ou conjunto de previsores, classificando-os em ordem decrescente, bem como selecionar de cima para baixo até que todas as vagas tenham sido preenchidas. Ainda que muito eficiente, esse método pode causar algum constrangimento, caso a pessoa em seguida do último contratado tenha obtido uma pontuação muito próxima deste. Como você se sente quando recebe um B em uma disciplina, com uma média 89,5, e seu colega fica com A –, com uma média 89,6? Uma forma de resolver esse problema é estabelecer *notas de corte,* acima das quais todos são considerados "qualificados" em determinado previsor.

A seleção entre esses "qualificados" pode basear-se em outros fatores. Uma variação interessante dessa abordagem é chamada *de faixa móvel,* que cria grupos de pontuação tão próximos que não podem ser diferenciados estatisticamente, dadas as imperfeições dos testes. Todos que ficarem dentro desse grupo são tratados como tendo obtido a mesma pontuação. Assim, se você estiver "próximo" de uma nota alta, ainda poderá ser considerado para o emprego.[122]

Combinando Múltiplos Procedimentos de Seleção

Você contrataria salva-vidas, baseando-se apenas nas informações contidas em um formulário de inscrição? Provavelmente, não. Provavelmente, você procuraria avaliar os conhecimentos dos candidatos sobre esse trabalho, testaria sua capacidade física e suas habilidades de resgate na água, e talvez os entrevistasse também. Os empregados raramente são contratados com base em apenas um método de seleção. O uso de múltiplos procedimentos pode propiciar informações mais completas e permitir que o processo de escolha seja ajustado em função de situações específicas. Foi feita anteriormente uma referência aos previsores únicos, mas muitos estudos têm sugerido que a validade aumenta com o uso de previsores múltiplos, como a combinação de testes de inteligência e de personalidade.[123] No entanto, a organização precisa decidir como combinar os múltiplos procedimentos de seleção para chegar a um único critério de contratação/rejeição para cada candidato. No caso dos salva-vidas, por exemplo, todos os candidatos

---

118 CRONBACH, Lee J., GLESER, Goldine C. *Psychological tests and personnel decisions.* 2. ed. Urbana: University of Illinois Press, 1965.

119 ALLEY, William E., DARBY, Melody M. Estimating the benefits of personnel selection and classification: an extension of the brogden table. *Educational and Psychological Measurement* 55, p. 938-958, Dec. 1995.

120 BUREAU OF NATIONAL AFFAIRS. *Employee selection procedures.*

121 DEUTSCHMAN, Alan. The managing wisdom of high-tech superstars. *Fortune,* p. 197-205, 17 Oct. 1994.

122 CASCIO, Wayne F., OUTTZ, James, ZEDECK, Sheldon, GOLDSTEIN, Irwin L. Statistical implications of six methods of test score use in personnel selection. *Human Performance* 8, p. 133-164, 1995.

123 WRIGHT, Patrick M., KACMAR, K. Michelle, McMAHAN, Gary C., DELEEUW, Kevin. P = f(M x A): cognitive ability as a moderator of the relationship between personality and job performance. *Journal of Management* 21, p. 1.129-1.139, 1995; DALESSIO, Anthony T., SILVERHART, Todd A. Combining biodata test and interview information: predicting decisions and performance criteria. *Personnel Psychology* 47, p. 303-315, 1994.

Quadro 7.17
Alternativas de uso de múltiplos procedimentos de seleção.

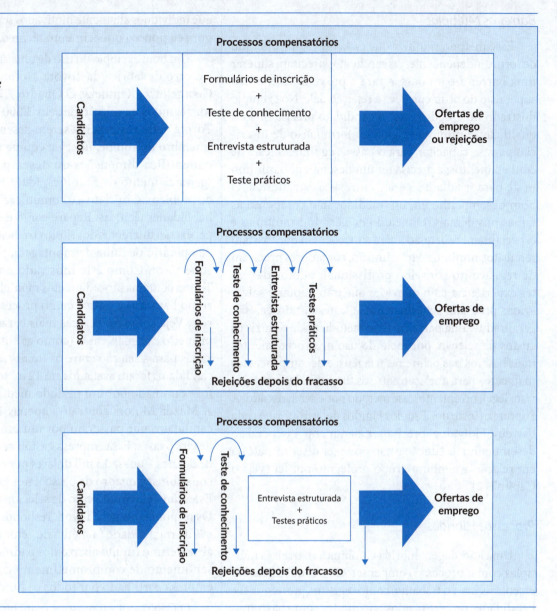

deverão sair-se bem na prova escrita, no teste prático e na entrevista, ou um excelente desempenho em um previsor pode compensar algumas falhas nos demais? O Quadro 7.17 ilustra três métodos de uso de múltiplos procedimentos: compensatório, barreiras múltiplas e abordagens híbridas.

Processos Compensatórios

Os processos compensatórios são os que permitem que um excelente desempenho em um procedimento de seleção compense um fraco desempenho em outro. Os candidatos são avaliados em todos os procedimentos, e as pontuações individuais são então somadas antes que se faça o julgamento final. Esse processo é geralmente usado em situações em que não existem requisitos básicos e o objetivo é ter uma avaliação genérica das qualificações do candidato. Normalmente, são atribuídos pesos diferentes a cada um dos previsores, dependendo de sua relevância e importância para o critério de seleção. O computador pode ser de grande ajuda nesse cálculo de pesos.[124] Os processos compensatórios maximizam a utilização de todos os dados disponíveis. Entretanto, podem ser bastante onerosos, visto que todos os candidatos precisam completar todos os procedimentos antes que seja tomada uma decisão.

---

124 CALHOUN, Kenneth J. Automated objectivity for subjective hiring decisions. *Computers in Personnel*, p. 5-10, Winter 1989.

Barreiras Múltiplas

Esse método significa que cada previsor é operado de forma independente. Os candidatos precisam superar uma barreira para passar para a próxima fase; a não superação do obstáculo leva à rejeição dele. No exemplo ilustrado no Quadro 7.17, o candidato precisa obter a qualificação mínima exigida no formulário de inscrição para se capacitar para o passo seguinte, o teste de conhecimentos; e precisa ter um desempenho mínimo neste para ir adiante, para a entrevista estruturada. O bom desempenho em um medidor não compensa as falhas nos demais. O método de barreiras múltiplas é especialmente adequado para situações em que existam requisitos mínimos para a função: contadores precisam de registro no conselho profissional, pilotos devem ter experiência com os aviões que irão pilotar e salva-vidas precisam saber nadar. Os testes antidrogas são geralmente uma barreira. Esse método pode reduzir os custos de seleção, por meio do uso de procedimentos mais baratos nas primeiras triagens, e deixar processos mais caros para a seleção entre os finalistas. Do ponto de vista legal, no entanto, esse método pode ser arriscado. A Suprema Corte dos Estados Unidos determina que cada barreira individual precisa ser claramente essencial ao desempenho da função e não pode ser discriminatória em relação a nenhum grupo protegido por lei (veja o Capítulo 2).

Processos Híbridos

Uma abordagem híbrida combina as barreiras múltiplas com o processo compensatório. As qualificações essenciais para o trabalho, como registros profissionais, habilidades ou certificados, são usadas como barreiras. Os candidatos que passarem por essa triagem inicial serão então avaliados por outros procedimentos cujos resultados serão combinados de forma que alguns talentos possam compensar algumas falhas. No caso da seleção de salva-vidas, por exemplo, saber nadar e ter um mínimo de resistência física podem ser requisitos usados como barreiras. Depois disso, uma combinação de previsores para medir conhecimento teórico e motivação para fazer um trabalho bem feito pode fazer com que indivíduos altamente motivados sejam compensados por seu pouco conhecimento técnico, ou o inverso.

Um bom exemplo do uso de uma abordagem híbrida é o caso da fábrica da Toyota Motor Corporation em Georgetown, Kentucky. O Quadro 7.18 mostra os passos seguidos na seleção de seus 3.000 trabalhadores. A Toyota define os papéis a serem desempenhados como "membro de equipe, líder de equipe e líder de grupo", e identifica dimensões do desempenho, tais como "gerenciamento de reuniões, identificação e solução de problemas, iniciativa e comunicação oral", além das habilidades técnicas. Repare como essas descrições de papéis são diferentes dos títulos tradicionais das funções de operário de linha de montagem, pintor, gerente ou supervisor. Como está mostrado no Quadro 7.18, a Toyota combina procedimentos múltiplos, usando alguns como barreiras e outros como processos compensatórios. Veja como as técnicas mais baratas são utilizadas primeiro e as mais caras (como as entrevistas) são deixadas para a seleção entre os finalistas. Mais de 60 mil candidatos foram avaliados em 12 meses e cada um deles foi examinado por um período médio de 15 semanas. A Mazda Motors contratou apenas 1.300 dos 10.000 candidatos que passaram por um processo de triagem de cinco fases. Essa empresa gastou cerca de 40 milhões de dólares – quase 13 mil dólares por empregado – para construir seu quadro de pessoal nos Estados Unidos.[125] Este é um jeito muito caro de selecionar! Valerá a pena? Os responsáveis pela Toyota respondem com dados de 5% de rotatividade (a média no setor é de 20%), 2% de absenteísmo (muito abaixo dos padrões do setor) e um sentimento de comprometimento com os valores da empresa partilhado por todos os funcionários.[126]

O Capítulo 8 vai mostrar o quanto pode ser economizado, diminuindo-se a rotatividade. Vamos imaginar que a rotatividade custa uma vez e meia o salário anual de um empregado, e que esses empregados ganhem 40 mil dólares por ano. Reduzindo a rotatividade de 1.300 funcionários em 15%, significa menos 195 demissões por ano, a um custo de 60 mil dólares por demissão, ou 11,7 milhões de dólares. O sistema de seleção paga-se em menos de quatro anos, sem levar em consideração a melhoria no desempenho, que será discutida mais adiante.

---

125 FRITZ, Norma R. Culture clash. *Personnel,* p. 6-7, Apr. 1988; HAMPTON, William J. How does Japan Inc. pickits American workers? *Business Week,* p. 84-85, 3 Oct. 1988.

126 DESSLER, Gary. Value-based hiring builds commitment. *Personnel Journal,* p. 98-102, Nov. 1993; SALTZMAN. Job applicant screening by a Japanese transplant...; COSENTINO, Chuck, ALLEN, John, WELLINS, Richard. Choosing the right people. *HR Magazine,* p. 66-70, Mar. 1990.

Quadro 7.18
Seleção com múltiplos procedimentos na fábrica da Toyota Motors Corporation em Georgetown, Kentucky.

Orientações e formulários de inscrição	Os candidatos preenchem o formulário e inscrição, recebem um texto sobre as expectativas da empresa e assistem a um vídeo de orientação sobre o processo de seleção. Os candidatos são divididos em grupos de produção e outras funções. Nenhum candidato é excluído.
Avaliação de competências técnicas	Aplicação de uma bateria de testes escritos, incluindo GATB, Avaliação de Adequação da Função (que mede a motivação para trabalhar em um ambiente participativo) e testes de competência técnica. Os candidatos são selecionados por sua pontuação geral. Cerca de 10% são aprovados para a próxima etapa da seleção.
Centro de Avaliação Interpessoal	Quatro séries de oito horas de simulações, incluindo Trabalho em Equipe, Discussão em Grupo, Resolução de Problemas, Projeto T (avalia a qualidade dos resultados, rapidez e ideias para aperfeiçoamento). Os melhores desempenhos no GATB e nesse centro vão para o próximo estágio.
Centro de avaliação de liderança	Três simulações para medir as habilidades de liderança e de tomada de decisões, incluindo capacidade de delegação e elaboração de relatórios, treinamento e aconselhamento e capacidade de planejar cronogramas.
Avaliação do desempenho técnico	Apenas para os candidatos habilitados à manutenção. Inclui testes práticos sobre as habilidades nas quais eles se mostraram mais capacitados no teste escrito inicial.
Avaliação por entrevista	Os melhores candidatos selecionados nos estágios anteriores participam de entrevistas específicas com os executivos de recursos humanos e de outras áreas da Toyota. Noventa por cento dos candidatos entrevistados são aceitos.
Avaliação médica	Testes contra uso de álcool e drogas e exame médico. Aqueles que atingirem os padrões mínimos aceitos poderão ser contratados.

Fonte: COSENTINO, Chuck, ALLEN, John, WELLINS, Richard. Choosing the right people. *HR Magazine*, p. 66-70, Mar. 1990; DESSLER, Gary. Value-based hiring builds commitment. *Personnel Journal*, p. 98-102, nov. 1993.

ISTO FUNCIONA? AVALIANDO O PROCESSO DE SELEÇÃO

Você viu que existem muitas tecnologias válidas de seleção para serem usadas. Combinadas, elas podem ajudar o administrador a resolver o enigma da previsão do comportamento futuro no trabalho com base em que podem ser observadas agora. As "evidências" de validade podem ser fornecidas por empresas que vendem o teste, por trabalhos científicos publicados em revistas especializadas, por outra empresa que já tenha usado o(s) mesmo(s) previsor(es) ou pela própria organização que realiza seu estudo de validade. Como os cientistas, os consultores ou os executivos fazem a mensuração da validade? Talvez você nunca participe de um estudo de validade, mas é bom compreender como ela é determinada para tornar-se um usuário bem informado. Nem todas as evidências de validade são iguais, e nem todas merecem a mesma credibilidade. Aqui, vamos apenas descrever os diferentes tipos de evidência de "validade". Você pode obter maiores informações sobre esse assunto em livros sobre processos de recrutamento.[127]

Os *métodos de validação* são as abordagens utilizadas pelas organizações ou pelos pesquisadores para determinar se os previsores são válidos. A validação faz uma previsão sobre o previsor – este previsor vai antecipar com precisão o comportamento futuro do candidato. Contudo, o processo de seleção envolve muito mais do que a pontuação dos candidatos nos previsores. Como mostram os Quadros 7.3 e 7.17, a validade depende mais de como a informação do previsor é usada do que da natureza da informação coletada. Por exemplo, uma licença para operar uma empilhadeira pode ser um previsor válido para selecionar trabalhadores para armazéns portuários, mas não tem nenhuma validade para escolher um conselheiro de residência universitária. Assim, o estudo de validade de um é irrelevante para o outro. O melhor método de validação, portanto,

---

127 GATEWOOD, Robert D., FEILD, Hubert S. *Human resource selection.* 3. ed. Fort Worth, TX: Dryden, 1994. Caps. 3-5; HENEMAN III, Herbert G., HENEMAN, Robert L. *Staffing organizations.* Middleton, WI: Mendota House, 1994.

é aquele que faz uma simulação bem próxima dos previsores que serão usados na realidade, dos candidatos que serão realmente selecionados e dos resultados do trabalho ou "critérios" que realmente interessam depois que a pessoa for contratada. Entretanto, essa proximidade com a realidade nem sempre é fácil de conseguir, e os métodos de validação têm diferentes vantagens e desvantagens. As evidências de validade podem ser coletadas com métodos *baseados em critérios,* quando se busca a pontuação em previsores e critérios, ou métodos *baseados no conteúdo,* que julgam as similaridades entre o conteúdo dos previsores e critérios. Para ilustrar as diferenças entre esses métodos, pense em como você decide qual de seus amigos faz as recomendações mais confiáveis sobre os filmes em cartaz nos cinemas. De certa forma, isto significa selecionar uma pessoa que será seu crítico de cinema.

Validação Baseada em Critérios

Uma forma de determinar se as sugestões de um amigo sobre cinema se ajustam a suas preferências é pedir que ele faça várias recomendações (previsores). Então, você assistirá aos filmes e julgará se concorda com as recomendações feitas por ele (critérios). A validação baseada em critérios funciona da mesma forma. Ela mede a pontuação no *previsor,* ou item de seleção, e pontua segundo um *critério,* ou vários, que são geralmente comportamentos no trabalho, como desempenho, tempo de treinamento, absenteísmo ou progresso na carreira. Do mesmo jeito que você obteve uma pontuação no previsor e uma pontuação no critério para cada filme a que assistiu, o estudo de validade também faz a mesma coisa para cada indivíduo examinado.

Escolhendo os Previsores

No exemplo sobre cinema, o previsor é extremamente simples – a recomendação de um filme. Mas, como você pediria a seu amigo que expressasse esses previsores em forma de escala: pontuando cada filme com estrelas, polegares para cima e para baixo, ou pontuando cada aspecto do filme separadamente e depois combinando essas pontuações em um resultado final para cada filme? Você vai querer que o previsor escolhido lhe dê a quantidade certa de informação, mas também vai querer que ele reflita a maneira real como você usa a recomendação. Um esquema de pontuação muito complexo pode ser um esforço inútil se o que lhe interessa é apenas a pontuação final. Da mesma forma, a evidência de validade deve refletir os previsores da forma como serão usados dentro da organização. Se na

empresa se sabe que os administradores não costumam seguir à risca a estrutura proposta para as entrevistas, a evidência de validade fornecida pela empresa de consultoria que elabora as entrevistas, "quando obedecidas fielmente as regras", passa a não ter mais sentido. Portanto, os previsores no estudo de validade devem estar o mais próximos possível daqueles que serão usados de verdade. Além disso, os previsores devem ser capazes de fazer distinções entre as pessoas; se todo mundo obtiver a mesma pontuação nos previsores, será impossível prever qualquer coisa. No exemplo do cinema, se seu amigo classificar os filmes apenas como "totalmente horroroso" e "não completamente horroroso", vai ser difícil conseguir alguma validade nesses resultados. A evidência de validade deve usar previsores que possam oferecer ampla escala de resultados para os candidatos.

> Para um item ou sistema de seleção ser considerado "válido", as pontuações obtidas neles pelos candidatos precisam estar relacionadas com o futuro comportamento no trabalho.

Escolhendo os Critérios

O critério correto no caso do cinema parece ser bastante óbvio à primeira vista: Você gostou do filme? No entanto, você pode pensar em outro critério, como: O filme me fez pensar? Ele me deixou triste ou alegre? Da mesma forma que os esquimós têm mais de 30 palavras para se referir à "neve", os cinéfilos possuem várias facetas em suas predileções cinematográficas. Você certamente julgará as recomendações de seu amigo segundo os critérios que são mais importantes para você. Da mesma forma, as evidências de validade podem refletir muitos critérios diferentes. Como você leu nos Capítulos 3 e 4, existem muitas maneiras de definir os papéis no trabalho e inúmeras características individuais que afetam as metas da organização. Alguns estudos de validade utilizam o absenteísmo, outros usam o tempo de treinamento ou índices de desempenho e outros ainda utilizam dados como vendas, erros cometidos ou reações dos clientes. Um administrador precisa examinar cuidadosamente os critérios usados no estudo de validade para assegurar-se de que eles realmente refletem os resultados que a organização desejava prever quando o sistema de seleção foi escolhido. A validade pode ser muito diferente, dependendo do critério utilizando em seu estudo. O desempenho "típico" relaciona-se com os previsores de maneira diversa do desempenho "máximo" (quando você faz o melhor que pode). Os testes de habilidade podem prever melhor o potencial de progresso do que a avaliação de desempenho feita por um supervisor.[128] Como já vimos, as organizações hoje querem que seus funcionários estejam integrados com seus valores, crenças e objetivos, além de possuírem as qualificações técnicas para realizar o trabalho para o qual foram contratados. Ninguém sabe exatamente como medir isso, mas, se é o mais importante, o administrador deve tomar cuidado com as evidências de validade que simplesmente medem desempenho na função inicial, avaliação de desempenho depois de seis meses ou absenteísmo durante o primeiro ano no emprego.[129] As melhores evidências de validade precisam utilizar critérios relevantes.

Validação simultânea versus *validação por previsão*

Se você estiver validando as recomendações cinematográficas de seu amigo em função de suas próprias preferências, você assistirá às várias sugestões dadas por ele e então verificará se elas se ajustam a seu gosto. Ou você pode ir junto com ele ao cinema, e ouvir suas recomendações, ao mesmo tempo em que você forma sua opinião pessoal. Essa é a diferença entre a validação simultânea e a validação por previsão. Sua ideia sobre a capacidade de seu amigo pode mudar em função da abordagem que você escolher. Se vai ao cinema com seu amigo para ver filmes já selecionados por parecerem interessantes, você pode nunca ficar sabendo como ele classificaria outros filmes considerados desinteressantes. Além disso, as opiniões de seu amigo, depois de ter assistido aos filmes junto com você, podem ser influenciadas por suas opiniões ou reações, o que não é muito útil se quiser que ele lhe recomende filmes que ainda não viu.

Da mesma forma, a evidência de validade pode refletir uma abordagem de *validação por previsão,* que mede os previsores nos candidatos reais ao emprego, contrata alguns ou todos, e mais tarde mede o critério (comportamento no trabalho) e relaciona esses resultados com aqueles anteriores dos previsores. A evidência de validade também pode refletir a abordagem de *validação simultânea,* em que os previsores são dados aos empregados já contratados. Sua pontuação segundo esses previsores pode ser imediatamente relacionada com seu desempenho real ou outros comportamentos no trabalho. Um estudo de validação por previsão leva certo tempo, enquanto os candidatos que foram contratados aprendem seu trabalho. Um estudo de validação simultânea pode ser muito mais rápido e mais barato. Por outro lado, à medida que o estudo por previsão utiliza os verdadeiros candidatos, tal evidência pode refletir mais realmente como funcionará o sistema de seleção quando for usado com futuros candidatos. Da mesma forma que as opiniões de seu amigo sobre os filmes podem mudar se vocês forem juntos ao cinema, os empregados podem ter aprendido no trabalho, podem sentir-se menos "ameaçados" se souberem que essa medição é apenas para um estudo, ou a variação de suas pontuações pode ser bem menor do que entre os candidatos, já que aqui o pior empregado já foi demitido e o melhor já foi promovido. Ainda sob outro ângulo, a validação simultânea pode atender a um número muito maior de empregados do que um estudo por previsão, que precisa contar apenas com a quantidade de candidatos contratados, e os testes estatísticos são muito mais eficazes quando aplicados a um grande número de indivíduos. Embora os órgãos oficiais nos Estados Unidos favoreçam o estudo por previsão, há muitas controvérsias sobre qual é a abordagem que proporciona os melhores resultados.[130]

---

128 SACKETT, Paul R., ZEDECK, Sheldon, FOGLI, Larry. Relations between measures of typical and maximum job performance. *Journal of Applied Psychology 73,* nº 3, p. 482-486, 1988; HULIN, Charles L., HENRY, Rebecca A., NOON, S. L. Adding a dimension: time as a factor in predictive relationships. *Psychological Bulletin* 107, p. 328-340, 1990; HULIN, Henry. Stability of skilled performance across time: some generalizations and limitations on Utilities. *Journal of Applied Psychology 72,* nº 3, p. 457-462,1987; HENRY, Rebecca A., HULIN, Charles L. Changing validities: ability – performance relations and Utilities. *Journal of Applied Psychology* 74, nº 2, p. 365-367, 1989; ACKERMAN, P. L. Within-task intercorrelations of skilled performance: implications for predicting individual differences? *Journal of Applied Psychology* 74, nº 2, p. 360-364,1989; MEYER, Herbert H. Predicting supervisory ratings *versus* promotional progress in test validation studies. *Journal of Applied Psychology 72,* nº 4, p. 696-697, 1987.

129 JUDGE, Timothy A., FERRIS, Gerald R. The elusive criterion of fit in employment interview decisions. *Human Resource Planning* 15, p. 47-67, 1992; MONTGOMERY, Clifford E. Organizational fit is key to job success. *HR Magazine,* p. 94-96, Jan. 1996.

130 BARRETT, Gerald V., PHILLIPS, James S., ALEXANDER, Ralph A. Concurrent and predictive validity designs: a critical reanalysis. *Journal of Applied Psychology* 66, p. 1-6,1981; SCHMITT, Neal, GOODING, Richard Z., NOE, Raymond A., KIRSCH, Michael. Meta-analyses of validity studies published between 1964-1982 and the investigation of study characteristics. *Personnel Psychology 37,* p. 407-422, 1984.

Validação Sintética

Outra questão que você vai ter que enfrentar quando for escolher o amigo que fará as recomendações dos filmes é decidir quantos filmes ele verá antes que você analise suas sugestões. Seus recursos podem limitar bastante o tamanho de sua "amostra", especialmente se você estiver pagando as entradas de cinema! Você pode mudar então para programas de TV. Assistir a um programa de TV não é a mesma coisa que assistir a um filme – a qualidade e o conteúdo podem ser muito diferentes, mas talvez alguns dos aspectos de um bom crítico possam ser medidos tanto na crítica de TV como de cinema. Da mesma forma, muitas organizações não têm um número suficientemente grande de candidatos ou empregados para calcular coeficientes de validade significativos. Outras instituições, como o Exército, empresas de consultoria ou associações setoriais podem gerar amostras maiores, mas seus estudos frequentemente utilizam previsores e critérios diferentes daqueles necessários a uma empresa. Uma resposta para esta questão é a *validação sintética*, que divide os critérios ou previsores em dimensões. Por meio de várias amostras diferentes de candidatos ou empregados, a validade de cada dimensão é examinada e os resultados são combinados entre as dimensões.[131] Por exemplo, um teste para avaliar a habilidade de trabalhar em equipe pode ser validado não apenas para o grupo de empregados da produção, mas também para o pessoal administrativo, gerentes e vendedores. Essas funções são muito diferentes, mas um critério de trabalho em equipe pode ser avaliado em cada uma delas e os resultados deste teste podem estar ligados a apenas este aspecto do desempenho em todas elas.

Generalização da Validação

Outra maneira de lidar com o problema da "amostragem pequena" no caso dos filmes seria combinar as evidências de validade das críticas de seu amigo com aquelas de três outras pessoas com gosto parecido relativamente a cinema. Se essas três pessoas assistiram a filmes diferentes dos seus, você pode verificar o quanto seu crítico conseguiu prever as preferências *delas*. Se ele fez um bom trabalho recomendando filmes que os três acharam "bons", você pode tomar isso como uma evidência de que ele poderia prever suas preferências. Evidentemente, o valor dessa estratégia depende do quanto o gosto dos outros três é parecido com o seu, e do quanto as opiniões deles são confiáveis sobre as habilidades de seu crítico.

Essas considerações são também enfrentadas por pesquisadores que estudam os sistemas de seleção e os tomadores de decisão na empresa. Durante anos, os cientistas e os administradores lamentaram o fato de que os estudos de validade frequentemente produzem resultados muito diferentes, mesmo quando usam previsores e critérios muito semelhantes em situações muito parecidas. O problema é que qualquer estudo de validade individualmente pode contar apenas com uma amostragem muito pequena, ou estar contaminado com algumas poucas idiossincrasias que afetam seus resultados. Entretanto, a combinação de vários desses estudos, como a combinação das experiências de vários cinéfilos, pode revelar padrões gerais de validade que não eram aparentes até então. Esse processo de combinação dos resultados de vários estudos de validação utilizando métodos estatísticos é chamado de *generalização da validação* ou metanálise. Muitos dos coeficientes de validade citados neste capítulo e mostrados no Quadro 7.5 foram obtidos pela generalização da validação para combinar os resultados de dezenas ou centenas de estudos individuais.[132]

Os executivos de recursos humanos podem usar a generalização da validação para emprestar coeficientes de validade de outros estudos que utilizem previsores e

---

131 GUION, Robert M. Synthetic validity in a small company: a demonstration. *Personnel Psychology* 18, p. 49-63, 1965; HAMILTON, John W., DICKENSON, Terry L. Comparison of several procedures for generating j-coefficients. *Journal of Applied Psychology* 72, nº 1, p. 49-54, 1987.

132 Veja, por exemplo, SCHMIDT, Frank L., GAST-ROSENBERG, I., HUNTER, John E. Validity generalization results for Computer programmers. *Journal of Applied Psychology* 65, p. 643-661, 1980; SCHMIDT, Frank L., PEARLMAN, Kenneth, HUNTER, John E. Task differences as moderators of aptitude test validity in selection: a red herring. *Journal of Applied Psychology* 66, p. 166-185, 1981; SCHMIDT, Frank L., PEARLMAN, Kenneth, HUNTER, John E., SHANE, G. S. Further tests of Schmidt-Hunter bayesian validity generalization procedure. *Personnel Psychology* 32, p. 257-281, 1979; RAJU, N. S., BURKE, Michael J. Two new procedures for studying validity generalization. *Journal of Applied Psychology* 68, p. 382-395, 1983, BURKE, Michael J. Validity generalization: a review and critique of the correlation model. *Personnel Psychology* 37, p. 93-116, 1984; SCHMIDT, Frank L., HUNTER, John E. A within-setting empirical test of situational specificity hypothesis in personnel selection. *Personnel Psychology* 37, p. 317-326, 1984; SCHMIDT, Frank L., OCASIO, Benjamin P., HILLERY, Joseph M., HUNTER, John E. Further within-setting empirical tests of the situational specificity hypothesis in personnel selection. *Personnel Psychology* 38, p. 509-524, 1985.

critérios semelhantes. Isto não apenas evita o gasto financeiro e de tempo para conduzir um estudo de validação específico, como também pode produzir informações mais precisas, se os estudos forem selecionados cuidadosamente. A generalização da validação ainda causa certa controvérsia entre os pesquisadores. No entanto, é utilizada por órgãos públicos norte-americanos da área de colocação de mão de obra. Melhorando a precisão das estimativas dos coeficientes de validade, pode-se também melhorar a precisão das estimativas do retorno de uma seleção aprimorada, como veremos mais adiante.[133]

Dentro de um grupo de organizações similares, uma abordagem semelhante é "transportar" a evidência de validade. Por exemplo, a American Gas Association tem dados de validade que mostram que um teste de força física prevê o desempenho em três funções nas empresas do setor: representante de serviço de campo, apoiador de equipe e apoiador de montagem. A evidência de validade para essas três funções pode ser transportada para outras ocupações no setor por meio da análise da função (veja o Capítulo 3) para identificar quais outras funções têm demanda semelhante de força física do trabalhador, e extrapolar os resultados conhecidos de validade para o restante das tarefas.[134]

Validação Baseada no Conteúdo

Digamos que você não tem dinheiro para mandar seu possível crítico assistir a mais nenhum filme, o número de filmes a que vocês assistiram é muito pequeno e não existem outras pessoas que possam oferecer evidências da capacidade dele. Você conseguiria assim mesmo obter uma estimativa da validade de suas opiniões? Talvez você pudesse conversar com ele e descobrir como ele faz a avaliação de um filme. Você conheceria a abordagem dele – seu jeito de avaliar certos aspectos do filme, colocando mais ênfase no roteiro, nas personagens, na fotografia, e assim por diante – e então compararia isto com sua própria abordagem sobre crítica cinematográfica. Se o conteúdo de ambas as abordagens, a dele e a

sua, for parecido, isto propiciaria alguma evidência de que as opiniões de seu crítico possam predizer as suas.

Essa lógica também ocorreu aos cientistas e administradores em busca de evidências de validade.

A *validação baseada no conteúdo* envolve escolher e construir técnicas de seleção, de forma que elas incluam o conhecimento, a habilidade e a capacidade (CHGs) necessários ao desempenho da função.[135] Ao contrário da validação baseada em critérios, a validação baseada no conteúdo não trabalha com pontuações em critérios ou coeficientes de validade. Em vez disso, ela baseia-se em julgamentos comparativos entre o conteúdo da função (baseado na análise de função discutida no Capítulo 3) e a técnica de seleção usada, para determinar a similaridade entre ambos.

Por exemplo, a validação baseada no conteúdo de uma ferramenta de seleção para o trabalho com processadores de texto deveria listar os CHCs necessários para o bom desempenho nessa função, tais como: (1) habilidade em digitação; (2) habilidade para usar os estilos de formatação padronizados; e (3) habilidade para usar o microcomputador. Um previsor poderia ser o teste rápido de operação básica de um PC; este teste teria alta validade de conteúdo para o requisito número 3, mas baixa validade para as demais habilidades. Um teste de datilografia teria alta validade para a exigência número 1, mas pouca para as outras. Se esse teste incluísse transformar uma carta manuscrita em um documento digitado, formatado e impresso apropriadamente, ele teria validade de conteúdo para os dois primeiros requisitos, mas não para o terceiro. A validação baseada no conteúdo é frequentemente utilizada para determinar o desempenho mínimo para uma função quando os previsores são usados como barreiras.[136]

A validação baseada no conteúdo funciona melhor quando os comportamentos para o trabalho, os CHCs e os previsores das funções são facilmente observáveis, pois isso diminui a possibilidade de que os julgamentos sejam demasiadamente subjetivos e controversos. Muitas organizações usam a validação baseada no conteúdo

---

133 ALEXANDER, Ralph A., CARSON, Kenneth P., ALLIGER, George M., CRONSHAW, Steven F. Empirical distributions of range restricted SDx in validity studies. *Journal of Applied Psychology* 74, nº 2, p. 253-258, 1989; MADIGAN, Robert M., SCOTT, K. Dow, DEADRICK, Diana L., STODDARD, Jill A. Employment testing: the U. S. job Service is spear-heading a revolution. *Personnel Administrator*, p. 62-69, Sept. 1986.

134 HOFFMAN, Calvin C., LAMARTINE, Sandra C. Transporting physical ability test validity via the position analysis questionnaire. Trabalho apresentado no *Encontro Anual da Society of Industrial and Organizational Psychology*, May 1995.

135 AMERICAN PSYCHOLOGICAL ASSOCIATION. *Division of industrial/organizational psychology. Principies for the validation and use of personnel selection procedures.* Washington, DC: American Psychological Association, 1979.

136 MAURER, Todd J., ALEXANDER, Ralph A. Methods of improving employment test critical scores derived by judging test content: a review and critique. *Personnel Psychology* 45, p. 727-762, 1992.

para construir previsores que posteriormente serão validados por métodos baseados em critérios. Uma variação interessante dessa abordagem é usar especialistas em seleção para prever o coeficiente de validade que poderia ser produzido por um previsor ou critério em particular. Um estudo demonstrou que as previsões dos psicólogos industriais comparavam-se favoravelmente aos resultados de um estudo de validação baseado em critérios utilizados por uma empresa comum.[137]

Extensão da Validação

A validação não parece ser uma prática muito usual. Uma pesquisa oficial nos Estados Unidos com 437 empresas mostrou que apenas 16% delas haviam validado seus procedimentos de acordo com as normas do governo federal de seleção de pessoal. As empresas com mais de 1.000 funcionários usam mais a validação do que as pequenas organizações. Os critérios de validação mais comumente utilizados são avaliação formal de desempenho, opiniões de chefes coletadas especificamente para a validação, tempo de serviço, índices de produção, absenteísmo/atrasos e sucesso em programas de treinamento. Vinte por cento das empresas que fazem a validação usam métodos de validação simultânea, enquanto 18% utilizam métodos por previsão. Os demais 53% valem-se de outros métodos, incluindo validação baseada em conteúdo, consultores externos ou informações de empresas especializadas em testes.[138] Estas duas últimas fontes podem basear suas estimativas em resultados de generalização da validação. Aparentemente, o tempo e a energia consumidos na realização de um estudo de validação específico para a empresa é considerado um investimento muito alto em comparação com outros métodos para determinar se um procedimento de seleção funciona, tais como a validação pelo conteúdo ou as informações das empresas de consultoria ou especializadas em aplicação de testes.

Regulamentação Governamental da Validação

Não existe, nos Estados Unidos, nenhuma lei que exija que as empresas realizem a validação de seus métodos de seleção. Entretanto, a validação pode oferecer uma defesa contra acusações de discriminação, como foi discutido no Capítulo 2. Quando existe essa situação legal, os tribunais examinam atentamente todos os aspectos dos métodos de validação na consideração das evidências:

O *previsor,* incluindo sua adequação à análise da função, o conteúdo do teste e se a organização considerou alternativas menos danosas aos grupos protegidos por lei.

O *critério,* incluindo sua adequação à análise da função, qualidade da mensuração, processo de pontuação e treinamento para a avaliação.

O *procedimento de validação,* incluindo o tamanho da amostra, a estratégia de validação e os grupos de funções utilizados.

A *análise dos dados,* como o tamanho e a significância estatística dos coeficientes de validade, evidências de custo-benefício, o estabelecimento de pontuação mínima, previsores que levam em conta os grupos minoritários e evidência de generalização da validação.[139]

QUAL É O GANHO? AVALIANDO AS ATIVIDADES DE SELEÇÃO EXTERNA

Vimos até agora que as decisões da seleção externa afetam a produtividade e as qualificações da mão de obra, e a vulnerabilidade legal das relações trabalhistas. Esses dois grandes resultados genéricos podem ser avaliados de várias maneiras. Várias alternativas de avaliação da seleção externa são descritas no Quadro 7.19.

Eficiência

Como uma empresa pode saber se o dinheiro gasto no processo de seleção está valendo a pena? Os recursos gastos no desenvolvimento e implantação de um teste de simulação de trabalho é um bom investimento? Como é mostrado no Quadro 7.19, o objetivo final da empresa é obter resultados negociais, tais como lucro,

---

137 DUNNETTE, M. D. *Predicting job performance of electrical power plant operators.* Minneapolis: Personnel Decision Research Institute, 1983; PULAKOS, Elaine D., BORMAN, Walter C., HOUGH, Leatta M. Test validation for scientific understanding: two demonstrations of an approach to studying predictor-criterion linkages. *Personnel Psychology* 41, p. 703-715,1988; SCHMIDT, Frank L., HUNTER, John E., CROLL, Paul R., McKENZIE, Robert C. Estimation of employment test validities by expert judgement. *Journal of Applied Psychology* 68, nº 4, p. 590-601, 1983.

138 BUREAU OF NATIONAL AFFAIRS. *Employee selection procedures.*

139 KLEIMAN, Lawrence S., FALEY, Robert H. The implications of professional and legal guidelines for court decisions involving criterion-related validity: a review and analysis. *Personnel Psychology* 38, p. 803-831, 1985.

Quadro 7.19
Medidas possíveis para avaliar as atividades de seleção externa.

Em relação à eficácia	Em relação à equidade
Custo	**Legalidade**
Custo de cada nova contratação	Impacto adverso
Quantidade	Número de ações trabalhistas
Número de contratados	Adequação à legislação trabalhista
Número dos que ficam por cinco anos	**Percepções do candidato**
Média de duração no emprego dos novos contratados	Satisfação com o processo
Qualidade	Conhecimento adquirido sobre a empresa
Validade dos procedimentos	Satisfação com a empresa
Média de qualificação dos novos contratados	
Proporção dos novos contratados bem-sucedidos	
Níveis de desempenho dos novos contratados	
Progresso na carreira dos novos contratados	
Resultados negociais	
Lucro	
Produtividade	
Perdas	
Custos de produção	

produtividade e redução de perdas e custos. O processo de seleção não afeta estas coisas diretamente – sua influência dá-se por meio da adequação dos candidatos escolhidos às demandas do trabalho. Diferentes processos de seleção produzem informações diferentes. De acordo com a definição do valor da informação citada no Capítulo 4, a informação referente ao processo de seleção é um bom investimento quando: (1) melhora a tomada de várias decisões; e/ou (2) melhora a tomada de decisões que têm consequências muito importantes; e/ou (3) podem ser obtidas a um custo baixo.

Custo da Seleção

Os custos do processo de seleção variam de acordo com a situação; geralmente eles incluem gastos com o desenvolvimento dos procedimentos de seleção, com a condução desses procedimentos junto aos candidatos, com o processamento das informações e sua preparação para serem usadas pelos tomadores de decisão, e com o trabalho destes na avaliação das informações e na decisão sobre quem deve receber a proposta de emprego. Não é possível prever o custo exato de nenhum procedimento de seleção em qualquer situação. Descrevemos os níveis relativos de custos das diferentes técnicas de seleção no Quadro 7.5. Para fins ilustrativos, tomemos o sistema de seleção da Mazda, descrito anteriormente, que custa 4 mil dólares por candidato e foi aplicado em um público de 10 mil indivíduos. Um custo total de 40 milhões de dólares. Vejamos como se pode calcular o retorno desse investimento.

Quantas Decisões Serão Melhoradas?

Obviamente, quanto maior o número de pessoas selecionadas, maior o benefício trazido pelo sistema de seleção. Entretanto, isso também depende de quantas decisões serão melhoradas com o sistema. Um sistema de seleção que melhore em 50% as 200 decisões tomadas é tão bom quanto outro que melhore em 10% as 1.000 decisões tomadas. O Quadro 7.20 mostra como isso funciona. Cada conjunto horizontal de gráficos está relacionado. O conjunto superior mostra uma situação em que o sistema de seleção traz muitos benefícios – uma grande melhoria. O conjunto inferior mostra uma situação em que o sistema de seleção não traz muitos benefícios – uma pequena melhoria. Cada um desses conjuntos é como o gráfico de correlação de coeficiente apresentado no Quadro 7.4, com a elipse representando uma nuvem de pontos, sendo cada um deles a combinação da pontuação individual nos previsores (o eixo X) e nos critérios (eixo Y).

O *índice de sucesso* é a medida do valor do sistema de seleção no Quadro 7.20. Ele é simplesmente a porcentagem de candidatos contratados que realmente foi bem-sucedida. No conjunto superior, o índice de sucesso aumenta de 50% sem o uso do sistema de seleção para 75% com seu uso. No conjunto inferior, essa variação vai de 70% sem o sistema para 72% com ele. O quanto de melhoria que pode ser trazido por um sistema de seleção depende não apenas de sua validade, mas também de outros dois aspectos: a "situação básica" e o "índice de seleção". Portanto, se você comprar um teste apenas

Quadro 7.20
Como a situação afeta o valor da seleção.

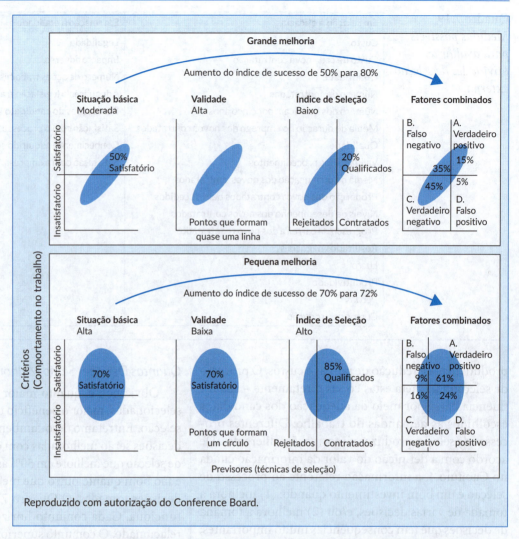

Reproduzido com autorização do Conference Board.

porque o vendedor garantiu sua "validade", você pode estar perdendo seu dinheiro. Vejamos por que esses fatores afetam a melhoria trazida pelo sistema de seleção.

A "situação básica" é o *status quo*. Como estamos com nosso atual sistema de seleção? No Quadro 7.20, isso é definido como quantos candidatos se provaram satisfatórios antes de usarmos o novo sistema de seleção; ou seja, a porcentagem acima no nível satisfatório no critério. Primeiro ponto analisado nos gráficos, *o status quo* no conjunto superior *é* de apenas 50%, enquanto no conjunto inferior ele é de 70%. Os candidatos do conjunto inferior são coletivamente mais bem qualificados em relação ao nível mínimo de qualidade. Isto significa que existe mais espaço para melhoramentos na situação do conjunto superior, o que vem a ser um fator que afeta o valor do sistema de seleção.

A *validade é o* segundo ponto apresentado nos conjuntos do Quadro 7.20. Tendo já discutido o sentido da validade, você poderá reconhecer que o conjunto superior tem um previsor altamente válido (os pontos quase formam uma linha), enquanto no conjunto inferior isso não acontece (os pontos formam um círculo). Uma validade alta é melhor, se tudo for igual, mas seu valor real depende do restante da situação.

O "índice de seleção" reflete nosso perfeccionismo na escolha dos candidatos. Em outras palavras, é a porcentagem de candidatos que "passam" por nosso sistema de seleção e são contratados. No terceiro ponto abordado pelos conjuntos de gráficos, você pode notar que o índice de seleção é baixo na situação de grande melhoria (20% de qualificados), mas é alto no outro (85%). Os baixos índices de seleção indicam sistemas mais exigentes, o que geralmente aumenta o valor desse sistema. Entretanto, eles também significam custos maiores, já que mais candidatos terão que ser considerados para preencher certo número de vagas.

O último aspecto abordado nos gráficos é o resultado final. No conjunto superior, 20% dos candidatos foram contratados, sendo que 15% destes foram bem-sucedidos. Assim, o *índice de sucesso é* de 80% (15% + 20%). À medida que temos uma situação básica *(status quo}* moderada, um teste de alta validade e um índice de seleção baixo, o sistema de seleção traz melhoria significativa para a situação inicial de 50%. No conjunto inferior, 85% dos candidatos foram contratados, dos quais 61% foram bem-sucedidos, produzindo um índice de sucesso de 72% (61% + 85%), um aumento muito pequeno sobre a situação inicial de 70%. Isso acontece porque o grupo de candidatos já era altamente qualificado (70%), tínhamos um teste com baixa validade, e não fomos muito exigentes na escolha (85% qualificados). Você pode verificar como a validade foi apenas um dos fatores que afetaram o sucesso.

Continuando com o exemplo da Mazda, sabemos que a empresa contratou 1.300 de seus 10.000 candidatos, com um índice de seleção de 13%. Não conhecemos a validade do sistema usado por eles, mas, tomando por base as validades exibidas no Quadro 7.5 e sabendo que a Mazda utiliza um sistema que combina vários previsores, podemos estimar essa validade em torno de 0,65. Para efeito de ilustração, vamos assumir que o *status quo* é de cerca de 50% para o grupo de candidatos sem o sistema de seleção. Partindo desses números, o índice de sucesso projetado para o sistema de seleção da Mazda seria de 90%.[140] Dessa forma, sem o sistema de seleção, 650 dos 1.300 contratados seriam bem-sucedidos; com o sistema, este número seria de 1.170.

Qual a importância da Melhoria das Decisões?

Agora sabemos que o sistema de seleção usado pela Mazda, que custou 40 milhões de dólares, foi capaz de aumentar o índice de sucesso de 50 para 90%. O retorno foi bom? Para responder a essa pergunta, é preciso saber qual a importância da diferença entre sucesso e fracasso ou, de maneira mais ampla, qual o valor das variações no desempenho do trabalho. Em algumas funções, em que as decisões do indivíduo têm implicações enormes ou os erros podem causar catástrofes (por exemplo, um comandante de avião ou de um navio petroleiro, um operador de usina de eletricidade, ou um executivo de alto escalão), essa variação é muito grande. Nas funções em que as decisões são bastante limitadas ou os erros

facilmente corrigíveis, tais diferenças são bem menores. O cálculo da diferença entre o sucesso e o fracasso em termos financeiros continua sendo mais uma arte que uma ciência, mas algumas estimativas razoáveis podem ser feitas.[141] No caso que estamos examinando, assumindo que os empregados da Mazda ganhem 40 mil dólares por ano, uma estimativa plausível da diferença entre o valor de um desempenho satisfatório e de um insatisfatório seria de cerca de 25 mil dólares por empregado/ano. Calculando de apenas 650 recém-contratos bem-sucedidos até 1.170, teremos uma melhoria de produtividade de cerca de 13 milhões ao ano (520 x $ 25.000). Por meio desses cálculos, a melhoria da produtividade trazida com a utilização do sistema de seleção pagaria seu custo de 40 milhões em pouco mais de três anos. Evidentemente, esses números são estimados, mas também o são aqueles das previsões de taxas de juros, valor de ações e índices de produção usados por profissionais da área financeira, pesquisadores de mercado e engenheiros. Em qualquer dos casos, existem técnicas para apurar estes valores. Para nossos propósitos aqui, os valores financeiros reais são menos importantes do que sua compreensão de como o valor de um sistema de seleção depende não apenas de sua validade, mas também da situação na qual ele é aplicado.

QUAL SUA OPINIÃO?

Os valores financeiros dos sistemas de seleção podem ser calculados, e geralmente chegam à casa dos milhões de dólares. Contudo, uma estimativa nunca é perfeita. Como você acha que um gerente financeiro reagiria a uma evidência que mostrasse um retorno de milhões de dólares em uma melhoria no processo de seleção de funcionários?

Equidade

Os processos de seleção servem de sinalização de como a empresa trata seus empregados. Você acha que exigir testes antidrogas indica um bom ou mau patrão? A aceitação desse tipo de exame depende de se a pessoa considera o uso de substâncias tóxicas como uma barreira ao bom desempenho no trabalho que coloca em risco outras pessoas. Um estudo mostrou que as pessoas

---

140 TAYLOR, H. C., RUSSELL, J. T. The relationship of validity coefficients to the practical effectiveness of tests in selection: discussion and tables. *Journal of Applied Psychology* 23, p. 565-578, 1939.

141 BOUDREAU. Utility Analysis.

258 | Recrutamento e Seleção Externos

que buscam empregos tinham menos vontade de se candidatar às vagas que exigiam exame de urina, que os testes escritos também não eram atraentes e que os candidatos prefeririam sistemas de seleção sem nenhum tipo de teste.[142] Pesquisas recentes sugerem que os candidatos reagem aos sistemas de seleção de acordo com sua percepção da equidade dos mesmos e seus resultados, ou se estes parecem invadir sua privacidade.[143] Um estudo demonstrou que os previsores considerados mais invasores da privacidade eram astrologia, a grafologia e os polígrafos, enquanto os menos invasores eram as entrevistas e as simulações de situações de trabalho. Os testes eram considerados menos invasores quando as pessoas já tinham tido alguma experiência anterior com eles.[144] Além disso, esses processos de seleção têm sido monitorados legalmente, especialmente quando são capazes de excluir um grande número de mulheres e membros de minorias. Os sistemas de seleção, assim como o processo de recrutamento, são bastante responsáveis pelos índices de contratação desses grupos.[145] Os sistemas de seleção claramente estruturados e com critérios quantificáveis foram cada vez menos usados nas décadas de 70 e 80 por medo de que esses grupos tivessem resultados piores e fossem rejeitados. Resta saber se a legislação mais recente sobre o assunto vai ter um efeito parecido. Uma das respostas a essa questão foi a elaboração de sistemas alternativos de pontuação (vistos neste capítulo), que criaram grupos equivalentes para que as decisões da ação afirmativa pudessem ser tomadas. Algumas pesquisas, entretanto, têm demonstrado que o sucesso da ação afirmativa pode depender mais do conjunto de candidatos do que do sistema de pontuação do processo de seleção.[146]

RESUMO

A seleção externa representa o filtro final antes da oferta de emprego. Ela tenta medir as características dos candidatos que podem ser usadas com um previsor de seu futuro sucesso como empregado. Dentro da grande variedade de técnicas de seleção externa, muitas são foco de acaloradas discussões sobre o equilíbrio entre a eficiência e a ética social no trabalho. A validade é um aspecto importante dos procedimentos de seleção, mas seu valor real é determinado pela situação em que esse processo é deflagrado. Obviamente, os profissionais de recursos humanos, seus empregadores e a sociedade, vão continuar a discutir essa importante atividade, importante não apenas para selecionar os melhores. Uma organização precisa segurar esses melhores, assim como livrar-se dos erros de seleção. Esse processo envolve administrar as demissões, tópico do próximo capítulo. Antes disso, no entanto, veja se você consegue construir um processo de seleção para a organização do futuro na seção "Sua Vez", no final deste capítulo.

QUESTÕES

1. Quais as escolhas que precisam ser feitas por um profissional de recursos humanos quando estabelece uma estratégia de seleção externa? Como estas escolhas afetam a organização, tanto do ponto de vista legal quanto de eficiência a longo prazo?

2. O que é validade? Para que serve a evidência de validade? O que é um coeficiente de validade, e quais são as suas características? Quando a "validade" não é necessariamente útil?

3. Os formulários de inscrição devem ter um grande peso no processo de seleção? Discuta os seus pontos positivos e negativos, e diga o que a organização pode fazer para torná-los mais úteis.

4. Quais os efeitos que têm a estereotipação, o comportamento do entrevistado e o comportamento/treinamento do entrevistador sobre os resultados das entrevistas? Quais as estratégias de entrevistas que frequentemente prejudicam sua validade?

---

142 MURPHY, Kevin R., THORNTONIII, George C., PRUE, Kristin. Influence of job characteristics on the acceptability of employee drug testing. *Journal of Applied Psychology 76,* nº 3, p. 447-453,1991; ROSSE, Joseph G., RINGER, Richard C., MILLER, Janice L. Personality and drug testing: an exploration of the perceived fairness of alternatives to urinalysis. Trabalho apresentado no *Encontro Nacional da Academy of Management,* Las Vegas, NV, Aug. 1992.

143 GILLILAND, S. W. Fairness from the applicant's perspective: reactions to employee selection procedures. *International Journal of Selection and Assessment* 3, p. 11-19, 1995; ARVEY, Richard D., SACKETT, Paul R. Fairness in selection: current developments and perspectives. In: SCHMITT, Neal, BORMAN, Walter C. (Orgs.). *Personnel selection in organizations.* San Francisco: Freeman, 1993. p. 171-202.

144 KRAVITZ, David A., STINSON, Veronica, CHAVEZ, Tracy L. Evaluations of tests used for making selection and promotion decisions. *International Journal of Selection and Assessment.* No prelo.

145 WERMIEL, Stephen. Workers hurt by affirmative action may sue. *The Wall Street Journal,* 13 June 1989, p. B1.

146 MURPHY, Kevin R., OSTEN, Kevin, MYORS, Brett. Modeling the effects of banding in personnel selection. *Personnel Psychology* 48, p. 61-84, 1995.

5. O que os pesquisadores sugerem para o aperfeiçoamento das entrevistas? Como a empresa pode proteger-se de repercussões legais negativas?

6. Discuta as vantagens e as desvantagens no uso de técnicas de seleção, como testes de inteligência emocional, habilidades físicas, exames médicos, exames antidrogas, Aids, triagem genética e testes de personalidade e honestidade. Como uma empresa pode equilibrar a eficiência e a equidade no uso dessas técnicas?

7. Discuta os papéis dos previsores e dos critérios na validação. Quais as características que eles devem possuir? Como se pode evitar a contaminação e as deficiências nos previsores e nos critérios?

8. Explique a diferença entre validação por previsão e validação simultânea. Quando uma validação simultânea bem conduzida pode ser preferível a um estudo de validade por previsão?

9. Uma alta validade é suficiente para justificar o investimento em um novo processo de seleção? Quais os outros fatores situacionais que afetam o valor das informações de uma seleção aprimorada? Que diferença existe entre medir esse valor em termos da acuracidade das previsões ou de resultados financeiros para a organização?

10. Que tipo de ajuda a internet oferece aos profissionais de recursos humanos e executivos? Quais as implicações disso para as pessoas que estão procurando emprego?

Sua Vez

Processo de seleção na AFG Industries[147]

As organizações com alto nível de envolvimento (HIOs – High-involvement organizations) são uma forma organizacional relativamente nova. As HIOs foram desenhadas para gerar níveis muito altos de engajamento dos empregados. O poder, a informação, o talento e as recompensas pelo desempenho são levados até os níveis inferiores da organização. As equipes autogerenciadas e outras estruturas semelhantes dão aos empregados a possibilidade de compartilhar o poder decisório. O treinamento extensivo em capacidades técnicas, sociais e empresariais proporcionam aos membros das equipes a competência necessária para a autogestão eficaz. Os sistemas de informação comunicam os dados de desempenho que as equipes precisam para motivar os comportamentos adequados, tais como o aprendizado constante e a resolução de problemas. Por motivos óbvios, o processo de seleção nas HIOs privilegia os indivíduos que preferem trabalhar em grupo e que possuem grandes expectativas em relação a seu crescimento e desenvolvimento pessoal. Assim, esse processo é um dos elementos organizacionais que precisam adequar-se à estratégia geral da empresa.

A AFG Industries está para inaugurar mais uma unidade no oeste dos Estados Unidos. A cúpula da empresa acredita que o formato HIO vai capacitar essa fábrica a atingir suas metas, e decidiu projetar essa unidade e seus processos para se tornarem um exemplo brilhante desse conceito. Trabalhando juntamente com os planejadores estratégicos, os executivos de linha e os administradores de RH determinaram que todo o sistema de recursos humanos deve estar adequado ao conceito de HIO. À medida que essa unidade vai começar a operar logo, selecionar o grupo inicial de empregados será um aspecto crítico. Seu trabalho é recomendar um processo para identificar os papéis-chaves na organização do trabalho, traduzi-los em atividades de seleção e avaliar seus resultados. Você pode usar o modelo de quatro etapas mostrado no Quadro 7.2 como um roteiro. As seguintes questões também poderão ajudá-lo nessa tarefa:

1. Como você avaliará as necessidades da organização do trabalho em uma fábrica que ainda não foi nem construída? (Veja o Capítulo 3.)

2. Quais as características pessoais que você selecionaria e que técnicas específicas de seleção utilizaria? Como faria para determinar a evidência de sua validade?

3. Como você combinaria as técnicas de seleção?

4. Como você faria a integração do processo de seleção com outros aspectos organizacionais?

5. Como você avaliaria e comunicaria a eficácia desse programa?

Seu professor pode dar-lhe maiores informações sobre esse trabalho.

---

147 Esse estudo de caso foi baseado nas informações oferecidas por BOWEN, David E., LEDFORD JR., Gerald E., NATHAN, Barry R. Hiring for the organization, not the job. *Academy of Management Executive* 5, nº 4, p. 35-50, 1991.

8

DEMISSÃO, REDUÇÃO E RETENÇÃO DE PESSOAL

A matéria de capa da edição de 26-2-1996 da revista *Newsweek* mostrava um quadro desolador. Ela trazia as fotos dos presidentes de grandes empresas, como a Digital Equipments, Scott Paper, AT&T, IBM, Chemical/Chase Bank, GTE, Delta Airlines, McDonnell Douglas, General Motors, Sears, Philip Morris, Boeing e NYNEX, muitos dos quais ganhavam milhões de dólares por ano. Todas essas empresas estavam obtendo grande aumento em seus lucros. E cada uma delas estava colocando na rua dezenas de milhares de empregados. Al Dunlap, ex-presidente da Scott Paper, declarou ter embolsado 100 milhões de dólares depois de cortar 11 mil empregos e fundir sua empresa com a Kimberly-Clark. Ele foi o único desses executivos que aceitou falar para a reportagem sobre esse aparente paradoxo. Sua explicação aparece no Quadro 8.1. Você concorda com ele?

Estas demissões são justificáveis? Esses cortes devem ser vistos como uma cirurgia preventiva ou uma sangria? Os cortes de pessoal realmente aumentam a lucratividade? As reduções de pessoal por meio de demissões, dispensas temporárias ou aposentadorias voluntárias antecipadas são uma forma eficaz de cortar os custos com a folha de pagamentos? Como os cortes afetam os empregados remanescentes? Quais são os custos, os benefícios e as alternativas? Quais são as causas e custos das demissões que *não* partem da iniciativa da empresa? Como reter os melhores desempenhos? Colocando-se nos papéis de acionista, empregado e executivo, como você decidiria se esses cortes de pessoal seriam benéficos ou nocivos à organização?

REDUÇÃO E RETENÇÃO DE PESSOAL

Empresa enxuta, estrutura mínima, corte de gorduras, programas de aposentadoria antecipada – essas expressões têm-se tornado cada vez mais familiares à medida que as empresas em todo o mundo se sentem pressionadas a reduzir seus custos. Este capítulo vai discutir como as organizações gerenciam os processos pelos quais os empregados deixam as empresas.

UMA ABORDAGEM DIAGNÓSTICA DA REDUÇÃO E RETENÇÃO DE PESSOAL

As demissões são o término do emprego de trabalhadores permanentes ou temporários, por iniciativa do empregador ou do próprio empregado.[1]

---

1   DEVENS JR., Richard M. The employee turnover and job openings survey. *Monthly Labor Review,* p. 29-37, Mar. 1992.

262 | Recrutamento e Seleção Externos

Quadro 8.1
O presidente Dunlap explica as demissões na Scott Paper Company.

Albert Dunlap tornou-se a figura-símbolo para aqueles que acham que os executivos têm ido longe demais.

O ex-presidente da Scott Paper, de 58 anos de idade, conhecido por seus detratores como "Al Moto-serra", cortou 11 mil empregos em 1994. Depois de realizar a fusão da empresa com a Kimberly-Clark, ele saiu com um salário de cerca de 100 milhões ao ano, ações e outros benefícios. Dunlap já havia comandado o *downsizing* de outras sete empresas, incluindo-se a Diamond International e a Lily-Tulip. Quando a *Newsweek* procurou mais de 50 presidentes de grandes empresas para discutir a reestruturação das organizações, apenas Dunlap se mostrou disposto a falar. Aqui está seu depoimento:

"Quando os jornalistas e os políticos desandam a falar sobre *downsizing*, são os Al Dunlaps da vida que acabam sendo acusados. Somos retratados como vilões, mas não é verdade. Parecemos mais com médicos. Sabemos que uma cirurgia é dolorosa, mas é a única forma de manter vivo o paciente. Vejamos

a reestruturação da Scott. Tivemos que cortar 35% do pessoal. Foi uma tarefa difícil. Pertencendo a uma família da classe trabalhadora (meu pai era funcionário de um sindicato), eu sei como é quando alguém na família perde o emprego. Mas foi cortando parte dos empregos que conseguimos dar aos outros 65% um futuro mais seguro do que eles jamais poderiam ter de outra forma. E os acionistas ganharam cerca de 6,5 bilhões de dólares.

E por que os acionistas são tão importantes para os trabalhadores? Realizando um bom trabalho para eles, estamos encorajando-os a investir mais, construir novas fábricas e criar novos produtos. No final das contas, isto vai significar a criação de novos empregos. E este é um ponto que todos devem lembrar: a única forma de ajudar os trabalhadores é melhorar a competição. E para competir, as empresas precisam tornar-se eficazes. Isso significa que, se você tem empregados sem função, não pode mantê-los na folha de pagamentos.

Deixe-me colocar isso dentro de uma perspectiva histórica. Nos anos 70, os

Estados Unidos perderam sua posição como líderes do mercado global. Veja os setores em que já fomos grandes e que hoje apenas sobrevivem: indústria de calçados, maquinário e produtos eletrônicos. Não culpem os executivos de hoje que precisam tomar decisões duras – culpem aqueles executivos que criaram empresas inchadas que se tornaram não competitivas. As pessoas estão sempre criticando as empresas que conseguem lucro e depois anunciam demissões. O que elas não compreendem é que, se as empresas não obtiverem lucros, não haverá dinheiro para ser investido em novas fábricas e em novas tecnologias.

Isto não quer dizer que eu ache que os presidentes de empresas não sejam responsáveis por seus funcionários. Acho que esse executivo tem a obrigação de se comunicar com seus trabalhadores e prepará-los para o inevitável. Antes da reestruturação da Scott, viajei pessoalmente para todos os lugares e conversei com funcionários de todos os níveis hierárquicos. Uma das coisas que dissemos a eles é que não tínhamos

a intenção de manter privilégios elitistas às custas dos trabalhadores. Nosso maior corte de custos foi a venda de nosso imenso edifício-sede e a redução de 71% de nosso quadro de pessoal. Em uma das fábricas, fui até aplaudido. As pessoas são absolutamente capazes de compreender inteligentemente as coisas se você disser a elas o que está acontecendo e por que está fazendo o que faz.

Por outro lado, os políticos parecem não estar captando bem a mensagem. Eles falam demais e tentam polarizar a opinião pública. E pensam que podem ensinar os empresários a fazer negócios. A missão das empresas privadas é competir pelo mercado – não virar uma experiência social. Deus nos livre da aprovação de leis que tornem nossas empresas menos produtivas e comprometam nossa competitividade global. Aí então não será o caso de algumas poucas pessoas perderem seus empregos. Será um número astronômico de desempregados – e o fim do sistema de livre iniciativa americano da forma como o conhecemos".

Fonte: SLOAN, Allen. The hit men. *Newsweek*, 26 Feb. 1996. p. 48, Reproduzido com autorização.

Como é mostrado no Quadro 8.2, o processo de seleção não acaba quando os empregados são contratados. Se uma organização perde seus empregados mais valiosos, a melhoria nos processos de seleção e recrutamento externos não ajudará muito, pois haverá poucos empregados com longo tempo de casa ou sua qualidade será insuficiente. O padrão de demissões afeta a quantidade e a qualidade dos empregados tanto quanto o padrão de quem é recrutado e contratado. As evidências mostram que simplesmente reduzir o número de demissões pode ser tão negativo quanto deixar os melhores talentos irem embora da empresa. O segredo é encarar as demissões como

parte integrante do processo de pessoal, e gerenciar o processo de demissões como um complemento do padrão de recrutamento e seleção.[2] Dessa maneira, tanto as metas de eficiência como as de equidade têm que ser atingidas.

Eficiência

A rotatividade dos empregados (perda e reposição de funcionários) é um processo oneroso. É a visão empresarial mais frequente sobre as demissões: ver "o dinheiro saindo pela porta". Mais tarde, entraremos em detalhes sobre esses custos. Os cortes de pessoal na IBM, nos Estados Unidos, em 1992,

---

2   BOUDREAU, John W. Utility analysis: a new perspective. In: DYER, Lee D. (Org.). *Human resource management:* evolving roles and responsibilities. Washington, DC: Bureau of National Affairs, 1988; BOUDREAU, John W., BERGER, Chris J. Decision-theoretic utility analysis applied to employee separations and acquisitions. (Monografia) *Journal of Applied Psychology* 70, p. 581-612, 1985.

Quadro 8.2
O processo de pessoal como uma série de filtros.

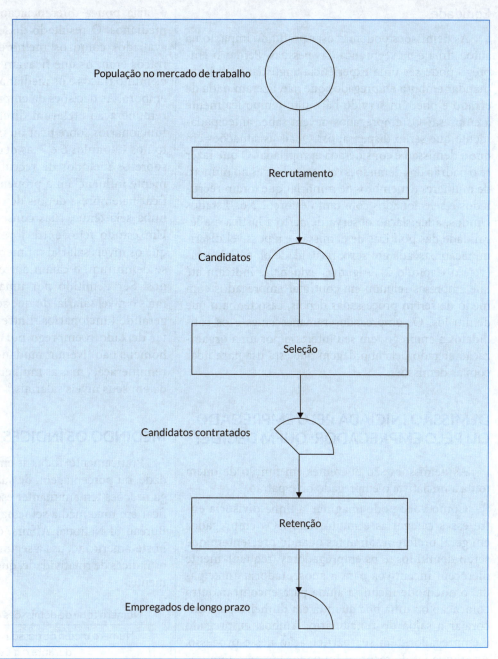

custaram 105 mil dólares por empregado, e os analistas estimaram que cortar outros 75 mil traria um custo de 120 mil dólares *per capita,* ou 9 milhões em 1993.[3] Mesmo assim, as organizações nem sempre querem manter todos os seus empregados. Todos conhecemos empresas que foram compelidas a demitir funcionários, temporária ou permanentemente, para reduzir custos. Como você viu na introdução, algumas vezes a redução drástica do quadro de pessoal diminui os custos, aumenta os lucros e faz subir os preços das ações. Obviamente, se as demissões forem feitas da maneira correta, uma organização pode tornar-se mais competitiva. Portanto, as organizações precisam buscar mais do que simplesmente reduzir sua rotatividade quando diagnosticam suas atividades de recursos humanos. Elas precisam determinar a quantidade certa de demissões e considerar cuidadosamente quando é mais eficaz permitir ou mesmo encorajar os empregados a deixarem a empresa ou quando é melhor tentar mantê-los. O fator-chave não é quantos empregados estão saindo, mas qual o valor daqueles que estão permanecendo.

---
3   BARKER, Robert, VERITY, John W. A question of value. *Business Week,* p. 30, 18 Jan. 1993.

Equidade

As demissões podem causar profundo impacto na autoestima e na segurança das pessoas. Perder o emprego pode ser uma experiência angustiante. E justo mandar embora empregados que não fizeram nada de errado e que têm servido há muito tempo lealmente a empresa? Os empregados devem saber antecipadamente que serão dispensados? Quais as situações em que a demissão é considerada apropriada? O que fazer se o padrão das demissões causarem baixas no número de mulheres e membros de minorias que foram recrutados e selecionados com tanto esforço? Nos Estados Unidos, a legislação observa de perto a justiça e a legalidade das políticas de demissão e a possível discriminação baseada em sexo, raça, idade ou deficiências (veja o Capítulo 2). Algumas evidências indicam até que empresas relutam em contratar empregados com medo de serem processadas depois, caso tenham que demiti-los. Os empregados remanescentes e os candidatos a emprego têm seu interesse por uma organização afetado pela abordagem que esta usa para lidar com as demissões.[4]

DEMISSÃO INICIADA PELO EMPREGADO OU PELO EMPREGADOR: QUEM DECIDE?

As demissões são diferentes em função de quem toma a iniciativa, o empregado ou o patrão.

Como você pode imaginar, a linha divisória entre essas categorias é muito tênue. Os empregados em geral preferem sair antes quando pressentem que serão demitidos, e os empregadores frequentemente oferecem incentivos para a aposentadoria antecipada, o que pode incluir a ajuda para encontrar outra colocação ou uma boa quantia em dinheiro para encorajar a saída do funcionário. Ambos, empregado e empregador, têm sua participação nesse processo. As atividades de recursos humanos também têm importante participação nessas decisões. Um estudo realizado com empresas de alta tecnologia de San Francisco mostrou que o sistema de remuneração baseado no desempenho era bastante agressivo na recompensa aos melhores e na punição aos piores,

e fazia pouca diferenciação entre os desempenhos medianos. O resultado disso é que os desempenhos avaliados como os melhores e os moderadamente fracos eram os que ficavam nas empresas, enquanto os muito fracos e os medianamente bons tendiam a ir embora. As decisões da empresa sobre seu sistema de remuneração afetavam diretamente as decisões dos funcionários sobre ficar ou ir embora.[5] Como foi visto nos Capítulos 6 e 7, as decisões dos empregadores sobre os métodos de recrutamento e seleção geralmente influenciam a propensão dos empregados em ficar na empresa depois de contratados. Ainda que a linha seja tênue, suas consequências são bem reais. Um estudo feito entre jovens americanos mostrou que os níveis salariais aumentavam entre aqueles que se demitiram, e caíam entre os que eram dispensados. Ser demitido por uma questão pessoal reduz mais o nível salarial do que ser demitido em um corte geral de funcionários. Entre aqueles que declararam ter deixado o emprego por "razões econômicas", os homens não tiveram mudanças significativas em sua remuneração, mas as mulheres queixaram-se da queda em seus níveis salariais.[6]

MEDINDO OS ÍNDICES DE DEMISSÃO

Praticamente, todas as empresas medem a quantidade, ou porcentagem, de suas demissões. Muitas organizações tentam manter esses números em zero, ou ficar em uma média semelhante à da concorrência. O Bureau of National Affairs, órgão oficial do governo norte-americano, usa a seguinte fórmula para calcular os índices de rotatividade, que são divulgados mensalmente:

$$\frac{\text{Número total de demissões durante o mês}}{\text{Número médio de pessoas empregadas durante o mês}} \times 100$$

O índice de demissões nos Estados Unidos é de cerca de 1% ao mês, ou de 12% ao ano. Esse índice é maior em pequenas empresas de setores não industriais e nas regiões Nordeste e Oeste do país. Além de

---

4 BULGER, Brian W., GESSNER, Carolyn Curtis. Sign of the times: implementing reductions in force. *Employee Relations Law Journal* 17, nº 3, p. 431-448, Winter 1991-1992; Current update. *Human Resource Management News*, p. 1, 13 Apr. 1992; SCHWOERER, Catherine, ROSEN, Benson. Effects of employment-at-will policies and compensation policies on corporate image and job pursuit intentions. *Journal of Applied Psychology* 64, nº 4, p. 653-656, 1989.

5 ZENGER, Todd R. Why do employers only reward extreme performance? Examining the relationships among performance, pay, and turnovers. *Administrative Science Quarterly* 37, p. 198-219, 1992.

6 KEITH, Kristen, McWILLIAMS, Abagail. The wage effects of cumulative job mobility. *Industrial and Labor Relations Review* 49, p. 121-137, Oct. 1995.

medir genericamente as demissões, as empresas deveriam também medir separadamente as demissões voluntárias, as aposentadorias e as dispensas temporárias. Algumas empresas procuram distinguir entre as demissões *inevitáveis,* causadas por fatores fora do controle da organização, e as demissões *evitáveis,* causadas pelas políticas organizacionais. Outras tentam diferenciar as demissões *disfuncionais,* que envolvem a perda de funcionários valiosos, das demissões *funcionais,* que envolvem perdas de fácil reposição, ou a remoção de empregados pouco valiosos.

Como toda e qualquer informação, esses dados sobre o processo de demissões têm seu valor definido em função de sua utilidade para a melhoria do processo decisório na organização, como foi visto no Capítulo 5. A abordagem diagnóstica enfatiza a otimização tanto do nível como do *padrão* das demissões para obter o equilíbrio correto entre seus efeitos positivos e negativos. Assim, a organização precisa determinar quem vai usar essas informações, quais as decisões que devem ser afetadas por elas, e quais os tipos de informação mais adequados para este fim. Diferentes empresas ou unidades organizacionais podem necessitar de instrumentos de medição diferentes. Adotar práticas de outras empresas, ou comparações com as normas do setor, pode ser útil para algumas empresas; para outras, essas comparações significam muito pouco. Isto depende da relação entre as demissões e o valor do pessoal.

> As *demissões voluntárias* são as decididas pelo empregado. Elas incluem a *demissão* (a decisão do empregado em deixar a empresa quando a aposentadoria não é um fator principal), e a *aposentadoria* (a decisão do empregado de deixar a organização em função de benefícios e incentivos).
>
> A *dispensa* é a demissão decidida pelo empregador. A *exoneração* acontece por motivos pessoais específicos, como incompetência, violação de regras, desonestidade, preguiça, absenteísmo, insubordinação ou incapacidade de ser aprovado no período de teste. As *demissões coletivas* acontecem por causa da necessidade da organização em reduzir seu número de empregados, e não por comportamento individual.

ALÉM DO ÍNDICE DE DEMISSÃO: O VALOR DO QUADRO DE PESSOAL

A ideia de que as demissões são sempre ruins ou apenas servem para cortar os custos com pessoal é muito comum em meio ao pensamento administrativo. Na verdade, gerenciar os processos de demissão requer uma abordagem mais integrada. Entretanto, a ideia básica é simples: o segredo é colocar o foco em quem deve ficar na empresa, e não em quem deve sair. O padrão de *retenções* determina o efeito das demissões sobre as metas de eficiência e equidade.[7]

O Quadro 8.3 apresenta informações sobre uma hipotética unidade organizacional com 20 funcionários. Consideramos, por enquanto, que o valor de cada empregado está representado pelo volume de vendas gerado, embora o cálculo da produtividade seja frequentemente muito mais complexo. A segunda coluna mostra os números das vendas do último ano. A terceira e a quarta colunas trazem o tempo de casa e o *status* de cada funcionário. A empresa conta com oito membros de grupos protegidos, ou 40% de seu quadro de pessoal.

Suponhamos que a empresa decida mandar embora 25% de seus funcionários usando os critérios de desempenho ou de tempo de casa. A demissão dos cinco piores desempenhos (Oliver, Anne, Enrique, Fred e Barney) produz uma retenção de 15 empregados com média de 30 mil dólares/ano em vendas. O valor médio de cada empregado subiu, e ainda restaram seis membros de grupos protegidos, o que mantém sua representatividade nos 40%. Em outras palavras, a eficiência aumentou e a equidade foi mantida. Se o critério utilizado fosse o de tempo de casa, os cinco mais novos funcionários (Maggie, Dorothy, Oliver, Anne e Enrique) seriam demitidos, produzindo uma retenção de 15 empregados com média de $ 27,333 em vendas. A média de valor de cada empregado não seria tão alta aqui, e apenas quatro membros de grupos protegidos seriam mantidos (baixando a média para 26,6% do pessoal). Usando esse critério, tanto a eficiência como a equidade seriam prejudicadas, ainda que demitir em função do tempo de casa possa parecer a medida mais justa e mais objetiva.

Finalmente, imaginemos que a empresa decide não demitir, mas confiar nas demissões voluntárias para reduzir seu quadro de pessoal. Se os melhores vendedores têm as melhores oportunidades no mercado, os cinco melhores funcionários (Jeremy, Rudolfo, Maggie, Herbert e Manuel) podem decidir sair, deixando uma retenção de 15 indivíduos com uma média de vendas de apenas 20 mil dólares/ano. Os membros

---

7   SELIGMAN, Daniel. Keeping up. *Fortune,* p. 80, 30 Nov. 1992.

266 | Recrutamento e Seleção Externos

de grupos protegidos seriam seis; portanto, a representatividade não seria afetada. A eficiência seria dramaticamente prejudicada, mas a equidade continuaria a mesma.

O ponto principal de tudo isto é que a avaliação do processo de demissões não é simplesmente uma questão de contar as pessoas que saem, ou de calcular a economia obtida com o corte dos salários quando o quadro de pessoal é reduzido. A produtividade, a diversidade e outras características dos empregados remanescentes continuarão afetando a organização. As evidências indicam que a forma como os empregados deixam uma empresa é interpretada pelas demais organizações como uma sinalização de seu valor. Um estudo mostrou que o nível salarial nas demissões temporárias era o mesmo nas demissões definitivas pelo fechamento da fábrica. Entretanto, o trabalhador que perde assim seu emprego fica mais tempo desempregado e consegue novas ocupações com salários iniciais menores.[8] Talvez outros empregadores considerem que as organizações demitem seus piores membros, mas, de qualquer maneira, todos precisam sair quando a empresa fecha. Quando você estiver lendo as próximas seções sobre esse tema, mantenha em mente esses efeitos, de forma que possa compreender melhor a importância do gerenciamento adequado das demissões.

GERENCIANDO AS DEMISSÕES VOLUNTÁRIAS

Faz muita diferença o pedido de demissão partir do empregado. Quando a IBM comprou a Lotus em 1995, parte do valor dessa transação devia-se ao talento gerencial de Jim Manzi e outros altos executivos da Lotus. Mesmo assim, no começo de 1996, Manzi e outros dois executivos saíram da IBM, levantando dúvidas sobre o valor futuro dessa fusão.[9] No dia em que Jerome York, diretor financeiro da IBM, trocou esta empresa pela Chrysler, a capitalização de mercado (o valor das ações não negociadas) da IBM despencou em 1,3 bilhões de dólares, enquanto as ações da Chrysler subiram na mesma proporção.[10] Como vimos no Capítulo 4, os empregados com atitudes mais positivas têm menos probabilidade de deixar a empresa; as saídas voluntárias estão relacionadas com outras formas de comportamento de fuga do trabalho (absenteísmo, preguiça etc.). Neste capítulo, examinaremos os dois tipos de demissão individualmente para salientar as ferramentas disponíveis para administrar essas situações eficazmente.

Quadro 8.3
Efeitos das demissões e da retenção em um quadro de pessoal hipotético.

Vendedores	Vendas/Ano	Tempo de casa (anos)	Grupos protegidos
Jeremy	$ 40.000	8	Não
Rudolfo	40.000	8	Não
Maggie	40.000	2	Sim
Manuel	40.000	6	Sim
Herbert	40.000	6	Não
Karl	30.000	8	Não
Donald	30.000	4	Sim
Lindsey	30.000	8	Sim
Ralph	30.000	6	Não
Beuford	30.000	4	Não
Arthur	20.000	8	Não
Dorothy	20.000	2	Sim
James	20.000	6	Não
Bertram	20.000	4	Não
Jesse	20.000	4	Sim
Oliver	10.000	2	Não
Anne	10.000	2	Sim
Enrique	10.000	2	Sim
Fred	10.000	6	Não
Barney	10.000	4	Não
Total	$ 500.000	100	
Média	$ 25.000	5	

---

8   GIBBONS, Robert, KATZ, Lawrence F. Layoffs and lemons. *Journal of Labor Economics* 9, nº 4, p. 351-380, 1991.

9   CORTESE, Amy. Falling petals at lotus. *Business Week,* p. 4, 6 Nov. 1995.

10   YORK, Jerome. The $ 1,3 billion man. *Fortune,* p. 86, 15 Jan. 1996.

Demissões Voluntárias

O termo *rotatividade* frequentemente é usado como sinônimo de *demissão voluntária*. Entretanto, a rotatividade subentende que haverá substituição (ou seja, a organização coloca uma nova pessoa na posição que ficou vaga).[11] Para evitar confusão entre os aspectos referentes à seleção da substituição e ao gerenciamento de demissões, utilizaremos aqui a expressão *demissão voluntária* para qualquer situação que envolva a saída do empregado, independentemente de sua possível substituição.

QUAL SUA OPINIÃO?

Os administradores com frequência lamentam que os recursos humanos são quase sempre subestimados e pouco avaliados em termos financeiros, e o efeito da saída de Jerome York da IBM para a Chrysler sugere realmente que o mercado deveria avaliar alguns movimentos das pessoas. O que você acha que os analistas financeiros tinham em mente quando valorizaram as ações da Chrysler e desvalorizaram as da IBM?

Decisão de Pedir Demissão

O que leva um indivíduo a querer deixar uma função e uma empresa? Esta questão tem fascinado os psicólogos industriais e outros especialistas durante anos.[12] O Quadro 8.4 mostra um modelo da decisão de um funcionário de demitir-se. Repare que essa decisão é influenciada por diversos fatores, alguns dos quais dificilmente controláveis pela organização, como taxas de desemprego, responsabilidades familiares e atração por outras empresas. Entretanto, muitos fatores são influenciados pela própria organização. Na verdade, praticamente todas as atividades de recursos humanos influenciam a decisão de o funcionário ficar ou ir embora, incluindo estrutura da função, recrutamento que cria expectativas, oportunidades de planejamento de carreira e promoção, níveis salariais, investimento em treinamento e sensação de justiça no tratamento pela empresa. Esses fatores afetam a decisão de deixar o emprego porque comprometem a satisfação individual com o trabalho, o comprometimento com a organização, a tendência de ter "cognições de afastamento" (pensamentos de ir embora), e a comparação entre a razão ou "utilidade" de ficar ou sair. Estes fatores levam as pessoas a procurar, comparar alternativas e, talvez, deixar a empresa.

Esse modelo genérico foi confirmado por diversas pesquisas.[13] Ele descreve o comportamento dos altos executivos, que buscam muito mais do que aquilo que estão deixando para trás, e cuja satisfação no trabalho e os projetos de carreira orientam suas decisões, tal como acontece com todos nós. Ele aplica-se aos *repatriados,* executivos que retornam de missões em outros países, que têm maior probabilidade de deixar a empresa caso sintam não haver reconhecimento ou plano de carreira claros e recompensas por sua experiência internacional.[14] Um estudo realizado com trabalhadores holandeses de 18 e 26 anos revelou que as atitudes em relação ao trabalho podem ser afetadas *depois* de deixar o emprego. Aqueles que saíram voluntariamente têm atitudes mais positivas depois de quatro anos em seu novo emprego, os que foram demitidos têm mais ou menos o mesmo nível, e aqueles que permaneceram no emprego têm atitudes menos positivas. Entretanto, os efeitos imediatos podem ser diferentes. Um estudo feito no exército americano mostrou que aqueles soldados que resolveram realistar-se melhoraram suas atitudes para ajustá-las a sua decisão.[15]

---

11   BOUDREAU, John W., BERGER, Chris J. Toward a model of employee movement utility. In: ROWLAND, Kendrith M., FERRIS, Gerald R. (Orgs). *Research in personnel and human resource management.* Greenwich: JAI Press, 1985. v. 3, p. 31-54.

12   MARCH, James G., SIMON, Herbert A. *Organizations.* New York: John Wiley & Sons, 1958; PRICE, James L. *The study of turnover.* Ames: Iowa State University Press, 1977; MOBLEY, William H. Intermediate linkages in the relationship between job satisfaction and employee turnover. *Journal of Applied Psychology* 62, p. 237-240,1977; MOBLEY, William H., GRIFFETH, R. W., HAND, H. H., MEGLINO, M. M. Review and conceptual analysis of the employee turnover process. *Psychological Bulletin* 86, p. 493-522, 1979.

13   GRIFFETH, Rodger W., HOM, Peter W. The employee turnover process. *Research in Personnel and Human Resources Management* 13, p. 245-293, 1995.

14   BRETZ, Robert D., BOUDREAU, John W., JUDGE, Timothy J. Job search behavior of employed managers. *Personnel Psychology* 47. p. 275-302,1994; STROH, Linda K. Predicting turnover among repatriates: can organizations affect retentions rates? *International Journal of Human Resource Management* 6, p. 443-456, May 1995.

15   VELDE, Mandy E. G. van der, FEIJ, Jan A. Change of work perceptions and work outcomes as a result of voluntary or involuntary job change. *Journal of Occupational and Organizational Psychology* 68, p. 273-290, 1995; FARKAS, Arthur J., TETRICK, Lois E. A three-wave longitudinal analysis of the casual ordering of satisfaction and commitment on turnover decisions. *Journal of Applied Psychology* 74, nº 6, p. 855-868, 1989.

Quadro 8.4
Decisão do empregado em demitir-se.

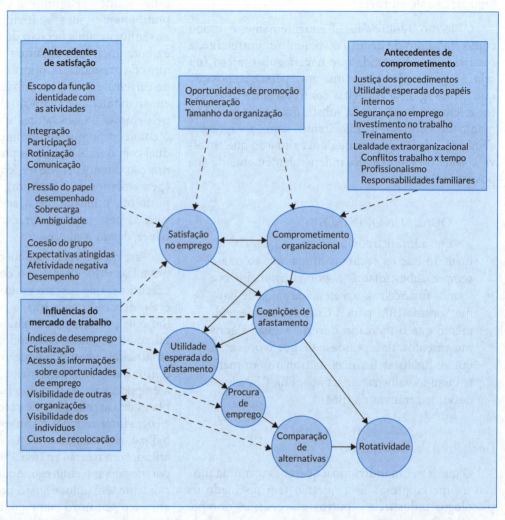

Fonte: GRIFFETH, Rodger W.; HOM, Peter W. The employee turnover process. *Research in Personnel and Human Resources Management*, vol. 13, p. 255, 1995.

As demissões voluntárias são mais comuns em tempos de baixo desemprego. Os trabalhadores mais jovens, com menos dependentes, demitem-se com mais frequência, e as características biográficas e demográficas podem ajudar a prever a tendência à demissão voluntária. Alguns estudos indicam que existem menos demissões voluntárias quando existe a atuação efetiva de sindicatos. Talvez o sindicato possa funcionar como uma válvula de escape para as insatisfações dos empregados, dando-lhes oportunidades de se expressar por meio de procedimentos formais. Um estudo realizado com enfermeiras na Nova Zelândia mostrou que as demissões estavam ligadas à disposição de demitir-se, ser solteira e ter sido treinada em um instituto técnico e não em um hospital.[16] Entre as enfermeiras nos Estados Unidos, algumas demitem-se antes mesmo de procurar outras alternativas, e seu desejo de afastar-se do trabalho inclui ideias de demitir-se e procurar outro emprego, não necessariamente nesta ordem. Parece que as pessoas podem deixar um emprego antes de arrumar outro, seja porque foram compelidas a sair ou por ser mais fácil arranjar um novo emprego depois de deixar o anterior. Finalmente, a satisfação no trabalho teve índices similares entre es-

---

16 GERHART, Barry. The prediction of voluntary turnover using tenure, behavioral intentions, job satisfaction, and area unemployment rates. *Journal of Applied Psychology* 75, p. 467-476, 1990; COTTON, John L., TUTTLE, Jeffrey M. Employee turnover: a meta-analysis and review with implications for research. *Academy of Management Review* 11, nº 1, p. 55-70, 1986; SPENCER, Daniel G. Employee voice and employee retention. *Academy of Management Journal* 29, nº 3, p. 488-502, 1986; Sik Hung Ng, CRAM, Fiona, JENKINS, Lesley. A proportional hazards regression analysis of employee turnover among nurses in New Zealand. *Human Relations* 44, nº 12, p. 1.313-1.330, 1991.

sas enfermeiras durante os primeiros oito meses, *tanto* para as remanescentes *quanto* para as que se demitiram. No entanto, as que deixaram o emprego tiveram mais pensamentos de afastamento, deram mais valor ao ato de sair do emprego, buscar outra colocação e perceber outras alternativas como mais desejáveis.[17] As relações mostradas no Quadro 8.4 parecem ser comuns a várias culturas; um estudo feito com contadores em Cingapura descobriu que o comprometimento organizacional e a satisfação no trabalho eram os principais previsores das intenções de rotatividade. A insatisfação com a mobilidade ascendente é ainda mais séria entre os altos executivos, como ficou evidenciado na IBM, onde vários vice-presidentes deixaram a empresa quando perceberam que não teriam chance de se tomarem presidentes.[18]

Implicações da Redução das Demissões Voluntárias

O que tudo isso sugere em termos de gerenciamento de recursos humanos? As organizações interessadas em diminuir o número de pedidos de demissão podem considerar a ideia de aumentar os salários, esclarecer bem os papéis e exigências do trabalho, tornar o trabalho mais gratificante e conseguir fazer com que seus empregados percebam vantagens em trabalhar em determinada empresa e não em outra qualquer. Os procedimentos de seleção e recrutamento, tais como informações biográficas e a previsão realística do trabalho (discutidos nos Capítulos 6 e 7) podem ajudar a prever as futuras demissões. Um estudo sumarizando 20 experimentos que utilizaram tanto o enriquecimento da tarefa como a previsão realística do trabalho (RJP) para diminuir as taxas de demissões mostrou que o uso do método de previsão melhorou em 9% essas taxas, enquanto o enriquecimento da função conseguiu 17% de melhoria.[19] As empresas geralmente tentam descobrir as causas dos pedidos de demissão, entrevistando as pessoas antes que saiam. Uma pesquisa descobriu que 84% das empresas realizavam *entrevistas de saída* com os empregados demissionários para descobrir as causas de seu afastamento.[20]

Existem inúmeras abordagens criativas para reduzir as demissões voluntárias, especialmente nas áreas em que as organizações precisam investir pesado em treinamento e perdem todo esse investimento quando os empregados vão embora prematuramente. Na Merrill Lynch, os corretores recém-contratados recebem um documento que vale 100 mil dólares a ser resgatado caso fiquem na empresa por 10 anos e tenham desempenho satisfatório. A KPMG Peat Marwick oferece diversos benefícios para seus funcionários, como serviço de lavanderia e de babás nos fins de semana em que é preciso fazer horas extras. A Continental Insurance Company facilita o relacionamento entre os funcionários mais velhos e os recém-chegados, de forma que os veteranos possam ajudar os calouros a compreender melhor e comprometer-se com as metas da organização.[21] Algumas vezes, esses arranjos são chamados de "algemas de ouro" porque sua criatividade é um incentivo para prender o funcionário à empresa. Muitas organizações fazem contrapropostas tão incríveis, quando seus melhores valores estão sendo sondados pelos concorrentes, que uma empresa de colocação de executivos enviou para seus clientes uma lista com "10 razões para não levar em consideração uma contraproposta".[22]

Implicações para a Qualidade dos Empregados Remanescentes

A maioria das organizações preocupa-se apenas com a redução da quantidade (ou índice) de demissões voluntárias, para diminuir os custos gerados por elas. Mas o padrão das demissões voluntárias e das retenções pode ser muito mais significativo. Como vimos no exemplo citado, faz muita diferença uma empresa estar perdendo seus melhores talentos, que são difíceis de substituir, ou estar livrando-se de maus

---

17 HOM, Peter W., GRIFFETH, Rodger W. Structural equations modeling test of a turnover theory: cross-sectional and longitudinal analyses. *Journal of Applied Psychology 76*, nº 3, p. 350-366, 1992.

18 ARYEE, Samuel, WYATT, Thomas, MIN, Ma Kheng. Antecedents of organizational commitment and turnover intentions among professional accountants in different employment settings in Singapore. *Journal of Social Psychology 13*, nº 4, p. 545-556, 1991; MILLER, Michael W. IBM's grabe quits as exodus at top expands. *The Wall Street Journal*, 4 Mar. 1992, p. B1.

19 CASCIO, Wayne F., McEVOY, Glen M. Strategies for reducing employee turnover: a meta-analysis. *Journal of Applied Psychology 70*, p. 342-353, 1985.

20 BUREAU OF NATIONAL AFFAIRS. Job absense and turnover control. *Personnel Policies Forum Survey*. Washington, DC: Bureau of National Affairs, nº 132, 1981.

21 *Compflash*, p. 2, May 1991; LOPEZ, Julie Amparano, LUBLIN, Joann S. Bosses seek ways to hold on to workers as recovery encourages job hopping. *The Wall Street Journal*, 5 Jan. 1992, p. B1.

22 McWILLIAMS, Gary. To have and to hold. *Business Week*, p. 43, 19 June 1995.

profissionais. Além do mais, a diversidade do quadro de pessoal pode ser bastante afetada por esse padrão.

Ainda que as pesquisas indiquem que os piores desempenhos é que costumam ir embora, os resultados são controversos e alguns estudos apontam grandes talentos entre os demissionários. A revista *Business Week* lamenta a drenagem de cérebros entre as empresas americanas que passam por situações difíceis. Anteriormente, discutimos a pesquisa que mostra que um sistema que recompense os desempenhos excepcionais provoca a retenção dos melhores e dos moderadamente ruins. No ambiente acadêmico, quando o desempenho é avaliado pelo índice de publicações, percebe-se que os professores provisórios mais talentosos vão embora com menos frequência do que os mais competentes professores permanentes.[23] Isto talvez explique porque os professores provisórios estão sempre batucando em seus processadores de texto quando os alunos chegam a suas salas de trabalho. Os altos executivos correm o risco de ficar ultrapassados? As evidências são limitadas e não conclusivas. Um estudo feito no Canadá mostrou que as empresas cujos presidentes estão há mais tempo no cargo têm menor facilidade para alinhar suas estratégias com as demandas do mercado e, portanto, menos probabilidade de bons resultados financeiros do que as organizações cujos presidentes são ainda novos na posição. Entretanto, outro estudo, realizado com bancos, descobriu que os presidentes permanecem mais tempo nos bancos com melhores resultados financeiros.[24]

Não é uma coisa muito clara pensar que apenas melhorar a remuneração garante a melhoria da qualidade do pessoal. Uma simulação com professores demonstrou que apenas o aumento dos salários teve pouco efeito sobre as qualificações deles, enquanto o aumento da remuneração dos mais bem qualificados e uma cuidadosa seleção baseada nas qualificações trouxeram significativo aumento de qualidade. Apenas sob essas condições é que os melhores professores seriam atraídos e, uma vez contratados, permaneceriam no emprego.[25] Um estudo feito com 4.000 executivos de alto escalão em uma empresa mostrou que mais de 1.000 deles demitiram-se em um período de três anos, e que os mais talentosos tinham muito mais probabilidade de sair da organização caso não conseguissem bons aumentos salariais. Uma análise custo-benefício revelou que, se concedidos os aumentos salariais desejados, os custos da folha de pagamento nesses quatro anos teria subido cerca de 3 milhões de dólares ao ano. Contudo, retendo a maioria dos melhores desempenhos, o valor total do quadro de pessoal cresceria o suficiente para cobrir esses custos e produzir ainda um retorno líquido de mais de 15 milhões de dólares ao longo desses quatro anos.[26]

Não apenas o desempenho, mas também as atitudes dos empregados remanescentes podem ser afetadas pelas demissões voluntárias. Um estudo realizado com funcionários públicos municipais e de universidades nos Estados Unidos descobriu que aqueles que continuaram em seus empregos sentiram grande perda pessoal e grande alegria por seus colegas que se demitiram por motivos independentes do trabalho. Os remanescentes também se sentiam menos competitivos no mercado de trabalho quando um colega deixava o emprego por causas relacionadas com o trabalho.[27]

Pode-se proibir um funcionário de ir trabalhar para um concorrente? Peter Bonyhard, um importante engenheiro da IBM por cinco anos, estava desenvolvendo *drives* de disco para computadores quando saiu para assumir uma posição mais lucrativa na Seagate Technology. A posição era, coincidentemente, de líder de equipe de desenvolvimento de *drives* de disco. A IBM moveu um processo bem-sucedido para impedir que Bonyhard trabalhasse no desenvolvimento de *drives* de disco na

---

23 BOUDREAU, BERGER. Decision-theoretic utility analysis applied to employee separations and acquisitions; JACKOFSKY, Ellen F. Turnover and job performance: an integrated process model. *Academy of Management Journal 9,* p. 74-83,1984; MATHIEU, John E., BARATTA Joseph E. Turnover type as a moderator of the performance-turnover relationship. *Human Performance* 2, nº 1, p. 61-71, 1989; SPIRO, Leah Nathans, BYRNE, John, ZIEGLER, Bart, MALLORY, Maria. The flight of the managers. *Business Week,* p. 78-81, 22 Feb. 1993; SCHAB, Donald P. Contextual variables in employee performance-turnover relationships. *Academy of Management Journal* 34, nº 4, p. 79-96, 1991.

24 MILLER, Danny. Stale in the saddle: CEO tenure and the match between organization and environment. *Management Science* 37, nº 1, p. 34-52, 1991; BARRO, Jason R., BARRO, Robert J. Pay, performance and turnover of bank CEOs. *Journal of Labor Economics* 8, nº 4, p. 448-481, 1990.

25 BALLOU, Dale e PODGURSKY, Michael. Recruiting smarter teachers, *Journal of Human Resources* 30, p. 326-338,1995.

26 BOUDREAU, John W. Future utility analysis research: continue, but expand the cognitive and strategic focus. *Documento de Trabalho nº 95-35, Center for Advanced Human Resource Studies;* GERHART, Barry, BOUDREAU, John W., TREVOR, Charlie O. Voluntary turnover and job performance: curvilinearity and the moderating influences of salary growth, promotions, and labor demand. *Apostila nº 95-33 do Center for Advanced Human Resource Studies.*

27 SHEEHAN, Eugene P. Affective responses to employee turnover. *Journal of Social Psychology* 135, p. 63-69, 1995.

Seagate, que acabou suspenso posteriormente.[28] Os acordos para evitar que funcionários demissionários acabem trabalhando para a concorrência são chamados de *pactos restritivos*. Eles são usados para proibir a revelação de segredos industriais, para evitar que uma pessoa trabalhe em determinada "área", por determinado período de tempo, em determinada região. No entanto, a legislação é vaga e varia muito de acordo com a jurisdição. Normalmente, a empresa precisa provar que essas cláusulas protegem interesses legítimos.[29]

Uma situação delicada pode surgir quando uma "demissão voluntária" não é para valer. Se um empregado diz "eu me demito" e vai embora, o empregador deve entender isso como uma coisa definitiva, ou deve tentar convencer o funcionário a mudar de ideia e permanecer na empresa? A questão legal de uma situação dessas não é muito clara. A decisão depende de se o empregado mostrou claramente sua intenção de se demitir (ele esvaziou suas gavetas?), se ele estava mentalmente capacitado para compreender as consequências de suas ações, se ele foi forçado a isso por atitudes da empresa ou se ele retrocedeu imediatamente. Para evitar problemas, aconselha-se tomar algumas precauções, como registrar as ações do empregado na hora em que ele resolve sair, fazê-lo assinar uma carta de demissão voluntária, verificar se ele tem em vista um emprego alternativo e tentar preencher sua vaga o mais rápido possível.[30]

A diversidade do pessoal também é afetada pela capacidade da organização em administrar o padrão de demissões. Reter mulheres qualificadas continua sendo um importante objetivo. Um estudo com a utilização de 40 anos de registros trabalhistas nos Estados Unidos mostrou que as mulheres trocam mais de emprego do que os homens, e que é muito mais difícil para os empregadores identificar as mulheres com tendência à estabilidade do que os homens. A tendência à estabilidade é maior para aqueles com experiências anteriores e para os brancos, e menor para aqueles que já deixaram outros empregos antes (especialmente mulheres). Entretanto, isto parece estar mudando entre as mulheres mais jovens. Por exemplo, ser casa-

da era um fator que aumentava consideravelmente a tendência à demissão entre as mulheres nascidas antes de 1947, mas não entre aquelas nascidas entre 1952 e 1954. Entre as mulheres mais jovens, a probabilidade e o padrão demissionário são semelhantes aos dos encontrados entre os homens, o que indica que será mais fácil reter as mulheres no futuro.[31] A retenção dos empregados mais velhos é outra maneira de preservar a diversidade, e isto nos leva à questão da aposentadoria.

Aposentadoria

A aposentadoria assemelha-se à demissão voluntária já que é uma decisão do empregado e resulta de um processo de escolha parecido com aquele mostrado no Quadro 8.4. A aposentadoria compulsória aos 65 ou 70 anos costumava ser comum, tornando a aposentadoria similar a uma demissão. No entanto, nos Estados Unidos, a legislação foi mudada para evitar discriminação aos indivíduos com mais de 40 anos, e hoje a aposentadoria é uma opção e não mais uma exigência para os empregados ainda capazes de trabalhar, exceto em algumas ocupações específicas, como bombeiros e oficiais de polícia. Um estudo patrocinado por um órgão público americano sugere que a idade não é um bom indicador da qualidade do trabalho de um bombeiro, nem as pessoas mais velhas têm maior probabilidade de morrer repentinamente de forma a comprometer a segurança pública. O relatório aponta que existem testes para cada uma das 29 habilidades necessárias para o desempenho da função de bombeiro e sugere que se usem os testes e não a idade como fator determinante.[32] Aumentar a idade da aposentadoria nem sempre beneficia o trabalhador; um estudo com empresas japonesas demonstrou que, quando o limite para a aposentadoria compulsória foi aumentado, a taxa de crescimento salarial caiu, presumivelmente, porque as organizações não estavam dispostas a pagar altos salários por mais anos de serviço.[33]

A aposentadoria difere da demissão voluntária porque geralmente acontece ao final da carreira profissional de um indivíduo, embora exista tendência à

---

28   MILLER, Michael W. IBM sues to silence former employee. *The Wall Street Journal*, 15 July 1992, p. Bl.

29   AIKIN, Olga. Restraining influences. *Personnel Management* 31, nº 6, p. 65-68, June 1994.

30   ALLEN JR., A. Dale. Quit and return: is it resignation or discharge? *Labor Law Journal*, p. 598-607, Oct. 1995.

31   ROSEN, Benson, MIGUEL, Mabel, PIERCE, Ellen. Steeming the exodus of women managers. *Human Resource Management* 28, nº 4, p. 475-491, Winter 1989; LIGHT, Audrey, URETA, Manuelita. Panel estimates of male behavior: can female nonquitters be identified? *Journal of Labor Economics* 10, nº 2, p. 156-181, 1992.

32   ADLER, Tina. Use skills tests – not age – to determine retirement? *APA Monitor* 23, nº 2, p. 4-5, Mar. 1992; BOWER, B. Mandatory retirement: public safety hazard. *Science News* 141, p. 54, 25 Nov. 1992.

33   CLARK, Robert L., OGAWA, Naohiro. The effect of mandatory retirement on earnings profiles in Japan. *Industrial and Labor Relations Review* 45, n² 2, p. 258-266, Jan. 1992.

272 | Recrutamento e Seleção Externos

aposentadoria precoce seguida de nova carreira, especialmente para os executivos.[34] Outra diferença é que aqueles que se aposentam recebem alguns benefícios. Nos Estados Unidos, a empresa normalmente paga uma pensão e a continuidade de seu plano de seguro (talvez com prêmios maiores); o governo oferece os benefícios de assistência médica e seguro social, geralmente estruturados para uma idade média de aposentadoria em torno de 65 anos. O crescente número de aposentados (veja o Capítulo 2) tornou essa política social do governo americano um dos tópicos mais controversos discutidos em eleições nos últimos anos.

Ainda que as decisões referentes à aposentadoria sejam afetadas igualmente pela maioria dos fatores apresentados no Quadro 8.4, elas diferem em algumas dimensões. Fatores individuais, tais como idade, estado de saúde e responsabilidades familiares, são diferentes para cada aposentado, como também o são os fatores organizacionais, como pensões, benefícios e oportunidades de promoções futuras. Finalmente, em vez de considerar outro emprego, o aposentado pode pensar na alternativa de um estilo de vida sem vínculo empregatício, com suas vantagens e problemas peculiares.[35]

Gerenciando a Aposentadoria dos Empregados

Praticamente, todas as atividades de recursos humanos têm o potencial de afetar as decisões de aposentadoria. Nos setores em que existe excesso de oferta de pessoal, os benefícios são geralmente planejados para proporcionar *incentivo à aposentadoria antecipada*. Entretanto, a escassez de pessoal ou a pressão governamental contra a discriminação por idade têm levado os empregadores a tentar *reter os empregados mais velhos* por meio de políticas especiais de RH.

Incentivos à Aposentadoria Antecipada

Um incentivo à aposentadoria antecipada abre essa oportunidade para mais empregados, tornando seus benefícios disponíveis para funcionários mais jovens e facilitando para os mais velhos uma saída de forma mais confortável, sem que tenham que trabalhar ainda por mais tempo. Os pacotes de incentivo à aposentadoria antecipada nas empresas americanas geralmente incluem: (1) adição de tempo à idade para fins de cálculo de pensão (normalmente, cinco anos); (2) pagamento de indenização por demissão; (3) pagamentos extraordinários anuais até que o aposentado comece a receber os benefícios do governo, e (4) continuação do seguro-saúde até os 65 anos ou mais. Tais planos, geralmente, são usados para cortar os custos com pessoal sem que haja demissões, ou por entender que os antigos funcionários muito bem remunerados podem ser substituídos por outros. A General Motors e a Central de Trabalhadores da Indústria Automotiva (UAW – *United Auto Workers),* nos Estados Unidos, entraram em um acordo sobre este tipo de incentivo para minimizar as tensões trabalhistas em face das pressões da competitividade.[36]

A AT&T ofereceu um incentivo à aposentadoria antecipada para 77.800 executivos, entre 15 de novembro e 29-12-1995. Pouco tempo depois, a empresa anunciou o corte de 40.000 empregados. Na Boeing, mais de 9.300 funcionários aceitaram a oferta de incentivo à aposentadoria antecipada em 1995, eliminando assim boa parte das demissões necessárias para atingir a meta de corte de 12.000 empregos.[37] Em 12-8-1991, a Eastman Kodak Company anunciou um plano de aposentadoria antecipada, como parte de sua estratégia de fazer uso mais eficaz dos recursos da empresa em seu principal negócio. O plano permitia que qualquer funcionário que somasse 75 anos entre sua idade e seu tempo de casa poderia ter acesso a uma aposentadoria com benefícios integrais. Aqueles com menos de 62 anos receberiam uma pensão da empresa até que começassem a receber seus benefícios do governo. Também poderiam receber assistência médica, odontológica, seguro de vida, além do aconselhamento para recolocação e uma bolsa de treinamento no valor de 5 mil dólares. Finalmente, a critério de cada uma das unidades, poderia haver o pagamento de uma indenização de duas semanas de salário para cada ano trabalhado, com um mínimo de quatro e um máximo

---

34   BENNETT, Amanda. Corporate chiefs calling it quits earlier. *The Wall Street Journal,* 22 Dec. 1989, p. B1.

35   PARNES, Herbert S. The retirement decision. In: BORUS, Michael E., PARNES, Herbert S., SANDELL, Steven H., SEIDMAN, Bert (Orgs.). *The older worker.* Madison, WI: Industrial Relations Research Associations, 1988. Cap. 5.

36   FRONS, Marc. Early retirement: it pays to plan early. *Business Week,* p. 134-135, 27 Feb. 1989; SHERRID, Pamela. Taking an early out. *U.S. New & World Report,* p. 81-82, 11 Nov. 1992; PRITCHETT, Kevin. Bell atlantic offers early retirement to 6,300 workers. *The Wall Street Journal,* 5 Aug. 1991, p. A2; SUSKIND, Ron. Polaroid to offer early retirement to boost growth. *The Wall Street Journal,* 18 Nov. 1992, p. A7; TEMPLIN, Neal. UAW to unveil pact on slashing GM's payroll. *The Wall Street Journal,* 14 Dec. 1992, p. A3.

37   ARNST, Catherine. For a pink slip, press 2. *Business Week,* 27 Nov. 1995; COLE, Jeff. Response to Boeing retirement offer eases layoff plans. *The Wall Street Journal,* 19 June 1995, p. A5.

de 52 semanas. Alguns consultores financeiros contratados pela Kodak para dar assistência aos empregados caracterizaram esse plano como o "mais generoso na história dos Estados Unidos". O plano tinha por meta reduzir o contingente de pessoal em 3.000 empregados e economizar cerca de 375 milhões de dólares em salários líquidos. No final de 1991, um total de 6.733 funcionários havia optado pela aposentadoria antecipada, e mais de dois terços de uma conta de reestruturação de 495 milhões de dólares refletiam-se no custo adicional dessa opção. O preço das ações da Kodak subiu no dia em que houve o anúncio dessa política e de que um número maior do que o esperado de empregados havia aderido ao plano.[38]

QUAL SUA OPINIÃO?

Pouco tempo depois da execução do plano de incentivo à aposentadoria antecipada que levou mais de 6.000 funcionários a deixarem a empresa, alguns executivos da Kodak se perguntaram: "Não sobrou ninguém com mais de 55 anos na empresa. Será que fomos longe demais?" Como você avaliaria o impacto dessas aposentadorias em uma empresa como a Eastman Kodak?

As empresas de consultoria estimam que a taxa de adesão aos programas de incentivo à aposentadoria antecipada tem ficado 50% acima do esperado; elas entendem que alguns empregados acreditam ser agora ou nunca, já que suas organizações não conseguirão bancar isso novamente. Os empregados de chão de fábrica têm cada vez mais se candidatado à aposentadoria antecipada. Uma senhora de 53 anos, operária de linha de montagem em um fábrica da General Motors, entrou em um programa desses e recebeu 29.600 dólares. Uma das razões alegadas por ela foi que sua aposentadoria daria a sua filha de 34 anos a chance de ser chamada de volta ao emprego, depois de ter sido demitida. Ao mesmo tempo, a opinião pública tem forçado a diminuição dos incentivos pagos aos executivos, fazendo com que alguns deles desistam de reclamar por indenizações de milhões de dólares.[39]

Uma pesquisa realizada por Towers, Perrin, Forster & Crosby com 100 grandes empresas que ofereciam incentivos à aposentadoria antecipada mostrou que esses programas traziam um custo médio de 50 mil dólares por aposentado, mas a economia obtida no primeiro ano com a redução dos salários e encargos ficou entre 61 mil e 60 milhões de dólares, com uma média de 7,3 milhões de dólares. Uma empresa de consultoria, a Wyatt, relata que 19 das 50 maiores empresas dos Estados Unidos ofereceram algum plano de incentivo à aposentadoria antecipada entre 1990 e 1991. Uma enquete da American Management Association descobriu que, de seus 836 membros, 34% ofereceram incentivo à aposentadoria antecipada em 1991.[40]

Os incentivos à aposentadoria antecipada não estão isentos de riscos. Alguns empregados ficam felicíssimos de pegar seu dinheiro e ir embora. Outros acham que foram coagidos a aposentar-se em decorrência da repentina redução de seus índices de desempenho e pela pressão de seus superiores para que o fizessem antes de serem mandados embora. Antes de 1990, nos Estados Unidos, era difícil para uma empresa criar um programa desses sem correr o risco de processos trabalhistas sobre discriminação por idade (veja o Capítulo 2). Naquele ano, contudo, foi aprovada a legislação que estabelece o que é necessário para que um plano de incentivo à aposentadoria antecipada seja considerado como uma decisão voluntária do empregado. Como condição para que o funcionário receba benefícios adicionais de aposentadoria, o empregador pode exigir que ele assine um documento de renúncia que: (1) seja claro e de fácil compreensão; (2) refira-se especificamente aos direitos protegidos por lei; (3) não deixe margem para direitos posteriores à data deste documento; (4) ofereça alguma vantagem extra (alguma forma de pagamento ou benefício extra) para o indivíduo que assinar o documento; (5) aconselhe o indivíduo a consultar um advogado; (6) dê 21 dias (para uma pessoa) ou 45 dias (para um grupo) para a consideração do acordo; e (7) dê um período de sete dias depois da assinatura para que o indivíduo mude de ideia.[41]

---

38 Comunicados internos da Kodak e entrevistas com executivos de RH dessa empresa; ver também o artigo Lock the doors! Early retirement buy-outs sometimes work too well. *The Wall Street Journal,* 25 Feb. 1992, p. A1.

39 *Human Resource Management News,* p. 3, Dec. 1992; WHITE, Joseph B. GM tells staff it won't repeat retirement plan again. *The Wall Street Journal,* 18 Feb. 1992, p. B12; PATTERSON, Gregory A. More employers offer early retirement to help shrink blue-collar work force. *The Wall Street Journal,* 30 Aug. 1991, p. B1; LUBLIN, Joann S. Firms rethink lucrative severance pacts for top executives as criticism swells. *The Wall Street Journal,* 11 Nov. 1991, p. B1.

40 Open-Window early retirement plans seen successful. *Bureau of National Affairs Daily Executive Report,* nº 48,13 Mar. 1986; LAWLOR, Julia. Buyout game throws many. *USA Today,* 29 Oct. 1992, p. B1.

41 STEIN, Larry I. Through the looking glass: an analysis of window plans. *Labor Law Journal,* p. 665-676, Oct. 1991.

274 | Recrutamento e Seleção Externos

Retendo os Empregados Antigos

As evidências indicam que as empresas frequentemente implementam a redução de custos, induzindo os empregados mais velhos a aposentarem-se antecipadamente. Entretanto, as projeções demográficas indicam que força de trabalho nos Estados Unidos e em muitos outros países logo contará com uma proporção muito mais alta de trabalhadores mais velhos, e que menos jovens trabalhadores qualificados estão entrando para o mercado (veja o Capítulo 2). Para muitas empresas, a estratégia adequada para enfrentar essa situação é procurar reter os empregados antigos mais valiosos. Isto não apenas elimina os custos dos incentivos à aposentadoria antecipada e seus benefícios, como também significa o reconhecimento de que os funcionários mais antigos podem ser uma valiosa fonte de experiência. Para algumas organizações, idade e desempenho estão positivamente relacionados. O vice-presidente de planejamento de recursos humanos da Grumman Corporation declarou: "Entre 1970 e 1977, nossa empresa demitiu 13.000 pessoas. Os cortes foram determinados mais pelo desempenho do que pelo tempo de casa. Quando os cortes terminaram, a idade média dos empregados havia subido de 37 para 45 anos, sugerindo uma correlação muito positiva entre idade e desempenho".[42] Stanley Gault, presidente da Goodyear Tire & Rubber Company, planejou virar um "colaborador em tempo integral" da empresa mesmo depois de sua aposentadoria aos 70 anos – nada surpreendente para quem começou a trabalhar com 12 anos. Os especialistas alertam para o perigo do "complexo de Drácula", segundo o qual o "sangue velho" precisa dar lugar ao "sangue novo", pois os altos salários dos funcionários mais antigos podem ser compensados por sua maior confiabilidade e lealdade.[43]

O Quadro 8.5 traz várias ideias que permitem ou encorajam os funcionários mais velhos a continuar a contribuir com a organização. O Capítulo 7 também discute alternativas para o aproveitamento de pessoas mais velhas como novos funcionários. Muitas das estratégias de recrutamento discutidas naquele capítulo podem ser usadas para reter os trabalhadores mais velhos e produtivos. Isto pode não ser fácil. Os dados nos Estados Unidos apontam para uma queda na média de idade para menos de 40 anos para a aposentadoria, e é provável que isso dure até o final da década.[44] As organizações que pretendam reter seus velhos talentos precisam ser criativas. Por outro lado, os trabalhadores que se aposentam cedo estão cada vez mais voltando para o mercado de trabalho. Assim, as empresas que desejam usar esta fonte de talentos podem encontrar mais interessados até quando induzem mais gente a aposentar-se cedo.

Quadro 8.5
Políticas flexíveis de aposentadoria que podem aumentar o tempo de permanência dos empregados mais velhos.

- Programas de aconselhamento sobre a aposentadoria.
- Pensões maiores para a aposentadoria tardia.
- Suplementação das pensões para esperar os benefícios do governo.
- Usar os veteranos como mentores ou consultores.
- Atribuir aos veteranos funções menos demandantes.
- Reestruturar as funções de forma a reduzir as pressões.
- Arranjos para trabalhar em casa.
- Permitir horários flexíveis de trabalho.
- Permitir redução de remuneração para meia jornada de trabalho.
- Utilizar as avaliações formais de desempenho como um auxílio para o plano de aposentadoria.
- Usar as avaliações médicas como um auxílio para o plano de aposentadoria.
- Proporcionar aos veteranos dispensados uma forma de prosseguir na carreira.

Fonte: ROSEN, Benson, JERDEE Thomas, Retirement policies: evidence of the need for change. *Human Resource Management*, 28, nº 1, p. 87-103, Spring, 1989.

---

42 CONFERENCE BOARD. Older workers: dispelling myths. *The Conference Board Management Briefing: Human Resources* 4, nº 9, p. 2-3, Sept. 1988.

43 NARIETTI, Raju. Retiring gault win't let go of Goodyear. *The Wall Street Journal*, 31 oct. 1995, p. B1; Older workers: the "Dracula Complex". *Human Resource Management News*, p. 2, 13 Feb. 1995.

44 GENDELL, Murray, SIEGEL, Jacob S. Trends in retirement age by sex, 1950-2005. *Monthly Labor Review*, p. 22-29, July 1992; HERZ, Dane E. Work after early retirement: an increasing trend among men. *Monthly Labor Review*, p. 13-20, Apr. 1995.

Implicações para a Qualidade dos Empregados Remanescentes

Sabemos muito pouco sobre se a aposentadoria tende a remover os empregados mais ou menos valiosos para a organização. Os benefícios que refletem os níveis salariais anteriores podem tornar-se o principal incentivo para aqueles cuja remuneração cresceu rapidamente, provavelmente os mais talentosos. Mesmo uma substancial economia nos custos com pessoal pode não valer a perda de alguns executivos com alto padrão de desempenho. Quando os incentivos à aposentadoria antecipada são planejados como uma alternativa para os funcionários mais fracos evitarem a demissão, eles podem ter um efeito mais positivo sobre o desempenho daqueles que permanecem na empresa. Alguns administradores promovem um desgaste voluntário em vez de forçar a saída dos empregados com baixo desempenho.[45] Isso nos leva naturalmente à discussão das demissões que partem da vontade do empregador – as dispensas.

GERENCIANDO A DISPENSA DE EMPREGADOS

A perda do emprego tornou-se algo tão comum que até publicações como a *U. S. News & World Report* e a *Fortune* trazem artigos de ajuda que descrevem maneiras de se preparar para o perigo iminente (tais como deixar de lado as férias e conseguir uma hipoteca de emergência), ou para o fato consumado (buscar em todos os lugares, manter uma rotina diária, não tentar fingir que não aconteceu). As revistas especializadas oferecem até conselhos sobre como negociar um acordo mais proveitoso (arranjar um advogado, não assinar qualquer acordo, tentar uma indenização ou pensão maiores, outros benefícios ou assistência para recolocação).[46] A dispensa de funcionários por uma empresa é uma ação extrema. Portanto, seja por questões pessoais de alguns empregados ou por necessidade de cortes de pessoal, os empresários devem sempre evitá-la. Entretanto, as dispensas são um fato da vida organizacional e os administradores de RH precisam saber gerenciá-lo eficazmente.

Demissões

"Você está despedido". Ninguém espera ouvir essas palavras, pois elas significam a ação mais extremada que a organização pode tomar – a pena capital para um relacionamento empregatício. A *exoneração* ocorre quando o empregador encerra a relação empregatícia em função de comportamentos do empregado considerados seriamente nocivos. As organizações usam políticas disciplinares que impõem punições cada vez mais severas para o comportamento progressivamente mais inadequado dos empregados. Ainda que esses sistemas acabem levando à decisão de demitir os funcionários, geralmente eles são concebidos para ajudá-los a melhorar seu desempenho e evitar a dispensa. Até a primeira dama dos Estados Unidos precisa tomar cuidado com as demissões, como ficou demonstrado em 1995 no caso dos agentes de viagem da Casa Branca.[47]

Os índices de exoneração parecem ser maiores durante os períodos de prosperidade econômica, talvez porque o aumento da necessidade de contratações facilite os erros de seleção. Os funcionários mais velhos e mais antigos na organização são exonerados menos frequentemente, e os empregados dispensados têm mais dificuldades para encontrar outro emprego.[48] De qualquer modo, as organizações cada vez mais pressionadas pela competição podem aumentar sua pressão sobre os executivos em termos de corte de pessoal ineficiente. Como vimos no Capítulo 4, muitas empresas adotam sistemas de avaliação de desempenho para facilitar a identificação dos empregados mais fracos. O ex-presidente da IBM, John Akers, tem a fama de ter encorajado seus executivos a eliminarem os empregados menos produtivos. Até mesmo os próprios presidentes acham que eles próprios podem ser encorajados a ir embora caso o desempenho da organização não esteja melhorando. Dois exemplos desse tipo são o próprio Akers e Robert Stempel, da General Motors. Quando o problema é com o presidente, isso significa

---

45   BOUDREAU. Utility analysis; SELIGMAN, Daniel. The trouble with buyouts. *Fortune*, p. 124, 30 Nov. 1992.

46   SALTZMAN, Amy, SMITH, Anne Kates, KRITZ, Francesca Lunzer. Girding for a pink slip. *U. S. News & World Report*, p. 54-56, 14 Jan. 1991; KIRKPATRICK, David. The new executive unemployed. *Fortune*, p. 36-48, 8 Apr. 1991; LOEB, Marshall. What to do if you get fired. *Fortune*, p. 77-78, 15 Jan. 1996.

47   SIMPSON, Glenn R. Hillary Clinton tied to firings in travel office. *The Wall Street Journal*, 15 Jan. 1995, p. B4.

48   BUREAU OF NATIONAL AFFAIRS. Employee discipline and discharge. *Personnel Policies Forum Survey.* ashington, DC: Bureau of National Affairs, nª 139,1985; RODGERS, Robert C., STIEBER, Jack. Employee discharge in 20th century: a review of the literature. *Monthly Labor Review*, p. 35-41, Sept. 1985.

que os empregos de seus subordinados diretos também estão na linha de fogo.[49]

Riscos do Processo de Dispensa de Empregados

A ausência de parâmetros claros legais sobre essa matéria limita o consenso do que os empregadores devem fazer exatamente para evitar a responsabilidade sobre dispensas irregulares. Obviamente, devem-se evitar práticas semelhantes às usadas por uma empresa de publicidade, que colava na porta das salas dos funcionários notas que diziam: "Você está demitido. Venha falar comigo".[50] As recomendações a seguir são frequentemente lembradas aos executivos nos Estados Unidos:

1. Evite fazer qualquer menção ao emprego permanente durante a entrevista de recrutamento. Dizer aos candidatos que "poderemos demiti-lo a qualquer momento" pode parecer como levar um advogado especialista em divórcio para um casamento, mas a responsabilidade começa no processo de recrutamento.

2. Faça uma revisão em todos os manuais da empresa para remover quaisquer indicações sobre a perenidade do contrato de trabalho, incluindo frases como "este manual não é um contrato definitivo". Isto também deve ser feito com quaisquer correspondências enviadas aos candidatos ou quaisquer comentários durante as entrevistas.

3. Inclua declarações nos formulários que os candidatos vão assinar, do tipo da utilizada na Sears, Roebuck & Company: "Meu contrato de trabalho e remuneração podem ser encerrados, com ou sem motivo, com ou sem aviso prévio, a qualquer momento, de acordo com a opção da empresa ou da minha própria".

4. Registre cuidadosamente as avaliações de desempenho. Recomende aos avaliadores que sejam sempre completamente honestos ao julgar os subordinados e que comuniquem a estes claramente quando seus desempenhos estão a ponto de colocar seus empregos em risco.

5. Siga os procedimentos disciplinares cuidadosamente, e documente cada um de seus passos. Ofereça uma oportunidade para que os empregados contem seu lado da história – eles podem ter razão.

6. Não invente uma razão eufemística para a dispensa que não esteja relacionada com a questão do desempenho fraco.[51]

Exonerações e a Qualidade dos Empregados Remanescentes

Os empregados raramente são dispensados sem evidências documentadas, e frequentemente apenas depois de exaustiva série de revisões e apelações. Se o comportamento pregresso pode prever o comportamento futuro, essas dispensas podem estar livrando a empresa de indivíduos pouco produtivos ou capazes de ações nocivas no futuro. As evidências indicam que isto é verdadeiro até para presidentes antes da idade de se aposentar, que se demitem com mais frequência quando os resultados financeiros ficam abaixo das estimativas dos analistas.[52] O pessoal remanescente provavelmente terá mais qualidade em função dessas demissões. É de interesse tanto do empregador como do empregado que o processo de dispensa seja claramente relacionado com o comportamento no trabalho e que as decisões sejam tomadas com base em evidências. Um estudo feito com vendedores mostrou que aqueles com menores vendas, índices de desempenho e envolvimento com o trabalho tinham maiores possibilidades de serem dispensados; que a capacidade mental e a conscientização estavam associadas com os desempenhos melhores (e menos demissões); e que a estabi-

---

49 CARROLL, Paul B. Akers to IBM employees: wake up! *The Wall Street Journal*, 29 May 1991, p. B1; BENNETT, Amanda, LUBLIN, Joann S. Increasing turnover at the top sends many executives' careers into limbo. *The Wall Street Journal*, 13 Apr. 1992, p. Bl; STERN, Gabriella, CARROLL, Paul B., McQUEEN, Michel. Fall guys. *The Wall Street Journal*, 31 Dec. 1991, p. Al.

50 ALEXANDER, Suzanne. Firms get plenty of practice of layoffs, but they often bungle the firing process. *The Wall Street Journal*, 14 Oct. 1991, p. B1.

51 Veja, por exemplo, BAXTER Jr, Ralph H., WOHL, Jeffrey D. Wrongful termination lawsuits: the employers finally win a few. *Employee Relations Law Journal* 10 (1985), p. 258-275; ABBASI, Sami M., HOLLMAN, Kenneth W., MURREY JR., Joe H. Employment-at-will: an eroding concept in employment relationships. *Labor Law Journal* 38, nº 1, Jan. 1987, p. 261-79, GRENSING, Lin. Termination: a sensitive issue. *Office Systems* 9, nº 8, Aug. 1992, p. 67-68.

52 PUFFER, Sheila M., WEINTROP, Joseph B. Corporate performance e CEO turnover: the role of performance expectations. *Administrative Science Quarterly* 36 (1991), p. 1-19.

lidade e o sexo do funcionário estavam positivamente relacionados com a probabilidade de ser demitido.[53]

Se as dispensas não forem administradas com justiça e transparência, os empregados remanescentes perderão a confiança na organização e pensarão em sair também. O Quadro 8.6 mostra alguns conselhos de consultores para evitar problemas com as exonerações. Repare como é importante integrar o processo de seleção, a avaliação do desempenho e as relações com os empregados. No futuro, programas de computador poderão oferecer orientações para o gerenciamento das dispensas, em que o executivo responderia a uma série de perguntas sobre a situação e receberia a recomendação sobre demitir ou não o empregado.

Dispensas Coletivas

A ladainha das grandes empresas nos Estados Unidos que planejam demissões de mais de 10.000 pessoas parece aumentar a cada dia (veja a introdução deste capítulo). Nos primeiros nove meses de 1995, as empresas americanas anunciaram cortes de mais de 300 mil empregados, com mais de 47% das organizações divulgando reduções de cerca de 9% de seu pessoal – e isto foi menos que nos anos anteriores! Durante os anos de 1991 e 1992, cerca de 5,5 milhões de trabalhadores perderam seus empregos, sendo que metade deles já trabalhava há mais de três anos. Grande número de empregos perdidos era burocrático, ocupado por trabalhadores mais velhos no setor de serviços.[54] Ninguém está imune a isso. As universidades cortam docentes. O Japão, que já foi admirado pelas formas inovadoras de preservar o emprego vitalício para um quarto da força de trabalho do país, está agora repensando e redesenhando este compromisso à luz do aumento de dois dígitos nos empregos burocráticos e da diminuição da proporção entre emprego/trabalhador para menos de 1,0 pela primeira vez na história recente.[55]

Um lado bom nessa situação é que as empresas parecem criar novos empregos quando cortam funcionários. Dois terços das empresas que realizaram cortes contrataram simultaneamente novos empregados, e 36% relataram não haver mudança ou haver até ganho líquido no total de seus empregos.[56] Ainda assim, isto melhora pouco a situação daqueles dispensados, que podem estar-se perguntando que tipo de planejamento leva uma empresa a demitir e contratar ao mesmo tempo. As dispensas podem sair muito caro. A Bausch & Lomb anunciou um corte de 800 empregados em 1996, a um custo de 27 milhões de dólares, ou 30 centavos por ação.[57] Qual a lógica de uma atitude dessas?

Porque as Empresas Cortam Pessoal

Como vimos no Capítulo 5, as dispensas coletivas são uma das ferramentas que a empresa pode usar para reduzir seus custos com pessoal quando a previsão da demanda de empregados é menor do que a da oferta. Uma pesquisa de 1994 mostrou que 47% dos associados da American Management Association fizeram redução de pessoal, chegando a 56% em junho de 1991. Entre essas empresas, 22% deram como razão para os cortes uma mudança em seu negócio. Quando se pediu mais de uma razão para o *downsizing*, 49% alegaram mudanças nos negócios, 42% citaram "melhoria no aproveitamento do pessoal", cerca de 13% falaram em fusões e aquisições e menos de 2% citaram a obsolescência de suas instalações.[58] Até a tecnologia mais simples pode afetar as dispensas coletivas. Nas Filipinas, os granjeiros empregavam mulheres para

---

53 BARRICK, Murray R., MOUNT, Michael K., STRAUSS, J. Perkins. Antecedents of involuntary tumover due to a reduction in force. *Personnel Psychology* 47, p. 515-535, 1994.

54 BUREAU OF LABOR STATISTICS. Corporate layoffs top 300,000 since january, firm reports. *Daily Labor Reporter,* nº 193,5 Nov. 1995, p. A-6; AMERICAN MANAGEMENT ASSOCIATION. *1994AMA Survey on Downsizing,* Summer 1994; GARDNER, Jennifer M. Worker displacement: a decade of change. *Monthly Labor Review,* p. 45-57, Apr. 1995; EVANS, David S., LEIGHTON, Linda S. Retrospective bias in the displaced worker surveys. *Journal of Human Resources* 3, p. 386-396, 1994.

55 PUTKA, Gary. Yale Committee urges big cut in core faculty, *The Wall Street Journal,* 17 jan. 1992, p. B1; Work in America Institute, U. S. – Japan HR network, *Work, in, America* 20, p. 1-3, nov. 1995; Salariless man, *The Economist,* p. 79, 16 Sept. 1995; MILLER, Karen Lowry. Land of the rising jobless, *Business Week,* p. 47,11 Jan. 1993; SCHLESINGER, Jacob M., KANABAYASHI, Masayoshi. Many japanese find their "lifetime" jobs can be short-lived. *The Wall Street Journal,* 8 Oct. 1992, p. Al; SCHLESINGER, Jacob M. Pionner Electronic forces 35 managers to retire, shaking a Japanese Tradition, *The Wall Street Journal,* 11 Jan. 1993, p. A11; KANABAYASHI, Masayoshi. Japanese index adds to fears on economy. *The Wall Street Journal,* 2 Dec. 1992, p. A6.

56 *1994 AMA Survey on Downsizing, p. 1.*

57 PEREIRA, Joseph. Polaroid to cut jobs, restructure; charge is planned, *The Wall Street Journal,* 20 Dec. 1995, p. A5; Bausch & Lomb layoffs and earnings charge. *New York Times,* 11 Jan. 1996, p. D4.

58 *1994 AMA Survey on Downsizing, p. 3.*

aparar o bico das galinhas para evitar que elas espalhassem a ração. Quando foi desenvolvida uma ração especial difícil de ser espalhada, essas mulheres foram dispensadas e fizeram protestos contra o que consideraram uma violação de seus direitos de emprego vitalí-cio. Um estudo analisou os dados financeiros das empresas e descobriu que o "índice de liquidez corrente" e a relação estoque de bens produzidos/empregados estavam significativamente relacionados com os cortes de pessoal.[59]

Quadro 8.6
*Orientações para a
dispensa de empregados.*

Faça	Não Faça
Dê o máximo possível de avisos sobre dispensas em massa.	Não deixe espaço para confusões. Diga logo na primeira frase que o indivíduo está dispensado.
Converse particularmente com cada indivíduo em uma sala.	Não dê margem a discussões durante a sessão de demissão.
Termine a sessão de demissão em 15 minutos.	Não faça comentários pessoais; mantenha a conversação puramente profissional.
Forneça por escrito as explicações sobre indenizações e benefícios.	Não apresse a saída do funcionário, a menos que exista uma razão de segurança.
Ofereça serviço de recolocação de fora da matriz da empresa.	Não demita o empregado em datas especiais, como o 25º aniversário dele na empresa ou no dia que sua mãe morreu.
Certifique-se de que o funcionário soube da dispensa por um superior, e não por um colega.	
Expresse seu apreço pelos bons serviços prestados, se for o caso.	Não demita um funcionário que está de férias ou que tenha acabado de voltar delas.

Fonte: Adaptado de ALEXANDER, Suzanne. Firms get plenty of practice at layoffs, but they often bungle the firing process. *The Wall Street Journal*, 14-Oct. 1991, p. B1. Reproduzido com autorização do *The Wall Street Journal*, Dow Jones & Company, Inc.

A ideia comum é que os cortes de pessoal são necessários para a saúde financeira. As indústrias mexicanas anunciaram cortes em massa em resposta à queda da demanda do consumo, mas essas demissões têm um efeito colateral de paralisar a economia do país. Profissionais como corretores de seguros, caixas de banco, balconistas, telefonistas temem sua "extinção" em função do avanço da tecnologia e da informatização. Na Pacific Gas and Electric, centenas de técnicos com salários de 50 mil dólares/ano estão ameaçados por programas de computador que projeta novos serviços elétricos e elimina o custo de instalação. A Toyota ameaça fechar fábricas no Japão por causa do encolhimento da demanda doméstica de carros e da elevação do iene. Enquanto a Scott Paper cortou pessoal porque *se fundiu* com a Kimberly-Clark, a AT&T anunciou um corte de 40 mil funcionários porque está *desmembrando-se* em três unidades menores. A estimativa de retorno é espantosa. A Texaco estimou sua economia em 450 milhões de dólares anuais depois de cortar 4.000 empregados no final de 1996.[60]

Cortes de Pessoal Melhoram o Desempenho da Empresa?

Os executivos e os analistas financeiros costumam fazer ligação entre as dispensas coletivas e os resultados financeiros da organização. O Quadro 8.7 mostra algumas estatísticas selecionadas tiradas de artigos do *The Wall Street Journal*. Ainda que não seja uma amostragem científica, cada artigo cita os números dos cortes de pessoal e a mudança no valor das ações. É fácil perceber por que os executivos podem pensar que as dispensas coletivas aumentam o valor das ações. O exemplo mais

---

59 IQBAL, Zahid, SHETTY, Shekar. A multivariate analysis of employee layoffs. *American Business Review* 12, p. 15-21, May 1994.

60 SOLIS, Dianne, CARROLL, Paul B. Mexican firms are laying off thousands, imperiling economy. *The Wall Street Journal*, 21 Feb. 1995, p. A8; Orange country seeks to slash 1.600 jobs in Recovery plan. *The Wall Street Journal*, 9 Mar. 1995, p. B14; ZACHARY, G. Pascal. Worried workers. *The Wall Street Journal*, 8 June 1995, p. A1; SIMISON, Robert L., REITMAN, Valerie. Toyota says it may have to shut down plans in Japan: layoffs are possibility. *The Wall Street Journal*, 12 May 1995, p. A5; KELLER, John J. AT&T plans to slash workforce. *The Wall Street Journal*, 27 Sept. 1995, p. A3; BUREAU OF NATIONAL AFFAIRS. Texaco Inc. announces more cuts. *Daily Labor Report*, 5 Nov. 1995, p. A12-A13.

vivido disso é o caso em que a Wells Fargo & Company competia com o First Bank System of Minneapolis para comprar o First Interstate Bank na Califórnia. A disputa financeira estava empatada até que a Wells Fargo mandou seus executivos para New York para explicar aos analistas financeiros que, com suas filiais na Califórnia, eles poderiam cortar 9.000 Bank na Califórnia. A disputa financeira estava empatada até que a Wells Fargo mandou seus executivos para New York para explicar aos analistas financeiros que, com suas filiais na Califórnia, eles poderiam cortar 9.000 dos 47.000 funcionários do First Interstate, enquanto o First Bank só conseguiria cortar 6.000. O final da história? O pessoal de Wall Street gostou da explanação dos executivos da Wells Fargo; com base no valor das ações, a Wells Fargo fez a oferta mais atraente e ficou com o First Interstate. Outros fatores certamente afetam os preços das ações e os resultados, mas a imprensa gosta de contar como os cortes de empregados conduzem ao sucesso nos negócios. Pesquisas mais sistemáticas contam uma história diferente. Um estudo descobriu que os cortes ocorrem geralmente em empresas financeiramente fracas. Os cortes de pessoal estão associados a um leve aumento no preço das ações nas empresas financeiramente fracas, mas com uma baixa significativa nos preços das ações das empresas financeiramente saudáveis. Um estudo realizado com empresas canadenses descobriu que o efeito dos anúncios de cortes de funcionários era fazer baixar o preço das ações; quanto maior o corte, maior a baixa no preço.[61] Outro estudo comparou empresas que fizeram *downsizing*, no decorrer de dois anos, de cerca de 28% com outras do mesmo setor que ficaram abaixo de 15%. Ficou demonstrado que o total de vendas das empresas do primeiro grupo estava 8,8% mais alto depois de três anos, mas o total de vendas do segundo grupo estava 25,9% mais alto. As receitas no grupo de *downsizing maior* aumentaram 183,4% depois de três anos, enquanto subiram 422,5% no outro grupo; a magnitude dos cortes nas empresas não mostrou relação com os ganhos subsequentes. Se você tivesse investido nessas empresas, seus investimentos naquelas do primeiro grupo teriam rendido 4,7% depois de três anos, enquanto nas do segundo grupo teriam rendido 34,3%.[62] Os dados são muito escassos, mas certamente não é óbvio que o *downsizing* ajude as organizações como quer fazer acreditar a imprensa.

Quadro 8.7
O valor das ações sobe com os anúncios de cortes de pessoal?

Data	Anúncio	Percentual de aumento no valor das ações – variação/dia
3 de marco de 1995	Bankers Trust corta 10% do staff, 1.500 empregos	1,80%
24 de abril de 1995	AmSouth Bancorp corta 14% do staff, 1.000 vagas	0,80%
8 de maio de 1995	Republic New York Bank corta 15% do *staff*	2,60%
24 de maio de 1995	Boeing Co. corta 4% do pessoal, 5.000 vagas	0,14%
5 de julho de 1995	Canadian Airlines demite 394 empregados	3,00%
31 de julho de 1995	James River Corp. corta 19% do *staff* 4.000 vagas	28,00%
23 de agosto de 1995	Kellogg Co. reduz pela metade duas de suas unidades –1.075 vagas	0,30%

Fonte: Dados do *The Wall Street Journal* publicados nos dias mostrados. Reproduzido com autorização do *The Wall Street Journal*, Dow Jones & Company, Inc.

Os custos e os transtornos causados pelas dispensas coletivas podem sugerir que as empresas fazem todo o possível para evitá-las. De fato, a teoria indica que as organizações progridem por etapas de declínio, primeiro reconhecendo a necessidade de mudanças, e prosseguindo por meio de crises cada vez mais sérias. Empresas como Johnson & Johnson, Merck, Motorola e Philip Morris já foram citadas como lugares em que a expressão *corte de pessoal* era desconhecida.[63] No Quadro 8.8, mostramos as porcentagens das empre-

---

61 SLOAN, Allan. Take this job and cut it. *Newsweek*, p. 47, 5 Feb 1996; IQBAL, Zahid, SHETTY, Shekar. Layoffs, stock price and financial condition of the firm. *Journal of Applied Business Research* 11, p. 67-72, Spring 1995; URSEL, Nancy, ARMSTRONG--STASSEN, Marjorie. The impact of layoof announcements on shareholders. *Industrial Relations – Quebec* 50, p. 636-649, Summer 1995.

62 U. S. DEPARTMENT OF LABOR. *Guide to responsible restructuring*. Washington, DC: Office of the American Workplace, 1995.

63 WEITZEL, William, JONSSON, Ellen. Decline in organization: a literature integration and extension. Administrative Sience Quarterly 34, p. 91-109, 1989; ROSOW, Jerome M. Cutting by the numbers won't save U.S. industry. Work in America, p. 1-2, Feb 1992.

Quadro 8.8
De que tamanho são as defesas contra as dispensas coletivas?

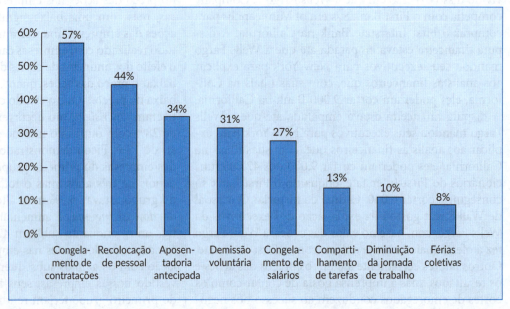

Fonte: American Management Association. *1994 AMA Survey on Downsizing.* New York : AMA, 1995. p. 3.

sas que usaram métodos diferentes para minimizar as demissões. Você pode ver as barras do gráfico como representando a altura da barreira defensiva contra as dispensas coletivas.

Muitas delas não são muito altas. Embora 57% se tenham valido do congelamento de contratações e cerca de 44% tenham usado realocação de pessoal, muito poucas tomaram medidas como o congelamento dos salários ou férias coletivas.

A *realocação de pessoal* significa deslocar pessoal de áreas com excesso de empregados para aquelas com escassez. Por exemplo, a Ontario Hydro do Canadá deu a seus empregados a opção de retreinamento ou demissão, e chamou esse processo de *rightsizing*.* Iremos discutir esses movimentos internos da organização no Capítulo 9. Outra saída criativa para evitar as dispensas coletivas foi a encontrada pela General Motors, que ofereceu seus funcionários ociosos para prestarem serviços a seus fornecedores.[64]

O Department of Labor dos Estados Unidos fez uma revisão de pesquisas e estudos de casos sobre cortes de pessoal, e sumarizou alguns mitos do *downsizing*.[65] Ao lado de cada um dos nove mitos listados aparece a evidência que sugere que a afirmação pode ser falsa:

1. O *downsizing* aumenta a lucratividade. Apenas 51% das empresas que reduziram pessoal aumentaram seus lucros e 20% tiveram seus lucros diminuídos.

2. O *downsizing* aumenta a produtividade. Enquanto algumas indústrias reduziram pessoal e aumentaram a produtividade, muitas outras aumentaram seus níveis de emprego e de produtividade.

3. O *downsizing* é um último recurso. As alternativas contra essa prática mostradas no Quadro 8.8 sugerem que as empresas frequentemente não usam todas as possibilidades existentes.

4. Quando acaba a recessão, o *downsizing* acaba também. As dispensas coletivas não diminuíram significativamente com a retomada do crescimento econômico nos Estados Unidos.

5. Os empregos são mais estáveis nas empresas com bons resultados financeiros. Mesmo as empresas com lucros recordes fizeram *downsizing*.

6. O *downsizing* é geralmente um evento que se dá apenas uma vez. Entre as empresas que reduziram pessoal em um ano, 66% repetiram a dose no ano seguinte.

---

* Algo como "tornar do tamanho certo". (NT)

64 HARRIS, Robert. Canadians replace layoffs with voluntary rightsizing. *HR Focus,* p. 15-16, May 1991; GM agrees to allow a parts supplier to use some of its idled employees. *The Wall Street Journal,* 30 Nov. 1992, p. B6.

65 U. S. DEPARTMENT OF LABOR. *Guide to responsible restructuring.* p. 7-9.

7. Os trabalhadores menos qualificados têm maior probabilidade de perder o emprego. O nível de gerência perfaz entre 5 e 8% do pessoal, e teve cerca de 18,6% de suas vagas eliminadas desde 1988.

8. O *downsizing* "corta a gordura" da empresa, de forma que não há efeito sobre a carga de trabalho, o moral ou o comprometimento dos funcionários. Das empresas que o praticaram em 1994, 86% sentiram a baixa no moral dos empregados e 30% relataram a diminuição da produtividade do trabalhador.[66]

9. As vítimas do *downsizing* não sofrem nenhuma perda de rendimentos a longo prazo. Muitos trabalhadores cortados tiveram que aceitar empregos com níveis salariais mais baixos.

Atividades de Recursos Humanos para o Gerenciamento das Dispensas Coletivas

Por mais desagradáveis que possam ser as reduções de pessoal, elas podem ser bem gerenciadas. A maioria dos altos executivos diz que o *downsizing* é sua decisão mais difícil. Geralmente, eles recorrem aos profissionais de recursos humanos das empresas para assegurar que essas dispensas atinjam os objetivos da eficiência e de justiça. O Quadro 8.9 mostra as orientações recomendadas pelo Department of Labor dos Estados Unidos para uma "reestruturação responsável". Podemos organizar essas recomendações em cinco atividades de recursos humanos específicas:

1. Planejar um corte de pessoal ou o fechamento de uma unidade.

2. Comunicar e envolver os empregados no processo de reestruturação.

3. Comunicar oficialmente o corte de pessoal ou do fechamento da unidade.

4. Oferecer a manutenção de rendimentos ou estender os benefícios dos demais empregados.

5. Auxiliar na busca ou na recolocação em outro emprego.

> ### QUAL SUA OPINIÃO?
> Pode uma empresa ser generosa demais no auxílio aos funcionários desempregados? Depois de ter adquirido o First Interstate Bank, a Wells Fargo foi obrigada a pagar indenizações altíssimas aos 7.200 empregados cortados. Esses contratos de indenização haviam sido planejados originalmente para ser tão onerosos que poderiam proteger a empresa contra possíveis aquisições. Agora, pelo menos uma dúzia de empregados já ameaçou processar a Wells Fargo por *não* tê-los demitido. Eles alegam seu fraco desempenho, suas necessidades de férias, seu desejo de fazer seu pé-de-meia. Como você aconselharia os executivos a responderem a isto?[68]

Planejando a Reestruturação

Como foi visto no Capítulo 5, é possível projetar demandas e suprimentos futuros de pessoal, e tomar atitudes hoje para preparar as pessoas para os desafios de amanhã. Tempos tumultuados tornam essa tarefa difícil. Algumas vezes é impossível antecipar os acontecimentos que podem levar à necessidade de reestruturação, tais como avanços tecnológicos ou mudanças na legislação. Ainda assim, não ter nenhum plano é pior do que ter um plano imperfeito. Um plano pode fornecer orientação tanto para subordinados como para executivos, e sinaliza o comprometimento da empresa em antecipar e lidar com dificuldades potenciais. Ele é também essencial para propiciar a comunicação e o envolvimento dos empregados nas futuras mudanças, e para cumprir as exigências legais de aviso prévio. Muitas organizações acham interessante a abordagem da "base zero". Na Sea-Land Service, o diretor de recursos humanos criou novas descrições de funções vinculadas diretamente à visão do futuro da empresa, e então procedeu a um cuidadoso e detalhado exame de cada um dos funcionários, dos altos executivos aos faxineiros, e comparou isso com as novas descrições e seus requisitos. O resultado foi um quadro muito claro da necessidade de *downsizing,* uma estratégia racional e coerente para as decisões individuais e uma sinalização de que todos os empregos estavam em disponibilidade, e não apenas aqueles de nível hierárquico mais baixo. A AT&T tomou uma atitude semelhante quando cortou 40.000 funcionários em 1996.[68]

---

66   *1994 AMA Survey on Downsizing.* p. 4.

67   HIMELSTEIN, Linda. Take my job, please! *Business Week,* p. 6, 8 July 1996.

68   GREENGARD, Samuel. Don't rush downsizing: plan, plan, plan. *Personnel Journal,* p. 64-76, Nov. 1993.

282 | Recrutamento e Seleção Externos

Quadro 8.9
Orientações para a reestruturação responsável.

- ✦ Articular uma visão do que você pretende que sua organização alcance.
- ✦ Estabelecer uma cultura organizacional que veja as pessoas como um bem a ser desenvolvido e não uma despesa a ser cortada.
- ✦ Seja claro a respeito de suas metas de curto e longo prazos; por exemplo, cortar custos (curto prazo) e melhorar o serviço ao cliente e o valor das ações por meio de um melhor uso dos recursos (longo prazo).
- ✦ Estabelecer um cardápio de alternativas para o atingimento das metas de curto e longo prazos.
- ✦ Faça com que as pessoas que vão ter que viver com as mudanças tomem parte nelas; dê oportunidade de acesso a todos os níveis hierárquicos.
- ✦ Comunicar-se, comunicar-se, comunicar-se! Compartilhe ao máximo as informações sobre as mudanças vindouras com aqueles que serão afetados por elas.
- ✦ Reconheça que os empregados dificilmente trarão contribuições criativas sobre formas de cortar custos se pensarem que seus empregos estarão ameaçados pelos resultados.
- ✦ Se cortar pessoal para reduzir custos for inevitável, estabeleça um conjunto de prioridades para fazê-lo (por exemplo, corte os terceirizados e temporários primeiro) e seja fiel a elas. Deixe claro em palavras e atos que os empregados permanentes e produtivos serão os últimos a serem mandados embora.
- ✦ Se os empregados têm que ser demitidos, faça o comunicado o mais cedo possível, trate-os com dignidade e respeito e ofereça assistência (financeira, aconselhamento) para ajudá-los a encontrar nova colocação.
- ✦ Considere a possibilidade de retreinamento e redisposição de pessoal como meio de assegurar a estabilidade no emprego e proteger seus investimentos em recursos humanos.
- ✦ Dê aos empregados sobreviventes uma boa razão para ficar. Mostre quais as novas oportunidades que estarão disponíveis para eles.
- ✦ Encare a reestruturação como parte de um processo de constante aperfeiçoamento – com submetas e verificações mensuráveis durante o processo – e não como um evento que ocorre apenas uma vez.

Fonte: U.S. Department of Labor. *Guide to responsible restructuring*, 1995. p. 29-30.

Comunicação e Envolvimento dos Empregados

Como você se sentiria se seu chefe lhe dissesse: "Vamos ter que fazer cortes de pessoal, e gostaríamos que você pudesse nos ajudar". Pode parecer um paradoxo engajar as pessoas em um processo tão traumático, mas muitas teorias indicam que o enfrentamento efetivo leva a um controle pessoal da situação. Os executivos podem ajudar, induzindo os empregados a estabelecer metas específicas, construindo assim um senso de poder em vez de fraqueza.[69] À medida que o aviso prévio é frequentemente necessário, as atitudes e comportamentos das "vítimas" dos cortes são uma consideração importante. As pesquisas demonstram que as atitudes dessas vítimas são influenciadas por sua percepção sobre se o corte é justo, percepção que, por sua vez, *é* significativamente influenciada pela forma como as más notícias foram divulgadas, se elas o foram por meio de uma comunicação adequada, aberta e transparente. Os funcionários que participam de grupos de qualidade e estão envolvidos em seu trabalho têm um comprometimento organizacional maior e atitudes mais favoráveis em relação à cúpula da empresa.[70] Por isso, é importante que a comunicação e o en-

---

69 ARMSTRONG-STASSEN, Marjorie. Coping with transition: a study of layoff survivors. *Journal of Organizational Behavior* 15, p. 597-621, Dec. 1994; LATACK, Janina C., KINICKI, Angelo J., PRÚSSIA, Gregory E. An integrative process model of coping with job loss. *Academy of Management Review* 20, p. 311-342, 1995.

70 BIES, R. J., MARTIN, C. L., BROCKNER, Joel. Just laid off but still a good Citizen: only if the process is fair. *Employee Responsibilities and Rights Journal*, p. 227 238, 1993; MARTIN, Christopher L., PARSONS, Charles K., BENNETT, Nathan The influence of employee involvement program membership during downsizing: attitudes toward the employer and the union. *Journal of Management* 21, p. 879-890, 1995; ARMSTRONG-STASSEN, Marjorie. Survivors' reactions to a workforce reduction: a comparison of blue-collar workers and their supervisors. *Canadian Journal of Administrative Sciences* 10, p. 334-343, Dec. 1993.

Quadro 8.10
Dez princípios para dispensar um empregado com dignidade.

1. O chefe do empregado deve conduzir o processo e fazê-lo privadamente.
2. Manter a reunião curta e ir direto ao ponto.
3. Oferecer apoio e simpatia, mas não dar esperanças de que a situação possa ser revertida.
4. Explicar o porquê da decisão.
5. Não fazer comentários discriminatórios (por exemplo, referir-se à idade ou sexo do empregado).
6. Controlar as emoções, não tomar muito tempo do empregado, não tocá-lo e não gritar.
7. Garantir o acordo de indenização por escrito.
8. Encorajar o empregado a tomar atitudes positivas, e não destrutivas.
9. Planejar uma saída elegante (caminhar com o empregado até a porta, ou trazer o consultor que irá ajudá-lo na recolocação para encontrá-lo em sua sala).
10. Informar os demais funcionários, clientes e fornecedores de uma forma que não lance culpas sobre o demitido.

Fonte: MEISSNER, Joe. How HR can help managers lay off employees in a dignified way. *Personnel Journal*, p. 66, Nov. 1993.

volvimento incluam não apenas os sobreviventes, mas também as vítimas do corte. A impressão disseminada de que os presidentes das empresas ficam riquíssimos em virtude de recompensa pelos cortes de pessoal não ajuda em nada a melhorar a reação das vítimas nem dos sobreviventes. O Quadro 8.10 traz um conjunto de recomendações para demitir empregados de maneira digna.

Anúncio do Corte de Pessoal ou do Fechamento de unia Unidade

As leis americanas exigem que as empresas com mais de 100 funcionários deem aviso prévio de dispensa coletiva ou fechamento de unidade com pelo menos 60 dias de antecipação. Os anúncios antecipados parecem reduzir o desemprego entre os trabalhadores ociosos e moderar temporariamente o crescimento das taxas locais de desemprego.[71] Alguns executivos pensam que tais anúncios podem diminuir a produtividade, levar os empregados a abandonarem a empresa, aumentar rumores negativos e criar conflitos organizacionais. As pesquisas indicam que os avisos antecipados não levam necessariamente os empregados a buscar outros empregos e que os investidores reagem mais negativamente aos cortes de pessoal causados por problemas financeiros ou aos rumores negativos que precedem os anúncios.[72] Nos Estados Unidos, os trabalhadores podem processar as empresas que não cumprirem sua obrigação em relação a esse aviso antecipado.[73]

Quem Sai? Pedido da Dispensa e Direito da Antiguidade

Geralmente, os cortes de pessoal ocorrem em razão do tempo de casa, ainda que o desempenho e a transferência de competências também sejam justificativas bastante utilizadas. Esses fatores podem igualmente ser combinados.[74] O *direito da antiguidade* refere-se à prática de oferecer a oportunidade aos trabalhadores mais antigos, cujas funções se tornaram obsoletas, de tomar o lugar de um empregado mais novo. Isto frequentemente é estipulado, nos Estados Unidos, nos contratos coletivos de trabalho.

---

71 ADDISON, John T., BLACKBURN, McKinley. Advance notice and job search: more on the valuable of an early start. *Industrial Relations* 34, p. 242-263, Apr. 1995; EHRENBERG, Ronald G., JAKUBSON, George H. Advance notification of plant closing: does it matter? *Industrial Relations* 28, nº 1, p. 60-71, Winter 1989.

72 WAGAR, Terry H. The WARN act and perceptions of managers concerning the effect of providing advance notice. *Labor Law Journal*, p. 588-592, Sept. 1992; BURGESS, Paul L., LOW, Stuart A. Preunemployment job search and advance job loss notice. *Journal of Labor Economics* 10, nº 3, p. 258-287, 1992; WORRELL, Dan L., DAVIDSON IR, Wallace N., SHARMA, Varinder M. Layoff announcements and stockholder wealth. *Academy of Management Journal* 34, nº 3, p. 662-676, 1991.

73 BARRETT, Paul M. High court eases limit on wokers'suits. *The Wall Street Journal*, 31 May 1995, p. A5.

74 Seniority versus skills. *The Wall Street Journal*, 7 july 1992, p. Al; McCUNE, Joseph T., BEATTY, Richard W., MONTAGNO, Raymond V. Downsizing: practices in manufacturing firms. *Human Resource Management 27*, nᵉ 2, p. 145-161, Summer 1988.

O direito de antiguidade dá estabilidade aos trabalhadores mais velhos, mas pode levar a trocas constantes de cargos ou a colocar pessoas não qualificadas determinadas funções. O conceito de tempo de serviço também pode causar conflitos legais se entre os mais novos, cortados, estiver um número significativo de mulheres e membros de minorias. Mesmo que seja feito de forma totalmente imparcial, o conceito de antiguidade pode reduzir significativamente a representatividade desses grupos. As decisões da Suprema Corte dos Estados Unidos mostram que reduzir o espaço das minorias com menos tempo de serviço pode não ser aceito como uma prática da ação afirmativa.[75]

Manutenção dos Rendimentos

As organizações geralmente procuram ajudar na manutenção dos rendimentos dos empregados demitidos durante certo período. A indenização é o pagamento de um montante fixo feito em seguida à demissão; o total da assistência é com frequência maior para os empregados mais antigos. A Hughes Aircraft Company paga 40 semanas de salário como indenização. Segundo um estudo, os executivos demitidos levam cerca de 25 semanas até encontrar um novo posto, e suas indenizações duram em média 26 semanas. Ou isto é um planejamento perfeito por parte da empresa, ou significa que o fim próximo da fonte de renda é um grande motivador para que o ex-executivo arrume um novo emprego. Os *benefícios suplementares aos desempregados* reforçam os benefícios concedidos pelo governo. Os desempregados podem também continuar com seus planos de saúde e de seguro de vida, de graça ou pagando o mesmo que pagavam quando estavam no emprego. A Tennessee Valley Authority oferece empréstimos aos empregados demitidos que queiram começar um negócio próprio. Dessa forma, o pagamento da indenização torna-se o primeiro passo para colocar o trabalhador em um novo papel.[76]

Recolocação: Ajudando os Demitidos a Encontrarem um Novo Local de Trabalho

As organizações podem oferecer aos empregados cortados ajuda para fazer seus currículos, dar treinamento em especializações altamente demandadas no mercado, e emprestar ou oferecer bolsas para pagar cursos adicionais. Muitos desses programas de auxílio são benéficos tanto para o trabalhador como para a empresa, à medida que suscita maior comprometimento entre os sobreviventes. Entretanto, alguns acham que as empresas adotam esses procedimentos porque eles tornam mais fácil demitir empregados.

O processo de recolocação também tem seus riscos. A Eastman Kodak Company e a Digital Equipment Company foram processadas em 55 milhões de dólares por 11 ex-funcionários da Kodak, que foram recolocados na Digital como parte de um acordo para a transferência da administração de algumas áreas de uma organização para outra. Eles alegaram que a Kodak havia cometido discriminação etária, que havia feito pressão para que fossem trabalhar na Digital, bloqueando suas outras alternativas e que as duas empresas haviam feito propaganda enganosa a respeito de suas funções na Digital. Na General Motors, os acordos de indenização vêm com uma amarração: para se qualificar para os benefícios, os empregados têm que assinar um documento, comprometendo-se a não processar a empresa. Algumas vezes, é a empresa que acaba processando o ex-empregado por ter ido trabalhar para um concorrente. Quando os empregados levam segredos industriais ou de prestação de serviços, as empresas podem sentir sua competitividade ameaçada. Muitas organizações estão pedindo a seus funcionários que assinem contratos em que se comprometem a não trabalhar para a concorrência.[77] Como no mundo dos esportes, o livre agenciamento é difícil de ser obtido.

Os Cortes de Pessoal e a Qualidade dos Empregados Remanescentes

Na pressa em cortar seus custos e reduzir sua folha de pagamentos, muitas organizações se esquecem de que os efeitos mais duradouros de uma dispensa coletiva aparecem na produtividade, diversidade e atitudes dos sobreviventes. O padrão dos cortes de pessoal pode afetar significativamente a contribuição daqueles que permanecem na empresa (veja o Quadro 8.3). Es-

---

75 Firefighters Local Union N. 1784 v. Stotts, 467 U. S. 561 (1984); *Wygant* vs. *Jackson Board of Education,* 40 FEP Cases 1321 (19 May 1986); BUREAU OF NATIONAL AFFAIRS. *Afirmative action today.* Washington, DC: Bureau of National Affairs, 1986.

76 LUBMAN, Sarah. Hughes aircraft tries to ease pain of 12.000 layoffs. *The Wall Street Journal,* 24 July 1992, p. B6; Severance pay lasts as long as job search. *HRFocus,* p. 12, June 1992; SOLOMAN, Charlene Marmer. Loans help laid-off employees find new carees. *Personnel Journal,* p. 77-80, Sept. 1992.

77 Ex-employees sue Kodak. *New York Times, 23* Mar. 1992, p. D3; LUBMAN. Hughes Aircraft. p. B6; WADMAN, Meredith K. More firms restrict departing workers. *The Wall Street Journal,* 26 June 1992, p. B1.

sas dispensas podem reter funcionários pouco acostumados com suas novas tarefas. Por exemplo, um executivo viaja para Taiwan a negócios e, de repente, vê-se em um voo de 18 horas de duração de volta para casa, em Minneapolis. O agente de viagens esqueceu de avisá-lo sobre a necessidade de visto para entrar no outro país. Por que isso aconteceu? Na intenção de melhorar sua eficiência, a agência de viagens Carlton cortou 17% de seu pessoal, e o agente que atendia ao tal executivo era novo em sua função.[78] Várias empresas americanas, tanto privadas como públicas, têm tido problemas com qualidade depois dos cortes, a ponto de repensar seus planos de redução de pessoal. A pressão e a ansiedade que se instalam entre os sobreviventes têm como efeito diminuir a criatividade e piorar o trabalho em equipes. Como disse um sobrevivente, "os vitoriosos são os que saem e os perdedores são os que permanecem".[79]

As pesquisas indicam que os sobreviventes reagem mais favoravelmente aos cortes de pessoal se acreditarem que eles são necessários, que todas as outras medidas para redução de custos foram tomadas, que o corte não transgride a cultura da empresa, que foi tudo amplamente divulgado e que o processo foi administrado com cuidado e diligência. Dois estudos, um realizado com executivos e outro com estudantes universitários, revelaram que os sobreviventes mostram menos comprometimento com a empresa se seu trabalho se tornar mais entediante, e maior comprometimento se ele se tornar mais interessante. Entretanto, quando os cortes são vistos como justos, ou se aqueles que foram demitidos parecem otimistas, os sobreviventes reagem mais fortemente às mudanças do que quando os cortes são encarados como injustos. Mesmo as reações negativas são anuladas em face das dispensas injustas, talvez porque as pessoas racionalizem suas decisões com o seguinte pensamento, "meu emprego não deve ser assim tão ruim como aquele de qualquer empresa injusta". Pode não ser muito aconselhável fazer com que os sobreviventes se sintam completamente seguros em seus postos. Um estudo mostrou que a produtividade é mais alta entre os empregados que sentem níveis moderados de insegurança no emprego – ela é mais baixa tanto entre os totalmente seguros, como entre os totalmente inseguros.[80]

Não obstante essas descobertas, aparentemente a maioria das dispensas coletivas tem efeitos controversos. Uma pesquisa de 1995 feita pela American Management Association mostrou que entre as empresas que haviam realizado o *downsizing* nos últimos cinco anos, os lucros cresceram em 50%, a produtividade dos trabalhadores cresceu apenas 34% e o moral decaiu em 86%. As organizações devem esforçar-se para minimizar os efeitos negativos dos cortes de pessoal. Um estudo junto às indústrias automobilísticas dos Estados Unidos sugere que as organizações mais eficazes possuem as seguintes características:[81]

1. Tanto os executivos de alto escalão como os empregados de nível hierárquico mais baixo estão envolvidos em identificar funções e tarefas desnecessárias.

2. Além das reduções de pessoal para ajustes de curto prazo, tomam-se medidas de longo prazo, visando à reestruturação da organização para eliminar o que é desnecessário, e para promover novos valores voltados para a constante melhoria e simplificação.

3. A empresa não lida apenas com as necessidades daqueles que estão perdendo seus empregos, mas também com o sentimento de culpa dos remanescentes, devendo mostrar-lhes que ainda restam novas oportunidades.

4. Depois de realizar a redução de pessoal minuciosamente nas áreas com maior redundância ou desperdício, as empresas usam a mesma abordagem com seus fornecedores e distribuidores.

5. Para conseguir flexibilidade sem perder a integração, as empresas utilizam sistemas de controle baseados nos valores comuns entre os funcionários, sua visão compartilhada e as informações disponíveis a todos.

---

78 HARPER, Lucinda. Travel agency learns Service firms' perils in slimming down. *The Wall Street Journal,* 20 Mar. 1992, p. A1.

79 CAULEY, Leslie. Baby bells face a tough balancing act. *The Wall Street Journal,* 14 Jan. 1996, p. A2; AMABILE, Teresa M., CONTI, Regina. What downsizing does to creativity. *Ideas & Observations.* Center for Creative Leadership, 1995; MURLEY, Matt. Thanks, goodbye. *The Wall Street Journal,* 4 May 1995, p. A1.

80 BROCKNER, Joel et. al. Interactive effect of job content and context on the reactions of layoff survivors. *Journal of Personality and Social Psychology* 64, nº 2, p. 187-197, 1993; BROCKNER, Joel, GROVER, Steven, REED, Thomas F., DEWITT, Rocki Lee. Layoffs, job insecurity and survivors' work effort: evidence of an inverted-U relationship. *Academy of Management Journal* 35, nº 2, p. 413-425, 1992.

81 CAMERON, Kim S., FREEMAN, Sarah J., MISHRA, Aneil K. Best practices in white-collar downsizing: managing contradictions. *Academy of Management Executive* 5, nº 3, p. 57-73, 1991.

286 | Recrutamento e Seleção Externos

6. Estabelecendo objetivos de curto prazo, tais como cortes em seus custos, as empresas podem reduzir seu quadro de pessoal de maneira compatível com a reorganização de longo prazo.

QUAL SUA OPINIÃO?

Dizer a um subordinado ou colega que ele está demitido não é uma tarefa das mais fáceis. Leia o Quadro 8.10 novamente, e imagine-se tendo que dar essa notícia para alguém com cinco anos de casa e que trabalhou para você durante três anos. O que você diria, e como diria? Quais dos aspectos do programa de corte de pessoal você enfatizaria? Qual o apoio que você espera obter dos profissionais de RH? Talvez seja interessante fazer uma dramatização dessa cena com um colega.

AVALIANDO AS DEMISSÕES E RETENÇÕES DE EMPREGADOS

Uma organização pode assumir que as demissões são ruins, que devem ser evitadas e que as dispensas coletivas podem ser avaliadas apenas em função da redução nos custos com pessoal. Acabamos de ver que a questão dos efeitos das demissões requer uma perspectiva mais ampla. As demissões são uma parte integral do processo de seleção; a maior parte das consequências mais importantes ocorre entre os empregados remanescentes.

Eficiência

As demissões podem ser bastante onerosas, especialmente quando envolvem entrevistas, consultoria para recolocação e acordos de indenização, além dos apoios administrativo e funcional necessários. Esses custos podem chegar a 100 mil dólares por pessoa. Os programas de redução de rotatividade são frequentemente utilizados em razão da economia que proporcionam, chegando facilmente a vários milhões de dólares. Na Europa, os custos são ainda mais altos do que nos Estados Unidos, pois a legislação trabalhista exige muitos benefícios aos desempregados. O Quadro 8.11 mostra esses custos em diferentes países europeus. Além dos custos, a perda de produtividade decorrente dos cortes de pessoal pode afetar a eficiência da empresa. Um estudo mostrou que aumentando o tempo de casa dos contadores em escritórios de contabilidade, as empresas cujas culturas enfatizavam valores interpessoais economizaram mais de 6 milhões de dólares em produtividade.[82]

Quadro 8.11
Custo da demissão de um empregado na Europa.

País	Indenização obrigatória (em dólares americanos)
Itália	130.000
Espanha	125.000
Bélgica	94.000
Portugal	83.000
Grécia	67.000
Alemanha	25.000
Inglaterra	19.000
Irlanda	13.000
Custos referentes a um empregado de 45 anos, com 20 anos de serviço, com salário de 50.000 dólares/ano.	

Fonte: JOHNSON, Michelle Laque. Look before you leap into european labor market. *Investor's Business Daily*, 1º Apr. 1992, p. 4.

---

82 SHERIDAN, John E. Organizational culture and employee retention. *Academy of Management Journal* 35, nº 5, p. 1.036-1.056, 1992.

Equidade

As saídas das pessoas das empresas são causa e consequência de percepções sobre justiça. As demissões voluntárias são resultado da baixa satisfação dos funcionários; as maneiras como a organização implementa e comunica os processos de saída dos funcionários servem de sinalização de seu comprometimento com a ética e a justiça. Atingir os objetivos de justiça nem sempre é fácil. O critério de antiguidade pode abalar os objetivos de diversidade do pessoal, mandando embora mulheres e membros de minorias recém-contratados. Antes de anunciar o corte de 40.000 funcionários em 1995, a AT&T já havia reduzido seu pessoal em 58.000, enquanto aumentava a proporção de supervisores membros de minoria de 3 para 9%, e de mulheres, de 2,5 para 9%. A empresa criou um atraente programa de aposentadoria antecipada para induzir os funcionários homens brancos a saírem primeiro da empresa.[83] Os executivos de RH são constantemente desafiados a encontrar o equilíbrio entre demanda por competitividade e criação de um sistema justo de cortes de funcionários.

RESUMO

O empregado, o empregador ou ambos podem tomar a iniciativa de terminar uma relação de emprego. As demissões afetam a eficiência e o sentimento de justiça dos empregados remanescentes. Esse processo costuma ser observado atentamente pelos governos, pela comunidade e pelos potenciais candidatos a emprego. Gerenciar eficazmente esse processo significa equilibrar as demandas competitivas. Entretanto, isso também requer que as demissões sejam integradas no processo de seleção. Este capítulo traçou um quadro para ajudá-lo a compreender que recrutamento, seleção e demissões precisam funcionar em conjunto para maximizar a eficiência do pessoal. As demissões determinam os remanescentes; entendendo sua relação com a seleção e o recrutamento, os administradores de RH conseguem gerenciar os cortes de pessoal com mais eficiência. Alguns têm a opinião de que um custo invisível do *downsizing* reduz as oportunidades disponíveis de carreira para aqueles que permanecem na empresa.[84] Isto demonstra como as decisões de seleção externa estão relacionadas com as carreiras, tópico de nosso próximo capítulo. Antes, contudo, veja se você consegue elaborar uma estratégia para o fechamento digno de uma unidade da Boeing na seção "Sua Vez", no final deste capítulo.

QUESTÕES

1. Como o gerenciamento das demissões afeta o processo de seleção? Como o conceito de valor do quadro de pessoal pode ser aplicado aos quatro tipos de demissão/retenção de empregados?

2. Dê três exemplos de ações que poderiam reduzir o número de demissões voluntárias. Por que as atividades de recursos humanos podem não conseguir modificar os comportamentos demissionários dos empregados?

3. Uma redução no número de demissões voluntárias é necessariamente uma coisa positiva? Por quê?

4. Sob quais circunstâncias é benéfico para uma organização reter seus empregados mais antigos? Discuta algumas estratégias para aumentar o tempo de permanência desses funcionários.

5. O que é um incentivo à aposentadoria antecipada? O que é preciso fazer para implementar um programa desses, e como isso afeta a organização?

6. Discuta por que a exoneração de empregados pode ser uma estratégia válida de redução de pessoal.

7. Quais as medidas que uma empresa deve tomar para se proteger dos efeitos colaterais das exonerações erradas? Como isso pode afetar a capacidade da empresa em atrair e manter seus funcionários?

8. Discuta as implicações dos "mitos do *downsizing*" para as empresas e suas estratégias.

9. Discuta as quatro atividades de recursos humanos para o gerenciamento dos cortes de pessoal em termos de seus possíveis efeitos sobre os objetivos de eficiência e justiça da organização. Esses objetivos são sempre coincidentes? Dê um exemplo em que eles sejam coincidentes e um em que não o sejam.

10. O que está errado em avaliar as demissões apenas em função de seus índices, preocupando-se apenas em manter-se dentro da taxa média de seu setor ou região?

---

83 LOPEZ, Julie Amparano. Companies alter layoff policies to keep recently hired women and minorities. *The Wall Street Journal*, 15 Sept. 1992, p. B1.

84 BOUDREAU, BERGER. Decision-theoretic utility analysis applied to employee separations and acquisitions; BOUDREAU. Utility analysis; FELDMAN, Daniel C. The impact of downsizing on organizational career development activities and employee career development opportunities. *Human Resource Management Review* 5, p. 189-221, 1995.

Sua Vez

Fechamento da unidade da Boeing em Louisiana[85]

Lake Charles, Louisiana, uma cidade de 70.000 habitantes, ficou chocada com a notícia de que a Boeing Louisiana Inc. (BLI) estava fechando suas portas no final de 1991. A empresa empregava mais de 1.600 pessoas da cidade, mas seu contrato com o governo dos Estados Unidos para construção e manutenção dos aviões CK 135 não havia sido mantido – e este era o único propósito dessa unidade. Seu fechamento iria suprimir da cidade 30 milhões de dólares em salários pagos, reduzir drasticamente a receita municipal de impostos, baixar o preço dos imóveis, além de causar impacto incalculável sobre outras atividades no setor de comércio e serviços.

A cúpula da Boeing enfrentou decisões difíceis sobre como administrar esse fechamento. Para que isso ocorresse, seria necessário obter uma parceria entre a comunidade, a empresa e os empregados. Seria possível fechar a unidade e preservar a economia local? O quanto a empresa poderia contribuir para que os desempregados conseguissem solucionar seus problemas, e ela teria condições de prestar essa assistência?

Como a Boeing poderia assegurar a manutenção da qualidade e dos prazos dos contratos ainda em execução, ao mesmo tempo em que preparava o encerramento da unidade?

O diretor-geral da empresa, Terry Prickett, declarou estar comprometido em "fazer tudo o que for possível para cumprir nossas obrigações para com Lake Charles e ajudar na transição dos funcionários para seus novos empregos". Ao mesmo tempo, ele afirmou: "Uma de nossas principais preocupações é atender a nossos contratos existentes, mantendo os padrões de desempenho e qualidade. Acredito que, se conseguirmos fazer nossa parte bem, nossos empregados irão retribuir."

Se você fosse o executivo de RH da Boeing, como você reagiria a essa crise? Como você identificaria os principais objetivos e metas? Quais são as obrigações legais importantes? Quais agências, organizações de consultoria e recursos organizacionais você usaria para tratar do assunto? Quais tipos de benefícios e serviços você usaria para atingir suas metas? Como comunicaria seu programa e buscaria a motivação, dos empregados para participar dele? Como avaliaria seu sucesso?

---

85   Esse caso tomou por base as informações de BOWDEN, Joe A. The anatomy of a plant closing. *Personnel Journal*, p 60-72, May 1992.

Parte III
DESENVOLVIMENTO DE PESSOAL

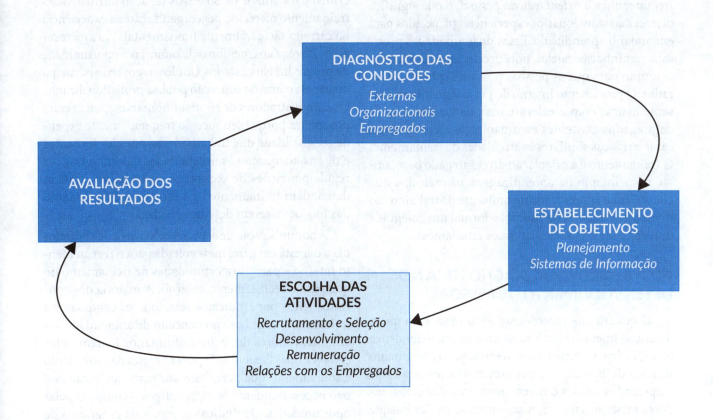

De acordo com o presidente norte-americano, Bill Clinton, os Estados Unidos enfrentam uma crise porque seus trabalhadores estão mal preparados pelo sistema educacional para as funções do futuro. Com as drásticas mudanças na força de trabalho e a escassez crítica de talentos, previamente descritas na Parte II, as organizações não podem esperar resolver seus problemas de pessoal apenas administrando o recrutamento, a seleção e as demissões. Deve-se devotar a máxima atenção aos empregados depois que eles entram para a organização, propiciando-lhes a experiência e o treinamento que irão prepará-los para os papéis demandados no futuro.

O *desenvolvimento de pessoal* refere-se às atividades de recursos humanos programadas para aumentar o valor do funcionário depois de seu ingresso na empresa. Isso abrange o *provimento interno,* que diz respeito ao movimento das pessoas dentro da organização, entre diferentes papéis e funções. Isto também inclui o *treinamento e a orientação do pessoal,* o que significa oferecer aos funcionários experiências planejadas para encorajar o aprendizado. Essas duas atividades precisam caminhar paralelas, pois precisam funcionar em conjunto para que as pessoas possam ser bem preparadas. O provimento interno de pessoal guarda muitas semelhanças com o externo, mas, como lida com os empregados existentes na organização, tem também características similares às atividades de treinamento. O treinamento e a orientação do empregado baseiam-se no princípio da aprendizagem; os métodos que encorajam o aprendizado no ambiente de trabalho são diferentes daqueles da educação formal nos colégios e universidades, tão familiares aos estudantes.

UMA ABORDAGEM DIAGNÓSTICA NO DESENVOLVIMENTO DE PESSOAL

O quadro que precede este texto mostra no que o desenvolvimento se encaixa na abordagem diagnóstica (ver Quadro da Parte III). À medida que o provimento interno de pessoal e o treinamento/orientação dos empregados enfoca o desenvolvimento dos trabalhadores existentes na empresa, é preciso que se busque constantemente um equilíbrio entre as preocupações da organização com a eficiência (a combinação ótima entre habilidades e demandas) e a equidade (a percepção de que as atividades são justas, legais e proporcionam as oportunidades adequadas). Essas atividades são também profundamente afetadas por fatores externos à organização, bem como pelos fatores organizacionais e pelas características dos empregados.

CONDIÇÕES EXTERNAS

As exigências do mercado de trabalho crescem rapidamente, ao mesmo tempo em que os trabalhadores continuam saindo das escolas mal preparados até em relação às habilidades básicas. O crescente número de mulheres e membros de minorias entre os trabalhadores apresenta desafios especiais porque essas pessoas frequentemente requerem diferentes tipos de oportunidades para adquirir o conhecimento dos negócios. A globalização significa maior flexibilização e aprendizado contínuo entre os trabalhadores para produzir melhores produtos e serviços a cada ano. Isso só pode ser obtido se o treinamento e o provimento interno estiverem voltados para os objetivos organizacionais.

As exigências da legislação afetam o desenvolvimento de pessoal da mesma forma que afetam o recrutamento externo. A ação afirmativa não termina quando o funcionário é contratado. Seu progresso é um requisito crítico para atingir os objetivos da ação afirmativa. O treinamento oferecido pela organização e a experiência na carreira são geralmente fundamentais para oferecer às mulheres e aos membros de minorias a oportunidade de progredir. Nos Estados Unidos, o governo participa disso pela oferta de educação pública profissionalizante. Os administradores de recursos humanos apoiam esses programas porque seu sucesso frequentemente depende da qualidade dos trabalhadores por eles formados e de sua adequação às necessidades das empresas. As regulamentações de segurança no trabalho também demandam treinamentos e a estruturação cuidadosa das funções a serem desempenhadas.

A administração de acordos coletivos e de contratos dia a dia está em geral mais voltada para o recrutamento interno e para as oportunidades de treinamento do que para o recrutamento externo. A maioria dos contratos feitos por sindicatos seleciona os candidatos a treinamento com base no conceito de antiguidade. Os administradores de recursos humanos tentam obter cada vez mais flexibilidade para as regras de provimento e treinamento que permitam aos mais qualificados – não necessariamente os mais antigos – competir pelas oportunidades. Os sindicatos, com seus programas de aprendizado, especialmente para as profissões mais artesanais, são também centros de treinamento.

CONDIÇÕES ORGANIZACIONAIS

As estratégias e a cultura organizacionais determinam tanto a necessidade como a natureza do desenvolvimento de pessoal. As organizações podem reestruturar-se para eliminar níveis gerenciais, levar o poder decisório para mais perto da linha de produção ou do cliente e cortar custos, aumentando a produtividade do trabalho. Essas decisões têm que vir acompanhadas dos apropriados planos de carreira, treinamento no trabalho e atividades de orientação para que sejam bem-sucedidas. Pouco adianta projetar um processo de produção de estado-da-arte se os empregados não souberem como ler e calcular corretamente para operá-lo. Os valores organizacionais também afetam o desenvolvimento das pessoas. Nas empresas que escolhem a competição baseada na segurança e no tratamento justo dos empregados, quantidades enormes de recursos são alocadas para lhes dar a opção de mudar seus papéis dentro da organização e para oferecer o treinamento necessário para que possam fazê-lo com sucesso. Muitas empresas têm adotado o conceito de *aprendizado contínuo* para descrever o que esperam de seus empregados no futuro. Para os executivos de recursos humanos, isso se traduz frequentemente em *desenvolvimento contínuo.*

CARACTERÍSTICAS DOS EMPREGADOS

As características dos empregados são um aspecto especialmente crítico para o recrutamento interno. Ao contrário do externo, em que grupos de candidatos podem ser escolhidos por seus diferentes atributos, o recrutamento interno tem que estar focado nos empregados existentes. São suas habilidades, interesses, talentos e conhecimentos que fornecem a matéria-prima para as decisões bem-sucedidas no provimento interno. Além disso, aqueles que forem rejeitados para as novas oportunidades abertas por esse processo ainda continuarão trabalhando na empresa. À medida que as decisões do provimento interno determinam o progresso na carreira, a remuneração e o *status,* as reações dos empregados que são escolhidos e dos que não o são afetam a maneira

como os objetivos são atingidos. O sucesso das atividades de treinamento depende das características dos indivíduos. Os empregados precisam estar motivados e dispostos a aprender para que o treinamento dê certo. Mais ainda, o sucesso do treinamento, com frequência, é avaliado examinando-se o quanto características individuais como conhecimento, atitudes ou comportamento foram modificados. Essas características devem estar adequadas aos papéis que os indivíduos desempenham na organização.

OBJETIVOS/PADRÕES PARA O DESENVOLVIMENTO DO EMPREGADO

Os capítulos seguintes descrevem em detalhes os objetivos e os métodos de avaliação para o desenvolvimento de pessoal. Essas atividades, por vezes, têm efeitos que não parecem óbvios à primeira vista. As metas da seleção interna podem ser melhor atingidas se prestarmos cuidadosa atenção às funções de onde saíram os empregados promovidos e não apenas às funções para onde estão sendo promovidos. As metas dos programas de treinamento podem ser avaliadas de forma melhor por meio do cálculo do retorno do investimento, ainda que não existam números muito precisos para isso. Como todas as atividades de recursos humanos, os objetivos e os padrões que são estabelecidos para o desenvolvimento de pessoal precisam estar integrados com os objetivos e padrões das outras atividades.

A Parte III contém dois capítulos: o Capítulo 9 descreve o recrutamento interno, mostra como ele se relaciona com o externo e em que é diferente deste e ilustra seu relacionamento íntimo com o desenvolvimento de pessoal. O Capítulo 10 descreve o treinamento, a orientação e o desenvolvimento de pessoal, mostrando como a organização pode encorajar o aprendizado por meio de oportunidades formais e informais.

9

RECRUTAMENTO E SELEÇÃO INTERNOS E CARREIRA

Imagine que você está em uma festa, em uma sala com seis lados. Uma vista aérea dela é mostrada no Quadro 9.1. As pessoas com interesses convergentes agrupam-se nos cantos da sala, marcados pelas letras *R, I, A, S, E e C*. Primeiramente, escolha o canto que mais lhe agrada por juntar pessoas do tipo com as quais você mais gosta de estar. Escreva em um papel a letra correspondente a este canto. Imagine que depois de 15 minutos todos em seu grupo vão embora, menos você. Escolha então o segundo grupo em que mais gostaria de estar. Escreva a letra correspondente a ele ao lado da primeira letra. Novamente, imagine que todos saíram e só ficou você. Repita então o mesmo processo, escolhendo o terceiro melhor grupo, e anote sua letra correspondente. Você terá um conjunto de três letras que descrevem as pessoas cujos interesses são convergentes com os seus.

Os pesquisadores pediram a pessoas de diferentes ocupações que fizessem esse exercício; eles concluíram que as pessoas com determinados interesses vocacionais acabavam tendo determinados tipos de ocupação. As letras que indicam os grupos significam **R**ealista, **I**nvestigativo, **A**rtístico, **S**ocial, **E**mpreendedor e **C**onvencional. Por exemplo, **RIE** é uma escolha muito comum entre os engenheiros mecânicos, petroquímicos e de minas, como também entre os mecânicos e operadores de máquinas. **ISA** é frequentemente a escolha dos médicos, psiquiatras/psicólogos e profissionais paramédicos. **AES** é geralmente a escolha dos publicitários, artistas, manequins e relações públicas. **SIA** é normalmente a escolha dos professores universitários, conselheiros educacionais, enfermeiras e assistentes sociais. **ESC** é a escolha dos administradores públicos, chefes de pessoal, advogados trabalhistas e vendedores. **CSA** é a opção mais comum entre secretárias, bibliotecárias e atendentes. Essa estrutura de interesse de carreira foi verificada por meio de pesquisa. Existem vários livros e outros instrumentos disponíveis para ajudá-lo a listar seus próprios interesses e descobrir quais as ocupações que melhor se ajustam a eles.[1]

Você acha que os valores profissionais diferem em função da herança cultural? Um estudo comparando estudantes americanos descendentes de asiáticos e de caucasianos descobriu que o primeiro grupo era mais Investigativo e Convencional e menos Social.[2]

---

1 TRACEY, Terence J., ROUNDS, James. Evaluating Holland's and Gati's vocational-interest models: a structural meta-analysis. *Psychological Bulletin* 113, nº 2, p. 229-246, 1993; TINSLEY, Howard A. Special issue on Holland's theory. *Journal of Vocational Behavior* 40, nº 2, p. 109-215, Apr. 1992; HOLLAND, John L. *The occupations finder.* Palo Alto, CA: Consulting Psychologists Press, 1978; HOLLAND, John L. *Professional manual for the self-directed search.* Odessa, FL: Psychological Assessment Resources, 1990; HOLLAND, John L. *Making vocational choices.* 2. ed. Englewood Cliffs, NJ: Prentice Hall, 1985.

2 PARK, Sahng Ern, HARRISON, Albert A. Career-related interests and values, perceived control and acculturation of Asian-American and Caucasian-American college students. *Journal of Applied Social Psychology* 25, p. 1.184-1.203, 1995.

Uma abordagem mais abrangente é a Pesquisa Campbell sobre Interesses e Habilidades (CISS – *Campbell Interest and Skill Survey),* que mede preferências e antipatias pelo uso do nome de ocupações, assuntos escolares, atividades (por exemplo, "discutir o propósito da vida", "perseguir bandidos em uma batida policial"), tipos de pessoas (por exemplo, "gente que vive perigosamente"), itens para uma autodefinição (por exemplo, "buscar mais que o compartilhamento de novas ideias", "fazer amigos com facilidade"), e a habilidade e a confiança no desempenho de várias atividades. Usando um sistema de pontuação computadorizado e bancos de dados com informações sobre milhares de pessoas, esse teste compara as respostas de uma pessoa com aquelas de outros indivíduos em diferentes profissões – Influenciadores (liderança, oratória), Organizadores (supervisão, práticas administrativas), Auxiliadores (consultoria, medicina), Criativos (arte, entretenimento, moda), Analistas (matemática, ciências), Produtores (agricultura, cultura de animais, madeira), Aventureiros (esportes, polícia, aventuras).[3] Os resultados indicam ocupações em que você tem grande interesse e grande talento (busque estas), pouco interesse e pouco talento (evite estas), pouco talento e grande interesse (invista nestas) e grande talento e pouco interesse (explore melhor estas).

Suas escolhas combinam com os interesses relacionados com a carreira que você gostaria de seguir? Você acredita que as pessoas com esses interesses tendem a assumir essas ocupações? As pessoas mudam seus interesses no decorrer de suas carreiras ou ficam presas a certo tipo de interesse que as mantém sempre em ocupações similares? As organizações deveriam escolher os funcionários para as oportunidades de carreira levando em conta os interesses deles ou apenas preocupando-se em encontrar o indivíduo com melhor desempenho para essa oportunidade?

EXPLORANDO A WEB

Você poderá conhecer mais a Pesquisa Campbell sobre Interesses e Habilidades (CISS) pela internet, no seguinte endereço: http://www.ncs.com/ cds.ciss.htm.

RECRUTAMENTO E SELEÇÃO INTERNOS E AS CARREIRAS

Todo mundo enfrenta questões sobre os interesses profissionais e as aspirações quanto à carreira durante a vida. Embora nem todos possam chegar a elas de forma tão sistemática como acabamos de descrever, de uma forma ou de outra, as pessoas criam e seguem suas carreiras profissionais.

A sequência particular de empregos, empresas e papéis funcionais que uma pessoa desempenha resulta de escolhas conscientes baseadas em seus interesses, bem como nas limitações e oportunidades encontradas no decorrer de sua vida profissional. Uma carreira inclui sequências de experiências profissionais ascendentes, laterais e descendentes.

> Uma *carreira é a sequência evolutiva das experiências profissionais de uma pessoa no decorrer do tempo.*[4]

Como foi visto no Capítulo 3, sobre organizações e trabalho, as empresas estão hoje passando por reestruturações fundamentais. Em muitas delas, a hierarquia tradicional acabou substituída por equipes flexíveis, menos níveis hierárquicos, aumento da responsabilidade individual pelo desenvolvimento da carreira e diminuição do compromisso de prover estabilidade no emprego e nas carreiras. O que é uma carreira hoje? Certamente, nem sempre significa uma progressão ordenada de papéis funcionais em determinada área, cada qual trazendo maior responsabilidade e poder decisório. A carreira no futuro deverá ser mais provavelmente o trabalho em diversas organizações, englobar duas ou três ocupações diferentes e depender muito mais da

---

3   HANSEN, Ida C., CAMPBELL, David P. *Manual for the SVIB-SCII.* 4. ed. Palo Alto, CA: Stanford University Press, 1985; *The Campbell interest and skill survey,* página da internet http://www.ncs.com./cds/ciss.htm, Feb. 1996.

4   ARTHUR, Michael B., HALL, Douglas T., LAWRENCE, Barbara S. Generating new directions in career theory: the case for a transdisciplinary approach. In: ARTHUR, HALL, LAWRENCE (Orgs.). *Handbook of career theory.* New York: Cambridge University Press, 1989. Cap. 1.

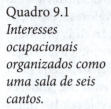

Quadro 9.1
Interesses ocupacionais organizados como uma sala de seis cantos.

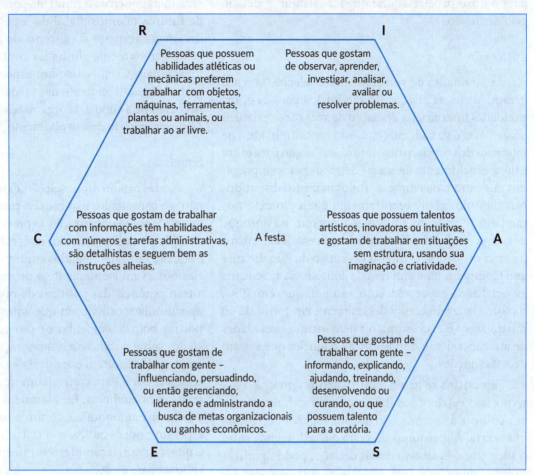

capacidade do indivíduo de criar seu caminho do que das tradições da organização. Alguns podem achar esse novo mundo mais áspero, mas, para aqueles que se adaptarem, ele trará imensa flexibilidade e novas oportunidades.

Costumamos encarar as carreiras como uma coisa individual, mas elas são também vitais para as organizações e frequentemente são uma atividade essencial dos administradores de recursos humanos. Estes precisam tomar decisões e atitudes para reter e desenvolver futuros talentos. Um mundo em constante mudança e flexibilidade apresenta um particular desafio para os administradores de RH responsáveis pela manutenção de um fluxo constante de talentos. As decisões de provimento interno de pessoal determinam a maneira pela qual os funcionários se movem pelos diversos papéis funcionais dentro da organização. Os administradores de RH sempre fizeram parte desse processo, mas a rapidez das mudanças torna isso ainda mais vital agora. Como outras atividades discutidas anteriormente, essas decisões podem afetar a organização por décadas; portanto, os riscos são grandes. Além disso, as decisões e as políticas de recrutamento e seleção internos determinam o progresso nas carreiras dos empregados, e isto afeta o seu *status*, nível de remuneração e satisfação com o trabalho. Este capítulo examina como as organizações podem identificar as oportunidades e os candidatos, como as pessoas decidem ou não aceitar as oportunidades de forma a manter a organização competitiva e flexível, e os efeitos dessas decisões sobre os indivíduos e a organização.

Fixando Objetivos

O recrutamento e a seleção internos e as escolhas quanto à carreira determinam quais papéis funcionais são atribuídos a cada empregado. Assim, compartilham-se muitos dos efeitos sobre a eficiência e a equidade com o recrutamento e a seleção externos e demissões/retenções. Sempre que as pessoas mudam de um papel funcional para outro, isso requer seleção e recrutamento

296 | Desenvolvimento de Pessoal

para o novo papel, e aquele que foi excluído é afetado pela demissão.

Eficiência

As atividades de recrutamento e seleção internos geram custos na atração de candidatos para as oportunidades internas, na avaliação de suas características e interesses e sua adequação a essas oportunidades, na mudança dos funcionários de uma atribuição para outra e no preenchimento das vagas deixadas pelos empregados que saíram da empresa. Todos os custos discutidos nos capítulos sobre recrutamento e seleção externos também se aplicam aqui, mas incorrem no enfoque dos empregados já existentes na empresa. Esses custos não são pequenos. O diretor executivo da Runzheimer and Company, uma empresa de consultoria americana especializada em recolocação, estimou que, em 1994, o custo de um processo desses ficava em torno de 50 mil dólares.[5] E essa estimativa nem inclui as atividades de atração, seleção e substituição daqueles que saíram de suas funções.

Tais custos se justificam? Como no processo externo, isso vai depender do sucesso do *staffing* interno em colocar as pessoas certas nos lugares certos, na hora certa. As pesquisas sugerem que a diferença entre o sucesso e o insucesso destas decisões pode significar milhões de dólares para as grandes corporações.[6] Os efeitos são especialmente óbvios quando se considera que todas as promoções, transferências laterais ou rebaixamentos criam vagas que também precisam ser preenchidas. A sequência de decisões detonadas por esse processo pode trazer incríveis oportunidades de agregar valor ou enormes riscos, dependendo da forma com que essas decisões forem tomadas. Elas precisam estar integradas com outras atividades de RH para ser eficazes. Os relacionamentos criados por recrutamento e seleção internos formam a argamassa que mantém a organização íntegra.[7] Além disso, as carreiras podem

ser a mais poderosa ferramenta para o desenvolvimento de futuros talentos, habilidades e valores. Assim, as decisões a respeito do sistema de carreiras precisam estar estreitamente alinhadas com os objetivos organizacionais. Como disse um especialista, "cada hora gasta no estabelecimento das verdadeiras necessidades negociais pela cúpula da organização vale por 100 horas de programas de desenvolvimento".[8]

Equidade

No recrutamento e seleção externos, aqueles que não são contratados não causam praticamente nenhum impacto sobre a organização. O processo interno, por sua vez, lida com os empregados reais existentes na empresa, e aqueles que são rejeitados continuam na casa e todos eles observam atentamente o processo para averiguar a transparência das políticas da organização. As boas oportunidades sinalizam que aquele funcionário tem tido um bom desempenho, e o progresso na carreira tem efeitos sobre o *status* e a remuneração. Dessa forma, os empregados encaram essas decisões sobre suas carreiras com a mesma expectativa com que consideram seus salários e benefícios. Eles também se preocupam em ter alguma autonomia e controle sobre suas carreiras, esperam poder equilibrar o trabalho e a vida familiar e que a organização ofereça informações honestas e valiosas para as decisões.[9]

O processo interno também afeta a igualdade nas oportunidades de emprego e a ação afirmativa. Esses efeitos têm sido objeto de muita cobertura na imprensa dos Estados Unidos e geraram até um estudo oficial para avaliar as barreiras invisíveis que impedem que as mulheres e membros de minorias cheguem ao topo das organizações. Na verdade, o programa de ação afirmativa no Corpo de Bombeiros de San Francisco descobriu que alguns empregados fizeram falsas declarações, alegando pertencer a grupos minoritários, com o fim de obter vantagens nas decisões sobre promoções.[10]

---

5   YOUNG, David Young. Corporation relocation tab: people movers pay $50,000. *Chicago Tribune*, 1º May 1995, p. C3.

6   BOUDREAU, John W. Utility analysis: a new perspective on human resource management decisions. In: DYER, Lee D. (Org.). *ASPA handbook of personnel and industrial relations*. Washington, DC: Bureau of National Affairs, 1988. v. 1.

7   Gluing the organization together. *HRM News*, p. 2, 21 Dec. 1992.

8   HALL, Douglas T. Executive careers and learning, aligning selection, strategy and development. *Human Resource Planning* 18, p. 14-23, 1995.

9   HALL, Douglas T. Associates. *Career development in organizations*. San Francisco : Jossey-Bass, 1986; BUREAU OF NATIONAL AFFAIRS. Self-assessment said to be first step in employee career development process. *Employee Relations Weekly* 5, nº 18, p. 547, 4 May 1987; BROSZEIT, Richard K. "If I had my druthers..." a career development program. *Personnel Journal*, p. 84-90, Oct. 1986.

10 RIGDON, Joan E. Room at the top: PepsiCo's RFC scouts for blacks and women for its top echelons. *The Wall Street Journal*,

Finalmente, os sindicatos estão interessados nas políticas de recrutamento e seleção internos das empresas, já que elas afetam a estabilidade no emprego e os níveis de remuneração de seus membros. Regras que determinam o que é permitido no processo interno costumam ser um aspecto básico dos acordos coletivos de trabalho nos Estados Unidos.

A MOBILIDADE INTERNA DOS EMPREGADOS FAZ PARTE DO PROCESSO

A mobilidade interna dos empregados diz respeito à maneira como eles são promovidos, rebaixados e transferidos dentro da organização. A maioria das empresas preocupa-se em saber o que faz com que um indivíduo queira mudar seu papel funcional ou qual será seu desempenho na nova posição. Nossa visão é mais abrangente, partindo do pressuposto de que o provimento interno é parte de um processo mais amplo e precisa estar integrado com o processo externo (recrutamento, seleção e demissão/retenção). As evidências sugerem que 99% das empresas usam fontes internas de candidatos; muitas consideram essas fontes mais eficazes do que as externas.[11] A seleção externa, com frequência, é utilizada *somente* depois que a fonte interna tenha sido bem explorada.

Os Processos de Recrutamento e Seleção Criam os Sistemas de Carreiras

No Quadro 9.2, mostramos como as relações entre recrutamento e seleção externos, gerenciamento de carreira/desenvolvimento e saídas diferem de acordo com a natureza da organização. A dimensão vertical reflete o quanto o processo é aberto aos candidatos externos, com os sistemas mais abertos em cima e os mais fechados em baixo. A dimensão horizontal reflete o quanto de competição individual existe para as oportunidades do recrutamento interno. O modelo *Academia* (inferior direito, semelhante a uma faculdade) é um sistema muito fechado em que só é possível o ingresso bem no começo da carreira. Esse sistema enfatiza alto grau de treinamento e desenvolvimento na carreira, com base no mérito individual. O modelo *Equipe Esportiva* (superior direito, semelhante aos times de futebol) é um sistema muito aberto, com ingresso possível em qualquer ponto da carreira, e com altíssima competição individual pelas oportunidades do recrutamento interno. Esse sistema gera alto grau de rotatividade e carreiras que se expandem por mais de uma organização. O modelo *Clube* (inferior esquerdo, semelhante a fraternidades, associações e clubes recreativos) é um sistema pouco aberto, com ingresso apenas no início da carreira, com pouca competitividade entre os indivíduos. Os progressos na carreira são determinados por estágios padronizados em intervalos preestabelecidos. O modelo *Fortaleza* (superior esquerdo, em que os que estão dentro competem basicamente com os de fora que querem entrar) tem pouca competitividade entre os indivíduos pelas oportunidades do recrutamento interno, mas grande abertura para o recrutamento externo em todos os níveis. Esse sistema frequentemente caracteriza as empresas de setores com escassez em algumas áreas e excesso em outras em função das mudanças rápidas na demanda do mercado. Repare como a seleção externa, o desenvolvimento interno e as saídas estão inter-relacionadas, dependendo das condições enfrentadas pela organização.

O Recrutamento e Seleção Interno Reflete os Processos de Seleção e Demissão Internos

Frequentemente, esquecemos que, quando as organizações movimentam seus funcionários entre diferentes papéis funcionais, existem consequências não apenas para as funções para as quais eles estão indo, mas também para aquelas que estão deixando para trás.[12] Ilustramos estas relações entre dois papéis funcionais no Quadro 9.3. Esses papéis podem significar um cargo ou podem ser atribuições de uma equipe ou um grupo de

---

13 Nov. 1991, p. A1; SCHWARTZ, Felice. *Breakingwith tradition-women, work and the new facts of life.* New York: Catalyst, 1992; McCOY, Charles. Some pose as members of minority groups to promote careers. *The Wall Street Journal,* 12 Feb. 1991, p. A1.

11 BUREAU OF NATIONAL AFFAIRS. Recruiting and selection procedures. *Personnel Policies Forum Survey.* Washington, DC: Bureau of National Affairs, nº 146, May 1988.

12 ROSENBAUM, J. E. *Career mobility in a corporate hierarchy.* New York: Academic, 1984; STEWMAN, Shelby, KONDA, Suresh L. Careers and organizational labor markets: demographic models of organizational behavior. *American Journal of Sociology* 40, p. 298-321,1983; VROOM, Victor H., MacCRIMMON, K. R. Toward a stochastic model of managerial careers. *Administrative Science Quarterly* 13, p. 26-46,1968; MILKOVICH, George T., ANDERSON, John C. Career planning and development systems. In: ROWLAND, Kendrith M., FERRIS, Gerald R. (Orgs.). *Personnel management.* Boston: Allyn & Bacon, 1982.

298 | Desenvolvimento de Pessoal

Quadro 9.2
Quatro sistemas de carreira.

Muito aberto	Fortaleza	Equipe esportiva
	Ingresso:	*Ingresso:*
	Recrutamento passivo	Alto nível de atividade
	Autosseleção do candidato	Ênfase nas credenciais
	Desenvolvimento:	Seleção em todos os níveis da carreira
	Retenção dos talentos essenciais	*Desenvolvimento:*
	Saída:	Treinamento informal
	Cortes frequentes	Pouca administração de carreira
	Retenção por antiguidade	*Saída:*
	Exemplos:	Alta rotatividade
	Companhias aéreas	Carreiras se expandem por vários empregadores
	Hotéis	*Exemplos:*
	Comércio varejista	Indústria de entretenimento
		Publicidade/propaganda
		Empresas de consultoria e advocacia
Abertura para seleção externa	**Clube**	**Academia**
	Ingresso:	*Ingresso:*
	No inicio da carreira	Estritamente no início da carreira
	Ênfase na estabilidade	Ênfase no potencial de crescimento
	Desenvolvimento:	*Desenvolvimento:*
	Desenvolve habilidades gerais	Atividade altamente enfatizada
	Crescimento lento	Treinamento extensivo no trabalho
	Etapas preestabelecidas	Investimento e patrocínio dos empregados com alto potencial
	Ênfase no comprometimento	Planos de carreira elaborados
	Saída:	*Saída:*
	Baixa rotatividade	Baixa rotatividade
	Usualmente por aposentadoria	Usualmente por aposentadoria
	Exemplos:	Dispensas são comuns
	Serviço público	*Exemplos:*
	Bancos	IBM
		Kodak
		General Motors
Pouca abertura	pouca competição ———————————— muita competição	
	Competição entre os indivíduos pelas promoções	

Fonte: Adaptado de SONNENFELD, Jeffrey A., PEIPEEL, Maury A. Staffing policy as a strategic response: a typology of career systems. *Academy of Management Review* 13, n. 4, p. 588-600, 1988.

Quadro 9.3
Como a mobilidade interna se ajusta ao processo de recrutamento e seleção.

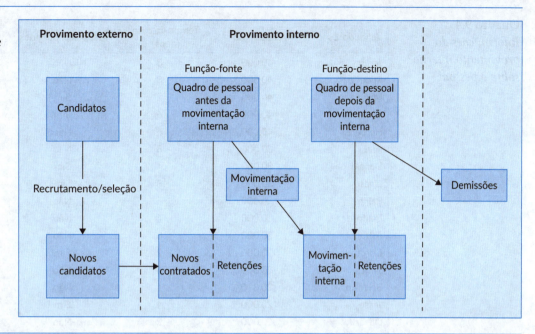

trabalho. As linhas verticais pontilhadas representam as fronteiras da organização. Os quadros dentro das linhas representam os papéis funcionais, com a função-fonte suprindo os empregados para a função-destino. O conjunto de cima mostra a situação antes da mudança e o conjunto de baixo, depois da mudança. O processo começa à direita, com a função-destino, passando pela experiência das demissões. O pessoal remanescente na função-destino é agora menor e, portanto, existem vagas a serem preenchidas. Elas são preenchidas com candidatos internos vindos da função-fonte, de maneira que a função-destino, depois da movimentação, fica sendo uma mistura de funcionários remanescentes e candidatos internos. Essa movimentação interna tem sobre a função-fonte o mesmo efeito das demissões, de forma que o contingente de pessoal da função-fonte ficou menor. As vagas abertas são então preenchidas por recrutamento e seleção externos, de maneira que essa função tenha, depois da movimentação, um misto de funcionários remanescentes e novos contratados. Esses relacionamentos, obviamente, tornam-se mais complexos com mais de dois papéis funcionais e quando mais de um papel passa pela experiência da demissão. O fundamental é lembrar que a mobilidade interna engloba aspectos de recrutamento, seleção e demissão/retenção;

por isso, usam-se os mesmos modelos do provimento externo. As pesquisas demonstram que as decisões a respeito das retenções e do processo de seleção podem ter consequências de milhões de dólares, dependendo da forma como forem administradas.[13] Vamos ver como isto acontece.

O Recrutamento e a Seleção Internos Afetam a Qualidade do Pessoal

À medida que as decisões sobre o provimento interno servem tanto como recompensas aos empregados e como estratégias para maximizar o valor do pessoal, elas têm importantes efeitos sobre sua qualidade. No Capítulo 8, mostramos como os diferentes padrões de demissões afetam esse valor. No Quadro 9.4, aumentamos o exemplo para incluir mais uma informação. A última coluna agora mostra uma estimativa do potencial de desempenho de cada empregado caso ele fosse promovido a gerente de vendas. As pontuações variam de 2 a 10. Imagine que a empresa tenha cinco vagas para gerente de vendas.

Uma forma de promover poderia ser apenas por antiguidade; os sindicalistas poderiam apoiar essa decisão por julgá-la objetiva e justa. Usando esse critério, Jeremy,

---

[13] BOUDREAU, John W. Utility analysis applied to internal and external employee movement: an integrated theoretical framework. Documento de trabalho. Cornell University, NYSSILR 1988; BOUDREAU, John W. Utility analysis: a new perspective on human resource management decisions; BOUDREAU, John W. Utility analysis for human resource management decisions. In: DUNNETTE, M. D. (Org.). *Handbook of industrial and organizational psychology*. 2. ed. Palo Alto, CA: Consulting Psychologists Press, 1991.

300 | Desenvolvimento de Pessoal

Quadro 9.4
Informações do provimento interno sobre o pessoal.

Vendedores	Vendas/Ano	Tempo de casa (anos)	Grupos protegidos	Estimativa de desempenho potencial
Jeremy	40.000	8	Não	10
Rudolfo	40.000	8	Não	6
Maggie	40.000	2	Sim	10
Manuel	40.000	6	Sim	8
Herbert	40.000	6	Não	6
Karl	30.000	8	Não	8
Donald	30.000	4	Sim	10
Lindsey	30.000	8	Sim	6
Ralph	30.000	6	Não	10
Beuford	30.000	4	Não	6
Arthur	20.000	8	Não	10
Dorothy	20.000	2	Sim	4
James	20.000	6	Não	8
Bertram	20.000	4	Não	4
Jesse	20.000	4	Sim	4
Oliver	10.000	2	Não	8
Anne	10.000	2	Sim	4
Enrique	10.000	2	Sim	6
Fred	10.000	6	Não	8
Barney	10.000	4	Não	4
Total	$500.000	100		
Média	$ 25.000	5		7

Rudolfo, Karl, Lindsey e Arthur seriam promovidos. Sua média de desempenho como gerentes de vendas seria 8, em um máximo de 10. Um membro de minoria foi promovido (20%), a parcela de membros de minorias entre os vendedores sobe para 47% (7 em 15) e as vendas combinadas dos vendedores totalizam 340 mil dólares. Ainda que o critério de antiguidade pareça objetivo, os vendedores de alto desempenho como Maggie, Manuel e Herbert podem pensar se vale a pena trabalhar tanto ou continuar nesta empresa se precisarem esperar mais seis anos para serem promovidos.

Podemos então promover os melhores vendedores, para mostrar que a excelência do desempenho é recompensada. Jeremy, Rudolfo, Maggie, Manuel e Herbert seriam os promovidos. A média estimada de desempenho ainda seria 8. A média de promoção de membros de minorias duplicaria para 40% (2 em 5), a parcela de membros de minorias entre os vendedores continuaria o que era antes (40%, ou 6 em 15). Entretanto, as vendas anuais entre os vendedores remanescentes cairiam para 300 mil dólares, bem abaixo da média do grupo antes das promoções. Lindsey e Arthur podem estar se perguntando se algum dia seriam promovidos, já que os mais novos passariam à sua frente.

Finalmente, podemos promover com base simplesmente no talento do empregado como gerente de vendas. Nesse caso, Jeremy, Maggie, Donald, Ralph e Arthur seriam os promovidos. A média estimada de desempenho desse grupo seria 10. A média de promoção de membros de minorias seria 40%, a parcela de membros de minorias entre os vendedores continua 40%. Entretanto, esse padrão de promoção ainda deixaria de fora vendedores altamente qualificados. Ele promove dois novatos (Maggie e Donald), deixando de lado outros com oito anos de casa. Além do mais, promove empregados com baixo desempenho, Donald, Ralph e Arthur, acima dos excelentes Rudolfo, Manuel e Herbert. Os mais antigos e mais capacitados não gostariam de nada disso, especialmente se os promovidos virassem seus chefes!

Nas decisões reais, os empregados mais promissores podem ser disputados por múltiplos papéis funcionais, e a validade das previsões sobre seus desempenhos futuros pode variar. Alguém com excelente desempenho na função-fonte não será necessariamente o melhor candidato para a função-destino. Além disso, os empregados podem aceitar ou não as oportunidades da mobilidade interna. Evidentemente, as decisões sobre o recrutamento interno precisam constantemente buscar o equilíbrio entre justiça e eficácia tanto para as fontes como para os destinos dos empregados. Esse exemplo utilizou a promoção, mas os princípios são os mesmos para a mobilidade lateral, mobilidade entre as equipes ou grupos de trabalho, realocação de pessoal e rebaixamentos.

> **QUAL SUA OPINIÃO?**
>
> Frequentemente, o empregado com melhor desempenho em uma função não é o melhor candidato à promoção. Se você tivesse que comunicar a um funcionário com excelente desempenho que ele não recebeu a promoção, como faria a abordagem? Qual a assistência/apoio que o administrador de RH poderia oferecer?

OBTENDO O EQUILÍBRIO ENTRE OS INTERESSES DOS EMPREGADORES E OS DOS EMPREGADOS: ADMINISTRAÇÃO DA CARREIRA E PLANEJAMENTO DA CARREIRA

À medida que as carreiras afetam o relacionamento entre os indivíduos e as organizações, ambos têm seu papel a desempenhar na administração delas. As carreiras desenvolvem-se por meio da interação entre as escolhas do empregado ao buscar suas aspirações e as escolhas da empresa ao proporcionar as oportunidades que promovam as metas organizacionais. Esse enfoque duplo reflete-se na relação existente entre *desenvolvimento da carreira*, *planejamento da carreira* e *administração da carreira*.

> O *desenvolvimento da carreira* engloba a administração da carreira e o planejamento da carreira.

> O *planejamento da carreira* é o processo pelo qual o empregado identifica e implementa os passos necessários para atingir as metas da carreira.
>
> A *administração da carreira* é o processo pelo qual a organização seleciona, avalia, dá atribuições e desenvolve os empregados, para obter um grupo de pessoas qualificadas a atender às necessidades futuras.[14]

Veja as diferenças de responsabilidade entre empregados e empregadores na administração das carreiras no Quadro 9.5. A parte superior do quadro ilustra como o empregado, o chefe e a organização contribuem para o planejamento eficaz da carreira. A parte inferior do quadro mostra como cada uma das partes contribui eficazmente para a administração da carreira, assegurando que as ações do provimento interno designem indivíduos para papéis funcionais que levem ao atingimento das metas organizacionais.

O desenvolvimento da carreira aplica-se a todos os empregados, ainda que boa parte de suas atividades esteja tradicionalmente ligada aos cargos hierárquicos mais altos. Isso está mudando à medida que as organizações se reestruturam para enfatizar as competências e contribuições dos empregados de nível hierárquico mais baixo. Depois que as pesquisas de atitude na Corning Glass mostraram que os empregados não qualificados se sentiam subutilizados e desprezados, a empresa implementou o Sistema de Informação e Planejamento de Carreiras para ajudar as pessoas a compreenderem e assumirem maiores responsabilidades pelo planejamento de suas carreiras. O sistema inclui programas de computador tais como "Quem sou eu?", "Como sou visto?" e "Como posso atingir minhas metas?", além de vídeos e livros informativos que listam todos os cargos na Corning e as habilidades necessárias para eles.[15]

Estes programas induzem a um maior planejamento de carreiras? Um estudo realizado com empregados em Cingapura sugere que o planejamento de carreira não é afetado pelos programas de desenvolvimento de carreiras ou outros fatores organizacionais, mas por fatores pessoais, como a necessidade de realização e o

---

14 HALL et al. Career development in organizations.
15 LEIBOWITZ, Zandy B., FELDMAN, Barbara H., MOSELY, *Personnel*, p. 38-45, Apr. 1990.

302 | Desenvolvimento de Pessoal

Quadro 9.5
Integração entre o planejamento da carreira e a administração da carreira.

Atividades do planejamento da carreira

Responsabilidades dos empregados:

+ Fazer a autoavaliação de habilidades, interesses e valores.
+ Analisar as opções de carreira.
+ Decidir sobre os objetivos e necessidades de desenvolvimento.
+ Comunicar a seu superior as preferências de desenvolvimento.
+ Elaborar com antecedência os planos de ação em acordo mútuo com seu superior.
+ Seguir o plano de ação acordado.

Responsabilidades do chefe:

+ Agir como um catalisador; sensibilizar o empregado para o processo de planejamento.
+ Avaliar o realismo dos objetivos expressos pelo empregado e analisar as necessidades de desenvolvimento.
+ Aconselhar o empregado e desenvolver com ele planos em mútuo acordo.
+ Acompanhar e atualizar os planos dos empregados de forma adequada.

Responsabilidades da organização:

+ Oferecer modelos de planejamento de carreira, recursos, aconselhamento e informações necessários ao planejamento de carreira individualizado.
+ Oferecer treinamento em planejamento de desenvolvimento de carreira aos chefes e subordinados, e aconselhamento de carreira aos chefes.
+ Oferecer programas de treinamento de habilidades e oportunidades de experiências para o desenvolvimento no trabalho.

Atividades de administração da carreira

Responsabilidades dos empregados:

+ Fornecer a seus superiores informações precisas sobre suas capacidades, experiências profissionais, interesses e aspirações quanto à carreira.

Responsabilidades do chefe:

+ Validar as informações fornecidas pelos subordinados.
+ Fornecer informações sobre funções vagas sob sua responsabilidade.
+ Usar toda a informação disponível neste processo para: (1) identificar todos os candidatos viáveis para uma vaga e proceder à sua seleção; e (2) identificar oportunidades de desenvolvimento de carreira (abertura de vagas, programas de treinamento, rodízios funcionais) para os empregados e proceder à sua colocação adequadamente.

Responsabilidades da organização:

+ Oferecer um sistema de informações para atender às necessidades do processo decisório dos chefes.
+ Organizar e atualizar toda a informação.
+ Assegurar o uso eficaz da informação, adotando como procedimentos: (1) projetar os métodos convenientes para levantamento, análise, interpretação e uso das informações; (2) monitorar e avaliar a eficácia do processo.

Fonte: MINOR, Frank J. Computer applications in career development planning em *Career development in organizations*, organizado por Douglas T. Hall and Associates. San Francisco: Jossey-Bass, 1986. p. 205-206.

compromisso com a carreira.[16] É provável que os profissionais de RH precisem mostrar para os empregados o valor pessoal do planejamento de carreira para que esses programas funcionem. Várias tendências mostram como o planejamento de carreira é importante hoje. A parceria mostrada no Quadro 9.5 tem se tornado mais complexa à medida que as organizações se tornam mais flexíveis e o ambiente mais volátil.

Novo Contrato de Trabalho: Seu Negócio Próprio

"Você precisa entender que, não importa onde trabalhe, você não é um empregado; você está em um negócio com um empregado – você."

Andrew Grove, Presidente da Intel, setembro de 1995[17]

---

16 ARYEE, Samuel, DEBRAH, Yaw A. Career planning: an *International Journal of Human Resource Management*. Sherry H. Career development words overtime at Corning, Inc. examination of individual, non-work and work determinants. 5, nº 1, p. 85-104, May 1992.

17 GROVE, Andrew S. A high-tech CEO updates his views on managing and careers. *Fortune*, p. 229, 18 Sept. 1995.

Ninguém é obrigado a te dar um emprego, uma carreira ou um futuro assegurado. A globalização e as mudanças cada vez mais rápidas significam que apenas você será o responsável pelo sucesso de sua carreira. A competência e a flexibilidade tornaram-se a moeda corrente na construção de uma carreira, enquanto a hierarquização, as tradições e a lealdade à empresa perderam importância. Isso quer dizer que os empregados precisam assumir um papel de maior destaque na construção de suas próprias carreiras, acumulando os conhecimentos e outras credenciais que os tornem atraentes para futuros papéis funcionais, e identificando as experiências certas para a aquisição dessas credenciais. Onde você começa pode ser menos importante do que onde termina; ofertas lucrativas que em princípio não se ajustam a suas metas pessoais podem tornar-se sedutoras e o pior que pode acontecer é dar tudo errado em algumas tentativas. De fato, pode estar chegando o dia em que a ideia geral de "empregabilidade" esteja ultrapassada. Alguns estudiosos têm sugerido que as promoções deveriam ser modeladas como "opções" de compra do mercado futuro de ações, com o valor dos candidatos mudando de acordo com o mercado e com seu próprio desenvolvimento, e a probabilidade de promoção dependendo de muitos fatores além do controle do indivíduo.[18]

Novo Caminho da Carreira: Uma Estrada Cheia de Curvas

Muitos pensam em sua função na empresa como parte de uma carreira dentro de uma hierarquia corporativa bem definida, em que cada promoção sucessiva é absolutamente previsível. Essas promoções ocorrem em intervalos regulares dentro de cada área funcional (por exemplo: marketing, finanças ou recursos humanos); elas trazem um aumento na amplitude de controle do funcionário sobre unidades ou subordinados e representam degraus de uma hierarquia estratificada. O Capítulo 3 mostrou como esse modelo, hoje, está fora da realidade na maioria das organizações. As pirâmides estão dando lugar aos paralelogramos, ou simplesmente às redes de alianças. Assim, o próximo passo certo na carreira é agora definido muito mais pelas capacitações oferecidas do que pelo *status* hierárquico que proporciona. A mobilidade lateral tornou-se mais importante, e papéis funcionais como líder de equipe, coordenador de grupo de trabalho ou elemento de ligação entre redes podem ser muito mais críticos do que os de supervisor ou gerente. A escada a ser galgada dentro da empresa pode ser horizontal e não vertical, as atribuições rotativas podem ser as melhores oportunidades, e é provável que envolvam mais de um empregador.[19] Por exemplo, os administradores de recursos humanos de Hong Kong têm lamentado os índices de 30% na rotatividade dos profissionais mais jovens. O crescimento e as mudanças ocorridas naquela cidade significam que se pode trocar de empresa apenas cruzando um corredor ou atravessando a rua. Com toda essa mobilidade, alguns bancos de Hong Kong fazem o acompanhamento do rumo dos talentos mais promissores, contratando-os de volta poucos anos depois de terem obtido experiências valiosas. Já foi sugerida a ideia da criação de "comunidades setoriais" que concordem com a formação de grupos de empregadores que oferecem oportunidades comuns de carreira.[20]

> ### QUAL SUA OPINIÃO?
>
> A revista *Fortune* alardeia "fracassos famosos" como Sérgio Zyman, que saiu da Coca-Cola em 1986, depois do desastroso lançamento da New Coke, apenas para retornar em 1993 como alto executivo de marketing. A Coca-Cola passou por uma "mudança de opinião", decidindo que o risco assumido era bom.[21] Quais os processos de RH e de administração de carreira que poderiam ter levado a essa decisão? Qual o efeito que isso causaria nos demais executivos?

A escada da carreira pode inclusive ser descendente. Como você viu nos capítulos anteriores, a transição entre a escola e o trabalho está mudando, e cada vez

---

18 LANCASTER, Hal. Life lessons: the adaptable survive corporate chaos. *The Wall Street Journal,* 14 Feb. 1995, p. B1; BRIDGES, William. *Job shift.* Reading, MA: Addison-Wesley, 1994; MALOS, Stanley B., CAMPION, Michael A. An options-based model of career mobility in professional Service firms. *Academy of Management Review* 20, p. 611-644, 1995.

19 PENZIAS, Arno. New paths to success. *Fortune,* p. 90-94, 12 June 1995; CAMPION, Michael A., CHERASKIN, Lisa, STEVENS, Michael J. Career-related antecedents and outcomes of job rotation. *Academy of Management Journal 37,* p. 1.518-1.542, 1994.

20 DeFILLIPPI, Robert J., ARTHUR, Michael B. The boundaryless career: a competency-based perspective. *Journal of Organizational Behavior* 15, p. 307-324, 1994.

21 SELLERS, Patricia. Now bounce back! *Fortune,* p. 49-66, May 1995.

mais organizações entendem que a carreira começa antes mesmo do primeiro emprego. No Japão, uma boa classificação na turma de formandos tem efeito significativo sobre o primeiro emprego, e este afeta significativamente as posteriores oportunidades na carreira. Nos Estados Unidos, pode ser muito mais difícil subir na carreira quando se começa muito embaixo do que em outros países que administram melhor a transição entre a escola e o mercado de trabalho.[22] O conceito do "escritório" também está mudando. Por exemplo, a gigantesca empresa Ernst & Young possui apenas 100 salas em Chicago para seus 500 profissionais, muitos deles trabalhando na rua 60% do tempo. Quando necessitam de uma sala, fazem uma reserva, como em um hotel.[23] Em um banco de Cingapura, a reestruturação tornou-se tão usual que uma piada popular diz: "Se meu chefe me chamar, por favor, pergunte o nome dele".

Mesmo essas mudanças estão em debate, já que o conceito de antiguidade ainda conta para grandes privilégios em vários setores, e os estudos econômicos sugerem que esse conceito não mudou muito nos últimos 20 anos. Em 1993, a proporção de empregados – 20% – que trabalhavam para o mesmo empregador por mais de 20 anos era precisamente idêntica àquela de 1973. Até os níveis de gerência intermediários, há tempos o alvo principal nos cortes de custos, voltaram à tona.[24] O Quadro 9.6 mostra os resultados de um estudo feito com mais de 1.300 altos executivos nos Estados Unidos, indicando o quanto cada fator está associado a seus rendimentos anuais. Esses resultados sugerem alguns padrões tradicionais: homens mais velhos casados cujas esposas não trabalham, que trabalham mais horas e fazem mais serão, ganham mais; o nível de instrução tem peso significativo. Surgiram também algumas surpresas: aqueles que trabalham em empresas menores ganham mais e a antiguidade na organização ou na ocupação não é um fator relevante para o nível de remuneração.

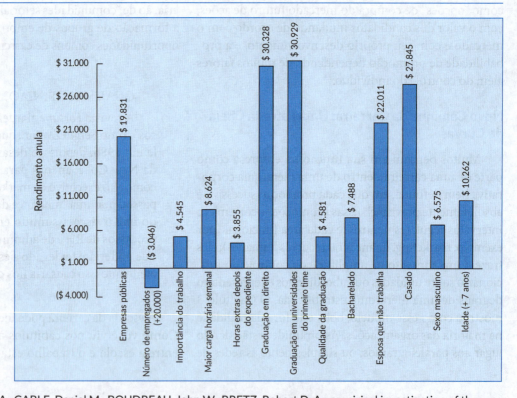

Quadro 9.6
Fatores que afetam a remuneração dos altos executivos nos Estados Unidos.

Fonte: JUDGE, Tomothy A., CABLE, Daniel M., BOUDREAU, John W., BRETZ, Robert D. An empirical investigation of the predictors of executive career success. *Personnel Psychology*, vol. 48, p. 505, 1995.

---

22 SAKAMOTO, A., POWER, D. A. Education and the dual labor market for Japanese men. *American Sociological Review* 60, p. 222-246, Apr. 1995; BERNSTEIN, Aaron. Is America becoming more of a class society? *Business Week*, p. 86-91, 26 Feb. 1996.
23 SCHELLHARDT, Timothy D. Mobile work force checks into office. *The Wall Street Journal*, 22 July 1992, p. B1.
24 CAREY, Susan. Flight attendants stay aloft for decades, piling up the privileges of job seniority. *The Wall Street Journal*, 16 May 1995, p. B1; ZACHARY, G. Pascal. Data about job instability may be shaky. *The Wall Street Journal*, 31 Mar. 1995, p. A2; The salaryman rides again. *The Economist*, 4 Feb. 1995.

As mudanças ocorridas nas rotas das carreiras significam que elas se tornaram menos importantes? Muito pelo contrário. O progresso na carreira que desenvolve capacitações e flexibilidade torna-se cada vez mais importante, tanto para as empresas como para os indivíduos. Mesmo o uso de pessoal temporário pode ser um estímulo para a carreira. Uma pesquisa mostrou que as organizações que contratam mais temporários apresentam mobilidade mais lenta nas funções de nível mais baixo que empregam esses trabalhadores, mas mobilidade mais rápida nas funções de nível mais alto. O pessoal temporário cria como que um elevador invisível para os funcionários essenciais.[25]

Portanto, enquanto o terreno torna-se mais complicado, cresce o valor do planejamento e da administração da carreira. Para os empregados, isso significa maior vigilância na construção de suas próprias carreiras com o fim de atingir seus objetivos pessoais, o que nos leva ao planejamento da carreira.

PLANEJAMENTO DA CARREIRA: EMPREGADOS DESCOBRINDO E BUSCANDO SEUS OBJETIVOS

No exercício do começo deste capítulo, você escolheu o canto da sala em que gostaria de ficar. Esse exercício ilustra o processo de identificação dos tipos de experiências que você consideraria gratificantes em uma carreira. Os estudiosos identificaram dois conceitos que ajudam a compreender os padrões desses interesses e como eles podem modificar-se durante a vida do indivíduo: a *orientação da carreira* e os *estágios da carreira*.

Orientação da Carreira: Quem Você Quer Ser?

Suas aspirações e seus interesses quanto à carreira formam padrões semelhantes aos que ilustram o Quadro 9.1. As pessoas parecem ter uma orientação natural para certas competências e experiências. Essas orientações refletem certos motivos e capacidades implícitas formados antes do início da vida profissional e durante os primeiros anos de trabalho. Um estudo realizado com adolescentes revelou que seus interesses profissionais aos 13 anos continuavam os mesmos 15 anos mais tarde.[26] As pesquisas sugerem que esses padrões significam âncoras da carreira.

> Uma *âncora da carreira é* um autoconceito baseado em diferentes motivações e habilidades ocupacionais. Esse autoconceito orienta, estabiliza e integra as experiências profissionais de uma pessoa.

As pessoas tendem a buscar papéis funcionais que estejam relacionados a essa âncora, ainda que, como os navios, eles possam mover-se em torno dela. Mudar para outra âncora requer certo esforço e uma reavaliação fundamental das motivações profissionais. Foram identificadas cinco âncoras de carreira.[27]

1. *Competência técnica/funcional.* A orientação primária dessas pessoas é o trabalho que já realizam e o fato de que pretendem continuar usando e desenvolvendo essas suas habilidades. Elas evitam mudanças que as afastem de suas competências estabelecidas ou que as levem para funções administrativas, preferindo o crescimento por meio do aumento da capacitação técnica em vez de crescimento na estrutura organizacional. Um bom exemplo disso seria um engenheiro que pretenda desenvolver um semicondutor e não tem a menor intenção de supervisionar o trabalho dos outros.

2. *Competência gerencial.* A orientação primária dessas pessoas é desenvolver suas habilidades gerenciais interpessoais, sua competência analítica e emocional necessárias nos altos escalões da administração. As aspirações gerenciais estão fortemente relacionadas com as âncoras da carreira e com as atividades específicas, tais como desenvolvimento de contatos para a carreira, desenvolvimento de habilidades organizacio-

---

25 BARNETT, William P., MINER, Anne S. Standing on the shoulders of others: career interdependence in job mobility. *Administrative Science Quarterly* 37, p. 262-281, 1992.

26 LUBINSKI, David, BENBOW, Camilla P., RYAN, Jennifer. Stability of vocational interests among the intellectually gifted from adolescence to adulthood: a 15-year longitudinal study. *Journal of Applied Psychology* 80, p. 196-200, 1995.

27 SCHEIN, Edgar H. *Career anchors: discovering your real values.* San Diego, CA: University Associates, 1985; SCHEIN, Edgar H. A critical look at current career development theory and research. In: HALL, Douglas T. and Associates. *Career development in organizations.* San Francisco: Jossey-Bass, 1986.

nais específicas e acomodação às expectativas dos superiores.[28]

Talvez porque esses estudos tenham sido realizados com estudantes de faculdades de administração, essas duas âncoras foram as que mais ocorreram. De qualquer forma, outras três âncoras apareceram:

3. *Segurança.* Uma orientação em relação a trabalhar para uma organização em particular ou em uma região geográfica específica.

4. *Criatividade.* Uma orientação em relação à criação de alguma coisa totalmente própria – seja um produto, uma empresa, um trabalho artístico ou uma fortuna pessoal.

5. *Autonomia/Independência.* Uma orientação de evitar o trabalho dentro das limitações impostas pelo ambiente organizacional, com muitos desses indivíduos tornando-se consultores autônomos ou criando seus próprios negócios.

A compreensão das orientações de carreira das pessoas torna mais fácil o entendimento de quais oportunidades no recrutamento interno podem ser atraentes para elas. Isto também ajuda os indivíduos a avaliarem melhor os potenciais rumos de suas carreiras. As pesquisas sugerem que os indivíduos tomam suas decisões com base na semelhança existente entre as características ocupacionais e organizacionais e a visão que têm de si mesmos, e que aqueles que se ajustam melhor acabam tendo maior sucesso e satisfação em suas carreiras.[29] Evidentemente, como qualquer pessoa sabe, as escolhas de carreira também recebem influência de preocupações mais pragmáticas. Pesquisas realizadas com estudantes universitários na Austrália mostraram que, além da orientação da carreira, o dinheiro, o *status* e o sexo também influenciam as preferências. Em Cingapura, os candidatos a emprego deixam-se influenciar em suas escolhas pelas decisões governamentais, que indicam quais setores receberão subsídios ou outros apoios federais.[30]

Parece bastante provável que, com a flexibilidade e as mudanças nas oportunidades futuras, as pessoas possam optar por uma variedade de interesses profissionais.

Ciclos e Estágios da Carreira

Tradicionalmente, pensamos em carreiras em termos biológicos. Uma pessoa jovem inicia com um período exploratório, continua até tornar-se estável na organização e ocupação, depois entra em uma fase de manutenção de realizações produtivas e estáveis e, finalmente, passa para um estágio de declínio ou transição para fora do ambiente de trabalho, aposentando-se. Entretanto, esse quadro não descreve satisfatoriamente as carreiras atualmente.[31] Uma visão mais moderna e precisa mostra que as carreiras movem-se em ciclos ao longo do tempo, e todas as pessoas podem passar por esses estágios várias vezes. O Quadro 9.7 ilustra esse conceito e mostra os fatores que determinam as mudanças e o sucesso na carreira. As mudanças são detonadas com base em uma variedade de oportunidades ou dificuldades; também são determinadas pela personalidade e pela tolerância a situações novas. A "rotina da carreira" também determina se o indivíduo se torna consciente de suas escolhas. Uma vez consciente, o indivíduo passa pelos estágios de informação (muito semelhante à exploração), transição e estabelecimento de subidentidade, aumento da adaptabilidade e da autoconfiança (bem parecido com tornar-se estável), e então o processo recomeça. Hoje, esses estágios podem ser vividos por meio de múltiplos papéis funcionais em múltiplas organizações. Por exemplo, a revista *Business Week* sugere que o novo modelo de carreira envolve: *começar grande,* aprendendo as habilidades organizacionais em uma grande empresa; *ampliar as habilidades,* trabalhando duro e desenvolvendo contatos e uma reputação fora da empresa; *expandir,* para começar um novo negócio ou mudar para um novo setor; *dar uma parada,* para voltar aos estudos, construir novas credenciais ou buscar um tipo totalmente diferente de ocupação; *dar*

---

28 RYNES, Sara L., TOLBERT, Pamela S., STRAUSSER, Pamela G. Aspirations to manage: a comparison of engineering students and working engineers. *Journal of Vocational Behavior* 32, p. 239-253, 1988.

29 BRETZ JR., Robert D., JUDGE, Timothy A. The relationship between person-organization fit and career success. Documento de trabalho 92-11. Cornell University Center for Advanced Human Resource Studies. Ithaca, NY, 1992.

30 CROCKETT, G. V. A logit model of labour market influences on the choice of occupation. *Journal of Industrial Relations,* p. 309-325, Sept. 1991; ARYEE, Samuel. The impact of government policy on managerial and professional singaporean careers. Trabalho apresentado no *National Academy of Management Meeting.* Las Vegas, Aug. 1992.

31 CRITES, John O. A comprehensive model of career adjustment in early adulthood. *Journal of Vocational Behavior* 9, p. 105-118, 1976; CYTRYNBAUM, Solomon, CRITES, John O. The utility of adult development theory in understanding career adjustment process. In: ARTHUR, Michel B., HALL, Douglas T., LAWRENCE, Barbara S. (Orgs.). *Handbook of career theory.* Cap. 4; COOKE, Donna K. Measuring career change. *Human Resource Management Review* 4, p. 383-398, 1994.

um tempo, ou movimentar-se entre projetos como um profissional autônomo com capacitações valiosas.[32] Os estágios mostrados no Quadro 9.7 podem ser acelerados ou repetidos várias vezes. As pesquisas sugerem que as pessoas podem ter diferentes níveis de capacidade de decisão sobre suas carreiras. Os *indecisos sobre o desenvolvimento* são os que têm pouca experiência em que se basear para tomar uma decisão. Os *indecisos sobre a situação* são os que se sentem inseguros em função de uma situação nova, como uma fusão entre empresas. Os *indecisos crônicos* são os incapazes de tomar decisões por causa de sua ansiedade e medos. Os *vigilantes* são os que tomam uma decisão firme depois de ter pesado racionalmente as alternativas e levantado muitas informações. Os *hipervigilantes* são os que se apressam em tomar uma decisão sem antes realizar uma análise muito completa da situação, talvez por causa da ansiedade.[33] Embora a indecisão tenha conotação negativa, ela pode ser o mais comum e, talvez, o mais apropriado estado de espírito dentro do ambiente mutante de trabalho em que vivemos hoje. As pesquisas revelam também que as pessoas que trocaram de empresas e de ocupação melhoraram muito seu grau de satisfação e sua saúde mental, em comparação com aquelas que não fizeram trocas ou trocaram apenas de organização.[34]

QUAL SUA OPINIÃO?

Para quantas organizações você acredita que trabalhará nos primeiros 15 anos de sua carreira? Seu plano de carreira reflete o modelo do Quadro 9.7? Por que os executivos gastam seu tempo ajudando as pessoas a administrar suas carreiras se a tendência hoje é passar menos tempo dentro da empresa? Como o desenvolvimento da carreira pode valer a pena?

Quadro 9.7
Ciclo de mudanças na carreira.

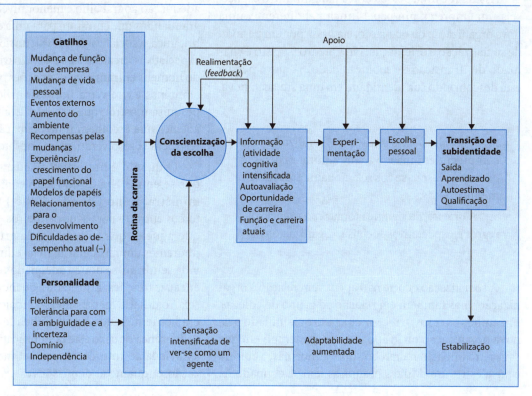

Fonte: HALL, Douglas T. Unplanned executive transitions and the dance of the subidentities. *Human Resource Management*, p. 75, primavera/1995.

---

32 NUSSBAUM, Bruce. I'm worried about my job. *Business Week*, p. 94-97, 7 Oct. 1991.

33 CALLAHAN, Gerard A., GREENHAUS, Jeffrey. The career indecision of managers and professions: an examination of multiple subtypes. *Journal of Vocational Behavior* 41, p. 212-213, 1992.

34 KRUMBOLTZ, John D. The wisdom of indecision. *Journal of Vocational Behavior* 41, p. 239-244, 1992; WRIGHT, Thomas A., BONETT, Douglas G. The effect of turnover on work satisfaction and mental health: support for a situational perspective. *Journal of Organizational Behavior* 13, p. 603-615, 1992.

308 | Desenvolvimento de Pessoal

Decidindo Explorar

No estágio de informação, uma pessoa explora as atividades, tenta diferentes papéis funcionais, esclarece interesses e habilidades, constrói sua capacitação por meio da educação e do treinamento e (no caso dos mais jovens) reduz sua dependência da família e da escola. Para os estudantes universitários, os programas de estágios nas empresas podem ajudar a cristalizar seus interesses profissionais. Fatores como o nível e o tipo de educação, experiências profissionais prévias e mesmo a ocupação dos pais podem contribuir para determinar a escolha da carreira e seu possível sucesso.[35] Já examinamos anteriormente algumas técnicas de exploração, como os bancos de empregos na internet e os testes vocacionais. No Quadro 9.7, esses processos são mostrados à luz da consciência da escolha, da informação e das fases experimentais.

Socialização: Aprendizado da Nova "Identidade"

Assim que uma pessoa entra para um novo espaço, seja um emprego, um papel funcional diferente, uma nova organização ou ocupação, ela passa por um período de socialização e orientação. No Quadro 9.7, isto é chamado de "transição de subidentidade", já que a pessoa está descobrindo sua identidade em uma situação nova.

> A *socialização* significa o aprendizado para compreender uma nova conjuntura e a decisão de como ajustar-se aos relacionamentos socialmente aceitos.
>
> A *orientação* significa tomar consciência das regras e expectativas sociais e organizacionais.

A socialização ocorre não apenas em relação à organização, mas também em relação ao grupo de colegas. Em ambos os casos, o recém-chegado é assimilado pela nova organização ou grupo, ao mesmo tempo em que causa um impacto recíproco sobre as normas, a cultura e até a estrutura. Muitas pesquisas têm se ocupado da socialização dentro da organização, geralmente em tons pejorativos, tratando o tema como um processo coercitivo ou como uma atividade administrativa (como a burocracia para a filiação de um novo sócio). Trabalhos mais recentes reconhecem a natureza interativa da socialização e o papel essencial que os indivíduos desempenham, definindo a maneira de sua própria assimilação em função das informações que obtêm e das associações que formam.[36]

As pesquisas apontam que os recém-chegados estão mais preocupados em aprender como executar suas tarefas e comportar-se adequadamente em suas funções do que com aspectos relacionados a seu grupo de colegas ou à organização. É mais comum que eles procurem observar os outros e experimentar diferentes abordagens do que perguntar a seus colegas e superiores, ou mesmo ler o manual. Eles contam com seus chefes para serem bem-sucedidos na socialização. Aqueles que obtêm mais informações de seus superiores desenvolvem um comprometimento organizacional mais positivo, melhor adequação ao trabalho e menor nível de tensão. Entre os graduandos que entraram para uma empresa de petróleo britânica, a socialização prévia funcionou para corrigir as expectativas irrealísticas. Seria razoável esperar que, quando homens entram para ocupações predominantemente femininas, e vice-versa, houvesse maior conflito, mas uma pesquisa mostrou que isso não acontece, sugerindo que aqueles que escolhem uma ocupação com essas características já resolveram esses conflitos anteriormente.[37]

O quanto é importante "ajustar-se" ao grupo em que se entra? Um estudo feito com estudantes de Administração no Canadá, 3, 9 e 14 meses depois de terem entrado para seus primeiros empregos, mostrou que aqueles que se juntaram a grupos em que eram diferentes em faixa etária, nível educacional e estilo de vida sentiram-se pouco adequados e menos desafiados em suas funções. Entretanto, quando a diferença era de sexo, o desafio foi considerado maior e, quando o chefe era homem, maior a probabilidade de uma promoção. A diferença de sexo estava significativa e negativamente associada ao futuro comprometimento com a organização, enquanto as demissões estavam frequentemente

---

35 TAYLOR, M. Susan. Effects of college internships on individual participants. *Journal of Applied Psychology 73*, nº 3, p. 393-401,1988; ROSS, Joel E., UNWALLA, Darab. Making it to the top: a 30-year perspective. *Personnel*, p. 70-78, Apr. 1988.

36 ANDERSON, Neil, THOMAS, Helena D. C. Work group socialization. In: WEST, M. (Org.). *Handhook of work groups*. Chichester, England: Wiley, no prelo.

37 OSTROFF, Cheri, KOZLOWSKI, Steve W. J. Organizational socialization as a learning process: the role of information acquisition. *Personnel Psychology 45*, p. 849-874, 1992; NICHOLSON, Nigel, ARNOLD, John. From expectation to experience: graduates entering a large Corporation. *Journal of Organizational Behavior 12*, p. 413-429, 1991; KOBERG, Christine S., CHUSMIR, Leonard H. Sex role conflict in sex-atypical jobs: a study of female-male differences. *Journal of Organizational Behavior 12*, p. 461-465, 1991.

associadas às diferenças de idade, educação e estilo de vida.[38] Aparentemente, o ajuste ao grupo pode ser bom ou mau, dependendo da maneira como isso é definido. A socialização ocorre geralmente pela interação com os colegas em uma empresa, mas as atuais carreiras sem fronteiras podem significar que os indivíduos não ficaram dentro da organização tempo suficiente para isso. Por esse motivo, tem-se formado o equivalente moderno às guildas medievais, associações organizadas em torno de determinadas profissões ou ocupações, com o intuito de oferecer a seus pares apoio e oportunidades de desenvolvimento.[39]

O que faz com que uma pessoa aprenda bem seu novo trabalho? Um estudo realizado com 300 oficiais da marinha dos Estados Unidos sugere que os seguintes fatores afetam positivamente o aprendizado: tempo na função, confiança na própria eficiência, desafio das tarefas, competência dos subordinados e semelhança da atividade com outras já previamente desempenhadas. O aprendizado era menor quando a atribuição era a primeira de duas e quando o oficial era casado.[40] É importante ser um bom aprendiz? Isso depende do sucesso inicial em sua carreira. Um estudo feito com executivos em uma empresa de petróleo nos Estados Unidos mostrou que a habilidade cognitiva estava mais fortemente relacionada com o sucesso na carreira entre aqueles que começaram de baixo na organização do que entre os que tiveram sucesso logo no início de suas carreiras. Para os indivíduos sem a sorte de um início estrelado, a habilidade cognitiva, aparentemente, faz enorme diferença para seu sucesso posterior.[41]

O estágio de exploração é geralmente seguido por um período de relativa permanência no emprego, conduzindo ao estágio do estabelecimento.

Qualificação e Estabilização: Criando sua Marca

Uma vez tendo ingressado em um novo papel funcional, o indivíduo começa a estabilizar-se, a qualificar-se dentro de seu papel e a conquistar uma posição de influência e competência. As chaves para o sucesso podem não ser assim tão misteriosas. Como foi visto no Quadro 9.6, a remuneração está associada com uma educação de melhor qualidade e grande devoção ao trabalho, entre outras coisas. Um estudo feito com estudantes de mestrado em Administração no começo de suas carreiras mostrou que aqueles com maior habilidade cognitiva (veja o Capítulo 7) e maior motivação obtinham remuneração significativamente mais alta e promoções. As pesquisas também sugerem que, à medida que a permanência da pessoa na empresa aumenta, a similaridade entre seus valores e os dos demais membros da organização também cresce.[42] Tradicionalmente, esse estágio costumava levar um longo tempo de emprego em uma única e estável organização. No futuro, é mais provável que venha a ocorrer por meio de uma série de posições em diferentes empresas ou unidades. Nesta altura, entretanto, cada novo papel funcional não significa nova exploração, mas um passo planejado no rumo ao estabelecimento de uma posição em seu setor, profissão ou área de atuação. Por exemplo, na década de 80, um em cada 100 executivos japoneses trocariam de empresas, como nos Estados Unidos. Já no final da década de 90, esses números mudaram para um em cada 10. Esses executivos bem educados e altamente bem-sucedidos não estariam embarcando em novas carreiras ou assumindo posições exploratórias em suas novas organizações. Ao contrário, estariam sendo seduzidos por perspectivas de promoções e melhores salários, mais liberdade pessoal e maior poder decisório.[43] Portanto, até mesmo no Japão, a troca de empresas está tornando-se uma rota típica em relação à estabilização.

Aumento da Adaptabilidade: Construindo uma Plataforma ou Atingindo o Pico?

Aumentando a influência e a estatura. À medida que o estágio da estabilização progride, o indivíduo torna-se cada vez mais um importante membro da

---

38 KIRCHMEYER, Catherine. Demographic similarity to the work group: a longitudinal study of managers at the early career stage. *Journal of Organizational Behavior* 16, p. 67-83, 1995.

39 LANCASTER, Hal. As company programs fade, workers tum to guild-like groups. *The Wall Street Journal,* 16 Jan. 1996, p. Bl.

40 MORRISON, Robert F., BRANTNER, Thomas M. What enhances or inhibits learning a new job? A basic career issue. *Journal of Applied Psychology* 77, nº 6, p. 926-940, 1992.

41 DREHER, George F., BRETZ JR., Robert D. Cognitive ability and career attainment: moderating effects of early career success. *Journal of Applied Psychology* 76, nº 3, p. 392-397, 1991.

42 O'REILLY III, Charles A., CHATMAN, Jennifer A. Working smarter and harder: a longitudinal study of managerial success. *Administrative Science Quarterly* 39, p. 603-627, 1994; OSTROFF, Cheri, ROTHAUSEN, Teresa J. Tenure's role in fit: an individual and organization level analysis. Trabalho apresentado no *10º Annual Meeting of the Society for Industrial and Organizational Psychology.* Orlando, FL, May 1995.

43 LUBLIN, Joann S. Japanese are doing more job hopping. *The Wall Street Journal,* 18 Nov. 1991, p. B1.

organização. A empresa utiliza suas experiências acumuladas, e a pessoa pode tornar-se um mentor para outros indivíduos. Esse também é o momento em que mudanças importantes na vida familiar, nas obrigações financeiras e no reconhecimento de limites podem precipitar uma reavaliação das escolhas feitas. Muitas pessoas deixam que suas carreiras atuais entrem em declínio nessa fase, voltando ao estágio da exploração. Mais uma vez, o conceito tradicional de que a manutenção é alcançada depois do progresso na hierarquia da organização pode estar ultrapassado. Hoje, mais e mais empresas têm procurado do lado de fora seus executivos, mesmo aqueles que exercerão mais influência e poder. A lista das empresas que têm trocado a "prata da casa" por "forasteiros" promissores para implementar mudanças fundamentais inclui General Motors, Digital Equipment, Tenneco e a Compaq Computers. As pesquisas sugerem que as organizações com pior desempenho têm maior probabilidade de buscar seus altos executivos no mercado.[44]

Carreiras estagnadas e obsolescência do talento: ultrapassando os limites. "Estagnada", "entrincheirada", "obsoleta", "amarrada" – estas são algumas palavras usadas para descrever as carreiras das pessoas que atingiram um limite em seu progresso, seja do ponto de vista de sua mobilidade ascendente seja do crescimento de suas habilidades. O *entrincheiramento na carreira* dá-se por causa do alto nível de "investimentos" que seriam perdidos se houvesse mudança de rumo na carreira, dos altos "custos emocionais" que decorreriam dessa mudança e das "alternativas limitadas" para a escolha de um novo caminho.[45] Para essas pessoas, as recompensas do progresso na carreira são limitadas. Elas estão, provavelmente, entre aqueles que serão deixados para trás quando outros forem promovidos. Mas, apesar disso, elas ainda podem trazer importantes contribuições. A estagnação pode ocorrer quando os indivíduos mais velhos perdem o interesse, ou quando os jovens talentosos percebem que sua mobilidade ascendente está bloqueada por superiores que são apenas um pouco mais velhos.

Um estudo dividiu 30 engenheiros executivos com o mesmo tempo de casa em dois grupos: um formado pelos entusiastas e ativamente envolvidos com a organização e outro formado pelos passivos. Este último grupo não apresentava sintomas de insatisfação, apenas não mostrava grande entusiasmo por seu trabalho na empresa. Qual a explicação dessa diferença entre os grupos? Os ativos tinham tido desde cedo atribuições relacionadas com as atividades mais importantes da empresa, enquanto os passivos não. Um segundo fator importante é que o grupo passivo não recebia de suas organizações muita abertura ou sinceridade quanto a seus prospectos de carreira. Quando os superiores oferecem retorno da avaliação claro e honesto, os empregados podem manter seu comprometimento e produtividade.[46]

Um estudo realizado com mais de 2.000 executivos canadenses demonstrou que a estagnação real (há quanto tempo eles estavam na mesma função) não estava relacionada com as atitudes, mas que a *sensação* de estar estagnado estava relacionada com a satisfação no trabalho. Outro estudo com altos executivos descobriu que sua satisfação diminuía no ano anterior à sua saída da empresa, para aumentar significativamente um ano depois da mudança e depois declinar novamente, caso permanecessem na mesma posição – uma espécie de efeito "lua de mel" e "ressaca".[47] Seu sentimento em relação à estagnação pode depender da sua opinião sobre o *conteúdo* de seu trabalho (ele parece-lhe rotineiro ou excitante?), ou do *nível hierárquico* que você atingiu. Um estudo feito com mais de 1.000 executivos nos Estados Unidos mostrou que a sensação de estagnação era menor entre aqueles que acreditavam ter o apoio de seus superiores, tinham oportunidades de treinamento e desenvolvimento de habilidades, estavam engajados no planejamento e na exploração de suas carreiras e sentiam-se envolvidos com seu trabalho. É interessante ressaltar que a correlação entre as duas percepções (hierarquia e conteúdo do trabalho) foi de apenas 0,17, indicando que elas não acontecem juntas.[48] Você pode ter limitações em sua mobilidade ascendente e mesmo

---

44 HAYES, Thomas C. Faltering companies seek outsiders. *New York Times,* 18 Jan. 1993, p. Dl; BOEKER, Warren, GOODSTEIN, Jerry. Performance and successor choice: the moderating effects of governance and ownership. *Academy of Management Journal* 36, nº 1, p. 172-186, 1993.

45 CARSON, Kerry D., CARSON, Paula Phillips, BEDEIAN, Arthur G. Development and construct validation of a career entrenchment measure. *Journal of Occupational and Organizational Psychology* 68, p. 301-320, 1995.

46 LORSCH, Jay W., TAKAGO, Haruo. Keeping managers off the shelf. *Harvard Business Review,* p. 60-65, July/Aug. 1986.

47 TREMBLAY, Michel, ROGER, Alain, TOULOUSE, Jean-Marie. Career plateau and work attitudes: an empirical study of managers. *Human Relations* 48, p. 221-237, 1995; FISHER, Anne B. Why the grass is looking greener. *Fortune,* p. 45-46, 2 Oct. 1995.

48 ALLEN, Tammy D., RUSSEL, Joyce E. A., POTEET, Mark L., DOBBINS, Gregory H. Learning and development factors re–

assim encontrar oportunidades para crescer em seu trabalho. Desta maneira, a natureza mutante das organizações pode ajudar a resolver esse problema.

À medida que as carreiras são definidas de forma menos rígida, mais opções existem para atribuir às pessoas responsabilidades mais significativas. Uma promoção pode não ser possível, mas uma mudança para um grupo de trabalho ou uma equipe pode ser. Esta pode ser exatamente a experiência essencial para rejuvenescer uma carreira enfraquecida. Um dos perigos da estagnação é a obsolescência das habilidades. Proporcionar uma variedade de formas para combater a obsolescência pode atender a muitas necessidades dos empregados. Um estudo feito com profissionais da indústria de alta tecnologia de Israel demonstrou que a obsolescência era percebida como uma ameaça à autoestima, à imagem social e a seu valor de mercado. Esses profissionais lidavam com essa ameaça de formas diferentes em fases diversas de suas carreiras; os empregados mais jovens usavam métodos mais estruturados, enquanto os mais velhos lançavam mão de métodos mais informais.[49]

Declínio ou Exploração de Carreira Renovada?

A última parte do ciclo exibido no Quadro 9.7 ilustra o processo de exploração da carreira iniciado de novo. Alguns caracterizam o período depois do estabelecimento como um tempo de declínio do envolvimento que, como já vimos, não está confinado apenas àqueles que chegaram à idade da aposentadoria. Na verdade, mesmo entre os indivíduos com mais de 55 anos, o processo frequentemente recomeça, à medida que eles exploram novas oportunidades. Seja no início, no meio ou no fim da carreira, essa fase frequentemente pede que o empregado e o profissional de recursos humanos trabalhem proximamente para que possam atingir seus objetivos mútuos.

Implicações para a Administração de RH e o Desenvolvimento da Carreira

As aspirações e os interesses das pessoas mudam com a orientação da carreira e o estágio em que se encontram. As oportunidades e a assistência diferentes são eficazes para pessoas com orientação ou estágio diferentes. Por exemplo, adequar o aconselhamento à âncora da carreira ou a seu estágio pode torná-lo mais eficaz para auxiliar as pessoas a planejarem seus próximos movimentos. Os conceitos de planejamento de carreira podem ajudar a organização a recrutar, selecionar e reter candidatos promissores para as oportunidades de movimentação interna. Pouco vai adiantar para uma organização criar oportunidades que exijam âncora administrativa e características proporcionais à fase de estabilização se o grupo de candidatos tiver uma orientação técnico-funcional e estiver na fase exploratória da carreira. Também é importante dar uma inovada ocasionalmente no sistema de carreira para evitar a tendência à limitação da visão quando um número maior de pessoas com aspirações e habilidades semelhantes entram para a organização.

Na McDonnel-Douglas Space Systems, são dadas diferentes rotações de carreira por meio de diferentes papéis para os executivos e candidatos a executivos, dependendo do estágio de suas carreiras: rotação entre as unidades para os que estão no estágio exploratório, rotação entre funções para os que estão no estágio da estabilização, e rotação entre as posições na cúpula da corporação para os que estão no estágio de manutenção.[50] Refletindo sobe as necessidades de planejamento das carreiras individuais, esse sistema pode melhorar a eficácia das atividades da administração organizacional das carreiras, projetada para gerar um grupo de pessoas qualificadas para enfrentar as necessidades futuras.

Cada vez mais os empregados ficam com os riscos da administração de suas carreiras. As empresas não garantem que determinadas ações levarão à estabilidade no emprego, e boa parte delas deixa claro que é responsabilidade do empregado escolher as melhores alternativas para suas carreiras. Portanto, tanto os subordinados como seus superiores precisam entender como a organização constrói e administra seu sistema de carreiras. Isto nos leva ao outro lado do desenvolvimento da carreira – os esforços da organização para administrar as carreiras por meio dos processos internos de recrutamento, seleção e retenção.

RECRUTAMENTO NA ADMINISTRAÇÃO DA CARREIRA

Como acontece no recrutamento externo, os candidatos à mobilidade interna precisam ser identificados e atraídos para as oportunidades. O recrutamento

---

lated to perceptions of job content and hierarchical plateauing. Trabalho apresentado no *10º Encontro Anual da Society of Industrial and Organizational Psychology*. May 1995.

49 PAZY, Asya. The threat of professional obsolescence: how do professionals at different career stages experience it and cope with it? *Human Resource Management* 29, nº 3, p. 251-269, Fall 1990.

50 Grooming managers through rotation. *Human Resource Management News*, p. 3, 6 Dec. 1989.

interno enfoca os empregados já existentes; portanto, o processo de atração/identificação é contínuo, com uma comunicação bilateral que ocorre durante todo o período do emprego. A organização e seus empregados são participantes ativos na construção de um grupo adequado de candidatos às oportunidades. A empresa pode enfatizar os anúncios dessas oportunidades para que os empregados se interessem por elas, ou podem acompanhar e construir características nos empregados e chamar apenas aqueles mais promissores para essas oportunidades. São também possíveis combinações dessas duas abordagens. No Quadro 9.8, mostramos diversas abordagens para o recrutamento interno, com suas respectivas vantagens e desvantagens. As técnicas que aparecem na parte superior do quadro são geralmente mais rápidas e baratas, mas podem deixar de lado bons candidatos. As técnicas que aparecem na parte inferior do quadro são mais dispendiosas em tempo e dinheiro, mas podem aumentar as chances de atrair ou construir os melhores candidatos. O método do "recrutamento informal" é comumente usado, mas apresenta armadilhas significativas. As seções seguintes vão discutir alguns desses métodos.

Divulgação

A organização pode anunciar a abertura de vagas por meio de murais de avisos ou publicações internas. Essas publicações podem parecer-se com os anúncios classificados dos jornais e podem incluir dados, como descrição do trabalho, qualificações necessárias e localização. Podem trazer também informações sobre a remuneração. As cópias podem ser distribuídas pelas salas, corredores e outros lugares onde os empregados costumam ficar. Algumas empresas colocam na última página da publicação um formulário a ser preenchido em caso de interesse e enviado a um responsável. Em muitas empresas, esse processo foi informatizado. Os funcionários podem acessar um banco de dados em seus PCs ou em quiosques criados para esse fim. Eles entram no sistema para obter informações sobre vagas em determinadas localizações ou que tenham características nas quais estejam interessados. Em seguida, fazem suas inscrições também por meio do sistema.

O sistema de divulgação é mais comum para funções administrativas e técnicas. Sua principal vantagem é que ele leva a mensagem de que a carreira está aberta para todos indistintamente. A eficácia deste sistema é maior quando facilita para o empregado determinar se está qualificado para diferentes papéis funcionais. Ele se ajusta à organização flexível, já que pode anunciar oportunidades de juntar-se a uma equipe, servir em um grupo de trabalho ou envolver-se em projetos especiais. Um aspecto essencial do sucesso desse método é saber lidar com os candidatos rejeitados. Como vimos nos capítulos anteriores, a sensação de justiça é importante e geralmente não depende apenas do resultado de uma decisão, mas também do processo utilizado e das relações interpessoais encontradas. Isso nos leva ao processo de indicação, já que alguém precisa indicar os candidatos quando uma vaga é divulgada. A abordagem da indicação está implícita na "procura interna focalizada" no Quadro 9.8.

Indicação pelos Próprios Empregados

Quando as vagas são anunciadas publicamente, os empregados têm a possibilidade de indicarem a si mesmos. As evidências sugerem que eles podem ser treinados para identificar as boas oportunidades de mudança em suas carreiras. A 3M Company possui um departamento de assistência que inclui um centro de informações, centro de orientação, seminários para o desenvolvimento das carreiras, aconselhamento individual, programas de desenvolvimento de chefias e uma biblioteca sobre o tema, tudo isto disponível para todos os empregados durante as horas de expediente. Um dos perigos apresentados pelo uso desse sistema é que os empregados rejeitados se tornam mais insatisfeitos do que se nunca lhes tivesse sido dada oportunidade de escolha. Por exemplo, entre os executivos israelenses, aqueles que não conseguiram as funções de sua escolha sentiram-se tratados de forma injusta, apresentaram queda em seu comprometimento com o trabalho e começaram a ausentar-se com maior frequência.[51]

As Mudanças e as Considerações sobre a Carreira Dupla

Cada vez mais as decisões dos empregados de se autoindicarem para oportunidades do recrutamento

---

51 KRUMBOLTZ, John D. et al. Teaching a rational approach to career decision making: who benefits most? *Journal of Vocational Behavior* 29, nº 1, p. 1-6, Aug. 1986; BUREAU OF NATIONAL AFFAIRS. Self-assessment said to be first step in employee career development process. *Employee Relations Weekly* 5, nº 18, p. 54, 4 May 1987; DALTON, Dan R., MESCH, Debra J. The impact of employee-initiated transfer on absenteeism: a four-year cohort assessment. *Human Relations* 45, nº 3, p. 291-304, 1992; SCHWARZWALD, Joseph, KOSLOWSKY, Meni, SHALIT, Boaz. A field study of employees' attitudes and behaviors after promotion decisions. *Journal of Applied Psychology* 77, nº 4, p. 511-514,1992.

Quadro 9.8
Comparação entre os métodos de recrutamento interno.

Abordagem	Vantagens	Desvantagens
Recrutamento informal	Frequentemente o mais rápido e fácil para os executivos. Os candidatos são conhecidos As oportunidades aparecem primeiro dentro da unidade	Empregados qualificados e interessados podem não ser considerados Encoraja a formação de "panelinhas" Reativo, exige desenvolvimento, depende dos executivos Os requisitos para a função e as qualificações individuais podem não ser amplamente considerados
Divulgação	Os executivos consideram uma grande variedade de candidatos de toda a organização Candidatos melhores podem ser identificados Atende aos objetivos da ação afirmativa e das iguais oportunidades de emprego, promovendo um sentimento de justiça Os empregados podem participar ativa e voluntariamente	Pode ser lento e difícil de executar Os empregados esperam retorno de seu desempenho Credibilidade difícil de ser sustentada Requer definição da função e uso de critérios de seleção Dificuldade para definir as habilidades para várias posições
Procura interna focalizada	A busca pode ser ampla ou limitada Podem ser considerados candidatos de toda a organização Os indivíduos podem fornecer as informações atualizadas Pode atender diferentes objetivos	Banco de dados de difícil manutenção Os candidatos identificados podem não estar disponíveis ou interessados Dificuldade em manter práticas consistentes O processo pode ser reativo
Desenvolvimento com alvos definidos	As opções de mobilidade são consideradas antes das necessidades O treinamento e o desenvolvimento podem ser oferecidos antecipadamente e levados em consideração para fixar as atribuições Os empregados participam do processo	Requer tempo e esforço dos administradores Requer habilidade para fazer opções, prever necessidades e identificar as competências necessárias Pode ser inviável para o preenchimento rápido de vagas; os empregados escolhidos por motivos de desenvolvimento podem não ser os mais qualificados
Planejamento da sucessão	A sucessão é planejada ordenadamente; o pensamento administrativo é estimulado pelas necessidades futuras Pode-se planejar a flexibilidade, identificar talentos Os planos de desenvolvimento são específicos e focalizados A implementação das ações pode ser monitorada	O processo exige tempo e esforço Frequentemente não atende às decisões reais sobre atribuições Pode ser aplicado apenas a um número limitado de posições e indivíduos

Fonte: Reproduzido com autorização de WALKER, James W. *Human resource strategy*. New York: McGraw-Hill, 1992. p. 187.

interno refletem não apenas suas próprias considerações, mas também as de seus cônjuges e familiares, um processo chamado de *considerações sobre a carreira dupla.* Um estudo realizado com famílias em 10 corporações nos Estados Unidos sugere que a disposição de mudar era um fator essencial na aceitação ou rejeição das oportunidades do recrutamento interno. Essa disposição é afetada pelo número de filhos, atual ambiente de trabalho, envolvimento com o trabalho, capacidade de sedução da nova oferta, atitude geral em relação à mudança do local de trabalho, ou se isto vai dar estabilidade ao emprego ou melhorar a carreira. Os interesses do cônjuge que também trabalha são frequentemente críticos para essas decisões.[52] À medida que cresce o número de mulheres casadas que têm suas próprias carreiras, é provável que os profissionais de recursos humanos precisem adotar políticas específicas para atender às aspirações de toda a família. Caso contrário, enfrentarão o risco de ver candidatos promissores eliminando-se a si mesmos do grupo de promoções internas. O custo das mudanças físicas também é um fator fundamental para muitas empresas. Para a GTE, por exemplo, o custo total das mudanças de funcionários em 1990, no mundo todo, ficou em torno de 60 milhões de dólares, incluindo-se aí 30 milhões para a compra de imóveis para os empregados.[53]

Indicação pelos Superiores dos Empregados

Na General Electric, esse processo dura cerca de um mês e acontece todos os anos, com cerca de 80.000 funcionários que preenchem "formulários internos" e o próprio presidente da empresa e outros altos executivos que visitam cada uma das unidades para avaliar pessoalmente os prospectos de 500 executivos. Na PepsiCo, durante a gestão de Jack Calloway, os executivos mais promissores eram mandados para várias divisões para desenvolverem seu aprendizado. O atual presidente da empresa, Roger Enrico, é famoso não apenas por sua capacidade como empresário, mas também por sua "escola de liderança" particular.[54] Mesmo quando as oportunidades internas são amplamente divulgadas, e certamente quando não são, os chefes têm a função de identificar e indicar os empregados para essas vagas. Eles podem usar muitos tipos de informação para tomar essas decisões, incluindo-se as habilidades ou considerações das implicações para os outros papéis funcionais, como veremos mais adiante. Os chefes influenciam significativamente as avaliações de desempenho, que são fatores essenciais para a mobilidade interna. As evidências sugerem que o sucesso na carreira é positivamente afetado pelo uso de técnicas de influência que visam aos chefes, tais como a concordância em público com as ideias destes, ainda que em particular haja desacordo, ou o elogio a suas realizações. Algumas pesquisas indicam também que a atração física pode ser benéfica para os homens, mas não para as mulheres, na obtenção de promoções. Os executivos parecem levar isso a sério, se lembrarmos do número crescente deles que investe na própria imagem, fazendo implantes capilares, cirurgias plásticas e outros procedimentos cosméticos. Algumas evidências indicam que esse novo carreirista que tenta subir na vida por meios não relacionados com seu desempenho profissional tem atitudes mais negativas no trabalho, mas uma ambição muito maior e efetivamente consegue promoções mais frequentes.[55]

---

52 BRETT, Jeanne M., REILLY, Anne H. On the road again: predicting the job transfer decision. *Journal of Applied Psychology* 73, nº 4, p. 614-620,1988; TURBAN, Daniel B., CAMPION, James E., EYRING, Alison R. Factors relating to relocation decisions of research and development employees. *Journal of Vocational Behavior* 41, p. 183-199,1992; BIELBY, William T., BIELBY, Denise D. I will follow him: family ties, gender-role beliefs, and reluctance to relocate for a better job. *American Journal of Sociology* 97, nº 5, p. 1.241-1.267, Mar. 1992; LANDAU, Jacqueline C., SHAMIR, Boas, ARTHUR, Michael B. Predictors of willingness to relocate for managerial and professional employees. *Journal of Organizational Behavior* 13, p. 667-680, 1992.

53 TOMPKINS, Neville C. GTE managers on the move. *Personnel Journal,* p. 86-91, Aug. 1992.

54 SHERMAN, Stratford, HADJIAN, Ani. How tomorrow's leaders are learning their stuff. *Fortune,* p. 90, 27 Nov. 1995.

55 THACKER, Rebecca A., WAYNE, Sandy J. An examination of the relationship between upward influence tactics and assessments of promotability. *Journal of Management* 21, p. 739-756, 1995; JUDGE, Timothy A., BRETZ JR., Robert D. Political influence behavior and career success. *Journal of Management* 20, p. 43-65, 1994; SCHELLHARDT, Timothy D. Atractiveness aids men more than women. *The Wall Street Journal,* 18 Oct. 1991, p. B2; HO, Rodney. Men try to put a new face on careers. *The Wall Street Journal,* 28 Aug. 1991, p. B41; FELDMAN, Daniel C., WEITZ, Barton A. From the invisible hand to the gladhand: understanding a careerist orientation to work. *Human Resource Management* 30, nº 2, p. 237-257, Summer 1991; JACOBS, Deborah L. Suing Japanese employers. Across *the Board,* p. 30-37, Oct. 1991.

QUAL SUA OPINIÃO?

Os executivos americanos que trabalham em empresas japonesas muitas vezes reclamam que o processo de indicação para as posições de mais alto nível exclui aqueles que não são japoneses. Se você fosse um administrador de RH em uma empresa dessas, como investigaria essa denúncia e, caso fosse autêntica, o que poderia ser feito a esse respeito?

Indicação pelos Mentores

Frequentemente, o processo de indicação é mais ativo quando os executivos servem de mentores de seus subordinados ou protegidos.

Um mentor é um membro veterano da profissão ou da organização que oferece apoio, instruções, retorno da avaliação, aceitação e amizade; cria as oportunidades para seu protegido mostrar suas habilidades; oferece missões educacionais e desafiadoras; e serve como um papel-modelo e conselheiro.[56]

Na McKinsey and Company, uma grande empresa de consultoria, os veteranos trabalham em equipes com os mais jovens, mas são *esses calouros* que fazem as apresentações. A qualidade destas apresentações depende parcialmente dos mentores, e isso é avaliado pelos parceiros.[57]

Quando os relacionamentos entre mentores e orientandos se desenvolvem naturalmente, as pesquisas sugerem que a boa vontade do mentor é maior entre os executivos com melhor nível educacional, que já passaram por esses papéis anteriormente e têm boas relações com seus chefes. Aqueles que se sentem pressionados por uma carga de trabalho e tensão muito grandes encontram maiores dificuldades em assumir o papel de mentores.[58] Esses relacionamentos geralmente se desenvolvem informalmente, mas podem ser encorajados pela organização. Os empregados da Hawaiian Telephone Company fazem relatórios minuciosos de suas atividades para ajudar na identificação de seus valores, interesses e estilos decisórios antes de se encontrarem com seus chefes para discutir as possibilidades de suas carreiras. As pesquisas sugerem que esse relacionamento é mais frequente entre os indivíduos que buscam trabalho de maneira mais informal, são mais jovens, pertencem a camadas socioeconômicas mais altas e ocupam posições de gerenciamento.[59] Os programas formais de orientação com mentor caracterizam-se pelo apoio recebido da cúpula da empresa, pela seleção cuidadosa dos mentores e orientandos, por um extenso programa-guia, por responsabilidades claramente definidas para ambas as partes e pelo estabelecimento da frequência e duração dos contatos entre eles. Um programa desses bem-sucedido aumenta os salários e as promoções.[60] No futuro, os mentores poderão não ser mais apenas os superiores, mas os próprios colegas de equipe, que terão o poder de aconselharem-se mutuamente em relação a suas carreiras.

Um dos perigos das indicações dos superiores ou mentores é a possibilidade de haver discriminação contra mulheres e membros de minorias. Entre os fatores que podem levar a isso estão a ausência de mentores disponíveis que sejam do mesmo sexo ou raça, a falta de acesso à rede de informações, o tratamento preferencial que torne os mentores relutantes em aceitar seu orientando, os estereótipos sobre as preferências e desempenho profissionais das mulheres e membros

---

56 OLIAN, Judy D., CARROL, Stephen J. GIANNANTONIO, Christina M., FEREN, Dena B. What do protégés look for in a mentor? Results of three experimental studies. *Journal of Vocational Behavior* 33, p. 15-37, 1988.

57 SHERMAN, HADJIAN. How tomorrow's leaders are learning their stuff; LESLY, Elizabeth. Manager see, manager do. *Business Week*, p. 90-91, 3 Apr. 1995; LOEB, Marshall. The new mentoring. *Fortune*, p. 213, 27 Nov. 1995.

58 ALLEN, Tammy D., POTEET, Mark L., RUSSEL, Joyce E. A., DOBBINS, Gregory H. A field study of factors related to supervisors' willingness to mentor others. *Journal of Vocational Behavior,* 1996.

59 JACOBY, David Jacoby. Rewards make the mentor. *Personnel*, p. 10-14, Dec. 1989; BUREAU OF NATIONAL AFFAIRS. Hawaiian Telephone Co. Career program encourages employee growth. *Employee Relations Weekly* 4, nº 44, p. 1.406, 10 Nov. 1986; WHITELY, William, DOUGHERTY, Thomas W., DREHER, George F. Correlates of career-oriented mentoring for early career managers and professionals. *Journal of Organizational Behavior* 13, p. 141-154,1992.

60 NOE, Raymond A. Women and mentoring: a review and research agenda. *Academy of Management Review* 13, nº 1, p. 65-78, 1988; SCANDURA, Terri A. Mentorship and career mobility: an empirical investigation. *Journal of Organizational Behavior* 13, p. 169-174, 1992.

316 | Desenvolvimento de Pessoal

de minorias, as diferenças na socialização e o risco de erros de interpretação em relação às intenções sexuais.[61]

As evidências sugerem que as mulheres têm mais dificuldades para conseguir um mentor e, quando acontece, é de maneira informal; portanto, essa escolha deve ser feita com muito cuidado. Mesmo quando se permite que o relacionamento mentor-orientando se desenvolva naturalmente, ele pode resultar em uma "tendência étnica", como mostrou um estudo feito com os funcionários de um banco. Os novos empregados eram designados para trabalhar com chefes do mesmo grupo racial. A tendência ficou ainda mais pronunciada entre aqueles que foram remanejados nos cinco meses seguintes. Assim, as empresas precisam estar vigilantes para poder assegurar a qualidade desses relacionamentos. Alguns executivos donos de empresas familiares contratam mentores de fora para dar orientação a seus filhos.[62]

Inventário de Habilidades

Alguns métodos de recrutamento vão além da simples indicação de nomes e enfocam o levantamento das qualificações dos empregados. Dessa maneira, toda vez que surge uma oportunidade interna, o banco de dados que contém o inventário das qualificações pode ser acessado para identificar candidatos para futura consideração.

> Os *inventários de habilidades* são bancos de dados que contêm os nomes dos empregados e suas características relevantes para as possíveis oportunidades de mobilidade interna.

Os dados em um inventário de habilidades precisam estar sob medida para atender às necessidades decisórias da empresa. Geralmente, esses dados incluem nome, data de nascimento, número de identificação, locação atual, data de contratação, cargo atual, experiências anteriores, programas de treinamento de que participou, índices de conhecimento/habilidades, nível educacional, conhecimento de outros idiomas e pontuação para possíveis promoções. Cada vez mais os inventários de habilidades têm se baseado nas competências essenciais, que representam conhecimentos e talentos necessários para tornar a empresa competitiva. A British Petroleum substituiu seu sistema de descrição de funções por uma matriz de habilidades, que rastreia as características tanto dos empregados como dos papéis funcionais; essas características incluem a experiência técnica, a liderança, o espírito empresarial e as habilidades interpessoais.[63] Os inventários de habilidades foram discutidos no Capítulo 5, que trata do planejamento como ferramenta para prever desequilíbrios de competências. Eles tornam-se uma ferramenta do recrutamento interno quando é identificada uma oportunidade e inicia-se a busca dos candidatos qualificáveis para ela.

Se os inventários de habilidades estiverem disponíveis para todos os empregados, um mercado interno de talentos poderia combinar os processos de inventário e indicação. Imagine um sistema informatizado em que qualquer executivo ou membro de equipe possa buscar os candidatos com base nas competências requeridas, ou que qualquer empregado possa verificar quais as competências mais frequentemente buscadas. Eles logo perceberiam a vantagem de investir nessas habilidades e, assim, melhorar sua oferta. À medida que a organização se modifica, os executivos e as equipes podem requerer diferentes competências, sinalizando continuamente para os empregados as mudanças nas necessidades da empresa. O Chase Manhattan Bank usa esse tipo de sistema para ligar os bancos de dados de New York, São Paulo, Londres e Hong Kong, que contêm os perfis de competência dos funcionários, os requisitos para os papéis funcionais e a previsão das necessidades de oferta de competências por meio de toda a organização.[64]

Planejamento de Sucessão e Substituição

Em maio de 1995, Jack Welch, presidente da General Electric, então com 59 anos, deu entrada no Massachusetts General Hospital para uma cirurgia no coração. Perguntado sobre um possível plano de sucessão, o porta-voz da empresa respondeu: "De forma alguma. Não há necessidade disso". Seria possível uma empresa bem administrada como a GE ter se esquecido de planejar uma potencial substituição de seu presidente? O fato é que alguns dos herdeiros naturais, aparentemente,

---

61 NOE. Women and mentoring.

62 LEFKOWITZ, Joel. Race as a factor in job placement: serendipitous findings of "ethnic drift". *Personnel Psychology* 47, p. 497-513, 1994; MARSH, Barbara. Families hire mentors to ease succession. *The Wall Street Journal*, 23 July 1992, p. Bl.

63 MORAVEC, Milan, TUCKER, Pessoal. Job descriptions for the 21st century. *Personnel Journal*, p. 37-44, June 1992.

64 HRIS: Matching Jobs and Skills Worldwide. *HRM News*, p. 3-4, 3 July 1995.

haviam deixado a organização, e os sucessores remanescentes potenciais formavam um quadro de trato delicado. Indicar um sucessor naquele momento traria o risco de se perderem todos os demais, que veriam sua mobilidade ascendente totalmente bloqueada.[65]

> *O planejamento de substituição* requer que a cúpula da empresa reveja periodicamente seus altos executivos e aqueles do escalão imediatamente inferior para indicar dois ou três nomes para cada vaga potencial.
>
> *O planejamento de sucessão* vai além disso, tentando antecipar as mudanças nos requisitos das futuras posições da alta administração, bem como de suas necessidades de desenvolvimento, e não apenas a adequação dos executivos de escalão mais baixo às exigências dos novos papéis funcionais.

Usualmente, o planejamento de sucessão utiliza gráficos semelhantes ao Quadro 9.9. Esses gráficos podem ser feitos manualmente, mas cada vez mais este serviço está sendo informatizado. Tomando por base o organograma da empresa, os gráficos oferecem visão simplificada das posições-chaves na organização e mostram a disponibilidade de substituições dentro do atual quadro de funcionários. O planejamento lista os índices de desempenho atual, probabilidade de promoção e documentação sobre a avaliação dos conhecimentos, competências e habilidades dos empregados. Esse tipo de registro formal pode melhorar o processo decisório se comparado ao uso de conhecimento informal apenas, que pode ser bem menos completo.

No Quadro 9.9, por exemplo, os planejadores podem notar que T. Hartford é o melhor candidato para os cargos tanto de vice-presidente financeiro como de presidente, embora tenha 65 anos e possa estar pensando em se aposentar. Pode-se notar também que o índice de desempenho de L. Iaccoca, *AR* (abaixo dos requisitos), indica que ele deverá ser logo substituído. Caso D. Hewlett fique no lugar de Iaccoca, todos os candidatos a sua substituição têm índices de probabilidade de promoção de apenas *PL* (longo prazo), significando que eles podem necessitar ainda de algum desenvolvimento. Pode ser essencial que se invista em um deles rapidamente.

QUAL SUA OPINIÃO?

O sistema tradicional de planejamento de sucessão na Pfizer era similar ao apresentado no Quadro 9.9 e Bruce Ellig, ex-diretor de recursos humanos, diz: "Acabávamos com um monte de belos gráficos sobre os três melhores candidatos... mas quando chegávamos no momento da sucessão de verdade, geralmente não era nenhum daqueles que ficava com o cargo".[66] Por que, em sua opinião, o sistema fracassou em identificar os verdadeiros sucessores? O que deveria ser feito? Qual o papel dos profissionais de RH nessa situação?

Assim, o planejamento de substituição identifica não apenas os melhores candidatos, mas também aqueles que precisam de certo investimento e aqueles sem probabilidade de crescimento futuro. Em princípio, um sistema desses poderia ajudar a evitar o fracasso na preparação da sucessão do alto escalão da empresa; ele poderia também trazer à luz nomes que não seriam cogitados naturalmente pela "panelinha" da cúpula. No entanto, muitas vezes o sistema não consegue obter esses resultados, seja porque foi muito subjetivo, não fez os ajustes nas mudanças dos papéis funcionais, não deixou claro que alguns candidatos estavam na linha de mira de várias posições simultaneamente, não considerou as necessidades de mobilidade lateral ou de processos de desenvolvimento, não considerou os interesses pessoais dos candidatos em relação a suas carreiras e acabou tornando-se um trabalho burocrático anual incapaz de levar a quaisquer decisões.

Mesmo assim, existem relatos de sucesso. A Scott Paper Company mudou o enfoque de seu sistema de planejamento de sucessão para uma descrição atualizada do trabalho vinculada à estratégia da empresa, incorporou a avaliação e desenvolvimento de desempenho dentro do processo, e obteve 35% de aumento em sua capacidade de produção, além de significativo declínio em suas perdas. Lembre-se do Capítulo 8, em que foi dito que a Scott Paper estava passando também por uma fase de dispensas coletivas. A AT&T implantou um sistema internacional informatizado que relaciona os planejamentos das carreiras individuais dos executivos entre si e identifica os candidatos que devem ser

---

65   CARLEY, William M. CEO's heart surgery is giving GE a case of succession jitters. The Wall Street Journal, 24 May 1995, p. A1.

66   The right dose of HR. *Human Resource Executive,* p. 1-29, Oct. 1995.

318 | Desenvolvimento de Pessoal

Quadro 9.9
Gráficos de substituições.

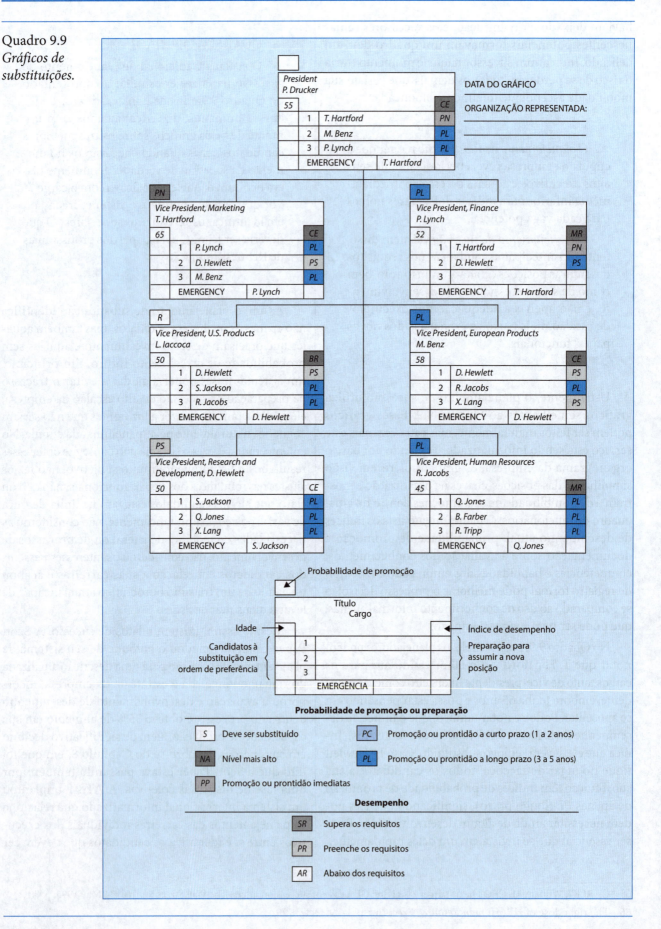

desenvolvidos para se tornarem sucessores. O sistema permite que a empresa procure por candidatos qualificados entre seu contingente de pessoal em todo o mundo, reduzindo a tendência de enfocar apenas um país ou grupo demográfico.[67]

SELEÇÃO NA ADMINISTRAÇÃO DA CARREIRA

Da mesma forma que na seleção externa, quando há mais candidatos do que vagas, as informações sobre eles devem ser utilizadas para se decidir quais serão os escolhidos; o valor destas informações depende de sua validade. A seleção interna está exposta aos mesmos limites legais que a externa, daí a preocupação com a validade das técnicas utilizadas que possam excluir grupos protegidos. Como a seleção interna é feita entre empregados já existentes, existe mais informação disponível. Sempre que empregados que foram rejeitados para as oportunidades internas continuarem a trabalhar na empresa, a forma como serão tratados tem implicações ainda mais sérias. A próxima seção discute os tipos de informações usadas para a seleção interna.

Procedimentos de Seleção Utilizados Internamente

O Capítulo 7 apresenta uma variedade de procedimentos de seleção, ressaltando que a verificação das referências/experiências pregressas e as entrevistas não estruturadas são as mais frequentemente utilizadas. Esse padrão é ainda mais pronunciado na seleção interna. Uma pesquisa nos Estados Unidos sobre os procedimentos ligados às promoções de profissionais capacitados revelou que 60% das empresas faziam uma verificação com os antigos chefes e uma entrevista não estruturada com os candidatos, cerca de 25% das empresas usavam entrevistas estruturadas e 12% delas utilizavam testes de habilidades e estágios experimentais. Outros procedimentos, como testes especiais de habilidades e personalidade, eram usados por menos de 10% das organizações.[68] Com a flexibilização e a volatilização do ambiente profissional, as técnicas mais informais têm sido mais procuradas, pois se ajustam melhor a essas condições do que os testes formais ou as experimentações.

As empresas que selecionam candidatos para papéis de chefia podem usar testes de personalidade como o Myers-Briggs Type Indicator (MBTI). Esse teste inclui questões que avaliam a preferência da pessoa em relação à extroversão *versus* introversão, juízo *versus* intuição, raciocínio *versus* sentimento e conclusão *versus* observação. Os resultados são compilados em um relatório que mostra os pontos fortes e fracos da pessoa. Por exemplo, uma pessoa que expresse preferências pela introversão, juízo, raciocínio e conclusão seria descrita como radical, diligente, sistemática, trabalhadora e detalhista. Os pontos fracos potenciais poderiam indicar "negligência com as amenidades interpessoais". As sugestões para o desenvolvimento poderiam consistir em "tentar novas alternativas para evitar a rotina".[69] O Quadro 9.10 mostra alguns trechos desse tipo de teste. Você pode perceber as semelhanças com o Campbell Interest and Skill Survey (CISS) introduzido no início deste capítulo. O CISS é mais frequentemente aplicado com candidatos ou para ajudar os indivíduos a identificarem suas carreiras. O MBTI é mais usado com executivos e equipes como uma ferramenta de diagnóstico e realimentação.

Centros de Avaliação

Quando selecionamos candidatos internos, especialmente para funções de chefia/gerenciamento, parece lógico que façamos com que passem por um experimento que simula as situações reais desse papel. Eles podem realizar uma série de atividades burocráticas específicas. Ou aconselhar um subordinado com baixo desempenho, atender a um cliente enfurecido, analisar um demonstrativo financeiro ou competir por verbas em um encontro com outros executivos. Com a recente ênfase no trabalho de grupo, eles podem trabalhar com uma equipe para realizar uma tarefa determinada. Todos os candidatos também seriam entrevistados. Finalmente, para maior aperfeiçoamento, um time de assessores poderia observar todas essas atividades e discuti-las antes de dar um veredicto. Esse tipo de procedimento de seleção é chamado de *centro de avaliação*. Um centro de avaliação não é um lugar, mas um conjunto de atividades

---

67 SAHL, Robert J. Succession planning drives plant turnaround. *Personnel Journal*, p. 67-70, Sept. 1992; BRUSH, Victoria J., NARDONI, Ren. Integrated data supports AT&T's succession planning. *Personnel Journal*, p. 103-109, Sept. 1992.

68 BUREAU OF NATIONAL AFFAIRS. Employee selection procedures. *ASPA-BNA Survey*. Washington, DC: Bureau of National Affairs, n² 45, 5 May 1983.

69 *1991 business catalog.* Palo Alto, CA: Consulting Psychologists Press, 1991.

320 | Desenvolvimento de Pessoal

de seleção julgadas por um grupo de assessores.[70] As dimensões usualmente mensuradas em um centro de avaliação são listadas no Quadro 9.11. Essas dimensões são bastante subjetivas; por isso, a utilização de equipe é interessante. Uma equipe ajuda a evitar as posturas tendenciosas que um indivíduo sozinho possa ter. Quais são os traços mais relacionados com o sucesso nesses centros? As pesquisas sugerem que a habilidade cognitiva dos executivos está relacionada com praticamente todas as atividades, como administrativas, de projetos e apresentações, mas não com as entrevistas estruturadas. Os traços de personalidade, tais como a extroversão, relacionam-se com poucas atividades, como a entrevista e as discussões ou apresentações.[71]

Como vimos no Capítulo 7, os centros de avaliação são às vezes utilizados para selecionar novos empregados para a organização; aqui estamos examinando-os como um instrumento de seleção interna. Em uma pesquisa nacional nos Estados Unidos, menos de 10% das empresas declararam utilizar os centros de avaliação, 12% disseram usá-los para a seleção externa, especialmente para gerentes/chefes.[72] Ainda assim, como várias das maiores empresas americanas têm utilizado os centros de avaliação, eles têm sido frequentemente investigados e descritos em trabalhos acadêmicos e profissionais.[73] Embora esse método seja geralmente mais oneroso que os procedimentos de seleção mais simples, ele tem apresentado coeficientes de validade em torno de 0,40.[74] Mesmo os centros de avaliação mais dispendiosos podem valer o investimento quando usados para várias decisões de contratação de pessoal, como foi visto no Capítulo 7, ainda que não exista uma confirmação de que eles sejam realmente previsores mais eficazes do que alternativas mais baratas.[75] Um estudo feito com 382 candidatos à gerência em uma empresa israelense mostrou que a validade dos resultados do centro de avaliação era de apenas 0,25, mas os outros previsores, como a habilidade cognitiva, eram ainda menos válidos. Embora o centro tenha custado $ 111.953 para ser desenvolvido e implementado, os cálculos de análise de utilidade sugeriram que o retorno depois de dois anos de manutenção dos

---

70 SACKETT, Paul R., HARRIS, Michael M. A further examination of the constructs underlying assessment center ratings. *Journal of Business and Psychology* 3, n° 2, p. 214-229, Winter 1988; GATEWOOD, Robert D., FEILD, Hubert S. *Human resource selection.* Hinsdale, IL: Dryden, 1994. p. 641.

71 VANCE, Carol A., SPECTOR, Paul E. The relation of cognitive ability and personality traits to assessment center performance. Trabalho apresentado no *10° Encontro Anual da Society of Industrial and Organizational Psychology.* May 1995.

72 BUREAU OF NATIONAL AFFAIRS. *Employee selection procedures;* BUREAU OF NATIONAL AFFAIRS. *Recruiting and selection procedures.*

73 BYHAM, William C. Starting an assessment center the correct way. *Personnel Administrator* p. 27-32, Feb. 1980; SACKETT, P. R. A critical look at some common beliefs about assessment centers. *Public Personnel Management* 11, n° 1, p. 140-147, 1982; FRANK, Frederick D., PRESTON, James R. The validity of the assessment center approach and related issues. *Personnel Administrator,* p. 94, June 1982; MAROVEE, Milan. Acost-effective career planning program requires strategy. *Personnel Administrator,* p. 30, Jan. 1982; PLENTO, Anthony J. *A review of assessment center research.* Washington, DC: U. S. Office of Personnel Management, May 1980. p. 8; COHEN, Stephen L. The bottom line on assessment center technology: results of a cost-benefit analysis survey. *Personnel Administrator,* p. 57, Feb. 1980; BUSH, Donald H., SCHOENFELDT, Lyle F. Identifying managerial potential: an alternative to assessment centers. *Personnel.* Amacom, p. 69, May/June 1980; COHEN, Stephen L., HART, G. L., THOMPSON, P. H. Assessment centers: for selection or development – IBM workshop experience. *Organization Dynamics,* p. 63, Spring 1979; BRAY, D. W., GRANT, D. L. The assessment center in the measurement of potencial for business management. *Psychological Monographs* 80, n° 625, 1966.

74 SACKETT, Paul R., DREHER, George F. Constructs and assessment center dimensions: some troubling empirical findings. *Journal of Applied Psychology* 67, n° 4, p. 401-410, 1982; BOEHM, V. R. Assessment centers and management development. In: ROWLAND, K., FERRIS, G. R. (Orgs.). *Personnel management.* Boston: Allyn & Bacon, 1982; TURNAGE, Janet J., MUCHINSKY, Paul M. A comparison of the predictive validity of assessment center evaluations versus traditional measures in forecasting supervisory job performance: interpretive implications of criterion distortion for the assessment paradigm. *Journal of Applied Psychology* 69, n° 4, p. 595-602, 1984; DREHER, George F., SACKETT, Paul R. *Perspectives on employee staffing and selection.* Homewood, IL: Richard D. Irwing, 1983; HINRICHS, John R. An eight-year follow-up of a management assessment center. *Journal of Applied Psychology* 63, p. 596-601, 1978; SACKETT, Paul R. Assessment centers and content validity: some neglected issues. *Personnel Psychology* 40, p. 13-25, 1987; LONDON, Manuel, STUMPF, Stephen. Effects of candidate characteristics on management promotion decisions: an experimental study. *Personnel Psychology* 36, p. 241-259, 1983.

75 CASCIO, Wayne F., SILBEY, Val. Utility of the assessment center as a selection device. *Journal of Applied Psychology* 64, p. 107-181, 1979; HUNTER, John F., HUNTER, Rhonda F. Validity and utility of alternative predictors of job performance. *Psychological Bulletin* 96, p. 72-98, 1984.

Quadro 9.10
Exemplos de itens no teste Myers-Briggs Type Indicator (MBTI).

Momento do Teste
Parte 1: Qual resposta define melhor seus próprios sentimentos ou atitudes?
Quando você vai passar o dia fora, você prefere
a) Planejar o que vai fazer e quando, ou
b) Apenas ir?
Normalmente você diria que deixa
a) Seu coração mandar no raciocínio, ou
b) O raciocínio mandar no coração?
Quando você lê por prazer, você prefere
a) Formas originais e extravagantes de dizer as coisas, ou
b) Escritores que escrevem exatamente o que querem dizer?
Quem você gostaria mais de ter como amigo
a) Alguém que está sempre tendo ideias novas, ou
b) Alguém que tem os dois pés bem fincados no chão?
Você
c) Conversa facilmente com quase todo mundo pelo tempo que for necessário, ou
d) Só encontra bastante assunto com determinadas pessoas ou sob certas condições?
Parte 2: Qual palavra em cada par atrai mais sua atenção?

Compaixão	Previsão
Fácil	Difícil
Perdão	Tolerância
Quem	O quê
Construir	Inventar
Base	Pináculo
Festa	Teatro

Fonte: Consulting Psychologists Press Inc., citado em GOLDNER, Diane. Fill in the blank. *The Wall Street Journal.* 27 Feb. 1995, p. R5. Reproduzido com autorização.

executivos foi de $ 326.103, descontados os custos.[76] No final do Capítulo 7, mostramos o tipo de modelo utilizado para calcular esses valores. A mesma lógica aplicada ao recrutamento externo aplica-se ao interno.

Existe também alguma controvérsia sobre o sucesso dos centros de avaliação, sendo que as seguintes opiniões costumam ser as mais citadas:

1. Os centros de avaliação são uma boa medida dos traços necessários para o sucesso.

2. Os responsáveis pelas futuras promoções sabem quem se saiu bem no centro de avaliação; portanto, nenhuma nova informação é adicionada, apenas é feita a "coroação do príncipe ou da princesa".

3. Os centros de avaliação apenas medem fatores que a organização usa para finalizar suas decisões de promoção, não traz nada de novo além das informações que já estão sendo utilizadas.

4. Ser selecionado para participar do centro de avaliação, e sair-se bem, dá ao executivo uma sensação de autoconfiança que reforça suas atitudes positivas, levando-o ao sucesso; portanto, o valor do centro não está na capacidade de seleção e sim na capacidade de provocar atitudes e motivação.

---

76 TZINER, Aharon, MEIR, Elchanan I., DAHAN, Mihal, BIRATI, Assa. An investigation of the predictive validity and economic utility of the assessment center for the high-management level. *Canadian Journal of Behavioral Science* 26, p. 228-245, 1994.

322 | Desenvolvimento de Pessoal

Quadro 9.11
*Dimensões típicas
mensuradas nos
centros de avaliação.*

Dimensão	Definição
Comunicação oral	Eficácia da expressão em situações individuais ou em grupo (incluem-se gestos e outras formas de comunicação não verbal).
Planejamento e organização	Estabelecimento de um curso de ação para si mesmo ou para os outros, com o intuito de atingir um objetivo; planejamento da utilização apropriada do pessoal e da alocação correta de recursos.
Delegação	Utilização eficaz dos subordinados; alocação do processo decisório e outras responsabilidades para os subordinados certos.
Controle	Estabelecimento de procedimentos para monitorar e/ou regulamentar processos, tarefas ou atividades dos subordinados e atividades e responsabilidades da função; atitudes para monitorar os resultados das atribuições ou projetos delegados.
Capacidade decisória	Prontidão para tomar decisões, apresentar julgamentos, realizar ações ou comprometer-se com resultados.
Iniciativa	Tentativas para influenciar eventos com o intuito de atingir objetivos; atitudes proativas mais que aceitação passiva. Procurar alcançar metas além daquelas que lhe são atribuídas; provocar os acontecimentos.
Tolerância à tensão	Estabilidade do desempenho sob situações de tensão ou antagonismo.
Adaptabilidade	Manutenção da eficácia em ambientes em mudança, em diferentes tarefas, responsabilidades e pessoas.
Tenacidade	Manter-se em uma posição ou com determinado plano até que o objetivo almejado seja atingido, ou não exista mais possibilidade de sucesso.

Fonte: Reproduzido com autorização de GATEWOOD, Robert D., FEILD, Hubert S. *Human resource selection*. Hinsdale, IL: Dryden Press, 1994. p. 641.

5. Os assessores importam-se mais com o desempenho pregresso dos candidatos e não com os traços medidos pelo centro.

6. Os centros de avaliação medem a inteligência dos candidatos.[77]

Os centros de avaliação podem oferecer valioso treinamento para os próprios assessores, ajudando-os a compreender quais os traços e características que devem ser buscados nos executivos bem-sucedidos. Esses assessores podem assim tornar-se melhores avaliadores do desempenho alheio e melhores em suas próprias funções.

As organizações também têm responsabilidades em relação àqueles que participaram do centro e não tiveram sucesso, para que possam ser avaliados novamente para promoções. Esses indivíduos podem ainda dar valiosas contribuições se a oportunidade para isso não lhes for negada por serem vistos como fracassados. Em um banco na Inglaterra, a autoavaliação dos candidatos e aquela do centro de avaliação eram idênticas entre os que tiveram sucesso, mas entre os outros eram exatamente opostas. Quanto pior seus resultados, melhor achavam que tinham se saído. Isso foi verdadeiro em uma das dimensões, mesmo depois de terem recebido os resultados de suas avaliações.[78] Obviamente, as informações do centro de avaliação precisam ser tratadas com cuidado. O centro de avaliação deve ser visto como uma das várias maneiras de estimar o potencial futuro, mas é preciso haver comprometimento em proporcionar oportunidades para empregados valiosos que podem não estar prontos para a promoção. De fato, alguns estudiosos sugerem que um benefício significativo desses centros é sua capacidade de desenvolver novos executivos, ajudando-os a identificar habilidades que necessitem de aperfeiçoamento.[79]

---

77 KLIMOSKI, Richard, BRICKNER, Mary. Why do assessment centers work? The puzzle of assessment center "validity". *Personnel Psychology* 40, p. 243-260, 1987.

78 FLETCHER, Clive, KERSLAKE, Claire. The impact of assessment centers and their outcomes on participants' self-assessments. *Human Relations* 45, nº 3, p. 281-289, 1992.

79 ENGELBRECHT, A. S., FISCHER, A. H. The managerial performance implications of a development assessment center process. *Human Relations* 48, p. 387-404, 1995.

Desempenho Anterior, Experiência e Antiguidade

Quais são os fatores que você imagina que afetarão o progresso de sua carreira? Você acha que uma promoção significa apenas uma recompensa pelo bom desempenho em seu atual papel funcional? As promoções deveriam depender de algumas experiências essenciais que o preparariam para as futuras funções? Ou o avanço na carreira deve estar vinculado à antiguidade, tendo preferência os funcionários há mais tempo na empresa, quando surgem as oportunidades nos níveis mais altos? Os sindicatos preferem geralmente o conceito de antiguidade por considerá-lo um fator mais objetivo e observável. No entanto, a antiguidade parece não ser capaz de prever o desempenho e a necessidade de treinamento futuro, nem a similaridade entre as funções anteriores e futuras ou o desempenho nos papéis funcionais anteriores.[80]

Ainda que os empregados potencialmente sempre desenvolvam seus conhecimentos, habilidades e características pessoais enquanto progridem por meio de seus diversos papéis funcionais, as organizações podem capitalizar esse processo, criando sequências específicas de experiências para preparar os empregados para suas futuras atribuições. Cada vez mais, esses papéis funcionais são definidos pelas competências e habilidades e não pelos títulos dos cargos. A divisão de sistemas de energia da General Electric tinha a reputação de ser rigidamente burocratizada, com todos os empregados seguindo fielmente os 28 passos que separavam o nível mais baixo da hierarquia do mais alto. As pessoas esperavam que cada nova função as colocasse um degrau acima. Como a experiência internacional não era considerada um degrau, todos viam o trabalho no exterior como um obstáculo em suas carreiras. Essa divisão da GE eliminou os 28 passos e os substituiu por seis amplas áreas, para permitir a mobilidade lateral. A experiência internacional tornou-se um pré-requisito para o progresso. Um candidato que crescia rapidamente na carreira foi nomeado gerente de segurança e saúde. Ainda que esta não seja uma carreira que tradicionalmente proporcione ascensão muito rápida, a nomeação serviu de sinalização de que os futuros executivos da empresa precisavam ter experiências em uma variedade de assuntos atuais.[81]

As pesquisas indicam que o progresso na carreira frequentemente acontece como em um torneio: os mais rápidos em obter bons resultados passam logo para a fase seguinte do campeonato, enquanto os que não obtêm sucesso cedo têm menos probabilidade de ser considerados para futuras oportunidades. Isso se comprovou em uma empresa de engenharia mecânica na Alemanha.[82] Parece também ser verdadeiro para as empresas japonesas; o diagrama no Quadro 9.12 mostra o progresso na carreira de 71 empregados com nível universitário que ficaram em uma empresa japonesa durante 13 anos. Repare como os executivos foram separados em três grupos distintos, mostrados verticalmente, em ordem decrescente do número de promoções por grupo. Os três níveis de promoção aparecem horizontalmente, sendo que o segundo e o terceiro níveis surgem combinados no grande círculo referente a 1985. Como mostra o diagrama, os grupos foram formados nos seis primeiros anos, e há pouca movimentação entre eles. Vinte e oito dos 42 executivos do primeiro grupo em 1978 chegaram ao nível 8 em 1985, enquanto apenas 4 dos 21 executivos do segundo grupo e 1 dos 8 do terceiro conseguiram chegar a esse nível.

Evidentemente, as informações sobre experiências prévias, antiguidade e desempenho recente no trabalho podem ser usadas de muitas maneiras diferentes por várias organizações. Nesta época de *downsizing*, empresas como a Household International descobriram que os melhores candidatos a novos papéis funcionais são os que tiveram suas posições eliminadas pelos cortes de custos.[83] O que uma experiência de carreira de ascensão rápida deve enfatizar? Segundo os 276 empregados de uma empresa classificada entre as 10 mais da revista *Fortune*, "receber treinamento e retorno da avaliação

---

80 GORDON, Michael E., FITZGIBBONS, E. J. Empirical test of the validity of seniority as a factor in staffing decisions. *Journal of Applied Psychology 67*, p. 311-319, 1982; GORDON, Michael E., JOHNSON, W. A. Seniority: a review of its legal and scientific standing. *Personnel Psychology 35*, p. 255-280, 1974; GORDON, Michael E., COFER, John L., McCULLOUGH, P. Michael. Relationships among seniority, past performance, interjob similarity and trainability. *Journal of Applied Psychology 71*, nº 3, p. 518-521, 1986.

81 BENNETT, Amanda. GE redesigns rungs of career ladder. *The Wall Street Journal*, 15 Mar. 1993, p. B1.

82 ROSENBAUM, J. E. *Career mobility in a corporate hierarchy.* Orlando, FL: Academic, 1984; BRUDERL, Josef, DIEKMANN, Andreas, PREISENDORFER, Peter. Patterns of intraorganizational mobility: tournament models, path de– pendency and early promotion effects. *Social Science Research 20*, p. 197-216, 1991.

83 STUART, Peggy. New internal jobs found for displaced employees. *Personnel Journal*, p. 50-56, Aug. 1992.

Quadro 9.12
Mobilidade na carreira de 71 executivos japoneses durante 13 anos.

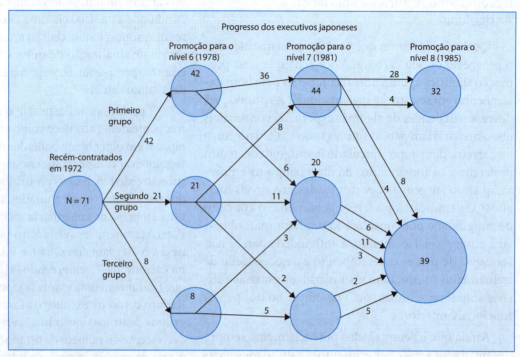

Fonte: Reproduzido de "Japanese management progress: mobility into middle management", de WAKABAYASH JI, Mitsuru, GRAEN, George, GRAEN, Michael, GRAEN, Martin, *Journal of Applied Psychology* 73, p. 221,1988. Copyright 1988 da American Psychological Association.

construtivos, estar exposto a executivos que possam servir de modelo, obter experiência interfuncional, assumir responsabilidades, começar um projeto e trabalhar nele até o final e passar por crises e adversidades" são as seis táticas principais.[84]

DEMISSÃO E RETENÇÃO NA ADMINISTRAÇÃO DE CARREIRAS: QUEM FICA QUANDO ELES SE VÃO?

É tentador julgar o recrutamento interno apenas em função de seu sucesso em encontrar candidatos bem qualificados para as novas oportunidades. Entretanto, como já observamos no Quadro 9.3, alguém que se muda para uma função-destino precisa antes deixar a função-fonte. Isso causa modificação no pessoal retido na função-fonte; essas mudanças podem ter profundo impacto na produtividade e em outras características do pessoal da organização.[85]

Em uma empresa, "todos os contratados de uma universidade foram avaliados em termos do tipo de executivos que poderiam ser, contrariando aqueles que queriam criar um grupo profissional de vendedores". Os executivos da IBM estavam preocupados com o risco de que a redisposição necessária para reduzir o pessoal de Burlington, Vermont, deixasse essa unidade com apenas seus empregados mais fracos. Assim, enquanto outras unidades foram encorajadas a contratar esses trabalhadores, uma política da empresa estabeleceu a regra 10-80-10: podia-se optar por manter 10% dos empregados de nível mais alto por pelo menos seis meses; poderiam não transferir 10% dos de nível mais baixo para outras unidades; e os demais 80% eram dispensáveis.[86]

A preocupação com a qualidade das pessoas nas funções-fontes e o desejo de reter funcionários em determinadas funções, ao mesmo tempo em que encorajam a movimentação na carreira, são alguns dos aspectos mais importantes do gerenciamento de carreiras. Eles

---

84 FEILD, Hubert S., HARRIS, Stanley G. Entry-level, fast-track management development programs: developmental tactics and perceived effectiveness. *Human Resource Planning* 14, nº 4, p. 261-273, 1991.

85 BOUDREAU, John W. Utility analysis: a new perspective on human resource management decisions.

86 KANTER, Rosabeth Moss. *Men and women of the Corporation*. New York: Basic Books, 1977. p. 130; MILLS, D. Quinn. *The IBM lesson*. New York: Random House, 1988.

Quadro 9.13
Caminhos da carreira tipo escada múltipla para pessoal técnico.

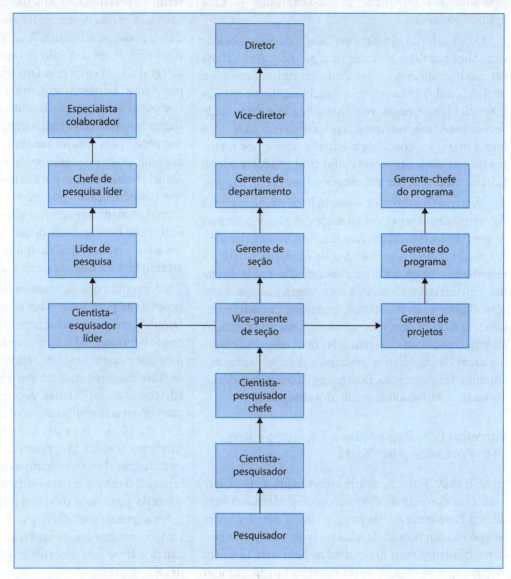

Fonte: Reproduzido com autorização de LEIBOWITZ, Zandy B., KAYE, Beverly L. FARREN, Caela. Multiple career paths. *Training and Development Journal*, p. 32, Oct. 1992. Copyright 1992, American Society for Training and Development.

são a base do que vamos discutir em seguida: a rota de carreira tipo escada dupla, as oportunidades para as mães que trabalham e a sucessão do presidente.

Caminhos da Carreira Tipo Escada Dupla: Mantendo os Talentos Técnicos

Em muitas organizações, os indivíduos mais talentosos, sejam engenheiros, programadores, cientistas, sejam vendedores, enfrentam um dilema. Eles podem ser excelentes no desempenho de suas funções e ter grande desejo de crescer em suas áreas técnicas (uma carreira com âncora *técnica e funcional*), mas essa carreira na empresa não tem muito espaço para crescimento. No começo, seu progresso pode ser rápido; mas logo se chega a um ponto em que o crescimento na carreira significa aumentar a carga das tarefas de supervisão ou de gerenciamento. Nem todo engenheiro tem vocação para executivo.[87] A organização também enfrenta um dilema: quando força seus melhores talentos técnicos a assumirem posições de chefia, pode estar perdendo grandes profissionais técnicos e criando péssimos executivos, que não gostam e não querem assumir essas novas responsabilidades. Todo o valor do quadro de

---
87 RYNES, TOLBERT, STRAUSSER. Aspirations to manage.

326 | Desenvolvimento de Pessoal

pessoal pode realmente ser abalado em função de uma política como esta.

O caminho da carreira tipo escada dupla estabelece caminhos paralelos na carreira: alguns seguem a linha gerencial, enquanto outros ficam no rumo técnico ou profissional.[88] O movimento ascendente na escada gerencial leva a maior responsabilidade e autoridade decisórias. O movimento ascendente na escada técnica leva a maior independência e maior acesso aos recursos da empresa. Empresas como IBM, AT&T e Mobil Corporation vêm usando essas alternativas há tempos.

Veja, no Quadro 9.13, o exemplo de múltiplas rotas de carreira para o pessoal técnico; elas são decorrentes de pesquisas e entrevistas com cerca de 20 organizações. A rota do meio é a gerencial, a da esquerda enfatiza a experiência em pesquisa e independência, e a da direita mantém uma conexão técnica com programas específicos com alguma responsabilidade gerencial. Em um levantamento com 107 grandes empresas, foram encontradas alternativas de carreiras múltiplas mais frequentemente nas áreas de engenharia, pesquisa e desenvolvimento e sistemas de informação. Dois terços das empresas declararam ter conseguido os resultados desejados.[89]

Carreiras para Pais e Mães e Equilíbrio entre Vida Profissional e Privada

Em 1989, Felice Schwartz escreveu um artigo sobre mulheres executivas, afirmando que poderia ser bem dispendioso contratá-las porque elas se demitem com frequência em função da maternidade e de outras responsabilidades com dependentes. Schwartz também sugeriu que as organizações deveriam proporcionar alternativas mais flexíveis, incluindo diferentes tipos de carreiras para as mulheres que pretendessem combinar a vida profissional com a família.[90]

Ainda que as mulheres sejam frequentemente excelentes profissionais de administração, elas podem sentir-se pressionadas a recusar oportunidades em suas carreiras se não puderem ter atendidas suas necessidades em relação à família. A ideia de que todos os profissionais de nível médio devem dedicar-se em tempo integral a suas empresas também pode ser um motivo para que as mulheres se demitam com mais frequência. Por outro lado, o oferecimento de condições especiais para a acomodação entre o trabalho e a família, como a permissão para uma jornada em tempo parcial enquanto as crianças são pequenas, pode ser visto como discriminatório se feito apenas para as mulheres. Muitos homens têm também optado por uma redução no ritmo de suas carreiras quando seus filhos são pequenos. As empresas têm como bancar essas opções dos empregados? Essa desaceleração na carreira significa que esses indivíduos estarão fora da disputa pelos postos mais elevados?[91]

À medida que as maiores empresas implementam programas para acomodar as necessidades trabalho/família, crescem as evidências de que eles precisam ser muito bem integrados com a administração das carreiras para que possam funcionar eficazmente. Caso contrário, os trabalhadores sentirão que pagam um preço muito alto por essas facilidades. A porcentagem de mulheres que voltam ao trabalho depois de ter filhos era de apenas 53% em 1990, e era mais alta entre aquelas com maior nível educacional. Empresas como a Corning e a Xerox estão treinando seus executivos para a administração de horários flexíveis, e para "enfatizar os resultados e não o tempo gasto dentro do escritório" na hora de decidir sobre as promoções. Os riscos são grandes. Nos Estados Unidos, muitas empresas têm sido processadas pelos funcionários por discriminação na implementação desses programas.[92]

Assim, desde que o assunto das carreiras para mães começou a ser discutido em 1989, tornou-se claro que o equilíbrio entre vida profissional e familiar não é um problema só das mulheres. Quando o Bank of Montreal resolveu examinar o mito de que "cultivar mulheres como

---

88 RAELIN, Joseph A. Two-track plans for one-track careers. *Personnel Journal*, p. 96-101, Jan. 1987; CONFERENCE BOARD. Dual career paths in sales. *Management briefing*: human resources. New York: Conference Board, 1987.

89 Dual-career ladders: keeping technical talent on track. *HR Focus*, p. 24, Dec. 1992.

90 SCHWARTZ, Felice. Management women and the new facts of life. *Harvard Business Review*, p. 65-76, Jan/Feb. 1989.

91 BENNETT, T. Fathers make more use of on-site day care. *The Wall Street Journal*, 4 Dec. 1991; ERLICH, Elizabeth. Is the mommy track a blessing – or a betrayal? *Business Week*, p. 98-99, 15 May 1989; HYMOWITZ, Carol. Stepping off the fast-track. *The Wall Street Journal*, 13 June 1989, p. Bl; FUCHS, Victor. Mommy track is good for both business and families. *The Wall Street Journal*, 13 Mar. 1989, p. A14.

92 WADMAN, Meredith K. Mothers who take extended time off find their careers pay a heavy price. *The Wall Street Journal*, 16 July 1992, p. B1; BERNSTEIN, Aaron. The mommy backlash. *Business Week*, p. 42-44, 10 Aug. 1992; KIECHEL III, Walter. A guide for the expectant executive. *Fortune*, p. 191, 9 Sept. 1991; SHELLENBARGER, Sue. Averting career damage from family policies. *The Wall Street Journal*, 24 June 1992, p. B1.

funcionárias não vale a pena, pois elas têm filhos e vão embora", descobriu-se que elas tinham mais tempo de serviço do que os homens em todos os níveis, não se demitiam tão rapidamente quanto eles e não abandonavam suas carreiras depois de tornarem-se mães.[93] Habilidades de "autogerenciamento" – a arte de encontrar o equilíbrio na vida – são agora parte do currículo de várias escolas de Administração de prestígio nos Estados Unidos. O ex-diretor de recursos humanos da Merck disse que "não se pode construir uma empresa eficaz sobre uma base de lares desfeitos e relacionamentos pessoais tensos".[94] Os profissionais de recursos humanos precisarão planejar sistemas de carreira cada vez melhores para atender às necessidades de equilíbrio, ou acabarão perdendo seus empregados mais talentosos.

Sucessão do Presidente

A Vector Aeromotive constrói carros especiais com material usado na indústria aeronáutica. Quando seu fundador foi demitido da presidência pelo conselho diretor da empresa, ele mudou as fechaduras do prédio, colocou guardas armados e escondeu-se dentro da sede em Los Angeles.[95] Para a maioria das empresas, a sucessão do presidente não chega a ser tão dramática; no entanto, precisa ser tratada cuidadosamente. Muitas organizações possuem tradições ou políticas que estipulam a saída de seus mais altos executivos em determinada idade, geralmente em torno dos 60 anos. Quando bem planejado, esse sistema oferece grandes vantagens, abrindo espaço para a mobilidade ascendente, garante a continuidade e traz novas ideias da base para o topo. Se for mal planejado, ou se os presidentes não aceitarem sua saída, esse processo pode tornar-se muito complicado. É muito difícil tirar do cargo um presidente que não quer sair, pois poucos têm autoridade para convencê-lo a isto. As dificuldades que precisam ser superadas incluem: (1) a *negação da morte,* ou relutância para aceitar o fim de uma carreira bem-sucedida; (2) *a perda de controle,* que pode fazer com que ele não permita que seus sucessores assumam responsabilidades críticas; (3) o *medo de*

represálias por parte dos rejeitados como sucessores, que pode dificultar a escolha do sucessor; e (4) o *romanceamento do passado,* exagerando as lembranças de suas realizações, dificultando para seu sucessor a implementação das mudanças e aperfeiçoamentos necessários.[96] A aposentadoria compulsória é ilegal nos Estados Unidos, mas a maioria das empresas estabelece um entendimento informal com seus executivos, acertando determinada idade para a saída de seu presidente, geralmente em torno dos 65 anos.

Segundo um estudo, a sucessão é mais complicada quando o presidente está na casa dos 50 anos. Acima dessa idade, eles assumem facilmente o papel de conselheiros, e abaixo dela, mudam para outros papéis executivos. Nos Estados Unidos, existem até mesmo instituições específicas para dar atendimento a esses indivíduos, quando eles recebem aconselhamentos, têm a companhia de outros na mesma situação e podem até obter assistência para novas oportunidades de trabalho.[97]

ADMINISTRANDO CARREIRAS INTERNACIONAIS

Os americanos começam a ter que se acostumar a trabalhar para chefes de outras nacionalidades. Espanhóis, suíços, italianos – as grandes empresas nos Estados Unidos vêm aumentando o número de altos executivos oriundos de outros países. Em 1991, eles somavam entre 7% e 10%, e em 1986, eram menos de 1%.[98]

A corrida é para criar a empresa globalizada do futuro. O sucesso depende da capacidade de organizações identificarem talentos no mundo todo e criarem sistemas de carreira que incluam a experiência internacional como uma oportunidade valiosa de desenvolvimento. Infelizmente, muitas empresas ocidentais enfrentam grandes dificuldades para administrar as carreiras internacionais. Entre 16 e 40% dos executivos americanos enviados em missões a outros países voltam para casa antes de completar seu trabalho, seja por seu fraco desempenho, seja por sua incapacidade de se ajustar a

---

93   SHELLENBARGER, Sue. Shedding light on women's records dispels stereotypes. *The Wall Street Journal,* 20 Dec. 1995, p. B1.

94   SHELLENBARGER, Sue. Keeping your career a manageable part of your life. *The Wall Street Journal,* 12 Apr. 1995, p. B1.

95   Fired CEO seizes 4 buildings. *Ithaca Journal,* 25 Mar. 1992, p. 2A.

96   VRIES, Manfred F. R. Kets De. The dark side of CEO succession. *Harvard Business Review,* p. 56-60, Jan./Feb. 1988.

97   WARD, Andrew, SONNENFELD, Jeffrey A., KIMBERLEY, John R. In search of a kingdom: determinants of subsequent career outcomes for chief executives who are fired. *Human Resource Management* 34, p. 117-139, Spring 1995; SEBASTLAN, Pamela. Some senior executives get sent out to pasture; others go to the papa farm. *The Wall Street Journal,* 4 Oct. 1995, p. B1.

98   LUBLIN, Joann S. Foreign accents proliferate in top ranks as U. S. companies find talent abroad. *The Wall Street Journal, 21* May 1992, p. Bl.

outras culturas; cerca de 80% têm desempenho abaixo da média nessas oportunidades. Entre os executivos japoneses que trabalham nos Estados Unidos, a porcentagem dos que fracassam ou enfrentam dificuldades fica perto dos 5%.[99] O custo de uma relocação internacional pode facilmente ultrapassar os 100 mil dólares, o que torna o fracasso dessas missões financeiramente perigoso, para não mencionar os efeitos indiretos do desempenho com baixa eficiência.

O Quadro 9.14 apresenta alguns dos diferentes fatores que podem afetar o sucesso das missões internacionais. O eixo horizontal mostra a estrutura temporal dos efeitos, começando pelas variáveis pré-mudança: estrutura e estratégias organizacionais, experiências pessoais pregressas, apoio familiar e fatores culturais. Em seguida, as variáveis intervenientes refletem as atividades realizadas para facilitar a mudança. Uma vez concretizada a mudança, chega a vez de fatores como

Quadro 9.14
Fatores relacionados com a adaptação e o sucesso das missões internacionais.

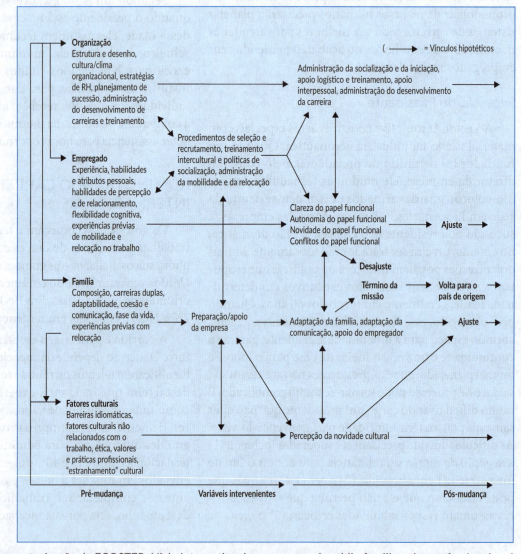

Fonte: Reproduzido com autorização de FORSTER, Nick. International managers and mobile families: the professional and personal dynamics of trans-national career pathing and job mobility in the 1990s. *The International Journal of Human Resource Management* 3, nº 3, p. 618, Dec. 1992.

---

99 FORSTER, Nick. International managers and mobile families: the professional and personal dynamics of transnational career pathing and job mobility in the 1990s. International Journal of Human Resource Management 3, nº 3, p. 605-623, Dec. 1992; BLACK, J., MENDENHALL, Mark. Cross-cultural training effectiveness: a review and a theoretical framework for future research. Academy of Management Review 15, nº 1, p. 113-136, 1990; COPELAND, L., GRIGGS, L. Going international. New York: Random House, 1985; TUNG, Rosalie. Selection and training process of U.S., European and Japanese multinationals. California Management Review 25, nº 1, p. 57-71, 1982.

apoio local, características da missão, capacidade de adaptação da família e novidade do ambiente cultural. O lado direito do Quadro 9.14 mostra os resultados. A pessoa pode não se ajustar e voltar para seu país, ou ajustar-se e completar sua missão. Mas um dos fatores mais importantes para o sucesso do sistema de carreiras internacionais é a fase pós-mudança. Se as oportunidades subsequentes na carreira forem atraentes e desafiadoras, os melhores candidatos estarão disponíveis para as missões internacionais. Caso contrário, nenhuma atividade ou intervenção pré-mudança compensará a ausência de bons candidatos. Discutiremos a seguir um pouco do que sabemos a respeito de como esses fatores afetam o ajuste daqueles que participam de missões internacionais.

FATORES ORGANIZACIONAIS

A decisão mais importante a ser tomada quando uma organização planeja suas carreiras internacionais é o propósito dessas missões em outros países.

As *estratégias de controle* buscam assegurar que a matriz mantenha a autoridade sobre as operações da empresa em todo o mundo. Essas estratégias garantem que os talentos nacionais experientes e competentes sejam os designados para as missões internacionais, como é típico das empresas japonesas.

As *estratégias de desenvolvimento* enfatizam o crescimento da carreira e do aprendizado, estabelecendo que os mais jovens e com menos experiência internacional tenham prioridade para tais missões e façam rodízio entre diversas designações.

As *estratégias de criação de competências* são as que procuram levar para suas unidades internacionais um diferencial, como o envio de um profissional altamente especializado, seja um cientista, um homem de marketing, seja um engenheiro, para prestar um auxílio temporário sobre determinado assunto. Existe até um filme, *The Coca-Cola Kid,* que conta as aventuras de um profissional desses enviado para a Austrália, com a finalidade de aumentar lá as vendas da empresa.

As *estratégias de expansão rápida* significam o envio de pessoas para o estabelecimento de presença ou de exploração de oportunidades potenciais em países onde a empresa queira expandir-se. Uma desvantagem dessa estratégia é que pode não trazer muitos benefícios à carreira do encarregado da missão, pois o país-alvo pode não se desenvolver como esperado.

As *estratégias de joint-venture* envolvem o envio de candidatos aos países em que as operações são realizadas em parceria com os governos locais (como a índia), ou onde os especialistas locais possuem conhecimento-chave para o sucesso (como os canais de distribuição de produtos no Japão). Obviamente, cada uma dessas estratégias tem diferentes implicações sobre as decisões de RH.[100]

Características do Empregado

Quando perguntados sobre o segredo do sucesso dos designados para missões internacionais, pelo menos 20% dos executivos de multinacionais listaram um ou mais dos seguintes itens: flexibilidade e tolerância, conhecimento dos negócios, habilidades interpessoais, desempenho pregresso, experiência com viagens e estadias prolongadas no exterior, vontade de trabalhar em outro país, ou gerenciamento orientado para resultados.[101] Infelizmente, existem poucas pesquisas que comprovem ou refutem essas crenças. Ainda é um fato praticamente desconhecido se existem tipos específicos de pessoas com maior probabilidade de sucesso. Essa situação leva a atitudes preconcebidas, infundadas, mas justificáveis, como apenas designar executivos da matriz para as operações internacionais. Isto, por sua vez, pode trazer como consequência um sentimento de discriminação entre pessoas locais mais bem qualificadas, que se ressentirão e abandonarão a empresa, o que pode causar a impressão de que apenas os executivos do país da matriz é que têm o talento para administrar as operações internacionais. Existe nos EUA um programa de computador, desenvolvido por dois professores, que promete "diagnosticar a prontidão dos empregados para trabalhar em mais de 100 países diferentes", por meio da avaliação de características pessoais como adaptabilidade, expectativas, e assim por diante. O programa já foi testado por empresas como a Avon Products e a AT&T.[102]

---

100 WEEKS, David A. *Recruiting and selecting international managers.* Relatório nº 998. New York: Conference Board, 1992.

101 Idem.

102 FORSTER. International managers and mobile families; BANAI, Moshe. The ethnocentric staffing policy in multinational corporations: a self-fulfilling prophecy. *International Journal of Human Resource Management* 3, nº 3, p. 451-472, Dec. 1992; FUSCHBERG, H. Calling on electronics to limit culture shock. *The Wall Street Journal,* 4 May 1992, p. B1.

330 | Desenvolvimento de Pessoal

Apoio Familiar

A existência ou não do apoio da família é uma questão essencial para o sucesso de uma missão internacional? As evidências são limitadas e controversas, ainda que na imprensa especializada exista consenso de que o ajuste dos cônjuges e dos filhos seja crucial. Há fortes indícios de que a família e o estilo de vida sejam razões fundamentais para a recusa de missões internacionais, com vários estudos indicando que mais de 50% dessas recusas citam a família como motivo principal. Quando as mulheres partem para essas missões, geralmente são solteiras; os homens frequentemente são acompanhados por suas esposas. Dessa forma, ainda que até hoje essas questões sejam mais importantes para os homens, o crescimento das organizações tornará o assunto cada vez mais pertinente também para as mulheres, que serão mandadas em maior número para outros países. A FMC Corporation avalia hoje não apenas os candidatos, mas também suas esposas, em busca de flexibilidade, paciência e adaptabilidade.[103]

Adaptabilidade Cultural

Não existe dúvida de que diferentes culturas possuem regras diferentes. O uso de lenços é considerado bastante desagradável por um bom número de japoneses, e muitas culturas consideram um insulto colocar os pés em cima da mesa, mostrando as solas dos sapatos para seus convidados. As diferenças são também muito grandes na cultura empresarial e em suas práticas, estilos de liderança e modos de trabalho em equipe. O treinamento cultural e a familiarização com essas diversidades são essenciais. Um estudo feito com executivos americanos em missões internacionais no Japão, Coreia, Taiwan e Hong Kong revelou que o ajuste melhora com um treinamento sobre a cultura e melhor relacionamento com as pessoas do país

hospedeiro.[104] Um período exploratório, como uma visita por certo tempo, pode ajudar na aclimatação desses executivos.

Administração de RH: Como Podemos Ajudar?

Os executivos de alto escalão concordam que as decisões de RH desempenham papel fundamental para o sucesso da administração das carreiras internacionais. Um estudo realizado nos Estados Unidos com 130 empresas multinacionais, sobre diversas áreas referentes aos recursos humanos, revelou que mais de 80% delas incluíam os executivos com experiência internacional em suas previsões e planos sucessórios. Entretanto, mais de 50% dessas empresas não possuíam um sistema internacional de informações de RH e menos de 15% consideravam isto realmente útil. Entre as multinacionais de diversos países, cerca de 79% costumam enviar rotineiramente executivos para realizar contratações no exterior, enquanto entre as empresas multinacionais americanas esse índice cai para 55%. Os custos do recrutamento são geralmente pagos pela empresa contratante, o que pode explicar a relutância em procurar extensivamente candidatos internacionais. Em relação aos métodos de seleção, o padrão é similar àqueles discutidos no Capítulo 7, com praticamente todo mundo utilizando as entrevistas aos candidatos, muitos usando as visitas ou pequenos estágios e muito poucos lançando mão de testes mais objetivos, dados biográficos ou averiguações de antecedentes. A maioria das empresas não tem programas formais de desenvolvimento gerencial internacional: 83% das empresas americanas e 61% das de outros países. Em relação à remuneração, algumas empresas ainda oferecem um diferencial para as missões particularmente difíceis, mas isto está tornando-se raro.[105]

---

103 Family support keeps expatriates in the field. *The Wall Street Journal,* 19 Aug. 1992, p. B1l; STUART, Karen Dawn. Teens play a role in moves overseas. *Personnel Journal,* p. 72-78, Mar. 1992; PASCOE, Robin. Employers ignore expatriate wives at their own peril. *The Wall Street Journal,* 2 Mar. 1992, p. A12; WEEKS. Recruiting and selecting international managers; Relocating managers and professional staff. *Relatório* nº 139. Sussex University, Institute for Manpower Studies, 1987; COOPER, C., MAKIN, P. The mobile managerial family. *Journal of Management Development 4,* nº 3, p. 56-66, 1985; REYNOLDS, Calvin, BENNETT, Rita. The career couple challenge. *Personnel Journal,* p. 46-48, Mar. 1992; PUNNETT, Betty Jane, CROCKER, Olga, STEVENS, Mary Ann. The challenge for women expatriates and spouses: some empirical evidence. *International Journal of Human Resource Management 3,* nº 3, p. 585-592, Dec. 1992; SHELLENBARGER, Sue. Spouses must pass test before global transfers. *The Wall Street Journal,* 6 Sept. 1991, p. B1.

104 SMITH, P. Organizational behaviour and national cultures. *British Journal of Management 3,* p. 39-51, 1992; BLACK, J. Stewart, GREGERSEN, Hal B. Antecedents to cross-cultural adjustment for expatriates in pacific rim assignments. *Human Relations 44,* nº 3, p. 497-515,1991.

105 WEEKS. Recruiting and selecting international managers.

> ### QUAL SUA OPINIÃO?
>
> Examine as perguntas feitas pela AT&T aos candidatos a missões internacionais e a suas esposas (veja o Quadro 9.15), compare-as com os fatores mostrados no Quadro 9.14 e diga se a empresa está analisando os aspectos mais importantes.

Empresas como a Whirlpool, Unisys e Colgate--Palmolive têm sistemas de avaliação projetados para averiguar as qualificações dos candidatos, bem como identificar seu senso de humor ou a profundidade de seus laços familiares. Uma das principais tarefas dos profissionais de recursos humanos é administrar a entrada dos que vêm de fora do país, sejam estrangeiros ou cidadãos voltando para casa de missões internacionais.[106] Um levantamento feito nos Estados Unidos com 338 pessoas em missão internacional, de diversos países e diferentes empresas, mostrou que os fatores considerados mais importantes para o sucesso eram: situação familiar; flexibilidade/adaptabilidade; habilidades de relacionamento interpessoal; conhecimento profissional; abertura para outras culturas. Os entrevistados que estavam em empresas do setor de serviços deram um pouco mais de importância às habilidades interpessoais e ao conhecimento profissional do que aqueles do setor industrial ou público.[107]

AVALIANDO O RECRUTAMENTO E A SELEÇÃO INTERNOS E O DESENVOLVIMENTO DE CARREIRAS

Quando as pessoas se movimentam dentro da organização, todas as atividades de recrutamento, seleção e demissão/retenção estão envolvidas no processo. Frequentemente, esses movimentos também aumentam as atividades de treinamento e aquelas relacionadas com a política de remuneração. Portanto, o provimento interno tem o potencial de afetar significativamente quase todas as metas organizacionais. Quando administrado de maneira eficaz, pode proporcionar benefícios de longo prazo para a organização. Caso contrário, pode tornar-se impossível superar os problemas.

Eficiência

Os processos de recrutamento, seleção e demissão raramente são avaliados com muito rigor, e isso serve também para o processo interno. Sabemos algumas coisas sobre quais os fatores que influenciam as promoções e decisões sobre transferências, mas muito pouco sobre sua eficácia, ainda que existam algumas evidências de

---

Quadro 9.15
Questões utilizadas pela AT&T para avaliar candidatos e seus cônjuges para missões internacionais.

- ✦ Seu cônjuge interromperia a carreira para acompanhá-lo(a) em uma missão internacional? Em caso afirmativo, como acha que isso afetaria você e seu relacionamento com seu cônjuge?
- ✦ Você gosta do desafio de fazer as coisas a sua própria maneira dentro de situações novas?
- ✦ Assegurar sua vaga na volta será basicamente sua responsabilidade. Como você se sente trabalhando nesse esquema de rede e sendo seu próprio defensor?
- ✦ Você tem facilidade para fazer novos contatos sociais?
- ✦ Você pode imaginar-se vivendo sem televisão?

- ✦ Qual a importância para você de passar a maior parte do tempo ao lado de pessoas com o mesmo referencial de cultura, raça, religião e nacionalidade?
- ✦ Analisando sua própria história pessoal, você encontraria algum episódio que indicasse interesse real em aprender sobre outros povos e culturas?
- ✦ Você costuma viajar a passeio para outros países?
- ✦ Você gosta de experimentar a culinária de outros países?
- ✦ Qual é sua tolerância para esperar por atendimento em serviços?

Fonte: Reproduzido com autorização de FUSCHBERG, Gilbert. As costs of overseas assignments climb, firms select expatriates more carefully. *The Wall Street Journal*, 9 Jan. 1992, p. B1.

---

106 THEURMER, Karen E. World class. *Human Resource Executive,* p. 27-30, Nov. 1995; ENGEN, John R. Corning home. *Training,* p. 37-40, Mar. 1995; SOLOMON, Charlene Marmer. HR's helping hand pulls global inpatriates onboard. *Personnel Journal,* p. 40-49, Nov. 1995.

107 ARTHUR JR., Winfred, BENNETT JR., Winston. The international assignee: the relative importance of factors perceived to contribute to success. Personnel Psychology 48, p. 99-114, 1995.

332 | Desenvolvimento de Pessoal

validade para os centros de avaliação. A validade da elaboração de sistemas de carreira em torno de competências continua sem investigação. Os custos das realocações podem facilmente ultrapassar os 40 mil dólares e a movimentação de pessoal internacionalmente pode chegar à casa dos 100 mil dólares. Os Quadros 9.3 e 9.4 mostram exemplos das informações que as empresas utilizam para analisar os efeitos do provimento interno. Uma simulação com esses conceitos indica que os efeitos podem chegar a milhões de dólares sobre o valor do pessoal quando está envolvido grande número de trabalhadores que permanece na empresa por muitos anos. É interessante notar que é tão importante monitorar os efeitos dos movimentos nas posições que servem de fonte de candidatos, como na investigação sobre o desempenho desses candidatos nas posições de destino.[108] Praticamente qualquer das medidas de eficácia discutidas nos últimos três capítulos pode ser adotada para medir os efeitos do processo interno. Obviamente, as organizações se beneficiam ao assegurarem-se de que as políticas do recrutamento e seleção internos sejam cuidadosamente implantadas e eficazes.

Equidade

A percepção de justiça nas práticas do provimento interno, como nas promoções, afeta as atitudes das pessoas em relação a seus empregos e ocupações; certa tendência em promover mais pessoas de determinado sexo pode ser vista como discriminatória.[109] O aspecto, porém, provavelmente mais perigoso da questão da equidade no processo interno é a possibilidade de que mulheres e membros de minorias sejam artificialmente colocados de lado no caminho da carreira por barreiras invisíveis, mas reais, conhecidas como "tetos de vidro" ou "paredes de vidro".

Paredes e Tetos de Vidro

Em 1995, nos Estados Unidos, 97% dos altos executivos das empresas eram homens brancos.[110] Enquanto os índices de avanço nas carreiras entre mulheres e membros de minorias estão crescendo, a alta cúpula das organizações continua sendo um bastião do homem branco.

O *teto de vidro* refere-se às barreiras invisíveis e artificiais que impedem indivíduos qualificados de avançarem em suas carreiras dentro da organização e alcançarem seu pleno potencial. A expressão foi usada originalmente para descrever o ponto além do qual as mulheres executivas, especialmente as mulheres brancas, não eram mais promovidas. É evidente que esses tetos e paredes de vidro existem em todo o mercado de trabalho para mulheres e membros de minorias. Essas barreiras resultam de práticas institucionais e psicológicas, e impõem limites ao progresso e às oportunidades de mobilidade para homens e mulheres de diferentes nacionalidades e etnias.[111]

Um estudo descobriu que entre 481 mulheres que passaram pelo teto de vidro de suas organizações, 40% reportavam-se diretamente aos presidentes das empresas. Sua média salarial era de 248 mil dólares/ano. Essas vencedoras atribuíam seu sucesso a "uma superação consistente da expectativa de desempenho" e ao "desenvolvimento de um estilo com o qual os executivos do sexo masculino sintam-se confortáveis". As opiniões das mulheres foram comparadas com as opiniões de presidentes homens em um levantamento com as 500 empresas listadas na revista *Fortune*. As mulheres apresentavam o dobro de probabilidade de considerar o ambiente de trabalho inóspito e os preconceitos e estereótipos masculinos como barreiras, mas todos concordavam que o maior obstáculo era a falta de experiência administrativa e vivência em posições de linha. Oitenta e cinco por cento das mulheres e 97%

---

108 BOUDREAU. Utility analysis applied to internal and external employee movement; BOUDREAU. Utility analysis: a new perspective on human resource management decisions; BOUDREAU, John W. *MOVUTIL:* a spreadsheet program for analyzing the utility of internal and external employee movement. Documento de trabalho. Cornell University, NYSSILR, 1986; WYNTER, Leon E., SOLOMON, Jolie. A new push to break the "glass ceiling". *The Wall Street Journal,* 15 Nov. 1989, p. B1.

109 SCARPELLO, Vida, VANDENBERG, Robert J. Generalizing the importance of occupational and career views to job satisfaction attitudes. *Journal of Organizational Behavior* 13, p. 125-140, 1992; SAAL, Frank E., MOORE, S. Craig. Perceptions of promotion fairness and promotion candidates qualifications. *Journal of Applied Psychology* 78, n° 1, p. 105-110,1993.

110 Work week. *The Wall Street Journal,* 14 Mar. 1995, p. A1.

111 GLASS CEILING COMMISSION. *A solid investment:* making full use of the nation's human capital. Washington, DC: Glass Ceiling Commission, Nov. 1995.

Recrutamento e Seleção Internos e Carreira | 333

dos presidentes disseram que as oportunidades para elas melhoraram nos últimos cinco anos, e um terço das mulheres acreditam que 20% dos cargos mais altos nas empresas serão delas até 2000, comparados com os 5% registrados em 1996.[112] Existem evidências de que as mulheres e os homens enfrentam desafios diferentes ao longo de suas carreiras, sendo os dos homens mais relacionados com fatores específicos das tarefas e as mulheres tendo que superar obstáculos.[113] As mulheres são melhores líderes que os homens? Isto depende. Um estudo que sumarizou grande quantidade de pesquisas realizadas sobre o tema mostrou que, em todas elas, homens e mulheres eram igualmente eficazes, mas as mulheres tinham melhor desempenho em papéis funcionais definidos em termos menos masculinos ou em que os subordinados não fossem homens em sua maioria.[114] O que fazer? Algumas recomendações feitas pela Glass Ceiling Commission, nos Estados Unidos, em 1995, estão listadas no Quadro 9.16.

> ## EXPLORANDO A WEB
>
> Você pode ler o relatório integral da Glass Ceiling Commission na biblioteca da Cornell's School of Industrial and Labor, na internet, no seguinte endereço:
>
> http://www.ilr.comell.edu/library/e-archive/glassceiling/.

Quadro 9.16
Recomendações para a quebra do teto de vidro.

Recomendações para as empresas

+ Demonstrar o comprometimento do presidente.
+ Incluir a diversidade em todos os planos estratégicos negociais e manter executivos responsáveis pelo progresso.
+ Usar a ação afirmativa como uma ferramenta.
+ Selecionar, promover e reter indivíduos qualificados.
+ Preparar mulheres e membros de minorias para cargos mais altos.
+ Educar as chefias da organização para sensibilizarem os empregados em relação aos desafios de lidar com diferenças de sexo, raça e etnia.
+ Estabelecer políticas de aproximação entre a vida profissional e a vida familiar dos empregados.
+ Adotar práticas de alto desempenho.

Recomendações para o governo

+ Liderar pelo exemplo com políticas inovadoras.
+ Aumentar a força da legislação antidiscriminatória.
+ Melhorar a coleta de dados para acompanhar o progresso da quebra do teto de vidro.
+ Aumentar a exposição dos dados sobre diversidade nas empresas.

Fonte: Glass Ceiling Commission. A solid investment: making full use of the nation's human capital. Washington, DC: Glass Ceiling Commission, Nov. 1995. p. 13-14.

RESUMO

As mudanças nas estruturas organizacionais, as diferenças nos papéis entre homens e mulheres e a diversidade racial afetam significativamente o recrutamento e a seleção internos. Em uma época em que muitos se perguntam se a palavra *emprego* será substituída por *competência* ou *papel funcional temporário*, e quando o conceito de carreira pode estar mais relacionado com o acúmulo de capacidades mercadológicas do que com a ascensão estável dentro da hierarquia de uma empresa, não é surpresa que o processo interno ofereça alguns enormes desafios para os profissionais de RH. O provimento interno é uma ferramenta poderosa porque

---

112 Catalyst surveys senior women executives and CEOs on women's progress in corporate leadership. *PR Newswire*, 27 Feb. 1996.

113 OHLOTT, Patricia J., RUDERMAN, Marian N., McCAULEY, Cynthia D. Gender differences in managers' developmental job experiences. *Academy of Management Journal 37*, p. 46-67, 1994.

114 EAGLY, Alice H., KARAU, Steven J., MAKHIJANI, Mona G. Gender and the effectiveness of leaders: a meta-analysis. *Psychological Bulletin 117*, p. 125-145, 1995.

334 | Desenvolvimento de Pessoal

incorpora os efeitos do recrutamento, seleção e demissão dentro de cada decisão sobre a mobilidade interna. À medida que esse processo não se dá no vazio, ele precisa estar integrado com outras funções de recursos humanos, como o processo externo, o sistema de recompensas e as relações de trabalho. A integração mais íntima talvez seja com as atividades de treinamento. A movimentação interna e as atividades de treinamento caminham juntas para criar as oportunidades para os empregados desenvolverem novas capacitações. Isto vai ficar mais claro quando discutirmos o treinamento no próximo capítulo. Antes de continuarmos, entretanto, teste-se tentando ajudar a Corning Glass Work a quebrar seu teto de vidro na seção "Sua Vez", no final deste capítulo.

QUESTÕES

1. Como o provimento interno integra os processos de recrutamento, seleção e demissão/retenção? Em que ele é diferente do externo?

2. É sempre a melhor decisão promover aqueles que têm melhor desempenho? Quais os outros fatores que devem ser considerados? Por que as atividades do recrutamento e seleção internos precisam estar em harmonia com o sentimento de justiça dos empregados?

3. O que significa uma mudança de carreira? Como ela afeta a estratégia de progresso de um empregado?

4. Em que as atividades de recrutamento do *staffing* interno e externo são semelhantes? Como você avaliaria a divulgação de vagas, o inventário de habilidades ou o sistema de planejamento do sucessor? É possível usar os mesmos métodos de avaliação do recrutamento externo? Explique.

5. Como o provimento interno pode afetar as demissões/retenções internas? Por que estes efeitos são frequentemente negligenciados? Esses efeitos podem chegar a inviabilizar o que pareceria um bom processo de seleção? Ou os efeitos da mobilidade interna sobre o pessoal remanescente não são assim tão importantes?

6. O que é uma âncora de carreira? O quanto esse conceito é importante no desenvolvimento de uma estratégia de provimento interno? Os estágios de carreira podem ser usados para determinar quais empregados devem receber ofertas de novas oportunidades? Quais fatores são importantes para essa decisão do ponto de vista da organização?

7. Em que a seleção para uma missão internacional é diferente daquela para uma designação local?

8. O que é um empregado "estagnado"? Como os sistemas de carreiras podem ser planejados para diminuir as chances de estagnação? Essa estagnação deve ser encarada como um problema? Explique.

9. Discuta os caminhos da carreira tipo escada dupla e as carreiras para pais e mães. Por que esses conceitos apareceram e estão dando resultados? Cite exemplos.

10. O que é um teto de vidro? Quais são seus efeitos e como ele pode ser quebrado?

Sua Vez

Rompendo, as barreiras na Corning Glass

A Corning Glass Works é conhecida como uma boa empregadora. Ela possui diversos programas progressistas, como benefícios por competitividade, creche e horários flexíveis. Então, por que essa empresa não consegue manter seus executivos afro-americanos e as mulheres? Seu ex-presidente, James R. Houghton, desafiou seus executivos a descobrirem essa razão e corrigi-la, dizendo: "Fazemos um belo trabalho, contratando, mas somos péssimos em retenção e promoção. Trazê-los para dentro da empresa não é o suficiente."

Enquanto apenas 1 em cada 14 profissionais homens brancos saíram da empresa a cada ano, entre 1980 e 1987, essa proporção entre os homens negros foi de 1 para cada 6, e 1 para cada 7 entre as mulheres. Quando perguntados, nas entrevistas de demissão, por que haviam saído da empresa, a maioria deles respondeu que não tinha encontrado oportunidades de progresso para suas carreiras. As atividades industriais da Corning vão desde a fabricação de componentes cerâmicos para a corrida espacial até objetos de uso doméstico ou de extremo bom acabamento. A maior parte de suas operações é realizada em suas instalações de Corning, New York, uma cidadezinha rural com tão pouca diversidade racial que eles tiveram que contratar um profissional especializado para cortar o cabelo dos executivos negros, que reclamavam perder muito tempo com isto, tendo que ir até Ithaca ou Rochester.[115]

---

115 HYMOWITZ, Carol. One firm's bid to keep blacks, women. *The Wall Street Journal*, 16 Feb. 1989, p. B1.

Imagine que você é o diretor de pessoal da Corning. Como tentaria responder ao desafio proposto pelo presidente? Quais as potenciais tendências ou histórias culturais que podem estar causando a saída desses indivíduos? Quais as políticas de provimento interno que poderiam atrair mulheres e membros de minorias para as posições mais altas da organização? Como os preconceitos e a ignorância arraigados na cultura deveriam ser atacados? Como convenceria os executivos de linha sobre a necessidade de agir? Finalmente, como avaliaria seu sucesso?

10

TREINAMENTO

A Motorola Inc. enfrentou um dilema crítico. Em 1982, suas vendas foram iguais às da Texas Instruments, Inc., a maior fabricante de semicondutores do mundo. Em apenas cinco anos, as vendas de seus semicondutores caíram para o quarto lugar, e seus outros produtos eletrônicos estavam sendo sitiados por inovadores competidores internacionais. Em uma situação em que outras empresas poderiam ter feito demissões em massa e fechado fábricas, o presidente da Motorola, Robert W. Galvin, e seu sucessor, George M. C. Fisher, decidiram apostar que seus empregados poderiam trazer a necessária competitividade à organização. Em 1984, Galvin estabeleceu que pelo menos 1,5% das folhas de pagamentos de cada executivo deveria ser usado para o treinamento. Por volta de 1992, a Motorola estava gastando 120 milhões de dólares, ou 3,6% de sua folha, em educação, oferecendo uma média de 36 horas de treinamento por empregado/ano. Em 1993, a revista *Fortune* referiu-se à Motorola como "padrão de ouro" do treinamento organizacional.[1]

Em 1995, as vendas da empresa foram de 22,2 bilhões de dólares, ela gastou 150 milhões de dólares para fornecer um mínimo de 40 horas de treinamento para cada um de seus 132 mil empregados e dedicou 4% de seu orçamento de pessoal com treinamento. O filho de Galvin, e atual presidente da Motorola, Christopher, tem o mesmo forte comprometimento com o treinamento. Até o final desta década, cada empregado na empresa receberá de 80 a 100 horas de treinamento por ano, e o orçamento anual de treinamento chegará aos 300 milhões de dólares. Tanto os executivos como os demais empregados poderão escolher entre os 600 cursos oferecidos na Motorola University em Schaumburg, Illinois, e em 13 outras unidades espalhadas pelo mundo. Uma amostra dos cursos dessa universidade inclui um jogo para computador em que os clientes vão à falência, os presidentes de empresas são sumariamente demitidos e fábricas pegam fogo; aulas de 24 horas para aprender a lidar com empregados difíceis, construindo torres de brinquedo para entender as especificações dos consumidores, usando catapultas para lançar bolas de golfe em cestas com o propósito de entender mais sobre qualidade; e um curso básico de matemática, de 12 horas, abrangendo frações, gráficos e álgebra.[2] Fica bastante claro que os executivos da Motorola acreditam que a criatividade e a adaptabilidade são críticas para o sucesso em um mercado globalizado competitivo e volátil, e que esse tipo de treinamento pode contribuir para os bons resultados.

Coloque-se na posição do presidente da Motorola University, William Wiggenhom. Obter o comprometimento com a educação por parte do presidente da empresa é uma coisa rara e valiosa. Significa que você provavelmente terá condições de estruturar a estratégia de treinamento para toda a empresa, obter os recursos e o apoio administrativo necessários a sua implementação e conseguir um impacto real sobre as metas organizacionais. Entretanto, isso também significa que será responsável pela demonstração de que sua estratégia vale a pena em termos de melhoria da satisfação dos clientes. Como definiria e implementaria essa estratégia? Como avaliaria as necessidades de treinamento da empresa? É

---

1 HENKOFF, Ronald. Companies that trainbest. *Fortune,* p. 62-75, 22 Mar. 1993, WIGGENHORN, William. Motorola U.: when training becomes an education. *Harvard Business Review,* p. 71-83, July/Aug. 1990, THERRIEN, Lois. Motorola sends its work force back to school. *Business Week,* p. 80-81, 6 June 1988.

2 GRANT, Linda. A school for success. *U. S. News and World Report,* p. 53-55, 22 May 1995.

possível que alguns dos problemas não sejam resolvidos com treinamento, mas necessitem de intervenções de outro tipo, como ações de recrutamento e seleção ou de política de remuneração? Como vai determinar a motivação correta entre os empregados e adequar o treinamento as suas habilidades de aprendizagem? Quais as áreas de treinamento você desenvolverá, e como fará essa escolha? Todos terão o mesmo tipo de treinamento sobre as necessidades dos clientes, ou os programas serão diferenciados de acordo com as funções, como executivos ou empregados na produção? Os grupos de treinamento deverão ser um misto de vários papéis funcionais ou deverão ser homogêneos em termos de funções e *status* organizacional? Que método de fornecimento de treinamento usaria? Optaria por métodos modernos de alta tecnologia, como multimídia, ou ficaria com os mais tradicionais, baseados em palestras e discussões em grupo? Finalmente, como mais tarde demonstraria ao presidente da empresa que os 150 milhões de dólares gastos com seu programa valeram mais a pena do que um possível investimento em novos equipamentos, instalações ou tecnologias?

TREINAMENTO E PROCESSO DE DESENVOLVIMENTO DO EMPREGADO

Os trabalhadores da área de produção da Motorola aprendem a lidar com informática, robótica e outras tecnologias não apenas a partir de manuais e palestras, mas também criando e construindo seus próprios protótipos. A Motorola University equipou suas instalações, salas de aulas e laboratórios com computadores. Não apenas os empregados, mas também os fornecedores e clientes recebem treinamento. Os instrutores não são professores em tempo integral; são engenheiros, cientistas e executivos experientes, rigorosamente selecionados e treinados para o aprendizado ativo, que significa levar as pessoas a aprender fazendo. A Motorola calcula que cada dólar investido em treinamento traz um retorno de 30 dólares em ganho de produtividade dentro de três anos; entre 1987 e 1993, a empresa cortou custos da ordem de 3,3 bilhões de dólares, na medida em que os empregados eram treinados para simplificar os processos e reduzir desperdícios. As vendas por empregado duplicaram e a lucratividade cresceu em 47%.[3]

Treinamento é, sem dúvida, um grande negócio. No Quadro 10.1, mostramos que as empresas nos Estados Unidos com mais de 100 empregados gastaram um total de 52 bilhões de dólares em 1995, cerca de 30% a mais que em 1988. Repare que 72% deste total foi destinado a remunerar os profissionais de treinamento, e o restante foi usado para pagar materiais, serviços externos, conferências e outras despesas operacionais. Na França, os gastos com treinamento em 1990 foram em média 3% do total da folha de pagamentos, com as organizações com mais de 2.000 empregados gastando 5%. O Japão gasta em torno de 6%. Ainda assim, isso é apenas a ponta do *iceberg*. A Motorola considera que o treinamento fora de serviço é igual aos custos do treinamento formal, o que levaria o gasto total para a casa dos 100 bilhões de dólares. Muitos trabalhadores realizam seu treinamento por meio de atividades informais durante o trabalho, ou por meio de parcerias com universidades ou escolas locais; isso também envolve custos.[4]

> Treinamento é um processo sistemático para promover a aquisição de habilidades, regras, conceitos ou atitudes que resultem em uma melhoria da adequação entre as características dos empregados e as exigências dos papéis funcionais.
>
> *Desenvolvimento é* o processo de longo prazo para aperfeiçoar as capacidades e motivações dos empregados a fim de torná-los futuros membros valiosos da organização. O desenvolvimento inclui não apenas o treinamento, mas também a carreira e outras experiências.

Não se faz Treinamento só pelo Treinamento

O treinamento é apenas um dos componentes do processo de desenvolvimento que inclui todas as experiências que fortalecem e consolidam as características dos empregados desejáveis em termos de seus papéis

---

3   HENKOFF. Companies that train best, p. 68.

4   CENTRE D'ETUDES ET DE RECHERCHES SUR LES QUALIFICATIONS. *Statistique de la formation professionelle continue financée par les entreprises:* années 1989-1990, DENTZER, Susan. How to train workers for the 21st century. *U. S. News & World Report*, p. 74, 21 Sept. 1992, AMIRAULT, Thomas. Training to qualify for jobs and improve skills, 1991. *Monthly Labor Review,* p. 31-36, Sept. 1992.

Quadro 10.1
Orçamento para o Treinamento Formal nas Empresas nos Estados Unidos.

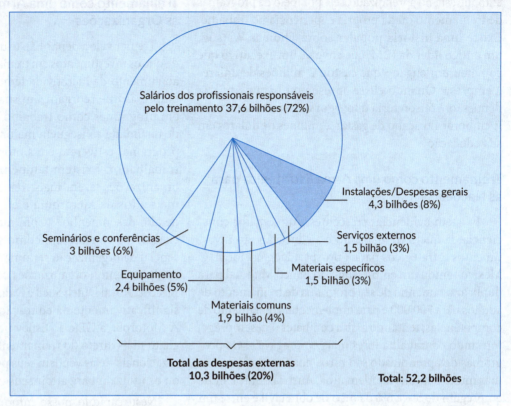

Fonte: Vital Statistics: *Training*, p. 42, Oct. 1995. Adaptado com autorização da edição de outubro/1995 da *Training Magazine*. Copyright 1995. Lakewood Publications, Minneapolis, MN. Todos os direitos reservados.

funcionais. Muitos argumentam que falar sobre o alto custo do treinamento obscurece o fato de que essas atividades, tanto no setor público como privado, costumam ser administrativamente confusas, raramente centralizadas em objetivos claros ou integradas com outras ações de RH.[5] Os programas de treinamento, frequentemente, acontecem porque uns poucos indivíduos decidem que eles são necessários, ou que é possível vender para a direção da empresa algum programa que esteja na moda. Consegue-se o dinheiro para iniciar o programa e o sucesso é medido pelo número de pessoas que se inscrevem. A eficácia é raramente medida. Os programas acabam ficando nos catálogos de treinamento da empresa, sem que as pessoas sequer se lembrem de quando eles aconteceram ou se deram algum resultado.

Ao contrário disso, as melhores empresas integram o treinamento dentro de um conjunto sistemático de atividades de RH, incluindo o provimento interno e externo, sistema de recompensas e planejamento das funções. A Federal Express dedica 3% de suas despesas, ou 225 milhões de dólares, ao treinamento. Eles também utilizam um sistema de recompensas que premia os trabalhadores pelo que aprendem, realizam testes de conhecimento duas vezes ao ano (cujos resultados estão vinculados ao aumento da remuneração) e um indicador de qualidade que pontua os problemas como entregas erradas (5 pontos) ou falha na coleta (10 pontos), que correlaciona o conhecimento com o resultado.[6] Exemplos semelhantes podem ser encontrados na Apple Computer, Mirage Resorts e J. P. Morgan, onde cada atividade de treinamento está explicitamente vinculada a uma necessidade negocial específica, às raízes dos problemas nos negócios e aos resultados-chave que originaram a requisição do treinamento.[7] Em muitas empresas, o

---

5 Training and the workplace. *The Economist*, p. 21, 22 Aug. 1992.
6 GALAGAN, Patrícia A. Training delivers results to Federal Express. *Training & Development*, p. 27-33, Dec. 1991.
7 KEEGAN, Linda, JACOBSON, Betsy. Training goes mod(ular) at Apple. *Training & Development*, p. 38-39, July 1995, ANFUSO, Dawn. Las Vegas Resort bets on training – and wins. *Personnel Journal*, p. 78-86, Sept. 1995, WICK, Calhoun W., LOU, Stanton Leon. Individual learning nurtures J. P. Morgan. *Personnel Journal*, p. 50-54, Nov. 1993, GALAGAN, Patrícia. Building capability at Pacific Bell. *Training & Development*, p. 23-31, Feb. 1995.

Desenvolvimento de Pessoal

enfoque está no aprendizado, seja por meio de programas de treinamento ou da própria experiência no trabalho. Existe uma história popular sobre Thomas Watson, um antigo líder da IBM, que envolve um executivo que cometeu um engano que custou 2 milhões de dólares à empresa. Quando ele se apresentou para pedir sua demissão, Watson teria dito: "Por que eu deixaria você ir embora? Eu acabo de gastar 2 milhões de dólares em sua educação".

Treinamento como uma Arma Estratégica para as Nações

Existem evidências crescentes e uma maior consciência de que o treinamento e a educação são investimentos estratégicos para a prosperidade nacional. O México tomou um empréstimo do Banco Mundial para duplicar o tamanho de seu programa de treinamento de adultos para 700.000 e para implementar treinamento de competências, tentando assim combater o desemprego, tornando os trabalhadores mais empregáveis. Os programas de aprendizado são raros nos Estados Unidos, mas muito comuns na Alemanha, Áustria e Suíça, onde empregam de 5% a 6% da mão de obra civil e entre um terço e metade da população entre 15 e 18 anos.[8] Uma conferência sobre estratégias de treinamento nas empresas colocou em evidência o impacto do treinamento e da educação na produtividade econômica de países como o México, Colômbia e Malásia.[9] A tentativa da Coreia do Sul de importar da Alemanha instrutores e programas de treinamento cooperativo empresa-governo não resultou necessariamente na melhoria da qualidade da mão de obra, o que indica que as diferenças políticas, culturais e econômicas entre os países são importantes para determinar o sucesso do treinamento.[10]

Treinamento como uma Arma Estratégica para as Organizações

Treinar vale a pena? Existe uma crescente evidência de que os investimentos em treinamento estão associados ao aumento da lucratividade no longo prazo, e que as empresas que reorganizam suas operações com base em programas como trabalho em equipes e círculos de qualidade conseguem maior produtividade se esses programas estiverem em sintonia com a educação do trabalhador. Existem também evidências de que as organizações fazem mais treinamento para os cargos mais altos da hierarquia e em sistemas de trabalho de alto desempenho.[11] Com mais frequência, os altos executivos consideram como sendo uma missão essencial da organização ser uma "empresa de criação de conhecimento"; organizações como a Philips, General Electric, Royal Dutch Shell e Daimler-Benz têm investido significativamente na educação de seus funcionários. A Motorola, a GE e a Disney podem apontar para um efeito mais direto do treinamento sobre as metas organizacionais – elas vendem seus programas educacionais, ou os utilizam para atrair seus clientes.[12]

Neste capítulo, nosso enfoque básico será em como as organizações podem usar o treinamento como uma ferramenta estratégica para atingir os objetivos da empresa e de seus empregados. A ligação entre treinamento e objetivos parece bastante óbvia, mas, frequentemente, acaba sendo esquecida na luta cotidiana pela implementação de programas e no enfrentamento de crises. O treinamento torna-se uma atividade, não uma estratégia. Existe uma grande diferença entre o treinamento como atividade e o treinamento para impacto, como mostramos no Quadro 10.2. O treinamento para impacto requer uma identificação cuidadosa dos

---

8   SOLIS, Dianne. México, amid growing jobless rate, steps up programs to train workers. *The Wall Street Journal*, p. A13, 23 Oct. 1995, ELBAUM, Bernard, SINGH, Nirvikar. The economic rationale of apprenticeship training: some lessons from British and U. S. experience. *Industrial Relations* 34, p. 593-622, Oct. 1995.

9   *World Bank Conference on Enterprise Training Strategies and Productivity.* 12-13 June 1995.

10   JEONG, Jooyean. The failure of recent State vocational training politicies in Korea from a comparative perspective. *British Journal of Industrial Relations*, p. 237-252, June 1995.

11   LYNCH, Lisa M., BLACK, Sandra. Beyond the incidence of employer-provided training: evidence from a national employers survey. Documento de trabalho. National Bureau of Economic Research. Cambridge, MA, 1995, LYNCH, Lisa M. Employer-provided training in manufacturing sector: first results from the United States. Trabalho apresentado na *Conference on Enterprise Training Strategies and Productivity,* 12-13 June 1995, GATTIKER, Urs E. Firm and taxpayer returns from training of semiskilled employees. *Academy of Management Journal* 38, p. 1152-1173, 1995, BASSI, Laurie J. Upgrading the U. S. workplace: do reorganization, education help? *Monthly Labor Review,* p. 37-47, May 1995, OSTERMAN, Paul. Skill training and work organization in American establishments. *Industrial Relations* 34, p. 125-146, Apr. 1995.

12   NONAKA, Ikujiro. The knowlegde-creating company. *Harvard Business Review* 69, p. 96-104, Nov./Dec. 1995, READY, Douglas A. Educating the survivors. *Journal of Business Strategy* 16, p. 28-37, Mar./Apr. 1995, Learning organizations. *The Economist,* p. 79-80, 28 Oct. 1995.

objetivos, uma avaliação sistemática das alternativas e uma mensuração precisa dos resultados obtidos. Em resumo, é uma abordagem diagnóstica.

QUAL SUA OPINIÃO?

Uma visita à cantina do centro de treinamento da General Electric em Crotonville, New York, pode levá-lo a sentar-se tanto com os empregados da empresa como com executivos das empresas fornecedoras ou com clientes. Os clientes pagam mais pelas ofertas da GE em grandes projetos e os fornecedores cobram menos pelos seus produtos apenas pelo privilégio de participar de seus programas de treinamento, como o "Work Out" ou o "Change Acceleration Process". Qual você acha que seria a justificativa desta prática?

IMPACTO DA REALIZAÇÃO: ABORDAGEM DIAGNÓSTICA DO TREINAMENTO

Observe, no Quadro 10.3, os três estágios de desenvolvimento, implementação e avaliação das atividades de treinamento. O levantamento das necessidades envolve o exame das metas nos níveis da organização, da função/tarefa/CHC (conhecimento, habilidade e capacidade) e do indivíduo. Esse processo serve para identificar as lacunas que se tornam objetivos instrucionais. No estágio de treinamento e desenvolvimento, os objetivos são usados para selecionar e projetar o programa de instrução e para fornecer o treinamento. Finalmente, a fase de avaliação envolve o uso de critérios e modelos que vão determinar se o programa atingiu seus objetivos originais. Os resultados dessa avaliação formam a base para o início de um novo ciclo, e o processo continua. Cada estágio é importante para que o treinamento tenha impacto sobre as metas organizacionais e empregados.

Avaliando as Necessidades da Organização

A vinculação entre o treinamento e as necessidades identificadas e a avaliação de seus resultados em função dessas mesmas necessidades parecem muito óbvias, mas nem sempre ocorrem. Por exemplo, um editorial do jornal *Alaska Daily News* chamou a atenção para uma observação mais rigorosa dos programas de treinamento, depois que uma associação religiosa usou dinheiro público para trazer ao Arizona um consultor que afirmava que os Smurfs (personagens de desenho animado) eram agentes do diabo![13] Em 1991, a Digital Equipment Corporation chegou à conclusão de que nunca havia avaliado as habilidades ou interesses de seus profissionais de recursos humanos. Os países da Europa central, que estão tentando viabilizar seus projetos de privatização, têm sido assessorados no levantamento de suas necessidades por um bom número de ávidas empresas internacionais de treinamento.[14]

Quadro 10.2
Diferenças entre o treinamento como atividade e o treinamento para impacto.

Treinamento como atividade	Treinamento para impacto
Caracterizado por:	Caracterizado por:
✦ Ausência de cliente.	✦ Parceria com o cliente.
✦ Ausência de necessidade negocial.	✦ Vínculo com uma necessidade negocial.
✦ Ausência de avaliação de eficácia de desempenho ou das causas.	✦ Avaliação da eficácia do desempenho e das causas.
✦ Ausência de esforços para preparar o ambiente de trabalho para dar apoio ao treinamento.	✦ Preparação do ambiente de trabalho para dar apoio ao treinamento.
✦ Ausência de medição de resultados.	✦ Medição dos resultados

Fonte: Reproduzido com autorização de ROBINSON, Dana Gaines, ROBINSON, James C. *Training for impact.* San Francisco: Jossey-Bass, 1992. p. 28.

---

13 The Eighth Annual Training Zone Awards. *Training,* p. 31, Dec. 1992.

14 BAILEY, Betty. Ask what HR can do for itself. *Personnel Journal,* p. 35-39, July 1991, O'CONNOR, Robert. Retraining Eastern Europe. *Training,* p. 41-45, Nov. 1992.

Quadro 10.3
Modelo diagnóstico do processo de treinamento.

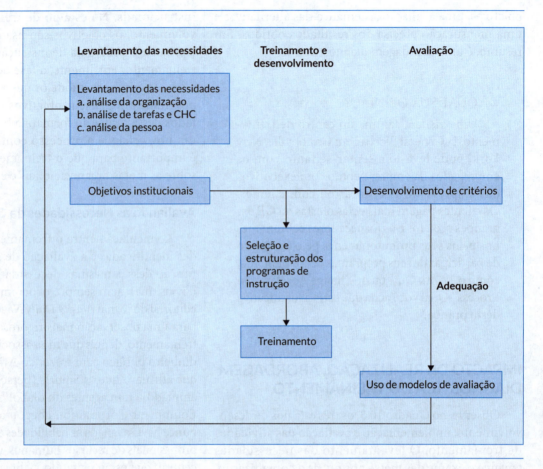

Comprometimento da Cúpula

Muitos estudos afirmam que o comprometimento da cúpula da organização é fundamental para o sucesso de quaisquer programas, e, provavelmente, isso não é diferente para o treinamento.[15] Esse apoio se origina na demonstração de que o treinamento está claramente vinculado aos objetivos da empresa, de maneira que o levantamento das metas organizacionais é o primeiro passo essencial. Nas empresas bem-sucedidas nesses programas, o treinamento está diretamente ligado às metas organizacionais. A Xerox realiza um "treinamento para entender as necessidades dos clientes"; a KPMG Peat Marwick faz um "treinamento para aumentar o valor agregado e um serviço ao cliente mais rápido e eficaz em termos de custo"; e a Aetna busca uma "reengenharia de pessoal que responda às mudanças".

As pesquisas indicam que empresas que têm estratégias diferentes de produção e marketing utilizam diferentes tipos de treinamento, e que a flexibilidade dos processos de produção está fortemente associada a um maior esforço de treinamento.[16]

A análise das necessidades organizacionais vai além da simples identificação de metas. Esse processo também inclui a obtenção do apoio da cúpula da empresa e de outros indivíduos com poder decisório, assegurando assim que a organização esteja preparada para apoiar e alimentar os novos conhecimentos e comportamentos que serão criados pelo treinamento, bem como a identificação de barreiras externas ou legais aos programas implantados. Por exemplo, em uma das unidades da empresa Celcor, em New York, foi estabelecido um acordo com o sindicato dos operários de linha de

---

15　RODGERS, Robert, HUNTER, John E., RODGERS, Deborah L. Influence of top management commitment on management program success. *Journal of Applied Psychology* 78, nº 1, p. 151-155, 1993.

16　THORNBURG, Linda. Training in a changing world. *HR Magazine,* p. 44-47, Aug. 1992, MacDUFFIE, John Paul, KOCHAN, Thomas A. Does the U. S. underinvest in human resources? Determinants of training in the world auto industry. Trabalho apresentado no *National Academy of Management Meetings.* New York, Aug. 1991, ETTLIE, J. A. What makes a manufacturing firm innovate? *Academy of Management Executive* 4, p. 7-20,1990.

montagem para a redução de 21 categorias de função para apenas uma – o especialista Celcor. O trabalho foi então reestruturado para dar às equipes uma nova autoridade concernente às máquinas e equipamentos, distribuição do trabalho e cronograma de produção. Depois das mudanças, surgiram novas dificuldades, como disputas interpessoais, e a confusão se estabeleceu. Só então percebeu-se que o treinamento teria que ser reestruturado para enfocar um conjunto específico de competências (ver Capítulos 3 e 4) e para adequar cada empregado a seu papel funcional.[17]

Em 1990, Peter Senge argumentava que a "organização que aprende" era a onda do futuro, dedicada ao "pensamento sistêmico", "excelência pessoal", "modelos mentais", "visão compartilhada" e "aprendizado em equipe".[18] Como você pode diagnosticar se as condições de sua organização são solo fértil para o aprendizado? Uma proposta é o "Teste da Organização que Aprende" (veja no Quadro 10.4), cuja ideia básica é que a organização e seus líderes determinam significativamente o sucesso das atividades de treinamento. Portanto, um diagnóstico cuidadoso das condições e necessidades organizacionais é essencial para a elaboração da estratégia de treinamento.

Análise de Funções, de Tarefas e de Capacidade, Habilidades e Conhecimento (CHC)

Provavelmente, a maneira mais óbvia de determinar as necessidades de treinamento seja buscando as áreas em que as competências ou CHCs das pessoas precisem ser melhoradas para atenderem aos requisitos das funções que ocupam. Se as pessoas não conseguem usar o novo sistema de correio eletrônico, uma estratégia lógica seria mandá-las a um curso sobre o assunto. Entretanto, como já vimos nos capítulos anteriores, as organizações hoje mudam rapidamente, e papéis funcionais estáveis e previsíveis em suas capacitações são raridade. "Competências essenciais", ou uma ampla variedade de competências que permitam a flexibilidade e adaptabilidade, são geralmente o objetivo-chave das organizações de hoje. Assim sendo, o diagnóstico das necessidades de treinamento requer uma consideração mais ampla e de mais longo prazo sobre o que as pessoas

terão que saber, em vez de simplesmente analisar o que está faltando de competência para a tarefa atual, como foi visto no Capítulo 3. Alguns usam o termo "em forma de T" para descrever as pessoas que possuem uma profunda capacitação em uma determinada área, mas um conhecimento abrangente sobre outros setores, o que as torna flexíveis.[19] O levantamento das competências significa olhar por meio das funções e descobrir o que aqueles indivíduos com alto desempenho sabem, e como fazê-los ser bem-sucedidos. Quando a Eastman Chemical se reestruturou, eliminando as funções (produção, marketing, finanças), e enfatizou as linhas de produtos (fibras, produtos químicos, plásticos), ela mudou fundamentalmente o que as pessoas precisavam saber e a forma como deveriam trabalhar em conjunto. Para analisar as necessidades de treinamento, a Eastman Chemical precisou primeiro identificar as competências essenciais; foi descoberto, por exemplo, que 20 "grupos de trabalho" partilhavam uma mesma competência, o que simplificou a tarefa de treinamento drasticamente.[20]

O aumento da autonomia do empregado muda a natureza das necessidades de treinamento? Quando um hóspede do Ritz-Carlton Hotel em McLean, Virgínia, EUA, reclamou dos serviços da camareira e da atendente da academia de ginástica, o recepcionista abriu mão de uma conta no valor de 405,25 dólares, correspondentes a duas diárias. Desde 1992, essa rede de hotéis dá a seus recepcionistas um limite de 2 mil dólares para que possam reembolsar hóspedes queixosos, por sua própria decisão. Sem treinamento, entretanto, programas desse tipo podem tornar-se muito onerosos. Esse foi o caso no Fairmont Hotel de San Francisco, Califórnia, quando um funcionário colocou por engano a bagagem de um casal no carro de outro que ia para o Oregon. O gerente autorizou o reembolso das compras de roupas, artigos de toalete e outras necessidades. Os hóspedes gastaram 3 mil dólares, embora suas malas acabassem sendo entregues de volta.[21] Em alguns setores, o levantamento das necessidades em relação aos papéis funcionais conduz ao estabelecimento de padrões de capacitação e exigência de certificados, especialmente para as habilidades básicas. Os sindicatos costumam reagir fortemente a isso nos Estados Unidos, argumentando que os empregados

---

17 HENKOFF. *Companies that train best*, p. 73.

18 SENGE, Peter. *The fifth discipline*: the art and practice of the learning organization. New York: Doubleday, 1990.

19 The knowledge. *The Economist*, p. 63, 11 Nov. 1995.

20 KEITH, Joseph D., PAYTON, Ellen Smith. The new face of training. *Training & Development*, p. 49-51, Feb. 1995, McNERNEY, Donald J., BRIGGINS, Angela. Competency assessment gains favor among trainers. *HR Focus*, p. 19, June 1995.

21 HIRSCH, James M. Now hotel clerks provide more than keys. *The Wall Street Journal*, 19 Mar. 1993, p. Bl.

344 | Desenvolvimento de Pessoal

Quadro 10.4
Teste da organização que aprende.

1º Passo: Escolha a organização que você pretende avaliar. Pode ser a empresa inteira, um departamento, ou um grupo de trabalho, desde que esta organização tenha um líder identificável. Escreva o nome da organização abaixo.

Organização: _____

2º Passo: Na primeira coluna, avalie esta organização de acordo com a veracidade de cada afirmação na realidade atual. Na segunda coluna, avalie de acordo com seu desejo do que ela se torne. Depois de julgar cada afirmação, some os pontos de cada coluna. No final da página, coloque um * na pontuação do atual e um + na pontuação do desejado.

	Atual*					Desejado+				
	Falso		Verdadeiro			Falso		Verdadeiro		
1. Nosso líder tem uma visão clara das coisas.	1	2	3	4	5	1	2	3	4	5
2. A visão do nosso líder é comunicada claramente e compreendida por todos.	1	2	3	4	5	1	2	3	4	5
3. Nosso líder é admirado por seus subordinados.	1	2	3	4	5	1	2	3	4	5
4. Nossos líderes são coerentes.	1	2	3	4	5	1	2	3	4	5
5. Nós temos um plano claro para transformar nossas visões em realidade.	1	2	3	4	5	1	2	3	4	5
6. Nós medimos eficazmente nossos processos, progressos e resultados.	1	2	3	4	5	1	2	3	4	5
7. Os resultados de nossas medições são divulgados rápida e amplamente.	1	2	3	4	5	1	2	3	4	5
8. As exigências dos clientes internos e externos são claramente compreendidas.	1	2	3	4	5	1	2	3	4	5
9. Nossos clientes estão envolvidos no planejamento e desenvolvimento de nossos produtos e serviços.	1	2	3	4	5	1	2	3	4	5
10. Rotineiramente, buscamos aprender com as melhores práticas de outras empresas cuja capacidade é superior à nossa em áreas críticas.	1	2	3	4	5	1	2	3	4	5
11. Evitamos o problema de "não foi inventado aqui", usando as boas ideias dos outros.	1	2	3	4	5	1	2	3	4	5
12. Os aprendizados de outras empresas é rapidamente transmitido e absorvido.	1	2	3	4	5	1	2	3	4	5
13. Identificamos rapidamente uma boa ideia surgida em qualquer parte da organização e a compartilhamos para que possa ser usada por todos.	1	2	3	4	5	1	2	3	4	5
14. Nosso pessoal tem facilidade de dividir suas boas ideias para colaborar com o sucesso da organização.	1	2	3	4	5	1	2	3	4	5
15. O treinamento que fazemos tem todo o apoio do ambiente organizacional.	1	2	3	4	5	1	2	3	4	5
16. Frequentemente, aceitamos desafios, mesmo quando não temos certeza de vencê-los.	1	2	3	4	5	1	2	3	4	5
17. Somos inventivos na forma de enfrentar os desafios.	1	2	3	4	5	1	2	3	4	5
18. Mantemos o pessoal consciente de suas responsabilidades, mas não punimos "enganos".	1	2	3	4	5	1	2	3	4	5
19. Somos uma "organização que faz acontecer". Temos uma tendência à ação e sentimo-nos orgulhosos de nossas realizações.	1	2	3	4	5	1	2	3	4	5
20. Achamos o trabalho gratificante.	1	2	3	4	5	1	2	3	4	5

Fonte: WICK, Calhoun W. LEON, Lu Stanton. From ideas to action: creating a learning organization. *Human Resource Management* 34, p. 299-311, Summer 1995.

devem ser ouvidos antes do estabelecimento de tais padrões. Em empresas como a Texas Instrument e a Eastman Kodak, para se obter o apoio dos executivos para o treinamento de habilidades básicas é preciso provar como esse treinamento está relacionado com funções e tarefas específicas, com base na descrição das funções.[22] Entretanto, a tecnologia de hoje pode reduzir ao invés de aumentar as demandas por habilitações ao trabalho. Computadores capazes de reconhecer a voz humana ou "ler" documentos sozinhos estão modificando o sentido do conhecimento das tarefas no ambiente de trabalho.

Análise da Pessoa

Mesmo quando as condições organizacionais colaboram para a eficácia do treinamento e este está voltado para as competências e CHCs corretas, as diferenças individuais são significativas. Entre 106 executivos de nível médio com autonomia para escolher seu treinamento, o processo de aprendizado aparece relacionado com o uso de estratégias analíticas, atitudes positivas frente ao treinamento e com o fato de ser jovem. Aqueles que se sentem ansiosos com o treinamento acabam achando tudo mais difícil e aproveitam menos. Entre 967 funcionários públicos americanos, aqueles que recebem maior apoio de suas organizações têm maior incentivo para sair-se bem. Os que acreditam que o treinamento é de alta qualidade, sentem-se mais motivados e consideram os resultados sobre seu trabalho mais produtivos. A *autoeficácia,* percepção de que se consegue realizar certas tarefas ou ter certos comportamentos, tem-se mostrado um forte previsor do sucesso do treinamento, bem como uma consequência do treinamento bem-sucedido. Um estudo realizado com 154 contadores demonstrou que

aqueles com autoeficácia mais *baixa* beneficiaram-se mais com o treinamento nestes termos, tendo melhorado também sua capacidade de enfrentar problemas, seu desempenho no trabalho e suas intenções de sair da empresa.[23]

Fatores específicos individuais podem ajudar a identificar quem se beneficiará mais com o treinamento. Um estudo feito com empregados russos treinados em um hotel de luxo em Moscou, pertencente a um grupo ocidental, mostrou que aqueles que falavam melhor inglês e tinham uma orientação geral sobre o serviço obtiveram um desempenho melhor no final do treinamento, mas os métodos baseados em comportamento (como jogos e dramatizações) trouxeram o maior benefício para aqueles que falavam *menos* inglês e não tinham orientação prévia sobre o serviço.[24] Um outro estudo feito com empregados de hotéis descobriu que aqueles mais conscientizados (veja o Capítulo 7) costumavam obter as melhores avaliações de seus chefes, e que o treinamento em autoliderança melhorou o desempenho daqueles originalmente menos conscientizados, mas não fez muita diferença para os que já eram bons nesse atributo.[25] Até a forma como o treinamento é "apresentado" pode interagir com os fatores individuais. Em um estudo, deu-se a um grupo de estudantes de psicologia um teste, depois do qual eles seriam encaminhados para níveis de treinamento "sofrível" ou "avançado". Aqueles que foram designados para o nível que esperavam se sentiram tratados com justiça, ao contrário daqueles que foram para um nível indesejado; esse sentimento de justiça estava associado à posterior motivação com o treinamento, ainda que a designação para estes programas fosse, na verdade, aleatória.[26]

---

22 Cooperation key to setting skill standards, certification, AFL-CIO official testifies. *HRDI Advisory* 20, nº 5, p. 1, May/June 1992, Enough talk: time to set skill standards. *HR Focus,* p. 1, June 1992, HENDERSON, Linda T., PRICE, Kathy. TI locks in supervisory support for basic skills. *Work in America,* p. 1-3, Feb. 1993, How Kodak helps managers and supervisory play their part. *Work in America,* p. 1, Jan. 1992.

23 WARR, Peter, BUNCE, David. Trainee characteristics and the outcomes of open learning. *Personnel Psychology* 48, p. 347-375, 1995, FACTEAU, Jeffrey D. et al. The influence of general perceptions of the training environment on pretraining motivation and perceived training transfer. *Journal of Management 21,* p. 1-25, 1995, SAKS, Alan M. Longitudinal field investigation of the moderating and mediating effects of self-efficacy on the relationship between training and newcomer adjustment. *Journal of Applied Psychology* 80, p. 211-225, 1995, NOE, R. A. Trainees' attributes: neglected influences on training effectiveness. *Academy of Management Review* 11, p. 736-749, 1986, NOE, R. A., SCHMITT, N. The influence of trainee attitudes on training effectiveness: test of a model. *Personnel Psychology* 39, p. 497-523,1986.

24 NAJJAR, Michelle, BOUDREAU, John W. *The effect of behavior modeling training, Service orientation and language skills on Service skills and behaviors: extending social learning theories to collectivist cultures.* Apostila #96-01. Center for Advanced Human Resource Studies. Ithaca, NY, 1996.

25 STEWART, Greg L., CARSON, Kenneth P., CARDY, Robert L. The joint effects of conscientiousness and self-leadership training on employee self-directed behavior in a Service setting. *Personnel Psychology* 49, p. 143-164, 1996.

26 Miguel A. Quit/at/nones. Pretraining context effects: training assignment as feedback. *Journal of Applied Psychology* 80, p. 226-238, 1995.

Comparação e Uso dos Métodos de Levantamento de Necessidades

No Quadro 10.5, comparamos diversas técnicas de levantamento de necessidades em termos da oportunidade de envolvimento do participante, da necessidade de envolvimento dos superiores, o tempo gasto, o custo e se o processo produz dados que possam ser quantificados (expressos em números). O envolvimento do treinando é importante para melhorar a motivação e um sentimento de responsabilidade em relação ao sucesso do treinamento. O envolvimento dos superiores é importante para criar um clima de apoio e encorajamento para que eles usem suas recém-adquiridas habilidades quando voltarem ao trabalho. Se todas as outras condições forem iguais, os métodos que requerem menos tempo, menos dinheiro e produzam resultados quantificáveis devem ser escolhidos, mas esses fatores são, geralmente, menos importantes do que o envolvimento dos treinandos e de seus superiores. As razões mais citadas para explicar o insucesso do treinamento incluem a falta de apoio dos superiores, a ausência de recompensas para o novo comportamento e a falta de movimentação dos empregados.

Embora a análise sistemática das necessidades pareça absolutamente lógica – na verdade, essencial para a tomada de decisões racionais sobre programas de treinamento –, ela não ocorre frequentemente. Um estudo mostrou que 81% das empresas americanas identificavam suas necessidades de treinamento apenas reagindo aos problemas quando estes ocorriam.[27] A análise de necessidades mais eficaz está intimamente associada às atividades de planejamento discutidas no Capítulo 5.

Quadro 10.5
Comparação entre métodos de levantamento de necessidades.

Técnica	Envolvimento do participante	Envolvimento dos superiores	Tempo gasto	Custo	Dados quantificáveis relevantes
Comitês de aconselhamento	Baixo	Moderado	Moderado	Baixo	Baixo
Centros de avaliação	Alto	Baixo	Baixo	Alto	Alto
Pesquisas de atitudes (opinião)	Moderado	Baixo	Moderado	Moderado	Baixo
Grupos de discussão	Alto	Moderado	Moderado	Moderado	Moderado
Entrevistas com participantes potenciais	Alto	Baixo	Alto	Alto	Moderado
Solicitação da gerência	Baixo	Alto	Baixo	Baixo	Baixo
Observação do comportamento (desempenho em atividade)	Moderado	Baixo	Alto	Alto	Moderado
Avaliação de desempenho	Moderado	Alto	Moderado	Baixo	Alto
Documentação de desempenho	Baixo	Moderado	Baixo	Baixo	Moderado
Método de incidente crítico	Alto	Baixo	Moderado	Baixo	Alto
Levantamentos com questionários e inventários (avaliação de necessidades)	Alto	Alto	Moderado	Moderado	Alto
Testes de habilidades	Alto	Baixo	Alto	Alto	Alto
Avaliação de programas anteriores	Moderado	Baixo	Moderado	Baixo	Alto

Fonte: NEWSTROM, John, LILYQUIST, John. Selecting needs analysis methods. *Training and Development Journal*, p. 56, Oct. 1979. 1979 *Training and Development Journal*, American Society for Training and Development. Reproduzido com autorização. Todos os direitos reservados.

---

27 DIGMAN, L. A. Determining management development needs. *Human Resource Management,* p. 12-17, Winter 1980.

IDENTIFICANDO OS OBJETIVOS DO TREINAMENTO: QUAL É O ALVO?

Como vimos no Capítulo 5, os objetivos e padrões de avaliação (ou critérios, no Quadro 10.3) caminham passo a passo. Os objetivos precisam ser suficientemente específicos e mensuráveis para servirem de medição do sucesso. Os objetivos também mudam constantemente, na medida em que os programas de treinamento são implementados e novas informações vêm à tona para serem usadas na próxima etapa do levantamento de necessidades. Assim sendo, os objetivos e os critérios para o treinamento devem atender aos mesmos padrões gerais para todas as informações, descritos no Capítulo 5: (1) precisam proporcionar informações que melhorem as futuras decisões; (2) precisam aperfeiçoar as decisões mais importantes; e (3) o custo da coleta dessas informações não pode ser superior ao seu benefício. Os bons objetivos são aqueles mensuráveis, específicos, que estabelecem datas-limite e refletem resultados relevantes para aspectos essenciais. Por exemplo, quando a Chrysler Corporation observou uma desvantagem muito grande em seus custos com relação à Toyota, a empresa desenvolveu três programas de treinamento integrados para atingir o objetivo de baixar seus custos. Os altos executivos foram treinados em grupos multifuncionais, em que se discutia o programa de controle de custos da Toyota, para identificarem o que se poderia fazer para gerar uma mudança fundamental. Os executivos de nível médio preocuparam-se menos com a competição externa, focalizando as ideias para melhorar o aproveitamento de seus esforços internos e para integrar suas operações. Os chefes frequentaram aulas para aperfeiçoar suas habilidades analíticas e de melhoria de produtividade. O objetivo era obter uma redução significativa nos custos para torná-los comparáveis aos da Toyota e de outros concorrentes.[28]

QUAL SUA OPINIÃO?
A Toyota implementou um esforço coordenado de treinamento para reduzir custos. Suponhamos que os custos baixem em seguida ao treinamento. Você estaria disposto a creditar essa redução de custos ao treinamento? Justifique. Qual é o papel dos profissionais de RH na avaliação desses resultados?

SELEÇÃO E ESTRUTURAÇÃO DE PROGRAMAS DE TREINAMENTO

As duas caixas do centro no Quadro 10.3 descrevem o processo de seleção e estruturação do treinamento, e, depois, sua execução. Esse processo envolve o estabelecimento de condições de apoio ao aprendizado, a escolha do conteúdo do programa de treinamento e a escolha da forma como o treinamento será fornecido e quem será o responsável por isto.

Estabelecendo Condições Apoiadoras para o Aprendizado

O *aprendizado é* uma modificação relativamente constante nos conhecimentos, habilidades, crenças, atitudes ou comportamentos, produzida pela experiência.

Para que o treinamento possa ter qualquer efeito, os treinandos precisam aprender alguma coisa com ele. Quando o treinamento é estruturado de maneira eficaz e os treinandos sentem-se motivados, o aprendizado pode acontecer. Lembre-se que aprendizado é definido de forma mais abrangente e inclui muito mais do que simplesmente tornar alguém capaz de declarar fatos ou conhecimentos novos. Antes que o treinamento comece a acontecer, é preciso existir algumas precondições para a ocorrência do aprendizado.

Capacidade de Aprendizagem do Treinando

Os indivíduos começam o treinamento com diferentes experiências, diferente familiaridade com o material e diferentes habilidades físicas e mentais inatas. Os planejadores do treinamento precisam se certificar de que suas demandas sejam adequadas à capacidade dos treinandos. O treinamento não pode ser nem muito difícil, nem muito fácil, para ser eficaz. Ainda que a inteligência e outras habilidades genéricas possam ajudar a prever o desempenho futuro, o que realmente contribui para o desempenho varia de acordo com o processo de aprendizagem. Testá-lo antes de começar o treinamento pode ajudar nessa adequação. As evidências indicam que os testes práticos em serviço podem prever a treinabilidade, mais para o curto prazo do que para

---

28 BAIRD, Lloyd, BRISCOE, Jon, TUDEN, Lydia, ROSANSKY, L. M. H. World class executive development. *Human Resource Planning* 17, p. 1-15, 1994.

o longo prazo.[29] Existe um debate a respeito de certas habilidades serem mais importantes em determinadas fases do aprendizado. Na fase inicial, uma habilidade cognitiva mais abrangente poderia ser interessante, mas as fases posteriores poderiam privilegiar aspectos como a rapidez de percepção e a habilidade psicomotora. As variáveis de personalidade também podem influenciar o aprendizado do treinando.[30]

A *autoeficácia,* o julgamento individual sobre a capacidade de executar com sucesso um determinado curso de ação tem sido apontada como um importante determinante da capacidade de aprendizagem, e demonstra estar relacionada com os efeitos do treinamento sobre o ajustamento do recém-chegado e aos níveis de ansiedade em relação ao treinamento. Ajudar as pessoas a se sentirem mais confiantes pode ser uma maneira de maximizar os efeitos positivos do treinamento.[31]

Motivação do Treinando para a Aprendizagem

Provavelmente, a motivação mais importante que o treinando precisa ter é a vontade de mudar seus comportamentos e resultados no trabalho. A motivação relacionada com o trabalho requer uma integração entre treinamento e o sistema de remuneração, que discutiremos mais adiante neste livro. As pesquisas indicam que chefes apoiadores e a expectativa de que os resultados do treinamento serão avaliados depois no trabalho são fatores que contribuem para a motivação do treinando. Entretanto, a motivação dele também afeta seu aprendizado durante o programa.[32] Algumas vezes, sua motivação pode ser reduzida, apesar das boas intenções. Um estudo mostrou que quando os treinandos podem escolher seu programa e conseguem o que pediram, os resultados do treinamento são excelentes. Todavia, ao contrário, quando sua escolha não é atendida, sua reação ao treinamento é ainda mais negativa do que entre aqueles que não tiveram oportunidade de escolha.[33] Agora vamos discutir vários fatores específicos que afetam a motivação do treinando.

Fixação de metas. A teoria da fixação de metas diz que a conscientização das metas pelo indivíduo regula seu comportamento. A função do instrutor é fazer com que o treinando adote ou internalize as metas do programa. Para isso seria possível usar táticas como:

- Trazer à tona os objetivos do aprendizado no início e em vários momentos estratégicos do programa de treinamento.

- Tornar as metas suficientemente difíceis para serem desafiadoras, de forma que os treinandos se sintam gratificados ao alcançá-las, mas não tão difíceis que sejam inalcançáveis ou frustrantes.

- Complementar os objetivos mais amplos com submetas (testes e experimentações periódicos), para manter a sensação de realização.

Reforço. A teoria do reforço diz que a frequência de um comportamento é influenciada por suas consequências. O comportamento pode ser moldado reforçando-se progressivamente a aproximação cada vez maior das metas desejadas; portanto, o reforço

---

29 FLEISHMAN, Edwin A., MUMFORD, Michael D. Abilities as causes of individual differences in skill acquisition. *Human Performance* 2, nº 3, p. 201-223, 1989, GEBER, Beverly. The limits of HRD. *Training,* p. 25-33, May 1989, ROBERTSON, Ivan T., DOWNS, Sylvia. Work-sample tests of trainability: a meta-analysis. *Journal of Applied Psychology* 74, nº 3, p. 402-410, 1989.

30 ACKERMAN, Paul L. Determinants of individual differences during skill acquisition: cognitive abilities and information Processing. *Journal of Experimental Psychology General 117,* p. 288-318, 1988, TANNENBAUM, Scott I., YUKL, Gary. Training and development in work organizations. *Annual Review of Psychology* 43, p. 399-441,1992, MUMFORD, Michael D. et al. Personality variables and skill acquisition: performance while practicing a complex task. *Human Performance* 6, p. 345-381, 1993.

31 LEE, Cynthia, BOBKO, Phillip. Self-efficacy beliefs: comparison of five measures. *Journal of Applied Psychology* 79, p. 364-369, 1994, SAKS, Allan M. Longitudinal field investigation of the moderating and mediating effects of self-efficacy on the relationship between training and newcomer adjustment. *Journal of Applied Psychology* 80, p. 211-225, 1995, SAKS, Allan M. Moderating effects of self-efficacy for the relationship between training method and anxiety and stress reactions of newcomers. *Journal of Organizational Behavior* 15, p. 639-654, 1994.

32 COHEN, D. J. What motivates trainees. *Training and Development Journal,* p. 91-93, Nov. 1990, BALDWIN, Timothy T., MAGJUKA, R. J. Organizational training and signals of importance: effects of per-training perceptions on intentions to transfer. *Human Resource Development* 2, nº 1, p. 25-36,1991, WILLIAMS, T. C., THAYER, Paul W., POND, S. B. Test of a model of motivational influences on reactions to training and learning. Trabalho apresentado na *Sixtieth Annual Conference of the Society for Industrial and Organizational Psychology.* Washington, DC, June 1991.

33 BALDWIN, Timothy T., MAGJUKA, Richard J., LOHRER, Brian T. The perils of participation: effects of choice of training on trainee motivation and learning. *Personnel Psychology* 44, p. 51-65, 1991.

deve ser iniciado tão logo ocorra o comportamento desejado. Uma vez que esses reforços podem não ser os mesmos para todos, o instrutor deve adequá-los às peculiaridades de cada treinando. As pesquisas indicam que o reforço pode ser mais produtivo no treinamento se este for colocado de forma lúdica, como um jogo em que os participantes resolvem quebra-cabeças, em vez de exercícios com empregados de uma organização resolvendo problemas reais.[34]

Teoria da expectativa. Esta teoria diz que as pessoas sentem-se motivadas a escolher um comportamento ou alternativa que ofereça a maior chance de produzir as consequências desejadas. Assim sendo, os treinandos precisam acreditar que a aquisição de conhecimento, habilidades ou outros itens por meio do treinamento vai conduzi-los aos resultados desejados, e que o treinamento é capaz de proporcionar esse conhecimento e habilidade. Isso reforça a importância do vínculo entre a análise de necessidades, que identifica como o treinamento contribui para as metas organizacionais e individuais, e o conteúdo do treinamento.

Teoria do aprendizado social. Esta teoria diz que se os indivíduos só pudessem aprender por meio da experiência direta e dos reforços, o desenvolvimento humano estaria sufocado. As pessoas aprendem por intermédio do processamento das informações e da compreensão dos vínculos existentes entre as ações e as consequências. Assim sendo, construir o talento individual mediante a observação de modelos de bom e mau desempenhos, e dar aos treinandos confiança em suas habilidades de aplicação de seus talentos, tornam-se aspectos importantes do treinamento.[35]

Prática ativa

Os treinandos aprendem melhor se puderem exercitar suas habilidades. Depois de algum tempo de prática, as habilidades tornam-se automáticas, exigindo muito pouco raciocínio. Se você já praticou algum esporte ou tocou algum instrumento musical até o ponto de poder fazê-lo dormindo, já experimentou a *automatização*, resultante da prática. O *superaprendizado* significa dar aos treinandos oportunidades para continuar praticando, mesmo depois de terem atingido a proficiência. As pesquisas indicam que, apesar do superaprendizado encarecer o programa de treinamento, a prática contínua ajuda muito na retenção do que foi aprendido.[36] Por exemplo, bombeiros, enfermeiras ou soldados conseguem desempenhar suas tarefas sob grande pressão, quase sem pensar no que fazem. Para tanto, é necessário haver automatização e superaprendizado. É por esse motivo que os bombeiros fazem frequentes treinamentos e os fuzileiros navais continuam tendo que praticar a montagem de suas armas no escuro. A prática pode não ser física. Uma revisão de estudos sobre práticas mentais descobriu que elas podem melhorar o desempenho, especialmente para tarefas intelectuais, mas os efeitos mais significativos acontecem no curto prazo. Práticas muito longas diminuem esses efeitos positivos.[37]

Aprendizado do Todo versus *Aprendizado das Partes*

Uma tarefa de treinamento deve ser dividida em partes ou ensinada como uma operação inteira? A diferença entre ensinar uma tarefa como um todo ou dividida em partes (também chamado de treinamento "concentrado" e "dividido") depende da dificuldade da tarefa e do grau de relacionamento entre as subtarefas. Por exemplo, você pode ensinar o controle de estoque primeiro mostrando como identificar corretamente os itens e depois ensinando a usar o sistema informatizado de manutenção. De outro modo, só pode ensinar alguém a dirigir com o carro em movimento, portanto, é preciso aprender a controlar a velocidade e a direção ao mesmo tempo. Em geral, quando uma tarefa tem seus componentes muito intimamente relacionados, quanto maior sua complexidade, melhor funciona o método "integrado". Ao contrário, quando as subtarefas não são tão vinculadas entre si, quanto maior a complexidade, melhor funciona o método "dividido".[38]

---

34 MARTOCCHIO, Joseph J. Microcomputer usage as an opportunity: the influence of context in employee training. *Personnel Psychology* 45, p. 529-552, 1992, WEBSTER, Jane, MARTOCCHIO, Joseph. Turning work into play: implications for microcomputer software training. *Journal of Management* 19, p. 127-146, 1993.

35 WOOD, R., BANDURA, Albert. Social cognitive theory of organizational management. *Academy of Management Review* 14, p. 361-384, 1989.

36 DRISKELL, James E., WILLIS, Ruth P., COPPER, Carolyn. Effects of over learning on retention. *Journal of Applied Psychology* 77, nº 5, p. 615-622, 1992.

37 DRISKELL, James E., COPPER, Carolyn, MORAN, Aidan. Does mental practice enhance performance? *Journal of Applied Psychology 79*, p. 481-492, 1994.

38 GOLDSTEIN. Training in organizations. p. 109.

Conhecimento dos Resultados e Realimentação

Imagine aprender a jogar boliche com uma cortina que o impedisse de ver se a bola estaria atingindo os pinos. Sem saber os resultados de suas tentativas, seria muito difícil melhorar seu desempenho. Os erros são mais rapidamente eliminados quando os treinandos recebem um retorno da avaliação sobre seus enganos e sucessos. Essa realimentação provém da própria tarefa ou de instrutores ou modelos. É importante que a realimentação ocorra imediatamente em seguida à ação tomada pelo treinando para que ele associe as causas aos efeitos. A precisão observada pode variar de acordo com a fonte da realimentação. Além disso, realimentação demais pode ser tão negativa quanto nenhuma, pois o treinando pode ter a impressão de perder o controle de suas ações e confiar mais na realimentação do que em seu aprendizado para monitorar seu desempenho. Um estudo sobre treinamento de pilotos de helicóptero descobriu que fazer perguntas e observar os outros eram práticas mais frequentes entre aqueles que tinham interesse geral de informações externas, e em situações em que não era difícil obter a realimentação. Surpreendentemente, os treinandos buscavam mais realimentação quando o desempenho era avaliado como baixo.[39]

Ambiente e Instrutores

As características do ambiente e dos instrutores obviamente afetam a eficácia do treinamento. Mesmo os melhores materiais didáticos perdem sua eficiência se não puderem ser vistos ou ouvidos com clareza, ou se a sala for desconfortável. Os equipamentos para treinamento hoje em dia vão muito além da sala de aula com carteiras e quadro-negro. Quando os editoriais das revistas americanas *Training* e *Presentations* fizeram um levantamento dos equipamentos mais topo de linha para treinamento, descobriram que "quase universalmente incluem-se sistemas integrados que controlam tanto as instalações quanto à mídia, geralmente com um alto grau de automação, com vídeos, computação gráfica e outros. A maioria inclui também videoconferência opcional, e muitos possuem sistemas de rede servidor/cliente ou sistemas interativos para cada participante".[40] Qualquer que seja o ambiente, é bom manter em mente o básico. A seguir, listamos várias considerações básicas para a preparação do ambiente e dos instrutores.

Ambiente. O ambiente do treinamento deve ser projetado tendo em vista atender a nove aspectos básicos:

1. Prender a atenção.
2. Informar os objetivos aos aprendizes.
3. Estimular a lembrança dos pré-requisitos.
4. Apresentar o material para o treinamento.
5. Oferecer orientação ao aprendizado, como instruções verbais, "dicas" e contexto.
6. Provocar o desempenho, por exemplo, pedindo a solução de um problema.
7. Oferecer realimentação.
8. Avaliar o desempenho.
9. Aumentar a retenção e a transferência do aprendizado, por exemplo, fornecendo uma grande variedade de exemplos ou tipos de problemas.[41]

Preparação do instrutor. Também é muito importante que o instrutor esteja preparado. Ele precisa assegurar-se de ter feito o seguinte:

1. Divulgado o programa.
2. Divulgado o horário, local e outras informações sobre o evento.
3. Preparado as instalações.
4. Verificado detalhes físicos como cadeiras, alimentação e suprimentos.
5. Providenciado os equipamentos necessários e verificado seu funcionamento.
6. Estabelecido os objetivos do treinamento.
7. Estudado seu plano de aula para antecipar a reação do grupo e preparar as experiências, exemplos e histórias.
8. Desenvolvido seu entusiasmo pessoal pelo assunto a ser tratado.[42]

Ainda que tudo isso pareça bastante óbvio, você provavelmente se lembra de pelo menos uma situação em que uma aula ou apresentação, sua ou de outra pessoa,

---

39   Ibid. p. 117, FEDOR, Donald B., RENSVOLD, Roger B., ADAMS Susan M. An investigation of factors expected to affect feedback seeking: a longitudinal field study. *Personnel Psychology* 45, p. 779-805, 1992.

40   Top training facilities. *Training*, p. A-O, Apr. 1994.

41   GAGNE, R. M., BRIGGS, L. J. *Principles of instructional design*. New York: CBS College Publishing, 1979.

42   GOLDSTEIN. *Training in organizations*. p. 140, RANDALL, J. S. You and effective training. *Training & Development Journal* 32, p. 10-19, 1978.

teve que ser interrompida porque algum desses detalhes não tinham sido devidamente resolvidos.

Aprendizado acelerado. O aprendizado acelerado é uma abordagem do ambiente que enfatiza princípios como:

1. ser positivo e acolhedor;
2. oferecer condições confortáveis e naturais;
3. agradar o treinando;
4. diminuir a tensão e a ansiedade do treinando;
5. ser apoiador tanto do treinando como do instrutor;
6. usar múltiplas abordagens de aprendizagem;
7. permitir diferentes estilos, velocidades e necessidades de aprendizado, em vez de forçar todo mundo a aprender do mesmo jeito;
8. tornar o aprendizado divertido;
9. enfatizar o aprendizado em grupo; e
10. utilizar materiais que combinem texto e ilustrações.

Esse tipo de treinamento recebeu uma resposta entusiástica em algumas empresas; com sua aplicação foi possível obter uma significativa economia no tempo de aprendizagem e nos custos em empresas como a Bell Atlantic. Um estudo indica que essas táticas melhoram a reação das pessoas ao treinamento, mas não têm efeito sobre seu aprendizado. De qualquer maneira, pode ser interessante considerar quantos desses princípios são seguidos nas aulas que você tem assistido. Uma questão ainda em debate é se seria eficaz desenvolver uma abordagem de treinamento sob medida para as preferências ou *estilos de aprendizado* dos treinandos. Alguns têm maior facilidade para aprender ouvindo, outros, vendo.[43]

Escolhendo o Conteúdo do Treinamento

No Quadro 10.6, mostramos a porcentagem das organizações com mais de 100 empregados que oferecem algum tipo de treinamento. O treinamento da capacidade gerencial continua sendo extremamente popular. O treinamento em informática tem crescido enormemente. Repare que 65% das empresas relatam treinamento de clientes, uma tendência que reflete a crescente ênfase na satisfação do cliente. Nos Estados Unidos, existem várias fontes de informação sobre conteúdo de programas de treinamento. Existe inclusive um CD-ROM, o "Training Media Toolkit", que lista diversos recursos de treinamento em vídeo, áudio e multimídia, bem como consultores e desenvolvedores. Nas próximas seções discutiremos várias categorias de conteúdo de treinamento. Lembre-se que a escolha do conteúdo do treinamento precisa estar voltada para o atendimento das necessidades levantadas, como já discutimos antes. Em cada seção, descrevemos o tipo de necessidade que esse modo específico de treinamento atende.

Orientação

Geralmente, a primeira experiência de treinamento dos novos empregados é a orientação que recebem de seus novos empregadores. A orientação inicia-se antes da pessoa começar a trabalhar na empresa, pois as atividades de recrutamento e seleção, como as entrevistas ou previsões realísticas do trabalho, enviam sinais aos empregados potenciais, como já discutimos em capítulos anteriores. Muitas organizações complementam esse processo com o treinamento. A orientação inclui o abandono de certas atitudes, valores e comportamentos, na medida em que o novo recrutado aprende sobre os objetivos da empresa, os meios para atingi-los, as responsabilidades básicas de sua função, os comportamentos eficazes no trabalho e seu papel funcional. Boa parte disso é aprendida durante o próprio trabalho, com os colegas ou outros membros da equipe.[44] O processo de orientação busca ajudar os recém-chegados a aprender os procedimentos do trabalho, relacionar-se com os colegas, desenvolver expectativas realistas e atitudes positivas, além de mostrar para eles como o seu trabalho encaixa-se dentro das metas organizacionais.

Na Walt Disney World, em Orlando, Flórida, as funções nas lanchonetes e outros serviços são chamadas de *papéis,* para enfatizar o aspecto do entretenimento dos clientes, que são chamados de *convidados.* O processo de recrutamento e contratação é chamado de *constituição do elenco.* A orientação começa com um programa de um dia chamado Disney Traditions I, que apresenta

---

43 GILL, Mary Jane, MEIER, David. Accelerated learning takes off. *Training and Development Journal,* p. 63-65, Jan. 1989, BRETZ JR., Robert D., THOMPSETT, Robert E. Comparing traditional and integrative learning methods in organizational training programs. *Journal of Applied Psychology* 77, nº 6, p. 941-951, 1992, STUART, Peggy. New directions in training individuals. *Personnel Journal,* p. 86-94, Sept. 1992.

44 MOUTON, Jane S., BLAKE, Robert R. *Synergogy:* a new strategy for education, training and development San Francisco: Jossey-Bass, 1984. p. 33-34.

352 | Desenvolvimento de Pessoal

Quadro 10.6
Habilidades treinadas em empresas nos Estados Unidos.

Tipos de treinamento	Porcentagem de empresas que dão treinamento
Informática	95%
Habilidades/desenvolvimento gerencial	86
Habilidades/conhecimento técnico	85
Habilidades de chefia	85
Habilidades de comunicação	85
Relações/serviços ao cliente	82
Novos métodos/procedimentos	80
Desenvolvimento de executivos	75
Crescimento pessoal	71
Habilidades administrativas e de secretaria	68
Relações com os empregados e trabalhistas	66
Educação do cliente	65
Bem-estar	58
Vendas	55
Educação básico/supletiva	43

Fonte: Vital statistics: industry training report. *Training*, p. 60, Oct. 1995. Adaptado com autorização da edição de out. 95 da *Training Magazine*. Copyright 1995. Lakewood Publications, Minneapolis, MN.

a história da organização com orgulho e entusiasmo. No segundo dia, o programa é o Disney Traditions II, que descreve os procedimentos, políticas e regras da empresa. Finalmente, o novo recruta passa alguns dias ou semanas em treinamento em serviço, trabalhando com um veterano designado a proporcionar-lhe as experiências de aprendizagem do que faz parte de seu novo *personagem*.[45]

O treinamento de orientação, geralmente, é uma resposta à rotatividade dos novos empregados (veja o Capítulo 8). Entretanto, seus efeitos podem ser inesperados. Um estudo realizado com dois grupos ingressantes em setores de atendimento em hospitais e lanchonetes deu a um grupo instruções sobre os aspectos negativos do trabalho e informações sobre como enfrentá-los, e a outro grupo, estas mesmas informações, mas também um treinamento para aumentar a autoeficácia. O segundo grupo teve, na realidade, *maior* rotatividade nas primeiras quatro semanas, talvez em função do aumento da sensibilidade aos aspectos negativos do trabalho. No entanto, entre seus remanescentes depois de mais de quatro semanas, os do segundo grupo mostraram

maiores intenções em ficar no emprego pelo menos por um ano, e demonstraram maior satisfação no trabalho.[46] As empresas participantes desse estudo consideraram o treinamento um sucesso? Não temos dados sobre isto. O que você acha?

Treinamento Operacional

Quais os tipos de trabalho que recebem mais treinamento? A badalação em relação a algumas das atividades de treinamento leva a entender que os executivos e o pessoal de vendas são o seu foco básico. De fato, a maior parte das organizações investe no treinamento de executivos e profissionais e pessoal de média gerência, e apenas 40% delas oferece treinamento para o pessoal da produção. No entanto, o número médio de trabalhadores treinados é muito maior entre estes últimos. O número total de horas dedicadas ao treinamento dos empregados na produção e nos serviços aos clientes é mais de 100 vezes do que aquele dedicado aos executivos, e três vezes ao do pessoal de vendas.[47] Muitas das habilidades técnicas são aprendidas em serviço, fora de programas formais de treinamento. Esse tipo de aprendizado,

---

45 LONDON, Manuel. *Managing the training enterprise*. San Francisco: Jossey-Bass, 1989. p. 33-34.

46 WAUNG, Marie. The effects of self-regulatory coping orientation on newcomer adjustment and job survival. *Personnel Psychology* 48, p. 633-650, 1995.

47 Vital statistics: industry report. *Training*, p. 56, Oct. 1995.

frequentemente, está intimamente relacionado com as habilidades operacionais, tais como a operação de maquinário, a compreensão de documentos, ou exigências de licenças ou certificados. Nesse sentido, pode-se dizer que aqui a relação entre a necessidade e o treinamento é bastante direta. Entretanto, esse tipo de treinamento também pode incluir instruções mais "abrangentes", como processos de equipe e qualidade.

Processos de Equipe e Qualidade

Ainda que o treinamento em habilidades como delegação, comunicação, tomada de decisões e resolução de conflitos seja tradicionalmente reservado aos executivos, a mudança na natureza do trabalho mostra que essas características têm se tornado parte dos papéis funcionais mais próximos do processo de produção. Na medida em que diminui o número de níveis hierárquicos, mais trabalhadores dos níveis mais baixos têm sido chamados a liderar equipes, estabelecer metas para projetos e facilitar o trabalho de grupo. O exército dos Estados Unidos agora treina seus novos recrutas em tópicos como o aumento de autonomia decisória do pessoal das trincheiras, trabalho em equipes e adaptação às mudanças.[48] A Xerox e a Texas Instruments' Defense Systems and Electronics Group (DSEG) são ambas ganhadoras de prêmios de qualidade nos Estados Unidos, e creditam parte de seu sucesso aos programas de treinamento. A Xerox gastou 100 milhões de dólares e cinco anos treinando seus empregados nas ferramentas da qualidade, jogando fora os gráficos e oferecendo métodos simples passo a passo, enfatizando as habilidades interativas e o trabalho de equipe. A DSEG investiu na autonomia decisória de 700 equipes para assumirem a responsabilidade de atender às exigências dos clientes em todos os níveis, com treinamentos que incluíram mudanças nos papéis funcionais, tomada de decisões, liderança de reuniões, comunicação e habilidades multifuncionais.[49]

Cada vez mais numerosas, as pesquisas sobre como criar e treinar eficazmente as equipes de trabalho indicam as seguintes orientações básicas para isso:

- Encorajar a comunicação do grupo que apoie o desejo de trabalhar, bem como encorajar e apoiar a contribuição dos membros do grupo.
- Enfatizar a interação e a necessidade dos membros do grupo dependerem uns dos outros.
- Enfatizar as metas e responsabilidades do grupo e de seus membros, e permitir o aprendizado das responsabilidades de todos.
- Desafiar o grupo a reagir às mudanças e a acontecimentos inesperados.
- Enfatizar as habilidades em trabalho de grupo e oferecer exemplos do que é aceitável e não aceitável no trabalho em equipe.[50]

O treinamento da equipe não precisa ser muito "sério". Algumas organizações usam filmes, como *Apolo 13* e *Doze Homens e uma Sentença,* para ilustrar os princípios. Outros criam projetos desafiadores para o grupo, como projetar uma embalagem que proteja um ovo de se quebrar depois de uma queda de três metros de altura. Outra ideia é ouvir um conjunto musical e identificar seus participantes e a qualidade de cada contribuição.[51] O Capítulo 7 discutiu as habilidades necessárias para o trabalho em equipe e os testes de seleção para identificá-las. Essas mesmas características podem servir de base para o treinamento das equipes.

Alfabetização em Relação ao Ambiente de Trabalho

Na década de 40, nos Estados Unidos, o *alfabetizado funcional* foi definido como o indivíduo capaz de ler e escrever com a capacidade correspondente ao 4º ano primário. Hoje em dia, esse patamar de correspondência subiu para a 8ª série. *A alfabetização quanto ao ambiente de trabalho* refere-se às habilidades básicas de comunicação e informática necessárias para a boa realização da função. Existe uma estimativa de que 70% dos materiais escritos de orientação para o trabalho nos Estados Unidos estejam em uma linguagem que vai do nível de 9ª série ao universitário, ainda que 65% da mão de obra americana tenha fluência típica de leitura da 8ª série apenas.[52]

---

48   HENKOFF. Companies that train best, p. 70.

49   CAUDRON, Shari. How Xerox won the Baldrige. *Personnel Journal,* p. 98-102, Apr. 1991, DRAKE, Samantha. Empowering the people. *Human Resource Executive,* p. 32-35, Dec. 1992.

50   GOLDSTEIN. *Training in organizations.* p. 267-268, SWEZY, R. W., SALAS, Eduardo (Orgs.). *Teams:* their training and performance. Norwood, NJ: Ablex, 1991.

51   PURWER, Ronald E., MONTOURI, Alfonso. Miles Davis in the classroom: using the jazz ensemble metaphor for enhancing team learning. *Journal of Management Education,* p. 21-23, Feb. 1994.

52   FORD, Donald J. Toward a more literate workforce. *Training and Development,* p. 53-54, Nov. 1992, SMITH, Teresa L. Finding Solutions for illiteracy. *HR Focus,* p. 7, Feb. 1995.

354 | Desenvolvimento de Pessoal

Como foi mostrado no Quadro 10.6, 43% das empresas oferecem treinamento formal em habilidades básicas como leitura e matemática. Uma pesquisa mostra por que: mais de 45% das empresas dizem que a alfabetização inadequada pode levar a vários problemas – produção lenta, erros, inabilidade de promover os empregados e diminuição da produtividade da unidade de trabalho. Apesar de sua incapacidade de ler, escrever e solucionar problemas elementares de matemática, Jimmy Wedmore finalmente parou de recusar promoções e admitiu sua deficiência; depois de anos trabalhando na General Motors, recebeu treinamento e agora é responsável por um equipamento de alta tecnologia.[53] O capítulo sobre recrutamento fez referência sobre o fato de que os empregadores frequentemente têm dificuldades para encontrar candidatos a empregados com os níveis mais primários de capacitação necessários para o desempenho das funções. Quando as escolas públicas fracassam na preparação da mão de obra, nos Estados Unidos, a iniciativa privada geralmente torna-se o último recurso educacional.

Sindicatos, associações profissionais e órgãos públicos têm buscado no mundo empresarial apoio para uma parceria com escolas públicas e privadas. A Motorola se recusa a contratar pessoas com conhecimentos de matemática abaixo da 5ª série, e de leitura inferior ao universitário. Uma seleção feita pela empresa em Arlington Heights, Illinois, com 3.000 candidatos, teve como resultado que apenas metade deles conseguiu aprovação. Por este motivo, a Motorola gastou 35 milhões de dólares – quatro vezes seu investimento em uma nova fábrica de última geração – para ensinar leitura para seus empregados.[54] Frequentemente, as empresas estendem essa educação para as famílias dos empregados. Um estudo pelo Work-in-America Institute indica os seguintes princípios para o planejamento do treinamento:

- Ajudar os estudantes a entender o propósito da educação em suas vidas.
- Desenvolver os novos conhecimentos com base naquilo que o estudante já sabe.

- Integrar a capacitação básica dentro do conteúdo da área técnica ou acadêmica relacionada ao trabalho.
- Fixar objetivos baseados nas demandas do papel funcional para o qual o curso foi planejado.
- Utilizar contextos, tarefas, materiais e procedimentos do ambiente real de trabalho.[55]

QUAL SUA OPINIÃO?

As empresas gastam milhões para melhorar a capacidade de leitura de seus funcionários. Isso é uma tarefa própria do mundo empresarial? É uma falha do sistema educacional? Você acha que esse dinheiro seria melhor empregado diretamente nas escolas em vez de ser gasto educando as pessoas depois de formadas? Justifique sua opinião.

Treinamento em Gerência

O treinamento das habilidades gerenciais é geralmente reservado para aqueles que desempenham funções de chefia. Normalmente, esse treinamento está vinculado ao desenvolvimento da carreira gerencial. Nas grandes organizações, isso costuma estar relacionado com o plano sucessório (veja o Capítulo 9), e os executivos são indicados para o treinamento com base nas necessidades de competências específicas para os próximos passos de suas carreiras.[56] A Digital Equipment Corporation desenvolveu um currículo desse tipo voltado para a carreira dos profissionais de RH. A formação básica inclui noções das áreas funcionais de RH, bem como discussões sobre habilidades de aconselhamento e avaliação de diferenças. O nível médio inclui a capacidade de prevenção, a criação e manutenção de parcerias negociais positivas e a implementação de planos estratégicos. O topo da carreira (depois de 12 anos ou mais) prevê o entendimento dos negócios internacionais, a avaliação das diferenças de liderança e o aconselhamento sobre estratégias organizacionais. Algumas escolas americanas como Harvard, Wharton e Stanford oferecem até mesmo cursos sobre

---

53 MILLER, Krystal. At GM, the three R's are the big three. *The Wall Street Journal,* 3 July 1992, p. Bl.

54 ROPP, Kirkland. A reform movement for education. *Personnel Administrator,* p. 39-41, Aug. 1989, Employers are the key to basic skills. *Human Resource Management News,* p. 4, 6 Jan. 1990, PUTKA, Gary. Learning curve: lacking good results, corporations rethink aid to public schools. *The Wall Street Journal,* 17 June 1989, p. Al, SKRZYCKI, Cindy. Before you can work you have to read. *Washington Post National Weekly Edition,* 2-8 Oct. 1989, p. 19, WIGGENHORN. Motorola U.

55 ROSOW, Jerome M., ZAGER, Robert. *Training:* the competitive edge. San Francisco: Jossey-Bass, 1990. p. 182-183.

56 VINES, Linda Stockman. Training the top. *Human Resource Executive,* Aug. 1991, p. 5-10,

Quadro 10.7
Desenvolvimento gerencial e de liderança na internet. (reprodução de uma home-page)

What is available on the Internet to help *facilitators* of leadership/management development?

What is available on the Internet to help *leaders/managers* improve?

1. **The Desired Capabilities**

    ▪ Potential Scenarios In Leadership/Management Development...
    3 possible scenarios, plus a examples of 6 generic online Internet facilities that relate to leadership/management development; includes a review of current versus "future" Internet facilities in the scenarios.

2. **Internet Resources for Facilitators**

    ▪ Good Conferences For Facilitators To Subscribe To...
    the Top 3 "Bob's Best Bets", plus severalother good ones.

    ▪ Useful Information Sources for Facilitators...
    the Top 5 "Bob's Best Bets", plus many other good ones.

    ▪ Writing Your Own Courseware...
    pointers to course-writing templates, sample quizzes, online HTML guides and resources, and books about HTML.

3. **Internet Resources for Leaders/Managers**

    ▪ Leaders and Management Courseware...
    there are very few Internet-delivered courses, yet, but several sites where courses will likely be found when more are available.

    ▪ Useful Information Sources for Leaders/Managers...
    the Top 5 "Bob's Best Bets", plus many other good ones, and guidance on how to browse and find your own.

4. **Issue: Availability Of Leadership/Management Courses**

Fonte: Página da internet (Bob Wilard's "Leaderaid") que oferece sugestões de informações e outros recursos, disponíveis na própria rede, para os profissionais que trabalham com desenvolvimento gerencial e treinamento de liderança. O endereço deste site é: http://www.oise.on.ca/~bwillard/leadaid.htm.

356 | Desenvolvimento de Pessoal

como tornar-se um membro de um conselho de diretores, a um custo superior a 5 mil dólares por um programa de três dias.[57] Cada vez mais, os recursos para o treinamento gerencial têm-se diversificado e informatizado.

> ### EXPLORANDO A WEB
>
> O Quadro 10.7 mostra uma página da internet que oferece recursos para instrutores e desenvolvedores de líderes e executivos. Este site pode ser visitado no seguinte endereço:
>
> http://www.oise.on.ca/~bwillard/leada-id.htm.

Cada vez mais, as empresas têm personalizado seus programas de treinamento em gerência, voltados mais para os verdadeiros aspectos da organização, em vez de mandar seus executivos para cursos externos em grandes universidades. O reitor da Sloan School do Massachusetts Institute of Technology (MIT) diz que a educação para executivos está fora de moda, e que o processo agora devia chamar-se transformação organizacional.[58] Quando Roger Enrico, presidente da PepsiCo, resolveu projetar a escola internacional de liderança da empresa, imediatamente jogou no lixo as fichas de professores universitários e consultores de empresas. Em vez disso, as aulas foram planejadas em cima de entrevistas sobre as experiências e observações do próprio Enrico sobre liderança. Para entrar para o curso, o candidato precisa apresentar uma ideia de negócio suficientemente importante para tornar-se uma das três prioridades de sua divisão, e um programa de 90 dias acontece simultaneamente com o trabalho regular dos executivos.[59]

Na Weyerhaeuser, eles treinam as esposas dos executivos, usando exercícios de montagem de equipes e jogos empresariais, nos quais elas dirigem um negócio hipotético.[60] Talvez a Weyerhaeuser acredite que esse tipo de treinamento possa conduzir a uma parceria entre esposa e marido. Se você treina a esposa, por que não também os filhos? A criatividade é um tópico frequentemente incluído no treinamento gerencial. Na Texas Utilities Mining Company, conta-se a seguinte história: um executivo e um garoto de 10 anos estão brincando de jogar anéis magnéticos sobre pinos de madeira. Algumas vezes, o imã repele, deixando um anel suspenso acima do outro. O garoto diz para o executivo: "eu acho que você poderia substituir um sistema de suspensão hidráulica por um sistema magnético como este, e ele duraria para sempre. Não existem partes a serem desgastadas". O executivo, surpreso, diz: "Esta é uma ideia que vale bilhões de dólares. Não se incomoda se eu usá-la?" O menino encolhe os ombros e diz, "Não. Vá em frente. Eu tenho um monte de ideias."[61]

Treinamento como Preparação para Missões Internacionais

O Capítulo 9 mostrou como é frequente o fracasso daqueles que partem em missões internacionais e como esse insucesso custa caro. Tendo em vista esses custos, as organizações têm buscado treinar esses profissionais, embora apenas 57% das empresas admitam não ter nenhum programa formal para este fim.[62] Veja a porcentagem de empresas que oferecem diferentes tipos deste treinamento no Quadro 10.8. A GE, rotineiramente, manda seus executivos para outros países para passarem por estudos de casos verdadeiros. Ainda que os serviços listados no Quadro 10.8 sejam bastante tradicionais, empresas como a Sanyo Electric, do Japão, e a Samsung, da Coreia, incluem no treinamento atividades como cursos de cerâmica ou passeios em *shopping centers* como formas de absorver a cultura e os hábitos locais. O treinamento multicultural realmente funciona com praticamente todos os estudos feitos a respeito, indicando que ele é importante para o ajuste do profissional em outro país e a maioria mostrando sua relação positiva com o desempenho no trabalho.[63]

---

57 THEIBERT, Philip R. "Training Agenda". *HR Magazine*, p. 66, Oct. 1995.

58 STULLER, Jay. Practical matters. *Across the Board*, p. 14-19, Jan./Feb. 1993, O'REILLY, Brian. How execs learn now. *Fortune*, p. 52-58, 5 Apr. 1993.

59 TICHY, Noel, DeROSE, Christopher, FAIRCLOTH, Anne. Roger Enrico's master class. *Fortune*, p. 105-107, 27 Nov. 1995.

60 BEINETTI, Peter G. Spouse programs: developing the "Whole" executive. *HR Focus*, p. 24, May 1992.

61 HEQUET, Marc. Creativity training gets Creative. *Training*, p. 41-46, Feb. 1992.

62 LUBLIN, Joann S. Companies use cross-cultural training to help their employees adjust abroad. *The Wall Street Journal*, p. B1, 4 Aug. 1992.

63 NOEL, James L., CHARAN, Ram. GE brings global thinking to light. *Training & Development*, p. 29-33, July 1992, IMPO-CO, Jim. Basic training Sanyo style. *U. S. News & World Report*, p. 46-48, 13 July 1992, Korea's biggest firm teaches junior

Existe uma Nova Era de Conscientização?

Ainda um tanto raro como costume, algumas grandes empresas americanas têm buscado aumentar a motivação, a criatividade e a cooperação por meio do uso de programas envolvendo meditação, visualização orientada, auto-hipnose, hipnose de massa, toque terapêutico, ioga de biorrealimentação, caminhar sobre o fogo e indução de estados alterados de consciência. Não existem muitas evidências da eficácia dessas técnicas. Entretanto, existe uma evidência cada vez maior de que elas estão sujeitas a serem motivo de processos jurídicos por parte dos empregados, que sentem violados seus direitos religiosos.[64]

Escolhendo os Métodos de Treinamento: em Serviço

Uma vez estabelecido o conteúdo do treinamento, é hora de realizá-lo. Os dois métodos principais são o treinamento em serviço e o fora de serviço. A maioria é feita em serviço, especialmente para as funções operacionais. O treinamento em serviço (TS) é geralmente informal e raramente aparece nas estimativas formais de atividades de treinamento. Se você já teve um emprego, certamente deve ter recebido algum TS de seu chefe ou colegas.

Um programa típico de TS coloca o treinando em uma situação real de trabalho, em que um empregado mais experiente ou um chefe mostram como deve ser realizada a tarefa e seus truques. Uma vantagem desse método é que ele cria automaticamente o ambiente, fatos e recompensas durante o treinamento idênticos aos que serão enfrentados depois, no trabalho de verdade. O realismo é maximizado. Entretanto, o preço desse realismo é que normalmente essa experiência é mal planejada, não está vinculada a nenhuma meta e é levada a cabo por um instrutor quase sem treinamento. Frequentemente, o TS é usado apenas porque não envolve custos diretos e, por isso, parece pouco oneroso. Além dos riscos de gerar indivíduos mal treinados, esse método traz outros perigos durante o próprio treinamento. Os novatos podem estragar maquinários, criar produtos de baixa qualidade, aborrecer os clientes e desperdiçar materiais valiosos.

Uma de suas vantagens é que o TS geralmente leva ao treinamento de chefes, executivos e empregados, para que se tornem instrutores. Isso não apenas beneficia o treinando, mas também os treinadores. Quando os funcionários de manutenção de escalão mais alto da Monsanto Chemicals, em South Carolina, não tiveram tempo para tornar-se instrutores e escrever os manuais, aqueles imediatamente subordinados o fizeram. Eles assumiram o programa de treinamento e, enquanto o faziam, também aprendiam a redigir manuais e preparar os materiais para as aulas. Existe alguma evidência de que as empresas japonesas usam mais o TS do que as americanas, talvez porque naquelas o sistema de seleção é baseado mais no histórico acadêmico do que na proficiência no trabalho.[65]

Quadro 10.8
Atividades de treinamento para missões internacionais oferecidas pelas empresas.

Atividades	Porcentagem de empresas que realizam
Sumário da cultura, história e outras informações sobre o país	79%
Orientações pré-visita	60
Reuniões com funcionários que já estiveram nesta situação	57
Aulas de idioma estrangeiro	53
Aconselhamento sobre a carreira	7

Fonte: LUBLIN, Joann S. Companies use cross-cultural training to help their employees adjust abroad. *The Wall Street Journal,* 4 Ago, p. B1, 1992. Reproduzido com autorização do *The Wall Street Journal,* 1992. Dow Jones & Company, Inc.

---

execs strange foreign ways. *The Wall Street Journal,* p. Al, 30 Dec. 1992. BLACK, J. Stewart, MENDENHALL, Mark. Cross-cultural training effectiveness: a review and a theoretical framework for future research. *Academy of Management Review* 15, nº 1, p. 113-136, 1990.

64 BRIERTON, Thomas D. Employers' new age training programs fail to alter the consciousness of the EEOC. *Labor Law Journal,* p. 411-420, July 1992.

65 ESTRADA, Vicente F. Are your factory workers *know-it-alls? Personnel Journal,* p. 128-134, Sept. 1995, U. S. – Japan HR Network. *Work in America,* p. 3, Dec. 1995.

358 | Desenvolvimento de Pessoal

Não existe nenhuma razão que impossibilite o TS ser planejado de acordo com o modelo diagnóstico proposto aqui. No Quadro 10.9, descrevemos uma estrutura para levantar as necessidades do TS, estruturar seu programa e assegurar seu acompanhamento. Você poderá achar interessante essa técnica caso seja chamado a treinar um amigo ou um colega, mesmo que fora de serviço. Os treinadores também devem ser escolhidos cuidadosamente, não apenas em relação a seu desempenho, mas também pela sua motivação e interesse em instruir eficazmente. Infelizmente, existe pouca pesquisa sobre a eficácia do TS.[66]

Programas de Aprendizes

Um aluno secundarista de Carol Stream, Illinois, aprende o que é vácuo, mas não em suas aulas de ciências na escola. Ele precisa descobrir por que o aspirador de pó da Sears consegue sugar a poeira. Ele vai para as instalações dessa empresa em seu horário de aula, como parte de um programa piloto para aprendizes pago por sua escola, mas estruturado pela Sears. Em Boston, outros secundaristas trabalham em hospitais, aprendendo a ser instrumentadores cirúrgicos e auxiliares de médicos.[67] Esses programas oferecem uma alternativa de empregabilidade com bom nível salarial para os jovens que não pretendem cursar uma faculdade. Eles combinam treinamento em serviço e fora de serviço. Os programas mais tradicionais existem há décadas, e envolvem um comprometimento de aprendizagem de mais de dez anos em funções como açougueiro, eletricista ou encanador.

Os Estados Unidos oferecem muito menos oportunidades de trabalho para os jovens em comparação

---

Quadro 10.9
Procedimentos para treinamento de instrutores para TS.

O que você precisa fazer para preparar-se para ensinar uma função:

1. Decidir o que o aluno precisa aprender para realizar a função de forma eficiente, segura, econômica e inteligente.
2. Ter à mão as ferramentas, equipamentos, insumos e materiais corretos.
3. Apresentar o ambiente de trabalho arrumado, exatamente como será esperado do funcionário mantê-lo depois.

Em seguida, deverá *instruir* o funcionário, seguindo *quatro passos básicos*:

1º Passo – *Preparação*

1. Deixar a pessoa calma.
2. Descobrir o que ela já sabe sobre a tarefa.
3. Torná-la interessada e desejosa de aprender a tarefa.

2º Passo – *Apresentação* (das operações e do conhecimento)

1. Falar, mostrar, ilustrar e questionar para comunicar bem as novas operações e conhecimentos.
2. Ensinar devagar, com clareza, de forma completa e paciente, um item de cada vez.
3. Verificar, perguntar e repetir.
4. Certificar-se de que a pessoa realmente aprendeu.

3º Passo – *Teste de desempenho*

1. Fazer com que a pessoa desempenhe a tarefa.
2. Fazer perguntas que comecem com por que, como, quando e onde.
3. Observar o desempenho, corrigir os erros e repetir as instruções, se necessário.
4. Continuar até ter certeza de que a pessoa aprendeu.

4º Passo – *Acompanhamento*

1. Verificar frequentemente se as instruções estão sendo seguidas.
2. Diminuir gradualmente a chefia extra e o acompanhamento, até que a pessoa esteja pronta para trabalhar em condições normais.

Lembre-se se o aluno não aprendeu, o professor não ensinou.

---

66 GOLDSTEIN. *Training in organizations*, p. 227-229.

67 WARTZMAN, Rick. Apprenticeship plans springs up for students not headed for college. *The Wall Street Journal*, p. A1, 19 May 1992.

a outros países, especialmente a Alemanha. Nos Estados Unidos, existem programas formais desse tipo para cerca de 415 profissões, envolvendo mais de 300 mil aprendizes, com uma média de idade de 27 anos. A Alemanha, por sua vez, tem abrigado esses programas há 700 anos, e forma 70% de sua mão de obra dessamaneira, incluindo profissões como padeiros e corretores de seguros. O custo dos programas para aprendizes para o setor empresarial alemão é de cerca de 25% do que o governo gasta com educação. O restante dos países da União Europeia vê a Alemanha como um modelo. Nos Estados Unidos, existem barreiras para o crescimento desse método de treinamento, como a preocupação dos pais dos aprendizes de que estes desistam da universidade, o medo dos sindicatos de que isso ameace os treinamentos formais, o preconceito dos empresários que não consideram essa prática lucrativa, além de certas dificuldades legais.[68]

Escolhendo os Métodos de Treinamento: Fora de Serviço

O treinamento fora de serviço, ou formal, recebe bastante atenção, em parte porque seus custos são mais diretos e óbvios. Ainda que o TS seja muito mais comum, as atenções e pesquisas das empresas geralmente estão voltadas para a administração de um ou mais programas de treinamento. Confira a popularidade de diferentes técnicas listadas no Quadro 10.10. Obviamente, o uso de videoteipes cresceu drasticamente com o advento da filmadora portátil, a *camcorder*. O uso da multimídia nem aparecia na pesquisa de 1991, embora esteja crescendo rapidamente. As palestras e instruções individuais ainda continuam com grande popularidade.

Palestras

A palestra é o método fundamental das escolas e universidades. Um instrutor apresenta um tema a um grupo de alunos. As palestras são relativamente baratas de serem desenvolvidas e administradas; elas podem fornecer conhecimento fatual rápida e eficazmente. Seus defeitos mais apontados incluem a natureza unilateral da comunicação, insensibilidade quanto às diferenças de estilo, habilidade e interesse de aprendizagem e a falta de realimentação para o estudante. Boa parte destas dificuldades pode ser resolvida por um instrutor competente que traga eficazmente discussões durante a aula. A instrução individualizada, em que o professor se

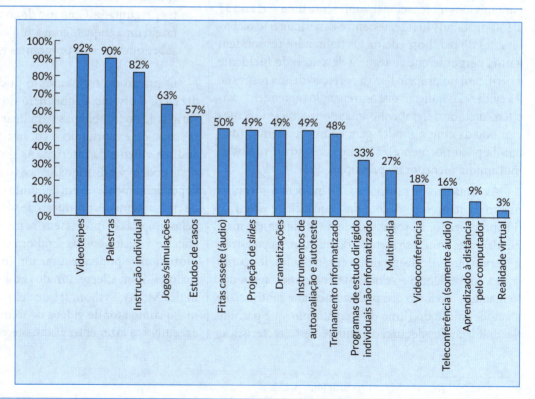

Quadro 10.10
Métodos de treinamento formal mais usados.

---

68 TIFT, Susan E. Youth apprenticeships: can they work in America? *EQW Issues*, p. 2-8, Oct. 1992, GLOUCHEVITCH, Philip. *Juggernaut*: the German way of business. New York: Simon & Schuster, 1992. Cap. 7.

ocupa de um aluno de cada vez, também pode minimizar muitas dessas desvantagens. A maioria dos estudos científicos que citam as palestras só o fazem como ponto de comparação com uma técnica mais interessante, que é o estudo dirigido. As comparações com instrução programada ou instrução televisionada indicam que as palestras não conseguem melhorar os resultados do aprendizado, ainda que os outros métodos possam ser mais superficiais.[69]

Instrução Programada (IP)

A instrução programada ou compassada oferece ao aluno uma série de tarefas, permite a avaliação do sucesso em intervalos durante o treinamento e proporciona realimentação sobre as respostas corretas e incorretas na medida que o aluno avança no programa. Os programas IP podem desenrolar-se por meio de sequências fixas de experiências, ou passar de um ponto para outro, dependendo da facilidade de apreensão do material por parte do aluno. A abordagem IP pode ser incorporada aos livros, máquinas e computadores; ela tem sido usada para todo tipo de treinamento, de matemática elementar na escola primária até regras de controle de tráfego. O assimilador cultural, uma IP de treinamento para missões internacionais, apresenta uma série de 37 a 100 pequenos incidentes entre os visitantes e os habitantes do país hospedeiro. Os treinandos respondem a uma pergunta que se segue à descrição do incidente e verificam no próprio livro a correção de sua resposta. As evidências indicam que os treinandos aprendem mais e têm melhor desempenho quando usam essa técnica combinada com a modelagem comportamental (discutida posteriormente).[70] Muitos dos novos métodos multimídia incorporam princípios da IP.

As vantagens do princípio da IP incluem o encorajamento da atenção cuidadosa das sequências e objetivos do aprendizado, a probabilidade de se caminhar mais rapidamente com esse método do que com as palestras, materiais fáceis de distribuir e que são usados de acordo com a conveniência e velocidade de aprendizagem dos treinandos, o reforço que pode aumentar a motivação e a autodefinição do ritmo do treinamento, que permite flexibilidade de adequação às diferentes características

de cada um. Suas maiores limitações são o alto custo da estruturação e preparação do programa, a dificuldade de ensinar temas não fatuais (como interações interpessoais) e um certo isolamento e resistência do treinando. As técnicas da IP parecem aumentar a velocidade do aprendizado, mas sua eficácia na melhoria da aprendizagem é controversa.[71]

Quebrando as Barreiras do Tempo e do Espaço: Áudio, Vídeo e Teleconferências

Tarde de uma terça-feira cinzenta, cerca de 60 profissionais de recursos humanos acomodam-se em uma escura sala de cinema em Woodbury; o cheiro de pipoca enche o ar. A tela se ilumina. Uma voz entoa: "bem-vindos a um novo marco nas telecomunicações". Ao vivo de Salt Lake City, dois jovens com ar de apresentadores de programas de auditório apresentam as informações da Visendus Incorporated sobre treinamento – sessões interativas, via satélite, que ligam simultaneamente várias localidades através do país. Esperem. O que é isto? É Linda, de Minneapolis, chamando com uma pergunta. Seu rosto aparece na tela. Ela quer saber quais os programas que a Visendus vai oferecer no futuro. Os jovens no estúdio se dizem felizes por ela ter perguntado. Com uso de controles remotos, eles fazem uma enquete com a audiência de Denver, para saber que tipos de programas ela quer.[72]

O futuro do treinamento pode estar na "aprendizagem a distância", por meio do uso de uma ampla variedade de tecnologias para ligar eletronicamente as pessoas, ou exportando o conhecimento por meio de áudio e vídeo e da internet. As gravações, os filmes e *slides* podem ser distribuídos aos treinandos e usados independentemente ou em conjunto com outros métodos de treinamento. A produção de vídeos de treinamento pelas próprias empresas tem-se mostrado cada vez mais eficaz e a custos baixos. Embora mais caros, os vídeos profissionais podem causar um impacto e apelo bem maiores. John Cleese, um dos atores do famoso grupo inglês Monty Python, (já desfeito) tomou-se bem famoso como ator de vídeos de treinamento, ensinando executivos a fazer entrevistas, oferecer realimentação e

---

69 GOLDSTEIN. *Training in organizations,* p. 232.

70 HARRISON, J. Kline. Individual and combined effects of behavior modeling and the cultural assimilator in cross-cultural management training. *Journal of Applied Psychology* 77, nº 6, p. 952-962, 1992.

71 GOLDSTEIN. *Training in organizations.* p. 242-243.

72 HODGES, Jill. Not so basic training. *Minneapolis Star Tribune,* p. D1., 24 Dec. 1995.

desempenhar várias outras tarefas.[73] Na *videoteleconferência*, os alunos ficam em salas distantes equipadas com TVs e microfones, e o instrutor em um estúdio, ligado às salas via satélite. Os treinandos veem a imagem do instrutor no monitor e fazem perguntas por meio das conexões de áudio com o estúdio. Os telefones com visores ou telas de cristal líquido estão tornando esse processo bastante comum. A *audioteleconferência* usa métodos semelhantes, mas apenas com conexões de áudio. Muitas vezes, os sistemas instalados para atender às necessidades de comunicação dos executivos acabam sendo apropriados pelos treinadores, quando estes percebem seu potencial de redução de custos.[74]

A vantagem dessas técnicas é que permitem a distribuição rápida e consistente da experiência do treinamento entre um grande número de indivíduos, sem a limitação do tempo dos instrutores ou da logística necessária para se colocar alunos e instrutores em um mesmo local e hora. Quando realizados profissionalmente, esses recursos audiovisuais despertam grande atenção e envolvimento.

Treinamento de Alta Tecnologia: Computadores e Multimídia

Se a instrução programada e as técnicas audiovisuais têm vantagens próprias separadas, por que não combiná-las? O apelo da informática no treinamento fica óbvio quando se observa uma criança (de qualquer idade) na frente de um *videogame*. Na Federal Express, tanto o levantamento de necessidades quanto o treinamento são informatizados. Pelo menos uma vez por ano, os entregadores e os agentes de serviço ao cliente da Federal Express entram em um programa de computador interativo para testar seu conhecimento do trabalho, melhores índices de desempenho e para planejar o futuro de suas carreiras e desenvolvimento pessoal. O programa vem com um suplemento de 25 discos que oferecem *vídeo interativo,* nos quais os treinandos assistem a pequenas vinhetas escolhidas pelo computador com base na proficiência demonstrada por eles.[75]

O treinamento informatizado tem várias das vantagens da instrução programada, além de aumentar a possibilidade de adequação do treinamento ao aluno, poder usar o poder do áudio e vídeo para ilustrar os pontos importantes e proporcionar um atraente ambiente de aprendizagem. O Departamento de Defesa dos Estados Unidos encontrou evidências de que o aprendizado acontece mais rápido com o uso da informática em comparação às aulas tradicionais.[76] Apesar de caros para serem desenvolvidos, esses programas podem logo tornar-se econômicos, pela redução do tempo gasto em treinamento e por permitir que os treinandos possam recebê-lo sem precisar se deslocar.

Aprender Fazendo: Simulações, Jogos de Empresas. Aprendizado Ativo e Modelagem Comportamental

As técnicas de aprender fazendo copiam os elementos essenciais das situações do mundo real; elas permitem que o aluno desempenhe um papel ou tome decisões a respeito de uma situação e receba a realimentação sobre sua eficácia. As *simulações,* tais como os simuladores de voo, duplicam as condições físicas do ambiente real do trabalho. A simulação de cabine usada para o treinamento de pilotos tem sido apontada como responsável pelo sucesso da solução de algumas situações reais de risco enfrentadas por eles na realidade.[77]

Os *jogos de empresas* inspiraram-se nos tradicionais jogos de estratégia militar; eles permitem que os treinandos tomem decisões acerca de variáveis do mundo dos negócios, geralmente competindo com outros indivíduos ou grupos. Usa-se normalmente o computador para fazer as contagens e calcular os resultados. Às vezes, a noção de jogo é entendida literalmente. Na Target Stores, os vendedores aprendem a importância da solidariedade formando uma corrente humana que deve passar dois bambolês em sentido contrário, sem deixar que caiam ou toquem o chão.[78]

Os *estudos de casos* oferecem ao aluno um texto que descreve uma situação real; eles devem analisá-lo e preparar alternativas de solução para discussão.

---

73 Video Arts, 4088 Commercial Ave., Northbrook, IL.

74 SHERIDAN, David. Off the road again – Training through teleconferencing. *Training,* p. 63-68, Feb. 1992.

75 HENKOFF. Companies that train best, FILIPOWSKI, Diane. How Federal Express makes your package its most important. *Personnel Journal,* p. 40-46, Feb. 1992.

76 MADLIN, N. Computer-based training comes of age. *Personnel* 64, nº 11, p. 64-65, 1987.

77 VALENTE, Judith, O'BRIAN, Bridget. Airline cockpits are not place to solo. *The Wall Street Journal, 2* Aug. 1989, p. B1, OBERLE, Joseph. Teamwork in the cockpit. *Training,* p. 34-38, Feb. 1990.

78 HENKOFF. Companies that train best, p. 71.

A *dramatização* exige que os treinandos desempenhem um papel ou personagem, geralmente contracenando uns com os outros. Para ajudar os homens a entenderem melhor a cabeça feminina, a U.S. West e a Motorola realizam concursos de beleza de brincadeira, onde os executivos trocam de lugar com suas colegas mulheres. Depois de terem passado pela experiência de serem considerados perdedores apenas por causa de sua aparência, com exceção de apenas um aprovado, eles entenderão a perspectiva feminina de uma outra maneira.[79]

> ### QUAL SUA OPINIÃO?
>
> Na GE, classes de 40 executivos eram divididas em grupos de seis pessoas que deveriam correr o mundo atrás de informações para resolver um problema real da empresa. Por que todo esse esforço em uma atividade de treinamento? Ao final, as equipes apresentavam suas soluções ao presidente Jack Welch.[80] Por que você acha que ele usaria seu tempo valioso para assistir a essas apresentações?

Os estudos de casos, os jogos de empresas e as dramatizações são frequentemente combinados dentro de um *aprendizado ativo*, em que o conteúdo dessas práticas provém dos problemas reais enfrentados pela empresa. Muitas vezes, são os próprios treinandos que identificam os problemas e os colocam como parte do processo de treinamento. Por exemplo, os executivos da Chrysler estudaram o ciclo de desenvolvimento de produtos da Mitsubishi e descobriram que o processo na empresa americana estava impedindo seu progresso.

A *modelagem comportamental,* que encoraja a capacidade dos treinandos imitarem um comportamento apropriado, uma vez tendo-o observado, baseia-se na teoria de que as pessoas podem construir modelos mentais dos comportamentos desejados. Essa técnica envolve a apresentação da habilidade a ser aprendida, a observação de um comportamento bem-sucedido relacionado com essa habilidade, discussão de grupo sobre a eficácia desse comportamento, a prática do comportamento diante uns dos outros e a realimentação sobre a eficácia do comportamento. Algumas vezes, usam-se personagens de ficção, como TV ou quadrinhos, para ajudar nesse processo.[81]

As vantagens desses métodos de treinamento incluem o alto potencial de transferência para a situação real de trabalho, o grande envolvimento do participante proporcionando realimentação específica e o auxílio aos treinandos aprenderem a lidar com dados incompletos e níveis realísticos de complexidade. A modelagem comportamental tem mostrado consistentemente influenciar comportamentos e aprendizagem. Essas técnicas são caras e precisam ser desenvolvidas cuidadosamente para obter o realismo necessário à transferência mais completa possível para a situação real de trabalho. Por exemplo, o método de estudos de casos deve envolver os participantes no confronto e questionamento de verdades assumidas, depender o mínimo possível do professor, reconhecer que raramente existe apenas uma resposta correta e criar o clima emocional para isso. No entanto, um estudo sobre treinamento de executivos descobriu que os professores geralmente dominavam a interação do grupo, fracassavam em relacionar o caso com a situação real de trabalho e usualmente induziam o grupo a uma determinada solução.[82]

Universidades, Faculdades, Escolas Vocacionais e Escolas Públicas

O National Center on the Educational Quality of the Workforce, dos Estados Unidos, estima que existe um aumento de produtividade de 3,4% quando sobe o valor das ações de uma empresa, mas um ano de aumento na média de escolaridade de sua mão de obra traz um crescimento de 8,6% – uma boa razão para que as empresas considerem melhor o valor das instituições de ensino

---

79 CASTRO, Laura L. More firms "gender train" to bridge the chasms that still divide the sexes. *The Wall Street Journal*, p. B1, *2* Jan. 1992.

80 O'REILLY, Brian. How execs learn now. *Fortune*, p. 54, 5 Apr. 1993.

81 GOLDSTEIN. *Training in organizations*, p. 285-291, BALDWIN, Timothy T. Effects of alternative modeling strategies on outcomes of interpersonal skills. *Journal of Applied Psychology* 77, nº 2, p. 147-154, 1992, GIST, Marilyn E., SCHWOERER, Catherine, ROSEN, Benson. Effects of alternative training methods on self-efficacy and performance in Computer software training. *Journal of Applied Psychology* 74, nº 6, p. 884-891, 1989, HENKOFF. Companies that train best, p. 70.

82 ARGYRIS, Chris. Some limitations of the case method: experiences in a management development program. *Academy of Management Review* 5, nº 2, p. 201-298, 1980.

no esforço de treinamento.[83] Por que construir centros de treinamento caríssimos e pagar instrutores quando existem centenas de instituições públicas e privadas já disponíveis para oferecer esses serviços? Essa lógica explica parcialmente o aumento da oferta de cursos para executivos nas grandes universidades americanas, como Michigan, Cornell, Harvard e Wharton. A revista *Business Week* faz uma avaliação anual desses cursos. A crescente competitividade trouxe consigo a crítica de que esses programas estão ultrapassados e são muito tradicionais. Embora as empresas americanas estejam mandando menos executivos para eles, as empresas de fora têm suprido essa vaga. Muitas das técnicas de aprendizado ativo e a ênfase na globalização têm emergido desses cursos. Muitos estão usando a teleconferência para atingir executivos em todo o mundo. Um estudo realizado com participantes de um desses programas revelou que eles tiveram um aprendizado de curto prazo em áreas como mensuração de produtividade, satisfação dos clientes, decisões sobre estratégias de produção e estruturas globais. O aprendizado de longo prazo incluía a ampliação de perspectivas, o conhecimento de outros setores e do ambiente político e social. Algumas esposas desses executivos relataram que seus maridos voltaram do curso mais autoconfiantes e com perspectivas mais abrangentes.[84]

Uma mudança interessante no pensamento universitário é a criação da "universidade corporativa". Estas seriam grandes centros de treinamento, localizadas em sítios paradisíacos, frequentemente com instalações residenciais e equipamentos de última geração. Alguns exemplos disso são o centro da GE em Crotonville, New York, a Motorola University em Schaumberg, Illinois, e a "Document University" da Xerox em Leesburg, Virgínia.[85]

As parcerias com colégios, escolas vocacionais e escolas secundárias se tornam cada vez mais comuns nos Estados Unidos, na medida em que tanto o governo como as empresas privadas percebem o benefício comum da melhoria dessas instituições e sua relevância para a qualidade do mercado de trabalho. A forma mais simples dessas parcerias pode ser o pagamento aos estudantes para que façam suas tarefas escolares, como acontece em uma franquia da McDonalds. Parcerias mais intensivas envolvem a personalização dos currículos das escolas técnicas ou vocacionais para se adaptarem às necessidades da empresa, como fez a Graco Inc. com o colégio técnico St. Paul. Algumas empresas adotam escolas públicas ou treinam seus administradores. Existem até prêmios para o engajamento dos pais dos alunos na melhoria das escolas. As evidências indicam que a educação e a capacitação técnica podem melhorar bastante o nível salarial dos trabalhadores e até mais significativamente, sua produtividade.[86]

As empresas internacionais são atraídas para os Estados Unidos em função da qualidade de sua mão de obra, como descobriu a rede de 16 colégios técnicos de South Carolina que recruta e treina empregados para atender às necessidades específicas das empresas que estão se instalando.[87] O governo da Austrália exige que as empresas gastem 1% de suas folhas de pagamentos em treinamento, colocando anúncios semelhantes ao mostrado no Quadro 10.11, da Sydney University.

Talvez a última palavra em treinamento fora da empresa seja o *treinamento ao ar livre,* que inclui subir em árvores, balançar no ar, atravessar desfiladeiros segurando em cordas ou jogar-se de costas nas mãos de uma outra pessoa. O debate continua: os defensores dizem que essas atividades estimulam a comunicação, a confiança e a consciência, enquanto que os detratores acham que é pura perda de tempo. Há pouca pesquisa criteriosa sobre isso, mas os participantes geralmente acreditam que esse treinamento melhora seu espírito de equipe e sua comunicação.[88]

---

83   Productivity: education's big payoff. *HRM News,* p. 2, 26 July 1995.

84   BYRNE, John A. Back to school. *Business Week,* p. 102-107, 28 Oct. 1991, O'REILLY. How execs learn now, HOLLENBECK, George P. What did you learn in school? Studies of a university executive program. *Human Resource Planning* 14, nº 4, p. 247-260, 1991.

85   MEISTER, Jeanne. *Corporate quality universities:* lessons in building a world class work force. Alexandria, VA: American Society for Training and Development, 1994.

86   McPay for McStudying. *Training & Development,* p. 9, July 1992, KELLEY, Bill. Back to class. *Human Resource Executive,* p. 37-38, Feb. 1993, SEGAL, Troy et al. Saving our schools. *Business Week,* 14 Sept. 1992, SANTORA, Joyce E. Nabisco tackles tomorrow's skills gap. *Personnel Journal,* p. 47-50, Sept. 1992, BISHOP, John. Educational reform and technical education? Trabalho apresentado na American Economics Association Meetings. Anaheim, CA, 6 Jan. 1993.

87   HARRISON, Barbara. South Carolina offers glimpse of Clinton way. *Financial Times,* 5 Jan. 1993.

88   WAGNER, Richard J., ROLAND, Christopher C. How effective is outdoor training? *Training & Development,* p. 61-66, July 1992, LAABS, Jennifer J. Team training goes outdoors. *Personnel Journal,* p. 56-63, June 1991.

364 | Desenvolvimento de Pessoal

Quadro 10.11
Os Estados Unidos serão os próximos? Anúncio de treinamento em universidade australiana.

Universidade de Sydney
EMPREGADORES
Lei de Garantia de Treinamento = 1% de sua Folha de Pagamentos

Se você tem uma folha de pagamentos de mais de $ 200.000 e não utilizou 1 % dela para treinar seu pessoal este ano, vai dar este dinheiro para o governo. Nós temos uma ideia melhor.

Mande seu 1 % para a Universidade de Sydney.

Podemos montar cursos de treinamento nas áreas de sua escolha ou oferecer bolsas de estudo.

A Universidade de Sydney é um reconhecido centro de treinamento e com sua ajuda podemos resolver suas obrigações com o governo com simplicidade.

Além disso, seu pagamento é dedutível de seus impostos – verifique com seus contadores ou ligue para nós.

Para maiores informações, contate o Prof. Sam Bali, Universidade de Sydney, NSW 2006. Telefone: 692-2261. Fax: 692-4607.

Ajude a tornar a Austrália um país realmente inteligente.

Fonte: Anúncio publicado no *Sydney Moming Herald*, p. 22, 16 June 1992.

TRANSFERÊNCIA DO AMBIENTE DE TREINAMENTO PARA A REALIDADE DO TRABALHO

Depois que todo o planejamento e implementação foram concluídos, o treinamento só se mostrará eficaz se os resultados conseguidos em sala de aula forem transferidos para o comportamento no trabalho. A transferência fica mais fácil quando as atividades, ambiente e respostas do treinamento são bem semelhantes à situação real de trabalho, como quando secretárias usam o mesmo computador e materiais tanto no treinamento como nas tarefas do dia a dia. Ainda que isso pareça óbvio, as mudanças tecnológicas podem apresentar armadilhas. Por exemplo, um piloto de avião causou a queda do aparelho que comandava. Felizmente, sobreviveu para explicar o que havia acontecido: no avião em que fora treinado, os comandos eram diametralmente opostos – o que neste era para descer, naquele subia.[89]

Provavelmente, o elemento mais importante da transferência dos resultados do treinamento tem pouca relação com o treinamento em si. O clima de transferência é o grau em que a situação real de trabalho oferece oportunidades e recompensas para o uso do que foi aprendido durante o treinamento. Isso requer a criação de sugestões situacionais para mostrar quando usar o treinamento e as consequências que recompensem adequadamente os treinandos por isso.[90]

O Quadro 10.12 mostra 24 itens usados para medir se os supermercados possuem uma cultura que encoraja o aprendizado contínuo e a aplicação das habilidades aprendidas com o treinamento. Um estudo da percepção da cultura por parte de executivos de supermercados que receberam treinamento básico de chefia, usando os 24 itens, mostrou ser mais significativo na previsão do comportamento pós-treinamento dos treinandos do que o aprendizado destes ao final do programa de treinamento.[91] Como o mundo real do trabalho frequentemente apresenta muitos obstáculos para o uso das habilidades recém-treinadas, muitos defendem o *treinamento reincidente*, que proporcionaria capacitações específicas para que os treinandos conseguissem lidar com as barreiras encontradas no cotidiano do trabalho.

AVALIAÇÃO DO TREINAMENTO: A PROVA ESTÁ NOS RESULTADOS OBTIDOS

Os comissários de bordo em quatro grandes acidentes aéreos ocorridos entre 1989 e 1992 eram incapazes de operar os equipamentos de emergência ou até de seguir adequadamente os procedimentos emergenciais. Em um dos casos, a porta de emergência foi aberta enquanto o avião ainda estava em movimento. O órgão federal

---

89 GOLDSTEIN. Training in organizations, p.126.

90 ROUILLIER, J. Z., GOLDSTEIN, Irwin L. Determinants of the climate for transfer of training. Trabalho apresentado na *Society for Industrial and Organizational Psychology,* Saint Louis, MO, 1990.

91 TRACEY, J. Bruce, TANNENBAUM, Scott I., KAVANAGH, Michael J. Applying trained skills on the job: the importance of the work environment. *Journal of Applied Psychology* 80, p. 239-252, 1995.

Treinamento | 365

Quadro 10.12
Exemplos de questões para a avaliação do ambiente de trabalho em termos de apoio à transferência do treinamento.

Na sua loja...

1. As atribuições de tarefas são desafios que exigem o máximo do conhecimento dos executivos.
2. Os chefes oferecem reconhecimento e valorização para aqueles que aplicam seus novos conhecimentos no trabalho.
3. Os colegas são capazes de trocar informações confiáveis sobre formas de melhorar o desempenho.
4. Existe um sistema de avaliação de desempenho que vincula as recompensas financeiras à competência técnica.
5. As atribuições das funções expõem os executivos consistentemente a novas informações técnicas.
6. Os chefes aproveitam uma necessidade de desenvolvimento pessoal e profissional dos subordinados para oferecer treinamento.
7. Os colegas trocam informações novas que podem ser usadas para melhorar o desempenho.
8. Existe um treinamento em serviço para a excelência.
9. As atribuições das funções são feitas dentro da área de interesse do gerente e são planejadas para promover o desenvolvimento pessoal.
10. Ideias independentes e criativas são encorajadas pelos chefes.
11. Os colegas trocam sugestões de novas abordagens para a resolução de problemas com base em suas próprias experiências.

12. Os subordinados recebem equipamentos e instrumentos para a aquisição e aplicação de novos conhecimentos e habilidades.
13. As atribuições das funções deixam tempo livre para a exploração de novas e avançadas ideias e métodos para a melhoria do desempenho.
14. Os chefes pedem opiniões sobre como solucionar problemas técnicos e relacionados com o trabalho.
15. Os colegas estão sempre dispostos a ouvir novas ideias.
16. Existe um programa de rodízio que proporciona aos gerentes diferentes posições durante o primeiro ano de serviço.
17. As atribuições das funções requerem a avaliação de soluções alternativas para os problemas.
18. Os chefes expressam abertamente seu apoio ao aprendizado contínuo.
19. Os colegas se encorajam mutuamente para usar os novos conhecimentos e habilidades no trabalho.

Esta empresa...

20. É altamente inovadora.
21. Aposta na excelência técnica e na competência.
22. Possui um clima progressista.
23. Tenta ser melhor que a concorrência.
24. Tem altos níveis de expectativa quanto ao desempenho no trabalho.

Fonte: TRACEY, J. Bruce, TENNENBAUM, Scott I. KAVANAGH, Michael J. Applying trained skills on the job: the importance of the work environment. *Journal of Applied Psychology* 80, p. 252.,1995. Copyright 1995, American Psychological Association. Reproduzido com autorização.

americano de segurança de transportes lembrou que as companhias aéreas frequentemente têm reduzido seus gastos com treinamento, e os sindicatos se preocupam com as horas de treinamento oferecidas. Nenhuma dessas medidas, entretanto, revela a eficácia do treinamento.[92]

A avaliação é uma parte vital do processo de treinamento, como mostra o Quadro 10.3, exatamente como é essencial para qualquer atividade de recursos humanos. É tentador pensar na avaliação como o passo final do processo de treinamento, mas não é verdade. Ela precisa ser planejada quando os objetivos são fixados, e precisa se tornar uma parte da subsequente análise de necessidades dentro do planejamento dos programas futuros. A avaliação é valiosa quando aperfeiçoa futuras

decisões importantes. No entanto, ela é como escovar os dentes após cada refeição – todos aconselham, mas poucos o fazem. Muito frequentemente, a avaliação do treinamento não é utilizada como uma ferramenta constante, mas é feita apenas quando se quer vender aos superiores programas caros ou evitar cortes nos programas existentes. Outras vezes, ela é evitada por medo de que revele a ineficácia de alguns programas ou ameace procedimentos já estabelecidos. Existe a crença que, como não se pode medir com perfeição todos os resultados do treinamento, não é possível avaliar o treinamento como um todo. Todavia, um sistema eficaz e constante de planejamento e avaliação do treinamento é essencial para assegurar o retorno adequado do investimento

---

92 WEIL, Jonathan. Flight attendants' training is lax, board tells FAA. *The Wall Street Journal*, p. A8, 10 June 1992.

366 | Desenvolvimento de Pessoal

milionário realizado.[93] A seguir, discutiremos como criar sistemas de avaliação eficazes.

Escolhendo os Critérios de Treinamento: Que é Eficácia?

A eficácia do treinamento pode ser julgada usando praticamente qualquer resultado que a organização considere relevante. A avaliação de apenas um critério, ou de uma parte dele, pode conduzir a conclusões tendenciosas. Desde o final da década de 50, os pesquisadores agruparam os critérios de avaliação em quatro níveis:

1. Os treinandos se sentem bem com relação ao treinamento? (reações dos treinandos)
2. Eles conseguem compreender e lembrar-se dos conceitos que lhes foram ensinados? j (aprendizado)
3. Eles aplicam esses conceitos em seus comportamentos? (mudança comportamental)
4. Estas mudanças comportamentais afetam os resultados organizacionais? (resultados)[94]

O Quadro 10.13 mostra a porcentagem de 982 empresas pesquisadas, que avaliam seus programas de treinamento usando um desses quatro níveis. A porcentagem mais alta representa as organizações que avaliam *qualquer* programa dessa maneira, enquanto que a mais baixa refere-se a todos os cursos na organização que são avaliados assim. As porcentagens são bastante altas, sugerindo que as empresas acreditam estar avaliando suas atividades de treinamento. Entretanto, a escolha cuidadosa dos critérios e dados é necessária para avaliar-se o conjunto, não basta apenas a observação de que os lucros aumentaram depois do treinamento, pois é possível que muitos fatores tenham contribuído para esse resultado.

Quadro 10.13
Uso de diferentes critérios de avaliação do treinamento.

Todas as Empresas	
As reações dos treinandos ao programa serão medidas.	
Porcentagem de medição das reações*	84
Porcentagem de cursos +	85
Os treinandos serão avaliados para determinar o que aprenderam.	
Porcentagem de estados*	69
Porcentagem de cursos+	50
O comportamento dos treinandos será avaliado quando voltarem ao trabalho.	
Porcentagem de avaliação do comportamento*	60
Porcentagem de cursos+	50
As mudanças dos resultados negociais atribuíveis ao treinamento serão avaliadas.	
Porcentagem de resultados negociais avaliados*	43
Porcentagem de cursos+	46

* De todas as empresas com 100 ou mais empregados, a porcentagem que avalia quaisquer de seus programas de treinamento dessa forma.

+ Porcentagem média de todos os cursos oferecidos pela empresa que são avaliados desta maneira (considerando apenas as organizações que avaliam alguns cursos)

Baseado em 982 respostas.

Fonte: 1995 Industry Report, *Training*, p. 64, Oct. 1995. Adaptado com permissão da edição da *Training Magazine*, Oct. 1995. Copyright 1995. Lakewood Publications, Minneapolis, MN.

---

93 LOMBARDO, Cynthia A. Do the benefits of training justify the costs? *Training and Development Journal*, p. 60-64, Dec. 1989, BOUDREAU, John W. Utility analysis. In: DYER, Lee D. (Org.). *Human resource management*: evolving roles and *responsabilities. ASPA/BNA Handbook of Personnel and Industrial Relations*. Washington, DC: Bureau of National Affairs, 1988. v. 1, Cap. 4.

94 KIRKPATRICK, Donald L. *Evaluating training programs*: the four levels. San Francisco: Barrett-Koehler, 1994.

Recentemente, foi incorporado um quinto nível de critérios:

5. Os treinandos saíram com sentimentos mais positivos sobre a organização e seu trabalho? (atitudes)[95]

A New England Telephone avaliou um programa de desenvolvimento de executivos usando medidas para as atividades de treinamento, entrevistas com os participantes em vários momentos depois do treinamento, avaliação de desempenho antes e depois do programa e classificação de competência. Os economistas usam frequentemente os aumentos salariais para medir os efeitos dos programas públicos de treinamento, ainda que esse critério não consiga capturar o verdadeiro valor desses eventos.[96] Quando Tom Roney, gerente de treinamento da Circle K Corporation, pediu 40 mil dólares para desenvolver um programa computadorizado de treinamento e um programa de orientação para novos balconistas, seu chefe pediu para que ele provasse que o gasto valeria a pena. Ele então ministrou o novo treinamento para 100 funcionários em Phoenix e comparou com outros 100, treinados no método tradicional. Descobriu que o programa informatizado reduzia o tempo de treinamento pela metade, pois era personalizado. O gerente da loja informou que esses empregados se tornavam mais rápidos nas operações de caixa, cometiam menos erros e preocupavam-se mais com o atendimento ao cliente do que os outros funcionários. A Circle K contrata anualmente cerca de 27 mil balconistas. Roney calculou o custo de criação de 55 centros informatizados de treinamento em 26 estados americanos, e os benefícios da economia de tempo e salários com a redução do tempo de treinamento pela metade. O resultado? Uma economia de 1,6 milhões de dólares no primeiro ano, *além* do benefício aos empregados mais bem treinados.[97]

Roney abordou a avaliação do treinamento cuidadosamente, escolhendo critérios que interessavam aos tomadores de decisões (redução de custos e comportamento dos funcionários). Além disso, ele adotou um *modelo de avaliação* que fornecia informações claras sobre os efeitos do treinamento. Ou seja, ele comparou os treinandos com um *grupo de controle,* os funcionários treinados pelo método tradicional. Evidentemente, é possível que o grupo treinado que utilizou informática já fosse diferenciado, e que o treinamento não tenha feito grande diferença. Roney poderia ter verificado essa situação testando ambos os grupos por um período experimental antes do treinamento, mostrando assim que o grupo treinado pela informática não apenas terminou melhor, como sua melhoria foi mais acentuada do que a do outro. Sem nos aprofundarmos em conceitos estatísticos, o importante é ficar claro que é fundamental colher os dados de avaliação do treinamento sistematicamente para que eles sirvam de informação útil para a tomada de decisões. Os pesquisadores têm investigado formas inovadoras de demonstrar os efeitos do treinamento, sem complicações e a custos baixos. Uma sugestão recente é medir critérios que devem e que não devem modificar-se com o treinamento, e provar que o treinamento funcionou, provando que o critério que devia ser mudado, mudou, e o outro, não.[98] A matriz mostrada no Quadro 10.14 usa esses quatro níveis de critérios para formular questões e abordagens gerais de medição. Embora essa matriz tenha sido desenvolvida na década de 70, ela ainda proporciona uma ideia geral de como a avaliação pode ser conseguida.

As pesquisas indicam que os diferentes níveis de critérios relacionam-se entre si, mas geralmente de uma forma complexa, e que dependem de fatores externos ao ambiente do treinamento, como as expectativas anteriores dos treinandos, sua educação, conhecimentos e se foram voluntários. Os critérios mais apropriados são aqueles que possam ser obtidos a um custo razoável e que tenham significado maior para os tomadores de decisões.[99] Cada vez mais, esses critérios incluem custos e benefícios.

---

95 TANNENBAUM, Scott I., WOODS, Steven B. Determining a strategy for evaluating training: operating within organization constraints. *Human Resource Planning* 15, nº 2, p. 63-81, 1991.

96 SMITH, Martin. Evaluation of executive development: a case study. *Performance Improvement Quarterly* 6, nº 1, p. 26-42, 1993, COUCH, Kenneth A. New evidence on the long-term effects of employment training programs. *Journal of Labor Economics* 10, nº 4, p. 380-388, 1992, BISHOP, John H. Toward more valid evaluations of training programs serving the disadvantaged. *Journal of Policy Analysis and Management* 8, p. 209-228, 1989.

97 Training: eyes on the ROI. *HRM News,* p. 2-3, 6 Mar. 1995.

98 ARVEY, Richard D., MAXWELL, Scott E., SALAS, Eduardo. The relative power of training evaluation designs under different cost configurations. *Journal of Applied Psychology* 77, nº 2, p. 155-160, 1996, HACCOUN, Robert R., HAMTIAUX, Thierry. Optimizing knowledge tests for inferring learning acquisition levels in single group training evaluation designs: the internal referencing strategy. *Personnel Psychology* 47, p. 593-604, 1994.

99 BRETZ JR., Robert D., THOMPSETT, Robert E. Comparing traditional and integrative learning methods in organizational training programs. *Journal of Applied Psychology* 77, nº 6, p. 941-951,1992, MAXWELL, S. E., COLE, D. A., ARVEY, Richard

368 | Desenvolvimento de Pessoal

Quadro 10.14
Abordagens de mensuração e critérios de avaliação do treinamento.

O que queremos saber	O que pode ser medido	Dimensões da mensuração	O que buscar (fontes de dados)	Métodos alternativos de coleta de dados
1 – Os treinandos estão satisfeitos? Se não, por que? a. Os conceitos não são relevantes. b. A estrutura do programa não é boa. c. Os treinandos estão mal posicionados.	A reação dos treinandos durante o programa.	Relevância. Desafio. Facilidade de aprendizagem.	Comentários entre os treinandos. Comentários com o instrutor. Questões sobre os exercícios.	Observação. Entrevistas. Questionários.
	A reação dos treinandos depois do programa.	"Valor" percebido. Relevância; ou energia do aprendizado.	"Comportamento enfocado" ao projeto. Questões sobre os conceitos do projeto.	Observação. Entrevistas. Questionários.
II – Os materiais ensinam os conceitos? Se não, por quê? a. Estrutura do programa. b. Aulas: – apresentação – exemplos – exercícios	O desempenho do treinando durante o programa.	Compreensão. Aplicação.	Tempo de aprendizagem. Desempenho nos exercidos. Apresentações.	Observação. Revisão de documentos.
	O desempenho do treinando depois do programa.	Compreensão. Aplicação. Facilidade. Articulação.	Plano de ação para o projeto. Uso de ferramentas nos exercícios. Apresentações.	Observação. Revisão de documentos. Entrevista. Questionário.
III – Os conceitos são usados? Se não, por quê? a. Conceitos: • irrelevantes • muito complexos • muito sofisticados b. Ferramentas inadequadas. c. Ambiente não apoiador.	Projetos de melhoria de desempenho.	Análise. Plano de Ação. Resultados.	Discussões. Documentação. Resultados.	Observação. Entrevista. Revisão de documentos. Questionário (incidente crítico).
	Técnica de resolução de problemas.	Questões perguntadas. Ação proposta. Ação realizada.	Discussões. Documentação. Resultados.	Observação. Entrevista. Revisão de documentos. Questionário (incidente crítico).
	Abordagem de gerenciamento contínuo.	Esforço de disseminação. Linguagem. Processo de gestão de pessoas.	Discussões. Documentação. Resultados.	Observação. Entrevista. Revisão de documentos. Questionário (incidente crítico).
IV – A aplicação dos conceitos afeta positivamente a organização? Se não, por quê?	Resolução de problemas.	Identificação do problema. Análise. Ação. Resultados.	Discussões. Documentação. Resultados.	Observação. Entrevista. Questionário (incidente crítico).
	Previsão e Prevenção de problemas.	Identificação do problema potencial. Análise. Ação.	Discussões. Documentação. Resultados.	Observação. Entrevista. Questionário (incidente crítico).
	Medidas de desempenho. Específico para um programa em particular.	Medidas de resultados. Medidas diagnósticas ou intermediárias.	Dados de desempenho.	Revisão de documentos.

Fonte: BRETHOWER, K., RUMMLER, G. Evaluating training. *Training and Development Journal*, p. 14-22, May 1979. Copyright 1976, Praxis Corporation. Usado com autorização.

> QUAL SUA OPINIÃO?
>
> Considerando-se seus custos e a disponibilidade de meios de avaliação, por que os executivos não insistem para que o treinamento seja cuidadosamente avaliado, tal como os investimentos em tecnologia ou instalações?

Eficiência: Custos de Treinamento

Os valores mostrados no Quadro 10.1 provam que o treinamento é um grande negócio. Para os administradores de recursos humanos, a evidência mais significativa é o tamanho de seus orçamentos para treinamento. A estimativa de custos varia, porque as organizações incluem ingredientes diferentes em suas fórmulas. A Digital Equipment Company estima que o custo de cada vaga em sua escola para treinamento de gerentes de vendas chega a 174.369 dólares, incluindo aí 96.501 dólares de salários e 21.780 dólares em viagens. No outro extremo, a Clorox Company estima seu gasto em menos de 10.000 dólares nas três primeiras sessões de seu programa de treinamento básico.[100] No Quadro 10.15, listamos diversos exemplos de custos de treinamento. Geralmente, a estimativa de custo do treinamento deve incluir todos os recursos necessários para implementar o programa, incluindo a perda de oportunidade de usar os recursos para outros fins.

Focalizar apenas os gastos pode levar os tomadores de decisões a enfatizar a redução de custos. Isso pode gerar ações criativas, como as usadas pela EDS e pela Lockheed Corporation, que exigem que os treinandos assinem *contratos de reembolso,* pelos quais se comprometem a trabalhar durante um determinado período na empresa depois de concluído o treinamento, ou pagar o custo dele. Outras empresas, como a Florida Power Corporation, vendem seus programas de treinamento como produtos independentes para outras organizações.[101] Entretanto, a ênfase nos custos pode levar as organizações a cortarem programas de treinamento para uma economia de curto prazo, podendo assim causar uma perda de produtividade de longo prazo. Para compreendermos a situação como um todo, precisamos considerar os benefícios do treinamento.

Quadro 10.15
Categorias de custos de treinamento e exemplos.

Equipamento	Instalações
Instrumentos:	Salas de aulas
computador	Laboratórios
vídeo	Escritórios
operadores	Bibliotecas/centros de aprendizagem
Telecomunicações	Gabinetes
Equipamento de laboratório	
Pessoal	**Materiais**
Instrutores	Manuais
Gerentes/administradores	Textos
Funcionários de apoio	*Slides*, fitas de vídeo/áudio
Analistas/programadores	Programas
Avaliadores	Testes
Consultores	Papel
Artistas	Filmes

Fonte: KEARSLEY, Greg. *Costs, benefits and productivity in training systems.* Reading, MA: Addison-Wesly, 1982. p. 24.

A., SALAS, Eduardo. A comparison of methods for increasing power in randomized between-subjects designs. *Psychological Bulletin,* p. 328-337, 1991, TANNENBAUM, Scott I., YUKL, Gary. Training and development in work organizations. *Annual Review of Psychology* 43, p. 399-441, 1992.

100 HARTZ, Rob, NIEMIEC, Richard P., WALBERG, Herbert J. The impact of management education. *Performance Improvement Quarterly* 6, nº 1, p. 67-76, 1993, OVERMAN, Stephanie. Retraining puts workers back on track. *HRM Magazine,* p. 40-43, Aug. 1992.

101 KRAUS, Anthony W. Repayment agreements for employee training costs. *Labor Law Journal,* p. 49-55, Jan. 1993, FILIPOWSKI, Diane. Florida power tums training into dollars. *Personnel Journal,* p. 47-50, May 1991.

Eficiência: Retornos

O treinamento pode ser tratado como um investimento e analisado por meio dos mesmos modelos aplicados às compras de novos equipamentos, investimentos em novas unidades ou lançamento de novos programas de marketing. Na verdade, o Ministério do Trabalho dos Estados Unidos defende uma mudança nas regras contábeis das empresas que permitiria que elas declarassem as despesas com treinamento como investimento e não custos, e este seria tratado como um ativo.[102] Veja a abordagem de uma empresa de consultoria para o cálculo do retorno do investimento em treinamento no Quadro 10.16. Primeiramente, identifica-se o objetivo, o público-alvo e a estrutura de tempo para assegurar que a informação seja adequada para o tomador de decisões. Além disso, veja como o retorno com o treinamento é comparado com aquele sem treinamento, para isolar os efeitos do programa.

A mensuração do valor do investimento em treinamento apresenta dois problemas. Primeiro, as consequências do treinamento dificilmente são mensuráveis quantitativamente em dinheiro como o são seus custos. Segundo, é difícil ter certeza do quanto um resultado financeiro deve ser atribuído ao programa de treinamento. O primeiro problema pode ser solucionado enfocando-se aspectos financeiros do desempenho, como é mostrado no Quadro 10.16 e foi discutido no capítulo referente à avaliação de desempenho. O segundo pode ser enfrentado com um rigoroso projeto de estudo, como já discutimos anteriormente.

Uma compilação de 17 pesquisas sobre o tema indica que o treinamento, geralmente, tem um efeito positivo sobre o desempenho dos chefes. Já vimos aqui que algumas empresas estimam retornos significativos do treinamento. A Motorola estima um ganho de 30 dólares em produtividade para cada 1 dólar gasto com treinamento. A Target Stores reporta que em 1989 a rotatividade de empregados atingiu 89% ao ano, antes de um novo programa de treinamento; este índice caiu para 59% em 1992.[103] De todo o modo, tudo isso são apenas estimativas e sujeitas a alguma imprecisão. Felizmente, existe um método disponível que torna desnecessária a precisão destes dados.

Análise do Ponto de Equilíbrio

Estimativas precisas sobre custos e benefícios do treinamento raramente, ou quase nunca, estão disponíveis. Isso também vale para praticamente qualquer atividade de gestão de recursos humanos. Na realidade, isso é verdadeiro para todas as atividades na administração, incluindo marketing, produção e finanças. Os administradores de RH costumam lamentar essa imprecisão, pois ela torna impossível fazer análise custo/benefício, ainda que não impeça os profissionais de marketing, produção ou finanças de continuarem a usar valores monetários para justificar seus programas. Talvez os profissionais de recursos humanos não conheçam métodos para usar informações pouco precisas.

No Quadro 10.17, mostramos como a *análise do ponto de equilíbrio,* um sistema comumente usado na administração, pode ser aplicada para avaliar um programa de treinamento quando seus benefícios não são conhecidos com clareza. Esse sistema utiliza a analogia do investimento e os conceitos de quantidade, qualidade e custos apresentados no Capítulo 7.

Quantidade

O número de empregados e os períodos de tempo afetados por uma decisão ou atividade de recursos humanos são a quantidade, ou "alavancagem", dessas atividades. No Quadro 10.17, apresentamos a alavancagem de um programa de treinamento. O programa é aplicado durante cinco anos e treina um contingente de 200 empregados no primeiro ano. Os 25 empregados que entram para a empresa a cada ano são treinados usando esse programa – um ganho de 20 indivíduos. Portanto, o programa produz 200 pessoas treinadas no primeiro ano, 220 no segundo, 240 no terceiro e assim por diante. Treinando 300 indivíduos, a organização obtém 1.200 pessoas/ano em efeito de produtividade nos cinco anos do programa. Quando as decisões de recursos humanos alteram a produtividade dos empregados por vários anos, elas podem rapidamente somar grandes valores de alavancagem.

---

102 GEBER, Beverly. A capital idea. *Training,* p. 31-34, Jan. 1992, KEEN, Christine D. Moving training from "cost" to "investment". *HR News,* p. 5, Mar. 1992.

103 BURKE, Michael J., DAY, Russel R. A cumulative study of the effectiveness of managerial training. *Journal of Applied Psychology* 71, p. 232-245, 1986, HENKOFF. Companies that train best.

Quadro 10.16
Calculando o retorno do investimento em treinamento.

Objetivo: _____

Audiência: _____

Retorno mensurado sobre: _____ Um ano _____ Outros _____

Parte I: Cálculo da Receita Produzida pelo Treinamento
Opção A – Análise por itens

Aumento da vendas: vendas adicionais para empregado

× _____ retorno (ou margem) por venda

× _____ número de empregados

= _____ receita produzida pelo treinamento

Aumento da produtividade: _____ porcentagem do aumento

× _____ custo/empregado (salários + benefícios indiretos)

× _____ número de empregados

= _____ retorno produzido pelo treinamento

Redução de erros: _____ custo médio por erro

× _____ número de erros evitados/empregados

× _____ número de empregados

= _____ receita produzida pelo treinamento

Retenção de clientes: _____ retorno médio por cliente

× _____ número de clientes mantidos

= _____ receita produzida pelo treinamento

Retenção de empregados: _____ custo médio de um novo empregado (treinamento + perda de produtividade)

× _____ número de empregados mantidos

= _____ retorno produzido pelo treinamento:

Outros: _____ _____

Receita total produzida pelo treinamento: $ _____

Opção B – Análise Sumária

_____ – _____ = _____

Retorno depois do treinamento	Retorno sem o treinamento	Retorno produzido pelo treinamento

Parte 2: Cálculo do Retorno

_____ – _____ = _____

Receita produzida pelo treinamento	Receita sem o treinamento	Receita total do investimento em treinamento

Fonte: HASSETT, James. Simplifying ROL. Reproduzido com permissão da edição de set./1992 da revista *Training*. Lakewood Publications, Minneapolis, MN. Todos os direitos reservados.

Qualidade

Os efeitos de uma decisão de recursos humanos sobre a qualidade do empregado refletem dois fatores. Primeiro, refletem quaisquer ganhos de valor do serviço do funcionário para a organização, como melhoria nas vendas ou qualidade da produção. Segundo, refletem quaisquer custos adicionais exigidos para a manutenção e melhoria desses ganhos, tais como aumento de estoques para dar apoio às vendas ou aumento de salários com base na produtividade. A diferença entre o ganho de valor do serviço do empregado e o aumento do custo do serviço do empregado é o ganho líquido do valor do empregado para o programa. Assim sendo, os efeitos das atividades de recursos humanos sobre a qualidade são a média de aumento do valor líquido do empregado em termos de empregado/ano. Esse conceito é muito difícil de ser medido, mas não há aqui necessidade de precisão.

No Quadro 10.17, considerou-se que os executivos mais pessimistas estimaram que o programa de treinamento poderia produzir um aumento médio no valor líquido de pelo menos 1 mil dólares por pessoa/ano, enquanto que os mais otimistas acreditaram que este valor poderia chegar aos 10 mil dólares pessoa/ano.

Custo

O custo de uma atividade de recursos humanos refere-se ao valor dos recursos usados na implementação dessa decisão. Esses recursos incluem o dinheiro empregado no desenvolvimento e tomada dessas decisões e o valor do tempo dos empregados como participantes, gestores ou instrutores internos. Os custos relevantes dizem respeito ao desenvolvimento e estabelecimento da atividade, bem como aqueles para assegurar sua realização.

No Quadro 10.17, o programa requer a construção de um sistema de última geração de estúdios para treinamento, capaz de receber um circuito fechado de transmissão audiovisual ao vivo e a comunicação com os instrutores por sistema remoto. Os custos para a construção, manutenção e funcionamento dos estúdios, e para desenvolver e implementar as decisões do treinamento ficariam em 1 milhão de dólares para o programa de cinco anos, com metade deste valor gasto no primeiro ano para a construção das instalações.

Retorno Total do Programa

A organização retratada no Quadro 10.17 enfrenta a decisão de gastar ou não 1 milhão de dólares para treinar 300 empregados em cinco anos, a um custo de 3.333 dólares por treinando. No entanto, esse custo é enganoso. Por causa do fator de alavancagem, o programa precisa apenas produzir um aumento médio no valor líquido do empregado de 833 dólares por treinando/ano para cobrir seus custos (ou seja, 1 milhão de dólares divididos por 1.200). Esse é o ponto de equilíbrio do aumento do valor da qualidade.[104] Se ele produzir a estimativa conservadora de 1 mil dólares por empregado/ano, o retorno total seria de 200 mil dólares (1,2 milhão de dólares menos 1 milhão de dólares dos custos), com um retorno de 20% sobre o investimento inicial de 1 milhão de dólares. Se conseguir atingir a estimativa mais otimista de 10.000 dólares empregado/ano, o retorno total seria de 11 milhões de dólares (12 milhões de dólares menos 1 milhão de dólares de custo), com um percentual de 1.100 de retorno do investimento.

Em vez de nos preocuparmos com as imperfeições das medições da eficácia do treinamento, devemos nos concentrar no nível mínimo de benefícios necessário para cobrir seus custos. O retorno mínimo fica em 833 dólares (ou seja, 1 milhão de dólares divididos por 1.200). Se o aumento do valor do pessoal gerado pelo programa de treinamento (por pessoa, por ano) for maior do que isto, o investimento vale a pena. Vários estudos têm demonstrado que os valores do ponto de equilíbrio são frequentemente muito baixos.[105] Quando isso ocorre, pode ser que até mesmo a avaliação mais imperfeita do treinamento, baseada em apenas uma parte dos potenciais resultados do programa, seja suficiente para justificar o investimento nele. Tal abordagem é

---

104 BOUDREAU, John W. Decision theory contributions to HRM research and practice. *Industrial Relations* 23, p. 198-217, 1984.

105 Idem, BOUDREAU, John W. Utility analysis: a new view of strategic human resource management. In: DYER, Lee D. (Org.). *ASPA-BNA handbook of human resource management.* Washington, DC: Bureau of National Affairs, 1988. v. 1, FLORIN-THUMA, Beth C., BOUDREAU, John W. Effects of performance feedback utility analysis on managerial decision processes. *Personnel Psychology* 40, p. 693-713,1987, RICH, Joe R., BOUDREAU, John W. Effects of variability and risk on selection utility analysis: an empirical comparison. *Personnel Psychology* 40, p. 55-84, 1987, BOUDREAU, John W. Utility analysis in human resource management decisions. In: DUNNETTE, M. D. (Org.). *Handbook of industrial and organizational psychology.* 2. ed. Palo Alto, CA: Consulting Psychologist Press, 1991, MATHIEU, John E., LEONARD JR., Russell L. Applying utility concepts to a training program in supervisory skills and a time-based approach. *Academy of Management Journal* 30, nº 2, p. 316-335, 1987.

Quadro 10.17
Análise do ponto de equilíbrio aplicada a um programa de treinamento.

Computando Quantidade/Alavancagem				
Ano	Empregados treinados somados ao quadro de pessoal	Empregados treinados que deixaram o quadro	Aumento líquido de empregados treinados no quadro	Total de empregados treinados
1	200	0	200	200
2	25	5	20	220
3	25	5	20	240
4	25	5	20	260
5	25	5	20	280
Total da produtividade atingida em pessoas/ano				1.200

Estimativa da Qualidade do Programa

Estimativa dos chefes sobre o valor financeiro do aumento potencial gerado no valor do serviço do empregado pelo treinamento, por pessoa, por ano, menos o aumento do custo dos serviços de manutenção deste ganho. A estimativa do valor líquido variou de 1.000 dólares a 10.000 dólares pessoa/ano.

Computando os Custos do Programa			
Ano	Custo inicial	Custo de realização	Custo total
1	$500.000	$100.000	$600.000
2	0	100.000	100.000
3	0	100.000	100.000
4	0	100.000	100.000
5	0	100.000	100.000
Custo total do programa em cinco anos			$1.000.000

Computando o Retorno Total do Programa

Retorno Total do Programa = (qualidade do programa x alavancagem) – custo do programa

Qualidade do programa	Alavancagem	Custo do programa	Retorno Total
$ 833/pessoa-ano	1.200	$1.000.000	$ 0
1.000/pessoa-ano	1.200	1.000.000	$ 200.000
10.000/pessoa-ano	1.200	1.000.000	$11.000.000

Fonte: Adaptado de BOUDREAU, John W. Utility Analysis: a new view of strategic human resource management. In: DYER, Lee D. *ASPA-BNA handbook of human resource management.* Washington, DC: Bureau of National Affairs, 1988. v. 1, Cap. 4.

certamente melhor do que a tentativa de medir os efeitos do programa até o último dólar.[106]

Equidade

O treinamento tem importantes efeitos sobre o sentimento de justiça dos empregados. Um estudo realizado nas três maiores empresas industriais da Noruega indica que o treinamento pode ter efeitos colaterais negativos. Depois de um programa de treinamento

para os executivos mudarem o clima organizacional, suas percepções deste clima pioraram, aparentemente porque agora eles estavam mais sensibilizados para estes problemas.[107] O acesso ao treinamento com vistas ao desenvolvimento profissional pode ser encarado como uma recompensa ao bom desempenho ou à lealdade. Ser forçado a participar de programas para consertar o que está errado pode ser entendido como uma punição. O treinamento pode até mesmo causar a fúria dos empregados e estimular processos judiciais. Já discutimos aqui

---

106 BOUDREAU. Decision theory contributions to HRM research and practice.

107 MOXNES, Paul, EILERTSEN, Dag-Erik. The influence of management training upon organizational climate: an exploratory study. *Journal of Organizational Behavior* 12, p. 399-411, 1991.

374 | Desenvolvimento de Pessoal

a controvérsia causada pelos treinamentos alternativos tipo "nova era" e suas consequências sobre a reação dos empregados. Nos Estados Unidos, alguns empregados processam os empregadores por não treiná-los adequadamente para evitar comportamentos perigosos no trabalho.[108]

O treinamento é também uma peça fundamental para atender às exigências da ação afirmativa e das leis de igualdade de oportunidade nos Estados Unidos, geralmente capacitando grupos minoritários a competir em condições de igualdade. Embora a análise dos impactos adversos usualmente enfoque as decisões de recrutamento e seleção, o treinamento pode estar implicado também quando: (1) um treinamento bem-sucedido for pré-requisito para uma função; (2) as pessoas forem selecionadas de forma competitiva para serem treinadas; (3) o desempenho no treinamento for usado como previsor de seleção ou para estabelecer remuneração.[109] As empresas americanas têm usado bastante o treinamento como forma de reforçar o valor da diversidade. Um estudo com mais de 700 profissionais de recursos humanos descobriu que isso é principalmente verdadeiro nas empresas maiores, onde existe uma política a favor da diversidade em todos os aspectos organizacionais. O sucesso desses programas aparece associado ao engajamento de todos os executivos, avaliação de longo prazo, sistemas de recompensa pelo aumento da diversidade e uma ampla e abrangente definição do próprio conceito de diversidade.[110]

RESUMO

As organizações americanas gastam mais de 50 bilhões de dólares por ano em treinamento formal. Quando incluímos neste cálculo todo o tempo, materiais e energia devotados ao treinamento em serviço e às parcerias educacionais, o valor total é indiscutivelmente muito mais alto. O treinamento tem um papel fundamental na preparação e atualização do pessoal quando planejado cuidadosamente e integrado com outras atividades como sistema de remuneração e recrutamento e seleção externos e internos. Na realidade, o treinamento e o *staffing* interno estão tão intimamente

interligados que os discutimos como componentes de um único processo – o desenvolvimento do empregado. Muitos têm argumentado que o treinamento é a chave da competitividade e da justiça social, trazendo para o mercado grupos anteriormente excluídos.

Ainda que os esforços empregados no treinamento sejam extraordinários, é ainda mais extraordinário o quão pouco se sabe a respeito da administração eficaz desses investimentos. Os executivos das áreas financeira, de marketing ou produção, que são responsáveis pelas consequências de suas decisões, devotam um tempo considerável para assegurar que os recursos financeiros sejam bem administrados. Imagine a reação se um executivo propusesse a construção de uma nova fábrica apenas baseado nas opiniões de umas poucas pessoas, sem uma análise sistemática do assunto. De todas as atividades ligadas à área de pessoal, o treinamento parece estar sempre mais sujeito a modas e modismos.

Os administradores precisam abordar as decisões sobre treinamento de forma mais sistemática, usando a abordagem diagnóstica aqui sugerida. O essencial é enfocar o impacto do treinamento, e não suas atividades. As pesquisas sobre treinamento têm aumentado, mas ainda existem muitas lacunas no conhecimento de seus efeitos. Portanto, os administradores devem ser criativos e flexíveis no uso das informações. A internet pode ser um ponto de apoio para isto.

> ### EXPLORANDO A WEB
>
> Você pode visitar um *site* com as perguntas mais frequentes sobre treinamento chamado "Learning Exchange", que também traz endereços de organizações que enfocam o treinamento e o desenvolvimento, indica livros e periódicos e até listas de discussão *on-line*. O endereço é:
>
> http://www/tcm.com/trdev/faq/index.html.

A tendência mais importante afetando o treinamento é possivelmente sua fusão com outras formas de desenvolvimento. Cada vez mais, os papéis funcionais,

---

108 FENTON, James W., RUUD, William N., KIMBELL, James A. Negligent training suits: a recent entry into the corporate employment negligence arena. *Labor Law Journal,* p. 351-356, June 1991.

109 MANK, David, OORTHUYS, John, RH ODES, Larry, SANDOW, Dennis, WEYER, Tim. Accomodating workers with disabilities. *Training & Development,* p. 49-52, Jan. 1992, BARTLETT, C. J. Equal employment opportunity issues in training. *Human Factors* 20, p. 179-188, 1988.

110 RYNES, Sara, ROSEN, Benson. A field survey of factors affecting the adoption and perceived success of diversity training. *Personnel Psychology* 48, p. 247-270, 1995.

progresso na carreira e sistemas de remuneração têm sido estruturados para apoiar e encorajar o aprendizado contínuo. A fronteira entre o treinamento em serviço e o fora de serviço está cada vez mais tênue, na medida em que as organizações usam programas para aprendizes, materiais didáticos baseados na realidade cotidiana da empresa e treinamento computadorizado. Em resumo, os princípios do treinamento e do aprendizado terão um papel ainda mais destacado no futuro das organizações, ainda que possa ficar cada vez mais difícil diferenciar as atividades de treinamento das demais atividades de recursos humanos.

QUESTÕES

1. O que é treinamento, e por que as organizações o encaram como um investimento estratégico?

2. Discuta como o treinamento está interligado a outras atividades de RH usadas pelas empresas. Como essas interligações podem ser usadas para aumentar o valor do treinamento?

3. Por que o treinamento é, às vezes, considerado uma arma estratégica para as organizações? O que é treinamento de impacto?

4. O que são necessidades organizacionais e como o treinamento pode atendê-las? Como a organização pode maximizar os benefícios do treinamento?

5. Quais são os fatores que afetam a aprendizagem dos treinandos? Quais as implicações disso nos esforços da organização para melhorar o aprendizado?

6. Discuta o conceito de *aprendizado* no treinamento e a importância da transferência entre treinamento e trabalho real.

7. Quais são as áreas de conteúdo mais comuns no treinamento? Como cada área afeta o tipo de treinamento escolhido? Escolha uma área de conteúdo e cite exemplos de métodos apropriados e inapropriados.

8. Compare o treinamento em serviço e os programas para aprendizes. Quais são suas diferenças, semelhanças, vantagens e desvantagens?

9. Qual a importância provável do treinamento no futuro? Quais as mudanças enfrentadas pelas empresas que devem aumentar a importância do treinamento para a administração de recursos humanos?

10. Como o valor do treinamento pode ser avaliado? É possível avaliar o treinamento quando tantos de seus efeitos são difíceis de prever ou de medir com precisão?

Sua Vez

Treinando para Construir a Diferença[111]

Por todos os Estados Unidos, as concessionárias estavam dizendo a seus clientes, "Graças a vocês, vendemos todos os carros em nossos pátios. Novos carros chegarão logo. Encomendem já os seus!" Honda? Toyota? Nissan? Não. Saturn Corporation, uma história de sucesso americana que credita ao treinamento os bons resultados de um método revolucionário de vender automóveis.

No princípio da década de 80, quando a indústria automobilística americana via suas vendas despencarem, suas fábricas fecharem e sua imagem junto aos consumidores desgastar-se pela comparação com os produtos japoneses, de melhor qualidade, a General Motors Corporation tentou recuperar o mercado de carros compactos por meio de uma nova empresa, que iria começar um novo relacionamento com o público, buscando a satisfação dos clientes. A Saturn Corporation, subsidiária da GM, foi criada para "ir além da satisfação do cliente: precisamos exceder a sua expectativa para tornar a experiência de comprar e possuir um carro em uma coisa entusiasmante." A nova empresa definiu cinco valores: (1) um compromisso com o entusiasmo do cliente; (2) um compromisso com a excelência; (3) trabalho de equipe; (4) confiança e respeito pelos indivíduos; e (5) melhoria contínua.

A transferência desses valores para o processo de produção já foi bastante difícil, mas transferi-los para a área de vendas foi ainda pior. Foi preciso até mudar o vocabulário da empresa, com os revendedores virando *varejistas*, as concessionárias virando *unidades de varejo* e os vendedores tornando-se *consultores de vendas*. Isso exigiu uma mudança radical da imagem do vendedor de automóveis, que faz qualquer coisa para obter vantagens em uma venda, para uma nova filosofia, exemplificada na lista dos Seis Passos para o Entusiasmo do Consumidor:

1. Ouvir o cliente.
2. Criar um clima de confiança mútua.
3. Exceder às expectativas do cliente.

---

111 Esse caso foi baseado em COTTRELL, Dorothy, DAVIS, Larry, DETRICK, Pat, RAYMOND, Marty. Sales training and the saturn difference. *Training & Development*, p. 38-43, Dec. 1992.

4. Criar uma cultura de vencedores.

5. Fazer o acompanhamento do cliente de forma a assegurar-se que suas expectativas foram atingidas.

6. Melhorar continuamente a imagem da qualidade de produtos e serviços perante o consumidor.

Como você projetaria uma abordagem de treinamento com uma relação custo/benefício eficaz para a nova geração de consultores de vendas da Saturn? Como levantaria as necessidades de um típico treinando de vendas de automóveis? Quais condições para o aprendizado seriam essenciais e como as criaria em seu programa? Você usaria instrutores internos ou externos? Quais métodos específicos você empregaria? Como cobriria a distância entre o treinamento e o trabalho real? Por fim, como mediria e avaliaria a eficácia para assegurar o aperfeiçoamento contínuo do processo de treinamento?

Parte IV

Remuneração

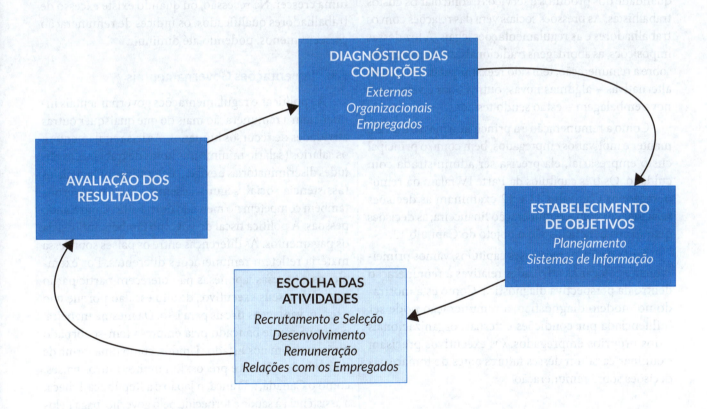

O país está numa pior, mas eu estou feliz e despreocupado.

Eu corto os salários dos empregados como um Jack Estripador fiscal.

Eu tiro deles seus planos de saúde, e não ouço seus gritos de desespero.

E consigo para mim um bônus de alguns milhões de dólares.

A remuneração dos executivos é um tema tão fascinante que até os comediantes se interessam por ele. Esta sátira feita por Mark Russell confirma o que todo mundo já suspeitava: que o pagamento é determinado sem qualquer razão ou justiça aparentes.

Passamos por um período em que as abordagens tradicionais sobre remuneração têm sido cada vez mais discutidas. Os executivos enfrentam pressões econômicas para melhorar a produtividade, aumentar a qualidade dos produtos e serviços e controlar os custos trabalhistas. As pressões sociais vêm das relações com os trabalhadores e as regulamentações legais. A luz dessas imposições, as abordagens tradicionais, até burocráticas, sobre a remuneração, têm sido reexaminadas. Diferentes alternativas – algumas novas, outras boas e velhas em nova embalagem – estão sendo testadas.

Como a remuneração é a principal arma para atrair, manter e motivar os empregados, bem como o principal custo empresarial, ela precisa ser administrada com cuidado. Os três capítulos da Parte IV falam da remuneração: os Capítulos 11 e 12 examinam as decisões relacionadas com a remuneração financeira; as decisões quanto aos benefícios são o objeto do Capítulo 13.

Antes de irmos para esses capítulos, vamos primeiramente colocar as atividades relativas à remuneração dentro da perspectiva diagnóstica. Como está mostrado no modelo diagnóstico, a remuneração pode ser influenciada por condições externas, organizacionais e dos próprios empregados. Os executivos precisam examinar cada um desses fatores antes de tomar suas decisões sobre remuneração.

INFLUÊNCIAS EXTERNAS SOBRE A REMUNERAÇÃO

As decisões sobre remuneração podem ser afetadas pelas condições econômicas enfrentadas pela empresa, pelas práticas e políticas organizacionais, seu relacionamento sindical e o tipo de pessoas empregadas. Influências externas significativas incluem a economia e as regulamentações governamentais.

Economia: Mercados de Produtos e de Trabalho

Embora alguns acreditem que as pessoas não são objeto das forças da oferta e demanda, elas são sim. Durante os períodos de crescente demanda por produtos e serviços, as oportunidades de emprego são maiores e os empregadores estão mais dispostos a oferecer melhores pagamentos para atrair e reter os trabalhadores que possuem as habilidades e experiências necessárias.

Salários maiores significam custos de produção mais altos. As empresas geralmente repassam essa diferença para seus consumidores, sob a forma de preços mais elevados. Isso é mais fácil de ser feito quando a demanda pelos produtos está bem grande. Mesmo o serviço público ou as universidades repassam seus custos, com aumento de impostos e de mensalidades.

As condições do mercado de trabalho também afetam a remuneração. Nos períodos de escassez de determinadas qualificações, a remuneração destas costuma crescer. Na recessão, ou quando existe excesso de trabalhadores qualificados, os índices de remuneração crescem menos, podendo até diminuir.

Regulamentações Governamentais

As políticas e regulamentações governamentais influenciam a remuneração mais do que quaisquer outras atividades de recursos humanos. As leis regulamentam os salários (salário mínimo), as horas de trabalho, as atitudes discriminatórias e exigem determinados benefícios (assistência social, seguro-desemprego). Os governos também competem no mercado de trabalho, contratando pessoas. A política fiscal do governo também influencia os pagamentos. As diferenças entre os países sobre essa matéria refletem remunerações diferentes. Por exemplo, as empresas japonesas não oferecem participação acionária a seus executivos de alto escalão porque não existem vantagens fiscais para isso. Da mesma maneira, o seguro-saúde bancado pela empresa tem-se tornado muito comum nos Estados Unidos, como uma forma de controle de salários e preços. Em muitos outros países, como o Canadá, a França, o Japão e a República Tcheca, a assistência à saúde é fornecida pelo governo, paga pelos impostos recolhidos.

Sindicatos

Embora menos de um quinto dos trabalhadores americanos sejam sindicalizados, é um erro imaginar que essas associações não tenham influência sobre as remunerações. Frequentemente, a ameaça de ter um contingente de pessoal sindicalizado é o suficiente para que as empresas melhorem os salários, benefícios e outras condições de trabalho. Nas organizações onde os sindicatos já têm presença, estes são a força principal na determinação dos salários e benefícios. Fora dos Estados Unidos, os sindicatos são ainda mais fortes, especialmente na Europa e na Ásia.

INFLUÊNCIAS ORGANIZACIONAIS SOBRE A REMUNERAÇÃO

O velho axioma, você tem aquilo pelo que pagou, tem o seu oposto: você não tem aquilo pelo que não pagou. Esta é a filosofia que baseia os sistemas de incentivo pela remuneração.

Todos os sistemas de remuneração têm um propósito. Responda esta questão: Pelo que queremos pagar? Você começa assim a definir os objetivos do sistema de remuneração. Alguns objetivos são claramente identificados; outros são implícitos. Ambos devem dar apoio às estratégias organizacionais.

Como o sistema de remuneração é apenas um dos aspectos da empresa, seu desenho deve ser influenciado pela sua adequação ao restante da organização. Um sistema altamente centralizado e confidencial, controlado por umas poucas pessoas, jamais funcionaria em uma empresa descentralizada, transparente e baseada no trabalho de equipe.

A importância da adequação dos sistemas de remuneração fica ainda mais clara com outras atividades de recursos humanos. Por exemplo, algumas empresas não mantêm uma diferença significativa de remuneração entre os operários e seus superiores imediatos. Isso diminui o incentivo para a participação em treinamento exigida para uma promoção. A situação é inversa quando as posições executivas são muito mais altas, o que leva técnicos e pesquisadores a deixarem suas funções para ganhar mais. A remuneração deve coexistir com os outros sistemas dentro da organização.

CARACTERÍSTICAS DOS EMPREGADOS

O simples fato de que os empregados são diferentes entre si é muito frequentemente negligenciado na estruturação dos sistemas de remuneração. Por exemplo, os empregados mais velhos e bem pagos podem querer colocar sua remuneração em fundos de aposentadoria, enquanto os mais jovens têm uma necessidade de dinheiro vivo maior, para comprar uma casa, sustentar a família, pagar escolas ou comprar um carro novo. Os casais que trabalham podem querer usar seus benefícios duplos para cobrir outras carências, como seguro de automóvel, consultoria financeira e outros.

Os objetivos dos sistemas de remuneração são motivar comportamentos produtivos e controlar os custos trabalhistas, ao mesmo tempo em que busca a satisfação das necessidades e do sentimento de justiça dos empregados.

11

O SISTEMA DE PAGAMENTO

Você escovou seus dentes hoje pela manhã? Agora que está crescidinho e não fica mais se perguntando como é que eles conseguem enfiar tanta pasta naquele tubo fininho, oferecemos um novo desafio para entretê-lo enquanto escova os dentes. Como é que eles decidem o que pagar para as pessoas que enfiam a pasta no tubinho? Como decidem o que pagar para as pessoas que transportam os tubos da fábrica até os varejistas, para o gerente do produto que se preocupa com o espaço na prateleira, para a pessoa da contabilidade que decide quais custos indiretos deve alocar para a pasta de dentes, para o engenheiro que estuda a melhor maneira da pasta entrar e sair do tubo, para o químico que procura o melhor sabor, para o estrategista internacional que recomenda a construção de uma fábrica na Tanzânia e para o gerente dessa fábrica? Como a remuneração de todas estas funções diferentes é determinada?

A remuneração é um assunto fascinante porque o trabalho e as pessoas que o realizam são fascinantes. Os empregados podem ser indiferentes às políticas de treinamento de suas empresas, ou totalmente desinformados sobre seus benefícios de aposentadoria, mas as questões de pagamento – *meu* salário e, mais especialmente, meu salário comparado como o *seu* – são de importância crucial. Como as organizações estabelecem a remuneração para os diferentes papéis funcionais e diferentes indivíduos são os assuntos dos próximos três capítulos.

MÚLTIPLAS FORMAS DE PAGAMENTO

O recibo de seu contracheque é tão maravilhoso porque representa o ponto final de uma série de decisões moldadas pelo nosso modelo diagnóstico. Veja o recibo que aparece no Quadro 11.1. Depois que você se recuperar do choque causado pelo tamanho das deduções fiscais (condições externas), veja a seção intitulada "Ganhos atuais". Hillary Jones trabalhou 87 horas nesse período. Ela ainda não participa de distribuição de lucros da Hewlett-Packard, nem faz parte de nenhum plano de *incentivo* que vincule os salários à produtividade (como número de impressoras entregues ou metas financeiras atingidas).

Passemos agora para as deduções. Estas são impostos federais e estaduais, seguro-saúde e seguro social. Os dois últimos são exemplos de *benefícios,* cujos custos podem ser divididos entre os empregados e os empregadores. Outros benefícios podem incluir programas de saúde, subsídios educacionais, licenças remuneradas e creches. Se o custo de um benefício for pago inteiramente pela empresa, não aparece nenhuma dedução no contracheque. O contracheque mostra apenas algumas das várias formas que a remuneração pode ter. As contribuições patronais para o seguro social, assistência médica, férias, licença-saúde e outros estão excluídos.

A *remuneração* inclui o retorno financeiro e os serviços e benefícios tangíveis que os empregados recebem como parte de pagamento em uma relação de trabalho.

Remuneração Total *versus* Recompensa Total

O Quadro 11.2 lista os elementos da *remuneração total* da IBM. A empresa não inclui as promoções, a escolha do local de trabalho, as oportunidades de treinamento, os prêmios para a excelência de desempenho nem mesmo a segurança no emprego em sua definição de remuneração total, ainda que reconheça a importância desses elementos. O *sistema de recompensa total* da IBM inclui esses elementos e mais, como o sentimento de realização, autoestima, amizade e oportunidades para crescimento individual. Sempre que possível, esses elementos devem ser coordenados com a remuneração, mas muitos deles estão fora do controle da organização.[1] Os fatores psicológicos no trabalho foram amplamente discutidos nos Capítulos 3 e 4. Os capítulos sobre remuneração examinarão os itens no quadro.

MÚLTIPLOS OBJETIVOS DO PAGAMENTO

Os sistemas de pagamento podem ser projetados para atingir um grande número de objetivos, entre eles:

1. Melhorar a produtividade e a satisfação do cliente.
2. Controlar os custos.
3. Tratar os empregados com justiça.
4. Atender às exigências legais.
5. Aperfeiçoar o desempenho individual ou de equipe.[2]

No Quadro 11.3, apresentamos as declarações de objetivos para os sistemas de pagamento das empresas Hewlett-Packard e Astra-Merck. Os objetivos de ambas as empresas enfatizam o desempenho inovador (produtividade), a competitividade (controle de custos) e o tratamento justo para todos os empregados.

Provavelmente, existem tantas declarações de objetivos quantas empresas existirem. Os objetivos múltiplos são a razão da complexidade de muitos planos de pagamento. Infelizmente, algumas vezes esses planos são tão complicados que nem os empregados nem patrões conseguem entender seu funcionamento, e menos ainda por que certas convenções persistem. Em vez de ajudarem no atingimento dos objetivos, esses sistemas levantam barreiras. Em lugar de direcionar o comportamento dos empregados para os propósitos da organização, o sistema de pagamento gera sentimentos de injustiça entre os funcionários e prejudica a produtividade.

Quadro 11.1
Os contracheques refletem a política de pagamento da empresa.
(reprodução de um contracheque da empresa Hewlett-Packard)

---

1 FUEHRER, V. Total reward strategy. *Compensation and Benefits Review*, p. 44-53, Jan./Feb. 1994.

2 MILKOVICH, George T., NEWMAN, Jerry. *Compensation*. 5. ed. Burr Ridge, IL: Richard D. Irwing, 1996.

Quadro 11.2
Remuneração total da IBM.

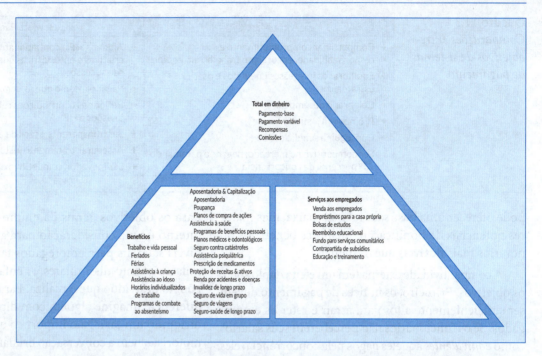

Os objetivos servem a vários propósitos. Em primeiro lugar, eles orientam a estrutura do sistema de pagamento. Considere um empregador cujo objetivo é recompensar a excelência do desempenho. Este objetivo determina a política de pagamento (pagar pelo desempenho), bem como os elementos do plano de pagamento (por exemplo, méritos e/ou incentivos). Um outro empresário pode enfatizar um quadro de pessoal flexível, em aprendizado contínuo. Este pode atrelar seu sistema de pagamento ao aumento do conhecimento e das habilidades dos empregados. Objetivos diferentes orientam a estrutura de sistemas diferentes.

Os objetivos também funcionam como padrões de referência para a avaliação do sistema de pagamentos. Se o objetivo for atrair e reter pessoal altamente capacitado, e os empregados mais talentosos estão saindo para outras empresas que pagam mais, o sistema não deve estar funcionando direito.

EXPLORANDO A WEB

Se você está pensando em mudar de cidade em seu próximo emprego, verifique o calculador de salários de relocação na página de Homebuyer's Fair no seguinte endereço:

http://www.homefair.com

Você digita seu salário, sua cidade atual e a cidade potencial de seu interesse, e o programa lhe dá a média de remuneração lá.

DECISÕES SOBRE A POLÍTICA DE PAGAMENTO

Em um sistema de remuneração eficaz, as políticas de pagamento são escolhidas para ajudar no atingimento dos objetivos do sistema. As políticas são os blocos de construção, formando a fundação sobre a qual o sistema de pagamentos é organizado. O Quadro 11.4 mostra o relacionamento entre objetivos, políticas e técnicas. As quatro políticas básicas de pagamento incluem a competitividade externa, o alinhamento interno, as contribuições dos empregados e a implementação.

Competitividade Externa: Comparação entre Organizações

A *competitividade externa* refere-se à remuneração considerada em relação às várias empresas. A essência do conceito de competitividade externa é sua natureza relativa: comparação entre empresários.

Quanto as outras empresas estão pagando para seus profissionais de contabilidade e quanto pretendemos pagar em comparação com estes valores? Algumas empresas estabelecem patamares mais altos do que a concorrência, pretendendo assim atrair os melhores profissionais. Isso significa, obviamente, que se assume que alguém seja capaz de identificar e contratar o "melhor" entre o grupo de candidatos. Um outro empregador

384 | Remuneração

Quadro 11.3
Comparações entre objetivos de sistemas de pagamento.

Astra-Merck	Hewlett-Packard
✦ Compartilhar comprometimento e responsabilidade: encorajar o trabalho em equipe	✦ Ajudar a HP a continuar atraindo pessoas criativas e entusiásticas que contribuem para o seu sucesso
✦ Equilibrar os interesses imediatos e os estratégicos	✦ Pagar o mesmo que as demais empresas líderes
✦ Celebrar o desempenho	✦ Refletir as contribuições relativas de sindicatos, divisões e HP
✦ Promover a justiça	✦ Ser transparente e fácil de entender
✦ Conseguir a simplicidade	✦ Assegurar tratamento justo
✦ Ser competitivo no mercado; pagar no patamar do 75º percentil da concorrência	✦ Ser inovador, competitivo e equitativo

pode oferecer uma base salarial mais baixa, mas maiores potenciais de bonificação, melhores benefícios ou horários mais flexíveis que os demais.

A competitividade externa tem um efeito duplo sobre os objetivos. Primeiro, os índices de pagamento devem ser suficientemente altos para atrair e reter os empregados. Se os funcionários não perceberem seus salários como *equivalentes* àqueles pagos pela concorrência, eles provavelmente irão embora.[3] Segundo, porque os custos trabalhistas são uma porcentagem substancial do total dos custos da organização; eles afetam diretamente a política de preços dos bens e serviços produzidos pela empresa.[4] Os custos trabalhistas devem ser determinados em um patamar que permita à organização maximizar sua eficiência na produção de bens e serviços. A Hewlett-Packard refere-se à competitividade externa em sua declaração de objetivos quando estabelece que quer "pagar como os líderes". A Astra-Merck tem a política de "pagar no patamar de 75% do que paga a concorrência".

Alinhamento Interno: Comparações dentro da Organização

> O *alinhamento interno* refere-se às comparações entre funções ou habilidades dentro de uma única organização.

O alinhamento pode basear-se no conteúdo do trabalho, nas habilidades e/ou competências necessárias para sua realização ou em alguma outra combinação. O foco é na comparação entre as contribuições do trabalho para os objetivos gerais da empresa. O alinhamento interno é uma consideração para a determinação dos níveis salariais para empregados tanto em funções similares quanto dissimilares. A ênfase é no trabalho, e não no indivíduo que o realiza. Para compreender essa diferença, imagine alguém com diploma universitário dirigindo um táxi. Não importa o quanto ele seja bom motorista, nem a conversação brilhante capaz de manter com o passageiro, seu pagamento como taxista será o mesmo, sendo ele um doutor ou semialfabetizado. A tarifa baseia-se no trabalho – fornecer transporte – e não na pessoa que o executa.

Os administradores têm várias opções de política voltadas aos relacionamentos internos. Eles podem optar por muitos (ou poucos) níveis hierárquicos (por exemplo, maquinista 1, especialista eletrônico 1, assistente de laboratório 1, todos com diferenças salariais, ou optar por uma única posição chamada assistente técnico); podem estabelecer diferenças maiores (ou menores) entre os níveis salariais. A Hewlett-Packard visa à consistência interna quando busca "refletir as *contribuições relativas* de áreas, divisões e H-P". A Astra-Merck quer "encorajar o trabalho em equipe".

Contribuições dos Empregados

As *contribuições dos empregados* referem-se à ênfase relativa dada ao desempenho e/ou antiguidade das pessoas que executam as mesmas tarefas ou possuem a mesma habilidade: comparação entre os empregados.

Os empregados devem todos receber o mesmo pagamento? Ou um programador deve ser remunerado diferentemente de um outro em função de seu melhor

---

3   KAHNEMAN, D., KNETSCH, J., THALER, R. Fairness as a constraint on profit seeking: entitlements in the market. *American Economic Review*, p. 730-736, Sept. 1986, LAWLER III, Edward E. *Pay and organization development*. Reading, MA: Addison-Wesley, 1981.

4   HOLZER, H. J. Wages, employer costs, and employee performance in the firm. *Industrial and Labor Relations Review* 43, p. 147S-164S, 1990.

Quadro 11.4
Os objetivos de pagamento são atingidos através de quatro políticas.

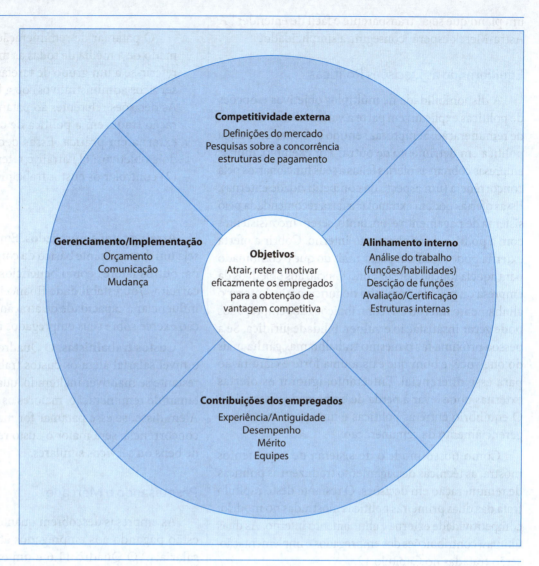

desempenho ou maior tempo de empresa? Uma equipe mais produtiva deve ganhar mais que uma menos produtiva? A ênfase dada ao desempenho e/ou antiguidade afeta diretamente as atitudes e comportamentos dos empregados no trabalho, o que afeta todos os objetivos da remuneração. A Hewlett-Packard conecta o desempenho com seu objetivo de atrair "pessoas criativas e entusiásticas que contribuem". O objetivo da Astra-Merck é "celebrar o desempenho".

Tanto o alinhamento interno como as contribuições dos empregados são julgados de acordo com os objetivos organizacionais. O primeiro avalia a contribuição do trabalho em si, independentemente de quem o executa. O segundo avalia o desempenho de quem realiza o trabalho. Para voltar ao nosso taxista doutor, todos os motoristas recebem a mesma tarifa/hora. Entretanto, eles podem ficar com uma porcentagem dos pagamentos dos clientes. Este seria um plano de incentivo baseado no desempenho, mas a tarifa/hora é baseada na função.

Implementação

Pode-se desenhar um sistema que seja competitivo externamente, que faça o alinhamento interno dos papéis funcionais e dos objetivos organizacionais e que reconheça as contribuições dos empregados, mas ele não atingirá seus objetivos a menos que seja implementado apropriadamente. O melhor projeto do mundo não tem qualquer valor sem uma implementação e um gerenciamento competentes. A determinação dos custos do sistema, a avaliação do atingimento dos objetivos, a pesquisa da reação dos empregados ao plano e sua comunicação são aspectos tão importantes quanto a organização inicial do sistema. Os objetivos da Hewlett-Packard incluem

386 | Remuneração

um plano que seja "transparente e fácil de entender". A Astra-Merck espera "conseguir a simplicidade".

Equilibrando as Decisões Políticas

A disponibilidade de múltiplos objetivos e opções de políticas explicam em parte a variedade dos sistemas de remuneração. Sempre faz sentido enfatizar uma dada política em detrimento de outra? Por exemplo, muitas empresas cobrem as ofertas feitas a seus funcionários pela concorrência (um aspecto da competitividade externa). Essas ofertas podem extrapolar a faixa recomendada pelo sistema de pagamento e, portanto, serem inconsistentes com a política de alinhamento interno. Cobrir a oferta externa pode significar pagar mais do que o combinado para aquela função por sua contribuição aos objetivos da empresa ou pelo desempenho do funcionário. Ignorar o alinhamento interno e as contribuições dos empregados pode gerar insatisfação e vulnerabilidade jurídica. Se a pessoa próxima faz o mesmo trabalho mas ganha mais do que você, é bom que exista uma forte e clara razão para esse diferencial. Entretanto, ignorar as ofertas externas pode levar à perda de empregados essenciais. O equilíbrio entre as políticas é uma parte crucial do gerenciamento da remuneração.

Como nosso modelo de sistema de pagamentos mostra, as técnicas de pagamento traduzem as políticas de remuneração em decisões. O restante deste capítulo trata das duas primeiras políticas mostradas no modelo: competitividade externa e alinhamento interno. As duas últimas, contribuições dos empregados e implementação, serão tratadas no Capítulo 12.

COMPETITIVIDADE EXTERNA

A competitividade externa enfoca três aspectos essenciais:

- Pesquisar o mercado (o que a concorrência está pagando).
- Estabelecer um patamar de remuneração que reflita a política de competitividade externa.
- Implementar programas para atingir este patamar estabelecido.

O patamar de remuneração refere-se à amplitude de variação dos pagamentos feitos por uma empresa.

O patamar de remuneração pode ser chamado de a média de todas as médias. Ele pode referir-se a um grupo de tarefas (por exemplo, serviços administrativos) ou a toda a empresa. As decisões referentes ao patamar de remuneração traduzem a política de competitividade externa em prática. Essas decisões enfocam dois objetivos: (1) atrair e reter empregados e (2) controlar os custos trabalhistas.

Atrair e reter empregados. Embora o nível salarial seja um determinante básico da competitividade externa, outros fatores como benefícios, oportunidades de carreira e/ou estabilidade financeira podem também influenciar a capacidade de atração que uma organização exerce sobre seus empregados atuais e potenciais.[5]

Custos trabalhistas. O Quadro 11.5 mostra como o nível salarial afeta os custos trabalhistas. Se todo o restante se mantiver inalterado, quanto mais alto o patamar de remuneração, maiores os custos trabalhistas. Além disso, se esse patamar for mais alto do que o da concorrência, será maior o custo relativo da produção de bens ou serviços similares.

Pesquisando o Mercado

As empresas descobrem quanto seus concorrentes estão pagando aos empregados através de pesquisas salariais.[6] O Quadro 11.6 é um exemplo do tipo de informação que se obtém em uma pesquisa destas. Ele mostra o resultado de uma pesquisa para determinar o nível de pagamento para operadores de processadores de texto em Dallas, Texas.

Conduzindo uma Pesquisa

As pesquisas salariais são realizadas pelos empresários, seja individualmente, seja de forma associada, pelas empresas de consultoria, e por órgãos públicos. Nos Estados Unidos, existem várias instituições, públicas e privadas que fornecem dados levantados junto às empresas, aos órgãos governamentais e às associações profissionais, técnicas e comerciais. Apesar de todos esses dados, muitas organizações acham que seus objetivos

---

5   BLOOM, M., MILKOVICH, G. Money, managers, and metamorphosis. In: ROUSSEAU, D., COOPER, C. (Orgs.). *Trends in organizational behavior*. 3. ed. New York: John Wiley, 1996.

6   BJORNDAL, Jane A., ISON, Linda. *Mastering market data*. Scottsdale, AZ: American Compensation Association, 1991.

Quadro 11.5
Calculando os custos trabalhistas.

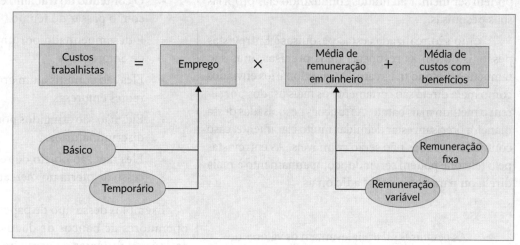

Quadro 11.6
Resultados de pesquisa salarial.

Procura – Operador de Processador de Textos   Data: 1º de Janeiro

Atribuições

Assumir a responsabilidade pelo gerenciamento do fluxo de trabalho do centro de processamento de textos e fornecer apoio administrativo à diretoria para melhorar a produtividade geral. Usar o processador de textos para digitar trabalhos confidenciais e de alta prioridade.

Exige-se diploma de curso secundário ou equivalente, e três anos de experiência com processadores de texto.

Código do empresa	Valor mínimo	Valor médio	Valor máximo	Média dos valores	População de empregados
D	$9,34	$10,88	$12,40	$10,53	1
Y	8,23	9,69	11,14	10,53	1
E	8,53	10,07	11,60	10,17	3
Y	8,71	10,14	11,56	10,01	1
B	7,66	9,59	11,49	9,37	2
N	7,69	9,62	11,55	9,37	14
W	6,68	10,07	11,51	9,05	1
X	7,72	9,07	10,89	9,02	12
O	6,19	8,05	9,90	8,57	2
Q	7,22	8,63	11,46	8,49	3
M	6,38	7,99	9,59	8,29	2
G	6,14	7,59	9,05	8,24	1
R	6,94	8,55	10,14	8,24	3

Fonte: Dallas Área Electronics Survey. Responsável: Recognition Equipment. Rockwell International, Collins Radio Group, e Texas Instruments, Inc.

388 | Remuneração

podem ser melhor atendidos conduzindo elas próprias suas pesquisas.[7]

Como são realizadas estas pesquisas? Entrevistas pessoais obtêm as respostas mais precisas, mas são também o método mais caro. Os questionários enviados como mala direta são certamente os mais usados por serem o método mais barato. As funções pesquisadas dessa maneira precisam estar definidas muito claramente, caso contrário os dados não serão confiáveis. As entrevistas pelo telefone podem servir de acompanhamento à mala direta ou para obter dados adicionais.

> As *pesquisas salariais* levantam os valores de remuneração para funções específicas praticados pelos concorrentes mais relevantes.

Mercado Relevante

As empresas envolvidas na pesquisa mostrada no Quadro 11.6 – Recognition Equipment, Rockwell International, Collins Radio Group e Texas Instruments – são semelhantes em tamanho, setor e localização geográfica. Esse grupo de empresas forma o mercado de trabalho relevante para esta pesquisa. Nem todos os empresários que usam operadores de processador de textos aparecem na pesquisa – apenas aqueles que competem pela contratação do mesmo tipo de mão de obra dentro de uma determinada área.

O mercado relevante varia de acordo com a função pesquisada. Por exemplo, esse mesmo grupo de empresas provavelmente utiliza dados de mercado regional, ou até nacional, para calcular os índices salariais dos engenheiros. O Quadro 11.7 mostra como as qualificações profissionais interagem com a geografia para definir o mercado de trabalho relevante.

Funções-chave

Uma breve descrição da função que está sendo pesquisada pode ajudar a decidir se suas tarefas e responsabilidades combinam com aquela pesquisada. Na prática, os empregadores não buscam dados de mercado para todas as ocupações; apenas as *funções-chave* ou de *referência* são incluídas na pesquisa. Essas ocupações possuem as seguintes características:

- O conteúdo do trabalho é relativamente estável com o passar do tempo.
- É desempenhado por um grande contingente de empregados.
- Eles são comuns a um grande número de diferentes empresas.
- Eles não são atingidos por padrões de emprego discriminatórios.
- Eles não são objeto de recente escassez ou excesso de oferta no mercado de trabalho.

Exemplos desse tipo de papel funcional podem ser operadores de bancos de dados, operadores de processadores de textos, engenheiros de projeto, analistas de remuneração ou até administradores de recursos humanos.

Resultados da Pesquisa

Para oferecer um quadro da distribuição dos valores de remuneração da função avaliada em cada uma das empresas, a pesquisa coleta algumas medidas salariais. Os dados não são identificados pelo nome da empresa. Nos Estados Unidos, essa identificação pode causar problemas legais.[8]

O Quadro 11.6 mostra que não existe um único "índice-padrão" de pagamento dos operadores de processadores de texto em Dallas. Ao contrário, os índices pagos pelas empresas variam de 6,14 a 12,40 dólares por hora. Essas variações podem ser atribuídas às diferenças de experiência entre os operadores ou podem refletir as políticas de remuneração de cada uma das empresas.

Os resultados obtidos por uma pesquisa são a distribuição dos valores de remuneração pagos pela concorrência para funções similares. No Quadro 11.8, mostramos a distribuição dos valores médios para operadores de processadores de texto. A distribuição sumariza os dados do Quadro 11.6 e permite ao analista fazer comparações entre o que sua organização está pagando para essa ocupação e os valores do mercado – o que a concorrência está pagando.

Entretanto, uma pesquisa raramente enfoca apenas um único papel funcional. Geralmente, os dados são coletados para um certo número de funções, que podem estar relacionadas (por exemplo, programadores, operadores e engenheiros de *software)* ou podem abranger

---

7   COOK, Frederic W. Compensation surveys are biased. *Compensation and Benefits Review,* p. 19-22, Sept./Oct. 1994.

8   SHEA, Michael B. Decrees offer survey guidelines. *ACA News,* p. 15, June 1994.

Quadro 11.7
Mercados de trabalho relevantes por região geográfica e grupo de empregados.

Escopo geográfico	Grupos de Empregados / Ocupações					
	Produção	Serviços administrativos	Técnicos	Cientistas e Engenheiros	Chefias e Gerências	Executivos
Local: áreas relativamente pequenas, como uma cidade ou região metropolitana (por exemplo, a Região Metropolitana de Dallas).	Muito provável	Muito provável	Muito provável	—	—	—
Regional: uma determinada região de um Estado ou Município, ou um conjunto de Estados e/ou Municípios (por exemplo, a área da Greater Boston).	Apenas em caso de escassez ou situação crítica	Apenas em caso de escassez ou situação crítica	Muito provável	Provável	Provável	—
Nacional, engloba todo o país.	—	—	—	Muito provável	Muito provável	Muito provável
Internacional, engloba vários países.	—	—	—	Apenas em caso de escassez ou situação crítica.	Apenas em caso de escassez ou situação crítica.	Provável

Fonte: MILKOVICH, George T., NEWMAN, Jerry. *Compensation*. 5. ed. Homewood, IL: Richard D. Irwing, 1996.

Quadro 11.8
Resultados da distribuição de salários.

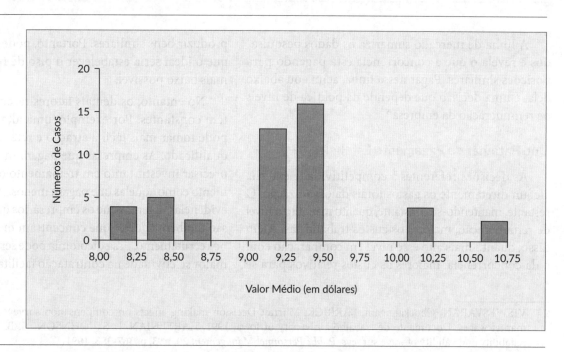

uma faixa mais ampla do trabalho. Se o propósito da pesquisa é estabelecer índices de remuneração para um número de papéis funcionais com respeito ao mercado, é preciso uma maneira de combinar os dados de todas as funções pesquisadas. Uma linha de pagamento do mercado faz isso sumarizando os índices relativos aos vários papéis funcionais encontrados no mercado.

Uma linha de pagamento de mercado. No Quadro 11.9, as distribuições dos valores para quatro funções-chave foram rotacionadas e combinadas em um único gráfico. O desenho de uma linha que conecte a frequência das distribuições revela uma linha do pagamento de mercado. Esta linha pode ser traçada de várias formas: (1) todos os pontos médios de distribuição são ligados; (2) pode-se traçar uma reta, ainda que os pontos médios para algumas funções não sejam atingidos por ela; e (3) uma análise de regressão pode ser usada para traçar uma linha mais precisa estatisticamente.

Quadro 11.9
Traçando uma linha de pagamento no mercado.

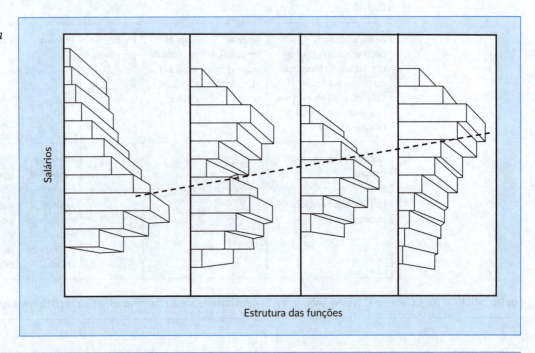

A linha de mercado sumariza os dados pesquisados e revela o que a concorrência está pagando para posições similares. Pagar nessa linha, acima ou abaixo dela, é uma decisão que depende da política de níveis de remuneração da empresa.[9]

Que Patamar de Pagamento Estabelecer?

As decisões referentes à competitividade externa afetam diretamente os gastos totais da organização. O restante, mantendo-se constante, quanto mais alto o nível de remuneração, maiores os custos trabalhistas. Além disso, quanto mais alto esse nível em comparação com o da concorrência, maiores os custos relativos para se produzir bens similares. Portanto, pode parecer óbvio que o ideal seria estabelecer o piso de remuneração o mais baixo possível.

No entanto, os demais fatores raramente se mantêm constantes. Por exemplo, uma alta remuneração pode tornar mais fácil a atração e retenção de pessoal qualificado. As empresas que pagam mais podem não precisar investir tanto em treinamento ou em recrutamento como aquelas que pagam menos. Ainda assim, as evidências sugerem que os empresários que pagam mais são também aqueles que concentram maiores esforços no recrutamento. Essa dicotomia pode ser explicada pela maior seletividade na contratação facilitada pela maior

---

[9] VISWESVARAN, Chockalingam, BARRICK, Murray. Decision making effects on compensation survey: implications for market wages. Documento de trabalho University of Iowa, 1991, HARTENIAN, L. S., JOHNSON, N. B. Establishing the reliability and validity of wage surveys. *Public Personnel Management* 20, nº 3, p. 367-383, 1991.

quantidade de candidatos atraídos pelos altos salários.[10] Se os melhores candidatos forem contratados, o ganho em produtividade pode ultrapassar o custo trabalhista por empregado. Assim sendo, uma decisão de elevar o patamar de remuneração também pode ser justificável. Na realidade, as empresas geralmente estabelecem patamares diferentes para atender a diferentes objetivos, em diferentes grupos de funções.

Existem três alternativas básicas para o estabelecimento de um patamar de remuneração – fazê-lo de forma que: (1) lidere a concorrência; (2) fique na média dos concorrentes; ou (3) fique abaixo do que os demais estão pagando. As evidências sugerem que a alternativa mais comum é manter a política de ficar na média da concorrência.[11] Qual a diferença que o nível de remuneração pode fazer? Seus efeitos potenciais são mostrados no Quadro 11.10.

Ficar na média da concorrência. Esta é a escolha das empresas que procuram se assegurar que seus índices salariais são semelhantes aos da concorrência. Essa similaridade dos patamares de remuneração coloca as empresas concorrentes em igualdade de condições para atrair e reter o pessoal qualificado.

Liderança na concorrência. As empresas que oferecem níveis salariais mais altos que os da concorrência maximizam sua capacidade de atrair e reter pessoal qualificado e minimizam a insatisfação dos empregados com a remuneração. A ideia é que, quanto mais alta a remuneração, maior o número de candidatos, e maior a possibilidade de selecionar os melhores trabalhadores.

Ficar atrás da concorrência. Pagar menos do que os concorrentes pode significar para uma empresa uma dificuldade na atração e retenção de empregados qualificados. Entretanto, outros fatores, como horários flexíveis de trabalho, promoções, garantia no emprego ou sentir-se parte de um ambiente amigável, podem superar a questão do piso salarial mais baixo para muitos empregados potenciais.

Traduzindo a Política de Nível de Remuneração na Prática

Se a política de remuneração de uma empresa é estar na média do mercado, isto pode ser traduzido na prática na projeção destes valores para o orçamento do próximo exercício. Por exemplo, veja novamente o Quadro 11.6, a pesquisa para operadores de processadores de textos de Dallas. O relatório da pesquisa nos informa que estes valores salariais estavam vigentes em 1º de janeiro. Todavia, o reajuste dentro da organização não estará vigente antes do próximo janeiro, e aí a pesquisa terá já um ano. Se o crescimento das taxas de mercado é estável em, digamos, 5% ao ano, basta fazer o ajuste no resultado da pesquisa em 5% para projetá-lo ao próximo exercício (veja o Quadro 11.11).

Quadro 11.10
Relacionamento provável entre as políticas de nível de remuneração e os objetivos da remuneração.

Política	Objetivos do sistema de remuneração				
	Capacidade de atração	Capacidade de retenção	Controle de custos	Redução da insatisfação	Aumento da produtividade
Pagar mais que o mercado	+	+	?	+	?
Pagar igual ao mercado	=	=	=	=	?
Pagar menos que o mercado	–	?	+	–	?

Fonte: MILKOVICH, George T., NEWMAN, Jerry M. *Compensation*. 5. ed. Homewood, III: Richard D. Irwing, 1996.

---

10 RYNES, S. L., BARBER, A. E. Applicant attraction strategies: an organizational perspective. *Academy of Management Review* 15, p. 286-310, 1990, WILLIAMS, Margaret L., DREHER, George. Compensation system attributes and applicant pool characteristic. *Academy of Management Journal*, p. 510-535, Aug. 1992, TURBAN, Daniel, DOUGHERTY, Thomas W. Influences of campus recruiting on applicant attraction to firms. *Academy of Management Journal* 4, nº 35, p. 739-765, 1992.

11 MILKOVICH, George T. Compensation systems in high technology companies. In: KLEINGARTNER, A., ANDERSON, C. S. (Orgs.). *Human resource management in high technology firms*. Lexington, MA: Lexington Books, 1987. p. 103-114, GERHART, Barry, MILKOVICH, George T. Organizational differences in managerial compensation and financial performance. *Academy of Management Journal* 33, p. 663-691, 1990, GERHART, Barry, MILKOVICH, George T. Employee compensation: research and practice. In: DUNNETTE, M. D., HOUGH, L. M. (Orgs.). *Handbook of industrial and organizational psychology*. 2. ed. Palo Alto, CA: Consulting Psychologists Press, 1992.

Quadro 11.11
Escolhas para fazer o reajuste nos dados da pesquisa para que reflitam a política salarial.

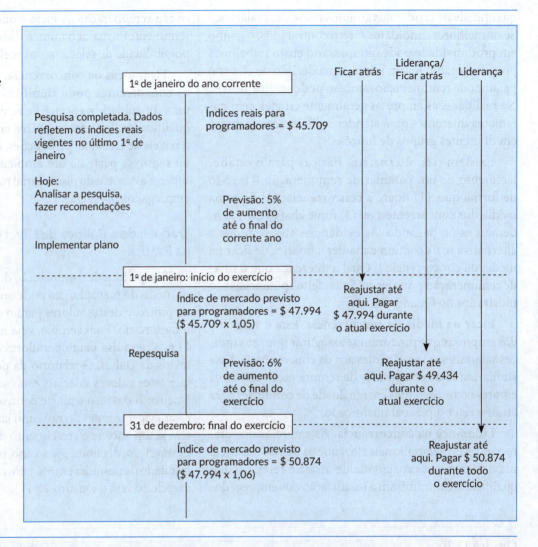

Quando uma organização faz esse tipo de ajuste, ela estará no nível do mercado apenas no começo do exercício seguinte, ou seja, 1º de janeiro. Depois disso, as taxas do mercado continuam a crescer, e, a menos que a empresa aumente seus valores, seu patamar salarial ficará atrás da concorrência. Para driblar esse problema, muitas organizações projetam seus valores por mais seis meses, isto é, com um adicional de 2%, ficam na média do mercado em 1º de janeiro. Com essa prática, uma empresa, na realidade, lidera o mercado nos primeiros seis meses, fica na média no meio do ano, e fica atrás da concorrência nos últimos seis meses.

Para uma política de *liderança* de nível de remuneração, a linha de mercado pode ser simplesmente redesenhada mais alta, os índices podem ser multiplicados por alguma constante ou qualquer outro artifício matemático. A proximidade entre a política salarial e o verdadeiro patamar de remuneração praticado pela empresa vai depender das técnicas a serem utilizadas.[12] Uma vez determinado o patamar salarial, voltemo-nos para a segunda política do modelo de remuneração, o alinhamento interno.

ALINHAMENTO INTERNO

O alinhamento interno enfoca as semelhanças e diferenças entre as funções dentro de uma única organização e a contribuição relativa de cada uma delas para o atingimento das metas organizacionais. Essas diferenças e semelhanças formam uma estrutura interna de relacionamentos de trabalho. As decisões essenciais neste assunto incluem:

---

12 BROWN, Charles. Firm's choice of method of pay. *Industrial and Labor Relations Review* 40, p. S165-S182, 1990.

1. Usar estruturas hierarquizadas ou igualitárias.
2. Basear a estrutura nas funções, nas habilidades, nas competências ou no mercado.
3. Como ajustar a estrutura interna com os dados externos sobre remuneração.

No Capítulo 3, definimos a análise da função como o processo sistemático de coletar dados e fazer julgamentos sobre a natureza dos papéis funcionais. O resultado final da análise da função é a descrição da função, que permite julgamentos sobre sua complexidade, dificuldade, responsabilidade ou seu valor relativo. Os critérios usados nesse julgamento podem variar de uma organização para outra. O resultado desse julgamento é a estrutura da função.

O Quadro 11.12 apresenta quatro estruturas de função hipotéticas dentro de uma única empresa. As organizações geralmente possuem múltiplas estruturas que podem derivar-se de múltiplas abordagens e ser avaliadas em relação a múltiplos critérios. Quando os sistemas de remuneração são vinculados a diferentes níveis nessas estruturas, eles se tornam estruturas de remuneração.

> As *estruturas de remuneração* significam o relacionamento dos níveis salariais das diferentes funções dentro de uma única organização.

Uma questão-chave é a amplitude do diferencial de remuneração entre as diversas funções. As estruturas de remuneração são consideradas internamente equitativas quando determinam pagamentos maiores para as funções que: (1) requerem maiores conhecimentos ou habilidades para sua realização; (2) devem ser desempenhadas sob condições adversas; e/ou (3) trazem maiores contribuições para a organização.

Esses diferenciais de pagamento podem influenciar as decisões dos empregados em permanecerem na empresa ou em investirem em treinamentos adicionais com vistas a promoções e novas atribuições. O grau de satisfação dos funcionários também pode ser afetado pela amplitude desse diferencial. Obter uma estrutura de pagamentos justa é parte importante da questão da remuneração.

Estruturas Igualitárias *versus* Hierarquizadas

Imagine que sua família o tenha encorajado a abrir uma sorveteria para vender aquele delicioso sorvete de baunilha que você faz tão bem, além dos outros sabores. Você vai contratar funcionários para operarem as batedeiras, congelarem e embalarem os sorvetes e enviarem tudo para a loja, onde outros empregados vão colocá-los em taças, enfeitá-los e servi-los para uma multidão de clientes. Parabéns! Você teve tanto sucesso que agora precisa de um contador e um gerente financeiro, além de gerentes para a fábrica e a loja, para que você possa ter tempo para dedicar-se ao gerenciamento dos recursos humanos.

Quadro 11.12
Estruturas internas – com base nas funções, nas habilidades e nas competências.

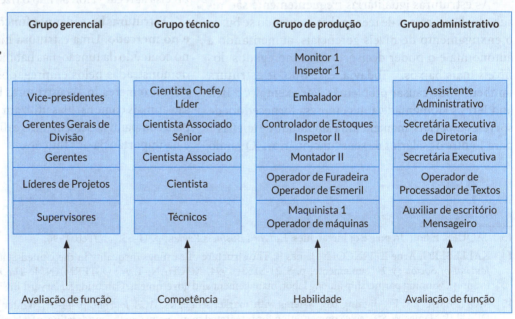

Como você vai estruturar sua organização? As estruturas igualitárias possuem menos níveis hierárquicos e a diferença de pagamento entre eles é pequena, mesmo entre o salário mais alto (o seu) e o mais baixo. Talvez apenas dois níveis sejam suficientes: você e os demais. As estruturas hierárquicas possuem mais níveis e maiores diferenciais de remuneração. Talvez tenha um nível executivo, um gerencial, um de supervisão e assim por diante.

Todas as estruturas de remuneração possuem um certo grau de hierarquização, mas algumas têm mais que outras.[13] Uma estrutura igualitária baseia-se na ideia de que minimizando os diferenciais aumenta-se a satisfação dos empregados, aumenta-se a integração das equipes e afeta-se positivamente o desempenho dos funcionários, tudo isso levando a uma maior vantagem competitiva. Uma estrutura hierárquica baseia-se na ideia de que os diferenciais são uma parte importante do reconhecimento dos empregados mais capacitados que realizam tarefas de maior responsabilidade. O fracasso na recompensa a eles pode causar sua saída da empresa, o que traria como consequência uma perda de vantagem competitiva. Assim sendo, pode-se pensar em situações para ambas as estruturas.

Nos Estados Unidos, o diferencial de remuneração entre o salário mais alto e o mais baixo é de 35 para 1, o mais alto entre os países industrializados. No Japão, essa diferença é de apenas 15 para 1. Muitas pessoas acreditam que esses diferenciais nos Estados Unidos são excessivos e refletem o tratamento injusto dado aos trabalhadores.[14]

As estruturas igualitárias frequentemente são resultado de processos de reengenharia, quando se busca o enxugamento de níveis gerenciais, aumentando a autonomia e o poder decisório dos empregados dos níveis mais baixos.[15] Todavia, esse tipo de estrutura também pode causar problemas. Por exemplo, a Ben and Jerry's Homemade, uma empresa fornecedora de sorvetes especiais, mantém uma amplitude de apenas 7 para 1 entre os salários de seus funcionários. (Quando a empresa começou, essa amplitude era de apenas 5 para 1). Essa diferença relativamente pequena entre o salário mais alto e o mais baixo reflete a filosofia da empresa de que a prosperidade dos operários e dos executivos deve ser uma só. Mas isso atrapalha a capacidade de recrutamento da empresa. Quando eles não conseguiram contratar um gerente financeiro qualificado que aceitasse sua oferta de pagamento, eles decidiram contratar um gerente contábil e dar a ele o suporte de um consultor dois dias por mês. Da mesma maneira, quando foi necessária a substituição de um dos sócios originais na função de presidente, eles fizeram uma enquete nacional junto a seus clientes, pedindo para que estes respondessem por carta por que gostariam de ocupar este cargo. A contratação de verdade aconteceu com a ajuda de uma empresa especializada em colocação de executivos. O salário desse profissional ficou fora da amplitude de 7 para 1. Embora tenham obtido uma publicidade favorável com sua filosofia de remuneração, nenhum dos sócios mostrou vontade de falar sobre os lucrativos arranjos financeiros que tornaram seus retornos bem mais polpudos do que a faixa 7 por 1.

Como devem ser as estruturas de pagamento nos modelos igualitário e hierárquico? Nem a teoria, nem as pesquisas têm oferecido muita ajuda para definir a estrutura ideal. A resposta provavelmente está na forma como o trabalho é organizado. Como discutimos no Capítulo 3, ele pode ser organizado em equipes ou individualmente. A estrutura de pagamento deve dar apoio à estrutura organizacional. Cada nível da estrutura precisa agregar valor. Se não o fizer, deve ser eliminado.

Estruturas baseadas nas funções, nas competências e no mercado. Uma estrutura interna pode basear-se no conteúdo da função, nas habilidades e competências demonstradas pelos empregados, ou, simplesmente, refletir o mercado. As estruturas baseadas nas funções são as mais comuns. Elas utilizam a avaliação da função para comparar as semelhanças e diferenças no conteúdo e na importância das funções.

---

13   JAQUES, Elliott. In praise of hierarchies. *Harvard Business Review,* p. 11-35, Jan./Feb. 1990.

14   KALLEBERG, Arne L., LINCOLN, James R. The structure of earnings inequality in the United States and Japan. *American Journal of Sociology* 94, suplemento, p. S121-S153, 1994, KOCHAN, T. A., OSTERMAN, P. *The mutual gains enterprise: forging a winning partnership among labor, management and government.* Cambridge: Harvard Business School Press, 1994.

15   MONTEMAYER, E. Aligning pay systems with market strategies. *ACA Journal,* p. 44-53, Winter 1994, SNELL, Scott A., DEAN JR., James W. Strategic compensation for integrated manufacturing: the moderating effects of jobs and organizational inertia. *Academy of Management Journal,* p. 1109-1140, Oct. 1994.

Desenhando uma Estrutura Baseada nas Funções: Avaliação das Funções

A *avaliação das funções* examina sistematicamente cada função para dar base ao sistema de remuneração. Isso inclui a avaliação das obrigações e responsabilidades, das habilidades necessárias e da contribuição relativa de cada função para os objetivos da organização.

A avaliação de funções tem sido criticada como algo enfadonho e demorado.[16] Por que preocupar-se com isto? Porque ela ajuda no estabelecimento de uma estrutura de remuneração baseada no desempenho e é internamente justa com os empregados e consistente com as metas organizacionais. Consequentemente, os executivos podem justificar para os empregados as diferenças nos salários, tendo por base critérios objetivos. Assim sendo, justifica-se que o salário do gerente de contabilidade é mais alto do que o dos contadores porque requer mais conhecimentos e responsabilidades, além de ter uma contribuição mais significativa para o atingimento das metas organizacionais.

Três métodos básicos de avaliação de funções estão geralmente em uso: ordenamento, classificação e método dos pontos.

Ordenamento. Este método simplesmente ordena as descrições de funções, tomando por base algumas definições, de forma decrescente quanto a seu valor relativo ou contribuição para os objetivos organizacionais. O ordenamento é o método de avaliação de funções mais simples, rápido, compreensível e barato. Entretanto, sua abordagem é raramente a mais recomendável. Os critérios usados para ordenar as funções são geralmente definidos de forma tão superficial que os resultados acabam sendo opiniões subjetivas, difíceis de explicar ou justificar. Além disso, este método exige uma grande familiaridade com cada uma das funções analisadas. Em grandes empresas, constantemente em mudança, essa é uma tarefa formidável. Como seus resultados são difíceis de explicar e defender, frequentemente são necessárias outras soluções, onerosas, para resolver os problemas criados por este método de avaliação.

Classificação. Este método encaixa as descrições de todas as funções dentro da organização em uma série de classes ou graduações. Seria como rotular cada uma das prateleiras de uma estante de livros, e depois colocar os livros nelas de acordo com esta classificação.

O Quadro 11.13 mostra algumas classificações utilizadas na indústria manufatureira. Esse método é bastante usado no setor público e para as funções executivas e técnicas (engenheiros/cientistas) no setor privado. Na prática, a maior dificuldade oferecida por este método é a necessidade de descrever com grande precisão cada classe. Elas devem ser razoavelmente amplas para não dificultarem o processo de classificação, ao mesmo tempo que precisam ter detalhes suficientes para fazerem sentido.

Método dos Pontos: o Método mais Comum de Avaliação

O método dos pontos costuma ter três versões:

1. Fatores essenciais.
2. Fatores graduados numericamente.
3. Pesos que refletem a importância de cada fator.

Fatores essenciais

Os fatores essenciais são valiosos para a organização porque ajudam no atingimento dos objetivos organizacionais. Os mais comuns são as habilidades, o esforço, a responsabilidade e as condições de trabalho. Normalmente, um comitê escolhe os fatores essenciais com base no julgamento do que é importante para o trabalho. O apêndice deste capítulo inclui um plano de pontos para funções de produção. Os oito fatores essenciais listados são conhecimento básico, habilidade eletrônica, habilidade mecânica, habilidade gráfica, habilidade matemática, comunicabilidade, segurança e capacidade decisória.

Um *fator essencial* é um atributo de valor de uma função relacionado ao trabalho que fornece uma base de comparação de sua relativa importância para a organização.

Escolha dos fatores essenciais

Os fatores essenciais provêm do trabalho em si e da orientação estratégica dos negócios. Para selecionar esses fatores, uma organização se pergunta (geralmente

---

16 EMERSON, Sandra M. Job evaluation: a barrier to excellence? *Compensation and Benefits Review*, p. 38-51, Jan./Feb. 1991.

396 | Remuneração

Quadro 11.13
Definições e pontos de referência usados no método de avaliação de funções por classificação.

Classe IV	Definição das Funções de Classe IV
	Capacidade de executar um trabalho de natureza especializada. Requer a habilidade mecânica de montar, consertar, fazer revisão e manutenção de equipamentos mecânicos sem que precise ser vistoriado depois. Requer a capacidade de ler projetos, especificações de materiais, e o uso de raciocínio matemático básico, ou uma experiência comparável com o layout da empresa que superem estas necessidades.
	O trabalho pode ser especializado ou de natureza não mecânica, exigindo a capacidade de planejar e executar tarefas em que só existem métodos operacionais genéricos disponíveis. Requer capacidade decisória, envolvendo o uso de consideráveis doses de engenhosidade, iniciativa e bom-senso. Trabalho sob supervisão limitada.
	Pontos de Referência para a Classe IV
	Maquinista especializado, supervisor de embalagem, eletricista especializado, mecânico especializado, supervisor de expedição.
Classe V	**Definição das Funções de Classe V**
	Capacidade de realizar trabalhos do nível mais alto em sua área. Esta habilidade precisa ser reconhecida com um certificado ou diploma resultante de um aprendizado formal; ou, depois de um considerável tempo de treinamento em serviço, tendo demonstrado um desempenho com habilidades equivalentes.
	Outros empregados a serem enquadrados na classificação na Classe V precisam supervisionar outros funcionários regularmente em aspectos técnicos ou não, desempenhar outras funções de supervisão e conseguir, adicionalmente, realizar tarefas de natureza não supervisional.
	Pontos de Referência para a Classe V
	Eletricista chefe, capataz de fábrica, mecânico chefe, planejador de manutenção, engenheiro chefe.

representada por um grupo de indivíduos de diferentes níveis da empresa): "Qual é o aspecto do trabalho que agrega valor?"

Uma empresa escolhe a "capacidade decisória" como um fator essencial. Como aparece no Quadro 11.14, a capacidade decisória é definida de acordo com três dimensões:

1. o risco e a complexidade (consequentemente, a disponibilidade de linhas de orientação para esta tomada de decisão);
2. o impacto das decisões; e
3. o tempo passado até que esse impacto fique evidente.

Na verdade, essa empresa concluiu que sua vantagem competitiva depende das decisões que seus empregados são capazes de tomar no trabalho. Concluiu também que o valor relativo dessas decisões depende de seus riscos, sua complexidade e de seu impacto sobre a organização. Funções que requerem decisões mais arriscadas com impactos maiores têm um valor relativo mais alto do que as funções que requerem menos decisões de consequências relativamente pequenas. Para serem úteis, os fatores essenciais devem ser:

1. Baseados no trabalho realizado.
2. Baseados na estratégia e nos valores da organização.
3. Aceitáveis por parte daqueles afetados pela estrutura de remuneração resultante.

Fatores Graduados Numericamente

A graduação permite a avaliação do quanto de um fator (grau) está presente em uma função. São definidos diferentes graus de cada fator, e incluem-se exemplos de cada graduação. Por exemplo, no plano de avaliação apresentado no apêndice deste Capítulo, a "capacidade de ler, escrever, somar e subtrair" é o primeiro grau do fator conhecimento básico. Uma função que requeira "treinamento extensivo em uma área específica" pode ter quatro graus de conhecimento básico, como está definido neste plano.

O Sistema de Pagamento | 397

Quadro 11.14
Exemplo de uma definição de fator essencial: capacidade decisória.

Definição do Fator: Avalia a extensão da capacidade decisória requerida e os efeitos positivos e negativos que tais decisões podem ter sobre a lucratividade da empresa. Consideram-se os seguintes aspectos:

- Risco e complexidade da capacidade decisória requerida.
- Impacto de tais ações sobre a organização.

Que tipo de orientação está disponível para a tomada de decisões?

___1. Poucas decisões são necessárias; o trabalho é realizado de acordo com procedimentos padrão e/ou com instruções detalhadas.

___2. As decisões são tomadas dentro de uma estrutura estabelecida de procedimentos claramente definidos. O empregado precisa apenas entender e seguir o curso de ação indicado.

___3. As orientações estão disponíveis na forma de procedimentos claramente definidos e práticas padronizadas. O empregado precisa selecionar o procedimento mais adequado.

___4. As orientações estão disponíveis na forma de algumas práticas padronizadas, precedentes bem estabelecidos, materiais de referência e políticas da empresa. As decisões requerem um moderado nível de julgamento e análise do curso de ação mais adequado.

___5. Algumas orientações estão disponíveis na forma de amplos precedentes, práticas e métodos genéricos nesse campo. As decisões requerem alto nível de julgamento e/ou modificação de cursos de ação padronizados.

___6. Poucas orientações estão disponíveis. O empregado pode consultar peritos técnicos e pesquisar publicações profissionais relevantes. As decisões requerem inovação e criatividade. As únicas limitações sobre o curso de ação são a política e a estratégia da empresa.

Qual o impacto destas decisões?

___1. Os erros nas decisões e recomendações causam geralmente mínimos atrasos e adicionais de custo. Essas deficiências não comprometem a realização dos programas ou projetos importantes para a organização.

___2. Os erros nas decisões e recomendações causam geralmente moderados atrasos e adicionais alocações de fundos e recursos dentro da própria unidade de trabalho. Essas deficiências não comprometem o atingimento dos objetivos da organização.

___3. Os erros nas decisões e recomendações causam geralmente consideráveis atrasos e realocação de fundos e recursos. Essas deficiências afetam o cronograma de outras unidades e, a menos que sejam corrigidas, podem comprometer o atingimento de metas em um setor fundamental da empresa.

___4. Os erros nas decisões e recomendações geralmente comprometem programas críticos e o atingimento de metas de curto prazo de um setor fundamental da empresa.

___5. Os erros nas decisões e recomendações comprometem o atingimento dos objetivos da organização e podem afetar o crescimento a longo prazo e a imagem pública de empresa.

A eficácia da maioria das decisões tomadas nesta posição pode ser medida em:

___1.	Um dia	___4.	Seis meses
___2.	Uma semana	___5.	Um ano
___3.	Um mês	___6.	Mais de um ano

Fonte: KANIN-LOVERS, Jill. The role of computers in job evaluations: a case in point. *Journal of Compensation and Benefits*, New York: Warren Gorham and Lamont, 1985.

Peso dos Fatores

O peso de um fator corresponde a sua importância. Suponhamos que um plano use estes quatro fatores: habilidades, esforço, responsabilidade e condições de trabalho. O comitê responsável pelo plano de remuneração decide, primeiramente, o número total de pontos que serão utilizados, digamos, 1.500; depois, estes pontos são alocados de acordo com a importância de cada um dos fatores. Se o fator habilidade, por exemplo, tem um peso de 40% de um plano de 1.500 pontos, isso significa que 600 pontos estão disponíveis para serem atribuídos a diferentes graduações de habilidade. Se o plano utilizar cinco graduações de habilidade, cada uma valerá 40 pontos.

O valor total de pontuação de uma função é a soma desses números. No plano apresentado no apêndice deste

398 | Remuneração

capítulo, o fator *capacidade decisória* tem o peso maior. Mais de um quarto do total de pontos (180 de 680) é alocado para este fator. O Quadro 11.15 mostra como graduações e pesos para quatro fatores essenciais são combinados para avaliar a função de gerente de livraria.

Aplicação do Plano a todos os Papéis Funcionais

Geralmente, um plano de pontos começa a ser desenvolvido usando-se um subconjunto de papéis funcionais, da mesma forma que se usa funções-chave para determinar a competitividade externa. Uma vez computados os pontos para estas funções e estabelecida uma hierarquia, o restante das funções dentro da organização a serem cobertas pelo plano podem ser comparadas de forma semelhante e colocadas nesta hierarquia.

O Método *Hay Guide Chart-Profile,* usado por cerca de 5.000 empresas em todo o mundo, é provavelmente o plano de avaliação de funções mais amplamente utilizado. Ele usa os fatores *Hay* – conhecimento, resolução de problemas e responsabilidade.[17] Como esse método é amplamente usado, esses fatores são quase universalmente aceitos para descrever o trabalho gerencial.

Várias empresas de consultoria oferecem planos de avaliação computadorizados. Esses programas fazem tudo, desde o exame das questões da análise de funções e o fornecimento de descrições de funções, até a previsão de classes de remuneração para cada função. Mesmo com esse auxílio tecnológico, que reduz o trabalho burocrático e toma o processo mais sistemático, a avaliação das funções continua sendo um processo subjetivo, que envolve um nível de julgamento individual substancial.

Quadro 11.15
Formulário de avaliação de funções.

Função: Gerente de Livraria

Verificar: Administrativo _____

Técnico. _____

Fatores essenciais	Graduação					x	Peso	=	Total
	1	2	3	4	5				
Condições de trabalho:									
Ambiente	X						10%		10
Riscos	X						10%		10
Habilidades:									
Educação			X				40%		120
Experiência			X				40%		120
Capacidade intelectual				X			40%		160
Capacidade manual/específica		X					40%		80
Esforço:									
Físico		X					30%		60
Mental				X			30%		120
Responsabilidade:									
Consequências dos erros				X			20%		80
Inovação/inventibilidade			X				20%		60
									(820)

---

17 Para uma cópia do *Hay Guide Charts* e uma descrição detalhada de seu uso, ver BELLAK, Al. Specific job evaluation systems: the hay guide chart-profile method. In: ROCK, Milton L. (Org.). *Handbook of wage and salary administration.* New York: McGraw-Hill, 1984. p. 15/1-16.

Estruturas Baseadas nas Habilidades

As estruturas baseadas nas habilidades pagam os empregados com base naquilo que eles demonstram saber, mais do que na *função* específica que exercem. Geralmente, esses planos podem ser agrupados em dois tipos:

1. *Baseado no conhecimento,* vincula a remuneração à profundidade do conhecimento relativo a uma função (por exemplo, cientistas e professores).
2. *Baseado em multi-habilidades,* vincula a remuneração ao número de diferentes funções (amplitude) que um empregado tem capacidade de desempenhar (por exemplo, funções operacionais de produção).[18]

Baseado no conhecimento: profundidade. Basear a estrutura de remuneração no conhecimento possuído pelos empregados individualmente não é nenhuma novidade. A estrutura de pagamento para professores de primeiro e segundo grau há muito tempo baseia-se no conhecimento deles em função do nível educacional. Um contrato típico de professor especifica uma série de etapas, sendo que cada uma delas corresponde a um nível educacional. O diploma de bacharel é a primeira etapa e o requisito mínimo para a contratação. Para avançar na carreira e receber salários mais altos, é preciso um adicional de educação. Por exemplo, em Ithaca, New York, um curso adicional de nove horas no semestre traz um aumento de 275 dólares por mês no salário. A consequência disso é que pode haver dois professores recebendo remunerações diferentes por um mesmo trabalho – dar aulas de inglês no curso ginasial. O pagamento baseia-se no conhecimento do indivíduo que desempenha a função (medido aqui pelo número de créditos acadêmicos) em vez do conteúdo do trabalho. A premissa é que os professores com maior conhecimento são mais eficazes e mais valiosos – capazes, inclusive, de dar aulas para turmas mais avançadas.

Baseado em multi-habilidades: amplitude. Da mesma forma que os professores, aqueles que trabalham em um sistema baseado em multi-habilidades conseguem aumento de salários através da aquisição de novos conhecimentos, mas estes são voltados para um conjunto de tarefas inter-relacionadas. Por exemplo, a BorgWarner Corporation fabrica engrenagens para caixa de câmbio de automóveis; sua hierarquia funcional é mostrada no Quadro 11.16. Anteriormente, sete funções diferentes estavam envolvidas neste processo, começando com os empilhadores, passando em seguida para os empacotadores, operários de montagem e rebitadores. Quando a empresa mudou para um sistema de remuneração baseado nas habilidades, essas sete funções foram agrupadas em três amplas categorias: núcleo operacional A, B e C. O núcleo C é o de nível mais baixo – o início da carreira. Uma vez que um operário de nível C tenha demonstrado satisfatoriamente ter obtido excelência nas tarefas de seu núcleo, ele torna-se elegível para ser treinado para o núcleo operacional B. Cada vez que a excelência é atingida, há um aumento no salário. Os

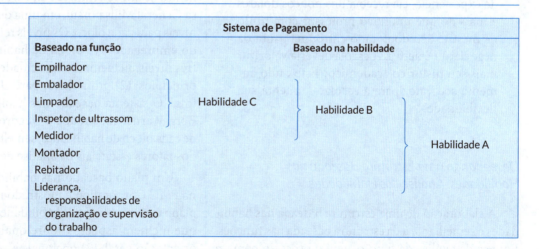

Quadro 11.16
Classificação da linha de montagem da Borg-Warner Corporation.

---

18 LAWLER III, E. E. LEDFORD JR., G. E., CHANG, L. Who uses skill-based pay and why. Compensation and Benefits Review 2, nº 5, p. 22-26, 1993; O'NEILL, Graham L., LANDER, Deirdre. Linking employee skills to pay: a framework for skill-based pay plans. ACA Journal, p. 14-27, Winter 1993/1994.

400 | Remuneração

operários do nível B podem executar quaisquer das funções de seu núcleo nas quais tenham demonstrado excelência e também as do nível C. Mesmo executando funções do nível mais baixo, um operário do nível B continua recebendo o salário deste núcleo. Os operários do núcleo A também podem exercer quaisquer funções; além disso, assumem a responsabilidade por organizar e supervisionar o trabalho das equipes. A vantagem para a Borg-Warner é a flexibilidade do quadro de pessoal e, consequentemente, menos níveis hierárquicos na estrutura organizacional.

A principal diferença entre o sistema baseado no conhecimento e este sistema de multi-habilidades, é que neste último as responsabilidades de um funcionário podem mudar drasticamente em um curto período de tempo. No primeiro, os indivíduos *aprofundam* seus conhecimentos em uma única função básica; no segundo, desempenham uma variedade de funções. A remuneração baseia-se no nível mais alto de excelência de capacitação individual. Usualmente, estabelecem-se sistemas de treinamento e avaliação para assegurar que os indivíduos atinjam adequadamente a excelência no desempenho pela qual estão sendo remunerados, e que essa capacitação seja mantida.

> **QUAL SUA OPINIÃO?**
>
> Uma escola de New York emprega uma professora secundária que possui doutorado pela Cornell University. Recentemente, ela observou que, apesar de sua titulação e de seus doze anos de experiência, ela recebia uns poucos dólares a mais do que um novo professor com título de mestre. Seu doutorado entrou na pauta da negociação coletiva. A escola deveria valorizar mais seu histórico acadêmico? Este título aumenta seu valor para a escola? Aumenta sua flexibilidade?

Desenhando uma Estrutura Baseada nas Habilidades: Análise das Habilidades

A elaboração de uma estrutura baseada nas habilidades é semelhante à da estrutura baseada nas funções. Em vez da análise da função, aqui o processo começa com a análise das habilidades

A premissa básica é que os blocos de habilidades requeridas são provavelmente melhor descritos, certificados e avaliados se estiverem disponíveis dados precisos sobre eles em relação ao trabalho. Estes são os mesmos fatos que os administradores enfrentam com a análise de funções. Entretanto, a análise de habilidades voltada para a remuneração é uma coisa tão nova que existem poucas pesquisas disponíveis para fornecer orientações. Atualmente, as informações sobre este assunto podem ser obtidas apenas por meio de alguns poucos estudos de casos.[19]

> A *análise de habilidades é* um processo sistemático de coleta de informações sobre o conhecimento ou capacitações necessárias para o desempenho de uma função dentro de uma organização.

Determinação dos Blocos e Níveis de Habilidades

Os *blocos de habilidades* são diferentes tipos de capacitação requeridos para a realização de um trabalho. Assim como os fatores compensáveis usados na avaliação de funções, os blocos de habilidades devem ser: (1) derivados do trabalho a ser realizado; (2) focados no desenvolvimento de um quadro de pessoal altamente flexível; e (3) serem compreendidos e aceitos pelos grupos de interesse envolvidos.

Os *níveis de habilidades* correspondem a graduações dentro de um determinado bloco. Por exemplo, a empresa General Mills possui, em uma de suas unidades, três níveis para cada bloco. Os níveis refletem a proficiência do empregado. No bloco de habilidades técnicas, os três níveis incluem: (1) capacidade limitada de aplicar princípios; (2) proficiência parcial; e (3) competência total. O sistema baseado nas habilidades da empresa Borg-Warner, mostrado no Quadro 11.16, utiliza níveis de cada bloco de habilidades, semelhantes às graduações dos fatores essenciais na análise de funções.

Um plano baseado nas habilidades para técnicos na FMC Corporation é mostrado no Quadro 11.17. O plano tem três blocos de habilidades: (1) fundamentais, que incluem aspectos sobre qualidade, segurança e orientação geral; (2) opcionais essenciais, que são necessários para as operações (por exemplo, montagem,

---

19 LEDFORD JR., Gerald E. Three case studies on skill-based pay: an overview. *Compensation and Benefits Review*, p. 11-23, Mar./Apr. 1991.

pintura, inspeção de linha); e (3) opcionais eletivas, que variam de conhecimento de informática a liderança de equipes e negociação.

Os níveis dentro do bloco dos opcionais essenciais são calibrados por pontuação atribuída a cada habilidade específica. A estrutura de pagamento da área técnica tem cinco escalas, começando em 10,50 dólares/hora e indo até 14,50 dólares/hora para um Técnico IV. Este empregado é capaz de fazer qualquer trabalho dentro deste núcleo.

Essa abordagem da FMC pode parecer familiar aos estudantes universitários: disciplinas obrigatórias, opcionais essenciais e opcionais eletivas. Existe uma pequena diferença, é claro – os empregados da FMC ganham para obter estas habilidades, e os estudantes pagam por elas!

Métodos de Certificação

Como os empregados podem certificar a sua competência em uma habilidade e sua capacidade em aplicá-la? Quem deve se envolver nesse processo? A prática varia muito. Algumas empresas usam os diplomas dos empregados como evidências de certificação. Os professores de primeiro e segundo grau ganham aumentos salariais por completarem cursos adicionais. Outras empresas utilizam a avaliação dos colegas, demonstrações em serviço e testes de certificação. Isso é parecido com a abordagem dos tradicionais artífices (ou seja, aprendiz, diarista e mestre). Outras organizações requerem os diplomas mais a prática no trabalho. A Northern Telecom realiza reuniões de pré-avaliação entre o chefe e o subordinado para discutir a melhoria de desempenho, as metas e as necessidades de treinamento. Depois disso, uma comissão de certificação, formada por chefes e empregados, avaliam cada um para determinar se podem ser certificados em suas habilidades. A Honeywell tem um plano que avalia os empregados durante seis meses depois de seu aprendizado das habilidades. Novamente, chefes e colegas são utilizados no processo de certificação.

Essa abordagem pode estar carregada de armadilhas legais, caso o empregado que não consiga obter sua certificação resolva ameaçar o processo. Não se deu até agora muita atenção a esse aspecto, buscando assessorar o treinamento ou a validação do processo de certificação. O fato é que os procedimentos envolvidos na certificação são vulneráveis a questionamento e a pressões regulatórias, tais como os testes usados para contratações e promoções. Evidentemente, é necessário assegurar que os procedimentos estão relacionados apenas com o trabalho e não são tendenciosos.

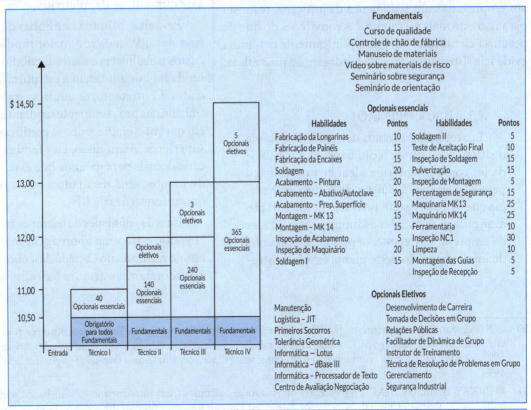

Quadro 11.17
Estrutura baseada nas habilidades para técnicos.

Estruturas Baseadas nas Competências

Como vimos no Capítulo 3, as competências dizem respeito a quais características dos recursos humanos são necessárias para a obtenção e sustentação de uma vantagem competitiva. As competências costumam ser mais genéricas do que os blocos de habilidades. Neste ponto do desenvolvimento, as competências se referem geralmente ao trabalho gerencial e profissional, enquanto que as habilidades são usadas para avaliar as funções técnicas e operacionais. Contudo, como os fatores essenciais, as competências têm sua origem nas convicções da liderança executiva sobre a organização e seu objetivo estratégico. Essencialmente, competências são os atributos básicos dos empregados que agregam valor à organização. Um consultor chama as competências de "DNA das organizações".[20]

A determinação de competências é assunto relativamente novo; entretanto, os procedimentos são similares àqueles usados com os fatores essenciais. Os defensores dessa abordagem, no entanto, rejeitam quaisquer paralelos com a tradicional avaliação de funções e o uso desses fatores essenciais, acreditando que tais características são de certa forma inerentes às pessoas e não ao trabalho em si. Talvez isso seja um ponto básico, ou talvez essas nuances só interessem quando o assunto é remuneração. A questão essencial é se essas abordagens ajudam a organização a atingir seus objetivos e oferecem aos empregados um sentimento de justiça. A resposta para isso está mais no campo das convicções do que da pesquisa científica. Não existe praticamente nenhuma evidência sistemática de qual abordagem é a mais eficaz.

QUAL SUA OPINIÃO?

Em meados da década de 80, a Motorola via o sistema de remuneração baseado nas habilidades como uma forma ideal de preparar seu pessoal para sua "Indústria do Futuro", que exigia que os empregados possuíssem capacitação avançada para atender às futuras necessidades da empresa. Entretanto, depois de alguns anos de implementação desse plano, os administradores da empresa começaram a se perguntar se pagar mais por determinadas habilidades, sendo ou não utilizadas, não significava "jogar dinheiro fora". Além disso, a empresa começou a usar cada vez mais o trabalho em equipes. Isso passou a gerar conflitos, uma vez que esse sistema de remuneração é baseado no desempenho individual. A Motorola é uma organização de utilização intensiva de pessoal, com mudanças rápidas nas funções. Analisando o fato agora, você acha que alguma coisa poderia ter sido feita para que esse sistema tivesse tido melhores resultados na Motorola?

Vantagens/Desvantagens das Várias Estruturas de Remuneração

Obviamente, a flexibilidade na organização do trabalho e o provimento simplificado são as vantagens mais interessantes trazidas pela estrutura de remuneração baseada nas habilidades. Os resultados relatados em estudos de casos, em que pese terem sido escritos pelos seus defensores confessos, confirmam isso. Esses relatos enumeram consequências como aumento da produtividade, da qualidade, da frequência ao trabalho, dos níveis de segurança, da satisfação dos empregados e da diminuição da rotatividade.

Pesquisa realizada nas linhas de montagem de *airbags* da TRW mostrou maior produtividade, menores custos trabalhistas e maior flexibilidade do pessoal nas unidades que adotaram a estrutura baseada nas habilidades.[21] Entretanto, os autores lembram que os custos trabalhistas provavelmente tendiam a crescer na medida em que mais empregados se certificassem para os níveis superiores. Além disso, eles também comentaram ser cedo demais para garantir que esse sistema seria capaz de manter seus resultados, ou se seriam necessárias outras inovações de RH.

Uma das unidades de telefones celulares da Motorola já voltou para uma abordagem mais tradicional. Um estudo realizado no Canadá descobriu que, das empresas que adotaram a estrutura baseada nas habilidades, um

---

20 O'NEAL, Sandra. Competencies: the DNA of the Corporation. *Perspectives in Total Compensation*, p. 6-12, Winter 1994; ver também COFSKY, Kathryn M. Critical keys to competency-based pay. *Compensation and Benefits Review*, p. 46-52, Nov./Dec. 1993, e LAWLER III, E. E. From job-based to competency-based organizations. *Journal of Organizational Behavior* 15, p. 3-15, 1994.

21 MURRAY, Brian, GERHART, Barry. Early organization outcomes from introduction of skill-based pay. Documento de trabalho 94-26. Cornell University Center for Advanced Human Resource Studies. Ithaca, NY, 1994.

terço já não a usava mais depois de cinco anos.[22] Muitas empresas criaram seus próprios padrões para refrear o índice de progressão no decorrer do plano. Outras estabeleceram o piso salarial um pouco abaixo do da concorrência. Todavia, até agora, o dilema do progresso na carreira parece intransponível. Esse sistema requer que os aumentos na remuneração sejam superados por um quadro de pessoal bem menor ou uma produtividade muito maior, caso contrário os custos trabalhistas acabarão tomando-se uma desvantagem competitiva.

O Quadro 11.18 compara as abordagens da avaliação de funções, o sistema baseado nas habilidades e o sistema baseado nas competências para o alinhamento da estrutura interna. Cada uma delas possui vantagens e desvantagens. A maior crítica à avaliação de funções é que pode tomar-se um oneroso peso burocrático. A dificuldade com o sistema baseado nas habilidades é que pode tornar-se muito caro se não for muito bem gerenciado. Como o sistema de competências ainda é muito novo, não demonstrou ainda sua eficácia no estabelecimento da remuneração. Entretanto, todos eles enfocam o pessoal naquilo que representa de valor para a organização.

Estruturas Baseadas nos Mercados

Pelo que se viu até agora, alguns leitores podem estar pensando que a avaliação de funções e a análise de habilidades produzem uma burocracia capaz de rivalizar-se com o governo federal. Por que não determinar os salários simplesmente naquilo que a concorrência está pagando no mercado? É o que fazem alguns empregadores. Sua estrutura interna reflete o sistema de remuneração do mercado. A *valoração pelo mercado* faz com que os valores pagos externamente forneçam as coordenadas para as funções da organização. Essa opção enfatiza a competitividade externa em detrimento do relacionamento de trabalho interno da empresa.

Os problemas potenciais com esse sistema advêm do não alinhamento interno entre as funções, deixando que o mercado, ou seja, a concorrência, tome as decisões sobre remuneração. Em última instância, essa abordagem deixa que os concorrentes determinem a estrutura de remuneração de uma empresa.

Normalmente, utiliza-se o método de ordenamento para estabelecer os salários de funções específicas da empresa. Frequentemente chamado de *ordenar pelo mercado,* esse método primeiro determina os índices competitivos para as funções para os quais existam dados de mercado, e então combinam-se os demais (sem referências) dentro da hierarquia salarial.

Na Pfizer, por exemplo, a análise de funções resulta em uma descrição de funções por escrito. Em seguida, é feita uma análise do mercado de trabalho e a valoração do maior número possível de funções. O Quadro 11.19 mostra as comparações de pagamentos entre a Pfizer e as empresas pesquisadas para funções comparáveis. Depois disso, os relacionamentos funcionais internos são examinados para garantir que sejam "razoáveis à luz das necessidades da empresa". O passo final é calcular a remuneração das funções não incluídas nas pesquisas. Estas são comparadas com as pesquisadas "em termos de seu valor integral para a Pfizer". Essa avaliação interna procura assegurar a consistência com as oportunidades de promoção e refletir apropriadamente os valores multifuncionais (por exemplo, produção *versus* serviços administrativos).

Quadro 11.18
Comparando as abordagens.

Critério	Avaliação de funções	Baseada nas habilidades	Baseada nas competências
O que é considerado	Fatores essenciais	Blocos de habilidades	Competências
Quantificação do valor	Graduação e pesos para os fatores	Níveis de habilidades	Níveis de competência
Mecanismos para tradução em pagamento	Atribuição de pontos que reflitam os critérios da estrutura de remuneração	Certificação e valoração no mercado	Certificação e valoração no mercado
Vantagens	Pagamento baseado no valor do trabalho realizado	Flexibilidade; redução do pessoal; recompensa ao aprendizado contínuo	Flexibilidade; recompensa ao desenvolvimento
Desvantagens	Burocratização potencial; inflexibilidade	Pode tornar-se onerosa e/ou burocrática; pode tornar-se obsoleta	Indefinição; difícil de medir; pode tornar-se obsoleta

22 BETCHERMAN, Gordon, VERMA, Anil. Follow-up to the new technology survey. Trabalho apresentado no *Encontro Anual do Canadian Industrial Relations Research Association.* Halifax, Nova Escócia, June 1993.

404 | Remuneração

Quadro 11.19
*Valorações e
mercado na Pfizer.*

	Comparações Externas				
Pfizer	**Empresa I**	**Empresa II**	**Empresa III**	**Empresa IV**	**Médias Externas**
	A				A
Tarefa A		A		A	
		B			B
Tarefa B	B				
					B
Pagamento $					Pagamento $
Tarefa C					
	C		C		C
Tarefa D		C			
		D	D	D	D

Construindo Burocracias?

As técnicas utilizadas para construir as estruturas internas têm sido severamente criticadas por levantarem barreiras internas que comprometem a capacidade de competição da empresa. As estruturas rígidas tornaram-se muralhas que impedem a comunicação e os esforços conjuntos necessários para atender os clientes de hoje em dia. Existem algumas evidências de que essas críticas são merecidas. As histórias de empregados que se recusam a executar tarefas fora de suas definições de função são incontáveis. Provavelmente, o mais alto grau de absurdo tenha sido atingido pela prefeitura da Philadelphia, onde eram sempre escalados três indivíduos para trocar uma lâmpada. (Um para levar até o local, outro para retirar a lâmpada queimada e instalar a nova e o último para fazer a limpeza do local após a operação.) Diante da revolta dos contribuintes, os sindicatos e os governantes finalmente reviram essas regras.

Na 3M, um plano de avaliação de funções foi descartado por administradores que alegaram que muitos engenheiros estavam rotineiramente assumindo responsabilidades que deveriam ser dos escalões mais altos. Mas quem teria a coragem de dizer para estes funcionários criativos e inovadores para voltarem atrás? Foi reelaborado um plano para isso.

Enquanto os defensores das estruturas baseadas nas habilidades garantem que elas são menos burocráticas,

essa vantagem pode ser apenas temporária. Na medida em que os inevitáveis desafios aparecem, soluções burocráticas adicionais para enfrentá-los podem começar a se acumular como cracas no casco de um barco.

Para analisarmos apropriadamente essa questão das fronteiras/burocracia, vamos nos ater aos aspectos básicos envolvidos. Estamos tentando elaborar uma estrutura de remuneração justa que reconheça a contribuição relativa de cada função para o atingimento de determinados objetivos. Para obter-se tal estrutura, será preciso fixar remuneração igual para funções similares e assegurar que as diferenças de pagamentos entre funções diferentes sejam justificadas. Este último aspecto é a verdadeira questão. Com essas diferenças podemos encorajar os empregados a investir em treinamento e buscar maiores responsabilidades, mantendo assim um pessoal experiente. Mas se essas diferenças não forem baseadas no trabalho e nas questões negociais, corre-se o risco de se ter empregados insatisfeitos, rotatividade indesejada, reclamações, greves e possíveis ações trabalhistas.

Adequadamente planejados e administrados, quaisquer desses sistemas examinados podem proporcionar estruturas de remuneração justas. O desafio é garantir que não inibiremos os empregados produtivos e criativos. No próximo capítulo, vamos examinar algumas abordagens para reconhecer as contribuições dos empregados mais valiosos.

RESUMO

A Parte 4 começou examinando por que existem diferenças na remuneração. Elas existem em função das diferenças entre as organizações, o trabalho, os empregados e o mercado de trabalho. A premissa deste capítulo é que os administradores precisam estabelecer sistemas de remuneração que se adequem a suas organizações. Em vez de um único modelo para todo mundo, estes sistemas precisam ser personalizados para serem eficazes. Eles são uma contingência do contexto – ambiente, organização e empregados. Estes são os fatores em nosso modelo diagnóstico.

Dentro deste contexto, iniciamos nossa análise de como um sistema de remuneração deve ser estruturado. Examinamos a valoração competitiva do trabalho (competitividade externa) e a construção de diferenças justas entre os níveis salariais dentro da organização (alinhamento interno). A competitividade externa envolve a fixação de um patamar de remuneração em relação ao que a concorrência está pagando. As pesquisas de mercado revelam esses dados. Essa informação é usada para o estabelecimento da linha da política de pagamento.

O alinhamento interno é estabelecido na estrutura de remuneração. A estrutura, desenvolvida através da análise de funções e avaliação de funções, ou através do uso de planos baseados nas habilidades ou nas competências, enfoca o pagamento diferencial entre funções semelhantes e diferentes. O estabelecimento do patamar de remuneração de acordo com os valores de mercado enfatiza esses valores externos em detrimento do alinhamento interno.

A competitividade externa e o alinhamento interno são as duas primeiras políticas de nosso modelo de remuneração. No próximo capítulo, falaremos das duas últimas, as contribuições dos empregados e o gerenciamento.

QUESTÕES

1. Dê exemplos de situações em que as organizações podem adotar diferentes políticas de remuneração, em face das condições externas e organizacionais enfrentadas.

2. O que é uma função-chave?

3. O que é uma estrutura de pagamento? Como se constrói?

4. Quais são os principais métodos de avaliação de funções? Quais as principais vantagens e desvantagens de cada um deles?

5. Em que a valoração de mercado é diferente da avaliação de função? Em que é semelhante?

6. Como uma organização pode adequar seu sistema de remuneração à sua estratégia?

7. Quais são as críticas feitas à avaliação? Elas fazem sentido?

8. Como uma empresa deve decidir quem incluir em uma pesquisa de mercado?

9. Como a estrutura organizacional pode afetar o sistema de remuneração?

10. Explique a diferença entre planos de remuneração baseados nas habilidades e nas competências. Quais são as vantagens e desvantagens de cada um deles?

Sua Vez

Avaliando Funções

Use o plano incluído no apêndice deste capítulo para avaliar estas três funções. Inclua um gráfico que mostre a pontuação de cada fator, bem como o total de pontos de cada um. Dê uma classificação às funções de acordo com suas pontuações para que os resultados possam ser comparados.

FUNÇÃO 1: OFICIAL DE FERRAMENTARIA DE NÍVEL OPERACIONAL

Escopo

Realizar operações específicas e diversificadas de ferramentaria e montagens para atender às exigências da produção e da engenharia, desempenhando várias funções técnicas complexas da Ferramentaria, com supervisão limitada.

Atribuições

O oficial de ferramentaria de nível operacional possui conhecimento completo de todas as operações da Ferramentaria e utiliza sua capacidade e habilidade para desempenhar tarefas complexas de desenho e instalação de ferramentas industriais com o propósito de ajuste, reparo, tratamento térmico e construção. Precisa ser capaz de trabalhar com grande precisão, projetar e desenvolver sem o auxílio de plantas, organizar e montar projetos de ferramentaria e eletromecânica e operar todos os equipamentos da Ferramentaria e ser responsável pelo trabalho envolvido.

Especificações da Função

Conhecimento técnico. Treinamento específico e experiência profissional equivalentes ao diploma de oficial ferramenteiro, com entendimento de plantas complexas, plantas de linha de montagem e matemática até, e inclusive, noções de trigonometria. Requer o conhecimento de montagem, operação, ajuste e resolução de problemas para todos os equipamentos da Ferramentaria e de instrumentos de medida de precisão, compreensão da aplicação dos princípios de circuito elétrico e a montagem/desmontagem das máquinas e equipamentos de seu setor.

Treinamento. Treinamento extensivo por um período mínimo de seis (6) anos ou diploma de Oficial de Ferramentaria.

Poder decisório/responsabilidade. O oficial de ferramentaria de nível operacional trabalha em um ambiente que requer supervisão limitada, orientação periódica de outros e a capacidade de agir dentro dos parâmetros das práticas e procedimentos da Ferramentaria. A revisão é geralmente feita depois do trabalho realizado.

Habilidades interpessoais/comunicação. O relacionamento normalmente envolve discussões ou recomendações, ou ambos, sobre assuntos relativos às práticas da ferramentaria. O impacto é considerável e pode ser limitado a um projeto individual ou de um departamento, ou pode afetar a fábrica como um todo.

Segurança. O oficial de ferramentaria de nível operacional trabalha em um ambiente altamente instável onde os princípios e procedimentos de segurança precisam ser adequados para lidar com riscos imprevisíveis, visando minimizar o alto potencial de acidentes graves, tanto para o operário quanto para aqueles que vão usar os equipamentos feitos/modificados por ele.

Capacidade física/mental/visual. O oficial de ferramentaria de nível operacional trabalha com grande elaboração mental e atenção visual por longos períodos de tempo, com a possibilidade de exposição a condições de risco.

FUNÇÃO 2: OFICIAL DE FERRAMENTARIA

Escopo

Realizar operações específicas e diversificadas de ferramentaria e montagens para atender às exigências da produção e da engenharia, desempenhando várias funções técnicas complexas da Ferramentaria, com supervisão limitada.

Atribuições

O oficial de ferramentaria de nível operacional possui conhecimento completo de todas as operações da Ferramentaria e utiliza sua capacidade e habilidade para desempenhar tarefas complexas de desenho e instalação de ferramentas industriais com o propósito de ajuste, reparo, tratamento térmico e construção. Precisa ser capaz de trabalhar com grande precisão, projetar e desenvolver sem o auxílio de plantas, organizar e montar projetos de ferramentaria e eletromecânica e operar todos os equipamentos da Ferramentaria. Suas atribuições exigem uma forte concentração na montagem eletromecânica, novos sistemas de ferramentaria e a colaboração com os engenheiros e projetistas no projeto de novos protótipos. São exigidas comunicação extensiva, capacidade de avaliação e de tomada de decisões tanto dentro da fábrica como fora dela, e viagens eventuais. Exige-se também o apoio à educação e treinamento de outros empregados da Ferramentaria e participação nos projetos. São também requisitos para essa posição receber, registrar, inspecionar e aconselhar mudanças na ferramentaria, além de conhecimentos nas áreas de eletricidade, hidráulica, tratamento térmico e fabricação.

Especificações da Função

Conhecimento técnico. Mínimo de oito (8) anos de treinamento extensivo ou diploma de Oficial de Ferramentaria com adicional de dois (2) anos de treinamento extensivo. Conhecimentos nas áreas de eletricidade, hidráulica, tratamento térmico e fabricação. Requer o conhecimento de montagem, operação, ajuste e resolução de problemas para todos os equipamentos da Ferramentaria e de instrumentos de medida de precisão. Conhecimento de ferramentaria, produção, montagem e manufatura de equipamentos de outros departamentos. Conhecimento de matemática até, e inclusive, trigonometria.

Treinamento. Esta posição requer um mínimo de oito (8) anos de treinamento na Ferramentaria e habilidades relacionadas para seu exercício eficiente.

Poder decisório/responsabilidade. O oficial de ferramentaria tem liberdade para agir dentro dos parâmetros das práticas e procedimentos que englobam uma ampla gama de objetivos ou programas para atingir um objetivo, geralmente sem nenhuma revisão do trabalho por terceiros.

Habilidades interpessoais/comunicação. Esta posição inclui a comunicação extensiva de sentido amplo e tem considerável impacto tanto dentro como fora da fábrica. Comunicação intensiva com outros departamentos, representantes, engenheiros, pessoal de vendas, administradores e outros.

Segurança. O oficial de ferramentaria trabalha em um ambiente altamente instável tanto dentro como fora do departamento ou instalação, onde os princípios e procedimentos de segurança precisam ser adequados para lidar com riscos imprevisíveis visando minimizar o alto potencial de acidentes graves, tanto para o operário quanto para aqueles que vão usar os equipamentos produzidos.

Capacidade física/mental/visual. O oficial de ferramentaria trabalha com grande aplicação mental e atenção visual por longos períodos de tempo, com a possibilidade de exposição a condições de risco.

FUNÇÃO 3: OFICIAL DE FERRAMENTARIA DE TREFILAMENTO SÊNIOR

Escopo

Realizar operações específicas de ferramentaria de trefilamento para atender às exigências da produção e da engenharia, aplicando técnicas especializadas de trefilação sob supervisão limitada.

Atribuições

Oficial de ferramentaria de trefilamento sênior desenvolve e constrói eletrodos, moldes de trefilamento e toda a ferramentaria de trefilamento a partir de esboços, plantas ou instrução verbal. Opera o maquinário necessário para as tarefas de ferramentaria e trefilamento e as máquinas EDM. Inspeciona, registra e dá assistência aos pedidos de novas ferramentas. Investiga os problemas de ferramentaria na área de trefilamento e faz recomendações para sua correção. Auxilia no projeto e desenvolvimento de novas ferramentas de trefilamento em colaboração com os engenheiros. Trabalha com margens rígidas de precisão com responsabilidade pelo trabalho envolvido. Colabora com a educação e o treinamento de novos oficiais de ferramentaria de trefilamento.

Especificações da Função

Conhecimento técnico. Treinamento específico além daquele do curso técnico, mais as habilidades requeridas no trabalho de usinagem. Requer o conhecimento de montagem, operação, ajuste e resolução de problemas para todos os equipamentos da ferramentaria usados no trefilamento. Trabalha com margens rígidas de precisão, lê projetos, segue instruções e usa conhecimentos matemáticos de nível complexo. Precisa ser totalmente capaz de investigar, Diagnosticar e corrigir as ferramentas de trefilamento para atender às exigências de precisão.

Treinamento. Requer mais de cinco anos de treinamento na área, mais um ano de treinamento na Ferramentaria para exercer eficientemente a função.

Poder decisório/responsabilidade. Esta posição possui um certo grau de independência para o desvio em relação às práticas e procedimentos do trefilamento, frequentemente sem revisões por terceiros.

Habilidades interpessoais/comunicação. Esta posição envolve discussões e recomendações quanto ao processo de trefilamento e pode afetar toda a fábrica. É comum a comunicação extensiva com outros departamentos de produção, Engenharia de Produção e Engenharia de Fabricação.

Segurança. Esta função é desempenhada de acordo com uma ampla gama de procedimentos de segurança para minimizar o risco de acidentes.

Capacidade física/mental/visual. São requeridos esforços físicos extremos, grande elaboração mental ou extrema atenção visual, ou ambos, por longos períodos de tempo. Ambiente de trabalho muito desagradável, com possível exposição a condições de risco.

APÊNDICE

Definições de Fator e Pontos para um Plano de Avaliação de Funções Baseado nas Habilidades para o Setor de Produção Industrial

FATOR 1: CONHECIMENTO BÁSICO

1º Grau (22 pontos)

Capacidade de ler, escrever, somar e subtrair, interpretar e completar instruções simples.

2º Grau (47 pontos)

Conhecimento maior de cálculo matemático, tal como uso de decimais e frações, capacidade de ler e seguir instruções escritas de complexidade média e utilizar equipamentos básicos de medição.

3º Grau (72 pontos)

Conhecimento de uma variedade de habilidades industriais, treinamento específico, experiência profissional equivalente a um curso técnico, capacidade de ler equipamentos de medição de complexidade média e relatórios gráficos, técnicos ou escritos.

4º Grau (111 pontos)

Treinamento extensivo específico em uma área especializada; equivalência a dois anos de faculdade ou diploma de curso técnico.

FATOR 2: HABILIDADES ELETROELETRÔNICAS

Aplicação de princípios de eletricidade, eletrônica, lógica eletrônica e tecnologias integradas de transmissão, como laser. Isto inclui o entendimento sobre circuitos, suas partes componentes e como elas trabalham juntas.

1º Grau (7 pontos)

Conhecimento operacional dos equipamentos sem conhecer os princípios teóricos sobre os quais estes equipamentos operam.

2º Grau (15 pontos)

Conhecimento operacional dos equipamentos compreendendo os princípios teóricos sobre os quais estes equipamentos operam.

3º Grau (23 pontos)

Aplicação dos princípios da eletrônica e procedimentos apropriados.

4º Grau (37 pontos)

Aplicação dos princípios da eletrônica miniaturizada e conceitos de transmissão digital analógica.

FATOR 3: HABILIDADES MECÂNICAS

Aplicação do conhecimento de mecânica sobre como/por que o equipamento mecânico funciona. Isto inclui a operação, reparo ou manutenção de sistemas mecânicos/maquinário.

1º Grau (5 pontos)

Isto inclui o uso de habilidade básica para operar/ajustar peças únicas ou múltiplas de equipamentos mecânicos ou eletromecânicos. Isto inclui, mas não se limita a resolver problemas simples de funcionamento.

2º Grau (12 pontos)

Isto inclui todos os elementos do 1º grau, além da capacidade de realizar manutenção preventiva, montagem/desmontagem de componentes específicos, troca de ferramentas etc.

3º Grau (25 pontos)

Realizar atividades de reparo de serviço e procedimento dos sistemas/maquinário mecânico como função primária.

4º Grau (31 pontos)

Aplicar princípios avançados de mecânica para o reparo, remontagem e serviço com um alto grau de precisão.

5º Grau (37 pontos)

Realizar diagnósticos e atividades de reparo sofisticados em sistemas/maquinários complexos de mecânica ou eletromecânica.

FATOR 4: GRÁFICOS

Leitura, interpretação e/ou preparação de representação gráfica de informações, tais como mapas, plantas, desenhos, projetos, diagramas, esquemas e cartas de fluxos.

1º Grau (5 pontos)

Compreensão de plantas básicas e/ou preparação de esboços.

2º Grau (12 pontos)

Compreensão de plantas mais complexas e/ou preparação de informações gráficas simples.

3º Grau (25 pontos)

Compreensão de representações gráficas de informações técnicas complexas e/ou preparação de gráficos técnicos.

4º Grau (31 pontos)

Preparação e/ou interpretação de representações gráficas técnicas complexas de uma grande variedade de informações.

5º Grau (37 pontos)

Desenvolvimento, preparação e/ou interpretação de representações gráficas altamente complexas e sofisticadas.

FATOR 5: HABILIDADES MATEMÁTICAS

A seleção e aplicação de métodos ou procedimentos matemáticos para resolver problemas ou conseguir os resultados desejados.

1º Grau (8 pontos)

Operações aritméticas básicas, como adição, subtração, multiplicação ou divisão.

2º Grau (15 pontos)

Operações envolvendo decimais, porcentagens, frações e/ou estatística básica.

3º Grau (23 pontos)

Operações envolvendo álgebra (isto é, resolução com incógnitas) ou geometria (isto é, áreas e volumes).

4º Grau (38 pontos)

Operações envolvendo o uso da trigonometria (propriedades dos triângulos e círculos, incluindo as funções de seno, coseno e tangente), logaritmos e expoentes e estatística avançada.

FATOR 6: HABILIDADES INTERPESSOAIS/COMUNICAÇÃO

Este fator mede o escopo e a natureza do relacionamento com os outros

1º Grau (28 pontos)

Pouco ou nenhum contato com outras pessoas. O relacionamento envolve fornecer e/ou receber informações ou documentos.

2º Grau (56 pontos)

Algum contato com outras pessoas. O relacionamento frequentemente requer explicações ou interpretação de informações.

3º Grau (84 pontos)

Substancial contato com outras pessoas. O relacionamento geralmente envolve discussões com grupos de interesse ou recomendações sobre assunto relacionados a políticas, programas, e assim por diante. O impacto é considerável e pode estar limitado a um departamento/programa individual.

4º Grau (140 pontos)

Contato extensivo com outras pessoas. O relacionamento normalmente inclui decisões de forma abrangente e vai afetar diversas áreas dentro da unidade de produção.

FATOR 7: HABILIDADES DE SEGURANÇA

Este fator mede as exigências de obediência às práticas de segurança pessoal no desempenho da função. Essas práticas de segurança são necessárias para minimizar a exposição aos riscos e acidentes no ambiente de trabalho.

1º Grau (10 pontos)

Realizar o trabalho de acordo com umas poucas regras simples de segurança para reduzir os riscos de acidentes.

2º Grau (40 pontos)

Realizar o trabalho de acordo com várias regras de segurança específicas para reduzir os riscos de acidentes.

3º Grau (80 pontos)

Realizar o trabalho de acordo com uma ampla gama de procedimentos de segurança para reduzir os riscos de acidentes.

4º Grau (100 pontos)

Trabalhar em um ambiente altamente instável em que os princípios e procedimentos de segurança precisam ser adequados para lidar com riscos imprevisíveis com o fim de minimizar o alto potencial de acidentes graves.

FATOR 8: PODER DECISÓRIO/SUPERVISÃO

Este fator mede o poder decisório exigido sem a verificação de terceiros e o grau em que a supervisão imediata é exigida para delinear os procedimentos a serem seguidos e/ou os resultados a serem obtidos no trabalho.

1º Grau (36 pontos)

Limitado poder decisório. O progresso do trabalho é verificado quase todo o tempo por terceiros e/ou 60% a 90% das atividades são definidas pelos outros.

2º Grau (89 pontos)

Poder decisório sobre questões rotineiras com base em critérios específicos. O progresso do trabalho é verificado frequentemente por terceiros e/ou 40 a 60% das atividades são definidas pelos outros.

3º Grau (112 pontos)

Significativo poder decisório com base em orientações estabelecidas e na experiência. O progresso do trabalho é verificado algumas vezes por terceiros e/ou 25 a 40% das atividades são definidas pelos outros.

4º Grau (180 pontos)

Amplo poder decisório baseado em políticas, procedimentos e orientações. O progresso do trabalho é raramente verificado por terceiros e/ou menos de 25% das atividades são definidas pelos outros.

12

REMUNERAÇÃO INDIVIDUAL DOS EMPREGADOS

A principal questão sobre remuneração para a maioria de nós é "Quanto conseguimos receber?" Os tópicos discutidos no capítulo anterior – competitividade externa, alinhamento interno, níveis salariais e estruturas – parecem um tanto abstratos. Quanto deve ganhar um empregado em comparação a outro quando ambos exercem a mesma função na organização? Por exemplo, todos os líderes de equipes da Exxon Chemical's Baytown, Texas, devem receber a mesma remuneração? Ou aqueles com melhor desempenho ou mais tempo de casa devem ganhar mais? Os aumentos salariais devem estar vinculados ao desempenho individual, ao desempenho da equipe ou ao desempenho da empresa/unidade? Este capítulo examina diversas abordagens do pagamento individual dos empregados. Também discute vários aspectos da administração do plano de remuneração.

CONTRIBUIÇÕES DOS EMPREGADOS

O modelo de remuneração no Quadro 11.4 mostra que as contribuições dos funcionários representam a terceira decisão política básica. Esta política refere-se ao relacionamento entre os pagamentos dos diversos empregados que executam o mesmo trabalho em uma única organização e usa a remuneração como forma de influenciar o comportamento funcional deles.[1] Há três aspectos básicos:

1. *Por que os empregados devem receber remunerações diferentes?* Os empregados (ou equipes) que realizam o mesmo trabalho ou possuem as mesmas capacitações devem ganhar a mesma coisa – ou não?

2. *Como fazê-lo?* Quais as abordagens (e técnicas) disponíveis para determinar as diferenças dos pagamentos individuais? As diferenças devem estar baseadas no desempenho, na experiência ou em uma combinação destes fatores?

3. *Isto faz realmente alguma diferença?* Quais são as consequências da remuneração do desempenho/experiência? Isto melhora a produtividade, a eficiência e a satisfação dos empregados? Ou os funcionários podem ressentir-se da falta de equidade dessas decisões?

OS EMPREGADOS DEVEM RECEBER REMUNERAÇÕES DIFERENTES?

Muitos empregadores remuneram diferentemente empregados que exercem uma mesma função. As diferenças salariais entre os operadores de processador de texto de Dallas (Quadro 11.6) são um exemplo disso. De

---

1 MILKOVICH, George T., NEWMAN, Jerry. *Compensation.* 5. ed. Homewood, IL: Richard D. Irwin, 1996.

412 | Remuneração

acordo com o modelo de remuneração, essas diferenças certamente refletem variações nas políticas de *competitividade externa* (liderar, ficar na média ou ficar atrás da concorrência) e de *alinhamento interno* (qual o valor da função para os objetivos da organização). Todavia, elas também podem refletir a decisão de remunerar as *contribuições dos empregados* (desempenho e/ou experiência). Assim sendo, se o operador A trabalha melhor e mais rápido do que o operador B, ele será melhor remunerado, ainda que ambos sejam operadores de processador de texto.

As empresas usam uma grande variedade de técnicas para determinar como remunerar as contribuições dos empregados. Antes de discutirmos essas técnicas, pense como seria a remuneração se as contribuições *não* fossem recompensadas com pagamento. A tabela salarial seria o resultado.

Tabela Salarial

Nos casos em que os salários são fixados em negociação coletiva, a tabela salarial é o resultado mais comum. Um exemplo poderia ser todos os maquinistas-chefe receberem 14,50 dólares/hora, independentemente de sua experiência ou desempenho. Essa tabela geralmente é fixada para corresponder a um ponto médio de uma pesquisa de mercado. Ou pode simplesmente refletir os padrões estabelecidos nas negociações entre sindicatos e empregadores.

A existência de uma tabela de remuneração não significa que as variações de experiência e desempenho não existam. Significa apenas que houve um acordo entre as partes de que isso não deve ser reconhecido em termos de pagamento. Pode haver muitos motivos para se ignorar as diferenças de desempenho. Os sindicatos podem argumentar que as avaliações de desempenho são tendenciosas. Ou o trabalho pode ser planejado de tal forma que exija esforços cooperativos, que seriam comprometidos por níveis salariais diferenciados. As estruturas de remuneração baseadas nas habilidades, por exemplo, resultam em salários tabelados para cada nível de habilidade.[2]

Alguns empregadores pagam um salário tabelado para uma função (ou nível de habilidade) e depois oferecem bonificações ou incentivos para recompensar as diferenças de desempenho. Os planos de participação nos ganhos seguem esse raciocínio. Nesses planos, as diferenças no desempenho das equipes ou unidades, em vez das diferenças individuais, são recompensadas com pagamentos.

Faixas Salariais

As faixas salariais estabelecem limites para os valores que os empregadores pagam por determinadas funções. O Quadro 12.1 mostra faixas salariais estabelecidas para o nível e estrutura de remuneração elaborados no último capítulo. Cinco faixas salariais (I a V), uma para cada função-chave (B, D, G, M e P), foram determinadas.

Fixar essas faixas é relativamente simples. Embora não exista uma abordagem ideal, duas etapas básicas estão geralmente envolvidas. A lógica é que o valor da contribuição do empregado em uma função pode variar entre um mínimo e um máximo.

1. Criação de graduações. No gráfico do Quadro 12.1, o eixo horizontal representa a estrutura gerada por meio da avaliação de tarefas. As funções de A até P formam a estrutura hierárquica, com P sendo a função mais valorizada. A estrutura pode agora ser dividida em graduações. Uma graduação é um conjunto de diferentes funções; cada grau pode ser formado por certo número de funções. No quadro existem cinco graduações (I a V); o grau I abriga duas funções (A e B), o grau II contém as funções C, D, E e F, e assim por diante. As funções contidas em uma mesma graduação são consideradas substancialmente similares para propósitos de remuneração.

    Cada graduação tem sua própria faixa salarial. Todas as funções dentro da mesma graduação estão na mesma faixa. As funções dentro de determinada graduação podem ser diferentes daquelas de outras graduações (por exemplo, as funções G, H, I e J na graduação III). Cada graduação possui uma faixa salarial diferente. Elaborar uma estrutura de graduações que se adapte à organização envolve um processo de tentativa e erro até que a melhor solução seja encontrada sem que crie muitos problemas.[3]

2. Fixar médias, máximos e mínimos. O Quadro 12.2 mostra a faixa de remuneração para a graduação de funções II, com seus pontos

---

2   JENKINS JR., G. Douglas, LEDFORD JR., Gerald E., GUPTA, Nina, DOTY, D. Harold. Skill-based pay. Scottsdale, AZ: American Compensation Association, 1992.

3   GOMEZ-MEJA, Luis R. (Org.). *Compensation and benefits*. Washington, DC: Bureau of National Affairs, 1989.

máximo, médio e mínimo. As faixas permitem que os executivos tenham a liberdade de estabelecer os salários com base na experiência e no desempenho dos empregados. A faixa salarial para quaisquer funções deve refletir as diferenças no desempenho e/ou na experiência que os administradores considerem relevantes. Por exemplo, a função de diretor de marketing acomoda uma grande variação de níveis de desempenho e experiências, portanto, a faixa salarial para esta função deve ser bem ampla. Em comparação, a função de operador de processador de textos tem uma amplitude muito menor e, consequentemente, uma faixa salarial bem mais estreita. As faixas também funcionam como sistemas de controle. O ponto máximo de uma faixa fixa o teto de pagamento para aquela função, e o ponto mínimo, o piso. Assim sendo, não importa a excelência do desempenho de um operador de processador de textos, o valor de sua contribuição para a organização tem um limite (o ponto máximo).

O ponto médio de cada faixa salarial geralmente é fixado para corresponder à *linha da política de remuneração* da empresa, que representa seu nível salarial em relação aos concorrentes para funções semelhantes. Os pontos máximo e mínimo são normalmente baseados em uma combinação entre o que a concorrência está fazendo e uma avaliação sobre o valor relativo da contribuição dessa função para os objetivos da organização. As pesquisas podem levantar tanto os dados sobre os atuais pontos máximos e mínimos como sobre as faixas estabelecidas. Essas informações oferecem o ponto de partida para a fixação das faixas. Cada faixa pode ter uma variação entre 10 e 50% para cada lado do ponto médio, sendo o mais usual 20 a 30%.

A progressão dentro das faixas pode basear-se na antiguidade ou no desempenho. O *crescimento salarial baseado na experiência* enfatiza o valor de um quadro de pessoal experiente e estável. Entretanto, quando as pessoas envelhecem na mesma empresa, seu custo também cresce. Dessa forma, sem rotatividade ou aumento da produtividade os custos com pessoal por unidade de resultados tendem a ser maiores nos sistemas baseados na antiguidade dos empregados. Se, ao contrário, a remuneração estiver vinculada à produtividade, esses custos tendem a crescer menos.

Quadro 12.1
Fixação de faixas salariais.

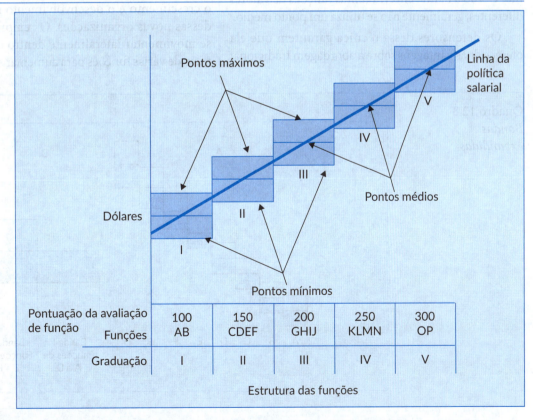

Fonte: MILKOVICH, George T., NEWMAN, Jerry. M. *Compensation*. 5. ed. Homewood, IL: Richard D. Irwing, 1996.

Quadro 12.2
Faixas salariais típicas.

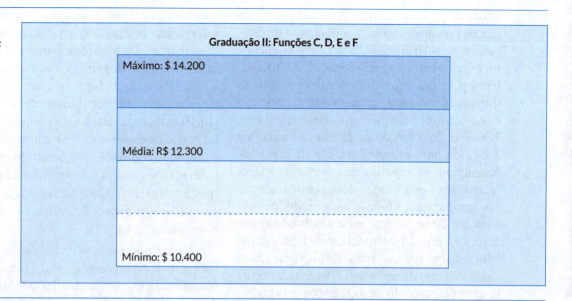

Bandas Expandidas

O Quadro 12.3 distribui as graduações salariais pela estrutura dentro de umas poucas áreas amplas (bandas) com faixas muito mais abrangentes. Essa técnica, conhecida como *bandas expandidas*, consolida cerca de quatro ou cinco graduações tradicionais em uma banda única com um ponto máximo e um mínimo. Como a banda encerra tantas funções de valores diferentes, geralmente não se utiliza um ponto médio.[4]

Os defensores dessa técnica garantem que ela oferece duas vantagens sobre a abordagem tradicional de faixas e graduações. Sendo uma espécie de *faixa "gorda"*, ela permite uma flexibilidade maior para a definição das responsabilidades inerentes às funções. Assim, ela pode ser utilizada em organizações reestruturadas, que passaram por *downsizing* ou que eliminaram divisões e níveis de gerenciamento. Ela também é consistente com estruturas baseadas nas habilidades ou nas competências. Além disso, elas encorajam o crescimento e o desenvolvimento multifuncional dessas novas organizações. Os empregados podem se movimentar lateralmente dentro das bandas por meio de várias funções para aumentar sua experiência.

Quadro 12.3
Bandas expandidas.

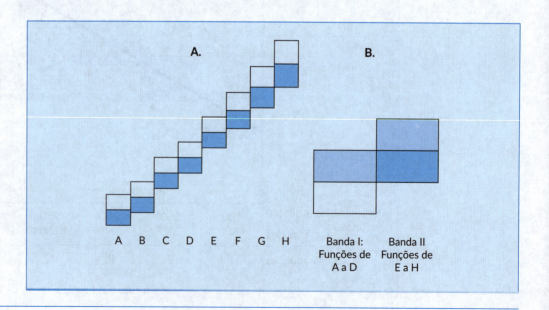

[4] ABOSCH, Kenan S., HAND, Janice S. *Broadbanding models*. Scottsdale, AZ: American Compensation Association, 1994.

COMO REMUNERAR O DESEMPENHO DOS EMPREGADOS

A variedade de planos de remuneração baseados no desempenho é tão grande sendo quase necessário um guia para saber de todos. No Quadro 12.4, que será nosso guia, categorizamos os planos disponíveis usando as seguintes dimensões:

1. Determinação do nível em que o desempenho será medido; isto é, se o desempenho individual ou do grupo é que determinará o aumento da remuneração.
2. Determinação de se a remuneração do desempenho aumenta a base salarial; por exemplo, a tradicional remuneração por mérito aumenta a base salarial dos empregados. O aumento nos anos seguintes é calculado tendo por base este novo valor. Já os planos de participação nos lucros ou prêmios não aumentam a base salarial – a diferença tem que ser reconquistada pelo empregado a cada ano. Os planos que não alteram a base salarial podem ser postos em prática tanto pelo desempenho individual, como nas comissões sobre vendas ou incentivos por resultados, ou pelo desempenho do grupo, como a participação nos lucros. Esses planos são genericamente englobados sob a definição de "remuneração variável".

A porcentagem das empresas que utilizam cada tipo de plano é mostrada no Quadro 12.5. O pagamento por mérito é de longe o mais usado, com cerca de 93% das empresas. A remuneração de grupos é usada por cerca de 19%, e a participação nos lucros, por 24%. Esses planos de remuneração variável, entretanto, não são ainda tão comuns como os bônus individuais (49%).

Remuneração por Mérito: Destaque à Individualidade

Na medida em que a remuneração por mérito baseia-se no *desempenho individual*, sua mensagem traz um destaque à individualidade; os empregados fazem diferença para a organização, e esta diferença é valorada e reconhecida por meio de aumentos salariais.[5] Muitos executivos acreditam que a remuneração por mérito se encaixa em um sistema amplo de recursos humanos que enfatiza a meritocracia como base para a tomada de decisões sobre pagamentos e promoções.

Quadro 12.4
Remuneração baseada no desempenho.

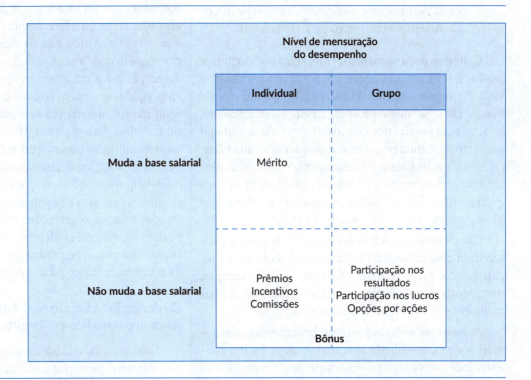

---

[5] MILKOVICH, George, MILKOVICH, Carolyn. Making pay for performance work. Compensation and Benefits Review, p. 53-62, Sept./Oct. 1992.

416 | Remuneração

Quadro 12.5
Planos de pagamentos.

	Porcentagem de empresas que usam o plano	Tamanho médio da porcentagem de pagamento
Remuneração por mérito	93%	3,5%
Prêmios individuais por desempenho	49%	8,4%
Participação nos resultados/grupos	19%	6,0%
Participação nos lucros/total da empresa	24%	5,2%
Combinação de incentivos	24%	8,8%
Prêmios especiais de reconhecimento	51%	3,3%
Prêmios/opções por ações	17%	9,1%

Fonte: Adaptado de Hewitt, pesquisa de 1995 com 2.400 empresas nos Estados Unidos; Conference Board 1994 Surveys; Mercer 1995 Surveys.

A remuneração por mérito combina os seguintes três elementos, sendo que os dois primeiros já foram discutidos neste livro:

1. Avaliação do desempenho individual (Capítulo 4).
2. Faixas salariais fixadas para refletir as diferenças no desempenho e/ou experiências que os executivos pretendem recompensar por meio da remuneração.
3. Critérios para o aumento do mérito que traduza uma pontuação e posicionamento específicos do desempenho dentro da faixa salarial.

Critérios para aumentos. Um exemplo de critérios usados pelo Bank of America é mostrado no Quadro 12.6. As faixas salariais são divididas por níveis de desempenho (grande superação, superação, atingimento, atingimento parcial dos objetivos) e calcula-se então o aumento da remuneração correspondente a cada nível. Os índices mais baixos de desempenho são vinculados aos menores aumentos, enquanto os índices mais altos ganham mais. Em muitas empresas os piores desempenhos podem não receber nenhum aumento.

Esses critérios ajudam no controle de custos e asseguram consistência no tratamento dos diversos executivos. No caso do Bank of America, por exemplo, os executivos que seguem o plano dispensam a seus melhores subordinados tratamento idêntico.

A maior parte das pesquisas sobre remuneração por mérito tem sido voltada às maneiras de reduzir a subjetividade da avaliação do desempenho.[6] Os incidentes críticos, a administração por objetivos (APO) e as escalas de classificação com indicações comportamentais são algumas das abordagens discutidas no Capítulo 4. Infelizmente, a maioria dessas pesquisas tem pouca utilidade para os administradores porque raramente fazem o acompanhamento dos efeitos subsequentes no desempenho dos empregados. Existem duas perspectivas distintas para a avaliação de desempenho. De um lado estão os pesquisadores, que veem o assunto como uma ferramenta de medição usada para eliminar erros. De outro lado, ficam os administradores, que entendem a avaliação como uma ferramenta de comunicação, reforço e motivação.[7] Ainda que os executivos obviamente se preocupem com a acuracidade e justiça da medição do desempenho, a maior preocupação deve ser como os empregados se sentem ao final do processo e como esses sentimentos afetam seu comportamento subsequente no trabalho. Existe pouca pesquisa voltada aos efeitos da remuneração por mérito sobre o desempenho das pessoas. Estudos realizados sobre satisfação no trabalho e desempenho indicam que esses efeitos podem ser positivos, mas isto é desmentido por outros trabalhos. Poucos estudos controlados examinam os fatores que podem mediar esses efeitos, tais como o tamanho do orçamento para a remuneração por mérito ou o tempo de permanência do quadro de pessoal.

O Mérito Está Sendo Mal Administrado? Muito Dinheiro Para Pouco Resultado

Uma vez que é tão amplamente utilizado, por que não existem pesquisas conclusivas sobre os efeitos

---

6. HENEMAN, Robert. *Merit pay:* linking pay increases to performance ratings. Reading, MA: Addison-Wesley, 1992.

7. BRETZ JR., Robert, MILKOVICH, George, READ, Walter. The current State of performance appraisal research and practice: concerns, directions and implications. *Journal of Management* 18, p. 321-352, 1992.

Remuneração Individual dos Empregados | 417

Quadro 12.6
Trecho do plano de remuneração por desempenho do Bank of America.

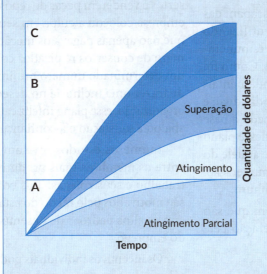

Seu desempenho afeta sua remuneração de duas maneiras.
Primeiro, afeta o tamanho do aumento que você recebe.
Por exemplo, se dois empregados começaram em uma mesma função ao mesmo tempo, com o mesmo salário, com o tempo o nível salarial daquele que tiver um desempenho acima da expectativa será maior do que o do empregado que é avaliado como tendo apenas "atingido" um patamar médio de resultados. Assim, quanto melhor você fizer seu trabalho, maior poderá ser sua remuneração.
Segundo, a velocidade do aumento de sua remuneração estará baseada em seu desempenho e sua posição em sua faixa salarial. Se dois empregados estão em um mesmo setor de faixa salarial, aquele que tiver o melhor desempenho receberá o aumento primeiro. Dessa forma, seu desempenho determina tanto a quantia de seus aumentos salariais quanto o momento de você recebê-los.

substanciais da remuneração por mérito sobre o desempenho dos indivíduos? A resposta pode estar na forma como a remuneração por mérito é administrada. Primeiro, a maioria dos planos usa uma avaliação anual de desempenho para dar os aumentos. Esse horizonte de tempo dificulta ao empregado vincular o aumento salarial de hoje com o comportamento ocorrido meses atrás. Além disso, um aumento anual resulta em uma mudança muito pequena em um pagamento semanal. Nos últimos anos, o índice de aumento por mérito tem estado em torno de 5%. Cinco por cento de uma base salarial anual de 40.000 dólares traduz-se em 38 dólares no pagamento semanal, sem os descontos. Essa quantia certamente não parece muito significativa para a maior parte dos empregados.

Um segundo problema é o tamanho do diferencial entre os níveis de desempenho. A diferença entre o aumento para os empregados que *superaram* as expectativas e aqueles que apenas as *atingiram* raramente é grande o suficiente para mudar os desempenhos. Vamos imaginar que os empregados que "atingiram as expectativas" receberam um aumento de 5%, e aqueles que "superaram as expectativas" receberam 8%. Estes últimos terão um aumento líquido em seus contracheques de apenas 15 dólares a mais que seus colegas medianos. Ainda que todos os empregados tenham absoluta certeza de que seu esforço levará a uma melhoria da avaliação de seu desempenho (uma convicção que nem todos os empregados possuem), 15 dólares extras podem parecer não valer o sacrifício.

Mérito – O Efeito Composto

O impacto de um aumento semanal de 5 ou 8% pode parecer sem consequências. No entanto, essas quantias, embora parecendo pequenas, incorrem todas as semanas, de todos os anos, enquanto o empregado estiver na empresa. Poucos empregados e administradores parecem perceber o impacto financeiro de aumentarem-se as bases salariais. Se um empregado com base salarial anual de 40.000 dólares receber 5% de aumento todos os anos, em dez anos sua base salarial passará para 62.000 dólares. O total pago a este empregado durante os dez anos chegará a 403.116 dólares. Além disso, os custos dos encargos sociais vinculados a essa remuneração também aumentam. Infelizmente, poucos empregados percebem esses aumentos no contexto de uma carreira, como o início de um fluxo de renda – e, infelizmente, também, ocorre o mesmo com os administradores.

O exemplo ilustra como os planos de remuneração por desempenho e a falta de realismo na comunicação pode anular qualquer valor motivacional que a remuneração por mérito possa ter. Existe uma crescente impressão de que a questão do mérito tem sido mal administrada: muito dinheiro tem sido dado a muita gente com muito pouco resultado. O cerne da questão está na maneira como o mérito é administrado – como um controle de custos e não como uma abordagem de motivação para o desempenho. Se a motivação para o desempenho fosse o objetivo, mais atenção seria dada ao estabelecimento de graduações de mérito que motivasse as pessoas, e não para controlar custos.

Incentivos Individuais

Os sistemas de incentivos individuais escapam das armadilhas da avaliação de desempenho utilizando medidas objetivas como base de cálculo da remuneração – comissões sobre vendas, por exemplo. Como foi mostrado no Quadro 12.4, os aspectos fundamentais são: (1) o desempenho é medido no nível individual; e (2) o aumento no pagamento *não é* adicionado à base salarial. Ainda que o aumento proveniente desse plano de incentivos seja geralmente maior do que aquele do sistema de mérito, ele não muda a base da remuneração. Existe até o risco de não haver aumento nenhum.

As teorias comportamentais nos dizem que são necessárias três condições para que a remuneração afete o desempenho:

1. Os comportamentos e as condições necessárias para o atingimento dos objetivos precisam estar sob o controle do indivíduo.

2. A remuneração tem que estar claramente vinculada ao atingimento dos objetivos.

3. A remuneração tem que ser suficientemente grande para justificar o esforço requerido para o atingimento do objetivo.

Os planos de incentivo corretamente planejados conseguem obter essas condições. As pesquisas mostram que aumentos superiores a 30% em produtividade podem ser obtidos com o uso desses planos.[8] Infelizmente, a maioria dessas pesquisas foi realizada em situações artificiais, em que estudantes universitários executavam tarefas simples, tais como revisões ou separação de objetos, e conseguiam pontuações por isso. Nas situações do mundo real, os efeitos negativos indesejados da imposição dos incentivos individuais são bem documentados. Estudos realizados em lojas varejistas, por exemplo, mostraram que os empregados não se importariam em cumprir tarefas como modificar as vitrines, mesmo se isso não contasse como base da remuneração, ainda que fazendo parte de sua função.[9] Alguns chegavam mesmo a sabotar os colegas, escondendo os itens mais vendáveis. A Sears, gigante do varejo nos Estados Unidos, ficou em uma situação legal complicada quando viu serem processadas várias vezes suas lojas de autopeças por realizarem consertos e venderem peças de reposição desnecessários. A empresa colocou a culpa em seu sistema de incentivo, que não apenas pagava os mecânicos com base no número de consertos realizados como também impunha um determinado número mínimo por mês. Aí, em vez de trazer uma melhoria no desempenho financeiro da organização, esse plano infeliz causou um escândalo que abalou a satisfação e a confiança dos clientes.

Inúmeros estudos revelam também os conflitos entre os membros mais produtivos de uma equipe de trabalho e seus colegas. Tais conflitos aparentemente são motivados pelo medo do estabelecimento de novos e mais altos padrões de desempenho, ou até da perda do emprego.[10]

Os incentivos individuais podem ter efeitos positivos sobre o desempenho, mas poucos papéis funcionais hoje em dia atendem completamente às condições exigidas pela teoria comportamental para que isso aconteça. A maior parte do trabalho é bastante complexa, e os empregados são interdependentes. Não chega a surpreender, portanto, que as pesquisas junto aos administradores mostrem uma tendência aos planos grupais de incentivo para a melhoria do desempenho, em vez dos individuais.

Planos Baseados em Equipes/Unidades: Trabalho de Equipe como Chave para a Melhoria do Desempenho

Os administradores enfrentam limitações para vincular a remuneração ao desempenho por serem incapazes de avaliá-lo. Algumas funções não possuem um padrão ideal de desempenho facilmente definível. Como se avalia o desempenho de um engenheiro cuja função é projetar carros mais aerodinâmicos? Qual o valor financeiro agregado de um carro com uma aerodinâmica melhor? Outras funções têm um padrão definido de excelência, mas nenhum indivíduo é responsável pelo produto ou serviço inteiro. Uma linha de montagem de automóveis pode produzir um carro por minuto, ou menos, mas o valor agregado por um operário é difícil de ser separado das contribuições de seus colegas. Os incentivos grupais são utilizados quando esse tipo de situação se apresenta ou quando o trabalho em equipe

---

8 KOHN, A. *Punished by rewards*. Boston: Houghton-Mifflin, 1993.

9 WEISS, Andrew. *Incentives and worker behavior*: some evidence. Documento da NBER nº 2194, Mar. 1987.

10 LAWLER III, Edward E. *Pay and organization development*. New York: McGraw-Hill, 1981; LAWLER III, Edward E., JENKINS JR., G. Douglas. Strategic reward systems. In: *Handbook of industrial and organization psychology*. 2. ed. Palo Alto, CA: Consulting Psychologists Press, 1992. v. 3, p. 1.009-1.049.

é importante.[11] O desempenho de uma equipe de empregados ou de toda a fábrica é usado para determinar os aumentos de remuneração. Uma pesquisa recente com mais de 200 desses planos mostrou que 43% deles utilizam como base para o cálculo da remuneração medidas financeiras (lucratividade, receitas, custo por unidade, economias), 30% usam medidas de produtividade (índices de entrada e saída), 36% usam medidas de qualidade (erros, unidades dentro do padrão de tolerância) e 15% usam a satisfação do cliente.[12]

Usualmente, é conveniente fazer a comparação entre dois tipos básicos de planos de incentivos grupais: os planos de *participação nos resultados* e os de *participação nos lucros*. O Quadro 12.7 compara os planos de remuneração por mérito, participação nos resultados e participação nos lucros. Eles têm aspectos semelhantes quanto a sua elaboração. Entretanto, as decisões são diferentes. O plano de participação nos resultados mede o desempenho da produção ou da economia no nível da equipe ou da unidade. Uma parte da economia obtida pelos padrões atuais da produção ou pela redução de custos é comparada com os valores praticados no passado, e essa diferença é paga a todos os membros da equipe. Os planos de participação nos lucros enfocam as mudanças na lucratividade como medida do desempenho no nível da divisão ou da empresa como um todo. Uma parte dos lucros obtidos acima do esperado para o exercício é paga a todos os empregados, geralmente como um percentual do salário-base. Esses dois planos têm muito em comum, mas os níveis da medição do desempenho diferem de uma forma que podem influenciá-lo. Por exemplo, o plano de participação nos resultados e seu enfoque sobre o desempenho da equipe podem tornar mais fácil para os empregados perceberem como exercer sua influência, mas podem também levar à competição entre as equipes. Os lucros da empresa, como um todo, podem estar muito distantes da compreensão da maioria dos empregados; isto é, pode ser difícil para eles entender como seu comportamento influencia os lucros da organização.

Quadro 12.7
Decisões dos planos de remuneração pelo desempenho.

Decisão	Mérito	Participação nos resultados	Participação nos lucros
Objetivos e filosofia	Meritocracia. Destaque às contribuições individuais. Compromissos de longo prazo. Controle de custos.	Filosofia de desempenho. Destaque às contribuições das equipes. Curto prazo. Controle de custos.	Filosofia de desempenho. Destaque às contribuições de toda a organização. Controle de custos.
Participantes	Todos os empregados	Membros e equipes	Profissionais e executivos.
Efeitos sobre custos	Aumenta os custos fixos.	Variável.	Variável.
Medidas do desempenho	Índices de avaliação de desempenho.	Medidas no nível da equipe (custos, qualidade, quantidade).	Índices financeiros no nível da empresa (retorno sobre investimentos, retorno sobre capital).
Limites	Exigência de índice mínimo de desempenho.	Exigência de um mínimo de custos, qualidade e quantidade.	Exigência de um retorno financeiro mínimo.
Recursos	Orçamento próprio.	Estabelecimento de tetos de remuneração.	Estabelecimento de tetos de remuneração.
Cronograma	Grade de mérito.	Por desempenho atingido.	Por desempenho atingido.
Forma de pagamento	Em dinheiro, de acordo com o orçamento.	Pagamento integral em dinheiro.	Pagamento integral em dinheiro.
Administração do plano e das mudanças	Comunicação.	Comunicação. Participação.	Comunicação e participação.

---

11 GUZZO, Richard A., SALAS, Eduardo, and Associates. *Team effectiveness and decision making in organizations.* San Francisco: Jossey-Bass, 1995; BLINDER, A. (Org.). *Paying for productivity.* Washington, DC: Brookings Institution, 1990.

12 McADAMS, Jerry, HAWK, Elizabeth. Capitalizing on human assets through performance-based rewards. *ACA Journal* 1, nº1, p. 60-73, Fall 1992.

Participação nos Resultados

De acordo com seus defensores, a participação nos resultados é mais que um esquema de incentivo grupal. Ela é parte de uma abordagem ou filosofia empresarial. O Quadro 12.8 lista as características organizacionais que favorecem os planos de participação nos resultados. Entre as mais relevantes estão a operação de pequeno porte, produção e custos sob o controle do empregado, um relacionamento participativo e de mútua confiança entre chefes e subordinados e um quadro de pessoal tecnicamente competente. A experiência indica que um gerente de fábrica totalmente comprometido com o plano de incentivos é altamente recomendado.

Uma ilustração

Uma das unidades da Dresser Rand, em Painted Post, New York, ilustra as características essenciais de um plano de participação nos resultados (veja o Quadro 12.9). Os empregados ganham uma bonificação pelo aumento da produtividade, pela melhoria da qualidade ou pela economia dos suprimentos. Este é uma variação do Plano Scanlon, um antigo plano de participação nos resultados para grupos (de fábrica ou unidade). Estes planos foram desenvolvidos por Joseph Scanlon, um líder sindicalista do setor siderúrgico na década de 30.

Quadro 12.8
Condições que favorecem o uso dos planos de participação nos resultados.

Características organizacionais	Condições favoráveis
Tamanho	Unidades pequenas, geralmente com menos de 500 empregados.
Idade	Antiga o suficiente para a curva de aprendizado ter se estabilizado e possam ser fixados padrões baseados na história do desempenho.
Padrões financeiros	Simples, com um bom histórico.
Mercado para resultados	Bom, podendo absorver uma produção adicional.
Custos do produto	Controláveis pelos empregados.
Clima organizacional	Aberto, alto grau de confiança entre as pessoas.
Estilo administrativo	Participativo.
Situação sindical	Sem sindicatos, ou com algum que seja favorável ao esforço cooperativo.
Histórico de horas extras	Uso limitado ou nenhum.
Natureza sazonal do negócio	Relativamente estável.
Interdependência do trabalho	Alta a moderada.
Planos de investimento de capital	Pouco investimento planejado.
Estabilidade do produto	Poucas mudanças no produto.
Diretor Financeiro ou *Controller*	Confiável, capaz de explicar as medidas financeiras.
Política de comunicação	Aberta, disposta a compartilhar os resultados financeiros.
Gerente de fábrica	Confiável, comprometido com o plano, capaz de articular objetivos e ideais para o plano.
Gerência	Competente tecnicamente, interessada na participação, boa comunicação com subordinados, hábil no trato de sugestões e novas ideias.
Posição na empresa (quando parte de uma organização maior)	Favorável ao plano.
Quadro de pessoal	Bons conhecimentos técnicos, interessado na participação e no aumento da remuneração, conhecedor e/ou interessado nas questões financeiras.
Serviços de apoio na fábrica	Grupos competentes de engenharia e manutenção, dispostos e capazes de reagir ao aumento da demanda.

Remuneração Individual dos Empregados | 421

Quadro 12.9
Plano de participação nos resultados da Dresser Rand.

Total de economias para cálculo do bônus		$120.000
Pessoal + $ 50.000		
Qualidade + $ 40.000		
Suprimentos + $ 30.000		
$120.000		
Menos 1/3 para provisão de reserva(*)	40.000	
Apropriação de perdas do último trimestre	+ 0	
	40.000	−40.000
Disponíveis para distribuição: 2/3		80.000
Parcela para os empregados 65%		52.000
Folha de pagamento (salários totais por todas as horas trabalhadas)		1.000.000
Parcela de cada empregado (%)		5,20%

* A reserva é estabelecida para oferecer alguma salvaguarda para o plano em relação aos trimestres com eficiência abaixo do normal, cujas metas de custos com pessoal, perdas, desperdícios, reclamações e custos com suprimentos não forem atingidas. Ao final do exercício, o dinheiro remanescente na reserva será distribuído.

O plano usado pela Dresser Rand inclui as três características essenciais de um plano Scanlon. Primeiro, é uma *filosofia empresarial,* que é participativa e envolve incentivos de remuneração e um sistema de sugestões. Cada unidade da fábrica tem um comitê de produção formado por chefes e representantes dos operários. As equipes de envolvimento dos empregados (EEE) dão aos operários a oportunidade de fazer sugestões para a melhoria do trabalho.

A segunda característica básica é que um *comitê de chefes e subordinados* administra o plano, incluindo a avaliação das sugestões para melhorias, a aplicação da fórmula de bonificações, a reestruturação da fórmula, e assim por diante. O comitê de bônus da Dresser Rand examina as sugestões de melhoria feitas pelos subordinados e chefes. Se aceitas, os ganhos (ou seja, as economias ou melhoria da produção) são distribuídos entre o grupo de trabalho, e não apenas dados ao indivíduo que fez as sugestões.

Em terceiro lugar, as empresas que adotam o Plano Scanlon usam uma grande variedade *de fórmulas para calcular os bônus que os empregados recebem,* geralmente uma porcentagem de seus salários. Por exemplo, alguns calculam os bônus como uma proporção entre o volume total de vendas e o total da folha de pagamentos. Essa medida reflete as mudanças dos custos com pessoal (corrigidos pela inflação). Outros enfocam os custos da folha de pagamentos em relação a cada tipo de produto. A Dresser Rand utiliza três medidas para calcular os bônus, como mostra o Quadro 12.9:

1. Produtividade (medida como as economias nos custos com pessoal).

2. Qualidade (medida como a redução de perdas e desperdícios).

3. Suprimentos (medida como a redução dos custos com equipamentos e utensílios).

O plano permite que os ganhos em produtividade sejam aumentados por meio da redução de perdas e desperdícios e dos custos com suprimentos, além das sugestões para a melhoria da produtividade feitas pelas equipes de envolvimento dos empregados. Assim sendo, uma bonificação é determinada pela seguinte fórmula:

$$\text{bônus da participação nos resultados} = \text{produtividade (custos com pessoal)} \pm$$
$$\pm \text{ qualidade (redução do desperdício)} \pm \text{suprimentos (redução de custos)}$$

No Quadro 12.9, os ganhos com a redução dos custos com pessoal e suprimentos e com a melhoria da qualidade do produto renderam 120.000 dólares. Um terço disto é reservado; o restante é distribuído entre os empregados (65%) e a organização (35%). A parcela de 65% dos empregados se traduz em cerca de 5,2% para cada um. Portanto, se a média salarial anual for de 40.000 dólares, o bônus a ser levado para casa é de 1.560 dólares para cada empregado.

A principal intenção que está por trás dos planos de participação nos resultados é o uso da remuneração como uma forma de vincular os objetivos individuais aos objetivos da organização e enfatizar que a melhoria do desempenho envolve tanto o esforço da pessoa como o da equipe.[13] Vários estudos e pesquisas revelam que há uma expressiva melhoria no desempenho conectada aos planos de participação nos resultados. Entretanto, existem poucos estudos controlados.

O primeiro estudo dos efeitos da participação nos resultados realizado em 28 indústrias com funções complexas e interdependentes revelou que significativos ganhos em produtividade ocorreram imediatamente na metade delas e continuaram pelos cinco anos de duração da pesquisa. Aquelas empresas em que a melhoria não aconteceu foram prejudicadas pelo pagamento não frequente dos bônus, problemas de relacionamento sindical antes e durante o período do estudo e pelo pouco envolvimento dos empregados no estabelecimento do plano e dos padrões de produção.[14]

Um segundo estudo examinou os dados sobre produtividade de uma fundição nos quatro anos anteriores e seis anos posteriores à implantação de um plano de participação nos resultados. A produtividade aumentou seus índices depois do plano; os custos com pessoal e problemas trabalhistas diminuíram.[15]

Um terceiro estudo descobriu que a forma de participação nos resultados nesses planos afeta os resultados. O pagamento de bônus em dinheiro idêntico para todos os empregados, independentemente de sua base salarial (ou seja, todo mundo recebe 250 dólares), não tem efeitos sobre a produtividade. Pagamentos de porcentagens iguais sobre base salarial (por exemplo, todos recebem 3% sobre sua base salarial) têm efeitos positivos sobre a qualidade, segurança, produção e receitas.[16]

Destaques: estrelas, preguiçosos e turistas. Existem também evidências negativas a respeito dos planos de participação nos resultados. Um estudo feito na AT&T mostrou que os empregados menos produtivos melhoraram seus desempenhos, mas aqueles mais produtivos aparentemente reduziram seus esforços.[17] Isto faz diferença? Em alguns casos, não. Se o trabalho é do tipo que permite pouca amplitude entre os piores e melhores, a piora no desempenho dos melhores empregados poderá ser compensada pela melhoria geral da produtividade. Alguns argumentam que aqueles chamados *preguiçosos* e *turistas* – aqueles que se aproveitam do trabalho dos demais membros da equipe – recebem forte pressão para fazer alguma coisa, mais dos colegas do que dos chefes. Em certas situações, entretanto, a piora do desempenho das "estrelas" pode ser devastadora para a organização. Essas estrelas podem trazer o brilho da criatividade que inspira, lidera e motiva. Imagine o time de basquete Chicago Bulls. Mesmo que três jogadores médios melhorassem seus desempenhos em 10% cada, dificilmente essa melhora compensaria uma piora de 30% no desempenho do Michael Jordan. Por enquanto, não existem pesquisas que demonstrem os efeitos da participação nos resultados sobre as ações extremas dos indivíduos. De qualquer forma, estudos oferecem documentação de que esses planos podem resultar em aumentos de produtividade que podem ser sustentados por um longo período de tempo. Entretanto, estes mesmos estudos lembram que, para o plano funcionar, ele deve ser parte de uma abordagem ampla de recursos humanos que seja baseada em sólidas relações entre os empregados e que enfatize a participação de todos nas tomadas de decisões.

Participação nos Lucros e Planos de Bonificação

Essencialmente, a participação nos lucros é o pagamento aos empregados de uma parcela dos lucros da empresa que tenha excedido ao nível preestabelecido. Muitas empresas adotam esse tipo de plano. A Union Carbide, por exemplo, distribui lucros sempre que o retorno sobre o capital chegar a 8% ou mais.

Os planos de participação nos lucros variam entre si em função do cronograma de pagamentos (trimestral, anual) e na forma do pagamento (em dinheiro ou como depósito para um fundo de aposentadoria). A filosofia por trás desse tipo de plano é que ele aproxima

---

13 GRAHAM-MOORE, Brian, ROSS, Timothy. *Gainsharing.* Washington, DC: Bureau of National Affairs, 1990.

14 SCHUSTER, Michael H. The Scanlon plan: a longitudinal analysis. *Journal of Applied Behavioral Science* 20, nº 4, p. 23-28, 1984.

15 WAGNER, John, RUBIN, Paul, CALLAHAN, Thomas. Incentive payment and non-managerial productivity: an interrupted time series analysis of magnitude and trend. *Organizational Behavior and Human Decision Processes* 42, p. 47-72, 1988.

16 WELBOURNE, Theresa M., CABLE, Daniel M. *Group incentives and pay satisfaction: understanding the relationship through an identity theory perspective.* Documento de trabalho, Cornell University Center for Advanced Human Resource Studies. Ithaca, NY, 1993.

17 GERHART, Barry, MILKOVICH, George. Employee compensation. In: *Handbook of industrial and organizational psychology.* 2. ed. Palo Alto, CA: Consulting Psychologists Press, 1992. v. 3.

os empregados da empresa, fazendo com que eles se identifiquem com o objetivo de lucro e assim reduzam os desperdícios e melhorem a produtividade.

Um dos mais conhecidos planos de participação nos lucros nos Estados Unidos é o praticado pela Lincoln Electric Company, de Cleveland, Ohio. Esta empresa é a maior fabricante mundial de equipamentos para soldagem. Cada um de seus 3.400 empregados é responsável pela quantidade e qualidade de seu próprio trabalho. São realizadas duas avaliações anuais de desempenho baseadas na qualidade, resultados, confiabilidade, cooperação e ideias. Esses indicadores vão determinar quanto cada empregado receberá de bonificação sobre os lucros da empresa. Esses bônus são somados à base salarial, que está acima da média para a região de Cleveland. Os bônus podem duplicar a remuneração de alguns empregados; entretanto, essas remunerações são muito variadas – começando em torno de 32.000 dólares e indo além dos 100.000 dólares, para os melhores – porque o tamanho do bônus depende do desempenho individual.

Apesar do sucesso do plano, a Lincoln Electric está sendo forçada a reexaminá-lo. Em sua tentativa de manter-se globalmente competitiva, a empresa adquiriu unidades em diversos países, como Canadá, México e Malásia. Essas aquisições não apenas reduziram os lucros da corporação, como também as novas unidades não se provaram eficientes como a fábrica de Cleveland. Nos últimos anos, a empresa tem tomado emprestado mais de 100 milhões de dólares para pagar os bônus para seus funcionários nos Estados Unidos.

A empresa enfrenta o dilema de o que fazer com seu plano de participação nos lucros, já que a baixa lucratividade é resultado de decisões da cúpula da organização ou de fatores externos, fora, portanto, do controle dos empregados. O futuro dirá o que vai acontecer nesta empresa.

O principal problema com esses planos, de maneira geral, é a possibilidade de não pagar nada aos empregados quando as metas não são atingidas. Muitas empresas acabam compartilhando alguns pagamentos, atribuindo o fraco desempenho a "eventos excepcionais não previstos". A fábrica da 3M no Canadá adotou um sistema de participação nos lucros no qual todos os empregados podem "investir" 6% de seus salários anuais na empresa. Como retorno, eles podem ganhar até 18% ($ 3 para $ 1), caso o desempenho financeiro da empresa ultrapasse os objetivos em certas proporções. No primeiro ano, os empregados ganharam 2,5 para 1; no segundo ano, 2 para 1, e, no terceiro, o plano não pagou nada, o que levou os empregados a perderem cerca de 6% de seus salários. Os empregados reclamaram, alegando que os maus resultados foram consequência da competição estrangeira não prevista pela empresa. A cúpula da 3M concordou e devolveu o dinheiro que os funcionários tinham investido. Quando uma coisa semelhante aconteceu na DuPont, a empresa simplesmente acabou com o plano.

A REMUNERAÇÃO PELO DESEMPENHO DO EMPREGADO VALE A PENA?

O Pagamento pelo Desempenho Afeta a Equidade

Sob o ponto de vista dos empregados, a remuneração é o principal determinante de seu bem-estar econômico. Todavia, a remuneração é mais do que isto; ela pode afetar também o bem-estar social e psicológico das pessoas. A reação dos empregados a um plano de remuneração variável tem provavelmente muito mais a ver com suas próprias necessidades financeiras do que com as especificidades do plano.

Ao examinarmos a aceitação dos empregados em relação aos planos de remuneração variável, percebemos três características principais: vantagem, nível de risco e justiça nos procedimentos.

Alavancagem é a proporção entre o pagamento variável e a base salarial. O que é considerado como alavancagem pode diferir entre os grupos de empregados e entre as empresas. O pagamento de executivos, por exemplo, apresenta bem mais vantagem do que o dos demais empregados.

O risco é a probabilidade de o empregado obter um pagamento compatível com seu esforço. Muitos planos de remuneração de executivos apresentam grande vantagem e pouco risco. Isso quer dizer que a probabilidade de ser recompensado pelos esforços é grande. Os riscos também diferem entre os grupos de empregados.

A **justiça nos procedimentos** refere-se à equidade do processo no qual o plano é elaborado e administrado. Os resultados em si – a quantia que cada um recebe, o critério para a alocação dos pagamentos – pertencem à justiça distributiva. A diferenciação entre justiça nos procedimentos e *distributiva* é importante. Imagine que você recebeu uma multa por excesso de velocidade. A justiça nos procedimentos refere-se ao processo pelo qual uma decisão será tomada: o direito a um advogado, o direito a um julgamento imparcial e o direito de receber uma cópia de sua autuação. A justiça distributiva refere-se à equidade da decisão: Culpado! Os pesquisadores descobriram que a percepção da justiça nos procedimentos por parte dos empregados afeta significativamente a aceitação dos resultados.[18] A possibilidade dos planos de remuneração serem vistos como justos é maior quando: (1) eles se aplicam consistentemente a todos os empregados; (2) incluem a participação e/ou representação dos empregados; (3) ofereçam procedimentos para apelação; e (4) usem dados precisos.

Em uma comparação entre planos de participação nos resultados que enfoquem regras e resultados, os pesquisadores descobriram que os empregados consideram a justiça com as regras um aspecto mais importante quando o pagamento é pequeno. Quando os pagamentos são grandes, dá-se o padrão oposto. Provavelmente, as regras para a divisão do bolo são menos importantes quando o bolo é grande.[19]

O Lado Negativo da Remuneração Variável

Muitos empregados não estão em condição de administrar riscos em sua vida financeira. Muitos começam a contar com as bonificações, mesmo sem ter certeza de seu recebimento.[20] Alguns empregados têm uma base salarial relativamente baixa, o que torna quaisquer riscos inaceitáveis. Outros assumem compromissos financeiros com base em seus rendimentos potenciais, e não na realidade da situação econômica da empresa. Como geralmente os empregados têm apenas um emprego de cada vez, eles não podem minimizar os riscos por meio da diversificação de investimentos.

QUAL SUA OPINIÃO?

Uma empresa de pintura emprega 20 pessoas, com uma remuneração média de 9 dólares por hora. O proprietário resolve reestruturar a empresa e entrar para o setor de administração predial, cuja média salarial é de 7 dólares por hora. Os empregados se demitem, e os novos contratados recebem 7 dólares por hora.

Qual sua opinião caso os empregados continuassem na empresa e o proprietário assegurasse a eles 8 dólares por hora mais um bônus variável entre 0 e 4 dólares por hora, dependendo do sucesso dos novos planos de mercado.

Você acha esta ação justa? Qual o impacto disso sobre os resultados?

A Remuneração pelo Desempenho Afeta a Eficiência

Uma das principais razões para buscar-se a sistematização das decisões sobre remuneração é o controle de custos. Um modelo simples mostra os três principais fatores que determinam os custos com pessoal:

Custos = Emprego × (Remuneração em dinheiro + Benefícios), em que:

- Emprego significa tanto o número de empregados como o total das horas trabalhadas.
- Remuneração em dinheiro inclui salários e remuneração variável.
- Benefícios incluem seguro-saúde e de vida, pensões e outros.

A variação em quaisquer desses fatores resulta na variação dos custos. Se a remuneração puder ter sua maior parte tornada variável em vez de fixa, melhor será o controle dos custos. Pense nos sistemas de controle criados para administrar os incentivos e bônus. A essência da remuneração variável é que ela precisa ser reconquistada a cada período, enquanto o pagamento convencional por mérito é agregado à base salarial. Sob o ponto de vista dos custos com pessoal, esse sistema convencional não apenas aumenta a média salarial como também faz crescer o custo com os benefícios calculados a partir dos salários (por exemplo, a previdência privada). Consequentemente, quanto maior a razão entre a remuneração variável e a base fixa, mais variável (flexível) serão os custos com pessoal.

---

18 FOLGER, Robert, KONOVSKY, Mary. Effects of procedural and distributive justice on reactions to pay raise decisions. *Academy of Management Journal*, p. 115-130, Mar. 1989; GREENBERG, Jerald. Looking fair *vs.* being fair: managing impressions of organizational justice. In: STAW, B. M., CUMMINGS, L. L. (Orgs.). *Research of organizational behavior.* Greenwich, CT: JAI Press, 1990. v. 12.

19 WELBOURNE, Theresa M., BALKIN, David B., GOMEZ-MEJIA, Luis R. Gainsharing and mutual monitoring: a combined agency-organizational justice interpretation. *Academy of Management Journal* 38, nº 3, p. 881-899, 1995.

20 MILKOVICH, George T., BLOOM, Matt. *Does performance-based pay really work? Conclusions based on the scientific research.* Ithaca, N. Y.: Center for Advanced Human Resource Studies, 1995.

A Forma é Mais Importante do que a Quantidade

As evidências descobertas pela maioria das pesquisas recentes sobre o tema revelam que o pagamento pelo desempenho, quando corretamente estruturado e administrado, funciona bem. Um estudo examinou 16.000 executivos em mais de 200 empresas por um período de seis anos. Descobriu-se que os planos de remuneração pelo desempenho estavam relacionados com o subsequente sucesso financeiro dessas organizações. Por exemplo, um aumento de 10% no bônus estava associado a um aumento de 1,5% no retorno sobre os ativos no ano seguinte. E um aumento de 10% no número de executivos cobertos pelo plano estava associado a um crescimento de 0,20% no retomo sobre os ativos.[21] Nesse caso, o percentual do pagamento variável estava fortemente relacionado com a lucratividade.

Ainda que os defensores da ideia enfatizem a ligação entre pagamento e desempenho, na prática, essa ligação não é tão facilmente obtida. Várias condições precisam existir para isso, como um relacionamento construtivo e de mútua confiança com os empregados; critérios claros e justos para a avaliação do desempenho; um plano para dar aos empregados um retorno honesto das informações; mecanismos simples e compreensíveis para os pagamentos (ou não pagamentos); e algumas soluções para administrar as mudanças inevitáveis que acabam sendo necessárias. Em muitos casos, essas condições simplesmente não existem na empresa.[22]

Lembre-se também que esses planos são apenas uma parte de um sistema de remuneração que, por sua vez, é parte de um sistema geral de administração de recursos humanos. Um sistema de remuneração que seja consistente com a abordagem estratégica da administração dos recursos humanos comunica a filosofia e os valores da organização e estreita os laços entre comportamentos e recompensas. Os planos de remuneração por desempenho podem beneficiar a organização e vincular seu sucesso financeiro com o dos empregados, mas não antes que seus executivos façam profundas reflexões sobre a situação da empresa nos negócios e as necessidades dos empregados. Dessa maneira, os empregados provavelmente sentirão que recebem retornos justos a seus esforços e os executivos terão maior probabilidade de atingir maiores sucessos para a organização.

REMUNERAÇÃO PELO DESEMPENHO

A boa administração é o quarto bloco do modelo de pagamento (veja o Quadro 11.4). Para atingir os objetivos para os quais foi elaborado, o sistema precisa ser administrado adequadamente e com justiça. Os dois aspectos essenciais desta administração são: (1) obtenção da aceitação dos empregados; e (2) atendimento à legislação.

Obtendo a Aceitação

Uma das formas mais comuns de se obter a aceitação, compreensão e participação de chefes e subordinados com os planos é a utilização de comitês de remuneração formadas por administradores, empregados e sindicalistas.

As pesquisas revelam que a justiça nos procedimentos, mais do que os resultados em si, facilita o comprometimento, a confiabilidade e a aceitação. A participação dos empregados pode levar à obtenção desse quadro. Os pesquisadores observam que, se as pessoas não participarem do processo decisório, mais elas tenderão a pensar que as coisas poderiam ser diferentes e melhores caso elas estivessem no comando.[23]

Um processo de planejamento que inclua os empregados pode ajudar a superar as resistências às mudanças. Os empregados têm maior probabilidade de se comprometer com o sistema se tiverem algum controle sobre o que acontece.

Comunicação e Apelações

A literatura sobre esse tema geralmente aconselha os empregadores a comunicar seus planos de remuneração. Uma das razões para isso é que, segundo algumas

---

21 Apostilas da Cornell University Center for Advanced Human Resource Studies. Ithaca, NY, 1992, voltadas ao estudo do relacionamento entre remuneração e desempenho. Elas incluem ABOWD, John M. Does performance-based managerial compensation affect subsequent corporate performance?; GERHART, Barry, MILKOVICH, George T. Organizational differences in managerial compensation and financial performance; e MILKOVICH, George T., GERHART, Barry, HANNON, John. The effects of research and development intensity on managerial compensation in large organizations.

22 DYER, Lee, HOLDER, Gerald. A strategic perspective of human resource management. In: DYER, Lee, HOLDER, Gerald (Orgs.). *Human resource management:* evolving roles and responsabilities. Washington, DC: Bureau of National Affairs, 1988. p. 1:125-86.

23 LAWLER III, Edward E. *Strategic pay.* San Francisco: Jossey-Bass, 1990.

pesquisas, os empregados costumam não entender o sistema de pagamentos da empresa. Por exemplo, eles tendem a superestimar a remuneração dos níveis mais baixos e subestimar os mais altos. Eles veem a estrutura de remuneração mais comprimida do que é na realidade. Consequentemente, os diferenciais de remuneração não conseguem motivar os empregados. Existem até algumas evidências de que a boa vontade conseguida por meio da transparência das informações afeta a satisfação dos empregados com sua remuneração.[24]

Apesar das melhores intenções dos empregadores para ajudar os empregados a entenderem o sistema de remuneração, às vezes, estes últimos se sentem tratados de forma injusta. Eles podem alegar que seu desempenho ou função foram avaliados injustamente ou que, na comparação com o mercado, empresas relevantes foram desconsideradas. Muitas organizações possuem procedimentos especiais para lidar com esses casos.

Assegurando o Atendimento à Legislação

Não importa seu formato, todo plano de remuneração tem que estar dentro da legalidade. Se um empregador trabalha em vários países, ele tem que estar de acordo com cada uma dessas legislações. Nos Estados Unidos, a legislação afeta os salários, horas de trabalho e benefícios. As leis antidiscriminação, feitas para assegurar que todos os empregados com habilidades, capacitações, tempo de trabalho e qualificações similares recebam o mesmo pagamento pelo mesmo trabalho, foram discutidas no Capítulo 2. Os efeitos dessa legislação sobre os sistemas de remuneração nos últimos 25 anos não podem ser descartados.

Valores Comparáveis

Como foi discutido no Capítulo 2, a legislação norte-americana cuida para que seja atendido o princípio de "pagamentos iguais para trabalhos iguais". Trabalhos iguais é um conceito definido por quatro fatores: (1) habilidades iguais;(2) esforços iguais; (3) responsabilidades iguais; e (4) condições de trabalho iguais.

Eles são extremamente parecidos com os fatores essenciais encontrados na maioria dos planos de avaliação de funções.

As diferenças na remuneração entre trabalhos iguais são permitidas quando: (1) são resultantes de diferenças no tempo de trabalho dos empregados; (2) são resultantes de diferenças na qualidade do desempenho; (3) são resultantes de diferenças na qualidade e quantidade da produção (incentivos); ou (4) são resultantes de outros fatores que não raça e sexo (por exemplo, bônus pelo trabalho noturno).

As Diferenças na Remuneração

Existe um debate contínuo sobre as causas das diferenças de remuneração entre homens e mulheres, e sobre como definir a discriminação e, posteriormente, eliminá-la. O debate não vai se encerrar até que todos os trabalhadores possam ser pagos igualmente quando realizam a mesma função, que é o que determina a legislação.

O que está em discussão aqui é o pagamento diferenciado para *funções diferentes*. As funções que são diferentes em conteúdo, mas "de valor comparável de certa maneira", devem receber a mesma remuneração? Por exemplo, enfermeiras devem ter salários semelhantes aos dos encanadores, ou, escriturários devem ganhar o mesmo que operários de linha de montagem ou carpinteiros?

Vários aspectos básicos estão por trás desta controvérsia:

1. A diferença persistente entre as remunerações dos homens e das mulheres (cerca de 30%, em média) deve-se à discriminação ou a fatores relacionados com a produtividade (natureza da função, antiguidade, permanência no emprego) e/ou ao processo de negociação coletiva?

2. O padrão atualmente aceito para a determinação da remuneração (pagamentos iguais para trabalhos substancialmente idênticos) deve ser substituído por outro – pagamentos iguais para trabalhos de valor comparáveis?

3. O que é valor comparável e como pode ser diagnosticado?

4. Quais são as consequências da adoção do valor comparável como padrão para a determinação da remuneração? Isto reduziria as diferenças entre o pagamento de homens e mulheres? Quais seriam os efeitos do ajuste da estrutura de remuneração sobre a inflação, custos de pessoal ou decisões sobre a carreira individual?

---

24 JENKINS JR., G. Douglas, LAWLER III, E. E. Impact of employee participation in pay plan development. *Organization Behavior and Human Performance* 28, nº 2, p. 111-128, 1981.

Uma Definição de Valor Comparável

O valor comparável, principal mecanismo sugerido para diminuir as diferenças entre as remunerações, tem sido definido como "funções que requerem habilidades, responsabilidade e esforços comparáveis (não idênticos)".[25] A abordagem básica envolve o pagamento igual para todas as funções que somem o mesmo total de pontos na avaliação de funções. Desta maneira, a equidade interna será dominante em relação aos valores do mercado. Em lugares como Washington e Minnesota, por exemplo, as funções de enfermeira e secretária recebem a mesma pontuação dos carpinteiros e outras atividades artesanais.[26] Para se adequar à legislação desses estados, o índice salarial das enfermeiras e secretárias foi aumentado para equiparar-se ao dos artesãos.

Considere o Quadro 12.10. Os pontos negros representam as funções predominantemente exercidas por mulheres (incidência igual ou maior que 70%). Os demais pontos representam as funções predominantemente exercidas por homens (incidência igual ou maior que 70%). A linha da política para as mulheres (linha sólida) é menor e está abaixo da linha da política para os homens (linha pontilhada). Uma política de valor comparável usaria os resultados de um plano de avaliação de funções (eixo x) e valoraria todos os papéis funcionais como se fossem predominantemente masculinos. Dessa forma, todas a funções que somassem 100 pontos na avaliação receberiam 700 dólares, todas com 200 pontos, 800 dólares, e assim por diante.

Nos Estados Unidos, nem sempre o parecer jurídico favorece este conceito de valor comparável. Entretanto, vários outros países têm adotado esse conceito como padrão para a determinação de rendimentos.[27] A mais notável adesão é a legislação canadense, que exige que todos os empregadores, públicos e privados, adotem planos de valor comparável.

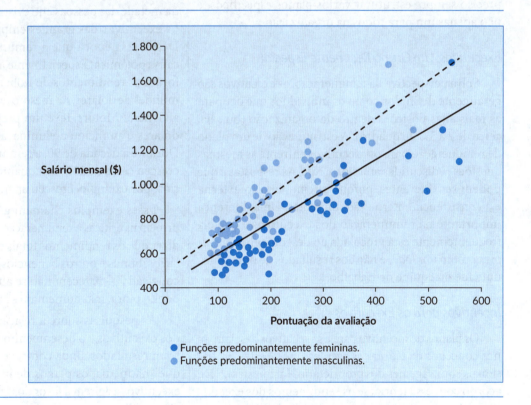

Quadro 12.10
Pontuação da avaliação de funções e salários.

---

25 REMICK, Helen. *Comparable worth and wage discrimination.* Philadelphia: Temple University Press, 1984.
26 GROSHEN, Erica. The structure of female/male wage differential. *Journal of Human Resources* 26, nº 3, p. 457-472; GRIDER, Doug, TOOMBS, Leslie A. Disproving valuation discrimination: a study of evaluator gender bias. *ACA Journal,* p. 24-33, Fall 1993.
27 BELLAK, Al. Comparable worth: a practioner's view. In: *Comparable worth:* issue for the 80's. Washington, DC: U. S. Civil Rights Commission, 1985. v. 1; FUCHS, Victor. *Women's quest for economic equality.* Cambridge: Harvard University Press, 1988; MAHONEY, T. A. Job evaluation: endangered species or anachronism? *Human Resource Management Review* 1, p. 155-162, 1991.

Grupos Especiais

Em qualquer organização emergem grupos especiais. Frequentemente, são especiais em função do valor de sua contribuição para o sucesso da empresa. Suas decisões afetam significativamente as receitas e recursos dos quais depende a organização. Pesquisadores, cientistas, especialistas em marketing, em vendas – todos podem ser grupos especiais se suas funções forem especiais para o negócio de suas empresas, seja em função de condições particulares do mercado (por exemplo, escassez deste ou daquele tipo de profissional) ou em função de determinadas circunstâncias (por exemplo, o gerenciamento de missões internacionais). Essas condições, externas ou organizacionais, exigem um projeto específico para um plano de remuneração. O mais óbvio de todos, provavelmente, é o plano de remuneração de executivos. Vamos dar uma olhada nele para ilustrar como os planos de remuneração podem ser feitos sob medida para os grupos especiais. O ponto em questão é que é preciso sempre estruturar vários planos específicos, e não apenas um para todos na organização.

Executivos: Um Grupo Realmente Especial

Sob a perspectiva da remuneração, os executivos são geralmente definidos como os indivíduos que ocupam as mais altas posições dentro da organização (ou seja, cerca de 2 a 5% do quadro). A estruturação de um plano de remuneração para os executivos enfrenta as mesmas questões já discutidas anteriormente. As respostas é que podem ser diferentes, porque a remuneração externa e a consistência interna são diferentes. Uma diferença importante na remuneração dos executivos é que ela frequentemente está vinculada ao desempenho da *empresa como um todo,* e não aos resultados de uma única unidade ou equipe de trabalho.

Incentivos para os Executivos

Os planos de incentivo para os executivos baseiam-se nos conceitos da *teoria dos agentes,* que vê estes profissionais como agentes dos proprietários (acionistas).[28] De acordo com essa teoria, se os rendimentos dos executivos estiverem vinculados ao desempenho da empresa por meio de planos de incentivo, eles tomarão sempre decisões que favoreçam os acionistas.

Normalmente, são usados dois tipos de planos de incentivo: os bônus financeiros de curto prazo (baseados em um ou dois anos de desempenho) e a capitalização de longo prazo, como opção por ações.

A *opção por ações* dá ao executivo o direito da compra de um determinado lote de ações da empresa a um preço fixo (preço do exercício) por um tempo determinado no futuro. Os ganhos dependem do aumento do valor das ações no futuro. Essas opções são uma forma de participação nos lucros, que vinculam o sucesso financeiro do executivo com o dos acionistas da empresa.

As Críticas

O ceticismo público em relação à remuneração dos executivos e seu relacionamento com o desempenho das empresas tem uma longa história, especialmente nos Estados Unidos. Há 50 anos, o presidente norte-americano Franklin D. Roosevelt investia contra os executivos das grandes corporações, acusando-os de serem forças a serviço da "resistência da ganância". Ao mesmo tempo, uma enquete junto à opinião pública mostrou que "mais da metade das pessoas entrevistadas declarou achar que os executivos das grandes empresas ganham demais". Desde essa época que a remuneração dos executivos causa polêmica. Especialmente assombroso para alguns foram os rendimentos de Robert Stempel, cerca de 2,2 milhões de dólares, no mesmo ano em que sua empresa, a General Motors, teve um prejuízo de 4,5 bilhões de dólares e anunciou a eliminação de 74 mil empregos. Durante a década de 90, a remuneração dos executivos cresceu cerca de 212%, enquanto os salários dos operários, por exemplo, cresceu apenas 53%.

Esses exemplos chamam a atenção para uma das principais críticas à remuneração dos executivos. Pode-se dizer que os rendimentos totais desses profissionais (salários, bônus e outros benefícios) têm uma "diminuição congelada" – parecem não se alterar quando o desempenho piora, mas aumentam se o desempenho cresce.[29]

As pesquisas sobre a relação entre a remuneração dos executivos e o desempenho de suas empresas mostram resultados ainda controversos. Algumas revelam que "na média, os planos de incentivos encorajam os executivos a agirem a favor dos interesses dos acionistas". Outras dizem que a remuneração dos executivos está positivamente relacionada com o desempenho apenas durante o período de ascensão da empresa.

Um dos aspectos estruturais mais discutidos publicamente é a distância entre os rendimentos dos executivos

---

28 ELLIG, Bruce. *Executive compensation:* a total pay perspective. New York: McGraw-Hill, 1982.

29 CRYSTAL, Graef. *In search of excess.* New York: W. W. Norton, 1991.

em relação aos dos demais empregados. Por exemplo, o principal executivo da Disney recebe mais de 10 milhões de dólares em *dinheiro* por ano. Isto é mais de dez vezes o que um operador nos parques temáticos da empresa ganha *durante toda a sua vida*. Chamada de *hiato de confiança,* muita gente acredita que essa distância entre os níveis de remuneração é injusta. Ela torna-se ainda mais óbvia quando grandes quantias em dinheiro são pagas aos executivos, ao mesmo tempo em que outros empregados lutam por algumas concessões. Todavia, essas comparações são um tanto simplistas. A eficácia da remuneração de um executivo aparece nos resultados corporativos, nos retornos para os acionistas e de formas mais complexas do que apenas alguns indicadores financeiros. É necessário pesquisar mais rigorosa e profundamente essas questões.

SISTEMAS DE REMUNERAÇÃO INTERNACIONAIS

A internacionalização dos negócios, dos mercados financeiros, dos acordos comerciais e até dos mercados de trabalho está afetando todo o relacionamento entre empregadores e empregados, em todos os lugares. Os sistemas de remuneração, tão essenciais ao mercado de trabalho, estão inseridos nos contratos sociais praticados em cada país.

Como já vimos nos capítulos anteriores, encarar a administração de recursos humanos como parte das relações de trabalho entre empregadores, empregados e governos é uma boa maneira de compreender as mudanças contemporâneas e também de entender as diferenças de práticas entre os diferentes países. A comparação entre os sistemas de remuneração dos Estados Unidos e da Alemanha pode ajudar a ilustrar o contraste.[30] "Nos Estados Unidos as pessoas se esforçam para conseguir um bom trabalho, para fugir da rede medíocre da segurança social... Já na Alemanha, os sistemas de remuneração e benefícios sociais funcionam como uma garantia de rendimentos anuais."[31] A taxa média de tributação sobre rendimentos descontada de cada trabalhador alemão é 30% maior do que nos Estados Unidos. Consequentemente, o retorno de se trabalhar horas extras ou trabalhar mais para receber um bônus de participação nos resultados é bem menor na Alemanha. Em troca, porém, de seus impostos mais altos, os alemães recebem benefícios sociais bem mais generosos, como seguro-desemprego, assistência integral de saúde e subsídios para universidades e programas de aprendizado profissional.[32]

Assim sendo, para se compreender como administrar o sistema de remuneração na Alemanha, é preciso compreender o papel desempenhado pelo governo, empresários e empregados. As tentativas de modificar os sistemas de remuneração – por exemplo, para tornar os empregados mais atenciosos com os clientes, encorajar o serviço inovador e de qualidade, ou controlar custos – precisam ser administradas dentro do contexto do relacionamento de trabalho específico de cada país. Entretanto, é preciso tomar cuidado: as generalizações podem ser enganosas, tanto quanto os estereótipos individuais. Imaginar que todas as empresas na Alemanha ou no Japão operam de forma similar é ignorar as variações e diferenças que existem dentro de qualquer país.

Comparando Salários e Produtividade

O Japão e a maioria dos países da Europa Ocidental pagam salários mais altos do que os Estados Unidos. O Quadro 12.11 mostra que o custo/hora da mão de obra na indústria japonesa é cerca de 125% mais caro do que na americana. A Alemanha paga ainda melhor, 160% mais do que pagam os Estados Unidos.

Entretanto, é bom interpretar essas comparações diretas com alguma cautela. Se os salários são tão baixos em lugares como a Coreia, Taiwan e Hong Kong, não seria ótimo mudar para lá sua indústria? A resposta é não, se formos levar em consideração a produtividade. A baixa remuneração geralmente anda de braços dados com a baixa produtividade. Por essa razão, é essencial que as comparações internacionais devem levar em conta tanto a produtividade como o custo unitário de produção. Por exemplo, o custo unitário na Coreia é

---

30 SOSKICE, David. Wage determination: the changing role of institutions in advanced industrialized countries. *Oxford Review of Economic Policy* 6, nº 4, p. 36-61; SOSKICE, David. The German wage bargaining system. In: VOSS, Paula (Org.). *IRRA 46th Annual Proceedings.* 1994. p. 349-358; FERLIGOJ, Anuska, PRASNIKAR, Janez, JORDAN, Vesna. *Competitive strategies and human resource management in SMEs.* Apostila. Universidade de Ljubljana, 1994.

31 Pay setting headache in Eastern Europe. IDS European Report 389, p. 21-22, May 1994; TURNER, Lowell. From "old red socks" to modem human resource managers? Documento de trabalho nº 94-28. Cornell University Center for Advanced Human Resource Studies. Ithaca, NY, 1994; MANAKKALATHIL, Jacob C., CHELMINSKI, Piotr. The Central European three: opportunities and challenges. *SAM Advanced Management Journal,* p. 28-34, Summer 1993.

32 BELL, Linda, FREEMAN, Richard. *Why do Americans and Germans work different hours?* Cambridge, MA: National Bureau of Economic Research, Oct. 1994.

430 | Remuneração

86% do americano (comparados aos salários de 38%).[33] Nas Filipinas e na Malásia, os custos são 112% daqueles praticados nos Estados Unidos. Portanto, ainda que os salários possam ser mais baixos, o cálculo de custo/benefício em termos de eficiência pode apontar ser os Estados Unidos o melhor lugar para produzir.

Ainda mais importante que essa comparação entre os diversos países são as diferenças entre as empresas e seus concorrentes diretos. No Capítulo 11, vimos como se avaliam os valores salariais do mercado. As comparações entre as remunerações praticadas em nações tão diferentes entre si, como os Estados Unidos e o Japão, podem ser enganosas. Ainda que as remunerações possam parecer iguais, as despesas com seguro-saúde, o custo de vida e arranjos específicos feitos pelas empresas individualmente complicam o entendimento. Comparar uma empresa americana com uma japonesa pode ser ainda mais complicado.[34] Os dados estatísticos podem não estar disponíveis ou não serem completos. Várias comparações podem ser válidas, mas cada uma delas apresenta um quadro final diferente. Por exemplo, uma comparação feita por um órgão público norte-americano entre o custo/hora de trabalho em 29 países reporta que a remuneração no México é apenas 14% daquela dos Estados Unidos. Entretanto, outra fonte diz que os "custos efetivos com mão de obra" no México é 36% do que é nos Estados Unidos.[35] A diferença entre estas duas estimativas é obviamente exagerada para ser real.[36] Uma empresa de consultoria relata que, na falta de profissionais qualificados no México, os executivos contratados nos Estados Unidos chegam a ganhar de 120 a 130% a mais do que em seu país. A razão da inclusão desses exemplos foi mostrar como certos dados são úteis apenas para comparações genéricas e para a compreensão das tendências. Para estruturar um determinado sistema de remuneração em qualquer país, é preciso contar com dados locais atualizados e uma compreensão da cultura e dos costumes do lugar.

Comparando Sistemas

O modelo de sistema de remuneração usado neste capítulo e no anterior serve de guia para nossa discussão sobre as diferenças de pagamentos em diferentes países. Ainda que nossa experiência indique que as organizações enfrentam questões estratégicas semelhantes em todos os lugares, a importância relativa delas varia bastante. É fácil reconhecer estas questões básicas, que parecem ser universais:

- objetivos dos sistemas de remuneração;
- competitividade externa;
- alinhamento interno;
- desempenho dos empregados;
- implementação.

Se as questões são universais, as decisões não o são. Algumas diferenças podem ser explicadas pelas legislações que refletem a cultura e a política de cada país. Por exemplo, os impostos no Japão e na Alemanha fazem com que a opção por ações seja pouco atrativa; não é por acaso que este tipo de remuneração praticamente não existe nestes países. As regulamentações de salários e benefícios variam muito também. A maioria dos membros da União Europeia especifica um salário mínimo, um máximo de carga horária e estabelece métodos formais para a participação dos empregados por meio de comissões de trabalho.[37]

---

33 LEE, Michael Byungnam, SCARPELLO, Vida, ROCKMORE, B. Wayne. Strategic compensation in South Korea's publicly traded firms. Trabalho apresentado no *10º World Congress of the International Industrial Relations Association*. Washington, DC, June 1995; LEE, Michael Byungnam. Business strategy, participative human resource management and organizational performance: the case of South Korea. Documento de trabalho. Geórgia State University, Oct. 1994.

34 SANO, Yoko. Changes and continued stability in Japanese HRM systems: choice in the share economy. *International Journal ofHuman Resource Management*, p. 11-27, Feb. 1993; MORISHIMA, Motohiro. The Japanese human resource management system: a learning bureaucracy. In: JENNINGS, J. Devereaux, MOORE, Larry (Orgs.). *Human resource management in the pacific rim:* institutions, practices and values. New York: Walter deGruyter.

35 GRENIER, Mary, KASK, Christopher, SPARKS, Christopher. Comparative manufacturing productivity and unit labor costs. *Monthly Labor Review,* p. 26-41, Feb. 1995; BRODSKY, Melvin M. Labor market flexibility: a changing international perspective. *Monthly Labor Review,* p. 53-60, Nov. 1994.

36 Mexican labor's hidden costs. *Fortune,* p. 32,17 Oct. 1994.

37 LEE, Barbara A. The effect of the European Community's social dimension on human resource management in U.S. multinationals: perspectives from the United Kingdom and France. *Human Resource Management Review* 4, nº 4, p. 333-361,1994; MILLWARD, Neil, STEENS, Mark, SMART, David, HAWES, W. R. *Workplace industrial relations in transition.* Brookfield, T: Dartmouth, 1992; ADDISON, John T., SIEBERT, W. Stanley. Recent developments in social policy in the new European Union. *Industrial and Labor Relations Review,* p. 5-27, Oct. 1994; ERICKSON, Christopher L., KURUVILLA, Sarosh. Labor costs and the social dumping debate in the European Union. *Industrial and Labor Relations Review,* p. 28-47, Oct. 1994.

Quadro 12.11
Valores de custos/hora para os empregados no setor industrial em alguns países, 1990-1994.

Estados Unidos = 100					
País ou localidade	1990	1991	1992	1993	1994
Estados Unidos	100	100	100	100	100
Alemanha	147	146	157	154	160
Austrália	88	87	81	75	80
Áustria	119	116	126	122	127
Bélgica	129	127	138	128	134
Canadá	106	110	105	98	92
Cingapura	25	28	31	31	37
Coreia	25	30	32	33	37
Dinamarca	120	117	124	114	120
Espanha	76	78	83	69	67
Finlândia	141	136	123	99	110
França	102	98	105	97	100
Grécia	45	44	46	41	–
Holanda	123	117	126	119	122
Hong Kong	21	23	24	26	28
Reino Unido	85	88	89	76	80
Irlanda	79	78	83	73	–
Israel	57	56	56	53	53
Itália	119	119	121	96	95
Japão	86	94	101	114	125
Luxemburgo	110	107	116	110	–
México	11	12	14	15	15
Noruega	144	139	143	121	122
Nova Zelândia	56	54	49	48	52
Portugal	25	27	32	27	27
Sri Lanka	2	3	2	3	–
Suécia	140	142	152	106	110
Suíça	140	139	144	135	145
Taiwan	26	28	32	31	32

Obs.: Os traços significam dados não disponíveis.

Outra diferença marcante é que muitos países europeus negociam nacionalmente os pisos salariais junto aos sindicatos de cada categoria. Essa centralização das decisões tira dos empresários a flexibilidade de negociar seus sistemas de remuneração de acordo com as especificidades das estratégias de suas organizações.

Além disso, em alguns países, os salários são tão estreitamente regulamentados que é difícil administrar a remuneração como instrumento para a vantagem competitiva. Na verdade, as decisões sobre remuneração são retiradas das mãos dos empresários e controladas pelo governo e pelas associações nacionais. Por exemplo, a Suécia tem um controle tão rígido do sistema de remuneração que todas as empresas pagam praticamente a mesma coisa a seus empregados. No entanto, as forças da competição globalizada estão forçando as organizações em todo o mundo a buscar o controle dos custos com pessoal e a tentarem a utilização de abordagens de pagamentos baseados no desempenho. Até mesmo os fortes sindicatos alemães estão começando a negociar salários em troca da garantia nos níveis de emprego.[38]

Panorama Global

O Quadro 12.12 apresenta algumas comparações escolhidas, baseadas nas principais decisões estratégicas no modelo de remuneração.

---

38   The German industrial relations system: lessons for the United States? *National Planning Association* 14, nº 3, Dec. 1993, toda a edição; SOSKICE. German wage bargaining system.

432 | Remuneração

Quadro 12.12
Comparações globais.

	República da China	Egito	Alemanha	Índia	Japão
Competitividade externa	• Faltam dados e informações sobre o mercado. • Ênfase no acesso preferencial a bens e serviços escassos. • O governo controla os salários; mudança para formas alternativas de remuneração.	• Faltam pesquisas salariais. • O governo garante empregos de baixa remuneração para os graduados em faculdades.	• Os índices salariais nacionais são negociados entre os empregadores e os sindicatos. • O governo e o Bundesbank (banco nacional) são os principais negociadores. • Interesse crescente em pesquisas e dados de mercado.	• Excesso de trabalhadores altamente qualificados, forçando os salários para baixo; muitos deixam o país.	• Comparações dentro da indústria. • São fatores importantes os custos e a produtividade relativos da mão de obra. • Comparações internas entre empresas japonesas. • Pesquisas de consultoria entre as multinacionais.
Alinhamento interno	• Níveis hierárquicos. • Diferenciais pequenos. • Os empregos são negociados nas agências governamentais.	• Relativamente hierarquizado. • Baseado na habilidade/ conhecimento, especialmente técnico. • Diferenciais pequenos.	• Relativamente hierarquizado. • Baseado em empregos primários. • Pequenos diferenciais entre os níveis.	• Os empregos de níveis mais baixos são determinados pela classe social. • Os empregos de nível mais alto são baseados no trabalho.	• Baseado no indivíduo; fatores de capacitação e antiguidade. • Hierarquia com diferenciais pequenos. • As diferenças se combinam com a estabilidade.
Desempenho dos empregados	• Crescente interesse em incentivos baseados no desempenho das pessoas e das empresas.	• Grande interesse no desempenho; mais de 40% da remuneração baseia-se nos resultados das empresas. • A alta inflação e os impostos reduzem o impacto dos aumentos por desempenho.	• Aumentos baseados na antiguidade, inflação e garantias extensíveis a todos. • Crescente interesse nos bônus por desempenho, chegando a 20% em alguns casos. • O bônus por desempenho é uma porcentagem pequena do pagamento total.	• Os empregados de nível mais baixo têm pouco incentivo para melhorar; a excelência individual ameaça o sistema social e não é recompensada. • A Lei de Pagamento de Bônus, de 1965, exige a participação nos lucros em um mínimo de 8,33%.	• Crescente interesse na remuneração por mérito individual ou de grupo. • Bonificações tradicionais (duas vezes ao ano) usadas como custos variáveis. • A remuneração por desempenho é uma porcentagem pequena do pagamento total. • Emergente uso da avaliação de desempenho.
Benefícios	• Principal arma estratégica; a empresa fornece serviços como moradia, assistência médica, bens escassos, transporte e creche.	• Benefícios moderados obrigatórios como férias remuneradas, assistência médica e aposentadoria.	• Assistência médica e pensões são nacionais. • Delegação; seguro-desemprego muito oneroso. • Discricionário; carros.	• Pensões e aposentadorias obrigatórias. • Os pacotes de benefícios típicos incluem moradia, viagens e subsídios geográficos.	• Delegação; assistência médica e aposentadorias são nacionais; seguro desemprego. • Discricionário; transporte, moradia, lazer e férias.
Natureza da administração	• Centralizada. • Ênfase nas conexões governamentais. • Foco nos benefícios/serviços.	• As regulamentações e os impostos governamentais limitam o uso da remuneração como arma estratégica. • Centralizada, com pouca participação. • Busca de "pagamentos" isentos de impostos.	• A política e as regulamentações do governo são os principais fatores. • Centralizada. • Menor uso da remuneração como fonte estratégica de vantagem competitiva.	• As leis do governo são o fator principal; independentemente do nível de desempenho e de lucratividade, os salários não podem ser reduzidos. • Demissões são ilegais.	• Crescente uso da remuneração como artifício estratégico. • A regulamentação dos impostos é o fator principal; concessões retidas; apenas o salário-base é usado no cálculo de pensões, aposentadoria e outros benefícios.

Remuneração Individual dos Empregados | **433**

Quadro 12.12
Continuação.

	Coreia	México	Rússia	Eslovênia	Reino Unido
Competitividade externa	• Relativamente comum a mobilidade entre as empresas. • Pesquisas sobre salários e custos de mão de obra. • A competitividade é um fator importante na atração e retenção dos empregados.	• A competitividade influencia a remuneração dos empregados altamente qualificados. • As pesquisas se baseiam na conduta no trabalho. • Os custos com pessoal são baixos no geral; no entanto, há prêmios de 10 a 25% para talentos escassos.	• Faltam dados e informações de mercado; a fixação da remuneração é um jogo de adivinhação. • Negociações pessoais baseadas na habilidade.	• Os índices de remuneração são negociados entre os empresários, sindicatos e governo, nacionalmente. • Salários acima do negociado são usados para atrair os talentos necessários.	• Redução da confiança nos índices nacionais negociados entre as empresas e sindicatos, especialmente na indústria. • Os salários de executivos são baseados nos "índices de Londres". • Crescente uso de pesquisa e dados sobre o mercado competitivo.
Alinhamento interno	• Baseado no indivíduo, antiguidade, habilidade e competências. • Hierarquia com diferenciais pequenos.	• Relativamente hierarquizado. • Baseado em empregos primários, com habilidades baseadas em alta tecnologia. • Diferenciais modestos.	• Hierarquizado. • Aparência de basear-se no trabalho. • Diferenciais pequenos.	• Pouca hierarquia. • Diferenciais pequenos. • Base no trabalho e nas habilidades.	• Relativamente hierarquizado. • Base nos empregos primários. • Modestas diferenças entre os níveis.
Desempenho dos empregados	• Crescente uso da remuneração por desempenho. • Bônus gerais para toda a empresa ao menos uma vez por ano.	• Aumentos baseados na antiguidade, inflação e garantias extensíveis a todos. • Crescente interesse nos bônus por desempenho. • O bônus por desempenho é cerca de 5% do total da remuneração.	• Transição dos velhos costumes e dos aumentos definidos pelo governo. • Incentivos no nível das unidades.	• Crescente uso da participação nos lucros, distribuição de ganhos e avaliações de desempenho.	• Aumentos baseados na antiguidade, inflação e garantias extensíveis a todos. • Crescente interesse nos bônus por desempenho (75% usam os individuais e 50% usam o desempenho da empresa ou da unidade). • O bônus por desempenho é ainda uma porcentagem pequena do total da remuneração.
Benefícios	• Assistência médica e aposentadoria nacionais obrigatórias. • Poucos benefícios em geral; poucas empresas pagam horas extras ou trabalho nos feriados.	• Assistência médica e aposentadoria nacionais obrigatórias; isenção de impostos para baixa renda. • Bônus natalino (15 dias de trabalho) e bônus de férias (25% do salário). • Mandado de participação nos lucros; 10% do lucro bruto.	• Principal arma estratégica; a empresa fornece bens escassos, assistência médica, melhoria de moradia e acesso a produtos de qualidade	• Cobertura altamente delegada; assistência médica, pensões e férias.	• Começa a fugir do uso do carro da empresa, embora ainda isto seja um grande símbolo de *status*. • Assistência médica e pensões são nacionais. • Licenças (25 dias) e feriados remunerados. • Estacionamento e almoço grátis.
Natureza da administração	• As políticos e regulamentações governamentais não são muito exigentes.	• As regulamentações governamentais são o principal fator. • Direitos adquiridos; se um benefício ou bônus for pago por dois anos, o empregado passa a ter direito a ele. • Centralizada. • Custos baixos e uso crescente de incentivos como aspectos estratégicos.	• Alta inflação e incertezas. • Acesso preferencial a bens e serviços escassos (não tributados). • Negociações individuais.	• As políticas governamentais são o principal fator. • Crescente uso da satisfação como arma estratégica.	• As políticas e regulamentações governamentais são uma grande influência. • Centralizada e aberta • As primeiras tentativas de usar a remuneração estrategicamente não causaram impacto na administração. • Crescente esforço sobre a avaliação dos empregados.

A Competitividade Externa

A América do Norte (Estados Unidos e Canadá) e o Reino Unido continuam sendo praticamente os únicos países que usam a competitividade nos mercados de produtos e trabalho como base para o cálculo de remunerações. As empresas japonesas e coreanas enfatizam mais os fatores internos que os externos.[39] Como já foi mencionado, empresários e sindicatos negociam índices salariais nacionais em diversos países da Europa e da Ásia. Esses índices se tornam obrigatórios para todas as empresas. Estabelecendo os salários para diferentes tipos de trabalho em todo o país, a remuneração deixa de ser uma variável a ser administrada.

Alinhamento Interno

Os sistemas baseados nos indivíduos são utilizados para determinar a remuneração no Japão e na Coreia e em empresas de alta tecnologia no Egito e no México.[40] Muitas empresas na Europa e nos Estados Unidos usam algum tipo de análise de funções para estabelecer as bases da remuneração, e algumas carreiras (engenharia e computação) têm como base fatores individuais (formação universitária e tempo de graduação). As abordagens baseadas nas características individuais (conhecimento e competências) têm sido cada vez mais consideradas. O Quadro 12.13 mostra os diferenciais de remuneração entre vários países. Enquanto na Alemanha os operários recebem os mais altos salários, seus executivos recebem os menores.

Desempenho dos Empregados

Um interesse crescente na remuneração baseada no desempenho parece ser uma tendência global. O percentual dos totais de pagamentos que usam esse critério varia muito em função dos sistemas tributários, da cultura e das ideologias. Por exemplo, os partidos comunistas são contra as diferenças salariais, sustentando que não trazem qualquer vantagem e levam às injustiças sociais. Na China, isso se traduz em um pensamento de Confúcio, que diz, "não se preocupe com a escassez, apenas com a desigualdade". A Inglaterra e os Estados Unidos são os países que mais enfatizam a remuneração pelo desempenho.

Remuneração das Missões Internacionais

Quando as organizações multinacionais resolvem abrir suas unidades em outros países, uma das muitas decisões que precisam tomar é que tipo de gente contratar. As subsidiárias internacionais podem escolher entre *expatriados* (pessoas nativas do país-sede da empresa, tais como os japoneses que trabalham na Sony em Toronto, Canadá); *nativos de um terceiro país* (NTPs: pessoas cuja cidadania não é nem do país-sede da empresa, nem do país onde a subsidiária está se instalando; como um alemão trabalhando na Sony de Toronto); e *nativos locais* (NLs: pessoas nativas do país em que a subsidiária está se instalando, como um canadense trabalhando na Sony em Toronto). Uma escolha óbvia é contratar NLs. Isto traz uma série de vantagens: (1) economia nos custos de relocação; (2) eliminação dos problemas potenciais de inadaptabilidade cultural; e (3) a contratação destas pessoas é uma boa política junto à opinião pública local. Muito raramente as empresas decidem que contratar os NLs não é uma boa solução. Apenas 1% do pessoal das multinacionais norte-americanas e europeias é composto por expatriados, e cerca de 4,2% no caso das indústrias japonesas.

As missões internacionais são onerosas. Por exemplo, uma empresa norte-americana que resolve mandar um funcionário dos Estados Unidos (base salarial de 80.000 dólares), com esposa e dois filhos, para passar três anos

---

39 LEE, Michael Byungnam. South Korea. In: NACAMULLI, Raoul C., ROTHMAN, Miriam, BRISCO, Dennis R. (Orgs.). *Industrial relations around the world.* New York: Walter DeGuyter, 1993. p. 245-269; KOREA LABOR INSTITUTE. *Korea's labor unions.* Seul: Korea Labor Institute, 1989; LEE, Michael Byungnam. Bonuses, unions, and labor productivity in South Korea. *Journal of Labor Research; Benefit policies for third country nationals, U. S. expatriates, and key local nationals.* New York: Kwasha Lipton, 1994; BROWN, William, WALSH, Janet. Pay determination in Britain in the 1980s: the anatomy of descentralizations. *Oxford Review of Economic Policy* 7, nº 1, p. 44-59; BUXTON, Tony, CHAPMAN, Paul, TEMPLE, Paul. *Britain's economic performance.* Londres: Routledge, 1994; YANG, Byong-moo. Trends, problems and directions for improvement for Korean industrial relations. Trabalho preparado para o fórum do Labour-Management Cooperation. Tóquio, Japão, Oct. 1994.

40 BETCHERMAN, Gordon, McMULLEN, Kathryn, LECKIE, Norm, CARON, Christina. (Orgs.). *The Canadian workplace in transition.* Kingston, Ont: IRC Press, 1994; Focus on international benefits. *Employee Benefit Plan Review,* p. 32-37, Nov. 1994; FLYNN, Gillian. Human resources in México: what you should know. *Personnel Journal,* p. 34-44, Aug. 1994; KANTOR, Richard D., RICHERSON, Michael. The Egyptian compensation environment: where change is the only constant. *Benefits and Compensation International,* p. 18-22, Mar. 1993; ARTURO, J. Fisher, CAREY, Douglas J. México in the dawn of NAFTA: the human resources environment. *Journal of International Compensation and Benefits,* p. 9-15, July/Aug. 1994.

Quadro 12.13
Remuneração por categoria.

Trabalhador de chão de fábrica	Trabalhador administrativo	Gerente	Presidente
Alemanha $36.857	Inglaterra $74.761	Itália $219.573	Estados Unidos $717.237
Canadá $34.263	França $62.279	França $190.354	França $479.772
Japão $34.263	Alemanha $59.916	Japão $185.437	Itália $463.009
Itália $31.537	Itália $58.263	Inglaterra $162.190	Inglaterra $439.441
França $30.019	Estados Unidos $57.675	Estados Unidos $159.575	Canadá $416.066
Estados Unidos $27.606	Canadá $47.231	Alemanha $145.627	Alemanha $390.933
Inglaterra $26.084	Japão $40.990	Canadá $132.877	Japão $390.723

em Londres, pode esperar um gasto entre 800.000 e 1.000.000 de dólares. Obviamente, esses valores precisam ser superados pelo valor da contribuição trazida pelo empregado.[41]

É preciso considerar também a importância dessas missões para os empregados. Para muitas empresas europeias e asiáticas, o mercado doméstico é apenas uma pequena parte de seu mercado total. Assim sendo, trabalhar em outro país em um determinado ponto da carreira pode ser um aprendizado sobre o mercado. Já para os norte-americanos, essas experiências podem significar mais um atraso do que uma evolução em suas carreiras.

Elementos da remuneração do expatriado

Uma lista dos itens que formam o conjunto da remuneração dos expatriados inclui desde verbas para mobiliar a residência até aprendizado de idiomas, passando pelo auxílio-emprego para o cônjuge até programas de férias e relaxamento para as missões de mais longa duração. Geralmente, essa lista é organizada em quatro principais componentes: salários, impostos, moradia e serviços/verbas gerais e prêmios.

Salário. A base salarial mais incentivos (ou seja, mérito, participação nos lucros, planos de bonificação) para a função a ser exercida pelo expatriado tem que ser definida. Na maior parte das vezes, isso é feito por meio da avaliação de funções e de planos baseados nas competências. A 3M, por exemplo, desenvolveu um plano internacional de avaliação de funções que é aplicado a todas as missões internacionais. Fatores comuns são usados para descrever diferentes funções nas várias regiões do mundo. Usando esse sistema da 3M, o trabalho de um administrador regional de RH em Bruxelas pode ser comparado ao de um em Austin ou Cingapura. Muitas empresas tentam usar para as funções internacionais os mesmos procedimentos de avaliação que usam em suas operações domésticas.

---

41 *International Total Remuneration.* Certification Course T9; REYNOLDS, Cal. International compensation. In: CALDWELL, William A. (Org.). *Compensation guide.* Boston: Warren, Gorham and Lamont, 1994.

Salários, incentivos e tudo que faz parte da remuneração das missões internacionais têm por objetivo manter o empregado financeiramente estável. Isso significa a manutenção de um padrão de vida o mais próximo possível daquele que ele tinha em seu próprio país.

Impostos. A renda obtida por meio das missões internacionais tem duas fontes potenciais de taxação. Com poucas exceções (por exemplo, a Arábia Saudita), os salários dos estrangeiros pagam impostos como todos os outros. Algumas vezes, podem pagar também taxas em seu país de origem. Os Estados Unidos, por exemplo, são o único país desenvolvido que cobra impostos sobre rendas obtidas por seus cidadãos em outros países, mesmo que estas rendas já tenham deduzido suas taxas no país em que foram ganhas. Os empregadores contornam este problema por meio da *equalização de impostos* para assegurar que seus funcionários não sofram perdas por suas missões internacionais.[42]

Moradia. A maioria das empresas multinacionais proporciona uma verba para o pagamento de moradia, ou oferece residências de propriedade da própria organização. A qualidade dessa moradia costuma ser um fator essencial para o sucesso das missões internacionais.

Serviços. Um morador de Moscou adverte aos estrangeiros que, ao tomar o famoso metrô da cidade, é bom assegurar-se de pagar a passagem no início da viagem, pois, quando chegar ao destino, a inflação já subiu tanto que se pode não ter dinheiro suficiente para isto! Entre os serviços que podem ser oferecidos àqueles em missões internacionais incluem-se verbas para enfrentamento de um alto custo de vida, transporte gratuito ou subsidiado, escolas para as crianças, títulos de clubes, emprego para o cônjuge do empregado, cursos sobre cultura local e seguro pessoal.

A Abordagem do Balanço

A abordagem do balanço, mostrada no Quadro 12.14, é usada pela maioria das empresas multinacionais norte-americanas, europeias e japonesas para determinar a remuneração de seus funcionários em outros países.[43] Como se pode deduzir pelo seu nome, essa abordagem é emprestada da contabilidade, em que os débitos e créditos precisam estar em equilíbrio. Todos os elementos apresentados até agora – impostos, moradia, serviços – estão incluídos, além de uma "reserva" para pagamentos extras, e poderão ser negociados em bases individuais. A premissa dessa abordagem é que os empregados em missões internacionais devem ter o mesmo poder aquisitivo que tinham em seus países de origem. Assim sendo, o país de origem passa a ser o padrão para todas as remunerações. Essa abordagem tem três objetivos:

1. Assegurar que a mobilidade dos talentos para as missões internacionais tenha a melhor relação custo/benefício possível.

2. Assegurar que os expatriados não tenham perdas nem ganhos financeiros com as missões.

3. Minimizar os ajustes exigidos pelos expatriados e suas famílias.

Destes, os dois últimos parecem receber a maior ênfase. Até recentemente, as tentativas de vincular a remuneração dos expatriados com a melhoria do desempenho e sua relação custo/benefício vinham recebendo menos atenção.

Apesar das dificuldades inerentes em comparar-se coisas diferentes, como bens e serviços, a maioria das grandes empresas utiliza dados sobre o custo de vida nos outros países, fornecidos por diferentes fontes, públicas ou privadas. Por exemplo, a Runzheimer International oferece dados comparativos de custo de vida em diferentes cidades por todo o mundo. O custo de vida por ano para uma família de quatro pessoas pode ser de 75.000 dólares em Chicago, 41.000 dólares em Varsóvia, 73.000 dólares em Roma e estonteantes 210.000 dólares em Tóquio.

O Padrão Hambúrguer

Se a comparação de custos com pessoal já é difícil, comparar custos de vida em diferentes países é pior ainda. O Bank of Switzerland estabelece um padrão

---

42 SABO, Monica M. Tax-effective compensation planning for internationals assignments. *International Compensation and Benefits,* p. 24-28, Jan./Feb. 1995; BOYLAND, Charles J. A short guide to U. S. expatriate taxes. *Journal of International Compensation and Benefits,* p. 45-50, July/Aug. 1992.

43 GOULD, Carolyn. Can companies cut costs by using the balance-sheet approach? *International Compensation and Benefits,* p. 36-41, July/Aug. 1993; MOLNAR, David E. Repatriating executives and keeping their careers on track. *International Compensation and Benefits,* p. 31-35, Nov./Dec. 1994; KIM, Ken I., PARK, Hun-Joon, SUZUKI, Nori. Reward allocations in the United States, Japan and Korea: a comparison of individualistic and collectivistic cultures. *Academy of Management Journal* 33, nº 1, p.188-198, 1990.

Quadro 12.14
Abordagem do balanço.

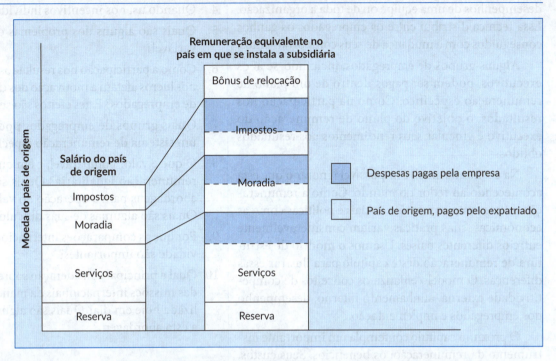

utilizando uma cesta básica de bens de consumo típico dos hábitos europeus, que inclui os preços médios de 137 itens, de vestuário a transporte, até artigos de higiene. Uma mulher que compra um vestido de verão, um casaco, uma saia, sapatos e meias, achará Tóquio o lugar mais caro (2.300 dólares), enquanto Nairobi (50 dólares) e Bombain (120 dólares) são os mais baratos. Tóquio é igualmente caro para os homens. Para adquirir um blazer, uma camisa, *jeans,* sapatos e meias, ele gastará cerca de 1.800 dólares em artigos de preço médio.[44]

Se *blazers* e paletós não fazem seu estilo, a revista The *Economist* usa o padrão Big Mac. Em vez de usar uma complexa cesta básica de bens e serviços, esta publicação usa como referência o preço do famoso sanduíche da rede McDonald's em diferentes localidades. Seu preço médio nos Estados Unidos é de 2,30 dólares, 1,03 dólares na China, 2,06 dólares no Canadá e cerca de 1,66 dólares na Rússia.[45]

RESUMO

Os dois últimos capítulos discutiram diversos aspectos básicos da remuneração e mostraram técnicas alternativas elaboradas para ajudar os administradores a lidar com o assunto. Este capítulo examinou a remuneração individual e algumas das técnicas da remuneração variável baseada no desempenho do empregado para o atingimento dos objetivos da empresa. Os empregadores que não optarem pela remuneração variável podem ficar com os salários tabelados e com os aumentos gerais para todos os empregados. Aqueles que escolherem remunerar o desempenho têm à mão uma série de escolhas. Categorizamos estas opções com base em: (1) se o pagamento pelo desempenho é adicionado ao salário-base; e (2) se o nível de desempenho que deflagra o pagamento é individual ou de grupo. A remuneração por mérito é de longe a mais comumente usada. As faixas salariais e as orientações sobre mérito traduzem esta abordagem. Ainda que os incentivos individuais, como o pagamento por mérito, sejam também baseados no desempenho individual, eles não modificam a base salarial.

Sem dúvida, a técnica que está mais na moda é a participação nos resultados. Embora não seja exatamente uma novidade, essa abordagem vem sendo cada vez mais utilizada pelos empresários que buscam novas maneiras de melhorar sua competitividade por meio do aumento da produtividade e do controle de custos. Os planos de participação nos resultados podem basear-se nos

---

44 KATZ, Daniel, GUTMANN, Manfred (Orgs.). *Prices and earnings around the globe.* Zurique: Union Bank of Switzerland, 1994.
45 Big Mac Currencies. *The Economist,* p. 88, 9 Apr. 1994.

desempenhos de uma equipe ou de toda a organização. Essa técnica distribui entre os empregados os ganhos conseguidos com a mudança de seus comportamentos.

Alguns grupos de empregados, incluindo-se aí os executivos, podem ser pagos dentro de um plano de remuneração específico. Como na participação nos resultados, o objetivo do plano de remuneração do executivo é vincular seus rendimentos aos resultados obtidos.

Na economia atual, é impossível ignorar o que está acontecendo ao redor do mundo. Como a remuneração reflete tanto as pressões sociais e políticas como as econômicas, suas práticas variam consideravelmente entre os diferentes países. Usamos o modelo de estrutura de remuneração deste capítulo para ilustrar essas diferenças. O modelo enfatiza os conceitos de competitividade externa, alinhamento interno, desempenho dos empregados e implementação.

O próximo capítulo contempla um importante instrumento da remuneração: os benefícios. Seus custos, preocupações sobre sua natureza tributária e questões sobre seu valor tornam o tema benefícios um tópico bem atual.

QUESTÕES

1. Em quais circunstâncias um empregador pode querer pagar salários diferentes a indivíduos exercendo as mesmas funções? Em quais circunstâncias um empregador pode querer pagar salários iguais a indivíduos exercendo as mesmas funções?

2. Quais são as diferenças entre os empregados mais consideradas para fins de remuneração individualizada?

3. Quais são algumas das dificuldades de um sistema de remuneração por mérito?

4. Quando usar os incentivos individuais e de grupo?

5. Quais são alguns dos problemas da remuneração variável?

6. Como a participação nos resultados e a participação nos lucros afetam a motivação dos diferentes grupos de empregados? Estes efeitos são sempre positivos?

7. Quais grupos de empregados podem precisar de um sistema de remuneração específico? Por quê?

8. O que é valor comparável, e em que é diferente da remuneração igualitária? Quais são algumas das abordagens para a operação do valor comparável? Quais são algumas de suas dificuldades?

9. Por que as comparações internacionais de produtividade são importantes?

10. Qual a principal consideração sobre a remuneração das missões internacionais da maneira como é realizada hoje em dia? Quais são algumas das críticas a esta abordagem?

Sua Vez

A Comparação na Classe

Juntamente com seus colegas, prepare uma lista dos itens que provavelmente refletem o padrão de vida de seu grupo. Seja bem específico para que as comparações possam ser feitas. Uma vez decidida essa lista, peça a ajuda de amigos e parentes que vivam em outras localidades, para que enviem a você os preços médios dos itens constantes dela. Peça todas as informações relevantes sobre esses itens. Depois, com seu grupo, comparem todas essas informações e proponham um valor comparativo. Quais as conclusões que podem ser tiradas disso?

13

BENEFÍCIOS

June Betts, uma terapeuta de Ohio, especialista em problemas da fala, tornou-se vítima do mal de Alzheimer, que a obrigou a parar de trabalhar aos 61 anos. Seu plano de pensão incluía um pagamento mensal de 350 dólares, além dos benefícios de assistência médica. Entretanto, a lei norte-americana permitia que este tipo de benefício fosse pago apenas até os 60 anos. Uma vez que June tinha 61 anos, teria que optar pela aposentadoria antecipada, recebendo somente 158 dólares por mês, sem os benefícios da assistência médica. Betts entrou com um processo na justiça, alegando que a aposentadoria por invalidez apenas para pessoas com menos de 60 anos era discriminação ilegal. A Suprema Corte não concordou: as diferenças de concessão de benefícios baseadas na idade são aceitáveis, desde que não prejudiquem as condições de emprego fora dos planos especiais.[1] Em resposta a isso, o Congresso aprovou uma lei específica para impedir essas diferenças, a *Older Workers Benefit Protection Act* (Lei de Proteção aos Trabalhadores mais Velhos).

Há alguns anos, a Continental Can negociou um oneroso plano de pensões que daria cobertura aos empregados em caso de fechamento da fábrica ou demissões coletivas. A elegibilidade para esta cobertura estava baseada na idade e no tempo de serviço. Uma vez encaixado no plano, o empregado poderia receber todos os benefícios antes mesmo da idade normal de aposentadoria. Assim sendo, esse plano era um incentivo econômico significativo (e aparentemente irresistível) para que se demitisse funcionários *antes* que se tornassem elegíveis, e para proteger os empregos daqueles que já se encaixavam no plano, de forma que não houvesse necessidade da oferta de benefícios extra. A Continental desenvolveu um sofisticado programa informatizado para identificar quem ainda não era elegível. Esses empregados não apenas eram escolhidos para a demissão, como tinham seus nomes rastreados para que não fossem inadvertidamente recontratados pela empresa. Quando esses funcionários descobriram o esquema da Continental, entraram com um processo na justiça.

A Continental argumentou que a queda na demanda pelos seus produtos levaria esses empregados a serem demitidos de qualquer maneira. Planejar as demissões levando em conta os custos – incluindo-se os custos com pensões – era apenas bom-senso empresarial. Todavia, um juiz de uma corte federal considerou que a empresa havia ido longe demais e que sua ação, no caso, era ilegal. O que havia determinado suas decisões eram as consequências do plano de benefícios, e não qualquer outra coisa.[2]

Esses dois casos demonstram alguns aspectos relevantes da questão dos benefícios: sua importância para o bem-estar dos empregados e a necessidade de controlar seus custos.

Este capítulo fala sobre as decisões básicas que os administradores precisam tomar ao planejar e administrar os programas de benefícios. Examinaremos as condições que afetam essas decisões, discutiremos os objetivos que os administradores buscam atingir por meio dos benefícios, analisaremos as formas que estes têm tomado e mostraremos o que se sabe sobre seus efeitos.

---

1 *Public Employees Retirement System of Ohio* v. Betts, U.S. Sup.Ct. 88-189, 23 June 1989; 50 FEP Cases 104.

2 *McLendon* v. *The Continental Group, Inc.*, D. N. N., Civ. Act. Nº 83-1340, 10 May 1989.

O CRESCIMENTO DOS BENEFÍCIOS

Benefícios são os aspectos indiretos da remuneração total dos empregados; eles incluem remuneração fora do trabalho, pagamento de seguro e assistência médica, serviços aos empregados e renda de aposentadoria.

Ainda que o primeiro plano de participação nos lucros registrado nos Estados Unidos tenha acontecido nas vidrarias da Pennsylvania em 1794, o grande avanço dos planos de benefícios ocorreu durante a II Guerra Mundial.[3] As necessidades da guerra criaram séria escassez de trabalhadores. Uma vez que os aumentos salariais eram controlados pelo governo federal, os empregadores e os sindicatos descobriram novas formas de atrair e manter os empregados. Os patrões ofereciam vantagens que não eram controladas pelo governo. Se o governo não permitia salários mais altos, então os empregadores ofereceriam outras coisas, como o pagamento da assistência médica, do seguro de vida e subsídios para a manutenção da cantina da empresa.

A política tributária encorajou o crescimento contínuo dos programas de benefícios. Muitos dos benefícios são isentos de impostos para quem recebe e podem ser dedutíveis para quem oferece. Hoje em dia, nos Estados Unidos, os benefícios constituem a maior parcela dos custos trabalhistas. Em 1929, eles significavam apenas 3% deste total; em 1969, cresceram para 31%; e em 1995, chegaram a 40%.[4] O empregador médio gasta mais de 14.500 dólares por ano em benefícios por empregado. Esse crescimento é mostrado no Quadro 13.1.

Sindicatos

Os sindicatos têm sido uma força dominante no aperfeiçoamento dos programas de benefícios.[5] Durante as décadas de 60 e 70, o principal interesse dos sindicatos era o aumento dos níveis e novas formas de benefícios. Seguro de automóvel, assistência odontológica, óculos e isenção de contribuições fiscais se tornaram artigos comuns nas mesas de negociação. O sucesso dessas negociações acabou contaminando os empregados não sindicalizados nas empresas. Um estudo descobriu evidências de que os benefícios para esses funcionários cresceram entre 15 e 50% nas organizações em que os trabalhadores do chão da fábrica eram sindicalizados.[6]

Na General Motors, costumava-se pagar assistência médica integral para todos os empregados, na ativa e aposentados, seus dependentes e sobreviventes. Em consequência, cada veículo produzido pela empresa carregava 929 dólares de custo com assistência médica. Os concorrentes estrangeiros tinham esse custo abaixo dos 300 dólares.[7]

Recentemente, os sindicatos desempenharam um papel importante para os esforços dos empregadores em controlar os custos com assistência médica. Uma vez que muitos benefícios são uma forma de renda não tributável para seus membros, os sindicatos fizeram uma oposição ferrenha às tentativas do Congresso norte-americano de taxar os benefícios, especialmente aqueles de assistência médica. Os sindicatos também trabalharam ativamente ao lado dos empregadores na busca de alternativas para conter a alta dos custos com saúde, já que muitos de seus membros acham a cobertura de assistência médica tão importante quanto os aumentos salariais.

Concessão Intencional *versus* Direitos Adquiridos

A estratégia de um benefício está espelhada na decisão específica tomada pelo administrador. Para ilustrar este ponto, imaginemos que algumas organizações queiram criar um clima de afetividade e de fazer-se parte de uma família; para isto, todos os empregados têm direito a benefícios que garantem seu bem-estar físico e econômico. Outros empregadores seguem uma estratégia que é mais direcionada para o desempenho; seus programas de remuneração, incluindo-se os benefícios, estão vinculados ao desempenho da empresa e dos empregados individualmente. Na realidade, grande parte das empresas utiliza uma combinação desses dois extremos.

---

3   COHEN, J. The evolution and growth of social security. In: GOLDBERG, J. P., AHERN, E., HABER, W., OSWALD, R. A. (Orgs.). *Federal policies and worker status since the thirties.* Madison, WI: Industrial Relations Research Association, 1976.

4   Mc CAFFERY, Robert M. *Employee benefits programs:* a total compensation perspective. Boston: PWS-Kent Publishing, 1992; U. S. CHAMBER OF COMMERCE. *Employee benefits 1996.* Washington, DC: Chamber of Commerce, 1996.

5   FREEMAN, Richard, MEDOFF, James. *What do unions do?* New York: Basic Books, 1984.

6   SOLNICK, Loren. The effect of blue-collar unions on white-collar wages and fringe benefits. *Industrial and Labor Relations Review,* p. 236-243, Jan. 1985.

7   SHUTAN, Bruce. Should unionized firms approach salarieds before rank and file? *Employee Benefit News,* p. 3-4, Dec, 1992.

Quadro 13.1
Porcentagem do total de benefícios sobre a folha de pagamento.

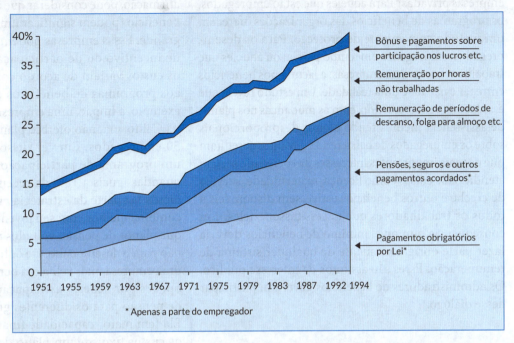

Fonte: *Monthly Labor Review*, 1992/1996.

Os críticos argumentam que, na medida em que os benefícios crescem, a contribuição, a responsabilidade e a iniciativa vinculam-se cada vez menos à remuneração e às recompensas.

Os trabalhadores têm uma consciência cada vez maior de seus direitos no emprego. Desde as pensões, assistência médica e férias remuneradas até uma melhoria de seu padrão de vida, a percepção dos trabalhadores sobre aquilo que constitui seus direitos tem sido inexoravelmente ampliada. Concomitantemente a este crescente conhecimento de seus direitos existe um sentido de responsabilidade em declínio.[8]

Por exemplo:

No orçamento operacional da cidade de Los Angeles, o maior item são as pensões para policiais e bombeiros. Este item consome praticamente 50% da arrecadação de todos os impostos municipais sobre propriedade. O fundo de pensão tem um ajuste de custo de vida com saldo a descoberto e baseia-se no salário do trabalhador no último dia antes da aposentadoria – encorajando, desta forma, promoções de última hora à patente de capitão, antes da idade de "aposentadoria" aos 38 anos.[9]

Os tomadores de decisão buscam um equilíbrio básico entre os direitos adquiridos e as concessões intencionais. Este equilíbrio acontece entre a proporção da remuneração total recebida sob a forma de benefícios apenas por ocupar uma função ou pertencer à organização (direitos adquiridos), e a proporção alocada para aumentar a produtividade da unidade, melhorar o desempenho, a inovação e a assunção de riscos (concessões).

Uma Lacuna nos Benefícios

Uma posição que contrasta com os argumentos anteriormente apresentados é a que defende que todos os membros da sociedade possuem certos direitos, incluindo o de receber uma assistência médica adequada e um padrão de vida acima da linha de pobreza. É responsabilidade dos governos prover esses cuidados para todos os cidadãos, seja por meio de programas assistenciais ou por meio da delegação desses deveres às

---

8 OTOOLE, James. The irresponsible society. In: SHEPPARD, C. Stewart, CARROLL, Donald C. (Orgs.). *Working in the 21st century*. New York: John Wiley, 1980. p. 156.

9 Idem. p. 163.

empresas privadas? Para aqueles que estão empregados, os programas de benefícios das organizações oferecem um método conveniente de proteção. Para os desempregados, empregados em tempo parcial ou aqueles que trabalham para microempresas, a lacuna nos benefícios entre ter e não ter é uma realidade. Um estudo revela que essa lacuna vem crescendo, com as mudanças nos planos de assistência médica tendo efeitos desproporcionais sobre os empregados de baixa renda.[10] Muitos acreditam que os mais importantes interesses da sociedade seriam atendidos se coisas como licença-maternidade, serviço de creche e outros benefícios estivessem disponíveis a todos os trabalhadores que necessitassem deles. Em consequência, um nível mínimo de benefícios deveria fazer parte obrigatoriamente de qualquer sistema de remuneração. Esses são assuntos de interesse público. Os administradores de benefícios deveriam participar desse diálogo.

EXPLORANDO A WEB

A *Compensation and Benefits Review* é uma publicação que enfoca as estratégias da remuneração e a estruturação de seus planos. A revista também mantém uma rede de profissionais da área que costumam trocar informações sobre estes assuntos. Cada um dos membros da rede pode propor questões que serão enviadas aos demais para comentários. Além disso, os editores também convidam consultores importantes para oferecer seus comentários. Para maiores informações, mande seu *e-mail* para:

L_Bennet@amanet.org

FIXANDO OBJETIVOS E ESTRATÉGIAS DOS BENEFÍCIOS

As estratégias e objetivos da organização dão forma às decisões que os executivos tomam a respeito dos benefícios.[11] Uma empresa grande e bem estabelecida de um setor maduro ou em fase de crescimento pode oferecer um pacote de benefícios relativamente generoso. Todavia, uma empresa menor, ainda em fase de

afirmação, pode considerar que os altos custos de certos benefícios podem significar um risco financeiro muito grande. Essas empresas podem preferir os programas de incentivo ou de participação nos lucros, em que os custos variam de acordo com a sua lucratividade, aos programas de benefícios com custos fixos. Por exemplo, a Impac, uma empresa de *softwares* médicos na Califórnia, não oferece plano de pensão para seus 50 empregados. Em vez disso, todos eles estão em um programa de participação nos lucros, que paga quantias iguais a 18% da receita. A participação nos lucros faz parte da estratégia empresarial da Impac e combina melhor com seu jovem quadro de pessoal do que planos de pensão voltados para a aposentadoria e não para o desempenho. De outro modo, a Medtronics, uma empresa mais velha e já bem estabelecida, oferece opções por ações, participação nos lucros e planos de pensão para os diferentes grupos de empregados. Ela tem maior capacidade financeira para arcar com os custos fixos de um plano de pensão. Por ser uma empresa grande, também consegue direcionar suas ofertas para os diferentes grupos de empregados.

Muitas empresas têm se conscientizado da necessidade de planos estratégicos de benefícios como resultado de uma crise ou um sobressalto ambiental. O aumento estratosférico dos custos dos planos de assistência médica nos Estados Unidos, que hoje custam cinco vezes mais do que custavam há dez anos, tem sido um desses motivos.[12] As preocupações com o controle de custos têm levado os executivos a examinar seus programas de benefícios para descobrir se estão sendo bem administrados e se fazem sentido estrategicamente. Outras situações que podem levar a essa análise são as mudanças na legislação, que podem tornar os planos atuais inconsistentes, ou reestruturações corporativas, que exigem planos prévios separados na hora da fusão.

Em geral, os benefícios são planejados para atender a três objetivos:

1. Competitividade, incluindo custo/benefício.
2. Atendimento da legislação.
3. Escolhas que levem em conta o indivíduo, incluindo suas necessidades e preferências.

---

10 A pesquisa, realizada por Jane Snedon Little, foi discutida na *Business Week,* 21 Aug. 1995, p. 20; WOODBURY, Stephen, HUANG, Wei-jang. *The tax treatment of fringe benefits.* Kalamazoo, MI: Upjohn Institute, 1991; PAUL, Robert, GRANT, Dale. The next generation of benefits plans: what the past says about the future. *ACA Journal,* p. 6-17, Winter 1992-1993.

11 BAROCAS, Victor S. *Strategic benefit planning.* New York: Conference Board, 1992.

12 The rising cost of providing medical benefits. *Compflash,* p. 9, Aug. 1995.

> **QUAL SUA OPINIÃO?**
>
> Nos capítulos anteriores, discutimos o papel das organizações na sociedade. Agora que você está mais familiarizado com a natureza da administração de RH, sente que seu ponto de vista sobre este tema foi modificado? Como o administrador de RH pode tornar-se um agente para o bem da sociedade?

A J.C. Penney Company, em seus objetivos em relação aos benefícios, coloca os custos no contexto do partilhamento (veja o Quadro 13.2). As conexões com a produtividade e com os comportamentos dos empregados são mais sutis. A razão é que os benefícios têm por meta proteger o bem-estar dos empregados e proporcionar-lhes sua aposentadoria. Eles não foram criados para melhorar o desempenho de cada um dos indivíduos.

COMPETITIVIDADE

As pressões da competitividade influenciam as decisões sobre benefícios de formas conflitantes. De um lado, os custos com pessoal precisam ser compatíveis com o preço dos produtos e serviços da empresa. Com custos com pessoal na casa dos 39%, as abordagens para reduzir as despesas com benefícios devem ter alta prioridade.[13]

De outro lado, a competição no mercado de trabalho para atrair e manter empregados produtivos cria uma pressão para oferecer pelo menos os mesmos benefícios que a concorrência. Se os outros oferecem assistência odontológica e lazer, quem não fizer o mesmo estará em desvantagem.

O empregador adota uma política para colocar no mercado sua oferta total de remuneração, ou seja, salários mais benefícios. Tradicionalmente, escolhe-se entre liderar, ficar na média, ficar atrás da concorrência. Frequentemente, os benefícios são determinados para igualar as ofertas dos concorrentes. Oferecendo aos empregados a possibilidade de escolher entre vários benefícios, algumas empresas como a TRW, a Honeywell e outras criam um diferencial único em relação a esse assunto. Elas procuram usar seus programas para torná-las empresas com possibilidade de escolhas.

> **EXPLORANDO A WEB**
>
> O seguinte *site* da internet contém uma grande quantidade de informação sobre benefícios aos empregados:
>
> http://galaxy.einet/galaxy/Business and Commerce/Business Administration.html

Comparações de Custos

A avaliação das ofertas de benefícios da concorrência é feita por meio de pesquisas no mercado, levantando-se dados sobre as diferentes formas de benefícios, sua cobertura, elegibilidade e custos.

As comparações podem ser feitas entre os custos totais, o custo por empregado e o percentual das folhas de pagamento. Esses custos podem então ser comparados com as médias da concorrência. A premissa (discutível) que sustenta essa análise de custos é que se uma organização está gastando o mesmo que a concorrência em benefícios, estes devem ser competitivos.[14]

Quadro 13.2
Objetivos dos benefícios.

> **Aos Nossos Parceiros da Penney**
>
> Trabalho em equipe, compartilhamento e apoio mútuo – o mesmo tipo de esforço cooperativo que oferece valor e serviços excelentes a nossos clientes – tudo isso faz parte de nossa filosofia de benefícios. Os membros da família Penney dão-se apoio mútuo, tanto durante o período ativo da carreira como depois da aposentadoria. A parte que a empresa desempenha nesse esforço de grupo é a contribuição financeira em que os benefícios são mais necessários. Parte desse auxílio é a criação de novos planos que atendam as necessidades de nossos membros, como capitalização com isenção de impostos e ao plano de compra de ações (PenSOP). O resultado... um programa forte e vital, que proporciona uma substancial segurança financeira – oferecendo a você a maior cobertura ao menor custo.

---

13 BROTHERS, Theresa. *Controlling the costs of employee benefits.* New York: Conference Board, 1992.

14 PERGANDE, J. M. *Organization choice:* the role of job characteristics. Report nº 88-2. Brookfield, WI: International Foundation of Employee Benefits Plans, 1988.

COBERTURA

Além dos benefícios exigidos por lei, quatro tipos são geralmente oferecidos pelos empregadores: planos de saúde privados, remuneração de horas não trabalhadas, serviços e aposentadoria. O Quadro 13.3 apresenta a popularidade comparativa entre os diferentes tipos de benefícios. Ele mostra que a assistência médica é o benefício mais valorizado pelos empregados.

Planos Privados de Seguros

As despesas associadas aos riscos enfrentados na vida – doenças, acidentes ou morte prematura, entre outros – podem ser minimizadas pelo seguro. Para o empregador, oferecer um plano privado de seguro para seus empregados traz a vantagem de obter isenções fiscais com isso, além de comprar este serviço mais barato, pois o índice de risco é de grupo, e não individual. Esse plano pode ter ou não a contribuição financeira do empregado. Os três tipos mais comuns de seguros são: seguro-saúde, seguro de vida e seguro-invalidez.

O *seguro-saúde* é oneroso, mas, como mostra o Quadro 13.3, é extremamente popular entre os empregados.[15] Além das consultas médicas e internações hospitalares, o seguro pode cobrir também medicamentos, tratamento de doenças mentais e odontológicos. Como consequência do aumento da contribuição dos empregados e o uso cada vez maior desses planos, os custos da assistência médica têm parado de crescer. O Quadro 13.4 compara o crescimento dos custos com assistência médica e os índices de preços do consumidor. Em 1982, os custos com assistência médica subiram 12%, enquanto o índice geral de preços subiu apenas 6%. Em 1994, esse custo caiu 1%. Entretanto, o custo da assistência médica dos aposentados cresceu 10% em 1995, o que provavelmente fará os empregadores reduzirem seus programas de cobertura para este grupo.

O *seguro de vida em grupo* é um dos mais antigos e utilizados benefícios aos empregados nos Estados Unidos. Ainda assim, como revela o Quadro 13.3, ele não é particularmente popular. O valor dessas apólices cresce junto com os salários.

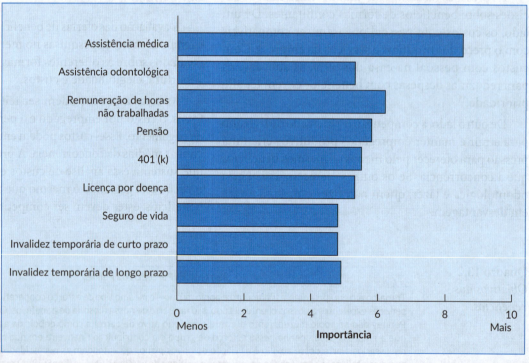

Quadro 13.3 *Classificação dos diferentes tipos de benefícios aos empregados por ordem de importância.*

Fonte: KLEIN, Jeff. Total remuneration solutions: the benefits perspective. Apresentação no *Human Resources Executive Seminar*, Cornell University, 3 Nov. 1995. Dados da Hewitt Associates.

---

15 HERZLINGER, Regina E., SCHWARTZ, Jeffrey. How companies tackle health care costs: part I. *Harvard Business Review*, p. 69-81, July/Aug. 1985; HERZLINGER. How companies tackle health care costs: part II. *Harvard Business Review*, p. 108-120, Sept./Oct. 1985; HERZLINGER, Regina E., CALKINS, David. How companies tackle health care costs: part III. *Harvard Business Review*, p. 70-80, Jan./Feb. 1986.

Quadro 13.4
Inflação dos custos com assistência médica.

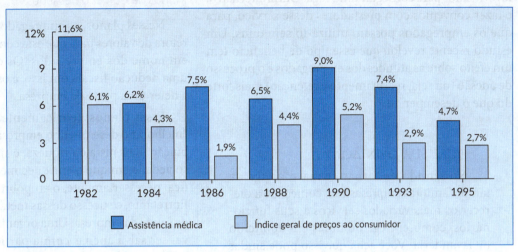

Fonte: *Monthly Labor Review*, U.S. Department of Labor, Bureau of Labor Statistics, May 1989/1992/1993.

O *seguro contra acidentes e invalidez temporária ou permanente* protege os empregados que sofrem acidentes de trabalho. O trabalhador paga apenas uma pequena parcela desse benefício, já que ele foi planejado para cuidar basicamente da invalidez de curto prazo. Os seguros mantidos pelo empregador fazem a suplementação deste benefício.

Parceiros domésticos. Alguns empregadores estendem a cobertura de seus seguros aos parceiros domésticos de seus empregados. Um parceiro doméstico é definido como uma pessoa adulta que mantenha uma relação de longo prazo com o empregado. Algumas empresas exigem um documento qualquer que possa comprovar esse relacionamento. Os acordos com as seguradoras precisam ser modificados para abranger essa extensão. O diferencial do prêmio é relativamente pequeno, especialmente se comparado com os custos da cobertura de aposentadoria.

Remuneração de Horas não Trabalhadas

As férias e feriados remunerados são um benefício relativamente popular nos Estados Unidos. Entretanto, antigamente, ele não existia. As pessoas trabalhavam em média 12 horas por dia, 6 dias na semana, 52 semanas no ano. Atualmente, a maioria dos empregadores remunera seus funcionários por períodos de descanso, lanches e até quando não estão realmente no trabalho – feriados, férias ou licenças de saúde. As férias remuneradas geralmente só acontecem depois de determinado tempo no emprego. O custo desse tipo de benefício depende da base salarial do empregado. Um executivo longe da empresa durante uma semana custa mais do que um mensageiro ausente.

Serviços

Englobam-se na categoria serviços todos os benefícios concedidos voluntariamente ao empregado pelo empregador. Isso pode incluir coisas como cantina na empresa, sala de ginástica, sauna, vaga no estacionamento, transporte gratuito, enfermaria, descontos nos produtos da empresa, consultoria financeira e creche.

As creches merecem um destaque especial, pois a grande quantidade de mulheres que entram para o mercado de trabalho tem aumentado a necessidade desse tipo de serviço. Os pais e mães que trabalham frequentemente listam a creche como o principal problema enfrentado por eles.[16]

Existem várias abordagens para a questão do atendimento aos filhos dos empregados. Uma delas é uma *conta flexível*, que permite ao empregado economizar uma parte de seu salário bruto para certas despesas, como atendimento aos pais idosos ou às crianças. Esse tipo de solução ajuda o funcionário a ter uma reserva isenta de impostos. Uma segunda abordagem é a própria organização prover o serviço. Muitas empresas mantêm uma creche em suas instalações ou próxima a sua sede, mas essa solução pode trazer problemas em relação à confiabilidade do serviço ou quanto a possíveis

---

16 BLOOM, David E., STEEN, Todd P. Why child care is good for business. *American Demographics*, p. 22-27, 58-59, Aug. 1988.

favoritismos para conseguir uma vaga. Outra alternativa é fazer convênios com prestadores desse serviço, para que os empregados possam utilizá-lo sem ônus. Um estudo recente revelou que esse tipo de benefício tem um efeito sobre as atitudes dos empregados e o processo de adesão (ou seja, recrutamento e retenção) mais forte do que o desempenho.[17]

> ### QUAL SUA OPINIÃO?
> No sentido de tornar-se mais "amiga da família", muitas empresas têm começado a oferecer os mais variados serviços a seus funcionários, como entrega de flores em domicílio ou lavanderia. Você acha que isso pode ajudar a organização a atingir seus objetivos? Como se poderia medir o impacto causado por tais serviços?

Aposentadorias

As rendas dos aposentados, nos Estados Unidos, vêm de quatro fontes: benefício obrigatório da Previdência Social, previdência privada, receita de ativos e salários. Os empregadores desempenham papéis em todas estas categorias.

Receita de Ativos

A receita de ativos é um rendimento gerado pelas economias e investimentos do empregado. Existe uma enorme variedade de planos de capitalização e outros investimentos oferecidos pelas empresas a seus funcionários.

Os planos de economia de salários, tais como o 401 (k) (que tem este nome por causa da seção do Código que regulamenta estes planos), permitem que os empregados posterguem o recolhimento de uma parte de seu imposto de renda. O empregador faz o ajuste da contribuição do empregado ao plano, geralmente em uma proporção de 50 centavos por dólar.

Existem vários planos desse tipo. Basicamente, todos usam a mesma estratégia de reter rendimentos para o período da aposentadoria.[18]

Planos de Compra de Ações

Nesses planos, os empregadores pagam a uma corretora de valores para que esta compre ações da empresa em nome dos empregados. Os empregadores obtêm uma dedução fiscal com isso, e os empregados passam a deter uma parte da empresa.

Esses planos, teoricamente, têm o potencial de "melhorar o desempenho empresarial, criar uma distribuição mais justa da riqueza, e ajudar a construir uma sociedade em que o enriquecimento de uns não significa, necessariamente, o empobrecimento de outros".[19] Entretanto, o sucesso dessas metas edificantes depende da saúde da empresa. Uma organização moribunda não vai ser salva apenas com a participação acionária de seus empregados. Esta participação não tem muito a ver com os problemas reais da empresa, mas pode ser uma alternativa de rendimento na aposentadoria a ser considerada pelos funcionários.

Além desses planos, existem outros semelhantes, como os de incentivos para os executivos, em que as ações com tendência de alta no mercado são oferecidas preferencialmente a essas pessoas na empresa. Nos Estados Unidos, esses planos surgiram na esteira de legislações visando atender a objetivos sociais ou evitar abusos. Portanto, é possível que possam ser revistos.

Fundos de Pensão

Muitos empregadores oferecem fundos de pensão para os aposentados, com a quantia a ser recebida por cada um geralmente baseada no tempo de serviço e no nível salarial quando na ativa. Nos Estados Unidos, cerca de dois terços dos trabalhadores participam de algum fundo. As pensões mais generosas são as do setor público: o governo federal norte-americano paga cerca do dobro das empresas privadas. Muitos funcionários públicos federais nos Estados Unidos se aposentam com remuneração integral aos 38 anos.

Existem dois tipos básicos de planos de pensão. Um plano de *benefício definido* paga ao aposentado uma quantia determinada a cada mês, pelo resto da vida, e seus custos totais não podem ser definidos antecipadamente, já que variam em função da expectativa de vida dos participantes do fundo. Por essa razão,

---

17 KIMMEL, Jean. The role of child care assistance in welfare reform. *Upjohn Institute Employment Research*, p. 1-4, Fall 1994.

18 HURD, Michael D. The joint retirement decision of husbands and wives. In. WISE, David A. (Org.). *Issues in the economics of aging.* Chicago: University of Chicago Press, 1990.

19 ROSEN, Corey. Growth *versus* equity: the employee ownership solution. *ILR Report,* Spring 1985; TAPLIN, Poly. ESOPs meet the needs of a variety of companies. *Employee Benefit Plan Review*, p. 10-14, June 1983.

muitos empregadores resolveram adotar os planos de *contribuição definida,* que especifica o dinheiro que entra, em vez daquele que sai. Conhecer o custo total de um plano tornou-se fundamental, na medida em que as pessoas envelhecem e a expectativa de vida aumenta entre os idosos.

COMUNICAÇÃO

Os autores costumam lamentar o fato de que os empregados parecem não dar valor aos benefícios que recebem, muitas vezes por não terem consciência deles. Todavia, dada a frequência com que vemos empresas sendo administradas de maneira descoordenada e sem planejamento, parece que os empregadores também não estão muito conscientes do valor dos benefícios. A não ser de seus custos. A falta de compreensão dos componentes dos benefícios e sua importância é a raiz do problema.[20] Assim sendo, um treinamento em comunicação eficaz talvez possa ser um pré-requisito para aqueles que administrarão os benefícios.

A comunicação não é um processo unilateral. Uma premissa básica da administração de benefícios é a de que os empregados precisam estar envolvidos em sua escolha. Se isto acontecer, os empregados entenderão melhor e ficarão muito mais satisfeitos com eles. Todavia, essa escolha só pode se realizar se os empregados tiverem as informações adequadas e fizerem uma cuidadosa avaliação de suas próprias necessidades. A falta de interesse e de entendimento por parte dos empregados pode levar a escolhas inadequadas, onerosas e que não trarão satisfação.

Um estudo testou o uso da informática para a escolha de benefícios. Um programa de computador traz um modelo decisório desenhado por um especialista no assunto. Estes programas são chamados *sistemas especializados.* O sistema especializado recomendou que os benefícios fossem escolhidos individualmente com base nas circunstâncias específicas de cada um (por exemplo, idade, rendimentos, número e idade dos dependentes, outros benefícios disponíveis ao cônjuge, poupanças e necessidades especiais). O estudo descobriu que quando os empregados utilizaram o sistema e as escolhas recomendadas por ele foram diferentes de suas próprias, sua disposição de mudar de opções foi maior do que quando as escolhas foram feitas sem a utilização do sistema. Os usuários desse sistema também se mostraram mais satisfeitos com os benefícios escolhidos do que os demais empregados, tenham estes usado outro tipo de programa ou não tenham sequer usado o computador.[21] Isso parece demonstrar que a satisfação com os benefícios, assim como sua escolha, podem ser administrados.

A Xerox fez uma descoberta semelhante quando pesquisou seus empregados sobre benefícios. Observou-se que as mudanças feitas pela empresa nos planos de aposentadoria e poupança dos funcionários haviam sido entendidas como um acontecimento prejudicial a estes. Na realidade, essas modificações foram benéficas para os empregados, aumentando o valor dos benefícios na aposentadoria. Os esforços para a comunicação contínua daí decorrente conseguiram melhorar a compreensão dos funcionários sobre o plano e aumentar a sua aceitação, segundo o administrador de benefícios da Xerox.[22]

PRÁTICAS INTERNACIONAIS

Todo benefício é oferecido por algum motivo. Em muitos países, a pressão das entidades sindicais contribuiu para o crescimento dos benefícios nas décadas de 1960 e 1970. Em outras nações, os benefícios concedidos pelos empregadores se traduzem em bens que os empregados dificilmente obteriam sozinhos. Na China, por exemplo, um banho de chuveiro após o expediente é um benefício bastante popular. No Japão, as hipotecas para casa própria são um benefício oferecido pelas grandes empresas. Aqueles que não trabalham para estas organizações têm muito mais dificuldade para obter financiamentos. Os empresários alemães, buscando mão de obra bem treinada e barata, têm oferecido moradia aos trabalhadores em boa parte do leste europeu, especialmente nas grandes cidades, onde a ocupação das casas e apartamentos existentes é ainda controlada pelos governos. As variações entre os países têm a ver com seu desenvolvimento econômico, sua cultura e seus costumes.

---

20 DREHER, George, ASH, Ronald, BRETZ, Robert. Benefit coverage and employee cost: critical factors in explaining compensation satisfaction. *Personnel Psychology* 41, p. 237-254, 1988.

21 MILKOVICH, George T., STURMAN, Michael, HANNON, John. *The effect of a flexible benefits expert system on employee decisions and satisfaction.* Documento de trabalho. Cornell University Center for Advanced Human Resource Studies. Ithaca, NY, 1993.

22 Xerox applies total quality process to benefit communication. *On Employee Benefits,* p. 1-3, Apr./May 1992.

Japão

Os benefícios no Japão buscam enfatizar a igualdade entre todos. Por exemplo, os empregados japoneses têm um seguro-saúde vinculado ao emprego, como nos Estados Unidos, e podem escolher livremente seus médicos e hospitais. Entretanto, para assegurar uniformidade nesse serviço, o seguro é estritamente regulamentado pelo governo. Os funcionários de uma pequena empresa à beira da falência têm os mesmos direitos de um empregado da Honda ou da Toyota. Assim sendo, mesmo que uma empresa considere seus custos com assistência médica exorbitantes, a lei proíbe que ela busque alternativas.

Essa uniformidade aparece também nos planos de pensão. Consequentemente, as empresas japonesas parecem preocupar-se muito menos com a questão dos benefícios do que seus colegas nos Estados Unidos. O governo é quem planeja e implementa todo o sistema.[23]

Graças a seus baixos índices de natalidade e ao aumento da expectativa de vida, o Japão deverá ter, por volta do ano 2020, a maior população com mais de 65 anos entre os países desenvolvidos: 25%. Ao mesmo tempo, o modelo de família tradicional está desaparecendo, o que significa que a demanda pelos serviços de assistência ao idoso e às crianças continuará crescendo.

É costume nas grandes empresas japonesas o pagamento de bonificações para marcar certas passagens na carreira dos empregados. Entretanto, as condições econômicas e sociais no Japão mudaram bastante desde que essa prática foi adotada. Embora essas tradições possam sobreviver a sua necessidade real (por exemplo, não existe mais escassez de alimento), é pouco provável que essas bonificações sejam estendidas a novas situações como a assistência aos idosos.

Europa

Na Europa do leste, os benefícios têm uma prioridade relativamente pequena. Os empregados valorizam mais o pagamento em dinheiro e facilidades de moradia. Nos países da União Europeia, existem dois tipos de seguro-saúde. A Bélgica, a França, a Alemanha, Luxemburgo e a Holanda utilizam instituições privadas de assistência médica. A Dinamarca, a Grécia, a Irlanda, a Itália, Portugal, a Espanha e o Reino Unido possuem serviços de assistência médica públicos. Os países da União Europeia provêm um maior número de benefícios, como licença-maternidade e creches subsidiadas, em parte por causa de sua força sindical, muito maior do que a dos Estados Unidos.

Os países da União Europeia tentaram várias vezes criar um padrão comum para os benefícios entre seus membros, mas não obtiveram sucesso. Em 1996, chegou-se a cogitar a possibilidade de tornar as pensões transferíveis de um país para outro, mas a ideia foi arquivada. Isso facilitaria a mobilidade dos trabalhadores entre os países-membros. Todavia, o sistema de previdência privada da Alemanha tem exatamente o objetivo oposto. Para conseguir a lealdade à empresa e desencorajar as mudanças, os empregados têm um prazo de carência de dez anos para se tornarem elegíveis para a aposentadoria.

AVALIAÇÃO DOS RESULTADOS DAS DECISÕES SOBRE OS BENEFÍCIOS

De uma perspectiva de tomada de decisões, os benefícios são avaliados em termos de seus objetivos. Três deles merecem atenção especial. O primeiro é a análise custo-benefício. O segundo é o impacto do benefício sobre o comportamento do empregado no trabalho, e o terceiro é a justiça ou equidade percebida pelos empregados nos benefícios.

Efeitos sobre os Custos

Porque os custos com assistência médica tiveram um aumento muito grande, quase três vezes mais rápido do que os outros itens da economia, eles têm recebido bastante atenção. As táticas para o controle desses custos incluem a mudança dos hábitos de consumo dos empregados, a mudança dos métodos de financiamento e a administração da competição entre os prestadores desse tipo de serviço.

Mudança no Padrão de Consumo

Existem planos em que os custos dos benefícios são divididos entre empregados e empregadores. Por exemplo, os empregados podem pagar uma parte do seguro-saúde, ou uma parcela com as despesas médicas. Essas exigências, na opinião dos empregadores, faz com que os empregados tenham mais consciência dos altos custos desses serviços e passem a ser mais seletivos em sua utilização. Embora essa seja uma

---

23 KODAMA, Tomomi. Observations on the differences and similarities in the Japanese and U. S. benefits systems. *Employee Benefit Notes*, p. 1-2, Aug. 1992.

das estratégias mais comuns para a contenção desses custos, ela pode não dar o resultado esperado. Sem uma comunicação eficaz, isto pode ser visto pelos empregados como uma diminuição do nível de seus benefícios. Muitos empregados preferem ter seus salários reduzidos a ter uma redução em sua cobertura de assistência médica.

A administração de casos – programas para planejar e coordenar os seguros-saúde de forma a equilibrar seus custos e eficiência – vem tornando-se uma abordagem bastante comum para lidar com o padrão de consumo dos empregados por esses serviços. A ênfase está na exploração de fontes alternativas de assistência médica e no desenvolvimento de planos para atender às necessidades das pessoas com o máximo de eficiência a custos mais baixos. Um estudo descobriu que um terço das reclamações contra assistência médica vinha de 2 a 5% dos indivíduos que tinham seguro-saúde.[24] É sobre esse contingente de pessoas que os administradores concentram suas tentativas de mudança de padrão de consumo. Depois de análises extensivas de dados, a Sony Corporation of America descobriu que 50% de seus custos com assistência médica eram praticados por indivíduos que podiam ter seus hábitos de consumo alterados. Em consequência, a empresa deslanchou um programa de bem-estar extremamente direcionado, visando 12.000 empregados em todos os Estados Unidos. Essa estratégia ajudou a Sony a manter seus custos com assistência médica em cerca de 15% ao ano.

Exigir segundas opiniões ou autorizações prévias antes de pagar por certos serviços médicos são outras maneiras utilizadas pelos empregadores para induzir seus funcionários a serem mais seletivos no uso destes serviços. Infelizmente, muitas dessas práticas causam mais danos do que economias.

Cada vez mais os empregadores têm negociado com hospitais, médicos, laboratórios e farmácias. Algumas vezes, as taxas mais baixas podem ser resultado da garantia de certo volume de demanda. Essa alternativa, conhecida como *fornecedor preferencial,* tem crescido rapidamente. Os empregados que utilizam os serviços dos fornecedores preferenciais pagam bem menos, ou mesmo, nada. A escolha de fornecedores não preferenciais significa uma dedução maior no salário ou o copagamento das despesas.

Efeitos sobre o Comportamento do Empregado

Os efeitos dos benefícios na decisão de um candidato a emprego a aceitar o cargo ou trabalhar mais depois de contratado não são muito bem documentados. Alguns benefícios podem, no máximo, ter um efeito indireto sobre o desempenho. Um dos argumentos que sustentam essa tese é que um empregado doente, preocupado ou tenso tem menor probabilidade de dar o melhor de si, o que baixa sua produtividade. Consequentemente, os benefícios estruturados para ajudar os empregados a manter sua saúde, segurança financeira e estabilidade pessoal (aconselhamento contra uso de drogas, assistência às crianças, apoio jurídico) ajudam a evitar esses problemas. Os planos de participação acionária são os que mais afetam a produtividade. A ideia de ser parcialmente proprietário da empresa parece ter um efeito positivo sobre a motivação dos empregados e, portanto, sobre seu desempenho. De qualquer maneira, essas opiniões se baseiam muito mais em convicções do que em análises.

Absenteísmo

A General Motors buscou uma abordagem diferente para descobrir a importância dos benefícios para os empregados. Eles fizeram a ligação entre absenteísmo e redução de benefícios em seu acordo coletivo com a Central de Trabalhadores da Indústria Automotiva (UAW).[25] Os empregados que tivessem mais de 20% de ausência no trabalho durante os primeiros seis meses do contrato deveriam receber aconselhamento. Se essa taxa se mantivesse nos seis meses seguintes, seus benefícios seriam cortados na mesma proporção de seu índice de absenteísmo. Os cortes foram feitos nas folgas remuneradas e nos seguro-saúde e contra acidentes. A GM obteve uma redução de 11% na taxa de absenteísmo no primeiro ano, e 10 e 9% nos anos seguintes.

Aposentadoria Antecipada

Programas alternativos de benefícios têm sido utilizados para reduzir o quadro de pessoal ou atender casos específicos de empregados.[26] Os seguros-saúde e os contra invalidez podem ser ampliados para além do período do emprego, ou facilitadas as condições de vigência para a aposentadoria antecipada. Por exemplo, a IBM somou cinco anos na idade e no tempo de serviço

---

24 Sony translates data into action with wellness incentives and preventive care. *On Health Care,* p. 1-4, Oct. 1991.

25 RUBEN, George. GM's plan to combat absenteeism successfully. *Monthly Labor Review,* p. 36-37, Sept. 1983.

26 BERKOVEC, James C., STERN, Steven. Job exit behavior of older men. *Econometrica* 59, nº 1, p. 189-210, Jan. 1991.

de alguns empregados para induzi-los a se aposentar em 1986, quando a empresa iniciou seu processo de *downsizing*. A IBM continuou reduzindo seu pessoal nos anos seguintes. Entretanto, as facilidades oferecidas ficaram menos generosas. As organizações precisam se certificar de que seus programas de aposentadoria antecipada estejam dentro da legalidade e que a adesão a eles seja voluntária. Muitas empresas exigem que os empregados que entrem para esse tipo de programa assinem documentos comprometendo-se a não fazer queixas posteriores baseadas em discriminação etária. Entretanto, alguns empregados argumentam que foram coagidos e ameaçados de demissão caso não aceitassem a oferta de aposentadoria.

Efeitos sobre a Equidade

Um objetivo importante das decisões sobre benefícios é influenciar positivamente as atitudes dos empregados em relação ao senso de justiça deles.[27] As pesquisas confirmam que o nível geral de benefícios está positivamente relacionado com a satisfação dos empregados com estes – nenhuma surpresa. Existe também alguma evidência de que a comunicação e a possibilidade de escolha aumentam a satisfação.

Entretanto, é necessário pesquisar mais para melhorar a compreensão sobre as reações dos empregados aos diferentes tipos de benefícios. A Opinion Research Corporation registrou uma significativa queda na satisfação com os benefícios durante a última década, atribuída ao fracasso em sua reestruturação em resposta às mudanças demográficas da mão de obra.

RESUMO

Apesar dos custos significativos dos benefícios – quase 40% do total das folhas de pagamento –, apenas recentemente os empregadores começaram a se preocupar em dar prioridade a sua administração. Os benefícios não são apenas onerosos, como nem sempre são o que os empregados desejam. A satisfação com os benefícios tem caído bastante porque estes não têm acompanhado as mudanças demográficas da mão de obra.

Este capítulo descreveu as principais decisões relativas aos benefícios: competitividade, coberturas alternativas e comunicação. A competitividade se refere à estruturação de um pacote de benefícios tendo em vista as ofertas dos concorrentes. Alguns aspectos dessa questão são semelhantes àqueles discutidos no capítulo sobre competitividade externa.

Alguns benefícios são exigidos por lei: seguro-desemprego, previdência social e salários mínimos. Além destes, muitas empresas oferecem benefícios adicionais, como planos especiais de seguros (assistência médica, seguro de vida e de invalidez), previdência privada e outros serviços, como assistência jurídica, títulos de clubes ou creches.

A comunicação sobre os benefícios a que têm direito os empregados recebe menos atenção das organizações do que seria adequado. A comunicação pode melhorar a satisfação dos empregados com seus benefícios, especialmente porque estes normalmente subestimam seu valor.

Enquanto os efeitos dos benefícios sobre os custos da empresa são facilmente calculáveis, sua influência sobre o comportamento dos empregados e equidade é mais difícil de ser documentada. Os benefícios podem até mesmo ser disfuncionais, porque poucos deles estão associados ao desempenho. Na verdade, são direitos naturais – são dados aos empregados como parte das condições do contrato de trabalho. Os benefícios são socialmente benéficos, mas, se continuarem crescendo, sobrarão poucos recursos para remunerar os comportamentos de risco e melhorias de desempenho, necessários para que uma organização se mantenha competitiva.

QUESTÕES

1. Por que os empregadores oferecem planos de benefícios?

2. Como e por que os benefícios podem ser personalizados para atender a necessidades individuais?

3. Por que os planos de copagamento de benefícios nem sempre são bem-sucedidos?

4. Quais os efeitos que a comunicação tem sobre os objetivos dos benefícios?

5. Quais os efeitos que as mudanças demográficas têm sobre os benefícios? Como um empregador pode aproveitar essas mudanças?

6. Como os benefícios podem adequar-se aos objetivos de uma organização?

7. Como e por que os benefícios variam de um país para outro?

8. Por que os planos de pensão de contribuição definida têm se tornado comuns?

---

27 BRETZ, R. D., ASH, R. A., DREHER, G. F. Do people make the place? An examination of the attraction-selection-attrition hypothesis. *Personnel Psychology* 42, p. 561-581, 1989.

Parte V

Relações com os Empregados

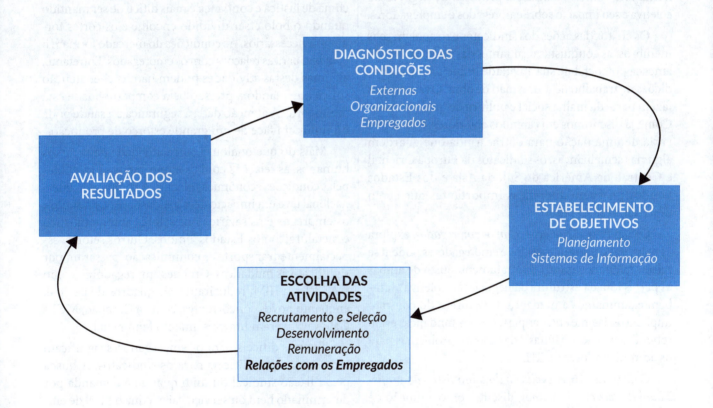

As relações entre os indivíduos no trabalho e os relacionamentos humanos cotidianos são os enfoques da Parte V deste livro: Como assegurar que os administradores tratem os empregados com respeito e justiça. Como ajudar os empregados com problemas pessoais ou relacionados com o trabalho (problemas financeiros, conjugais ou até de uso de drogas), e, como administrar os conflitos que são inevitáveis em qualquer organização.

A Parte V explora as várias maneiras pelas quais os administradores e os empregados podem relacionar-se para garantir um tratamento justo. Os empregadores são frequentemente acusados, justa ou injustamente, de não se preocuparem o suficiente com as condições e o tratamento dados aos empregados no trabalho.

Em vez de tolerar condições injustas, os empregados podem se organizar em sindicatos e negociar coletivamente a melhoria de seu tratamento. No Capítulo 14, *Sindicatos,* analisamos as influências críticas que os sindicatos exercem sobre a administração dos recursos humanos. Vamos examinar o processo de negociação coletiva e seu impacto sobre empregados e empregadores.

Os efeitos das ações dos sindicatos extrapolam seus membros; as conquistas resultantes das negociações e a ameaça potencial de sua atividade influenciam as condições de trabalho de toda a mão de obra. Os sindicatos fazem parte da malha social e política de qualquer país. Como já discutimos em capítulos anteriores, esta malha varia de uma nação para outra. Ainda que guardem algumas semelhanças, os sindicatos da Europa Oriental e Central, da América do Sul, da Ásia e dos Estados Unidos possuem diferenças importantes que serão descritas neste capítulo.

O Capítulo 15, *Relações com os empregados,* explora as maneiras como empregados e empregadores podem se relacionar para garantir um tratamento justo de ambas as partes fora da estrutura da negociação coletiva. Também examinamos a mudança da natureza do contrato implícito existente entre as partes. Estas mudanças estão refletidas no texto. Muitas delas trazem problemas para os administradores de RH.

O Capítulo 16, *A evolução da administração profissional de recursos humanos,* discute como a função de administrador de RH mudou com o passar do tempo e qual será seu provável futuro. A questão fundamental enfocada neste capítulo é como a administração de RH pode atingir os objetivos discutidos em todo este livro de maneira a agregar valor à organização. Os sistemas de informação, como importantes ferramentas para a administração de recursos humanos, são igualmente discutidos.

UMA ABORDAGEM DIAGNÓSTICA DAS RELAÇÕES COM OS EMPREGADOS

A qualidade das relações com os empregados, como mostra o modelo diagnóstico, é influenciada pelas condições externas. Os acordos obtidos nas negociações coletivas são contratos legais sujeitos a regulamentações do governo. Todo o processo de negociação e sindicalização é regulamentado pelo governo para proporcionar certo equilíbrio entre as partes. As condições econômicas afetam estas relações, limitando as opções a serem feitas de ambos os lados.

Condições Externas

Economia. Uma empresa que experimenta uma fase de crescimento e lucratividade tem mais facilidade para se comprometer com uma política apoiadora de relações com os empregados. Programas de assistência para crianças e idosos, tratamento para dependentes de drogas ou consultoria financeira tornam-se viáveis. Este clima de justiça e confiança é mais difícil de ser mantido quando o bolo a ser dividido encolhe e os cortes tornam-se necessários. As condições do mercado formam o contexto para as relações com os empregados. Entretanto, algumas destas atividades podem não receber atenção suficiente quando a pressão pela competitividade está muito forte. A atenção dada à segurança e à saúde pode diminuir em face de um grande esforço de produção.

Mais do que qualquer outra atividade de recursos humanos, as relações com os empregados são afetadas pelas condições econômicas globais. A competição internacional teve um impacto devastador sobre os sindicatos, os empregos e os salários nos setores automobilístico e metalúrgico nos Estados Unidos. Outros setores, especialmente transportes e comunicação, passaram por significativas mudanças. Grandes empregadores, como a AT&T e a IBM, reduziram seus quadros de pessoal, enquanto novos concorrentes, como a Compaq, MCI e Gateway, tiveram um crescimento fenomenal.

Tempos difíceis para os empregadores significam tempos também difíceis para os sindicatos. A busca pela filiação sindical diminui quando a demanda por determinado bem ou serviço cai e reduz o nível de emprego. As condições de mercado, ao contrário, afetam as partes inversamente. Se o mercado de trabalho está com escassez de pessoas, a força dos sindicatos aumenta. Se o desemprego estiver alto, os empregadores é que terão então sua vantagem: podem aguentar uma greve e talvez até tirar proveito econômico disso, substituindo empregados por meio de novas contratações com valores salariais mais baixos.

Governo. *Os* governos criam o ambiente legal em que as relações entre empregados e empregadores acontecem. As atitudes dos governos perante essas relações têm se modificado ao longo da história.

Condições Organizacionais

A atmosfera das relações com os empregados reflete os valores e a cultura das organizações. Muitos programas de relacionamento com empregados enfatizam o respeito a seus direitos. Outros proporcionam um fórum de debates sobre as decisões do trabalho. Os programas de comunicação mantêm os empregados informados sobre os problemas/objetivos da organização e informam aos administradores os problemas/objetivos dos empregados.

Os sindicatos têm papel importantíssimo na modelagem dessas relações. Por exemplo, eles podem garantir o sucesso de um programa de qualidade de vida no trabalho por meio de seu apoio e participação. Eles também desempenham um papel indireto, motivando programas que visam dar à organização uma situação de independência em relação ao poder sindical. Muitos empregadores acreditam poder ter maior flexibilidade com a ausência dos sindicatos. Por exemplo, as promoções podem basear-se no mérito ou no potencial dos empregados, em vez do conceito de antiguidade, que a maioria dos sindicatos exige. Além disso, as pessoas podem ser remanejadas com mais facilidade dentro da organização e as funções podem ser mais facilmente modificadas para atender às mudanças do mercado ou para adotar novas tecnologias. Contudo, a liberdade para efetuar tais modificações também pode levar a abusos. De qualquer maneira, a maioria dos empregadores acredita que os serviços oferecidos pelos sindicatos – segurança no emprego, procedimentos para reclamações, bons salários – podem e devem ser oferecidos por uma administração mais leve, sem a presença do sindicato.

Assim sendo, a avaliação das condições sob as quais as pessoas são administradas – condições externas, organizacionais e pessoais dos empregados – ajuda os administradores a diagnosticar a situação, estabelecer objetivos e tomar as decisões adequadas sobre os recursos humanos, incluindo aquelas sobre os sindicatos e as relações com os empregados.

14

SINDICATOS

No início de agosto de 1980, as autoridades polonesas em Gdansk surpreenderam Anna Walentynowicz recolhendo restos de velas nos túmulos de um cemitério local. Walentynowicz, uma operária de cerca de 50 anos, do Estaleiro Lenin, estava pegando a cera para fazer novas velas destinadas a um memorial para as vítimas de um protesto dos estaleiros em 1970, no qual pelo menos 45 pessoas morreram e milhares ficaram feridas. No dia 9 de agosto, ela foi acusada de roubo e perdeu seu emprego. Cinco dias depois, às seis horas da manhã, os empregados de duas seções do estaleiro cruzaram os braços e reivindicaram a volta de Anna ao emprego e um aumento salarial. No final da tarde, todos os 17.000 empregados do estaleiro estavam em greve. Dentro de poucos dias, a paralisação havia se estendido por uma dúzia de outros estabelecimentos. No dia 31 de agosto, o governo polonês e o líder da greve, um operário chamado Lech Walesa, assinaram o acordo de Gdansk, que garantia aos trabalhadores aumento salarial, mais dias de folga, melhor alimentação, mudanças no processo de seleção e *sindicatos livres*.

Walentynowicz obteve seu emprego de volta, e os mártires de 1970 ganharam seu memorial. Este foi o nascimento de um dos movimentos sociais de base mais efetivos que o mundo já conheceu: o Solidariedade. Dos 12,5 milhões de trabalhadores que podiam filiar-se ao Solidariedade, quase 10 milhões o fizeram, o que significa mais de um quarto de toda a população da Polônia. Um terço dos três milhões de membros do Partido Comunista também se tornaram membros do Solidariedade. Quando o sindicato mandou que eles entrassem em greve e o Partido ordenou que voltassem ao trabalho, eles pararam. Mesmo entre os 150.000 integrantes da força policial, o Solidariedade conseguiu 40.000 filiados. As ações deste sindicato e de seu extraordinário líder, Lech Walesa, inspiraram cidadãos em todo o bloco socialista a se livrarem do domínio soviético, que não apenas paralisava sua economia, mas também todos os demais aspectos de sua vida e culminou na queda do muro de Berlim. Dias inesquecíveis para um sindicato trabalhista.[1]

O MOVIMENTO SINDICAL NOS ESTADOS UNIDOS

Nos Estados Unidos, os dias mais tumultuados do trabalhismo parecem ter ficado no passado. As forças trabalhistas norte-americanas têm uma honorável história de lutas, enfrentando tiranos, defendendo os direitos dos mais fracos e sendo parte de movimentos sociais de base. Os sindicatos sempre lutaram para obter um maior poder de influência sobre as decisões dos empregadores e para controlar a vida profissional de seus membros. Todavia, nos dias de hoje, os sindicatos vêm sendo enfraquecidos, à medida que a economia se modifica, passando das grandes indústrias para

---

1 Descrição feita por Tina Rosenberg em *The haunted land:* facing Europe's ghosts after communism. New York: Random House, 1995.

empresas menores e mais flexíveis e aumentando o setor de serviços, em que os empregados tendem a ver os sindicatos mais como um obstáculo do que como um auxílio. Há 40 anos, mais de um terço dos trabalhadores fora do setor agrário eram filiados a algum sindicato. Hoje, menos de 15% da mão de obra está organizada; se excluirmos os funcionários públicos, essa taxa cai para 12%.[2] Os empregadores não se amedrontam mais diante de uma ameaça de greve; na verdade, alguns até a estimulam, e começam a contratar substitutos antes mesmo do piquete ser formado. O Quadro 14.1 mostra esse declínio.

> *Relações trabalhistas* referem-se ao relacionamento contínuo entre um grupo definido de empregados (representados por uma associação ou sindicato) e um empregador.
>
> *Negociação coletiva* é o processo pelo qual os representantes sindicais negociam as condições de trabalho que serão estendidas a todos os empregados, sindicalizados ou não.

Como as relações trabalhistas são fundamentalmente uma questão de controle, geralmente, traduzem-se em atividades com uma grande carga emocional. Tanto os sindicatos como os empregadores vêm adotando novas abordagens para seu relacionamento e fixando novos objetivos. Vamos examinar neste capítulo essas abordagens, bem como o processo de negociação coletiva – organização, negociação e administração.

POR QUE OS EMPREGADOS SE SINDICALIZAM?

Pragmaticamente, as pessoas filiam-se aos sindicatos quando percebem que os benefícios são maiores do que os custos. Colocando de forma mais extrema, o aumento potencial na remuneração tem que ser maior do que os tributos pagos. Psicologicamente, entretanto, existem razões mais importantes para isso. A mais importante delas, provavelmente, tem a ver com a frustração de não ser ouvido na organização, especialmente nos períodos mais tumultuados e difíceis.

A insatisfação com aspectos comuns do trabalho, como salários e benefícios, com a chefia ou com o tratamento dado a um determinado grupo de funcionários em detrimento de outros podem ser a causa de um aumento no interesse pelos sindicatos, principalmente se os empregados perceberem que não possuem outras alternativas para influenciar os empregadores.[3]

Quadro 14.1
Percentual de trabalhadores em setores não agrários filiados a sindicatos, 1930/1995.

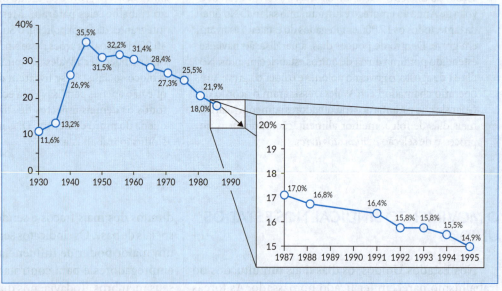

Fonte: *Employment & Earnings*, Jan. 1996.

---

2   FARBER, Henry S., KRUEGER, Alan. *Union membership in the United States:* the decline continues. Apostila nº 306. Princeton University Industrial Relations Section, Aug. 1992.

3   KOCHAN, Tom, McKERSIE, Robert, KATZ, Harry. *The transformation of American industrial relations.* New York: Basic Books, 1986; JACOBY, Sanford (Org.). *Masters to managers.* New York: Columbia University Press, 1990.

Alguns pesquisadores foram além deste tema e analisaram porque as pessoas *não* entram para os sindicatos. A conclusão é que não existem diferenças substanciais entre aqueles que se filiam aos sindicatos e aqueles que não o fazem.[4] Na verdade, a maior diferença parece estar na situação de trabalho. É por isso que os líderes sindicais costumam dizer que as práticas de administração de pessoal são as principais armas de organização dos sindicatos.

OBJETIVOS DAS RELAÇÕES TRABALHISTAS

Como já vimos, menos de 12% dos empregados do setor privado nos Estados Unidos são sindicalizados. Apontam-se várias razões para o declínio da força dos sindicatos: uma reestruturação econômica que esvaziou um pouco o setor de indústria pesada, uma maior resistência dos empregadores e uma mão de obra cujas expectativas mudam mais rapidamente do que a capacidade dos sindicatos em atendê-las. Um exame mais cuidadoso dos dados revela que a maior queda na filiação aos sindicatos deu-se no início da década de 80. Na década de 90, essa taxa ficou estável e até cresceu levemente entre 1993 e 1994. Estes sinais de reaquecimento aconteceram porque os sindicatos voltaram-se para um segmento de serviços crescente na base da economia – pessoas que se encarregam de funções perigosas, insalubres e desagradáveis recebendo baixos salários.[5] Como resultado, as organizações trabalhistas estão reavendo seu papel tradicional de apoio às classes menos favorecidas e reconquistando a simpatia pública pelos trabalhadores que representam. Entretanto, muitas pessoas acreditam que a principal causa de dificuldades dos sindicatos é uma mudança nos objetivos das empresas. Cada vez um número maior de empregadores tem eleito como parte de suas estratégias negociais manter-se (ou permanecer) independente dos sindicatos, e tem tomado decisões consistentes com estas estratégias no que se refere à administração de recursos humanos.[6]

Manter Independência quanto aos Sindicatos

Algumas vezes, os programas de relações com os empregados são parcialmente motivados pelo desejo de manter afastados os sindicatos. Esses programas têm o objetivo de demonstrar preocupação e respeito pelos empregados e dar a eles um controle substancial sobre sua vida profissional. A mensagem que se pretende passar é que "os empregados não precisam de sindicatos, eles fazem parte de uma organização que é tão justa quanto possível".

Certo número de condições organizacionais parece estar relacionado com a presença ou não dos sindicatos dentro da empresa. Três importantes condições são a localização, o tamanho da unidade e a natureza do trabalho.

Localização da Unidade

Nos Estados Unidos, os sindicatos são concentrados geograficamente. O estado mais sindicalizado é o de New York, com um contingente de filiados que é o dobro do índice nacional. Mais da metade dos membros de sindicatos em New York são funcionários públicos, setor em que a filiação chega aos 73%. Praticamente todos os professores e empregados de serviços administrativos municipais são sindicalizados. Os sindicatos são também muito mais fortes nos estados vizinhos de New Jersey, Connecticut e Pennsylvania do que no resto do país. O Hawaii também é bastante sindicalizado, bem como o fortemente industrializado estado de Michigan. Em contraste, os estados sulistas têm baixa filiação e compartilham uma tendência antissindicalista. Por exemplo, em South Carolina, a taxa de filiação é de menos de 4%, a menor do país. Do ponto de vista geográfico, as pequenas cidades e a periferia das grandes são vistas como áreas pouco favoráveis aos sindicatos. Os empregadores levam

---

4   CHAISON, Gary, DHAVALE, Dileep G. The choice between union membership and free-rider status. *Journal of Labor Research*, p. 355-369, Fall 1992.

5   VOOS, Paula B. *Contemporary collective bargaining in the private sector*. Madison, WI: Industrial Relations Research Association, 1994.

6   WAGAR, Terry H., MURRMANN, Kent F. An examination of the relationship between union status and organizational characteristics and constraints. *Proceedings of the Forty-Fourth Annual Meeting of the Industrial Relations Research Association*. Jan. 1992; STRATTON-DEVINE, Kay. Unions and strategic human resource planning. *Proceedings of the Forty-Fourth Annual Meeting of the Industrial Relations Research Association*, p. 424-431 Jan. 1992; BUCKWELL, Lloyd, FIGLER, Robert A., HOLOVIAK, Stephen J. The effects of corporate strategic policy on unionization: a case study. *Proceedings of the Forty-Fourth Annual Meeting of the Industrial Relations Research Association*. Jan. 1992.

em consideração essas informações quando decidem onde instalar suas novas unidades.

Tamanho da Unidade

Por uma série de razões, incluindo-se motivos técnicos e econômicos, muitas empresas têm trocado as organizações grandes e centralizadas por unidades menores com maior autonomia em relação à matriz. O tamanho reduzido dá à organização uma maior flexibilidade para responder mais prontamente às mudanças do mercado. As pequenas unidades também têm menor probabilidade de se sindicalizarem. Talvez por causa de seu tamanho e multiplicidade de localizações, é pouco interessante em termos de resultados para um sindicato realizar uma campanha junto a essas unidades.

Natureza do Trabalho

Historicamente, algumas ocupações possuem um número maior de membros sindicalizados. Nos Estados Unidos, os gráficos são um exemplo; motoristas de caminhão, outro. Alguns empregadores chegam a subcontratar esses profissionais para evitar tê-los em suas folhas de pagamento. Tentam, assim, evitar campanhas sindicais. Quando a subcontratação não é possível, todo o esforço é feito para que esses empregados tenham os salários, benefícios e condições de trabalho idênticas aos daqueles na mesma função em outras empresas que são sindicalizados.

O Quadro 14.2 mostra o atual índice de filiação dos maiores sindicatos dos Estados Unidos. O maior deles é o Teamsters, uma associação antiga que se tornou extremamente bem-sucedida em organizar trabalhadores fora de seu grupo original que são os motoristas de caminhão. Funcionários de empresas de transporte aéreo, enfermeiras e até atores e atrizes que encarnam o Mickey e a Branca de Neve nos parques da Disney fazem hoje parte do Teamsters.

Táticas Antissindicalismo

As táticas antissindicalismo incluem uma variedade de ações, nem todas dentro da legalidade. O comportamento mais extremado é demitir os funcionários que pareçam ser ativistas sindicais. Ainda que tal manobra seja óbvia e claramente ilegal, infelizmente, ela continua a acontecer. As penalidades para esse delito são muito leves. Em princípio, o empregador deve recontratar o funcionário e pagar quaisquer diferenças entre o salário que ele teria recebido se não tivesse sido demitido e o salário realmente ganho.

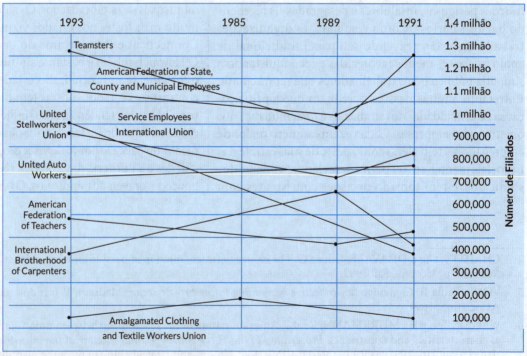

Quadro 14.2
Força sindical nos Estados Unidos.

Nota: Os números representam os dados utilizados pela AFL-CIO para calcular a contribuição *per capita* dos membros dos sindicatos.

O processo de apelação é demorado, podendo levar vários anos até que o ativista sindical retome seu emprego. Essa demora beneficia os empregadores, de modo que vários considerem que o risco vale a pena. As vantagens de manter os sindicatos longe da empresa são vistas como maiores do que as penalidades financeiras decorrentes de um comportamento ilegal.

Colaboração

Ainda que as disputas nas relações trabalhistas – greves, violência e alegações de comportamento ilegal – atraiam a atenção do público, a grande maioria das negociações contratuais e a administração do cotidiano é realizada em um clima de respeito mútuo. Se não harmoniosa, a maioria dos relacionamentos é pelo menos cooperativa, ainda que alguns empregadores não se tornem cooperativos até que tenham esgotado todas as outras possibilidades. "Aceitação do inevitável" seria uma descrição mais precisa.

Uma abordagem mais positiva é a colaboração, na qual "a administração tenta melhorar as relações entre empregador/empregados por meio de comissões formadas pelos sindicatos e pelos administradores da empresa, do envolvimento dos empregados e fornecendo aos líderes sindicais informações sobre os objetivos estratégicos da organização".[7]

Quais objetivos são mais comuns – antissindicais, tentativa de independência em relação aos sindicatos, colaboração ou uma combinação deles? Sabe-se que nos Estados Unidos, praticamente todas as empresas cujos empregados não são sindicalizados pretendem manter-se assim. Elas acreditam que a sindicalização diminui sua flexibilidade na administração de RH e até nas decisões mais importantes. As empresas cujos empregados já são sindicalizados vão buscar estratégias de colaboração ou de tentativa de livrar-se dos sindicatos dependendo das pressões do mercado.[8] Quando o mercado piora, medido pelo nível de emprego no setor, as empresas procuram evitar os sindicatos. Quanto maior a proporção de indústrias sindicalizadas, maior a probabilidade da organização escolher a colaboração. Portanto, as condições externas e organizacionais influenciam claramente a escolha da estratégia das relações trabalhistas.

NEGOCIANDO UM ACORDO

Uma vez que se reconheça um sindicato como o legítimo representante de um grupo de empregados, seus representantes são autorizados a negociar um acordo de trabalho em nome dele. Este acordo é diferente de um acordo legal comum sobre vários aspectos, incluindo os seguintes:

1. Muitas pessoas estão envolvidas nele. Na compra de um carro, estão envolvidas as seguintes partes: o comprador, o vendedor, o chefe do vendedor, o agente financeiro e o departamento de trânsito. Um acordo de trabalho resultante de negociações sindicais envolve todas as pessoas que trabalham na empresa. Esse número pode chegar a milhares de indivíduos.

2. O acordo não é um compromisso unilateral das partes, já que ninguém pode fugir dele. Os trabalhadores já estão empregados, o sindicato não pode dizer "vou procurar outro empregador". Por seu lado, o empregador é legalmente obrigado a negociar.

3. A maioria dos acordos comerciais especificam todos os detalhes em sua redação. O acordo da negociação coletiva administra o dia a dia do relacionamento, mas pode ser incompleto e propositadamente vago. Se não houver consenso, pode-se fixar um princípio geral para um determinado ponto. Por exemplo, uma cláusula que rege os planos de participação dos empregados constou do acordo coletivo entre a GM e a UAW durante anos antes que qualquer programa deste tipo fosse popularizado.

Preparação

Pouca pesquisa tem sido realizada sobre os preparativos para uma negociação trabalhista, principalmente porque as partes envolvidas preferem manter segredo. Quanto mais complexa a negociação, mais cedo se iniciam seus preparativos.

A parte inicial dessa preparação é a análise dos problemas da administração do acordo e as possíveis mudanças em sua linguagem.

---

7   COOKE, William N. Improving productivity and quality through collaboration. *Industrial Relations,* p. 299-319, Spring 1989.

8   COOKE, William N., MEYER, David G. Structural and market predictors of corporate labor relations strategies. *Industrial and Labor Relations Review,* p. 280-293, Jan. 1990.

460 | Relações com os Empregados

Desde a assinatura do último acordo, ambos os lados listam os assuntos a serem trazidos à mesa de negociação. A empresa orienta seus negociadores para que indiquem o que gostariam de mudar no acordo para evitar áreas problemáticas. Ambas as partes podem examinar os padrões das reclamações para identificar as dificuldades.

Com base nesses dados, as partes coletam informações estatísticas e preparam suas posições. Por exemplo, o lado patronal busca informações sobre as condições econômicas que afetam o emprego (por exemplo, índices salariais, produtividade), dados sobre seu setor e fontes de publicações. Tenta-se também determinar o custo de cada uma das demandas sindicais. A simulação pelo computador pode ser uma boa ajuda.

Existem sempre diferenças entre os diversos grupos da empresa em relação aos objetivos da negociação. Não é raro ouvir-se "tenho tido mais problemas dentro da minha organização do que com os sindicatos". Quando essas diferenças são resolvidas antes do início das negociações, o processo é mais eficaz.

O sindicato também se prepara para a negociação fazendo listas de problemas com o acordo vigente. Ele também levanta dados estatísticos, estuda os assuntos que serão provavelmente discutidos e se coordena com outros sindicatos envolvidos. Dentro dos sindicatos também podem haver, frequentemente, desacordos sobre os objetivos da negociação; por exemplo, os trabalhadores mais jovens podem querer estabilidade no emprego, enquanto os mais velhos preocupam-se com suas pensões. As mulheres podem preferir horários mais flexíveis; os homens, mais oportunidades de horas extras.[9]

> ### QUAL SUA OPINIÃO?
>
> As negociações coletivas independentes são essenciais para que as sociedades democráticas de regime de economia de mercado funcionem com justiça e eficiência. Como devem ser as políticas governamentais em relação a essa questão nos países emergentes como os da Europa Central, Ásia e América Latina? Quais são os prós e os contras dos sindicatos e da negociação coletiva?

Aspectos da Negociação

Qualquer acordo de trabalho pode ter um grande número de cláusulas. Estas fixam as regras para o emprego durante sua vigência. Elas exigem determinados comportamentos e proíbem outros. A clareza da redação pode evitar futuros problemas de interpretação dos acordos. Ambas as partes devem discutir detalhadamente o sentido de cada cláusula para evitar mal-entendidos, se possível.

1. *Garantia de sindicalização.* Esta costuma ser a primeira questão a ser negociada pelos sindicatos nos Estados Unidos. Isso significa que todos os empregados sob o acordo deverão sindicalizar-se dentro de certo período ou perderão seus empregos. Naquele país, é legal exigir-se a sindicalização para a manutenção do emprego. Todavia, esta exigência para a contratação de um empregado é ilegal. Isso pode ser regulamentado de formas diferentes nos diversos estados norte-americanos.

   Se essa cláusula não puder ser aprovada, o sindicato pode estabelecer uma *alternativa: os* empregados não serão obrigados a se filiar, mas terão que pagar suas taxas sindicais.[10]

   Outra opção é *cláusula de manutenção de filiação: os* empregados podem ou não filiar-se ao sindicato, mas, uma vez que o façam, têm que permanecer assim até o final do acordo. Esta cláusula visa à garantia da estabilidade numérica dos sindicatos.

2. *Administração do acordo.* O acordo especifica sua duração e os procedimentos para assegurar seu cumprimento como previsto.

3. *Segurança e antiguidade dos empregados.* A antiguidade é a continuidade na função em determinada unidade, fábrica ou organização. Muitos acordos estipulam que a antiguidade deve ser o fator determinante para as promoções, demissões e recontratações. Os direitos de antiguidade muitas vezes conflitam com os objetivos da diversidade. A Suprema Corte dos Estados Unidos aprova os sistemas de antiguidade desde que sua intenção não seja discriminatória. Todavia, como as mulheres e

---

9   MELLOR, Steven. Gender composition and gender representation in local unions: relationship between women's participation in local office and women's participation in local activities. *Journal of Applied Psychology,* v. 8, nº 6, p. 706-720, 1995.

10 CHAISON, DHAVALE. The choice between union membership and free-ridership.

membros de minorias costumam ter um tempo menor na empresa, as demissões baseadas na antiguidade atingem essas pessoas de forma desproporcional.

4. *Direitos do empregador.* Esta cláusula frequentemente causa problemas nos acordos das organizações norte-americanas. A empresa lista certas decisões como sendo um direito da empresa e, portanto, fora da negociação. A parte patronal tenta fazer essa lista a maior possível, e o sindicato tenta cortá-la de todas as maneiras. Muitas vezes, o sindicato barganha o nível salarial em troca da redução destes itens.

5. *Remuneração e condições de trabalho.* Todos os acordos estipulam a remuneração e as condições de trabalho, como os salários diretos, os benefícios e a carga horária. Aspectos como as ajudas de custo aos empregados ou se as horas extras devem ser voluntárias são discutidos. Por exemplo, os sindicatos podem barganhar não apenas o pagamento das pensões, mas até detalhes das provisões para a aposentadoria antecipada.

Provisões em duas camadas

Uma cláusula dos acordos referentes à remuneração que tem causado grande controvérsia é estrutura salarial em duas camadas, na qual o teto de remuneração dos empregados recém-contratados é substancialmente mais baixo do que o dos empregados mais antigos.

Como funcionários com cargos, deveres, responsabilidades e desempenhos idênticos recebem salários muito diferentes, essas estruturas parecem ter dificuldades em atender aos objetivos da equidade. Felizmente, a maioria desses planos preveem a isonomia dentro de alguns anos, de maneira que no final as diferenças desapareçam. As questões de justiça levantam sérias preocupações a respeito dessas estruturas. Mesmo assim, a GM e a UAW concordaram com ela na negociação de 1996.

IMPASSES NA NEGOCIAÇÃO COLETIVA

A descrição apresentada na negociação do acordo de trabalho dá a impressão de que esse é um processo estável, que vai da apresentação da pauta de negociações até o consenso e o acordo entre as partes. Na verdade, as coisas não fluem tão facilmente; podem surgir impasses que paralisam as negociações. Três fatos podem então acontecer: a mediação, a greve (dos empregados ou dos patrões), ou o arbitramento.

Mediação

A *mediação* é o processo pelo qual uma terceira parte, profissional e neutra, é convidada a participar da negociação para remover o impasse que surgiu.

Todos os especialistas concordam que é melhor para ambos os lados negociarem sozinhos. Entretanto, quando esse processo fracassa, pode-se convidar um terceiro participante para funcionar como mediador, geralmente algum representante do governo.

A ajuda por meio do desenvolvimento de dados fatuais funciona melhor quando os negociadores não são muito experientes, e é menos eficiente quando as dificuldades principais estão nas expectativas das partes em relação à negociação.

Os mediadores não têm poder para obrigar os litigantes a entrarem em um acordo. Eles procuram persuadir tanto os representantes patronais como os sindicais de que é de interesse mútuo um acordo para evitar uma greve.

Greves

Uma *greve* é a recusa dos empregados em trabalhar.

Se o impasse nas negociações for muito sério, pode acontecer uma greve.

As greves podem ser classificadas pelos objetivos que buscam. Uma greve *de acordo* ocorre quando a empresa e o sindicato não conseguem um consenso sobre os termos do novo acordo. Este tipo de greve, nos Estados Unidos, somam 90% de seu total.

Uma greve *de reivindicação* ocorre quando o sindicato não concorda com a forma como a empresa está interpretando o acordo ou administrando os problemas cotidianos, tais como a disciplina. Essas greves são proibidas em cerca de 5% dos acordos, mas são comuns nos setores de mineração, transportes e construção civil.

Cerca de 1% das greves são de *advertência*. Essa é uma estratégia para forçar um empregador a aceitar uma negociação. As *greves políticas* acontecem para tentar modificar decisões do governo e são extremamente raras nos Estados Unidos.

As greves diferem entre si também pelo seu poder de arregimentar os participantes. Uma *greve geral* ocorre quando todos os empregados sindicalizados param de trabalhar. Quando apenas uma porcentagem adere, temos uma *greve parcial*. A chamada *operação tartaruga* acontece quando os empregados apresentam-se no trabalho, mas fazem pouco ou quase nada de suas funções; o sindicato exige que cada tarefa seja realizada obedecendo estritamente aos manuais de procedimentos, o que sempre resulta em grande morosidade. Essa velha tática tem sido bastante utilizada como alternativa para as greves gerais, porque os empregadores podem simplesmente substituir os empregados grevistas por novos funcionários, após o término do movimento.

Os funcionários públicos federais de boa parte dos estados nos Estados Unidos não têm direito a greve. Nesse caso, os impasses que não são resolvidos por meio de mediação vão para o arbitramento. Entretanto, o arbitramento é raramente utilizado no setor privado nos Estados Unidos.

> ### EXPLORANDO A WEB
> Existem muitas informações sobre sindicatos em diversos países do mundo na internet. Seu professor talvez possa fornecer-lhe alguns endereços.

Anatomia de uma greve. Para que uma greve seja deflagrada, ambos os lados precisam tomar certas decisões. A empresa precisa decidir se tem condições de enfrentar a greve, ou seja, se tem estoques e recursos financeiros suficientes, se não corre o risco de perder muitos clientes com a paralisação. Precisa também ter convicção sobre sua vitória na disputa. O sindicato precisa estar convicto de que seus ganhos serão maiores do que as perdas, de que a empresa não irá à falência nem irá substituir os grevistas por outros funcionários de forma definitiva. Os membros do sindicato precisam estar dispostos a enfrentar dificuldades, a *não* receber seus salários e concordar com a greve. Quando recebem a autorização de seus filiados, os sindicatos têm seu poder de barganha reforçado e podem marcar a greve para o período em que mais prejudique os empregadores.

Durante a greve, o sindicato estabelece o número legalmente permitido de piquetes nas fábricas e procura obter apoio de centrais sindicais e do público em geral. Algumas vezes, os sindicatos fazem uma *campanha institucional* contra a empresa, procurando seus principais clientes, agentes financeiros e até membros de seu conselho para apresentar informações negativas. A intenção é fazer com que essas alianças e a propaganda negativa aumentem a pressão sobre a empresa para fazê-la ceder.

O que faz a empresa quando acontece uma greve? Geralmente, a empresa tenta convencer seus funcionários a voltarem ao trabalho, enviando-lhes circulares, telefonando para eles, e assim por diante. Quanto maior a greve, maior o sofrimento dos grevistas. Se o sindicato tem poucos recursos para bancar a greve e os grevistas começam a ficar sem dinheiro, um movimento de volta ao trabalho pode acabar com ela. Nos últimos anos, as empresas têm adotado uma postura defensiva, de espera pelo fim da greve, mantendo-se em funcionamento durante esse período. Os funcionários de alto escalão, como os gerentes e diretores, podem tentar manter as coisas funcionando. Quando assume uma postura ofensiva, a empresa pode ameaçar com o fechamento de suas portas. A greve termina quando as partes chegam a um acordo mútuo ou quando o lado mais fraco desiste da luta.

ADMINISTRAÇÃO DE ACORDOS

O acordo de trabalho regula o relacionamento no dia a dia dentro da empresa; ele é um documento vivo. O representante sindical e o chefe são os principais personagens do acordo. As diferenças de interpretação do acordo são resolvidas por meio do processo de reclamação. Este processo é um mecanismo pelo qual os empregados podem expressar seu desacordo com a maneira como o contratado está sendo administrado; é, por isso, uma peça básica de sua administração. A capacidade de conseguir um canal para as reclamações dos empregados é um ponto-chave para os organizadores sindicais.

> Uma *reclamação* é uma disputa formal entre um empregado e a empresa sobre as condições de trabalho.

As reclamações acontecem pelos seguintes motivos:

1. diferenças de interpretação do acordo por parte dos empregados, dos representantes sindicais e dos administradores da empresa;
2. violação de quaisquer termos do acordo;
3. violação da lei;
4. violação de um procedimento de trabalho ou outro precedente; ou
5. tratamento injusto de um empregado pelo administrador.

O índice de reclamações pode aumentar quando os termos do acordo não são muito claros, quando os empregados estão insatisfeitos ou frustrados em suas funções ou desaprovam o estilo das chefias, ou porque o sindicato está usando o processo como uma tática contra a empresa.[11] As reclamações também podem ser causadas por empregados com problemas pessoais que afetem seu desempenho profissional ou que tenham um comportamento difícil.

O governo norte-americano descobriu que os incidentes que mais frequentemente levam à apresentação de reclamações pelos empregados são as questões de disciplina, decisões sobre promoções com base no conceito de antiguidade e as atribuições de funções.

O processo de reclamação tem pelo menos três propósitos e consequências. Primeiro, resolvendo pequenos problemas assim que surgem, evita-se enfrentar problemas maiores no futuro. Segundo, ajuda a identificar ambiguidades no acordo a serem discutidas na próxima negociação. Finalmente, esse processo é um eficiente canal de comunicação entre os empregados e os administradores.

Etapas do Processo de Reclamação

O processo de reclamação dos empregados envolve um conjunto sistemático de etapas. A maioria dos acordos negociados com sindicatos especifica os mecanismos desse processo, de maneira que eles variam bastante de um acordo para outro.

1. *Início da reclamação formal.* Um empregado que se sinta maltratado ou acredite que alguma ação ou política da empresa viole os direitos assegurados pelo acordo presta reclamação a seu chefe. Isto pode ser feito oralmente (ao menos inicialmente) ou por escrito. A reclamação pode ser formulada com o auxílio e apoio do representante sindical. Se este achar que não há motivo claro, o caso termina aí. Muitas reclamações são resolvidas entre o representante sindical, o empregado e seu chefe.

    O chefe precisa tentar determinar com precisão a razão da reclamação. A abordagem mais eficaz é tentar resolver o problema em vez de procurar culpados ou encontrar desculpas. Um chefe e um representante sindical que tenham um bom relacionamento de trabalho podem encontrar juntos uma solução neste nível.

2. *Chefe de departamento ou gerente de unidade.* Se o representante sindical, o empregado e seu chefe não conseguirem resolver a questão, ela será encaminhada para o próximo nível da hierarquia. Neste ponto, a reclamação deve ser apresentada por escrito e ambas as partes devem documentar seus casos.

3. *Arbitramento.* Se a reclamação não puder ser resolvida nessas etapas, um árbitro independente pode então ser convidado para solucionar o caso.

Um processo por assédio sexual na Mitsubishi apresentou um dilema para o mecanismo tradicional de reclamações, pois o acusado de má conduta era um membro do sindicato e não um administrador da empresa. As mulheres que fizeram a reclamação contra seus colegas de sindicato descobriram que o representante sindical estava relutante em seguir com um processo que poderia ameaçar o emprego de um filiado. Se um membro do sindicato tivesse que ser advertido ou demitido por assédio sexual, o sindicato seria obrigado a prestar uma reclamação em nome do empregado acusado, mesmo que contra outro filiado.

Arbitramento

Nenhum outro tópico das relações trabalhistas possui rótulos e jargões mais confusos. O arbitramento refere-se a um processo que culmina em uma *decisão,* não uma recomendação. Nos Estados Unidos, o arbitramento é particularmente utilizado para solucionar reclamações contra a administração de acordos de trabalho. O arbitramento nos impasses de negociação é usado apenas no setor público, em que as greves são ilegais.

> O *arbitramento* é o processo por meio do qual os dois lados em uma disputa concordam em aceitar a decisão de um juiz independente chamado de *árbitro.*

O Quadro 14.3 mostra as diferentes formas de arbitramento. No *arbitramento voluntário,* as partes concordam em submeter suas diferenças ao arbitramento, enquanto no *arbitramento compulsório,* é a lei que determina que isto aconteça. Esta última forma só é aplicada nos Estados Unidos para o setor público, onde os empregados têm uma proibição legal de entrar em greve. A Austrália e alguns outros países estabelecem o arbitramento compulsório para todas as disputas

---

11 KLASS, Brian S., HENEMAN III, Herbert G., OLSON, Craig A. Effects of grievance activity on absenteeism. *Journal of Applied Psychology 76,* nº 6, p. 1-7, 1991; PETERSON, Richard B. Perceptions of grievance procedure effectiveness: evidence from a nonunion company. *Proceedings of the Forty-Fourth Annual Meeting of the Industrial Relations Research Association.* Jan. 1992.

Quadro 14.3
Terminologia de formas alternativas de arbitramento.

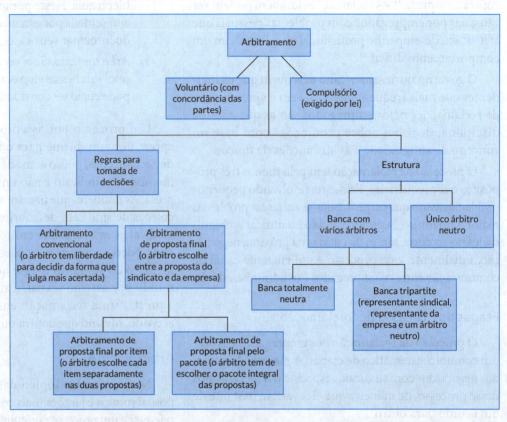

Fonte: Adaptado de KOCHAN, Thomas. *Collective bargaining and industrial relations.* Homewood, IL: Richard D. Irwin, 1980.

trabalhistas; ninguém tem direito à greve. Nessas circunstâncias, o arbitramento resolve todas as disputas na administração e na negociação dos acordos.

No *arbitramento convencional,* o árbitro tem liberdade de decidir da forma que julgar mais acertada. O *arbitramento de proposta final* exige que o árbitro escolha entre a proposta final do sindicato e a da empresa. Os times norte-americanos de beisebol profissional usam essa modalidade. Os árbitros podem decidir sobre um fato isolado ou sobre a totalidade de um acordo, e podem agir sozinhos ou em bancas de arbitramento.

Depois de ouvir todas as evidências, o árbitro redige uma adjudicação para ambas as partes. Isto é feito para esclarecer a situação e prevenir futuros problemas. Mais de 75% das reclamações são resolvidas na primeira etapa e outros 20%, na segunda. Apenas 1% acaba no arbitramento.

Estudos sobre as características pessoais dos indivíduos que apresentaram reclamações revelam algumas peculiaridades. No geral, essas pessoas são jovens, têm bom padrão educacional e recebem mais aumentos de remuneração. Uma pesquisa mostrou diferenças entre os sexos: as reclamações masculinas costumam ser bem-sucedidas com maior frequência do que as femininas.[12] Os processos de reclamações tomam tempo e dinheiro, tanto dos sindicatos como das empresas. Portanto, quanto mais rápida e informal for a solução encontrada para esses problemas, melhor.

RELAÇÕES TRABALHISTAS EM DIFERENTES PAÍSES

As relações trabalhistas em cada país precisam estar adequadas às condições peculiares de sua sociedade e adaptarem-se às mudanças que ocorrem nessas condições.

As relações trabalhistas nos Estados Unidos têm-se demonstrado um tanto lentas em sua adaptação às mudanças nos fatores externos.[13] Os sindicatos (e muitas empresas também) têm, frequentemente, continuado a

---

12 BEMMELS, Brian. Gender effects in discharge arbitration. *Industrial and Labor Relations Review,* p. 63-76, Oct. 1988.
13 KOCHAN, Thomas A., BAROCCI, Thomas A. *Human resource management and industrial relations.* Boston: Little,

seguir práticas que já se tornaram obsoletas. O aumento do número de empresas internacionais e multinacionais oferece a oportunidade de se comparar inovações nas relações trabalhistas entre os diversos países.

A filiação aos sindicatos tem se reduzido em muitas nações. A França, o Reino Unido e o Japão têm assistido à queda destes números.[14] No Japão, essa taxa caiu de 32 para 26% durante a década de 80. Todavia, como mostra o Quadro 14.4, a sindicalização dos trabalhadores tem-se ampliado na Noruega, na Austrália e em outros países onde a legislação apoia o crescimento dos sindicatos e o aumento de sua força política. As diferenças estruturais que ajudam a entender essas variações incluem um alto grau de centralização dos sindicatos (estruturas de negociação de acordos em termos nacionais), participação legal obrigatória das comissões de trabalhadores e outras obrigações legais que fortalecem os direitos dos empregados, como a exigência de aviso prévio no caso de demissões e facilidade de acesso ao seguro-desemprego.

Negociação Centralizada

Na maioria dos países, com exceção dos Estados Unidos, a negociação trabalhista é bastante centralizada, com acordos nacionais ou pelo menos setoriais, que tomam força de lei. Por exemplo, os sindicatos escandinavos e os austríacos frequentemente negociam acordos salariais nacionais com as associações patronais e fazem acordos com o governo e as federações de empresas para vincular a política salarial com as políticas econômicas do país. Os sindicatos australianos discutem os acordos salariais diante de tribunais de arbitramento que determinam soluções que atingem todo o contingente da mão de obra. Na França e na Alemanha, os sindicatos negociam acordos nacionais ou setoriais cujos termos podem ser estendidos a todos os trabalhadores, sindicalizados ou não, por decisão do governo federal. No Japão, os sindicatos empresariais negociam no nível da organização, enquanto as federações sindicais determinam os padrões salariais nacionais.[15]

Comissões de Trabalhadores

Em muitos países da Europa Ocidental, exige-se o envolvimento dos trabalhadores nas decisões estratégicas da empresa. Essa participação é feita por meio das comissões de trabalhadores, que precisam aprovar as principais decisões da organização. As comissões representam todos os trabalhadores, sindicalizados ou não, em relação a questões locais de trabalho. A participação em comissões é obrigatória em alguns desses países. Elas tornam relativamente fácil a difusão de novas práticas. Uma analogia seria a terceirização de decisões de RH a quem pudesse fazê-lo de maneira mais eficiente ou melhorar o nível de capacitação da tarefa. As comissões e os empregados individualmente negociam os detalhes dentro dos parâmetros estabelecidos pela "estrutura de acordos", assinada pelas confederações nacionais de empregados e as contrapartes patronais.

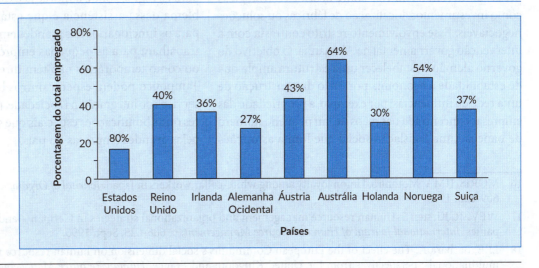

Quadro 14.4
Taxas de sindicalização de trabalhadores empregados, 1987-1989.

Brown, 1985. p. 495-499.

14 FREEMAN, Richard B. American exceptionalism in the labor market: unio-nonunion differentials in the United States and other countries. In: KERR, Clark, STAUDOHAR, Paul D. (Orgs.). *Labor economics and industrial relations*. Cambridge: Harvard University Press, 1994. p. 272-302.

15 Idem.

466 | Relações com os Empregados

Embora o Japão não tenha uma estrutura formal para a participação dos trabalhadores nas decisões empresariais ou nas políticas governamentais, a maioria das grandes empresas engajam líderes sindicais em discussões informais. As conquistas dos sindicatos têm mais a ver com estas discussões do que com as negociações. Essa abordagem é consistente com os valores japoneses de conformidade às normas de grupo. Os sindicatos no Japão sempre deram prioridade à segurança do emprego sobre outras práticas de RH. Um estudo revelou que os japoneses resistem menos a mudanças na avaliação de desempenho ou na questão de remuneração do que a mudanças na segurança do emprego.[16]

Legislação Social: Intensiva *versus* Extensiva

As regulamentações governamentais têm um papel muito importante nas relações trabalhistas de cada país. Elas interferem nas decisões que os administradores tomam.

Nos Estados Unidos, a interferência do governo nas relações trabalhistas pode ser caracterizada como "intensiva, detalhista e controladora" em que está presente, mas não é extensiva em suas áreas de envolvimento. Por exemplo, a legislação estabelece com precisão quais os trabalhadores que podem ou não fazer parte de uma unidade de negociação. A intensidade tornou-se suficientemente onerosa a ponto de as empresas norte-americanas fazerem todo o possível para manter os sindicatos a distância. Todavia, o envolvimento governamental não é extensivo o bastante a ponto de as empresas perderem o controle sobre decisões estratégicas como investimentos, localização de fábricas ou soluções negociáveis. Esse envolvimento restrito contrasta com a intervenção governamental na Alemanha. O objetivo do governo alemão é estabelecer uma estrutura ampla que dê estabilidade à economia por meio da construção de uma rede de influências; por exemplo, a propriedade das empresas concentrada nas mãos de um pequeno número de bancos, uma legislação social que limita as opções administrativas e estruturas centralizadas de negociação que fixam salários para todo um setor da economia ou toda uma região. Dentro de uma estrutura assim, fica muito difícil para uma empresa adotar isoladamente uma estratégia unilateral para a administração de seu quadro de pessoal.[17]

Esse contraste entre a legislação trabalhista intensiva nos Estados Unidos e a extensiva da Europa Ocidental estende-se para outras áreas sociais. A maioria dos países europeus estabelece pisos e tetos salariais, jornada de trabalho, férias remuneradas e, claro, a forma da participação dos empregados.[18] Para manter um "equilíbrio adequado" entre os bens oferecidos e evitar a concorrência injusta, um lojista na Itália precisa acatar as determinações do governo sobre os itens que podem ser colocados à venda. Na Alemanha, os generosos salários-desemprego e as pensões para os familiares desestimulam a busca por um novo emprego.

Muitos países possuem uma grande proporção de benefícios sociais bancados pelo governo ou impostos por ele – assistência médica, licença-maternidade, creches e pagamento de pensões. Embora os custos da assistência médica tenham tornado essa questão um importante assunto político, os Estados Unidos têm preferido deixar a determinação dos benefícios à iniciativa privada. No Canadá, o serviço público de saúde atende a 90% da população. No Japão, 39% da população não são atendidos pela assistência médica oferecida pelas empresas.[19] Os empregadores japoneses oferecem até alojamentos e financiamentos para atrair empregados para as regiões onde a moradia é escassa e cara. O problema dessa assistência é que está disponível apenas para os funcionários das grandes empresas. Aqueles que trabalham para as pequenas empresas subcontratadas ou como temporários não têm direito a essas regalias. Tampouco podem esperar outros benefícios, como os serviços de integração na sociedade, pensão para familiares ou as bonificações especiais que são proporcionados pelas grandes empresas do país.

---

16 MORISHIMA, Motohiro. Union loyalty among white-collar workers in Japan. *Journal of Organizational Behavior* 16, p. 609-625, 1995.

17 WEVER, Kirsten S. Human resource management and organizational strategies in German – and U. S. – owned companies. *International Journal of Human Resource Management*, p. 606-625, Sept. 1995.

18 LEE, Barbara A. The effect of the European Community's social dimension on human resource management in U. S. multinationals: perspectives from the United Kingdom and France. *Human Resource Management Review 4*, nº 4, p. 331-361, 1994.

19 AMAYA, Tadashi. *Recent trends in human resource development*. Tokyo: Japan Institute of Labour, 1992; SALMON, John. The impact of developments in welfare corporatism upon Japanese workplace trade unionism. *International Journal of Human Resource Management*, p. 247-263, Sept. 1992; SANO, Yoko. Changes and continued stability in Japanese HRM systems: choice in the share economy. *International Journal of Human Resource Management*, p. 11-27, Feb. 1993.

Ainda que não seja exigido por lei, muitos empregadores em diversos países oferecem a seus funcionários certos itens escassos no mercado. Por exemplo, em Praga, as empresas oferecem moradia, enquanto as companhias chinesas oferecem chuveiro com água quente. Um dos benefícios tradicionais japoneses é uma ração de arroz, hábito que data do pós-guerra, quando a escassez de alimentos era séria. A tradição se mantém, apesar de sua necessidade não mais existir. Hoje em dia, no entanto, o arroz foi substituído pelo yen.

As demissões, exonerações e fechamento de fábricas são estritamente regulamentados na maioria dos países europeus. Acordos internacionais entre setores da economia brevemente poderão acontecer dentro da União Europeia.

Tudo o que foi dito aqui é uma simplificação de uma enorme variedade de práticas. De qualquer maneira, permite ao leitor interessado questionar alguns padrões e tradições aceitos sem maiores críticas. Além disso, essas informações podem tornar mais objetivas as discussões sobre os critérios de avaliação das decisões sobre as relações trabalhistas.

QUAL SUA OPINIÃO?

A apresentadora de TV norte-americana Kathie Lee Gifford ficou horrorizada ao saber que a linha de roupas com sua grife e vendida na cadeia de lojas Wal-Mart é fabricada na Guatemala por crianças que trabalham 14 horas por dia para receber uns míseros dólares. Ela fez uma série de aparições públicas para denunciar esta situação. Todavia, os guatemaltecos fizeram sua defesa mostrando as longas filas de candidatos a esse emprego, que é muito mais fácil, mais bem pago e em muito melhores condições de trabalho do que outras ocupações disponíveis para uma mão de obra sem qualificação. É correto os ativistas sindicais norte-americanos tentarem impor suas regras em outros países? É correto os cidadãos de um país beneficiarem-se dos baixos salários pagos em outras nações? Quais as recomendações que podem ser feitas para as políticas sindicais e governamentais que lidam com estas questões?

AVALIAÇÃO DOS EFEITOS DAS ATIVIDADES DE RELAÇÕES TRABALHISTAS

As relações trabalhistas e as negociações coletivas afetam a eficiência e a equidade, tanto positiva como negativamente. A teoria econômica mostra os sindicatos como um fator de limitação para a organização. Em um mercado competitivo, os sindicatos procuram monopolizar o controle sobre a oferta de mão de obra para elevar os salários acima dos índices estabelecidos por esse mercado. Além disso, como os sindicatos costumam tentar estabelecer regras de trabalho restritivas para proteger seus membros, a produtividade também é ameaçada. Consequentemente, as pessoas veem os sindicatos como promotores de ineficiência e baixa qualidade. Isto é verdade? Vamos examinar as pesquisas sobre o impacto dessas entidades.

Eficiência: Impacto dos Sindicatos sobre os Salários

A presença do sindicato em uma empresa faz que os salários dos empregados fiquem acima do que ficariam caso a organização não fosse sindicalizada? Os empregados costumam acreditar que os sindicatos têm um impacto sobre seus salários. Mais de 80% dos participantes de uma pesquisa da Universidade de Michigan sobre qualidade do emprego acreditam que os sindicatos ajudam a aumentar os salários dos trabalhadores.[20] A tentativa de descobrir se essa percepção é correta tem sido foco de estudos por mais de 40 anos.

A razão desse interesse, em parte, deve-se ao fato de que essa questão ainda não foi completamente resolvida. Existem vários problemas de mensuração. A situação ideal seria comparar organizações idênticas em todos os aspectos, exceto a presença do sindicato. Qualquer discrepância salarial encontrada nessa comparação seria, então, devida ao sindicato. Entretanto, poucas situações assim podem ser encontradas. Contudo, mesmo que se encontrasse, poder-se-ia argumentar que os empregadores pagariam aos empregados não sindicalizados os mesmos salários previstos pelos sindicatos com a intenção de diminuir o poder de atração destes sobre seus funcionários. Essa influência sobre os salários e benefícios dos trabalhadores não sindicalizados é chamada de efeito *transbordante*.

De qualquer forma, as evidências indicam que os sindicatos têm uma influência positiva sobre os níveis salariais, e que a extensão desses efeitos varia com o

---

20 NEUMACRK, David, WACHTER, Michael L. Union threat effects and nonunion industry wage differentials. Documento de trabalho nº 4.046. National Bureau of Economic Research, Apr. 1992.

passar do tempo.[21] Durante os anos 1932 e 1933, nos Estados Unidos, ser sindicalizado significava receber salários muito mais altos do que os dos demais trabalhadores. Com o final da Grande Depressão, essa diferença atenuou-se. O aumento das contribuições sindicais nos anos 70 forneceu um incentivo econômico para a oposição patronal nas negociações e para a organização de campanhas e a subsequente queda nas filiações aos sindicatos. O Quadro 14.5 mostra essas variações.

No setor público norte-americano, os estudos mostram que a diferença sobre os salários é de aproximadamente mais 5%. Este diferencial é menor do que se costuma pensar e, certamente, menor do que o estimado para o setor privado. A maior conquista dos empregados do setor público foi a dos bombeiros, com alguns estudos indicando um diferencial de 18% atribuído à presença do sindicato. No outro extremo, estão os professores, com um impacto sobre os salários entre 1 a 4%.[22]

Eficiência: Impacto dos Sindicatos sobre a Produtividade

O modelo que aparece no Quadro 14.6 indica que os sindicatos podem ter efeitos positivos e negativos sobre a produtividade, dependendo da qualidade do relacionamento entre o sindicato e a empresa. O modelo mostra algumas das formas específicas como os comportamentos da empresa e dos sindicatos podem influenciar a produtividade. Com base na análise de sua pesquisa, Richard Freeman e James Medoff concluíram que "se a empresa e os sindicatos trabalharem juntos para produzir um "bolo" maior ao mesmo tempo em que lutam pelo tamanho de suas respectivas "fatias", a produtividade pode crescer com a sindicalização. Se as relações trabalhistas forem difíceis, com ambas as partes ignorando objetivos comuns para lutarem entre si, a produtividade deve diminuir com a sindicalização".[23] Os sistemas de incentivo, os planos de participação

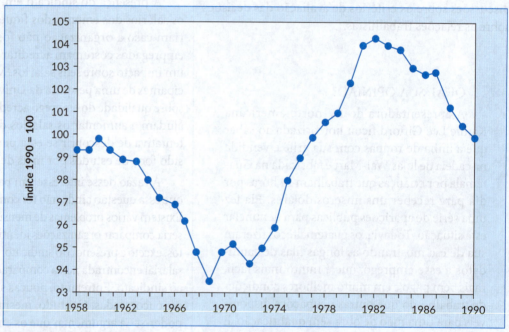

Quadro 14.5
Salários decorrentes da atuação dos principais sindicatos e os salários gerais (1990 = 100).

Fonte: U.S. Bureau of Labor Statistics.

---

21 MITCHELL, Daniel J. B. A decade of concession bargaining. In: KERR, Clark, STAUDOHAR, Paul D. (Orgs.). *Labor economics and industrial relations.* Cambridge: Harvard University Press, 1994. p. 435-476.

22 FREEMAN, Richard. Contraction and expansion: the divergence of private sector and public sector unionism in the United States. Documento de trabalho nº 2.399. National Bureau of Economic Research, Cambridge, MA, Jan. 1988; SARAN, Rene, SHELDRAKE, John. *Public sector bargaining in the 1980s.* Brookfield, VT: Gower, 1988; CUTCHER-GERSHENFELD, Joel, BODAH, Matthew, PATTERSON, Terry. Determinants and consequences of a mutual gains orientation in public sector collective bargaining. *Proceedings of the Forty-Fourth Annual Meeting of the Industrial Relations Research Association.* Jan. 1992.

23 FREEMAN, Richard B., MEDOFF, James L. *What do unions do?* (New York: Basic Books, 1984; CARD, David. The effect of union on the distribution of wages: redistribution or relabeling? Documento de trabalho nº 4.195. National Bureau of Economic Research, 1992.

Quadro 14.6
Sindicalismo e produtividade.

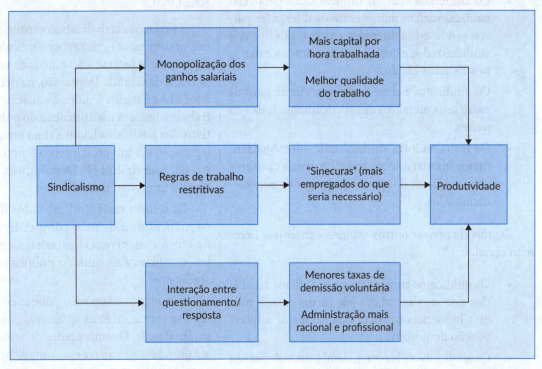

Fonte: FREEMAN, Richard, MEDOFF, James. *What do unions do?* New York: Basic Books, 1984. Reproduzido com autorização do editor.

nos lucros e as premiações por mérito são exemplos de tentativas de vincular a produtividade à remuneração. Até mesmo as negociações de produtividade e os círculos de qualidade têm mostrado uma ênfase crescente no nível de produtividade, sejam as empresas sindicalizadas ou não.

Equidade: Impacto dos Sindicatos sobre a Força dos Empregados

Além das consequências sobre os índices salariais, outro efeito positivo da sindicalização para os trabalhadores é que isso aumenta seu poder de influência sobre assuntos que afetam seu trabalho.[24] Dando aos empregados voz ativa nas decisões de trabalho, os sindicatos conseguem vários efeitos positivos tanto para os trabalhadores como para as organizações. Em primeiro lugar, os sindicatos funcionam como *coletores de informações* para as organizações, oferecendo um quadro mais claro das preferências de todos os empregados e não apenas daqueles que estão entrando ou saindo das empresas. Como consequência, os empregadores podem desenvolver práticas melhores de gestão de pessoal que reflitam as necessidades de seu quadro real. Em segundo lugar, os sindicatos podem *aumentar a satisfação dos trabalhadores por meio da redução das injustiças* e da garantia de um certo grau de lisura no processo de tomada de decisões na empresa. Os sindicatos têm um efeito significativamente positivo sobre a satisfação dos empregados com sua remuneração. Entretanto, a insatisfação com a função é maior entre os empregados sindicalizados. O mesmo acontece com a taxa de absenteísmo.[25] Como o absenteísmo pode ser visto como uma manifestação da insatisfação no trabalho, pode ser que a voz ativa obtida com a sindicalização tenha apenas um efeito limitado sobre a satisfação dos empregados.

Países Diferentes, Efeitos Diferentes

Com base na análise dos dados constantes no Quadro 14.4, Freeman conclui que:

---

24 GLEASON, Sandra E., ROBERTS, Karen. The impact of union membership on perceptions of procedural justice of injured workers. *Proceedings of the Forty-Fourth Annual Meeting of the Industrial Relations Research Association.* Jan. 1992.

25 KOCHAN, Thomas A. *New directions in human resource management.* Kingston, Ont.: Industrial Relations Centre, Queen's University, 1992.

- Os aumentos salariais influenciados pela ação sindical variam muito entre os diferentes países, sendo que a diferença entre os salários dos sindicalizados e dos não sindicalizados é maior nos Estados Unidos.
- Os sindicatos reduzem a dispersão de ganhos entre seus membros em praticamente todos os países.
- Os trabalhadores sindicalizados demonstram maior insatisfação no trabalho e mais conflitos com os chefes do que os empregados não sindicalizados.

Depois de revisar outros estudos existentes, Freeman conclui:

- Os sindicatos aumentam os benefícios recebidos por seus membros em vários países, mas essa influência é menor quanto maior a intervenção do governo.
- Os sindicatos reduzem as demissões voluntárias e a taxa de rotatividade.
- Os sindicatos causam consequências diferentes sobre os índices e o crescimento da produtividade.
- Os sindicatos causam uma queda nas taxas de lucratividade nos Estados Unidos e no Reino Unido – em que a negociação trabalhista é descentralizada – mas não causam o mesmo efeito nos países em que essa negociação é centralizada.

Por que o sindicalismo causa efeitos semelhantes na dispersão salarial, nas demissões voluntárias, nos benefícios e na satisfação dos empregados em diversos países, e efeitos diferentes no que se refere aos valores salariais, à produtividade e aos lucros? Segundo Freeman, os efeitos semelhantes são a "voz" dos sindicatos – a capacidade dos trabalhadores influenciarem e terem controle sobre sua vida profissional. Os efeitos diferentes refletem os sistemas de fixação de salários centralizados e descentralizados. Quando esse sistema é centralizado, nenhuma empresa pode obter vantagens competitivas por meio de sua política salarial. Se todos os empregados recebem o salário imposto pelo sindicato, o sindicalismo não é um diferencial. Nos Estados Unidos e no Reino Unido, cuja fixação dos salários é descentralizada, e as empresas podem oferecer remunerações diferenciadas, pode haver resultado financeiro em se opor aos sindicatos.[26]

RESUMO

As relações trabalhistas constituem uma atividade importante nas organizações sindicalizadas. São, igualmente, de interesse da sociedade como um todo. O período da Grande Depressão, na década de 30, trouxe à tona nos Estados Unidos a situação miserável de seus trabalhadores. A identificação do público com os objetivos dos sindicatos levou a uma série de mudanças na legislação e a um crescimento fenomenal de sua força nas décadas de 40 e 50. Depois disto, os sindicatos iniciaram um longo declínio.

Os setores mais sindicalizados foram exatamente os mais atingidos pela competitividade na década de 80. A concorrência externa, as modificações nas leis e mudança na opinião pública enfraqueceram os sindicatos.

A mudança da opinião pública encorajou as empresas a se tornarem mais agressivas contra o processo de sindicalização. Os empresários do setor privado parecem até dispostos a incorrer em comportamentos ilegais por considerarem que as penalidades justificam o fato de se manterem livres dos sindicatos. No entanto, as transformações das lideranças sindicais e novas estratégias podem ajudar os sindicatos a reconquistarem a simpatia do público como defensores dos trabalhadores menos qualificados e mal pagos.

O setor público, nos Estados Unidos, apresenta um cenário mais favorável. Ainda que a maioria dos empregados neste setor seja proibida de entrar em greve, o sindicalismo ali vem crescendo a ponto de se tornar uma das principais influências no movimento trabalhista daquele país.

Internacionalmente, o sindicalismo pode ter variadas formas. Em todos os casos, a natureza dos sindicatos é influenciada pela cultura, política e história de cada país. Em muitos países da Europa e da América do Sul, os sindicatos são forças políticas que buscam uma mudança em suas sociedades. Isso contrasta com os objetivos do sindicalismo norte-americano, especialmente voltado para os ganhos econômicos.

Os sindicatos podem ser avaliados em função de sua contribuição ao bem-estar econômico de seus membros e de sua capacidade em ajudar na resolução de conflitos dentro do ambiente de trabalho. Os sindicatos influenciam tanto a eficiência como a equidade, porque um sindicato eficaz pode dar aos trabalhadores voz ativa para mudarem suas condições de trabalho e melhorar a

---

26 FREEMAN. American exceptionalism in the labor market. p. 272-302.

justiça do tratamento a seus filiados. Ter um quadro de pessoal mais satisfeito, estável e sindicalizado pode trazer um aumento de produtividade para a empresa. Entretanto, os sindicatos podem prejudicar a produtividade caso estabeleçam regras que atrapalhem o desempenho dos empregados. O efeito positivo ou negativo sobre a produtividade depende da qualidade das relações entre empregador e empregado.

QUESTÕES

1. Por que as pessoas entram para os sindicatos?

2. Compare diferentes formas de solução para as reclamações.

3. Quais os fatores que favoreceram o sucesso dos sindicatos no passado nos Estados Unidos?

4. E quais os fatores responsáveis pelo seu declínio?

5. Como os sindicatos afetam a produtividade da empresa?

6. Como afetam os salários?

7. O que é a "voz ativa" dos empregados? Quais são alguns de seus indicadores em uma organização não sindicalizada?

Sua Vez

A Caterpillar e a Central de Trabalhadores da Indústria Automotiva (UAW)

De adversários a colaboradores a, novamente, adversários

HISTÓRIA DAS RELAÇÕES ENTRE A CATERPILLAR E A UAW

Antes de 1987: Relacionamento de adversários

- As últimas dez negociações de acordo entre elas incluíram oito greves, sendo a última com duração de 205 dias.

- Um observador descreveu as unidades da Caterpillar como *playgrounds*. Muitos empregados chegavam para o trabalho bêbados ou drogados.

- Os índices de reclamações e de absenteísmo eram altos, e uma boa parcela das reclamações tinha que ser resolvida por meio de arbitramento.

De 1987 a 1990: Surge a Cultura da Colaboração

- Depois da greve dos 205 dias, tanto os líderes da UAW como os da Caterpillar começaram a buscar novas alternativas. Eles iniciaram um processo de envolvimento dos empregados no qual estes ajudavam no planejamento de tudo, desde a compra de equipamentos até a reorganização da linha de montagem. Em apenas três semanas, em uma das unidades, os empregados ofereceram 240 ideias que resultaram em uma economia de 5 milhões de dólares. Em outra unidade, obteve-se uma economia de mais de 13 milhões de dólares em 12 meses.

- A Caterpillar continuou mantendo sua posição de liderança no mercado, mas começou a ser seriamente ameaçada pela concorrência da japonesa Komatsu Limited.

- O presidente da Caterpillar, George Schaefer, idealizador da colaboração com a UAW, aposentou-se e foi substituído por Don Fites.

Para enfrentar a ameaça da Komatsu, Fites desencadeou um processo de cortes de custos e reorganizou a empresa em centros de lucros. Ele também enfrentou a UAW na negociação de um novo acordo de trabalho.

- A UAW reivindicou os mesmos termos de sua negociação com a Deere and Company, uma concorrente da Caterpillar. Esses termos incluíam: (1) 26% de aumento nos salários e benefícios nos dois anos do acordo; (2) um compromisso sobre o que seria fabricado na empresa e o que seria terceirizado; e (3) uma declaração de que a Caterpillar se manteria neutra em qualquer campanha futura da UAW.

- A direção da Caterpillar fez uma contraproposta de 17% de aumento de salários e benefícios, argumentando que as responsabilidades junto aos acionistas, e não apenas junto aos empregados, significavam controlar melhor seus custos. Eles lembravam que o controle dos custos era particularmente importante por causa da concorrência global que ameaçava tanto os retornos financeiros como os próprios empregos.

1991: Greve

- Em novembro de 1991, a UAW deflagrou uma greve em duas fábricas e uma paralisação parcial em outras duas. As negociações continuaram.

- Em abril de 1992, a Caterpillar anunciou que iria substituir os grevistas que não retornassem ao trabalho.

- Duas semanas mais tarde, a greve acabou e os empregados voltaram ao trabalho sob as condições impostas pela empresa (aumento de 17%).

1994: Nova Greve

- Outra greve foi deflagrada em junho de 1994. Perto de 14.000 membros da UAW juntaram-se aos piquetes.

- O sindicato queria negociar os níveis dos cargos, a segurança no emprego, saúde e segurança do trabalho.
- A Caterpillar continuou funcionando, em parte graças à substituição de empregados.
- A Caterpillar aumentou os dividendos em 40% e gastou 1,2 bilhões de dólares para comprar de volta as ações.

1995:

- A UAW elegeu um novo líder, Stephen Yokich, que demonstrou a vontade de prosseguir na luta. Os membros do sindicato estavam esperançosos de que Yokich mostrasse uma militância em alto grau. Um dos filiados disse: "A era do trabalho conjunto e da cooperação foi uma espécie de canção de ninar para pôr o sindicato para dormir".
- A UAW anunciou seus planos de fusão com outros dois grandes sindicatos, Machinists e United Steelworkers, para se tomarem um megassindicato com 2 milhões de filiados até o ano 2000.

- O presidente Clinton baixou um decreto proibindo a substituição de empregados em greve.

1996:

- O decreto presidencial foi revogado pela justiça.

Situação Atual:

- A antiga atitude do "eles contra nós" está de volta.
- Os índices de reclamações e arbitramento estão subindo.
- A empresa declara que os custos foram reduzidos e a produtividade e a qualidade estão altas. Alegam ter economizado 80 milhões de dólares em salários e benefícios.

Questões para Discussão

Faça uma lista das possíveis decisões tanto do sindicato quanto do diretor de RH da Caterpillar. Cite os objetivos que você tentaria atingir. Avalie então cada uma das opções em termos de sua probabilidade de atingir os objetivos e de seus possíveis riscos. O que precisaria obter do outro lado para alcançar seus objetivos? Como conseguir isto?

15

RELAÇÕES COM OS EMPREGADOS

Um recente concurso do melhor "Incidente Embaraçoso no Trabalho" contou com grande número de concorrentes. O ganhador não foi a representante de vendas cuja armação de metal do sutiã disparou o alarme do detector do aeroporto, embora tenha ficado em segundo lugar. O grande vencedor foi o supervisor que tirou seu capacete de proteção para melhor demonstrar aos recém-contratados a necessidade de usá-lo o tempo todo – exatamente na hora em que uma pomba voava sobre sua cabeça.[1]

A segurança e o bem-estar dos empregados são uma preocupação antiga dos empregadores. No século passado, as questões de segurança eram mais claras. A revista *Scientific American,* de junho de 1896, publica que "dezesseis mil empregados nas estradas de ferro morreram e 170.000 ficaram aleijados entre os anos de 1888 a 1894. Esse terrível recorde de mortos e mutilados parece incrível; poucas batalhas na história tiveram um saldo de tamanha fatalidade. Uma grande parcela destas mortes foi causada pela utilização de equipamentos de má qualidade pelas empresas ferroviárias".

Hoje em dia, o bem-estar dos empregados vai além da preservação de sua integridade física. Entretanto, certas ações descuidadas ou irresponsáveis de um empregado ou de seu chefe pode colocar em risco a saúde, a segurança ou o conforto de outra pessoa. Talvez um balconista possa sentir-se alvo de uma suspeita infundada por parte de seu chefe, e este estresse pode afetar seu desempenho. O que acontece se ele for suspeito de roubo? Imagine que um empregado chega constantemente atrasado ao trabalho. Será por causa de dificuldades com a assistência aos filhos, ou será uso de drogas? Estes exemplos ilustram um aspecto delicado da função do administrador: proteger todos os empregados, inclusive aqueles problemáticos. Os problemas pessoais dentro e fora do trabalho influenciam o comportamento dos empregados. Como se trata de um relacionamento ao mesmo tempo social e econômico, muitas vezes o empregador está na melhor posição para prestar assistência ao empregado.

As *atividades de relações com os empregados* são aquelas que buscam uma maior eficácia organizacional removendo os obstáculos que inibem a completa participação e comprometimento dos empregados com as políticas da empresa.

Muitas organizações vão além, modificando comportamentos negativos ou ajudando empregados em dificuldades. Elas querem construir sobre pontos fortes: proporcionar um ambiente de trabalho em que os empregados possam desabrochar. Elas também querem poder contar com a competência de seus empregados em realizar melhor suas funções. As atividades de relacionamento com os empregados são aquelas que visam criar um clima de confiança, respeito e cooperação.

Os obstáculos a um relacionamento de confiança e respeito podem surgir de fatores organizacionais ou pessoais. Qualquer que seja sua fonte, as atividades de relacionamento com os empregados procuram estabelecer um canal bilateral de comunicação para proporcionar atendimento e envolvimento mútuos na superação dos problemas.

---

1   Reportagem de Charles Osgood, da CBS Radio Network, 9 Mar. 1996.

A abordagem adotada por uma empresa sobre o relacionamento com os empregados permeia todas as demais atividades de recursos humanos. Compartilhamento de funções, programa de reciclagem e administração da carreira, tudo isto pode ser considerado atividades de relacionamento com os empregados. Assim sendo, embora o termo *relações com os empregados* possa referir-se a atividades específicas, ele também descreve a qualidade intangível do relacionamento entre empresa e empregados, parte da filosofia da organização que diz que ela deve tratar seus funcionários com respeito e ser responsável pelas suas necessidades pessoais e de seus familiares.

Várias pesquisas mostram que os conflitos entre trabalho e família são um problema sério para os empregados. Os casais que trabalham podem ter grandes dificuldades para movimentar-se em suas carreiras. Buscar soluções para esses casos é uma política de relacionamento com os empregados. Mudar os horários de trabalho – eles podem ser ajustados às necessidades familiares dos empregados? A participação na administração é outra maneira pela qual a organização pode atender às necessidades de seus funcionários. Estes tópicos são analisados neste capítulo.

A IMPORTÂNCIA DAS RELAÇÕES COM OS EMPREGADOS

As relações com os empregados têm sido caracterizadas por alguns como um pouco mais que uma estratégia para evitar a sindicalização.[2] Todavia, esta é uma visão simplista. Embora esse seja certamente um dos objetivos das atividades do relacionamento com os empregados, muitas organizações, cuja probabilidade de sindicalização é muito pequena, procuram manter excelente relacionamento com os empregados. Evitar a sindicalização não é o principal objetivo; na verdade, ele pode ser apenas um efeito indireto. Mais frequentemente, o objetivo é criar um clima no qual todos os empregados possam desempenhar suas funções com o melhor de suas habilidades e contribuir criativamente para a organização.

Essas relações afetam a eficiência, pois as razões potenciais para problemas no desempenho podem ser identificadas e oferecida ajuda para removê-las. Quando o problema é o comportamento de um empregado, os sistemas de assistência a ele e de resolução de conflitos buscam soluções construtivas. Quando o problema é o comportamento da organização, os comitês de empregados e administradores, ou outros fóruns de comunicação bilateral, podem identificar as mudanças necessárias para eliminar as dificuldades.

A equidade também é afetada. Boa parte do relacionamento com os empregados é estruturada para enviar a mensagem de que a organização é uma instituição preocupada em proteger, assistir e tratar com justiça todos os seus membros. A forma como essa mensagem é recebida depende muito da maneira como os empregadores traçam suas políticas. Não bastam as boas intenções. As decisões precisam concretizar essas intenções.

As decisões típicas a serem tomadas quanto aos programas de relacionamento com os empregados incluem o seguinte:

- *Comunicação.* Qual a melhor maneira de transmitir nossa filosofia aos empregados e pedir suas opiniões e sugestões sobre assuntos de trabalho?
- *Cooperação.* Até que ponto a tomada de decisões e o controle devem ser compartilhados?
- *Proteção.* Existem aspectos do ambiente de trabalho que ameacem o bem-estar dos empregados?
- *Assistência.* Como devemos responder às necessidades especiais de determinados empregados?
- *Disciplina e conflito.* Como devemos lidar com isto?

Ainda que a maioria desses assuntos já tenha sido mencionada anteriormente, neste capítulo trataremos deles sob a perspectiva do relacionamento com os empregados.

COMUNICAÇÃO

Um manual é uma parte necessária da comunicação de um programa de relacionamento com os empregados. O manual fixa as regras e as políticas dentro das quais os empregados e os administradores têm que operar.

---

2 KOCHAN, Thomas A., KATZ, Harry, McKERSIE, Robert. *The transformation of American industrial relations.* New York: Basic Books, 1986.

Como a empresa determina os salários, oferece treinamento e oportunidades de promoção, quais serviços são fornecidos e o que é esperado dos empregados são alguns itens de um manual.

As empresas são rotineiramente aconselhadas a incluir nos manuais um aviso que, apesar de trazer especificadas políticas, regras e regulamentações, eles não são a base de um contrato formal de trabalho. Nos Estados Unidos, alguns advogados, representando empregados demitidos, conseguiram sucesso com a argumentação de que os manuais *podem* implicar um contrato de trabalho que proíbe a demissão sem justa causa. As interpretações jurídicas, entretanto, são variadas.

Obviamente, apenas escrever um manual não é o bastante. Ele precisa ser constantemente atualizado e divulgado entre os empregados; e a chefia precisa estar absolutamente familiarizada com ele, já que é ela a responsável pela tradução das políticas em ação.

Bilateralidade

Os manuais são um meio de comunicação de apenas uma via. Muitas organizações possuem instrumentos para que os empregados possam se comunicar com os chefes e administradores. Estes podem variar de políticas de total abertura ao diálogo, sistemas de sugestões, sessões de "entendimento", pesquisas de opinião até procedimentos de resolução de conflitos. Infelizmente, existem evidências de que a comunicação entre empregados e cúpula da empresa não tem sido muito eficiente.[3] As mensagens que os administradores acreditam estar enviando não estão sendo recebidas pelos empregados. As estatísticas mostram uma queda significativa nos índices de confiança dos empregados por seus chefes nas décadas de 80 e 90. Muitos empregados acham que não estão sendo ouvidos ou que suas preocupações não estão sendo atendidas pelas decisões estratégicas.

No entanto, um número crescente de empregadores tem-se mostrado receptivo às mensagens de seus funcionários. Sistematicamente, eles avaliam as opiniões dos empregados. Um estudo com administradores de RH revelou que quase a metade dos entrevistados havia feito alguma pesquisa de opinião junto aos empregados nos últimos 3 ou 4 anos.[4] Apenas metade deles, contudo, mostrava-se satisfeita com as mudanças advindas desses levantamentos de informações.

> ## EXPLORANDO A WEB
>
> Recentemente, foi mostrado na TV norte-americana um seminário sobre manuais de empresa. Estas e outras informações sobre políticas de RH podem ser encontradas no seguinte endereço:
>
> http://www.courttv.com/seminars/handbook

O Retorno da Informação Diz que Você Ouviu

Fornecer um retorno das informações aos empregados é essencial. Ele significa que a administração estava atenta e ouvindo suas opiniões. Mesmo assim, 21% dos administradores entrevistados no estudo citado disseram que os resultados de suas pesquisas não foi divulgado junto aos empregados. Mais que isto, quando mudanças foram feitas com base nos resultados da pesquisa, apenas 64% disseram ser este o motivo das modificações. Se os empregados não souberem que suas opiniões foram parte das razões das mudanças, sua adesão e aceitação das mesmas será menos provável. Os pesquisadores apontam que as organizações que não vinculam as pesquisas de opinião às mudanças de maneira clara estão subutilizando este processo. O alto escalão da empresa pode acreditar que está comunicando mensagens essenciais sobre estratégias, inovações e qualidade dos produtos, mas os empregados podem simplesmente não estar ouvindo, já que eles próprios não se sentem ouvidos.

A Johnson & Johnson incorporou uma pesquisa de opinião internacional junto a seus empregados como parte de seu processo de outorga do "Prêmio de Qualidade". O Quadro 15.1 mostra algumas das perguntas feitas aos funcionários em países como Japão, Alemanha e Estados Unidos. A declaração de valores ou credo da empresa inclui quatro partes, e o questionário apresentava perguntas relativas à maneira como estes temas estavam sendo tratados. A Parte I diz respeito aos grupos externos de interesse: clientes, fornecedores e distribuidores; a Parte II trata do tratamento dispensado aos empregados: remuneração, segurança, oportunidades de progresso; a Parte III trata da comunidade e do impacto ambiental das operações da J & J; e a Parte IV é

---

3   SOLOMON, Charlene Marmer. The loyalty factor. *Personnel Journal,* p. 52-62, Sept. 1992.

4   WYMER, William E., PARENTE, Joseph A. Employee surveys: what employers are doing and what works. *Employment Relations Today,* p. 477-484, Winter 1991/1992.

476 | Relações com os Empregados

Quadro 15.1
Pesquisa de opinião dos empregados da Johnson & Johnson (trechos).

Parte I do Nosso Credo

Acreditamos que nossa primeira responsabilidade é com os médicos, enfermeiras e pacientes, com as mães e os pais e todos aqueles que usam nossos produtos e serviços. Para atender às suas necessidades, tudo aquilo que fazemos tem que ser de alta qualidade. Devemos lutar constantemente para diminuir nossos custos para manter nossos preços razoáveis. Os pedidos dos clientes devem ser atendidos prontamente e com precisão. Nossos fornecedores e distribuidores devem ter uma oportunidade de lucros justos.

Como você avaliaria nossa EMPRESA em relação à:	Muito boa	Boa	Média	Fraca	Muito fraca	Não sabe
2. Produção de produtos e serviços de alta qualidade	1	2	3	4	5	6
3. Luta constante para a redução de custos	1	2	3	4	5	6
4. Manutenção de preços razoáveis	1	2	3	4	5	6
5. Atendimento dos pedidos dos clientes com precisão e prontidão	1	2	3	4	5	6
6. Oportunidades para os fornecedores e distribuidores realizarem um lucro justo	1	2	3	4	5	6

Minha EMPRESA...	Concorda plenamente	Concorda	Sem opinião	Discorda	Discorda totalmente
7. Entende as necessidades dos clientes	1	2	3	4	5
9. Oferece um valor ao consumidor – qualidade a preços razoáveis	1	2	3	4	5
11. Está comprometida com a satisfação dos clientes	1	2	3	4	5
Na minha EMPRESA...	1	2	3	4	5
18. Os administradores e os empregados concordam sobre o que constitui um bom trabalho	1	2	3	4	5
19. Eu recebo informações suficientes para exercer bem minha função	1	2	3	4	5
Meu CHEFE IMEDIATO...	1	2	3	4	5
20. Estimula-me a a realizar um trabalho completo e acurado	1	2	3	4	5
21. Mostra às pessoas como obter economia nos custos	1	2	3	4	5
23. Faz críticas construtivas sobre como melhorar a qualidade do meu trabalho	1	2	3	4	5
24. Recompensa os funcionários que trabalham com uma boa relação custo-benefício	1	2	3	4	5

Parte II do Nosso Credo

Somos responsáveis por nossos empregados, homens e mulheres que trabalham conosco em todo o mundo. Todos devem ser considerados enquanto indivíduos. Precisamos respeitar sua dignidade e reconhecer seus méritos. Eles devem sentir segurança em seus empregos. A remuneração deve ser justa e adequada, e as condições de trabalho limpas, organizadas e seguras. Precisamos nos preocupar em ajudá-los a atender às necessidades de suas famílias. Os empregados devem ter liberdade para fazer sugestões e reclamações. É preciso haver oportunidades iguais de emprego, desenvolvimento e progresso para aqueles qualificados. Precisamos escolher administradores competentes e suas ações devem ser justas e éticas.

Como você avaliaria nossa EMPRESA em relação à:	Muito boa	Boa	Média	Fraca	Muito fraca
29. Considerá-lo como um indivíduo	1	2	3	4	5
30. Respeito pela sua dignidade	1	2	3	4	5
31. Reconhecimento dos seus méritos	1	2	3	4	5
32. Oferecer segurança no emprego	1	2	3	4	5
33. Oferecer remuneração justa e adequada	1	2	3	4	5
34. Manter condições de trabalho limpas, organizadas e seguras	1	2	3	4	5

voltada para os interesses dos acionistas. O questionário completo tem 244 itens, sendo a maior parte relativa à Parte II. Todas as unidades da J & J competem por esse prêmio, concedido pela conquista da satisfação dos clientes e dos empregados. O objetivo é a identificação das melhores práticas de relacionamento com os empregados adotadas dentro da empresa para uma possível aplicação internacional.

O credo corporativo da J & J, que afirma que "os trabalhadores precisam sentir segurança", era levado tão a sério por Daniel Tripodi, um executivo de pesquisa e desenvolvimento que foi demitido, que acabou processando a empresa por violação ideológica. Ele argumentou que o credo definia a responsabilidade da empresa em relação aos clientes e aos empregados e que, portanto, era um contrato de obrigatoriedade. O júri concordou com essa argumentação e concedeu a ele uma indenização de 434 mil dólares. Todavia, o juiz impugnou esta decisão por considerar que o credo da empresa significava mais "uma aspiração do que um contrato".[5]

ENVOLVIMENTO DOS EMPREGADOS

Até que ponto os administradores delegam o controle na busca de meios cooperativos para a solução dos problemas no ambiente de trabalho? E até que ponto os empregados estão interessados em envolver-se com esse esforço cooperativo? O mais alto grau de envolvimento dos empregados nas decisões organizacionais acontece quando eles são também proprietários. Não é incomum nos Estados Unidos os empregados comprarem as fábricas para salvarem seus empregos. Contudo, as pesquisas descobriram que essas aquisições são vistas por eles apenas como um investimento financeiro e que raramente exercem seus direitos nas tomadas de decisões da empresa.

Existem também controvérsias sobre a questão da concentração de investimentos na compra de ações de uma única empresa ser um bom negócio. Um caso que ilustra essa dúvida é o do infeliz funcionário da IBM que investiu toda a sua poupança na compra de ações da empresa, que caíram da cotação de 140 para 50 dólares em pouco mais de um ano. (As ações voltaram a subir de preço, mas depois de um longo período.) Alguns argumentam que a diversificação dos investimentos reduz o risco para o capital do empregado.

Estimular o envolvimento dos empregados é uma ideia que todo mundo apoia. Envolver as pessoas na estruturação de suas funções e fornecer a elas o treinamento e as ferramentas necessários para um desempenho eficiente é uma fórmula aprovada para a melhoria da qualidade e da produtividade. O objetivo é motivar as pessoas a serem mais criativas e produtivas. Dar a elas a possibilidade de sentirem-se orgulhosas do trabalho que realizam.[*]

Difícil é traduzir esse ideal em prática. Uma organização pode estar disposta a proporcionar as habilidades necessárias, mas estará disposta a confiar, a delegar responsabilidade e autoridade para a tomada de decisões em nome da empresa? O controle das decisões significa poder, e a maioria das pessoas não gosta de abrir mão dele. Os administradores e chefes podem achar que a maneira mais eficiente de realizar uma tarefa é tomar a decisão e fazer acontecer, em vez de colocar outras pessoas no processo. Os empregados também podem ficar meio desconfiados do interesse da chefia nessa colaboração se isto não combinar muito com seu comportamento passado. Portanto, ainda que o envolvimento dos empregados seja uma ideia excelente, sua prática não é das mais fáceis.

Podem-se identificar com clareza três temas principais nas atividades de envolvimento dos empregados: programas de qualidade de vida profissional, comitês de empregados-administradores e outras iniciativas da empresa que objetivem, ao menos em parte, obter o envolvimento de seus funcionários.

Qualidade de Vida no Trabalho (QVT)

Também chamado de círculo de qualidade, esta ideia parte do pressuposto que os empregados de chão de fábrica, apropriadamente treinados, podem estar na melhor posição para identificar problemas despercebidos com a qualidade dos produtos e/ou de que forma o trabalho vem sendo realizado. Comitês desses empregados são treinados para usar técnicas estatísticas e análise de resolução de problemas para melhorar a qualidade e a produtividade em suas áreas de atuação. O enfoque é na função imediata; as práticas organizacionais interessam apenas na medida em que possam interferir na qualidade dos produtos.

Um programa da General Motors é bastante típico. A participação é sempre voluntária e o grupo evita tratar

---

5   Business Week, p. 8, 20 Feb. 1995.

*   FISHER, Anne B. Employees left holding the bag. Fortune, p. 83-93, 20 May 1991.

478 | Relações com os Empregados

de assuntos que constem do contrato sindical. Equipes compostas de empregados e administradores visitaram outras unidades da empresa que usam as técnicas de QVT, inclusive no Japão.

As primeiras ações de um programa assim têm a ver com treinamento e controle de qualidade. Os trabalhadores e os fornecedores participam de programas de treinamento para lidar com controle estatístico de qualidade.

A reorganização do sistema de inspeção é um componente fundamental do controle de qualidade. Em vez da inspeção ocorrer no produto acabado, é feito um acompanhamento de todo o processo e todos os empregados inspecionam seu próprio trabalho. A cada etapa concluída, os empregados registram em um relatório se tudo ocorreu corretamente, ou se houve algum problema. Dessa maneira, eles conseguem um controle maior sobre seu trabalho.[6]

Muitos desses programas iniciados ainda na década de 70 foram abandonados. Eles enfrentaram os seguintes problemas:

1. O esforço para a mudança é isolado – seja confinado em um setor específico da empresa ou tratado como experimentação.

2. A mudança é isolada – não há modificação na hierarquia e nos modelos de tomada de decisão para dar apoio à nova abordagem.

3. O envolvimento dos empregados limita-se a uns poucos aspectos que não estão ligados a como o trabalho vem sendo de fato realizado ou a decisões negociais críticas.

4. Os diretores e gerentes não estão envolvidos no esforço de mudança e por isso reagem negativamente à participação dos empregados.

O apoio às mudanças tem que ocorrer em todos os níveis da organização para ser eficiente. Como vimos no capítulo anterior, a presença de um sindicato pode ser importante para a manutenção do programa.[7]

Comitês Empregados-Empresa

Os empregados podem envolver-se também com assuntos fora de sua área de atuação imediata. Os comitês mistos, com maior autoridade e estrutura formal, são comuns nas indústrias sindicalizadas, as quais suplementam a negociação coletiva; muitos empregados não sindicalizados participam deles pelas mais variadas razões.[8] Por exemplo, muitas empresas estimulam seus empregados a formarem grupos étnicos para se darem apoio e aconselhamento mútuos. O grupo *Black Caucus,* da Xerox, inclui empregados afro-americanos de diferentes níveis hierárquicos. Eles se reúnem periodicamente para discutir temas como isonomia salarial e progresso na carreira. Depois disso, eles apresentam suas reivindicações à presidência da empresa. Outro exemplo é a 9 to 5: *Associação das Mulheres Trabalhadoras,* grupo que defende os interesses das mulheres, fazendo um trabalho de relações públicas e bancando pesquisas para apoiar suas causas. Esses grupos ajudam os empregadores a atingir seus objetivos de construir uma mão de obra culturalmente diversificada.

Entretanto, como discutimos no capítulo anterior, os comitês precisam estar atentos para não interferir com o direito dos empregados de se auto-organizarem.

Iniciativas da Organização

De maneira geral, a administração da empresa deve liderar o processo para uma maior cooperação demonstrando boa vontade em dividir o controle. Muitas atividades de recursos humanos são de iniciativa dos administradores com a intenção de conseguir um maior envolvimento por parte dos empregados. A reestruturação das funções e a distribuição dos ganhos são apenas algumas das inúmeras atividades populares atualmente e já discutidas neste livro.[9]

CONFLITOS ENTRE TRABALHO E FAMÍLIA

O aumento do número de casais em que ambos os cônjuges têm uma carreira própria nos leva a afirmar que a maioria dos estudantes universitários de hoje

---

6   PARKER, Mike, SLAUGHTER, Jane. Choosing sides: unions and the team concept. Detroit: Labor Notes/South End Press, 1988; KATZ, Harry. Shifting gears: changing labor relations in the U. S. auto industry. Cambridge, MA: MIT Press, 1985.

7   EATON, Adrienne E. Factors contributing to the survival of employee participation programs in unionized settings. *Industrial and Labor Relations Review,* p. 371-389, Apr. 1994.

8   GIRARD-DICARLO, David F., NAIDOFF, Caren E. I., HANLON, Michael J. Legal traps in employee committees. *Labor Law Journal,* p. 671-678, Oct. 1992; *Viewpoint:* the global quest for quality. New York: Ernst & Young International, 1992.

9   LAWLER III, Edward E., MOHRMAN, Susan Albers, LEDFORD JR., Gerald E. *Employee involvement and total quality management.* San Francisco: Jossey-Bass, 1992.

enfrentarão conflitos entre os interesses familiares e a vida profissional. O conflito surge da pressão simultânea para o atendimento a demandas diferentes.

1. O tempo dedicado ao atendimento de um papel dificulta o atendimento ao outro.

2. O estresse da participação em um papel dificulta o atendimento ao outro.

3. Os comportamentos específicos exigidos em um cenário são totalmente diferentes daqueles exigidos no outro cenário. Por exemplo, a agressividade necessária para fechar um contrato é incompatível com a habilidade exigida para colocar uma criança pequena para dormir.

Existem algumas opções para minimizar esses conflitos: horários e cargas mais flexíveis de trabalho e assistência às crianças, por exemplo.

Adaptações dos Horários de Trabalho

O número de horas a serem dedicadas ao trabalho, a organização dessas horas e a liberdade (ou ausência dela) para determinar os horários afetam a vida pessoal dos empregados: determinam o tempo que eles terão para se dedicar à família, ao lazer e ao autodesenvolvimento.

Uma boa parcela do descontentamento com o trabalho pode estar relacionada com a falta de controle sobre seu horário, a obrigatoriedade de horas extras e a falta de liberdade de ajustar esses horários às necessidades pessoais. As adaptações incluem horários flexíveis, posições permanentes de tempo parcial, semana de trabalho compacta, trabalho em turnos e o escritório em casa.

Horários flexíveis. A liberdade para montar seu próprio horário de trabalho pode ser fundamental para muitas pessoas. Evidentemente, para alguns vai significar apenas a escolha das muitas horas semanais de estudo ou trabalho.

A versão mais comum do horário flexível é aquela em que são determinadas algumas horas (período essencial) em que todos os empregados deverão estar no trabalho, e o restante do tempo será completado por eles de diferentes formas, dentro de um determinado período.

Tempo parcial. O emprego em tempo parcial voluntário cresceu mais que o dobro em relação ao emprego em tempo integral. Entre 20 e 30% da mão de obra nos Estados Unidos trabalhavam neste regime em 1993, sendo que dois terços eram compostos por mulheres. As principais vantagens para os empregadores incluem a flexibilidade para alocar pessoal para atender aos picos de demanda e à redução de custos com benefícios e horas extras.

Embora o regime em tempo parcial seja indicado como benéfico aos pais que trabalham, estes trabalhadores recebem apenas cerca de 60% da remuneração daqueles de tempo integral. Poucos recebem qualquer benefício. Estima-se que mais de 30% deles gostariam de mudar para o regime integral.[10]

Existem algumas evidências de que o aumento na utilização de mão de obra temporária e trabalhadores em tempo parcial é uma estratégia deliberada para evitar as contratações permanentes em tempo integral. O Bank of America, por exemplo, admite que, além de demitir milhares de pessoas, transformou 1.200 vagas para caixas em posições de tempo parcial, cortando assim os custos com assistência médica e outros benefícios.[11] Logo, o banco só terá 19% de seu pessoal trabalhando em tempo integral; quase seis em cada dez funcionários do banco trabalharão menos de 20 horas por semana sem receber nenhum benefício. Há dez anos, a maioria dos empregados do banco era de tempo integral.

O crescimento do trabalho em tempo parcial pode ser fruto das preferências dos trabalhadores ou resultado da reestruturação da economia, e são necessários mais dados para determinar se as proteções e benefícios concedidos aos empregados em tempo integral devem ser estendidos aos parciais.[12] A combinação entre a inexistência de seguro-saúde e os baixos salários colocam os trabalhadores de tempo parcial em uma situação vulnerável. Se estes trabalhadores são involuntários, ou seja, não conseguem empregos de tempo integral e acabam usando os serviços públicos de assistência social, pode-se dizer que os contribuintes estão subsidiando

---

10 PIERCE, Jan, NEWSTROM, John, DUNHAM, Randall, BARBER, Alison. *Alternative work schedules.* Boston: Allyn & Bacon, 1989; The changing workplace: new directions in staffing and scheduling. BNS Response Center, 9435 Key West Ave., Rockville, MD 20850, 1986; ROTHBERG, Diane S. Part-time professionals: the flexible work force. *Personnel Administrator,* p. 27-39, Aug. 1986; NARDONE, Thomas J. Part-time workers: who are they? *Monthly Labor Review,* p. 13-19, Feb. 1986.

11 DeGIUSEPPE JR., Joseph. Flexible work arrangements: an emerging area of law. *Benefits Law Journal,* p. 25-40, Spring 1992.

12 APPELBAUM, Eileen. Part-time and contingent work: the growing dilemma for U. S. workers. Trabalho apresentado no *Annual Meeting of National Committee on Pay Equity.* Washington, DC, 6 Dec. 1991.

480 | Relações com os Empregados

as empresas que se recusam a oferecer os empregos de tempo integral.

> ## QUAL SUA OPINIÃO?
>
> Um grupo de especialistas em administração de RH prediz que em função do alto custo financeiro e emocional das demissões, tanto para os empregados como para os empregadores, o uso do trabalho temporário deve continuar a crescer. Contudo, os críticos deste regime argumentam que ele é uma forma de racionamento de empregos, especialmente inapropriado para economias de abundância como os Estados Unidos. Se um empregador usa o trabalho temporário, o que ele pode fazer para melhorar a equidade e a eficiência deste sistema? Como pode ser melhorada a qualidade de vida no trabalho para os trabalhadores temporários?

Compartilhamento de funções. Este é um tipo especial de trabalho em tempo parcial, em que uma única função é compartilhada por dois empregados. Como este arranjo depende da compatibilidade de horários entre os trabalhadores e de uma equivalência e complementaridade de competências, geralmente ele parte da iniciativa dos próprios empregados.

Semana de trabalho compacta. Isto significa comprimir uma carga horária semanal em menos de cinco dias. O mais comum é a semana de quatro dias.

As pesquisas sobre os efeitos desse regime de trabalho são inconclusivas.[13] Algumas apontam efeitos positivos sobre a produtividade, o absenteísmo e outros comportamentos. Outras dizem o contrário. Um padrão entre estas últimas é que os resultados positivos acontecem logo em seguida à adoção do regime, decaindo em seguida. As diferenças entre os indivíduos e entre as funções podem explicar as discrepâncias entre as pesquisas. Geralmente, os empregados mais velhos gostam menos da semana compacta, especialmente quando o trabalho é física ou mentalmente estressante. Os mais jovens costumam gostar dos fins de semana prolongados.

Escritório em casa. Trabalhar em casa não é uma coisa muito recente. A novidade é que agora este regime está sendo usado por técnicos e administradores. As tecnologias de comunicação, cada vez mais sofisticadas e acessíveis, têm derrubado as barreiras de coordenação do trabalho entre empregados dispersos geograficamente.

Vários estudos demonstram que as pessoas que trabalham em casa experimentam menos tensões relativas ao exercício de suas funções, além de gozarem de uma sensação de autonomia e produtividade maiores.[14] Entretanto, as pesquisas feitas com os chefes revelou uma forte resistência contra este regime de trabalho decorrente de preocupações sobre perda de controle e diminuição da produtividade do empregado. Os trabalhadores "invisíveis" podem ser suspeitos de não realizarem suas tarefas. Sob o ponto de vista dos empregados, o trabalho em casa tem poucos efeitos negativos sobre suas carreiras, de acordo com um estudo realizado junto a três empresas.[15] Os empregados que trabalham em suas casas recebem salários maiores. Entretanto, isto pode ser reflexo de que estes, que estão em cargos mais altos e gozam de maior *status*, são aqueles que têm acesso à tecnologia de comunicação necessária para trabalhar em suas casas.

Assistência às Crianças

Nos Estados Unidos, 11 milhões de crianças de até seis anos têm mães que trabalham fora. Uma das causas mais citadas para os conflitos entre trabalho e família é a preocupação com a assistência adequada e acessível às crianças.

É claro que a presença ou não de uma assistência satisfatória para os filhos afeta o comportamento das pessoas no trabalho.[16] A questão é qual o papel que a

---

13 LATACK, Janina C., FOSTER, Lawrence W. Implementation of compressed work schedules: participation and job redesign as critical factors for employee acceptance. *Personnel Psychology* 38, p. 75-92, 1985.

14 CALEM, Robert. Working at home, for better or worse. *New York Times,* 18 Apr. 1993, Caderno C, p. 1.

15 BAILYN, Lotte. *Breaking the mold:* women, men and time in the new corporate world. New York: Free Press, 1993; PERIN, Constance. The moral fabric of the office: panoptical discourse and schedule flexibilities. *Research in the Sociology of Organizations.* Greenwich, CT: JAI Press, v. 8, p. 241-268, 1991; TOLBERT, Pamela S., SIMONS, Tal. The impact of working at home on career outcomes of professional employees. Documento de trabalho nº 94-04. Cornell University Center for Advanced Human Resource Studies. Ithaca, NY, 1994.

16 GROVER, S. L., CROOKER, K. J. Who appreciates family-responsive human resource policies: the impact of family-friendly policies on the organizational attachment of parents and non-parents. *Personnel Psychology* 48, p. 271-288, 1995.

organização deve desempenhar neste assunto? As empresas podem oferecer opções, desde creches dentro do próprio local de trabalho até o subsídio de serviços de terceiros. A escolha dependerá da filosofia que rege o relacionamento com os empregados, como também das necessidades destes. Este problema é maior nas empresas com vários jovens pais e mães do que naquelas em que o quadro de pessoal é mais velho. Nos Estados Unidos, cerca de 11% apenas das empresas oferecem assistência direta, embora 60% aleguem oferecer assistência indireta (horários flexíveis, trabalho em tempo parcial ou serviço de informação). Como apenas uma parte do pessoal requer esse tipo de assistência, torná-la parte de um pacote flexível de benefícios pode ser uma ideia interessante. O serviço pode ser assim oferecido aos empregados que o queiram sem que isso pareça um tratamento privilegiado a determinado grupo.

PROTEÇÃO

Todos os empregados e administradores querem um ambiente de trabalho saudável e seguro. A questão para as organizações é o custo disto. Qual a relação ideal entre a eliminação dos riscos no ambiente de trabalho e os custos envolvidos?

Alguns ambientes de trabalho são tão nocivos que as melhorias acabam sendo exigidas por lei. Nos Estados Unidos, uma lei de 1893 reduziu em 35% as mortes nas redes ferroviárias discutidas no início deste capítulo. Uma maneira comum de lidar com o assunto é indenizar as vítimas mediante programas de remuneração e seguros. Isso é necessário, mas é reativo. Uma estratégia alternativa é a prevenção.

Os programas de prevenção podem ter diferentes formatos. Eles incluem a reestruturação de funções para diminuir os riscos de acidentes, o treinamento para a segurança e até prêmios para recordes na redução de acidentes de trabalho. Em uma tentativa de evitar acidentes e melhorar a questão da segurança em geral, a Kerr-McGee Corporation pensa em pedir um atestado de acidentes de trabalho aos candidatos a emprego em suas minas de urânio e potássio. Entretanto, este procedimento pode incorrer na prática da "lista negra", proibida nos Estados Unidos. Bancos de dados informatizados podem informar se os candidatos a empregos já tentaram obter compensações financeiras por meio da alegação de discutíveis doenças relativas ao trabalho, como problemas de coluna ou estresse. Se esses indivíduos tiverem dificuldades em encontrar outros empregos, podem servir de intimidação aos outros, evitando novas reclamações.

Algumas empresas têm buscado o envolvimento de equipes de empregados em projetos de reestruturação das funções para ajudar a evitar doenças específicas do trabalho.[17]

Segurança e Riscos para a Saúde

> Os *riscos para a segurança* são aqueles aspectos do ambiente de trabalho que têm potencial de causar um acidente imediato e, às vezes, violento, a um empregado.

Perda de audição ou de visão; cortes, luxações, hematomas, fraturas; queimaduras e choques elétricos são resultados potenciais dos riscos para a segurança.

> Os *riscos para a saúde* são aqueles aspectos do ambiente de trabalho que, vagarosa e cumulativamente (e, em geral, irreversivelmente), levam à deterioração da saúde de um empregado.

Os riscos mais comuns para a saúde são os acidentes físicos e biológicos, a exposição a substâncias tóxicas e às condições estressantes de trabalho. As causas dos acidentes e das doenças podem estar na função em si, nas condições de trabalho ou no comportamento do empregado.

Funções. O potencial de acidentes e doenças não é distribuído uniformemente entre as diferentes funções. Algumas ocupações estão mais expostas aos riscos de acidentes e doenças, como os bombeiros, os mineiros, os operários de construção civil, os artesãos e aqueles operários que lidam diretamente com a produção industrial ou na agricultura. Algumas poucas ocupações não ligadas diretamente à produção também são relativamente perigosas: auxiliares de dentistas ou de salas cirúrgicas, esteticistas e técnicos de raio-X.

---

17 MAY, Douglas R., SCHWOERER, Catherine E. Employee health by design: using employee involvement teams in ergonomic job redesign. *Personnel Psychology* 47, nº 1, p. 861-876, 1994.

482 | Relações com os Empregados

Condições de trabalho. Maquinas mal projetadas ou sem manutenção adequada, falta de equipamentos de segurança e a exposição a substâncias tóxicas causam problemas para todos os empregados.

Comportamento do empregado. Alguns empregados parecem sofrer mais acidentes do que a média. Os índices mais altos estão com os homens de menos de 25 anos, com uma queda estável nos anos seguintes. Entretanto, se os empregados mais velhos se acidentam, os custos disto são maiores. As mulheres de todas as idades apresentam índices de acidentes bem mais baixos, muito em função da distribuição diferencial de ocupações em relação ao sexo.[18]

Na metade da década de 80, as taxas de acidentes de trabalho subiram assustadoramente. Os especialistas atribuem isso às mudanças realizadas no ambiente de trabalho em resposta às pressões da competitividade e à expansão da economia. Equipes menores, excesso de horas extras e linhas de montagem mais rápidas contribuíram para estes números. A inexperiência dos empregados também ajudou. Fontes oficiais de Los Angeles reportam que metade das mortes ocorridas no trabalho por elas investigadas envolveram trabalhadores estrangeiros que haviam sido treinados em inglês.

Embora as estatísticas mostrem que os índices de fatalidades tenham caído pela metade desde 1970, o número de dias parados em função de doenças ocupacionais ou acidentes aumentou significativamente.

Fatores Ligados ao Estilo de Vida

A DuPont analisou os fatores de risco comportamentais entre seus empregados e concluiu que as doenças e as faltas ao trabalho em função de determinados comportamentos estavam custando à empresa mais de 70,8 milhões de dólares por ano. Os fatores de risco identificados, com seus respectivos custos, eram o hábito de fumar, $ 960; excesso de peso, $ 401; alcoolismo, $ 389; colesterol elevado, $ 370; hipertensão, $ 343; uso incorreto de cinto de segurança, $ 272; e falta de exercícios físicos, $ 130. Outra empresa descobriu que em um período de cinco anos, cada empregado com problemas de uso de álcool ou drogas faltava 113 dias a mais do que a média dos empregados (23 dias a mais no ano) e era responsável por 23 mil dólares em serviços médicos. Quanto mais alto o nível hierárquico do empregado, maiores os custos de seus problemas.

Os custos dos comportamentos de risco oferece uma oportunidade para controlar o aumento dos custos com saúde por meio da promoção de programas preventivos e mudanças ambientais. Nos Estados Unidos, cerca de 6.000 empresas se recusam a contratar fumantes; algumas demitem os empregados quando descobrem que são fumantes. Entretanto, alguns estados não permitem esta prática por considerá-la discriminatória contra o estilo de vida de cada um.

Uma aplicação de análise de utilidade para avaliar o impacto financeiro das intervenções sobre a segurança descobriu que estes investimentos têm um retorno maior do que o investido, ainda que no longo prazo. A possibilidade de despesas de curto prazo com segurança não trazerem retornos imediatos torna mais difícil "vender" esses procedimentos aos administradores.[19]

Estresse

Esse assunto tem recebido grande atenção, pelo menos por parte da imprensa. É uma área de difícil estudo, já que o que uma pessoa considera estressante, outra pode considerar divertimento. Por exemplo, não faltam candidatos a astronautas, apresentadores de televisão, presidentes ou ministros, ocupações que certamente envolvem uma boa dose de estresse.

Uma das abordagens sobre o estresse relaciona-o com a questão do controle: a falta de capacidade de tomar as próprias decisões ou utilizar certo número de habilidades. Um recente estudo médico questionou a figura popular do executivo estressado e descobriu que os trabalhadores que exercem funções que combinam alta demanda psicológica com baixo poder de controle (carteiros, telefonistas) têm aproximadamente cinco vezes mais chances de desenvolver uma doença cardíaca do que aqueles que têm maior controle sobre seu trabalho.[20] O Quadro 15.2 coloca as ocupações em duas dimensões, de demanda psicológica e de controle de decisões.

Se um dos objetivos das relações com os empregados é ajudá-los quando estressados, este estudo é importante

---

18 PERSONICK, Martin E., JACKSON, Ethel C. Injuries and illnesses in the workplace, 1990. *Monthly Labor Review*, p. 37-38, Apr. 1992.

19 RAJALA, Amy K., DeNICOLIS, Jennifer L., BRECHER, Ellyn G., HANTULA, Donald A. Investing in occupational safety: a utility analysis perspective. Trabalho apresentado no *Eastern Academy of Management Meeting*, 1995.

20 Columbia University, Department of Industrial Engineering and Operations Research. Reportagem publicada no New York Times, 21 Feb. 1987.

não apenas por suas implicações na reestruturação das funções, mas também por demonstrar a importância do controle como fator gerador do estresse. Ajudar os empregados a identificarem e alterarem áreas em que sentem falta de controle deveria ser um dos principais objetivos dos programas de relacionamento com os empregados.

Uma grande empresa de seguros nos Estados Unidos realizou um levantamento com 1.300 empregados de 37 organizações diferentes durante dois anos e concluiu que "as empresas que investem em programas de redução do estresse vão receber o retorno em alto moral e produtividade, e menores índices de rotatividade e doenças ocupacionais". Metade dos entrevistados declarou que o estresse no trabalho estava prejudicando sua produtividade. Entretanto, essa é a opinião expressada em um questionário, parte do qual é mostrada no Quadro 15.3. Como se pode ver, as perguntas são extremamente subjetivas. Os empregados que acreditavam ter funções altamente estressantes revelaram ter duas vezes mais probabilidade de sair do emprego do que os demais. Não foram feitas mensurações posteriores das taxas reais de rotatividade, portanto, não sabemos quantos deles realmente se demitiram. Além disso, é impossível ter certeza de que o estresse é causado pelo trabalho, pelo indivíduo ou pela combinação inadequada dos dois.

Quadro 15.2
Estresse no trabalho.

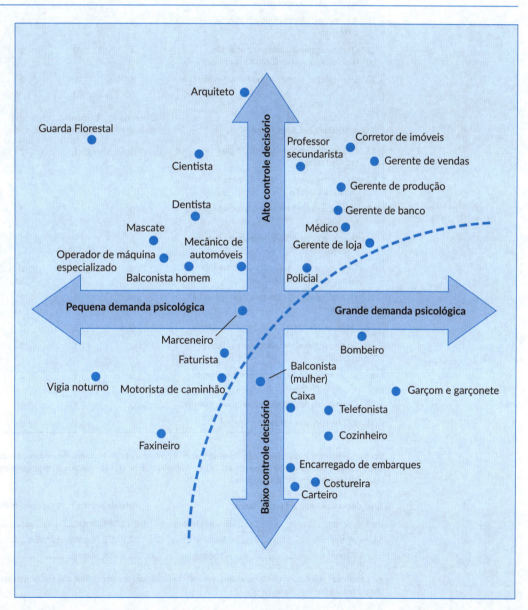

Fonte: Columbia University Department of Industrial Engineering and Operations Research.

484 | Relações com os Empregados

Quadro 15.3
Teste de estresse no ambiente de trabalho.

A. Apoio e Treinamento do Empregado	Resposta				
	Discorda totalmente	Discorda em termos	Neutro / não sabe	Concorda em termos	Concorda totalmente
1. A administração apoia os esforços dos empregados.	☐ 4	☐ 3	☐ 2	☐ 1	☐ 0
2. A administração encoraja o trabalho e o apoio pessoal dos grupos.	☐ 4	☐ 3	☐ 2	☐ 1	☐ 0
3. A administração e os empregados conversam francamente.	☐ 4	☐ 3	☐ 2	☐ 1	☐ 0
4. Os empregados recebem treinamento quando têm novas atribuições.	☐ 4	☐ 3	☐ 2	☐ 1	☐ 0
5. Os empregados recebem reconhecimento e recompensas por suas contribuições.	☐ 4	☐ 3	☐ 2	☐ 1	☐ 0
6. As regras são divulgadas e iguais para todos.	☐ 4	☐ 3	☐ 2	☐ 1	☐ 0
7. Os empregados têm descrições de funções atualizadas e compreensíveis.	☐ 4	☐ 3	☐ 2	☐ 1	☐ 0
8. A administração estimulo o humor no ambiente de trabalho.	☐ 4	☐ 3	☐ 2	☐ 1	☐ 0
9. Os empregados e a administração são treinados para a resolução de conflitos.	☐ 4	☐ 3	☐ 2	☐ 1	☐ 0
10. Os empregados podem conversar livremente.	☐ 4	☐ 3	☐ 2	☐ 1	☐ 0

B. Outras condições de trabalho	Discorda totalmente	Discorda em termos	Neutro / não sabe	Concorda em termos	Concorda totalmente
11. A carga de trabalho varia muito para cada um e entre os colegas.	☐ 0	☐ 1	☐ 2	☐ 3	☐ 4
12. Os empregados têm áreas de trabalho com espaço suficiente.	☐ 0	☐ 1	☐ 2	☐ 3	☐ 4
13. Os empregados têm acesso à tecnologia que necessitam.	☐ 0	☐ 1	☐ 2	☐ 3	☐ 4
14. Poucas oportunidades de progresso estão disponíveis.	☐ 0	☐ 1	☐ 2	☐ 3	☐ 4
15. Os empregados têm pouco controle sobre como realizar seu trabalho.	☐ 0	☐ 1	☐ 2	☐ 3	☐ 4
16. Os empregados geralmente ficam isolados fisicamente.	☐ 0	☐ 1	☐ 2	☐ 3	☐ 4
17. Haras extras obrigatórias são frequentes.	☐ 0	☐ 1	☐ 2	☐ 3	☐ 4
18. Os empregados têm pouca ou nenhuma privacidade.	☐ 0	☐ 1	☐ 2	☐ 3	☐ 4
19. O desempenho das unidades é geralmente abaixo da média.	☐ 0	☐ 1	☐ 2	☐ 3	☐ 4
20. Os conflitos pessoais são comuns no trabalho.	☐ 0	☐ 1	☐ 2	☐ 3	☐ 4
21. As punições pelos erros são severas.	☐ 0	☐ 1	☐ 2	☐ 3	☐ 4

Você pode usar estas duas partes do Teste de Estresse no Ambiente de Trabalho, desenvolvido pela Northwestern National Life Insurance Co., para avaliar suas condições de trabalho e como elas se comparam com outras amostras resultantes de testes respondidos por outros trabalhadores:

Total de pontos – apoio e treinamento

0 a 14,1 pontos .... Baixo estresse
14,2 a 19,6 pontos.. Médio estresse
19,7 a 40 pontos .... Alto estresse

Total de pontos – outras condições de trabalho

0 a 17,8 pontos.. Baixo estresse
17,9 a 22,2 pontos....................................... Médio estresse
22,3 a 44 pontos .... Alto estresse

Para melhores resultados, os especialistas recomendam que vários empregados que trabalhem juntos façam o teste para se obter uma média de pontuação.

Fonte: © 1992 Northwestern National Life Insurance Co.

Relações com os Empregados | **485**

Quadro 15.4
Dicas para reduzir o estresse no ambiente de trabalho.

> Aqui estão as dicas da Northwestern National Life Insurance Co. resultantes da avaliação do nível de estresse no ambiente de trabalho:
>
> 1. *Permitir que os empregados conversem livremente.* "Os empregados prosperam em um ambiente onde possam consultar os colegas sobre assuntos de trabalho e aliviar as tensões com humor".
>
> 2. *Reduzir os conflitos pessoais no trabalho.* Os empregados devem resolver seus conflitos por meio de "comunicação aberta, negociações e respeito". Duas questões básicas: "Tratar os empregados com justiça" e "Definir com clareza as expectativas da função".
>
> 3. *Delegar aos empregados um controle adequado sobre suas funções.* "Os trabalhadores têm mais orgulho... são mais produtivos e lidam melhor com as tensões se possuírem algum controle e flexibilidade" na realização de suas funções.
>
> 4. *Assegurar um quadro de pessoal adequado e um orçamento de despesas apropriado.* "Muitas empresas estão enfrentando a realidade econômica de orçamentos menores", mas "um novo projeto pode não ser aconselhável se não houver pessoal e recursos suficientes".
>
> 5. *Falar abertamente com os empregados.* "A administração deve manter os empregados informados sobre as boas e as más notícias", e deve "dar aos empregados a oportunidade de manifestarem suas opiniões".
>
> 6. *Apoiar os esforços dos empregados.* Perguntando regularmente pelo andamento de seu trabalho, escutando suas ideias e enfrentando as questões que surgem, "reduz-se significativamente o nível de estresse".
>
> 7. *Oferecer benefícios competitivos.* "Os empregados que têm tempo para relaxar e se refazer depois de um trabalho duro têm menos probabilidade de desenvolver doenças relacionadas com o estresse".
>
> 8. *Manter os níveis atuais de benefícios aos empregados.* Os cortes nas pensões, assistência médica, férias remuneradas e licenças de saúde levam o empregado ao estresse. Os empregadores precisam fazer uma análise de custo/benefício destas economias.
>
> 9. *Reduzir a burocracia.* "Os empregadores podem diminuir o perigo do estresse assegurando que seus empregados não estão perdendo seu tempo com burocracia e procedimentos desnecessários".
>
> 10. *Reconhecer o mérito e recompensar os empregados.* "Um tapinha nas costas, um elogio em público, um aumento ou um bônus" por uma realização ou contribuição pode render "grandes dividendos em moral mais alto do empregado e maior produtividade".

As dez recomendações resultantes deste levantamento para aliviar a tensão no ambiente de trabalho são listadas no Quadro 15.4. Essa lista inclui uma forte ênfase na comunicação multidirecional ("permitir que os empregados conversem livremente", "resolução de conflitos por meio da comunicação aberta", "manter os empregados informados" e "dar oportunidade aos empregados de manifestarem suas ideias"); benefícios competitivos, expectativas claras quanto à função a ser desempenhada e um sistema de reconhecimento e recompensas pelas contribuições dos empregados. Todas essas recomendações se enquadram na área de competência da administração de RH. Assim sendo, um programa de RH bem administrado é um grande facilitador para o funcionamento da organização.

Relações com os Colegas

O que acontece quando os riscos para a saúde e a segurança, reais ou não, provêm dos colegas: vítimas de AIDS, usuários de drogas e álcool ou molestadores sexuais? As organizações têm de traçar uma linha sutil nestes casos, para proteger uns sem ferir os direitos de outros. As regras legais geralmente fornecem as orientações sobre como o empregador deve proceder.

Aids

Essa doença superou o câncer como a mais temida pelas pessoas em geral. Esse medo é, em parte, racional, pois ela é quase sempre fatal e seu controle ainda não foi descoberto. Contudo, existe um medo irracional também, quando as pessoas se recusam a trabalhar ao lado de suspeitos de estarem infectados. Nos Estados Unidos, a Aids é considerada uma deficiência; portanto, suas vítimas são protegidas por lei contra discriminação e não podem ser demitidas ou transferidas enquanto conseguirem realizar seu trabalho.[21] Isso, no entanto, não serve para acalmar o medo do contágio. Embora os médicos especialistas concordem que a doença não

---

21 *Privacy in the workplace:* when employeer-employee rights collide. New York: Alexander Hamilton Institute, 1987.

486 | Relações com os Empregados

é transmissível sob as condições normais do ambiente de trabalho, os administradores precisam atuar como educadores em relação a isso perante seus empregados. Uma grande variedade de material informativo sobre o tema está disponível na rede pública de saúde, mas poucas empresas, ao menos nos Estados Unidos, têm se utilizado dele.[22]

Assédio Sexual

O *assédio sexual é* definido pelas leis norte-americanas como qualquer abordagem sexual não consentida, exigência de favores sexuais ou outras condutas verbais ou físicas de natureza sexual, quando isto resulta em um ambiente de trabalho hostil ou ofensivo. Se a conduta for (1) não consentida e (2) ocorrer com frequência suficiente para criar um ambiente abusivo (ou seja, não for um incidente isolado), o empregador é responsável pela mudança de ambiente por meio de recomendação, reprimenda e até da demissão do assediador.[23]

Como, nos Estados Unidos, o empregador tem o poder de repreender e até demitir um assediador, ele é legalmente responsável pelos eventuais assédios sexuais perpetrados por seus empregados, tenha ou não conhecimento deles. Entretanto, essa responsabilidade é reduzida se ficar provado que a empresa possui uma política clara e bem divulgada contra o assédio sexual e providências tenham sido tomadas imediatamente após a denúncia.[24]

Desde que a Suprema Corte norte-americana, em um julgamento em 1993, entendeu que o assédio sexual é uma conduta suficientemente invasiva a ponto de alterar as condições de trabalho da vítima, pouca coisa se acrescentou quanto às punições adequadas ao delito. Se uma empresa repreende um assediador, mas não o demite nem o transfere, é um tanto irreal imaginar que as pessoas envolvidas vão agir como se nada tivesse acontecido. Se o assediador for um empregado extremamente produtivo e difícil de ser substituído, deve-se acreditar que a empresa vá demiti-lo em vez de transferir a vítima para outra unidade? Outra questão não resolvida é a da culpa. Acusações falsas feitas com propósitos maliciosos podem arruinar carreiras e podem ser tão difíceis de serem refutadas quanto provadas. Particularmente complicada é a situação do assédio sexual por parte de clientes em relação aos empregados de uma empresa. Quem será o responsável, o cliente ou o empregador? Esse assunto envolve os direitos dos empregados. Uma definição clara de assédio sexual, uma política transparente e uma descrição cuidadosa dos procedimentos de denúncia devem estar incluídos no manual da empresa para os empregados. Entrevistas ocasionais com os colegas e administradores, a consideração das circunstâncias, manter as partes informadas e proporcionar o direito de resposta são precauções a serem tomadas.

Uma organização sem fins lucrativos nos Estados Unidos, que auxilia mulheres a conseguir e manter empregos nas mineradoras de carvão, oferece aconselhamento para aquelas que acreditam ser vítimas de assédio sexual (veja o Quadro 15.5). Alguns especialistas acham que o ambiente de trabalho predominantemente masculino pode ser mais hostil às mulheres. Por exemplo, um estudo de 1990 nas Forças Armadas norte-americanas revelou que 64% das mulheres militares já haviam sofrido assédio sexual.[25]

Uma recente discussão na internet, no *site* HR Net, foi concluída com as seguintes orientações para a condução das investigações das alegações de assédio sexual:

---

22 Informações sobre o vídeo "Aids in the Workplace: Epidemic of Fear" podem ser obtidas na Aids Foundation de San Francisco, 333 Valencia St., San Francisco, CA 94103; KOHL, John D., MILLER, Alan N., PHOL, Norval F. Development of personnel policies to deal with the AIDS crisis: a study of the practices and procedures of business firms today. *Labor Law Journal,* p. 116-120, Feb. 1991.

23 TERPSTRA, David E., BAKER, Douglas D. Outcomes of federal court decisions on sexual harassment. *Academy of Management Journal,* p. 181-190, Mar. 1992.

24 RIGER, Stephanie. Gender dilemmas in sexual harassment policies and procedures. *American Psychologist,* p. 497-505, May 1991.

25 LaFONTAINE, E., TREDEAU, L. The frequency, sources and correlates of sexual harassment among women in traditional male occupations. *Sex Roles,* 15, p. 433-442,1986; a edição de fevereiro de 1993 do *Journal of Vocational Behavior* foi devotada inteiramente à questão do assédio sexual no ambiente de trabalho. A edição deste número foi de Howard E. A. Tinsley e Margaret S. Stoackdale.

Quadro 15.5
Se você estiver sendo assediada(o).

1. Não peça demissão.	Isso não resolve nada e você vai ficar sem seu salário. Demitir-se também pode ser prejudicial no caso de uma denúncia formal, pois a empresa não estará sob pressão para negociar. Se o assédio se intensificar por causa de sua acusação, isso apenas fortalecerá seu caso.
2. Aja rapidamente.	A melhor defesa para o assédio é uma reação violenta. Confronte o assediador. Diga-lhe que seu comportamento é ofensivo e peça-lhe para parar.
3. Consiga apoio de seus colegas.	Certifique-se que os homens e mulheres que trabalham com você saibam da situação e de seus esforços para resolvê-la. Muitos homens consideram o assédio sexual tão ofensivo quanto as mulheres. Inclusive, os homens podem também ser vítimas.
4. Ridicularize o assediador.	A exposição pública do assédio sexual pode ser a forma mais efetiva de acabar com ele. Você pode dizer ao assediador, "Você se sente o máximo por tratar uma mulher assim?" ou "Você fala com sua mulher deste jeito? Talvez eu ligue para ela para saber."
5. Use os procedimentos de queixa de seu sindicato.	Os membros de um sindicato têm uma proteção adicional nas cláusulas antidiscriminatórias dos contratos de trabalho. Entre imediatamente em contato com o representante sindical e pense em fazer uma queixa formal com ele.
6. Notifique a empresa.	Seja o assediador um chefe ou um colega, avise a empresa. Se você não o fizer, seu empregador poderá alegar ignorância e se eximir da responsabilidade pelo comportamento do assediador. Faça o comunicado por escrito e guarde uma cópia.
7. Mantenha um relatório.	Relacione datas, horários e nomes de testemunhas. Reproduza as palavras exatas, se possível. Quanto mais evidências, melhor.
8. Encontre outras vítimas.	Se você puder mostrar que outros foram vítimas também do assediador, ou que o assédio foi acobertado pela administração, seu caso ficará fortalecido.

Fonte: Adaptado de MOORE, Marat, WHITE, Connie. *Sexual harassment in the mines.* Oak Ridge, TN: Coal Employment Project, s. d.

1. Examinar os arquivos da empresa em relação ao acusado e ao acusador.

2. Entrevistar o acusador em um local de sua escolha para obter as seguintes informações:

   a. Descrição do alegado assédio e da reação da vítima.

   b. Identidade do assediador.

   c. Datas e frequência deste comportamento.

   d. Local/circunstâncias.

   e. Nomes de possíveis testemunhas.

   f. Consequências para a vítima.

   g. Nomes de outras pessoas afetadas ou assediadas.

   h. Nomes das pessoas com quem a vítima falou dentro e fora do trabalho.

   i. Descobrir se outros empregados já fizeram denúncias de assédio sexual e quais foram as consequências. Assegurar-lhes que não haverá retaliação. Não fazer promessas quanto ao curso de ação a ser tomado até que todos os fatos sejam conhecidos.

   j. Exigir sigilo. Assegurar à vítima que só as pessoas envolvidas diretamente ficarão sabendo do caso.

3. Entrevistar outras testemunhas (exigir sigilo).

4. Entrevistar outras pessoas alegadamente assediadas (exigir sigilo).

5. Analisar as evidências.

6. Entrevistar o alegado assediador.

7. Elaborar o relatório com as recomendações para a ação.

8. Tomar as providências para resolver o caso.

9. Uma vez resolvido, continuar a monitorar a situação.

10. Fazer um acompanhamento com ambas as partes para garantir que as ações corretivas foram suficientes.

Uso de Drogas

As drogas ilegais têm invadido a sociedade norte-americana. Não é surpreendente que se tenham tornado também um problema no ambiente de trabalho. O

488 | Relações com os Empregados

alcoolismo ainda é o mais comum desses problemas, prejudicando o desempenho dos empregados e aumentando o absenteísmo. A diferença é que o simples porte de qualquer droga ilegal é crime, esteja ou não afetando o comportamento do indivíduo.

Alguns empregadores defendem o teste antidrogas obrigatório. Mais de um terço das empresas nos Estados Unidos, segundo uma pesquisa, aplicam esse tipo de teste.[26] Um quarto delas exige esse teste para todos os novos empregados. Os empregados que já estão na empresa só são testados se houver suspeita de uso de drogas. Os candidatos que não passam no teste raramente ficam sabendo da razão pela qual não foram contratados. Entretanto, os já empregados que têm seus testes positivos são avisados. Apenas 24% deles são demitidos; a maioria é encaminhada para aconselhamento e tratamento.

O teste de uso de drogas justifica-se para certas funções em que a consequência de trabalhar sob seus efeitos pode ser fatal (por exemplo, motoristas de ônibus, pilotos ou operadores de usinas nucleares). Para muitas outras funções, uma supervisão adequada pode tornar desnecessário o uso do teste. Isso não significa uma vigilância rigorosa nem coibir a liberdade do empregado como pregava a teoria da administração científica (veja o Capítulo 3). Isso implica a preocupação dos administradores com o bem-estar dos empregados. Por exemplo, a Hewlett-Packard tem uma política de Administração pela Observação, mostrada no Quadro 15.6. Ela determina que os administradores estejam conscientes dos sentimentos dos empregados em relação ao trabalho e a seu bem-estar pessoal. O clima é positivo. A ênfase do programa não está na questão do uso de drogas, mas em lembrar os administradores de sua responsabilidade pelo bem-estar de todos os empregados.

ASSISTÊNCIA AO EMPREGADO

Como reage o empregador quando os problemas dos empregados prejudicam seus comportamentos no trabalho? Isso varia. Uma reação é tentar livrar-se do empregado problemático. Outra é procurar ajudá-lo por meio de programas internos ou auxílio de profissionais externos. Esta última solução é a mais utilizada, mas certos tipos de aconselhamento dentro da própria empresa não são incomuns, especialmente no trato da questão do alcoolismo.[27] Esses programas vão desde uma conversa informal com o chefe, que alerta o empregado a buscar auxílio profissional externo, sob a pena de perder seu emprego, até consultas específicas com profissionais trazidos ao local de trabalho.

Quadro 15.6
Hewlett-Packard: administração pela observação e política de portas abertas.

Diretrizes

Há anos um dos pontos fortes fundamentais da empresa tem sido a eficácia da comunicação entre os vários níveis hierárquicos da organização. Dois ingredientes essenciais desta receita são:

I. Administração pela Observação

- Para se ter uma operação bem administrada é essencial que os administradores/chefes saibam exatamente o que está acontecendo em suas áreas – não apenas em seu nível imediato, mas também nos diversos níveis inferiores.
- Nosso pessoal é o nosso recurso mais importante e os administradores têm responsabilidade direta por seu treinamento, desempenho e bem-estar geral. Para isso, eles precisam observar o que se passa para descobrir como os empregados se sentem em suas funções e o que acreditam que poderia tornar seu trabalho mais rico e produtivo.

II. Política de Portas Abertas

- Os administradores e chefes devem promover um clima em que os empregados se sintam livres e confortáveis para buscar conselhos individuais, expressar suas preocupações e oferecer suas ideias.
- Todos os empregados têm o direito, se julgarem necessário, de discutir suas preocupações com os administradores de nível superior. Toda tentativa de impedir que isso ocorra, seja por meio da intimidação ou quaisquer outros meios, é absolutamente contrária à política da empresa e será tratada desta forma.
- Assim sendo, o objetivo da política de portas abertas é estimular o empregado a buscar o nível "apropriado" da administração. Apropriado, aqui, significa aquele nível que melhor pode lidar com a informação.
- A utilização dessa política não influenciará de nenhuma forma qualquer avaliação sobre o empregado nem terá outra consequência para ele.
- Os empregados também têm responsabilidades – particularmente em manter as discussões com a administração em termos objetivos e focadas em assuntos relevantes.

---

26 GREENBERG, Eric Rolfe. Workplace testing: results of a new AMA survey. *Personnel*, p. 36-44, Apr. 1988.

27 *Employee Assistance Quarterly 3*, p. 3-4,1993. Esta edição foi totalmente dedicada à avaliação dos programas de assistência aos empregados.

A assistência do empregador aos problemas pessoais não é uma novidade. Em 1916, a Ford Motor Company já tinha um departamento especializado para ajudar os empregados "em todas as questões legais, livre de qualquer pagamento, como seguros, investimentos, disputas, compra de imóveis e processos de naturalização".[28] Seu departamento médico possuía uma moderna sala de cirurgia e uma enfermaria com seis leitos, e em sua escola de inglês, milhares de empregados aprenderam a falar, ler e escrever o idioma básico. Esses programas, no entanto, tiveram um fim na década de 20, em consequência das pressões que acompanharam o fenomenal crescimento da empresa, a complexidade e seu custo e a diminuição da influência dos executivos que os apoiavam.

Os programas hoje em dia estão em grande parte estruturados com base nas pesquisas sobre alcoolismo e nas formas mais eficazes de lidar com os empregados que apresentam esse problema. Dois componentes parecem ser necessários para seu sucesso:

1. Política por escrito. A maioria das pessoas procura ajudar os amigos quando estes aparentam ter problemas pessoais, mas poucos sabem exatamente como agir. As intenções podem ser as melhores possíveis, mas a falta de conhecimentos específicos sobre como lidar com a situação limita a utilidade da ajuda. O mesmo acontece nas organizações. Os colegas e chefes são, geralmente, os primeiros a perceber os sinais de uma dificuldade, e estão em posição de oferecer o apoio emocional e a motivação para lidar com o problema. Uma política por escrito proporciona a orientação sobre como agir. As pesquisas mostram que a disposição dos administradores em enfrentar os empregados com problemas comportamentais está altamente relacionada com a existência de uma política definida sobre desempenho, disciplina e práticas médicas. O Quadro 15.7 traz um trecho de uma política de assistência ao empregado em que o papel do chefe é claramente definido. Uma política por escrito também serve para demonstrar o completo comprometimento da administração com ela e as opções que a organização tem quando o desempenho não melhora.

2. Coordenador do programa. Um coordenador assegura que os procedimentos e políticas sejam conhecidos e executados por todos. O coorde-

nador deve ser bem visível, e pode aconselhar os executivos, encorajá-los a enfrentar o funcionário problemático e tranquilizar os empregados sobre o sigilo do programa.

Abordagens da Assistência ao Empregado

Existem duas abordagens diferentes de atuação. A maioria dos programas de assistência contém elementos de ambas.

Confrontação Construtiva

Essa estratégia se desenvolveu como uma técnica para identificar empregados alcoólatras e para enfrentar as reações típicas de culpa, negação, racionalização e manipulação. Seu enfoque é exclusivamente sobre as situações em que o desempenho do empregado está sendo claramente prejudicado. Quando não há danos no desempenho, não existe justificativa legal para a intervenção. A confrontação funciona melhor quando combinada a uma estratégia de disciplina progressiva: o desempenho inaceitável continuado leva a atos disciplinares cada vez mais severos, culminando com a exoneração.

Essa é a parte da confrontação. A parte construtiva deve: (1) expressar apoio emocional e preocupação do grupo pelo bem-estar do empregado; (2) enfatizar que o emprego será mantido se o desempenho melhorar; e (3) sugerir alternativas para que esta melhoria aconteça. O apoio e a confrontação são oferecidos simultaneamente e seu enfoque é exclusivamente sobre o desempenho no trabalho.

Aconselhamento

A melhoria do desempenho não significa necessariamente que os problemas tenham sido totalmente resolvidos. Além disso, o desempenho pode não ser afetado até que o problema se torne realmente muito grave. Em vez de lidar com as consequências sobre o desempenho, a abordagem de aconselhamento busca as causas do problema, seja no indivíduo ou em seu ambiente imediato. Pode-se utilizar os serviços de terapeutas profissionais e psicólogos.

Apesar da promessa de resolver os problemas antes que se tornem graves, o aconselhamento funciona melhor quando fica claro que a situação está fora do controle do empregado. Antes disso os empregados

---

28 *Essays on American industrialism.* selected papers of Samuel M. Levin. Detroit: Wayne State University, 1973.

Quadro 15.7
Trecho de uma política de assistência ao empregado (PAE).

Política

A PAE opera dentro da seguinte estrutura:

1. Uma grande variedade de problemas pode afetar negativamente o desempenho dos empregados. Entre eles estão a dependência de álcool e drogas, dificuldades conjugais e familiares e problemas emocionais. A PAE deve ajudar os empregados a resolverem estas questões e quaisquer outras sobre as quais busquem auxílio.

2. As funções atuais e os progressos futuros dos empregados não serão prejudicados pelo uso dos serviços da PAE.

3. Da mesma forma que os dados pessoais e de saúde, os registros da PAE serão mantidos em sigilo.

4. Quando necessário, deverá ser concedida licença-saúde para tratamento e reabilitação, da mesma forma que concedida para outros problemas médicos.

5. Os empregados se comprometerão a seguir os tratamentos recomendados pela PAE.

6. Os serviços da PAE estarão disponíveis também para as famílias dos empregados.

Procedimentos

1. Os empregados que precisam de aconselhamento profissional devem ser encorajados a buscar os serviços da PAE, e aqueles cujos problemas pessoais afetam negativamente seu desempenho devem ser encorajados a buscar ajuda voluntariamente junto à PAE.

2. Os chefes são responsáveis pelo questionamento do mau desempenho dos empregados e em ajudá-los a resolver seus problemas.

a. O chefe chama a atenção do empregado para a má qualidade de seu desempenho e estimula-o a resolver seus problemas sozinho ou com a ajuda dos serviços da PAE. Também cabe ao chefe lembrar o empregado que, se o desempenho se mantiver insatisfatório, isso poderá levar a uma atitude disciplinar formal.

b. Se o desempenho melhorar, não serão necessárias outras ações.

c. Se o desempenho continuar fraco, independentemente do empregado ter ou não aceito a ajuda, procedimentos disciplinares normais deverão ter lugar, chegando mesmo à exoneração do funcionário.

Em cada uma das etapas do procedimento, os chefes devem encorajar os empregados a buscarem ajuda junto ao serviço de aconselhamento da PAE

---

evitam buscar ajuda por medo de serem rotulados como doentes mentais.

Quais dessas abordagens têm melhor resultado, a confrontação ou o aconselhamento? Os programas que utilizam elementos das duas conseguem melhores resultados. A confrontação construtiva motiva o empregado a mudar seu comportamento, e o aconselhamento oferece os meios para fazer isso.

Muitas organizações possuem serviços de assistência ou programas de aconselhamento para os empregados. Os programas vão desde aconselhamento por telefone 24 horas ao dia até aulas sobre administração financeira, estresse e saúde. O Quadro 15.8 mostra os assuntos sobre os quais mais se busca aconselhamento por telefone, segundo uma instituição dos Estados Unidos. Os problemas pessoais chegam a 60% das chamadas; os problemas no trabalho ficam com 40%. Um estudo realizado junto a 6.400 empregados que usaram serviços de assistência em 84 empresas mostrou que 44% deles tinham problemas de natureza emocional ou psicológica, seguido de problemas conjugais (28%) e outros problemas familiares (31%). Relativamente poucos foram diagnosticados como dependência de álcool ou drogas.[29]

QUAL SUA OPINIÃO?

Ainda que as empresas prometam sigilo para todos os dados dos programas de assistência ao empregado, esse sigilo pode ser violado. Se um empregado processa judicialmente seu empregador, esses registros podem ser usados pelos advogados da empresa. Os advogados defendem essa prática alegando que ela só é utilizada quando o empregado entra com uma

---

29 HARRIS, Michael M., TRUSTY, Michael L. Drug and alcohol programs in the workplace: a review of recent literature. In: ROBERTSON, I., COOPER, C. (Orgs.). *1997 international review of industrial and organizational psychology.* New York: John Wiley, 1997.

Quadro 15.8
Tipos de problemas trazidos ao serviço de aconselhamento ao empregado.

Problemas pessoais: 60%	Porcentagem de chamadas
Financeiros (falências, dificuldades por causa da inflação, má administração)	26%
Legais (mais frequentemente conflitos familiares e locador-locatário)	21
Dependência química (10% álcool, 3% drogas)	13
Saúde mental (principalmente depressão)	9
Familiares (relacionamento com os filhos e com os pais)	8
Conjugais (dificuldades de comunicação e de resolução de problemas)	8
Pessoais (problemas de identidade, relacionamento e sexo)	5
Saúde física	5
Diversos (problemas não agrupáveis nas categorias acima)	6
Problemas no trabalho: 40%	**Porcentagem de chamadas**
Remuneração e benefícios (licença remunerada, assistência médica, férias, horas extras, aposentadoria)	22%
Desempenho (desacordo sobre o conteúdo da avaliação e sobre ações disciplinares)	19
Transferências e promoções	7
Políticas e procedimentos (exigência de familiaridade com as políticas específicas da empresa)	14
Relações interpessoais (conflitos com chefes ou outros empregados)	10
Aconselhamento para a carreira	8
Diversos (incluindo queixas de discriminação, problemas de reabilitação, condições de trabalho e outros não enquadrados em outro grupo)	20

Fonte: REED, David J. One approach to employee assistance. *Personnel Journal*, p. 648-652, Aug. 1983.

ação contra a empresa e, neste caso, esses dados podem ser uma evidência importante para determinar se ele teve problemas que afetassem seu desempenho e se a empresa tentou providenciar a assistência necessária. Qual sua opinião sobre isto?

CONFLITOS E DISCIPLINA

Muitas das políticas e dos programas discutidos neste capítulo podem ajudar bastante a prevenir a necessidade de ações disciplinares. A prevenção deve ser o objetivo de todas as organizações. Entretanto, quando a situação aparece, a existência de procedimentos para lidar com as infrações pode ajudar a manter o respeito aos direitos de todos os envolvidos. Existem quatro elementos que asseguram a adesão a um sistema disciplinar desse tipo.

1. *Estabelecer as regras.* O primeiro elemento de um sistema de disciplina é o estabelecimento de regras de trabalho ou de comportamento. As regras podem enquadrar comportamentos que estão relacionados direta ou indiretamente com a produtividade.

2. *Comunicar as regras a todos os empregados.* O manual do empregado é um bom veículo. A menos que os empregados conheçam as regras, não se pode esperar que as obedeçam. Uma questão relacionada é a aceitação das regras e de sua obrigatoriedade. A participação dos empregados na redação dessas regras pode ajudar sua adequação e equidade. Por exemplo, regras sobre comprimento de cabelos podem ter sentido para a segurança de certas funções, mas são irrelevantes para outras. As regras devem ser mantidas no menor número possível, e devem ser revistas periodicamente para que se mantenham relevantes.

3. *Avaliar o comportamento.* A avaliação de desempenho diagnostica as deficiências de comportamento no trabalho a intervalos regulares;

os comportamentos fora das regras são descobertos pela observação ou pela investigação (por exemplo, investigação de roubos, fraudes). Uma vez mais, a abordagem mais construtiva é a observação cuidadosa e constante dos acontecimentos para evitar a necessidade de medidas disciplinares.

4. *Mudar o comportamento*. Finalmente, o processo disciplinar inclui a punição e a assistência para a mudança do comportamento. O aconselhamento e a confrontação para motivar a mudança podem fazer parte do programa.

Processo Disciplinar

O processo disciplinar geralmente segue um sistema progressivo porque, da segunda infração em diante, a punição vai tornando-se cada vez mais severa. A política disciplinar que aparece no Quadro 15.9 segue essa abordagem. Ela começa com uma reprimenda verbal e depois passa por uma notificação escrita, que é assinada pelo empregado. Uma terceira infração dentro do prazo de 12 meses gera um aviso final, com a notificação de que depois será a demissão.

A primeira linha de ação do administrador deve ser o aconselhamento; esse é o método disciplinar mais frequente. O chefe determina se houve uma violação das regras, explica ao empregado por que isso afeta a produtividade e sugere que não volte a ocorrer o problema. Essa abordagem funciona para a maioria das infrações.

Se uma segunda ou mais séria violação ocorrer, o chefe novamente aconselha o empregado, desta vez avisando que o incidente vai fazer parte dos registros dele na empresa. Se o caso for suficientemente grave, o empregado pode também receber uma notificação oral ou escrita sobre as consequências de uma futura reincidência.

Se o caso for de ineficiência na função, pode-se transferir o empregado para outra área. Ele pode ter sido colocado na função errada, pode ter um conflito de personalidade com o chefe ou necessitar mais treinamento. Em casos raros, usa-se o rebaixamento de função.

Se o aconselhamento e advertências não funcionaram e a transferência não é uma boa ideia, o próximo passo geralmente é uma suspensão disciplinar. Se houve prejuízo com a infração, esse valor pode ser descontado do pagamento do empregado, suspendendo-o sem remuneração pelo tempo necessário para pagar essa quantia. A maioria das ações disciplinares não chega a este ponto. A suspensão normalmente é curta, talvez uns dias a uma semana.

Quadro 15.9
Política disciplinar progressiva.

1. Com exceção das infrações que requeiram ações mais severas, os empregados normalmente serão aconselhados oralmente antes de receberem uma notificação por escrito.

2. No caso de um novo problema de desempenho ou uma violação de quaisquer políticas ou regras da empresa, uma notificação por escrito será emitida.
   a. A notificação deverá ser datada e assinada pelo empregado. Caso se recuse a isso, outro chefe deverá ser imediatamente convocado para assinar como testemunho de que o empregado tomou conhecimento do comunicado.
   b. A notificação deve informar ao empregado das possíveis consequências de uma nova infração, incluindo uma notificação final, suspensão e /ou exoneração.
   c. A notificação por escrito não precisa ser sobre a mesma infração, ou uma similar, àquela que suscitou a advertência verbal.

3. Se ocorrer uma terceira infração nos 12 meses que se seguem à última notificação escrita, um aviso final deverá ser emitido.
   a. A notificação deverá ser datada e assinada pelo empregado. Caso se recuse a isso, outro chefe deverá ser imediatamente convocado para assinar como testemunha de que o empregado tomou conhecimento do comunicado.
   b. A notificação deve informar ao empregado que a reincidência será punida com a exoneração.
   c. A notificação final não precisa ser sobre a mesma infração, ou uma similar, que já tenha suscitado uma advertência verbal ou escrita.
   d. Além da notificação final, o chefe pode também suspender o empregado sem remuneração ou tomar qualquer outra atitude disciplinar que se mostre adequada.

4. Se o empregado infringir qualquer política da empresa ou não conseguir melhorar seu nível de desempenho, o resultado poderá ser a demissão.

Reproduzido com autorização de *Employee Handbook and Personnel Policies Manual*, por Richard J. Simmons. © 1983 Richard J. Simmons, Castle Publications, Ltd., P.O. Box 580, Van Nuys, California 91408.

Uma forma de punição ainda mais severa é induzir o empregado a se demitir. Isso tem várias vantagens, tanto para o empregado como para o empregador. Ambos mantêm as aparências. O empregado arruma outro emprego e pede demissão, dizendo aos colegas que a nova colocação é muito melhor. O empregador fica feliz por ter-se livrado de um empregado ineficiente. Entretanto, essa tática pode ser discutível sob o ponto de vista ético. O empregado pode, afinal, não ser culpado.

Ainda que controversa, essa decisão é preferida pela maioria se comparada com a próxima etapa do processo: mandar o funcionário embora. Para muitos administradores inexperientes, a demissão é a solução para qualquer problema com um empregado problemático. Frequentemente, a demissão não é possível por causa de regras de antiguidade, regras sindicais, dificuldades de substituição do empregado, medo de uma retaliação legal e outras várias razões. A demissão também é onerosa, tanto direta como indiretamente. Os custos diretos incluem a perda de todos os investimentos de recursos humanos já feitos na pessoa: recrutamento, seleção e treinamento. Pode-se somar uma indenização como resultado de um acordo para que o empregado não entre com uma ação judicial. Os custos indiretos referem-se aos efeitos da demissão sobre os demais empregados. Isso pode não ocorrer se for um caso de desvio gritante de comportamento ou ineficiência grave, mas os fatos nem sempre são tão claros, e os outros empregados podem achar que a ação foi arbitrária. Se este for o caso, a produtividade pode cair e empregados importantes irem embora, temerosos de serem vítimas de ações igualmente arbitrárias. Portanto, a exoneração é um último recurso – quando tudo o mais não funciona ou quando se trata de casos muito graves envolvendo fraude ou roubo.

A documentação do comportamento e das ações por ele precipitadas é necessária em todas as etapas do processo. Essa documentação pode proteger o empregador no caso de uma batalha judicial movida pelo demitido.

Resolução de Conflitos

Os conflitos precisam ser tratados de maneira que protejam os direitos dos empregados. Além das questões disciplinares, o conflito no trabalho pode surgir por uma série de razões: assédio sexual, queixas sobre oportunidades desiguais, disputa por promoções, remuneração, admissão em programas de treinamento. Algumas organizações possuem procedimentos que permitem que os empregados e os administradores manifestem suas insatisfações.

Empregados filiados a sindicatos negociam coletivamente algumas dessas disputas enquanto tentam resolver outra por meio dos procedimentos formais de queixa.

Tipos de Sistemas

Os tipos de sistemas que uma organização utiliza dependem dos tipos de problemas enfrentados e sua compatibilidade com outras estruturas organizacionais.

Os procedimentos variam em duas dimensões:

1. *Grau de formalidade.* Uma alta formalidade significa a explicitação dos temas passíveis de apelação, as etapas a seguir e os papéis e responsabilidades de cada uma das partes.

2. *Grau de independência da administração.* Os empregados precisam queixar-se a seus superiores imediatos ou são usadas outras pessoas apenas para isso?

Os sistemas mais independentes usam árbitros de fora, e podem até providenciar aconselhamento legal independente para os empregados. No Wells Fargo Bank, a unidade de relações com os empregados age como um verdadeiro advogado dentro da empresa. Ainda que muitos autores acreditem que os sistemas mais formais e independentes são aceitos com mais facilidade, não existem pesquisas sobre o assunto.

O sistema hierárquico é o mais formal, menos independente e também o mais comum.

Sistemas Hierárquicos

As ações disciplinares são aplicadas aos empregados por seus chefes, que também avaliam seus desempenhos. Quando o empregado é considerado ineficiente, o chefe decide o que deve ser feito. O sistema hierárquico delega ao chefe o poder de polícia e júri, que pode ser arbitrário, ineficiente e estar errado.

Qualquer pessoa acusada de um crime, na maioria das vezes, tem a possibilidade de recorrer às instâncias superiores para provar sua inocência. Na situação empresarial, quando o empregado não tem salva-guardas, a pena por uma violação de regras pode significar a perda do emprego e do salário. O que ele pode fazer se for vítima de uma injustiça por parte de seus superiores?

A política de portas abertas da Hewlett-Packard encoraja os empregados a expressarem seu descontentamento aos chefes e administradores e recorrer aos escalões mais altos se acharem necessário. Uma limitação inerente ao sistema hierárquico é que o conjunto total de seus valores está baseado no apoio mútuo entre os chefes para a construção de um bom time de administradores. Assim sendo, o sistema pode até oferecer uma justiça *processual,* na qual os empregados têm oportunidade de serem ouvidos, mas pode faltar a justiça *substantiva,* se o sistema não eliminar as ações arbitrárias.[30]

Sistema de Pares

Em contraste com o sistema hierárquico, em que os empregados levam suas reclamações aos seus superiores, esse sistema se baseia nos colegas de mesmo nível, independentes ou relacionados com o empregado, para fazer a avaliação da situação e recomendar as ações cabíveis. Ele pode ser implementado de várias maneiras.

O sistema de resolução de conflitos da General Electric, em sua unidade de Maryland, utiliza uma banca de cinco membros, formada pelo gerente da fábrica, um administrador de pessoal e três empregados especialmente treinados. Portanto, os empregados formam a maioria.

Uma avaliação feita depois de cinco anos desta experiência mostrou que, de 300 queixas arquivadas, 100 foram examinadas pela banca. As outras 200 foram resolvidas caso a caso com a chefia. Este número total de queixas foi substancialmente maior do que nos cinco anos anteriores, sob a política de portas abertas, quando os empregados reportavam suas reclamações a seus superiores. A administração da empresa atribui esse aumento a uma maior confiança dos empregados em um tratamento justo. Eles dizem que a maior qualidade do programa é melhorar a interação entre os empregados e os administradores e tornar os chefes mais responsáveis.[31]

Ombudsmen

Outra maneira de solucionar os conflitos é por meio da utilização de um *ombudsman,* que investigará as queixas, ouvirá todos os envolvidos e tentará ajudar as partes a chegarem a um acordo com o qual possam conviver. O sistema Intercom do Chemical Bank of New York é um exemplo. Os empregados da empresa recebem um treinamento especial e trabalham três anos como representantes do Intercom. Selecionados em todas as áreas da empresa, estes representantes são treinados para ouvir os empregados e conversar com eles sobre suas preocupações relativas ao trabalho. A administração só terá envolvimento no caso se houver solicitação por parte dos empregados.

Julgamento dos Juízes

Para mostrar-se eficiente, a resolução de conflitos tem que parecer mais atraente ao empregado do que a demissão ou o processo judicial. Esse padrão leva a quatro critérios para a avaliação destes sistemas.

1. *Justiça do acordo.* Os empregados precisam perceber que a organização é capaz e tem disposição para modificar a situação que gera o problema.
2. *Oportunidade do acordo.* Reduzir o tempo de incerteza e a perda de benefícios decorrentes da continuação da disputa é uma das principais vantagens ao acordo sobre o processo judicial.
3. *Facilidade de utilização.* O tempo e o esforço requeridos para levar a cabo este processo devem ser mínimos.
4. *Proteção contra discriminação.* Futuros aumentos salariais e promoções não podem ser ameaçados por causa da apresentação de uma queixa ou denúncia.

EXPLORANDO A WEB

A *Employee Assistance Professionals Association,* nos Estados Unidos, tem seu *site* no seguinte endereço:

http://www.jobweb.org/cohrma/eapa/eapa.htm

Um estudo realizado sobre um sistema de queixas tipo portas abertas descobriu que ele tem o potencial de reduzir a rotatividade.[32] Os pesquisadores examinaram

---

30 KLAAS, Brian S., OMO, Gregory G. Dell. The determinants of disciplinary decisions: the case of employee drug use. *Personnel Psychology* 44, p. 813-822; HARRIS, Michael M., HEFT, Laura L. Alcohol and drug use in workplace: issues, controversies, and directions for future research. *Journal of Management* 18, nº 2, p. 239-266, 1992.

31 BLANCERO, Donna. Nonunion grievance systems: perceptions of fairness. *Proceedings of the Forty-Fourth Annual Meeting of the Industrial Relations Research Association,* p. 458-464. Jan. 1992; GREENBERG, Jerald. A taxonomy of organizational justice theories. *Academy of Management Review,* p. 9-22, Jan. 1987.

32 RUIZ-QUINTANILLA, S. Antonio, BLANCERO, Donna. *Open door policies:* measuring impact using attitude surveys. Documento de trabalho nº 95-26. Cornell University Center for Advanced Human Resource Studies. Ithaca, NY, 1995.

tanto os empregados que apresentaram queixas quanto os que não o fizeram. A amostra, composta por mais de 4 mil empregados das 100 maiores empresas listadas pela revista *Fortune*, revelou que uma experiência positiva com o sistema de portas abertas melhorava a impressão sobre a justiça distributiva e processual, o que, por sua vez, aumentava o índice de satisfação e a intenção de permanecer na organização. O efeito atinge até quem não utilizou o sistema. Ele se propaga quando os usuários conversam sobre suas experiências, positivas ou negativas, com os demais empregados.

As pesquisas são controversas em relação a se os procedimentos da hierarquia formal são capazes de fornecer uma genuína justiça organizacional aos empregados. Seus defensores argumentam que os procedimentos formais dão melhores oportunidades aos empregados para buscar soluções ao tratamento injusto, em comparação com a informal política de portas abertas que não possui nenhum mecanismo institucionalizado. Os mais céticos acreditam que os procedimentos formais apenas mantêm uma aparência de justiça, sem de fato buscá-la. Em contraste com os mecanismos oferecidos pelos sindicatos, os empregados precisam se arranjar sozinhos e confiar em seus superiores para uma decisão justa. Assim sendo, a avaliação do quanto os processos formais protegem os empregados depende de uma referência para comparação.[33]

Dois pesquisadores examinaram alguns fatores comuns a vários sistemas de justiça, os quais presumivelmente eliminariam os comportamentos tendenciosos: (1) os tomadores de decisão aceitarem as regras exatamente como são, independentemente de concordarem ou não com elas; (2) estabelecer orientações sobre o que constitui prova suficiente em uma denúncia; e (3) limitar o acesso às informações do passado.[34] Embora este estudo tenha sido realizado em laboratório e não em uma empresa de verdade, os pesquisadores concluíram que a introdução desses fatores poderia fortalecer os sistemas de justiça nos ambientes não sindicalizados. A restrição ao acesso a informações do passado pode aumentar a confiança dos empregados por garantir alguma proteção contra o uso de possíveis ações disciplinares não merecidas. Orientações precisas para que as regras sejam obedecidas e o estabelecimento de um padrão para as evidências ou provas podem minimizar as inconsistências entre os tomadores de decisão. Desta maneira, ainda que a maioria dos sistemas de resolução de conflitos nos ambientes fora dos sindicatos concentre o controle nas mãos dos administradores, a estrutura do sistema pode melhorar o grau de confiabilidade e justiça em relação aos empregados.

AVALIAÇÃO DE RESULTADOS

A eficácia das relações com os empregados depende da eficiência e equidade de seus resultados, tanto para os empregados como para a empresa.

Eficiência

A avaliação da eficiência dos programas de relações com os empregados pode incluir a melhoria da qualidade dos produtos (medida pela redução de produtos rejeitados), o aumento da produtividade (indicado pelo crescimento da produção por hora trabalhada) e a redução de custos (medida em custo por unidade produzida). Obviamente, essas mensurações podem mudar em função de outros fatores, o que torna esta avaliação bastante difícil.

Um estudo empírico correlacionou programa de Qualidade de Vida no Trabalho (QVT) em 18 unidades da General Motors com o desempenho econômico (custos trabalhistas, qualidade dos produtos), o que poderia ser caracterizado como eficiência, e o desempenho das relações industriais (índice de queixas, absenteísmo, clima comportamental do relacionamento empresa-sindicato), o que poderia ser caracterizado como equidade. O interesse básico dos pesquisadores era descobrir se os programas de QVT haviam suavizado as negociações trabalhistas, comparando o número de demandas introduzidas na negociação do próximo contrato nesta empresa com os índices nacionais. Apesar de compartilharem o mesmo empregador, tecnologia e sindicato, as 18 unidades apresentaram variações extremas em seus índices de queixas, de ações disciplinares e outros aspectos econômicos e de relações industriais.

Ainda que os resultados do desempenho das relações industriais estivessem fortemente relacionados com o desempenho econômico, os autores hesitaram em concluir que os programas de QVT tenham sido os causadores dessas melhorias, em função da falta de

---

33 FEUILLE, P., CHACHERE, D. R. Looking fair or being fair: remedial voice procedures in nonunion workplaces. *Journal of Management* 21, nº 1, p. 27-42, 1995.

34 KLAAS, Brian S., FELDMAN, D. C. The impact of appeal system structure on disciplinary decisions. *Personnel Psychology* 47, p. 91-108, 1994.

dados mais completos. O teste essencial do sucesso desses programas, disseram, é a manutenção da colaboração efetiva no ambiente de trabalho durante os períodos de difíceis conversas na mesa de negociações.[35]

Medidas de Utilidade da Eficiência

A abordagem de utilidade para a avaliação tem sido utilizada para estimar o valor econômico de um programa baseado em funções. O valor econômico da melhoria (ou piora) do desempenho de uma função específica é traduzido em uma estimativa do valor econômico do programa. A cidade de Phoenix, Estados Unidos, utilizou essa abordagem para avaliar seu programa de assistência aos alcoólatras. Usando as estimativas do serviço público de saúde sobre o número de dependentes no total da mão de obra (cerca de 10%) e as estimativas dos administradores sobre o custo em termos de horas não trabalhadas em vários níveis organizacionais, foi calculado seu valor.[36] O programa para os funcionários da cidade de Phoenix pedia um grau de reabilitação de viciados maior do que as fontes comunitárias de tratamento por causa da ameaça de perda de emprego. A estimativa de economia com esse programa foi de mais de 2 milhões de dólares ao ano.

Um estudo longitudinal de dados de 26 indústrias siderúrgicas concluiu que uma única inovação isolada mostrava pouco impacto sobre a produtividade. Consequentemente, tentar calcular os ganhos da adoção de creches ou de horários flexíveis é inútil. O que faz a diferença é a adoção de um sistema coerente de práticas de RH, incluindo o trabalho em equipes, as atribuições flexíveis de funções, a segurança no emprego e o treinamento. Mais do que um simples programa, é todo o sistema de práticas de RH que conta.

Equidade

Estudar os efeitos das atividades de relacionamento com os empregados é difícil, porque essas relações refletem toda uma filosofia empresarial. É difícil isolar seus efeitos.

Uma forma de analisar esses efeitos é considerar as opções dos empregados quando não existe um programa de relacionamento. Empregados importantes que se sintam descontentes podem facilmente sair da organização.

Aqueles menos essenciais têm menos opções para sair, mas podem diminuir seu comprometimento e sua motivação, ou até mesmo sabotar o trabalho dos outros.

Uma segunda opção é entrar para um sindicato, somando esforços para mudar o ambiente de trabalho. Uma terceira é processar judicialmente seu empregador. Um número cada vez maior de empregados tem tomado esta decisão. O Wells Fargo Bank estima seus custos com tais processos em mais de 6 milhões de dólares. Apenas um processo que consiga ser evitado justifica uma série de atividades de melhoria do relacionamento com os empregados.

As pesquisas para medir os resultados dos programas de cooperação os veem como uma variável que afeta a satisfação e a motivação dos empregados, ou como um guarda-chuva sob o qual se abrigam muitas das atividades organizacionais. A amplitude da definição torna difícil especificar seus resultados. Além disso, muitos programas têm vida curta e não chegam a produzir resultados duradouros e tangíveis.

Entretanto, as pesquisas oferecem alguns caminhos para o sucesso. Para permitir que as abordagens mais cooperativas contribuam para o sucesso das decisões organizacionais, a administração precisa estar disposta a conceder algo de valor aos empregados para obter sua confiança e credibilidade. A concessão pode ser um maior controle sobre as condições físicas do trabalho ou a segurança no emprego. É necessário igualmente haver apoio dos múltiplos níveis da organização para a nova abordagem. O chefe imediato pode precisar de um treinamento para conseguir tornar os esforços cooperativos em um sucesso.

Como as economias são tão difíceis de serem documentadas, pode-se perguntar por que os empregadores se preocupam em fornecer aconselhamento, sistemas de resolução de conflitos ou assistência às crianças. As boas intenções e a demonstração de sua preocupação com os empregados pode ser o suficiente. Alguns empregadores podem estar comprometidos com esses programas, da mesma forma que se comprometem com suas comunidades. De qualquer maneira, a administração eficiente dos recursos humanos ajuda a garantir que os programas de relacionamento com os empregados sejam bem elaborados e administrados.

---

35 KATZ, Harry C., KOCHAN, Thomas A., GOBEILLE, Kenneth R. Industrial relations performance, economic performance, and QWL programs: an interplant analysis. *Industrial and Labor Relations Review*, p. 3-17, Oct. 1983.

36 BEYER, Janice, TRICE, Harrison. The best/worst technique for measuring work performance in organizational research. *Organizational Behavior and Statistics*, p. 1-21, May 1984.

RESUMO

Existe uma grande variedade de atividades em uma organização voltadas para fortalecer a qualidade dos relacionamentos entre empresa e empregados. Alguns são programas formais, como os procedimentos para resolução de conflitos ou de conscientização de saúde e segurança. Outras atividades são mais casuais, como organizar e participar de uma festa da empresa. O estímulo a um relacionamento cooperativo, em vez de adversário, é o objetivo. A premissa é de que um clima desse tipo ajuda o bom desempenho dos empregados e melhora sua criatividade.

Os efeitos dos programas de relacionamento com os empregados são difíceis de avaliar. Grande parte de seus benefícios traduz-se em economia de custos – processos judiciais evitados, redução do absenteísmo e da rotatividade, manutenção dos índices de produtividade. Além disso, a maioria desses programas contribui para um clima melhor na organização. Eles são uma demonstração de que o empregador está comprometido com os relacionamentos cooperativos, respeita seus empregados, os vê como uma fonte sem sugestões lucrativas e fará esforços para atender a suas preferências.

Como é difícil justificar a manutenção desses programas com base nos números, o comprometimento do alto escalão da empresa é essencial. Sem esse apoio (às vezes uma mudança na cúpula), parecerá uma solução bem simples cortá-los para melhorar os resultados financeiros da empresa. Portanto, os administradores de recursos humanos precisam estar ligados aos empregados para assegurar que os programas funcionam eficientemente e à cúpula da organização, para que mantenha seu apoio.

QUESTÕES

1. Um júri de Minnesota, Estados Unidos, concedeu uma indenização de 60 mil dólares a uma ex-caixa de banco que alegou ter sofrido danos emocionais por ter sido pressionada a passar por um teste de polígrafo, ou detector de mentiras. Ela, que passou no teste, mas diz ter continuado a ter pesadelos sobre ele, havia sido inquirida sobre um desfalque. Com seus conhecimentos de agora, o que você aconselharia a seu empregador, o Suburban National Bank of Eden Prairie, Minnesota, a fazer quando suspeitasse de um desfalque?

2. Uma companhia de seguros do Texas demitiu um auditor que não foi capaz de entregar uma auditoria em tempo. O auditor alegou que não pôde completar o trabalho porque seu empregador fizera declarações que não podiam ser verificadas e que ele desconfiara serem falsas. O que faria se fosse o empregador? E se fosse o empregado?

3. Como um programa de assistência a empregados dependentes de álcool deve ser estruturado para ser bem-sucedido?

4. Descreva um sistema disciplinar progressivo.

5. Um programa de relações com os empregados é um bom substituto para um sindicato?

6. Quais outras iniciativas organizacionais discutidas nos capítulos anteriores poderiam melhorar o envolvimento dos empregados?

7. Como poderia ser estruturada uma pesquisa sobre custo-benefício de um sistema de resolução de conflitos?

8. Você acredita que o estresse profissional deveria ser um fator de base para um sistema de remuneração?

9. Quais as ações que os indivíduos podem tomar para aumentar sua segurança econômica em face das mudanças nas relações de emprego?

Sua Vez

Saks Fifth Avenue

Um ex-guarda de segurança da famosa loja Saks Fifth Avenue, de New York, está de volta à prisão por assédio sexual. Esta é sua segunda condenação por crime sexual. Enquanto era empregado da loja, ele estuprou uma funcionária de 27 anos, na sala dela. Ela não denunciou o primeiro assalto. Apenas quando foi atacada novamente, cinco dias depois, e teve um esgotamento nervoso, resolveu procurar a polícia.

O maníaco está agora na cadeia e ela processou a loja por negligência. Ela alega que:

- Se a loja tivesse feito uma pesquisa melhor antes de contratar o guarda, sua antiga condenação teria sido descoberta.

- Ele já havia assediado outra mulher na loja antes de estuprá-la.

- A empresa foi negligente em contratar, manter e chefiar seu atacante.

Ela também alegou que a Saks não tomou nenhuma providência contra o guarda intencionalmente, nem foi capaz de protegê-la ou mesmo alertá-la contra ele. A intenção da moça era a de levar a empresa aos tribunais além do âmbito da legislação trabalhista.

A posição da loja foi tentar convencer o juiz a não acatar a denúncia. Sua defesa:

- A abertura do processo impede que a loja comente seu processo de contratação.
- Uma vez que os incidentes ocorreram na loja, o único recurso da moça é na legislação trabalhista.
- Permitindo que o processo se desenrole, no qual a moça alega que os danos a ela causados "não aconteceram por causa, nem durante o desempenho de suas funções... isto pode levar ao descrédito todo o sistema de remuneração dos trabalhadores".

Em resposta à acusação de que a loja intencionalmente teria deixado de tomar uma atitude, a Saks respondeu que, além de não haver evidências para a queixa, a moça demorou muito a fazê-la. A denúncia seria apenas um ardil para evitar a exigência legal de prestar queixa no âmbito da legislação trabalhista, segundo a qual o máximo que ela receberia seria uma indenização por perda de rendimentos e as despesas médicas.

Discuta as implicações de uma decisão judicial a favor do empregado.

Discuta as implicações de uma decisão judicial a favor do empregador.

16
Evolução da Profissão de Administrador de Recursos Humanos

> *Aninhado e dormente dentro de sua organização, como a serpente junto ao seio de Cleópatra, está um departamento em que os empregados gastam mais de 80% do seu tempo em tarefas administrativas rotineiras. Quase todas as atividades deste departamento poderiam ser executadas melhor e com menos custo. É provável que seus líderes não consigam descrever suas contribuições para a agregação de valor exceto em termos tendenciosos, inquantificáveis e pretensiosos – e ainda assim, como a serpente que não morre com o próprio veneno, este departamento frequentemente dá conselhos aos demais sobre como eliminar o trabalho que não agrega valor. Esta é também uma organização em que a média de salários anunciados para os executivos cresceu 30% no último ano. Eu estou descrevendo, é claro, nosso departamento de recursos humanos e tenho uma proposta simples: Por que não dar um fim nele?*
>
> STEWART, Thomas A. Taking on the last bureaucracy. *Fortune*, 15 Jan. 1996.
>
> Imagine que um de seus professores, não familiarizado com a administração de recursos humanos, lhe mostrasse esse artigo da revista *Fortune* e pedisse seu comentário. Ou, suponha que depois de ser contratado por uma empresa, um dos administradores lhe mostrasse o tal artigo, perguntando: "Depois de todo o seu treinamento na administração de recursos humanos, você poderia me explicar por que nós simplesmente não abolimos estes departamentos?" O que responderia?

Depois da leitura de todos os capítulos anteriores, certamente você imagina que os autores diriam que é um erro abolir os departamentos de RH. Vimos como os recursos humanos são importantes para o atingimento dos objetivos organizacionais. Você leu as citações de líderes empresariais declarando que acreditam que os recursos humanos são a chave para o sucesso, e que as organizações se perpetuam ou acabam em função da qualidade do trabalho e das decisões tomadas pelas pessoas que nelas atuam. Finalmente, você aprendeu que os administradores podem diagnosticar os aspectos críticos dos recursos humanos, as técnicas essenciais usadas para construir e aperfeiçoar o capital humano da empresa, e a evidência de que o investimento nas pessoas tem um impacto sobre a equidade e a eficiência. Com toda essa riqueza de conhecimentos e evidências, como pode um colunista de uma importante revista de negócios propor a abolição dos departamentos de RH?

Existem razões muito boas para que o "departamento" de RH tradicional seja uma espécie em extinção, principalmente se ele estiver voltado à realização de atividades e administração da burocracia. Isso nos leva de volta ao tema da diferença entre "fazer as coisas certas" e "fazer certo as coisas". Cada vez mais, muitas das atividades da administração de recursos humanos podem ser melhor executadas por empresas terceirizadas, executivos de linha ou mesmo pelos próprios empregados. Fazer cheques de pagamento, manter arquivos de pessoal ou ministrar testes de seleção são coisas que podem ser feitas corretamente pelos profissionais de RH, mas frequentemente a "coisa certa a ser feita" é delegar essas funções a terceiros, e desenvolver esses profissionais dentro da empresa para que se concentrem em fazer as coisas certas.

Por exemplo, a Nucor Steel tornou-se uma das siderúrgicas mais conhecidas dos Estados Unidos, em parte por declarar que não tem uma organização de RH. O gerente de pessoal, James Coblin, diz que a maioria das unidades da empresa não tem "descrição de funções, avaliação de desempenho, departamento de compras nem pessoal de recursos humanos. O gerente da unidade faz todo o serviço de contratação e demissão de empregados e se encarrega das compras". O segredo? Coblin acha que é o plano de incentivo de remuneração, que paga normalmente 9 dólares por hora aos empregados de produção; adicionalmente, são pagos 5% de bônus para cada tonelada de aço produzida além da quota mínima. Uma equipe tem uma quota de oito toneladas e seu maquinário tem a capacidade de produzir 10 toneladas/hora, mas produz uma média entre 37 a 42 toneladas/hora. Se o empregado chega atrasado, ele perde a bonificação daquele dia. Se faltar ao trabalho ou atrasar-se mais de uma hora, perde a bonificação da semana inteira. Não é de surpreender, portanto, que os atrasos e faltas são poucos.[1]

Evidentemente, esses aspectos são apenas dois indicadores da eficácia da administração de RH, e muitas empresas consideram difícil gerenciar seus empregados só com base em um plano de incentivo de remuneração. De qualquer modo, a ideia é tornar o gerente da unidade o responsável pelas atividades de recrutamento e seleção e dar aos empregados o máximo de incentivos e autonomia para realizarem um bom trabalho. O que está havendo com a área de RH, afinal?

Neste capítulo final, vamos analisar as mudanças na profissão de administrador de RH e as mudanças na própria "função" de RH dentro da organização. Lembre-se do Quadro 5.3, no qual foi mostrado que um dos elementos de um plano integrado de RH é a decisão sobre como organizar o "departamento" de recursos humanos. Tradicionalmente, este departamento conta com um grande número de profissionais dedicados à organização. Hoje em dia, cada vez mais ele conta com administradores, empregados e terceirizados, de forma que chamá-lo de "departamento" não parece apropriado; talvez seja melhor chamá-lo de "função". Vamos examinar como as empresas estão trabalhando para organizar e estruturar esta função, de modo a buscar fazer as coisas certas, incluindo aspectos de como e onde devem ficar os profissionais de RH, a quem devem se reportar, as competências necessárias para esta função no futuro, a maneira como as informações são obtidas e utilizadas e como avaliar o sucesso da função. Se seu interesse principal está na área de administração de RH, este capítulo vai ajudá-lo a entender as mudanças do papel do profissional de RH do futuro, bem como a se preparar para este papel.

FUNÇÃO DE RH: DE "UM CAPATAZ" PARA A "ALTA FLEXIBILIDADE GLOBALIZADA"?

Qual o formato futuro da função de RH? Uma perspectiva histórica pode ser útil e instrutiva.[2]

Modelo Industrial

A abordagem da Nucor Steel não é nenhuma grande novidade. Os primeiros praticantes de RH eram os capatazes das fábricas, que contratavam, demitiam e supervisionavam seus trabalhadores. Com o passar do tempo, surgiram papéis mais especializados. A década de 20 assistiu o surgimento dos "departamentos de pessoal" em consequência da escassez de mão de obra, o desenvolvimento dos testes psicológicos e uma atenção crescente pelos estudos científicos do trabalho, como aqueles realizados por Frederick W. Taylor. Os fabricantes de armamentos durante a Primeira Guerra Mundial precisavam ter um departamento de pessoal. Durante a Grande Depressão na década de 30, a atenção dada à área de RH diminuiu. O subsequente aparecimento dos sindicatos e das atividades trabalhistas gerou a necessidade de novas especializações, dessa vez na forma de negociadores e especialistas em relações trabalhistas. A Segunda Guerra Mundial criou pressões para a produção, escassez de mão de obra e a necessidade dos militares

---

1   Managing without HR. *HRM News,* p. 3, 17 Feb. 1995.

2   O material desta seção foi tirado de DYER, Lee D., BURDICK, Walton E. Personnel and human resource management. In: McKELVEY, Jean, NEUFELD, Maurice (Orgs.). *A half century of challenge and change in employment relations.* Ithaca, NY: ILR Press, 1995.

selecionarem, treinarem e distribuírem um número enorme de indivíduos. As restrições quanto aos aumentos salariais no tempo da guerra foi um fator essencial para o surgimento dos benefícios "indiretos", como uma nova especialidade. Durante os anos 50, o crescimento do sindicalismo e das atividades trabalhistas levou os empregadores a buscarem novas formas de organizar o relacionamento com seus empregados. Isto conduziu ao *modelo industrial* de relações humanas, cujo enfoque está nas regras do trabalho, planos de carreira claros, recompensa por antiguidade e administração de relações contratuais de emprego frequentemente complexas. Os sistemas de avaliação de desempenho, o julgamento de méritos e outras regras burocráticas especializadas geraram uma forte demanda por especialistas de RH. Neste mesmo tempo, a experiência Hawthorne, um estudo clássico de comportamento de grupo realizado nas décadas de 20 e 30 pela Hawthorne Works da Western Electric Company em Chicago, mostrou que a atenção dedicada aos empregados podia melhorar a produtividade e o moral, o que levou ao estabelecimento de um outro conjunto de processos destinados a reforçar os relacionamentos no trabalho, como o enriquecimento das funções, comunicação com os empregados e assim por diante.[3]

Modelo de Investimento

As décadas de 60 e 70 viram a mudança do enfoque das relações trabalhistas para a administração de pessoal, e a emergência do "profissional de pessoal". A legislação foi a mola propulsora dessa modificação. Como vimos neste livro, a maior parte das leis de oportunidades iguais de trabalho foram criadas na década de 60, o que criou a necessidade de profissionais que soubessem interpretá-las e implementar as políticas apropriadas. Houve também uma mudança de foco das organizações industriais tradicionais com operários majoritariamente sindicalizados, para empresas tecnológicas de crescimento rápido, baseadas no conhecimento de seus empregados, quase nunca pertencentes a sindicatos. Nos anos 60 e 70, os melhores exemplos disso foram a IBM e a Eastman Kodak. Hoje em dia, incluir-se-iam nessa lista a Microsoft, a Intel e a Disney. O *modelo de investimento* apareceu baseado na autonomia do empregado (em contraste com o controle sobre ele), enriquecimento de funções, emprego vitalício e altos investimentos na socialização dos empregados e relações de remuneração

de longo prazo. O moral passou a ser um indicador básico do sucesso, e tornou-se amplamente aceita a ideia da área de RH como um conjunto integrado de atividades projetadas para ajudar os empregados e a organização a atingirem seus objetivos. Essas atividades, como vimos no decorrer deste livro, desenvolveram-se durante os anos 60 e 70. Geralmente, eram implementadas pelos gerentes de departamentos de recursos humanos, que assessoravam os executivos, monitoravam práticas visando à consistência e o comprometimento, e até exerciam responsabilidade financeira pelos pagamentos de salários e benefícios. Massas de funcionários administrativos cuidavam da crescente burocracia que esse modelo gerou.

Modelo de Envolvimento

Os anos 80 e 90 trouxeram pressões econômicas ainda maiores e a consciência de que as empresas e os indivíduos enfrentam uma crescente e definitiva competição globalizada – e também, oportunidades. A área de RH não ficou imune a essas mudanças, como já vimos. Uma das respostas a esta situação é o *modelo de envolvimento*, baseado no crescente envolvimento dos empregados por meio do enriquecimento de funções, trabalho em equipes, confiabilidade, objetivos mútuos. Tudo isso é apoiado por um processo cuidadoso de seleção, emprego estável, comprometimento com a oferta de oportunidades de desenvolvimento, incentivos salariais, benefícios flexíveis e comunicação extensiva. A era do empregado mais autossuficiente chegou, exigindo dos empregados que assumam maiores responsabilidades e riscos nas relações de emprego. Ao contrário do empregado "criança", protegido e instruído em troca de lealdade e conformidade, o modelo "autossuficiente" baseia-se em uma filosofia mais independente. Os empregados têm liberdade de construir suas carreiras de novas maneiras, de competir abertamente pelas oportunidades, de trocar ideias e de buscar oportunidades de desenvolvimento. O empregador tem algumas garantias e proporciona uma estrutura de remuneração que recompensa o desempenho, oferece várias oportunidades de desenvolvimento e uma abordagem flexível de avaliação do valor dos empregados que independe da hierarquia ou da estrutura de recompensa tradicionais. O papel do profissional de RH nestas organizações está evoluindo do tradicional assessor de executivos e gerenciador de programas para uma conexão muito mais próxima

---

3   GILLESPIE, R. *Manufacturing knowledge:* a history of the hawthorne experiments. Cambridge, Reino Unido: Cambridge University Press, 1991.

com os empregados e líderes de unidades de negócios. O modelo de envolvimento parte da ideia de que a maioria dos empregados ainda prefere trabalhar para uma única empresa e que a administração de recursos humanos ainda emana de dentro da organização. A crescente importância das pessoas para o modelo de envolvimento é um argumento para um número maior de profissionais de RH nas empresas.

Modelo de Alta Flexibilidade

Modelos ainda mais radicais têm surgido. Nos capítulos anteriores, discutimos como a "reengenharia" é fundamentalmente um exame de como o trabalho é realizado. O mesmo processo tem sido aplicado às atividades de RH. Se os processos de trabalho se movem em direção às equipes flexíveis, por que não fazer a reengenharia de atividades como seleção, recompensa, treinamento e comunicação para que as equipes possam realizá-las sozinhas? Se outra empresa consegue treinar seus empregados melhor e a um custo mais baixo, já que é dedicada apenas ao treinamento, por que não pagar a ela por esse serviço e extinguir seus programas internos de treinamento? Se a tecnologia e a informática permitem que as pessoas verifiquem sozinhas suas informações pessoais, como fundos de pensão ou atualização de dados, por que manter administradores de recursos humanos para fazer isso? O resultado pode ser um *modelo de alta flexibilidade* para a função de RH, no qual a organização passa a ser uma rede solta de alianças. Pense em como uma banda de rock como os Rolling Stones ou a Phish executa uma turnê. Eles não criam uma empresa para isto, como uma "Phish Corporation". Em vez disto, eles arregimentam talentos autônomos para cuidar das viagens, reservas, apoio técnico e tudo mais que for necessário. Terminada a turnê, essas pessoas vão trabalhar em outros projetos. A função de RH poderia ser operada dessa maneira? Já discutimos como, atualmente, atividades como seleção, benefícios, treinamento e sistemas de remuneração podem ser executadas e até fortalecidas por meio do uso de computadores ou de consultores externos. Muitas organizações apostam nisso como sendo o futuro.

O Quadro 16.1 retrata essa transformação. A função de RH centralizada e uniforme é a tradição, com um grande contingente de pessoal voltado a determinar políticas uniformes para a organização. Essas políticas são então executadas e implementadas pelos administradores de RH junto às unidades de negócios. A criatividade e a autoridade são concentradas na cúpula da empresa. A função de RH mais descentralizada e flexível está evoluindo em direção a um contingente bem menor de pessoas, formando uma "equipe de elite", com líderes com ampla experiência e conhecimentos sobre o negócio e suas unidades. Essa equipe de liderança proporciona uma ampla orientação, dentro da qual as unidades de negócios vão determinar suas políticas. A "ação" no modelo descentralizado fica por conta dos "administradores" ou "representantes" de RH. Estes administradores funcionam como consultores internos para as unidades de negócios, criando as políticas sob medida para atender às necessidades negociais. Alianças próximas são formadas com os representantes que fornecem conhecimentos e serviços especializados (por exemplo, folha de pagamento, sistemas de informação, administração de benefícios). Observe a importância das alianças nesse modelo descentralizado. Certas funções de RH são realmente terceirizadas aos representantes, e eles se tornam contribuintes importantes para o sucesso organizacional. A terceirização ao fornecedor com melhor preço apenas com o intuito de cortar custos é uma receita para o desastre. Ao contrário, um relacionamento cuidadosamente planejado com alguns parceiros externos deve ser a solução. Essa alternativa tem se mostrado um sucesso não apenas na manutenção da qualidade dos serviços, como também na redução de custos.[4]

A função de RH desapareceu? Não. Toda organização precisa ainda identificar, conquistar, desenvolver, remunerar e fazer prosperar seus recursos humanos. A necessidade de uma abordagem diagnóstica para RH não desaparece. Entretanto, como mostra o modelo descentralizado, as organizações no futuro podem encontrar essa capacidade tanto dentro como fora da empresa, ou até nas mãos dos próprios administradores e empregados. Assim sendo, é muito importante compreender as competências essenciais sobre as quais a função de RH será construída.

OS ELEMENTOS DA CONSTRUÇÃO: AS COMPETÊNCIAS DOS RECURSOS HUMANOS

O tema das competências já foi tratado anteriormente neste livro. As "competências essenciais", tais como o entendimento de sistemas de propulsão na Honda ou de chips eletrônicos na Intel, ou como fazer as pessoas se sentirem em casa na rede hoteleira Hyatt ou nas lanchonetes da McDonald's, foram definidas como

---

4   The outing of outsourcing. *The Economist*, p. 57-58, Nov. 1995.

Quadro 16.1
Evolução da estrutura da função de recursos humanos.

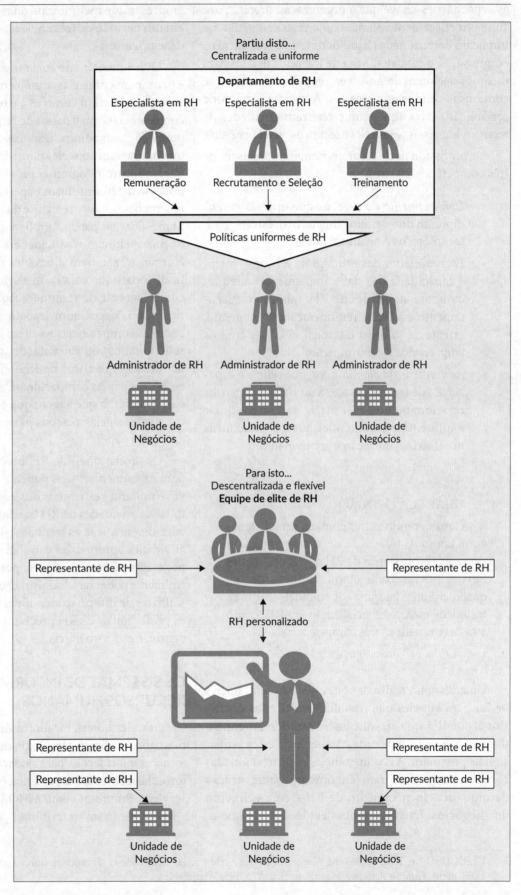

as capacitações-chave que a organização precisa para competir eficazmente. Vimos como essas competências implicam determinadas habilidades e talentos entre os empregados, e como a função de RH pode usá-las para melhor selecionar, desenvolver, remunerar, avaliar e se comunicar com os empregados. A mesma ideia pode ser aplicada para aqueles que realizam atividades de recursos humanos, sejam eles executivos ou empregados.

Os profissionais de recursos humanos precisam de três competências básicas:

- *Conhecimento do negócio,* que inclui o entendimento dos aspectos financeiros, estratégicos, tecnológicos e organizacionais.

- *Fornecimento das práticas de RH,* que inclui a capacidade de criar e implementar adequadamente atividades de RH, tais como recrutamento e seleção, remuneração, treinamento, estruturação organizacional, relações com os empregados e comunicação.

- *Administração da mudança,* que reflete a capacidade de fazer acontecer a mudança (construir relacionamentos, gerenciar dados, conduzir e influenciar), e entender quais as mudanças necessárias (inovação e criatividade).[5]

QUAL SUA OPINIÃO?

Considerando as três competências listadas aqui, como os líderes da organização podem conseguir profissionais de RH de alta qualidade? Se você estivesse contratando um diretor de RH, quais perguntas que faria aos candidatos? Se uma faculdade oferece especialização em RH, como esta deve refletir as três competências?

Uma pesquisa realizada com 1.400 empresas líderes pediu para aqueles que trabalhavam com os profissionais de RH que classificassem seu desempenho e dissessem o quanto de cada competência estes profissionais possuíam. As competências mais relacionadas com o desempenho foram (em ordem): administração da mudança, fornecimento de RH e conhecimento dos negócios. Existem poucas evidências de que as empresas que melhoraram suas competências de RH, em um período de três anos, também melhoraram seu desempenho.[6]

Outra maneira de encarar as competências de RH é pensar em como elas se aplicam nos diferentes papéis desta função e em como as carreiras podem construir competências com o passar do tempo. A Eastman Kodak pesquisou seus administradores de RH e os empregados que interagiam com eles para identificar competências para o futuro e "aglomerados" de competências que pudessem definir futuros papéis de RH. O Quadro 16.2 mostra o resultado da análise da Kodak. Observe que os nomes dos dois papéis, "Profissional em Competência de Recursos Humanos" e "Líder em Iniciativa de Recursos Humanos" são bem diferentes dos nomes dos cargos tradicionais que enfatizam atividades individuais, tais como "gerente de remuneração", "consultor de benefícios", ou "negociador trabalhista". Observe também como as competências refletem resultados (problemas solucionados) ou capacitações gerais (visão), em vez de tarefas específicas de RH. Finalmente, veja como esses dois papéis compartilham algumas competências e não outras, o que sugere que as carreiras podem ser construídas pelas pessoas passando por períodos em ambos os papéis.

Os profissionais de RH precisam ter informações para desempenhar seus papéis e para dar apoio às novas e mutantes estruturas dos negócios. Já vimos como todas as atividades de RH baseiam-se nas informações para diagnosticar as lacunas, escolher as estratégias e atividades apropriadas e avaliar os resultados. Não se pode administrar no escuro, portanto, a informação é realmente poder na administração de recursos humanos. Milhares de informações podem ser utilizadas, por isso os profissionais de RH precisam de um sistema que as organize e as torne úteis.

OS SISTEMAS DE INFORMAÇÃO DE RECURSOS HUMANOS

Grandes hotéis, locadoras de automóveis e supermercados utilizam terminais de computadores para fornecer informações, para ajudar os clientes a preencher formulários ou para dar orientações sobre onde estão os serviços. Empresas como a Mobil, Harris Corporation e Banc One usam os terminais para permitir que seus

---

5   ULRICH, Dave, BROCKBANK, Wayne, YEUNG, Arthur K., LAKE, Dale G. Human resource competencies: an empirical assessment. *Human Resource Management*, p. 473-495, Winter 1995.

6   Idem.

Evolução da Profissão de Administrador de Recursos Humanos | 505

Quadro 16.2
Papéis e competências de recursos humanos na Eastman Kodak.

Profissional em Competência de Recursos Humanos
Orientação para o objetivo – capacidade de entrar e agir nas situações com objetivos específicos em mente
Pensamento antecipador – compreensão das consequências ou implicações prováveis das ações ou eventos
Resolução colaborativa de problemas – habilidade de engajar os talentos de pessoas ou grupos para resolução de problemas
Planejamento e organização – habilidade para identificar opções e estabelecer cursos de ação, objetivos, métodos e recursos, para si e para os demais
Analítica – capacidade de fazer uma abordagem sistemática e racional das tarefas, situações ou problemas
Flexibilidade – capacidade de adaptação positiva às mudanças

Líder em Iniciativa de Recursos Humanos
Administração de projetos – habilidade para liderar, planejar, organizar, priorizar e monitorar projetos de trabalho
Liderança – uso de estilos e métodos interpessoais adequados para guiar e inspirar indivíduos ou grupos em direção à realização de tarefas e objetivos
Planejamento e organização – habilidade para identificar opções e estabelecer cursos de ação, objetivos, métodos e recursos, para si e para os demais
Persistência – capacidade de repetir esforços para superar os obstáculos
Orientação para o objetivo – capacidade de entrar e agir nas situações com objetivos específicos em mente
Apresentação – habilidade de apresentar eficazmente as informações nas diferentes circunstâncias
Processos de grupo – conhecimento de dinâmica de grupo e habilidade para facilitar os processos no grupo

Fonte: BLANCERO, Donna, BROROSKI, John, DYER, Lee. D. Key competencies for a transformed human resource organization at Eastman Kodak Company. Human Resource Management, 1996.

funcionários acessem as informações de seu interesse. Os candidatos a emprego podem usá-los para se inscrever.[7] A IBM desenvolveu um teste de seleção multimídia que apresenta aos candidatos casos gravados em vídeo (tais como assistir um colega esconder deliberadamente de seu chefe um problema ou erro). Os candidatos dizem o que fariam na situação digitando suas respostas.

A internet traz uma quantidade infinita de possibilidades para atingir os empregados reais e potenciais, como já foi analisado nos capítulos referentes ao recrutamento *on-line* e outras aplicações. Assim sendo, embora a maioria dos sistemas de informação de RH esteja ainda usando programas relativamente simples, como os usados nos consultórios médicos, sua sofisticação e escopo estão crescendo rapidamente. Entretanto, o valor básico do sistema de informações está menos na tecnologia e mais nos princípios sobre os quais ele foi construído. A tecnologia está sempre se modificando, mas os princípios fornecem uma orientação constante.

Que é um Sistema de Informações de Recursos Humanos?

Um sistema de informações de recursos humanos (SIRH) é um procedimento sistemático para coletar, armazenar, manter, recuperar e validar dados necessários a uma organização sobre seus recursos humanos, atividades de pessoal e características da unidade da organização.[8]

O SIRH não precisa ser complexo nem informatizado. Ele pode ser informal como o livro de ponto e a folha de pagamento de uma pequena butique ou restaurante, ou extensivo e formal como os centros de processamento de dados das grandes indústrias, bancos e órgãos governamentais. O SIRH pode auxiliar o planejamento fornecendo informações sobre a oferta de pessoal e previsões de demanda; ajuda o processo de recrutamento e seleção com informações sobre igualdade no emprego, demissões e qualificações dos candidatos;

---

7   CHANDLER, Jim. Federal Express Corporation's paperless job bidding system. *The Review*, p. 8-11, Oct./Nov. 1992; WILDMAN, Sharon. Employee self-service kiosk: a case study at Harris Corporation. *The Review*, p. 20-22, Oct./Nov. 1992; PERKINS, Lars D. Replacing paper job applications with employment kiosk. *The Review*, p. 14-16, Oct./Nov. 1992.

8   Essa definição foi adaptada de WALKER, A. J. *HRIS development*. New York: Van Nostrand Reinhold, 1982.

e dá apoio ao desenvolvimento com informações sobre os custos dos programas de treinamento e o desempenho dos treinandos. Esses sistemas também podem contribuir para os planos de remuneração por meio de dados sobre os aumentos salariais, previsões salariais e orçamentos; e as relações trabalhistas com informações sobre as negociações dos acordos e as necessidades de assistência ao empregado. Em qualquer um destes casos, seu propósito é proporcionar informações que são demandadas pelos interessados nos recursos humanos ou para apoiar as decisões desta área.

Valor dos Sistemas de Informação

O Quadro 16.3 mostra como os sistemas de informação de RH podem agregar valor em três dimensões. Cada eixo representa um aspecto diferente do valor agregado pelo sistema. Um sistema de informação ou aplicação de RH pode estar localizado no espaço tridimensional, de acordo com o que agrega de valor.

Comunicação

A primeira dimensão, *comunicação*, mostrada no eixo vertical, refere-se a como a informação chega e sai do sistema.. Na parte inferior, estão aplicações que usam uma abordagem local e mídia única, tal como uma planilha operada por uma pessoa em um computador. No alto estão as aplicações que ultrapassam as fronteiras da organização, usando múltiplas mídias para se comunicar. Isso pode incluir o recrutamento por meio da internet, pelo qual os candidatos podem enviar currículos de qualquer parte do mundo, ou o treinamento para o uso da multimídia. A Federal Express tem uma rede *on-line* para treinamento que é bastante famosa.

Mudança

A segunda dimensão é a *mudança,* mostrada no eixo anterior-posterior. Na frente estão os sistemas que contribuem para a redução dos custos com as atividades existentes de RH, como a coleta de informações. Algumas informações são coletadas para satisfazer a uma exigência de um grupo de interesse externo. Exemplos desse tipo de informação são os dados sobre igualdade de oportunidades no trabalho descrevendo a representação das mulheres e membros de minorias, salários e benefícios relativos à remuneração do desemprego, salários e carga horária ou pensões. Outras informações são necessárias para as tarefas administrativas. Exemplos disso são as folhas de pagamento e as informações sobre benefícios para o preenchimento dos contracheques. A maioria dos SIRH começa com estas informações: os sistemas informatizados são implantados para agilizar e reduzir os custos deste processo. Os benefícios da informação são óbvios – a organização não permaneceria no mercado se não utilizasse as informações para produzir seus relatórios e pagamentos. Portanto, o enfoque é em como

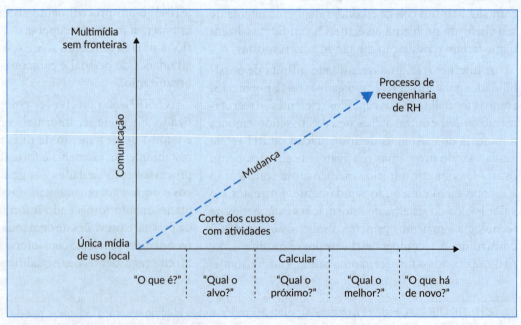

Quadro 16.3
Dimensões de valor do sistema de informações.

Fonte: BOUDREAU, John W. HRIS: exploiting its full potential. *HRMonthly The Australian Human Resources Magazine*, p. 8-13, Summer 1995.

fazer isto ao mais baixo custo possível. Estes aplicativos são *administrativos* porque buscam realizar tarefas administrativas com maior rapidez, com menos burocracia ou menos gente. São os mais comumente utilizados por causa de seu valor relativamente fácil de calcular e por produzirem economias mensuráveis. A experiência da Compaq Computer Company é ilustrativa. Antes de informatizar suas atividades de distribuição de relatórios, os administradores de RH da empresa distribuíam 600 deles a 150 destinatários. Depois da informatização, estes números saltaram para, respectivamente, 7.200 e 600, obtendo uma economia de cerca de 48 mil dólares por ano em comparação com o antigo sistema manual. Na rede Westin Hotels, a integração informatizada gera uma economia de mais de 100 mil dólares no processamento dos pagamentos, e eliminou sete cargos de período integral.[9] Entretanto, economizar dinheiro com tarefas tradicionais não é necessariamente uma coisa importante, a menos que elas agreguem valor. O importante é utilizar os sistemas para fazer as coisas certas e não apenas fazer melhor as mesmas coisas.

Na parte posterior do Quadro 16.3 está a outra ponta da dimensão da mudança, a "reengenharia dos processos de RH". Já analisamos exemplos deste tipo de reengenharia em capítulos anteriores. Lembre-se de como o processo de recrutamento foi fundamentalmente modificado com o uso da internet, permitindo que os candidatos se informassem sobre a empresa e enviassem seus currículos pela rede, transformando o processamento de papel em comunicação eletrônica. Pense em como a função de treinamento passou pela reengenharia quando a tecnologia permitiu que os empregados recebessem treinamento onde quer que estivessem por meio das redes, em vez da tradicional sala de aula. Finalmente, lembre-se de como algumas empresas estão usando terminais de computadores para permitir que seus funcionários acessem as informações de seu interesse, constantemente atualizadas. O processo passou de um enfoque nos administradores respondendo perguntas rotineiras pessoalmente para outro em que os empregados respondem a elas sozinhos, deixando os profissionais de RH livres para se concentrar nas questões mais complexas que o sistema não pode resolver.

Cálculo

A dimensão final, *cálculo,* mostrada no eixo horizontal do Quadro 16.3, tem a ver com a maneira como a informação é processada e como o usuário se relaciona com ela. Na ponta esquerda dessa dimensão, o sistema ajuda o indivíduo a saber "o que é", ou o estado atual das coisas. Sumários simples sobre contingente de pessoal atual, relatórios de pagamentos ou de custos de treinamento, ou relação de empregados nas categorias protegidas por lei, tudo isto cabe aqui. "Qual o alvo?" é o nível seguinte, que estabelece uma meta para cobrir a distância entre o atual e o esperado. Agora o usuário pode concentrar-se nas principais distâncias ou prioridades. O terceiro nível, "qual o próximo", introduz a previsão no sistema. Aqui um empregado, executivo ou profissional de RH, pode usar o sistema para projetar possíveis condições futuras. Exemplos disto podem ser as análises Markov, citadas no Capítulo 5, sobre planejamento, ou previsões de custos com assistência médica discutidas no Capítulo 13, sobre benefícios. O quarto nível, "qual o melhor", reflete sistemas que não apenas preveem o futuro, mas também recomendam um curso de ação. Exemplos típicos podem incluir sistemas avançados que ajudam os executivos de linha a avaliar desempenhos e assegurar a adequação à legislação, ou sistemas que levantam dados sobre os empregados e usam regras de decisão para recomendar os benefícios apropriados. Finalmente, no outro extremo, está "o que há de novo". Aqui o sistema oferece ao usuário interfaces amigáveis para "navegar" por meio de grandes quantidades de informações, e talvez descobrir novas tendências e padrões. Um exemplo simples de um aplicativo assim seria um pacote estatístico que identifica rapidamente as associações entre diferentes variáveis como idade, desempenho, remuneração e sexo. O usuário pode pedir para ver essas relações de muitas maneiras diferentes.

Geralmente, os sistemas e aplicativos de RH evoluem da parte anterior-inferior esquerda para a posterior-superior direita do gráfico mostrado no Quadro 16.3.

Estruturação do SIRH

Ainda não apareceu a fórmula ideal para se estruturar e implementar um sistema de informações de RH. O Quadro 16.4 mostra o processo utilizado em empresas como a Chevron, TRW e outras. Existe uma ampla concordância de que o primeiro e mais importante passo é especificar as características do sistema, especialmente os usuários-alvo e as decisões às quais ele deverá dar apoio. Essas especificações incluem decisões sobre o tipo

---

9   BERGIN, Greg, SEESING, Kathy. CARD deals with report distribution. *Personnel Journal,* p. 109-113, Oct. 1991; SANTORA, Joyce E. Data base integrates HR functions. *Personnel Journal,* p. 92-100, Jan. 1992.

Quadro 16.4
Processo de estruturação do SIRH na TRW.

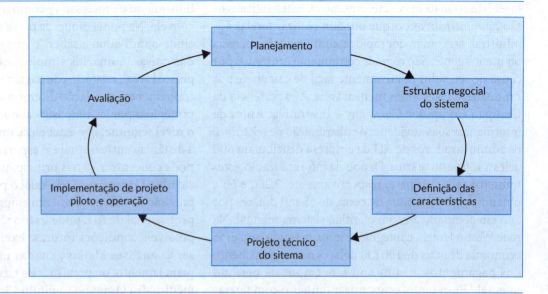

de dados a serem coletados, a quantidade a ser coletada, como e quando fazer esta coleta.

O próximo passo é a estruturação negocial do sistema. Isto envolve questões como quem vai usar o sistema, como ele será acessado e atualizado, e assim por diante. O projeto técnico diz respeito à programação e desenvolvimento dos *softwares* adequados. Depois disso o sistema é testado em uma amostragem-piloto e avaliado. Uma vez em operação, ele será avaliado, melhorias serão planejadas e o processo se reinicia.[10]

Muitas tentativas de desenvolvimento de SIRH começam e acabam na busca da determinação do escopo dos dados. Frequentemente, a primeira atribuição de um especialista em pessoal recém-contratado é visitar todos os possíveis usuários e descobrir quais informações eles precisam. Isso pode resultar em uma lista interminável de pedidos, contendo tantos itens que o projeto desaba por seu próprio peso. O Quadro 16.5 traz uma lista de alguns itens que podem constar de um SIRH. Essa lista não está completa. Na Austrália, por exemplo, a Coca-Cola determina que seu sistema de informações inclua o tipo de automóvel oferecido aos executivos da empresa. Aparentemente, estes executivos ficam perambulando pelos estacionamentos para descobrir se seus colegas conseguiram modelos mais luxuosos. Os carros da empresa tornaram-se um benefício importante e um símbolo de *status* dentro da organização. Evidentemente, o valor da informação deve ser o guia para a escolha dos itens que farão parte do SIRH. Além da escolha dos dados, o projeto do sistema também deve levar em conta as características organizacionais e dos usuários.

Cada vez mais a tecnologia torna possível o desenvolvimento desses sistemas em simultaneidade com a maioria dos processos mostrados no Quadro 16.4. Enquanto uma parte do sistema pode estar na fase de planejamento, outras podem estar na fase piloto. A programação voltada para o objeto tornou mais fácil o desenvolvimento de protótipos, de forma que os usuários podem ter uma prévia do sistema antes que seja instalado realmente e envolver-se bem mais com o seu desenvolvimento. O processo difere de uma organização para outra. Por exemplo, o Quadro 16.6 mostra como duas empresas de alta tecnologia, a Hewlett-Packard e a Apple Computer, fizeram a reengenharia de suas funções de RH por meio do uso da tecnologia. Observe como o sistema da Hewlett-Packard enfoca as tarefas administrativas como revisão salarial, gerenciamento de treinamento e assim por diante, enquanto a Apple visou à melhoria da rotina de fornecimento de serviços aos empregados. Os objetivos eram diferentes, mas ambos os sistemas obtiveram os mesmos ganhos por meio de atividades mais eficientes, apesar de seus altos custos. Geralmente, esses sistemas bastante completos podem custar centenas ou milhares de dólares para serem desenvolvidos. Observe também os "aprendizados-chave" para cada empresa. Evidentemente, as lições refletem questões humanas como apoio, credibilidade, redução da insegurança e vitórias antecipadas, mas também

---

10 Para um excelente sumário sobre desenvolvimento de sistemas em larga escala, veja STRIGHT JR., Jay F. Creating chevron's HRMS: an EPIC tale. *Personnel Journal*, p. 72-81, June 1990.

Evolução da Profissão de Administrador de Recursos Humanos | 509

Quadro 16.5
Dados comuns em um sistema de informações de recursos humanos.

Acidente (data)
Acidente (tipo)
Altura
Antecedentes
Área de formação educacional (principal)
Atestado de reservista
Aumento de desempenho ($)
Aumento de desempenho (%)
Cargo do supervisor
Categoria salarial
Cobertura de plano de saúde
Cobertura do seguro de vida
Código
Código de recontratação
Código de ocupação
Contato de emergência (endereço)
Contato de emergência (nome)
Contato de emergência (relação)
Contato de emergência (telefone)
Data de ajuste salarial
Data de casamento
Data de contratação
Data de demissão
Data de nascimento
Data de nascimento do cônjuge
Data de óbito
Data de óbito do cônjuge
Data de transferência
Dedução por dependentes
Departamento
Dependentes (data de nascimento)
Dependentes (nome)
Dependentes (número)
Dependentes (relacionamento)
Dependentes (sexo)
Divisão
Emprego anterior (data de entrada)

Emprego anterior (data de saída)
Emprego anterior (saída, razões)
Emprego do cônjuge
Endereço (comercial)
Endereço comercial do supervisor
Endereço (residencial)
Escolas frequentadas
Estado civil
Exame médico (data)
Exame médico (restrições)
Exame médico (resultados)
Exame médico (tipo sanguíneo)
Férias remuneradas disponíveis
Férias remuneradas usadas
Formação educacional concluída (data)
Formação educacional concluída (tipo)
Formação educacional em curso (datas)
Formação educacional em curso (tipo)
Função preferencial
Habilidade da função (tipo)
Habilidade da subfunção (tipo)
Habilidade (nível de proficiência)
Habilidade (número de anos)
Habilidade (supervisão)
Impostos federais
Índice de desempenho
Início de licença ou ausência
Licença profissional (data)
Licença-saúde disponível
Licença-saúde utilizada
Local de nascimento
Localização do cargo
Motivo do ajuste salarial
Naturalidade
Nível educacional obtido
Nível salarial

Nome
Nome do cônjuge
Nome do supervisor
Número
Número da carteira de habilitação
Número da posição
Número de inscrição do seguro social
Número de inscrição do seguro social do cônjuge
Peso
Plano de participação acionária
Plano de saúde (n^9 de dependentes)
Pontos salariais
Razão da demissão
Razão da transferência
Reclamação (consequência)
Reclamação (data de arquivamento)
Reclamação (tipo)
Salário
Salário (prévio)
Sexo
Sexo do cônjuge
Status
Telefone comercial do supervisor
Telefone (comercial)
Telefone (residencial)
Tempo na função atual
Término de licença ou ausência
Tipo de ajuste salarial
Tipo de licença ou ausência
Tipo de plano de pensão
Titulo do cargo
Treinamentos realizados
Treinamentos realizados (áreas)
Treinamentos realizados completos
Treinamentos realizados (datas)
Uniforme

Fonte: Reproduzido com autorização do editor de "A matter of privacy: managing personnel data in company computers", Donald Harris. *Personnel*, Feb./1987, p. 37. © 1987 American Management Associations, New York. Todos os direitos reservados.

Quadro 16.6
Reengenharia da tecnologia de RH na Hewlett-Packard e na Apple Computer.

	Hewlett-Packard	Apple Computer
Reengenharia dos processos de RH utilizando a tecnologia da informação.	O programa compõe-se dos seguintes componentes: Sistema de Administração do Emprego, Sistema Telefônico de Informação sobre Benefícios, Sistema de Administração da Remuneração, Revisão Salarial Eletrônica, Sistema de Administração de Treinamento, Sistema de Informação de RH, Sistema de Administração de Documentação Pessoal, Sistema de Armazenamento Ótico, Missões Internacionais, Banco de Dados Internacional etc.	A empresa utiliza tecnologia da informação para informatizar processos de RH rotineiros, porém críticos, por meio do uso de programas de computador, telefone e profissionais de RH bem treinados. Os programas são de quatro tipos: de transação, informação, diálogo e ferramentas de autossuficiência.
Objetivos/benefícios	Desenvolver um sistema de informações único, integrado e multifuncional que ofereça apoio a: + Gestão de pessoas + Administração de pessoal + Melhoria dos processos de RH + Relacionamento com os grupos externos de interesse	Reduzir os gastos administrativos por meio de: + Atividades de resolução de problemas melhoradas com base no conhecimento + Mais recursos para alavancagem para toda a organização + Aumento da satisfação dos clientes + Melhoria da produtividade através da padronização
Custos	É um projeto oneroso. Mas as economias obtidas apenas com o Sistema de Administração do Emprego custeiam o projeto todo.	Os gastos imediatos são mínimos, pois o novo sistema e os processos são desenvolvidos em cima da infraestrutura e dos produtos preexistentes Macintosh. Há necessidade de pessoal da IS&T e profissionais de RH.
Implementação	Deflagrado em 1990, o programa completo será implementado em fases incrementais no prazo de 10 anos. Os representantes externos estão envolvidos.	Sob o comando do vice-presidente de RH, o IS&T lidera o desenvolvimento do novo sistema de informações com a participação e apoio do pessoal de RH.
Aprendizados-chave	+ Assegurar que a estratégia da tecnologia de informação esteja claramente vinculada à estratégia de RH. + O apoio sustentado é crítico, juntamente com um consenso claro sobre programas, papéis e responsabilidades, especialmente sobre a propriedade dos dados/processos. + A padronização dos equipamentos, ferramentas e processos é vital. + Buscar "vitórias antecipadas" e retornos imediatos para obter credibilidade e experiência.	+ Os clientes mostram-se mais receptivos às inovações quando elas são acessíveis, fáceis de usar e atendem a uma necessidade básica. + As soluções tecnológicas inovativas precisam se ajustar a uma estratégia mais ampla de RH voltada para o atendimento das necessidades dos clientes. + É essencial ter paciência e coragem para levar à frente a estratégia escolhida. + Qualquer mudança no paradigma pode ser ameaçadora, pois vai requerer uma modificação fundamental na forma como o trabalho está sendo realizado. + Quando existe uma ampla aceitação e uso de tecnologia dentro de uma organização, estas soluções podem ser implementadas facilmente se forem boas.

Fonte: YEUNG, Arthur, BROCKBANK, Wayne. Reengineering HR through information technology. Reproduzido com autorização de *Human Resource Planning* 18, nº 2 (1995), p. 29. © 1995 Human Resource Planning Society.

refletem a necessidade de interligar a tecnologia de RH com a organização como um todo e ao valor da padronização. É fácil compreender por que a estruturação de um SIRH frequentemente leva a uma reorganização fundamental da função de RH. A seguir, examinaremos os três componentes principais de um SIRH: entrada, processamento e saída.

Entrada: Onde Buscar a Informação?

A função de entrada introduz a informação no SIRH. Isto inclui procedimentos de quem coleta os dados, quando e como estes são processados. Antigamente, nos primórdios da informatização, esse processo era complicado e exigia vários funcionários para perfurar os cartões que alimentavam os computadores. Cada cartão de 80 colunas levava apenas um dado de informação. Mais tarde, os dados começaram a ser digitados nos terminais e enviados eletronicamente para outros computadores. Hoje em dia, os *scanners* copiam e arquivam a imagem real do documento, com assinaturas e notas escritas à mão. Alguns programas que acompanham os *scanners* são verdadeiras máquinas de copiar: eles leem o documento e registram as informações diretamente no computador, como se tivessem sido digitadas nele. A tentativa de eliminar as tarefas desnecessárias que ocupam o tempo das pessoas tem feito com que se facilite o acesso ao sistema diretamente pelos empregados e administradores. O sistema de informações pelo telefone, em que cada tecla acessa um determinado tipo de dado, já é bastante comum nas empresas norte-americanas, semelhantes àqueles usados para fazer reservas de passagens aéreas ou compras pelo telemarketing. Esse tipo de sistema usado na IBM possui 800 números para permitir que os empregados atualizem, eles próprios, seus dados pessoais. Essa é a utilização mais comum da informatização, conforme foi averiguado em uma pesquisa feita com 157 empresas.

Processamento e Manutenção dos Dados

Uma vez que os dados já estão no sistema, como organizá-lo e mantê-lo? Onde os dados estão armazenados? A tendência mais significativa nos SIRH é a utilização das redes – há anos a Sun Microsystems insiste: "As redes são a solução definitiva". Os sistemas tradicionais da década de 80 e início de 90 geralmente usavam um computador central tipo *mainframe;* o acesso a ele era restrito a uns poucos técnicos que o mantinham sob controle e altamente confiável. Ou então havia uma mistura confusa de sistemas personalizados que usavam o PC como plataforma, frequentemente

espalhados por meio das unidades, o que levava a uma considerável duplicação de informações e perda de confiabilidade, mas com amplo e fácil acesso. O dilema era como preservar a confiabilidade dos *mainframes* ao mesmo tempo em que se mantivesse a facilidade de acesso e personalização dos sistemas descentralizados. A resposta é a utilização da "Intranet", ou seja, uma rede interna da empresa, como mostra o Quadro 16.7. Observe como se pode continuar usando um computador central para integrar as informações sobre as várias funções de cada nível da organização, como finanças, marketing, produção e recursos humanos. Entretanto, a função desse computador central aqui é "servir" os dados aos vários terminais, que os processam e integram com os *softwares* de RH, para finalmente apresentá-los aos "clientes" – os PCs individuais, cada um dentro de sua própria rede local. Para este usuário "cliente", não importa de onde os dados estão vindo. Eles aparecem como se estivessem disponíveis localmente. Para fazer a atualização dos dados ou do *software* utilizado, apenas o servidor central e alguns outros poucos terminais terão que realizar alguma mudança. Quando os empregados usam seus PCs para enviar dados ao servidor central, estes devem ser verificados no nível local para receberem a autorização para entrada no banco central de dados. Os usuários da rede local podem personalizá-la, desenvolvendo seus próprios aplicativos ou comprando de fornecedores externos.

A Internet e a Função de RH

O Quadro 16.7 mostra que a internet pode também fazer parte da rede, oferecendo inúmeras possibilidades, mas impondo certas escolhas. A internet começou a ser usada pelos cientistas e pesquisadores nas universidades e nos órgãos governamentais nos Estados Unidos. Ela foi imaginada como uma rede de comunicação para os cientistas e também como uma alternativa de meio de comunicação para o caso de uma emergência nacional. No final dos anos 80, com a proliferação dos PCs e o desenvolvimento de provedores de acesso, tal como a America Online, praticamente qualquer pessoa com um computador e um modem ligado à rede telefônica pode ter seu correio eletrônico e participar de grupos de discussão sobre uma variedade infinita de assuntos. Na medida em que os computadores, os *softwares* e a tecnologia de rede aumentam sua sofisticação, as possibilidades da comunicação remota têm crescido exponencialmente. Hoje em dia, a internet permite a qualquer indivíduo acessar os centros de informação das maiores universidades e empresas do mundo, bem como

Quadro 16.7
"Rede" é a chave para o futuro dos sistemas de informação de RH.

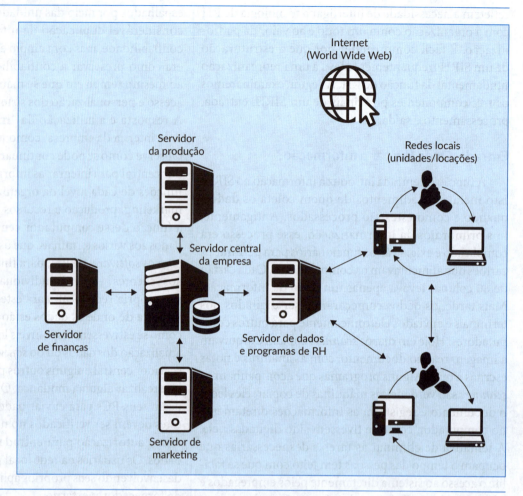

a oportunidade de enviar suas mensagens para qualquer outro indivíduo, incluindo presidentes da república.

A internet é uma rede internacional eletrônica de fontes de informação, as quais podem ser acessadas com a utilização de microcomputadores conectados por meio da tecnologia de telecomunicação. Por intermédio desta rede as pessoas podem enviar e receber mensagens, pesquisar materiais de referência, compartilhar documentos e transmitir software de um computador diretamente para outro.

Um dos aspectos mais interessantes da internet é a *World Wide Web*. Para os profissionais de RH, a internet oferece possibilidades extraordinárias e a promessa de modificar fundamentalmente muitas de suas atividades. Muitas grandes empresas já possuem seus *sites* na rede, por meio dos quais os clientes e empregados potenciais podem receber informações sobre seus produtos, abertura de vagas de emprego e até submeter seus formulários de inscrição eletronicamente. Sistemas semelhantes existem nas intranets de muitas organizações. Existem também *sites* comerciais que oferecem serviços *on-line*

de recrutamento, treinamento e consultoria especializada para qualquer um que necessite. Centros importantes de pesquisa, como os da Cornell University, possuem *sites* em que os profissionais de RH podem obter as últimas informações sobre os governos, instituições acadêmicas e associações profissionais. As organizações profissionais também mantêm seus *sites* na Web. No futuro, não será mais necessário deslocar-se fisicamente para obter informações especializadas, esse processo será feito instantânea e eletronicamente. Vários endereços da rede já apareceram neste livro, voltados a diferentes atividades de RH.

EXPLORANDO A WEB

O Quadro 16.8 mostra a *home page* da instituição norte-americana Society of Human Resource Management, que pode lhe oferecer outros *links* de *sites* voltados para os recursos humanos. O endereço é:

http://www.shrm.org/

Quadro 16.8
Home page da Society of Human Resource Management.

Uma variação do correio eletrônico são *os fóruns de discussão*, que oferecem um local para as pessoas enviarem suas perguntas, comentários e ideias a respeito de um determinado assunto; estas mensagens são, então, distribuídas entre todos os assinantes do fórum, pelo *e-mail*. As respostas são enviadas da mesma forma, de maneira que todos possam "ouvir" e participar das discussões. Um dos fóruns maiores e mais antigos dos Estados Unidos é a HRNET; ele foi criado pela Cornell University sob os auspícios da Academy of Management's Human Resource Division. A HRNET tem mais de 3 mil membros associados, em todo o mundo. Uma única mensagem enviada para o fórum geralmente acarreta entre 10 e 100 respostas em 24 horas, vindas de todas as partes do globo, e pode colocar em contato administradores que exercem a profissão com pesquisadores e especialistas. Até mesmo o *e-mail* interno da empresa pode melhorar o relacionamento entre os empregados.[11]

Entretanto, ligar uma intranet de uma organização com a internet tem seus riscos. A proliferação de *sites* torna difícil determinar a qualidade e a relevância dessas informações. A internet já foi comparada à "maior biblioteca do mundo", mas as informações dentro dela não estão muito bem organizadas e catalogadas. Ao contrário, a rede parece-se mais com uma grande livraria, em que milhares de publicações procuram chamar a atenção e a qualidade da informação precisa ser avaliada cuidadosamente. Como mostra o Quadro 16.7, quando um empregado acessa a internet, essa informação pode ser compartilhada por toda a rede interna da empresa. Receitas culinárias já apareceram em fóruns profissionais, mas não são certamente adequadas para a rede interna de uma organização. Além disso, a navegação pela internet costuma viciar os usuários, portanto, é preciso cuidado para não haver exageros.

QUAL SUA OPINIÃO?

A proliferação da internet coloca um paradoxo para as organizações. Como estimular o uso produtivo desta ferramenta poderosa e ao mesmo tempo assegurar que não se torne uma perda de tempo, ou pior, que materiais inadequados exponham a empresa a riscos de processos por violação de direitos autorais, privacidade ou assédio sexual?

---

11 RAIMY, Eric. Net'working in cyberspace. *Human Resource Executive,* p. 53-56, Oct. 1995; LIND, Mary R., ZMUD, Robert W. Improving interorganizational effectiveness through voice mail facilitation of peer-to-peer relationships. *Organization Science,* p. 445-461, July/Aug. 1995.

Saída: O Que Você Vê é o Que Você Tem

A função mais visível de um SIRH é o resultado do processamento. Para gerar resultados de valor, o sistema precisa processá-los, fazer os cálculos necessários e formatar sua apresentação de maneira que seja fácil para a compreensão do usuário. Os sistemas não informatizados fazem isto manualmente, compilando dados estatísticos e datilografando relatórios. As empresas altamente informatizadas fazem isso por meio do uso de programas sofisticados que realizam milhares de cálculos em minutos, geram gráficos coloridos e simultaneamente os enviam eletronicamente para cada microcomputador sobre a mesa dos executivos em todo o mundo.

Ter a informação apresentada em uma tela colorida com apenas o toque de um dedo é certamente mais agradável do que ter que esperar semanas para receber um relatório datilografado. Entretanto, apesar da tecnologia ser atraente, a *informação* apresentada ainda é a essência do valor de um sistema. Uma bela apresentação com dados incorretos ou do tipo errado apenas torna mais provável que mais pessoas vão confiar no que veem e cometer mais erros. Portanto, é importante considerar os usuários e como eles empregam o sistema de informações.

Sistemas especializados

Comentamos anteriormente o surgimento do modelo autossuficiente, em que muitas das atividades de recursos humanos que necessitavam de um profissional de RH passam a ser realizadas pelos próprios empregados ou executivos. Os profissionais de RH frequentemente tomam decisões rotineiras. Quando estas possuem regras que possam ser programadas em um computador, teremos um *sistema especializado*, que oferece aos usuários as vantagens do conhecimento específico sem a necessidade da presença do profissional. A empresa Mrs. Field's Cookies desenvolveu sistemas especializados que automatizaram as entrevistas preliminares com candidatos a emprego e os testes para a avaliação dos treinamentos. Outros aplicativos deste tipo podem voltar-se para auxiliar os administradores a realizarem avaliações de desempenho, ajudar os empregados a escolher entre benefícios flexíveis, criar manuais da empresa, determinar bônus para os executivos e autorizar licenças remuneradas.[12]

"Eventos" versus "Atividades"

Outra maneira de pensar sobre as informações é perguntar aos empregados o que parece fazer mais sentido para eles. Pense a respeito de seu próprio emprego ou os de seus pais. Quando eles precisam encontrar e usar informações de RH? Quando é que eles pensam nisto? Imagine que alguém sofre um acidente de trabalho. Você acha que essa pessoa vai pensar "preciso acessar o banco de dados sobre procedimentos, seguro e assistência médica para poder realizar meu relatório"? Provavelmente não; a menos que ela seja uma programadora de sistemas. Em vez disto, ela vai querer as informações sobre "acidentes" rapidamente. Da mesma maneira, os indivíduos transferidos para outras localidades não querem saber se as informações estão em "arquivos", outras em "viagens" e outras ainda em "serviços para a família". Eles querem todos os dados quando buscam pela palavra "relocação". "Eventos" como relocações e acidentes fazem mais sentido para os usuários do que as "atividades" de RH. Para tornar as consultas mais fáceis, algumas empresas estão reorganizando seus bancos de dados para que o sistema ofereça ao usuário um "mapa" baseado em eventos e não em atividades.

Evitar a "Exposição": Privacidade e Segurança

Os empregados podem conectar-se a diferentes redes, usar o *e-mail* e telecomunicar-se levando disquetes com informações de sua casa para a empresa e vice-versa. Isto cria um perigo enorme de violações de privacidade caso as informações caiam nas mãos erradas. A quem pertence um *e-mail*?

Enquanto os benefícios da facilidade de acesso às informações computadorizadas são geralmente atrativos, essa tecnologia também cria novas obrigações e responsabilidades para o profissional de RH. Os dados armazenados nos computadores frequentemente são confidenciais e privados e só devem ser acessíveis a pessoas autorizadas e em condições controladas. Quando esses dados ficavam nos grandes *mainframes*, cujo acesso exigia habilidades especiais, esse controle era mais fácil. A dificuldade de lidar com essas máquinas, apesar de suas desvantagens, reduzia a chance de que pessoas não autorizadas pudessem chegar até as informações. Hoje em dia, até um novato pode combinar as informações de forma antes nem imaginada. Por exemplo, dados sobre estado civil, exames médicos e idade podem ser usados

---

12 GREENLAW, Paul S., VALONIS, William R. Applications of expert systems in human resource management. *Human Resource Planning*, n° 2, p. 27-42, 1994.

Evolução da Profissão de Administrador de Recursos Humanos | 515

para identificar indivíduos em grupo de risco de Aids. Uma vez que os profissionais de RH têm comandado cada vez mais a estruturação dos SIRH, é deles a responsabilidade de manter os objetivos justos assegurando a privacidade dos dados pessoais, garantindo que o acesso às informações só será autorizado para aqueles que tenham necessidade legítima.

William Safire, em um editorial do *New York Times,* cunhou o termo *violação de dados* para descrever a espionagem e a manipulação não autorizada de informações contidas em bancos de dados que causam prejuízos às pessoas. Uma pesquisa de 1990 revelou que 79% dos norte-americanos colocam a privacidade como um dos direitos fundamentais do cidadão, ao lado do direito à vida, liberdade e busca da felicidade.[13]

Tecnologia Sedutora

As intranets podem tornar-se apenas um veículo de controle rígido da chefia sobre os subordinados, mas também constituir mecanismos de aumento da autonomia dos empregados, facilitando seu acesso às informações necessárias. Por exemplo, um presidente de estilo draconiano desenvolveu uma "lista negra" computadorizada, usando os números de seguro social dos empregados, para evitar que funcionários demitidos voltassem à folha de pagamento pelas mãos de colegas piedosos. A tecnologia precisa estar a serviço de fortes valores organizacionais.[14]

Para garantir a privacidade, os especialistas recomendam que se dê atenção ao seguinte:

1. *Considerações de ordem administrativa,* tais como quem pode usar os computadores, treinamento para os usuários, inventário dos equipamentos e procedimentos para eventos especiais como quedas de energia elétrica.

2. *Segurança física,* tais como controle do acesso aos PCs, uso de disquetes e armazenamento.

3. *Segurança da informação,* como senhas para acesso ao disco rígido e disquetes, documenta-ção dos aplicativos, procedimentos de *backup,* e precauções de segurança de rede.[15]

Na Harris Corporation, usa-se um sistema de terminais chamado Heidi que contém informações sobre planos de pensão e de financiamentos para os empregados. Para evitar que os chefes possam bisbilhotar essas informações, o acesso ao sistema só é permitido com uma combinação de números exclusiva de cada empregado.[16]

Evidentemente, até a privacidade pode ser levada a extremos. Um administrador de RH australiano conta suas dificuldades para implantar um sistema de informações por causa da teimosia dos técnicos de informática, que insistiam em procedimentos onerosos e restritivos como forma de assegurar a inviolabilidade dos dados. O profissional de RH argumentou que um sistema de segurança mais simples poderia ser o suficiente. Para ilustrar sua opinião, ele conduziu os técnicos até uma sala de acesso público onde armários destrancados guardavam a papelada a ser substituída pelos dados informatizados. Algumas vezes, o sistema informatizado de segurança mediana é bem mais seguro do que aquilo que existe na empresa.

Escolha do Sistema

Obviamente, a escolha do sistema de informações ou até de um simples aplicativo requer a consideração de vários fatores. Não existe um conjunto ideal de fatores a serem considerados. A maioria dos especialistas recomenda que se construa uma matriz em que os fatores mais importantes apareçam como linhas e os possíveis sistemas, como colunas. Cada sistema recebe uma pontuação para cada fator (talvez de 1 a 100 pontos). Cada fator recebe um peso em relação aos demais, em função de sua relativa importância (talvez dividindo 100 pontos entre os fatores). A pontuação de cada fator é então multiplicada pelo seu peso em importância e o resultado é adicionado a cada opção. A opção que obtiver mais pontos será aquela a ser melhor considerada. É claro que esses números não são perfeitos, mas o exercício

---

13 SAFIRE, William. Peeping Tom lives. *New York Times,* 4 Jan. 1993, p. A15; AMIDON, Paige. Widening privacy concerns. *ONLINE,* p. 64, July 1992.

14 DUFF, Christían. Jack the ripper. *The Wall Street Journal,* 11 Jan. 1993, p. A1; SCHRAGE, Michael. When technology heightens office tensions. *The Wall Street Journal,* 5 Oct. 1992, p. A2; RIFKIN, Glenn. Do employees have a right to electronic privacy? *New York Times,* 8 Dec. 1991.

15 ADAMS, Lynne E. Securing your HRIS in a microcomputer environment. *HR Magazine,* p. 56-61, Feb. 1992; HARRIS, Donald. A matter of privacy: managing personal data in company computers. *Personnel,* p. 34-43, Feb. 1987.

16 GLATZER, Hal. Top secret – maybe. *Human Resource Executive,* p. 26-28, Feb. 1993.

pode ser interessante para se identificar as considerações básicas e para comunicar a lógica de certas escolhas. A informatização pode ajudar aqui.

> ### EXPLORANDO A WEB
>
> A entidade norte-americana Human Resource Systems Professionals Society oferece um software que faz a comparação entre diferentes sistemas de RH. Adequadamente, ele se chama "HR Matrix". O endereço da instituição é:
>
> http://www.hrsp.org/

AVALIAÇÃO DO VALOR AGREGADO: UM PLACAR EQUILIBRADO

Uma organização foi construída com a estrutura de RH correta, contratou as pessoas com as competências certas e utiliza as informações adequadas. Como saber se a função de RH realmente está agregando valor à organização? Como você já deve ter adivinhado, não existe uma medida única de valor para avaliar a contribuição da administração de recursos humanos para o atingimento dos objetivos de eficiência e equidade. É necessária uma abordagem multifacetada. Muitas empresas aplicam o conceito de *equilíbrio no placar* para os recursos humanos.

> O conceito de *equilíbrio no placar* mede a eficácia das organizações usando fatores além dos resultados financeiros usuais, incluindo as perspectivas dos clientes, os processos internos e o crescimento/aprendizado.[17] Aplicada aos recursos humanos, esta abordagem significa o uso de múltiplas medidas de desempenho e a vinculação do desempenho de RH com as perspectivas.

O Quadro 16.9 mostra como os quatro níveis deste conceito se relacionam. Observe como os recursos humanos têm um papel essencial em cada um deles. Para a função de recursos humanos, o objetivo da mensuração é encontrar um conjunto de indicadores que mostrem a contribuição das pessoas para o atingimento dos objetivos, e a contribuição das decisões da administração de recursos humanos para o fortalecimento do valor dos indivíduos. Enfocamos aqui sete aspectos mais comuns: a opinião dos grupos de interesse, as auditorias, os orçamentos de recursos humanos, as atividades/custos em relação à proporção de profissionais de RH por empregado, a contabilidade de recursos humanos e os retornos de investimentos em recursos humanos.

Opiniões e Percepções dos Grupos de Interesse

Um ex-prefeito da cidade de New York, Ed Koch, ficou famoso por perguntar a seus eleitores: "Como é que estou me saindo?" De maneira semelhante, o modo mais óbvio de determinar se a função de RH está tendo sucesso é perguntar aos principais grupos de interesse. Cliff Ehrlich, vice-presidente de recursos humanos da Marriott Corporation, baseia suas decisões naquilo que é justo para os empregados e que aumenta o valor de RH para eles.[18] Os funcionários formam apenas um dos diversos grupos de interesse cujas opiniões podem trazer padrões úteis para o planejamento de RH. Outros grupos são o alto escalão da empresa, os gerentes de negócios e os grupos externos, como os sindicatos e o governo. A avaliação da opinião dos grupos de interesse costuma ser chamada de abordagem de *reputação*.[19] As pesquisas buscam as opiniões sobre os seguintes tópicos:

- Reatividade (respostas rápidas aos questionamentos, cooperação, objetividade e neutralidade).
- Proatividade e inovação (políticas criativas, avaliações em relação aos objetivos, apoio dos executivos de linha).
- Eficácia geral.

Esse tipo de pesquisa de opinião pode ajudar a identificar fontes de insatisfação. Elas têm se tornado mais comuns desde que as organizações de RH têm se voltado

---

17 KAPLAN, Robert S., NORTON, David P. Using the balanced scorecard as a strategic management system. *Harvard Business Review,* p. 75-84, Jan./Feb. 1995.

18 FINNEY, Martha. Profiles in success: fair game. *Personnel Administrator,* p. 44-48, Feb. 1989.

19 TSUI, Anne S. Defining the activities and effectiveness of the human resource department: a multiple constituency approach. *Human Resource Management* 26, nº 1, p. 35-69, Spring 1987; CONNELLY, Terry, CONLON, E. J., DEUTSCH, S. J. A multiple-constituency approach of organizational effectiveness. *Academy of Management Review* 5, nº 2, p. 211-218, 1980; KEELEY, Michael. A social justice approach to evaluation. *Administrative Science Quarterly,* p. 272-292, June 1978.

Quadro 16.9
Os *quatro níveis do conceito de equilíbrio no placar.*

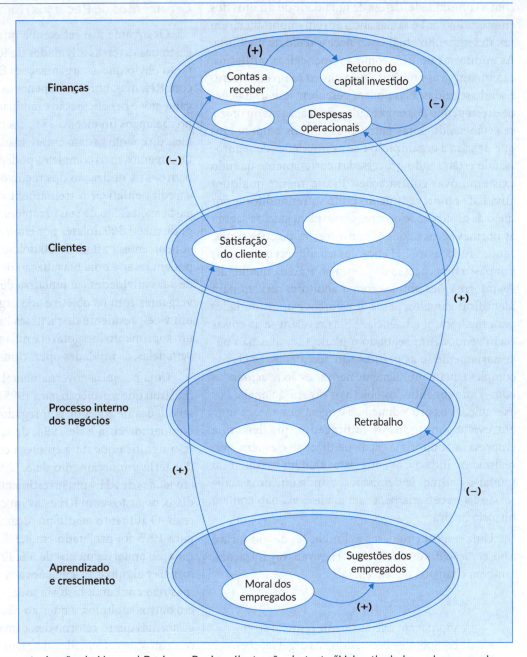

Fonte: Reproduzido com autorização da Harvard Business Review. Ilustração do texto "Using the balanced scorecard as a strategic management system", de Robert S. Kaplan e David P. Norton, Jan./Feb./1995. © 1995, President and Fellows of Harvard College.

para o conceito de qualidade. Os modelos de qualidade enfatizam o atendimento das necessidades dos clientes, e os grupos de interesse são vistos frequentemente como clientes internos de RH. Evidentemente, nem todos os clientes são iguais e não se deve fazer muita força para agradar quem não quer nem inspira criatividade.[20]

Auditoria das Atividades de Recursos Humanos

Bruce R. Ellig, vice-presidente de pessoal da Pfizer Inc., descreveu uma revisão de RH na qual os departamentos de recursos humanos identificaram 18 atividades específicas da área (tais como remuneração, relações

---

20 SCHRAGE, Michael. Fire your customers! *The Wall Street Journal*, 16 Mar. 1992, p. A14.

518 | Relações com os Empregados

com a comunidade, defesa da igualdade de direitos dos empregados etc.) e as classificaram em importância, em seu desempenho atual e sua necessidade de melhoria. As auditorias de RH, como as financeiras ou fiscais, examinam se as políticas e práticas estão no lugar certo e sendo seguidas. Elas podem descobrir se as avaliações de desempenho dos empregados são realizadas no prazo, se estão sendo feitas entrevistas com os empregados que deixam a organização e se as inscrições de seguro--saúde estão sendo processadas corretamente quando existem novas contratações. Praticamente qualquer atividade ou procedimento pode sofrer auditoria por meio da avaliação se ocorreu como planejado, se seguiu as normas apropriadas e se envolveu as pessoas certas. Muitas funções de RH encaram a auditoria como mais um passo no processo da administração da qualidade. As informações obtidas com a auditoria servem para identificar gargalos, perda de esforços e oportunidades para melhorar a eficiência.[21] Elas revelam se as coisas estão sendo feitas segundo o planejado, mas não necessariamente se as práticas são adequadas, se elas se complementam mutuamente nem se estão relacionadas com o atingimento dos objetivos organizacionais. Por exemplo, se os procedimentos exigem que se faça uma entrevista com todos os empregados que deixam a empresa, a auditoria é capaz de dizer se elas têm sido realizadas. Todavia, as entrevistas ajudam a reduzir ou mudar o padrão de demissões? Ainda que uma auditoria seja necessária para esta análise, ela não conta a história inteira.

Uma resposta moderna às limitações da auditoria é a observação das atividades de RH *entre* as organizações, também chamada de *referencial*.

> A abordagem referencial diz respeito ao envio de equipes de observadores às organizações líderes para aprender suas "melhores práticas". Depois disto, comparam-se as práticas "atuais" com as "melhores" para se encontrar um modo de melhorá-las.

Orçamentos de Recursos Humanos

Os orçamentos refletem a quantidade de dinheiro gasto nas diversas atividades de RH. Pode parecer um tanto óbvio que as organizações fiscalizem seus gastos com RH, mas, em geral, apenas as atividades como pagamentos e benefícios são examinadas, porque aparecem nos balanços financeiros. Muitas organizações não têm ideia do quanto gastam em atividades como treinamento. Orçamentos mais completos podem revelar importantes padrões na utilização dos recursos. Uma empresa que acredita enfatizar o treinamento pode descobrir que gasta apenas 5% de seu orçamento nesta atividade; ela pode gastar 500 dólares por empregado, enquanto suas concorrentes gastam 2.000 dólares. Essas informações podem levar a uma reavaliação da verdadeira natureza de suas atividades e à tentativa de torná-las mais convergentes com os objetivos da organização. Como diz um vice-presidente de recursos humanos, "não temos um suprimento inesgotável e milagroso de dinheiro; ele vem delas, as unidades operacionais".[22]

Uma pesquisa governamental nos Estados Unidos mostrou que a projeção para 1995 de gastos médios em atividades de RH por empregado era de 823 dólares, comparada com a de 1994, de apenas 792 dólares.[23] Isso significa que uma empresa com 10 mil empregados teria um orçamento de 8.230.000 dólares para as atividades de RH – um investimento significativo. Além disso, os gastos com RH estavam crescendo em termos reais. O aumento médio no orçamento de RH de 1994 para 1995 foi projetado em 4,3%, em um período de inflação anual de menos de 3%. Estes números podem fornecer algumas orientações aos profissionais de RH, mas não contam a história toda. Como já analisamos em outros capítulos, a questão não é quanto está sendo gasto, mas qual o retorno desse investimento. Se apenas os custos das atividades de recursos humanos forem examinados, os grupos de interesse verão a função de RH apenas como uma forma de gastar dinheiro e não de obtenção de resultados valiosos. É como os pais que não acompanham a vida escolar dos filhos e prestam atenção apenas às mensalidades que pagam, sem levar

---

21 ELLIG, Bruce R. Improving effectiveness through an HR review. *Personnel*, p. 56-63, June 1989; BILES, G. E. Auditing HRM practices. *Personnel Administrator*, p. 89-93, Dec. 1986; BILES, G. E., SCHULER, Randall S. *Audit handbook of human resource management practices*. Alexandria, VA: American Society for Personnel Administration, 1986; DAVIDS, Vicki S. Self-audits: first step in TQM. *IIR Magazine*, p. 39-41, Sept. 1992; CARTER, Carla C. Seven basic quality tools. *HR Magazine*, p. 81-83, Jan. 1992.

22 HALCROW, Allan. The HR budget squeeze. *Personnel Journal*, p. 114-128, June 1992.

23 HR budgets: how are we doing? HR *Focus*, p. 13, Oct. 1995.

Evolução da Profissão de Administrador de Recursos Humanos | 519

em conta o valor das experiências educacionais e sociais envolvidas.

Atividades, Custos e Proporção de Profissionais de RH por Empregado

Uma maneira de combinar a auditoria e os orçamentos é construir quocientes de comparação entre atividades, custos e proporção de profissionais de RH por empregado. Normalmente, esses quocientes incluem o número total de empregados dividido pelo número total de profissionais de RH, o custo total de treinamento dividido pelo número total de empregados treinados, o custo total do quadro de pessoal dividido pelo número de empregados contratados, o pagamento total de bônus por mérito dividido pelo número de empregados que receberam estes bônus e a média de tempo levado para preencher as vagas de emprego.[24] Por exemplo, uma pesquisa de 1995 nos Estados Unidos revelou que nas empresas com menos de 250 empregados, o número médio de profissionais de RH para cada 100 empregados era de 1,6, enquanto naquelas com mais de 2.500 funcionários este número era de 0,5.[25] Desde 1985, a entidade norte-americana Society for Human Resource Management (SHRM) e o Saratoga Institute publicam o *HR Effectiveness Report,* que traz estes dados sobre mais de 600 empresas em 20 setores diferentes.[26] Um trecho a título de exemplo desse tipo de relatório aparece no Quadro 16.10. Observe como "sua" empresa hipotética está abaixo da média em seus custos por contratação. Ainda assim, a Empresa 1 conseguiu custos mais baixos.

Sua empresa está acima da média na proporção de profissionais de RH por empregado. Isso significa que alguns desses profissionais podem ser demitidos? Não necessariamente. Esses números podem também significar que essa empresa descobriu maneiras específicas de obter destes profissionais contribuições de valor.

Contabilidade dos Recursos Humanos

Os contadores há muito reconhecem que as atividades de RH geralmente aparecem nos balanços financeiros apenas como custos dos negócios, ou despesas extraordinárias não especificadas que são arbitrariamente alocadas às unidades de negócios. A contabilidade de RH (CRH) tem suas raízes nos anos 70, quando os contadores sugeriram a possibilidade de estimar o valor dos ativos humanos a partir do custo havido para obter seus serviços, ou pela projeção do valor monetário de sua atividade econômica esperada na organização.[27] Embora essa ideia seja interessante porque atribuiria valor aos recursos humanos semelhante àqueles dos recursos financeiros e de capital, ela nunca teve uma aplicação muito ampla e pode ser muito complexa para implementar.[28] Muitos estudantes que já tiveram aulas de contabilidade conhecem essas dificuldades. As atividades de RH têm seu peso no desempenho financeiro da organização, mas para detectar esses efeitos geralmente temos que partir da atividade em direção ao resultado financeiro e não apenas medir o valor total do ativo humano. De qualquer maneira, a administração de RH oferece alguns modelos para a mensuração dos custos de

Quadro 16.10
Relatório de referenciais hipotéticos de quocientes de RH.

Quociente de RH	Sua empresa	Todo o setor	Empresa 1	Empresa 2	Empresa 3
Profissionais de RH para cada 100 empregados	1,9	1,6	1,2	1,5	1,7
Custo total por contratação	$ 2.010	$ 2.540	$ 1.855	$ 2.600	$ 2.222
Porcentagem de empregados com participação acionária	10,00%	8,00%	2,50%	12,30%	11,22%
Média de dias para preenchimento de vagas de emprego	12	15	10	13	20

---

24 FITZ-ENZ, Jac. *How to measure human resource management.* 2. ed. New York: McGraw-Hill, 1995.

25 HR budgets: how are we doing? HR *Focus,* p. 16.

26 WEATHERLY, Jonathan D. Dare to compare for better productivity. *HR Magazine,* p. 42-46, Sept. 1992.

27 FLAMHOLTZ, Eric G. *Human resource accounting.* San Francisco: Jossey-Bass, 1985.

28 SCARPELLO, Vida, THEEKE, Herman A. Human resource accounting: a measured critique. *Journal of Accounting Literature* 8, p. 265-280, 1989.

520 | Relações com os Empregados

contratação, treinamento e demissões de empregados, como já discutimos anteriormente.

Retorno dos Investimentos em Recursos Humanos

Exatamente como os contadores reconhecem que seria útil medir o investimento em recursos humanos, alguns têm sugerido que os resultados das decisões de RH poderiam ser expressos em termos de retorno de investimento.[29] Indicadores típicos de retorno de investimento (RDI) poderiam incluir:

- receita de vendas dividida pelo número total de empregados;
- receita de vendas dividida pelo total de despesas com empregados;
- lucro líquido antes do imposto de renda dividido pelo total de despesas com pessoal;
- lucro líquido final dividido pelo total de despesas com pessoal;
- valor total do ativo dividido pelo número de empregados;
- lucro total do ano dividido pelo total de pagamentos e benefícios dos empregados.

O *valor agregado* é a diferença entre a receita total de vendas gerada por uma organização ou unidade, menos o custo da matéria-prima e dos serviços comprados para produzir essa receita. O valor agregado pode ser usado nos cálculos de retorno de investimento, em termos de valor agregado por empregado ou valor agregado por custo/empregado. Uma das dificuldades de calcular o retorno do investimento em recursos humanos é que essa função não gera receitas diretamente. Entretanto, algumas empresas estão mudando esse quadro. A IBM, por exemplo, criou uma unidade, a Work Force Solutions, para vender programas de RH tanto para dentro como para fora da empresa. Outros líderes na administração de RH, como a Johnson & Johnson, a AT&T e a DuPont têm vendido também alguns de seus próprios programas de RH para outras organizações.[30] Entre as 100 mais da revista *Fortune*, vendas, ativos e patrimônio líquido cresceram cerca de dois dígitos entre 1983 e 1993, enquanto o número total de empregados caiu perto de 12% durante o mesmo período. Dessa maneira, parece que a produtividade dos empregados cresceu significativamente, como mostra o Quadro 16.11. Essas medições gerais podem chamar a atenção para a relação existente entre os resultados financeiros e as atividades de RH ou nível de emprego, mas um conjunto mais completo de indicadores deve avaliar essas atividades e sua contribuição para o enriquecimento do capital humano da organização. Um placar de equilíbrio significa que a mensuração da eficiência de RH reflete não apenas os resultados financeiros gerais, mas também as atividades individuais que já foram discutidas em outros capítulos deste livro.

O Quadro 16.12 traz um exemplo de fatores de desempenho que podem compor um placar de equilíbrio para a função de RH, e possíveis mensurações para cada fator.

Quadro 16.11
Crescimento da produtividade de RH entre 100 maiores empresas da revista Fortune.

	1983	1993	Percentual de mudança
Vendas	$ 1,2 trilhões	$ 1,7 trilhões	+ 42%
Ativos	$ 914 bilhões	$ 2 trilhões	+ 119
Patrimônio líquido	$ 422 bilhões	$ 494 bilhões	+ 17
Empregados	8,3 milhões	7,3 milhões	-12
Vendas/empregado	$ 144.578	$ 232.877	+ 62
Ativos/empregado	$ 110.120	$ 273.972	+ 149
Patrimônio líquido/empregado	$50.843	$ 67.671	+ 33

Fonte: Adaptado de GUBMAN, Edward 1. People are more valuable than ever. *Compensation and Benefits Review*, p. 8, Jan./Feb./1995.

---

29 DAHL JR., Henry L. Human resource cost and benefit analysis: new power for human resource approaches. *Human Resource Planning* 11, nº 2, p. 69-76, 1988.

30 IBM to sell HR/benefits know-how. *Human Resource Management News*, p. 4, 25 May 1992.

Quadro 16.12
Placar de equilíbrio.

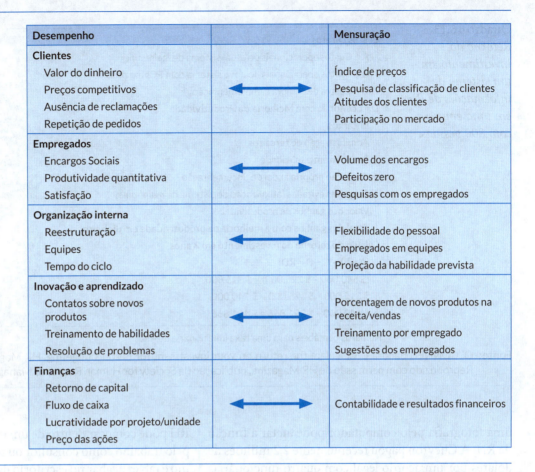

Desempenho		Mensuração
Clientes Valor do dinheiro; Preços competitivos; Ausência de reclamações; Repetição de pedidos	⟷	Índice de preços; Pesquisa de classificação de clientes; Atitudes dos clientes; Participação no mercado
Empregados Encargos Sociais; Produtividade quantitativa; Satisfação	⟷	Volume dos encargos; Defeitos zero; Pesquisas com os empregados
Organização interna Reestruturação; Equipes; Tempo do ciclo	⟷	Flexibilidade do pessoal; Empregados em equipes; Projeção da habilidade prevista
Inovação e aprendizado Contatos sobre novos produtos; Treinamento de habilidades; Resolução de problemas	⟷	Porcentagem de novos produtos na receita/vendas; Treinamento por empregado; Sugestões dos empregados
Finanças Retorno de capital; Fluxo de caixa; Lucratividade por projeto/unidade; Preço das ações	⟷	Contabilidade e resultados financeiros

AVALIAÇÃO DA FUNÇÃO DE RECURSOS HUMANOS

Eficiência

Como qualquer unidade organizacional, a função de RH precisa contribuir para os objetivos de eficiência. Na maioria das situações, isso é conseguido por meio da garantia de que as atividades discutidas anteriormente estão integradas e são avaliadas pelos seus resultados. Examinamos vários exemplos de como calcular e investigar os custos e benefícios das atividades de RH. Neste capítulo, introduzimos o conceito de sistema de informações de RH. Esse tipo de sistema pode, frequentemente, produzir significativos retornos dos investimentos, ainda que estes sejam normalmente muito grandes. O Quadro 16.13 traz uma amostra de cálculo para a mudança de um sistema baseado em *mainframe* para um baseado em rede de PCs com plataforma Windows. Ainda que a implementação do novo sistema custe 175 mil dólares, ele possibilitará economias com a redução dos custos operacionais e melhorias na produtividade, como a diminuição com as despesas de publicidade e produção mais eficiente de documentação. Seja na avaliação do SIRH ou da função de RH, o conceito de equilíbrio no placar aqui introduzido produzirá o valor maior. As contribuições da função de RH refletem múltiplas perspectivas. O valor da terceirização, a construção das competências de RH e os profissionais de RH como agentes de mudanças, tudo isso só poderá ser avaliado por meio de uma medição cuidadosa e multifacetada.

Equidade

O papel cada vez mais proeminente dos profissionais de RH nas organizações, e as crescentes conexões entre as informações de RH e os membros da organização criam grandes desafios para a manutenção da equidade, justiça e respeito à privacidade no ambiente de trabalho. Nos capítulos anteriores, vimos como cada uma das atividades de RH contribuem para os objetivos de equidade. Neste capítulo, vimos como é importante que os profissionais e a função de RH tenham a estrutura e as competências necessárias para defender a equidade e assegurar a justiça e o cumprimento das leis. A relação entre os sistemas de informações e a justiça está em constante mudança. Até a capacidade de transmitir

522 | Relações com os Empregados

Quadro 16.13
Retorno do investimento em um sistema de informações de RH em uma empresa com 800 pessoas.

Custos Diretos	3 anos*
A = Custos operacionais do atual sistema de *mainframe*	$ 540.000
B = Custos operacionais do novo sistema com PCs em rede	225.000
C = Custos de compra e implementação	175.000
D = Economia com Melhoria da Produtividade	3 anos
Encargos	69.482
Administração de terceiros	19.732
Redução em publicidade	13.790
Produção própria anual de documentação	11.424
Despesas evitadas (atualização do sistema de *mainframe*)	100.000
Valor dos ganhos de produtividade	77.438
Total dos ganhos com a melhoria da produtividade em dinheiro	**$ 291.866**

Cálculo do retorno do investimento em 3 anos

$(A - B) - C + D = RDI$

$(\$540.000 - \$225.000) = \$315.000$

$\$315.000 - \$175.000 = \$140.000$

$\$140.000 + \$291.866 = \$431.866$

* Números contábeis para uma taxa inflacionária de 4%.

Fonte: O' CONNEL, Sandra E. Calculate the return on your investment for better budgeting. HR Magazine, Oct./1995. p. 40. Reproduzido com permissão de HR Magazine, publicação da Society for Human Resource Management, Alexandria, VA.

uma fotografia pelo computador pode afetar a função de RH. A Chevron pagou recentemente 2,2 milhões de dólares por um acordo legal com quatro funcionárias que alegaram ter sido assediadas sexualmente por meio de, entre outras coisas, material pornográfico veiculado pela intranet da empresa.[31] Obviamente, os desafios futuros para os profissionais de RH deverão tornar-se cada vez mais mutantes e financeiramente importantes.

RESUMO

Costumava-se pensar nos profissionais de RH como administradores competentes, voltados ao cumprimento de regras à administração eficiente das políticas da empresa. Pensava-se também nas carreiras de RH como um fluxo que se iniciava em especializações como "gerente de recrutamento" ou "analista de benefícios" e se desenvolvia dentro de uma única organização até culminar na posição de "diretor de RH". Hoje em dia, a carreira parece ter criado muitas outras ramificações e muito mais opções. A necessidade fundamental de administrar bem as pessoas continuará a crescer em importância, mas as fontes de competências para isto podem estar mudando. A carreira de um profissional de RH pode começar dentro de uma dada empresa, passar pelo trabalho como consultor ou representante autônomo e talvez acabar no escritório da presidência. Alguns dos maiores desafios organizacionais e de sistemas de informação estão dentro da área profissional de RH. Esperamos que a leitura deste livro tenha proporcionado uma ideia mais precisa da complexidade, desafios e impacto que os profissionais de RH experimentam dentro das organizações. Se seu interesse profissional estiver na área de RH, algumas informações sobre os créditos necessários estão no apêndice deste capítulo.

QUESTÕES

1. Como a função do profissional de RH está se modificando com o passar do tempo?

2. Discuta e faça comparações entre os modelos industrial, de investimento, de envolvimento e de alta flexibilidade para a função de RH.

3. Discuta as "competências" necessárias ao profissional de RH. Quais delas podem ser fortalecidas na faculdade? Quais as que se desenvolvem por meio de outras atividades? Qual seria, então, a sugestão para uma educação "mais completa"?

---

31 ASSOCIATED PRESS. Chevron settles women's sexual harassment suit for $ 2,2 Million. *Los Angeles Times, 22* Feb. 1995, p. D2.

4. Defina os sistemas de informações de RH. Discuta os propósitos de um SIRH em uma organização.

5. Quais são os três fatores básicos de um sistema de informações de RH? Dê um exemplo de aplicativo para cada um dos "cantos" do Quadro 16.3.

6. O que é necessário para o desenvolvimento de um SIRH? Como seus desenvolvedores podem decidir o que incluir ou não no sistema?

7. Discuta os componentes de um SIRH: entrada, processamento e saída. Como a tecnologia tem modificado esses elementos? Cite duas mudanças prováveis resultantes do avanço tecnológico, como vídeo em tempo real ou transmissão de dados pela TV a cabo.

8. O que é a internet? Como ela tem influenciado a natureza das informações de RH? Quais são seus pontos positivos? Seus perigos potenciais?

9. O que é um "placar de equilíbrio"? Como esse conceito é utilizado nas organizações? Como pode ser usado pelos administradores de recursos humanos?

10. Se um amigo estiver considerando a carreira de profissional de RH, o que você lhe diria? Para quantas empresas ele vai trabalhar? Quantas funções terá que exercer? Quais serão os futuros papéis e atividades do profissional de RH?

Sua Vez

Uma página para RH na internet mantida por uma Universidade

Agora que você está informado sobre as atividades de RH e já tem uma ideia dos efeitos da tecnologia sobre a administração de RH, imagine que é um consultor de projetos muito bem remunerado. Você foi convidado por sua faculdade ou universidade para projetar o layout de uma página na rede da internet que seja acessível 24 horas por dia. Ela precisa ter uma interface amigável e convidativa. Precisa fornecer informações da maneira que os empregados querem, e deve ser suficientemente abrangente para ser utilizada pelos empregados, executivos e profissionais de RH. Você pode usar toda a sua criatividade, porque a instituição vai bancar tudo o que decidir.

As seguintes questões podem estimular seu raciocínio:

1. Qual a "metáfora" que utilizaria como base de sua página? Seria um simples menu com escolhas? Usaria ícones? Teria o formato de uma história ou de uma série de eventos? Discuta sua escolha em termos do valor para os usuários.

2. Quais as informações que deveriam estar disponíveis nessa página para que fosse útil? Quais os processos de "cálculo" necessários para fazer a página funcionar?

3. Quem teria acesso a quais partes do site, e como fazer a proteção contra violação de privacidade? Como você convenceria seus usuários em relação à segurança das suas informações?

4. Como avaliaria a utilidade desse site? Se um administrador exigisse uma justificativa para o valor da página em um ano, quais as mensurações que você utilizaria?

APÊNDICE

Especialização em Administração de RH

A função de recursos humanos tem-se tornado resultado de crescente esforço educacional e profissionalismo. Nos Estados Unidos, a formação universitária inclui cursos nas áreas de administração de pessoal, planejamento de recursos humanos, oportunidades iguais de emprego, administração de salários, treinamento, recrutamento, seleção, legislação trabalhista e negociação coletiva de acordos de trabalho.

A entidade Society for Human Resource Management criou um instituto que oferece aos executivos a oportunidade de especialização em áreas funcionais, tais como emprego, colocação e planejamento, ou treinamento e desenvolvimento, ou generalistas em múltiplas especializações. Este instituto é uma organização sem fins lucrativos criado com o propósito de formar profissionais de recursos humanos.

A especialização baseia-se na proficiência em um corpo de conhecimentos, o que será demonstrado em um exame escrito de grande abrangência e na experiência profissional em tempo integral como administradores, consultores, educadores ou pesquisadores. Os candidatos precisam estar trabalhando na área em que buscam a especialização. Esta pode ser mudada ou atualizada na medida em que os papéis mudam e a experiência se acumula. Um generalista passa por

524 | Relações com os Empregados

uma avaliação em cinco áreas diferentes para provar a amplitude de seu conhecimento, enquanto o especialista deve possuir um conhecimento mais aprofundado sobre seu assunto. Mais informações podem ser obtidas na Society for Human Resource Management, 606 North Washington Street, Alexandria, VA 22314. O Quadro 16.14 lista algumas das áreas de especialização em administração de RH. Para visitar a página dessa instituição na internet, procure no seguinte endereço: http://www.shrm.org/.

Quadro 16.14
Especializações na área de administração de pessoal e relações industriais segundo a Society for Human Resource Management.

1. **Recrutamento e seleção.** Triagem, entrevistas, recrutamento, testes, registros de pessoal, análise de funções, descrição de funções, organogramas, promoções, transferências e enriquecimento de funções.

2. **Manutenção de pessoal.** Aconselhamento, inventários de avaliação de pessoal, rotatividade, assistência médica e prevenção de acidentes, serviços e benefícios dos empregados.

3. **Relações trabalhistas.** Relacionamento de grupo com empregados organizados ou não, negociações, administração de contratos, queixas, arbitramento, envolvimento de terceiros e pactos de auxílio mútuo.

4. **Treinamento/desenvolvimento.** Treinamento no trabalho, treinamento de chefia, desenvolvimento gerencial e de executivos, treinamentos especiais e retreinamento.

5. **Remuneração.** Pesquisas salariais, planos de incentivo, participação nos resultados e nos lucros, participação acionária, recompensas financeiras e não financeiras, enriquecimento de funções e controle salarial.

6. **Comunicação no trabalho.** Jornais internos, manuais, controle de boatos, aconselhamento, atitudes, pesquisas de moral e expectativas e análise de retornos de comunicação.

7. **Organização.** Estrutura, planejamento e avaliação, inovação, utilização de abordagens formais e informais para a redução de conflitos, superação da resistência às mudanças organizacionais.

8. **Estilos administrativos.** Explanação e interpretação dos estilos alternativos – autoritário, consultivo, participativo e de autogestão e assistência á mudança.

9. **Planejamento e política de pessoal.** Definição dos objetivos, políticas e estratégias organizacionais; identificação, tradução e cumprimento das políticas públicas de RH; previsão das necessidades de RH e seleção dos rumos opcionais.

10. **Avaliação, auditoria e pesquisa.** Relatórios e registros de programas; avaliação das políticas e programas; teste de teorias, inovação, experimentação e estudos de custo/benefício.

ÍNDICE REMISSIVO

A

Abordagem compensatória, 167

Abordagem diagnóstica, 29, 35, 198

Abordagem diagnóstica de treinamento, 341

Abordagem do balanço, 436

Abordagem europeia, 62

Abordagem referencial, 518

Absenteísmo, 122, 123, 449

Ação afirmativa, 49, 52

Acidentes, Seguro contra, 445

Ações, Opção por, 428

Ações, Plano de compras de, 446

Aconselhamento, 489

Acordos, 459, 462

Adaptações dos horários de trabalho, 479

Administração da carreira, 301, 324

Administração da carreira, Recrutamento na, 311

Administração da carreira, Seleção na, 319

Administração da mudança, 504

Administração de empresas, Diploma em, 135

Administração de interesses, 32

Administração por objetivos (APO), 105

Administrador de recursos humanos, 121

Administrador de recursos humanos, Evolução da profissão de, 499

Afastamento, Comportamento de, 122

Afastamento da função, 122

Afastamento do empregado, 121

Afastamento do trabalho, 122

Agências privadas de empregos, 184

Agentes de mudanças, 28

Agentes, Teoria dos, 428

Aids, 485

Aids, Triagem de, 242

Alavancagem, 423

Alfabetização em relação ao ambiente de trabalho, 353

Alinhamento interno, 384, 385, 392, 412, 434

Ambiente de trabalho, Alfabetização em relação ao, 353

Ambiente de treinamento, 364

Ambiente externo, 30, 39

Ambiente organizacional, 30, 67

American Airlines, 140

American Management Association, 277

American OnLine, 167

Análise da demanda, 145

Análise da disponibilidade, 50

Análise da oferta externa, 151

Análise da oferta interna, 146

Análise da pessoa, 345

Análise das funções, 82, 88, 343

Análise das habilidades, 400

Análise de capacidade, habilidades e conhecimento (CHC), 343

Análise de tarefas, 343

Análise de utilidade, 135

Análise do ponto de equilíbrio, 370

Âncora da carreira, 305

Âncora técnica e funcional, 325

Antagonismo, 102

Antiguidade, 323

Antiguidade, Direito da, 283

Aposentadoria, 265, 271, 272, 446

Aposentadoria antecipada, 449

Apple Computer, 339

Aprendizado ativo, 361, 362

Aprendizado das partes, 349

Aprendizado do todo, 349

Aprendizagem, 347, 348

Aprendizes, Programas de, 358

Aptidões, Teste genérico de, 237

Arbitramento, 463, 464

Archer-Daniels-Midland, 27

Assédio sexual, 486

Assistência, 123

Assistência ao empregado, 488, 489

Assistência às crianças, 480

Associações profissionais, 185

Astra-Merck, 73, 77, 384, 386

AT&T, 53, 85, 150, 179, 180, 198, 208, 261, 272, 281, 317, 326, 329

526 | Recrutamento e Seleção Externos

Atendimento na empresa, 177
Atitudes dos empregados, 98, 124
Atividades, Custos das, 134
Atividades da administração de recursos humanos, 31
Atividades de recursos humanos, 135
Atividades de recursos humanos, Auditoria das, 517
Atividades de seleção externa, 254
Atividades específicas da administração de recursos humanos, 143
Atividades, Qualidade gerada pelas, 134
Ativos, Receitas de, 446
Audioteleconferência, 361
Auditoria das atividades de recursos humanos, 517
Aumentos, Critérios para, 416
Automatização, 349
Autonomia de gestão, 43
Avaliação, Centros de, 319
Avaliação da função de recursos humanos, 520
Avaliação das condições, 30
Avaliação das demissões, 286
Avaliação das retenções, 286
Avaliação de 360 graus, 111
Avaliação de desempenho, 98, 114, 115, 117, 119
Avaliação do recrutamento, Práticas de, 194
Avaliação do treinamento, 364
Avaliação do valor agregado, 516
Avaliação dos resultados, 33, 495
Avaliação dos resultados das decisões sobre os benefícios, 448
Avaliação, Objetivos e padrões de, 153
Avaliadores, 115
Avon, 57, 329

B

Balanço, Abordagem do, 436
Banco interno de temporários, 169
Banco Mundial, 340
Bandas expandidas, 414
Barreiras múltiplas, 248

Barreiras para os trabalhadores marginalizados, 174
Bausch & Lomb, *TH* Bell Labs, 178
Benchmarking, 77
Benefício definido, Planos de, 447
Benefícios, 439, 440, 441, 442, 448
Bilateralidade, 475
Blocos de habilidades, 400
BMW, 19
Boeing, 50, 162, 261
Bonificação, Planos de, 422
Bundesbank, 44
Burocracias, 404

C

Campbell Interest and Skill Survey (CISS), 319
Canais de comunicação, 176
Candidatos, 165, 168, 180
Candidatos, Características demográficas dos, 225
Candidatos, Comportamentos dos, 228
Candidatos com poucas habilidades básicas, 175
Candidatos, Histórico dos, 221
Candidatos, Qualificações dos, 173
Capataz, 500
Capital físico, 136
Capital humano, 136
Capital organizacional, 136
Características demográficas dos candidatos, 225
Características de trabalho, Modelos de, 75
Características dos empregados, 97, 98
Carreira, 293, 294, 303, 310, 311
Carreira, Administração da, 301, 324
Carreira, Âncora da, 305
Carreira, Ciclos da, 306
Carreira, Desenvolvimento da, 301
Carreira dupla, 312, 314
Carreira, Estágios da, 305, 306
Carreira, Orientação da, 305, 308
Carreira, Planejamento da, 301, 305

Carreira, Seleção na administração da, 319
Carreiras internacionais, 327, 329
Carreiras para pais e mães, 326
Carreiras, Sistemas de, 297
Carreira tipo escada dupla, 324
Carta de apresentação, 202
Casos, Estudos de, 362
Centralização, Tendência de, 114
Centros de avaliação, 319
Chase Manhattan Bank, 147
Checklists, 107
Chrysler, 266, 347, 362
Cidadania, 102
Classificação, 109, 245
Classificação, Escalas de, 107, 108
Cobertura, 444
Coca-Cola, 69
Coeficiente de correlação, 213
Coeficiente de validade, 213
Colegas, Relações com os, 485
Coleta de dados, 83, 85
Coleta de dados, Métodos convencionais de, 85
Colgate-Palmolive, 133
Comissões de trabalhadores, 465
Comitês empregados-empresa, 478
Commerce Clearing House, 123
Comparação de custos, 443
Comparação de sistemas, 430
Comparação entre indivíduos, 109
Comparações globais, 42
Compartilhamento de funções, 480
Competência essencial, 103
Competência funcional, 305
Competência gerencial, 306
Competências dos recursos humanos, 502
Competências, Estruturas baseadas nas, 394, 402
Competência técnica, 305
Competitividade externa, 383, 386, 412, 431
Comportamento, 83, 116
Comportamento de afastamento, 122
Comportamento discriminatório, 48

Comportamento do empregado, 449, 482

Comportamento, Entrevista para descrição do, 232

Comportamentos do entrevistador, 228

Comportamentos dos candidatos, 228

Comprometimento da cúpula, 342

Comprometimento organizacional, 125

CompuServe, 167

Computadores, 361

Comunicação, 447, 475

Comunicação, Canais de, 176

Conceito de administração de recursos humanos, 19

Conceito de parcerias, 28

Conceitos de equidade, Disseminação dos, 47

Concessão intencional, 440

Concorrência, Ficar atrás da, 391

Concorrência, Liderança na, 391

Concorrência, Média da, 390

Condições ambientais, Diagnóstico das, 199

Condições, Avaliação das, 30

Condições de trabalho, 482

Condições, Diagnóstico das, 198

Condições financeiras, 68

Conference Board, The, 169

Confiabilidade, 88, 212

Confiança, Hiato de, 428

Confirmação, Tendências à, 229

Conflitos, 120, 491

Conflitos entre trabalho e família, 479

Conflitos potenciais, 100

Conflitos, Resolução de, 493

Conformidade, 81

Confrontação construtiva, 489

Conhecimento da função, Testes de, 239

Conhecimento do negócio, 504

Conhecimento teórico e técnico, 35

Conscientização, Nova era de, 357

Consequência discriminatória, 48

Construção da organização, 78

Consumo, Mudança no padrão de, 448

Contabilidade dos recursos humanos, 519

Conta flexível, 445

Contraste, Efeito de, 230

Contratados autônomos, 170

Contratados de curto prazo, 170

Contrato de trabalho, 302

Contrato implícito de trabalho, 33

Contratos de reembolso, 369

Contribuição definida, Planos de, 447

Contribuições dos empregados, 385, 411, 412

Controle, Grupo de, 367

Convites para visitas, 204

Correlação, Coeficiente de, 213

Corte de custos, 145

Corte de pessoal, 278, 283, 285

Crescimento salarial baseado na experiência, 413

Crianças, Assistência às, 480

Critérios para aumentos, 416

Cumprimento das leis, 50

Currículos, 202, 215

Custos, Comparações de, 443

Custos, Corte de, 145

Custos das atividades, 134

Custos da seleção, 255

Custos de administração e retorno, 22

Custos de treinamento, 369

Custos trabalhistas, 386

D

Dados, Coleta de, 83, 85

Dados comportamentais, 83

Dados, Métodos convencionais de coleta de, 85

Dados, Processamento e manutenção dos, 511

Dados sobre tarefas, 83

Dados sobre capacidade, 84

Dados, Violação de, 515

Debate público, 49

Decisão de pedir demissão, 267

Decisões, 255

Decisões de recursos humanos, 73

Decisões integradas, 20

Decisões políticas, 386

Decisões sobre a política de pagamento, 383

Decisões sobre recursos humanos, 132

Deficientes, Oportunidades para os, 174

Deloitte & Touche, 60

Delta Airlines, 261

Demanda, Análise da, 145

Demanda de recursos humanos, 144

Demissão, 145, 261, 264, 275, 324

Demissão, Decisão de pedir, 267

Demissão, Processos de, 297

Demissões coletivas, 265

Demissões disfuncionais, 265

Demissões inevitáveis, 265

Demissões voluntárias, 265, 266, 267, 268, 269

Demissões, Avaliação das, 286

Demissões, Padrão das, 265

Departamento de recursos humanos, 142

Descrição de funções, 87

Desempenho anterior, 323

Desempenho, Avaliação de, 98, 114, 115, 117, 119

Desempenho, Baixo, 116

Desempenho, Dimensão do, 115

Desempenho dos empregados, 98, 103, 104, 105, 110, 112, 434

Desempenho individual, 415

Desempenho, Melhoria do, 418

Desempenho, Remuneração pelo, 415, 423, 424, 425

Desempenho, Sistemas de trabalho de alto, 75

Desenvolvimento, 31

Desenvolvimento da carreira, 301

Desenvolvimento do empregado, Processo de, 338

Desligamentos, 123

Desvantagens das estruturas de remuneração, 402

Detector de mentiras, 242

Diagnóstico das condições ambientais, 198, 199

Diagnóstico das oportunidades, 199

Diagramas de dispersão, 213

Diários, 109

Digital Equipments, 261, 284

Dimensão do desempenho, 115

Diploma em administração de empresas, 135

Direção geral, Estratégia no nível de, 69

Direito da antiguidade, 283

Direitos adquiridos, 440

Disciplina, 491

Discriminação, 47

Disney, 340, 351, 352

Dispensa de empregados, 265, 275, 276

Dispensa, Pedido da, 283

Dispensas coletivas, 277, 281

Dispersão, Diagramas de, 213

Disponibilidade, Análise da, 50

Disseminação dos conceitos de equidade, 47

Distribuição dos recursos humanos, 143

Diversidade, 61

Diversidade, Valorização da, 57

Divulgação, 312

DNA das organizações, 402

Downsizing, 145, 280, 281, 414

Dramatização, 362

Drogas, Uso de, 241, 487

E

Eastman Kodak, 140, 146, 193, 272, 284

Educação, 221

Educação cooperativa, 181

Efeito de contraste, 230

Eficácia do treinamento, 366

Eficácia em recursos humanos, 21

Eficiência e justiça, Integração de, 22

E-mail, 512

Empregado, Afastamento do, 121

Empregado, Assistência ao, 488, 489

Empregado, Comportamento do, 449, 482

Empregado, Processo de procura do candidato a, 165

Empregado, Treinamento do, 338

Empregadores, Interesses do, 301

Empregadores, Objetivos conflitantes para candidatos e, 168

Empregados remanescentes, 269, 275, 276, 285

Empregados, Atitudes dos, 98,124

Empregados antigos, 274

Empregados, Boa impressão dos, 100

Empregados, Características dos, 97, 98

Empregados, Contribuições dos, 385, 411, 412

Empregados, Desempenho dos, 98, 103, 104, 105, 110, 112, 434

Empregados, Dispensa de, 275, 276

Empregados, Envolvimento dos, 477

Empregados e sindicatos, Envolvimento de, 44

Empregados, Força dos, 469

Empregados, Interesses dos, 301

Empregados, Mobilidade interna dos, 294, 297

Empregados, Opiniões dos, 98, 124, 125

Empregados, Reclamação dos, 462, 463

Empregados, Relações com os, 32, 473, 474

Empregados, Seleção externa de, 207, 208, 209

Empregados, Situação dos, 31

Emprego, Igualdade nas oportunidades de, 49, 120

Emprego permanente, Fim do, 168

Emprego, Planejamento do, 143

Emprego, Relações de, 39

Empregos, Agência privada de, 184

Empregos, Informações sobre, 165

Empregos, Serviços governamentais de, 184

Empresa, Atendimento na, 177

Entrevista, 202, 203, 204, 224, 225, 230, 231, 232, 233

Entrevista abrangente estrutura da, 232

Entrevistador, Comportamentos do, 228

Entrevistador, Estereótipos do, 229

Entrevistador, Treinamentos do, 228

Entrevista para descrição do comportamento, 232

Entrevista situacional, 232

Envolvimento de empregados e sindicatos, 44

Envolvimentos dos empregados, 477

Equidade, Disseminação dos conceitos de, 47

Equilíbrio no placar, 516

Equipes, 78

Equipes de envolvimento dos empregados (EEE), 421

Equipes, Habilidade para trabalhar em, 236

Equipes, Planos baseados em, 418

Escalas de classificação, 107, 108

Escassez, 151, 153

Escolas públicas, 362

Escolas vocacionais, 362

Escolha de função, 167

Escolha de organização, 167

Escolha do sistema, 515

Escritório em casa, 480

Esforço, Quantidade do, 133

Especialização em administração de recursos humanos, 52

Estilo de vida, 482

Estratégia de negócios, 69

Estratégia de seleção externa, 210

Estratégia no nível da unidade, 69

Estratégia no nível de direção geral, 69

Estratégia no nível funcional, 69

Estrelas, 422

Estresse, 482

Estrutura da organização, 70

Estruturação de programas de treinamento, 347

Estruturação de uma função, 74

Estruturas baseadas nas competências, 394, 402

Estruturas baseadas nas funções, 394, 395

Estruturas baseadas nas habilidades, 399, 400

Estruturas baseadas no mercado, 394

Índice Remissivo | 529

Estruturas baseadas nos mercados, 403
Estruturas de remuneração, 393, 394, 402
Estruturas hierarquizadas, 393
Estruturas igualitárias, 393, 394
Estudos de casos, 362
Ética, 27
Evolução da profissão de administrador de recursos humanos, 499
Exagero, 101
Executivos, 59, 428
Exigências de recursos humanos, 145
Exigências legais, 89
Exonerações, 276
Expatriados, 434, 435
Experiência, 222, 323
Experiência afro-americana, 46
Experiência, Crescimento salarial baseado na, 413
Exposição, 514

F

Faculdades, 179, 362
Faculdades, Recrutamento nas, 178
Faixas salariais, 412, 414
Família, Conflitos entre trabalho e, 479
Fechamento de uma unidade, 283
Federal Express, 141, 339
Feiras de profissões, 181
Filosofia empresarial, 420
First Chicago Bank, 129, 130, 153
Fixação de metas, 348
Flexibilidade, 88
Flexibilidade globalizada, 500
Flexibilidade na organização do trabalho, 402
Fluxo de trabalho, 76
Fontes de recrutamento, 176
Força dos empregados, 469
Forças interligadas, 39
Ford, 63, 149
Formas de pagamento, 381
Formulário de forte interesse ocupacional, 165
Formulário de informações biográficas, 221

Formulário de média ponderada, 218
Formulários de inscrição, 215, 217
Fóruns de discussão, 512
Fumo, Proibição do, 242
Função, Afastamento da, 122
Função de recursos humanos, 142, 500, 520
Função, Escolha de, 167
Função, Estruturação de uma, 74
Função, Testes de conhecimento da, 239
Funções, Análise das, 82, 83, 88, 343
Funções-chave, 388
Funções, Compartilhamento de, 480, 482
Funções, Descrição de, 87
Funções, Estruturas baseadas nas, 394, 395
Funções, Natureza das, 82
Fundos de pensão, 446

G

General Electric, 19, 28, 30, 33, 69, 100, 132, 146, 180, 314, 316, 323, 340, 341, 363
General Mills, 400
General Motors, 63, 146, 149, 150, 153, 261, 273, 280, 284, 478
Gerência, Treinamento em, 354
Gestão, Autonomia de, 43
Glorificação, 114
Governo, 39
Greves, 461, 462
Grupo de controle, 367
Grupos de interesse, 516
Grupos especiais, 427

H

H&R Block, 22
Habilidade cognitiva, 235
Habilidade física, 236
Habilidade mental, 235
Habilidade para trabalhar em equipe, 236
Habilidade, Testes de, 235
Habilidades básicas, Candidatos com poucas, 175
Habilidades, Estruturas baseadas nas, 399, 400
Habilidades, Inventários de, 316

Headhunters, 184, 185
Headshrinkers, 184
Hewlett-Packard, 33, 73, 145, 148, 165, 384, 386
Hiato de confiança, 428
Histórico do candidato, 221
Honestidade, 100, 244
Honestidade, Testes de, 243
Honeywell, 443
Horários de trabalho, Adaptações dos, 479
Horários flexíveis, 479
Horas não trabalhadas, Remuneração de, 445
HRNET, 26
Hyundai, 44

I

IBM, 21, 140, 146, 150, 153, 181, 261, 266, 270, 275, 324, 326, 520
ICL, 73
Igualdade nas oportunidades de emprego, 154
Igualdade no emprego, 49
Imigração, 45
Imigrantes, 187
Imobilidade, 88
Impostos, 436
Impressão, Boa dos empregados, 100
Impressões não verbais, Mau uso de, 230
Incentivos individuais, 418
Incidentes críticos, 107
Indicação pelos mentores, 315
Indicações, 178
Indicações comportamentais, 108
Indivíduos, Comparação entre, 109
Influências políticas e sociais, 113
Informações biográficas, Formulário de, 221
Informações negativas, 228
Informações prognosticas, 246
Informações sobre empregos, 165
Informações sobre o trabalho, 230
Informações sobre organizações, 165
Iniciativas da organização, 478
Inscrição, Formulários de, 215, 217

Instituições educacionais, 181
Instrução programada (IP), 360
Integridade, 244
Integridade, Testes de, 243
Intel, 68, 183
Inteligência, 235
Inteligência emocional, 235
Interesse ocupacional, 165
Interesses, Administração de, 32
Interesses dos empregadores, 301
Interesses dos empregados, 301
Internamento, Programas de, 181
Internet, 177, 185, 511, 512
Intranets, 515
Invalidez temporária ou
  permanente, Seguros contra,
  445
Inventários de talentos, 147

J

J. C. Penney, 443
J. P. Morgan Bank, 58
Jogos de empresas, 361
Johnson & Johnson, 278, 475, 477,
  520
Julgamento dos juízes, 494
Julgamentos precipitados, 230
Justiça, Noção de, 125
Justiça nos procedimentos, 423

K

Kentucky Fried Chicken's, 173,
  188
Kidder Peabody, 30
KPMG Peat Marwick, 269, 342
Kuder, 165

L

Legislação, 41, 120
Legislação, Atendimento à, 426
Legislação social, 466
Leis, Cumprimento das, 50
Levantamento de interesse
  ocupacional de Kuder, 165
Liderança, 100
Liderança na concorrência, 391
Líderes, 59
Linha da política de remuneração,
  413
Linha de pagamento de mercado,
  389
Listas de verificação, 107
Lockheed, 106, 165

Lucros, Participação nos, 419, 422

M

Macy's, 102
Manutenção e processamentos
  dos dados, 511
Mão de obra mais velha, 173
Massachusetts Institute of
  Technology (MIT), 356
Matriz de probabilidade de
  transição, 149
Matrizes de transição, 148
McDonald's, 140, 173, 176, 184,
  363
McDonnell-Douglas, 261, 311
Média da concorrência, 390
Média ponderada, Formulário de,
  218
Mediação, 461
Medidas diferentes, Uso de, 230
Melhoria das decisões, 257
Mensagem, 190
Mentiras, Detector de, 242
Mentores, Indicação pelos, 315
Mercado de trabalho, Mulher no,
  46
Mercado, Estruturas baseadas no,
  394
Mercado financeiro, 44
Mercado, Pesquisa de, 386
Mercado relevante, 388
Mercados, Estruturas baseadas
  nos, 403
Merck, 141, 150, 178, 198, 278
Mérito, 417
Mérito, Remuneração por, 415
Merrill Lynch, 190, 269
Metas, Estabelecendo, 51
Metas, Fixação de, 348
Método dos pontos, 395
Método Hay Guide Chart-Profile,
  398
Métodos convencionais de coleta
  de dados, 85
Métodos de certificação, 401
Métodos de levantamento de
  necessidades, 346
Métodos de treinamento, 357
Métodos de validação, 249
Meyer-Briggs Type Indicator, 243
Microsoft, 33, 73, 97, 217

Minnesota Multiphasic
  Personality Inventory (MMPI),
  243
Missões internacionais,
  Remuneração das, 434
Missões internacionais,
  Treinamento como preparação
  para, 356
Mobilidade interna dos
  empregados, 294, 297
Modelagem comportamental, 361,
  362
Modelo de alta flexibilidade, 502
Modelo de envolvimento, 501
Modelo de investimento, 501
Modelo industrial, 500
Modelo patrimonial, 44
Modelos de características de
  trabalho, 75
Moradia, 436
Motivação, 115
Motorola, 149, 279, 337, 338, 340,
  362, 363
Movimento sindical nos Estados
  Unidos, 455
Mudança, 78
Mudança no padrão de consumo,
  448
Mudanças, Agente de, 28
Mudanças internacionais nas
  relações de trabalho, 41
Mulher no mercado de trabalho,
  46
Multimídia, 361
Myers-Briggs Type Indicator
  (MTBI), 319

N

Nativos de um terceiro país, 434
Nativos locais, 434
Natureza da organização, 68
Natureza do trabalho, 73
NEC Information Systems
  (NECIS), 187
Necessidades da organização, 341
Necessidades, Métodos de
  levantamento de, 346
Negociação, Aspectos da, 460
Negociação centralizada, 465
Negociação coletiva, 456

Negociação coletiva, Impasses na, 461

Negócio, Conhecimento do, 504

Negócios, Estratégia de, 69

Negócios, Parceiro de, 28

Nissan, 42

Níveis de habilidades, 400

Nível organizacional, 140

O

Objetivos conflitantes para candidatos e empregadores, 168

Objetivos do pagamento, 382

Objetivos, Planejar e estabelecer, 31

Observação comportamental, 115

Observação física, 106

Ocupação, 198

Oferta de recursos humanos, 144

Oferta, Excesso de, 152,153

Oferta externa, Análise da, 151

Oferta interna, Análise da, 146

Oferta interna futura, 149

Ofertas de emprego, 205

Olive Garden, 69

Olivetti, 106

Ombudsmen, 494

Opção por ações, 428

Opiniões dos empregados, 98, 124, 125

Oportunidades de emprego, Igualdade na, 120, 154

Oportunidades para os deficientes, 174

Oportunidades, Diagnóstico das, 199

Orçamento de recursos humanos, 518

Organização, Construção da, 78

Organização do trabalho, Flexibilidade na, 402

Organização, Escolha de, 167

Organização, Estrutura da, 70

Organização, Iniciativas da, 478

Organização, Natureza da, 68

Organização, Necessidades da, 341

Organizações, DNA das, 402

Organizações, Informações sobre, 165

P

Padrão de consumo, Mudança no, 448

Padrão hambúrguer, 437

Pagamento, Decisões sobre a política de, 383

Pagamento de mercado, Linha de, 389

Pagamento, Formas de, 381

Pagamento, Objetivos do, 382

Pagamento, Patamar de, 390

Pagamento, Sistema de, 381,382

Paine Webber, 30

Palestras, 359

Parceiro de negócios, 28

Parceiros domésticos, 445

Parcerias, Conceito de, 28

Participação nos lucros, 419, 422

Participação nos resultados, 419, 420

Patamar de pagamento, 390

Patamar de remuneração, 386

Patrão oficioso, 171

Pedido da dispensa, 283

Pensão, Fundos de, 446

Pepsi, 22, 69, 77, 102, 104, 106, 180, 188, 314

Perda de tempo, 230

Personalidade, Testes de, 243

Persuasão, Forma de, 188

Pesquisa, 79

Pesquisa Campbell sobre Interesses e Habilidades, 294

Pesquisas de mercado, 386

Pesquisas salariais, 388

Pessoa, Enfoque na, 91

Philip Morris, 261, 279

Philips, 340

Pizza Hut, 69, 178, 180

Planejamento da carreira, 301, 305

Planejamento de recursos humanos, 129, 131, 137, 142

Planejamento de sucessão e substituição, 316

Planejamento do emprego, 143

Planejamento global, Processo de, 137

Planejamento, Quatro questões do, 131

Planejar e estabelecer objetivos, 31

Planos baseados em equipes, 418

Planos baseados em unidades, 418

Planos de benefício definido, 447

Planos de bonificação, 422

Planos de compra de ações, 446

Planos de contribuição definida, 447

Planos negociais, 145

Planos privados de seguros, 444

Polígrafos, Testes com, 242

Política de nível de remuneração na prática, 391

Política de pagamento, Decisões sobre, 383

Política de remuneração, Linha da, 413

Ponto de equilíbrio, Análise do, 370

População empregada, 44

Posco, 19

Práticas de recursos humanos, 504

Práticas internacionais, 447

Preguiçosos, 422

Prêmio Nacional de Qualidade Malcolm Baldridge, 141

Presidente, Sucessão do, 327

Previsão realística do trabalho, 190

Previsores, 212

Price Waterhouse, 225

Problemas de produtividade, 145

Procedimentos de seleção, 246

Procedimentos de seleção utilizados internamente, 319

Procedimentos, Justiça nos, 423

Processamento e manutenção dos dados, 511

Processo de desenvolvimento do empregado, 338

Processo de planejamento global, 137

Processo de procura do candidato a empregado, 165

Processo de seleção, 249

Processo de seleção externa, 245

Processo disciplinar, 492

Processos compensatórios, 247

Processos de demissão, 297

Processos de recrutamento, 297

Processos de seleção, 297

Processos híbridos, 248

Prodigy, 167

532 | Recrutamento e Seleção Externos

Produtividade, 68

Produtividade, Problemas de, 145

Profissão de administrador de recursos humanos, Evolução da, 499

Profissões, Feiras de, 181

Programas de aprendizes, 358

Programas de internamento, 181

Programas de treinamento, Seleção de, 347

Programas diversificados, 57

Proibição do fumo, 242

Propaganda, 186

Proteção, 481

Q

Quadros de substituição, 147

Qualidade como imperativo empresarial, 141

Qualidade de vida no trabalho (QVT), 477

Qualidade do pessoal, 299

Qualidade gerada pelas atividades, 134

Qualificação, 84

Qualificações dos candidatos, 173

Quantidade do esforço, 133

Quantidade dos recursos humanos, 143

R

Racionalidade limitada, 167

Realidade do trabalho, 364

Realizações, Relatos de, 222

Realocação de pessoal, 279

Receita de ativos, 446

Reclamação dos empregados, 462, 463

Recolocação, 284

Recompensa total, 382

Recrutadores, 191

Recrutador, Valores pessoais do, 227

Recrutamento da administração da carreira, 311

Recrutamento externo, 161, 162, 163

Recrutamento, Fontes de, 176

Recrutamento interno, 293, 294, 299

Recrutamento nas faculdades, 178

Recrutamento, Práticas de avaliação do, 194

Recrutamento, Processos de, 297

Recrutamento virtual, 185

Rede, 72, 171

Redução de pessoal, 261

Reengenharia, 77

Reestruturação, 145, 281

Reforço, 349

Regulamentações, 41

Relações com os colegas, 485

Relações com os empregados, 32, 473

Relações de emprego, 39

Relações de trabalho, 33

Relações de trabalho, Mudanças internacionais nas, 41

Relações humanas, 75

Relações trabalhistas, 32, 456, 457, 467

Relações trabalhistas em diferentes países, 465

Relatórios, 109

Remuneração, 32, 381

Remuneração das missões internacionais, 434

Remuneração de horas não trabalhadas, 445

Remuneração, Desvantagens das estruturas, 402

Remuneração do expatriado, 435

Remuneração, Estruturas de, 393, 394

Remuneração individual dos empregados, 411

Remuneração, Linha da política de, 413

Remuneração na prática, Política de nível de, 391

Remuneração, Patamar de, 386

Remuneração pelo desempenho, 415, 423, 424, 425

Remuneração por mérito, 415

Remuneração total, 382

Remuneração, Sistema de, 383

Remuneração, Sistemas internacionais de, 429

Remuneração, Vantagens das estruturas, 402

Remuneração variável, Lado negativo da, 424

Rendimentos, Manutenção dos, 284

Requisitos físicos e psicológicos, 241, 242

Resolução de conflitos, 493

Responsabilidade fiduciária, 27

Responsabilidade sobre os fatos, 228

Resultado negociai, 119

Resultados, Avaliação de, 33, 495

Resultados, Participação nos, 419, 420

Retenção, 324

Retenção de pessoal, 261

Retenções, Avaliação das, 286

Retenções, Padrão de, 265, 269

Retomo do investimento em recursos humanos, 133, 519

Rightsizing, 280

Risco, 423

Riscos para a saúde, 481

Rockwell International, 145

Rotatividade, 123, 267

S

Salário, 436

Salvaguardas legais da entrevista, 233

Samsung, 44, 61, 356

Sanyo, 356

Satisfação no trabalho, 125

Saúde, 481

Schering-Plough, 149

Sears, 261, 276

Segurança para a saúde, 481

Seguro de vida em grupo, 444

Seguros contra acidentes e invalidez temporária ou permanente, 445

Seguros, Planos privados de, 444

Seguro-saúde, 444

Seleção, Custo da, 255

Seleção de programas de treinamento, 347

Seleção externa, Atividades de, 254

Seleção externa de empregados, 207, 208, 209

Seleção externa, Estratégia de, 210

Seleção externa, Processo de, 245

Seleção individual, 245

Seleção interna, 293, 294, 299

Seleção na administração da carreira, 319

Seleção, Procedimentos de, 246

Seleção, Processo de, 249, 297

Seleção, Técnica de, 215

Semana de trabalho compacta, 480

Senso comum, 235

Serviços, 26, 436, 445

Serviços governamentais de empregos, 184

Severidade, 114

Simulações, 239, 361

Sindicatos, 440, 455, 456, 457, 467, 469

Sindicatos, Envolvimento de empregados e, 44

Sistema de informação de mobilização global, 147

Sistema de pagamento, 381, 382

Sistema de remuneração, 383

Sistema dos pares, 494

Sistema, Escolha do, 515

Sistemas, Comparação de, 430

Sistemas de carreiras, 297

Sistemas de informação de recursos humanos (SIRH), 504, 505, 506, 507

Sistemas de informação de recursos humanos, 130

Sistemas de remuneração internacionais, 429

Sistemas de trabalho de alto desempenho, 75

Sistemas especializados, 447, 514

Sistemas hierárquicos, 493

Sistemas, Tipos de, 493

Situação dos empregados, 31

Socialização, 308

Society for Human Resources Management (SHRM), 219, 519

Sony, 434

Substituição, Planejamento de, 316, 317

Substituição, Quadros de, 147

Sucessão do presidente, 327

Sucessão, Planejamento de, 316, 317

Superação de obstáculos, 228

Superaprendizado, 349

T

Tabela salarial, 412

Taco Bell, 69

Talentos, Inventários de, 147

Tarefas, Análise de, 343

Táticas antissindicalismo, 458

Técnica de seleção, 215

Tecnologia, 68

Tecnologia sedutora, 515

Teleconferências, 360

Tempo parcial, 479

Temporários, Banco interno de, 169

Teoria da expectativa, 349

Teoria do aprendizado social, 349

Teoria dos agentes, 428

Terceirizados, 169

Teste de uso de drogas, 241

Teste genérico de aptidões, 237

Testes com polígrafos, 242

Testes de conhecimento da função, 239

Testes de habilidade, 235

Testes de honestidade, 243

Testes de integridade, 243

Testes de personalidade, 243

Testes práticos, 239

Texas Instruments, 337, 353

TGI Friday's, 69

The Conference Board, 169

Tomada de decisão diagnóstica, 131

Toshiba, 19, 30

Toyota, 42, 347

Trabalhadores marginalizados, Barreiras para os, 174

Trabalhadores, Comissões de, 465

Trabalhador eventual, 171

Trabalho, Adaptações dos horários de, 479

Trabalho, Afastamento do, 122

Trabalho, Condições de, 482

Trabalho, Conflitos entre família e, 479

Trabalho de alto desempenho, Sistemas de, 75

Trabalho eventual, 168

Trabalho, Flexibilidade na organização do, 402

Trabalho, Fluxo de, 76

Trabalho, Informações sobre o, 230

Trabalho, Modelos de características de, 75

Trabalho, Organizando o, 74

Trabalho, Realidade do, 364

Trabalho, Relações de, 33

Trabalho, Satisfação no, 125

Tradição, 173

Transição, 80

Transição, Matriz de probabilidade de, 149

Transição, Matrizes de, 148

Tratamento discriminatório, 47

Treinamento, 60, 222, 337

Treinamento, Abordagem diagnóstica do, 341

Treinamento, Ambiente de, 364

Treinamento, Avaliação do, 364

Treinamento como preparação para missões internacionais, 356

Treinamento, Conteúdo do, 351

Treinamento, Custos de, 369

Treinamento de alta tecnologia, 361

Treinamento do empregado, 338, 339

Treinamento do entrevistador, 228

Treinamento, Eficácia do, 366

Treinamento em gerência, 354

Treinamento em serviço (TS), 357, 358

Treinamento fora do serviço, 359

Treinamento informatizado, 361

Treinamento, Métodos de, 357

Treinamento, Objetivos do, 347

Treinamento operacional, 352

Treinamento reincidente, 364

Treinamento, Seleção de programas de, 347

Treinando, 347, 348

Triagem, 208

Triagem de Aids, 242

Triagem genética, 242

Turistas, 422

U

U. S. West, 58

Unidade, Estratégia no nível da, 69

534 | Recrutamento e Seleção Externos

Unidades, Planos baseados em, 418
Universidades, 362
USAir, 146
Uso de drogas, 487
Utilidade, Análise de, 135

V

Validação, 212
Validação baseada em critérios, 250
Validação baseada no conteúdo, 253
Validação, Extensão da, 254
Validação, Generalização da, 252
Validação, Métodos de, 249

Validação por previsão, 251
Validação, Regulamentação governamental da, 254
Validação simultânea, 251
Validação sintética, 252
Validade, 88, 212
Validade, Coeficiente de, 213
Valor agregado, 99, 520
Valor agregado, Avaliação do, 516
Valores comparáveis, 426
Valores pessoais do recrutador, 227
Valorização dos fatos, 228
Vantagem competitiva sustentável, 136

Vantagens das estruturas de remuneração, 402
Verdade, 101
Vida profissional e privada, 326
Vídeo interativo, 361
Videoteleconferência, 361
Violação de dados, 515
Visitas, Convites para, 204
Vocação, 198

W

Wal-Mart, 77
World Wide Web, 106, 512

X

Xerox, 183, 208, 326, 342, 363, 447

atlas

www.grupogen.com.br

Pré-impressão, impressão e acabamento

grafica@editorasantuario.com.br
www.editorasantuario.com.br

Aparecida-SP